NJW Praxis

Im Einvernehmen mit den Herausgebern der NJW
herausgegeben von
Rechtsanwalt Prof. Dr. Konrad Redeker
Rechtsanwalt Felix Busse

Band 11

AGB-Recht

von

Dr. Markus Stoffels

o. Professor an der
Universität Osnabrück

2., neubearbeitete Auflage

Verlag C. H. Beck München 2009

Zitierweise: Stoffels, AGB-Recht, 2. A., Rdn.

Verlag C. H. Beck im Internet:
beck.de

ISBN 978 3 406 56135 1

© 2009 Verlag C. H. Beck oHG
Wilhelmstraße 9, 80801 München
Druck und Bindung: Nomos Verlagsgesellschaft
In den Lissen 12, 76547 Sinzheim

Satz: Druckerei C. H. Beck Nördlingen
(Adresse wie Verlag)

Gedruckt auf säurefreiem, alterungsbeständigem Papier
(hergestellt aus chlorfrei gebleichtem Zellstoff)

Vorwort zur 2. Auflage

Das gesamte Werk ist unter Auswertung von Gesetzgebung, Rechtsprechung und Schrifttum gründlich überarbeitet und aktualisiert worden. Das praktisch besonders relevante Mietvertragsrecht wurde in einem eigenem Abschnitt zusammengefasst (§ 43). Ein weiterer Schwerpunkt der Neubearbeitung liegt in der Einarbeitung der stürmisch voranschreitenden arbeitsgerichtlichen Rechtsprechung zur Inhaltskontrolle von Arbeitsverträgen. Ich danke den Mitarbeitern meines Lehrstuhls für tatkräftige Unterstützung, namentlich Herrn Berkemeyer und Herrn Gerigk.

Das Manuskript wurde im September 2008 geschlossen. Danach erschienene Beiträge und veröffentlichte Entscheidungen konnten noch vereinzelt berücksichtigt werden.

Kritik und Anregungen aus dem Kreise der Leserschaft sind stets willkommen.

Osnabrück, im Oktober 2008

Markus Stoffels
Universität Osnabrück
Katharinenstraße 13
49078 Osnabrück
E-Mail: markus.stoffels@uos.de

Aus dem Vorwort zur 1. Auflage (2003)

Das Recht der Allgemeinen Geschäftsbedingungen gehört zu den praktisch bedeutsamsten und privatrechtsdogmatisch interessantesten Materien des Vertragsrechts. Das Buch soll eine Einführung in dieses Rechtsgebiet bieten. Hierfür bedarf es zunächst in einem ersten Teil der Verdeutlichung der Grundstrukturen des AGB-Rechts. Die Darstellung orientiert sich insoweit am Prüfungsgang der AGB-Kontrolle. Der zweite Teil versucht – praxisgerecht – Problemfelder der Inhaltskontrolle aufzuarbeiten. Die Anordnung folgt hier der Chronologie des Vertrages von den Vertragsschlusserklärungen bis zur Vertragsabwicklung. Das Buch wird beschlossen durch einen gedrängten Überblick über das Verbandsklageverfahren nach dem Unterlassungsklagengesetz (dritter Teil).

Wichtig erschienen mir vor allem die Einbindung des AGB-Rechts in das allgemeine Vertragsrecht und die Berücksichtigung des europäischen Gemeinschaftsrechts in Gestalt der Richtlinie über missbräuchliche Klauseln in Verbraucherverträgen. Zu berücksichtigten waren ferner die im Zuge der Schuldrechtsmodernisierung vorgenommenen Änderungen, die sich nicht auf eine bloße Standortverlagerung beschränken. Hier ist vor allem die (teilweise) Streichung der Bereichsausnahme für das Arbeitsrecht zu nennen.

Inhaltsübersicht

	Seite
Vorwort	V
Inhaltsverzeichnis	IX–XXIII
Abkürzungsverzeichnis	XXV–XXIX
Literaturverzeichnis	XXXI–XXXII

Erster Teil. Allgemeiner Teil des Rechts der Allgemeinen Geschäftsbedingungen

	Rdn.	Seite
Erster Abschnitt. Grundlagen	1–105	1–34
Zweiter Abschnitt. Anwendungsbereich der §§ 305 ff. BGB	106–258	35–84
Dritter Abschnitt. Die Einbeziehung in den Vertrag	259–356	85–122
Vierter Abschnitt. Auslegung Allgemeiner Geschäftsbedingungen	357–381	123–134
Fünfter Abschnitt. Inhaltskontrolle Allgemeiner Geschäftsbedingungen	382–582	135–231
Sechster Abschnitt. Rechtsfolgen bei Nichteinbeziehung und Unwirksamkeit	583–639	232–258

Zweiter Teil. Ausgewählte Problemfelder der Inhaltskontrolle

Erster Abschnitt. Erklärungen der Vertragsparteien	640–691	259–274
Zweiter Abschnitt. Vertragsschluss	692–715	275–283
Dritter Abschnitt. Vertragsinhalt	716–856	284–331
Vierter Abschnitt. Leistungsstörungen	857–917	332–348
Fünfter Abschnitt. Gewährleistungshaftung	918–965	349–362
Sechster Abschnitt. Haftung	966–992	363–372
Siebter Abschnitt. Vertragsabwicklung	993–1006	373–377
Achter Abschnitt. Sicherungsvereinbarungen	1007–1032	378–385
Neunter Abschnitt. Prozessbezogene Klauseln	1033–1076	386–398
Zehnter Abschnitt. Mietvertragsklauseln	1077–1109	399–408

Dritter Teil. Das Verbandsklageverfahren

Erster Abschnitt. Allgemeines zur Verfahrensregelung	1110–1124	409–414
Zweiter Abschnitt. Der Unterlassungs- und Widerrufsanspruch	1125–1158	415–424
Dritter Abschnitt. Verfahrensrechtliche Aspekte der Anspruchsdurchsetzung	1159–1206	425–437

Anhang: Checkliste	439/440
Sachverzeichnis	441

Inhaltsverzeichnis

Erster Teil. Allgemeiner Teil des Rechts der Allgemeinen Geschäftsbedingungen

	Rdn.	Seite
Erster Abschnitt. Grundlagen	1	1
§ 1. Einführung	1	1
I. Bedeutung des Rechts der Allgemeinen Geschäftsbedingungen	1	1
II. Schrifttum zum Recht der Allgemeinen Geschäftsbedingungen	6	2
1. Kommentare und Handbücher	6	2
2. Lehrbücher	8	3
3. Grundlegende Monographien	10	3
4. Vertragsgestaltung und Allgemeine Geschäftsbedingungen	11	3
5. Rechtsprechungsübersichten	12	3
6. Einführende Aufsätze und Klausuren für Studenten	13	3
7. Recht ausländischer Staaten, internationales Privatrecht und Rechtsvergleichung	14	3
§ 2. Entwicklung bis zum AGB-Gesetz	15	4
I. Allgemeine Geschäftsbedingungen als Folgeerscheinung der technischen und wirtschaftlichen Expansion im 19. Jahrhundert	15	4
II. Erste Ansätze im Schrifttum	16	4
III. Die Rechtsprechung vor Inkrafttreten des AGB-Gesetzes	20	5
IV. Das AGB-Gesetz vom 9. 12. 1976	33	8
1. Die vorparlamentarische rechtspolitische Diskussion	33	8
2. Das Gesetzgebungsverfahren	38	9
3. Die Grundkonzeption des AGB-Gesetzes	40	10
§ 3. Klauselrichtlinie und Schuldrechtsmodernisierung	42	11
I. Die AGB-Novelle von 1996 und ihre Vorgeschichte	43	11
1. Die Richtlinie 93/13/EWG des Rates über missbräuchliche Klauseln in Verbraucherverträgen vom 5. 4. 1993	43	12
2. Umsetzung der Richtlinie in deutsches Recht	50	15
II. Die Integration des AGB-Rechts in das BGB durch das Schuldrechtsmodernisierungsgesetz	51	16
1. Die gesetzgeberische Grundentscheidung	52	16
a) Das materielle AGB-Recht	53	16
b) Das formelle AGB-Recht	57	17
2. Rechtspolitische Kritik	58	17
3. Übergangsvorschriften	61	18
III. Perspektivenwechsel für die AGB-Kontrolle von Kaufverträgen im unternehmerischen Verkehr?	63	18
§ 4. Positive Funktionen und negative Begleiterscheinungen Allgemeiner Geschäftsbedingungen	67	20
I. Rationalisierungs- und Typisierungsfunktion	67	20
II. Gefahr unangemessener Risikoabwälzung zu Lasten der Kunden	72	21

	Rdn.	Seite
§ 5. Wertungsgrundlagen des AGB-Rechts	76	22
I. Legitimation einer Kontrolle Allgemeiner Geschäftsbedingungen	76	22
1. Verfassungsrechtliche Ausgangslage	76	22
2. Vertragstheoretische Begründungen der AGB-Kontrolle	81	24
3. Rechtsökonomische Begründung der AGB-Kontrolle	85	25
II. Schutzzweck des Gesetzes	88	27
III. Schutz vor Umgehungen	91	29
1. Allgemeines	91	29
2. Einsatzfelder der Umgehungskontrolle	92	30
3. Umgehungsvoraussetzungen	97	31
4. Rechtsfolge einer festgestellten Umgehung	98	32
IV. Geltungsgrund der Allgemeinen Geschäftsbedingungen	99	32
1. Normentheorie versus Vertragstheorie	100	32
2. Plädoyer für ein vertragsrechtliches Verständnis	103	33
Zweiter Abschnitt. Anwendungsbereich der §§ 305 ff. BGB	106	35
§ 6. Sachlicher Anwendungsbereich	106	35
I. Begriff der Allgemeinen Geschäftsbedingungen	106	35
1. Voraussetzungen des AGB-Begriffs	107	36
a) Vertragsbedingungen	109	36
b) Vorformulierung für eine Vielzahl von Verträgen	118	40
(1) Vorformulierung	119	40
(2) Für eine Vielzahl von Verträgen	126	42
(3) Einzelvertragsklauseln in Verbraucherverträgen	129	43
c) „Stellen"	131	44
(1) Konkreter einseitiger Einbeziehungsvorschlag	132	44
(2) Drittbedingungen	134	45
(3) Beiderseitiger Einbeziehungsvorschlag	143	47
d) Unerhebliche Umstände	145	48
2. Individualvereinbarungen	146	48
a) Funktion der Vorschrift	147	48
b) Anforderungen an das „Aushandeln"	148	49
3. Beweislast	150	49
II. Ausnahmen vom sachlichen Anwendungsbereich	153	50
1. Erbrecht	154	51
2. Familienrecht	155	51
3. Gesellschaftsrecht	156	51
a) Ausnahmegrund	156	52
b) Reichweite der Ausnahme	158	52
c) Inhaltskontrolle von vorformulierten Gesellschaftsverträgen und Vereinssatzungen am Maßstab von Treu und Glauben	160	54
(1) Publikumspersonengesellschaften	161	54
(2) Vereine	166	56
d) Änderungen infolge der EG-Klauselrichtlinie?	170	57
4. Eingeschränkte AGB-Kontrolle im Arbeitsrecht	171	57
a) Änderung der Bereichausnahme durch das Schuldrechtsmodernisierungsgesetz	172	58
b) Keine AGB-Kontrolle von Tarifverträgen, Betriebs- und Dienstvereinbarungen	174	59
c) Tarifverträge als Rechtsvorschriften im Sinne von § 307 Abs. 3 BGB	178	61
d) AGB-Kontrolle von Arbeitsvertragsbedingungen unter angemessener Berücksichtigung der im Arbeitsrecht geltenden Besonderheiten	181	62
§ 7. Persönlicher Anwendungsbereich	184	63
I. Einschränkungen in Bezug auf unternehmerische und öffentlich-rechtliche Kunden	184	63
1. Einordnung der Vorschrift des § 310 Abs. 1 BGB	184	63

	Rdn.	Seite
2. Der von der Ausnahme erfasste Kundenkreis	187	64
a) Unternehmer	187	64
b) Öffentlich-rechtliche Kunden	189	65
3. Die ausgenommenen Vorschriften	190	65
II. Der persönliche Anwendungsbereich des § 310 Abs. 3 BGB	193	65
1. Hintergrund der Vorschrift	193	65
2. Verbrauchervertrag	194	66
III. Zusammenfassender Überblick	200	68

§ 8. Allgemeine Geschäftsbedingungen im internationalen Rechtsverkehr

	Rdn.	Seite
§ 8. Allgemeine Geschäftsbedingungen im internationalen Rechtsverkehr	201	68
I. Der internationalprivatrechtliche Schutz des AGB-Kunden	201	69
1. Allgemeines	201	69
2. Das auf den Schuldvertrag anwendbare Recht	203	70
a) Rechtswahl	203	70
b) Objektive Anknüpfung	204	70
c) Umfang des Vertragsstatuts und AGB-Recht	206	70
3. Sonderanknüpfung von AGB-Schutzvorschriften	209	71
a) Art. 29 Abs. 1 EGBGB	210	71
(1) Voraussetzungen	211	71
(2) Rechtsfolgen	214	72
(3) Schutzlücken	215	72
b) Art. 29a EGBGB	216	73
(1) Bedeutung des Art. 29a EGBGB	217	73
(2) Anwendungsvoraussetzungen	219	73
(3) Rechtsfolgen	227	75
c) Art. 34 EGBGB	230	76
d) Art. 30 Abs. 1 EGBGB	233	77
e) Art. 27 Abs. 3 EGBGB	234	77
II. Wirksamkeit Zulässigkeit von Rechtswahlklauseln in Allgemeinen Geschäftsbedingungen	236	77
1. Kollisionsrechtlicher Verweisungsvertrag	237	78
2. Wahl deutschen Rechts	240	79
a) Einbeziehung	241	79
b) Wirksamkeit	243	80
3. Verweis auf ausländisches Recht	245	80
a) Einbeziehung	246	81
b) Wirksamkeit	248	81
III. AGB-Recht und UN-Kaufrecht (CISG)	249	81
1. Anwendbarkeit und Reichweite des CISG	249	81
2. Einbeziehung Allgemeiner Geschäftsbedingungen nach dem CISG	252	82
3. Inhaltskontrolle Allgemeiner Geschäftsbedingungen	256	83
4. Abwahl des UN-Kaufrechts in Allgemeinen Geschäftsbedingungen	257	83
IV. AGB-Regeln in den Einheitsrechtsprojekten	258	84

Dritter Abschnitt. Einbeziehung in den Vertrag

	Rdn.	Seite
Dritter Abschnitt. Einbeziehung in den Vertrag	259	85
§ 9. Einbeziehungsvereinbarung oder Rahmenvereinbarung	259	85
I. Allgemeines	259	85
1. Inhalt und Zweck des § 305 Abs. 2 BGB	259	85
2. Das Verhältnis von § 305 Abs. 2 BGB zum allgemeinen Vertragsrecht	261	86
3. Die Einbeziehung in der Stufenfolge der AGB-Kontrolle	264	87
II. Einbeziehungsvereinbarung	266	87
1. Hinweis des Verwenders	267	88
a) Ausdrücklicher Hinweis	267	88
b) Hinweisersatz durch Aushang	272	89
2. Möglichkeit zumutbarer Kenntnisnahme	276	90

	Rdn.	Seite
3. Maßgeblicher Zeitpunkt	286	92
4. Einverständnis des Kunden	290	94
5. Beweisfragen	293	95
III. Einbeziehung unter erleichterten Voraussetzungen	295	95
1. Ausnahmen nach § 305 a BGB	295	95
a) Genehmigte Tarife und Beförderungsbedingungen im Linienverkehr	297	96
b) Allgemeine Geschäftsbedingungen für Postbeförderungsverträge	300	96
c) Allgemeine Geschäftsbedingungen für bestimmte Telekommunikationsdienstleistungen	302	97
2. Einbeziehung Allgemeiner Geschäftsbedingungen im unternehmerischen Geschäftsverkehr	304	97
3. Einbeziehung vorformulierter Arbeitsvertragsbedingungen	307	99
IV. Rahmenvereinbarung	308	99
1. Sinn und Wirkungsweise einer Rahmenvereinbarung	308	99
2. Voraussetzungen einer wirksamen Rahmenvereinbarung	310	100
V. Das Problem kollidierender Allgemeiner Geschäftsbedingungen	313	101
1. Problemstellung	313	101
2. Lösungsansatz der Rechtsprechung	315	102
a) Ausgangspunkt: Theorie des letzten Wortes	316	103
b) Einschränkung dieses Lösungsansatzes	317	103
3. Stellungnahme	319	104
a) Zustandekommen des Vertrages	320	104
b) Inhalt des Vertrages (Prinzip der Kongruenzgeltung)	321	105
4. Eigentumsvorbehalt bei sich widersprechenden Allgemeinen Geschäftsbedingungen	323	106
§ 10. Ausschluss überraschender Klauseln	324	107
I. Allgemeines	324	107
II. § 305 c Abs. 1 BGB im System der AGB-Kontrolle	327	109
III. Die tatbestandlichen Voraussetzungen	334	111
IV. Fallgruppen	339	112
1. Begründung oder wesentliche Modifizierung von Hauptverpflichtungen	340	113
2. Änderung des Vertragscharakters	341	114
3. Atypische Nebenabreden	342	114
4. Versteckte Klauseln	343	115
§ 11. Vorrang der Individualabrede	344	116
I. Regelungsanliegen und Dogmatik des Vorrangsprinzips	344	116
II. Voraussetzungen des Vorrangs	347	117
1. Vorliegen einer Individualabrede	347	117
2. Inhaltliche Abweichung der Allgemeinen Geschäftsbedingungen von der Individualabrede	348	118
III. Problematik der Schriftformklauseln	349	119
1. Vorkommen und Gestaltungsformen	349	119
2. Vorrang mündlicher Abreden	351	120
3. Wirksamkeit von Schriftformklausel	354	121
4. Auswirkungen der Klauselrichtlinie	356	122
Vierter Abschnitt. Auslegung Allgemeiner Geschäftsbedingungen	357	123
§ 12. Grundsatz der objektiven Auslegung	357	123
I. Vorbemerkungen	357	123
1. Ziel der Auslegung	357	123
2. Trennung von Auslegung und Inhaltskontrolle	358	123
II. Der objektive Auslegungsmaßstab	359	124
1. Ausgangslage im Bürgerlichen Recht	359	124

	Rdn.	Seite
2. Modifikation des Auslegungsmaßstabes bei Allgemeinen Geschäftsbedingungen	360	124
3. Gründe für die objektive Auslegung	362	125
III. Die Auslegung von Klauseln in Verbraucherverträgen	363	126
IV. Revisibilität der Auslegung	364	127

§ 13. Besondere Auslegungsregeln ... 365 127

I. Unklarheitenregel	365	127
1. Einordnung der Regel	365	127
2. Vorrangige Ausschöpfung der Auslegungsmethoden	370	129
3. Anwendung der Unklarheitenregel im Verbandsprozess	371	130
4. Anwendung der Unklarheitenregel im Individualprozess	374	131
II. Restriktionsprinzip?	376	132
III. Individualvertragskonforme Auslegung?	380	133

Fünfter Abschnitt. Inhaltskontrolle Allgemeiner Geschäftsbedingungen ... 382 135

§ 14. Grundlagen der Inhaltskontrolle ... 382 135

I. Die Stellung der §§ 307 bis 309 BGB im Vertragsrecht	382	135
1. Allgemeines	382	135
2. Verhältnis zu anderen Vorschriften	384	135
a) § 138 Abs. 1 BGB (Maßstab der Sittenwidrigkeit)	384	135
b) § 242 BGB (Treu und Glauben)	389	136
c) Billigkeitskontrolle nach § 315 BGB	390	137
d) §§ 119 und 123 BGB (Irrtumsanfechtung)	394	138
II. Gesetzliche Sonderformen der Kontrolle von Allgemeinen Geschäftsbedingungen	400	140
1. Verwaltungsrechtliche Genehmigungsverfahren	401	140
2. Versicherungsrechtliche Missstandskontrolle	402	141
3. Kartellrechtliche Kontrollverfahren und Wettbewerbsrecht	404	142
a) Das System der kartellrechtlichen Legalfreistellung	405	142
b) Maßstab der kartellbehördlichen Kontrolle	408	143
c) Diskriminierungsverbot nach § 20 Abs. 1 GWB	411	144
d) Schutz vor unlauterem Wettbewerb (UWG)	412	145
III. Notarielle Kontrolle	415	145
IV. Inhaltskontrolle durch das Grundbuchamt	416	146

§ 15. Schranken der Inhaltskontrolle ... 418 146

I. Allgemeines	418	147
II. Zum Normverständnis des § 307 Abs. 3 BGB	420	147
1. Die amtliche Begründung des Regierungsentwurfs	421	148
2. Der doppelte Normzweck	422	148
a) Wahrung marktwirtschaftlicher Prinzipien	423	148
b) Bindung des Richters an Gesetz und Recht	424	149
3. Rückschlüsse aus der EG-Richtlinie über missbräuchliche Klauseln in Verbraucherverträgen	425	149
III. Transparenz als Vorbedingung der Kontrollfreiheit	428	151
IV. Deklaratorische Klauseln	431	152
1. Übereinstimmung mit Rechtsvorschriften	432	152
2. Gesetzlich eröffnete Gestaltungsmöglichkeiten	436	154
3. Ergänzungsbedürftige Regelungen	437	155
V. Festlegung der Hauptleistungspflichten	438	156
1. Leistungsbeschreibungen	439	156
a) Kernbereich vertraglicher Leistungsspezifikation	439	156
b) Modifikationen des Leistungsversprechens	441	157
c) Allgemeine Versicherungsbedingungen	442	157

	Rdn.	Seite
2. Preisvereinbarungen	443	159
a) Unmittelbare Preisabreden	443	159
b) Preisnebenabreden	445	160
c) Entgeltfestsetzungen für Neben- oder Sonderleistungen	446	161
3. Stellungnahme	448	161
a) Teilnahme an den Kontrollmechanismen von Markt und Wettbewerb?	449	162
b) Rückschlüsse aus den Klauselverboten der §§ 308 und 309 BGB	453	165
c) Exkurs: Kontrollfähigkeit von Entgeltabreden im Arbeitsrecht?	457	167
§ 16. Die Generalklausel	**460**	**168**
I. Grundlagen der Inhaltskontrolle	460	169
1. Inhaltskontrolle als Rechtsanwendung	460	169
2. Inhaltskontrolle als Wirksamkeitskontrolle	462	171
II. Bedeutung und Funktion des § 307 Abs. 1 und 2 BGB	463	171
III. Unangemessene Benachteiligung	466	172
1. Maßstab und Prüfungsgang	466	172
a) Benachteiligung	467	172
b) Unangemessenheit	468	173
2. Beurteilungszeitpunkt	472	174
3. Überindividuell-generalisierende Betrachtungsweise	473	175
4. Missbrauchskontrolle bei Verbraucherverträgen	475	175
a) Autonome Auslegung des Art. 3 Abs. 1 der Richtlinie?	475	176
b) Kombinationslösung nach § 310 Abs. 3 Nr. 3 BGB	477	177
5. Einzelne Wertungsgesichtspunkte	484	179
a) Gesamter Vertragsinhalt	485	179
(1) Summierungseffekt	486	179
(2) Kompensationswirkung	487	180
b) Rationalisierungseffekt	489	181
c) Risikobeherrschung	490	182
d) Versicherbarkeit	491	183
e) Unmaßgeblichkeit des Preisarguments	493	184
f) Verfassungsrechtliche Wertungen	495 a	185
IV. Die Regelung des § 307 Abs. 2 BGB	496	185
1. Einordnung als in sich abgeschlossene Sondertatbestände der Inhaltskontrolle	497	185
2. Verhältnis von § 307 Abs. 2 Nr. 1 zu Nr. 2 BGB	501	187
3. Unvereinbarkeit mit einem gesetzlichen Leitbild	502	188
a) „Wesentliche Grundgedanken der gesetzlichen Regelung"	503	188
b) Das Merkmal der „gesetzlichen Regelung"	505	189
(1) Gesetze im formellen und materiellen Sinne	506	190
(2) Ungeschriebene Rechtsgrundsätze und Richterrecht	509	191
(3) Vertragstypenspezifische Grundgedanken?	514	194
c) Die Merkmale des „Abweichens" und der „Unvereinbarkeit"	515	194
(1) Feststellung einer für den Vertragspartner negativen Rechtslagendivergenz	516	195
(2) Die Unvereinbarkeitsprüfung als abschließende Wertungsstation	518	196
d) Beispiele aus der Rechtsprechung	521	198
4. Vertragszweckgefährdende Einschränkung wesentlicher Rechte und Pflichten	522	202
a) Das Aushöhlungsverbot als Ausprägung des Verbots widersprüchlichen Verhaltens	523	202
b) Konkretisierung typischer Erwartungshorizonte auf der Grundlage des Verbots widersprüchlichen Verhaltens	527	203
(1) Wesentliche Rechte oder Pflichten aus der Natur des Vertrages	528	203
(a) Erwartungshorizont des durchschnittlichen Kunden	532	205
(b) Ausgangspunkt: das privatautonom gestaltete Pflichtenarrangement	534	206
(c) Außervertragliche Einflussfaktoren und normativ begründete Gerechtigkeitserwartungen	538	207

Inhaltsverzeichnis XV

	Rdn.	Seite
(2) Einschränkung – Enttäuschung des geweckten Vertrauens	545	212
(3) Vertragszweckgefährdung	546	212
c) Beispiele aus der Rechtsprechung	549	213
V. Der verbleibende Anwendungsbereich des § 307 Abs. 1 Satz 1 BGB	550	214
VI. Anwendung der Generalklausel im unternehmerischen Geschäftsverkehr	551	215
1. Maßstab der Angemessenheit	552	215
2. Ausstrahlung der Katalogtatbestände	554	217

§ 17. Das Transparenzgebot

	Rdn.	Seite
I. Grundlagen	560	219
1. Normative Verankerung des Transparenzgebots	560	219
2. Unangemessenheit durch Unklarheit?	564	220
II. Beurteilungsmaßstab	566	221
III. Einzelausprägungen	568	222
1. Gebot möglichster Klarheit und Durchschaubarkeit	569	222
2. Gebot möglichst weit gehender Konkretisierung und Bestimmtheit	571	223
3. Gebot der Rechtsklarheit (Täuschungsverbot)	572	224
IV. Grenzen der Transparenzanforderungen	573	225
V. Rechtsfolgen der Intransparenz	574	226

§ 18. Besondere Klauselverbote

	Rdn.	Seite
§ 18. Besondere Klauselverbote	576	226
I. Allgemeines	576	226
II. Klauselkataloge und Generalklausel	577	227
III. Das Konzept der §§ 308 und 309 BGB	578	228
1. Klauselverbote mit Wertungsmöglichkeit	579	228
2. Klauselverbote ohne Wertungsmöglichkeit	580	229
IV. Anhang der EG-Richtlinie	581	229
V. Eingeschränkte Inhaltskontrolle im Bereich der Versorgungsverträge	582	230

Sechster Abschnitt. Rechtsfolgen bei Nichteinbeziehung und Unwirksamkeit ... 583 232

§ 19. Grundsatz des Fortbestandes des Vertrages im Übrigen

	Rdn.	Seite
§ 19. Grundsatz des Fortbestandes des Vertrages im Übrigen	584	232
I. Regelungsanliegen und Anwendungsbereich des § 306 Abs. 1 BGB	584	232
II. Voraussetzungen der Aufrechterhaltung des Restgeschäfts	586	233
1. Unvollständigkeit des Vertrages infolge Nichtgeltung Allgemeiner Geschäftsbedingungen	586	233
2. Teilbarkeit des Vertrages	587	233
3. Gesamtunwirksamkeit bei Vielzahl unwirksamer Klauseln?	588	234

§ 20. Der Inhalt des wirksam gebliebenen Vertrages

	Rdn.	Seite
§ 20. Der Inhalt des wirksam gebliebenen Vertrages	591	236
I. Ersatzloser Wegfall einzelner AGB-Bestimmungen	591	236
II. Das Problem der geltungserhaltenden Reduktion	592	236
1. Grundsätzliches Verbot der geltungserhaltenden Reduktion	593	237
2. Ausnahmen vom Verbot der geltungserhaltenden Reduktion	599	240
a) Sachliche Teilbarkeit der Klausel	600	240
b) Personale Teilunwirksamkeit	601	241
c) Fertig bereit liegende Rechtsordnungen	602	241
d) Verschiedene Kundenkreise	604	242
e) Vertrauensschutz bei Gesetzes- oder Rechtsprechungsänderung	605	242
f) Besonderheiten des Arbeitsrechts?	607	243
III. Dispositives Recht als Regelersatzordnung	608	244
IV. Ergänzende Vertragsauslegung	611	245
1. Grundsätzliche Zulässigkeit	612	245
2. Voraussetzungen, Maßstab und Grenzen	615	246
V. Vertragliche Vorsorge	621	251
1. Salvatorische Klauseln	622	251
2. Bedingungsanpassungsklauseln	628	253

	Rdn.	Seite
§ 21. Unwirksamkeit des Vertrages als Ausnahme	632	254
I. Einordnung der Vorschrift des § 306 Abs. 3 BGB	632	254
II. Anwendungsfälle des § 306 Abs. 3 BGB	634	255
III. Unternehmerischer Geschäftsverkehr	635	256
§ 22. Schadensersatzpflicht des Verwenders AGB-gesetzwidriger Klauseln	636	256
I. Grundlage eines Schadensersatzanspruchs	636	256
II. Voraussetzungen der Haftung	637	257
III. Umfang der Haftung	638	257

Zweiter Teil. Ausgewählte Problemfelder der Inhaltskontrolle

	Rdn.	Seite
Erster Abschnitt. Erklärungen der Vertragsparteien	640	259
§ 23. Fingierte Erklärungen	640	259
I. Ausgangslage und Regelungsanliegen des § 308 Nr. 5 BGB	640	259
II. Anwendbarkeit und Inhalt der Vorschrift	645	260
1. Einschränkungen des Anwendungsbereichs	645	260
a) Verträge unter Zugrundelegung der VOB Teil B	645	260
b) Ausschluss von Vertragsschlusserklärungen	647	261
2. Erklärungsfiktionen	648	262
3. Wirksamkeitsschranken	651	262
a) Angemessene Erklärungsfrist	652	262
b) Besonderer Hinweis auf die Bedeutung des Verhaltens	653	263
c) Berechtigtes Interesse des Verwenders	654	263
d) Inhaltliche Vereinbarkeit der fingierten Erklärung mit den §§ 307 ff. BGB	656	264
III. Rechtsfolge des Fehlens einer der Voraussetzungen	657	264
IV. Unternehmerischer Geschäftsverkehr	658	265
§ 24. Zugangsfiktionen	659	265
I. Ausgangslage und Regelungsanliegen des § 308 Nr. 6 BGB	659	265
II. Inhalts des Verbots	663	266
1. Fiktion des Zugangs	663	266
2. Erklärungen von besonderer Bedeutung	667	267
III. Rechtfolgen eines Verstoßes	670	268
IV. Unternehmerischer Geschäftsverkehr	671	268
§ 25. Formerschwerungen	672	268
I. Allgemeines, Zweck des § 309 Nr. 13 BGB	672	268
II. Inhalt des Verbots	673	269
III. Rechtsfolgen eines Verstoßes	677	270
IV. Unternehmerischer Geschäftsverkehr	678	271
§ 26. Tatsachenbestätigungen	679	271
I. Allgemeines und Normzweck des § 309 Nr. 12 Buchst. b BGB	679	271
II. Umfang des Verbots	681	271
1. Änderung zum Nachteil des Vertragspartners	681	271
2. Erfasste Formen der Tatsachenbestätigungen	685	272
3. Empfangsbekenntnisse	687	273
4. Verhältnis zu anderen Vorschriften	689	274
III. Rechtsfolgen eines Verstoßes	690	274
IV. Unternehmerischer Geschäftsverkehr	691	274
Zweiter Abschnitt. Vertragsschluss	692	275
§ 27. Bindung an das Vertragsangebot	692	275
I. Gesetzliche Ausgangslage und Regelungsanliegen des § 308 Nr. 1 Halbsatz 1 Var. 1 BGB	692	275

	Rdn.	Seite
II. Anwendungsbereich und Inhalt des Klauselverbots	696	276
1. Unangemessen lange Fristen	699	276
2. Nicht hinreichend bestimmte Fristen	701	278
III. Rechtsfolgen eines Verstoßes	703	279
IV. Unternehmerischer Geschäftsverkehr	704	280

§ 28. Haftung des Abschlussvertreters ... 705 280

	Rdn.	Seite
I. Allgemeines	705	280
II. Regelungsbereich des § 309 Nr. 11 BGB	708	281
1. Eigenhaftung oder Einstandspflicht des Vertreters	709	281
2. Haftungsverschärfung für den Vertreter ohne Vertretungsmacht	714	283
III. Unternehmerischer Geschäftsverkehr	715	283

Dritter Abschnitt. Vertragsinhalt ... 716 284

§ 29. Laufzeit des Vertrages ... 716 284

	Rdn.	Seite
I. Das Klauselverbot des § 309 Nr. 9 BGB	717	284
1. Schutz vor übermäßig langer Vertragsbindung	718	284
2. Die tatbestandlich erfassten Vertragsarten	719	284
3. Ausnahmen von der Laufzeitbegrenzung für Dauerschuldverhältnisse	725	287
4. Laufzeit	726	287
5. Stillschweigende Vertragsverlängerung	732	289
6. Kündigungsfrist	733	289
7. Rechtsfolgen bei Überschreitung der Höchstgrenzen	735	289
8. Unternehmerischer Geschäftsverkehr	736	290
II. Inhaltskontrolle auf der Grundlage des § 307 BGB	737	290
1. Vertragslaufzeitklauseln	737	290
2. Verlängerungsklauseln	738	291
a) Automatische Verlängerungsklauseln	738	291
b) Optionsklauseln zur Laufzeitverlängerung	740	291

§ 30. Änderungen der Rechtszuständigkeit ... 741 292

	Rdn.	Seite
I. Wechsel des Vertragspartners (§ 309 Nr. 10 BGB)	741	292
1. Regelungsanliegen	742	292
2. Inhalt des Verbots	743	292
a) Erfasste Vertragsarten	743	292
b) Wechsel des Vertragspartners	744	293
c) Namentliche Bezeichnung	747	293
d) Lösungsrecht vom Vertrag	748	294
3. Anhang Nr. 1 p der Richtlinie 93/13/EWG	750	294
4. Unternehmerischer Geschäftsverkehr	751	295
II. Abtretungsverbote	752	295
1. Interessenlage und generelle Bewertung	753	295
2. Die Regelung des § 354 a HGB	754	296

§ 31. Leistungspflicht des Verwenders ... 758 297

	Rdn.	Seite
I. Leistungsfristen (§ 308 Nr. 1 Halbsatz 1 Var. 2 BGB)	758	297
1. Gesetzliche Ausgangslage und Regelungsanliegen	758	297
2. Inhalt des Klauselverbots	761	298
a) Leistungsfristen	761	298
b) Unangemessene Länge	764	299
c) Mangelnde Bestimmtheit	765	299
d) Ausnahme im Hinblick auf Widerrufsrechte bei Verbraucherverträgen	766	300
3. Rechtsfolgen eines Verstoßes	767	300
4. Unternehmerischer Geschäftsverkehr	768	301
II. Vorbehaltenes Lösungsrecht (§ 308 Nr. 3 und § 308 Nr. 8 BGB)	769	301
1. Gesetzliche Ausgangslage und Regelungsanliegen	769	301

		Rdn.	Seite
2. Inhalt des Klauselverbots des § 308 Nr. 3 BGB		773	302
a) Lösungsrecht		773	302
b) Ohne Angabe des Grundes		777	302
c) Ohne sachliche gerechtfertigen Grund		778	303
(1) Sphäre des Kunden		780	303
(2) Sphäre des Verwenders		783	305
d) Keine Geltung für Dauerschuldverhältnisse		785	306
3. Rechtsfolgen eines Verstoßes		786	306
4. Unternehmerischer Geschäftsverkehr		787	307
5. Das ergänzende Klauselverbot des § 308 Nr. 8 BGB		788	307
III. Änderungsvorbehalt (§ 308 Nr. 4 BGB)		789	307
1. Gesetzliche Ausgangslage und Regelungsanliegen		789	307
2. Anwendungsbereich		792	308
3. Inhalt des Klauselverbots		794	309
a) Änderung und Abweichung		794	309
b) Zumutbarkeit		796	309
4. Rechtsfolgen eines Verstoßes		800	311
5. Unternehmerischer Geschäftsverkehr		802	312
6. Änderungs- und Widerrufsvorbehalte in vorformulierten Arbeitsverträgen		803	312
IV. Kurzfristige Preiserhöhungen (§ 309 Nr. 1 BGB)		808	314
1. Gesetzliche Ausgangslage und Regelungsanliegen		808	314
2. Nr. 1 Buchst. l des Anhangs der Klauselrichtlinie		809	315
3. Inhalt des Klauselverbots		810	315
a) Erhöhung des Entgelts		811	316
b) Waren oder Leistungen		814	316
c) Viermonatsfrist		815	317
d) Ausnahmen von Dauerschuldverhältnissen		818	317
4. Preiserhöhungsklauseln in Reiseverträgen		820	318
5. Preiserhöhungsklauseln in längerfristigen Verträgen mit nichtunternehmerischen Kunden		821	318
6. Preisanpassungsklauseln in den Bedingungen der Energieversorgungsunternehmen		823	319
7. Rechtsfolgen eines Verstoßes		824	320
8. Unternehmerischer Geschäftsverkehr		825	321
§ 32. Gegenrechte des Kunden		828	321
I. Leistungsverweigerungsrechte (§ 309 Nr. 2 BGB)		828	321
1. Gesetzliche Ausgangslage und Regelungsanliegen		828	321
2. Inhalt des Klauselverbots		831	322
a) Schutz der Zug-um-Zug-Einrede durch § 309 Nr. 2 Buchst. a BGB		831	322
b) Schutz des Zurückbehaltungsrechts durch § 309 Nr. 2 Buchst. b BGB		833	322
c) Ausschluss und Einschränkung		834	323
3. Verhältnis zu anderen Vorschriften		836	324
4. Rechtsfolgen eines Verstoßes		839	325
5. Unternehmerischer Geschäftsverkehr		840	325
6. Exkurs: Vorleistungspflichten		842	326
II. Aufrechnung (§ 309 Nr. 3 BGB)		844	327
1. Aufrechnungsverbote		845	327
a) Aufrechnungsverbote in der vertraglichen Praxis		846	328
b) Inhalt des Klauselverbots des § 309 Nr. 3 BGB		848	328
(1) Unbestrittene und rechtskräftig festgestellte Forderungen		849	329
(2) Entscheidungsreife Forderungen		851	329
c) Rechtsfolgen zu weit reichender Aufrechnungsverbote		852	329
d) Unternehmerischer Geschäftsverkehr		854	330
2. Erweiterung der Aufrechnungsbefugnis des Verwenders		855	330

	Rdn.	Seite

Vierter Abschnitt. Leistungsstörungen 857 332

§ 33. Pflichtverletzungen des Verwenders 857 332
    I. Vorbehalt einer Nachfrist (§ 308 Nr. 2 BGB) 858 332
        1. Gesetzliche Ausgangslage und Regelungsanliegen 858 332
        2. Inhalt des Klauselverbots 861 333
            a) Vorbehalt einer Nachfrist 861 333
            b) Unangemessene Länge 862 333
            c) Nicht hinreichende Bestimmtheit 864 334
        3. Rechtsfolgen eines Verstoßes 865 334
        4. Unternehmerischer Geschäftsverkehr 866 334
    II. Ausschluss des Rechts, sich vom Vertrag zu lösen (§ 309 Nr. 8 Buchst. a BGB) 867 335
        1. Grund der Intervention 867 335
        2. Inhalt des Klauselverbots 868 335
        3. Verhältnis zu anderen Vorschriften 874 336
        4. Unternehmerischer Geschäftsverkehr 875 336

§ 34. Leistungsverzug des Kunden 876 336
    I. Allgemeines, Zweck des § 309 Nr. 4 BGB 876 336
    II. Inhalt des Klauselverbots 880 337
    III. Unternehmerischer Geschäftsverkehr 882 338

§ 35. Sanktionsvereinbarungen 883 339
    I. Vorkommen in der Praxis 883 339
    II. Pauschalierung von Schadensersatzansprüchen 884 339
        1. Allgemeines, Zweck 884 339
        2. Anwendungsbereich des § 309 Nr. 5 BGB 886 340
        3. Wirksamkeitsgrenzen 890 340
            a) Generell überhöhte Pauschalen 891 341
            b) Ausdrückliche Gestattung des Gegenbeweises 892 341
        4. Rechtsfolgen eines Verstoßes 893 341
        5. Unternehmerischer Geschäftsverkehr 894 341
    III. Vertragsstrafe 895 342
        1. Vertragsstrafe und verwandte Erscheinungen 895 342
        2. Gesetzgeberisches Regelungsanliegen 901 343
        3. Die Verbotstatbestände des § 309 Nr. 6 BGB im Einzelnen 903 344
            a) Nichtabnahme oder verspätete Abnahme der Leistung 904 344
            b) Zahlungsverzug 905 344
            c) Lösung vom Vertrag 907 344
        4. An § 307 BGB zu messende Klauselgestaltungen 908 345
            a) Höhe der Vertragsstrafe 909 345
            b) Verschuldensunabhängige Vertragsstrafe 910 345
        5. Rechtsfolgen eines Verstoßes 911 346
        6. Vertragsstrafenversprechen in Arbeitsverträgen 912 346
        7. Unternehmerischer Geschäftsverkehr 917 347

Fünfter Abschnitt. Gewährleistungshaftung 918 349

§ 36. Die Gewährleistung für fehlerhafte Sachen und Leistungen 918 349
    I. Allgemeines 918 349
    II. Der sachliche Anwendungsbereich des § 309 Nr. 8 Buchst. b BGB ... 920 350
        1. Lieferung neu hergestellter Sachen 921 350
        2. Werkleistungen 927 351
    III. Ausschluss und Verweisung auf Dritte 928 351
        1. Verbot des vollständigen oder teilweisen Ausschlusses 929 351
        2. Verbot der Ersetzung der Gewährleistung durch Einräumung von Ansprüchen gegen Dritte 931 352
        3. Eingeschränktes Verbot einer nur subsidiären Eigenhaftung 932 352

	Rdn.	Seite
IV. Anspruch auf Nacherfüllung	937	353
1. Beschränkung auf Nacherfüllung	937	353
2. Aufwendungen bei Nacherfüllung	940	354
3. Vorenthalten der Nacherfüllung	942	355
V. Ausschlussfrist für Mängelanzeige	943	355
VI. Erleichterung der Verjährung	947	356
VII. Gewährleistungsklauseln bei Lieferung gebrauchter Sachen	953	358
VIII. Gewährleistungsklauseln im unternehmerischen Geschäftsverkehr	956	359
IX. Garantiebedingungen	964	361

Sechster Abschnitt. Haftung ... 966 363

§ 37. Haftungsfreizeichnungen und -beschränkungen ... 966 363

	Rdn.	Seite
I. Die Klauselverbote des § 309 Nr. 7 BGB	966	363
1. Anwendungsbereich	967	363
a) Vertragliche und gesetzliche Schadensersatzansprüche	967	363
b) Vertragstypbezogene Ausnahmen	968	364
2. Freizeichnungsverbot für Verletzung höchstrangiger Rechtsgüter	970	365
3. Freizeichnungsverbot für grobes Verschulden	972	365
4. Ausschluss und Begrenzung der Haftung	973	366
II. Haftung für einfache Fahrlässigkeit im nichtunternehmerischen Verkehr	976	367
III. Haftung im unternehmerischen Geschäftsverkehr	979	368
IV. Rechtsfolgen eines Verstoßes	985	370
V. Sonderregelungen im Recht der freien Berufe	987	370
VI. Sonderregelungen im Transportrecht	989	371
VII. Exkurs: Dispositivität der Haftungsprivilegierung des Arbeitnehmers?	990	372

Siebter Abschnitt. Vertragsabwicklung ... 993 373

§ 38. Zahlungspflichten bei Beendigung des Vertragsverhältnisses ... 993 373

	Rdn.	Seite
I. Regelungsanliegen des § 308 Nr. 7 BGB	993	373
II. Der Verbotstatbestand des § 308 Nr. 7 BGB im Einzelnen	995	373
1. Erfasste Beendigungsformen	996	374
a) Rücktritt und Kündigung	996	374
b) Andere Arten der Vertragsauflösung	997	374
2. Vergütungs- und Aufwendungsersatzansprüche des Verwenders infolge der Vertragsauflösung	998	375
3. Unangemessene Höhe	999	375
III. Verhältnis zu anderen Vorschriften	1003	376
1. § 309 Nr. 5 BGB	1003	376
2. Verbraucherschützende Sondervorschriften	1004	377
IV. Folge der Unwirksamkeit	1005	377
V. Unternehmerischer Geschäftsverkehr	1006	377

Achter Abschnitt. Sicherungsvereinbarungen ... 1007 378

§ 39. Eigentumsvorbehalt ... 1008 378

	Rdn.	Seite
I. Einfacher Eigentumsvorbehalt	1008	378
1. Vereinbarung und Ausschluss des Eigentumsvorbehalts	1009	379
2. Abbedingung des Fristsetzungserfordernisses für den Rücktritt des Vorbehaltsverkäufers	1014	379
II. Erweiterter Eigentumsvorbehalt	1016	380
1. Kontokorrentvorbehalt	1017	381
2. Konzernvorbehalt	1024	382
III. Verlängerter Eigentumsvorbehalt	1025	382

§ 40. Globalsicherheiten ... 1028 383

	Rdn.	Seite
I. Freigaberegelungen	1030	384
II. Deckungsgrenze und Bewertung der Sicherheit	1032	385

	Rdn.	Seite

Neunter Abschnitt. Prozessbezogene Klauseln 1033   386

§ 41. Beweislastvereinbarungen 1034   386
    I. Allgemeines und Normzweck des § 309 Nr. 12 BGB 1034   386
    II. Voraussetzungen und Umfang des Verbots 1036   387
        1. Beweislastgrundsätze 1036   387
        2. Änderung zum Nachteil des anderen Vertragsteils 1038   388
        3. Teleologische Reduktion des § 309 Nr. 12 BGB? 1045   389
        4. Verhältnis zu anderen Vorschriften 1046   390
    III. Rechtsfolgen eines Verstoßes 1048   390
    IV. Unternehmerischer Geschäftsverkehr 1049   390

§ 42. Gerichtsstands- und Schiedsvereinbarungen 1050   391
    I. Gerichtsstandsvereinbarungen 1050   391
        1. Nichtkaufmännischer Geschäftsverkehr 1052   391
        2. Kaufmännischer Geschäftsverkehr 1053   392
        3. Gerichtsstandsklauseln im internationalen Rechtsverkehr 1055   393
            a) Allgemeines 1055   393
            b) Vorrang des Art. 23 EuGVVO vor § 38 ZPO 1058   393
            c) Voraussetzungen einer Gerichtsstandsvereinbarung in Allgemeinen Geschäftsbedingungen 1063   394
                (1) Wahl der Gerichte eines EU-Mitgliedstaates 1063   394
                (2) Konsens 1064   394
                (3) Form 1066   395
                (4) Keine besonderen persönlichen Eigenschaften 1068   396
            d) Wirksamkeit und Inhaltskontrolle 1069   396
    II. Schiedsvereinbarungen 1072   396
        1. Schiedsvereinbarungen und Schiedsgutachtenklauseln 1072   397
        2. Zulässigkeit von Schiedsvereinbarungen 1074   397

Zehnter Abschnitt. Mietvertragsklauseln 1077   399

§ 43. Schönheitsreparaturklauseln und andere typische Klauseln in Wohnraummietverträgen 1077   399
    I. Allgemeines 1077   399
    II. Klauseln betreffend den Gebrauch der Wohnung 1078   399
        1. Anbringen von Parabolantennen 1080   400
        2. Tierhaltung 1082   400
        3. Rauchen 1084   401
        4. Haftungserweiterungen 1086   401
    III. Klauseln betreffend die Instandhaltung der Wohnung 1088   401
        1. Allgemeines 1088   401
        2. Schönheitsreparaturen 1089   402
            a) Begriff 1089   402
            b) Grundsätzliche Zulässigkeit der Verlagerung auf den Mieter 1090   402
            c) Ausführung und Qualität 1091   402
            d) Anfangsrenovierung 1092   403
            e) Fristenpläne 1094   403
            f) Endrenovierung 1098   405
            g) Abgeltungsklauseln 1102   406
        3. Kleinreparaturen 1104   407
    IV. Klauseln betreffend die Vertragsbeendigung und die Rückgabe der Wohnung 1106   407
        1. Ausschluss des Kündigungsrechts 1106   407
        2. Rückgabe der Wohnung 1108   408

	Rdn.	Seite

Dritter Teil. Das Verbandsklageverfahren

	Rdn.	Seite
Erster Abschnitt. Allgemeines zur Verfahrensregelung	1110	409
§ 44. Das Unterlassungsklagegesetz und die Unterlassungsklagerichtlinie 98/27/EG	1110	409
I. Das Regelungsmodell des Unterlassungsklagegesetzes	1110	409
1. Die Trias verbraucherschützender Verbandsklagen	1110	409
2. Die Verbandsklage als wesentliche Ergänzung des materiellen Rechts	1111	410
3. Anwendungsbereich	1114	410
II. Einflüsse des europäischen Richtlinienrechts	1115	410
§ 45. Rechtspolitische Bewertung	1118	411
I. Die Entscheidung für ein abstraktes gerichtliches Prüfungsverfahren	1118	412
II. Die Schaffung eines Unterlassungsklagegesetzes	1121	413
III. Perspektiven der Verbandsklage	1123	413
Zweiter Abschnitt. Der Unterlassungs- und Widerrufsanspruch	1125	415
§ 46. Voraussetzungen, Inhalt und Rechtsnatur der Ansprüche	1125	415
I. Unterlassungsanspruch gegen den Verwender	1125	415
1. Unwirksame AGB-Bestimmungen als Angriffsobjekt	1125	415
2. „Verwendung" von AGB-Bestimmungen	1127	416
3. Wiederholungsgefahr	1130	417
4. Inhalt des Anspruchs	1132	417
II. Unterlassungs- und Widerrufsanspruch gegen den Empfehler	1134	418
1. Unterlassungs- und Widerrufsanspruch	1134	418
2. „Empfehlung" von AGB-Bestimmungen	1136	418
3. Inhalt der Ansprüche	1137	419
III. Rechtsnatur des Unterlassungs- und Widerrufsanspruchs	1138	419
IV. Auskunftsanspruch nach § 13 UKlaG	1141	420
V. Verjährung der Ansprüche	1144	421
§ 47. Anspruchsberechtigte Stellen	1145	421
I. Qualifizierte Einrichtungen	1146	421
II. Rechtsfähige Verbände zur Förderung gewerblicher oder selbstständiger beruflicher Interessen	1152	423
III. Industrie- und Handelskammer sowie Handwerkskammern	1157	424
IV. Zession der Ansprüche	1158	424
Dritter Abschnitt. Verfahrensrechtliche Aspekte der Anspruchsdurchsetzung	1159	425
§ 48. Vorprozessuale Abmahnung	1159	425
I. Funktion der Abmahnung	1159	425
II. Inhalt der Abmahnung	1160	425
III. Kostenerstattung	1166	427
§ 49. Einstweilige Verfügung	1167	427
I. Allgemeines	1167	427
II. Voraussetzungen	1169	428
III. Verfahren	1172	428
§ 50. Klageverfahren	1173	429
I. Ausschließliche Zuständigkeit der Landgerichte	1175	429
1. Reichweite der Zuständigkeitszuweisung	1177	430
2. Örtliche Zuständigkeit	1179	430
II. Anhörung von Behörden	1184	431
III. Streitwert	1189	433

	Rdn.	Seite
IV. Klageantrag und Urteilsformel im Verbandsklageverfahren	1193	434
1. Klageantrag	1194	434
2. Urteilsformel	1198	435
V. Veröffentlichungsbefugnis	1201	435
VI. Wirkungen des Urteils	1203	436
VII. „Vollstreckungsabwehrklage" nach § 10 UKlaG	1204	437
VIII. Entscheidungsregister	1206	437
Anhang: Checkliste		439
Sachverzeichnis		441

Abkürzungsverzeichnis

a. A.	anderer Ansicht
a. E.	am Ende
ABB	Allgemeine Beförderungsbedingungen für Fluggäste und Gepäck
abgedr.	abgedruckt
abl.	ablehnend
ABl.	Amtsblatt
Abs.	Absatz
abw.	abweichend
AcP	Archiv für die civilistische Praxis (Zeitschrift)
ADSp	Allgemeine Deutsche Spediteurbedingungen
AG	Aktiengesellschaft; Amtsgericht; Die Aktiengesellschaft (Zeitschrift)
AGBE	Bunte, Entscheidungssammlung zum AGB-Gesetz, Band I–V, 1982 ff.
AGBG	Gesetz zur Regelung des Rechts der Allgemeinen Geschäftsbedingungen
AGNB	Allgemeine Beförderungsbedingungen für den gewerblichen Güternahverkehr mit Kraftfahrzeugen
AktG	Aktiengesetz
allg.	allgemeine
Alt.	Alternative
amtl.	amtlich
Anh.	Anhang
Anm.	Anmerkung
AnwBl	Anwaltsblatt (Zeitschrift)
AP	Arbeitsrechtliche Praxis, Nachschlagewerk des Bundesarbeitsgerichts
arg.	argumentum
Art.	Artikel
ARSt	Arbeitsrecht in Stichworten (Zeitschrift)
Aufl.	Auflage
AuR	Arbeit und Recht (Zeitschrift)
AuslInvestmG	Auslandinvestment-Gesetz
AVB	Allgemeine Versicherungsbedingungen
AVBEltV	Verordnung über allgemeine Bedingungen für die Elektrizitätsversorgung von Tarifkunden
AVBFernwärmeV	Verordnung über allgemeine Bedingungen für die Versorgung mit Fernwärme
AVBGasV	Verordnung über allgemeine Bedingungen für die Gasversorgung von Tarifkunden
AVBWasserV	Verordnung über allgemeine Bedingungen für die Versorgung mit Wasser
BAG	Bundesarbeitsgericht
BAnz	Bundesanzeiger
BauR	Baurecht, Zeitschrift für des gesamte öffentliche und zivile Baurecht
BayObLG	Bayerisches Oberstes Landesgericht
BayObLGZ	Entscheidungen des Bayerischen Obersten Landesgerichts in Zivilsachen
BB	Betriebs-Berater (Zeitschrift)
BBiG	Berufsbildungsgesetz
Bd.	Band
BeckRS	Rechtsprechung, Online-Datenbank
Beil.	Beilage
betr.	betreffend
BetrVG	Betriebsverfassungsgesetz
BeurkG	Beurkundungsgesetz

Abkürzungsverzeichnis

BGB	Bürgerliches Gesetzbuch
BGBl.	Bundesgesetzblatt
BGH	Bundesgerichtshof
BGHZ	Entscheidungen des Bundesgerichtshofes in Zivilsachen
BKR	Bank- und Kapitalmarktrecht (Zeitschrift)
BMJ	Bundesministerium der Justiz
BNotO	Bundesnotarordnung
BPflVO	Bundespflegesatzverordnung
BRAGO	Bundesrechtsanwaltsgebührenordnung
BRAO	Bundesrechtsanwaltsordnung
BR-Drucks.	Drucksache des Deutschen Bundesrates
Bspl.	Beispiel
BT-Drucks.	Drucksache des Deutschen Bundestages
Buchst.	Buchstabe
BVerfG	Bundesverfassungsgericht
BVerfGE	Entscheidungen des Bundesverfassungsgerichts
BVerwG	Bundesverwaltungsgericht
BvS	Bundesanstalt für vereinigungsbedingte Sonderaufgaben
bzw.	beziehungsweise
CISG	Convention on International Sales of Goods = UN-Kaufrecht
CMR	Übereinkommen über den Beförderungsvertrag im internationalen Straßengüterverkehr vom 19. 5. 1956/16. 8. 1961 (BGBl. 1961 II 1119, 1962 II 12) mit späteren Änderungen
DAR	Deutsches Autorecht (Zeitschrift)
d. h.	das heißt
DB	Der Betrieb (Zeitschrift)
ders.	derselbe
dies.	dieselbe(n)
Diss.	Dissertation
DJT	Deutscher Juristentag
DNotZ	Deutsche Notar-Zeitschrift
Dok.	Dokument
DRiZ	Deutsche Richterzeitung (Zeitschrift)
DRW	Deutsche Rechtswissenschaft (Zeitschrift)
DStR	Deutsches Steuerrecht (Zeitschrift)
DWW	Deutsche Wohnungswirtschaft (Zeitschrift)
DZWiR	Deutsche Zeitschrift für Wirtschaftsrecht
e. V.	eingetragener Verein
EG	Europäische Gemeinschaft
EGBGB	Einführungsgesetz zum Bürgerlichen Gesetzbuch
EGV	Vertrag zur Gründung der Europäischen Gemeinschaft vom 25. 3. 1957, BGBl. II, S. 766; i. d. F. des Vertrages über die Europäische Union v. 7. 2. 1992, BGBl. II, S. 1253/1256 zuletzt geändert durch den Amsterdamer Vertrag vom 2. 10. 1997, BGBl. 1998 II, S. 387, berichtigt BGBl. 1999 II, S. 416
EGZPO	Einführungsgesetz zur ZPO
Einf.	Einführung
Einl.	Einleitung
EnergiewirtschaftsG	Energiewirtschaftsgesetz
etc.	et cetera
EuGH	Gerichtshof der Europäischen Gemeinschaften
EuGVÜ	Übereinkommen der Europäischen Gemeinschaft über die gerichtliche Zuständigkeit und die Vollstreckung gerichtlicher Entscheidungen in Zivil- und Handelssachen
EuGVVO	Verordnung (EG) Nr. 44/2001 des Rates vom 22. Dezember 2000 über die gerichtliche Zuständigkeit und die Anerkennung und Vollstreckung

Abkürzungsverzeichnis XXVII

	von Entscheidungen in Zivil- und Handelssachen; in Kraft getreten am 1. März 2002; löst das EuGVÜ ab.
EuZW	Europäische Zeitschrift für Wirtschaftsrecht
EVÜ	(Europäisches) Übereinkommen über das auf vertragliche Schuldverhältnisse anzuwendende Recht v. 19. 6. 1980 (BGBl. 1986 II, S. 80; 1991 II, S. 871)
EWG	Europäische Wirtschaftsgemeinschaft
EWGV	Vertrag zur Gründung der Europäischen Wirtschaftsgemeinschaft vom 25. 3. 1957, BGBl. II S. 766
EWS	Europäisches Wirtschafts- und Steuerrecht (Zeitschrift)
EzA	Entscheidungssammlung zum Arbeitsrecht
f., ff.	folgend(e)
FernUSG	Fernunterrichtsschutzgesetz
FS	Festschrift
GBl.-DDR	Gesetzblatt der Deutschen Demokratischen Republik
GEMA	Gesellschaft für musikalische Aufführungs- und mechanische Vervielfältigungsrechte
GenG	Gesetz betreffend die Erwerbs- und Wirtschaftsgenossenschaften
GewO	Gewerbeordnung
GG	Grundgesetz
ggf.	gegebenenfalls
GmbH	Gesellschaft mit beschränkter Haftung
grundl.	grundlegend
GS	Großer Senat
GVBl.	Gesetz- und Verordnungsblatt
GVG	Gerichtsverfassungsgesetz
GWB	Gesetz gegen Wettbewerbsbeschränkungen
h. M.	herrschende Meinung
Habil.	Habilitation
Halbs.	Halbsatz
HaustürWG	Gesetz über den Widerruf von Haustürgeschäften und ähnlichen Geschäften
HeimG	Heimgesetz
HGB	Handelsgesetzbuch
Hrsg.; hrsg.	Herausgeber; herausgegeben
i. d. F.	in der Fassung
i. S.	im Sinne
i. V. m.	in Verbindung mit
insbes.	insbesondere
InvG	Investmentgesetz
IPR	Internationales Privatrecht
IPrax	Praxis des internationalen Privat- und Verfahrensrechts (Zeitschrift)
JA	Juristische Arbeitsblätter (Zeitschrift)
JherJb	Jherings Jahrbücher der Dogmatik des bürgerlichen Rechts
JR	Juristische Rundschau (Zeitschrift)
Jura	Juristische Ausbildung (Zeitschrift)
JuS	Juristische Schulung (Zeitschrift)
JW	Juristische Wochenschrift (Zeitschrift)
JZ	Juristenzeitung (Zeitschrift)
KG	Kammergericht; Kommanditgesellschaft
KGaA	Kommanditgesellschaft auf Aktien
KSchG	Kündigungsschutzgesetz

LG	Landgericht
lit.	litera
LM	Lindenmayer-Möhring, Nachschlagewerk des Bundesgerichtshofs
m. E.	meines Erachtens
m. w. N.	mit weiteren Nachweisen
MDR	Monatsschrift für Deutsches Recht (Zeitschrift)
MMR	Multi Media & Recht (Zeitschrift)
NachwG	Nachweisgesetz
n. F.	neue Fassung
NJW	Neue Juristische Wochenschrift (Zeitschrift)
NJW-RR	NJW-Rechtsprechungs-Report Zivilrecht (Zeitschrift)
Nr.; Nrn.	Nummer; Nummern
n. v.	nicht veröffentlicht
NVersZ	Neue Zeitschrift für Versicherung und Recht
NZA	Neue Zeitschrift für Arbeitsrecht
NZA-RR	NZA-Rechtsprechungs-Report Arbeitsrecht
NZBau	Neue Zeitschrift für Baurecht und Vergaberecht
NZG	Neue Zeitschrift für Gesellschaftsrecht
NZM	Neue Zeitschrift für Miet- und Wohnungsrecht
o. g.	oben genannt
OHG	Offene Handelsgesellschaft
OLG	Oberlandesgericht
OLGR	OLG-Report
PatAnwO	Patentanwaltsordnung
PBefG	Personenbeförderungsgesetz
PflVG	Pflichtversicherungsgesetz
RabelsZ	Zeitschrift für ausländisches und internationales Privatrecht
RdA	Recht der Arbeit (Zeitschrift)
Rdn.	Randnummer
RegE	Regierungsentwurf
RG	Reichsgericht
RGZ	Entscheidungen des Reichsgerichts in Zivilsachen
RiLi	Richtlinie
RIW	Recht der internationalen Wirtschaft (Zeitschrift)
Rpfleger	Der Deutsche Rechtspfleger (Zeitschrift)
S.	Seite oder Satz
SAE	Sammlung arbeitsrechtlicher Entscheidungen (Zeitschrift)
s. o.	siehe oben
sog.	sogenannt
StBerG	Steuerberatungsgesetz
TVG	Tarifvertragsgesetz
TzWrG	Teilzeit-Wohnrechtegesetz
u. a.	unter anderem
UKlaG	Unterlassungsklagengesetz
usw.	und so weiter
u. U.	unter Umständen
umstr.	umstritten
UWG	Gesetz gegen den unlauteren Wettbewerb
v.	vom; von
v. H.	vom Hundert

Abkürzungsverzeichnis XXIX

VAG	Versicherungsaufsichtsgesetz
Var.	Variante
VDMA	Verband Deutscher Maschinen- und Anlagenbau e. V., früher: Verein Deutscher Maschinenbau-Anstalten e. V.
VerbrKrG	Verbraucherkreditgesetz
VersR	Versicherungsrecht (Zeitschrift)
vgl.	vergleiche
VO	Verordnung
VOB	Vergabe und Vertragsordnung für Bauleistungen
Voraufl.	Vorauflage
Vorb.	Vorbemerkung
Vorbem.	Vorbemerkung
VuR	Verbraucher und Recht (Zeitschrift)
VVaG	Versicherungsverein auf Gegenseitigkeit
VVG	Gesetz über den Versicherungsvertrag
Warn.	Warneyer, Die Rechtsprechung des Reichsgerichts
WEG	Wohnungseigentumsgesetz
WiB	Wirtschaftsrechtliche Beratung (Zeitschrift)
WiPrO	Wirtschaftsprüferordnung
WM	Wertpapier-Mitteilungen (Zeitschrift)
WPO	Wirtschaftsprüferordnung
WRP	Wettbewerb in Recht und Praxis (Zeitschrift)
WRV	Weimarer Reichsverfassung
z. B.	zum Beispiel
ZAkDR	Zeitschrift der Akademie für Deutsches Recht
ZBB	Zeitschrift für Bankrecht und Bankwirtschaft
ZEuP	Zeitschrift für Europäisches Privatrecht
ZfBR	Zeitschrift für deutsches und internationales Baurecht
ZfRV	Zeitschrift für Rechtsvergleichung
ZGR	Zeitschrift für Unternehmens- und Gesellschaftsrecht
ZGS	Zeitschrift für das gesamte Schuldrecht
ZHR	Zeitschrift für des gesamte Handelsrecht und Wirtschaftsrecht
Ziff.	Ziffer
ZIP	Zeitschrift für Wirtschaftsrecht
ZMR	Zeitschrift für Miet- und Raumrecht
ZPO	Zivilprozessordnung
zust.	Zustimmend
ZTR	Zeitschrift für Tarifrecht
ZVglRWiss	Zeitschrift für Vergleichende Rechtswissenschaft
ZZP	Zeitschrift für Zivilprozess

Paragraphen ohne Gesetzesangabe sind solche des BGB.

Literaturverzeichnis

(vgl. auch das Schrifttum zu Spezialthemen vor den einzelnen Textabschnitten)

AGB-Klauselwerke-Bearbeiter	Graf von Westphalen (Hrsg.), Vertragsrecht und AGB-Klauselwerke, Loseblatt, Stand 2008
AnwKomm-*Bearbeiter* ...	*Dauner-Lieb/Heidel/Ring* (Hrsg.), Anwaltkommentar BGB, Band 2, Teilband 1, 2005
AnwKomm Schuldrecht-*Bearbeiter*	*Dauner-Lieb/Heidel/Lepa/Ring* (Hrsg.), Anwaltkommentar Schuldrecht, 2002
Arbeitsvertrag-*Bearbeiter*	Preis (Hrsg.), Der Arbeitsvertrag, 2. Aufl. 2005
Bamberger/Roth-*Bearbeiter*	Bamberger/Roth, Kommentar zum Bürgerlichen Gesetzbuch, 2. Aufl. 2007
Baumbach-Hopt	Handelsgesetzbuch, 33. Aufl. 2007
Bunte	Bunte, Handbuch der Allgemeinen Geschäftsbedingungen, 1982
Däubler/Dorndorf/Bonin/Deinert	Däubler/Dorndorf/Bonin/Deinert AGB im Arbeitsrecht, 2. Aufl. 2008
Dietlein/Rebmann	Dietlein/Rebmann, AGB-aktuell Erläuterungen zum Gesetz zur Regelung des Rechts der Allgemeinen Geschäftsbedingungen, 1976
Dittmann/Stahl	Dittmann/Stahl, Allgemeine Geschäftsbedingungen: AGB, 1977
ErfK-*Bearbeiter*	Müller-Glöge/Preis/Schmidt (Hrsg.), Erfurter Kommentar zum Arbeitsrecht, 8. Aufl. 2008
Erman-*Bearbeiter*	Erman, Bürgerliches Gesetzbuch: Handkommentar, 12. Aufl. 2008
Fastrich, Inhaltskontrolle	Fastrich, Richterliche Inhaltskontrolle im Privatrecht, 1992 (Habil. München)
Flume, Rechtsgeschäft	Flume, Allgemeiner Teil des Bürgerlichen Rechts, Zweiter Band, Das Rechtsgeschäft, 4. Aufl. 1992
Gotthardt	Arbeitsrecht nach der Schuldrechtsreform, 2. Aufl. 2003
Grabitz/Hilf-*Bearbeiter*	Grabitz/Hilf, Recht der Europäischen Union, Teil II: Sekundärrecht, (Loseblatt), Stand 2008
Hefermehl-*Bearbeiter*	Hefermehl/Köhler/Bornkamp, Gesetz gegen den unlauteren Wettbewerb, Kommentar, 26. Aufl. 2008
HK-*Bearbeiter*	Bürgerliches Gesetzbuch, Handkommentar, 5. Aufl. 2006
HKK-*Bearbeiter*	Historisch-kritischer Kommentar zum BGB, Bd. II, Teilband 2, §§ 305–310 BGB, 2007
von Hoyningen-Huene	von Hoyningen-Huene, Die Inhaltskontrolle nach § 9 AGB-Gesetz, 1991
Jauernig-*Bearbeiter*	Jauernig, Bürgerliches Gesetzbuch, 12. Aufl. 2007
Koch/Stübing	Koch/Stübing, Allgemeine Geschäftsbedingungen, Kommentar, 1977
Larenz/Wolf, Allgemeiner Teil	Larenz/Wolf, Allgemeiner Teil des deutschen Bürgerlichen Rechts, 9. Aufl. 2004
Locher, Recht der AGB ..	Locher, Das Recht der Allgemeinen Geschäftsbedingungen, 3. Aufl. 1997
Löwe/Graf von Westphalen/Trinkner	Löwe/Graf von Westphalen/Trinkner, Kommentar zum Gesetz zur Regelung der Allgemeinen Geschäftsbedingungen, 1977; Band II: §§ 10–30, 2. Aufl. 1983; Band III: Einzelklauseln und Klauselwerke, 2. Aufl. 1985
MünchArbR-*Bearbeiter*	Richardi/Wlotzke (Hrsg.), Münchener Handbuch zum Arbeitsrecht, 2. Aufl. 2000

MünchKomm-*Bearbeiter*	Münchener Kommentar zum Bürgerlichen Gesetzbuch, 5. Auflage 2007 ff.
MünchKomm ZPO-*Bearbeiter*	Münchener Kommentar zur Zivilprozessordnung, 3. Aufl. 2007 f.
Palandt-*Bearbeiter*	Palandt, Bürgerliches Gesetzbuch, 67. Aufl. 2008
Preis, Vertragsgestaltung	Grundfragen der Vertragsgestaltung im Arbeitsrecht, 1993
Prütting/Wegen/ Weinreich-*Bearbeiter*	Prütting/Wegen/Weinreich, BGB Kommentar, 3. Aufl. 2008
Raiser, AGB	Raiser, Das Recht der Allgemeinen Geschäftsbedingungen, 1935
Schlosser/Coester-Waltjen/Graba	Schlosser/Coester-Waltjen/Graba, Kommentar zum Gesetz zur Regelung des Rechts der Allgemeinen Geschäftsbedingungen, 1977
Schlünder	AGB Prüfung und Gestaltung, 1994
Schmidt-Salzer, AGB	Schmidt-Salzer, Allgemeine Geschäftsbedingungen, 2. Aufl. 1977
Schmidt-Salzer, AGB, 1971	Schmidt-Salzer, Allgemeine Geschäftsbedingungen, 1971
Schwab............................	AGB-Recht, 2008
Soergel-*Bearbeiter*	Soergel, Bürgerliches Gesetzbuch mit Einführungsgesetz und Nebengesetzen, Kommentar, 12. Aufl. 1987 ff.
Staudinger-*Bearbeiter*	Staudinger, Kommentar zum BGB, §§ 305–310; UKlaG (Recht der Allgemeinen Geschäftsbedingungen, Neubearbeitung 2006.
Stein	Stein, Gesetz zur Regelung des Rechts der Allgemeinen Geschäftsbedingungen, Kommentar, 1977
Stoffels, Gesetzlich nicht geregelte Schuldverträge	Stoffels, Gesetzlich nicht geregelte Schuldverträge – Rechtsfindung und Inhaltskontrolle, 2001
Thamm/Pilger	Thamm/Pilger, Taschenkommentar zum AGB-Gesetz, 1998
Thüsing AGB-Kontrolle im Arbeitsrecht..................	AGB-Kontrolle im Arbeitsrecht, 2007
Ulmer-*Bearbeiter*	Ulmer/Brandner/Hensen, AGB-Recht: Kommentar zu den §§ 305–310 BGB und zum UKlaG, 10. Aufl. 2006
Wolf-*Bearbeiter*	Wolf/Horn/Lindacher, AGB-Gesetz: Gesetz zur Regelung des Rechts der Allgemeinen Geschäftsbedingungen; Kommentar, 4. Aufl. 1999

# Erster Teil.
Allgemeiner Teil des Rechts der Allgemeinen Geschäftsbedingungen

Erster Abschnitt.
Grundlagen

§ 1. Einführung

I. Bedeutung des Rechts der Allgemeinen Geschäftsbedingungen

Literatur: *Kötz*, in: Verhandlungen des 50. Deutschen Juristentages, Hamburg 1974, Band I (Gutachten), A 12–A 23.

Das **wirtschaftliche Gewicht** und der **Verbreitungsgrad Allgemeiner Geschäftsbedingungen** im heutigen Wirtschaftsleben können kaum überschätzt werden. Der **private Kunde** wird mit ihnen in fast jeder Lebenssituation konfrontiert. Abgesehen von den Bargeschäften über den Kauf von Waren des täglichen Gebrauchs (Brötchen beim Bäcker) werden nahezu alle Verträge von einigem wirtschaftlichem Gewicht unter Zugrundelegung Allgemeiner Geschäftsbedingungen abgeschlossen; man denke z.B. an Kaufverträge über Elektrogeräte, Autos oder Möbel, den Abschluss eines Reise- oder Versicherungsvertrages, die Eingehung eines Miet- oder Arbeitsverhältnisses, Verträge über die Belieferung mit Strom und Gas, der Aufnahmevertrag eines Krankenhauses endend mit vorformulierten Heimverträgen und den Bedingungen der Bestattungsunternehmen. Aber auch das private Glück bleibt von Allgemeinen Geschäftsbedingungen nicht unbeeinflusst; erwähnt seien hier die Lotto- und Toto-Teilnahmebedingungen und die Bedingungswerke der Ehevermittlungsinstitute. Durch Allgemeine Geschäftsbedingungen geregelt werden weiterhin die Beziehungen des Kunden zu seiner Bank. Ferner sind nahezu alle modernen Vertragstypen, die sich häufig in Anlehnung an US-amerikanische Vorbilder entwickelt haben, durch Allgemeine Geschäftsbedingungen geprägt. Leasingrecht ist beispielsweise schon früh als „Formularrecht par excellence" bezeichnet worden.[1] 1

Aber nicht nur der private Kunde ist von Allgemeinen Geschäftsbedingungen umgeben. Auch Verträge unter **Kaufleuten** werden weithin unter Zugrundelegung Allgemeiner Geschäftsbedingungen geschlossen. Man denke hier an Allgemeine Einkaufs- und Verkaufsbedingungen, an Franchiseverträge, Subunternehmerverträge und Vertragshändlerverträge. 2

Hinsichtlich der Einzelheiten der rechtstatsächlichen Verbreitung Allgemeiner Geschäftsbedingungen fehlt es an konkreten statistischen Daten. Gesichert dürfte die Aussage sein, dass die Vertragspraxis in der Zeit nach Inkrafttreten des AGB-Gesetzes deutlich erkennbar **zu einheitlichen standardisierten Vertragsbedingungen für gesamte Branchen tendierte**.[2] Infolge dieser Vereinheitlichungsbestrebungen dürfte die in der Be- 3

---

[1] *Reich*, in: Vertragsschuldverhältnisse, 1974, S. 51. Den regelmäßigen AGB-Charakter von Leasingverträgen betont auch BGH NJW 1985, 1539 (1541).
[2] MünchKomm-*Micklitz*, 4. Aufl. 2001, Vor § 13 AGBG Rdn. 25.

gründung des Regierungsentwurfs noch enthaltene Größe, man ging dort von „Hunderttausenden" im Umlauf befindlichen Allgemeinen Geschäftsbedingungen aus, heute überholt sein.[3]

4   Dementsprechend hoch wird man auch die **Bedeutung des AGB-Rechts** veranschlagen müssen. Der Reformgesetzgeber des Jahres 2001/2002 „adelte" das AGB-Recht immerhin insofern, als er ihm bewusst einen „prominenten" Standort an der Spitze des Allgemeinen Teils des Schuldrechts zuwies und die Ansicht äußerte, erst durch die Integration des AGB-Rechts erlange das BGB „wieder den Rang einer zivilrechtlichen Gesamtkodifikation."[4]

5   Auch heute ist die **gerichtliche Entscheidungsproduktion zu AGB-rechtlichen Fragestellungen** ungebrochen groß. Musterverfahren haben mittelbar Auswirkungen auf ganze Branchen und ihre **Vertragsgestaltung**. Für kautelarjuristisch tätige Rechtsanwälte und Unternehmensjuristen ist eine genaue Kenntnis des AGB-Rechts daher unabdingbar.

II. Schrifttum zum Recht der Allgemeinen Geschäftsbedingungen

1. Kommentare und Handbücher

6   Die beiden führenden Kommentare zum AGB-Recht sind:
   – *Wolf/Horn/Lindacher*, AGB-Gesetz, 4. Aufl. 1999
   – *Ulmer/Brandner/Hensen*, AGB-Recht, 10. Aufl. 2006
   Nicht mehr auf dem neuesten Stand befinden sich:
   – *Bunte*, Handbuch der Allgemeinen Geschäftsbedingungen, 1982
   dazu ergänzend *Bunte*, Entscheidungssammlung zum AGB-Gesetz, 1982 ff.
   – *Dietlein/Rebmann*, AGB-aktuell Erläuterungen zum Gesetz zur Regelung des Rechts der Allgemeinen Geschäftsbedingungen, 1976
   – *Dittmann/Stahl*, AGB, Kommentar, 1977
   – *von Hoyningen-Huene*, Die Inhaltskontrolle nach § 9 AGB-Gesetz, 1991
   – *Löwe/Graf von Westphalen/Trinkner*, Kommentar zum Gesetz zur Regelung des Rechts der Allgemeinen Geschäftsbedingungen, 1977;
   Band II: §§ 10–30, 2. Aufl. 1983;
   Band III: Einzelklauseln und Klauselwerke, 2. Aufl. 1985
   – *Koch/Stübing*, Allgemeine Geschäftsbedingungen, 1977
   – *Schlosser/Coester-Waltjen/Graba*, Kommentar zum Gesetz zur Regelung des Rechts der Allgemeinen Geschäftsbedingungen, 1977
   – *Stein*, Gesetz zur Regelung des Rechts der Allgemeinen Geschäftsbedingungen, Kommentar, 1977.
   – *Thamm/Pilger*, AGB-Gesetz, 1998
   Ferner enthalten auch alle Kommentare Erläuterungen zum AGB-Recht. Allen voran sind zu nennen: Staudinger-*Coester/Coester-Waltjen/Schlosser*, Neubearbeitung 2006 und MünchKomm-*Basedow/Kieninger*, 5. Aufl. 2007. Auf dem neuesten Stand befindet sich die vorzügliche Kommentierung der §§ 305 ff. bei Palandt-*Heinrichs*, 67. Aufl. 2008.

7   Die AGB-rechtliche Vertragspraxis wird umfassend aufgearbeitet in *Graf von Westphalen* (Hrsg.), Vertragsrecht und AGB-Klauselwerke, 3 Bände, Losblattwerk.
   Für die anwaltliche Praxis: *Ring/Klinghöfer/Niebling*, AGB-Recht in der anwaltlichen Praxis, 2006.

---

[3] BT-Drucks. 7/3919 S. 10.
[4] Begründung des Regierungsentwurfs BT-Drucks. 14/6040, S. 97.

2. Lehrbücher

Das Recht der Allgemeinen Geschäftsbedingungen wird in allen gängigen Lehrbüchern zum Allgemeinen Teil des Bürgerlichen Gesetzbuches und/oder zum Allgemeinen Schuldrecht dargestellt, besonders gelungen: *Larenz/Wolf,* Allgemeiner Teil des deutschen Bürgerlichen Rechts, 9. Aufl. 2004, § 43. 8

In der Reihe „Tipps und Taktik" ist jüngst erschienen *Schwab,* AGB-Recht, 2008.

Eine kurze Einführung bietet: *Locher,* Das Recht der Allgemeinen Geschäftsbedingungen, 3. Aufl. 1997 (nicht durchweg auf dem neuesten Stand). 9

Veraltet, aber originell und lesenswert: *Schmidt/Salzer,* Allgemeine Geschäftsbedingungen, 2. Aufl. 1977.

3. Grundlegende Monographien

– *Raiser,* Das Recht der Allgemeinen Geschäftsbedingungen, 1935   10
– *Fastrich,* Richterliche Inhaltskontrolle im Privatrecht, 1992.

4. Vertragsgestaltung und Allgemeine Geschäftsbedingungen

– *Eckert/Everts/Wicke,* Fälle zur Vertragsgestaltung, 2007   11
– *Eberstein,* Die zweckmäßige Ausgestaltung von Allgemeinen Geschäftsbedingungen, 4. Aufl. 1997
– *Hoeren,* Vertragsgestaltung nach der Schuldrechtsreform, 2002
– *Junker/Kamanabrou,* Vertragsgestaltung, 2. Aufl. 2007
– *Langenfeld,* Vertragsgestaltung, 3. Aufl. 2004
– Münchener Vertragshandbuch, hrsg. von *Langenfeld,* Bürgerliches Recht, 6. Aufl., 2008
– *Rehbinder,* Vertragsgestaltung, 2. Aufl. 1993
– *Rittershaus/Teichmann,* Anwaltliche Vertragsgestaltung, 2. Aufl. 2003
– *Schlünder,* AGB Prüfung und Gestaltung, 1994
– *Schmittat,* Einführung in die Vertragsgestaltung, 2. Aufl. 2005.

5. Rechtsprechungsübersichten

Informative Übersichten über die Rechtsprechungsentwicklung regelmäßig in der NJW, zuletzt: *Graf v. Westphalen,* NJW 2006, 2228; *ders.,* NJW 2007, 2228; *ders.,* NJW 2008, 2234. 12

6. Einführende Aufsätze und Klausuren für Studenten

Schaub, Das AGB-Gesetz in der Fallbearbeitung, JuS 2000, 555; *Schlosser/Thewalt/Zirngibl,* Die AGB des Aufführungsveranstalters, Jura 2003, 118. 13

7. Recht ausländischer Staaten, internationales Privatrecht und Rechtsvergleichung

Weiterführende Hinweise insbesondere zum Recht zahlreicher ausländischer Rechtsordnungen finden sich in MünchKomm-*Basedow,* 5. Aufl. 2007, Vor §§ 305 Rdn. 18–49 bei *Wolf/Horn/Lindacher,* Einl. AGBG Rdn. 42-79 und bei *Ulmer/Brandner/Hensen,* Einl. Rdn. 105–145. Vgl. ferner die Literaturhinweise vor § 8. 14

§ 2. Entwicklung bis zum AGB-Gesetz

I. Allgemeine Geschäftsbedingungen als Folgeerscheinung der technischen und wirtschaftlichen Expansion im 19. Jahrhundert

Literatur: *Hofer,* in: Historisch-kritischer Kommentar zum BGB, Band II, 2. Teilband, hrsg. von Schmoeckel, Rückert, Zimmermann, 2007, §§ 305–310; *Friedrichs,* Verbraucherschutz und AGB, Rechtshistorische Arbeit zum Verbraucherschutz in Deutschland vom Ende des 19. Jahrhunderts bis zur Integration des AGB-Gesetzes in das BGB am 1. 1. 2002, 2003; *Pohlhausen,* Zum Recht der allgemeinen Geschäftsbedingungen im 19. Jahrhundert, 1978.

15 Das Phänomen der Allgemeinen Geschäftsbedingungen ist im Wesentlichen eine **Folgeerscheinung der technischen und wirtschaftlichen Expansion im 19. Jahrhundert,** wenngleich sich Vorläufer bereits in der Formularpraxis der oberitalienischen Stadtstaaten und der Seeversicherer im 15. Jahrhundert nachweisen lassen.[1] Der Übergang von einer noch weithin agrarisch geprägten Gesellschaft zur industriellen Massengesellschaft und die Entfaltung des Dienstleistungssektors vor allem in der zweiten Hälfte des 19. Jahrhunderts verlangten nach Standardisierung und Typisierung früher einzeln ausgehandelter Verträge.[2] Vorreiter war die Versicherungswirtschaft, der es in besonderem Maße daran gelegen war, eine Vielzahl inhaltlich gleichartiger Verträge zu schließen. Es folgten die zunehmend auf den Massenverkehr ausgerichteten Verkehrsunternehmen (Eisenbahn, Dampfschiffe) sowie seit etwa 1880 die „Regulative" der Großbanken. Innerhalb weniger Jahrzehnte, gefördert durch die Kartellierungstendenzen dieser Zeit, setzte sich sodann die Verwendung vorformulierter Geschäftsbedingungen auf breiter Front auf den Gebieten der Produktion, des Handels und des Dienstleistungsgewerbes durch.[3]

II. Erste Ansätze im Schrifttum

Literatur: *Großmann-Doerth,* Selbstgeschaffenes Recht der Wirtschaft und staatliches Recht, 1933; *Hamelbek,* Begriff, Arten und Verbindlichkeit der AGB, 1930; *Michel,* Die AGB als Vertragsbestandteil in der Rechtsprechung, 1932; *Raiser,* Das Recht der allgemeinen Geschäftsbedingungen, 1935; umfangreiche Nachweise des Schrifttums vor Inkrafttreten des AGB-Gesetzes in der 11. Aufl. des *Staudinger,* vor § 241.

16 Schon sehr bald zeigte sich, dass Allgemeine Geschäftsbedingungen immer öfter und planmäßig von ihren Aufstellern eingesetzt wurden, um die Vertragsrisiken auf ihre Vertragspartner abzuwälzen und die vertragsrechtliche Situation damit entscheidend zu ihren Gunsten zu verändern.[4] Im Schrifttum sind die Gefährdungen der Vertragsgerechtigkeit durch inhaltlich unausgewogene, einseitig den anderen Vertragsteil belastende Allgemeine Geschäftsbedingungen vor allem in der Zeit zwischen den beiden Weltkriegen erkannt und diskutiert worden. Insbesondere in den 30er Jahren sind mehrere Abhandlungen zu

---

[1] Zu den frühen geschichtlichen Wurzeln *Raiser,* Recht der allgemeinen Geschäftsbedingungen, S. 26; *Lammel,* in: Modernisierung des Handelsrechts im 19. Jahrhundert, 1993, S. 89 ff.
[2] Hierzu im Einzelnen *Pohlhausen,* Zum Recht der allgemeinen Geschäftsbedingungen im 19. Jahrhundert; vgl. auch den historischen Rückblick in der Amtl. Begründung (BT-Drucks. 7/3919, S. 9 f.).
[3] Einzelheiten bei *Raiser,* Recht der allgemeinen Geschäftsbedingungen, S. 27 ff.
[4] *Kurt Tucholsky* (Schnipsel, rororo Band 1669, S. 95) brachte die Problematik in den zwanziger Jahren auf die Kurzformel: „Was auch immer geschieht, geht zu Lasten des Bestellers, und die ausführende Firma haftet für gar nichts."

dieser Problematik erschienen.⁵ *Großmann-Doerth* etwa beklagte schon 1933, dass die Rechtswirklichkeit im Vertragsrecht nicht mehr durch das dispositive Gesetzesrecht, sondern weitgehend durch „selbstgeschaffenes Recht der Wirtschaft" in Form Allgemeiner Geschäftsbedingungen gekennzeichnet werde.⁶

Herausragende Bedeutung kommt allerdings der **Monographie Ludwig Raisers „Das Recht der Allgemeinen Geschäftsbedingungen"** zu.⁷ *Raisers* noch heute überaus lesenswerte Darlegungen haben die weitere Diskussion bis hin zur Schaffung des AGB-Gesetzes im Jahre 1976 maßgeblich beeinflusst. Nutzen und Gefahren der Verwendung von Allgemeinen Geschäftsbedingungen werden in dieser Schrift eindringlich und wohlabgewogen beschrieben:

17

„Die Erscheinung der AGB. als solche zu bekämpfen, besteht kein Grund; sie etwa durch staatlich gesetzte Ordnungen ersetzen zu wollen, wäre verfehlt. Sie hat vielmehr einen wirtschaftlich vernünftigen Sinn, der sich nach Bedürfnis entfalten soll, solange man die bestehende Wirtschaftsverfassung nicht von Grund auf ändert. Auch ihre Verbreitung braucht daher nicht erschwert zu werden. Nur muss dafür Sorge getragen werden, dass bei ihrer Ausgestaltung und Handhabung das öffentliche Interesse und das Rechtsbewußtsein der Gemeinschaft nachdrücklich zur Geltung kommt. Es muss verhindert werden, dass sich ein Unternehmer in seinen AGB. durch List oder wirtschaftlichen Druck eigennützige Vorteile sichert, die den Kunden ungebührlich belasten, der Gesamtwirtschaft schaden und das Recht verletzen. Die Mittel dazu sind eine wirksame *Kontrolle* durch Verwaltungsbehörden und durch die staatliche Gerichtsbarkeit, die auf diesem Gebiet nicht beliebig zurückgedrängt werden darf."⁸

Die Hervorhebung des Gemeinschaftsgedankens als immanente Begrenzung der Vertragsfreiheit ist zeitbedingt zu verstehen und heute nicht mehr tragender Gesichtspunkt.⁹

18

Richtungweisend war vor allem die „Entdeckung" des dispositiven Gesetzesrechts als Maßstab für die Zulässigkeit Allgemeiner Geschäftsbedingungen:

19

„Dieses dispositive Gesetzesrecht spricht sich zwar selbst nur subsidiäre Geltung hinter den Vertragsordnungen zu, aber es ist doch keine beliebige Ordnung, sondern ‚Recht' in dem besonderen Sinn einer Objektivierung der Rechtsidee durch die Gesamtrechtsgemeinschaft, d. h.: es darf im allgemeinen ... als der angemessene, natürliche Ausgleich der widerstrebenden Partei- und der übergeordneten Gemeinschaftsinteressen angesehen werden, als die ‚normale' *Ordnung* des betreffenden Lebensverhältnisses. Dieser Rechtscharakter verleiht den Dispositivnormen die Tendenz, sich auch gegenüber den Vertragsordnungen immer wieder durchzusetzen; ...".¹⁰

III. Die Rechtsprechung vor Inkrafttreten des AGB-Gesetzes

Literatur: *Raiser*, Recht der allgemeinen Geschäftsbedingungen, S. 302 ff.; HKK-*Hofer*, §§ 305–310 Rdn. 7 ff.; *Wolf*, Einl. AGBG Rdn. 5 f.; *v. Hoyningen-Huene*, Inhaltskontrolle, § 9 AGBG Rdn. 1–6.

Dem Bedürfnis nach Kontrolle und Begrenzung der Verwendung Allgemeiner Geschäftsbedingungen haben die Gerichte nur sehr zögerlich entsprochen. Das Vertrauen in das Regulativ des Marktes war anfangs noch sehr ausgeprägt und das Institut der Vertragsfreiheit, verstanden vornehmlich als Freiheit vor staatlicher Intervention in den privaten Rechtsverkehr, genoss höchste Priorität.

20

---

⁵ Siehe die o. g. Arbeiten.
⁶ *Großmann-Doerth*, Selbstgeschaffenes Recht der Wirtschaft und staatliches Recht, passim; zu Person und Werk vgl. *Blaurock/Goldschmidt/Hollerbach* (Hrsg.), Das selbstgeschaffene Recht der Wirtschaft, Zum Gedenken an Hans Großmann-Doerth (1894–1944), 2005.
⁷ *Raiser*, Das Recht der allgemeinen Geschäftsbedingungen, 1935 (Nachdruck 1961).
⁸ *Raiser*, Recht der allgemeinen Geschäftsbedingungen, S. 98 f.
⁹ Scharf ablehnend *Flume*, Rechtsgeschäft, § 37, 2, S. 671: „Gemeinschafts-Mystizismen".
¹⁰ *Raiser*, Recht der allgemeinen Geschäftsbedingungen, S. 293 f.; vgl. heute § 307 Abs. 2 Nr. 1.

21   Sehr zurückhaltend judizierte in der Anfangszeit das **Reichsgericht**. In einer Entscheidung aus dem Jahre 1883 betreffend Allgemeine Geschäftsbedingungen des Seefrachtrechts verdeutlichte es seinen Standpunkt wie folgt:

> „So wenig billig und gerecht nun auch diese Abwälzung einer ... Haftung ... sein und so sehr sie das natürliche Verhältnis verschieben mag, so fehlt es doch, mangels einer gesetzlichen Einschränkung der Vertragsfreiheit, in dieser Beziehung an der Möglichkeit, der betreffenden Vereinbarung die Gültigkeit zu versagen."[11]

22   Gleichwohl ist es in der Folgezeit in der reichsgerichtlichen Praxis unter verschiedenen Vorzeichen zu einer Überprüfung Allgemeiner Geschäftsbedingungen auf ihren materiellen Inhalt hin gekommen. Drei verschiedene Ansätze, unangemessene Allgemeine Geschäftsbedingungen abzuwehren, lassen sich ausmachen[12]

23   Das Reichsgericht half in vielen Fällen ohne direkten Eingriff in den Vertrag durch eine **restriktive Auslegung** der belastenden Klauseln. Dabei berief es sich insbesondere auf die Auslegungsregel, dass Unklarheiten in den Allgemeinen Geschäftsbedingungen des Unternehmers zu Gunsten des Kunden auszulegen seien (vgl. heute § 305c Abs. 2).[13] Diese Rechtsprechung betraf vor allem Freizeichnungsklauseln, Gewährleistungsausschlüsse und ähnliche Arten der Risikoverlagerung. Dabei sprengte das Reichsgericht allerdings nicht selten die Grenzen der Auslegung, griff ändernd in den Vertrag ein und betrieb auf diese Weise – methodisch unbefriedigend – eine Inhaltskontrolle im Gewand der Auslegung.[14]

24   Eine verdeckte Inhaltskontrolle war es der Sache nach auch, wenn das Reichsgericht bei der damals als Geltungsgrund angesehenen „**Unterwerfungserklärung**" des Kunden ansetzte und den Satz aufstellte, diese könne solche Geschäftsbedingungen nicht decken, deren Unüblichkeit oder Unbilligkeit eine ausdrückliche freiwillige Unterwerfung von vornherein als ausgeschlossen erscheinen lasse.[15] Über das „Ob" der Einbeziehung Allgemeiner Geschäftsbedingungen hat das Reichsgericht – wie *von Hoyningen-Huene* dies treffend ausdrückt –[16] mit Blick auf das „Wie" ihrer inhaltlichen Ausgestaltung entschieden. Auch dies war eine zweifelhafte methodische Praxis,[17] der heute durch die in § 305 Abs. 2 und § 307 angelegten strikten Trennung der Einbeziehung von der Inhaltskontrolle der Boden entzogen ist.

25   Der wohl wichtigste und der heutigen offenen Inhaltskontrolle auf der Grundlage des § 307 am nächsten kommende Kontrollansatz ermöglichte gerichtliches Einschreiten gegen unverhältnismäßig belastende Allgemeine Geschäftsbedingungen unter dem Gesichtspunkt eines **Verstoßes gegen die guten Sitten**, wenn der Unternehmer seine Vertragsbedingungen dem Kunden in **Ausnutzung einer Monopolstellung** aufgedrängt hatte.[18]

26   Eine Zusammenfassung seiner auf § 138 gegründeten Monopolrechtsprechung findet sich in einem Urteil aus dem Jahre 1933:

> „Als Sittenverstoß ist es auch angesehen worden, wenn der Monopolinhaber missbräuchlich bei den Bedingungen, zu denen er Verträge abschließt, einseitig seine Belange zugrundelegt ohne Rücksicht darauf, ob dies mit den allgemeinen Verkehrsbedürfnissen vereinbar ist, oder unter Umkehrung der

---

[11] RGZ 11, 100 (110).
[12] *von Hoyningen-Huene,* Inhaltskontrolle, § 9 AGBG Rdn. 1 ff.
[13] RGZ 142, 353; RG JW 1934, 2395.
[14] Kritisch schon damals *Raiser,* Recht der allgemeinen Geschäftsbedingungen, S. 264 ff.
[15] RGZ 103, 84; 112, 253; weitere Nachweise bei *Mroch,* Unlautere Geschäftsbedingungen, S. 13.
[16] *von Hoyningen-Huene,* Inhaltskontrolle, § 9 AGBG Rdn. 2.
[17] Kritisch *Mroch,* Unlautere Geschäftsbedingungen, S. 13.
[18] Erstmals wohl RGZ 20, 115 (117). In einigen späten Entscheidungen hat das RG auch § 242 ins Feld geführt, allerdings ohne seinen grundsätzlichen Ausgangspunkt zu revidieren (vgl. etwa RGZ 168, 321 [329]).

§ 2. Entwicklung bis zum AGB-Gesetz

vom Gesetzgeber gewollten und vom Verkehr als billig empfundenen Rechtslage sich unverhältnismäßige Vorteile ausbedingt, zumal wenn hierdurch dem Verkehr besondere Fesseln aufgezwungen werden."[19]

Die Mängel dieses Kontrollansatzes waren unübersehbar.[20] Die Ausnutzung der Vertragsfreiheit durch einseitig den Vertragspartner belastende Allgemeine Geschäftsbedingungen lässt sich weder auf die Fälle einer Monopolstellung beschränken, noch erlaubt es der Maßstab der Sittenwidrigkeit den Gerichten, ein ausgewogenes Verhältnis der Rechte und Pflichten der Vertragsparteien sicherzustellen.[21]

Der **Bundesgerichtshof** hat sich von der Monopolrechtsprechung des Reichsgerichts schon früh abgewendet und einer **auf § 242 gestützten offenen richterlichen Inhaltskontrolle** unabhängig von einer Monopolstellung den Vorzug gegeben.[22] Einen wichtigen Meilenstein stellt die Entscheidung des BGH vom 29. 10. 1956 dar, in der es um einen Gewährleistungsausschluss für den Kauf fabrikneuer Möbel ging:

„Zusammenfassend ergibt sich daraus, dass bei einem Kauf fabrikneuer Möbel der Ausschluss der Gewährleistungsansprüche durch die allgemeinen Lieferungsbedingungen des Käufers zwar generell vorgesehen werden kann, wenn dem Käufer statt dessen ein Nachbesserungsrecht eingeräumt ist, dass aber die Gewährleistungsansprüche des Käufers aufleben, wenn sich das Nachbesserungsrecht aus irgendeinem Grunde nicht realisieren lässt. Eine andere Gestaltung von Lieferungsbedingungen lässt sich mit den Grundsätzen von Treu und Glauben nicht vereinbaren, weil dies zu einer rechtlich unhaltbaren, weil rechtlich unbilligen Belastung des Käufers führen würde, die nicht hingenommen werden kann. In dieser Hinsicht bestehen deshalb für den Inhalt der Lieferungsbedingungen gem. § 242 zwingende Schranken."[23]

Den die Anwendung des § 242 als Kontrollmaßstab rechtfertigenden Gedanken sah der Bundesgerichtshof in einem möglichen **Missbrauch der Vertragsfreiheit.** Denn, wer Allgemeine Geschäftsbedingungen aufstelle, nehme die Vertragsfreiheit, soweit sie die Gestaltung des Vertragsinhalts betreffe, für sich allein in Anspruch. Er sei daher nach Treu und Glauben verpflichtet, schon bei ihrer Abfassung die Interessen seiner künftigen Vertragspartner zu berücksichtigen. Bringe er nur seine eigenen Interessen zur Geltung, so missbrauche er seine Vertragsfreiheit.[24]

Den Maßstab von Treu und Glauben präzisierte der Bundesgerichtshof dann in einer grundlegenden, 1964 ergangenen, Entscheidung mit Hilfe der schon von *Raiser* formulierten Vorstellung von der Ordnungs- und **Leitbildfunktion des dispositiven Rechts:**

„Soweit Vorschriften des dispositiven Rechtes ihre Entstehung nicht nur Zweckmäßigkeitserwägungen, sondern einem aus der Natur der Sache sich ergebenden Gerechtigkeitsgebot verdanken, müssen bei einer abweichenden Regelung durch Allgemeine Geschäftsbedingungen Gründe vorliegen, die für die von ihnen zu regelnden Fälle das dem dispositiven Recht zugrundeliegende Gerechtigkeitsgebot in Frage stellen und eine abweichende Regelung als mit Recht und Billigkeit vereinbar erscheinen lassen. Der Gerechtigkeitsgehalt der vom Gesetzgeber aufgestellten Dispositivnormen kann verschieden groß sein. Je stärker er ist, ein desto strengerer Maßstab muss an die Vereinbarkeit von Abweichungen in Allgemeinen Geschäftsbedingungen mit dem Grundsatz von Treu und Glauben angelegt werden."[25]

---

[19] RGZ 143, 24 (28) m. w. N.
[20] Bereits *Raiser* hatte der Monopolrechtsprechung des Reichsgerichts einen allein an die einseitige Gestaltung des Vertragsinhalts anknüpfenden Kontrollansatz gegenübergestellt, vgl. insbesondere *Raiser*, Recht der allgemeinen Geschäftsbedingungen, S. 284.
[21] *Wolf*, Einl. AGBG Rdn. 6.
[22] Vereinzelt hat der BGH auch § 315 als Maßstab der Inhaltskontrolle herangezogen (vgl. z. B. BGHZ 38, 183 [186]), ist hierauf jedoch später nicht mehr zurückgekommen.
[23] BGHZ 22, 90 (100).
[24] BGH NJW 1965, 246; 1969, 230.
[25] BGHZ 41, 151 (154).

31 Eine wichtige Rolle spielte in der Rechtsprechung des *Bundesgerichtshofs* auch die Frage, ob **Kardinalpflichten** aus dem Vertrag abbedungen werden können, was regelmäßig als unwirksam betrachtet wurde. An dieser Hürde scheiterten nicht wenige Haftungs- und Gewährleistungsausschlüsse der Kautelarpraxis.[26]

32 Insgesamt war die Rechtsprechung zum zulässigen Inhalt Allgemeiner Geschäftsbedingungen äußerst vielschichtig und variantenreich. Im Ergebnis lief sie aber doch erkennbar darauf hinaus, unangemessenen, unbilligen oder missbräuchlichen Klauseln in Allgemeinen Geschäftsbedingungen die rechtliche Anerkennung zu versagen.[27] Es handelte sich um „Richterrecht reinsten Wassers" und um eine „hoch anzuerkennende Leistung der deutschen Rechtsprechung" dazu.[28]

IV. Das AGB-Gesetz vom 9. 12. 1976

Literatur: *Hensen,* Zur Entstehung des AGB-Gesetzes, in: FS für Heinrichs, 1998, S. 335 ff.; *Stein,* Einleitung AGBG, Rdn. 24 ff.; *Ulmer,* Einl. AGBG Rdn. 9 ff.; *Wolf,* Einl. AGBG Rdn. 8 ff.

1. Die vorparlamentarische rechtspolitische Diskussion

33 Das **Bürgerliche Gesetzbuch** hatte sich in vielerlei Hinsicht der sozialen Wirklichkeit seiner Zeit verschlossen. Demgemäß überrascht es nicht, dass es sich auch der Problematik der Allgemeinen Geschäftsbedingungen nicht angenommen hatte. Schon *Otto von Gierke* kritisierte das zugrunde liegende Verständnis mit den Worten, dass mit dem Grundsatz der Vertragsfreiheit „nicht willkürliche, sondern nur vernünftige Freiheit gemeint" sein könne, weil „schrankenlose Vertragsfreiheit" sich selbst zerstöre und „zum Mittel der Unterdrückung des einen durch den anderen" werde.[29] Nachdem sich in der Zeit zwischen den beiden Weltkriegen die Ausbreitung von Allgemeinen Geschäftsbedingungen in allen Wirtschaftsbereichen rapide fortgesetzt hatte, wurde der AGB-Problematik in den **Beratungen zur Schaffung eines Volksgesetzbuches** unter dem Dach der Akademie für Deutsches Recht breiter Raum eingeräumt.[30] Im Übrigen beschränkte sich der NS-Staat auf vereinzelte dirigistische Eingriffe; einzelne Vertragsordnungen (Deutscher Einheitsmietvertrag, Allgemeine Deutsche Spediteurbedingungen) ergingen unter staatlicher Beteiligung.[31]

34 Nach dem 2. Weltkrieg lebte die Diskussion um den Schutz der AGB-Unterworfenen zwar wieder auf. Sie entbehrte jedoch lange Zeit einer rechtspolitischen Komponente im Hinblick auf mögliche Maßnahmen des Gesetzgebers.[32] Die Notwendigkeit einer gesetz-

---

[26] Bspl. BGHZ 50, 200 (206 f.); 72, 206 (208); BGH NJW 1973, 1878.
[27] So das zutreffende Fazit der Amtl. Begründung (BT-Drucks. 7/3919).
[28] So *Zweigert/Kötz,* Einführung in die Rechtsvergleichung, § 24 IV, S. 329.
[29] *von Gierke,* Die soziale Aufgabe des Privatrechts, 1889, S. 23.
[30] Aufschlussreich auch die Protokolle der Ausschüsse der Akademie für Deutsches Recht (1933–1944), hrsg. von *Werner Schubert,* Band III/4, 1992, S. 404 ff. und 719 ff. In das Volksgesetzbuch sollte folgende Inhaltskontrollvorschrift aufgenommen werden:
„§ 1 Allg. Geschäftsbedingungen, Unwirksamkeit
Allgemeine Geschäftsbedingungen, die nicht behördlich genehmigt sind, sind insoweit unwirksam, als sie zu einer unangemessenen Bevorzugung der Interessen eines Teils führen."
Zu den Ordnungsvorstellungen der nationalsozialistisch beeinflussten Rechtserneuerer auf dem Gebiete des AGB-Rechts vgl. im Übrigen *Haupt,* Vertragsfreiheit und Gesetz, ZAkDR 1943, 84 ff.; *Brandt,* Die Allgemeinen Geschäftsbedingungen und das sogenannte dispositive Recht, DRW 1940, 76 ff.; hierzu näher *Stoffels,* Gesetzlich nicht geregelte Schuldverträge, S. 94.
[31] Hierzu auch *Löwe,* in: FS für Larenz, S. 384 f.
[32] *Löwe*/Graf von Westphalen/Trinkner, Einleitung AGBG, Rdn. 1; die Veröffentlichungen dieser Zeit sind dokumentiert im Ersten Teilbericht der Arbeitsgruppe des Bundesministers der Justiz, 1974, S. 123 ff.; vgl. auch die umfangreiche Bibliographie bei *Stein,* Einleitung AGBG, Rdn. 37; als

lichen Regelung ist erst **Anfang der 70'er Jahre** zunehmend erkannt worden. Der jetzt stark beachtete **Gedanke des Verbraucherschutzes** gab dem Anliegen zusätzliches Gewicht, wenngleich am Ende kein spezifisches Verbraucherschutzgesetz stand. Den Anstoß zu den Vorarbeiten an einer gesetzlichen Regelung gab der **Bericht der Bundesregierung zur Verbraucherpolitik** vom 18. 10. 1971, in dem die Notwendigkeit eines wirksamen Schutzes der Verbraucher gegen unangemessene Vertragsbedingungen betont und eine amtliche Untersuchung dieses Fragenkreises angekündigt wurde.[33] Daraufhin setzte der Bundesminister der Justiz im Dezember 1972 eine Arbeitsgruppe ein, die den Auftrag hatte, „Wege und Lösungsmöglichkeiten zu erarbeiten, die auf eine Verbesserung des Schutzes des Letztverbrauchers vor unangemessenen und missbräuchlichen Geschäftsbedingungen gerichtet sind". Die Arbeiten der Arbeitsgruppe, die von einer breiten Reformdiskussion verschiedener Regelungsmodelle im wissenschaftlichen Schrifttum begleitet war, mündeten im März 1974 in einen **Ersten Teilbericht,** der allerdings verfahrensrechtliche Fragen noch aussparte.[34]

Zwischenzeitlich war auch in den **politischen Parteien** die Diskussion in Gang gekommen. Aus ihren Reihen kamen verschiedene Stellungnahmen, Denkanstöße und Entwürfe, deren Inhalt hier nicht im Einzelnen nachgezeichnet werden kann.

Erheblichen Einfluss auf den weiteren Gesetzgebungsgang hatten ferner die Verhandlungen und die Beschlussfassung des **50. Deutschen Juristentages** zur Frage „Welche gesetzgeberischen Maßnahmen empfehlen sich zum Schutze des Endverbrauchers gegenüber Allgemeinen Geschäftsbedingungen und Formularverträgen?"[35] Eine große Mehrheit sah eine Notwendigkeit gesetzgeberischer Maßnahmen zur Regelung des Rechts der Allgemeinen Geschäftsbedingungen. Vor allem empfahl der Deutsche Juristentag eine aus einer Kombination von (abgestuften) Klauselverboten und einer Generalklausel bestehenden Inhaltskontrolle, wie sie sich heute in den §§ 307 bis 309 findet.

Die im Ersten Teilbericht zusammengefassten Vorschläge der vom Bundesminister der Justiz eingesetzten Arbeitsgruppe bildeten die Grundlage eines ersten **Referentenentwurfs** von 1974, der sich ebenfalls noch auf materiellrechtliche Regelungen beschränkte.[36] Die Stellungnahmen und Anhörungen zu diesem Entwurf mündeten im März 1975 in einen zweiten Referentenentwurf.

2. Das Gesetzgebungsverfahren

Dieser zweite Referentenentwurf wurde – geringfügig modifiziert – als „**Entwurf eines Gesetzes zur Regelung des Rechts der Allgemeinen Geschäftsbedingungen (AGB-Gesetz)**" von der Bundesregierung im Juni 1975 mit noch heute aufschlussreicher Begründung und eingehenden Erläuterungen der Einzelvorschriften in den Bundestag eingebracht.[37] Zum rechtspolitischen Ziel und zu der dem AGB-Gesetz zugedachten Aufgabe heißt es in der dem Regierungsentwurf beigegebenen **Begründung:**

---

hervorhebenswerte Ausnahme ist zu erwähnen die Schrift von *Mroch,* Zum Kampf gegen die unlauteren Geschäftsbedingungen, 1960.

[33] BT-Drucks. 6/2724, S. 8; in dieselbe Richtung zielte auch eine Stellungnahme des Bundesrates vom 9. 2. 1972 (BR-Drucks. 568/71).

[34] Vorschläge verfahrensrechtlicher Art enthielt dann der im März 1975 vorgelegte Zweite Teilbericht; beide sind herausgegeben vom Bundesminister der Justiz unter dem Titel „Vorschläge zur Verbesserung des Schutzes der Verbraucher gegen Allgemeine Geschäftsbedingungen".

[35] Hervorzuheben ist vor allem das gründliche Gutachten von *Kötz,* in: Verhandlungen des 50. DJT, Band I, A 1 ff.

[36] DB 1974 Beil. 18.

[37] BT-Drucks. 7/3919.

„Das vorrangige rechtspolitische Ziel dieses Gesetzentwurfs liegt darin, bei der Verwendung von AGB im rechtsgeschäftlichen Wirtschaftsverkehr dem Prinzip des angemessenen Ausgleichs der beiderseitigen Interessen Geltung zu verschaffen, das nach den Grundvorstellungen des Bürgerlichen Gesetzbuches die Vertragsfreiheit legitimiert; denn deren Funktion besteht darin, durch freies Aushandeln von Verträgen zwischen freien und zur rechtsgeschäftlichen Selbstbestimmung fähigen Partnern Vertragsgerechtigkeit zu schaffen. Der Gesetzentwurf beabsichtigt demzufolge nichts anderes als die durch eine ungehemmte Entwicklung im Bereich der AGB gestörte Funktion des privaten Vertragsrechts wiederherzustellen. (...) Aufgabe eines Gesetzes zur Regelung des Rechts der AGB muss es daher sein, die der Vertragsgestaltung vorgegebene Überlegenheit des AGB-Verwenders zugunsten des AGB-Unterworfenen sachgerecht und vernünftig auszugleichen, ohne die Privatautonomie mehr als zur Erreichung dieses Zieles erforderlich einzuengen."[38]

39 Der Regierungsentwurf wurde sodann dem Bundesrat zugeleitet. Dieser sprach sich für eine Einbeziehung des Verfahrensrechts aus, zu der es in inhaltlicher Anlehnung an die Vorschläge des Zweiten Teilberichts im Laufe der Ausschussberatungen nach kontroverser Diskussion dann auch gekommen ist.[39] Nachdem zuvor noch ein Vermittlungsverfahren zur Klärung einiger verfahrensrechtlicher Streitfragen durchlaufen worden war, ist das Gesetz am 10. 11. 1976 vom Bundestag verabschiedet worden. Der Bundesrat stimmte zwei Tage später zu, so dass das AGB-Gesetz am 9. 12. 1976 im Bundesgesetzblatt verkündet werden konnte.[40] Es ist in seinen wesentlichen Teilen **am 1. 4. 1977 in Kraft getreten** (vgl. § 30 AGBG)[41] und 1990 auch auf das Beitrittsgebiet erstreckt worden.[42]

3. Die Grundkonzeption des AGB-Gesetzes

40 Das Regelungskonzept des AGB-Gesetzes knüpfte in vielerlei Hinsicht an die vorbekannte Rechtsprechung zu den Grenzen Allgemeiner Geschäftsbedingungen an. Von „kodifiziertem Richterrecht" zu sprechen, ginge indes zu weit, fanden sich doch im AGB-Gesetz neben einigen Neuerungen ohne bisheriges Vorbild auch bewusste Korrekturen der damaligen Entscheidungspraxis der Gerichte.[43] Die Kontrolltätigkeit der Zivilgerichte als solche ist durch den Erlass des AGB-Gesetzes bestätigt und legitimiert worden. Die Maßstäbe sind präzisiert und die methodischen Schritte schärfer akzentuiert worden. Auch im Regelungsplan des AGB-Gesetzes kam der Rechtsprechung weiterhin eine herausragende Stellung zu. Sie entschied letztverbindlich über die Gültigkeit Allgemeiner Geschäftsbedingungen im Wirtschaftsverkehr. Dies beinhaltete eine Absage an die Einrichtung von Verbraucherschutzbehörden, von deren vorgängiger Genehmigung die Verwendung Allgemeiner Geschäftsbedingungen abhängig gemacht werden könnte, sowie an ein Verfahren zur Aufstellung von Musterbedingungen – beides rechtspolitische Alternativmodelle, die in der Entstehungszeit des AGB-Gesetzes diskutiert wurden.[44]

41 Die inhaltlichen Schwerpunkte des AGB-Gesetzes lassen sich wie folgt umreißen: Der **Anwendungsbereich des AGB-Gesetzes** war weit abgesteckt. Auch der kaufmännische

---

[38] BT-Drucks. 7/3919 S. 13.
[39] Vgl. vor allem den Bericht des Rechtsausschusses (BT-Drucks. 7/5422).
[40] BGBl. I, S. 3317.
[41] Zum Übergangsrecht vgl. § 28 AGBG; Übergangsprobleme behandeln BGH NJW 1984, 2404; 1986, 711, 1991, 2414 und zuletzt noch BGH NJW 2001, 3480.
[42] Gesetz über die Inkraftsetzung von Rechtsvorschriften der Bundesrepublik Deutschland in der Deutschen Demokratischen Republik vom 21. 6. 1990, GBl.-DDR I, S. 357. Vgl. zum Recht der ehemaligen DDR vgl. *Ulmer*, Einl. Rdn. 12.
[43] *Löwe*/Graf von Westphalen/Trinkner, Einleitung AGBG Rdn. 2.
[44] *Wolf*, Einl. AGBG Rdn. 9 und *Ulmer*, Einl. Rdn. 25 jeweils m. w. N.

Geschäftsverkehr war der Inhaltskontrolle nicht entzogen, wenngleich hier durch Dispensierung von einigen gesetzlichen Vorschriften ein flexiblerer Maßstab angestrebt wurde (§ 24 AGBG). Dabei handelte es sich übrigens um ein Beispiel für eine bewusste gesetzgeberische Abgrenzung zur vormaligen Rechtsprechung, die eine solche Differenzierung nicht praktiziert hatte. Im Gegensatz zur überkommenen Rechtsprechung arbeitete das AGB-Gesetz auch mit einer exakten, Formularverträge mitumfassenden, Begriffsbestimmung Allgemeiner Geschäftsbedingungen (§ 1 AGBG). Es grenzte den sachlichen Anwendungsbereich damit nicht nur negativ ein (§ 23 AGBG). An die Spitze des Prüfungsganges stellte das AGB-Gesetz dann die Frage, ob die zu beurteilenden Allgemeinen Geschäftsbedingungen überhaupt Bestandteil des Vertrages geworden sind. Dafür mussten die besonderen **Einbeziehungsvoraussetzungen** der §§ 2 bis 4 AGBG erfüllt sein. Erst daran schloss sich das Herzstück des AGB-Gesetzes, die materielle **Inhaltskontrolle**, an, die sich in vielerlei Hinsicht auf die langjährige Rechtsprechung des Bundesgerichtshofes stützte (§§ 8 bis 11 AGBG). Durchgesetzt werden konnten die Anforderungen des AGB-Gesetzes an vorformulierte Vertragswerke durch den jeweils betroffenen Vertragspartner selbst, in dem er in einem Individualprozess die Geltung der Allgemeinen Geschäftsbedingungen in Abrede stellte. Es kam dann zu einer Inzidentkontrolle der Allgemeinen Geschäftsbedingungen im Rahmen dieses konkreten Rechtsstreits. Um die Vorgaben des AGB-Gesetzes auf breiter Front durchzusetzen und damit den Schutz durch dieses Gesetz zu verstärken, hatte sich der Gesetzgeber entschlossen, flankierend eine abstrakte Kontrolle in Form eines **Verbandsverfahrens** einzuführen (§§ 13 ff. AGBG).

§ 3. Klauselrichtlinie und Schuldrechtsmodernisierung

I. Die AGB-Novelle von 1996 und ihre Vorgeschichte

Literatur: *Baier*, Europäische Verbraucherverträge und missbräuchliche Klauseln – Die Umsetzung der Richtlinie 93/13/EWG über missbräuchliche Klauseln in Verbraucherverträgen in Deutschland, Italien, England und Frankreich, 2004; *Basedow*, Die Klauselrichtlinie und der Europäische Gerichtshof – eine Geschichte der verpassten Gelegenheiten, in: Schulte-Nölke/Schulze, Europäische Rechtsangleichung, 1999, S. 277; *Brandner*, Neufassung des EG-Richtlinienvorschlages über mißbräuchliche Klauseln in Verbraucherverträgen, ZIP 1992, 1590; *Bunte*, Die EG-Richtlinie über mißbräuchliche Klauseln in Verbraucherverträgen und ihre Umsetzung durch das Gesetz zur Änderung des AGB-Gesetzes, DB 1996, 1389; *Coester*, AGB-rechtliche Inhaltskontrolle im Lichte des europäischen Gemeinschaftsrechts, in: FS für Heinrichs, 1998, S. 99; *Coester-Waltjen*, Änderungen im Recht der Allgemeinen Geschäftsbedingungen, Jura 1997, 272; *Damm*, Europäisches Verbrauchervertragsrecht und AGB-Recht, JZ 1994, 161; *Denkinger*, Allgemeine Geschäftsbedingungen und ihre rechtliche Bewältigung – Quo vadis, Europa?, 2004; *Eckert*, Die EG-Richtlinie über mißbräuchliche Klauseln in Verbraucherverträgen und ihre Auswirkungen auf das deutsche Recht, WM 1993, 1070; *ders.*, Das neue Recht der Allgemeinen Geschäftsbedingungen, ZIP 1996, 1238; *Freitag/Riemenschneider*, Vollstreckbare Schuldanerkenntnisse in der deutschen und europäischen Klauselkontrolle, WM 2004, 2470; *Frey*, Wie ändert sich das AGB-Gesetz, ZIP 1993, 572; *Heinrichs*, Die EG-Richtlinie über mißbräuchliche Klauseln in Verbraucherverträgen, NJW 1993, 1817 ff.; *ders.*, Das Gesetz zur Änderung des AGB-Gesetzes, NJW 1996, 2190; *Habersack/Kleindiek/Wiedenmann*, Die EG-Richtlinie über mißbräuchliche Klauseln in Verbraucherverträgen und das künftige AGB-Gesetz, ZIP 1993, 1670 ff.; *Heiderhoff*, Die Berücksichtigung des Art. 3 Klauselrichtlinie bei der AGB-Kontrolle, WM 2003, 509; *Herkenrath*, Die Umsetzung der Richtlinie 93/13/EWG über missbräuchliche Klauseln in Verbraucherverträgen in Deutschland, dem Vereinigten Königreich, Frankreich und Italien, 2003; *Hommelhoff/Wiedenmann*, Allgemeine Geschäftsbedingungen gegenüber Kaufleuten und unausgehandelten Klauseln in Verbraucherverträgen, ZIP 1993, 562; *Imping*, Die Neugestaltung des AGB-Gesetzes, WiB 1997, 337; *Joerges*, Die Europäisierung des Privatrechts als Rationalisierungsprozeß und als Streit der Disziplinen, ZEuP 1995, 181 ff.; *Klaas,* Zur EG-Richtlinie über mißbräuchliche Klauseln in Verbraucherverträgen, in: FS für Brandner, 1996, S. 247; *Knapnopoulou,* Das Recht der mißbräuchlichen Klauseln in der Europäischen Union, 1997; *Kretschmar,* Die Richtlinie 93/13/EWG des Rates vom 5. 4. 1993 über missbräuchliche Klauseln in Verbraucherverträgen und das deutsche AGB-Gesetz, 1998; *Markwardt,* Die Rolle des EuGH bei der Inhaltskontrolle vorformulierter Verbraucherverträge, 1999; *ders.,* Inhaltskontrolle von AGB-Klauseln durch den EuGH, ZIP 2005, 152; *Micklitz,* AGB-Gesetz und die EG-Richtlinie über mißbräuchliche Vertragsklauseln in Verbraucherverträgen, ZEuP 1993, 522 ff.; *Micklitz/Radeideh,* CLAB Europa – Die europäische Datenbank missbräuchlicher Klauseln in Verbraucherverträgen, ZEuP 2003, 85; *Mühlhans,* Die Umsetzung der Klausel-Richtlinie und ihre Auswirkungen auf den Binnenmarkt, 2005; *Nassall,* Die Auswirkung der EU-Richtlinie über missbräuchliche Klauseln in Verbraucherverträgen auf nationale Individualprozesse, WM 1994, 1645; *ders.,* Die Anwendung der EU-Richtlinie über mißbräuchliche Klauseln in Verbraucherverträgen, JZ 1995, 689; *Niebling,* Keine unmittelbare Geltung der AGB-Richtlinie, EWS 1995, 689; *Nobis,* Missbräuchliche Vertragsklauseln in Deutschland und Frankreich – Zur Umsetzung der Klauselrichtlinie 93/13/EWG des Rates, 2005; *Remien,* AGB-Gesetz und Richtlinie über mißbräuchliche Verbrauchervertragsklauseln in ihrem europäischen Umfeld, ZEuP 1994, 34; *W.-H. Roth,* Generalklauseln im Europäischen Privatrecht. Zur Rollenverteilung zwischen Gerichtshof und Mitgliedstaaten bei ihrer Konkretisierung, in: FS für Drobnig, 1998, S. 135; *Röthel,* Missbräuchliche Klauseln in Verbraucherverträgen – Zur Auslegung des EWGRL 13/93 Art 3 Abs 1 durch den EuGH und durch nationale Gerichte, ZEuP 2005, 421; *Rott,* Effektiver Rechtsschutz vor missbräuchlichen AGB – Zum Cofidis-Urteil des EuGH, EuZW 2003, 5; *Schmidt-Salzer,* Transformation der EG-Richtlinie über mißbräuchliche Klauseln in Verbraucherverträgen vom 5. 4. 1993 in deutsches Recht und AGB-Gesetz BB 1995, 733, 1493; *ders.,* Das textliche Zusatz-Instrumentarium des AGB-Gesetzes gegenüber der EG-Richtlinie über mißbräuchliche Klauseln in Verbraucherverträgen, NJW 1995, 1641 ff.; *Schwerdtfeger,* Änderung des AGB-Gesetzes durch Umsetzung der Verbrauchervertragsrichtlinie, DStR 1997, 499; *Tilmann,* Die Auslegung der Richtlinie 93/13/EWG durch den Europäischen Gerichtshof, GPR 2004, 182; *Ulmer,* Zur Anpassung an die EG-Richtlinie über mißbräuchliche Klauseln in Verbraucherverträgen, EuZW 1993, 337; *ders.,* Das AGB-Gesetz nach der Umsetzung der EG-Richtlinie über mißbräuchliche Klauseln in Verbraucherverträgen, in: Karlsruher Forum 1997, S. 9; *Graf von Westphalen,* AGB-Richtlinie und AGB-Gesetz, EWS 1993, 161; *ders.,* Die Novelle zum AGB-Gesetz, BB 1996, 2101. Kommentierungen der Richtlinie bei *Wolf,* RiLi, S. 1972 ff. und Grabitz/Hilf-*Pfeiffer,* Recht der Europäischen Union, Teil II: Sekundärrecht, Band IV, A. EG-Verbraucher- und Datenschutzrecht, Mai 1999 (Loseblatt).

42 Der Schutz gegen missbräuchliche Klauseln und die Vereinheitlichung der nationalen Rechte werden bereits seit geraumer Zeit auch auf europäischer Ebene diskutiert. Erste Überlegungen und Vorstöße reichen bis in die 70er Jahre zurück.[1] Doch erst Anfang der 90er Jahre nahmen die Harmonisierungsbestrebungen konkrete Gestalt an. Sie mündeten in einer EG-Richtlinie, deren Umsetzung auch das deutsche AGB-Recht nicht unwesentlich verändert hat.

1. Die Richtlinie 93/13/EWG des Rates über missbräuchliche Klauseln in Verbraucherverträgen vom 5. 4. 1993

43 Im Juli 1990 legte die Kommission den **Vorschlag einer Richtlinie des Rates über missbräuchliche Klauseln in Verbraucherverträgen** vor.[2] Dieser sah vor, Klauseln in Ver-

---

[1] Einzelne Stationen sind: Erstes Programm der EG zum Schutz und zur Unterrichtung der Verbraucher von 1975 (Entschließung des Rates vom 14. 4. 1975, ABl. EG 1975 Nr. C 92, S. 1 ff.); Resolution des Ministerrats des Europarats von November 1976 (hierzu *Knapnopoulou,* Mißbräuchliche Klauseln, S. 53 ff.); Gutachten *von Hippels* im Auftrag der EG-Kommission (RabelsZ 41 [1977] 237 ff.); Vorentwurf einer Richtlinie über Standardklauseln in Verträgen mit Verbrauchern von August 1976 (Dok. ENV/384/76, hierzu auch *von Hippel,* RabelsZ 45 [1981], 367 f.); Vorschläge der EG-Kommission von 1984 (EG-Bulletin 1984 Beil. 1, S. 16); Vorentwurf einer Richtlinie vom Juni 1987 (Dok. Nr. XI 124/87). Nachgezeichnet ist die Historie bei *Ulmer,* Einl. Rdn. 87 ff.

[2] ABl. EG 1990 Nr. C 243, S. 2.

§ 3. Klauselrichtlinie und Schuldrechtsmodernisierung

braucherverträgen einer Missbrauchskontrolle – unter Einschluss des Preis-/Leistungsverhältnisses – zu unterziehen, ohne dabei allerdings zwischen vorformulierten und individuell ausgehandelten Vertragsabreden zu unterscheiden. Dieser Vorschlag sah sich im Hinblick auf seine Weite und erkennbare Mängel seiner Regelungstechnik erheblichen Bedenken ausgesetzt.[3] Unter dem Eindruck der Kritik und nach einer Stellungnahme des Europäischen Parlaments sowie des Wirtschafts- und Sozialausschusses[4] unterbreitete die Kommission im März 1992 einen geänderten Vorschlag einer Richtlinie des Rates über missbräuchliche Klauseln in Verbraucherverträgen.[5] Dieser brachte zahlreiche Verbesserungen und tendenziell eine Annäherung an das deutsche AGB-Gesetz. An der Einbeziehung von Individualabreden wurde dagegen noch festgehalten. Nicht mehr enthalten war diese zumindest mit dem deutschen Verständnis der Privatautonomie schwer zu vereinbarende Weiterung dann in dem vom Rat am 22. 9. 1992 beschlossenen **„Gemeinsamen Standpunkt im Hinblick auf die Annahme der Richtlinie des Rates über missbräuchliche Klauseln in Verbraucherverträgen"**.[6] Aus dem „Gemeinsamen Standpunkt" ist dann durch Beschluss des EG-Ministerrates vom 5. 4. 1993 die Richtlinie 93/13/EWG über missbräuchliche Klauseln in Verbraucherverträgen geworden.[7]

Die Kommission hat die Richtlinie auch in den Jahren danach nicht aus den Augen verloren. Sieben Jahre nach Inkrafttreten der Richtlinie legte sie den „Bericht über die Anwendung der Richtlinie 93/13/EWG des Rates vom 5. 4. 1993 über missbräuchliche Klauseln in Verbraucherverträgen" vor.[8] Ferner hat die Kommission eine Datenbank zu Entscheidungen der Mitgliedstaaten mit Bezug auf missbräuchliche Klauseln in Verbraucherverträgen eingerichtet (CLAB Europa).[9]

Die Richtlinie ist insbesondere auf Art. 100a EGV a. F. (Rechtsangleichung für den Binnenmarkt, jetzt Art. 95 EGV) gestützt und verfolgt ausweislich ihrer Erwägungsgründe und Art. 1 Abs. 1 das Ziel, innerhalb des Binnenmarktes für einen angemessenen Verbraucherschutz gegenüber missbräuchlichen Klauseln zu sorgen und auf eine Angleichung des Rechts der Mitgliedstaaten auf diesem Gebiete hinzuwirken. In den sachlichen Anwendungsbereich der Richtlinie fallen „nicht im Einzelnen ausgehandelte" Klauseln. Damit ging die Richtlinie über die engere Definition der Allgemeinen Geschäftsbedingungen in § 1 AGBG hinaus. Ferner unterschied sich die Richtlinie vom AGB-Gesetz durch ihren engeren personellen Zuschnitt. In das Schutzkonzept der Richtlinie sind nur „Verbraucher" einbezogen, während dem AGB-Gesetz eine solche Beschränkung fremd war, es sogar Kaufleute in seinen Schutzbereich einbezog. Im Übrigen ähnelte das Regelungskonzept der Richtlinie in vielfacher Hinsicht demjenigen des AGB-Gesetzes. So werden in Übereinstimmung mit § 8 AGBG (jetzt § 307 Abs. 3) Klauseln, die den Hauptgegenstand eines Vertrages oder das Preis-/Leistungsverhältnis beschreiben, von der Missbrauchskontrolle ausgenommen (Art. 4 Abs. 2 i. V.m. Erwägungsgrund 19). Ferner findet sich in Art. 3 der Richtlinie eine Generalklausel, die sich ebenso wie § 9 AGBG (jetzt § 307 Abs. 1) an dem Gebot von Treu und Glauben orientiert. Dass Art. 3 der Richtlinie anstelle von „unangemessener Benachteiligung" von einem „erheblichen und ungerechtfertigten Missverhältnis der vertraglichen Rechte und Pflichten zum Nachteil des Verbrauchers" spricht, stellt sich lediglich als eine in andere Worte gekleidete Umschreibung

---

[3] Vgl. etwa aus deutscher Sicht *Brandner/Ulmer*, BB 1991, 701 ff. und *Hommelhoff*, AcP 192 (1992), S. 90 ff.
[4] ABl. EG 1991 Nr. C 159, S. 34.
[5] ABl. EG 1992 Nr. C 73, S. 7.
[6] Abgedr. in ZIP 1992, 1591.
[7] ABl. Nr. L 95 vom 21. 4. 1993, S. 29 ff.
[8] Dok. KOM (2000) 248 endgültig.
[9] Hierzu *Micklitz/Radeideh*, ZEuP 2003, 85 ff.

desselben Maßstabes dar. Es ist nicht erkennbar, dass hierdurch ein höheres Verbraucherschutzniveau vorgegeben werden sollte. Eine Abweichung vom generell-abstrakten AGB-rechtlichen Prüfungsmaßstab enthält allerdings Art. 4 Abs. 1 der Richtlinie, wenn dort die Berücksichtigung „aller den Vertragsschluss begleitenden Umstände" verlangt wird. Die im Anhang zur Richtlinie zusammengestellte Liste tendenziell missbräuchlicher Klauseln erinnert an die Klauselverbote der §§ 10 und 11 AGBG (jetzt §§ 308, 309). Allerdings soll die Liste der Richtlinie lediglich die Mitgliedstaaten – unverbindlich – auf einige problematische Klauseln hinweisen (Art. 3 Abs. 3).[10] Hervorhebenswert ist noch das in Art. 5 der Richtlinie formulierte Gebot klarer und verständlicher Abfassung der Klauseln. Hierdurch wurde die bisherige Rechtsprechung zum Transparenzgebot auf der Basis der §§ 2 und 9 AGBG bestätigt und legitimiert. Die Richtlinie zielt auf ein einheitliches Mindestschutzniveau. Verbesserungen dieses Standards durch den nationalen Gesetzgeber sind daher ohne weiteres erlaubt (Art. 8). Strengere Schutzvorschriften des deutschen AGB-Rechts stehen somit nicht im Widerspruch zur Richtlinie.[11]

46 Die Existenz der Richtlinie hat zur Folge, dass es unter den Voraussetzungen des Art. 234 EGV nunmehr auch zu **Vorabentscheidungsverfahren des EuGH** auf diesem Gebiet kommen kann.[12] Die Vorlagefrage muss sich dabei stets auf die Klärung des Inhalts des Gemeinschaftsrechts beziehen, kann also unstreitig nicht die gemeinschaftsrechtliche Wirksamkeit einer Klausel zum Gegenstand haben.[13] Über eine Vorlage durch das mit dem Rechtsstreit befasste nationale Gericht – für die letzte Instanz besteht hier eine Vorlagepflicht (Art. 234 Abs. 3 EGV) – lässt sich in zwei Fällen nachdenken:

47 Zum einen kann die Beurteilung des Ausgangsfalls vom **Anwendungsbereich der Klausel-Richtlinie** und damit von einer ggf. notwendigen richtlinienkonformen Auslegung des nationalen AGB-Rechts abhängen. Dies betrifft beispielsweise die Sonderregelungen für Verbraucherverträge in § 310 Abs. 3, die Bereichsausnahmen des § 310 Abs. 4 und die Schranken der Inhaltskontrolle nach § 307 Abs. 3.[14]

Beispiel: Umstritten ist, ob die Bereichsausnahme für Verträge auf dem Gebiete des Gesellschaftsrechts (§ 310 Abs. 4) im Wege richtlinienkonformer Auslegung dahingehend zu reduzieren ist, dass sie den Erwerb einer gesellschaftsrechtlichen Beteiligung von Verbrauchern zur Vermögensanlage ohne unternehmerische Befugnisse nicht von der AGB-Kontrolle freistellt.[15] Hierfür kommt es auf die Direktiven der Richtlinie an, die unterschiedlich interpretiert werden. Will das nationale Gericht in einer solchen Konstellation die Bereichsausnahme nicht einschränken und zulasten des Verbrauchers von einer AGB-Kontrolle absehen, so müsste es sich mit einer Vorlage an den EuGH auseinandersetzen.

48 Zum anderen lässt sich eine Vorlage an den EuGH in Betracht ziehen, um die **Anwendung der Generalklausel des § 307 und der Klauselverbote der §§ 308 und 309 im Lichte der Art. 3 Abs. 1, 4 Abs. 1 der Richtlinie sowie des Anhangs** vornehmen zu können, wenn Zweifel bestehen, welchen Maßstab die Richtlinie insoweit vorgibt. Besonders brisant ist die Frage, ob die Angemessenheitsbeurteilung der nationalen Gerichte im Hinblick auf Art. 3 Abs. 1 RiLi künftig auch in den Kompetenzbereich des EuGH fällt (vgl. hierzu Rdn. 475 f.). Das Unbehagen an einer möglichen Gewichtsverschiebung hin zum EuGH ist angesichts der Konsequenzen – Effektivitätsverlust des nationalen Rechtsschutzes – weit verbreitet.[16] Zu den Grenzen der Vorlagepflicht hat sich bereits eine intensive literarische

---

[10] Zur Bedeutung des Anhangs vgl. Rdn. 581.
[11] BGH NJW 2001, 1132 (1133).
[12] Vgl. EuGH NJW 2000, 2571 als Beispiel.
[13] *Staudinger-Coester*, § 307 Rdn. 68.
[14] *Ulmer*, § 310 Rdn. 120.
[15] Vgl. hierzu Rdn. 170.
[16] *Borges*, NJW 2001, 2062; vgl. allgemein auch *Canaris* EuZW 1994, 417 und *Steindorff*, EG-Vertrag und Privatrecht, 1996, S. 398 ff.

Diskussion entsponnen.[17] Einigkeit besteht immerhin darüber, dass die Entscheidung einer Streitfrage zugunsten des Verbrauchers stets ohne Vorlage an den EuGH ergehen kann, da die Richtlinie strengere Verbraucherschutzstandards in Art. 8 ausdrücklich zulässt, ihr Mindestschutzniveau mithin insoweit nicht angetastet wird.[18] Der BGH hat sich bislang wenig vorlagefreundlich gezeigt.[19]

Die **neuere Rechtsprechung des EuGH** scheint ihm in dieser Frage recht zu geben.[20] Hatte sich der EuGH in seiner ersten Entscheidung zu diesem Problemkreis vom 27. 6. 2000[21] noch sehr kontrollfreudig gezeigt und eine Gerichtsstandsklausel ohne weiteres als missbräuchlich eingestuft, so ist die zweite einschlägige Entscheidung vom 1. 4. 2004[22] **von einer deutlichen Selbstbeschränkung geprägt.** Der EuGH nimmt zwar die Befugnis für sich in Anspruch, die vom Gemeinschaftsgesetzgeber zur Definition des Begriffs der missbräuchlichen Klausel verwendeten allgemeinen Kriterien auszulegen, hält sich aber nicht für berechtigt, sich zur Anwendung dieser allgemeinen Kriterien auf eine bestimmte Klausel zu äußern. Dies sei Sache des nationalen Gerichts.[23] Von der ersten Entscheidung in Sachen Océano grenzt sich der EuGH jetzt ab, indem er darauf hinweist, dass die Missbräuchlichkeit der damals in Rede stehenden Gerichtsstandsklausel ohne Rückgriff auf das nationale Recht habe beurteilt werden können. Diese Konstellation hat erkennbar Ausnahmecharakter, so dass die Beurteilung einzelner Klauseln sehr weitgehend (wieder) in die Hand der nationalen Gerichte gelegt ist.

49

2. Umsetzung der Richtlinie in deutsches Recht

Die gebotene Umsetzung der Klauselrichtlinie in das deutsche Recht erfolgte durch das Gesetz zur Änderung des AGB-Gesetzes, in Kraft getreten am 25. 7. 1996.[24] Inhaltlich zeichnete sich die Novellierung des AGB-Gesetzes durch eine Beschränkung aus. Das Änderungsgesetz ging von der Zielsetzung aus, das AGB-Gesetz, das sich in der Praxis bewährt habe, nur dort zu ändern, wo dies im Hinblick auf die Richtlinie unbedingt notwendig war.[25] Eine grundlegende Überarbeitung des AGB-Gesetzes oder die Schaffung eines Spezialgesetzes zum Schutz der Verbraucher vor missbräuchlichen Vertragsklauseln hielt der Gesetzgeber nicht für erforderlich. Vielmehr hielt er dafür, dass sich der von der EG-Richtlinie geforderte Verbraucherschutz auch auf der Grundlage des AGB-Gesetzes

50

---

[17] Für eine (eher) weitreichende Vorlagepflicht etwa *Coester*, in: FS für Heinrichs, S. 102 ff.; *Ulmer*, in: Karlsruher Forum 1997, S. 38 ff.; *Heiderhoff*, WM 2003, 511; zurückhaltend hingegen *Heinrichs*, NJW 1996, 2196 f.; ders., NJW 1998, 1454 f.; *Staudinger-Schlosser*, Vorbem. zu §§ 305 ff. Rdn. 12; *H. Roth*, JZ 1999, 535 ff.; *Franzen*, Privatrechtsangleichung durch die Europäische Gemeinschaft, 1999, S. 536 ff. und 552 ff.; gestützt auf das Subsidiaritätsprinzip auch *Nassall*, JZ 1995, 691 und ders., WM 1994, 1652. Zum Ganzen auch *Markwardt*, Die Rolle des EuGH bei der Inhaltskontrolle vorformulierter Verbraucherverträge, passim.
[18] *Heinrichs*, NJW 1998, 1454; *Palandt-Grüneberg*, § 310 Rdn. 23; *Ulmer*, Einl. Rdn. 100.
[19] Vgl. insbesondere BGH BB 1998, 1864 (1865) mit kritischer Anm. von *Ulmer*.
[20] Überblick zur EuGH-Rechtsprechung betreffend die Klauselrichtlinie bei MünchKomm-*Basedow*, Vor § 305 Rdn. 62 ff.
[21] EuGH NJW 2000, 2571 – Océano.
[22] EuGH NJW 2004, 1647 – Freiburger Kommunalbauten mit Besprechungen von *Markwardt*, ZIP 2005, 152; *Röthel*, ZEuP 2005, 421; *Freitag/Riemenschneider*, WM 2004, 2470; ergangen auf Vorlage des BGH (NZM 2002, 754). Vorangegangen waren zwei weitere Entscheidungen, die sich jedoch nicht unmittelbar zur Missbräuchlichkeit einer Klausel verhielten, nämlich EuGH EuZW 2002, 465 – Kommission/Schweden mit Anm. *Pfeiffer* und EuGH NJW 2003, 275 – Cofidis, hierzu *Rott*, EuZW 2003, 5.
[23] Dies hervorhebend im Anschluß an die EuGH-Entscheidung BGH NZM 2004, 734.
[24] BGBl. I, 1013. Nähere Angaben zur Gesetzgebungsgeschichte in der Voraufl. Rdn. 46.
[25] *Ulmer*, Einl. Rdn. 92 spricht daher zutreffend von einer „Minimallösung".

erreichen lasse. Änderungsbedarf sah er zum einen hinsichtlich des persönlichen und sachlichen Anwendungsbereichs. Dies schlug sich in der Aufnahme der wichtigen Bestimmung des § 24a AGBG (jetzt § 310 Abs. 3) betreffend Verbraucherverträge nieder. Von vergleichsweise geringer Bedeutung war demgegenüber die zweite Gesetzesänderung, die in einer Erweiterung des internationalen Geltungsbereichs des AGB-Gesetzes bestand (Änderung des § 12 AGBG).

II. Integration des AGB-Rechts in das BGB durch das Schuldrechtsmodernisierungsgesetz

Literatur: *Koch,* Auswirkungen der Schuldrechtsreform auf die Gestaltung Allgemeiner Geschäftsbedingungen, WM 2002, 2173 und 2217; *Pfeiffer,* Die Integration von „Nebengesetzen" in das BGB, in: Zivilrechtswissenschaft und Schuldrechtsreform (hrsg. von Ernst und Zimmermann), 2001, S. 481; *Pfeiffer/Schinkels,* Schuldrechtsmodernisierung und AGB-Gesetz, in: Schuldrechtsreform und Verbraucherschutz (hrsg. von Micklitz/Pfeiffer/Tonner/Willingmann), 2001, S. 133ff.; *Ring/Klingelhöfer,* Das neue AGB-Recht, 2002; *Ulmer,* Das AGB-Gesetz: ein eigenständiges Kodifikationswerk, JZ 2001, 491; *ders.,* Integration des AGB-Gesetzes in das BGB?, in: Die Schuldrechtsreform vor dem Hintergrund des Gemeinschaftsrechts (hrsg. von Schulze und Schulte-Nölke) 2001, S. 215; *Graf von Westphalen,* AGB-Recht ins BGB – Eine erste Bestandsaufnahme, NJW 2002, 12; *Wolf/Pfeiffer,* Der richtige Standort des AGB-Rechts innerhalb des BGB, ZRP 2001, 303.

51 In der Folgezeit waren mehrere **punktuelle Eingriffe in das AGB-Gesetz** zu verzeichnen. Zu nennen sind hier insbesondere das Handelsrechtsreformgesetz von 1998,[26] das Überweisungsgesetz von 1999,[27] das Gesetz zur Beschleunigung fälliger Zahlungen von 2000[28] und das Gesetz über Fernabsatzverträge, ebenfalls aus dem Jahre 2000.[29] Letzteres hat insbesondere den erst kurz zuvor geänderten § 12 AGBG aufgehoben und die dort enthaltene Normierung zur Anwendbarkeit der AGB-rechtlichen Vorschriften bei grenzüberschreitenden Verträgen in das Einführungsgesetz zum Bürgerlichen Gesetzbuch (Art. 29a) transloziert. Einen **bedeutenden Einschnitt** für das AGB-Recht markiert das am 1. 1. 2002 in Kraft getretene **Schuldrechtsmodernisierungsgesetz**.[30]

1. Die gesetzgeberische Grundentscheidung

52 Dieses hatte sich u. a. die Integration der Verbraucherschutzgesetze und des AGB-Gesetzes in das Bürgerliche Gesetzbuch auf die Fahnen geschrieben. Entsprechend dieser Zielsetzung ist das **AGB-Gesetz** nach nahezu 25-jähriger Geltung **aufgehoben** worden.

a) Das materielle AGB-Recht

53 Das materielle AGB-Recht – also die bisherigen §§ 1 bis 11 und §§ 23 bis 24a AGBG – wurde **in das Bürgerliche Gesetzbuch integriert.** Dort findet es sich jetzt im Allgemeinen Schuldrecht und zwar in einem neu eingerichteten 2. Abschnitt, der mit „Gestaltung

---

[26] BGBl. 1998 I, S. 1484ff.; siehe hierzu auch Rdn. 186.
[27] BGBl. 1999 I, S. 1642.
[28] BGBl. 2000 I, S. 330ff.
[29] BGBl. 2000 I, S. 897ff.
[30] BGBl. 2001 I, S. 3138ff. Die AGB-rechtlichen Vorschriften haben im Laufe des Gesetzgebungsverfahrens vom Diskussionsentwurf bis zur Gesetz gewordenen Fassung – noch mehrfach Änderungen erfahren. Neben dem Gesetzentwurf der Bundesregierung samt Begründung (BT-Drucks. 14/6040) sind die Stellungnahme des Bundesrates und die Gegenäußerung der Bundesregierung (BT-Drucks. 14/6857, Anlage 2 und 3 = BR-Drucks. 338/01) sowie die Beschlussempfehlung des Rechtsausschusses (BT-Drucks. 14/7052) von besonderer Bedeutung. Übersichtliche Zusammenstellung bei *Canaris* (Hrsg.), Schuldrechtsmodernisierung 2002.

rechtsgeschäftlicher Schuldverhältnisse durch Allgemeine Geschäftsbedingungen" überschrieben ist. Konkret handelt es sich um die §§ 305 bis 310. Vorangestellt ist diesem Abschnitt ein amtlicher Hinweis, demzufolge der 2. Abschnitt auch der Umsetzung der Richtlinie 93/13/EWG des Rates vom 5. 4. 1993 über missbräuchliche Klauseln in Verbraucherverträgen dient.

Die **inhaltlichen Neuerungen** halten sich **in einem überschaubaren Rahmen**.[31] Teils handelt es sich um notwendige Anpassungen an das geänderte Leistungsstörungsrecht, teils geht es um die Behebung bisheriger Umsetzungsdefizite im Hinblick auf die Klausel-Richtlinie. Schließlich hat der Gesetzgeber die Gelegenheit genutzt, punktuell den Regelungsgehalt einiger Vorschriften zu verdeutlichen, zu denen sich in Rechtsprechung und Lehre Klarstellungsbedarf ergeben hatte. Zu weitreichenden Neugestaltungen hat sich der Gesetzgeber – sieht man einmal von der Streichung der Bereichsausnahme für das Arbeitsrecht (vgl. § 310 Abs. 4) ab – nicht entschließen können.

Von besonderem Interesse ist die **Begründung des Gesetzgebers** für die Integration des materiellen AGB-Rechts in das Bürgerliche Gesetzbuch. In den Materialien finden sich folgende Haupterwägungen:[32]

(1) erheblicher Fortschritt an Transparenz und Verständlichkeit; (2) enge Verschränkung des AGB-Rechts und des Schuldrechts sowie Gefahr, dass sich unterschiedliche Auslegungsgrundsätze, Begrifflichkeiten und Wertungsmaßstäbe entwickeln; (3) Stärkung des Kodifikationsgedankens. Das Bürgerliche Gesetzbuch, so die Regierungsbegründung, erlange erst durch die Integration des AGB-Gesetzes wieder den „Rang einer zivilrechtlichen Gesamtkodifikation".

b) Das formelle AGB-Recht

Das formelle AGB-Recht, also das bislang in den §§ 13 ff. AGBG geregelte Verbandsverfahren, wurde nicht in das Bürgerliche Gesetzbuch integriert, sondern zusammen mit verwandten Verbraucherschutzverfahren in ein neu geschaffenes **Unterlassungsklagengesetz**[33] eingestellt. Nach der Entscheidung für eine Integration der materiellrechtlichen Vorschriften des AGB-Gesetzes in das Bürgerliche Gesetzbuch musste für die Verfahrensregelungen ein neuer Standort gefunden werden. Das Bürgerliche Gesetzbuch kam nicht in Betracht, durfte der materiell-rechtliche Charakter seiner Regelungen doch nicht verwässert werden. Die Zivilprozessordnung hätte sich schon eher als neuer Standort der nunmehr verwaisten Vorschriften angeboten. Offenbar mochte man jedoch das besondere Verbandsverfahren in einem Sondergesetz geregelt wissen, schon um mögliche – sich bereits andeutende – Fortentwicklungen (z.B. Gewinnabschöpfung, Schadensersatz) künftig leichter bewältigen zu können.[34]

2. Rechtspolitische Kritik

Der Plan, die materiell-rechtlichen AGB-Vorschriften in das Bürgerliche Gesetzbuch und dort in das Allgemeine Schuldrecht einzustellen, ist im Gesetzgebungsverfahren auf dezidierte **Kritik** gestoßen. Insbesondere *Ulmer* hatte sich vehement für die Beibehaltung des AGB-Gesetzes ausgesprochen.[35]

---

[31] So auch die Einschätzung von *Huber,* in: Huber/Faust, Schuldrechtsmodernisierung, 2002, S. 464.
[32] Begründung des Regierungsentwurfs BT-Drucks. 14/6040, S. 92 und 97.
[33] BGBl. 2001 I, S. 3138 ff.
[34] AnwKomm Schuldrecht-*Walker,* Vorbem. zu UKlaG Rdn. 2.
[35] *Ulmer,* JZ 2001, 491 ff.; *ders.,* in: Schulze/Schulte-Nölke, Schuldrechtsreform vor dem Hintergrund des Gemeinschaftsrechts, 2001, S. 215 ff.

59 Ein **zwingender Handlungsbedarf,** wie ihn die etwas dick aufgetragenen Erwägungen des Gesetzgebers suggerieren, **war** in der Tat **nicht gegeben.**[36] Das bisherige Nebeneinander von BGB und AGB-Gesetz war keineswegs von Intransparenz und von Wertungswidersprüchen gekennzeichnet. Jedenfalls ist von einer bloßen Standortverlagerung keine Milderung dieser Spannungen zu erwarten. Und vielleicht wäre ja – wie *Ulmer* bemerkte –[37] die Signalwirkung der AGB-rechtlichen Vorschriften doch höher gewesen, wenn sie sich auch weiterhin im AGB-Gesetz befunden hätten.

60 Kritikwürdig sind ferner die **Verortung der AGB-Vorschriften im Allgemeinen Schuldrecht** anstatt im Allgemeinen Teil[38] sowie die – offenbar der Paragraphenökonomie geschuldete – **Zusammenziehung** verschiedener, bisher aus gutem Grunde auf mehrere Vorschriften verteilter **Regelungen.**[39]

3. Übergangsvorschriften

61 Das **in den §§ 305 ff. neugeordnete AGB-Recht** gilt für Schuldverhältnisse, die nach dem 31. Dezember 2001 entstanden sind. Für die vor dem 1. Januar 2002 entstandenen Schuldverhältnisse verblieb es zunächst bei der Anwendbarkeit des alten AGB-Gesetzes. Bei Dauerschuldverhältnissen galt eine Übergangsfrist bis zum 31. Dezember 2002. Seit dem 1. Januar 2003 gilt nun auch für Dauerschuldverhältnisse das neu geordnete Recht (Art. 229 § 5 EGBGB).

62 Das **Unterlassungsklagegesetz** gilt ab 1. Januar 2002 und zwar auch für die zu diesem Zeitpunkt schon anhängigen, aber noch nicht abgeschlossenen Verfahren (Einzelheiten in der Überleitungsvorschrift § 16 UKlaG).

III. Perspektivenwechsel für die AGB-Kontrolle von Kaufverträgen im unternehmerischen Verkehr?

Literatur: *Canaris,* Die AGB-rechtliche Leitbildfunktion des neuen Leistungsstörungsrechts, in: FS für Ulmer, 2003, S. 1073; *Dauner-Lieb,* Die geplante Schuldrechtsmodernisierung – Durchbruch oder Schnellschuss?, JZ 2001, 8; *Pfeiffer,* Neues Schuldrecht – neues Leitbild im AGB-Recht, in: Das neue Schuldrecht in der Praxis, hrsg. von Dauner-Lieb/Konzen/K. Schmidt, 2003, S. 225; *Schubel,* Schuldrechtsreform – Perspektivenwechsel im Bürgerlichen Recht und AGB-Kontrolle für den Handelskauf, JZ 2001, 1113; *H. P. Westermann,* Das neue Kaufrecht einschließlich des Verbrauchsgüterkaufs, JZ 2001, 530.

63 Das AGB-Recht und die Kontrollpraxis der Gerichte werden nicht nur durch die Vorschriften der §§ 305 ff. determiniert. Von großer Bedeutung sind daneben die als Maßstabsnormen in Betracht kommenden Vorschriften des Verjährungsrechts, des allgemeinen Leistungsstörungsrechts und des Vertragsrechts, insbesondere der Typenkataloge (§§ 433 ff.). Vielen der dort versammelten Vorschriften wird eine Leitbildfunktion für die Inhaltskontrolle zugeschrieben. Als Einfallstor dient insbesondere § 307 Abs. 2 Nr. 1, wonach eine unangemessene Benachteiligung im Zweifel anzunehmen ist, wenn die AGB-Klausel mit wesentlichen Grundgedanken der gesetzlichen Regelung nicht zu vereinbaren ist. Aus diesem Grund zeitigen Änderungen im Bereich der Referenznormen erhebliche Folgewirkungen auf die Inhaltskontrolle nach § 307.

---

[36] AnwKomm Schuldrecht-*Hennrichs*, vor §§ 305 ff. Rdn. 6.
[37] *Ulmer,* JZ 2001, 497.
[38] Vgl. vor allem *Wolf/Pfeiffer,* ZRP 2001, 303 ff.; kritisch ferner AnwKomm Schuldrecht-*Hennrichs,* vor §§ 305 ff. Rdn. 9; *Palandt-Heinrichs,* Überbl. v. § 305 Rdn. 1. Näher hierzu Voraufl. Rdn. 60.
[39] *Palandt-Heinrichs,* Überbl. v. § 305 Rdn. 1; *Pfeiffer,* in: Ernst/Zimmermann (Hrsg.) Zivilrechtswissenschaft und Schuldrechtsreform, 2001, S. 503; hierzu näher Voraufl. Rdn. 61.

§ 3. Klauselrichtlinie und Schuldrechtsmodernisierung

Im Zuge der Schuldrechtsreform ist die Frage aufgeworfen worden, ob nicht die Stärkung der Rechte des Käufers und des Werkbestellers mittelbar, nämlich über die Leitbildkontrolle nach § 307 Abs. 2 Nr. 1, auch den **Gestaltungsspielraum im unternehmerischen Geschäftsverkehr einzuengen droht.** Speziell denkt man hier an § 475, der die grundsätzlich dispositiven Vorschriften des Kaufrechts für den Verbrauchsgüterkauf in den Rang zwingenden Rechts erhebt. Befürchtet wird, dass eine gleichartige Verschiebung der Gewichte vermittels der gerichtlichen AGB-Kontrolle auch in den Vertragsbeziehungen zwischen Unternehmern eintreten wird.[40] Diese Gefahr ist nicht unbegründet, geht doch der Reformgesetzgeber ausweislich der Materialien selbst davon aus, dass das neue Kaufrecht am Verbrauchsgüterkauf als der typischen Erscheinungsform des Kaufvertrages ausgerichtet sei.[41]

64

Den sich hier abzeichnenden Tendenzen muss für den unternehmerischen Verkehr mit Nachdruck entgegengetreten werden. *Harm Peter Westermann* hat mit Recht bemerkt, dass es nicht das Ergebnis der Reform des Verbrauchsgüterkaufs sein darf, die Gestaltungsfreiheit für den Kauf zwischen Unternehmen oder unter Privaten stärker als nach bisherigem Recht einzuschränken.[42] Der im Gesetz angelegten Differenzierung zwischen dem „normalen" Kauf, dem Verbrauchsgüterkauf und dem Handelskauf muss auch im Rahmen der Inhaltskontrolle Rechnung getragen werden. Die zwingenden Sondervorschriften über den Verbrauchsgüterkauf verstehen sich vor dem Hintergrund europäischer Richtlinien zum Schutze des Verbrauchers gegenüber dem Unternehmer in seiner „rollenspezifischen Unterlegenheit". Bei einem Kaufvertrag zwischen Unternehmern (insbesondere Kaufleuten) ist die **Interessenlage grundlegend anders.** Hier stehen sich zwei geschäftsgewandte Vertragspartner gegenüber, die eines besonderen gesetzlichen Schutzes grundsätzlich nicht bedürfen, sondern im Gegenteil darauf angewiesen sind, den jeweiligen geschäftlichen Vorgängen angepasste Regelungen vereinbaren zu dürfen. Im Übrigen zeigt auch § 310 Abs. 1 Satz 2, dass den Besonderheiten des Handelsverkehrs auch bei der AGB-Kontrolle Rechnung zu tragen ist, heißt es doch dort wörtlich: „auf die im Handelsverkehr geltenden Gewohnheiten und Gebräuche ist angemessen Rücksicht zu nehmen".[43]

65

Werden umgekehrt die Regelungsinhalte **verbraucherschützender Vorschriften klauselmäßig auf den unternehmerischen Verkehr** erstreckt, so kann hierin sehr wohl eine unangemessene Benachteiligung des unternehmerischen Kunden gesehen werden.[44]

66

Beispiel: In den **Einkaufsbedingungen eines Baumarktbetreibers** heißt es: „Es wird vermutet, dass ein Mangel bereits zum Zeitpunkt des Gefahrübergangs vorhanden war, wenn seit Gefahrübergang nicht mehr als zwölf Monate vergangen sind." Hierzu führt der BGH zu Recht aus: „Der Umstand, dass der Gesetzgeber in § 476 für die Fälle des Verbrauchsgüterkaufs eine Beweislastumkehr zu Lasten des Verkäufers geregelt hat, rechtfertigt ... nicht den Schluss, eine entsprechende Beweislastumkehr in AGB könne nicht unangemessen sein. Die Vorschrift des § 476 ... bezweckt den Schutz des Verbrauchers und räumt diesem Gesichtspunkt im Hinblick darauf Vorrang ein, dass Unternehmen in der Regel bessere Erkenntnismöglichkeiten haben als Verbraucher. Diese besondere Interessenlage ist im Verhältnis der Bekl. zu ihren Lieferanten nicht gegeben."[45]

---

[40] So die besorgte Stellungnahme des Bundesrates, BT-Drucks. 338/01, S. 29.
[41] RegEntw. BT-Drucks. 16/6040, S. 91.
[42] *H. P. Westermann*, JZ 2001, 535 f.; zustimmend AnwKomm Schuldrecht-*Hennrichs*, § 307 Rdn. 13; ferner *Dauner-Lieb*, JZ 2001, 13; ausführlich und weiter ausgreifend *Schubel*, JZ 2001, 1113 ff.; gegen eine generelle Ablehnung der Leitbildungfunktion des Kaufrechts für den unternehmerischen Verkehr und für eine differenzierende Sichtweise jedoch *Pfeiffer*, in: Das neue Schuldrecht in der Praxis, S. 225 ff. und *Staudinger-Coester*, § 307 Rdn. 251.
[43] AnwKomm Schuldrecht-*Hennrichs*, § 307 Rdn. 13.
[44] *Staudinger-Coester*, § 307 Rdn. 251.
[45] BGH NJW 2006, 47 (49).

§ 4. Positive Funktionen und negative Begleiterscheinungen Allgemeiner Geschäftsbedingungen

Literatur: *Kötz,* 50. DJT Hamburg 1974, Band I Gutachten, S. A 23 ff.; *Raiser,* Das Recht der Allgemeinen Geschäftsbedingungen, 1935, S. 18 ff.

I. Rationalisierungs- und Typisierungsfunktion

67 Das Interesse der Unternehmer an der Aufstellung und Anwendung Allgemeiner Geschäftsbedingungen liegt auf der Hand: es resultiert aus der zu erwartenden **Rationalisierung der Geschäftsabwicklung.** Gleichförmige Geschäftsbedingungen, die im Verhältnis zu allen Kunden Anwendung finden, vereinfachen die Organisation des Unternehmers, erleichtern seine Kalkulation und ersparen ihm die Kosten und Mühe des Aushandelns der Vertragsbedingungen.[46] Prägnant und allgemeingültig hat die Zusammenhänge *Philipp Heck* in seiner Tübinger Antrittsvorlesung wie folgt beschrieben:

„Es ist nun eine allbekannte Thatsache, dass die häufige Wiederholung einer menschlichen Handlung, der Massenbetrieb, (...), wichtige Wirkungen hervorruft, innere und äußere Anpassungserscheinungen. Die innere Anpassung zeigt sich in doppelter Weise, einmal in der Steigerung der Leistungsfähigkeit (...) und zweitens in dem Zurücktreten des Bewusstseins, der Ersparnis an Aufmerksamkeit. Die Handlungen nehmen einen gleichmäßigen, gewohnheitsmäßigen, typischen Zuschnitt an, sie werden vollzogen, ohne dass man die Einzelheiten vorher überlegt. Die äußere Anpassung wird vermittelt durch neue Bedürfnisse, die sich einstellen. Der Handelnde strebt nach der Beseitigung von Hindernissen, Störungen, die bei bloß vereinzelten Handlungen ruhig hingenommen werden, beim Massenbetrieb lästig oder unerträglich erscheinen."[47]

68 Ferner wird durch die Verwendung Allgemeiner Geschäftsbedingungen der Vertragsinhalt klargestellt und auf diese Weise möglichen Meinungsverschiedenheiten über den Vertragsinhalt entgegengewirkt.[48] Außerdem erlauben es Allgemeine Geschäftsbedingungen, die für Massengeschäfte maßgebenden Vertragsbestimmungen rasch an veränderte wirtschaftliche und technische Entwicklungen anzupassen.

69 Die Rechtsprechung hat dieses Rationalisierungsinteresse im Rahmen der Inhaltskontrolle als grundsätzlich anerkennenswert eingestuft. Es sei im Grundsatz zulässig, bei der Gestaltung von Allgemeinen Geschäftsbedingungen Rationalisierungsgesichtspunkte zu berücksichtigen und die Vertragsabwicklung – auch abweichend von der gesetzlichen Regelung – zu vereinfachen und zu vereinheitlichen.[49]

Beispiel: Die formularmäßige Anordnung des **Einzugsermächtigungsverfahrens** – etwa in den Allgemeinen Geschäftsbedingungen des Betreibers von Breitbandkabel-Verteileranlagen – bietet für den Verwender erhebliche Rationalisierungsvorteile und ist zudem spürbar kostengünstiger. So vereinfacht sich das bei Massengeschäften ansonsten sehr aufwändige Organisations- und Buchungsverfahren deutlich. Das ihm zustehende Geld fließt dem Zahlungsempfänger auf den Tag genau rechtzeitig zu, was mit erheblichen Liquiditäts- und Zinsvorteilen verbunden ist. Ferner kann aus diesem Grunde auch das Mahnwesen weitgehend entfallen. Dieser Rationalisierungseffekt streitet im Rahmen der Inhaltskontrolle für die Zulässigkeit einer solchen Regelung.[50]

---

[46] Zum Rationalisierungseffekt *Raiser,* Recht der Allgemeinen Geschäftsbedingungen, S. 19 ff.; *Kötz,* 50. DJT Hamburg 1974, Band I Gutachten, S. A 23 ff.; *Wolf,* Einl. AGBG Rdn. 1; *Ulmer,* Einl. Rdn. 4.
[47] *Heck,* AcP 92 (1902), S. 455.
[48] Funktion des AGB-Vertrages als „Inbegriff ersparter Prozesse", vgl. *Raiser,* Recht der Allgemeinen Geschäftsbedingungen, S. 20.
[49] BGH NJW 1996, 988 (989).
[50] BGH NJW 1996, 988.

In Grenzen kommen diese Vorteile auch den Kunden zu Gute, da auch sie des lästigen 70
und zeitaufwändigen Aushandelns der Vertragsbedingungen enthoben sind und die kalkulatorischen Vorteile der Unternehmer im Rahmen des Wettbewerbs über den Preis jedenfalls zum Teil an die Kunden weitergegeben werden.

Allgemeine Geschäftsbedingungen werden ferner eingesetzt, um nicht passendes dispositives Gesetzesrecht abzuändern oder fehlendes Recht zu substituieren. Im Hinblick auf die letztgenannte Verwendung wird im Schrifttum auch von **Lückenausfüllungsfunktion** gesprochen.[51] Zu beobachten ist, dass ganze, dem BGB unbekannte Vertragsformen durch Allgemeine Geschäftsbedingungen ausgestaltet und typisiert werden (**Typisierungsfunktion**).[52] Man denke nur an Leasing-, Automatenaufstellungs-, Factoring- oder Franchiseverträge, die ihre Grundlage einzig und allein in ausgefeilten, standardisierten Vertragswerken haben.[53] Nicht zu Unrecht hat man bereits 1933 in Bezug auf Allgemeine Geschäftsbedingungen von *„selbstgeschaffenem Recht der Wirtschaft"* gesprochen.[54] 71

II. Gefahr unangemessener Risikoabwälzung zu Lasten der Kunden

Diesen durchaus als positiv einzustufenden Funktionen der Allgemeinen Geschäftsbedingungen stehen nun allerdings erhebliche negative Begleiterscheinungen gegenüber.[55] Erfahrungsgemäß ist nämlich derjenige, der einheitliche Regelungen für die von ihm künftig abzuschließenden Verträge aufstellt, zugleich bestrebt, die ihm günstige – durch einen Akt der Unterwerfung charakterisierte – Vertragsabschlusssituation zu nutzen, um seine Interessen in möglichst weitem Umfang rechtlich abzusichern. Die Stärkung der eigenen Rechtsposition geht dabei oftmals zu Lasten der anderen Vertragspartei. 72

Beispiel: Ein Textilreinigungsunternehmen schließt jede Haftung für Beschädigungen der eingelieferten Kleidungsstücke aus. Das Interesse des Verwenders, von Haftungsansprüchen der Kunden verschont zu bleiben, wird hier zulasten der Kunden, denen das Beschädigungsrisiko in vollem Umfang überbürdet wird, verfolgt.

Mit der Verwendung Allgemeiner Geschäftsbedingungen geht also typischerweise – wenngleich nicht notwendig – die **Tendenz einer Risikoverlagerung zu Lasten des Kunden** einher.[56] Dieser durch umfangreiches praktisches Anschauungsmaterial dokumentierte Befund ist heute unstreitig. In der Begründung des Regierungsentwurfs zum AGB-Gesetz ist er wie folgt festgehalten worden: 73

„Mindestens ebenso stark sind AGB jedoch von dem Bestreben ihrer Verwender geprägt, auf Kosten eines gegenseitigen Interessenausgleichs die eigene Rechtsposition zu stärken und die Rechte der anderen Seite durch Überbürdung der Geschäftsrisiken zu verkürzen. Die einseitige Sicherung und Verfolgung der Interessen des Verwenders durch AGB äußert sich in einer oft schwer erträglichen Verdrängung, bisweilen sogar elementaren Mißachtung der Grundsätze der Vertragsfreiheit und Vertragsgerechtigkeit zu Lasten derjenigen Vertragsteile, die solchen vorformulierten Bedingungswerken unterworfen werden."[57]

---

[51] *Locher,* Recht der AGB, S. 6.
[52] *Wolf,* Einl. AGBG Rdn. 2.
[53] Vgl. hierzu *Joost,* ZIP 1996, 1685.
[54] Vgl. hierzu das gleichnamige Werk von *Großmann-Doerth,* Selbstgeschaffenes Recht der Wirtschaft und staatliches Recht, 1933.
[55] *Raiser,* Recht der Allgemeinen Geschäftsbedingungen, S. 21 ff. sprach von Allgemeinen Geschäftsbedingungen „als Werkzeuge wirtschaftlicher Machterhaltung und -verstärkung"; *Kötz,* 50. DJT Hamburg 1974, Band I Gutachten, S. A 26 f.; *Wolf,* Einl. AGBG Rdn. 3; *Ulmer,* Einl. Rdn. 5.
[56] MünchKomm-*Basedow,* Vor § 305 Rdn. 3.
[57] BT-Drucks. 7/3919, S. 9.

74 Rationalisierungs- und Risikoverlagerungstendenzen werden sich oftmals überlagern; die Übergänge sind fließend.[13]

Beispiel: Dies zeigt sich beispielsweise deutlich bei vorformulierten Schadensersatzpauschalen. Von ihnen verspricht sich der Verwender der Idee nach zunächst eine vereinfachte Abwicklung künftiger Störungsfälle. Die Kosten und Mühen, die mit der Ermittlung der konkreten Schadenshöhe verbunden wären, möchte er sich durch vorherige Festlegung der Ersatzsumme ersparen. Auf der anderen Seite ist die Gefahr groß, dass der Verwender die Chance nutzt, ein Geschäft zu machen, indem er als Schadenspauschale einen Betrag vorgibt, der die typischerweise zu erwartende Schadenssumme deutlich übersteigt.

75 Die Aufgabe des Richters besteht darin, unter Berücksichtigung der normativen Vorgaben des AGB-Rechts und des dispositiven Rechts, im Wege einer Interessenabwägung herauszufinden, ob eine vorformulierte Vertragsbestimmung noch vom Gedanken legitimer Rationalisierung des Geschäftsverkehrs getragen ist oder aber ob die einseitige Selbstbevorzugung des Verwenders auf Kosten der Interessen des Vertragspartners die Oberhand gewonnen hat.

§ 5. Wertungsgrundlagen des AGB-Rechts

I. Legitimation der Kontrolle Allgemeiner Geschäftsbedingungen

1. Verfassungsrechtliche Ausgangslage

Literatur: *Zöllner*, Regelungsspielräume im Schuldvertragsrecht, AcP 196 (1996), 1.

76 Das BVerfG hat in drei richtungweisenden Urteilen aufgezeigt, dass die Privatautonomie der Parteien im zivilen Vertragsrecht um ihrer selbst willen auch von Verfassungs wegen der Begrenzung in Form der gerichtlichen Inhaltskontrolle bedarf.

77 Solche Schranken, so dass **BVerfG** in seinem **Beschluss vom 7. 2. 1990 (Handelsvertreterentscheidung)**,[1] seien unentbehrlich, weil Privatautonomie auf dem Prinzip der Selbstbestimmung beruhe, also voraussetze, dass auch die Bedingungen freier Selbstbestimmung tatsächlich gegeben seien. Habe einer der Vertragsteile ein so starkes Übergewicht, dass er vertragliche Regelungen faktisch einseitig setzen könne, bewirke dies für den anderen Vertragsteil Fremdbestimmung. Wo es an einem annähernden Kräftegleichgewicht der Beteiligten fehle, sei mit den Mitteln des Vertragsrechts allein kein sachgerechter Ausgleich der Interessen zu gewährleisten. Wenn bei einer solchen Sachlage über grundrechtlich verbürgte Positionen verfügt werde, müssten staatliche Regelungen ausgleichend eingreifen, um den Grundrechtsschutz zu sichern. Der entsprechende Schutzauftrag der Verfassung richte sich auch an den Richter, der den objektiven Grundentscheidungen der Grundrechte in Fällen gestörter Vertragsparität mit den Mitteln des Zivilrechts, insbesondere über die Generalklauseln, Geltung zu verschaffen habe.

78 Fortgeführt und noch stärker auf die Inhaltskontrolle durch die Zivilgerichte fokussiert wurde dieser Ansatz sodann in der **Bürgschaftsentscheidung des BVerfG vom 19. 10. 1993**.[2] Die verfassungsrechtliche Interventionsschwelle wird in diesem Beschluss dahingehend präzisiert, dass es entscheidend darauf ankomme, ob eine typisierbare Fallgestal-

---
[13] *Ulmer*, Einl. Rdn. 5.
[1] BVerfG NJW 1990, 1469. *Wiedemann* (JZ 1990, 697) spricht von einer „für die richterliche Inhaltskontrolle richtungweisenden Entscheidung".
[2] BVerfG NJW 1994, 36.

§ 5. Wertungsgrundlagen des AGB-Rechts

tung vorliege, die eine strukturelle Unterlegenheit des einen Vertragsteils erkennen lasse, und sich zudem die Folgen des Vertrages für den unterlegenen Vertragsteil ungewöhnlich belastend darstellten. Das geltende (gesetzliche) Vertragsrecht genügt nach Ansicht des BVerfG diesen Anforderungen. Es halte Instrumente bereit, die es möglich machten, auf strukturelle Störungen der Vertragsparität angemessen zu reagieren. Für die Zivilgerichte folge daraus die Pflicht, bei der Auslegung und Anwendung der Generalklauseln darauf zu achten, dass Verträge nicht als Mittel der Fremdbestimmung dienten. Sei der Inhalt des Vertrages für eine Seite ungewöhnlich belastend und als Interessenausgleich offensichtlich unangemessen, so dürften sich die Gerichte nicht mit der Feststellung begnügen: „Vertrag ist Vertrag". Sie müssten vielmehr klären, ob die Regelung eine Folge strukturell ungleicher Verhandlungsstärke sei, und gegebenenfalls im Rahmen der Generalklauseln des geltenden Zivilrechts korrigierend eingreifen. Wie sie dabei zu verfahren hätten und zu welchem Ergebnis sie gelangen müssten, sei in erster Linie eine Frage des einfachen Rechts, dem die Verfassung einen weiten Spielraum lasse.

Komplettiert wird die Entscheidungstrias durch das Urteil des **BVerfG v. 6. 2. 2001 betreffend die richterliche Kontrolle von Eheverträgen über Unterhalt**.[3] Das BVerfG beschreibt in dieser Entscheidung wiederum Situationen gestörter Vertragsparität auf Grund typischerweise gegebener Unterlegenheit eines Vertragsteils, die eine verfassungsrechtlich begründete Interventionspflicht der Fachgerichte auslösen. Nach Meinung der Verfassungsrichter kann es von Rechts wegen nicht hingenommen werden, dass vor der Eheschließung vertragliche Abreden für den Fall einer späteren Scheidung getroffen werden, die auf eine erkennbar einseitige Lastenverteilung zu Ungunsten der Frau zielen, wenn diese im Zeitpunkt des Abschlusses der Ehevereinbarung ein Kind von ihrem künftigen Ehepartner erwartet. 79

Obwohl das Problem Allgemeiner Geschäftsbedingungen und seine gesetzliche Regelung in den verfassungsgerichtlichen Entscheidungen nicht explizit zur Sprache gekommen sind, lassen sich doch folgende Zusammenhänge herstellen. Die Verwendung vorformulierter Vertragsbedingungen und die damit einhergehende einseitige Inanspruchnahme der Vertragsfreiheit verschafft dem Verwender typischerweise (typisierbare Fallgestaltung!) ein so starkes Übergewicht, dass er den Vertragsinhalt faktisch einseitig bestimmen kann. Die formularmäßige Vertragsgestaltung ist somit ein Sachverhalt, der eine strukturelle Unterlegenheit des anderen Vertragsteils erkennen lässt und auf Grund der Gefahr der Ausnutzung der damit verbundenen Vertragsgestaltungsmöglichkeit rechtliche Sicherungen auch von Verfassungs wegen erfordert. Das gesetzliche **AGB-Recht** lässt sich mithin als **Umsetzung des vom BVerfG akzentuierten grundrechtlichen Schutzauftrags** für ein wichtiges Teilgebiet verstehen.[4] Die durch die §§ 305 ff. kanalisierte Inhaltskontrolltätigkeit der Gerichte sorgt dafür, dass sich die staatliche Schutzpflicht auch im konkreten Praxisfall bewährt. Freilich sei an dieser Stelle mit Nachdruck darauf hingewiesen, dass gerichtliche Entscheidungen, welche die Vorgaben der §§ 305 ff. im Einzelfall unrichtig umsetzen, damit nicht zwangsläufig auch Grundrechtspositionen der Partei verletzen, zu deren Lasten sich dieser Gesetzesverstoß auswirkt. Die verfassungsrechtliche Demarkationslinie ist erst überschritten, wenn – so wörtlich das BVerfG –,[5] das Problem gestörter Vertragsparität gar nicht gesehen oder seine Lösung mit untauglichen Mitteln versucht wird. Erst dann ist eine Verfassungsbeschwerde zulässig. 80

---

[3] BVerfG NJW 2001, 957; im Anschluss hieran BVerfG (3. Kammer des Ersten Senats), NJW 2001, 2248; hierzu auch Rdn. 155.

[4] Das BVerfG (2. Kammer des Ersten Senats) NJW 2005, 1036 (1037) hält die Statuierung einer Inhaltskontrolle für Formularverträge nicht für „verfassungsrechtlich unbedenklich", sondern für „nötig".

[5] BVerfG NJW 1994, 36 (39).

2. Vertragstheoretische Begründungen der AGB-Kontrolle

Literatur: *Becker,* Vertragsfreiheit, Vertragsgerechtigkeit und Inhaltskontrolle, WM 1999, 709; *Fastrich,* Richterliche Inhaltskontrolle im Privatrecht, 1992, S. 29 ff.; *Hönn,* Kompensation gestörter Vertragsparität, 1982; *ders.,* Wirksamkeitskontrolle als Instrument des allgemeinen Privatrechts zur Bewältigung von Ungleichgewichtslagen, JZ 1983, 677; *Lieb,* Sonderprivatrecht für Ungleichgewichtslagen?, Überlegungen zum Anwendungsbereich der sogenannten Inhaltskontrolle privatrechtlicher Verträge, AcP 178 (1978), S. 196; *Schmidt-Rimpler,* Grundlagen einer Erneuerung des Vertragsrechts, AcP 147 (1941), S. 130; *ders.,* Zum Vertragsproblem, in: FS für Raiser, 1974, S. 3; *Wackerbarth,* Unternehmer, Verbraucher und die Rechtfertigung der Inhaltskontrolle vorformulierter Verträge, AcP 200 (2000), S. 45 ff.; *M. Wolf,* Rechtsgeschäftliche Entscheidungsfreiheit und vertraglicher Interessenausgleich, 1970.

81 Die Entscheidung, den Inhalt eines Vertrages zweier Rechtssubjekte einer Angemessenheitsprüfung durch staatliche Gerichte zu unterwerfen, bedarf vor dem Hintergrund des Prinzips der Selbstgestaltung der Rechtsverhältnisse durch den einzelnen nach seinem Willen (Privatautonomie)[6] besonderer Rechtfertigung.[7] Wie der augenscheinliche Konflikt zwischen Privatautonomie und Inhaltskontrolle gelöst, beide Institute miteinander versöhnt werden können, ist seit langem Gegenstand grundsätzlicher vertragstheoretischer Überlegungen.[8]

82 Einen im Grundsatz heute weithin anerkannten und der Sache nach auch vom BVerfG rezipierten Gedanken könnte man als gleichsam übergeordnetes Dach verschiedener Begründungsansätze, als „Richtpunkt der vertraglichen Inhaltskontrolle" bezeichnen.[9] Es ist dies der auf *Schmidt-Rimpler* zurückgehende, später von ihm modifizierte **Gedanke der Richtigkeitsgewähr**.[10] Er besagt, dass dem Vertragsschluss, *Schmidt-Rimpler* spricht vom „Vertragsmechanismus", in der Regel eine Richtigkeitsgewähr in dem Sinne innewohne, dass sich durch ihn nicht nur eine subjektiv gewollte, sondern zugleich im Großen und Ganzen auch eine objektiv gerechte Ordnung entfalte. Nun sind jedoch Fallgestaltungen feststellbar, in denen sich die Ordnungsfunktion des Vertragsmechanismus deshalb nicht bewährt, weil seine Funktionsvoraussetzungen nicht gegeben sind. Dabei ist insbesondere an die – auch vom BVerfG herausgestellten – Fälle gestörter Vertragsparität zu denken. Versagt in diesen Konstellationen der auf interne Kontrolle durch die Vertragspartner angelegte Vertragsmechanismus, so muss die Vertragsgerechtigkeit durch externe Einflussnahme im Wege einer Rechtskontrolle gewährleistet werden. Würde die Rechtsordnung sich hier einer Stellungnahme enthalten, so liefe auch das Institut des Vertrages als solches Gefahr, Schaden zu nehmen.[11] Schon aus Gründen der Rechtssicherheit wird man solche Eingriffe jedoch auf solche typisierbaren Fallgestaltungen beschränken müssen, in denen die Richtigkeitsgewähr in einem abgrenzbaren Bereich generell und nachhaltig versagt.[12]

83 Auf den Vertragsschluss unter Verwendung Allgemeiner Geschäftsbedingungen trifft diese Kennzeichnung unzweifelhaft zu. Die Überlegenheit des Verwenders Allgemeiner Geschäftsbedingungen ist – wie *Lieb* überzeugend dargelegt hat – **situativ bedingt**.[13] Die

---

[6] So die klassische Umschreibung des Prinzips der Privatautonomie durch *Flume,* Allgemeiner Teil des Bürgerlichen Rechts II, Das Rechtsgeschäft, § 1, 1, S. 1.
[7] *Staudinger-Coester,* § 307 Rdn. 2.
[8] Überblick über den Diskussionsstand bei *Fastrich,* Inhaltskontrolle, S. 29 ff.
[9] *Fastrich,* Inhaltskontrolle, S. 91 f.; *Staudinger-Coester,* § 307 Rdn. 5.
[10] *Schmidt-Rimpler,* AcP 147 (1941), S. 149; *ders.,* in: FS für Raiser, S. 3 ff.
[11] Zur Querverbindung zum Gedanken des institutionellen Rechtsmissbrauchs sogleich unten.
[12] *Lieb,* AcP 178 (1978), S. 203; *Fastrich,* Inhaltskontrolle, S. 56.
[13] *Lieb,* AcP 178 (1978), S. 202; ihm folgend *Fastrich,* Inhaltskontrolle, S. 91 und *Staudinger-Coester,* § 307 Rdn. 3. Bemerkenswerterweise hat der Gesetzgeber die AGB-Kontrolle gerade nicht an solche Einflussfaktoren geknüpft, die mit der Person und der Stellung der Vertragspartner ver-

maßgeblichen Aspekte finden sich in der Begriffsbestimmung der Allgemeinen Geschäftsbedingungen wieder. Der situativ bedingte Vorsprung des Verwenders beruht zunächst darauf, dass er die Vertragsbedingungen für die von ihm künftig abzuschließenden Geschäfte ohne Hast und unter Zuhilfenahme fachkundigen Rats in seinem Sinne konzipieren kann, während sein Gegenüber in der Abschlusssituation regelmäßig darauf verzichten muss, die ihm vorgelegten Bedingungen zum Gesprächsgegenstand zu machen. In dieser Situation ist er in aller Regel überfordert, den Inhalt der Allgemeinen Geschäftsbedingungen zu erfassen und auf dieser Basis konkrete Änderungsvorschläge zu unterbreiten. Dass der Verwender sich hierauf einlassen wird, steht im Übrigen nicht zu erwarten. Der Aufwand, der damit verbunden wäre, stünde jedenfalls in den meisten Fällen in keinem Verhältnis zu dem zu erwartenden Ertrag. Der Gesetzgeber hat dieses Rechtfertigungselement der Inhaltskontrolle zum einen mit dem Merkmal der „Vorformulierung" aufgegriffen. Ferner nimmt die gesetzliche Begriffsbestimmung das einseitige Einführen („Stellen") und die fehlende Mitgestaltungsmöglichkeit (§ 305 Abs. 1 Satz 3) in Bezug, beides Umstände, die – wie gezeigt – die Überlegenheit des Verwenders und damit korrespondierend die Schutzbedürftigkeit des Vertragspartner mitkonstituieren.

Sind es somit in erster Linie die prägende Wirkung der Vorformulierung und das Fehlen der vom Aushandeln zu erwartenden Richtigkeitsgewähr, welche eine Kompensation mittels gerichtlicher AGB-Kontrolle rechtfertigen,[14] so tritt daneben noch ein weiterer, bereits von *Ludwig Raiser* formulierter Erklärungsansatz.[15] Es ist dies der **Gedanke des institutionellen Rechtsmissbrauchs**.[16] Bedeutung hat er insbesondere in der Rechtsprechung vor Inkrafttreten des AGB-Gesetzes und in den vom Anwendungsbereich seiner Kontrollvorschriften ausgenommenen Bereichen erlangt. Eine stets wiederkehrende Formulierung des BGH lautet: „Derjenige, der Allgemeine Geschäftsbedingungen aufstellt und auf diese Weise die Vertragsfreiheit für sich allein beansprucht, ist nach Treu und Glauben verpflichtet, schon bei der Festlegung der Allgemeinen Geschäftsbedingungen die Interessen seiner künftigen Partner angemessen zu berücksichtigen; bringt er nur seine eigenen Interessen zur Geltung, so missbraucht er die Vertragsfreiheit."[17] Dieser auf den Erhalt des Instituts der Vertragsfreiheit und damit auch auf das Funktionieren einer marktwirtschaftlichen Wettbewerbsordnung ausgerichtete Ansatz akzentuiert einen zweiten, auf die objektive Ordnungsfunktion des Vertragsmodells abzielenden Legitimationsstrang. Er hat auf Grund seiner andersartigen Zielrichtung zwar durchaus selbstständige Bedeutung, vermag jedoch das spezielle Kontrollverfahren, dem das Gesetz Allgemeine Geschäftsbedingungen unterwirft, nicht in der gebotenen Schärfe zu erklären und zu rechtfertigen.[18] Es handelt sich eher um ein Zusatzargument, das den Interventionsbedarf als solchen mitzubegründen geeignet ist.

3. Rechtsökonomische Begründung der AGB-Kontrolle

Literatur: *Adams*, Ökonomische Analyse des Gesetzes zur Regelung des Rechts der Allgemeinen Geschäftsbedingungen, in: M. Neumann (Hrsg.), Ansprüche, Eigentums- und Verfügungsrechte, 1984, S. 655; *ders.*, Ökonomische Begründung des AGB-Gesetzes, BB 1989, 781; *Baudenbacher*,

---

bunden sind wie etwa Geschäftserfahrenheit, wirtschaftliche Macht und finanzielle Stärke. Vielmehr sind sogar Kaufleute in den Schutzbereich einbezogen. Auch die Richtlinie 93/13/EWG über missbräuchliche Klauseln in Verbraucherverträgen zielt in erster Linie auf die Situation und nicht auf die Personen des Vertragsabschlusses ab (so zutreffend *Staudinger-Coester*, § 307 Rdn. 6).

[14] In diesem Sinne auch *von Hoyningen-Huene*, Inhaltskontrolle, § 9 AGBG Rdn. 22.
[15] *Raiser*, Recht der Allgemeinen Geschäftsbedingungen, S. 282.
[16] *Soergel-Teichmann*, § 242 Rdn. 13 ff. m.w.N.
[17] Z.B. BGHZ 70, 304 (310).
[18] *Lieb*, AcP 178 (1978), S. 201.

Wirtschafts-, schuld- und verfahrensrechtliche Probleme der Allgemeinen Geschäftsbedingungen, 1983, S. 214; *Drexl,* Die wirtschaftliche Selbstbestimmung des Verbrauchers, 1998, S. 330 ff.; *Grunsky,* Allgemeine Geschäftsbedingungen und Wettbewerbswirtschaft, BB 1971, 1113; *Kötz,* Der Schutzzweck der AGB-Kontrolle – eine rechtsökonomische Skizze, JuS 2003, 209.

85   Die Problematik der Allgemeinen Geschäftsbedingungen, ihr Nutzen und ihre Schattenseiten, sowie die durch das AGB-Recht statuierten inhaltlichen Grenzen sind in letzter Zeit zunehmend in das Blickfeld der ökonomischen Analyse des Rechts geraten.[19] Da diese ihrerseits nur begrenzt auf einen einheitlichen konzeptionellen Ansatz zurückgeführt werden kann, können hier nur einige Grunddaten hervorgehoben werden. Die gemeinsame Idee ist, mit Hilfe des Instrumentariums der Wirtschaftswissenschaften Aussagen zu rechtlichen Fragestellungen zu treffen. Rechtliche Gestaltungen werden darauf hin untersucht, ob sie zu einer effizienten Ressourcenallokation beitragen. Schon früh sind die mit standardisierten Vertragsbedingungen zu erzielenden Kostenersparnisse hervorgehoben worden. Die gleichförmige, durch Allgemeine Geschäftsbedingungen vorgegebene Vertragspraxis ermöglicht es dem Verwender, die tatsächliche Abwicklung der Verträge einschließlich der Störungsrisiken abzuschätzen und entsprechende organisatorische Vorkehrungen zu treffen, also Rationalisierungsvorteile zu realisieren. Hinzu kommt, dass es dem Verwender durch die Präsentation eines vorformulierten Vertragswerks zumeist gelingt, die Vertragsverhandlungen entscheidend zu entlasten. Auch dem Kunden ist daran gelegen, würden ihn doch die genaue Lektüre der Bedingungstexte, die Formulierung von Gegenvorschlägen, das Aufsuchen eines Beraters etc. unverhältnismäßig viel Mühe und Kosten bereiten. Allgemeine Geschäftsbedingungen führen daher erst einmal zur **Senkung der Transaktionskosten** und leisten damit einen Beitrag zur Herstellung optimaler Allokationseffizienz.[20]

86   *Posner,* einer der wichtigsten Protagonisten der Chicago School, meinte, die take-it-or-leave-it-Situation, vor die sich der Kunde gestellt sehe, rechtfertige keinen staatlichen Eingriff in Form einer Klauselkontrolle.[21] Denn, wenn ein Verkäufer einem Kunden unattraktive Bedingungen anbiete, so werde gewöhnlich ein konkurrierender Verkäufer zur Erlangung des Geschäfts attraktivere Bedingungen anbieten. Diese Annahme beruht jedoch auf einer Fehleinschätzung des realen Marktgeschehens.[22] Die in diesem Punkt bislang zu beobachtende mangelnde Funktionsfähigkeit des Marktes gründet auch nicht allein in dem noch fehlenden Wettbewerbsbewusstsein der Verbraucher.[23] Vielmehr hat sich gezeigt, dass die Abschlussentscheidung des Kunden in aller Regel nur auf Grund eines Vergleichs von Preis und Qualität und allenfalls einiger weniger, leicht zu überschauender Vertragsmodalitäten (z. B. Gewährleistungsdauer) erfolgt. Dieses Verhaltensmuster ist wirtschaftlich nachvollziehbar, denn der Aufwand einer vergleichenden Analyse zahlreicher Bedingungswerke würde in keinem vernünftigen Verhältnis mehr zu den zu erwartenden Vorteilen stehen. Es sind also die prohibitiv hohen Transaktionskosten, die den Kunden davon abhalten, die Vertragsbedingungen in Frage zu stellen bzw. nach einem

---

[19] Allgemein zu den Lehren der ökonomischen Analyse des Rechts statt vieler die Beiträge bei *Assmann/Kirchner/Schanze,* Ökonomische Analyse des Rechts, 2. Aufl. 1993; *Schäfer/Ott,* Lehrbuch der ökonomischen Analyse des Zivilrechts, 3. Aufl. 2000; *Eidenmüller,* Effizienz als Rechtsprinzip, 2. Aufl. 1998.
[20] *Schäfer/Ott,* Lehrbuch der ökonomischen Analyse des Zivilrechts, S. 394; *Kötz,* JuS 2003, 211 f.
[21] *Posner,* Economic Analysis of Law, 3. Aufl. 1986, S. 102 f.; in deutscher Übersetzung bei *Assmann/Kirchner/Schanze,* Ökonomische Analyse des Rechts, S. 206 ff.
[22] Ablehnend auch *Horn,* AcP 176 (1976), S. 320 f.; *Köhler,* ZHR 144 (1980), S. 602 ff.; *Drexl,* Die wirtschaftliche Selbstbestimmung des Verbrauchers, S. 330 f.; *Baudenbacher,* Wirtschafts-, schuld- und verfahrensrechtliche Grundprobleme der Allgemeinen Geschäftsbedingungen, 1983, S. 207 ff.; *Grundmann,* RabelsZ 61 (1997), S. 437 ff.
[23] So aber *Grunsky,* BB 1971, 1113 ff.

§ 5. Wertungsgrundlagen des AGB-Rechts

Marktvergleich auf in diesen Punkten günstigere Anbieter auszuweichen.[24] Entsprechend verhält sich die Unternehmerseite: die Wettbewerbsvorteile, die der Unternehmer durch verbraucherfreundliche Ausgestaltung seiner Bedingungen erzielen kann, sind – so *Kötz* – gering, jedenfalls geringer als die Kosten, die für ihn – vor allem durch die Übernahme der bisher den Verbrauchern zugewiesenen Risiken – damit verbunden wären. Auch die fehlende Werbewirksamkeit „guter" Konditionen liegt auf der Hand. Es lässt sich damit auf dem Gebiete der vorformulierten Bedingungen ein weitgehendes **Versagen des Marktes** diagnostizieren.[25] Vor diesem Hintergrund versteht und rechtfertigt sich der AGB-rechtliche 2. Abschnitt (§§ 305–310) als ein „wirtschaftsrechtliches **Gesetz zur Kompensation von Marktversagen**".[26]

Adams, der das AGB-Recht einer umfassenden, die Fehler der Chicago-School vermeidenden, Analyse unterzogen hat, zieht folgendes Resümee: Die möglichen Nachteile eines AGB-Gesetzes ließen sich als gering veranschlagen, während auf der anderen Seite deutliche Vorteile durch die Senkung der Such- und Informationsverarbeitungskosten der Kunden, geringere Gleichgewichtspreise und verminderte Kosten der Unternehmen erzielt würden. Der soziale **Gewinn aus einem AGB-Gesetz** beruhe dabei auf der Vermeidung von Verschwendung in einem weniger vorteilhaften sozialen „Arrangement".[27] 87

II. Schutzzweck des Gesetzes

Literatur: *Kötz*, Der Schutzzweck der AGB-Kontrolle – eine rechtsökonomische Skizze, JuS 2003, 209; *Locher*, Begriffsbestimmung und Schutzzweck nach dem AGB-Gesetz, JuS 1997, 389; *Wackerbarth*, Unternehmer, Verbraucher und die Rechtfertigung der Inhaltskontrolle vorformulierter Verträge, AcP 200 (2000), S. 45 ff.

Den geschilderten negativen Begleiterscheinungen (Rdn. 72 ff.) der Verwendung Allgemeiner Geschäftsbedingungen wollte der Gesetzgeber mit dem Erlass des AGB-Gesetzes beikommen und damit einen Beitrag zur Sicherung der Vertragsgerechtigkeit leisten. Allerdings ist das nunmehr ins Bürgerliche Gesetzbuch transferierte AGB-Recht nicht in erster Linie von dem Gedanken getragen, allgemein den schwächeren Vertragspartner zu schützen und das wirtschaftliche Machtgefälle und die Unterlegenheiten des AGB-Kunden auszugleichen.[28] Dann hätte es nämlich nahe gelegen, den Anwendungsbereich dieses Abschnitts auf eine typischerweise besonders schutzbedürftige Personengruppe, insbesondere Verbraucher, zu beschränken. Ferner wäre von diesem Ansatz aus zu überlegen gewesen, in Fällen einer typischerweise gestörten Vertragsparität auch Individualabreden einer verschärften Inhaltskontrolle zu unterwerfen. Diese Position hat sich der Gesetzgeber nicht zu eigen gemacht. Die AGB-rechtlichen Vorschriften der §§ 305 ff. lassen sich – einmal abgesehen von § 310 Abs. 3 – nicht als reines Verbraucherschutzrecht qualifizieren.[29] Dies zeigt schon die Einbeziehung der Vertragsbeziehungen mit Kaufleuten als 88

---

[24] *Kötz* hat dies bereits in seinem Gutachten zum 50. Deutschen Juristentag dargelegt (Verhandlungen des 50. DJT, Bd. 1 Gutachten, S. A 32 ff.); vgl. ferner MünchKomm-*Basedow*, Vor § 305 Rdn. 5 und *Ulmer/Fuchs*, Vorb. v. § 307 Rdn. 34.

[25] MünchKomm-*Basedow*, vor § 305 Rdn. 5; ähnlich auch *Kötz*, JuS 2003, 212 „Marktversagen als Folge einer Informationsasymetrie".

[26] So die Formulierung von *Köndgen*, NJW 1989, 946; zust. *Ulmer/Fuchs*, Vorb. v. § 307 Rdn. 35; vgl. auch *Wackerbarth*, AcP 200 (2000), S. 69 ff.

[27] *Adams*, BB 1989, 788.

[28] So aber die rechtspolitischen Forderungen etwa von *M. Wolf*, JZ 1974, 468 ff. und *Nicklisch*, BB 1974, 944 ff. sowie der Anhänger eines aktiven Verbraucherschutzes, vgl. die Nachweise bei *Ulmer*, Einl. Rdn. 47 und 49.

[29] *Locher*, JuS 1997, 390. Das schloss es nicht aus, den Verbraucherschutz als wesentlichen und integrierenden Bestandteil des AGB-Gesetzes zu verstehen (so etwa *Heinrichs*, NJW 1993, 1818 und

Kunden. Auch kommt es für die AGB-Definition in § 305 Abs. 1 auf die relative Stärke der beteiligten Vertragspartner grundsätzlich nicht an. Schließlich kann sogar der Verbraucher selbst Verwender von Allgemeinen Geschäftsbedingungen sein und damit den Restriktionen der §§ 305 ff. unterfallen.

89 Die AGB-rechtlichen Vorschriften verfolgen vielmehr – und das ist die heute ganz h. M.[30] – einen umfassenderen Schutzzweck. Sie sind darauf gerichtet, den mit der Verwendung von Allgemeinen Geschäftsbedingungen typischerweise verbundenen Gefahren für den Kunden entgegenzutreten. Die **einseitige Ausnutzung der Vertragsgestaltungsfreiheit durch Verwendung vorformulierter, den Vertragsinhalt prägender und die Richtigkeitsgewähr beeinträchtigender, Bedingungen soll verhindert werden.** Diese Schutzzweckbestimmung hat nicht nur akademische Bedeutung. In der zivilgerichtlichen Judikatur wurde bereits des Öfteren auf den Schutzzweck des AGB-Gesetzes abgehoben, vor allem wenn es die – im zu entscheidenden Falle zweifelhafte – Anwendbarkeit des AGB-Gesetzes oder einer seiner Einzelbestimmungen zu begründen galt.[31] Eine praktische Konsequenz der Schutzzweckbestimmung liegt z. B. darin, dass die **Inhaltskontrolle nur zugunsten der AGB-Betroffenen** stattfindet, der Verwender sich hingegen nicht auf die Unwirksamkeit einer von ihm selbst in den Vertrag eingeführten AGB-Klausel berufen kann.[32] Denn auch die Rechtsfolgen der Inhaltskontrolle sind (nur) dazu bestimmt, den Kunden vor einseitiger Inanspruchnahme der Vertragsgestaltungsfreiheit durch den Verwender zu schützen.

90 Die soeben vorgenommene Schutzzweckbestimmung galt uneingeschränkt für die bis zur Novellierung des AGB-Gesetzes im Jahre 1996 geltende Fassung. Im Zuge der Umsetzung der Richtlinie 93/13/EWG über missbräuchliche Klauseln in Verbraucherverträgen hatte mit § 24a AGBG der **Verbraucherschutzgedanke** doch noch Einzug in das AGB-Gesetz gehalten. § 24a AGBG ist sodann unverändert in **§ 310 Abs. 3** überführt worden. Die „Erreichung eines hohen Verbraucherschutzniveaus" ist Bestandteil des Aufgabenkatalogs der Europäischen Union (vgl. Art. 153 EGV) und strahlt über das Gebot der Richtlinienumsetzung auch auf das deutsche Zivilrecht aus (vgl. etwa die Vorschriften zu den besonderen Vertriebsformen, §§ 312 ff., zum Widerrufs- und Rückgaberecht bei Verbraucherverträgen, §§ 355 ff. etc.). § 310 Abs. 3 versteht sich vor diesem Hintergrund als weiterer Baustein auf dem Wege zu einem eigenständigen, europarechtlich koordinierten, zivilen Verbraucherschutzrecht. Freilich wurde mit der Richtlinie und ihrer Umsetzung in § 310 Abs. 3 erstmals ein zentraler Teil des Privatrechts in Angriff genommen. Geschützt ist hier entsprechend der Leitidee des Gemeinschaftsrechts der Verbraucher als der typischerweise schwächere Vertragspartner. Intendiert ist ein „rollenspezifischer Unterlegenheitsschutz".[33] Eine weitere Modifikation des gemeinschaftsrechtlich veranlassten Schutzansatzes besteht in der Hinwendung zu einem konkret-individuellen, auch die Umstände des jeweiligen Vertragsabschlusses einbeziehenden Beurteilungsmaßstab (vgl. § 310 Abs. 3

---

bereits zuvor *Damm*, JZ 1978, 178 sowie *Reich/Micklitz*, Verbraucherschutz, 1980, Rdn. 264), nur handelte es sich dabei zunächst nicht um ein Leitprinzip des Gesetzes.

[30] BGH NJW 1994, 2825 (2826); 1999, 3558 (3559); 2004, 1454 (1455); *Ulmer*, AGBG Rdn. 29; *Palandt-Heinrichs*, Überbl. v. § 305 Rdn. 8; *Locher*, Recht der AGB, S. 18; teilweise abweichend *Wackerbarth*, AcP 200 (2000), S. 63 ff.

[31] Zuletzt BGH NJW 1994, 2825; 1996, 1208 (1209); 1997, 2043 (2044).

[32] Bericht des Rechtsausschusses, BT-Drucks. 7/5422, S. 6; BGH NJW 1987, 837 (838); 1987, 2818 (2820); 1991, 353 (354); BAG NZA 2005, 1111 (1114); 2006, 257 (258); *Erman-Roloff*, Vor § 307–309 Rdn. 15; *von Hoyningen-Huene*, § 9 AGBG Rdn. 23; *Wolf*, § 9 AGBG Rdn. 5, 6, 56; kritisch *von Bernuth*, BB 1999, 1284 ff.; vgl. im übrigen Rdn. 601.

[33] *Hommelhoff/Wiedenmann*, ZIP 1993, 565; bedenkenswerte rechtspolitische Kritik bei *H. Roth*, JZ 1999, 531; für eine Abkehr vom rollenspezifischen Unterlegenheitsschutz auch *Hommelhoff*, Verbraucherschutz im System des deutschen und europäischen Privatrechts (1996), S. 5.

Nr. 3).³⁴ Bewertet man diese Entwicklung im Hinblick auf den Schutzzweck des AGB-Rechts, so wird man von einer Modifikation, nicht aber von einer grundlegenden Neubestimmung sprechen können. Die Grundkonzeption des gesetzlichen AGB-Rechts und damit auch seine Schutzrichtung sind nicht aufgegeben worden. Allenfalls lässt sich sagen, dass der AGB-rechtliche Abschnitt noch um einen zusätzlichen Schutzaspekt bereichert worden ist. Vieles spricht dafür, in der Verankerung des Verbraucherschutzgedankens in § 310 Abs. 3 lediglich einen auf den besonderen Kundenkreis der Verbraucher zugespitzten Unterfall des allgemeinen, auf die Verhinderung des Missbrauchs einseitiger Vertragsgestaltungsfreiheit gerichteten Schutzzwecks der §§ 305 ff. zu sehen.³⁵ Von daher ist zu erwarten, dass sich das Nebeneinander dieser beiden parallelen Schutzrichtungen in einem Gesetz in der konkreten Rechtsanwendung bewähren wird.³⁶

III. Schutz vor Umgehungen

1. Allgemeines

Den Gefahren der einseitigen Inanspruchnahme der Vertragsgestaltungsfreiheit durch Allgemeine Geschäftsbedingungen ist der Gesetzgeber insbesondere mit verschärften Einbeziehungsanforderungen und detaillierten Klauselverboten, gepaart mit einer Generalklausel, entgegengetreten. Um keine Lücken in seinem Schutzkonzept zuzulassen, meinte der Gesetzgeber möglichen Umgehungen der Vorschriften des 2. Abschnitts mit einem **gesetzlichen Umgehungsverbot (§ 306 a)** von vornherein einen Riegel vorschieben zu müssen. Abgesehen davon, dass die Vorschrift nicht unbedingt ein ausgeprägtes Vertrauen des Gesetzgebers in seine Normsetzungsqualitäten bezeugt, lässt sich die Gefahr nicht von der Hand weisen, dass sie den Rechtsanwender zu einem vorschnellen Rückgriff auf das Umgehungsverbot auf Kosten methodischer Sorgfalt bei der Auslegung und ggf. analogen Anwendung der gesetzlichen Bestimmungen verleitet.³⁷ Dass die Rechtsprechung³⁸ dieser im Gesetz angelegten Versuchung bislang weitgehend³⁹ widerstanden hat, ist daher als Positivum zu vermerken. Überhaupt zeigt die Analyse der Rechtsprechung, dass das Umgehungsverbot des § 306 a kaum je in einer Entscheidung eine wesentliche Rolle gespielt hat. Das nährt den auch in der Literatur gehegten Verdacht, dass die Verankerung des Umgehungsverbots im Bürgerlichen Gesetzbuch letztlich ein überflüssiger Normsetzungsakt war.⁴⁰ Für diese Sichtweise sprechen vor allem auch rechtsmethodische Überlegungen. Denn das Verbot des agere in fraudem legis, also der Wahl einer den Verbotstatbestand nicht erfüllenden Gestaltungsform zur Erreichung des gleichen Erfolges, gilt auch ohne ausdrückliche gesetzliche Anordnung, sei es, weil es sich um ein eigenständiges Rechtsinstitut handelt,⁴¹ sei es – was näher liegt – kraft teleologischer Auslegung unter Einsatz der Möglichkeiten der Analogie und der teleologischen Reduktion.⁴² Der

91

---

³⁴ *Hommelhoff/Wiedenmann*, ZIP 1993, 565 ff.
³⁵ *Ulmer*, Einl. Rdn. 54; *Staudinger-Coester*, § 307 Rdn. 7; a. A. *Hommelhoff/Wiedenmann*, ZIP 1993, 571 f.
³⁶ Ähnlich die Einschätzung *Heinrichs*, NJW 1996, 2194.
³⁷ *Koch/Stübing*, § 7 AGBG Rdn. 1; *Staudinger-Schlosser*, § 306 a Rdn. 1.
³⁸ Zur Gesetzesumgehung im Spiegel der Rechtsprechung zuletzt *Teichmann*, JZ 2003, 761.
³⁹ Ausnahme insofern BGH NJW 2005, 1645.
⁴⁰ *Thamm/Pilger*, § 7 AGBG Rdn. 1.
⁴¹ So vor allem *Teichmann*, Die Gesetzesumgehung, 1962, S. 78 ff.
⁴² *Soergel-Hefermehl*, § 134 Rdn. 37 ff.; MünchKomm-*Armbrüster*, § 134 Rdn. 15; *Kramer*, Juristische Methodenlehre, 2. Aufl. 2005, S. 188 f.

Vorschrift kommt somit lediglich deklaratorischer Charakter zu.[43] Sie betont den zwingenden Charakter der AGB-rechtlichen Vorschriften und sollte im Übrigen als Ermutigung verstanden werden, schwierige Zuordnungsfragen durch eine teleologische, am Schutzzweck des gesetzlichen AGB-Rechts und der jeweils betroffenen Bestimmung ausgerichtete Rechtsanwendung zu lösen.[44] Gleichwohl seien nachfolgend kurz mögliche Einsatzfelder der Umgehungskontrolle angesprochen.

2. Einsatzfelder der Umgehungskontrolle

92 Die systematische Stellung des Umgehungsverbots im Gesetzesgefüge könnte den Schluss nahelegen, § 306a bezöge sich nur auf die **§§ 305 bis 306**. Dass dies nicht so ist, erweist nicht nur der Wortlaut des § 306a („Die Vorschriften *dieses Abschnitts* findet auch Anwendung"), sondern die schon in den Materialien zum Ausdruck gelangte Einschätzung, dass sich der Rückgriff auf das Umgehungsverbot gerade im Bereich der §§ 1 bis 6 AGBG (jetzt §§ 305 bis 306) erübrigen werde.[45] In der Stellungnahme des Bundesrates, auf dessen Initiative das Umgehungsverbot Eingang in das AGB-Gesetz gefunden hatte, wird sogar ausdrücklich angemerkt, dass das Umgehungsverbot nicht dazu dienen soll, den Anwendungsbereich des Gesetzes über die in § 1 AGBG (jetzt § 305 Abs. 1) definierten Allgemeinen Geschäftsbedingungen hinaus etwa auf Individualabreden oder auf zwischen den Vertragsparteien im Einzelnen ausgehandelte Allgemeine Geschäftsbedingungen zu erstrecken.[46]

Beispiel: Hinsichtlich **bankinterner Anweisungen** an nachgeordnete Geschäftsstellen, die der BGH mangels Erfüllung des Merkmals der „Vertragsbedingung" (§ 305 Abs. 1 S. 1) nicht als Allgemeine Geschäftsbedingungen einstuft, sollen die Vorschriften über Allgemeine Geschäftsbedingungen nach § 306 jedenfalls dann Anwendung finden, wenn damit die Absicht verfolgt wird, Allgemeine Geschäftsbedingungen zu vermeiden, der Inhaltskontrolle nach § 307 zu entgehen und ebenso effizient wie bei der Stellung Allgemeiner Geschäftsbedingungen eine AGB-rechtlich unzulässige Gebühr zu erheben.[47]

93 Umgehungsmöglichkeiten werden dagegen zuweilen im Hinblick auf **§ 307 Abs. 3** gesehen.[48] Überzeugende Fälle des „Erschleichens des Ausnahmetatbestandes" des § 307 Abs. 3 sind indes nicht dargetan worden.

94 Das Haupteinsatzfeld des Umgehungsverbots hat der Gesetzgeber ausweislich der Materialien bei den Inhaltskontrollvorschriften und dort insbesondere bei den **Katalogen der unzulässigen Klauseln** gesehen.[49] Auch der BGH hat hier bisweilen § 7 AGBG (jetzt § 306a) unterstützend herangezogen.

---

[43] Ebenso *Ulmer/H. Schmidt*, § 306a Rdn. 3; *Wolf/Lindacher*, § 7 AGBG Rdn. 1; die Notwendigkeit einer ausdrücklichen Normierung betonend und den eigenständigen Bedeutungsgehalt des § 7 AGBG (jetzt § 306a) hervorhebend hingegen *Löwe/Graf von Westphalen/Trinkner*, § 7 AGBG Rdn. 2 ff.
[44] *Ulmer/H. Schmidt*, § 306a Rdn. 3.
[45] Vgl. Erster Teilbericht der Arbeitsgruppe beim BMJ, 1974, 92; so überwiegend auch die heutige Einschätzung vgl. BGH NJW 1991, 36 (39); *Ulmer/Brandner/Hensen*, § 7 AGBG Rdn. 6; *Staudinger-Schlosser*, § 306 Rdn. 1; teilw. abl. Soergel-Stein, § 7 AGBG Rdn. 4.
[46] BT-Drucks. 7/3919, S. 49.
[47] BGH NJW 2005, 1645; zu Recht ablehnend *Ulmer/H. Schmidt*, § 306a Rdn. 6; ablehnend gegenüber dem Umgehungsargument bereits zuvor *Borges*, ZIP 2005, 187f.
[48] Z.B. *Locher*, Recht der AGB, S. 88; *Burck*, DB 1978, 1391; *Ulmer/H. Schmidt*, § 306a Rdn. 7.
[49] Erster Teilbericht der Arbeitsgruppe beim BMJ, 1974, S. 92f.; Stellungnahme des Bundesrates, BT-Drucks. 7/3919, S. 48; Bericht des Rechtsausschusses, BT-Drucks. 7/5422, S. 5f.

Beispiel: Die formularmäßige Statuierung einer **Vorleistungspflicht** in einem Bauvertrag hat der BGH als Umgehung des § 11 Nr. 2 a AGBG (jetzt § 309 Nr. 2 a) gewertet mit der Folge, dass die Klausel gem. § 7 AGBG (jetzt § 306 a) unter die umgangene Verbotsnorm falle.[50]

Richtiger Ansicht nach spielt das Umgehungsverbot jedoch auch auf dem Gebiete der Vorschriften über die Inhaltskontrolle keine Rolle.[51] Eine Umgehung des § 307 Abs. 1 und 2 ist angesichts seiner tatbestandlichen Weite von vornherein nicht denkbar. Für die §§ 308 und 309 fungiert § 307 als Auffangvorschrift. Ergibt mithin eine sorgfältige, mögliche Analogieschlüsse einbeziehende Gesetzesanwendung, dass ein Sachverhalt von einem Klauselverbot nicht erfasst wird, bleibt immer noch die gegenüber § 306 a vorrangige Möglichkeit, eine unangemessene Benachteiligung über § 307 zu korrigieren. 95

Keine Anwendung findet das Umgehungsverbot des § 306 a auf die Verfahrensvorschriften des **Unterlassungsklagengesetzes.**[52] Es bleibt im Wesentlichen das Unterlaufen des gesamten AGB-rechtlichen Abschnitts, in dem eine Konstruktion gewählt wird, die den Vertrag dem **sachlichen Anwendungsbereich** der §§ 305 ff. (§ 310 Abs. 4) entzieht.[53] Auch hier wäre es indes korrekter, die Anwendbarkeit des 2. Abschnitts über eine teleologische Reduktion der Ausnahmevorschrift des § 310 Abs. 4 zu begründen.[54] 96

Beispiele:
(1) Eine bereits im 1. Teilbericht[55] erwähnte Fallgestaltung ist die Begründung langfristiger Abnahmepflichten (z. B. für Bücher und Tonträger), indem die Abnehmer in Vereinen oder Gesellschaften organisiert werden (Buchclubs). Um zu verhindern, dass durch die **Einkleidung der Abnahmeverpflichtung in eine vereins- oder gesellschaftsrechtliche Beitragsschuld** die Rechtsbeziehung den für schuldrechtliche Dauerlieferverträge geltenden restriktiven Bestimmungen (z. B. § 309 Nr. 9) entzogen werden kann, soll via § 306 a die Anwendbarkeit der §§ 305 ff. begründet werden.
(2) Die instanzgerichtliche Rechtsprechung unterstellt in Anwendung der Umgehungsregel auch das **vereinsrechtlich organisierte Time-Sharing** dem Anwendungsbereich der AGB-Vorschriften, wenn sich die fragliche Konstruktion trotz ihrer vereins- oder gesellschaftsrechtlichen Ausgestaltung bei wirtschaftlicher Betrachtungsweise als bloßes Austauschverhältnis über die betreffenden Waren oder Leistungen darstellt.[56]

3. Umgehungsvoraussetzungen

Ein Verstoß gegen das Umgehungsverbot des § 306 a liegt vor, wenn eine als AGB unwirksame Regelung bei gleicher Interessenlage durch eine andere rechtliche Gestaltung erreicht werden soll, die nur den Sinn haben kann, dem gesetzlichen Verbot zu entgehen.[57] Eine Umgehungsabsicht ist nicht erforderlich.[58] 97

---

[50] BGH NJW 1985, 852; zurückhaltender hingegen BGH NJW 1987, 1931 (1932) und BGH WM 1992, 401 (402).
[51] Wie hier *Ulmer/H. Schmidt*, § 306 Rdn. 7; *Koch/Stübing*, § 7 AGBG Rdn. 4; *Thamm/Pilger*, § 7 AGBG Rdn. 2; a. A. *Palandt-Heinrichs*, § 306 a Rdn. 2 und insbes. *Löwe*/Graf von Westphalen/ Trinkner, § 7 AGBG Rdn. 2 ff.
[52] Deutlich BGH NJW 1991, 36 (39) zu den vormaligen §§ 13 ff. AGBG.
[53] *Ulmer/H. Schmidt*, § 306 Rdn. 11; *Palandt-Heinrichs*, § 306 a Rdn. 2; MünchKomm-*Basedow*, § 306 a Rdn. 3.
[54] Zurückhaltend gegenüber einer Anwendung des § 7 AGBG (jetzt § 306 a) auch *Wolf/Lindacher*, § 7 AGBG Rdn. 7.
[55] Erster Teilbericht der Arbeitsgruppe beim BMJ, 1974, S. 92 f.
[56] AG Hamburg VuR 1994, 346; LG Bonn VuR 1996, 317 ff.
[57] BGH NJW 2005, 1645 (1646).
[58] *Erman-Roloff*, § 306 a Rdn. 2; *Bamberger/Roth/Hubert Schmidt*, § 306 a Rdn. 3; offen gelassen von BGH NJW 2005, 1645 (1646).

4. Rechtsfolge einer festgestellten Umgehung

98 Die Rechtsfolge einer festgestellten Umgehung, also eines Verstoßes gegen das Umgehungsverbot, besteht in der Anwendung der umgangenen Norm. Als weitere Folge kann sich die Nichtigkeit der vorformulierten Abrede ergeben. Nach hier vertretener Ansicht wird man die auftretenden Problemfälle bereits mit den herkömmlichen Methoden der Gesetzesauslegung und -analogie bewältigen können. Die **Rechtsfolge** ist dann im Ergebnis dieselbe, nämlich **die Anwendung der auf Grund ihres Schutzzwecks einschlägigen Norm des 2. Abschnitts.**

IV. Geltungsgrund der Allgemeinen Geschäftsbedingungen

Literatur: *Fastrich*, Richterliche Inhaltskontrolle im Privatrecht, 1992, S. 29 ff.; *Pflug*, Kontrakt und Status im Recht der Allgemeinen Geschäftsbedingungen, 1986; *Eike Schmidt*, Grundlagen und Grundzüge der Inzidentkontrolle allgemeiner Geschäftsbedingungen nach dem AGB-Gesetz, JuS 1987, 929.

99 Gegenstand einer weit zurückreichenden rechtstheoretischen Kontroverse ist die Rechtsqualität Allgemeiner Geschäftsbedingungen und damit zugleich ihr Geltungsgrund im Verhältnis zwischen dem Verwender und seinen Kunden. Die Auseinandersetzung ist insbesondere in der Zeit vor Inkrafttreten des AGB-Gesetzes geführt worden. In neuerer Zeit ist sie namentlich durch Beiträge von *Pflug* und *Eike Schmidt* wieder entfacht worden. Auch wenn die praktischen Konsequenzen dieses Meinungsstreits eher gering zu veranschlagen sind – unterschiedliche Akzentsetzungen im Bereich der Auslegung werden genannt –[59] so handelt es sich doch um eine wichtige rechtstheoretische Grundsatzfrage, die nicht übergangen werden darf. Aus diesem Grund erscheint eine kurze Würdigung der unterschiedlichen Standpunkte hier doch angezeigt.

1. Normentheorie versus Vertragstheorie

100 Im zivilrechtlichen Schrifttum dominiert seit jeher ein **vertragsrechtliches Verständnis**. Schon bei *von Tuhr* finden wir die Aussage, bei den Allgemeinen Geschäftsbedingungen handele es sich um „rechtsgeschäftliche Produkte, weil sie aus dem Willen von Privatpersonen hervorgehen und nur die konkreten Beziehungen der Parteien regeln, welche eine Vereinbarung dieses Inhalts treffen oder sich ihr unterwerfen."[60] *Raiser* hat sich dieser Deutung im Ergebnis angeschlossen. Allgemeine Geschäftsbedingungen, so steht bei ihm zu lesen, seien, dogmatisch gesehen, Inhalt von Rechtsgeschäften, dessen Gestaltung den Parteien nach dem Prinzip der Vertragsfreiheit grundsätzlich freistehe. Seien die Voraussetzungen des Vertragsschlusses erfüllt und enthalte das Vereinbarte nicht grobe Verstöße gegen die öffentliche Ordnung, so erkläre der Staat es für gültig und erteile ihm seinen Schutz.[61] Immerhin hatte schon *von Tuhr* eine – wenn auch nur äußerliche – durch die abstrakte Formulierung der Allgemeinen Geschäftsbedingungen hervorgerufene Ähnlichkeit mit den Sätzen des objektiven Rechts festgestellt.[62]

101 Im Schrifttum sind in der Folgezeit unter Berufung auf diese Entsprechung im Tatsächlichen der herrschenden vertragsrechtlichen Betrachtungsweise entgegengesetzte **normentheoretische Konzeptionen** erarbeitet worden. Vor Inkrafttreten des AGB-Gesetzes hatte sich insbesondere *Meyer-Cording* – allerdings auf der Grundlage eines vom allgemeinen Verständnis abweichenden Begriffs der Rechtsnorm – für die Qualifikation All-

---

[59] *Ulmer*, Einl. Rdn. 45.
[60] Vgl. *v. Tuhr*, Allgemeiner Teil II/1, 1914, S. 146.
[61] *Raiser*, Recht der Allgemeinen Geschäftsbedingungen, 1935, 81 f.
[62] *v. Tuhr*, Allgemeiner Teil II/1, 1914, S. 146.

§ 5. Wertungsgrundlagen des AGB-Rechts

gemeiner Geschäftsbedingungen als Normen ausgesprochen.[63] Ohne sich das eigenwillige Rechtsnormverständnis *Meyer-Cordings* zu eigen zu machen, haben in neuerer Zeit insbesondere *Pflug*[64] und *Eike Schmidt*[65] die Normqualität Allgemeiner Geschäftsbedingungen zu begründen versucht. Ihrer Ansicht nach kann die vorformulierte Standardisierung von Geschäftskonditionen in der Rechtsgeschäftskategorie keine Heimstatt finden. Allgemeine Geschäftsbedingungen seien keine von der Vertragsfreiheit getragenen rechtsgeschäftlichen Erklärungen und würden auch nicht etwa durch Einbezug gemäß § 305 Abs. 2 zu solchen. Vielmehr komme ihnen entsprechend ihrer Absicht, ökonomische Bezüge überindividuell zu regulieren, und gemäß ihrer daraus fließenden generell-abstrakten Natur sachlich Normcharakter zu.[66]

Die **Rechtsprechung** hat bislang eine explizite Festlegung in dieser Grundsatzfrage vermieden. Auf ein eher der Normentheorie nahe stehendes Grundverständnis deutet immerhin die bereits vom RG[67] geprägte und später vom BGH in Bezug auf die Allgemeinen Deutschen Spediteurbedingungen (ADSp) und Allgemeinen Beförderungsbedingungen für den gewerblichen Güternahverkehr mit Kraftfahrzeugen (AGNB) übernommene Formel von der „Unterwerfung unter eine fertig bereit liegende Rechtsordnung".[68] Der dogmatische Gehalt dieser im Schrifttum heftig kritisierten[69] Formel ist jedoch im Dunkeln geblieben.[70] Als belastbaren Beleg für ein normentheoretisches Ausgangsverständnis wird man sie nicht verwerten können, zumal die höchstrichterliche Rechtsprechung aufs Ganze gesehen doch eher den Grundvorstellungen der Vertragstheorie zugeneigt erscheint.[71]

2. Plädoyer für ein vertragsrechtliches Verständnis

Der normentheoretische Ansatz verweist vor allem auf die einseitige Aufstellung Allgemeiner Geschäftsbedingungen durch die Verwenderseite und auf das regelmäßige Fehlen von Einflussmöglichkeiten des Kunden. Dies sind im Wesentlichen (Bedingungen Kleingewerbetreibender und Freiberufler werden allerdings ausgeblendet) zutreffende rechtstatsächliche Beobachtungen, die allein jedoch keinen Schluss auf die Rechtsqualität Allgemeiner Geschäftsbedingungen erlauben. Denn dies wäre ein problematischer Schluss vom faktischen Sein auf das rechtliche Sollen.[72] Dieser ist jedenfalls dann unzulässig, wenn die Rechtsordnung selbst, hier in Gestalt der §§ 305 ff., zu erkennen gibt, wie es den Regelungsgegenstand rechtlich zu erfassen gedenkt. Hiernach verbietet sich aber die Qualifikation Allgemeiner Geschäftsbedingungen als einseitig gesetztes (normengleiches) Recht.[73]

---

[63] *Meyer-Cording*, Rechtsnorm, 1971, S. 92 ff.; aus dieser Zeit auch *Helm*, in: FS für Schnorr v. Carolsfeld (1972), S. 125 ff.; weitere Schrifttumsnachweise bei *Fastrich*, Inhaltskontrolle, S. 30.
[64] *Pflug*, Kontrakt und Status im Recht der Allgemeinen Geschäftsbedingungen, passim.
[65] *Eike Schmidt*, JuS 1987, 929 ff.
[66] So *Eike Schmidt*, JuS 1987, 931.
[67] RGZ 81, 117 (119); 171, 43 (48); RG DR 1941, 1211.
[68] BGHZ 1, 83 (86); zuletzt BGH NJW 1995, 2224 (2225 f.); 1995, 3117 (3118).
[69] *Heinrichs* NJW 1996, 1381; *Koller*, EWiR 1995, 835 f.; *Löwe*, ZIP 1995, 1273 ff.
[70] *Fastrich*, Inhaltskontrolle, S. 30. *Heinrichs*, NJW 1996, 1381 sieht insbesondere in den Urteilen aus dem Jahre 1995 eine Wiederbelebung der Normentheorie (deutlich zurückhaltender hingegen *Ulmer*, Einl. Rdn. 39 Fn. 74; *Schott*, in: FS für Piper, 1996, 1028).
[71] So heißt es beispielsweise in der Entscheidung BGH NJW 1982, 1388 (1389) mit Blick auf die Voraussetzungen der Einbeziehung nach § 2 AGBG (jetzt § 305 Abs. 2), der Gesetzgeber habe mit dem Erfordernis des Einverständnisses klarstellen wollen, dass „gemäß der *Vertragsnatur der Bedingungen* die Willensübereinstimmung des anderen Teils hinzukommen muss."
[72] *Fastrich*, Inhaltskontrolle, S. 33 m. w. N.
[73] Wie hier für ein vertragsrechtliches Verständnis Allgemeiner Geschäftsbedingungen *Ulmer*, Einl. Rdn. 39 ff.; *Wolf*, Einl. AGBG Rdn. 13; *Fastrich*, Inhaltskontrolle, S. 33 ff.; *Locher*, Recht der AGB, S. 19; *Palandt-Heinrichs*, § 305 Rdn. 2.

104 Das Grundanliegen des gesetzlichen AGB-Rechts ist nämlich gerade die Bewahrung der vertragsrechtlichen Ordnung, die Stärkung der Vertragsgerechtigkeit und damit auch der Vertragsfreiheit, als deren Ausfluss auch die Verwendung Allgemeiner Geschäftsbedingungen anerkannt wird.[74] Der Ausübung der Vertragsgestaltungsfreiheit werden lediglich äußerste Grenzen gesetzt. Das Gesetz bedient sich im Übrigen nicht nur durchgängig eines vertragsrechtlichen Vokabulars,[75] es löst die Rechtsprobleme Allgemeiner Geschäftsbedingungen auch konsequent mit vertragsrechtlichen Instrumenten unter Berücksichtigung ihrer in mancher Hinsicht an Normen erinnernden Erscheinungsform. Hierzu gehört etwa eine stärker objektiv ausgerichtete Auslegung und vor allem eine intensivierte Inhaltskontrolle, die es dem Verwender untersagt, im AGB-Vertrag einseitig seine eigenen Interessen zu verfolgen. Zu Recht ist hier geltend gemacht worden, dass die Normentheorie von ihr Grundkonzeption her nur eine neutrale Gerechtigkeitskontrolle erlauben, einer strengen Kontrolle gegen den Verwender aber im Wege stehen würde.[76] Gegen ein normentheoretisches Verständnis spricht nunmehr auch § 310 Abs. 3 Nr. 3. Nach dieser Bestimmung sind – soweit es um Verbraucherverträge geht – bei der Beurteilung der unangemessenen Benachteiligung nach § 307 Abs. 1 und 3 auch die den Vertragsschluss begleitenden Umstände zu berücksichtigen. Ein solcher, auf konkrete und individuelle Umstände abstellender Prüfungsmaßstab wäre mit einer Konzeption der Inhaltskontrolle als Normenkontrollverfahren schwerlich in Einklang zu bringen.

105 Festzuhalten ist damit: das Gesetz qualifiziert Allgemeine Geschäftsbedingungen als „Vertragsbedingungen" und enthält damit eine klare **Absage an die Normentheorie.** Dem generell-abstrakten Charakter dieser Vertragsbedingungen trägt es durch verschiedene Modifikationen der allgemeinen Rechtsgeschäftslehre Rechnung (z.B. im Bereich der Einbeziehung, der Auslegung und Folgen der Unwirksamkeit). Auch das europäische Recht in Gestalt der Klauselrichtlinie geht offenbar von einem vertragsrechtlichen Verständnis aus. Dieser Befund befriedigt im Übrigen auch in rechtsdogmatischer Hinsicht, muss doch das Bestreben dahin gehen, der Abkopplung wichtiger Materien des Bürgerlichen Rechts vom allgemeinen Vertragsrecht nach Möglichkeit entgegenzuwirken bzw. auf das sachlich gebotene Maß zu begrenzen.[77] Für den Reformgesetzgeber des Jahres 2001 war die systematische Zuordnung des Rechts der Allgemeinen Geschäftsbedingungen zum allgemeinen Vertragsrecht sogar ein tragender Beweggrund, das AGB-Gesetz aufzulösen und seine Regelungen in das 2. Buch des Bürgerlichen Gesetzbuches („Recht der Schuldverhältnisse") einzustellen.[78]

---

[74] *Wolf,* Einl. AGBG Rdn. 14f.
[75] Vgl. § 305 Abs. 1: „für eine Vielzahl von Verträgen vorformulierte Vertragsbedingungen"; § 305 Abs. 2: „werden nur dann Bestandteil eines Vertrages"; § 305c Abs. 1: „Vertragsbestandteil" usw. Instruktiv übrigens die Begründung des Regierungsentwurfs zu § 2 AGBG (jetzt § 305 Abs. 2): „Demgegenüber will § 2 des Entwurfs sicherstellen, dass die Einbeziehung von AGB in den Einzelvertrag wieder fest auf dem Boden des nach dem Bürgerlichen Gesetzbuch maßgeblichen rechtsgeschäftlichen Vertragswillen verankert wird, …" (BT-Drucks. 7/3919, S. 13).
[76] *Wolf,* Einl. AGBG Rdn. 13.
[77] *Ulmer,* Einl. Rdn. 46.
[78] Begründung des Regierungsentwurfs BT-Drucks. 14/6040, S. 92 und 97.

Zweiter Abschnitt.
Anwendungsbereich der §§ 305 ff.

§ 6. Sachlicher Anwendungsbereich

I. Begriff der Allgemeinen Geschäftsbedingungen

Literatur: *Bartsch,* Der Begriff des „Stellens" Allgemeiner Geschäftsbedingungen, NJW 1986, 28; *Bender,* Kann die handschriftliche Ergänzung eines Vertragsformulars eine Allgemeine Geschäftsbedingung (AGB) sein?, WRP 1998, 580; *Berger,* Aushandeln von Vertragsbedingungen im kaufmännischen Geschäftsverkehr, NJW 2001, 2152; *Borges,* Zur AGB-Kontrolle interner Richtlinien, ZIP 2005, 185; *Brambring/Schippel,* Vertragsmuster des Notars und Allgemeine Geschäftsbedingungen, NJW 1979, 1802; *Gottschalk,* Neues zur Abgrenzung zwischen AGB und Individualabrede bei vorformulierten Vertragsbedingungen, NJW 2005, 2493; *Heinrichs,* Der Rechtsbegriff der Allgemeinen Geschäftsbedingungen, NJW 1977, 1505; *Hirte,* Öffentlichrechtliche Satzungen und Benutzungsordnungen als AGB, in: FS für Ulmer, 2003, S. 1153; *Jaeger,* „Stellen" und „Aushandeln" vorformulierter Vertragsbedingungen, NJW 1979, 1569; *Kessel/Jüttner,* Der Vorbehalt der Individualabrede im unternehmerischen Geschäftsverkehr – Zur Abgrenzung von Individualvereinbarung und AGB, BB 2008, 1350; *Klaas,* Zur EG-Richtlinie über mißbräuchliche Klauseln in Verbraucherverträgen, „Stellen" von AGB, insbesondere Inhaltskontrolle notarieller Verbraucherverträge?, in: FS für Brandner, 1996, S. 247 ff.; *Löwe,* Voraussetzungen für ein Aushandeln von AGB, NJW 1977, 1328; *Michel/Hilpert,* Allgemeine Geschäftsbedingungen oder „aus"-gehandelter Individualvertrag? – eine Risikoanalyse, DB 2000, 2513; *Roth,* Allgemeine Geschäftsbedingungen und Individualvereinbarungen, BB 1992, Beil. 4, 1; *Schuhmann,* Waisenkind des AGB-Gesetzes: der Mustervertrag im kaufmännischen Individualgeschäft, JZ 1998, 127 ff.; *ders.,* Die „vorformulierte" Vertragsbedingungen im Lichte der AGBG-Novelle 1996, JR 2000, 441; *Trinkner,* Abgrenzung von AGB und individuellen Vereinbarungen, BB 1977, 717; *Graf von Westphalen,* Grenzziehung zwischen AGB und Individualvereinbarungen, DB 1977, 943; *M. Wolf,* Die Vorformulierung als Voraussetzung der Inhaltskontrolle, in: FS für Brandner, 1996, S. 299.

Der **sachliche Anwendungsbereich** des zweiten Abschnitts im Recht der Schuldverhältnisse (§§ 305 ff.) wird positiv durch den in § 305 Abs. 1 definierten Begriff der „Allgemeinen Geschäftsbedingungen" festgelegt.[1] Seit der AGB-Novelle von 1996 gelten die AGB-rechtlichen Regelungen allerdings auch für Vertragsbedingungen, die keine Allgemeinen Geschäftsbedingungen im Sinne des § 305 Abs. 1 sind (vgl. § 310 Abs. 3). Trotz dieser Erweiterung des sachlichen Anwendungsbereichs um vorformulierte Klauseln in Verbraucherverträgen lautet der Titel des zweiten Abschnitts „Gestaltung rechtsgeschäftlicher Schuldverhältnisse durch Allgemeine Geschäftsbedingungen". Ebenso sollen in diesem Buch mit dem Begriff „Allgemeine Geschäftsbedingungen" alle vorformulierten Vertragsbedingungen bezeichnet werden, auf die nach § 305 Abs. 1 oder § 310 Abs. 3 die Vorschriften des zweiten Abschnitts Anwendung finden. Nur wenn es auf die Unterscheidung in rechtlicher Hinsicht ankommt (z.B. modifizierter Kontrollmaßstab), soll dem im weiteren auch in terminologischer Hinsicht Ausdruck verliehen werden.

106

---

[1] Schon die Begründung des Regierungsentwurfs sah in § 1 AGBG (jetzt § 305 Abs. 1) den Anwendungsbereich des AGB-Gesetzes umschrieben (vgl. BT-Drucks. 7/3919, S. 15); ebenso die Funktionsbeschreibung bei MünchKomm-*Basedow,* § 305 Rdn. 1; *Palandt-Heinrichs,* § 305 Rdn. 1; *Ulmer,* § 305 Rdn. 2a; *Wolf,* § 1 AGBG Rdn. 1.

1. Voraussetzungen des AGB-Begriffs

107 Den Gegenstand seiner Regelungen definiert der Gesetzgeber in § 305 Abs. 1 in der Weise, dass Absatz 1 Satz 1 der Vorschrift Merkmale nennt, die positiv erfüllt sein müssen, Satz 2 zur Verdeutlichung einige unerhebliche Umstände aufführt und Satz 3 eine Negativabgrenzung zur Individualvereinbarung enthält. Die Definition ist bewusst weit gefasst worden, um alle typisierten Vertragsbestimmungen zu erfassen, bei denen mit Rücksicht auf den Schutz des Kunden das Eingreifen des Gesetzes gerechtfertigt ist.[2] Eingeschlossen sind z.B. auch Formularverträge, notariell beurkundete Massenverträge und behördlich genehmigte Allgemeine Geschäftsbedingungen. Entscheidend für die Auslegung der gesetzlichen Merkmale des AGB-Begriffs ist stets der **Schutzzweck** der AGB-rechtlichen Vorschriften, der einseitigen Inanspruchnahme der Vertragsgestaltungsfreiheit durch den Verwender entgegenzuwirken.[3] Nebenbei definiert das Gesetz in § 305 Abs. 1 Satz 1 den **Begriff des „Verwenders"** als Vertragspartei, die der anderen die Allgemeinen Geschäftsbedingungen bei Abschluss des Vertrags stellt.

108 Nach § 305 Abs. 1 zeichnen sich Allgemeine Geschäftsbedingungen dadurch aus, dass es sich bei ihnen um für eine Vielzahl von Verträgen vorformulierte Vertragsbedingungen handelt, die die eine Vertragspartei der anderen Vertragspartei bei Vertragsabschluss stellt. Im Einzelnen müssen somit alle nachfolgend näher aufgeschlüsselten Merkmale dieser Definition (kumulativ) vorliegen, um im konkreten Fall den AGB-Charakter und damit die Anwendbarkeit der §§ 305 ff. bejahen zu können. **Prüfungsgegenstand** sollte dabei immer eine **konkrete Vertragsbedingung** sein. Denn es ist ohne weiteres denkbar, dass nur eine oder wenige Klauseln eines Gesamtvertrages die Voraussetzungen des AGB-Begriffs erfüllen, während weite Teile des Vertrages nicht erfasst werden.[4]

a) Vertragsbedingungen

109 Der Begriff der Allgemeinen Geschäftsbedingung setzt gem. § 305 Abs. 1 Satz 1 eine Vertragsbedingung, d.h. eine **Erklärung des Verwenders voraus, die den Vertragsinhalt regeln soll**.[5] Nicht erforderlich ist, dass die Bestimmung wirklich Vertragsinhalt wird. § 305 Abs. 1 Satz 1 erfasst auch Regelungen, die unwirksam sind oder deren Einbeziehung typischerweise an § 305 Abs. 2 scheitert. Ferner kommt es nicht auf den Inhalt des in Aussicht genommenen Vertrages an.[6]

110 Unbestritten ist der AGB-Charakter sog. **Vertragsabschlussklauseln.** Damit sind Klauseln gemeint, die sich mit den Voraussetzungen des Vertragsschlusses befassen. Weichen solche Klauseln vom gesetzlichen Regelungsmodell der §§ 145, 147, 148, 151 und 156 zum Nachteil des Kunden ab, so liegt hierin in der Regel eine unangemessene Benachteiligung im Sinne des § 307.[7] Allerdings ist genau zu prüfen, ob der Bedeutungsgehalt der von den Parteien gewöhnlich abgegebenen Erklärungen, wie er sich im Wege der Auslegung nach §§ 133, 157 ergibt, durch die Klausel wirklich verändert wird.

Beispiel: Bei einer **Internetauktion** ersetzt die Klausel des Veranstalters, der anbietende Teilnehmer erkläre bereits mit der Freischaltung seiner Angebotsseite die Annahme des abgegebenen Kaufgebots, nicht die auf den Vertragsschluss gerichtete Willenserklärung des Anbieters und verleiht ihr auch keine von den §§ 145 ff. abweichende rechtliche Wirkung.[8]

---

[2] Amtl. Begründung BT-Drucks. 7/3919, S. 15; MünchKomm-*Basedow*, § 305 Rdn. 1.

[3] *Ulmer*, § 305 Rdn. 5 f.

[4] BGH NJW 1998, 2600 f.

[5] BGH NJW 1987, 1634 und 1996, 2575 mit Anm. von *Hensen*, JR 1997, 239; BGH NJW 2005, 1645 (1646).

[6] Zur Inhaltskontrolle von sachenrechtlichen und prozessualen Vereinbarungen auf der Grundlage der §§ 305 ff. vgl. im Einzelnen Rdn. 1008 ff. und 1033 ff.

[7] *Ulmer*, § 305 AGBG Rdn. 163; *Staudinger-Schlosser*, § 305 Rdn. 163.

[8] BGH NJW 2002, 363 (365); vgl. ferner KG NJW 2002, 1583 und *Wenzel*, DB 2001, 2233.

Von Vertragsbedingungen lässt sich streng genommen noch nicht sprechen, wenn die Bedingungen auf die **Regelung eines vorvertraglichen Rechtsverhältnisses** zielen. Die AGB-rechtlichen Regelungen erfassen jedoch – zumindest punktuell – auch den vorvertraglichen Bereich. Das lässt vor allem § 308 Nr. 1 erkennen, der das Verhalten des Verwenders schon im Stadium vor der Annahme des Angebots reglementiert. Aber auch § 309 Nr. 7 b handelt allgemein von Pflichtverletzungen im Rahmen eines Schuldverhältnisses im Sinne von § 311 Abs. 1 und 2.[9] Vor diesem Hintergrund sollte auch der AGB-Begriff im Sinne des § 305 Abs. 1 Satz 1 in diesem Sinne interpretiert werden.[10]

111

Beispiele:
(1) Im Eingangsbereich eines **Einzelhandelsmarktes** ist eine Hinweistafel mit folgendem Text angebracht: „Information und **Taschenannahme:** Sehr geehrte Kunden! Wir bitten Sie höflich, Ihre Taschen hier an der Information vor dem Betreten des Marktes abzugeben, anderenfalls weisen wir Sie höflichst darauf hin, dass wir an den Kassen gegebenenfalls Taschenkontrollen durchführen müssen." Der BGH hat den Umstand, dass ein Vertrag zum Zeitpunkt der Wahrnehmung des Hinweises im Regelfall noch nicht geschlossen ist, nicht weiter problematisiert. Er hat damit inzident zu erkennen gegeben, dass die Anwendbarkeit des AGB-Rechts hierdurch nicht in Frage gestellt wird.[11]
(2) Die **Beschränkung der Empfangsvollmacht des Versicherungsagenten** auf schriftliche Erklärungen zielt darauf, die rechtlichen Rahmenbedingungen zu bestimmen, unter denen ein Vertrag zwischen dem Versicherer und dem Versicherungsnehmer zustande kommt. Entsprechende Klauseln werden daher als Vertragsbedingungen im Sinne des § 305 Abs. 1 Satz 1 angesehen.[12]

Die §§ 305 ff. finden keine Anwendung, wenn der Inhalt eines Leistungsverhältnisses unmittelbar durch **Gesetz, Rechtsverordnung oder Satzung** festgelegt wird.[13] Diese Sichtweise verstößt nicht gegen die Klauselrichtlinie 93/13 EWG.[14] Praktisch relevant ist dieser Ausschluss vor allem für Teile der Daseinsvorsorge, so für die Tarifabnehmer von elektrischer Energie und Gas. Andererseits führt eine notwendig vorgängige **behördliche Genehmigung** nicht zum Verlust der AGB-Qualität der genehmigten Bestimmungen.[15] Schließlich müssen sich auch die Bedingungen **öffentlich-rechtlicher Verträge** einer AGB-Kontrolle anhand der §§ 305 ff. stellen.[16]

112

Vertragsbedingungen setzen einen (evtl. erst noch abzuschließenden) Vertrag, also ein mehrseitiges Rechtsgeschäft, voraus. Vom Wortlaut nicht erfasst sind damit einseitige Rechtsgeschäfte. Freilich nehmen sich Allgemeine Geschäftsbedingungen nicht selten auch der, insbesondere im Rahmen längerer geschäftlicher Verbindungen vorkommenden, **einseitigen Rechtsgeschäfte des Vertragspartners** des Verwenders an. Ein Schutzbedürfnis des anderen Teils lässt sich hier nicht ohne weiteres von der Hand weisen. Der BGH wendet die AGB-rechtlichen Bestimmungen unter Hinweis auf ihren Schutzzweck auch in solchen Fällen an, in denen einseitige rechtsgeschäftliche Erklärungen des Vertragspartners, die der inhaltlichen Ausgestaltung des Vertragsverhältnisses dienen, vom Verwender vorformuliert werden.[17] Eine analoge Anwendung dürfte in der Tat geboten

113

---

[9] So auch AnwKomm-*Kollmann*, § 309 Rdn. 86; HK-*Schulte-Nölke*, § 309 Rdn. 25; Palandt-*Grüneberg*, § 309 Rdn. 40.
[10] Wie hier *Hensen*, Anm. JR 1997, 239; OLG Nürnberg ZIP 1997, 1781 (Antragsformular für Kreditkarte).
[11] BGH NJW 1996, 2575.
[12] Vgl. zuletzt BVerwG NJW 1998, 3216 (3218).
[13] *Staudinger-Schlosser*, § 305 Rdn. 4; anders für Satzungen MünchKomm-*Basedow*, § 305 Rdn. 5; zur VBL-Satzung vgl. BGH NJW 2006, 3774.
[14] Näher hierzu *Staudinger-Schlosser*, § 305 Rdn. 4; anders MünchKomm-*Basedow*, § 305 Rdn. 6 ff.
[15] BGH NJW 1983, 1322 (1324); *Erman-Roloff*, § 305 Rdn. 4; Ausnahme: genehmigte Tarifwerke für die Gewährung des Netzzugangs, vgl. BGH NJW 2007, 3344.
[16] *Staudinger-Schlosser*, § 305 Rdn. 5.
[17] BGH NJW 1986, 2428; 1987, 2011; 1999, 1864; 2000, 2677.

sein, da die Frage der Anwendbarkeit der § 305 nicht von eher zufälligen Äußerlichkeiten der rechtlichen Konstruktion abhängen soll. Entscheidend ist, ob der Verwender eine einseitige inhaltliche Gestaltungsmacht in Anspruch nimmt und so auf den Inhalt des Vertragsverhältnisses Einfluss nimmt.[18] Dies lässt sich in mehreren Fällen einseitiger rechtsgeschäftlicher Betätigung bejahen.

Beispiele:
(1) Die den Kreditinstituten in den Überweisungsvordrucken formularmäßig eingeräumte Befugnis, den Überweisungsbetrag einem anderen Konto des Empfängers als dem angegebenen gutzuschreiben (sog. **Fakultativklausel**) beeinflussen unmittelbar den girovertraglichen Pflichtenkreis des Kreditinstituts. Der BGH hat diese Klauseln einer Inhaltskontrolle unterzogen.[19]
(2) Ebenfalls als Allgemeine Geschäftsbedingung wird die **formularmäßige Vollmachtserteilung** durch den Kunden – etwa zugunsten einer Bank – eingestuft.[20]
(3) Auch die **formularmäßige Unterwerfung unter die sofortige Zwangsvollstreckung** wird an den §§ 305 ff. gemessen;[21] ebenso eine formularmäßige Vollmacht, die auch eine persönliche Haftungsübernahme und die Unterwerfung unter die sofortige Zwangsvollstreckung im Rahmen einer Grundschuldbestellung umfasst.[22]

114 Folgerichtig spielt es in diesem Zusammenhang auch keine Rolle, dass es sich bei der vorgeformten Erklärung des Kunden nicht um eine Willenserklärung, sondern um eine **rechtsgeschäftsähnliche Erklärung** handelt.[23]

Beispiele:
(1) **Einwilligungserklärung in ärztlichen Heileingriff**[24]
(2) **Entbindung von der ärztlichen Schweigepflicht**[25]
(3) **Sektionseinwilligung**[26]
werden den §§ 305 ff. unterworfen.

115 Es ist freilich darauf zu achten, dass nur einseitige Erklärungen des Kunden den Vorschriften des AGB-Gesetzes unterstellt werden können. **Einseitige Rechtsgeschäfte des Verwenders,** etwa die Beschränkung einer von ihm erteilten Vollmacht, fallen nicht unter § 305 Abs. 1 Satz 1. Der Verwender nimmt in diesem Fall keine fremde, sondern lediglich die ihm originär zustehende eigene Gestaltungsmacht in Anspruch.[27] Anders will der BGH nun entscheiden, wenn eine Empfangsvollmacht – wie die des Versicherungsvertreters – eine zumindest auch dem Schutz des Kunden dienende gesetzliche Ausgestaltung

---

[18] Ebenfalls zustimmend die allgemeine Meinung im Schrifttum; vgl. etwa *Ulmer*, § 305 Rdn. 16; *Wolf*, § 1 AGBG Rdn. 10; *Staudinger-Schlosser*, § 305 Rdn. 6.
[19] BGH NJW 1986, 2428.
[20] BGH NJW 1987, 2011; zu Vollmachten in Grundschuldformularen vgl. *Voran*, DNotZ 2005, 887.
[21] *Wolf*, § 1 AGBG Rdn. 10; zuletzt BGH NJW 2002, 138 (139). Das LG Hamburg (NJW 2008, 2784) hat jüngst entschieden, dass die formularmäßige Unterwerfung unter die sofortige Zwangsvollstreckung als unangemessene Benachteiligung des Kreditnehmers zu qualifizieren ist, wenn die Bank die Kreditforderung frei an beliebige Dritte abtreten kann; ebenso *Schimansky*, WM 2008, 1049 ff., dagegen *Freitag*, WM 2008, 1813 ff. und *Binder/Piekenbrock*, WM 2008, 1816 ff.
[22] BGH NJW 2003, 885 (886): allerdings kein Verstoß gegen das Überraschungsverbot.
[23] *Ulmer/Brandner/Hensen*, § 1 AGBG Rdn. 17; Staudinger-*Schlosser*, § 1 AGBG Rdn. 6.
[24] *Ulmer*, § 305 Rdn. 17; *Gounalakis*, NJW 1990, 752.
[25] *Wolf*, § 1 AGBG Rdn. 10; *Palandt-Heinrichs*, § 305 Rdn. 6; *Hollmann*, NJW 1978, 2332; dies., NJW 1979, 1923; a. A. *Schütte*, NJW 1979, 592 f.
[26] BGH NJW 1990, 2313 (2314).
[27] Zutreffend *Palandt-Heinrichs*, § 305 Rdn. 7; *Ulmer*, § 305 Rdn. 18; abweichend *Beckmann*, NJW 1996, 1379. Anders wird im Anwendungsbereich des § 310 Abs. 3 zu entscheiden sein, da die Schutzkonzeption der Richtlinie über missbräuchliche Klauseln in Verbraucherverträgen auf alle rechtsgeschäftlichen Regelungen abzielt, die auf das Vertragsverhältnis einwirken, vgl. *Heinrichs*, NJW 1999, 1597.

erfahren hat (§ 69 Abs. 1 Nr. 2 VVG) und der Verwender davon in seinen Allgemeinen Geschäftsbedingungen abweicht.²⁸

Bloße **Empfehlungen oder Bitten** haben grundsätzlich keine rechtsgeschäftliche Bedeutung und sind daher keine Vertragsbedingungen. Die Abgrenzung bereitet mitunter erhebliche Schwierigkeit. Für die Unterscheidung von allgemeinen (verbindlichen) Vertragsbedingungen und (unverbindlichen) Bitten, Empfehlungen oder tatsächlichen Hinweisen ist nach Ansicht des BGH ebenso wie für die Abgrenzung zwischen einer auf die Herbeiführung individueller Rechtsfolgen gerichteten Willenserklärung von einem rein gesellschaftlichen Verhalten auf den Empfängerhorizont abzustellen. Eine Vertragsbedingung i.S. von § 305 Abs. 1 liege vor, wenn ein allgemeiner Hinweis nach seinem objektiven Wortlaut bei den Empfängern den Eindruck hervorruft, es solle der Inhalt eines (vor-)vertraglichen Rechtsverhältnisses bestimmt werden.²⁹

116

Beispiel: Hinweisschild auf Taschenkontrolle im Supermarkt (wie oben Rdn. 111). Den zweiten Teil der Klausel („anderenfalls weisen wir Sie höflichst darauf hin, dass wir an den Kassen ggf. Taschenkontrollen durchführen müssen") qualifiziert der BGH als Vertragsbedingung und damit auch als eine der Inhaltskontrolle unterliegende Allgemeine Geschäftsbedingung.³⁰ „Schon seinem Wortlaut nach beinhaltet dieser Klauselteil nicht nur eine unverbindliche Bitte um Öffnung der Taschen an den Kassen, sondern stellt die Durchführung einer Taschenkontrolle als zwingende Folge der Mitnahme von Taschen in den Einkaufsmarkt dar. Auch wenn auf diese Folge in ‚höflichster' Form hingewiesen wird und der Hinweis mit ‚Information' überschrieben ist, entsteht für den Durchschnittskunden dadurch der Eindruck, diese wolle sich für den Fall, dass er seine Tasche in den Markt mitnimmt, grundsätzlich das Recht einer Taschenkontrolle vorbehalten. Der Kunde sieht sich vor die Wahl gestellt, entweder seine Tasche freiwillig abzugeben oder (‚anderenfalls') deren Kontrolle an der Kasse zu dulden. Der Hinweis geht damit über die bloße Ankündigung eines möglicherweise zu erwartenden tatsächlichen Verhaltens der Supermarktleitung hinaus."

Interne Anweisungen oder **Richtlinien** eines Unternehmens (z.B. einer Bank) sind regelmäßig nicht für den Kunden bestimmt und werden diesem auch nicht bekannt gegeben. Sie zielen nicht auf eine vertragliche Regelung ab, sondern wollen tatsächliches Verhalten koordinieren. Nach Ansicht des BGH können solche internen Richtlinien jedoch unter dem Aspekt der Umgehung des AGB-Rechts (§ 306a) den Kontrollvorschriften der §§ 305ff. unterworfen werden.³¹

116a

Kontrovers diskutiert wird die **AGB-Qualität von Wertpapierbedingungen** bei den in der Praxis vorherrschenden Fremdemissionen.³² Dabei geht es um Schuldverschreibungen und Genussscheine, die von einem Unternehmen begeben, von einzelnen Emissionsbanken oder einem Emissionskonsortium dann fest übernommen und im Anschluss hieran am Anlagemarkt plaziert werden. Aktien bleiben von vornherein außen vor, denn diese vermitteln dem Erwerber gesellschaftsrechtlich geprägte Mitgliedschaftsrechte (§ 310 Abs. 4). Der BGH hat in der sog. Klöckner-Entscheidung die Anwendung des AGB-Gesetzes hinsichtlich einer Genussscheinfremdemission ohne weiteres bejaht.³³

117

---

²⁸ BGH NJW 1999, 1633 (1635); 2279 (2283); ebenso schon zuvor – freilich ohne eingehende Begründung – BVerwG NJW 1998, 3216 (3218).
²⁹ BGH NJW 1996, 2574.
³⁰ BGH NJW 1996, 2574 in teilweiser Abweichung von BGH NJW 1994, 188.
³¹ BGH NJW 2005, 1645 (1646f.); zur Problematik auch *Borges*, ZIP 2005, 185ff.
³² Mit im Einzelnen unterschiedlichen Lösungsvorschlägen: *Assmann*, WM 2005, 1053; *Gottschalk*, ZIP 2006, 1121; *Joussen*, WM 1995, 1861ff.; *Kallrath*, Die Inhaltskontrolle der Wertpapierbedingungen von Wandel- und Optionsanleihen, Gewinnschuldverschreibungen und Genussscheinen, 1993, passim; *Ekkenga*, ZHR 160 (1996), 59ff.; *Siebel*, Rechtsfragen der internationalen Anleihen, 1997, S. 306ff.; *M. Wolf*, in: FS für Zöllner, 1999, S. 651ff.; *Masuch*, Anleihebedingungen und AGB-Gesetz, 2001, hierzu *Stoffels*, ZHR 166 (2002), S. 359ff.
³³ BGH NJW 1993, 57; ebenso OLG Frankfurt, ZIP 1994, 26 (27). Für die AGB-Eigenschaft der Anleihebedingungen im Falle der Fremdemission die wohl h.M., vgl. *Wolf/Horn*, § 23 AGBG

Gegen die Überprüfung von Wertpapierbedingungen am Maßstab des AGB-Rechts sind im Schrifttum von Anfang an Vorbehalte geltend gemacht worden. Vor allem *Ekkenga* hatte sich entschieden gegen die Aktivierung des AGB-Rechts ausgesprochen.[34] Das AGB-Recht werde den tatsächlichen Gegebenheiten bei Anleiheemissionen nicht in geringster Weise gerecht und passe daher schlechthin nicht. Anleihebedingungen seien mangels normativer Kontrollmaßstäbe nicht oder nur eingeschränkt überprüfbar; ferner berücksichtige die AGB-Kontrolle die kollektiven Bezüge des Marktgeschehens nicht und stehe dem notwendigen Konditionenwettbewerb auf Kapitalnachfragerseite entgegen. Demgegenüber wird man mit *Masuch* das Verhältnis des Emittenten zu den Anlegern in den Vordergrund rücken und es für unerheblich halten müssen, dass die Anleger den Begebungsvertrag, in welchen die Anleihebedingungen einbezogen werden, nicht selbst abschließen.[35] Denn auch auf den derivativen Eintritt der ersten, am Ende des Plazierungsvorgangs stehenden Anleger in die verbriefte Rechtsbeziehung zum Emittenten treffen die AGB-typischen Wertungsgrundlagen zu. Im Hinblick auf die Wertungsgrundlagen der Inhaltskontrolle muss es nämlich als entscheidend betrachtet werden, dass es den Anlegern zwar freisteht, sich für oder gegen einen Anleiheerwerb und die damit verbundene Maßgeblichkeit der Anleihebedingungen zu entscheiden, dass alleine diese Entscheidungsfreiheit jedoch keine Gewähr dafür bietet, dass die Anleihebedingungen den Interessen des jeweiligen Erwerbers ausreichend gerecht werden. Denn einerseits ist der Anleger damit überfordert, die Anleihebedingungen zu überprüfen, inwieweit sie mit seinen Interessen vereinbar sind und sich auf dieser Grundlage ggf. gegen einen Anleiheerwerb zu entscheiden, andererseits würden die Anleihebedingungen ohne wesentliches Gegengewicht den Emittenteninteressen entsprechend gestaltet. Diese Sichtweise wahrt zudem den Wertungsgleichklang gegenüber der unmittelbaren Plazierung, bei der es sich ja letztlich nur um eine andere Technik der Emission handelt. Allerdings kommt nur eine **eingeschränkte, modifizierte Anwendung des AGB-Rechts** in Betracht.[36] Das kapitalmarktrechtliche Ziel, die Funktionsfähigkeit des Handels mit Wertpapieren zu sichern, darf nicht unterlaufen werden. Voraussetzung für einen funktionsfähigen Handel sind insbesondere standardisierte Rechtsinhalte der Wertpapiere. Denn wäre der Inhalt des verbrieften Rechts von den Umständen des Erwerbsvorgangs in der Person der Rechtsvorgänger abhängig, so wäre auch die Fungibilität der Wertpapiere nicht mehr gewährleistet. Aus diesem Grunde hat der BGH jüngst zu Recht eine **funktionale Reduktion des Anwendungsbereichs des § 305 Abs. 2** für Anleihebedingungen von Inhaberschuldverschreibungen vorgenommen.[37] Für die Einbeziehung der Anleihebedingungen in den Vertrag genügt damit auch eine konkludente Einbeziehungsvereinbarung.

b) Vorformulierung für eine Vielzahl von Verträgen

118 Die Vertragsbedingung muss des Weiteren „vorformuliert" sein und dies „für eine Vielzahl von Verträgen".

(1) Vorformulierung

119 Bei der „Vorformulierung" handelt es sich um ein formales Element der Definition. „Vorformuliert" sind Vertragsbedingungen dann, wenn sie **zeitlich vor dem Vertragsab-**

Rdn. 75 b; *Ulmer,* § 305 Rdn. 71; *Hopt,* in: FS für Steindorff, 1999, S. 364; *Lutter,* DB 1993, 2442; *Masuch,* Anleihebedingungen und AGB-Gesetz, 2001, S. 115 ff.; a.A. zuletzt *Assmann,* WM 2005, 1057 f.

[34] *Ekkenga,* ZHR 160 (1996) S. 59 ff.
[35] *Masuch,* Anleihebedingungen und AGB-Gesetz, 2001, insbes. S. 149 ff. .
[36] Zum folgenden eingehend *Masuch,* Anleihebedingungen und AGB-Gesetz, 2001, S. 149 ff.
[37] BGH NJW 2005, 2917.

schluss fertig formuliert vorliegen, um in künftige Verträge einbezogen zu werden.[38] In welcher Weise die Bedingungen fixiert werden – schriftlich, auf CD oder im Kopf des Verwenders – spielt keine Rolle.[39] Denn im Hinblick auf den Schutzwzeck des gesetzlichen AGB-Rechts macht es keinen Unterschied, ob der Verwender die Vertragsbedingungen in schriftlicher Form vorbereitet und für die Einbeziehung in abzuschließende Verträge bereitstellt, oder ob er seine Vertreter eine bestimmte Formulierung auswendig lernen lässt und sie dazu anhält, diese Formulierung bei allen zukünftigen Vertragsabschlüssen in den schriftlichen Text aufzunehmen oder von den Kunden mündlich akzeptieren zu lassen.[40]

Beispiel: Ein Möbelhändler hält seine Angestellten an, in die Rubrik „Zahlung am" handschriftlich die Eintragung „Restzahlung vor Lieferung" vorzunehmen.[41]

Exakte sprachliche Übereinstimmung in allen Verwendungsfällen ist nicht zu verlangen. Nicht die grammatikalische und orthographische Monotonie massenhaft verwendeter Regelungen begründet deren Kontrollfähigkeit, sondern die massenhafte Verwendung eines **inhaltlich gleich bleibenden** Regelungsmodells.[42]   120

Auch kommt es nicht darauf an, dass die Vorformulierung durch den Verwender selbst oder in seinem Auftrag vorgenommen wird; sie kann auch von einem beliebigen **Dritten** ausgehen.   121

Beispiel: Der Vermieter bedient sich bei Abschluss des Mietvertrages eines vom Haus- und Grundbesitzerverein konzipierten Formulars.

Zur Frage des Vorliegens Allgemeiner Geschäftsbedingungen, wenn das Formular des Verwenders **Ergänzungs- oder Wahlmöglichkeiten** vorsieht, hat sich in der neueren Rechtsprechung zu Laufzeitregelungen – insbesondere in Versicherungsverträgen – folgende Linie herausgeschält:[43] Wenn bereits der Formulartext die zu beanstandende Regelung enthält, wird durch unselbstständige Ergänzungen, die nur den Vertragsgegenstand im Einzelfall konkretisieren und den sachlichen Gehalt der Regelung nicht beeinflussen, der Charakter einer Klausel als Allgemeine Geschäftsbedingung nicht in Frage gestellt.[44]   122

Beispiele:
(1) Einfügung von **Namen** oder der **Bezeichnung des Vertragsobjekts**.
(2) Um eine unselbstständige Ergänzung handelt es sich ferner, wenn die handschriftliche Eintragung lediglich die **rechnerische Folgerung** darstellt, die sich aus einer formularmäßig vorgegebenen Dauer des Vertragsverhältnisses im Falle der Ausübung einer Verlängerungsoption ergibt.[45]

Anders kann aber für solche Ergänzungen zu entscheiden sein, die selbst den wesentlichen Inhalt der Klausel festlegen, z.B. die Länge der Vertragsdauer. Eine AGB-Klausel   123

---

[38] BGH NJW 1998, 2600; OLG Dresden BB 1999, 228; MünchKomm-*Basedow*, § 305 Rdn. 13; *Wolf*, § 1 AGBG Rdn. 12.
[39] BGH NJW 2001, 2635 (2636): „Der Begriff der AGB erfordert nicht die Schriftform."; BGH NJW 2002, 2388 (2389); ferner OLG Frankfurt a.M. NJW-RR 2001, 55.
[40] BGH NJW 1988, 410; 1998, 1066 (1068).
[41] Beispiel nach OLG Dresden BB 1999, 228 mit der zutreffenden Klarstellung, dass es einer Anweisung des Verwenders dabei ebenso wenig bedarf wie der Absicht, die Ergänzung *allen* Verträgen anzufügen.
[42] So treffend OLG Düsseldorf NZG 1998, 353; ferner OLG Dresden BB 1999, 228.
[43] BGH NJW 1996, 1676, kritisch hierzu *Leverenz*, NJW 1997, 421; BGH NJW-RR 1997, 1000; NJW 1998, 1066; 2000, 1110 (1111). Der behandelte Fragenkreis wird vielfach als Problem des Vorliegens einer Individualabrede begriffen. In Wahrheit handelt es sich jedoch um eine Frage der Vorformulierung (so zutreffend auch BGH NJW 2000, 1110, 1111).
[44] BGH NJW 1996, 1676 (1677); 1998, 1066 (1067); 1998, 2815 (2816); 1999, 1105 (1106); 3260.
[45] BGH NJW 2000, 1110 (1111).

liegt immer dann vor, wenn der Kunde nur die **Wahl zwischen bestimmten, vom Verwender vorgegebenen Alternativen** hat.[46] Denn sonst hätte es der Verwender in der Hand, den Schutz des AGB-Rechts außer Kraft zu setzen, indem er dem Kunden in seinem Vertragsformular mehrere, für sich genommen jeweils unzulässige, Klauseln zur Wahl stellt.

Beispiel: Ein vorformulierter Abonnementvertrag sieht für den Kunden eine Wahlmöglichkeit zwischen einer dreijährigen und einer vierjährigen Bezugsverpflichtung vor und gewährt dem Kunden im Falle der Wahl der längeren Vertragsdauer einen günstigeren Preis. Der Verwender kann sich der AGB-Kontrolle nicht dadurch entziehen, dass er dem Kunden zwei gleichermaßen gegen das Gesetz (§ 309 Nr. 9 Buchst. a)) verstoßende Vertragsgestaltungen anbietet. Bei beiden Klauseln handelt es sich um Allgemeine Geschäftsbedingungen.

124 Allein die in einem Antragsformular neben der vorgedruckten Vertragsdauer offengelassene Möglichkeit, eine andere als die vorgedruckte Vertragsdauer einzutragen, nimmt einer Klausel ebenfalls noch nicht den Charakter einer vorformulierten Vertragsbedingung i. S. des § 305 Abs. 1 Satz 1.

Beispiel: Die dem Antragsteller mit der Klausel formal eingeräumte Möglichkeit, den Vertragsinhalt hinsichtlich der Vertragsdauer durch eigene Erklärung zu bestimmen, wird durch den ihr vorausgehenden vorformulierten Vorschlag des Versicherers über eine Vertragsdauer von zehn Jahren überlagert.

125 Enthält das Formular lediglich eine offene Stelle, die vom Vertragspartner nach seiner freien Entscheidung als **selbstständige Ergänzung** auszufüllen ist, ohne dass vom Verwender vorformulierte Entscheidungsvorschläge hinzugefügt wurden, so stellt dieser Formularteil in der Regel keine Allgemeine Geschäftsbedingung dar. Der Verwender macht gerade nicht einseitig von seiner Gestaltungsmacht Gebrauch.[47] Allerdings kann in solchen Fällen nach Art und Inhalt der Ergänzung trotzdem der Schluss auf ihren vorformulierten Charakter nahe liegen. Das gilt namentlich dann, wenn der Verwender das Antragsformular üblicherweise oder gegenüber einer Mehrzahl von Kunden in gleicher Weise ergänzt oder ergänzen lässt und wenn der zu ergänzende Text nicht zum Gegenstand der Verhandlungen bei Vertragsabschluss gemacht wird.[48] Denn Allgemeine Geschäftsbedingungen können – wie bereits erwähnt – nicht nur aus schriftlich vorformulierten Texten bestehen, sondern auch aus sonstigen vom Verwender ausgearbeiteten Klauseln, die nur aus dessen oder seiner Mitarbeiter Gedächtnis in den jeweiligen Vertragstext übernommen werden.[49]

(2) Für eine Vielzahl von Verträgen

126 Das Merkmal der Vielzahl betont ebenso wie dasjenige der Vorformulierung den nicht an der individuellen Vertragsbeziehung, sondern am Massengeschäft ausgerichteten Charakter der Allgemeinen Geschäftsbedingungen.

127 Entscheidend ist die **Absicht**, die vorformulierten Bedingungen für eine Vielzahl von Verträgen verwenden zu wollen.[50] Dass die Bedingungen dann auch tatsächlich in mehrere Verträge einbezogen worden sind, ist nicht notwendig. Theoretisch kann somit eine AGB-Kontrolle auch im Falle erstmaliger Verwendung erfolgen. Auf der anderen Seite ist es denkbar, dass trotz objektiver Mehrfachverwendung keine Allgemeinen Geschäftsbe-

---

[46] MünchKomm-*Basedow*, § 305 Rdn. 16; vgl. aber auch BGH NJW 2003, 1313.
[47] BGH NJW 1998, 1066 (1067); OLG Frankfurt NJW-RR 1997, 1485.
[48] BGH NJW 1992, 746; 1998, 1066 (1068).
[49] BGH NJW 1998, 1066 (1068).
[50] BGH NJW 1997, 135; 2004, 1454; *Wolf*, § 1 AGBG Rdn. 13; a. A. Löwe-Graf von Westphalen-*Trinkner*, § 1 AGBG Rdn. 8 („rein faktische Feststellung" sei maßgeblich).

dingungen vorliegen. Allerdings wird in diesem Falle der entsprechende Wille des Verwenders und damit die AGB-Qualität der Klausel vermutet.[51] Wird eine Klausel dagegen allein für einen konkreten Einzelvertrag vorformuliert, so dass von Allgemeinen Geschäftsbedingungen zunächst nicht die Rede sein kann, dann bleibt es bei dieser Beurteilung, selbst wenn später die Vertragsbedingungen in weitere Verträge Eingang finden und dort als Allgemeine Geschäftsbedingungen einzustufen ist.[52]

Ab welcher Zahl eine Vielzahl vorliegt, ist umstritten. Die wohl überwiegende Meinung verlangt **mindestens drei Fälle**,[53] wobei die mehrfache Verwendung gegenüber demselben Kunden genügt.[54] Dass von vornherein nur die Verwendung für eine begrenzte Zahl von Rechtsgeschäften beabsichtigt war, hindert das Eingreifen der §§ 305 ff. nicht. 128

Beispiel: Der Verkauf von fünf Eigentumswohnungen in einem Mehrfamilienhaus durch im Wesentlichen gleich lautende Formularverträge begründet die Anwendbarkeit der Vorschriften des 2. Abschnitts auch dann, wenn ein weitergehender Einsatz nicht geplant und mangels weiterer zu verkaufender Objekte auch nicht zu erwarten war.[55]

(3) Einzelvertragsklauseln in Verbraucherverträgen

Nach § 310 Abs. 3 Nr. 2 gelten wesentliche Schutzvorschriften, nämlich die §§ 305 c Abs. 2 und 306 sowie die §§ 307 bis 309 sowie Art. 29 a EGBGB, für vorformulierte Vertragsbedingungen in Verbraucherverträgen auch dann, wenn diese nur zur einmaligen Verwendung bestimmt sind, vorausgesetzt der Verbraucher konnte auf Grund der Vorformulierung auf ihren Inhalt keinen Einfluss nehmen. 129

Beispiel: Ein Beratungsunternehmen schließt mit einem Existenzgründer[56] einen speziell auf diesen Kunden zugeschnittenen Beratungsvertrag, dessen Bedingungen es – zumindest teilweise – für diesen Fall eigens ausgearbeitet hat. Auch die nur für diesen einmaligen Fall vorformulierten Vertragsbedingungen unterliegen gem. § 310 Abs. 3 Nr. 2 der Inhaltskontrolle nach § 307.

Mit dem **Verzicht auf das Vielzahl-Merkmal** wird der Richtlinie über missbräuchliche Klauseln in Verbraucherverträgen Rechnung getragen, die in Art. 3 lediglich von „nicht im Einzelnen ausgehandelten" Vertragsklauseln sowie von „vorformulierten Standardverträgen" spricht, eine Mehrfachverwendung als konstitutives Merkmal aber offenbar nicht voraussetzt. Die einschränkende Voraussetzung, dass der **Verbraucher auf Grund der Vorformulierung keinen Einfluss auf den Inhalt der Vertragsbedingungen nehmen konnte,** begründet der Sache nach keinen Unterschied zu § 305 Abs. 1 Satz 3.[57] Eine Individualabrede in einem Verbrauchervertrag wird somit auch von § 310 Abs. 3 Nr. 2 nicht erfasst. Für die Anwendung des § 310 Abs. 3 Nr. 2 AGBG spielt es keine Rolle, ob die jeweilige Klausel auf Vorschlag des Unternehmers oder eines Dritten Inhalt des Vertrages geworden ist.[58] Das Merkmal des „Stellens" kommt im Text der Bestimmung nicht vor 130

---

[51] BGH NJW 1997, 135.
[52] BGH NJW 1997, 135.
[53] BGH NJW 1998, 2286 (2287); 2002, 138 (139); 2002, 2470 (2471); BAG NZA 2005, 1111 (1116); *Ulmer*, § 305 Rdn. 25a; *Wolf*, § 1 AGBG Rdn. 14; kritisch *Canaris*, in: Karlsruher Forum 1997, S. 77 f.
[54] BGH NJW 2004, 1454 (1455).
[55] BGH NJW 1981, 2344 (2345).
[56] Dieser ist in Anlehnung an § 507 und auf Grund seiner Schutzwürdigkeit als Verbraucher zu qualifizieren.
[57] *Palandt-Grüneberg*, § 310 Rdn. 17; *Erman-Roloff*, § 310 Rdn. 20; *Imping*, WiB 1997, 340; im Ergebnis auch *Graf von Westphalen*, BB 1996, 2103; a. A. *Klaas*, in: FS für Brandner, S. 257 und *Ulmer*, § 310 Rdn. 85.
[58] *Palandt-Grüneberg*, § 310 Rdn. 16; MünchKomm-*Basedow*, § 310 Rdn. 65; *Staudinger-Schlosser*, § 310 Rdn. 63; a. A. *Ulmer*, § 310 Rdn. 81.

und wäre zudem mit der Richtlinie schwerlich in Einklang zu bringen. Wohl aber entfällt der Schutz des Verbrauchers über § 310 Abs. 3 Nr. 2, wenn die Einzelvertragsklausel auf seinen Vorschlag hin in den Vertrag einbezogen wurde.[59] § 310 Abs. 3 Nr. 2 erklärt anders als die Nr. 1 dieser Vorschrift nicht den 2. Abschnitt (§§ 305 ff.) in toto für anwendbar, sondern beschränkt sich auf einige wichtige Regelungen. Problematisch ist der Ausschluss der §§ 305 Abs. 2 und 305 c Abs. 1, insofern in ihnen auch das Transparenzgebot verankert ist. In richtlinienkonformer Auslegung ist § 310 Abs. 3 Nr. 2 so zu verstehen, dass die von der Richtlinie (Art. 4 Abs. 2 und 5 Satz 1) geforderte Kontrolle auf Verständlichkeit und Klarheit nicht behindert sein soll.[60] Einzelvertragsklauseln sind ferner vom **Verbandsklageverfahren** nach dem Unterlassungsklagegesetz **ausgeschlossen**, denn § 1 UKlaG spricht von Allgemeinen Geschäftsbedingungen und nimmt damit auf die – nicht durch § 310 Abs. 3 Nr. 2 erweiterte – Begriffsbestimmung des § 305 Abs. 1 Bezug.[61] Der Grund ist darin zu sehen, dass das Verbandsklageverfahren nur bei massenhafter Verwendung von Vertragsbedingungen sinnvoll erscheint. Diese Interpretation steht im Übrigen in Übereinstimmung mit Art. 7 Abs. 2 der Richtlinie, der die Einrichtung eines Kontrollverfahrens nur für Vertragsklauseln verlangt, „die im Hinblick auf eine allgemeine Verwendung abgefasst wurden".

c) „Stellen"

131   Ferner setzt die AGB-Qualität einer Vertragsbestimmung nach § 305 Abs. 1 Satz 1 voraus, dass sie **dazu bestimmt** ist, von einer Vertragspartei bei Abschluss des Vertrages der anderen **gestellt zu werden.** Durch das Merkmal des Stellens wird zugleich die Person des **Verwenders** festgelegt. Die Bestimmung des Verwenders ist deswegen von einiger Bedeutung, weil die AGB-rechtlichen Vorschriften allein die Benachteiligung des *Vertragspartners* des Verwenders zur Unwirksamkeit von Vertragsbestimmungen führen lassen, eine Inhaltskontrolle zugunsten des Klauselverwenders mithin nicht stattfindet.[62] Unzulässig ist es allerdings, aus dem Inhalt Allgemeiner Geschäftsbedingungen auf die Verwendereigenschaft zu schließen und jeweils denjenigen Vertragspartner als Verwender anzusehen, den die einzelne Klausel begünstigt.[63]

(1) Konkreter einseitiger Einbeziehungsvorschlag

132   Mit dem Tatbestandselement des „Stellens" bringt das Gesetz das Allgemeine Geschäftsbedingungen prägende Moment der einseitigen Auferlegung zum Ausdruck. In dieser Einseitigkeit der Auferlegung sieht der Gesetzgeber den inneren Grund und Ansatzpunkt für die rechtliche Sonderbehandlung Allgemeiner Geschäftsbedingungen gegenüber individuellen Abreden.[64] Das Merkmal des „Stellens" ist erfüllt, wenn eine Vertragspartei die Einbeziehung ihrer vorformulierten Bedingungen in den abzuschließenden Vertrag verlangt, also insoweit einen konkreten (einseitigen) Einbeziehungsvorschlag unterbreitet.[65] Ausreichend ist der **Versuch einseitiger Auferlegung.**[66]

133   In Zweifelsfällen beruft sich die Rechtsprechung auf den Schutzzweck des gesetzlichen AGB-Rechts. Er wirkt einer allzu formalen Bestimmung der Verwendereigenschaft ent-

---

[59] *Palandt-Grüneberg*, § 310 Rdn. 16; *Locher*, Recht der AGB, S. 29.
[60] *Ulmer*, § 310 Rdn. 91; *Palandt-Grüneberg*, § 310 Rdn. 18.
[61] *Staudinger-Schlosser*, § 1 UKlaG Rdn. 2.
[62] BGH NJW 1987, 837 (838); 1998, 2280 (2281); BAG NZA 2006, 257 (258); 2007, 687 (690).
[63] BGH NJW 1995, 2034 (2035).
[64] RegE BT-Drucks. 7/3919, S. 15.
[65] *Palandt-Heinrichs*, § 305 Rdn. 10.
[66] *Locher*, Recht der AGB, S. 21.

gegen. Augenfällig wird dies, wenn danach gefragt wird, welcher Vertragspartei die Einbeziehung zuzurechnen ist.

Beispiele:
(1) Eine Wohnungsbauträgergesellschaft, die sich von einem Wirtschaftsprüfer ein **Vertragswerk für ein Bauherrenmodell** ausarbeiten lässt, ist Verwenderin der darin enthaltenen Allgemeinen Geschäftsbedingungen, auch wenn der Wirtschaftsprüfer später als Treuhänder der Bauherren die Verträge in deren Namen mit der Gesellschaft abschließt. Die von ihm vor seiner Bestellung zum Treuhänder erarbeiteten Vertragsklauseln muss sich die Gesellschaft als alleinige Verwenderin zurechnen lassen, da der Wirtschaftsprüfer zurzeit der Erarbeitung des Vertragstextes im Auftrag der Gesellschaft tätig war und allein ihre Interessen wahrnahm.[67]
(2) Schließt ein **marktmächtiger Teilnehmer des Geschäftsverkehrs** – etwa die öffentliche Hand – in aller Regel nur unter Einbeziehung der von ihm verfassten Allgemeinen Geschäftsbedingungen ab, so kommt es nicht darauf an, wer die Einbeziehung dieser Bedingungen letztlich angeregt hat. Nimmt der Vertragspartner in Kenntnis dieser Praxis und der daran anschließenden Erwartung, dass anders ein Vertragsabschluss nicht zu erreichen sein wird, die gegnerischen Allgemeinen Geschäftsbedingungen von vornherein in das Angebot auf, so ist die Aufnahme der Bedingungen nicht das Ergebnis einer freien Entscheidung, sondern Folge der Übung des Aufstellers, Verträge nur unter Einbeziehung dieser Regeln abzuschließen. Ihre Aufnahme in den Vertrag ist daher auch in diesem Falle Ausdruck der von dem Verfasser der Bedingungen ausgehenden Marktmacht, so dass sie allein ihm zuzurechnen ist. Auch ohne ausdrückliches Verlangen hat er durch diese Übung auf die inhaltliche Gestaltung der Vereinbarung Einfluss genommen und so die Einbeziehung der von ihm aufgestellten Vertragsbedingungen veranlasst. Das genügt, um ihn auch insoweit als Verwender der Bedingungen erscheinen zu lassen; auf eine eigenhändige Einbeziehung kommt es in diesem Zusammenhang nicht an.[68]

(2) Drittbedingungen

Die Bedingungen müssen von einer **Vertragspartei** gestellt, nicht notwendig aber auch 134
von ihr entworfen werden. Sind die Bedingungen von einem Dritten formuliert, ist entscheidend, ob eine der Vertragsparteien sie sich als von ihr gestellt zurechnen lassen muss.[69]

Beispiel:
(1) Der Verkäufer bedient sich gegenüber seinen Käufern der **vom Einzelhandelsverband ausgearbeiteten und empfohlenen Bedingungen**. Dieses Vertragswerk ist zwar von einem Dritten, dem Einzelhandelsverband, formuliert worden. Der Verkäufer macht es sich jedoch zu eigen. Auf seine Veranlassung hin werden die Bedingungen zur Grundlage der Kaufgeschäfte gemacht.
(2) Der Arbeitgeber bedient sich eines von seinem Arbeitgeberverband empfohlenen **Musterarbeitsvertrages**.

Als problematisch haben sich in der Vergangenheit Fälle erwiesen, in denen die Vertrags- 135
bedingungen auf Veranlassung oder Vorschlag eines **Notars**, eines Rechtsanwalts oder eines sonstigen Beraters in den Vertrag Eingang gefunden haben. Diese bedienen sich hierbei ihrerseits gewöhnlich interner Vertragsmuster. Keiner Partei zurechenbar und damit auch von keiner Seite „gestellt" sind die Bedingungen jedenfalls dann, wenn der Berater eine neutrale Stellung einnimmt.[70]

---

[67] BGH NJW 1985, 2477. Zu den Schwierigkeiten der Verwenderbestimmung bei Bauherrenmodellen vgl. im Übrigen BGH NJW 1992, 2160 (2162); *Ulmer*, § 305 Rdn. 27a und *Staudinger-Schlosser*, § 305 Rdn. 32.
[68] BGH NJW 1997, 2043; NJW-RR 2006, 740.
[69] BGH NJW 1994, 2825 (2826).
[70] BGH NJW 1991, 843; 1992, 2817; *Wolf*, § 1 AGBG Rdn. 28; *Ulmer*, § 305 Rdn. 31; vgl. hierzu aber auch die umstr. Rechtsprechung des BGH zur Inhaltskontrolle formelhafter Gewährleistungsausschlüsse in notariell beurkundeten Verträgen, BGH NJW 1979, 1406 und zuletzt WM 1987, 1019.

Beispiel: Die Parteien beabsichtigen einen Grundstückskaufvertrag zu schließen. Sie verständigen sich auf den am Ort ansässigen Notar und suchen diesen auf. Der keiner Partei näher verbundene Notar setzt den Kaufvertrag auf. Dabei bedient er sich eines internen Musters. Die Vertragsbedingungen sind von dritter Seite in den Vertrag eingeführt und keiner Partei zurechenbar.

136 Anders verhält es sich, wenn das Vertragsmuster auf Veranlassung oder im Auftrag einer Partei zum Zwecke mehrfacher Verwendung von einem Dritten erstellt worden ist, oder eine Partei sich die Formularpraxis des Dritten zu eigen macht.[71] Insbesondere lässt sich nicht die Regel aufstellen, notariell beurkundete Verträge unterfielen nicht den §§ 305 ff.

Beispiel: Eine Wohnungsbaugesellschaft plant den Verkauf einer Serie von Reihenhäuser. Zu diesem Zwecke beauftragt sie ihren Hausnotar mit Ausarbeitung eines entsprechenden Vertragstextes. Finden die von dem Notar formulierten Vertragsbedingungen Eingang in den Vertrag mit den Abkäufern, so handelt es sich um von der Baugesellschaft „gestellte" Allgemeine Geschäftsbedingungen.[72]

137 Die Rechtsprechung hat diesen Ausnahmebereich zuletzt bedenklich weit ausgedehnt. Nach Ansicht des BGH soll es für die Verwendereigenschaft der Verkäuferseite schon genügen, dass ein von einem Hausnotar aufgesetzter Vertrag überwiegend einseitig den Bewerber belastende Klauseln enthält.[73] Und nach einem Urteil des OLG Düsseldorf ist eine einzelne Klausel, die eine Partei einseitig bevorzugt, auch dann von ihr im Sinne des § 305 Abs. 1 Satz 1 gestellt, wenn sie von dem beurkundenden Notar vorgeschlagen worden ist.[74] Für maßgebend wird dabei der Schutzzweck des AGB-Rechts erachtet, die einseitige Ausnutzung der Vertragsgestaltungsfreiheit durch eine Partei zu verhindern.[75]

138 Eine **Erweiterung des Anwendungsbereichs des zweiten Abschnitts** sieht § 310 **Abs. 3 Nr. 1 für Verbraucherverträge** vor. Hiernach gelten Allgemeine Geschäftsbedingungen als vom Unternehmer gestellt, es sei denn, dass sie durch den Verbraucher in den Vertrag eingeführt wurden. § 310 Abs. 3 Nr. 1 fingiert mit anderen Worten das Merkmal des „Stellens", um die Inhaltskontrolle auch für solche Vertragsbedingungen zu eröffnen, die von einer neutralen dritten Person in den Vertrag eingeführt werden.

Beispiel: Durch die Einbeziehung von Drittbedingungen unterliegen nunmehr in Verbraucherverträgen auch vom Notar nach einem internen Muster (oder auf der Grundlage eines speziell für diesen Fall von ihm ausgearbeiteten Entwurfs)[76] in den Vertrag eingeführte Bedingungen der Inhaltskontrolle. Verwender ist in diesen Konstellationen stets der Unternehmer.[77]

139 Der Hintergrund dieser partiellen Ausdehnung des AGB-Begriffs ist wiederum in der Richtlinie über missbräuchliche Klauseln in Verbraucherverträgen zu sehen, die das Merkmal des „Stellens" nicht kennt. Das Schweigen der Richtlinie in diesem Punkt kann durchaus dahin verstanden werden, dass auch solche Vertragsbedingungen der Missbrauchskontrolle unterliegen sollen, die von einer neutralen Person vorformuliert wurden.[78] Um den Anforderungen der EG-Richtlinie sicher zu genügen, hat sich der Gesetz-

---

[71] BGH NJW 1992, 2160 (2162); *Wolf*, § 1 AGBG Rdn. 25; *Locher*, Recht der AGB, S. 27 f.
[72] BGH NJW 2002, 138 (139).
[73] BGH NJW 1992, 2160 (2163); *Staudinger-Schlosser*, § 305 Rdn. 54 und *Wolf*, § 1 AGBG Rdn. 28 verneinen hingegen die vom BGH in dem o. g. Urteil noch offengelassene Frage, ob es allgemein schon ausreicht, dass die formularmäßigen Bedingungen eine Vertragspartei in eindeutiger und offensichtlicher Weise begünstigen; a. A. MünchKomm-*Basedow*, § 305 Rdn. 23.
[74] OLG Düsseldorf NJW-RR 1997, 659 (660); zust. *Heinrichs*, NJW 1998, 1447 f.
[75] BGH NJW 1994, 2825 (2826).
[76] Streitig. Zur Kombination von § 310 Abs. 3 Nr. 1 und Nr. 2 vgl. oben Rdn. 130.
[77] Vgl. *Ulmer*, in: Karlsruher Forum 1997, S. 20 f., der allerdings § 310 Abs. 3 Nr. 1 nicht eingreifen lassen will, wenn der Notar einen Einzelvertrag unter Verwendung von Textbausteinen aus seiner Praxis erstellt; a. A. insoweit jedoch *Wolf*, Art. 3 RiLi Rdn. 22.
[78] Ob sich für den bundesdeutschen Gesetzgeber hieraus ein zwingendes Anpassungsgebot ergab, war allerdings im Vorfeld der Richtlinienumsetzung nicht unumstritten (dafür *Heinrichs*, NJW 1995,

geber für die Modifizierung des Kriteriums des „Stellens" für Verbraucherverträge in § 310 Abs. 3 Nr. 1 entschieden.[79]

Die oben wiedergegebenen, vor der Novellierung des AGB-Gesetzes aufgestellten Rechtsprechungsgrundsätze zur AGB-rechtlichen Beurteilung der von einem Dritten vorformulierten Vertragswerke müssen demnach zurückgeschnitten werden. Sie behalten ihre Gültigkeit nur noch außerhalb des Anwendungsbereichs des § 310 Abs. 3 Nr. 1, soweit es also nicht um Verbraucherverträge geht. Zu Recht ist ferner darauf hingewiesen worden, dass die umstrittene **Rechtsprechung zur Inhaltskontrolle von formelhaften Gewährleistungsausschlüssen in notariell beurkundeten Verträgen über neu hergestellte Häuser** und Eigentumswohnungen auf der Grundlage des § 242[80] mit der Einführung des § 24a Nr. 1 AGBG (jetzt § 310 Abs. 3 Nr. 1) **obsolet** geworden sein dürfte.[81] 140

Ausgenommen von der Fiktion ist der Fall, dass es gerade der **Verbraucher** ist, **der die Allgemeinen Geschäftsbedingungen in den Vertrag einführt**. Der Ausnahmecharakter der Vorschrift („es sei denn") hat zur Folge, dass insoweit der Unternehmer beweisbelastet ist.[82] 141

Beispiele:
(1) Der Verbraucher besteht darauf, dass ein bestimmtes Klauselwerk, wie z.B. ein bestimmtes Mietvertragsformular oder das ADAC-Formular für den Autokauf, Inhalt des Vertrages wird.[83]
(2) Dem gleichzustellen ist der Fall, dass der Verbraucher einen Rechtsanwalt oder Notar mit der Vorformulierung betraut hat und die Bedingungen auf diese Weise in den Vertrag Eingang finden.[84]

Durch die Sonderregelung des § 310 Abs. 3 Nr. 1 wird dem Unternehmer nicht der Einwand abgeschnitten, die Vertragsklausel sei im Einzelnen ausgehandelt worden (§ 305 Abs. 1 Satz 3) und unterfalle aus diesem Grunde nicht der Kontrolle nach den §§ 305 ff.[85] Es gelten freilich auch hier die bekannt strengen Voraussetzungen der Rechtsprechung (vgl. Rdn. 148). Der Unternehmer muss also den gesetzesfremden Kerngehalt seiner Regelung ernsthaft zur Disposition gestellt und dem Verbraucher die reale Möglichkeit eingeräumt haben, auf den Inhalt der Klausel Einfluss zu nehmen.[86] 142

(3) Beiderseitiger Einbeziehungsvorschlag

Umstritten ist der Fall, dass beide Vertragsparteien unabhängig voneinander die Einbeziehung derselben branchenüblichen und keiner Seite zuzurechnenden Bedingungen verlangen. 143

Beispiel: Sowohl der Bauunternehmer als auch der Bauherr geben im Laufe der Vertragsverhandlungen zu erkennen, dass sie auf der Grundlage der **VOB (Teil B)** abzuschließen wünschen. Im Vertrag wird demgemäß die Geltung der VOB (Teil B) vereinbart.

---

157 f.; *Wolf,* Art. 3 RiLi Rdn. 23; *Damm,* JZ 1994, 166; dagegen vor allem: *Ulmer,* EuZW 1993, 342). Der Frage kommt nach der Einfügung des § 24a Nr. 1 AGBG (jetzt § 310 Abs. 3 Nr. 1) keine Bedeutung mehr zu.
[79] Vgl. Amtl. Begründung BT-Drucks. 13/2713, S. 5.
[80] BGH NJW 1984, 2094.
[81] *Heinrichs,* NJW 1996, 2192.
[82] *Heinrichs,* NJW 1996, 2192; *Ulmer,* in: Karlsruher Forum 1997, S. 21 f.
[83] Amtl. Begründung BT-Drucks. 13/2713, S. 7.
[84] *Bunte,* DB 1996, 1391; *Palandt-Grüneberg,* § 310 Rdn. 13.
[85] *Imping,* WiB 1997, 340.
[86] So zutreffend *Borges,* DZWiR 1997, 405 und *Palandt-Grüneberg,* § 310 Rdn. 13 gegen *Braunfels,* DNotZ 1997, 380 f. und *Klaas,* in: FS für Brandner, S. 253 f. Verunglückt in diesem Punkte der Bericht des Rechtsausschusses (BT-Drucks. 13/4699, S. 5).

144 Richtiger Ansicht nach **kommen die Schutzvorschriften des AGB-Rechts in einer solchen Konstellation nicht zur Anwendung.**[87] Da die AGB-rechtlichen Vorschriften ihrem Wortlaut nach eine Vertragsbeziehung zwischen Verwender und Vertragspartner voraussetzen, müsste eine eindeutige Rollenzuweisung vorgenommen werden. Diese kann jedoch nicht überzeugend geleistet werden. Die Zurechnung des Einbeziehungsvorschlags gegenüber einem der Vertragspartner – etwa nach der zeitlichen Reihenfolge der Erklärungen – trüge willkürliche Züge. Abgesehen davon, trifft auch der erklärte Schutzzweck des gesetzlichen AGB-Rechts nicht zu, denn keine der Parteien greift in die Vertragsgestaltungsfreiheit der anderen in einer die Inhaltskontrollvorschriften auf den Plan rufenden Weise ein. Verbleibenden Schutzlücken kann ggf. im Wege der analogen Anwendung einzelner Bestimmungen des AGB-Rechts Rechnung getragen werden.

d) Unerhebliche Umstände

145 § 305 Abs. 1 S. 2 nennt ausdrücklich einige Merkmale, die für die Bestimmung des AGB-Begriffs keine Bedeutung haben sollen. Die Vorschrift **dient nur der Klarstellung,** da sich das gleiche Ergebnis schon aus der Definition des Absatz 1 Satz 1 ergibt.[88] In Satz 2 dokumentiert sich die Tendenz, den Anwendungsbereich des Gesetzes nicht an formalen Kriterien, sondern an materiellen, durch den Schutzzweck geprägten Merkmalen auszurichten.[89]

Beispiel: Die Übermittlung von Lieferbedingungen (z. B. eines Versandhauses) via Internet direkt auf den Bildschirm des Kunden bei Internetgeschäften steht der Qualifizierung als Allgemeine Geschäftsbedingungen im Sinne des § 305 Abs. 1 nicht entgegen.[90]

2. Individualvereinbarungen

146 Gemäß § 305 Abs. 1 Satz 3 liegen Allgemeine Geschäftsbedingungen nicht vor, soweit die Vertragsbedingungen **„im Einzelnen ausgehandelt"** sind. Man spricht dann von Individualabreden oder Individualvereinbarungen.

a) Funktion der Vorschrift

147 Fraglich ist, welche Funktion diese Vorschrift eigentlich hat. Immerhin unterliegen Vertragsbedingungen, die nicht für eine Vielzahl von Fällen vorformuliert sind oder die dem anderen Vertragsteil nicht gestellt werden, den §§ 305ff. schon nach Satz 1 nicht. Läßt sich kein eigenständiger Regelungsfall des Satzes 3 beschreiben, so hätte er ähnlich wie Satz 2 (unerhebliche Umstände), nur klarstellende Bedeutung. Die h. M.[91] sieht dies jedoch zu Recht anders, wenngleich Übereinstimmung besteht, dass das eigenständige Anwendungsfeld des § 305 Abs. 1 Satz 3 relativ klein ist. Einen eigenständigen Sinn hat diese Bestimmung nämlich immerhin für solche Bedingungen, die ursprünglich für eine Vielzahl von Verträgen vorformuliert waren, der Gegenpartei gestellt wurden, im Laufe der Verhandlungen aber den Charakter von Individualvereinbarungen angenommen haben. Hier sind alle Begriffsmerkmale nach Satz 1 erfüllt, so dass die AGB-Qualität hier nach Satz 3 entfallen kann. Insoweit ist Satz 3 also sehr wohl Bestandteil der Legaldefinition; er hat eine einschränkende Funktion.

---

[87] OLG Köln NJW 1994, 59; *Ulmer*, § 305 Rdn. 29; *Wolf*, § 1 AGBG Rdn. 29; *Palandt-Heinrichs*, § 305 Rdn. 13; *Erman-Roloff*, § 305 Rdn. 12; a.A. *Staudinger-Schlosser*, § 305 AGBG Rdn. 31; *Sonnenschein*, NJW 1980, 1491 f.

[88] MünchKomm-*Basedow*, § 305 Rdn. 28.

[89] *Ulmer*, § 305 Rdn. 33.

[90] Vgl. *Löhnig* NJW 1997, 1688.

[91] Insbesondere BGH NJW 1977, 624 (625).

b) Anforderungen an das „Aushandeln"

Nach der Rechtsprechung setzt „Aushandeln" mehr als bloßes „Verhandeln" voraus.[92] **148** Der Verwender muss den in seinen Allgemeinen Geschäftsbedingungen enthaltenen **gesetzesfremden Kerngehalt inhaltlich ernsthaft zur Disposition stellen** und dem Verhandlungspartner Gestaltungsfreiheit zur Wahrung eigener Interessen einräumen.[93] Hierfür muss er die reale Möglichkeit erhalten, den ihm bekannten Inhalt der Vertragsbedingungen zu beeinflussen. Dies setzt die **ernsthafte Abänderungsbereitschaft** auf Seiten des Verwenders voraus. Eine allgemein geäußerte Bereitschaft, Vertragsklauseln auf Anforderung des Vertragspartners zu ändern,[94] genügt hierfür ebensowenig, wie die Erklärung des Verwenders, dass er die Unterzeichnung der Regelung „freistelle".[95] In aller Regel schlägt sich eine solche Bereitschaft auch in erkennbaren Änderungen des vorformulierten Textes nieder. Zwingend ist das indes, wie bereits angeklungen, nicht. Bleibt es – so der BGH – nach gründlicher Erörterung bei dem vorformulierten Text, weil der Betroffene von der sachlichen Notwendigkeit überzeugt ist, so kann der Vertrag als das Ergebnis eines Aushandelns gewertet werden. Voraussetzung dafür ist aber, dass der Verwender grundsätzlich zu einer Abänderung der Klausel bereit war und dass dies dem Geschäftspartner bei Abschluss des Vertrages bewusst war.[96] Eine vorformulierte Klausel kann auch dann ausgehandelt sein, wenn sie der Verwender als eine von mehreren Alternativen anbietet, zwischen denen der Vertragspartner die Wahl hat. Erforderlich ist, dass er durch die Auswahlmöglichkeit den Gehalt der Regelung mit gestalten kann und die **Wahlfreiheit** nicht durch Einflussnahme des Verwenders, sei es durch die Gestaltung des Formulars, sei es in anderer Weise, überlagert wird.[97]

§ 305 Abs. 1 S. 3 gilt auch im **unternehmerischen Verkehr**.[98] Allerdings mehren sich die Stimmen, die hier für eine Absenkung der strengen Anforderungen an Individualabreden plädieren.[99] Ausreichen soll, dass der Verwender dem anderen Teil angemessene Verhandlungsmöglichkeiten einräumt und dieser seine Rechte in der konkreten Verhandlungssituation mit zumutbarem Aufwand selbst wahrnehmen kann.

Hingewiesen sei noch darauf, dass unter Umständen **jede Klausel gesondert zu unter- 149 suchen** ist. Es ist ohne weiteres denkbar, dass sich in einem ansonsten den §§ 305 ff. unterstehenden Formularvertrag einzelne Klauseln befinden, die durch Aushandeln zu Individualvereinbarungen geworden sind.[100]

3. Beweislast

Das **Vorliegen von Allgemeinen Geschäftsbedingungen muss** grundsätzlich derjenige **150 darlegen und beweisen,** der sich im Prozess auf den Schutz des AGB-Rechts beruft, also

---

[92] BGH NJW-RR 2005, 1040.
[93] Vgl. etwa BGH NJW-RR 1996, 783 (787); 2000, 1110 (1111 f.); 2002, 2388 (2389); BAG NZA 2006, 40 (44); 2008, 229. Die Erklärung des Klauselinhalts genügt hierfür selbstverständlich nicht, OLG München NJW-RR 2001, 130 (131).
[94] BGH NJW-RR 2005, 1040 (1041).
[95] BGH NJW 2005, 2543.
[96] BGH NJW 1998, 2600 (2601); 2000, 1110 (1111 f.).
[97] BGH NJW 2003, 1313 (1314); 2008, 987 (989).
[98] Nach der Rechtsprechung ohne Abstriche, vgl. BGH NJW 1992, 2283 (2285); 2000, 1110.
[99] Mit unterschiedlicher Nuancierung *Berger*, ZIP 2006, 2149 ff.; *Prütting/Wegen/Weinreich-Berger*, § 305 Rdn. 14; *Lischek/Mahnken*, ZIP 2007, 160 f.; *Kessel/Jüttner*, BB 2008, 1350 ff.; *Staudinger-Schlosser*, § 305 Rdn. 36 a; *Palandt-Heinrichs*, § 305 Rdn. 22; dagegen *Graf von Westphalen*, ZIP 2007, 150 ff.
[100] BGH NJW-RR 1996, 783 (786).

der Kunde bzw. – im Verbandsprozess – der klagende Verband.[101] Handelt es sich um einen Vertrag, der nach seiner inhaltlichen Gestaltung oder äußeren Form aller Lebenserfahrung nach für eine mehrfache Verwendung entworfen wurde und von einem professionellen Marktteilnehmer (etwa einem Bauträger) gestellt worden ist, so spricht der **erste Anschein** für einen Formularvertrag, der der Kontrolle nach den §§ 305 ff. unterliegt.[102]

151 Ist das Vorliegen von Allgemeinen Geschäftsbedingungen und deren Stellen festgestellt, so ist der **Nachweis des Individualcharakters** Sache des Verwenders, der die Inhaltskontrolle vermeiden will.[103] Eine **Aushandlungsklausel**, wonach die Bedingungen im Einzelnen ausgehandelt seien, ist unwirksam und für sich allein kein ausreichendes Indiz für ein tatsächlich erfolgtes Aushandeln. Dies ergibt sich bereits aus § 309 Nr. 12 Buchst. b), ferner aus dem Umstand, dass anderenfalls der Schutz des Kunden ganz einfach unterlaufen werden könnte.[104]

152 Bei **Verbraucherverträgen** kommen dem Verbraucher – wie oben dargestellt – die besonderen Schutzwirkungen des § 310 Abs. 3 Nr. 1 und 2 zugute. Im Falle des **§ 310 Abs. 3 Nr. 1** trägt er demgemäß die Beweislast dafür, dass die fraglichen Klauseln für eine Vielzahl von Fällen vorformuliert worden sind, während der Unternehmer die Beweislast dafür trägt, dass die vorformulierten Vertragsklauseln im einzelnen ausgehandelt sind, obwohl sie vorformuliert worden sind.[105] Anders verhält es sich im Hinblick auf **§ 310 Abs. 3 Nr. 2**. Der Wortlaut der Vorschrift erhebt die mangelnde Möglichkeit der Einflussnahme zu einer der tatbestandlichen Voraussetzung für die Inhaltskontrolle von Vertragsklauseln, die zur Verwendung in einem einzelnen Verbrauchervertrag bestimmt sind. Hier trägt der Verbraucher mithin die Darlegungs- und Beweislast dafür, dass die Vertragsklauseln vorformuliert worden sind und er infolge der Vorformulierung keinen Einfluss auf ihren Inhalt nehmen konnte.[106]

II. Ausnahmen vom sachlichen Anwendungsbereich

Literatur: *Coester-Waltjen*, Die Inhaltskontrolle von Verträgen außerhalb des AGBG, AcP 190 (1990), S. 1 ff.; *Lieb*, Sonderprivatrecht für Ungleichgewichtslagen? Überlegungen zum Anwendungsbereich der sogenannten Inhaltskontrolle privatrechtlicher Verträge, AcP 178 (1978), 196; *Walchshöfer*, Grenzen des Anwendungsbereichs des AGB-Gesetzes – Individualverträge, Ausnahmebereiche, in: Zehn Jahre AGB-Gesetz, S. 155; vgl. im übrigen die Literaturhinweise zu den einzelnen Bereichsausnahmen.

153 Gemäß § 310 Abs. 4 findet der zweite Abschnitt, also die §§ 305 ff., keine Anwendung bei Verträgen auf dem Gebiet des Erb-, Familien- und Gesellschaftsrechts sowie auf Tarifverträge, Betriebs- und Dienstvereinbarungen. Laut der Begründung des Regierungsentwurfs hielt man den Schutz des Gesetzes in den genannten Fällen für nicht erforderlich, nicht angemessen oder nicht systemgerecht.[107]

---

[101] BGH NJW 1992, 2160 (2162); 1999, 1261 (1262); *Ulmer*, § 305 Rdn. 60; MünchKomm-*Basedow*, § 305 Rdn. 43.

[102] BGH NJW 1992, 2160 (2162); 2004, 502 (503); BAG NZA 2006, 746 (747); 2008, 170 (171); kein Anscheinsbeweis bei einem nicht gewerblich tätigen Bauherrn, BGH NJW 1999, 2161 (1262).

[103] BGH NJW 1982, 1035; 1998, 2600 (2601); *Wolf*, § 1 AGBG Rdn. 63.

[104] BGH NJW 1977, 1624 (1625); *Wolf*, § 1 AGBG Rdn. 63; MünchKomm-*Basedow*, § 305 Rdn. 44.

[105] BGH NJW 2008, 2250 (2251).

[106] BGH NJW 2008, 2250 (2252 ff.); *Ulmer*, § 310 Rdn. 89; MünchKomm-*Basedow*, § 310 Rdn. 66; *Prütting/Wegen/Weinreich-Berger*, § 310 Rdn. 9; a. A. HK-*Schulte-Nölke*, § 310 Rdn. 8.

[107] Amtl. Begründung BT-Drucks. 7/3919, S. 41.

1. Erbrecht

Von einer Anwendung der AGB-rechtlichen Vorschriften auf Verträge auf dem Gebiet 154
des Erbrechts wurde ausweislich der Regierungsbegründung[108] deshalb abgesehen, weil in
diesem Bereich AGB-Klauseln ohnehin selten Verwendung fänden und sich die in erster
Linie auf schuldrechtliche Austauschverträge zugeschnittenen Bestimmungen des AGB-
Gesetzes für die Kontrolle erbrechtlicher Vertragsgestaltungen nicht eigneten. Vom Anwendungsbereich
ausgenommene erbrechtliche Verträge, die nicht selten notarieller Formularpraxis
entspringen und damit immerhin unter § 305 Abs. 1 fallen können,[109] sind
beispielsweise Erbverträge (§ 2274), Erbverzichtsverträge (§ 2346) und Erbauseinandersetzungsvereinbarungen.
Bei ihnen verbleibt es bei der freilich bislang noch nicht aktuell
gewordenen Möglichkeit einer auf § 242 gestützten Inhaltskontrolle. Der Erbschaftskauf
(§ 2371) und die zu Lebzeiten vollzogene Schenkung auf den Todesfall (§ 2301 Abs. 2)
sind hingegen primär schuldrechtliche Verträge, auf die der Ausnahmegrund des § 310
Abs. 4 nicht passt. Zu Recht werden sie von der h. M. dem AGB-Recht unterstellt.[110]

2. Familienrecht

Literatur: *Bergschneider*, Zur Inhaltskontrolle bei Eheverträgen, FamRZ 2001, 1337; *Dauner-Lieb*,
Reichweite und Grenzen der Privatautonomie im Ehevertragsrecht, AcP 201 (2001), S. 295; *Gerber*,
Vertragsfreiheit und richterliche Inhaltskontrolle bei Eheverträgen, FS 50 Jahre BGH II 2000, 49;
Röthel, Richterliche Inhaltskontrolle von Eheverträgen, NJW 2001, 1334.

Ähnliche Gründe haben den Gesetzgeber bewogen, auch Verträge auf dem Gebiet des Fa- 155
milienrechts von der Anwendung des AGB-Rechts zu dispensieren.[111] Das Familienrecht
ist durch vorgegebene Vertragstypen mit gesetzlich von vornherein eingeschränkter Gestaltungsfreiheit
geprägt. Wie im Erbrecht dürften auch familienrechtlichen Vertragsgestaltungen
zumeist individuellen Charakter aufweisen, so dass schon aus diesem Grunde ein
Bedürfnis nach intensivierter Inhaltskontrolle nicht erkennbar ist. Vom Anwendungsbereich
der AGB-rechtlichen Vorschriften ausgenommen sind damit u. a. Eheverträge
(§§ 1408 ff.),[112] Verträge über Zugewinnausgleich (§§ 1372 ff.), Unterhaltsverträge (§ 1585 c)
und Vereinbarungen betreffend den Versorgungsausgleich (§ 1587 o). Äußerste Grenzen
ergeben sich hier aus den §§ 134, 138 und 242. Schuldrechtliche Austauschgeschäfte unter
Familienangehörigen (z. B. Kaufverträge) fallen hingegen nicht unter die Bereichsausnahme.[113]

3. Gesellschaftsrecht

Literatur: *Bunte*, Richterliche Inhaltskontrolle von Verbandsnormen, ZGR 1991, 316; *Drygala*, Anwendbarkeit
des AGB-Gesetzes auch auf Gesellschaftsverträge – eine Nebenwirkung der Richtlinie
über mißbräuchliche Klauseln in Verbraucherverträgen?, ZIP 1997, 968; *Eißer*, Reichweite der
Bereichsausnahme Gesellschaftsrecht im Recht der Allgemeinen Geschäftsbedingungen, 2008; *Fenn*,

---

[108] Amtl. Begründung BT-Drucks. 7/3919, S. 41.
[109] Von vornherein nicht unter § 305 Abs. 1 fallen Verfügungen des Erblassers von Todes wegen in Form von Testamenten und Vermächtnissen.
[110] *Ulmer*, § 310 Rdn. 113 f.; *Wolf/Horn*, § 23 AGBG Rdn. 52; *Prütting/Wegen/Weinreich-Berger*, § 310 Rdn. 14; weiter noch hinsichtlich der Schenkung auf den Todesfall *Staudinger-Coester*, § 310 Rdn. 74; a. A. für Erbschaftskauf *Palandt-Grüneberg*, § 310 Rdn. 49.
[111] Vgl. Amtl. Begründung BT-Drucks. 7/3919, S. 41.
[112] Zur Inhaltskontrolle von Eheverträgen über Unterhalt vgl. jetzt grundlegend BVerfG NJW 2001, 957; ferner BGH NJW 2004, 930; hierzu *Rakete-Dombek*, NJW 2004, 1273 ff. und *Dauner-Lieb*, JZ 2004, 1027. Guter Überblick zum gegenwärtigen Stand bei *Dethloff*, Familienrecht, 28. Aufl. 2007, § 5 Rdn. 17 ff.
[113] Näheres zur Abgrenzung in dieser Hinsicht bei *Wolf/Horn*, § 23 AGBG Rdn. 61.

Verbandsrechtliche Wettkampf- und Disziplinarregeln und das AGBG, in: Festgabe Zivilrechtslehrer 1934/35, 1999, S. 103; *Grunewald*, Die in § 23 AGBG vorgesehene Bereichsausnahme für Gesellschaftsrecht, in: FS für Semler, 1993, S. 175; *dies.*, Der Ausschluß aus Gesellschaft und Verein, 1987; *Heid*, Die Inhaltskontrolle des Vertrags der Publikumspersonengesellschaft nach AGB-Grundsätzen, DB 1985, Beil. 4; *Hille*, Die Inhaltskontrolle der Gesellschaftsverträge von Publikums-Personengesellschaften, 1986; *Hey*, Freie Gestaltung in Gesellschaftsverträgen und ihre Schranken, 2004; *Leipold*, Richterliche Inhaltskontrolle vereinsrechtlicher Disziplinarmaßnahmen, ZGR 1985, S. 307; *van Look*, Individualschutz im Vereinsrecht, WM Sonderheft 1994, 46; *Möschel*, Monopolverband und Satzungskontrolle, 1978; *Raffel*, Richterliche Inhaltskontrolle der Gesellschaftsverträge von Publikumsgesellschaften, in: FS Rheinisches Notariat, 1998; *Reuter*, Richterliche Kontrolle der Satzungen von Publikums-Personengesellschaften?, AG 1979, 321; *Säcker/Ranke*, Verbandsgewalt, Vereinsautonomie und richterliche Inhaltskontrolle, AuR 1981, 1; *H. Schmidt*, Stille Gesellschaft und AGB-Gesetz, ZHR 159 (1995), 734; *U. H. Schneider*, Die Inhaltskontrolle von Gesellschaftsverträgen, ZGR 1978, 1; *Vieweg*, Die gerichtliche Nachprüfung von Vereinsstrafen und -entscheidungen, JZ 1984, 167; *ders.*, Zur Inhaltskontrolle von Verbandsnormen, in: FS für Lukes, 1989, S. 809; *Graf von Westphalen*, Richterliche Inhaltskontrolle von Standardklauseln bei einer Publikums-KG und der Prospekthaftung, DB 1983, 2745; *Zöllner*, Inhaltsfreiheit bei Gesellschaftsverträgen, in: FS 100 Jahre GmbH-Gesetz, 1992, S. 85.

a) Ausnahmegrund

156 Vom Gesetzgeber wurde die Ausnahme des Gesellschaftsrechts von der Anwendung des AGB-Gesetzes mit den vielen Eigenarten dieses Rechtsgebietes begründet. Zudem wurde darauf hingewiesen, dass die mehr auf schuldrechtliche Austauschverträge zugeschnittenen Bestimmungen des AGB-Rechts sich zur Anwendung hier nicht eigneten.[114] Zuzugeben ist, dass insbesondere die Klauselverbote der §§ 308 und 309 durchweg nicht auf Gesellschaftsverträge passen, da im Gesellschaftsvertrag die Organisation eines Verbandes und nicht eine Austauschbeziehung Regelungsgegenstand ist.[115] Daraus ist jedoch nicht zu schließen, dass es im Bereich des Gesellschaftsrechts generell an einem Schutzbedürfnis im Sinne des AGB-Rechts fehlt. Zwar entfällt dieses vielfach bei Verträgen von Personengesellschaften oder einer GmbH, weil die Verträge persönlich und unter rechtskundiger Beratung ausgehandelt werden und es so an einer ungleichen Machtlage fehlt.[116] Zu verneinen ist ein Schutzbedürfnis ebenso, wenn die einschlägigen gesetzlichen Bestimmungen zwingenden Charakter haben (§§ 23 Abs. 5, 38 AktG; §§ 18 S. 2, 11a GenG). Aber insbesondere am Beispiel der Publikumspersonengesellschaften hat sich gezeigt, dass atypische Situationen auch im Gesellschaftsrecht auftreten.[117] Das Schutzbedürfnis ist in diesem Bereich ebenso wie bei Vereinen nicht mit gleicher Eindeutigkeit zu verneinen.[118]

157 Im Gesetzgebungsverfahren wurde dies zumindest teilweise erkannt und ausdrücklich darauf hingewiesen, dass insbesondere die schon vor Erlass des AGB-Gesetzes entwickelte richterliche Inhaltskontrolle der Gesellschaftsverträge von Publikums-Kommanditgesellschaften am Maßstab des § 242 weiterhin möglich sein soll.[119]

b) Reichweite der Ausnahme

158 Der Ausnahmebereich ist mit den dürren Worten „auf dem Gebiet des Gesellschaftsrechts" nur unzureichend abgegrenzt. Einigkeit besteht heute dahingehend, dass neben

---

[114] Amtl. Begründung BT-Drucks. 7/3919, S. 41.
[115] *Bamberger/Roth-Becker*, § 310 Rdn. 28; Löwe/*Graf von Westphalen*/Trinkner, § 23 AGBG Rdn. 1.
[116] Vgl. *Fischer*, in: FS für Barz, S. 37; *Wolf/Horn*, § 23 AGBG Rdn. 70; MünchKomm-*Basedow*, § 305 Rdn. 80.
[117] *Grunewald*, in: FS für Semler, S. 179f.
[118] *Ulmer*, § 310 Rdn. 120.
[119] Bericht des Rechtsausschusses BT-Drucks. 7/5422, S. 13.

§ 6. Sachlicher Anwendungsbereich

dem Recht der Personen- und Kapitalgesellschaften[120] auch das Genossenschafts- und Vereinsrecht erfasst ist.[121] Ausgeschlossen sind aber **nur spezifisch organisationsrechtliche Inhalte aufweisende Regelungswerke**, also Gesellschaftsverträge, Satzungen und sonstige unmittelbar mitgliedschaftlich geprägte Vertragsgestaltungen.

Beispiel: Regelungen im Gesellschaftsvertrag einer Personengesellschaft oder einer GmbH, die einem Gesellschafter, einer Gruppe von Gesellschaftern oder der Gesellschaftermehrheit das Recht einräumen, einen Mitgesellschafter ohne sachlichen Grund aus der Gesellschaft auszuschließen („**Hinauskündigungsklauseln**"), unterliegen nicht der AGB-Kontrolle, können aber nach § 138 unwirksam sein.[122]

Der AGB-Kontrolle unterliegen daher sehr wohl Austausch- oder sonstige Benutzungsverhältnisse zwischen Verband und Mitglied.

Beispiel:
(1) Die **Allgemeinen Versicherungsbedingungen von Versicherungsvereinen auf Gegenseitigkeit** unterliegen, soweit sie das Versicherungsverhältnis betreffen, den §§ 305 ff. Die vereinsrechtliche Form des Vertragspartners eines Versicherungsverhältnisses ist kein ausreichender Grund, die Versicherungsbedingungen der AGB-Kontrolle zu entziehen. In diesem Fall unterliegt Vertragsrecht und nicht Gesellschafts- bzw. Vereinsrecht der Inhaltskontrolle. § 310 Abs. 4 trifft schon seinem Wortlaut nach nicht zu.[123] Ebenso ist zu entscheiden, wenn in die Satzung vorformulierte Regelungen versicherungsrechtlicher Vertragsbeziehungen aufgenommen werden. Nur Satzungsbestimmungen organisationsrechtlichen Inhalts sind kontrollfrei.[124]
(2) **Anstellungsverträge von Vorstandsmitgliedern** stellen typische Austauschverträge und unterliegen daher der AGB-Kontrolle. Aktien- und kapitalmarktrechtliche Besonderheiten von Vorstandsverhältnissen müssen allerdings berücksichtigt werden.[125]
(3) Die **Veräußerung von Gesellschaftsanteilen** untersteht dem AGB-Recht, da solche Verträge im Kern eine Austauschbeziehung zum Inhalt haben, nicht aber das Rechtsverhältnis des Anteilserwerbers zu den übrigen Gesellschaftern regeln.[126] Die **Unternehmenskaufverträge** werden regelmäßig in weiten Teilen individuell ausgehandelt und unterfallen dann auch nicht der AGB-Kontrolle.[127] Kommen allerdings ausnahmsweise standardisierte Bedingungen zum Einsatz – so etwa bei den Unternehmenskaufverträgen der früheren Treuhandanstalt –[128] steht die Bereichsausnahme für das Gesellschaftsrecht einer Inhaltskontrolle solcher Austauschverträge nicht entgegen.

Bei dieser Bereichsausnahme ist auf mögliche **Umgehungen** zu achten (§ 306a): z.B. Flucht aus dem Anwendungsbereich des gesetzlichen AGB-Rechts durch vereinsrechtliche Organisation in Form von Buch- und Schallplattenclubs (z.B. im Hinblick auf die Laufzeit von Dauerschuldverhältnissen). **159**

---

[120] Auch stille Gesellschaften, BGH NJW 1995, 192.
[121] BGH NJW 1998, 454 und OLG Düsseldorf NJW 2008, 1451 (1452) zum Verein; BGH NJW 1988, 1729 zur Genossenschaft.
[122] BGH NJW 2005, 3641; 3644; hierzu *Verse*, DStR 2007, 1822; *Benecke*, ZIP 2005, 1437 und *Bieder* MDR 2007, 1049.
[123] BGH NJW 1998, 454.
[124] Einer Inhaltskontrolle hat der BGH (NJW 1998, 454) jedoch auch solche Satzungsbestimmungen eines VVaG unterzogen, die insoweit einen Doppelcharakter aufwiesen.
[125] *Bauer/Arnold*, ZIP 2006, 2338; *Thüsing*, in: Handbuch des Vorstandsrechts, 2006, § 4 Rdn. 101; *Schmitt-Rolfes*, in: FS für Hromadka, 2008, S. 395; erörtert wird die Anwendung des AGB-Rechts auf einen Anstellungsvertrag eines Vorstandsmitglieds in BGH NJW 1989, 2683 (2684f.).
[126] *Ulmer*, § 310 Rdn. 123; MünchKomm-*Basedow*, § 310 Rdn. 83; *Erman-Roloff*, § 310 Rdn. 29; differenzierend *Wolf/Horn*, § 23 AGBG Rdn. 74a.
[127] MünchKomm-*Kieninger*, § 307 Rdn. 91; zum Unternehmenskauf im Wege des Auktionsverfahrens aus AGB-rechtlicher Sicht zuletzt *Habersack/Schürnbrand*, in: FS für Canaris, 2007, S. 359 ff.
[128] BGH NJW 2002, 2399 (2400).

c) *Inhaltskontrolle von vorformulierten Gesellschaftsverträgen und Vereinssatzungen am Maßstab von Treu und Glauben (§ 242)*

160 Die Bereichsausnahme führt u. a. dazu, dass auch einige typische Vertragsgestaltungen der AGB-Kontrolle entzogen werden, bei denen ein besonderes Kontrollbedürfnis unverkennbar besteht. Hier praktiziert die Rechtsprechung schon seit langem unabhängig vom gesetzlichen AGB-Recht eine intensivierte richterliche Inhaltskontrolle.

(1) Publikumspersonengesellschaften

161 Die wesentlichen Merkmale einer sog. **Publikumspersonengesellschaft** sind, dass die Gesellschaft nach dem Gesellschaftsvertrag auf die Mitgliedschaft einer Vielzahl erst noch zu werbender (Anlage-)Gesellschafter angelegt ist. Sie beteiligen sich nur kapitalistisch an der Gesellschaft und werden im Übrigen mehr oder weniger zufällig zusammengeführt. Die Ausgestaltung des Gesellschaftsvertrages erfolgt regelmäßig durch einen kleinen Kreis von Gründern bzw. Initiatoren, den sog. Gründergesellschaftern. Zwischen den Kapitalanlegern untereinander sowie zwischen ihnen und den Gründergesellschaftern bestehen typischerweise keine persönlichen oder sonstigen Beziehungen.[129] Die Entscheidung zur Gründung einer Publikumspersonengesellschaft ist vielfach stark von den steuerrechtlichen Gestaltungsmöglichkeiten geprägt. Die größte Verbreitung hat die Publikumspersonengesellschaft in der Ausgestaltung als GmbH & Co. KG gefunden.

162 Nach ständiger Rechtsprechung des BGH unterliegen die Gesellschaftsverträge von Publikumspersonengesellschaften auch nach dem Inkrafttreten des AGB-Gesetzes (jetzt §§ 305 ff.) der **Inhaltskontrolle gem. § 242**.[130] Der BGH begründet diese Beurteilung im Wesentlichen damit, dass die in der Öffentlichkeit geworbenen (Anlage-)Gesellschafter den fertig formulierten Gesellschaftsvertrag hinnehmen müssen, ohne auf dessen Inhalt einen irgendwie gearteten mitgestaltenden, ihre Interessen wahrenden Einfluss ausüben zu können. Die Situation ähnelt somit auf Grund des fehlenden Vertragskompromisses derjenigen bei Allgemeinen Geschäftsbedingungen und Formularverträgen. Um einen Missbrauch der Vertragsfreiheit zu verhindern, ist der Gesellschaftsvertrag demnach einer gerichtlichen Inhaltskontrolle zu unterziehen.[131] In Analogie zu dieser Rechtsprechung hat der BGH auch für eine Vielzahl von Gesellschaftsverträgen mit stillen Gesellschaftern vorformulierte Vertragsbedingungen einer intensivierten Inhaltskontrolle nach § 242 unterzogen.[132]

Beispiele:
(1) In dem grundlegenden Urteil vom 14. 4. 1975[133] zur Inhaltskontrolle von Gesellschaftsverträgen hatte der BGH über Vertragsklauseln einer GmbH & Co. KG zu befinden, wonach die **Ansprüche gegen die GmbH** oder gegen die Mitglieder des Aufsichtsrats wegen Verletzung ihrer gesellschaftlichen Obliegenheiten in drei Monaten verjähren sollten und zudem die Haftung der GmbH und der Mitglieder des Aufsichtsrats gegenüber Gesellschaftern und ehemaligen Gesellschaftern auf das in der Gesellschaft angelegte Vermögen der zum Schadensersatz verpflichteten Personen **beschränkt** war. Aufgrund einer derart unausgewogenen Begünstigung der in dem

---

[129] Vgl. BGHZ 64, 238 (241); 102, 172 (177 f); 104, 50 (53).
[130] So ausdrücklich BGHZ 104, 50, 53.
[131] BGHZ 64, 238 (241); 102, 172 (177) und 104, 50 (53) jeweils m. w. N. der Rechtsprechung. Vorbereitend hierzu waren die Abhandlungen von *Martens*, BB 1973, 419 f.; *Fischer*, in: FS für Barz, S. 38 f.; ders., DRiZ 1974, 213 und *Wiedemann*, in: FS für Harry Westermann, S. 591. Vgl. hierzu auch jeweils m. w. N. AGB-Klauselwerke-*Schäfer*, Publikums-KG; *K. Schmidt*, Gesellschaftsrecht, 4. Aufl. 2002, § 5 III 4 (S. 121 ff.) und § 57 (S. 1668 ff.); *Ulmer*, § 310 Rdn. 134 ff.; *Wolf/Horn*, § 23 AGBG Rdn. 81 ff.
[132] BGH NJW 2001, 1270.
[133] BGHZ 64, 238.

Aufsichtsrat tätigen Gesellschafter sei, so der BGH, der erforderliche Schutz der Anlagegesellschafter auch nicht annähernd angemessen gewährleistet und die Klausel daher nach Treu und Glauben unwirksam.

(2) Bei einer Publikums-KG ist die gesellschaftsvertragliche Bestimmung, die der Komplementär-GmbH einseitig das **Recht** einräumt, die **Kommanditbeteiligungen nach freiem Ermessen zu übernehmen**, unwirksam.[134]

(3) Ebenso ist das im Gesellschaftsvertrag einer Publikumspersonengesellschaft vorgesehene Erfordernis, dass der (Gesellschafter-)**Geschäftsführer nur mit Zustimmung aller Gesellschafter abberufen** werden kann, nichtig; es genügt die einfache Mehrheit.[135]

(4) In einem weiteren Fall hatte es der BGH mit einer Publikums-KG zu tun, die so organisiert war, dass sich die Anleger nur mittelbar über einen Treuhänder an ihr beteiligen konnten. Der BGH entschied, dass dann das zusammengehörende Bündel von Gesellschaftsvertrag und Treuhandabrede genauso der Inhaltskontrolle unterliege, wie wenn eine unmittelbare Beteiligung der Anleger an der Publikumsgesellschaft ohne Zwischenschaltung des Treuhänders vorläge.[136]

Als Ausgangspunkt für eine Inhaltskontrolle dient die Überprüfung der Vertragsbedingungen am Maßstab von Treu und Glauben. Der BGH betont, dass es für die Feststellung der Unwirksamkeit der vertraglichen Bedingung eines besonderen gesetzlichen Vergleichsmaßstabes nicht bedürfe.[137] Um generalisierende Formeln zu finden, ist der Rückgriff auf dispositive Regelungen im Handelsgesetzbuch und im Bürgerlichen Gesetzbuch, auf Grund des Abweichens der Publikumspersonengesellschaft vom gesetzlichen Leitbild, in der Tat weitgehend ungeeignet.[138] Hilfreich erscheint eher die Orientierung an allgemeinen Prinzipien des Gesellschaftsrechts.[139] Die Rechtsprechung hat sich zwar teilweise an Regelungen aus dem Körperschaftsrecht angelehnt, es aber abgelehnt diese einfach zu übernehmen. Teilweise stellt der BGH ergänzend auf das Leitbild der Publikumspersonengesellschaft ab.[140]

163

Der Nutzen der Inhaltskontrolle ist im Bereich des Gesellschaftsrechts begrenzt. Zwar wird die unangemessene Vertragsklausel beseitigt, aber die Inhaltskontrolle schafft kein neues positives Recht.[141] Hier zeigt sich die Notwendigkeit, den Anlagegesellschaftern die Chance zu geben, den Vertrag selber durch Mehrheitsbeschlüsse zu entschärfen.[142]

164

Die Inhaltskontrolle und die Anerkennung des Mehrheitsprinzips sind nur ein Teil des Gesamtinstrumentariums des Anlegerschutzes. Zudem ist der Gesellschaftsvertrag einer Publikumspersonengesellschaft nach objektiven und somit revisiblen Grundsätzen auszulegen.[143] Die objektivierte Auslegung ist von der Inhaltskontrolle zu unterscheiden;[144] sie genießt zudem Anwendungsvorrang.[145] Des Weiteren sind grundsätzlich alle gesellschaftsrechtlichen Verpflichtungen, die der Gesellschaft gegenüber Gründungsgesellschaftern auferlegt werden und diesen Vorteile verschaffen sollen, in den schriftlich festgelegten Gesellschaftsvertrag oder in einen ordnungsgemäß zustande gekommenen und protokollierten Gesellschafterbeschluss aufzunehmen.[146] Es besteht insoweit also ein Formzwang.

165

---

[134] BGH NJW 1982, 2303.
[135] BGH NJW 1988, 969.
[136] BGH NJW 1988, 1903.
[137] BGHZ 64, 238 (244).
[138] *Stimpel* in: FS für Fischer, S. 773; *Wiedemann*, Gesellschaftsrecht I, § 3 II 3 b (S. 174).
[139] *Heymann/Horn*, 2. Aufl., § 161 HGB Rdn. 163.
[140] Vgl. BGHZ 84, 11 (14 f.).
[141] *Martens*, JZ 1976, 514 f.
[142] BGHZ 66, 82 (85 f.); 69, 160 (166); 71, 53 (58); *Stimpel* in: FS für Fischer, S. 778; *Ulmer*, § 310 Rdn. 135; Heymann/Horn, 2. Aufl., § 161 HGB Rdn. 164.
[143] BGH WM 1978, 87 (88); 1399 (1400); 1979, 672; NJW-RR 1996, 1436 (1437); *Brandes*, WM 1987, Sonderbeilage 1, S. 8.
[144] *K. Schmidt*, Gesellschaftsrecht, 4. Aufl. 2002, § 57 IV 1 b (S. 1682 f.).
[145] BGH NJW 1979, 2102.
[146] BGH WM 1976, 446 (447); *Heinze*, ZGR 1979, 111.

Wird der Gesellschafter bei seinem Beitritt zu einer Publikumspersonengesellschaft arglistig getäuscht, so gesteht ihm die Rechtsprechung entgegen § 133 HGB ein Austrittsrecht mit Wirkung ex nunc zu.[147] Daneben sind noch die ergänzenden Schadensersatzansprüche aus Verschulden bei Vertragsschluss (§§ 311 Abs. 2 und 3, 280) und auf Grund der allgemeinen zivilrechtlichen Prospekthaftung zu nennen.

(2) Vereine

166 Eine Parallele zur richterlichen Inhaltskontrolle bei Publikumsgesellschaften findet sich im **Vereinsrecht**. Satzungsgewalt und die Selbstverwaltungsbefugnis der Vereine gründen zwar in der Vereinsautonomie. Dies immunisiert sie jedoch nicht gegen eine gerichtliche Überprüfung von Vereinssatzungen und Beschlüssen. Denn die Vereinsautonomie ist Teil der Privatautonomie und unterliegt damit auch deren Grenzen.[148] Im Einzelnen gilt es zwischen der Kontrolle von Vereinssatzungen und sonstigen internen Vereinsordnungen auf der einen und von Vereinsmaßnahmen und -beschlüssen auf der anderen Seite zu unterscheiden.

167 Soweit Bestimmungen in **Vereinssatzungen** oder sonstigen Ordnungen in Rede stehen, ist eine Inhaltskontrolle am Maßstab des § 242 jedenfalls dann geboten, wenn der **Verein im wirtschaftlichen oder sozialen Bereich eine überragende Machtstellung einnimmt** und das Mitglied auf die Mitgliedschaft angewiesen ist.[149] Sowenig wie es solchen Vereinigungen freigestellt sein kann, Bewerber, die auf die Mitgliedschaft bei ihnen angewiesen sind, willkürlich abzuweisen, sowenig kann es ihnen freistehen, ihre Mitglieder willkürlichen oder unbilligen, Treu und Glauben (§ 242) widerstreitenden Satzungsgestaltungen zu unterwerfen. Verbände, bei denen die Mitgliedschaft in jeder Hinsicht freiwillig ist, aus denen das einzelne Mitglied also jederzeit ohne schwerwiegende wirtschaftliche oder soziale Nachteile austreten kann, werden in der Praxis um der Erhaltung ihres Mitgliederbestandes willen häufig dazu gezwungen sein, auf die Setzung von Normen zu verzichten, die ihre Mitglieder unbillig belasten können. Dieses Korrektiv entfällt, wenn die Vereinszugehörigkeit sich für die Mitglieder als ein „Muß" darstellt, zu der es keine Alternative gibt. In solchen Fällen spürbarer Fremdbestimmung ist eine Ungleichgewichtslage gegeben, die derjenigen entspricht, wie sie typischerweise bei nicht ausgehandelten Vertragsbedingungen besteht.[150]

Beispiel:
(1) Ein **Spitzenverband der Kreditgenossenschaften** hatte nach ergebnisloser Zahlungsaufforderung gegenüber einem genossenschaftlich organisierten Kreditinstitut ein Ausschließungsverfahren eingeleitet. Der BGH entschied, dass im Hinblick auf die Monopolstellung des Verbandes eine Freiwilligkeit der Mitgliedschaft im eigentlichen Sinne nicht gegeben sei. Deshalb sei eine Situation gegeben, die auch eine Überprüfung des verbandsrechtlichen Regelwerkes auf seine inhaltliche Angemessenheit hin sachlich gerechtfertigt erscheinen lasse.[151]
(2) Die **Landesverbände des Deutschen Fußballbundes** nehmen ebenfalls eine Monopolstellung ein. Eine in den Verbandsnormen vorgesehene Verpflichtung zur Zahlung einer **Ausbildungs-**

---

[147] BGH NJW 1973, 1604; BGHZ 63, 338; einschränkend BGHZ 69, 160 (163ff.) und BGH NJW 1979, 765.
[148] Vgl. *Wolf/Horn,* § 23 AGBG Rdn. 88.
[149] BGH NJW 1989, 1724 (1726); 1999, 3552; 2000, 1028; vgl. hierzu auch *van Look,* WM Sonderheft 1994, 48ff.; für die Kontrolle von Vereinssatzungen auch *K. Schmidt,* Gesellschaftsrecht, 4. Aufl. 2002, § 5 III 4b (S. 123f.); *Palandt-Heinrichs/Ellenberger,* § 25 Rdn. 9; *Ulmer,* § 310 Rdn. 136; *Wolf/Horn,* § 23 AGBG Rdn. 88; zurückhaltend *Fastrich,* Inhaltskontrolle, S. 141f.; a.A. *Säcker/Rancke,* AuR 1981, 11ff.
[150] BGH NJW 1989, 1724 (1726).
[151] BGH NJW 1989, 1724 (1726).

und **Förderungsentschädigung** für den Fall des Vereinswechsels von sog. Vertragsamateuren unterliegt daher der Inhaltskontrolle gem. §§ 138, 242.[152]

Die Inhaltskontrolle von Vereinssatzungen kann sich auch auf **Nichtmitglieder** auswirken. 168

Beispiel: Ein Turnierreiter hatte sich, wie bei Turnierteilnehmern üblich, der Disziplinargewalt des turnierausrichtenden Dachverbandes unterworfen. Aufgrund eines Regelverstoßes wurden ihm Bußgelder und Verfahrenskosten auferlegt. Der BGH stellte fest, dass es sich bei dem Dachverband um einen sozialmächtigen Verband handele, weil ohne die Anerkennung seiner Regeln eine Teilnahme am organisierten Reitsport praktisch ausgeschlossen sei. Sodann urteilte er, dass **sportliche Regelwerke** auch im Verhältnis zu Nichtmitgliedern keine Allgemeinen Geschäftsbedingungen im Sinne des Gesetzes seien, aber der Inhaltskontrolle nach § 242 unterlägen.[153]

Häufiger als Vereinssatzungen werden die Rechtsstellung der Mitglieder beeinträchtigende **Vereinsmaßnahmen** gerichtlich nachgeprüft.[154] Dabei geht es vor allem um Vereinsstrafen und den Ausschluss aus dem Verein. Die Interventionsschwelle liegt hoch; sie setzt erst bei offenbarer Unbilligkeit der betreffenden Maßnahme ein. Nach neuerer Rechtsprechung sind hierbei allerdings die zugrundeliegenden Tatsachenfeststellungen voll nachprüfbar.[155] 169

d) Änderungen infolge der EG-Klauselrichtlinie?

Im Schrifttum sind mehrere Autoren dafür eingetreten, auf Grund des Gebots der richtlinienkonformen Auslegung die AGB-rechtlichen Vorschriften nunmehr auch auf Gesellschaftsverträge anzuwenden, soweit es sich um Verbraucherverträge handelt (etwa Erwerb von Aktien, Beitritt zu einer Kommanditgesellschaft).[156] Der 10. Erwägungsgrund der Richtlinie stellt jedoch klar, dass an den bekannten Bereichsausnahmen nicht gerüttelt werden soll. Die zusätzliche Begründung, dass in den Ausnahmenbereichen keine Verbraucherverträge vorliegen (vgl. „daher"), geht zwar fehl. Dies berechtigt jedoch nicht zu einer eigenmächtigen Korrektur und zu einer grundlegenden Aushöhlung der Bereichsausnahmen, insbesondere der des Gesellschaftsrechts. Für eine Harmonisierung des Gesellschaftsrechts hätte die Richtlinie im Übrigen auch nicht allein auf Art. 100a EGV a. F. (jetzt Art. 95 EGV) gestützt werden dürfen, so dass eine Änderung des status quo auch deshalb nicht angenommen werden kann.[157] 170

4. Eingeschränkte AGB-Kontrolle im Arbeitsrecht

Literatur (Auswahl): *Annuß*, Grundstrukturen der AGB-Kontrolle von Arbeitsverträgen, BB 2006, 1333; *Coester* Das AGB-Recht in den Händen des BAG, in: FS für Löwisch, 2007, S. 57; Erfurter Kommentar zum Arbeitsrecht-*Preis*, 8. Aufl. 2008, Kommentierung der §§ 305–310; *Däubler*, Aktuelle Fragen der AGB-Kontrolle im Arbeitsrecht, NZA Beilage 3/2006, 133; *Däubler/Dorndorf/Bonin/Deinert*, AGB-Kontrolle im Arbeitsrecht, Kommentar, 2. Aufl. 2008; *Dauner-Lieb/Henssler/Preis* (Hrsg.), Inhaltskontrolle im Arbeitsrecht, 2006; *Fenn*, Formulararbeitsverträge, gesamteinheitliche Arbeitsbedingungen und das AGBG, in: Festschrift für Söllner, 2000, S. 333 ff.; *Gotthardt*, Ar-

---

[152] BGH NJW 1999, 3552; ebenso BGH NJW 2000, 1028 für den Deutschen Eishockey-Bund.
[153] BGH NJW 1995, 583.
[154] Vgl. Palandt-*Heinrichs/Ellenberger*, § 25 Rdn. 18 ff.; *Ulmer*, § 310 Rdn. 137; *van Look*, WM Sonderheft 1994, 51 ff.
[155] BGH NJW 1984, 918.
[156] KG WM 1999, 731 (733); OLG Frankfurt NJW-RR 2004, 991 (992); Palandt-*Grüneberg*, § 310 Rdn. 50; *Heinrichs*, NJW 1997, 1407; MünchKomm-*Basedow*, § 310 Rdn. 86; *Armbrüster*, ZIP 2006, 413.
[157] Wie hier *Drygala*, ZIP 1997, 968 ff.; *Wolf/Horn*, § 23 AGBG Rdn. 70; *Ulmer*, § 310 Rdn. 120. Zur Möglichkeit der Klärung durch Vorlage an den EuGH vgl. noch Rdn. 46.

beitsrecht nach der Schuldrechtsreform, 2. Aufl. 2003; *von Hoyningen-Huene,* Die Billigkeit im Arbeitsrecht, 1978, S. 127 ff.; *Hromadka,* Inhaltskontrolle von Arbeitsverträgen, in: FS für Dieterich, 1999, S. 251; *Jabornegg/Resch/Stoffels* (Hrsg.), Rechtswirksame und nichtige Vereinbarungen im Arbeitsrecht, 2007; *Joost,* Allgemeine Geschäftsbedingungen und Arbeitsvertrag, in: FS für Ulmer, 2003, S. 1199; *ders.,* Betrachtungen zur Inhaltskontrolle vorformulierter Arbeitsverträge, in: 50 Jahre Bundesarbeitsgericht, 2004, S. 49; *Junker,* AGB-Kontrolle von Arbeitsvertragsklauseln in der neueren Rechtsprechung des Bundesarbeitsgerichts, BB 2007, 1274; *Konzen,* Die AGB-Kontrolle im Arbeitsvertragsrecht, in: FS für Hadding, 2004, S. 145; *Lakies,* AGB im Arbeitsrecht, 2006; *Lieb,* AGB-Recht und Arbeitsrecht nach der Schuldrechtsmodernisierung, in: FS für Ulmer, 2003, S. 1231; *ders.,* Grundfragen der arbeitsrechtlichen Angemessenheitskontrolle gemäß §§ 305 ff. nach Aufhebung der Bereichsausnahme, in: FS für Konzen, 2007, S. 501; *Nicolai,* Anwendbarkeit des AGB-Gesetzes auf „nichtarbeitsrechtliche Beziehungen" zwischen Arbeitgeber und Arbeitnehmer?, ZIP 1995, 359; *Preis,* Grundfragen der Vertragsgestaltung im Arbeitsrecht, 1993, S. 216 ff.; *ders.* (Hrsg.), Der Arbeitsvertrag, 2. Aufl. 2005; *Preis/Roloff* Die neueste Entwicklung der Vertragsinhaltskontrolle im Arbeitsrecht – Zwischenbilanz und Ausblick – ZfA 2007, 43; *Preis/Stoffels,* Die Inhaltskontrolle der Verträge selbständiger und unselbständiger Handelsvertreter, ZHR 160 (1996), 442; *Reinicke,* Vertragskontrolle im Arbeitsrecht nach der Schuldrechtsreform, NZA 2004, Sonderbeil. zu Heft 18, S. 27; *Rolfs,* Die Inhaltskontrolle arbeitsrechtlicher Individual- und Betriebsvereinbarungen, RdA 2006, 349; *Singer,* Inhaltskontrolle von Arbeitsverträgen, 2007; *Stoffels,* Vertragsgestaltung nach der Schuldrechtsreform – eine Zwischenbilanz, NZA 2004, Sonderbeil. 1/2004, S. 19; *Thüsing,* AGB-Kontrolle im Arbeitsrecht, 2007; *Thüsing,* Was sind die Besonderheiten des Arbeitsrechts?, NZA 2002, 591; *ders.* Angemessenheit durch Konsens, Zu den Grenzen der Richtigkeitsgewähr arbeitsvertraglicher Vereinbarungen, RdA 2005, 257 ff.; *Westhoff,* Die Inhaltskontrolle von Arbeitsverträgen, 1975; *M. Wolf,* Inhaltskontrolle von Arbeitsverträgen, RdA 1988, 270; *Zöllner,* Immanente Grenzen arbeitsvertraglicher Regelungen, RdA 1989, 152; *Zundel,* Wirksamkeit arbeitsvertraglicher Klauseln insbesondere unter dem Aspekt der AGB-Kontrolle, NJW 2006, 1237.

171 Im Arbeitsrecht sind vorformulierte Vertragsbedingungen ein weit verbreitetes Phänomen. Kaum ein Arbeitsvertrag wird heutzutage noch individuell ausgehandelt.[158] Vorherrschend sind vorformulierte Arbeitsbedingungen, meist als Bestandteil von Formulararbeitsverträgen, daneben aber auch in Form von Gesamtzusagen und arbeitsvertraglichen Einheitsbedingungen.

a) Änderung der Bereichsausnahme durch das Schuldrechtsmodernisierungsgesetz

172 Im Zuge der Schuldrechtsmodernisierung ist die bis dahin geltende Bereichsausnahme für Verträge auf dem Gebiete des Arbeitsrechts (§ 23 AGBG) aufgehoben und nur noch für Tarifverträge, Betriebs- und Dienstvereinbarungen aufrechterhalten worden, vgl. § 310 Abs. 4 S. 1. Diese Korrektur hat die wohl nachhaltigste Rechtsänderung im Individualarbeitsrecht der letzten Jahrzehnte bewirkt.[159] In der **Gegenäußerung der Bundesregierung**[160] wird dieser Schritt wie folgt begründet: „Trotz des Schutzes durch zwingende gesetzliche Vorschriften und kollektive Vereinbarungen besteht auch im Arbeitsrecht ein Bedürfnis nach richterlicher Kontrolle der einseitig vom Arbeitgeber festgesetzten Arbeitsbedingungen; dies ist gerade vor dem Hintergrund des existenziellen Angewiesenseins auf einen Arbeitsplatz von besonderer Bedeutung." Nach einem Hinweis auf divergierende Entscheidungen des BAG heißt es sodann, „die aus dieser uneinheitlichen Rechtsprechung entstehende Rechtsunsicherheit sollte durch die Streichung der Bereichsausnahme beseitigt werden. Dadurch wird auch dafür gesorgt, dass das Schutzniveau der Vertragsinhaltskontrolle im Arbeitsrecht nicht hinter demjenigen des Zivilrechts zurückbleibt."[161]

---

[158] *Preis,* Grundfragen der Vertragsgestaltung im Arbeitsrecht, S. 54 ff.
[159] So zutreffend *Preis/Roloff,* ZfA 2007, 44.
[160] BT-Drucks. 14/6857, S. 54.
[161] Kritisch hierzu *Richardi,* NZA 2002, 1060.

§ 6. Sachlicher Anwendungsbereich   59

Eine notwendige Korrektur zeichnet sich schon jetzt ab: Hatte das Bundesarbeitsgericht bislang der **Frage nach dem Zustandekommen der vertraglichen Vereinbarung** kaum eine gesteigerte Bedeutung beigemessen und auch Individualvereinbarungen einer Inhaltskontrolle unterzogen, so dürfte hier künftig konsequenter zu unterscheiden sein.[162] Besteht für die Vertragspartner die Möglichkeit, die Vertragsbedingungen im einzelnen auszuhandeln, ist im Grundsatz davon auszugehen, daß sie ihre Interessen selbst angemessen vertreten können. Das sich hieraus ergebende Mehr an Vertragsfreiheit darf nicht durch Ausweichen auf Ersatzinstrumente wie den Maßstab der Billigkeit (§ 315) oder der guten Sitten (§ 138) wieder zunichte gemacht werden.[163] Davon geht jetzt auch das BAG aus.[164] Zu Recht führt das Urteil vom 25. 5. 2005 aus, eine Billigkeitskontrolle im Sinne einer allgemeinen, nicht auf die Besonderheiten des Falles bezogenen Angemessenheitsprüfung finde nach § 242 bei ausgehandelten Vertragsbedingungen nicht (mehr) statt. Die §§ 305 ff. stellten eine abschließende Konkretisierung des Gebots von Treu und Glauben hinsichtlich des allgemeinen, allein den Inhalt der Regelung überprüfenden Angemessenheitskontrolle dar. Ausgehandelte Vertragsbedingungen mit Führungskräften unterliegen nach den Wertungen der §§ 305 ff. beispielsweise ebenso wenig einer intensivierten Inhaltskontrolle wie nachträglich ausgehandelten Änderungen des laufenden Arbeitsvertrages. Ausnahmsweise bleibt eine richterliche Kontrolle bei strukturellen Störungen der Vertragsparität erforderlich. Dieser Tatbestand hat allerdings auch im Arbeitsrecht Ausnahmecharakter.[165] Es handelt sich um Fälle, in denen der Inhalt des Vertrages eine Seite ungewöhnlich belastet und als Interessenausgleich offensichtlich ungeeignet ist.[166]

173

b) Keine AGB-Kontrolle von Tarifverträgen, Betriebs- und Dienstvereinbarungen

Tarifverträge werden zwischen Arbeitgeberverbänden bzw. einzelnen Arbeitgebern auf der einen und Gewerkschaften auf der anderen Seite abgeschlossen. Liegen die Voraussetzungen nach dem Tarifvertragsgesetz (TVG) vor, so gelten die tariflichen Regelungen zwischen den tarifgebundenen Arbeitsvertragsparteien unmittelbar und zwingend. Das Kontrollbedürfnis ist hier schwächer ausgeprägt, da es in aller Regel an der für Allgemeine Geschäftsbedingungen typischen Überlegenheit des Verwenders fehlen wird. Weder der Arbeitgeberverband bzw. der einzelne Arbeitgeber noch die Gewerkschaft nimmt die Rolle eines „Verwenders" ein. Wegen der Gleichgewichtigkeit der Tarifvertragsparteien ist davon auszugehen, daß bei einer Gesamtbetrachtung der tariflichen Regelungen die Arbeitnehmerinteressen angemessen berücksichtigt werden. Es besteht insoweit eine materielle Richtigkeitsgewähr für die tariflichen Regelungen.[167] Hinzu kommt – und hierauf hebt die Gesetzesbegründung in erster Linie ab –,[168] daß es sich um einen verfassungsrechtlich (Art. 9 Abs. 3 GG) den Koalitionsparteien eingeräumten Gestaltungsspielraum handelt, der über eine intensive Angemessenheitskontrolle nicht über Gebühr eingeengt

174

---

[162] *Gotthardt*, Arbeitsrecht nach der Schuldrechtsreform, Rdn. 234; Hanau, NJW 2002, 1242; ErfK-Preis, §§ 305–310 Rdn. 27; für eine Fortführung der Inhaltskontrolle individuell ausgehandelter Arbeitsbedingungen bei strukturellem Ungleichgewicht hingegen *Hromadka*, NJW 2002, 2524 f.; ähnlich auch *Maschmann*, RdA 2005, 217.
[163] So zutreffend *Thüsing*, AGB-Kontrolle im Arbeitsrecht, Rdn. 43 f.; *Thüsing/Leder* BB 2005, 940; ErfK-*Preis* §§ 305–310 Rdn. 24; zu den verbleibenden Schranken der Vertragsgestaltung *Rolfs*, RdA 2006, 352 f.
[164] BAG NZA 2005, 1111, 1116.
[165] *Thüsing*, AGB-Kontrolle im Arbeitsrecht, Rdn. 44.
[166] BAG NZA 2005, 1111, 1116 unter Hinweis auf BVerfG NJW 1994, 36.
[167] BAG AP Nr. 22 zu § 611 Ausbildungsbeihilfe; *Gamillscheg*, Kollektives Arbeitsrecht I, 1997, S. 695 ff. m. w. N.
[168] BT-Drucks. 14/6857, S. 54.

werden darf. Wie die Gegenäußerung der Bundesregierung auf die Stellungnahme des Bundesrates erkennen lässt, befürchtete man mit einer Öffnung dieses „normsetzenden" Bereichs für die AGB-Kontrolle, „das System der **Tarifautonomie**" zu konterkarieren.[169] Dies erhellt zugleich, daß Tarifverträge nur insoweit der AGB-Kontrolle entzogen sein sollen, als sie die Arbeitsbedingungen mit normativer Wirkung gestalten. Das setzt insbesondere beiderseitige Tarifgebundenheit voraus. Gilt eine kollektive Regelung (nur) kraft einzelvertraglicher Inbezugnahme, so folgt die Freistellung nicht schon aus § 310 Abs. 4 S. 1.[170] Wohl aber ist Satz 4 der Vorschrift zu beachten (näher hierzu unter Rdn. 178).

175 Für normativ geltende Tarifverträge muss es also bei einer **Kontrolle anhand der Verfassung, anderer zwingender Normen des höherrangigen Rechts und** – so jedenfalls das BAG – am **Maßstab der guten Sitten** verbleiben. In dem danach verbleibenden Gestaltungsspielraum kann einer Tarifnorm erst dann die Anerkennung versagt werden, wenn sie zu einer grundlegenden Schlechterstellung von Arbeitnehmern im Vergleich zu einer sachlich vertretbaren Lösung führt. Wegen der generellen Tarifwirkung ist dabei eine generelle und nicht eine individuelle Betrachtungsweise geboten.[171]

176 § 310 Abs. 4 S. 1 nimmt weiterhin **Betriebsvereinbarungen** (vgl. § 77 BetrVG) und ihr Pendant im öffentlichen Dienst, die **Dienstvereinbarungen,** von der Anwendung der §§ 305 ff. aus,[172] stellt sie also insoweit auf eine Stufe mit den Tarifverträgen. Zwar ist die Gestaltungskompetenz der Betriebspartner nicht Ausfluß der Tarifautonomie,[173] wohl aber spricht der normative Charakter der Betriebs- und Dienstvereinbarungen für eine Gleichstellung. Ebenfalls vom Ausschlusstatbestand des § 310 Abs. 4 S. 1 erfasst werden Gesamt- und Konzernbetriebsvereinbarungen, nicht hingegen Vereinbarungen zwischen Sprecherausschuß und Arbeitgeber.[174] Betriebs- und Dienstvereinbarungen hat die Rechtsprechung in der Vergangenheit allerdings einer **allgemeinen Billigkeitskontrolle** unterzogen.[175] Dies ist vielfach kritisiert worden.[176] Eine wertungskonsistente Interpretation des § 310 Abs. 4 gebietet nunmehr, Betriebs- und Dienstvereinbarungen ebenso wie Tarifverträge nur noch einer Rechtskontrolle anhand höherrangiger Normen zu unterziehen. Eine auf einen angemessenen Interessenausgleich zielende Angemessenheitskontrolle und erst recht eine an Zweckmäßigkeitsgesichtspunkten orientierte Billigkeitskontrolle dürfte nunmehr ausgeschlossen sein.[177] Freilich dürfte sich die praktische Bedeutung dieser Korrektur in Grenzen halten, ist doch die arbeitsgerichtliche Rechtsprechung nur in vergleichsweise wenigen Fällen über eine Rechtskontrolle hinausgegangen.[178]

177 **Kirchliche Arbeitsvertragsrichtlinien** werden in § 310 Abs. 4 S. 1 nicht erwähnt. Mangels einer planwidrigen Regelungslücke kommt auch eine analoge Einbeziehung nicht in Betracht. Dem kirchlichen Selbstbestimmungsrecht kann durch eine maßvolle Handha-

---

[169] BT-Drucks. 14/6857, S. 54.
[170] *Ulmer/Fuchs,* § 307 Rdn. 420.
[171] So ausdrücklich BAG AP Nr. 22 zu § 611 Ausbildungsbeihilfe; ferner BAG AP Nr. 1 zu § 10a AVR Caritasverband.
[172] Daher keine Anwendung des § 308 Nr. 4 auf in Betriebsvereinbarungen geregelte Widerrufsvorbehalte, so folgerichtig BAG NZA 2006, 563, 565.
[173] Fehlgehend insoweit die Gesetzesbegründung, zu Recht kritisch insoweit *Annuß* BB 2002, 459.
[174] *Löwisch,* in: FS für Wiedemann, S. 319 f.; *Däubler/Dorndorf/Bonin/Deinert* § 310 Rdn. 32 und 36.
[175] Grundlegend BAG AP Nr. 142 zu § 242 Ruhegehalt, sodann z.B. BAG AP Nr. 3 zu § 77 BetrVG 1972 Tarifvorbehalt.
[176] MünchArbR-*Matthes,* 2. Aufl. 2000, § 328 Rdn. 83 ff.; *Fitting* 23. Aufl. 2006, § 77 BetrVG Rdn 233; *Richardi,* § 77 BetrVG Rdn 117 ff.; *von Hoyningen-Huene,* BB 1992, 1642.
[177] Deutlich *Lieb,* in: FS für Ulmer, S. 1241 f.; *Annuß* BB 2002, 459; *Konzen* in: FS für Hadding, S. 159; ferner ErfK-*Preis* §§ 305–310 Rdn 9; *Rolfs* RdA 2006, 354 ff.; für Beibehaltung der Billigkeitskontrolle *Däubler,* NZA 2001, 1334.
[178] *Fitting* § 77 BetrVG Rdn. 232.; ErfK-*Preis* §§ 305–310 Rdn 9.

§ 6. Sachlicher Anwendungsbereich   61

bung der AGB-Kontrolle unter Berücksichtigung der Besonderheiten kirchlicher Arbeitsverhältnisse (§ 310 Abs. 4 S. 2) Rechnung getragen werden.[179]

c) *Tarifverträge als Rechtsvorschriften im Sinne von § 307 Abs. 3*

Arbeitsverträge nehmen in der Praxis sehr häufig auf die einschlägigen Tarifverträge Bezug.[180] Damit wird bezweckt, auch denjenigen Arbeitnehmern die tarifvertraglichen Ansprüche einzuräumen, deren Arbeitsverhältnisse mangels Tarifbindung von dem Tarifvertrag nicht normativ erfasst werden. Durch die arbeitsvertragliche Inbezugnahme des Tarifvertrages wird dieser zum Inhalt des individuellen Arbeitsvertrages gemacht.[181] Diese Praxis wollte der Gesetzgeber unangetastet lassen. **§ 310 Abs. 4 Satz 3** bringt dies etwas umständlich zum Ausdruck. Tarifverträge, Betriebs- und Dienstvereinbarungen stehen hiernach Rechtsvorschriften im Sinne von § 307 Abs. 3 gleich. Arbeitsvertragliche Klauseln, die einen einschlägigen[182] Tarifvertrag insgesamt[183] oder einen geschlossenen Regelungskomplex[184] in Bezug nehmen, weisen daher nur **deklaratorischen Charakter** auf und unterliegen gem. § 307 Abs. 3 nicht einer materiellen Inhaltskontrolle nach den §§ 307 bis 309.[185] Auf diese Weise verhindert der Gesetzgeber, dass es über die Kontrolle arbeitsvertraglicher Bezugnahmeklauseln oder in den Arbeitsvertrag inkorporierter Regelungskomplexe aus dem Tarifvertrag mittelbar doch zu einer nicht erwünschten Tarifzensur kommt.

178

Fraglich ist, ob sich das tarifliche Regelwerk – auch bei Inbezugnahme des einschlägigen und noch in Geltung befindlichen Tarifvertrages – einer **Transparenzkontrolle** stellen muß. Die Systematik der Gesetzesvorschriften (§ 310 Abs. 4 S. 3 verweist vollständig auf § 307 Abs. 3 und damit auch auf dessen S. 2) und die Gegenäußerung der Bundesregierung im Gesetzgebungsverfahren sprechen eindeutig dafür.[186] Gleichwohl hat das BAG[187] jüngst eine Transparenzkontrolle eines arbeitsvertraglich in Bezug genommen Tarifvertrages abgelehnt, der für den Arbeitgeber kraft seiner Tarifbindung galt. Denn anderenfalls – so das BAG – wäre die Folge, dass einzelne Vorschriften desselben Tarifvertrages bei demselben tarifgebundenen Arbeitgeber, je nachdem, ob der Arbeitnehmer Mitglied der tarifschließenden Gewerkschaft sei oder nicht, zur Anwendung gelangten oder wegen fehlender Transparenz unwirksam seien.

179

Aus der Tatsache, dass tarifvertragliche Regelungen der Inhaltskontrolle entzogen sind, darf nun aber **nicht** der Umkehrschluss gezogen werden, dass ihnen für die Inhaltskontrolle eine **normative Richtlinienfunktion** zukäme.[188] Abgesehen davon, dass eine solche

180

---

[179] BAG NZA 2006, 872 (873); abw. *Richardi* NZA 2002, 1062 f.; *Thüsing*, ZTR 2005, 507 ff.
[180] Zur AGB-Kontrolle von arbeitsvertraglichen Bezugnahmeklauseln *Diehn*, NZA 2004, 129.
[181] Zur Bestimmung der Reichweite des Verweisungsumfangs unter Rückgriff auf die Unklarheitenregel vgl. Rdn. 370. Wichtig insoweit zuletzt vor allem BAG NZA 2007, 965.
[182] *Ulmer/Fuchs* § 307 Rdn. 433.
[183] Einzelverweisung genügt nicht, allg. Ansicht, vgl. statt aller *ErfK-Preis*, §§ 305–310 Rdn. 16 m.w.N.; ebenso wohl BAG NJW 2007, 2279.
[184] *Diehn*, NZA 2004, 131; *Lindemann*, AuR 2002, 86; ähnlich *Henssler*, RdA 2002, 136; gegen jegliche Privilegierung von Teilverweisungen jedoch *Däubler/Dorndorf/Bonin/Deinert*, § 310 Rdn. 52; *Lakies*, AGB im Arbeitsrecht Rdn. 198 ff.; *Thüsing/Lambrich*, NZA 2002, 1363; *Reinecke*, BB 2005, 378; *Rieble/Löwisch*, § 3 TVG Rdn 264.
[185] Diese Sichtweise bestätigend BAG BeckRS 2007, 46522.
[186] BT-Drucks 14/6857, S. 54. Für Transparenzkontrolle daher *Lakies*, AGB im Arbeitsrecht Rdn. 165 ff.; BeckOK-*Jacobs*, § 307 Rdn. 28; *ErfK-Preis*, §§ 305–310 Rdn. 15; *Witt*, NZA 2004, 138;. einschränkend jedoch *Ernst*, NZA 2007, 1405.
[187] BAG NZA 2007, 1049, 1051; vgl. auch BAG BeckRS 2007, 46522.
[188] So aber *Däubler* NZA 2001, 1334 f, *Däubler/Dorndorf/Bonin/Deinert* § 307 Rdn. 272 ff.; *Lakies*, AGB im Arbeitsrecht Rdn. 270 ff.; wie hier dagegen die h. M. *ErfK-Preis*, §§ 305–310 Rdn. 39; *Henssler*,

Aufwertung der Tarifverträge mit der negativen Koalitionsfreiheit der Außenseiter schwerlich zu vereinbaren wäre,[189] wollte der Gesetzgeber mit § 310 Abs. 4 Satz 3 ausweislich der Materialien lediglich sicherstellen, dass Tarifverträge bei einzelvertraglicher Bezugnahme keiner indirekten Inhaltskontrolle unterliegen. Dies hat er durch die Verweisungsvorschrift des § 310 Abs. 4 Satz 3 auch exakt zum Ausdruck gebracht. Diese bezieht sich nämlich nur auf § 307 Abs. 3 und gerade nicht auf § 307 Abs. 1 und 2, der den Maßstab für die Inhaltskontrolle formuliert.

d) AGB-Kontrolle von Arbeitsvertragsbedingungen unter angemessener Berücksichtigung der im Arbeitsrecht geltenden Besonderheiten

181 Nach § 310 Abs. 4 S. 2 sind bei Anwendung auf Arbeitsverträge[190] „die im Arbeitsrecht geltenden Besonderheiten angemessen zu berücksichtigen". Der normative Aussagegehalt dieses relativierenden Vorbehalts ist zweifelhaft. Die Materialien zur Gesetzgebungsgeschichte sind wenig ergiebig. In der Gegenäußerung der Bundesregierung[191] auf die Vorschläge des Bundesrates heißt es lapidar, vor allem die besonderen Klauselverbote ohne Wertungsmöglichkeit sollten im Arbeitsrecht nicht zwingend uneingeschränkt zur Anwendung kommen. Im nächsten Satz wird der Gesetzeswortlaut noch dahingehend paraphrasiert, es sollten hier die besonderen Bedürfnisse eines Arbeitsverhältnisses berücksichtigt werden können. Vor diesem Hintergrund verwundert es kaum, dass im Schrifttum bereits ein breites Meinungsspektrum zur Bedeutung der „im Arbeitsrecht geltenden Besonderheiten" erkennbar geworden ist. Dieses reicht von der Ansicht, dass man jegliche arbeitsrechtlichen Besonderheiten, die sich gegen das zwingende Recht der §§ 307 ff. durchsetzen können, als Missbräuche bezeichnen müsste, sodass dieser Vorbehalt im Ergebnis leer laufe,[192] bis hin zu der entgegengesetzten Position, dass durch diesen Vorbehalt die Anwendbarkeit der §§ 308 und 309 insgesamt ausgeschlossen werde.[193]

182 Durchsetzen dürfte sich wohl eine vermittelnde Position, die von einer grundsätzlichen Anwendbarkeit der Inhaltskontrollvorschriften des AGB-Rechts ausgeht und nur dort, wo die erkennbare Ausgangssituation des Klauselverbots nicht auf Arbeitsverträge zugeschnitten ist, Korrekturen anbringt.[194] Anlass für solche Korrekturen können beispielsweise spezielle gesetzgeberische Wertungen des Arbeits- und Sozialrechts sein, abweichende tatsächliche Gegebenheiten im Arbeitsleben,[195] ferner Besonderheiten des kirchlichen Arbeitsrechts[196] und im Übrigen die Orientierung einiger Klauselverbote am kurzfristigen Austauschvertrag bzw. am Erscheinungsbild des zahlungspflichtigen Kunden (z. B. das Vertragsstrafenverbot des § 309 Nr. 6). Das Kontinuitätsargument wird man freilich nicht gelten lassen können. Die bisherigen Gepflogenheiten der arbeitsvertraglichen Praxis, also beispielsweise die weite Verbreitung einer Arbeitsvertragsklausel, stellt für sich allein keine berücksichtigungsfähigen Besonderheiten dar.[197]

RdA 2002, 136; *Hromadka,* NJW 2002, 2526 f.; *Richardi,* NZA 2002, 1061; *Lieb,* in: FS *Ulmer,* 2003, S. 1242 f.; *Bayreuther* RdA 2003, 87 ff.; *Ulmer/Fuchs,* § 307 Rdn. 451.

[189] *Lingemann,* NZA 2002, 189; *Henssler,* RdA 2002, 136.

[190] Darunter fallen alle arbeitsrechtlich geprägten Verträge, also auch Aufhebungs- und Abwicklungsverträge, so richtig *Ulmer/Fuchs,* § 307 Rdn. 423.

[191] BT-Drucks. 14/6857, S. 54.

[192] *Graf von Westphalen,* in: Henssler/Graf von Westphalen, Praxis der Schuldrechtsreform, 1. Aufl. 2002, § 310 Rdn. 7.

[193] *Lingemann* NZA 2002, 183; sehr weitgehend auch die Beschreibung der „Besonderheiten des Arbeitsrechts" bei *Hromadka* NJW 2002, 2528.

[194] *Thüsing,* NZA 2002, 591 ff.; *ErfK-Preis,* §§ 305–310 Rdn. 14.

[195] BAG NZA 2005, 1111 (1113); 2006, 1149 (1151); 2008, 129 (133).

[196] So die Erwartung des Rechtsausschusses, BT-Drucks. 14/7052, S. 189.

[197] *Däubler/Dorndorf/Bonin/Deinert* § 310 Rdn. 77; bedenklich daher BAG NZA 2006, 746 (749).

Beispiele:
(1) Keine Geltung des § 309 Nr. 6 für **Vertragsstrafenvereinbarungen** gegen Vertragsbruch des Arbeitnehmers im Hinblick auf § 888 Abs. 3 ZPO[198] (näher hierzu Rdn. 903).
(2) **Zweistufige Ausschlussfristen** für die Geltendmachung von Ansprüchen aus dem Arbeitsverhältnis sind nach Ansicht des BAG nicht an § 309 Nr. 13 zu messen, da es hier (tatsächliche) Besonderheiten des Arbeitsrechts zu berücksichtigen gälte. Denn Ausschlussfristen dienten seit langem der im Arbeitsleben anerkanntermaßen besonders gebotenen raschen Klärung von Ansprüchen und der Bereinigung offener Streitpunkte.[199]

Auf **Einzelfragen** der Inhaltskontrolle Allgemeiner Arbeitsvertragsbedingungen soll hier im jeweils thematisch einschlägigen Kontext eingegangen werden. Hervorzuheben sind u. a. folgende Problemkreise: Abtretungs- und Verpfändungsklauseln (hierzu Rdn. 753); Ausgleichsquittungen (hierzu Rdn. 487), Ausschlussfristen (hierzu Rdn. 343 und 673), Befristung und Teilbefristung (hierzu Rdn. 724); Bezugnahmeklauseln (hierzu Rdn. 570 c und 567), Einbeziehung (hierzu Rdn. 307), Entgeltabreden (hierzu Rdn. 457 ff.), Haftungsvereinbarungen (hierzu Rdn. 990 ff.), Rechtsfolgen der Nichtgeltung (hierzu Rdn. 607), Schriftformklauseln (hierzu Rdn. 354), Rückzahlungsklauseln (hierzu Rdn. 495a); Verbrauchereigenschaft des Arbeitnehmers (hierzu Rdn. 197), Vertragsstrafenvereinbarungen (hierzu Rdn. 903 und 913), Widerrufsvorbehalte und Änderungsklauseln (hierzu Rdn. 803 ff.), Wettbewerbsverbote (hierzu Rdn. 342).

183

§ 7. Persönlicher Anwendungsbereich

Literatur: *Borges,* Inhaltskontrolle von Verbraucherverträgen, 2000; *Hart,* Verbraucherrechtliche Grundlagen des AGBG, Jura 2001, 649; *Pfeiffer,* Vom kaufmännischen Verkehr zum Unternehmensverkehr, NJW 1999, 169 ff.; *ders.,* Der Verbraucherbegriff als zentrales Merkmal im Europäischen Privatrecht, in: Schulte-Nölke/Schulze (Hrsg.), Europäische Rechtsangleichung und nationale Privatrechte, 1999, S. 21; *Wackerbarth,* Unternehmer, Verbraucher und die Rechtfertigung der Inhaltskontrolle vorformulierter Verträge, AcP 200 (2000), S. 45.

I. Einschränkungen in Bezug auf unternehmerische und öffentlich-rechtliche Kunden

1. Einordnung der Vorschrift des § 310 Abs. 1

§ 310 Abs. 1 befasst sich mit dem durch die §§ 305 ff. geschützten **Personenkreis, dem „gegenüber"** Allgemeine Geschäftsbedingungen verwendet werden. Aus dieser Vorschrift folgt zunächst einmal, dass der **Schutz des AGB-Rechts allen Kunden zuteil** wird, denen gegenüber Allgemeine Geschäftsbedingungen verwendet werden. Auf ihren persönlichen Status, ihre intellektuellen Fähigkeiten, ihre wirtschaftlichen Verhältnisse etc. kommt es hierbei nicht an.[1] Dies ist auch sachgerecht, denn der den Eingriff des Gesetzgebers legitimierende Grundgedanke ist es, unabhängig von der individuellen Schutzbedürftigkeit des Kunden, die Inanspruchnahme der einseitigen Vertragsgestaltung durch den Verwender auszugleichen. Die Vorschriften der §§ 305 ff. sind darüber hinaus Ausprägungen des die gesamte Rechtsordnung beherrschenden Grundsatzes von Treu und Glauben, so dass es dem Gesetzgeber schon aus diesem Grunde nicht möglich erschien, bestimmte Personengruppen vom Anwendungsbereich schlechthin auszunehmen.[2]

184

---

[198] BAG NZA 2004, 727 (731 f.).
[199] BAG NZA 2005, 1111 (1113).
[1] *Wolf/Horn,* § 24 AGBG Rdn. 1; *Ulmer,* § 310 Rdn. 9.
[2] Vgl. Begründung des RegEntw. BT-Drucks. 7/3919, S. 43.

185 Wohl aber meinte der Gesetzgeber, dass insbesondere im Handelsverkehr das Schutzbedürfnis des AGB-unterworfenen Vertragsteils nicht so ausgeprägt sei wie in den Rechtsbeziehungen zu den Verbrauchern.[3] Das **AGB-Gesetz von 1976** sah im seinem damaligem § 24 daher eine **mittlere Lösung** vor, bei der es bis auf wenige geringfügige Modifikationen bis heute geblieben ist: Kaufmännische und öffentlich-rechtliche Kunden wurden in den Schutz des AGB-Gesetzes einbezogen,[4] sollten aber, wenn ihnen gegenüber Allgemeine Geschäftsbedingungen verwandt würden, nur einen **reduzierten Schutz** genießen. Vor allem sollten die starren Einbeziehungsvoraussetzungen nach § 2 AGBG (jetzt § 305 Abs. 2 und 3), die unbedingte Geltung der Klauselverbote der §§ 10 und 11 AGBG (jetzt §§ 308, 309) sowie die Erweiterung des internationalen Geltungsbereichs des AGB-Gesetzes durch § 12 AGBG (jetzt Art. 29 a EGBGB) im kaufmännischen Verkehr keine Anwendung finden.

186 Mit dem **Handelsrechtsreformgesetz von 1998**[5] wurde u. a. auch der persönliche Anwendungsbereich der AGB-rechtlichen Bestimmungen **modifiziert**. Als Anknüpfungspunkt der Differenzierung dient seitdem nicht mehr die Kaufmannseigenschaft,[6] sondern die gewerbliche oder berufliche Tätigkeit des mit Allgemeinen Geschäftsbedingungen konfrontierten Vertragsteils. Auf diese Weise sollten zugleich die Freiberufler einbezogen werden, da diese Personengruppe den Gewerbetreibenden laut Gesetzesbegründung[7] hinsichtlich der AGB-Problematik gleichzusetzen seien.

2. Der von der Ausnahme erfasste Kundenkreis

a) Unternehmer

187 Unternehmer ist nach der Legaldefinition des § 14 eine natürliche oder juristische Person oder eine rechtsfähige Personengesellschaft, die bei Abschluss eines Rechtsgeschäfts in Ausübung ihrer gewerblichen oder selbstständigen beruflichen Tätigkeit handelt. Eine gewerbliche oder berufliche Tätigkeit ist bei jeder selbstständigen, auf eine gewisse Dauer angelegten Beteiligung am allgemeinen Wirtschaftsverkehr gegeben. Die Leistungen müssen gegen Entgelt angeboten werden. Gewinnerzielungsabsicht wird jedoch nach zutreffender neuerer Auffassung nicht vorausgesetzt.[8]

188 Im Zweifel ist in Anlehnung an den Rechtsgedanken des § 344 HGB davon auszugehen, dass ein von einem Unternehmer abgeschlossener Vertrag dem unternehmerischen Bereich zuzuordnen ist.[9]

Beispiele: Unter den Unternehmerbegriff fallen z. B. Kapitalgesellschaften (AG, KGaA, GmbH), Personenhandelsgesellschaften (OHG, KG),[10]-gesellschaften,[11] Einzelhandelskaufleute, aber **auch Frei-**

---

[3] Begründung des RegEntw. BT-Drucks. 7/3919, S. 43.

[4] Dies war damals rechtspolitisch hochumstritten; für Herausnahme der Kaufleute noch der erste Teilbericht (vgl. dort S. 99 ff.) und der erste Referentenentwurf (DB Beil. 18/74, S. 23).

[5] BGBl. 1998 I, S. 1474; näher zu den Hintergründen dieser Gesetzesänderung Voraufl. Rdrn. 186.

[6] Für fortwirkende Bedeutung des Kaufmannbegriffs *Wolf/Horn*, § 24 AGBG Rdn. 7 (zweifelhaft!).

[7] BT-Drucks. 13/8444, S. 46 f.

[8] BGH NJW 2006, 2250 (2251); *Ulmer*, § 310 Rdn. 18; MünchKomm-*Micklitz*, § 14 Rdn. 22 ff.; *Borges*, DZWiR 1997, 404; a. A. LG Bonn NJW-RR 1999, 1361 (1362); *Wolf/Horn/Lindacher*, § 24 AGBG Rdn. 6 a.

[9] *Ulmer*, § 310 Rdn. 22; *Palandt-Heinrichs/Ellenberger*, § 14 Rdn. 2; *Wackerbarth*, AcP 200 (2000), S. 61; a. A. KG ZGS 2007, 78; *Pfeiffer*, NJW 1999, 173 f. unter Hinweis auf die Richtlinie über missbräuchliche Klauseln in Verbraucherverträgen.

[10] Bei diesen Gebilden ist für Privatgeschäfte von vornherein kein Raum; so auch *Ulmer*, in: Karlsruher Forum 1997, S. 16.

[11] Zur Gesellschaft zuletzt BGHZ 146, 341 ff.

berufler, Handwerker und Landwirte. Mangels Selbständigkeit nicht erfasst wird die berufliche Tätigkeit eines abhängig Beschäftigten oder Beamten (Bspl.: Ein angestellter Rechtsanwalt oder ein Professor kauft auf eigene Rechnung von einem Bekannten einen gebrauchten Computer, um seine dienstlichen Aufgaben rationeller erledigen zu können. Diese Personen sind nicht Unternehmer, sondern ihrerseits Verbraucher.).[12] Dagegen muss die unternehmerische Tätigkeit nicht hauptberuflich betrieben werden. Der Vermieter einer größeren Wohnanlage kann daher, wenn der erforderliche zeitliche und organisatorische Aufwand nach außen erkennbar dem einer – partiellen – Berufstätigkeit entspricht, als Unternehmer einzustufen sein; und auch der „eBay-power-seller" ist regelmäßig Unternehmer.[13] Zur sog. Dual-use-Problematik siehe Rdn. 198 f.

b) Öffentliche-rechtliche Kunden

Ebenso wie Unternehmer werden auch juristische Personen des öffentlichen Rechts und Sondervermögen des öffentlichen Rechts als vermindert schutzbedürftig eingestuft. **Juristische Personen des öffentlichen Rechts** sind insbesondere der Staat, die Körperschaften (z. B. Gemeinden), Anstalten (z. B. Hochschulen, Sozialversicherungsträger, Bundesanstalt für vereinigungsbedingte Sonderaufgaben), Stiftungen des öffentlichen Rechts sowie die Kirchen.[14] **Sondervermögen des öffentlichen Rechts** spielen nach der Privatisierung der Deutschen Bundespost keine große Rolle mehr. Als Beispiele lassen sich noch das „Bundeseisenbahnvermögen" und das ERP-Sondervermögen anführen. Meist wird es allerdings gerade die öffentliche Hand sein, die als Verwender auftritt (z. B. bei der Vergabe von Aufträgen). Insoweit genießt die öffentliche Hand selbstverständlich keine Privilegierung. 189

3. Die ausgenommenen Vorschriften

§ 310 Abs. 1 erklärt im Einzelnen folgende Vorschriften im Falle der Verwendung Allgemeiner Geschäftsbedingungen gegenüber dem oben gekennzeichneten Personenkreis für nicht anwendbar: 190

Zunächst findet § 305 Abs. 2 und 3 über die **Einbeziehungsvoraussetzungen** keine Anwendung. Das bedeutet im Ergebnis eine erleichterte Einbeziehung Allgemeiner Geschäftsbedingungen. Vor allem genügt auch eine stillschweigend erklärte Willensübereinstimmung.[15] 191

Sodann finden die **besonderen Klauselverbote der §§ 308 und 309** keine Anwendung. Möglich bleibt jedoch die Überprüfung der Allgemeinen Geschäftsbedingungen anhand der Generalklausel des § 307. § 310 Abs. 1 Satz 2 stellt in diesem Zusammenhang klar, dass die in den besonderen Klauselverboten zum Ausdruck kommenden Wertungen über § 307 Abs. 1 und 2 in die Inhaltskontrolle einfließen können, also keine absolute Anwendungssperre statuiert werden soll. Dies ermöglicht eine flexible Rechtsanwendung unter Beachtung der im Handelsverkehr geltenden Gewohnheiten und Gebräuche.[16] 192

II. Der persönliche Anwendungsbereich des § 310 Abs. 3

1. Hintergrund der Vorschrift

Die Vorschrift des § **310 Abs. 3** erweitert in Nr. 1 und 2 den Gegenstand der Inhaltskontrolle und modifiziert in Nr. 3 den Maßstab zur Beurteilung einer unangemessenen Be- 193

---
[12] *Borges*, DZWiR 1997, 404.
[13] OLG Frankfurt NJW 2005, 1438.
[14] BGHZ 124, 174 für die katholische Kirche.
[15] Im Einzelnen hierzu unter Rdn. 304 ff.
[16] Im Einzelnen hierzu unter Rdn. 551 ff.

nachteiligung. Sie dient der **Umsetzung der Klauselrichtlinie** 93/13/EWG und zielt daher auf einen richtlinienkonformen **Verbraucherschutz** vor mißbräuchlichen Vertragsbedingungen. Diesen gemeinschaftsrechtlichen Hintergrund gilt es bei der Auslegung und Anwendung des § 310 Abs. 3 im Auge zu behalten.

2. Verbrauchervertrag

194 § 310 Abs. 3 gilt für Verträge zwischen einem Unternehmer und einem Verbraucher. In einem solchen Fall spricht das Gesetz von einem „**Verbrauchervertrag**". § 310 Abs. 3 ist – abgesehen von den auch hier geltenden Bereichsausnahmen des § 310 Abs. 4 – nicht auf bestimmte Vertragstypen beschränkt.[17] Insoweit geht die Vorschrift über die nur für Verträge über Güter und Dienstleistungen Geltung beanspruchende Richtlinie hinaus.

195 Für den Begriff des **Unternehmers** gilt auch hier die Legaldefinition des § 14.[18]

196 **Verbraucher im Sinne des § 13** sind im Gegensatz zu Unternehmern ausschließlich **natürliche Personen**. Auch Art. 2 lit. b der Klausel-Richtlinie 93/13/EWG liegt dieses Verständnis des Verbraucherbegriffs zugrunde.[19] Unter einer natürlichen Person ist auch eine **Gesellschaft bürgerlichen Rechts** zu verstehen, zu der sich mehrere natürliche Personen zusammengeschlossen haben.[20] Erforderlich ist, dass die betreffende natürliche Person den **Vertrag zu einem Zweck schließt, der weder ihrer gewerblichen noch ihrer selbstständigen beruflichen Tätigkeit zugerechnet** werden kann, der Vertrag mithin privaten Zwecken dient. Für den soeben angesprochenen Fall der Gesellschaft bedeutet dies, dass es sich bei dem mit einem Unternehmer abgeschlossenen Vertrag nur dann um einen Verbrauchervertrag im Sinne des § 310 Abs. 3 handelt, wenn er zum Zwecke des privaten Konsums bzw. der privaten Vermögensanlage oder -verwaltung abgeschlossen wird.

197 Anders als die meisten europäischen Richtlinien zum Verbraucherschutz verzichtet § 13 darauf, den Begriff des Verbrauchers zu bestimmten Rechtsgeschäften in Beziehung zu setzen. Verträge, die ein Verbraucher schließt, zeichnen sich daher von Gesetzes wegen auch nicht dadurch aus, dass die Vertragsschließenden hiermit einen für Kauf- und Werkverträge typischen konsumtiven Zweck verfolgen. Dies mag in den meisten Fällen so sein; um eine Anwendungsvoraussetzung des § 13 handelt es sich jedoch nicht. Das Gesetz begnügt sich mit einer **Negativabgrenzung.** Das betreffende Rechtsgeschäft darf weder der gewerblichen noch der selbstständigen beruflichen Tätigkeit zuzurechnen sein. Insoweit steckt der deutsche Gesetzgeber den Kreis der erfassten Rechtsgeschäfte in zulässiger Weise (vgl. insbesondere Art. 8 der Klauselrichtlinie 93/13/EWG) weiter ab als das Gemeinschaftsrecht, das als Ausschlusskriterium schon den Bezug zur beruflichen Tätigkeit unter Verzicht auf weitergehende Differenzierungen ausreichen lässt. Verträge, die ein **unselbstständig Beschäftigter für seine berufliche Tätigkeit** abschließt, geht er somit als Verbraucher ein.[21]

Beispiele:
(1) Ein angestellter (unselbstständiger) Handelsvertreter **kauft für** seine **Geschäftsreisen** einen **Pkw**. Für diesen Vertrag ist er Verbraucher im Sinne der §§ 13, 310 Abs. 3.
(2) Auch der **Arbeitnehmer** ist im Hinblick auf seine vertraglichen Beziehungen zum Arbeitgeber **Verbraucher**.[22] Denn bei der Einfügung des § 13 in das durch das Fernabsatzgesetz hat der Ge-

---

[17] *Palandt-Grüneberg*, § 310 Rdn. 11; *Borges*, DZWiR 1997, 404.
[18] Vgl. oben Rdn. 187.
[19] Gegen die Einbeziehung juristischer Personen EuGH NJW 2002, 205.
[20] So BGH NJW 2002, 368 in Bezug auf § 1 Abs. 1 VerbrKrG; zust. *Ulmer*, § 310 Rdn. 57; abl. *Erman-Roloff*, § 310 Rdn. 11 und *Mülbert*, WM 2004, 905.
[21] *Ulmer*, § 310 Rdn. 58; *Borges*, DZWiR 1997, 404.
[22] BAG 25. 5. 2005, NZA 2005, 1111, 1115; bestätigt durch BVerfG (2. Kammer des Ersten Senats) NZA 2007, 85, 86; ebenso *Canaris*, in: Lorenz (Hrsg.) Karlsruher Forum 2002, S. 179; *Däubler/*

setzgeber bewusst davon abgesehen, den engeren Verbraucherbegriff des europäischen Richtlinienrechts für das deutsche Recht zu übernehmen. Dass er dabei die Konsequenzen für das Arbeitsrecht nicht bedacht hat, mag richtig sein, dürfte aber kein durchschlagendes Gegenargument darstellen, zumal verschiedene Äußerungen im Gesetzgebungsverfahren der Schuldrechtsmodernisierung in die gegenteilige Richtung deuten.[23] Der jetzt in § 13 verankerte Verbraucherbegriff ist ein hochabstrakter Rechtsbegriff, der allein durch die dort genannten Merkmale bestimmt wird. Weder lässt sich dieser Definition eine konsumtive noch eine generell nicht-berufliche Zwecksetzung des rechtsgeschäftlichen Agierens als Voraussetzung entnehmen. Allein die selbständige berufliche Tätigkeit ist ausgeklammert. Man kann diese Vermischung zweier Schutzsysteme mit guten Gründen kritisieren.[24] Dies ändert jedoch nichts daran, daß eine sachgerechte, teleologisch fundierte **Eingrenzung** nach der Systematik des deutschen Verbraucherschutzrechts **nicht auf der Statusebene** vorzunehmen ist, **sondern bei den Normenkomplexen, die an die Verbrauchereigenschaft anknüpfen;**[25] das ist häufig besonderes Vertragstypenrecht oder vertriebsformabhängiges Recht.[26] Das AGB-Recht hingegen stellt sich als ein vertragstypübergreifendes Schutzrecht dar, so dass hier auch die Modifikationen des § 310 Abs. 3 zum Zuge kommen.[27] Das ist auch in der Sache gerechtfertigt, da das Schutzbedürfnis des auf den Arbeitsplatz angewiesenen Arbeitnehmers vor unangemessenen Vertragsbedingungen sicherlich nicht geringer einzustufen ist als dasjenige eines klassischen Verbrauchers, der eine vertragliche Bindung zur Befriedigung konsumtiver Bedürfnisse eingeht.[28]

(3) Unternehmer- und nicht mehr Verbraucherhandeln liegt vor, wenn das betreffende Geschäft (z. B. ein Franchisevertrag) im Zuge der Aufnahme einer gewerblichen oder selbstständigen beruflichen Tätigkeit geschlossen wird (sog. **Existenzgründung**).[29]

Für die Zuordnung, ob ein Vertrag der gewerblichen bzw. beruflichen oder aber der privaten Sphäre zuzurechnen ist, kommt es nicht auf die innere Willensrichtung an. Vielmehr ist die **Abgrenzung**, bezogen auf den Zeitpunkt des Vertragsschlusses, **nach dem Vertragsinhalt und den sonstigen, dem Vertragspartner erkennbaren Begleitumständen** vorzunehmen.[30] Die Beweislast obliegt demjenigen, der das Eingreifen des § 310 Abs. 3 für sich reklamiert, also im Regelfall dem Kunden.[31] Abgrenzungsschwierigkeiten können vor allem bei Verträgen auftreten, die sowohl in die berufliche als auch in die private Sphäre fallen. 198

Beispiel: Der selbstständige Rechtsanwalt kauft einen Pkw, den er sowohl beruflich wie privat zu nutzen gedenkt.

Bei solchen **Mischformen** ist der Anwendungsbereich des § 310 Abs. 3 eröffnet, wenn im Zeitpunkt des Vertragsschlusses der **Schwerpunkt der in Aussicht genommenen Nut-** 199

Dorndorf/Bonin/Deinert, AGB im Arbeitsrecht, Einl. Rdn. 60ff.; *Hanau*, Anm. AP Nr. 4 zu § 288; ErfK/*Preis*, § 611 Rdn. 182; *Thüsing*, AGB-Kontrolle im Arbeitsrecht, Rdn. 46ff.; dagegen *Annuß*, NJW 2002, 2844ff.; *Henssler*, RdA 2002, 133f.; *Hromadka*, NJW 2002, 2524; *Lieb*, in: FS für Ulmer, S. 1233ff.; *Soergel-Pfeiffer*, § 13 Rdn. 44; *Rieble/Klumpp*, ZIP 2002, 2153; *Ulmer/Fuchs*, § 307 Rdn. 441.

[23] Vgl. z. B. Bericht des Rechtsausschusses BT-Drucks. 14/7052, S. 190.
[24] Vgl. *Lieb*, in: FS für Ulmer, S. 1233; *K. Schmidt* in: FS für Konzen, S. 879.
[25] BAG 25. 5. 2005, NZA 2005, 1111, 1115.
[26] Zur Nichtanwendbarkeit der §§ 312, 355 auf arbeitsrechtliche Aufhebungsverträge vgl. BAG 27. 11. 2003, NZA 2004, 597; kritisch insoweit *Singer* Inhaltskontrolle von Arbeitsverträgen, S. 7ff.
[27] So im übrigen bemerkenswerterweise auch *Lieb*, in: FS für Ulmer, S. 1237 trotz seiner Grundsatzkritik an der Gleichstellung von Arbeitnehmer und Verbraucher; ebenso *Ulmer/Fuchs*, § 307 Rdn. 442.
[28] *Thüsing*, AGB-Kontrolle im Arbeitsrecht, Rdn. 47; *Preis* NZA 2003, Sonderbeil. zu Heft 16, S. 24.
[29] BGH NJW 2005, 1273; 2008, 435 (436).
[30] *Palandt-Heinrichs/Ellenberger*, § 13 Rdn. 4.
[31] *Ulmer*, § 310 Rdn. 64; *Staudinger-Schlosser*, § 310 Rdn. 50; *Borges*, DZWiR 1997, 404.

68 1. Teil. 2. Abschnitt. Anwendungsbereich der §§ 305ff.

zung nicht im gewerblich-beruflichen Bereich liegt.[32] Die Gegenansicht, die in den Fällen des „dual use" ausnahmslos von der Anwendbarkeit des § 310 Abs. 3 ausgeht,[33] übergeht die gesetzgeberische Wertung in § 609a Abs. 1 Nr. 2 a. F.[34] und die ganz herrschende Meinung zum Parallelproblem im Rahmen des § 1 VerbrKrG (jetzt § 491).[35] Auch gibt die Richtlinie für eine solche Auslegung nichts her.[36] Der Anwendungsbereich des § 310 Abs. 3 wird auf der anderen Seite in einer mit der Klauselrichtlinie schwer zu vereinbarenden Weise eingeengt, wenn man schon bei einer teilweisen gewerblichen oder selbstständig beruflichen Zweckbestimmung den besonderen Verbraucherschutz für ausgeschlossen hielte.[37]

III. Zusammenfassender Überblick

200

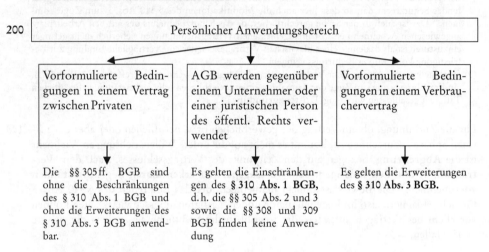

§ 8. Allgemeine Geschäftsbedingungen im internationalen Rechtsverkehr

Literatur: *Berger,* Einbeziehung von AGB in internationale Kaufverträge, in: FS für Horn, 2006, S. 3; *Bitterich,* Die kollisionsrechtliche Absicherung der AGB-Richtlinie (Art. 6 Abs. 2): Rechtszersplitterung statt Kollisionsrechtseinheit in Europa, ZfRV 2002, 123; *ders.,* Die Neuregelung des Internationalen Verbrauchervertragsrechts in Art. 29a EGBGB, 2003; *Ferrari/Kieninger/Mankowski/ Otte/Saenger/Staudinger,* Internationales Vertragsrecht, Kommentar, 2007; *Fetsch,* Eingriffsnormen

---

[32] *Palandt-Heinrichs/Ellenberger,* § 13 Rdn. 4; Staudinger-*Weick,* § 13 Rdn. 47; *Borges,* DZWiR 1997, 404.
[33] *Graf von Westphalen,* BB 1996, 2101; *Schwerdtfeger,* DStR 1997, 499.
[34] § 489 I Nr. 2 verzichtet nur deshalb auf den bisherigen Passus („wenn das Darlehen ganz oder überwiegend für Zwecke einer gewerblichen oder beruflichen Tätigkeit bestimmt war."), da es nach der Definition des Verbrauchers in § 13 mit der Formulierung „wenn das Darlehen einem Verbraucher gewährt wird…" auskommt. Eine sachliche Änderung war damit insoweit nicht bezweckt.
[35] *Erman-Rebmann,* 10. Aufl. 2000, § 1 VerbrKrG Rdn. 45; *Palandt-Weidenkaff,* § 491 Rdn. 7.
[36] So zutreffend *Borges,* DZWiR 1997, 404 gegen *Graf von Westphalen,* BB 1996, 2101.
[37] So aber jetzt *Ulmer,* § 310 Rdn. 63; MünchKomm-*Basedow,* § 310 Rdn. 47; *Larenz/Wolf,* Allgemeiner Teil des Bürgerlichen Rechts, § 42 Rdn. 49; *Bamberger/Roth-Schmidt-Ränsch,* § 13 Rdn. 7; *Jauernig,* § 13 Rdn. 3.

und EG-Vertrag, 2002, S. 255 ff., 277–286; *Freitag/Leible,* Ergänzung des kollisionsrechtlichen Verbraucherschutzes durch Art. 29 a EGBGB, EWS 2000, 342; *Looschelders,* Der Schutz von Verbrauchern und Versicherungsnehmern im Internationalen Privatrecht, in: FS E. Lorenz, 2004, S. 441; *Mörsdorf-Schulte,* Kollisionsrechtliche Grundsatzfragen von der Anwendung fremden Rechts bis zum ordre public am Beispiel eines alltäglichen Anlegerschutzfalles, JR 2006, 309; *Paefgen,* Kollisionsrechtlicher Verbraucherschutz im Internationalen Vertragsrecht und europäisches Gemeinschaftsrecht, ZEuP 2003, 266; *W.-H. Roth,* Grundfragen im künftigen internationalen Verbrauchervertragsrecht der Gemeinschaft, in: FS Sonnenberger, 2004, 591; *Rusche,* Der „enge Zusammenhang" im Sinne des Art. 29 a EGBGB, IPRax 2001, 420; *Staudenmayer,* Aktuelle Probleme im Schnittbereich von Verbraucherschutz und Internationalem Privatrecht, in: Lando/Magnus/Novak-Stief (Hrsg.), Angleichung des materiellen und des internationalen Privatrechts in der EU, 2003, S. 57; *H. J. Stadler,* Allgemeine Geschäftsbedingungen im internationalen Handel, 2003; *Staudinger,* Internationales Verbraucherschutzrecht made in Germany, RIW 2000, 416; *Tonner,* Das neue Fernabsatzgesetz – oder: System statt „Flickenteppich", BB 2000, 1413; *R. Wagner,* Zusammenführung verbraucherschützender Kollisionsnormen aufgrund EG-Richtlinien in einem neuen Art. 29 a EGBGB, IPRax, 2000, 249. Vgl. auch die Nachw. vor Rdn. 236 und 249.

I. Der internationalprivatrechtliche Schutz des AGB-Kunden

1. Allgemeines

Die zunehmende Internationalisierung der wirtschaftlichen Beziehungen betrifft nicht nur Handel und Gewerbe. Auch der einzelne Privatkunde tritt immer häufiger in wirtschaftliche und rechtliche Beziehungen zu Verkäufern, Unternehmern und Lieferanten, die ihren Sitz im Ausland haben. Zu denken ist beispielsweise an ausländische Versandhäuser oder Dienstleistungsunternehmen, die mit ihren Produkten oder Leistungen auch auf dem deutschen Markt auftreten. Nicht anders als entsprechende deutsche Unternehmen legen in aller Regel auch die ausländischen Anbieter ihren Geschäften ausgefeilte Klauselwerke zugrunde. Aus der Sicht des inländischen Kunden erhebt sich die Frage, ob er auch in Fällen mit Auslandsberührung Schutz vor ihn unangemessen benachteiligenden Bedingungen genießt. 201

Hierfür kommt es einerseits darauf an, ob das **Vertragsverhältnis** deutschem oder ausländischem Recht unterfällt, und andererseits, ob besondere Schutzvorschriften punktuell als sog. **Sonderanknüpfungen** zusätzlich Anwendung finden. All dies richtet sich nach dem Internationalen Privatrecht (IPR) desjenigen Staates, dessen Gerichte mit dem fraglichen Vertrag befasst sind. Während also für Klagen in Frankreich das französische IPR maßgeblich ist, wenden deutsche Gerichte das deutsche IPR an.[1] Die nachfolgenden Ausführungen beschränken sich naturgemäß auf die Sicht des deutschen IPR; bei Klagen vor ausländischen Gerichten kann ein anderes Recht zur Anwendung gelangen. Um diese Unwägbarkeiten zu vermeiden, wurde innerhalb der EG das Kollisionsrecht vereinheitlicht, so dass – theoretisch – durch alle Gerichte der EG-Staaten das gleiche Recht angewandt wird[2]. Um die kollisionsrechtlichen Risiken zu minimieren, empfiehlt sich daher 202

---

[1] Eine Klage setzt freilich die internationale Zuständigkeit des betreffenden Staates voraus. Für Klagen vor Gerichten der EG-Staaten wird diese von der Verordnung (EG) Nr. 44/2001 des Rates vom 22. Dezember 2000 über die gerichtliche Zuständigkeit und die Anerkennung und Vollstreckung von Entscheidungen in Zivil- und Handelssachen (EuGVVO), ABl. EG 2001 Nr. L 12/1, geregelt. Siehe hierzu etwa *Hüßtege,* in: *Thomas/Putzo,* ZPO, 28. Aufl. 2007 und *Zöller-Geimer,* 26. Aufl. 2007, Anhang I.

[2] Durch Art. 5 des Römischen EWG-Übereinkommens über das auf vertragliche Schuldverhältnisse anzuwendende Recht (EVÜ) vom 19. 6. 1980 i.d.F. vom 29. 11. 1996, BGBl. 1999, II, S. 7 (entspricht Art. 29 EGBGB) und Art. 6 Abs. 2 der Klausel-Richtlinie (umgesetzt in Art. 29 a EGBGB) müssten die Gerichte der EG-Staaten im konkreten Fall das gleiche Recht anwenden.

eine – möglichst ausschließliche – **Gerichtsstandsvereinbarung** zugunsten deutscher Gerichte oder derjenigen eines anderen EG-Staates.[3]

2. Das auf den Schuldvertrag anwendbare Recht

a) Rechtswahl

203 Vor deutschen Gerichten gilt für das Schuldvertragsrecht der Grundsatz der Parteiautonomie und damit der **freien Rechtswahl (Art. 27 Abs. 1 EGBGB)**. Den Parteien des Schuldvertrages steht es mithin grundsätzlich[4] frei, ihr Rechtsverhältnis einem von ihnen gewählten Recht zu unterstellen, ohne dass eine irgendwie geartete Beziehung zu diesem Recht bestehen müsste. Eine Rechtswahl ist unter bestimmten Voraussetzungen auch in Allgemeinen Geschäftsbedingungen möglich[5].

b) Objektive Anknüpfung

204 Haben die Parteien eine solche Rechtswahl nicht getroffen bzw. erweist sie sich als unwirksam, bestimmt sich das auf den Vertrag anzuwendende Recht nach **objektiven Anknüpfungsmerkmalen**: Für **Verbraucherverträge** i. S. v. Art. 29 Abs. 1 EGBGB, die unter den dort genannten Voraussetzungen geschlossen wurden, enthält Art. 29 Abs. 2 EGBGB eine vorrangig zu prüfende Anknüpfung an das Recht des gewöhnlichen Verbraucheraufenthaltes. **Arbeitsverträge** unterliegen gemäß Art. 30 Abs. 2 EGBGB dem Recht des gewöhnlichen Arbeitsortes, hilfsweise dem Recht am Ort der Niederlassung, die den Arbeitnehmer eingestellt hat.

205 Soweit die Art. 29, 30 EGBGB nicht einschlägig sind, unterliegt der Vertrag nach **Art. 28 Abs. 1 EGBGB** dem Recht des Staates, mit dem er die engsten Verbindungen aufweist. Dies ist in der Regel der Staat, in dem der Vertragspartner, der die charakteristische Leistung erbringt (z. B. der Verkäufer, der Werkunternehmer etc.), seinen gewöhnlichen Aufenthalt bzw. seine Haupt- oder Zweigniederlassung hat (Art. 28 Abs. 2 EGBGB). Für Wohnungsmietverträge wird die engste Verbindung zum Belegenheitsstaat vermutet (Art. 28 Abs. 3 EGBGB); für Gütertransportverträge gilt Art. 28 Abs. 4 EGBGB.

c) Umfang des Vertragsstatuts und AGB-Recht

206 Die Zuweisung des Vertragsverhältnisses an eine kraft Rechtswahl oder auf Grund objektiver Anknüpfung bestimmte Rechtsordnung hat zur Folge, dass grundsätzlich allein die Vorschriften dieser Rechtsordnung Anwendung finden. Sie beherrscht den Vertrag „**von der Wiege bis zur Bahre**", denn nach ihr beurteilen sich Zustandekommen und Wirksamkeit des Vertrages (Art. 31 Abs. 1 EGBGB), Umfang und Erfüllung der Vertragspflichten, Schadensersatz bei Nichterfüllung, wie auch die Rückabwicklung im Falle der Unwirksamkeit und Verjährungsfragen (Art. 32 EGBGB). Unterfällt somit das Vertragsverhältnis **deutschem Recht**, so genießt der inländische Kunde auch den vollen Schutz der nunmehr in das Bürgerliche Gesetzbuch integrierten Bestimmungen über Allgemeine Geschäftsbedingungen.

207 Grenzüberschreitende Vertragsbeziehungen inländischer Abnehmer mit ausländischen Unternehmern werden hingegen häufig **ausländischem Recht** unterfallen, sei es kraft Rechtswahl, sei es auf Grund objektiver Anknüpfung (Niederlassung der Vertragspartei,

---

[3] Die hier interessierende Frage der Zulässigkeit von internationalen Gerichtsstandsvereinbarungen in Allgemeinen Geschäftsbedingungen wird in § 42 behandelt.
[4] Zu den Ausnahmen durch sog. Sonderanknüpfungen sogleich unter Rdn. 209 ff.
[5] Zur Wirksamkeit vorformulierter Rechtswahlklauseln sogleich unter Rdn. 236 ff.

die die charakteristische Vertragsleistung zu erbringen hat, Art. 28 Abs. 2 EGBGB). Schutz gegenüber benachteiligenden Klauseln genießt der inländische Kunde dann nach den Bestimmungen der entsprechenden ausländischen Rechtsordnung. Sofern als Vertragsstatut das **Recht eines EU- oder EWR-Staates** berufen ist, kommt ihm dabei zu Gute, dass auf Grund der Richtlinie 93/13/EWG über missbräuchliche Klauseln in Verbraucherverträgen für einen wichtigen Sektor ein gleiches Mindestschutzniveau herrscht. Schutzdefizite verbleiben dort, wo die deutschen Bestimmungen über Allgemeine Geschäftsbedingungen im Gegensatz zur ausländischen Regelung über den Mindestschutz nach der Richtlinie hinausgehen, sowie ganz allgemein in Fällen, in denen das Vertragsverhältnis dem weniger schutzintensiven Recht eines außereuropäischen Staates unterliegt.

Häufig wird bei **grenzüberschreitenden Kaufverträgen über Waren zwischen Unternehmern** übersehen, dass die zur Anwendung berufene Rechtsordnung auch das **UN-Kaufrecht (CISG)** umfasst, wenn der fragliche Staat Mitglied dieses Übereinkommens ist.[6] Neben Deutschland sind fast alle EU-Staaten, die USA und eine Vielzahl osteuropäischer und afrikanischer Staaten Vertragsstaaten. Sofern die Anwendbarkeit des CISG nicht ausgeschlossen ist, was nach Art. 6 CISG möglich ist, verdrängt dieses grundsätzlich die nationalen kaufrechtlichen Bestimmungen.[7] 208

3. Sonderanknüpfung von AGB-Schutzvorschriften

Nun hält allerdings das Einführungsgesetz zum Bürgerlichen Gesetzbuch eine Reihe von **Sonderanknüpfungen** bereit, die zusätzlich AGB-Schutzvorschriften zur Anwendung berufen können und damit die Lage des inländischen Vertragspartners verbessern. Vor allem hat der deutsche Gesetzgeber spezielle Regelungen für Verbrauchergeschäfte getroffen. An dieser Stelle sei darauf hingewiesen, dass das Schutzkonzept des kollisionsrechtlichen Verbraucherschutzes vor einer grundlegenden Reform steht. Das EVÜ soll in die sog. **Rom I-Verordnung** zum internationalen Vertragsrecht überführt werden.[8] 209

a) Art. 29 Abs. 1 EGBGB

Vorrangig zu prüfen ist **Art. 29 Abs. 1 EGBGB**, der eine Sonderanknüpfung zwingender Vorschriften für gewisse Typen von Verbraucherverträgen enthält, die unter bestimmten Voraussetzungen geschlossen wurden. Art. 29 Abs. 1 EGBGB ergänzt im Interesse der schwächeren Partei die in Art. 27 EGBGB eröffnete Rechtswahlfreiheit und bringt die Schutzvorschriften am gewöhnlichen Aufenthalt des Verbrauchers zur Anwendung, sofern diese günstiger als das gewählte Recht sind. 210

(1) Voraussetzungen

Zunächst setzt Art. 29 Abs. 1 EGBGB einen **Verbrauchervertrag** über die Lieferung beweglicher Sachen oder die Erbringung von Dienstleistungen oder einen Vertrag zur Finanzierung solcher Geschäfte voraus. Nicht erfasst sind demnach z.B. Miet- und Immobilienkaufverträge, reine Darlehensverträge, Timesharingverträge. Ebenso sind nach Art. 29 Abs. 4 EGBGB Beförderungsverträge und solche Dienstleistungen ausgeschlossen, die ausschließlich im Ausland erbracht werden. Nicht erfasst sind daher z.B. im Aus- 211

---

[6] Vgl. Art. 1 Abs. 1 lit. b) und Art. 95 des Wiener UN-Übereinkommens über Verträge über den internationalen Warenkauf vom 11. 4. 1980, BGBl. 1989 II, S. 588.
[7] Hierzu näher unter Rdn. 249 ff.
[8] Gebilligt durch den Justizministerrat am 7. 12. 2007.

land stattfindende Sprach- und Skikurse, Hotelbeherbergung und Vermietung von Ferienwohnungen.

212 Weiterhin müssen bestimmte **Vertragsanbahnungsmodalitäten** im Staat des Verbrauchers vorgenommen werden, die die Anwendung des Inlandsrechts legitimieren. Wichtigster Fall ist gemäß Art. 29 Abs. 1 Nr. 1 EGBGB ein Angebot oder eine Werbung des Unternehmers im Verbraucherstaat, welche dem Vertragsschluss lediglich vorausgehen muss; eine Kausalität ist nicht erforderlich. Bei Werbung im **Internet** genügt bereits die Abrufbarkeit der Website im Verbraucherstaat, solange der Unternehmer nicht sein Angebot ausdrücklich auf bestimmte Staaten beschränkt[9]. Weiterhin genügt es nach Nr. 2, wenn der Unternehmer die Bestellung im Aufenthaltsstaat des Verbrauchers entgegengenommen hat, z.B. auf einer Messe oder in einer Zweigniederlassung. Auch in diesem Fall hat sich der Anbieter auf den Inlandsmarkt begeben und muss die dort geltenden Verbraucherschutzbestimmungen beachten. Schließlich regelt Nr. 3 die eher seltenen Fälle der Kaffeefahrten vom Verbraucherstaat ins Ausland.

213 Art. 29 Abs. 1 EGBGB schützt den Verbraucher nur bei Geschäften, die im Staat seines gewöhnlichen Aufenthaltes angebahnt werden. Bei **im Ausland** angebahnten Verträgen wurde er bislang als kollisionsrechtlich nicht schutzbedürftig erachtet. Angesichts der fortschreitenden Integration des EG-Binnenmarktes, die sich gerade auch auf die grenzüberschreitende Nachfragetätigkeit von Verbrauchern stützt, musste diese Haltung korrigiert werden[10]: Kollisionsrechtlicher Verbraucherschutz ist für sämtliche auf dem **EG-Binnenmarkt angebahnte Geschäfte** zu gewährleisten. Dieser Schutz wird nunmehr durch **Art. 29 a EGBGB** sichergestellt.

(2) Rechtsfolgen

214 Art. 29 Abs. 1 EGBGB lässt die Rechtswahl wirksam sein und führt lediglich zu einer **ergänzenden Sonderanknüpfung** der Verbraucherschutzvorschriften des Staates, in dem der Verbraucher seinen gewöhnlichen Aufenthalt hat. Zu den zwingenden Vorschriften im Sinne des Art. 29 Abs. 1 EGBGB gehören auch die zwingenden Bestimmungen des Bürgerlichen Gesetzbuches über Allgemeine Geschäftsbedingungen.[11] Da der Verbraucher nicht dem im Aufenthaltsstaat „gewährten Schutz entzogen" werden darf, gilt hier nach h.M. ein **Günstigkeitsprinzip:** Die Verbraucherschutzvorschriften sind nur gesondert anzuknüpfen, wenn sie – im konkreten Fall – für den Verbraucher günstiger sind als die Schutzvorschriften des Vertragsstatuts.[12]

(3) Schutzlücken

215 Der Schutzumfang von Art. 29 EGBGB ist – wie bereits angedeutet – in mehrfacher Hinsicht eingeschränkt:[13] **Sachlich** werden nur Verträge des Verbrauchers über die Lieferung beweglicher Sachen oder die Erbringung von Dienstleistungen sowie Verträge zur Finanzierung solcher Geschäfte erfasst, nicht aber andere Vertragstypen; bestimmte Beförderungs- und Dienstleistungsverträge werden zudem noch durch Art. 29 Abs. 4 EGBGB ausgenommen. Ferner wird nur der **international passive Verbraucher** geschützt, weil die Nr. 1–3 eine im Heimatstaat des Verbrauchers erfolgte Vertragsanbahnung verlangen, während der international aktive Verbraucher, der sich aus eigenem Antrieb auf den

---

[9] *Mankowski*, RabelsZ 63 (1999), 203, 244 f.; *Fetsch*, Eingriffsnormen und EG-Vertrag, S. 275–277; MünchKomm-*Martiny*, Art. 29 EGBGB Rdn. 36.
[10] Zu diesem Paradigmenwechsel *Fetsch*, Eingriffsnormen und EG-Vertrag, S. 257–260.
[11] *Staudinger-Magnus*, Art. 29 EGBGB Rdn. 102; AnwK-*Leible*, Art. 29 EGBGB Rdn. 66.
[12] MünchKomm-*Martiny*, Art. 29 EGBGB Rdn. 59 ff.; AnwK-*Leible*, Art. 29 EGBGB Rdn. 67 f.
[13] Zu den Defiziten von Art. 29 EGBGB auch AnwK-*Leible*, Art. 29 a EGBGB Rdn. 5 f.

Markt eines anderen Landes begibt, schutzlos bleibt. Schließlich wird auch der passive Verbraucher, der **Geschäfte im Ausland** und nicht im Staat seines gewöhnlichen Aufenthaltes tätigt (z. B. Haustürgeschäfte auf Gran Canaria), nicht erfasst. Diese Lücken werden nunmehr weitgehend durch **Art. 29 a EGBGB** kompensiert.

b) Art. 29 a EGBGB

Subsidiär[14] zu Art. 29 EGBGB wird der kollisionsrechtliche Verbraucherschutz durch den am 30. 6. 2000 in Kraft[15] getretenen **Art. 29 a EGBGB** für Bereiche ergänzt, in denen der europäische Gesetzgeber in Verbraucherschutzrichtlinien spezielle Kollisionsregeln erlassen hat. Die Bestimmung ersetzt die inzwischen aufgehobenen §§ 12 AGBG und 8 TzWrG.   216

(1) Bedeutung des Art. 29 a EGBGB

Art. 29 a EGBGB erweitert den kollisionsrechtlichen Verbraucherschutz, den Art. 29 EGBGB bislang nur für bestimmte Geschäfte im gewöhnlichen Aufenthaltsstaat des Verbrauchers gewährt, auf solche Verträge, die auf dem **EU-Binnenmarkt** abgeschlossen wurden. Um dem Verbraucher die Nachfrage von Waren- und Dienstleistungen in anderen EU-Staaten zu erleichtern, bedarf es neben der Harmonisierung der nationalen Verbraucherschutzvorschriften auch eines Schutzes vor der Abwahl eben dieser Regelungen. Daher enthalten Art. 6 Abs. 2 der Klausel-Richtlinie, Art. 12 Abs. 2 der Fernabsatz-Richtlinie, Art. 9 der Timesharing-Richtlinie sowie Art. 7 Abs. 2 der Verbrauchsgüterkauf-Richtlinie besondere kollisionsrechtliche Vorgaben, die in Art. 29 a EGBGB umgesetzt wurden.   217

Im Unterschied zu Art. 29 EGBGB erfasst Art. 29 a EGBGB **sämtliche Vertragstypen.** Weiterhin genügt ein enger **Bezug zum EU/EWR-Binnenmarkt,** der bereits gegeben ist, wenn die Vertragsanbahnungsmodalitäten dort verwirklicht werden und der Verbraucher in irgendeinem der EU/EWR-Staaten seinen gewöhnlichen Aufenthalt hat. Enger als Art. 29 EGBGB ist der neue Art. 29 a EGBGB jedoch insoweit, als er lediglich im Fall der **Rechtswahl** eingreift, nicht aber bei objektiver Anknüpfung.[16]   218

(2) Anwendungsvoraussetzungen

Voraussetzung für das Eingreifen von Art. 29 a EGBGB ist, dass der **Vertrag kraft Rechtswahl dem Recht eines Drittstaates unterliegt,** der nicht der EU oder dem EWR angehört. Diese Rechtswahlvereinbarung muss wirksam sein.[17]   219

Art. 29 a EGBGB macht nicht – anders als Art. 29 EGBGB – die Verbrauchereigenschaft zur **persönlichen Anwendungsvoraussetzung.** Allerdings setzen die in Abs. 4 genannten Richtlinien ihrerseits voraus, dass der Vertrag von einer Partei nicht für gewerbliche oder berufliche Zwecke geschlossen wurde. Daher bleibt Art. 29 a EGBGB im Ergebnis folgenlos, wenn nicht ein Verbrauchergeschäft vorliegt.[18]   220

Art. 29 a EGBGB setzt des Weiteren voraus, dass der Vertrag einen **engen Zusammenhang mit dem Gebiet der EU oder des EWR** aufweist. Diese Generalklausel wird in   221

---

[14] Vgl. Begründung des Regierungsentwurfes, BT-Drucks. 14/2658 S. 50: „Art. 29 ist vor Art. 29 a zu prüfen."; *Staudinger,* RIW 2000, 416, 419.
[15] Eine Übergangsvorschrift für den zeitlichen Geltungsbereich fehlt. Es sind erforderlichenfalls die Grundsätze des Art. 220 EGBGB heranzuziehen; BT-Drucks. 14/2658, S. 50.
[16] *Palandt-Heldrich,* Art. 29 a EGBGB Rdn. 4.
[17] Hierzu unten Rdn. 236 ff.
[18] *Staudinger-Magnus,* Art. 29 a EGBGB Rdn. 35 m. w. N.; a. A. im Sinne eines Verbrauchervertrags als persönliche Anwendungsvoraussetzung *Horn,* MMR 2002, 209, 214; *Freitag/Leible,* EWS 2000, 342, 344; *Rusche,* IPrax 2001, 420, 422.

Art. 29a Abs. 2 EGBGB beispielhaft konkretisiert. Ein enger Zusammenhang ist demnach unter zwei Bedingungen anzunehmen:

222 (a) Der Vertrag muss auf Grund eines öffentlichen Angebots, einer öffentlichen Werbung oder einer ähnlichen geschäftlichen Tätigkeit zustande gekommen sein, die in einem Mitgliedstaat der EU oder einem anderen Vertragsstaat des Abkommens über den EWR entfaltet wird. Ein „öffentliches" Anbieten oder Werben liegt vor, wenn der Anbieter im EU- bzw. EWR-Gebiet auf seine Leistungen derart aufmerksam macht, dass Dritte, die vorher keinen geschäftlichen Kontakt zu ihm gehabt haben, das wahrnehmen können.[19]

Beispiel: Ein US-amerikanischer Anbieter versendet Preislisten, nimmt Plakatierungen vor oder betreibt eine Website, Homepage oder sonstige Werbung im Internet. Diese Werbung wird auch dann im EU- bzw. EWR-Gebiet „entfaltet", wenn der Verwender sie außerhalb dieses Gebiets (in den USA) in das Netz einspeist, der Verbraucher sie aber innerhalb dieses Gebiets (z.B. in Deutschland) abrufen kann.[20]

223 Unklar ist, ob dem Wortlaut („auf Grund") ein striktes **Kausalitätserfordernis** zu entnehmen ist. Es handelt sich hierbei um eine – wohl unreflektierte – Übernahme des § 12 AGBG a.F., bei dem in der Praxis jedenfalls keine strengen Kausalitätsanforderungen gestellt wurden.[21] Da sich auch Art. 6 Abs. 2 der Klausel-Richtlinie derartige Anforderungen nicht entnehmen lassen, sollte es wie bei Art. 29 Abs. 1 Nr. 1 EGBGB genügen, dass die Aktivität des Anbieters zum Vertragsschluss führen konnte.[22] Anderenfalls würde der kollisionsrechtliche Verbraucherschutz – angesichts des häufig problematischen Nachweises des Kausalzusammenhanges – vor unnötige Hürden gestellt, die Art. 29 EGBGB bewusst vermeidet und die dem Geist der Richtlinie widersprächen. Dass Art. 29a EGBGB nunmehr strengere Anforderungen stellen soll, erscheint durch nichts gerechtfertigt.[23]

224 (b) Der andere Teil muss bei Abgabe seiner auf den Vertragsschluss gerichteten Erklärung seinen **gewöhnlichen Aufenthalt in einem EU- oder EWR-Staat** haben. Nicht erforderlich ist, dass er seine Erklärung auch im Gebiet der EU oder des EWR abgibt. Ferner ist es nicht notwendig, dass der Aufenthaltsstaat mit dem EU- bzw. EWR-Staat identisch ist, in dem der Anbieter seine Tätigkeit entfaltet hat. Liegen die Voraussetzungen des Abs. 2 vor, ist regelmäßig ein enger Zusammenhang im Sinne des Abs. 1 gegeben.

225 Ist das Regelbeispiel nicht erfüllt, kann der von der Generalklausel des Abs. 1 verlangte enge Zusammenhang **in weiteren Fällen** gleichwohl zu bejahen sein. Dies gilt insbesondere dann, wenn das Regelbeispiel am fehlenden gewöhnlichen EU/EWR-Aufenthalt gescheitert ist: Diese Voraussetzung wird weder vom Wortlaut des Art. 6 Abs. 2 der Klausel-Richtlinie, noch vom Sinn und Zweck der Rechtsangleichung gefordert.[24] Es ist kein vernünftiger Grund erkennbar, außerhalb der EU bzw. dem EWR ansässigen Verbrau-

---

[19] MünchKomm-*Martiny*, Art. 29a EGBGB Rdn. 57.
[20] MünchKomm-*Martiny*, Art. 29a EGBGB Rdn. 59.
[21] Ähnlich wie beim Maklerrecht sollte die Mitursächlichkeit ausreichen: Soergel-*Stein*, § 12 AGBG Rdn. 5.
[22] *Staudinger-Magnus*, Art. 29a EGBGB Rdn. 45; a.A. *Freitag/Leible*, EWS 2000, 345; *Palandt-Heldrich*, Art. 29a EGBGB Rdn. 3.
[23] So genügt etwa bei der Darlehensaufnahme zur Finanzierung eines Kaufvertrages eine „vorausgehende Werbung" (Art. 29 EGBGB), hingegen muss bei Aufnahme eines einfachen Verbraucherkredits der Vertrag „auf Grund" der Werbung geschlossen werden (Art. 29a EGBGB) – eine Rechtfertigung für diesen Unterschied ist nicht erkennbar.
[24] *Fetsch*, Eingriffsnormen und EG-Vertrag, S. 262, 283; *Pfeiffer*, in: Grabitz/Hilf (Hrsg.), Das Recht der Europäischen Union, Teil II Bd. IV, A 5 Art. 6, Rdn. 24; a.A. *Staudinger*, IPRax 1999, 414, 416; *Staudinger-Magnus*, Art. 29a EGBGB Rdn. 50; AnwK-*Leible*, Art. 29a EGBGB Rdn. 31.

chern, die auf dem Binnenmarkt Geschäfte tätigen, den kollisionsrechtlichen Verbraucherschutz zu verweigern.[25]

Zur näheren **Präzisierung des „engen Zusammenhangs"** bietet sich dann der Rückgriff auf die zu Art. 28 Abs. 1 und Art. 29 Abs. 1 Nr. 2 und 3 EGBGB entwickelten Kriterien an.[26] Dabei muss der Zusammenhang „zum Gebiet" eines Staates bestehen. Damit wird eine räumliche Verknüpfung vorausgesetzt, so dass die Staatsangehörigkeit der Vertragspartner jedenfalls nicht zu berücksichtigen ist; auch die Vertragssprache bildet insoweit ein problematisches Kriterium. Indizien für einen hinreichend **relevanten Zusammenhang** sind etwa die (Zweig-) Niederlassung des Unternehmers (vgl. Art. 28 Abs. 2), Abschlussort des Vertrags (vgl. Art. 29 Abs. 1 Nr. 2), Erfüllungsort der beiderseitigen Leistungen, Ausgangspunkt einer „Kaffeefahrt" (Art. 29 Abs. 1 Nr. 3).[27]

226

(3) Rechtsfolgen

Art. 29a Abs. 1 EGBGB verweist auf das Recht des EU/EWR-Staates, mit dem der Vertrag einen **engen Zusammenhang** aufweist. Sofern das Regelbeispiel des Abs. 2 erfüllt ist, bleibt im Wortlaut unklar, ob der Ort der Vertragsanbahnung (Nr. 1) oder der gewöhnliche Verbraucheraufenthalt (Nr. 2) maßgeblich sein soll. Richtigerweise ist auf den Ort der Vertragsanbahnung nach Nr. 1 abzustellen: Zum einen muss der Unternehmer nur mit der Geltung dieses Rechts rechnen; zum anderen ist es weder notwendig noch gerechtfertigt, dass der Verbraucher innerhalb von EU und EWR sein Aufenthaltsrecht wie einen Schutzanzug mit sich nimmt.

227

Die Verweisung erfolgt auf die **„Bestimmungen zur Umsetzung der Verbraucherschutzrichtlinien"**. Das können sowohl den Richtlinieninhalt transformierende Sondergesetze als auch der Verwirklichung von Richtlinienzielen dienende Normen des allgemeinen Zivilrechts sein. Besteht der von Art. 29a EGBGB vorausgesetzte enge Zusammenhang mit dem Gebiet der Bundesrepublik Deutschland, so kommen für die Klausel-Richtlinie die §§ 305ff. wie auch die §§ 13, 14 zur Anwendung. Für alle übrigen, den schuldrechtlichen Inhalt des Vertrags betreffenden Fragen bleibt das durch die Rechtswahl berufene Statut maßgeblich. Da sämtliche der in Art. 29a Abs. 4 EGBGB aufgezählten Richtlinien nur Mindeststandards vorgeben,[28] stellt sich die Frage, ob auch **über den Mindeststandard hinausgehende Regelungen** von der Verweisung erfasst werden. Dies ist zu bejahen,[29] sofern sich die weitergehende Regelung im sachlichen Anwendungsbereich der Richtlinie hält. Wenn die Richtlinie einen intensiveren Schutz zulässt, sollte dieser auch kollisionsrechtlich durchgesetzt werden; Art. 6 Abs. 2 der Klausel-Richtlinie steht dem nicht entgegen. Nimmt die Umsetzung aber eine Erweiterung des sachlichen Anwendungsbereichs der Richtlinie vor – beispielsweise wird die AGB-Kontrolle auf das Gesellschaftsrecht oder Verträge zwischen Unternehmern erstreckt – werden diese Umsetzungsvorschriften nicht von der Verweisung nach Art. 29a Abs. 1 EGBGB erfasst.

228

Beispiele:
(1) Die **Einbeziehungskontrolle der §§ 305 Abs. 2, 305c Abs. 1** ist von der Klausel-Richtlinie nicht vorgesehen. Da sie aber lediglich einen intensiveren Schutz gewährleisten, handelt es sich um

---

[25] Den von Staudinger-*Magnus*, Art. 29a EGBGB Rdn. 50, zitierten Richtlinienerwägungen lässt sich lediglich das Gebot entnehmen, dass der Schutz für die Bewohner der EU sicherzustellen ist, nicht aber das Verbot, den Schutz auch auf Bewohner von Drittstaaten zu erstrecken.
[26] MünchKomm-*Martiny*, Art. 29a EGBGB Rdn. 36.
[27] Palandt-*Heldrich*, Art. 29a EGBGB Rdn. 3 und Staudinger-*Magnus*, Art. 29a EGBGB Rdn. 48, die darüber hinaus auch Vertragssprache und -währung berücksichtigen wollen.
[28] Freitag/Leible, EWS 2000, 342, 346.
[29] Wie hier auch MünchKomm-*Martiny*, Art. 29a EGBGB Rdn. 75 und Staudinger-*Magnus*, Art. 29a EGBGB Rdn. 53.

"Bestimmungen zur Umsetzung der Verbraucherschutzrichtlinien", die über Art. 29a Abs. 1 EGBGB gesondert angeknüpft werden können.

(2) Nach Art. 3 Abs. 1 5. Spiegelstrich der Fernabsatz-Richtlinie gilt diese nicht für Internet-Auktionen. Werden solche – wie mit den §§ 312b – 312d – in ein Umsetzungsgesetz mit einbezogen, wird damit der sachliche Anwendungsbereich der Richtlinie erweitert. Daher können diese Normen nicht über Art. 29a Abs. 1 EGBGB auf Verträge, die durch eine **Versteigerung im Internet** geschlossen wurden, angewendet werden. Vielmehr ist lediglich das gewählte Recht anwendbar.[30]

229 Art. 29a EGBGB bestimmt, dass die der Umsetzung der Verbraucherschutzrichtlinien dienenden Normen anzuwenden "sind". Trotz dieses Wortlautes, der über den Umsetzungsauftrag der Richtlinie hinausschießt, ist richtigerweise ein **Günstigkeitsvergleich** durchzuführen[31]: Art. 6 Abs. 2 der Klausel-Richtlinie verlangt lediglich, dass der Verbraucher den Schutz nicht verlieren darf, gebietet aber keine Verschlechterung der Verbrauchersituation. Das nach Art. 29a Abs. 1 EGBGB berufene Recht gelangt daher nicht zur Anwendung, wenn dieses dem Verbraucher geringeren Schutz bietet als das gewählte Recht eines Drittstaates.

c) Art. 34 EGBGB

230 Schließlich können über die **Öffnungsklausel** des Art. 34 EGBGB zwar grundsätzlich die sog. international zwingenden Vorschriften des deutschen Rechts im Wege der Sonderanknüpfung gegenüber dem ausländischen Vertragsstatut zur Anwendung gebracht werden. Ob auch verbraucherschützende Vorschriften zu den „international zwingenden Vorschriften" zählen, ist eine der umstrittensten Fragen des IPR.[32]

231 Für die **Verbraucherschutzvorschriften des AGB-Rechts** hat Art. 34 EGBGB jedoch aus folgenden Gründen **keine Bedeutung:** Eine Sonderanknüpfung verbraucherschützender Vorschriften ist nach zutreffender Rechtsprechung des BGH nur zulässig, wenn es sich um einen nicht von Art. 29 EGBGB erfassten Vertragstyp handelt und der konkrete Fall eine hinreichende Nähebeziehung zu Deutschland aufweist, die den Kriterien des Art. 29 Abs. 1 Nr. 1–3 EGBGB entspricht[33]. Da die Lücken des Art. 29 EGBGB nunmehr durch Art. 29a EGBGB (ehemals durch § 12 AGBG) gefüllt wurden, der die notwendige Nähebeziehung in Abs. 2 konkretisiert, bleibt für Art. 34 EGBGB kein Raum.[34] Denkbar ist eine Sonderanknüpfung über Art. 34 EGBGB allenfalls dann, wenn der Vertrag auf Grund objektiver Anknüpfung dem Recht eines Nicht-EU/EWR-Staates unterliegt.[35]

Beispiel: Ein Verbrauchervertrag wird auf Grund einer Werbung eines schweizerischen Unternehmers geschlossen – der Vertrag unterliegt schweizerischem Recht, Art. 29 Abs. 2 EGBGB. Weil dann Art. 29a EGBGB mangels Rechtswahl nicht eingreift, können die Schutzlücken des Art. 29 EGBGB über Art. 34 EGBGB kompensiert werden. Dies wird von Art. 6 Abs. 2 der Klauselrichtlinie zwar nicht gefordert; sie steht dem aber nicht entgegen.

232 Soweit das AGB-Recht **keinen Verbraucherschutz** verwirklicht – etwa bei Verträgen zwischen Unternehmern – kann es ebenfalls nicht über Art. 34 EGBGB gesondert ange-

---

[30] Vgl. *Freitag/Leible*, EWS 2000, 344.
[31] MünchKomm-*Martiny*, Art. 29a EGBGB Rdn. 81; *Fetsch*, Eingriffsnormen und EG-Vertrag, S. 284 m. w. N.; *Staudinger-Magnus*, Art. 29a EGBGB Rdn. 54; a. A. *Staudinger*, RIW 2000, 416, 418; *Wagner*, IPRax 2000, 249, 254f.; *Palandt-Heldrich*, Art. 29a EGBGB Rdn. 5.
[32] Befürwortend, soweit Art. 29 EGBGB lückenhaft, BGH, IPRax 1998, 285, 288f.; *Roth*, RIW 1994, 275, 277; *Fetsch*, Eingriffsnormen und EG-Vertrag, S. 41. Ablehnend *Mankowski*, DZWir 1996, 273ff.; *ders.*, RIW 1998, 287ff.; *Junker*, IPRax 1998, 65 (69ff.); *ders.*, IPRax 2000, 65ff.
[33] BGH IPRax 1998, 285 (288f.); BGH RIW 1994, 154 (157) m. Anm. *Roth*, 275ff.
[34] So im Ergebnis auch *Ulmer/H. Schmidt*, Anh. § 305 Rdn. 2c.
[35] Hierzu *Fetsch*, Eingriffsnormen und EG-Vertrag, S. 284.

knüpft werden: Außerhalb von Art. 29 Abs. 1, 29 a Abs. 1 und 30 Abs. 1 EGBGB hat der Gesetzgeber dem AGB-Recht keinen international zwingenden Geltungswillen zugemessen.

d) Art. 30 Abs. 1 EGBGB

Nach § 310 Abs. 4 sind die deutschen AGB-Vorschriften nunmehr auch auf **Arbeitsverträge** anwendbar. Sie sind daher nach Art. 30 Abs. 1 i.V.m. Abs. 2 Nr. 1 EGBGB dann anzuwenden, wenn der gewöhnliche Arbeitsort in Deutschland liegt; entsprechend sind ausländische AGB-Vorschriften im Falle eines ausländischen Arbeitsorts anzuwenden, wenn und soweit sie für Arbeitsverträge gelten.[36] Liegt der gewöhnliche Arbeitsort nicht in einem einzigen Staat (denkbar etwa bei Stewardessen, LKW-Fahrern etc.), gilt das Recht der den Arbeitnehmer einstellenden Niederlassung (Abs. 2 Nr. 2). Auch diese Sonderanknüpfung unterliegt einem **Günstigkeitsvergleich**. Erweist sich das gewählte Recht im Einzelfall als vorteilhafter, bleibt es allein maßgeblich.[37]

233

e) Art. 27 Abs. 3 EGBGB

Weist der Vertrag – abgesehen von der Wahl eines fremden Rechts – **keinerlei relevanten Auslandskontakt** auf, bleiben das gesamte ius cogens – damit auch das AGB-Recht – des Staates anwendbar, mit dem der Vertrag allein verbunden ist. Als hinreichender Auslandskontakt genügt bereits, wenn der Vertrag im Ausland geschlossen wurde, dort zu erfüllen ist oder wenn eine Partei dort ihre Niederlassung bzw. ihren gewöhnlichen Aufenthalt hat.[38]

234

Für AGB-rechtliche Schutzmechanismen hat Art. 27 Abs. 3 EGBGB praktisch keine Bedeutung im Falle von **Verbraucherverträgen,** da die Art. 29 und 29 a EGBGB den Schutz bereits sicherstellen und dabei den Verbraucher durch das Günstigkeitsprinzip sogar besser stellen als Art. 27 Abs. 3 EGBGB.[39] Hingegen kann Art. 27 Abs. 3 EGBGB bei **Verträgen zwischen Unternehmern** eingreifen und die zwingenden AGB-rechtlichen Vorschriften zur Anwendung berufen.

235

Beispiel: V, der eine Maschinenfabrik in Heidelberg betreibt, verkauft dem K für seinen Betrieb in Mainz eine Druckmaschine. Der Vertrag ist in Heidelberg geschlossen worden; bei beiden Vertragsteilen handelt es sich um deutsche Unternehmen. Der Kaufpreis beträgt 100 000,– € und soll auf ein Konto des V bei einer deutschen Großbank überwiesen werden. In den dem Vertrag zugrunde liegenden Allgemeinen Verkaufsbedingungen des V findet sich eine Bestimmung, derzufolge englisches Recht maßgeblich sein soll. Hier handelt es sich um einen **reinen Inlandsvertrag,** der abgesehen von der Rechtswahlklausel, keinen Bezug zur englischen Rechtsordnung aufweist. Das deutsche AGB-Recht bleibt nach Art. 27 Abs. 3 EGBGB anwendbar.

II. Wirksamkeit von Rechtswahlklauseln in Allgemeinen Geschäftsbedingungen

Literatur: *Baumert,* Abschlusskontrolle bei Rechtswahlvereinbarungen, RIW 1997, 805; *Heiss,* Inhaltskontrolle von Rechtswahlklauseln in AGB nach europäischem Internationalen Privatrecht?, RabelsZ 65 (2001), 634; *Jayme,* Inhaltskontrolle von Rechtswahlklauseln in Allgemeinen Geschäftsbedingungen, in: FS für Lorenz, 1991, S. 435; *Maidl,* Ausländische AGB im deutschen Recht, 1999;

---

[36] *Staudinger-Magnus,* Art. 30 EGBGB Rdn. 80.
[37] Beim Günstigkeitsvergleich ist nicht allein die punktuelle Regelung heranzuziehen, sondern ein sog. Gruppenvergleich des Normenkomplexes vorzunehmen, vgl. *Staudinger-Magnus,* Art. 30 EGBGB Rdn. 84 m.w.N.
[38] MünchKomm-*Martiny,* Art. 27 EGBGB Rdn. 78.
[39] Nach richtiger Ansicht wird Art. 29 nicht durch Art. 27 Abs. 3 EGBGB verdrängt, vgl. *Staudinger-Magnus,* Art. 29 EGBGB Rdn. 20 m.w.N.; a.A. MünchKomm-*Martiny,* Art. 27 EGBGB Rdn. 97.

Mallmann, Rechtswahlklauseln unter Ausschluss des JPR, NJW 2008, 2953; *Rühl*, Rechtswahlfreiheit und Rechtswahlklauseln in Allgemeinen Geschäftsbedingungen, 1999; *Schlechtriem*, Rechtswahl im europäischen Binnenmarkt und Klauselkontrolle, in: FS Lorenz, 2001, S. 565; *Sieg*, Allgemeine Geschäftsbedingungen im grenzüberschreitenden Geschäftsverkehr, RIW 1997, 811; *Tiedemann*, Kollidierende AGB-Rechtswahlklauseln im österreichischen und deutschen IPR, IPrax 1991, 424; AGB-Klauselwerke-*Graf von Westphalen*, Rechtswahlklauseln.

236 Insbesondere in den Verträgen des internationalen Handelsverkehrs finden sich vielfach Klauseln, durch die der Vertrag dem Recht eines bestimmten Staates unterstellt werden soll. Solche Rechtswahlklauseln lauten etwa: „Für dieses Vertragsverhältnis gilt deutsches Recht" oder „Es ist französisches Recht anzuwenden". Häufig werden solche Rechtswahlklauseln nicht individuell ausgehandelt, sondern von einem Vertragspartner entsprechend seiner ständigen Praxis einseitig in den Vertrag eingeführt. Nach deutschem Recht – so es denn zur Anwendung gelangt – würde es sich um Allgemeine Geschäftsbedingungen im Sinne des § 305 Abs. 1 handeln. Dass derartige Rechtswahlklauseln grundsätzlich zulässig sind, ist heute unstreitig. Das AGB-Gesetz sah anfangs in § 10 Nr. 8 AGBG vor, dass die Vereinbarung der Geltung ausländischen Rechts in Allgemeinen Geschäftsbedingungen unwirksam sein sollte, wenn hierfür kein anerkennenswertes Interesse bestand.[40] Dieses Klauselverbot ist im Zuge der IPR-Reform von 1986 ersatzlos aufgehoben worden, da diese Einschränkung mit dem in Art. 3 EVÜ verankerten Prinzip der Rechtswahlfreiheit nicht zu vereinbaren war. Heute interessiert folglich allein die Frage, unter welchen Voraussetzungen Rechtswahlklauseln in Allgemeine Geschäftsbedingungen eine **wirksame Rechtswahl** nach Art. 27 Abs. 1 EGBGB darstellen.

1. Kollisionsrechtlicher Verweisungsvertrag

237 Die Rechtswahlvereinbarung ist ein eigenständiger Vertrag, ein sog. **kollisionsrechtlicher Verweisungsvertrag**, der vom Hauptvertrag (z.B. dem Kaufvertrag) gedanklich streng zu unterscheiden ist. Beide Verträge sind jeweils getrennt auf ihr Zustandekommen und ihre Wirksamkeit hin zu untersuchen, wobei dem Rechtswahlvertrag ein logischer Vorrang zukommt.

238 Das Zustandekommen und die Wirksamkeit des Verweisungsvertrages beurteilen sich gem. Art. 27 Abs. 4, 31 Abs. 1 EGBGB grundsätzlich nach der Rechtsordnung, die in dem Vertrag als maßgeblich vereinbart worden ist.[41] Bei der Wahl französischen Rechts beurteilen sich folglich Zustandekommen und Wirksamkeit der Rechtswahlvereinbarung nach dieser Rechtsordnung. Für die weitere Erörterung wird im Folgenden danach differenziert, ob die Rechtswahlklausel auf deutsches oder ausländisches Recht verweist. Zweckmäßigerweise unterscheidet man hier das **Zustandekommen** einer Rechtswahlvereinbarung von der Frage ihrer materiellrechtlichen **Wirksamkeit**.

239 Vorab soll noch die im Geschäftsverkehr nicht ungewöhnliche Sonderkonstellation beleuchtet werden, dass beide Vertragsparteien in ihren Allgemeinen Geschäftsbedingungen eine **unterschiedliche Rechtswahl** treffen.[42] Die wohl überwiegende Ansicht leitet bereits aus der Tatsache widersprechender Rechtswahlklauseln das Fehlen eines Konsenses ab, ohne eine materielle Prüfung nach der jeweiligen Rechtsordnung vorzunehmen.[43] Nach

---

[40] Vgl. zuletzt die Kommentierung bei Löwe/*Graf von Westphalen*/Trinkner, § 10 Nr. 8 AGBG.
[41] BGH NJW 1994, 262; NJW-RR 2005, 1071 (1072).
[42] Hierzu ausführlich *Rühl*, Rechtswahlfreiheit und Rechtswahlklauseln in Allgemeinen Geschäftsbedingungen, S. 68–77; *Dutta*, ZVglRWiss 104 (2005), 461 ff. und MünchKomm-*Martiny*, Art. 31 EGBGB Rdn. 25 f.
[43] *Reithmann/Martiny*, Internationales Vertragsrecht, 1996, Rdn. 48; Soergel-v. *Hoffmann*, Art. 31 EGBGB Rdn. 10; *Rühl*, Rechtswahlfreiheit und Rechtswahlklauseln in Allgemeinen Geschäftsbedingungen, S. 75–77 m.w.N.

§ 8. Allgemeine Geschäftsbedingungen im internationalen Rechtsverkehr

anderer Auffassung sind die beiden Klauseln getrennt auf ihre Wirksamkeit hin zu prüfen mit den folgenden Konsequenzen[44]: Scheitert die Rechtswahl in den Allgemeinen Geschäftsbedingungen nach beiden Rechtsordnungen, so ist insgesamt keine Rechtswahl erfolgt. Ist die Rechtswahl nur nach einem der in Aussicht genommenen Rechte wirksam, nach dem anderen jedoch unwirksam, so gilt das wirksam gewählte Recht. Sind beide Rechtswahlvereinbarungen nach dem jeweils in Aussicht genommenen Recht wirksam, fehlt es gleichwohl an dem von Art. 27 Abs. 1 EGBGB geforderten Konsens über das anzuwendende Recht, so dass keine Rechtswahl stattgefunden hat.

2. Wahl deutschen Rechts

Ist nach dem Inhalt der Rechtswahlklausel deutsches Recht Vertragsstatut, so ist damit auch das **deutsche AGB-Recht** (§§ 305 ff.) zur Anwendung berufen. Bei internationalen Kaufverträgen über Waren zum gewerblichen Gebrauch ist jedoch das **UN-Kaufrecht** zu beachten, das vorrangige Regelungen über die Einbeziehung von Allgemeinen Geschäftsbedingungen und damit auch für AGB-Rechtswahlklauseln enthält.[45] 240

a) Einbeziehung

Die Einbeziehung der Rechtswahlklausel beurteilt sich demzufolge nach den **§§ 305 Abs. 2, 305 b und 305 c Abs. 1**.[46] Ist eine der Vertragsparteien in Deutschland domiziliert, so ist die Wahl deutschen Rechts grundsätzlich nicht überraschend i.S. von § 305 c Abs. 1.[47] 241

Beispiel: Wirksam ist daher eine Klausel, in der ein in Deutschland ansässiges Unternehmen gegenüber einem ausländischen Kunden in seinen Verkaufsbedingungen die Geltung deutschen Rechts vorgibt.[48]

Problematisch ist die Einbeziehung der Rechtswahl in Fallgestaltungen, in denen eine Rechtswahl durch AGB-Klauseln getroffen wird, welche erstmals durch ein **kaufmännisches Bestätigungsschreiben** in den Vertrag eingeführt werden, auf das der ausländische Kunde schweigt. Art. 31 Abs. 2 EGBGB erlaubt für Fragen der „Zustimmung" zur Rechtswahl zusätzlich das Recht am gewöhnlichen Aufenthalt des Vertragspartners anzuwenden. Das Schweigen des ausländischen Kunden auf das ihm übersandte kaufmännische Bestätigungsschreiben entfaltet daher unter zwei Voraussetzungen keine konstitutive Wirkung[49]: (1) Das Recht im gewöhnlichen Aufenthaltsstaat des ausländischen Kunden kennt keine ähnlichen „Grundsätze des kaufmännischen Bestätigungsschreibens". (2) Der ausländische Kunde ist nach den Umständen des Falles schutzwürdig, d.h. er durfte mit der Geltung seines Heimatrechts rechnen. Hieran dürfte es etwa fehlen, wenn die Verhandlungen in einem anderen Land stattfanden oder in längeren Geschäftsbeziehungen deutsches Recht gewählt wurde oder er sich selbst aktiv auf den deutschen Markt begeben hat.[50] Ist die Rechtswahlklausel demnach nicht wirksam einbezogen wor- 242

---

[44] *Meyer-Sparenberg*, RIW 1989, 347, 348; *Schwenzer*, IPRax 1988, 86, 87; *Sieg*, RIW 1997, 811, 817.

[45] Vgl. *Staudinger-Magnus*, Art. 14 CISG Rdn. 40; a. A. LG München I NJW 1996, 401; LG Duisburg RIW 1996, 774. Zum CISG ausführlich unter Rdn. 249 ff.

[46] Ausführlich *Rühl*, Rechtswahlfreiheit und Rechtswahlklauseln in Allgemeinen Geschäftsbedingungen, S. 116–133.

[47] *Ulmer/H. Schmidt*, Anh. § 310 Rdn. 651.

[48] LG Rottweil IPRax 1989, 45 (46).

[49] OLG Karlsruhe NJW-RR 1993, 567 (568); OLG München IPRax 1991, 46 (49); MünchKomm-*Spellenberg*, Art. 31 EGBGB Rdn. 127 ff.; AGB-Klauselwerke-*Graf von Westphalen*, Rechtswahlklauseln, Rdn. 20.

[50] Einzelheiten siehe bei *Staudinger-Hausmann*, Art. 31 EGBGB Rdn. 63 ff.

den, entfaltet sie keine Wirkung. Das anwendbare Recht bestimmt sich somit nach den objektiven Kriterien des Art. 28 EGBGB.

Beispiel: Ein deutscher Exporteur schließt einen Kaufvertrag mit einem österreichischen Handelsunternehmen. In einem kaufmännischen Bestätigungsschreiben fixiert der deutsche Exporteur den Vertrag und weist auf die Geltung seiner Verkaufsbedingungen hin, in denen sich eine Bestimmung befindet, derzufolge deutsches Recht Anwendung findet. Der österreichische Käufer äußert sich nicht weiter. Ist deutsches Recht vereinbart?[51]
Da das österreichische Recht keine „Grundsätze über das kaufmännische Bestätigungsschreiben kennt", ist deutsches Recht nur dann vereinbart, wenn der österreichische Vertragspartner im konkreten Fall nicht schutzwürdig ist, weil er damit rechnen musste, dass sein Verhalten sich nach deutschem Recht bestimmt.

b) Wirksamkeit

243 Ist eine vorformulierte Rechtswahlklausel zugunsten deutschen Rechts wirksam in den Vertrag einbezogen, so findet nach zutreffender Ansicht **keine weitere Inhaltskontrolle nach § 307** statt.[52] Dass eine Rechtswahl auch in Allgemeinen Geschäftsbedingungen zulässig ist, wird nämlich bereits durch Art. 27 Abs. 1 EGBGB, der auf Art. 3 des Römer Schuldvertragsabkommens zurückgeht, abschließend geregelt. Eine zusätzliche Missbrauchskontrolle würde in den Regelungsbereich des Art. 27 Abs. 1 EGBGB eingreifen und eine staatsvertragliche Regelung unterlaufen. Der Schutzmechanismus, den das IPR in Art. 29 Abs. 1 EGBGB wie auch in Art. 6 Abs. 2 der Klausel-Richtlinie vorsieht, ist eben nicht ein Rechtswahlverbot, sondern die oben geschilderte rechtswahlergänzende Sonderanknüpfung.

244 Sofern die Rechtsprechung und die AGB-rechtliche Literatur eine Inhaltskontrolle nach § 307 für möglich halten,[53] missachten sie die kollisionsrechtliche Problematik. Unklar ist zudem der Prüfungsmaßstab der Missbrauchskontrolle: Zum Teil wird die Wahl einer bestimmten Rechtsordnung für unbedenklich gehalten, wenn jedenfalls eine Vertragspartei in ihrem Geltungsbereich ansässig ist.[54] Konsequent wäre eigentlich eine Orientierung am gesetzlichen Leitbild und damit an der objektiven Anknüpfung nach Art. 28 und 29 Abs. 2 EGBGB: Weist der Vertrag keine vergleichbare Verknüpfung zum gewählten Recht auf, ist die Rechtswahl missbräuchlich.

3. Verweis auf ausländisches Recht

245 Erfolgt eine Rechtswahl zugunsten ausländischen Rechts, so ist damit auch das **ausländische AGB-Recht** zur Anwendung berufen. Bei internationalen Kaufverträgen über Waren zwischen Unternehmern ist jedoch das UN-Kaufrecht zu beachten, das vorrangige Regelungen über die Einbeziehung von Allgemeinen Geschäftsbedingungen damit auch für AGB-Rechtswahlklauseln enthält.[55]

---

[51] Vgl. z.B. OLG Karlsruhe NJW-RR 1993, 567 (568); OLG München IPRax 1991, 46 (49).

[52] MünchKomm-*Martiny*, Art. 31 EGBGB Rdn. 23; *Rühl*, Rechtswahlfreiheit und Rechtswahlklauseln in Allgemeinen Geschäftsbedingungen, S. 198–208; *Grundmann*, IPRax 1992, 1 f.; *Jayme*, FS Lorenz (1991), S. 435, 438; *Mankowski*, RIW 1993, 455 f.; ders., RIW 1994, 422 f.

[53] OLG Düsseldorf WM 1995, 1349 (1351); LG Limburg NJW-RR 1989, 119; LG Düsseldorf RIW 1995, 415 (416); *Ulmer/H. Schmidt*, Anh. § 310 Rdn. 651; AGB-Klauselwerke-*Graf von Westphalen*, Rechtswahlklauseln Rdn. 4.

[54] *Ulmer/H. Schmidt*, Anh. § 310 Rdn. 651.

[55] Vgl. *Staudinger-Magnus*, Art. 14 CISG Rdn. 42; a.A. LG München I NJW 1996, 401; LG Duisburg RIW 1996, 774. Zum CISG ausführlich unter Rdn. 249.

a) Einbeziehung

Soweit Vertragsstatut ausländisches Recht ist, beurteilt sich die Einbeziehung der Rechts- 246
wahlklausel gem. Art. 27 Abs. 4, 31 Abs. 1 EGBGB grundsätzlich nach der in Bezug genommenen **ausländischen Rechtsordnung**.[56] Dementsprechend sind die Vorschriften über die Einbeziehungskontrolle dieser Rechtsordnung anzuwenden.

Wie bereits oben geschildert, kann im Einzelfall jedoch über die **Einrede des Art. 31** 247
Abs. 2 EGBGB zusätzlich das Recht am gewöhnlichen Aufenthalt des Kunden zur Anwendung kommen. Es werden jedoch nur solche Vorschriften zur Anwendung berufen, welche „die Zustimmung" zur Rechtswahl, somit also den Konsens betreffen. Hierunter fallen bei einem in Deutschland ansässigen Kunden auch die Vorschriften über die **Einbeziehungskontrolle nach §§ 305 Abs. 2, 305c Abs. 1**. Tatbestandlich setzt Art. 31 Abs. 2 EGBGB jedoch voraus, dass es nach den Umständen nicht gerechtfertigt wäre, das gewählte Recht für die Frage der Zustimmung anzuwenden. Dies ist regelmäßig nur bei internationalen Distanzgeschäften der Fall, für die ein Recht gewählt wurde, das der Vertragspartner weder kennt noch kennen muss.[57]

b) Wirksamkeit

Eine Inhaltskontrolle der Rechtswahlklausel findet nach ausländischem Recht **nicht** statt. 248
Hier gelten die gleichen Grundsätze wie bei einer deutschem Recht unterliegenden Rechtswahlvereinbarung, auf die verwiesen wird.

III. AGB-Recht und UN-Kaufrecht (CISG)

Literatur: Frense, Grenzen der formularmäßigen Freizeichnung im Einheitlichen Kaufrecht, 1992; *Hennemann*, AGB-Kontrolle im UN-Kaufrecht aus deutscher und französischer Sicht, Diss. 2001; *Kindler*, Ob Wälzfräsmaschine oder Schreibtischsessel: Keine Obliegenheit zur AGB-Übersendung beim Vertragsschluss nach CISG!, in: FS für Heldrich, 2005, S. 225; *Koch*, Wider den formularmäßigen Ausschluß des UN-Kaufrechts, NJW 2000, 910; *Reithmann/Martiny*, Internationales Vertragsrecht, 5. Aufl. 1996, Teil 5; *Schmidt-Kessel*, Einbeziehung von Allgemeinen Geschäftsbedingungen unter UN-Kaufrecht, NJW 2002, 3444; *Sieg*, Allgemeine Geschäftsbedingungen im grenzüberschreitenden Geschäftsverkehr, RIW 1997, 811; *Stürner*, Die Qual der (Ab-)Wahl: Der Ausschluss des UN-Kaufrechts aus der Sicht des deutschen Importeurs, BB 2006, 2029.

1. Anwendbarkeit und Reichweite des CISG

Bei **internationalen Kaufverträgen über Waren**, die nicht dem persönlichen Gebrauch 249
dienen, ist das UN-Kaufrecht (CISG) zu beachten.[58] Hingegen bleibt es bei Verbraucherkaufverträgen sowie in rein nationalen Fällen bei den §§ 433 ff. Grundvoraussetzung für ein mögliches Eingreifen des CISG ist somit, dass beide Vertragsparteien ihre **Niederlassung in verschiedenen Staaten** haben (Art. 1 Abs. 1). Ist diese Bedingung erfüllt, ist das CISG bereits anwendbar, wenn der Staat des Vertragsstatuts Mitglied des Übereinkommens ist (Art. 1 Abs. 1 lit. b), was u. a. für Deutschland, die meisten EU-Staaten sowie die USA zutrifft. Es gelangt ferner zur Anwendung, wenn die Vertragspartner ihre Niederlas-

---

[56] Vgl. z. B. BGH NJW 1994, 262 Beurteilung einer Rechtswahlklausel nach österreichischem Recht; zur Einbeziehung nach französischem, italienischem, spanischem, englischem, schweizerischem und US-amerikanischem Recht siehe *Rühl*, Rechtswahlfreiheit und Rechtswahlklauseln in Allgemeinen Geschäftsbedingungen, S. 134–157.

[57] Staudinger-*Hausmann*, Art. 31 EGBGB Rdn. 63 ff.

[58] Hierzu statt vierler *Schlechtriem* (Hrsg.), Kommentar zum Einheitlichen UN-Kaufrecht – CISG, 4. Aufl. 2004; *Staudinger-Magnus*, CISG (2005).

sung in verschiedenen Staaten haben, die beide Mitgliedstaaten des CISG sind (Art. 1 Abs. 1 lit. a).

Beispiel: Ein in Deutschland ansässiges Schuhgeschäft bestellt Schuhe bei einem italienischen Schuhhersteller. Enthält der Vertrag eine Rechtswahlklausel zugunsten deutschen Rechts, ist das UN-Kaufrecht nach Art. 1 Abs. 1 lit. b) anwendbar, sofern die Rechtswahl nach Art. 14 CISG (hierzu sogleich) wirksam ist. Ist sie das nicht, unterliegt der Vertrag nach Art. 28 Abs. 1, 2 EGBGB italienischem Recht und damit nach Art. 1 Abs. 1 lit. b) CISG ebenfalls dem UN-Kaufrecht, weil auch Italien Vertragsstaat ist. Zu demselben Ergebnis führt ferner Art. 1 lit. a) CISG, weil beide Vertragspartner ihre Niederlassung in Mitgliedstaaten des CISG haben. In diesem Fall können die Vertragsparteien das CISG nur durch eine nach Art. 6 CISG zulässige Abwahl vermeiden (hierzu unter Rdn. 257 f.).

250 Das CISG hat **Vorrang vor dem nationalen Recht.**[59] Allerdings reicht dieser Vorrang nur soweit, wie das CISG selbst eine abschließende Regelung enthält. Für nicht geregelte Fragen ist gemäß Art. 7 Abs. 2 CISG dasjenige nationale Recht anzuwenden, das nach den allgemeinen Regeln des IPR – also insbesondere den Art. 27, 28 EGBGB – berufen ist. Wesentlicher Regelungsgegenstand des CISG ist der **Vertragsschluss** (inklusive AGB-Einbeziehungskontrolle) sowie der **Umfang der Rechte und Pflichten** der Parteien (Art. 4 S. 1); umfasst sind damit auch die Haftung aus jedweder Vertragsverletzung sowie nach h. M. auch Beweislastfragen.[60]

251 Nach nationalem Recht bestimmen sich hingegen Fragen der **Wirksamkeit des Vertrages** (inklusive AGB-Inhaltskontrolle), Geschäftsfähigkeit, Stellvertretung, Verjährung und Eigentumsfragen.

2. Einbeziehung Allgemeiner Geschäftsbedingungen nach dem CISG

252 Das CISG enthält mit den Art. 14 bis 24 abschließende Regelungen zum Vertragsabschluss, so dass ein Rückgriff auf nationale Vorschriften der Einbeziehungskontrolle (also insbesondere § 305 Abs. 2) unzulässig ist.[61] Die Voraussetzungen der **Einbeziehung von Allgemeinen Geschäftsbedingungen** richten sich vielmehr **ausschließlich nach dem CISG.**[62] Zu beachten ist aber, dass die Nichteinbeziehung **überraschender Klauseln** als Frage der „Gültigkeit einzelner Vertragsbestimmungen" dem nationalen Recht überantwortet ist.[63]

253 Das CISG enthält keine besonderen Regeln für die Einbeziehung standardisierter Geschäftsbedingungen. Sie beurteilt sich daher nach dem allgemeinen Vertragsschlussmechanismus der Art. 14 ff. CISG. Die Allgemeinen Geschäftsbedingungen müssen folglich zunächst **Bestandteil des Angebots** i. S. v. Art. 14 CISG sein, was durch Auslegung gemäß Art. 8 CISG zu ermitteln ist.[64] Maßgebend ist, dass der Empfänger die Möglichkeit haben muss, von den Allgemeinen Geschäftsbedingungen in zumutbarer Weise Kenntnis zu nehmen.[65] Hierfür ist grundsätzlich erforderlich, dass das Angebot einen deutlichen **Hinweis auf die Allgemeinen Geschäftsbedingungen** enthält und das Klauselwerk in einer dem Empfänger verständlichen Sprache **dem Angebot beigefügt ist.**[66]

---

[59] *Koch*, NJW 2000, 910; *Wolf/Lindacher*, Anh. § 2 AGBG Rdn. 74.
[60] *Staudinger-Magnus*, Art. 4 CISG Rdn. 41, 63.
[61] *Koch*, NJW 2000, 910; differenzierend *Wolf/Lindacher*, Anh. § 2 AGBG Rdn. 76 ff.
[62] *Staudinger-Magnus*, Art. 14 CISG Rdn. 40 m. w. N.
[63] *Staudinger-Magnus*, Art. 14 CISG Rdn. 42; *Schlechtriem*, in: v. Caemmerer/Schlechtriem, Kommentar zum Einheitlichen UN-Kaufrecht – CISG, 3. Aufl. 2000, Art. 14 Rdn. 16.
[64] Näher zu den Kriterien der Auslegung BGH NJW 2002, 370 (371).
[65] BGH NJW 2002, 370 (371).
[66] BGH NJW 2002, 370 (371); *Staudinger-Magnus*, Art. 14 CISG Rdn. 41 m. w. N.; a. A. *Kindler*, in: FS für Heldrich, 2005, S. 225; kritisch gegenüber der BGH-Entscheidung auch *Schmidt-Kessel*, NJW 2002, 3444 ff.

§ 8. Allgemeine Geschäftsbedingungen im internationalen Rechtsverkehr

Weiterhin muss der Empfänger mit der Geltung der AGB **einverstanden sein** (Art. 18 CISG). Zu beachten ist, dass im Rahmen des CISG die Zustimmung nicht durch das Schweigen auf ein **kaufmännisches Bestätigungsschreiben** ersetzt werden kann. Schweigen hat gemäß Art. 18 Abs. 1 S. 2 CISG keine Wirkung, sofern nicht andere Gepflogenheiten oder Handelsbräuche nach Art. 9 CISG zwischen den Parteien bestehen.[67]

254

Die Einbeziehung **kollidierender Allgemeiner Geschäftsbedingungen** ist über Art. 19 CISG zu lösen: Bei unwesentlichen Abweichungen kommt der Vertrag gemäß Art. 19 Abs. 2 CISG gleichwohl zustande, wobei sich die Allgemeinen Geschäftsbedingungen des Annehmenden durchsetzen. Bei den – häufiger vorkommenden – **wesentlichen Abweichungen** werden zwei Theorien vertreten:[68] Die vermeintliche Annahme ist ein neues Angebot, das dann mit der Vertragsdurchführung angenommen wird; es setzten sich somit die Bedingungen des Annehmenden durch (sog. last shot rule).[69] Nach der Gegenauffassung neutralisieren sich die widersprechenden Allgemeinen Geschäftsbedingungen, an deren Stelle die gesetzliche Regelung tritt (sog. Restgültigkeitslösung).[70]

255

3. Inhaltskontrolle Allgemeiner Geschäftsbedingungen

Die Inhaltskontrolle von Allgemeinen Geschäftsbedingungen stellt hingegen eine Frage der „Gültigkeit des Vertrages oder einzelner Vertragsbestimmungen" dar, die das CISG ausdrücklich nicht regelt (Art. 4 S. 2 Nr. 1), sondern demjenigen **nationalen Recht** überlässt, welches nach dem IPR anwendbar ist. Ist deutsches Recht nach den Art. 27, 28 EGBGB anzuwenden, richtet sich die **Inhaltskontrolle nach § 307**. Zu beachten ist aber, dass bei der Beurteilung der Missbräuchlichkeit das gesetzliche Leitbild dem CISG zu entnehmen ist.[71] Da auch die Nichteinbeziehung **überraschender Klauseln** dem nationalen Recht überantwortet ist, bleibt bei deutschem Vertragsstatut **§ 305 c Abs. 1** anwendbar.

256

4. Abwahl des UN-Kaufrechts in Allgemeinen Geschäftsbedingungen

International tätige deutsche Unternehmen neigen immer noch dazu, das UN-Kaufrecht in ihren Formularverträgen auszuschließen. Zwar erlaubt Art. 6 CISG grundsätzlich die **Abwahl des CISG**,[72] doch kann dies aus kautelarjuristischer Sicht nicht immer und einschränkungslos empfohlen werden.[73] Die Abwahl kann ausdrücklich oder konkludent erfolgen. Enthält der Vertrag eine **Rechtswahlklausel** zugunsten des Rechts eines CISG-Staates, so ist damit das CISG nach ganz herrschender Meinung noch **nicht** stillschweigend abbedungen.[74] Eine Klausel „für den Vertrag gilt deutsches Recht" führt daher als solche nicht zum Ausschluss, sondern zur Geltung des CISG. Soll das CISG abbedungen werden, so ist ein **ausdrücklicher Ausschluss** empfehlenswert. Freilich setzt die Abwahl des CISG eine **wirksame Vereinbarung** voraus, die nach h.M. selbst dem CISG unterliegt.[75]

257

---

[67] *Staudinger-Magnus*, Art. 19 CISG Rdn. 26.

[68] Unentschieden BGH NJW 2002, 1651; ausführlich *Hammerschmidt*, Kollision Allgemeiner Geschäftsbedingungen im Geltungsbereich des UN-Kaufrechts, 2004.

[69] *Schlechtriem*, in: v. Caemmerer/Schlechtriem, 3. Aufl. 2000, Art. 19 Rdn. 20; *Karollus*, UN-Kaufrecht, 1991, S. 70f.; *Herber/Czerwenka*, Internationales Kaufrecht, 1991, Art. 19 Rdn. 18.

[70] *Staudinger-Magnus*, Art. 19 CISG Rdn. 20 ff. m.w.N.

[71] *Koch*, NJW 2000, 910; *Wolf/Lindacher*, Anh. § 2 AGBG Rdn. 75.

[72] *Ulmer/H. Schmidt*, Anh. § 305 Rdn. 9; *Schlechtriem/Schwenzer/Ferrari*, Art. 6 CISG Rdn. 17.

[73] Ausführlich zu den Vor- und Nachteilen des Ausschlusses des UN-Kaufrechts *Koch*, NJW 2000, 910 ff.

[74] BGH NJW 1997, 3309 (3310); 1999, 1259 (1260); *Staudinger-Magnus*, Art. 6 CISG Rdn. 24 m.w.N.

[75] *Staudinger-Magnus*, Art. 6 CISG Rdn. 11 f.

IV. AGB-Regeln in den Einheitsrechtsprojekten

258 Der den internationalen Aspekten des AGB-Rechts gewidmete Abschnitt soll mit einem kurzen Hinweis auf die Arbeitsergebnisse der Forschergruppen enden, die sich als Vorarbeiten zu einem Gemeinsamen Referenzrahmen für das Europäische Privatrecht verstehen.[76] In diesen Werken spiegelt sich auch die Inhaltskontrolle von Vertragsbedingungen wider. *Ulmer* hatte bereits vor geraumer Zeit die von der **Lando-Kommission** vorgelegten **„Principles of European Contract Law"**[77] auf ihren AGB-rechtlichen Aussagegehalt hin untersucht.[78] Seit kurzem liegt auch ein erster Entwurf der **Study Group** unter Leitung von *Christian von Bar* vor.[79] Die einschlägige Grundregel des **DCFR** (Art. II.-1:102 (1) lautet: „Parties are free to make a contract ... and to determine its contents, subject to the rules on good faith and fair dealing and any other applicable mandatory rules." Die Fairnesskontrolle der Vertragsinhalte wird aufgespalten je nach personeller Konstellation: Unternehmer gegenüber Verbraucher (B2C), Verbraucher untereinander (C2C), Unternehmer untereinander (B2B) (vgl. II.-9.404 bis 406 DCFR). Für B2C-Verträge findet sich in II.-9.411 zudem eine Liste mit vermutet (widerleglich) unfairen Klauseln. Kritiker des Entwurfs sehen in diesem Ansatz eine sehr niedrig angesetzte Eingriffsschwelle und damit eine problematisch weit reichende Einschränkung der Privatautonomie.[80] Die **Acquis Group**[81] steckt den kontrollfreien Bereich tendenziell weiter ab, indem dort vor allem individuell ausgehandelte Klauseln von der Inhaltskontrolle ausgenommen werden. Die weitere Entwicklung bleibt abzuwarten und bedarf der kritischen Begleitung.

---

[76] Aktueller Überblick über die Projekte und die Aktivitäten der Europäischen Kommission bei *Hirsch*, ZIP 2007, 937.

[77] *Lando/Beale* (Hrsg.), Principles of European Contract Law (PECL), Parts I and II, 2000; abgedruckt in deutscher Übersetzung in *von Bar/Zimmermann*, Grundregeln des Europäischen Vertragsrechts, Teile I und II, 2002. Lando/Clive/Prüm/Zimmermann, Principles of European Contract Law, Part III, 2003; abgedruckt in deutscher Übersetzung in *von Bar/Zimmermann*, Grundregeln des Europäischen Vertragsrechts, Teil III, 2005.

[78] *Ulmer*, in: FS für Tilmann, 2003, S. 1001 ff.

[79] *von Bar/Clive/Schulte-Nölke*, Draft Common Frame of Reference (DCFR), 2008.

[80] *Eidenmüller/Faust/Grigoleit/Jansen/Wagner/Zimmermann*, JZ 2008, 537 f.

[81] The Research Group on the Existing EC Private Law (Acquis Group), Principles of the Existing EC Contract Law (Acquis Principles) – Contract I, 2007.

Dritter Abschnitt.
Einbeziehung in den Vertrag

§ 9. Einbeziehungsvereinbarung oder Rahmenvereinbarung

Literatur: *Beckmann*, Vertragsschluß und AGB-Einbeziehung beim Computerkauf in einem Ladenlokal, NJW-CoR 2000, 42; *Berger*, Einbeziehung von AGB in B2C-Verträge, ZGS 2004, 329; *Derleder/Pallas*, Vertragsschluß und AGB-Einbeziehung im kreditwirtschaftlichen Distanzgeschäfts, ZIP 1999, 1285; *F. Fischer*, Praktische Probleme der Einbeziehung von AGB unter Kaufleuten, insbesondere bei laufenden Geschäftsverbindungen, BB 1995, 2491; *Freise*, Die Einbeziehung allgemeiner Beförderungsbedingungen in den Beförderungsvertrag, VersR 2004, 974; *Freitag/Leible*, Grundfragen der Einbeziehung Allgemeiner Geschäftsbedingungen in Verträge, JA 2000, 887; *Hansen*, AGB-Inhaltskontrolle von Geschäftsbedingungen im B2C-eCommerce, ZGS 2006, 14; *Hensen*, Zur Einbeziehung von AGB in den Vertrag, ZIP 1984, 145; *Kamanabrou*, Vorgaben der E-Commerce-RL für die Einbeziehung von AGB bei Online-Rechtsgeschäften, CR 2001, 421; *Lindacher*, Kenntnisnahmemöglichkeit und Kenntnisnahmeobliegenheit bei Allgemeinen Geschäftsbedingungen, JZ 1981, 131; *Löhnig*, Die Einbeziehung von AGB bei Internetgeschäften, NJW 1997, 1688; *Mehrings*, Verbraucherschutz im Cyberlaw: Zur Einbeziehung von AGB im Internet, BB 1998, 2373; *Müller*, Ist das Kenntnisnahmegebot des § 2 Abs. 1 Nr. 2 AGBG abdingbar?, MDR 1997, 608; *von Münch*, Die Einbeziehung von AGB und AVB im elektronischen Rechtsverkehr, 2004; *Schäfer*, Vertragsschluss unter Einbeziehung Allgemeiner Geschäftsbedingungen gegenüber Fremdmuttersprachlern, JZ 2003, 879; *Schroeder*, Die Einbeziehung Allgemeiner Geschäftsbedingungen nach dem AGB-Gesetz und die Rechtsgeschäftslehre, 1983; *Spindler*, Vertragsabschluss und Inhaltskontrolle bei Internet-Auktionen, ZIP 2001, 809; *Tempel*, Die Einbeziehung der VOB/B und VOB/C in den Bauvertrag, NZBau 2003, 465.

I. Allgemeines

1. Inhalt und Zweck des § 305 Abs. 2

§ 305 Abs. 2 und 3 formuliert Mindestvoraussetzungen, unter denen Allgemeine Geschäftsbedingungen im Geschäftsverkehr mit Nichtunternehmern Bestandteil eines Vertrages werden können. Abgesehen von dem in Absatz 3 geregelten Sonderfall der Rahmenvereinbarung setzt die Einbeziehung grundsätzlich einen ausdrücklichen Hinweis des Verwenders auf seine Allgemeinen Geschäftsbedingungen (Abs. 2 Nr. 1) sowie die Möglichkeit zumutbarer Kenntnisnahme von ihrem Inhalt voraus (Abs. 2 Nr. 2). Beide Voraussetzungen müssen nach dem Wortlaut des Gesetzes im Zeitpunkt des Vertragsschlusses vorliegen. Hinzu kommen muss das Einverständnis der anderen Vertragspartei mit der ihr angetragenen Geltung der Allgemeinen Geschäftsbedingungen (Abs. 2 a. E.).

Den Zweck dieser Regelung hat der Gesetzgeber ausweislich der Begründung des Regierungsentwurfs in erster Linie in einer **Verbesserung des Kundenschutzes** gesehen.[1] Solle sich – so die amtliche Begründung – die Verwendung Allgemeiner Geschäftsbedingungen auf dem Boden des Vertragsrechts vollziehen und demgemäß wenigstens dem Grundsatz nach an dem Erfordernis einer Willensübereinstimmung beider Vertragsparteien festgehalten werden, so sei es notwendig, dass der Verwender seine Bedingungen offenlegt und seinen Vertragspartner auf die beabsichtigte Einbeziehung hinweist. Nur so könne dieser die Tragweite seiner eigenen Erklärung ermessen und sich gegebenenfalls gegen

---

[1] BT-Drucks. 7/3919, S. 17.

unerwünschte oder sogar unbillige Bedingungen zu verwehren versuchen. Auf der anderen Seite war sich der Gesetzgeber durchaus der Gefahr bewusst, dass übersteigerte Anforderungen an die Einbeziehung den Rechtsverkehr insbesondere bei Massengeschäften des täglichen Lebens unnötig behindern würden.[2] Diesen Aspekt gilt es auch in der praktischen Umsetzung des § 305 Abs. 2 und 3 zu berücksichtigen. Lebensfremde Anforderungen, die die praktische Verwendbarkeit Allgemeiner Geschäftsbedingungen vernachlässigen und damit auch ihre legitime Rationalisierungsfunktion in Frage stellen, sind zu vermeiden. Bei der Auslegung des § 305 Abs. 2 und 3 ist vielmehr stets danach zu fragen, ob das in Betracht gezogene Sinnverständnis tatsächlich durch einsichtige Gründe des Kundenschutzes gerechtfertigt ist.[3] Für bestimmte Konstellationen sind funktionale Reduktionen des § 305 Abs. 2 geboten.[4]

2. Das Verhältnis von § 305 Abs. 2 zum allgemeinen Vertragsrecht

261 Die Einbeziehung Allgemeiner Geschäftsbedingungen vollzieht sich **auf allgemeiner rechtsgeschäftlicher Basis,** d.h. die Vorschriften des Bürgerlichen Gesetzbuches über das Zustandekommen von Verträgen finden grundsätzlich Anwendung. Dem Gesetzgeber war es ein wichtiges Anliegen, diese Einbettung in das allgemeine Vertragsrecht zu verdeutlichen. § 305 Abs. 2 setzt demgemäß die Geltung der §§ 104 bis 185 voraus und beschränkt sich auf einige wenige für den Verkehr mit Allgemeinen Geschäftsbedingungen gebotene Modifikationen. Diese resultieren vor allem aus den vor Inkrafttreten des AGB-Gesetzes gesammelten Erfahrungen. Änderungen gegenüber dem allgemeinen Vertragsrecht ergeben sich insbesondere in den beiden nachfolgenden Punkten.

262 Das in § 305 Abs. 2 Nr. 1 verankerte **Erfordernis eines ausdrücklichen Hinweises** schließt es aus, die Einbeziehungserklärung des Verwenders aus den begleitenden Umständen zu folgern.[5] Die durch §§ 133, 157 an sich eröffnete Möglichkeit, die Einbeziehungserklärung – etwa im Hinblick auf eine entsprechende Verkehrssitte – als in der Vertragsschlusserklärung des Verwenders mitenthalten anzusehen, ist hiermit ausgeschlossen. Die Einbeziehung soll von einem deutlich artikulierten rechtsgeschäftlichen Willen beider Parteien getragen sein. Die Rechtsprechung vor Inkrafttreten des AGB-Gesetzes war demgegenüber deutlich großzügiger: In den Fällen, in denen die Geltung der Allgemeinen Geschäftsbedingungen verkehrs- oder branchenüblich geworden war (z.B. ADSp), sollte es ausreichen, dass der Kunde „wissen musste", dass seine Vertragsschlusserklärung als (konkludentes) Einverständnis mit der ihm (ebenfalls konkludent) angetragenen Geltung des Bedingungswerkes zu werten sei.[6]

263 Das Gesetz geht noch in einem weiteren Punkt über die sich aus §§ 145 ff. ergebenden Mindestanforderungen an eine vertragliche Einbeziehung hinaus. Nach allgemeinem Vertragsrecht wäre es einer Vertragspartei unbenommen, sich mit der Geltung bestimmter Regelungen einverstanden zu erklären, ohne sich vor Vertragsschluss über ihren Inhalt unterrichten zu lassen, sei es, weil sie ihrem Gegenüber vertraut, die Befassung mit dem Regelwerk zu mühsam erscheint oder ihr von vornherein die Möglichkeit der Kenntnisnahme nicht eingeräumt wird.[7] Den letztgenannten, vom Verwender zu verantwortenden

---

[2] BT-Drucks. 7/3919, S. 13 und 17.
[3] Für eine zurückhaltende Auslegung in enger Verbindung mit dem allgemeinen Vertragsrecht des BGB plädiert auch *Ulmer*, § 305 Rdn. 102.
[4] So BGH NJW NJW 2005, 40 für Anleihebedingungen von Wertpapieren; vgl. hierzu näher Rdn. 117.
[5] *Ulmer*, § 305 Rdn. 119.
[6] BGH NJW 1953, 541; BGHZ 18, 98 (99).
[7] Durchaus im Einklang mit den Regeln des allgemeinen Vertragsrechts nahm die frühere Rechtsprechung an, dass der Einbeziehung der gegnerischen Bedingungen nicht der Umstand entgegen-

Umstand, wollte der Gesetzgeber im Rechtsverkehr mit Allgemeinen Geschäftsbedingungen nicht hinnehmen. In § 305 Abs. 2 Nr. 2 hat er es daher dem Verwender aufgegeben, der anderen Vertragspartei die **Möglichkeit zu verschaffen, in zumutbarer Weise Kenntnis** vom Inhalt der Bedingungen **zu nehmen**.

3. Die Einbeziehung in der Stufenfolge der AGB-Kontrolle

Ist der Anwendungsbereich der §§ 305 ff. in sachlicher, persönlicher und internationaler Hinsicht eröffnet, so folgt in der Stufenfolge einer gerichtlichen **Inzidentkontrolle** nunmehr die Prüfung, ob die Voraussetzungen der Einbeziehung vorliegen. Hierzu sind zunächst die positiven Mindestvoraussetzungen des § 305 Abs. 2 und 3 zu untersuchen. Im Anschluss hieran muss überprüft werden, ob die AGB-Klausel wegen eines ihr etwa innewohnenden Überraschungsmoments (§ 305 c Abs. 1) oder im Hinblick auf eine sie verdrängende Individualabrede (§ 305 b) nicht Vertragsbestandteil geworden ist. Bei beiden Vorschriften handelt es sich richtiger Ansicht nach um negative Einbeziehungsvoraussetzungen.[8] Die inhaltliche Angemessenheit der Klausel rückt erst im nächsten Abschnitt des Kontrollverfahrens, der Inhaltskontrolle, ins Blickfeld. Die Inhaltskontrolle nach den §§ 307 bis 309 setzt voraus, dass die Einbeziehung der betreffenden Klausel zuvor festgestellt werden konnte.[9] Trotz des **logischen Vorrangs der Einbeziehungskontrolle** sollte es dem Richter aber nicht verwehrt sein, aus Gesichtspunkten der Verfahrensökonomie von dieser Reihenfolge abzuweichen.[10]

264

Im Rahmen eines **Verbandsverfahrens** stellen sich derartige Konkurrenzprobleme ohnehin nicht, da es hier lediglich auf die inhaltliche Angemessenheit – losgelöst von den Umständen eines konkreten Vertragsschlusses – ankommt.

265

II. Einbeziehungsvereinbarung

Die besonderen Einbeziehungsvoraussetzungen des § 305 Abs. 2 gelten für alle Formen Allgemeiner Geschäftsbedingungen. Der BGH meint hingegen, § 305 Abs. 2 sei auf **Formularverträge** nicht anzuwenden.[11] Für diese Durchbrechung besteht jedoch kein Anlass. Spätestens seit Inkrafttreten des AGB-Gesetzes ist anerkannt, dass auch Formularverträge Allgemeine Geschäftsbedingungen enthalten und damit den AGB-rechtlichen Vorschriften unterfallen.[12] Richtig ist allein, dass die Voraussetzungen des § 305 Abs. 2 bei Allgemeinen Geschäftsbedingungen, die in die gesamte Vertragsurkunde integriert sind, in aller Regel erfüllt sein werden. Der ausdrückliche Hinweis folgt bereits aus der Formulargestaltung; die Möglichkeit zumutbarer Kenntnisnahme ist gegeben, weil der Vertragstext dem Kunden schriftlich vorliegt, und das Einverständnis wird durch die Unterschrift des Kunden am Schluss des Formulartextes dokumentiert. Die hier befürwortete Geltung des § 305 Abs. 2 für Formularverträge bewährt sich aber auch und gerade im Ausnahme-

266

---

stehe, dass diese dem Schreiben nicht beigefügt und dem Vertragsgegner auch sonst nicht bekannt waren (so z.B. BGHZ 7, 187, 190).

[8] Umstritten im Hinblick auf § 305 b, vgl. hierzu die Ausführungen unter Rdn. 346.
[9] BGH NJW 1985, 1838 (1840); *Ulmer*, § 305 Rdn. 105.
[10] *Ulmer*, § 305 Rdn. 105; *von Hoyningen-Huene*, Inhaltskontrolle, § 9 AGBG Rdn. 73; ebenso die Verfahrensweise des BGH in der Entscheidung BGH NJW 1989, 222 (223).
[11] BGH NJW 1988, 2465 (2466 f.); 1995, 190; ebenso *Ulmer*, § 305 Rdn. 102 und MünchKomm-*Basedow*, § 305 Rdn. 55.
[12] *Ulmer*, § 305 Rdn. 66; *Wolf*, § 1 AGBG Rdn. 17; anders noch die ältere Judikatur (vgl. z.B. BGH BB 1970, 1504; gegen Gleichbehandlung auch *Raiser*, Recht der AGB, S. 23 ff.), von der sich die heute herrschende Sichtweise noch nicht völlig emanzipiert zu haben scheint.

fall. Nur vom hier vertretenen Standpunkt aus lässt sich nämlich zwanglos eine Transparenzkontrolle auf der Ebene der Einbeziehung (§ 305 Abs. 2 Nr. 2) bei Formularverträgen begründen. Die Gegenmeinung muss hierfür die angeblich unanwendbare Vorschrift des § 305 Abs. 2 partiell und inkonsistent wieder öffnen.[13]

1. Hinweis des Verwenders

a) Ausdrücklicher Hinweis

267 Grundsätzlich ist ein ausdrücklicher Hinweis des Verwenders auf seine Allgemeinen Geschäftsbedingungen notwendig (§ 305 Abs. 2 Nr. 1). Durch dieses Erfordernis wird der Einbeziehungsvorgang **formalisiert**,[14] indem ausgeschlossen wird, eine Einbeziehungserklärung des Verwenders im Wege der Auslegung seiner sonstigen auf den Vertragsschluss abzielenden Erklärungen zu gewinnen. Nicht ausdrückliche Hinweise auf Allgemeine Geschäftsbedingungen bleiben also rechtlich bedeutungslos. **Sinn und Zweck** dieses Hinweises ist es, dem Kunden Klarheit darüber zu verschaffen, dass der abzuschließende Vertrag seinem Inhalt nach maßgeblich durch die Allgemeinen Geschäftsbedingungen des Verwenders bestimmt werden soll, und ihn zu veranlassen, die Möglichkeit wahrzunehmen, sich vom Inhalt der Allgemeinen Geschäftsbedingungen Kenntnis zu verschaffen.[15]

268 Die **Ausdrücklichkeit** des Hinweises ist nur dann zu bejahen, wenn der Hinweis vom Verwender unmißverständlich und für den Kunden klar erkennbar geäußert worden ist. Dies gilt gleichermaßen für schriftliche und mündliche Vertragsabschlüsse.[16] Der Hinweis muss sich auf **bestimmte Vertragsbedingungen** beziehen. Sind unter der angegebenen Bezeichnung (z.B. Bedingungen für ...) mehrere Bedingungswerke im Verkehr gebräuchlich oder existieren mehrere Fassungen, so bedarf es einer zusätzlich klaren Individualisierung, etwa durch Mitverschicken oder Aushändigung eines Exemplars der Bedingungen.[17] Komplizierte Auslegungsüberlegungen sind dem Kunden nicht zuzumuten. Fehlt es in diesem Punkte an der gebotenen Eindeutigkeit, kommt der Vertrag ohne Allgemeine Geschäftsbedingungen zustande.

269 Bei einem **(fern)mündlichen** Angebot muss der Verwender den Kunden grundsätzlich auch mündlich auf die Einbeziehung der Allgemeinen Geschäftsbedingungen hinweisen. Allerdings sollten hier keine wirklichkeitsfremden formalen Hürden errichtet werden. Entsprechende Gesten des Verwenders reichen aus, wenn sich aus ihnen in einer für den Kunden klar erkennbaren Weise der Einbeziehungswunsch ergibt.[18] Naheliegend ist dies etwa bei persönlicher Aushändigung der Vertragsbedingungen. Dass im Ladenlokal die Allgemeinen Geschäftsbedingungen aushängen, genügt allein allerdings nicht.[19]

270 Bei einem **schriftlichen** Angebot des Verwenders muss der ausdrückliche Hinweis im Angebotstext enthalten sein.

---

[13] So namentlich *Heinrichs*, NJW 1995, 1396.
[14] Von einer „Formalisierung" des Einbeziehungsvorgangs spricht auch BGH NJW-RR 1987, 112. Ob man weitergehend das Ausdrücklichkeitsgebot in den Rang eines Formerfordernisses im Sinne des § 125 erheben sollte (so Staudinger-*Schlosser*, § 305 Rdn. 102) ist zweifelhaft. Genau genommen wird nämlich keine bestimmte Form vorgeschrieben – selbst mündliche Einbeziehungserklärungen reichen aus –, sondern nur die Anforderungen an die Deutlichkeit der Erklärung verschärft (wie hier *Wolf*, § 2 AGBG Rdn. 1). Im Übrigen richten sich die Rechtsfolgen einer Missachtung der Einbeziehungsanforderung nach § 306.
[15] BGH WM 1986, 1194 (1196).
[16] BGH WM 1986, 1194 (1196).
[17] *Wolf*, § 2 Rdn. 8.
[18] So auch *Ulmer*, § 305 Rdn. 133; *Wolf*, § 2 AGBG Rdn. 15; a.A. *Koch/Stübing*, § 2 AGBG Rdn. 25.
[19] *Wolf*, § 2 AGBG Rdn. 16.

Beispiele:
(1) Auf der Vorderseite des Angebotsschreibens findet sich unmittelbar über der Orts-, Datums- und Unterschriftsspalte durch Fettdruck hervorgehoben der **Hinweis: „Es gelten umseitige Bedingungen".** Die umseitig abgedruckten Bedingungen sind damit Vertragsinhalt geworden.[20]
(2) **Nicht ausreichend** wäre hingegen die **bloße Wiedergabe der Allgemeinen Geschäftsbedingungen auf der Rückseite** des Angebots ohne Verweisung im Angebotstext.[21]

Bei Vertragsschluss via **Internet** muss ein deutlicher Hinweis auf die Geltung der Allgemeinen Geschäftsbedingungen auf der Bestelltafel oder auf einer vorgeschalteten Bildschirmseite erfolgen. Er ist graphisch so zu platzieren, dass er vom Kunden auch bei flüchtiger Betrachtung nicht übersehen werden kann.[22] Dies kann etwa durch die Verknüpfung des AGB-Textes mit den Angeboten oder durch eindeutigen Hinweis hierauf an einer Stelle, die jeder Nutzer passieren muss, erfolgen.[23] 271

b) Hinweisersatz durch Aushang

Von dem Erfordernis eines ausdrücklichen Hinweises macht § 305 Abs. 2 Nr. 1 Var. 2 eine Ausnahme für den Fall, dass ein ausdrücklicher Hinweis wegen der Art des Vertragsabschlusses nur unter unverhältnismäßigen Schwierigkeiten möglich ist. Dem Gesetz ist in diesem Fall Genüge getan, wenn der Verwender durch einen deutlich sichtbaren Aushang am Ort des Vertragsschlusses auf die Allgemeinen Geschäftsbedingungen hinweist. Gedacht ist hierbei ausweislich der Regierungsbegründung[24] an gewisse gleichmäßige und häufige Verträge des täglichen Lebens, bei denen Allgemeine Geschäftsbedingungen üblicherweise erwartet werden, ein ausdrücklicher Hinweis aber in der Praxis kaum möglich ist. Hauptanwendungsfall ist der **konkludent geschlossene, häufig automatisierte, Massenvertrag,** bei dem es zu keinem persönlichen Kontakt der Vertragsparteien kommt.[25] 272

Beispiel: Benutzung von Schließfächern durch Münzeinwurf.[26]

Aber auch sonstige **Massengeschäfte des täglichen Lebens ohne besonderen wirtschaftlichen Wert,** bei denen ein Hinweis des Verwenders oder seiner Angestellten zwar möglich wäre, jedoch eine nicht unerhebliche Erschwerung des Geschäftsablaufs zur Folge hätte, sind als Anwendungsfälle der Ausnahmeregelung anerkannt.[27] 273

Beispiele: Eintritt in ein Schwimmbad oder Benutzung einer Kfz-Waschanlage,[28] auch wenn Angestellte des Verwenders bei Vertragsschluss zugegen sind.

Im Übrigen kommt es ganz auf die Gegebenheiten des konkreten Vertragsschlusses an. 274

Beispiel: Obwohl nicht von einem Massengeschäft des täglichen Lebens die Rede sein konnte, hat der BGH beispielsweise einen Hinweis auf die Versteigerungsbedingungen durch einen Aushang am Versteigerungsort im Hinblick auf den Ablauf der Versteigerung gutgeheißen.[29]

Ein **deutlich sichtbarer Aushang** ist nur gegeben, wenn er dem Kunden am Ort des Vertragsschlusses in einer Weise präsentiert wird, dass dieser ihn ohne weiteres erkennen kann. Dies stellt gewisse Anforderung an die optische Gestaltung und die Plazierung des 275

---

[20] BGH NJW 1986, 1608.
[21] BGH NJW-RR 1987, 112; *Ulmer,* § 305 Rdn. 129.
[22] LG Essen NJW-RR 2003, 1207; *Mehrings,* BB 1998, 2375.
[23] OLG Hamburg WM 2003, 581 (583).
[24] BT-Drucks. 7/3919, S. 18.
[25] *Ulmer,* § 305 Rdn. 138; *Palandt-Heinrichs,* § 305 Rdn. 31.
[26] LG Essen VersR 1995, 955.
[27] BGH NJW 1985, 850; *Ulmer,* § 305 Rdn. 139; *Palandt-Heinrichs,* § 305 Rdn. 31.
[28] Hierzu OLG Hamburg DAR 1984, 260 (261).
[29] BGH NJW 1985, 850.

Aushangs. Keinesfalls ist dem Kunden zuzumuten, die Wände des Geschäftslokals nach ausgehängten Allgemeinen Bedingungen abzusuchen.[30] Der Aushang soll lediglich den Hinweis ersetzen. Er muss daher nicht in der Wiedergabe der Bedingungen bestehen, sondern kann sich in einem Hinweis auf die Bedingungen erschöpfen.[31]

Beispiel: Vor der Einfahrt in eine Kfz-Waschanlage ist gut sichtbar ein Schild aufgestellt, auf dem in großer Schrift zu lesen steht: „Für alle Verträge gelten unsere Allgemeinen Waschbedingungen. Diese liegen für Sie im Kassenhäuschen zur Einsichtnahme bereit."

2. Möglichkeit zumutbarer Kenntnisnahme

276 Der Verwender muss bei Vertragsschluss der anderen Vertragspartei die Möglichkeit verschaffen, in zumutbarer Weise vom Inhalt der Allgemeinen Geschäftsbedingungen Kenntnis zu nehmen (§ 305 Abs. 2 Nr. 2). Wie bereits festgestellt, wird dadurch dem Verwender eine Obliegenheit auferlegt, die über die allgemeinen Vertragsgrundsätze des Bürgerlichen Gesetzbuches hinausgeht. Welche Anforderungen an die Möglichkeit zumutbarer Kenntnisnahme zu stellen sind, richtet sich nach der Art des Zustandekommens des Vertragsschlusses und den Bedürfnissen der beteiligten Kundenkreise. Allgemein lässt sich sagen, dass der **vollständige Text der Allgemeinen Geschäftsbedingungen dem Kunden bei Vertragsschluss verfügbar** gemacht werden muss. Unerheblich ist, ob der Kunde von der Möglichkeit der Kenntnisnahme auch tatsächlich Gebrauch macht.

277 Bei einem **Vertragsschluss unter Anwesenden** wird es überwiegend für erforderlich gehalten, dass der Verwender dem Kunden seine Allgemeinen Geschäftsbedingungen **vorlegt** oder ihm die **Vorlage anbietet**.[32] Durch diese nicht zwingende Interpretation des § 305 Abs. 2 wird freilich der Geschäftsverkehr in erheblichem Maße erschwert.[33] Immerhin wird der Kunde vom Verwender bereits durch ausdrücklichen Hinweis oder durch deutlich sichtbaren Aushang auf die Allgemeinen Geschäftsbedingungen hingewiesen. Darin drückt sich im Allgemeinen auch die Bereitschaft des Verwenders aus, die Allgemeinen Geschäftsbedingungen dem Kunden zugänglich zu machen. Dem interessierten Kunden hier eine Nachfrage beim Verwender anzusinnen, stellt keine unzumutbare Verhaltensanforderung dar. Die Rechtsprechung ist hier jedoch strenger:

Beispiel: Gegenüber einer im Baubereich nicht bewanderten Vertragspartei kann die Einbeziehung der **VOB/B** nach der Rechtsprechung nur durch Aushändigung des Bedingungswerks erreicht werden.[34]

278 Für **schriftlich unter Abwesenden geschlossene Verträge** bedarf es zur wirksamen Einbeziehung regelmäßig der Übersendung der vollständigen Bedingungen. Dies kann selbstverständlich mit der Übermittlung des Angebots verbunden werden. Um den Geschäftsverkehr nicht unnötig zu erschweren, sollte man es auch genügen lassen, dass sich der Kunde in Besitz eines Kataloges oder Prospektes befindet, in denen das Bedingungswerk enthalten ist.[35] Die Verfügbarkeit der Geschäftsbedingungen für den Kunden ist andererseits sicher nicht gegeben, wenn er davon nur im Geschäftslokal Kenntnis nehmen kann, obwohl der Vertragsschluss anderenorts stattfindet.[36]

279 Erhebliche Probleme kann die Einbeziehung Allgemeiner Geschäftsbedingungen beim **fernmündlichen Vertragsschluss** bereiten.

---

[30] So treffend *Locher*, Recht der AGB, S. 46.
[31] *Ulmer*, § 305 Rdn. 42; *Wolf*, § 2 AGBG Rdn. 21; *Palandt-Heinrichs*, § 305 Rdn. 31.
[32] Aus der Rechtsprechung BGH NJW 1990, 715 f.; *Staudinger-Schlosser*, § 305 Rdn. 145.
[33] Wie hier *Ulmer*, § 305 Rdn. 148.
[34] BGH NJW 1990, 715 f.; NJW-RR 1999, 1361; *Staudinger-Schlosser*, § 305 Rdn. 146.
[35] *Ulmer*, § 305 Rdn. 147; *Staudinger-Schlosser*, § 305 Rdn.
[36] OLG Saarbrücken, NJW-RR 2001, 993 (994).

§ 9. Einbeziehungsvereinbarung oder Rahmenvereinbarung

Beispiel: Beim sog. **Teleshopping**[37] wird im Rahmen einer Fernsehsendung den Zuschauern ein bestimmtes Produkt zum Kauf angeboten. Kunden, die das Produkt erwerben möchten, nehmen unter der eingeblendeten Rufnummer telefonischen Kontakt mit dem Anbieter auf. Die Abrechnung erfolgt meist über eine Kreditkarte. Fraglich ist, ob und wie der Anbieter hier die Einbeziehung seiner Allgemeinen Geschäftsbedingungen erreichen kann. Das kurzfristige Einblenden der Bedingungen während der Sendung genügt den gesetzlichen Anforderungen nicht und die Verlesung am Telefon ist offensichtlich nicht praktikabel.

Soll sich das AGB-Recht nicht zum Störfaktor im Geschäftsleben entwickeln, so wird man die Obliegenheit des Verwenders, dem Kunden die Möglichkeit zumutbarer Kenntnisnahme zu eröffnen, auch in diesem Punkt nicht zu streng fassen dürfen. Dem Kundenschutz ist in ausreichendem Maße Rechnung getragen, wenn er bei Vertragsschluss – also am Telefon – ausdrücklich auf die Einbeziehung der Allgemeinen Geschäftsbedingungen hingewiesen und ihm darüber hinaus ihre Übermittlung angeboten wird. Stellt der Kunde seinen Kaufentschluss gleichwohl nicht zurück, so ist in der Aufgabe der Bestellung zugleich ein wirksamer konkludent erklärter **Verzicht** auf die Einräumung der Möglichkeit zumutbarer Kenntnisnahme zu sehen.[38] 280

Bei **Internetgeschäften** genügt es für die Möglichkeit der Kenntnisverschaffung, wenn bei einer Bestellung die Allgemeinen Geschäftsbedingungen des Anbieters über einen auf der Bestellseite gut sichtbaren Link aufgerufen und ausgedruckt werden können.[39] 281

Für einen **Ausländer** kann das Verständnis deutschsprachiger Geschäftsbedingungen mit erheblichen Schwierigkeiten verbunden sein. Daraus kann aber nicht gefolgert werden, dass der Verwender in solchen Fällen eine Übersetzung zur Verfügung stellen müsste. Ausschlaggebend ist vielmehr, welcher Sprache sich die Parteien im Rahmen ihrer rechtsgeschäftlichen Beziehungen bedient haben. Ist eine andere Sprache als Deutsch die Vertragssprache, müssen die Allgemeinen Geschäftsbedingungen in dieser Sprache vorliegen und ein Hinweis auf sie auch in dieser Sprache erfolgen.[40] Haben sie dagegen die deutsche Sprache als Verhandlungs- und Vertragssprache gewählt, so akzeptiert der ausländische Vertragspartner damit den gesamten deutschsprachigen Vertragsinhalt einschließlich der zugrunde liegenden Allgemeinen Geschäftsbedingungen. Alsdann ist es ihm zuzumuten, sich vor Abschluss des Vertrages selbst die erforderliche Übersetzung zu beschaffen. Anderenfalls muss er den nicht zur Kenntnis genommenen Text der Geschäftsbedingungen gegen sich gelten lassen.[41] Eine Pflicht des Verwenders, den Vertragstext in der Sprache des Kunden abzufassen, wird man im Hinblick auf die Anforderungen des gemeinschaftsrechtlich fundierten Transparenzgebots hier allerdings dann anzunehmen haben, wenn es um einen wichtigen Vertrag von erheblicher Tragweite geht.[42] 282

Aus dem Kriterium der Zumutbarkeit leitet sich in inhaltlicher Hinsicht als Voraussetzung ihrer wirksamen Einbeziehung her, dass die Allgemeinen Geschäftsbedingungen für einen Durchschnittskunden mühelos lesbar sind, des Weiteren ein Mindestmaß an Übersichtlichkeit und einen im Verhältnis zur Bedeutung des Geschäfts vertretbaren Umfang aufweisen müssen (Teilaspekt des Transparenzgebots).[43] Die Zumutbarkeit kann auch durch eine **Weiterverweisung auf ein anderes Regelwerk** in Frage gestellt sein. Zwar ist in Allgemeinen Geschäftsbedingungen auch ein Verweis auf andere allgemeine Regelun- 283

---

[37] Hierzu *Köhler*, NJW 1998, 185 ff.
[38] *Ulmer*, § 305 Rdn. 149 a; *Graf von Westphalen*, NJW 2002, 16.
[39] BGH NJW 2006, 2976 (2977).
[40] OLG Frankfurt a. M. NJW-RR 2003, 704; *Prütting/Wegen/Weinreich-Berger*, § 305 Rdn. 30.
[41] BGH NJW 1983, 1489; zu diesem Problemkreis auch *Schäfer*, JZ 2003, 879 ff.; zum Sprachenproblem bei grenzüberschreitenden Internetgeschäften *Heinrichs*, NJW 1999, 1599.
[42] *Palandt-Heinrichs*, § 305 Rdn. 42.
[43] BGH NJW 1995, 2858 (2859); zum Transparenzgebot vgl. die zusammenhängende Darstellung bei § 17.

gen zulässig. Der Verwender von Allgemeinen Geschäftsbedingungen ist jedoch grundsätzlich gehalten, seinem Vertragspartner die Kenntnisnahme von allen Bedingungen zu ermöglichen, die er dem Vertrag zu Grunde legen will. Ein bloßer Verweis auf weitere, in dem verfügbaren Text nicht mitabgedruckte Bestimmungen reicht regelmäßig nicht aus, um auch sie in das Vertragswerk miteinzubeziehen.[44] Ferner muß klar bleiben, welche Regelung für den konkreten Fall Geltung haben soll.[45]

284 Eine nach Ansicht des Gesetzgebers lediglich „klarstellende Ergänzung"[46] des Zumutbarkeitsmaßstabs bei der Einbeziehung Allgemeiner Geschäftsbedingungen gegenüber **körperlich behinderten Menschen** ist im Zuge der Schuldrechtsmodernisierung in § 305 Abs. 2 Nr. 2 eingefügt worden. Hiernach ist der Verwender gehalten, eine ihm erkennbare körperliche Behinderung der anderen Vertragspartei angemessen zu berücksichtigen. Gedacht ist hierbei in erster Linie an Menschen mit einer Sehbehinderung.

Beispiel: Stellt der Verwender bei Abschluss eines Vertrages fest, dass sein Vertragspartner nur über eine eingeschränkte Sehfähigkeit verfügt oder blind ist (gelbe Armbinde), dann ist er gehalten, dem Vertragspartner eine Sehhilfe zu offerieren bzw. anzubieten, ihm den Text vorzulesen oder ihm die Bedingungen in Blindenschrift zugänglich zu machen.

285 Die neue Vorschrift versteht sich als Beitrag zur Integration körperlich behinderter Menschen in den rechtsgeschäftlichen Verkehr. Ob mit ihr ein nennenswerter Fortschritt verbunden ist, erscheint allerdings eher fraglich, wird man doch nicht ausschließen können, dass diese Hürde manchen AGB-Verwender künftig davon abhalten könnte, Verträge mit Behinderten abzuschließen.[47] Um solche kontraproduktiven Effekte zu vermeiden, sollte die Vorschrift **eng ausgelegt** werden. Zu beachten ist insbesondere, dass die Kriterien der **„Erkennbarkeit"** für den Verwender und der **„Angemessenheit"** im Laufe des Gesetzgebungsverfahrens bewusst eingefügt wurden, um überzogenen Anforderungen entgegenzuwirken.[48] Auf dieser Grundlage sollte es möglich sein, die Kenntnisverschaffungsobliegenheit situationsadäquat zu bestimmen. Bedauerlich ist, dass der Gesetzgeber die wesentlich drängenderen Fragen, welche **Anforderungen bei der Einbeziehung gegenüber Analphabeten und der deutschen Sprache nicht mächtigen Kunden** gelten, nicht aufgegriffen hat. Hierbei handelt es sich um breit diskutierte Fragen, so dass das Schweigen des Gesetzgebers in diesen Punkten als beredt eingestuft werden muss. Aus diesem Grund, aber auch wegen der nicht gegebenen Analogiebasis – körperliche und geistige bzw. intellektuelle Defizite können nicht ohne weiteres gleichgesetzt werden – kommt eine entsprechende Anwendung nicht in Betracht.[49]

3. Maßgeblicher Zeitpunkt

286 Die Voraussetzungen der Nr. 1 und 2 des § 305 Abs. 2 müssen **im Zeitpunkt des Vertragsschlusses** erfüllt sein. Dies lässt sich noch dahingehend präzisieren, dass es für den Hinweis nach Nr. 1 auf denjenigen Zeitpunkt ankommt, indem der Verwender ein bindendes Angebot abgibt, während die Möglichkeit der Kenntnisverschaffung nach Nr. 2 bestehen muss, bevor der Kunde seinerseits eine bindende Erklärung abgibt.[50] Kommt der

---

[44] BGH NJW 2005, 1183 (1184 f.); grundl. zuvor BGH NJW 1990, 3197.
[45] Zur Klauselwirrnis durch Einbeziehung mehrerer Klauselwerke BGH NJW-RR 2006, 1350.
[46] Begründung des Regierungsentwurfs BT-Drucks. 14/6040, S. 150.
[47] Kritisch HK-*Schulte-Nölke*, § 305 Rdn. 17.
[48] Vgl. Gegenäußerung der Bundesregierung auf eine entsprechende Prüfbitte des Bundesrates, BT-Drucks. 14/6857, S. 52.
[49] Wie hier Palandt-*Heinrichs*, § 305 Rdn. 40; eine Analogie zugunsten von sprachunkundigen Ausländern erwägend *Graf von Westphalen*, NJW 2002, 13; für Einbeziehung von Analphabeten AnwK-BGB-*Hennrichs* § 305 Rdn. 11.
[50] *Ulmer*, § 305 Rdn. 156; *Locher*, Recht der AGB, S. 43.

§ 9. *Einbeziehungsvereinbarung oder Rahmenvereinbarung*

Verwender seinen Obliegenheiten erst **nach Vertragsschluss** nach, so werden seine Allgemeinen Geschäftsbedingungen nicht Bestandteil des konkreten Vertrages.

Beispiele: Ein Hinweis auf die Allgemeinen Geschäftsbedingungen findet sich erstmals in der später übersandten Rechnung oder in einem bei der Auslieferung übergebenen Lieferschein.[51] Auf der anderen Seite sollte ein einheitlicher Vorgang nicht künstlich zerstückelt werden, so dass es ausreichen muss, dass die Lieferbedingungen des Verkäufers erst an der Kasse zusammen mit einer Rechnung/Quittung übergeben werden.[52] Entscheidend ist in solchen Fällen, ob der Kunde die Möglichkeit hat, die Bedingungen noch vor dem endgültigen Abschluss des Vertrages zur Kenntnis zu nehmen und sein Verhalten hiernach auszurichten. Dass er im Regelfall in diesem Moment auf die Lektüre verzichtet, sollte eine Einbeziehung nicht hindern. Daher sind die Voraussetzungen des § 305 Abs. 2 Nr. 1 und 2 AGBG auch bei dem Erwerb einer Eintrittskarte oder eines Tickets mit darauf abgedruckten Allgemeinen Geschäftsbedingungen erfüllt, wenn sich auf der Vorderseite ein entsprechender Hinweis befindet.[53]

Sind die Allgemeinen Geschäftsbedingungen dem Kunden **zu spät präsentiert** und damit nicht in den Vertrag einbezogen worden, so können sie nur noch durch einen nachträglichen Abänderungsvertrag, der wiederum den Voraussetzungen des § 305 Abs. 2 entsprechen muss, Vertragsinhalt werden.[54]

Beispiel: Die Übersendung einer Rechnung, der die Allgemeinen Verkaufs- und Lieferbedingungen beigefügt sind, kann als ein Angebot auf Abänderung des ohne Allgemeine Geschäftsbedingungen abgeschlossenen Vertrages aufgefasst werden. Bloßes Bezahlen einer solchen Rechnung ist hingegen keine konkludente Annahme, da der Kunde lediglich die geschuldete Leistung erbringt und nicht unter Erklärungszwang gesetzt werden darf. In einem solchen Falle muss der Kunde seinen Änderungswillen qualifiziert kundbar machen.

Nachträgliche Änderungen oder Neufassungen der einer laufenden Geschäftsbeziehung zugrunde liegenden Allgemeinen Geschäftsbedingungen müssen ebenfalls den Einbeziehungsvoraussetzungen des § 305 Abs. 2 entsprechen.[55] Werden dem Kunden die neugefassten Bedingungen verbunden mit einem ausdrücklichen Hinweis auf diese Änderung zugeschickt und setzt dieser daraufhin die Geschäftsbeziehung unverändert fort, so kann hieraus allerdings wiederum auf ein konkludentes Einverständnis mit dem Änderungsangebot geschlossen werden.[56] Um mögliche Komplikationen aus dem Weg zu gehen, sehen nicht wenige Bedingungswerke unterschiedlich geartete **Änderungsvorbehalte** vor.

Beispiele:
(1) Der Verwender räumt sich ein nicht weiter eingegrenztes Recht ein, seine Allgemeinen Geschäftsbedingungen auch mit Wirkung für bestehende Verträge zu ändern. Eine solche **einschränkungslose Änderungsklausel** benachteiligt den Kunden, der in keinster Weise die auf ihn zukommenden Änderungen überblicken kann, unangemessen und ist daher unwirksam. Dies gilt selbst dann, wenn es um Allgemeine Geschäftsbedingungen geht, die von dritter Seite konzipiert und gegebenenfalls geändert werden (z. B. VOB).[57]

---

[51] Vgl. z. B. BGH NJW 1978, 2243.
[52] OLG Hamm, NJW-RR 1998, 199 (200).
[53] Wie hier MünchKomm-*Basedow*, § 305 Rdn. 74; *Staudinger-Schlosser*, § 305 Rdn. 121; *Locher*, Recht der AGB, S. 44; *Löwe*/Graf von Westphalen/Trinkner, § 2 AGBG Rdn. 20; a. A. *Palandt-Heinrichs*, § 305 Rdn. 30; *Wolf*, § 2 AGBG Rdn. 16; *Ulmer*, § 305 Rdn. 134 und wohl auch LG Berlin NJW 1982, 343.
[54] Zur Vertragsänderung durch nachträgliche Einbeziehung KG NJW-RR 1994, 1265.
[55] *Ulmer*, § 305 Rdn. 164; *Palandt-Heinrichs*, § 305 Rdn. 48; *Seybold*, VersR 1989, 1231; allgemein hierzu auch *Freund*, Die Änderung allgemeiner Geschäftsbedingungen in bestehenden Verträgen, 1998.
[56] *Ulmer*, § 305 Rdn. 164; *Wolf*, § 2 AGBG Rdn. 43; *Locher*, Recht der AGB, S. 51.
[57] *Staudinger-Schlosser*, § 305 Rdn. 173; *Palandt-Heinrichs*, § 305 Rdn. 48.

(2) Die Klausel: „Es gelten die Allgemeinen Geschäftsbedingungen **in der jeweils gültigen Fassung.**" statuiert ebenfalls ein uneingeschränktes Änderungsrecht des Verwenders und ist daher gleichfalls unwirksam.[58]

(3) Für zulässig wird hingegen die in **Nr. 1 Abs. 2 AGB-Banken** vorgesehene Änderungsklausel gehalten, wonach dem Kunden bekanntgegebene Änderungen als genehmigt gelten, wenn dieser nicht – worauf er hingewiesen wird – innerhalb von sechs Wochen Widerspruch erhebt.[59]

(4) Zu sog. **Bedingungsanpassungsklauseln,** namentlich in Versicherungsverträgen, siehe Rdn. 628 ff.

289 Nicht ausreichend ist ein Hinweis **bei früherer Gelegenheit.**[60] Allein der Hinweis bei einem oder mehreren Vertragsabschlüssen in der Vergangenheit genügt nicht. Auch in einer laufenden Geschäftsbeziehung muss der Hinweis grundsätzlich bei jedem Vertragsschluss wiederholt werden.[61] Ausnahmen gelten hier nur, wenn eine Rahmenvereinbarung nach § 305 Abs. 3 vorliegt oder es sich lediglich um unselbständige Folgelieferungen im Rahmen eines Sukzessivlieferungsvertrages handelt.[62]

4. Einverständnis des Kunden

290 Notwendige Voraussetzung der Einbeziehung ist schließlich das Einverständnis des Verwendungsgegners mit der Geltung der Allgemeinen Geschäftsbedingungen. Für die Einbeziehung Allgemeiner Geschäftsbedingungen muß also gemäß der Vertragsnatur der Bedingungen die Willensübereinstimmung des anderen Teils hinzukommen.[63] Insoweit handelt es sich freilich nur um eine unterstreichende **Klarstellung** des sich schon auf der Grundlage der §§ 145 ff. ergebenden Konsenserfordernisses.[64]

291 Das Einverständnis des Vertragspartners muss nicht für jede einzelne Klausel nachgewiesen werden. Vielmehr genügt es, wenn sie **global** das gesamte Bedingungswerk des Verwenders abdeckt.[65] Das Einverständnis kann, wenn kein Formerfordernis besteht, auch **konkludent** erklärt werden. Liegen die Voraussetzungen des § 305 Abs. 2 Nr. 1 und 2 vor und nimmt der Kunde die ihm angebotene Leistung an, so ist kaum noch eine Situation denkbar, in welcher der objektive Erklärungswert der nicht weiter eingeschränkten Zustimmung des Kunden zum Vertragsschluss nicht konkludent auch das Einverständnis mit der Geltung der Bedingungen bedeuten sollte.[66]

Beispiel: A fährt mit seinem Kraftfahrzeug in die automatische Waschanlage des B ein. Vor der Waschanlage war deutlich sichtbar ein Schild angebracht, das die Haftung des Betreibers für Schäden am Fahrzeug ausschloss. Auch wenn sich A hier nicht ausdrücklich zu dem ihm bekanntgemachten Haftungsausschluss äußerte, so hat er doch durch die Inanspruchnahme der Waschanlage konkludent sein Einverständnis signalisiert.[67]

---

[58] *Locher,* Recht der AGB, S. 50; *Staudinger-Schlosser,* § 305 Rdn. 173 hingegen meint, diese Klausel beziehe sich auf die Fassung zurzeit des Vertragsabschlusses und werfe daher keine Probleme auf.

[59] *Ulmer,* § 305 Rdn. 165; *Palandt-Heinrichs,* § 305 Rdn. 48; vgl. hierzu im Übrigen noch Rdn. 653.

[60] *Staudinger-Schlosser,* § 305 Rdn. 117.

[61] BGH NJW-RR 1987, 112 (113).

[62] *Locher,* Recht der AGB, S. 43 f.

[63] BGH NJW 1982, 1388 (1389).

[64] *Staudinger-Schlosser,* § 305 Rdn. 159 („Bestätigung traditioneller rechtsgeschäftlicher Grundsätze"); *Ulmer,* § 305 Rdn. 161; anders die Einschätzung von *Pflug,* Kontrakt und Status im Recht der Allgemeinen Geschäftsbedingungen, S. 320 auf der Grundlage eines normtheoretischen Verständnisses.

[65] *Wolf,* § 2 AGBG Rdn. 42.

[66] BGH NJW 1982, 1388 (1389); *Staudinger-Schlosser,* § 305 Rdn. 161.

[67] Vgl. hierzu *Belke,* JA 1988, 479.

Das Schweigen des (nichtkaufmännischen) Kunden auf eine **Auftragsbestätigung**, in der 292
erstmals auf Allgemeine Geschäftsbedingungen Bezug genommen wird, bedeutet allein
keine Zustimmung zu diesem Einbeziehungswunsch.[68] Nimmt hingegen der Kunde im
weiteren Verlauf die geschuldete Leistung vorbehaltlos entgegen, so muss ein solches Verhalten jedenfalls dann als stillschweigendes Einverständnis gewertet werden, wenn die
Auftragsbestätigung den Anforderungen des § 305 Abs. 2 Nr. 1 und 2 entspricht, die Bedingungen der Auftragsbestätigung beigefügt sind und dem Kunden in der betreffenden
Situation ein Widerspruch auch zuzumuten ist.[69]

5. Beweisfragen

Die Darlegungs- und Beweislast für die Erfüllung der in § 305 Abs. 2 statuierten Obliegenheit trifft diejenige Vertragspartei, die sich auf die Einbeziehung der Allgemeinen Geschäftsbedingungen beruft. Im Allgemeinen ist dies der **Verwender**.[70] In Schwierigkeiten 293
kann der Verwender geraten, wenn der Vertragsschluss (fern)mündlich erfolgte. Allein die
Anweisung an sein Verkaufspersonal, die Kunden auf die Allgemeinen Geschäftsbedingungen hinzuweisen und den Text zur Einsicht bereit zu halten, ersetzt nämlich nicht den
Nachweis im Einzelfall.[71]

Bestätigungs- und Einbeziehungsklauseln, durch die sich der Verwender formularmäßig die Kenntnisnahme von den Allgemeinen Geschäftsbedingungen bestätigten und 294
das Einverständnis des Kunden mit ihrer Geltung erklären lässt, entfalten wegen Verstoßes gegen § 309 Nr. 12 keine Wirkung.[72]

III. Einbeziehung unter erleichterten Voraussetzungen

1. Ausnahmen nach § 305a

§ 305a benennt Fälle, in denen Allgemeine Geschäftsbedingungen auch dann Vertragsinhalt werden können, wenn der Kunde auf sie nicht ausdrücklich hingewiesen worden und 295
ihm nicht die Möglichkeit, in zumutbarer Weise von ihrem Inhalt Kenntnis zu nehmen,
verschafft worden ist. Der Verwender ist allerdings nur von der Einhaltung der Erfordernisse des § 305 Abs. 2 Nr. 1 und 2 befreit. Das **Einverständnis** der anderen Vertragspartei
mit der Geltung der Allgemeinen Geschäftsbedingungen ist hingegen unverzichtbar.
§ 305a stärkt mit dieser Klarstellung das **Konsensualprinzip** der §§ 145ff. Dies ist zu begrüßen. Denn unter der Geltung des § 23 AGBG war umstritten, ob sich die Freistellung
auch auf das Erfordernis des Einverständnisses erstreckte.[73]

Ein **konkludentes Einverständnis** des Kunden mit der Geltung der Allgemeinen Geschäftsbedingungen ist freilich auch weiterhin – nach allgemeinen rechtsgeschäftlichen 296
Regeln – möglich. Nimmt der Kunde in Kenntnis der Allgemeinen Geschäftsbedingungen
die ihm angebotene Leistung entgegen, so wird man im Regelfall von einer konkludenten
Einverständniserklärung ausgehen können.[74]

---

[68] BGHZ 18, 212 (215); MünchKomm-*Kramer,* § 150 Rdn. 9.
[69] BGH NJW 1963, 1248; BGHZ 18, 212 (215); *Staudinger-Schlosser,* § 305 Rdn. 164; MünchKomm-*Basedow,* § 305 Rdn. 84; deutlich zurückhaltender *Palandt-Heinrichs,* § 150 Rdn. 3.
[70] BGH NJW 1991, 1750 (1753).
[71] *Ulmer,* § 305 Rdn. 167; *Wolf,* § 2 AGBG Rdn. 48.
[72] Vgl. hierzu noch Rdn. 686.
[73] Dafür BGH NJW 1998, 3188 (3189); a. A. *Wolf/Horn,* § 23 AGBG Rdn. 123.
[74] *Graf von Westphalen,* NJW 2002, 14f.

a) Genehmigte Tarife und Beförderungsbedingungen im Linienverkehr

Literatur: *Freise*, Die Einbeziehung allgemeiner Beförderungsbedingungen in den Beförderungsvertrag, VersR 2004, 974.

297 Für die entgeltliche oder geschäftsmäßige Personenbeförderung mit Straßenbahnen, Obussen und Kraftfahrzeugen gelten das Personenbeförderungsgesetz und die auf Grund der Ermächtigung in § 57 Abs. 1 Nr. 5 PBefG erlassene Verordnung über die Allgemeinen Beförderungsbedingungen für den Straßenbahn- und Obusverkehr sowie den Linienverkehr mit Kraftfahrzeugen vom 27. 2. 1970.[75] Bei dieser Verordnung handelt es sich ebenso wie bei der Eisenbahnverkehrsordnung um Rechtsnormen, die das jeweilige Beförderungsverhältnis unmittelbar regeln.

298 Sie fallen schon auf Grund ihres **Normcharakters** nicht unter die §§ 305 ff.[76] AGB-Charakter weisen hingegen die von den Verordnungen abweichenden besonderen Bedingungen auf, die die Beförderungsunternehmen gem. § 39 Abs. 6 PBefG mit behördlicher Genehmigung einführen können.

299 Der Ausnahmetatbestand des § 305 a Nr. 1 sieht für solche besonderen Bedingungen, nämlich die genehmigten Tarife und Beförderungsbedingungen der Eisenbahnen und die genehmigten Personenbeförderungsbedingungen der Straßenbahnen, Obusse und Kraftfahrzeuge im Linienverkehr, eine erleichterte Einbeziehung vor. § 305 Abs. 2 Nr. 1 und 2 findet keine Anwendung. Das bedeutet allerdings nicht, dass es keiner Einigung über die Einbeziehung der Bedingungen bedarf. § 305 a verlangt für alle dort aufgeführten Fälle, dass die andere Vertragspartei mit der Geltung einverstanden ist. Nur reicht nach allgemeinen Regeln eine konkludente Einbeziehung aus, die regelmäßig in der Inanspruchnahme der Beförderungsleistung zu sehen ist. Der Grund dieser Ausnahme liegt darin, dass die genannten Tarife und Beförderungsbedingungen in amtlichen Veröffentlichungsorganen kundbar zu machen sind, es mithin der strengen Einbeziehungsvoraussetzungen zum Schutze des Vertragspartners nicht bedarf (vgl. z. B. § 39 Abs. 7 PBefG).[77]

b) Allgemeine Geschäftsbedingungen für Postbeförderungsverträge

Literatur: *Späth*, Zustellung durch die Post, NJW 1998, 1620; *Dübbers/Kim*, Nochmals: Post Express – Der neue Kurierservice der Deutschen Post AG nach erneuter Änderungen der AGB, NJW 1999, 547.

300 § 305 a Nr. 2 Buchst. a) privilegiert **Beförderungsverträge** der Deutschen Post AG und ihrer Mitbewerber mit ihren Kunden, **wenn diese durch den Einwurf einer Postsendung in einen Briefkasten zustande kommen.** Voraussetzung ist, dass die Bedingungen im Amtsblatt der Regulierungsbehörde für Telekommunikation und Post veröffentlicht sind und in den Geschäftsstellen des Verwenders zur Einsichtnahme bereitgehalten werden. Dass in einzelnen Geschäftsstellen die Bedingungen nicht bereitliegen, schadet allerdings nicht.[78] Den tragenden Grund für die Erleichterung der Einbeziehung sieht die Regierungsbegründung darin, dass dem Kunden bei dieser besonderen Form des Vertragsschlusses die maßgeblichen Geschäftsbedingungen aus praktischen Gründen nicht zur Kenntnis gebracht werden können.[79] Bei der Aufgabe von Briefen und Päckchen am Schalter muß hingegen weiter den Anforderungen des § 305 Abs. 2 entsprochen werden.

---

[75] BGBl. I, S. 230.
[76] *Ulmer*, § 305 a Rdn. 11; *Palandt-Heinrichs*, § 305 a Rdn. 2; AG Frankfurt a. M. NJW-RR 2001, 132 zu § 17 Eisenbahnverkehrsordnung (kein Schadensersatz für Zugverspätungen), hierzu auch *Staudinger*, NJW 1999, 3664.
[77] BT-Drucks. 7/3919, S. 42; vgl. ferner BGH NJW 1981, 569.
[78] AnwK-*Kollmann*, § 305 a Rdn. 5.
[79] BT-Drucks. 14/1640, S. 152.

Zu beachten bleibt, daß die Rechte und Pflichten der Anbieter von Postdienstleistungen und derjenigen, die diese Leistungen als Endkunden vertraglich in Anspruch nehmen, rahmenmäßig durch die **Postdienstleistungsverordnung** normativ geregelt werden.[80] Vereinbarungen, die zu Ungunsten des Kunden von dieser Verordnung abweichen, sind nach § 1 Abs. 2 dieser Verordnung unwirksam. 301

c) Allgemeine Geschäftsbedingungen für bestimmte Telekommunikationsdienstleistungen

Literatur: *Fischer/Galster*, Auswirkungen der Schuldrechtsmodernisierung auf Telekommunikationsverträge, MMR 2002, 71; *Gehrhoff/Grote/Siering/Statz*, Allgemeine Geschäftsbedingungen der Telekom, Loseblatt; *Stoffels*, Rechtsgutachten zu den Standardverträgen zwischen der DTAG und den alternativen Diensteanbietern, 2005.

Ebenfalls an die Art des Vertragsschlusses knüpft die Vorschrift des **§ 305a Nr. 2 Buchst. b)** an. Die Freistellung von den Einbeziehungsvoraussetzungen des § 305 Abs. 2 Nr. 1 und 2 bezieht sich auf Verträge über Telekommunikations-, Informations- und andere Dienstleistungen, die unmittelbar durch Einsatz von Fernkommunikationsmitteln (Definition in § 312b Abs. 2) und während der Erbringung einer Telekommunikationsdienstleistung in einem Mal erbracht werden. Die Regierungsbegründung nennt hier vor allem das sog. offene **Call-by-call-Verfahren** und Verträge über **Mehrwert- und Informationsdienste**.[81] Unter die Mehrwertdienste fallen z.B. die „0900-Verbindungen",[82] während als klassischer Informationsdienst die Telefonauskunft zu nennen ist. Den Telekommunikationsunternehmen ist es hier in aller Regel nur unter unverhältnismäßigen Schwierigkeiten und dann auch nur unter erheblichen – zumal nicht im Kundeninteresse stehenden – Zeitverlusten möglich, ihre Allgemeinen Geschäftsbedingungen dem Kunden vor Vertragsschluss zugänglich zu machen. 302

Nicht erfasst werden hingegen telefonische Verträge über Dienstleistungen, die erst **nach Beendigung der Telefonverbindung** erfüllt werden.[83] 303

Beispiel: Aufgabe eines Telegramms.

2. Einbeziehung Allgemeinen Geschäftsbedingungen im unternehmerischen Geschäftsverkehr

Literatur: *Berger*, Einbeziehung von AGB in B2B-Verträge, ZGS 2004, 415; *Fischer*, Praktische Probleme der Einbeziehung von AGB unter Kaufleuten, insbesondere bei laufenden Geschäftsverbindungen, BB 1995, 2491; *Lindacher*, Zur Einbeziehung von Allgemeinen Geschäftsbedingungen durch kaufmännisches Bestätigungsschreiben, WM 1981, 702; *Müller-Graff*, AGB-Einbeziehung bei kaufmännischer Geschäftsübung und AGB-Gesetz, in: FS für Pleyer, 1986, S. 401; *Reh*, Einbeziehung und Inhaltskontrolle Allgemeiner Geschäftsbedingungen im kaufmännischen Verkehr, 1990; *Rüffer*, Einbeziehung von AGB im kaufmännischen Geschäftsverkehr, MDR 1992, 922; *Vorderobermeier*, Die Einbeziehung Allgemeiner Geschäftsbedingungen im kaufmännischen Geschäftsverkehr, 1992.

§ 305 Abs. 2 und 3 findet gem. § 310 Abs. 1 Satz 1 im unternehmerischen Geschäftsverkehr keine Anwendung. Das bedeutet aber lediglich, dass die durch § 305 Abs. 2 gegenüber dem allgemeinen Vertragsrecht formalisierten Einbeziehungsvoraussetzungen gegenüber einem Unternehmer nicht erfüllt sein müssen. Es bleibt indessen dabei, dass auch im unternehmerischen Geschäftsverkehr grundsätzlich Allgemeine Geschäftsbedingungen 304

---

[80] Vom 21. 8. 2001, BGBl. I, S. 2178.
[81] BT-Drucks. 14/1640, S. 153.
[82] Zur Entgeltpflicht für Mehrwertdienstnutzung im Telefondienstvertrag vgl. BGH NJW 2007, 438.
[83] Hierzu *Graf von Westphalen*, NJW 2002, 16.

nur kraft rechtsgeschäftlicher Vereinbarung Vertragsbestandteil werden können. Notwendig ist demgemäß eine ausdrückliche oder stillschweigende Willensübereinstimmung der Vertragspartner zur Geltung der Allgemeinen Geschäftsbedingungen. Dazu ist erforderlich, dass der eine Teil zum Ausdruck bringt, neben dem individualvertraglich Vereinbarten sollten auch bestimmte Allgemeine Geschäftsbedingungen Vertragsinhalt werden, und der Vertragspartner nicht widerspricht.[84] Eine stillschweigende Einbeziehung Allgemeiner Geschäftsbedingungen kann im Allgemeinen angenommen werden, wenn Kaufleute im Rahmen einer **laufenden Geschäftsverbindung** stets Verträge zu den Geschäftsbedingungen der einen Seite abgeschlossen haben und der Verwender unmissverständlich zu erkennen gegeben hat, dass er regelmäßig Geschäfte nur auf der Grundlage seiner eigenen Geschäftsbedingungen tätigen will.[85]

305 Es ist anerkannt, dass die **Branchenüblichkeit** der Verwendung von Allgemeinen Geschäftsbedingungen dazu führen kann, dass das Angebot des Verwenders auch ohne ausdrücklichen Hinweis die Einbeziehung der Geschäftsbedingungen umfasst. Der Einbeziehung muss der branchenkundige Kunde dann grundsätzlich von sich aus widersprechen, will er sich nicht den Bedingungen **stillschweigend** unterwerfen.[86] Branchenüblichkeit wurde z. B. bejaht für die ADSp.[87] Keiner gesonderten Einbeziehung bedarf es, wenn sich Allgemeine Geschäftsbedingungen über die Branchenüblichkeit ihrer Einbeziehung hinaus selbst vollinhaltlich zu einem **Handelsbrauch** ausgebildet haben. Handelsbräuche (§ 346 HGB) gelten normativ, so dass es auf Kenntnis oder Einverständnis der beteiligten Kaufleute nicht ankommt.[88] Allerdings ist die Rechtsprechung sehr zurückhaltend mit der Anerkennung einer bestimmten Übung als Handelsbrauch.[89]

306 Als Einbeziehungstatbestand kommt schließlich auch das **Schweigen auf ein kaufmännisches Bestätigungsschreiben** in Betracht. Nimmt eine Vertragspartei nach Abschluss der Vertragsverhandlungen erstmals in einem solchen Bestätigungsschreiben auf ihre Allgemeinen Geschäftsbedingungen Bezug, so werden diese Vertragsinhalt, wenn sich der kaufmännische Kunde hiergegen nicht unverzüglich verwahrt bzw. in seinem Bestellschreiben zum Ausdruck gebracht hat, dass er nur zu seinen Allgemeinen Geschäftsbedingungen abschließe.[90] Die konstitutiven Wirkungen des kaufmännischen Bestätigungsschreibens treten auch dann ein, wenn die in Bezug genommenen Bedingungen dem Bestätigungsschreiben nicht beigefügt waren und dem Kunden auch sonst nicht bekannt waren.[91] Vom Bestätigungsschreiben ist die **Auftragsbestätigung** zu unterscheiden, mit der ein Unternehmer ein ihm von Kunden unterbreitetes Angebot annimmt. Werden in dieser Auftragsbestätigung erstmals die Allgemeinen Geschäftsbedingungen eingeführt, so handelt es sich rechtlich um eine Ablehnung des Angebots verbunden mit einem neuen

---

[84] BGH NJW 1992, 1232; NJW-RR 2003, 754 (755).
[85] BGH NJW-RR 2003, 754 (755).
[86] OLG Dresden NJW-RR 1999, 846 (847).
[87] BGH NJW-RR 1996, 1313; beachte allerdings auch BGH NJW 2003, 1397, wonach im Hinblick auf das in § 449 Abs. 2 S. 2 Nr. 2 HGB statuierte Erfordernis qualifizierter Information eine stillschweigende Einbeziehung einer Haftungsbegrenzung des Frachtführers (auch in den ADSp) ausscheidet.
[88] BGH NJW-RR 2004, 555; *Ulmer*, § 305 AGBG Rdn. 180; *Palandt-Heinrichs*, § 305 Rdn. 58.
[89] Zu nennen sind insbesondere die Tegernseer Gebräuche im Holzhandel (BGH BB 1986, 1395) und die Bedingungen der Reederei in der Rheinschifffahrt (RheinSchifffahrtsOG Köln VersR 1978, 370); nicht aber die ADSp (*Ulmer*, § 305 Rdn. 181). Ein hiervon strikt zu unterscheidendes Problem stellen die sog. Verweisungsbräuche dar; zu ihnen *Basedow*, ZHR 150 (1986), S. 487f. und *Wolf*, § 2 AGBG Rdn. 82.
[90] BGHZ 7, 187 (190); *Wolf*, § 2 AGBG Rdn. 72; *Palandt-Heinrichs*, § 305 Rdn. 53; *Ulmer*, § 305 AGBG Rdn. 177ff.
[91] BGHZ 7, 187 (190); MünchKomm-*Basedow*, § 305 Rdn. 100; *Palandt-Heinrichs*, § 305 Rdn. 53.

Angebot (§ 150 Abs. 2). Geht der kaufmännische Kunde auf eine modifizierende Auftragsbestätigung ein, indem er die Leistung entgegennimmt, so wird man dies als Betätigung des Annahmewillens werten müssen.[92] Von einem Kaufmann kann nämlich ein erhöhtes Maß an Aufmerksamkeit im geschäftlichen Verkehr erwartet werden.

3. Einbeziehung vorformulierter Arbeitsvertragsbedingungen

Mit der Aufhebung der Bereichsausnahme für das Arbeitsvertragsrecht hat sich der Gesetzgeber zwar für eine Inhaltskontrolle vorformulierter Arbeitsvertragsbedingungen nach AGB-rechtlichen Maßstäben entschieden, das Schutzinstrument der Einbeziehungskontrolle jedoch ausdrücklich ausgenommen. § 305 Abs. 2 und 3 findet gemäß **§ 310 Abs. 4 Satz 2 Halbs. 2** keine Anwendung. Der Gesetzgeber hat sich für die Ausklammerung des § 305 Abs. 2 und 3 auf das **Nachweisgesetz**[93] berufen.[94] Hiernach sei der Arbeitgeber ohnehin verpflichtet, dem Arbeitnehmer die wesentlichen Vertragsbestimmungen auszuhändigen oder dies durch einen Hinweis auf eine einschlägige Kollektivvereinbarung zu ersetzen. Hierbei hat der Gesetzgeber jedoch offenkundig den **Regelungsgehalt des Nachweisgesetzes verkannt.**[95] Das Nachweisgesetz begründet eine Verpflichtung des Arbeitgebers, dem Arbeitnehmer die für sein Arbeitsverhältnis wesentlichen Arbeitsbedingungen schriftlich nachzuweisen. Damit soll mehr Rechtssicherheit und Rechtsklarheit im Arbeitsverhältnis geschaffen werden. Eine Verpflichtung, dem Arbeitnehmer die schriftlich niedergelegten Arbeitsbedingungen bereits im Zeitpunkt des Vertragsschlusses auszuhändigen, besteht hingegen nicht (vgl. § 2 Abs. 1 Satz 1 NachwG). Es geht mithin nicht wie bei § 305 Abs. 2 um die Etablierung rechtsgeschäftlicher Schutzstandards in Form erhöhter Transparenzanforderungen im Zeitpunkt des Vertragsschlusses. Im Übrigen ahndet das Nachweisgesetz die Nichteinhaltung der Nachweispflicht auch nicht mit der Sanktion der Nichtgeltung. Es kann daher schon aus diesem Grunde nicht an die Stelle des § 305 Abs. 2 treten. Trotz dieser Fehlbewertung des Nachweisgesetzes wird man die eindeutige gesetzgeberische Entscheidung nicht im Wege der analogen Anwendung des § 305 Abs. 2 korrigieren dürfen.[96] Es verbleibt insoweit bei den allgemeinen rechtsgeschäftlichen Regeln. Möglich ist daher auch eine **konkludente Willensübereinkunft,** z. B. über die Geltung eines Tarifvertrages.[97]

IV. Rahmenvereinbarung

1. Sinn und Wirkungsweise einer Rahmenvereinbarung

Nach **§ 305 Abs. 3** kommt der einzelne Vertrag ohne weiteres unter Einbeziehung der Allgemeinen Geschäftsbedingungen des Verwenders zustande, wenn die Vertragspartner im Voraus generell ihre Geltung für künftige Verträge vereinbart haben, also eine sogenannte Rahmenvereinbarung getroffen haben. Dabei handelt es sich um einen Vertrag, durch den die Geltung der Allgemeinen Geschäftsbedingungen eines Partners für künftige

---

[92] BGH NJW 1995, 1671 (1672); NJW-RR 2000, 1154 (1155); *Palandt-Heinrichs*, § 305 Rdn. 53.
[93] Gesetz vom 20. 7. 1995, BGBl. I S. 946.
[94] BT-Drucks. 14/6857, S. 54.
[95] Kritisch zu Recht *Annuß*, BB 2002, 460; *Richardi*, NZA 2002, 1058 f.; AGB-Klauselwerke-*Thüsing*, Arbeitsvertrag, Rdn. 36.
[96] In diesem Sinne auch LAG Niedersachsen NZA-RR 2005, 401 (402); ErfK-*Preis*, §§ 305–310 Rdn. 26; *Thüsing*, AGB-Kontrolle im Arbeitsrecht, Rdn. 84.
[97] *Thüsing*, AGB-Kontrolle im Arbeitsrecht, Rdn. 200; ErfK-*Preis*, §§ 305–310 Rdn. 26; *Lakies*, AGB im Arbeitsrecht, Rdn. 224.

Geschäfte vorgesehen wird. Die Allgemeinen Geschäftsbedingungen brauchen dann nicht in jedem Einzelfall neu vereinbart zu werden. Vielmehr werden sie durch die Rahmenvereinbarung für alle von ihr erfassten Verträge verbindlich, ohne dass die Einbeziehungsvoraussetzungen bei den Einzelverträgen erfüllt zu sein brauchen oder in den Einzelverträgen auf die Rahmenvereinbarung verwiesen werden müsste.[98] Mit der Regelung ist eine Erleichterung des Geschäftsverkehrs zwischen Parteien bezweckt, die eine ständige Geschäftsbeziehung auf der Basis einer Vielzahl gleichartiger Verträge unterhalten.[99] Wichtig ist diese durch § 305 Abs. 3 eröffnete Möglichkeit vor allem für solche Geschäfte, die nicht schon als typische Massengeschäfte unter die Ausnahme des § 305 Abs. 2 Nr. 1 a.E. fallen.[100]

Beispiel: Rahmenvereinbarungen sind beispielsweise die AGB-Banken, die aber zugleich in den Bankenvertrag als allgemeinem Grund- oder Geschäftsbeziehungsvertrag eingebettet sind.[101] Nr. 1 der AGB-Banken lautet: „Die Allgemeinen Geschäftsbedingungen gelten für die gesamte Geschäftsverbindung zwischen dem Kunden und den inländischen Geschäftsstellen der Bank."

309 Die **Rechtsnatur der Rahmenvereinbarung** war insbesondere vor Inkrafttreten des AGB-Gesetzes umstritten.[102] Auch heute geht die Charakterisierung noch auseinander. Während etwa *M. Wolf*[103] in Anlehnung an *A. Hueck*[104] von einem Normenvertrag spricht, dessen Rechtswirkung in der unmittelbaren Geltung der zwischen den Parteien vorgefertigten Vertragsordnung im Einzelvertrag beruhe, kennzeichnet *Ulmer*[105] die Rahmenvereinbarung als Dauerschuldverhältnis eigener Art, gerichtet auf Festlegung eines durch die Allgemeinen Geschäftsbedingungen konkretisierten Vertragsrahmens für die zwischen den Parteien abzuschließenden Einzelgeschäfte. Der Unterschied dürfte heute jedoch eher terminologischer Art sein. Ein sachlicher – und erst recht ein praxisrelevanter – Dissens lässt sich heute dank der gesetzlichen Klarstellung in § 305 Abs. 3 nicht mehr ausmachen.

2. Voraussetzungen einer wirksamen Rahmenvereinbarung

310 Die Rahmenvereinbarung ist ein Vertrag, auf den zunächst die allgemeinen Vorschriften über den Vertragsschluss durch übereinstimmende Willenserklärungen Anwendung finden. Jedenfalls im nichtunternehmerischen Verkehr lässt sich weder der – sei es auch im Rahmen laufender Geschäftsbeziehungen erfolgten – wiederholten Einbeziehung der Allgemeinen Geschäftsbedingungen in eine Vielzahl von Einzelverträgen noch den häufigen Hinweisen in Rechnungen in Lieferscheinen auf die Allgemeinen Geschäftsbedingungen des Verwenders erkennbar dessen Angebot entnehmen, mit dem Vertragspartner im Voraus allgemein die Geltung seiner Allgemeinen Geschäftsbedingungen für künftige Geschäfte zu vereinbaren.[106] Ferner müssen bei Abschluss der Rahmenvereinbarung **die Voraussetzungen des § 305 Abs. 2 Nr. 1 und 2** vorliegen, d.h. der Verwender muss dafür Sorge tragen, dass der andere Teil auf die Allgemeinen Geschäftsbedingungen hingewiesen und ihm die Möglichkeit der Kenntnisverschaffung eingeräumt wird. In der Praxis

---

[98] BGH WM 1986, 1194 (1195).
[99] *Wolf*, § 2 AGBG Rdn. 51.
[100] *Ulmer*, § 305 Rdn. 201.
[101] *Wolf*, § 2 AGBG Rdn. 51. Zur rechtlichen Qualifikation des Bankvertrages vgl. im übrigen BGH NJW 2002, 3695.
[102] Nachweise bei *Ulmer*, § 305 Rdn. 203 f.
[103] *Wolf*, § 2 AGBG Rdn. 51.
[104] *A. Hueck*, JherJb 73 (1923), 33 ff.
[105] *Ulmer*, § 305 Rdn. 205.
[106] BGH WM 1986, 1194 (1195).

wird die Rahmenvereinbarung nahezu ausnahmslos schriftlich niedergelegt werden. Gleichwohl hat das Gesetz ein besonderes Schriftformerfordernis nicht aufgestellt.

In der Rahmenvereinbarung muss eine **bestimmte Art von Rechtsgeschäften** – ausreichend sind aber auch mehrere Arten verwandter Geschäfte –[107] bezeichnet werden, für die ihre Allgemeinen Geschäftsbedingungen Geltung beanspruchen soll. Bestimmt sein müssen jedoch nicht nur die in Aussicht genommenen Rechtgeschäfte. Auch die **Allgemeinen Geschäftsbedingungen** des Verwenders müssen in der Rahmenvereinbarung in einer Weise **fixiert sein**, dass bereits bei Abschluss der Rahmenvereinbarung feststeht, mit welchem Inhalt sie in mögliche künftige Einzelgeschäfte Eingang finden werden. 311

Beispiel: Unzulässig wäre die Vereinbarung Allgemeiner Geschäftsbedingungen des Verwenders in ihrer jeweils geltenden Fassung für die künftig zu erwartenden Einzelgeschäfte zwischen den Vertragsparteien.[108] Auch eine dynamische Verweisung auf die VOB ist in einer Rahmenvereinbarung nicht zulässig.

Selbstverständlich muss auch eine Rahmenvereinbarung den inhaltlichen Anforderungen der §§ 307 bis 309 genügen. 312

V. Das Problem kollidierender Allgemeiner Geschäftsbedingungen

Literatur: *Ebel*, Die Kollision Allgemeiner Geschäftsbedingungen, NJW 1978, 1033; *Eckest/Nebel*, Abwehrklauseln in Einkaufsbedingungen, verlängerter Eigentumsvorbehalt und Globalzession, WM 1988, 1545; *Lieb*, Eigentumsvorbehalt und Abwehrklausel, in: FS Baumgärtel, 1990, S. 311; *de Lousanoff*, Neues zur Wirksamkeit des Eigentumsvorbehalts bei kollidierenden AGB, NJW 1985, 2921; *Köster*, Stillschweigende Vereinbarung eines verlängerten Eigentumsvorbehalts – OLG Düsseldorf, NJW-RR 1997, 946 ff., JuS 2000, 22; *Mayer*, Der Eigentumsvorbehalt bei sich widersprechenden AGB, NJW 1978, 1037; *Schlechtriem*, Die Kollision von Standardbedingungen bei Vertragsschluß, in: FS für Wahl, 1973, S. 67; *ders.*, Kollidierende Standardbedingungen und Eigentumsvorbehalt, in: Schlechtriem/Leser, Zum Deutschen und Internationalen Schuldrecht, 1983, S. 1; *Striewe*, Kollidierende AGB. Vertragsschluß und Vertragsinhalt, JuS 1982, 728; *Graf von Westphalen*, Kollision von Einkaufs- und Verkaufs-AGB, in: FS für Kreft, 2004, S. 97.

1. Problemstellung

Die verbreitete Verwendung Allgemeiner Geschäftsbedingungen im kaufmännischen Geschäftsverkehr führt nicht selten dazu, dass beide Teile eines in Aussicht genommenen Geschäfts über vorformulierte Vertragsbedingungen verfügen, die sie nach Möglichkeit in den Vertrag einbeziehen wollen. Denkbar ist, dass die Parteien im Verhandlungsstadium diesen Punkt zur Sprache bringen und in der ein oder anderen Weise für sich regeln. Mitunter wird es so sein, dass der mächtigere Vertragsteil den Vertragsschluss vom Verzicht der Gegenseite auf die Einbeziehung ihrer Vertragsbedingungen abhängig macht, das Kollisionsproblem auf diese Weise mithin noch vor Vertragsschluss aus dem Wege geräumt wird. Oftmals lassen die Parteien das Kollisionsproblem jedoch offen, um den Abschluss des Vertrages und damit den erhofften Geschäftsgewinn nicht zu gefährden. Den näheren Modalitäten und insbesondere der Regelung etwaiger Störungstatbestände messen die Parteien demgegenüber nur zweitrangige Bedeutung zu, steht doch im Allgemeinen eine reibungslose Abwicklung des Geschäfts zu erwarten. Bedeutung erlangt die offen gelassene Frage der Geltung der Allgemeinen Geschäftsbedingungen jedoch dann, wenn die Vertragsabwicklung nicht so verläuft, wie sich die Parteien dies vorgestellt haben und der 313

---

[107] *Ulmer*, § 305 Rdn. 207; *Erman-Roloff*, § 305 Rdn. 45. *Koch/Stübing*, § 2 AGBG Rdn. 38 verlangen hingegen, dass die Rechtsgeschäfte allesamt demselben Vertragstyp zuzuordnen sind.

[108] *Ulmer*, § 305 Rdn. 208; *Palandt-Heinrichs*, § 305 Rdn. 45; *Staudinger-Schlosser*, § 305 Rdn. 180; Amtl. Begründung BT-Drucks. 7/3919, S. 18.

betreffende Tatbestand in den jeweiligen Geschäftsbedingungen unterschiedlich geregelt ist.

Beispiele:
(1) E, Inhaber eines Elektrofachhandels, bestellt unter Beifügung seiner Allgemeinen Einkaufsbedingungen bei dem Großhändler G mehrere Kaffeemaschinen für den Weiterverkauf an seine Kunden. G schreibt, er nehme das Angebot an und verweist seinerseits auf seine Allgemeinen Verkaufs- und Lieferungsbedingungen. Der Vertrag gelangt zur Ausführung. Allerdings erweisen sich die Kaffeemaschinen als mangelhaft. E muss nun mit Regressansprüchen seiner Kunden rechnen. In seinen Einkaufsbedingungen hatte sich E jedoch ausbedungen, dass der Lieferant ihn von möglichen Ersatzansprüchen seiner Endabnehmer freizustellen habe, soweit der Lieferant für den die Haftung auslösenden Fehler einzustehen habe.[109] G beruft sich hingegen auf seine Allgemeinen Verkaufs- und Lieferungsbedingungen, in denen eine Haftung für diesen Fall gerade ausgeschlossen wird.
(2) Im Beispielsfall (1) hatten die Parteien sich telefonisch geeinigt. Über Allgemeine Geschäftsbedingungen ist nicht gesprochen worden. Nunmehr bestätigen sich beide Parteien durch sich kreuzende Bestätigungsschreiben den Vertragsschluss und weisen dabei jeweils auf ihre dem Bestätigungsschreiben beigelegten Allgemeinen Geschäftsbedingungen hin.

314   Entsprechend der unterschiedlichen Interessenlage der als Anbieter oder Nachfrager auftretenden Vertragspartner fällt der Inhalt der jeweils in Bezug genommenen Allgemeinen Geschäftsbedingungen nicht selten auseinander (vgl. die Beispielsfälle). In diesen Fällen stellt sich die Frage, ob trotz der sich teilweise widersprechenden Willenserklärungen der Parteien ein Vertrag zustande gekommen ist und welchen Inhalt der Vertrag gegebenenfalls hat. Obwohl das Problem schon geraume Zeit vor Inkrafttreten des AGB-Gesetzes erkannt worden war,[110] hat sich der Gesetzgeber einer normativen Konfliktlösung bewusst enthalten.[111] Dies ist insofern auch konsequent, als das AGB-Gesetz (jetzt §§ 305 ff.) nur die Einbeziehung Allgemeiner Geschäftsbedingungen im nichtkaufmännischen Geschäftsverkehr aufgegriffen hat, die Regelung eines Detailproblems aus dem kaufmännischen Geschäftsverkehr mithin als Bruch im Regelungskonzept erscheinen müsste.[112] Die Lösung muss daher durch Rückgriff auf die allgemeinen Regeln des Vertragsrechts gewonnen werden.[113]

2. Lösungsansatz der Rechtsprechung

315   Die enge Anbindung an die Vorschriften des Bürgerlichen Gesetzbuches (insbesondere § 150 Abs. 2) kennzeichnet seit jeher auch die zivilgerichtliche Judikatur zu dieser Problematik. Die Rechtsprechung hat – nicht unbeeinflusst von kritischen Äußerungen im Schrifttum – im Laufe der Zeit Wandlungen erfahren. Die noch verbleibenden Differenzen in den praktischen Ergebnissen sind überschaubar. Immer ging das Bestreben der Rechtsprechung im Einklang mit der ganz herrschenden Lehre dahin, den Vertragsschluss

---

[109] Grundsätzlich wirksam, vgl. hierzu *Ulmer/Christensen*, Anh. § 310 Rdn. 316.
[110] *Raiser*, Das Recht der AGB, S. 224 f.; *Schlechtriem*, in: FS für Wahl, S. 67 ff.
[111] Siehe hierzu die Amtl. Begründung, BT-Drucks. 7/3919, S. 17 f. Der Bundesrat (BT-Drucks. 7/3919, S. 47 f.) hatte sich für eine Regelung ausgesprochen und die Ergänzung des Entwurfs um einen § 5 a vorgeschlagen, der wie folgt lautete: „Nehmen beide Vertragsparteien auf Allgemeine Geschäftsbedingungen Bezug, die sich insgesamt oder in einzelnen Bestimmungen widersprechen und haben sie insoweit eine ausdrückliche Einigung nicht erzielt, so werden Bestimmungen, soweit sie sich widersprechen, für den Vertrag nicht wirksam. § 5 Abs. 2 und 3 (der heutige § 306 Abs. 2 und 3) gilt entsprechend."
[112] In diesem Sinne auch die Gegenäußerung der Bundesregierung zur Stellungnahme des Bundesrates (BT-Drucks. 7/3919, S. 60).
[113] Zur Frage, in welchem Umfang kollidierende Allgemeine Geschäftsbedingungen im Anwendungsbereich des CISG Vertragsbestandteil werden vgl. BGH NJW 2002, 1651.

nicht an der Kollision sich widersprechender Allgemeiner Geschäftsbedingungen scheitern zu lassen.

a) Ausgangspunkt: Theorie des letzten Wortes

Die ältere Rechtsprechung[114] löste das Kollisionsproblem nach einem einheitlichen, streng an § 150 Abs. 2 orientierten Muster. Der Vertrag kommt nach dieser Lösung nicht bereits durch die erklärte Zustimmung des Angebotsempfängers zustande. Denn dieses Einverständnis sei wegen der Bezugnahme auf die eigenen Allgemeinen Geschäftsbedingungen als Ablehnung verbunden mit einem neuen Antrag zu bewerten. Gelange der Vertrag dann jedoch gleichwohl zur Ausführung und nehme die sonach am Zug befindliche Vertragspartei die Leistung widerspruchslos entgegen, so könne dies im Zweifel als stillschweigendes Einverständnis mit den Allgemeinen Geschäftsbedingungen der Gegenseite angesehen werden. In unserem Beispielfall wäre die Antwort des Großhändlers als Ablehnung des Antrags verbunden mit einem neuen Angebot zum Abschluss eines Kaufvertrages unter Geltung seiner Allgemeinen Verkaufs- und Lieferungsbedingungen gewertet worden. In der vorbehaltlosen Entgegennahme der Leistung (der Lieferung) wäre dann letztlich die stillschweigende Zustimmung zu dem modifizierten Angebot erblickt worden. In unserem Beispiel hätte sich der Lieferant im Ergebnis mit seinen Allgemeinen Geschäftsbedingungen durchgesetzt. Diesen Lösungsansatz hat man treffend als „Theorie des letzten Wortes"[115] charakterisiert. Denn Vertragsinhalt werden die Allgemeinen Geschäftsbedingungen derjenigen Partei, die zuletzt auf sie verwiesen hat.

316

b) Einschränkungen dieses Lösungsansatzes

Die neuere Rechtsprechung des BGH hat an dem skizzierten Konzept zwar im Grundsatz festgehalten, die wenig einleuchtende Konsequenz der Geltung des letzten Wortes, in einer Reihe von Urteilen jedoch deutlich zurückgedrängt.[116] Der Lösungsweg über § 150 Abs. 2 soll nunmehr dort nicht mehr gangbar sein, wo der Besteller durch eine in seinen Allgemeinen Geschäftsbedingungen enthaltene **Abwehrklausel** deutlich gemacht habe, dass er nur zu seinen Allgemeinen Geschäftsbedingungen habe abschließen wollen.

317

Beispiel: Die in den Allgemeinen Geschäftsbedingungen des Bestellers enthaltene Abwehrklausel *„anderslautende Bedingungen – soweit sie nicht in dieser gesamten Bestellung festgelegt sind – gelten nicht"* schließt nach einer neueren Entscheidung des BGH alle Vertragsbedingungen des Lieferanten aus, auch solche die das Klauselwerk des Bestellers ergänzen.[117]

Bestätigt der Lieferant in einem solchen Falle den Vertragsschluss gleichwohl unter Hinweis auf die Geltung seiner Verkaufsbedingungen, so soll die widerspruchslose Annahme der Leistung oder die Erbringung der Gegenleistung nicht als Einverständnis des Bestellers mit dem modifizierten Angebot des anderen Teils gewertet werden können. Die Wirksamkeit des Vertrages als solcher soll von diesem Einigungsmangel jedoch nicht berührt werden, sofern die Parteien einverständlich mit der Durchführung des Vertrages beginnen. Die Lücke im Vertrag wird nach der neueren Rechtsprechung in diesem Falle nicht ohne weiteres und ausnahmslos dadurch geschlossen, dass anstelle der in den All-

318

---

[114] RG, Warn. 1919, Nr. 5 (weitere Nachweise der reichsgerichtlichen Judikatur bei *Raiser*, Recht der Allgemeine Geschäftsbedingungen, S. 224 Fn. 1); BGH NJW 1951, 271; 1955, 1794; 1963, 1248.

[115] *Löwe*/Graf von Westphalen/Trinkner, § 2 AGBG Rdn. 42; *Ulmer*, § 305 Rdn. 185; *Locher*, Recht der AGB, S. 54; *Ebel*, NJW 1978, 1033.

[116] BGH NJW 1973, 2106; 1980, 449; 1985, 1838 (1839f.); 1991, 1604 (1606); NJW-RR 2001, 484; OLG Düsseldorf, NJW-RR 1997, 946 (947).

[117] BGH NJW-RR 2001, 484.

gemeinen Geschäftsbedingungen vorgesehenen Regelungen das entsprechende dispositive Recht tritt. Dem Parteiwillen könne vielmehr entnommen werden, dass solche vom dispositiven Recht abweichenden oder dieses ergänzende Regelungen gelten sollten, die in den beiderseitigen Allgemeinen Geschäftsbedingungen mit übereinstimmendem Inhalt getroffen und demgemäß von beiden Parteien gewollt seien.[118] Damit beschränkt die heutige Rechtsprechung die Anwendung des § 150 Abs. 2 im Ergebnis auf diejenigen Fälle, in denen es an einer Abwehrklausel auf Seiten des Bestellers fehlt oder eine solche zwar vorhanden ist, sich ein Pendant hierzu jedoch auch in der Auftragsbestätigung des Lieferanten findet.

3. Stellungnahme

319 Die frühere Rechtsprechung nach Maßgabe der „Theorie des letzten Wortes" stand schon deshalb auf schwachen Füßen, weil es überaus zweifelhaft ist, ob die Entgegennahme der Vertragsleistung einen Schluss auf den rechtsgeschäftlichen Willen erlaubt, den Vertrag mit den Allgemeinen Geschäftsbedingungen des Vertragspartners gelten zu lassen und die eigenen – dem anderen Teil als Vertragsgrundlage immerhin angetragenen – Bedingungen zurückzustellen.[119] Außerdem provoziert dieser Ansatz ein „Ping-Pong-Spiel",[120] in dem Widerspruch auf Widerspruch folgt. Er produziert wenig einsichtige Zufallsergebnisse und begünstigt tendenziell den Lieferanten, der sich mit seiner durch Hinweis auf die eigenen Allgemeinen Geschäftsbedingungen modifizierten Auftragsbestätigung oftmals durchsetzen wird. Gestaltet sich die Vertragsanbahnung indes komplizierter, es kommt beispielsweise zu einem Hin und Her der Korrespondenz, so kann es sich im Nachhinein sogar als äußerst schwierig erweisen, festzustellen, wer hinsichtlich der Frage der Geltung der Allgemeinen Geschäftsbedingungen das letzte Wort hatte.[121] Der Lösungsansatz über § 150 Abs. 2 mutet kurzum willkürlich an, ohne dass dieses Gerechtigkeitsdefizit durch ein Mehr an Rechtssicherheit aufgewogen würde. Das „letzte Wort" verdient schlichtweg die ihm zugemessene Präponderanz nicht.[122] Der neueren Rechtsprechung ist zu attestieren, dass sie die kritisierten Konsequenzen ihres Grundansatzes praxisgerecht weitgehend zurückgedrängt hat. Klärungsbedürftig ist jedoch weiterhin der dogmatische Ausgangspunkt der Lösung. Hier wäre eine Grundsatzentscheidung, die den Lösungsweg über § 150 Abs. 2 endgültig der Vergangenheit überantwortet, sehr zu begrüßen.[123] Ein alternatives Konzept, dass die beiden zentralen Punkte, nämlich das Zustandekommen des Vertrages und seinen Inhalt, überzeugender zu lösen vermag, könnte wie folgt aussehen:

a) Zustandekommen des Vertrages

320 Im Ergebnis in Übereinstimmung mit der Rechtsprechung ist zunächst davon auszugehen, dass das Aufeinandertreffen unterschiedlicher Allgemeiner Geschäftsbedingungen in aller Regel das Zustandekommen eines wirksamen Vertrages nicht hindert. Die Begründung ist jedoch nicht in der Vorschrift des § 150 Abs. 2 zu finden, sondern in der Umkeh-

---

[118] BGH NJW 1985, 1838 (1839 f.).
[119] Kritisch schon *Raiser*, Recht der AGB, S. 224; ablehnend auch *Flume*, Rechtsgeschäft, § 37, 3, S. 676; *Palandt-Heinrichs*, § 305 Rdn. 55 sowie OLG Köln DB 1980, 924; a. A. hingegen *Ebel*, NJW 1978, 1034 f.
[120] *Löwe*/Graf von Westphalen/Trinkner, § 2 AGBG Rdn. 41.
[121] *Flume*, Rechtsgeschäft, § 37, 3, S. 675 f.; *Striewe*, JuS 1982, 729 beklagt ebenfalls ein erhöhtes Maß an Rechtsunsicherheit.
[122] *Flume*, Rechtsgeschäft, § 37, 3, S. 675.
[123] In diesem Sinne mittlerweile auch die herrschende Lehre; vgl. *Palandt-Heinrichs*, § 305 Rdn. 55; *Ulmer*, § 305 Rdn. 188 ff.; partiell an § 150 Abs. 2 festhaltend hingegen *Wolf*, § 2 AGBG Rdn. 74.

§ 9. Einbeziehungsvereinbarung oder Rahmenvereinbarung

rung der Auslegungsregel des § 154 Abs. 1.[124] Die Praxis hat gezeigt, dass die Parteien den AGB-Konflikt der Einigung über den rechtsgeschäftlichen Leistungsaustausch unterordnen und das Geschäft an dieser Frage nicht scheitern lassen wollen.[125] Einer interessengerechten Bewertung des Parteiwillens dürfte es daher in aller Regel entsprechen, den Vertrag trotz der nicht erzielten Einigung über die Geltung der Allgemeinen Geschäftsbedingungen für geschlossen zu erachten. Einen offenen Dissens mit der Folge des Scheiterns des Vertrages wird man nur annehmen können, wenn eine Partei die Geltung ihrer Allgemeinen Geschäftsbedingungen ausdrücklich in den Rang einer Wirksamkeitsvoraussetzung des Vertrages erhoben hat, wofür eine heute allgemein übliche, bloße Abwehrklausel nicht genügt. Für diese Sichtweise lässt sich schließlich auch der Rechtsgedanke des § 306 Abs. 1 heranziehen. Nach dieser Vorschrift wäre der Vertrag ja immerhin auch dann wirksam zustande gekommen, wenn der Versuch einer einseitigen Einführung Allgemeiner Geschäftsbedingungen in den Vertrag mit einem nichtkaufmännischen Kunden mangels Beachtung der Einbeziehungsvoraussetzungen des § 305 Abs. 2 insgesamt gescheitert wäre.

b) Inhalt des Vertrages (Prinzip der Kongruenzgeltung)

Für den Inhalt des zustande gekommenen Vertrages ist **in erster Linie der zwischen den Parteien erzielte Konsens maßgeblich.** Dieser wird sich zumeist nicht in der bloßen Festlegung der Hauptleistungspflichten erschöpfen. Vielmehr wird der Vergleich der jeweils in Bezug genommenen Allgemeinen Geschäftsbedingungen auch Übereinstimmung in verschiedenen anderen Punkten zutage fördern. Diesem übereinstimmenden Willen ist entsprechend dem Prinzip der Privatautonomie nach Möglichkeit zum Erfolg, sprich zur vertraglichen Verbindlichkeit, zu verhelfen. Man hat diese Lösung auch als „Prinzip der Kongruenzgeltung" bezeichnet.[126] Nur wenn sich die Allgemeinen Geschäftsbedingungen beider Vertragspartner (punktuell) als unvereinbar erweisen, ist die Lösung entsprechend dem Rechtsgedanken des § 306 Abs. 2 in der **Anwendung von Vorschriften des dispositiven Gesetzesrechts** zu suchen.[127] 321

Die Feststellung des Umfangs der Übereinstimmung bereitet mitunter Schwierigkeiten. Ob die Vertragswerke in den interessierenden Punkten übereinstimmen, ist ggf. im Wege der Auslegung unter Berücksichtigung von Sinn und Zweck der jeweiligen Regelung und des gemeinschaftlichen Interesses beider Parteien zu bestimmen. 322

Beispiele:
(1) Im eingangs geschilderten Beispielsfall stehen die Allgemeinen Geschäftsbedingungen in der Frage der Freistellung von Ersatzansprüchen der Endabnehmer in einem klaren und unüberbrückbaren Widerspruch. Die einander widersprechenden Klauseln sind nicht Vertragsbestandteil geworden. Die Rechtslage beurteilt sich in diesem Punkt nach dem dispositiven Gesetzesrecht.
(2) In den Allgemeinen Einkaufsbedingungen der einen Vertragspartei heißt es: „Mangelhafte Waren sind vom Lieferer kostenlos instandzusetzen, gegen einwandfreie auszutauschen oder zur Gutschrift zurückzunehmen". Die Allgemeinen Lieferbedingungen der Gegenseite sahen für diesen

---

[124] *Ulmer*, § 305 Rdn. 188; *Palandt-Heinrichs*, § 305 Rdn. 55; a. A. *Ebel*, NJW 1978, 1036.
[125] Instruktiv hierzu eine von *Kegel* (JZ 1952, 501) mitgeteilte Szene aus einem Londoner Gerichtssaal: „Warum haben Sie nicht klargestellt, wessen Allgemeine Geschäftsbedingungen gelten sollen, Ihre oder die des Gegners?" „Wir würden keinen Vertrag hinkriegen, wenn wir sowas machten, haben auch keine Zeit". „Na, wozu haben Sie dann überhaupt Bedingungen?" „Wozu? Die hat doch jeder!".
[126] *Wolf*, § 2 AGBG Rdn. 78; *Larenz/Wolf*, Allgemeiner Teil, § 43 Rdn. 24; *Palandt-Heinrichs*, § 305 Rdn. 55.
[127] *Wolf*, § 2 AGBG Rdn. 79; *Ulmer*, § 305 Rdn. 193; *Löwe/Graf von Westphalen/Trinkner*, § 2 AGBG Rdn. 46. Im älteren Schrifttum hatte man sich verschiedentlich noch für Vorrang des dispositiven Rechts ausgesprochen vgl. etwa *Emmerich*, JuS 1972, 365.

Fall folgende Regelung vor: „Alle diejenigen Teile oder Leistungen sind nach Wahl des Lieferers unentgeltlich nachzubessern, neu zu liefern oder neu zu erbringen, die ..." Die Klauseln stimmen hinsichtlich der Kostentragung inhaltlich überein und verpflichten, wie der BGH im Einzelnen dargelegt hat, den Lieferanten auch zur Übernahme der Kosten, die für die Erfüllung der Nachbesserungs- oder Nachlieferungspflicht am ursprünglichen Lieferungsort erforderlich sind.[128] Eine solche Klausel unterliegt nicht der Inhaltskontrolle nach den §§ 307 bis 309, da sie von keiner Seite gestellt ist (§ 305 Abs. 1).[129]

(3) In den „Allgemeinen Lieferungs- und Zahlungsbedingungen" eines Wurstlieferanten findet sich die Klausel: „Schlecht-, Falsch- oder Minderlieferungen sind spätestens binnen 12 Stunden nach Warenankunft, verdeckte Mängel spätestens 24 Stunden nach Entdeckung dem Verkäufer schriftlich oder fernschriftlich anzuzeigen. Nach den „Allgemeinen Einkaufs-, Bestell- und Zahlungsbedingungen" des Geschäftspartners, einer Pizza-Kette, sind demgegenüber „die §§ 377 und 378 HGB ... ausgeschlossen". Ferner findet sich in ihnen eine Abwehrklausel.[130] Im Falle sich inhaltlich widersprechender Klauseln ist vor dem Rückgriff auf das dispositive Gesetzesrecht zu prüfen, ob die jeweils vorgesehene Regelung – unterstellt, sie wäre Vertragsbestandteil geworden – überhaupt Rechtswirkungen entfalten könnte. Dies ist nicht der Fall, wenn die Klausel wegen inhaltlicher Unangemessenheit einer Inhaltskontrolle nach den §§ 307 bis 309 nicht stand zu halten vermag. Im vorliegenden Fall verstößt der uneingeschränkte Ausschluss der §§ 377, 378 HGB gegen § 307 Abs. 2 Nr. 1 und ist demgemäß unwirksam.[131] Rechtlich besteht nun kein Unterschied zur Konstellation, dass die Geschäftsbedingungen der Käuferseite zu diesem Gegenstand von vornherein keine Aussagen treffen. Man spricht bei solchen zusätzlichen Regelungen, die in den Bedingungen der Gegenseite (hier der Käuferseite) keine Entsprechung finden, auch von Ergänzungsregelungen.[132] Ob in einem solchen Falle auch ohne eine in den beiderseitigen Allgemeinen Geschäftsbedingungen zum Ausdruck kommende übereinstimmende Willensrichtung ein stillschweigendes Einvernehmen des anderen Teils mit den einseitig geregelten zusätzlichen Bedingungen des Vertragspartners angenommen werden kann, hängt von dem anhand der sonstigen Umstände zu ermittelnden Willen des Klauselgegners ab.[133] Die Geltung der Ergänzungsregelung liegt zumindest dann nahe, wenn sie die Gegenseite begünstigt. Auch die Üblichkeit solcher Regelungen in Geschäftsbeziehungen dieser Art spricht für ihre Geltung. Aber schon durch eine (einfache) Abwehrklausel soll nach Ansicht des BGH die Geltung der einseitig ergänzenden Regelungen ausgeschlossen werden können.[134] Dem ist in dieser Allgemeinheit zu widersprechen.[135] Ergeben sich im Rahmen der Auslegung deutliche Anhaltspunkte für ein stillschweigendes Einverständnis des Klauselgegners mit der betreffenden Regelung, so gebührt dem konkret zum Ausdruck gelangten Willen der Vorrang vor einer vergleichsweise pauschal formulierten Abwehrklausel.

4. Eigentumsvorbehalt bei sich widersprechenden Allgemeinen Geschäftsbedingungen

323 Besonderheiten gelten für den Eigentumsvorbehalt. Im kaufmännischen Geschäftsverkehr ist hier jedenfalls für den einfachen Eigentumsvorbehalt zunächst die mögliche Existenz einer die Grundlage stillschweigender Einbeziehung bildende Handelsübung zu beachten.[136] Scheitert die Einbeziehung in den Kaufvertrag gleichwohl, etwa im Hinblick auf eine Abwehrklausel des Käufers, oder ist die Eigentumsvorbehaltsregelung unwirksam (§ 307), so muss von der schuldrechtlichen Ebene die sachenrechtliche Ebene unterschieden werden. Da nämlich der Eigentumsübergang durch einseitige Erklärung ausgeschlossen werden kann und bei der Auslegung der Erklärung des Verkäufers der Gesamtinhalt

---

[128] BGH NJW 1991, 1604 (1606).
[129] *Wolf*, § 2 AGBG Rdn. 78.
[130] BGH NJW 1991, 2633.
[131] BGH NJW 1991, 2633 (2634).
[132] *Wolf*, § 2 AGBG Rdn. 80.
[133] BGH NJW 1985, 1838 (1839); *Ulmer*, § 305 Rdn. 194; *Wolf*, § 2 AGBG Rdn. 80; a. A.: *Striewe*, JuS 1982, 732 (generell keine Geltung der Ergänzungsregelung).
[134] BGH NJW 1985, 1838 (1840); 1991, 2633 (2635).
[135] Abl. auch *Ulmer*, § 305 Rdn. 194; differenzierend *Wolf*, § 2 AGBG Rdn. 80.
[136] BGH NJW-RR 2004, 555.

seiner Allgemeinen Geschäftsbedingungen berücksichtigt werden muss, **setzt sich der Eigentumsvorbehalt grundsätzlich unabhängig vom Inhalt des Verpflichtungsgeschäfts durch.**[137] Ggf. muss der Käufer die Übereinstimmung zwischen geschuldeter Leistung (unbedingte Übereignung) und erfolgter Leistung (Übereignung unter Eigentumsvorbehalt) klageweise durchsetzen. Verlängerte und erweiterte Eigentumsvorbehaltsklauseln werden jedenfalls im Falle einer in den Einkaufsbedingungen enthaltenen Abwehrklausel nicht Vertragsinhalt,[138] es sei denn das Regelwerk der Verkäuferseite wird in diesem Punkte von den Einkaufsbedingungen erkennbar vorausgesetzt und akzeptiert.[139]

§ 10. Ausschluss überraschender Klauseln

Literatur: *Schmidt-Salzer,* Die Kontrolle ungewöhnlicher/überraschender AGB-Klauseln: deutsche Vergangenheit und europäische Zukunft, in: FS für Trinkner, 1995, S. 361 ff.

I. Allgemeines

Der durchschnittliche Kunde nutzt die ihm eingeräumte Möglichkeit, sich vom Inhalt der Allgemeinen Geschäftsbedingungen Kenntnis zu verschaffen, erfahrungsgemäß nicht oder nur unzureichend. Er richtet seine Aufmerksamkeit bestenfalls auf die Hauptpunkte und einige ihn besonders interessierende Teilregelungen. Die Last, das komplexe Klauselwerk insgesamt in all seinen Regelungspunkten zu erfassen, nimmt er hingegen regelmäßig nicht auf sich. Hierfür fehlt ihm zumeist auch die notwendige Rechts- und Geschäftskunde. Häufig wird es sogar so sein, dass der Kunde im Vertrauen auf die Redlichkeit seines Gegenübers oder aus Zeitgründen das Klauselwerk ungelesen akzeptiert. Vor diesem Hintergrund wäre es eine Überspannung der Anforderungen an die rechtsgeschäftliche Verantwortungsfähigkeit, wollte man der auf Geltung der Allgemeinen Geschäftsbedingungen gerichteten Erklärung des Kunden eine gleichermaßen strikte Bindung beimessen wie einer Erklärung, die auf den Abschluss einer Individualvereinbarung gerichtet ist.[1] Daher bestimmt § 305 c Abs. 1, dass Klauseln, die so ungewöhnlich sind, dass der Vertragspartner nicht mit ihnen zu rechnen braucht, auch dann nicht Bestandteil des Vertrages werden, wenn in Bezug auf das Klauselwerk als Ganzes die nach § 305 Abs. 2 vorgeschriebenen Voraussetzungen für die Einbeziehung vorliegen. § 305 c Abs. 1 verstärkt damit den Schutz des Kunden. Ihm wird es ermöglicht, sich von einer überraschenden Klausel zu distanzieren, ohne ihre inhaltliche Unangemessenheit dartun zu müssen.[2] Die Vorschrift will das Vertrauen des den Allgemeinen Geschäftsbedingungen unterworfenen Kunden schützen, dass sich die global konsentierten einzelnen Regelungen im Rahmen dessen halten, was nach den Umständen bei Abschluss des Vertrages erwartet werden kann.[3] Der Verwender, der die oben skizzierte Praxis der Einbeziehung Allgemeiner Geschäftsbedingungen nur

324

---

[137] BGH NJW 1982, 1749 (1750); BGH NJW 1982, 1751; BGH NJW 1988, 1774 (1776); *Palandt-Heinrichs,* § 305 Rdn. 56; *Ulmer,* § 305 Rdn. 197; hierzu auch *de Lousanoff,* NJW 1982, 1727.
[138] BGH NJW 1985, 1838 (1839); NJW-RR 1991, 357.
[139] OLG Düsseldorf, NJW-RR 1997, 947 mit dem zutreffenden Hinweis, dass im Falle der Nichteinbeziehung eines verlängerten Eigentumsvorbehalts der Wille des Verkäufers doch dahin gehen kann, die Ware jedenfalls nicht unbedingt zu übereignen.
[1] Begründung des Regierungsentwurfs BT-Drucks. 7/3919, S. 19; Palandt-*Heinrichs,* § 305 c Rdn. 2.
[2] Begründung des Regierungsentwurfs BT-Drucks. 7/3919, S. 19.
[3] Begründung des Regierungsentwurfs BT-Drucks. 7/3919, S. 19; OLG Köln NJW 2006, 3358; *Wolf//Lindacher,* § 3 AGBG Rdn. 2; MünchKomm-*Basedow,* § 305 c Rdn. 1.

allzu gut kennt, ist nicht schutzwürdig, wenn er versucht, seinem Vertragspartner Klauseln unterzuschieben, mit denen dieser nicht zu rechnen brauchte.[4] In seiner Zielrichtung, den Kunden vor einer Überrumpelung durch ungewöhnliche, für ihn typischerweise nicht überschaubare Klauseln zu schützen, erweist sich das Überraschungsverbot zugleich als Ausprägung des Transparenzgebots.[5]

325   Dass unübliche Vertragsabreden verdächtig sind, entspricht im Übrigen einer **langen Rechtstradition**. Schon bei *Nicolaus Everardi* heißt es, „clausulae insolitae inducunt suspicionem".[6] Dem **Reichsgericht** diente diese Erkenntnis als Anknüpfungspunkt für eine gerichtliche Kontrolle Allgemeiner Geschäftsbedingungen.[7] *Ludwig Raiser* konstatierte in seiner bahnbrechenden Habilitationsschrift aus dem Jahre 1935, in einer langen Reihe von Entscheidungen kehre der Satz wieder, Allgemeine Geschäftsbedingungen dürften nichts Ungewöhnliches enthalten, sofern der Unternehmer nicht ausdrücklich darauf aufmerksam gemacht habe. *Raiser* folgerte daraus, der Kunde sei gegen allzu unangemessene Überraschungen gesichert. Ungewöhnliche und unbillige Klauseln, mit denen er nicht rechnen müsse, brauche er nicht gegen sich gelten zu lassen. Schon bei *Raiser* und der reichsgerichtlichen Rechtsprechung deutete sich die Unterscheidung zwischen Einbeziehung und Inhaltskontrolle an, wenngleich eine strikte Trennung noch nicht erfolgte. **Bis zum Inkrafttreten des AGB-Gesetzes** entsprach es immerhin noch **verbreiteter Gerichtspraxis**, die Qualifizierung einer Klausel als „überraschend" auch mit inhaltlichen Erwägungen zu untermauern bzw. den Vorbehalt gegenüber ungewöhnlichen Bedingungen als Teilaspekt der Inhaltskontrolle zu behandeln.[8] Erst mit **§ 3 AGBG** (jetzt § 305 c Abs. 1) avancierte das Verbot überraschender Vertragsabreden zu einem eigenständigen, d. h. dem Verbot inhaltlicher Unangemessenheit vorgelagerten, Kontrollansatz.

326   Man wird vor diesem Hintergrund sogar von einem **allgemeinen Rechtsgedanken des Vertragsrechts** sprechen können, der im Gebot von Treu und Glauben verankert ist.[9] Folgerichtig griff das BAG schon vor Aufhebung der Bereichsausnahme für das Arbeitsrecht im Rahmen der Kontrolle vorformulierter Arbeitsverträge auf diesen Gedanken zurück. In einer Entscheidung aus dem Jahre 1996 urteilte es, eine vertragliche Ausschlussfrist in einem Arbeitsvertrag werde nicht Vertragsinhalt, wenn sie der Verwender ohne besonderen Hinweis und ohne drucktechnische Hervorhebung unter falscher oder mißverständlicher Überschrift einordne.[10]

---

[4] Hier zeigt sich übrigens eine bemerkenswerte Parallele zur Bindungswirkung des Schweigens auf ein kaufmännisches Bestätigungsschreiben. Diese Bindungswirkung greift nämlich nach ständiger Rechtsprechung (zuletzt BGH NJW 1994, 1288) dann nicht ein, wenn sich das Bestätigungsschreiben inhaltlich so weit von dem vorher Abgesprochenen entfernt, dass der Bestätigende selbst nicht mehr mit einem Einverständnis rechnen kann. Hier wird also für eine vergleichbare Fallkonstellation ebenfalls ein Schutz berechtigter Vertragsinhaltserwartungen gewährleistet – vergleichbar insofern, als auch beim kaufmännischen Bestätigungsschreiben eine Vertragspartei ohne inhaltliche Abstimmung den Vertragsinhalt einheitlich festgelegt hat. Vgl. zu dieser Parallele auch *Schmidt-Salzer*, in: FS für Trinkner, 1995, S. 365 ff.

[5] *Ulmer*, § 305 c Rdn. 2; *Wolf/Lindacher*, § 3 AGBG Rdn. 11 ff.

[6] *Nicolaus Everardi*, Loci argumentorum legales, 1613, 104, 6. S.

[7] Z.B. RGZ 103, 86.

[8] BGHZ 17, 1 (3); 33, 216 (219); 38, 183 (185); 54, 106 (109); BB 1976, 157.

[9] BGH NJW 1993, 779 (780); Staudinger-*Schlosser*, § 305 c Rdn. 4 („Teilpositivierung allgemeiner Grundsätze der Rechtsgeschäftslehre"); MünchArbR-*Richardi*, § 14 Rdn. 68; *M. Wolf*, RdA 1988, 276.

[10] BAG NJW 1996, 2117, wobei offengelassen wird, ob sich dies aus einer analogen Anwendung des § 3 AGBG oder aus § 242 in Verbindung mit einem allgemeinen Rechtsgedanken ergibt, der in § 3 AGBG seinen Ausdruck gefunden hat. Die Frage hat sich nach der Aufhebung der Bereichsausnahme für das Arbeitsrecht erledigt.

II. § 305 c Abs. 1 im System der AGB-Kontrolle

Die Vorschrift des § 305 c Abs. 1 bedarf der Einordnung in das Gesamtsystem der AGB-Kontrolle. 327

Beleuchten wir zuvor noch kurz einen übergeordneten Systemzusammenhang, das Europarecht. Die **EG-Richtlinie über missbräuchliche Klauseln in Verbraucherverträgen** kennt als Schutzinstrument im Grunde genommen nur die Missbrauchskontrolle, die im deutschen Recht in der Angemessenheitskontrolle nach § 307 aufgeht. Die uns geläufige Rechtsfolgenunterscheidung nach den Kategorien „Einbeziehung" und „Wirksamkeit" ist der Richtlinie fremd.[11] Folglich findet auch die negative Einbeziehungsvoraussetzung des § 305 c Abs. 1 keine Entsprechung in der Richtlinie. Gleichwohl war die Überraschungskontrolle in der Vergangenheit ins Blickfeld der Richtlinie geraten, wurde doch – unter anderem – über § 3 AGBG dem in Art. 5 der Richtlinie vorgegebenen Transparenzgebot zur Geltung verholfen. Für den Bereich der Verbraucherverträge war daher § 3 AGBG im Lichte des Art. 5 der Richtlinie zu interpretieren.[12] An dieser Notwendigkeit dürfte auch die Kodifizierung des Transparenzgebots in § 307 Abs. 1 Satz 2 nichts geändert haben, legt die Regierungsbegründung doch Wert auf die Feststellung, dass eine sachliche Änderung hiermit nicht bezweckt war. Im Übrigen wird man die praktische Bedeutung dieser im Schrifttum ventilierten Überlegungen[13] eher gering veranschlagen müssen, ist doch bislang kein Anwendungsfall einer richtlinienkonformen Auslegung des Überraschungsverbots bekannt geworden. Festzuhalten bleibt, dass der deutsche Verbraucher in Form einer zusätzlichen, über die Missbrauchskontrolle hinausgehenden Überraschungskontrolle besser steht als es die Richtlinie verlangt. 328

§ 305 c Abs. 1 statuiert, wie bereits der Wortlaut klarstellt („werden nicht Vertragsbestandteil"), eine **negative gesetzliche Einbeziehungsvoraussetzung**.[14] Als solche ist sie von der im Rahmen der Inhaltskontrolle zu stellenden Frage nach der inhaltlichen Unangemessenheit zu trennen. 329

Zwar zielen ungewöhnliche Klauseln häufig zugleich auf eine unangemessene Benachteiligung des Kunden. Zwingend ist dies jedoch nicht. Es sind durchaus Klauseln denkbar, die einen nicht zu tolerierenden Überraschungseffekt aufweisen, inhaltlich jedoch einer Überprüfung anhand von § 307 standhalten. Und umgekehrt wird der Vertragspartner des Verwenders keineswegs durch jede inhaltlich unangemessene Klausel auch in seiner nach § 305 c Abs. 1 geschützten Erwartungshaltung enttäuscht. Dass es hier allerdings einen Überschneidungsbereich gibt, liegt auf der Hand.[15] Im Hinblick auf die größere Rechtsbefriedigungswirkung sollte man darauf achten, der Auseinandersetzung mit dem Inhalt einer AGB-Regelung nicht unter Hinweis auf den ihr zugleich innewohnenden Überraschungseffekt auszuweichen. Die offene Inhaltskontrolle ist immer der sachnähere und ehrlichere Weg als die doch an eher formalen Gesichtspunkten ausgerichtete Überraschungskontrolle.[16] Zu weit ginge es auf der anderen Seite, das Anwendungsfeld des § 305 c 330

---

[11] MünchKomm-*Basedow*, § 305 c Rdn. 2.
[12] *Ulmer*, 9. Aufl. 2001, § 3 AGBG Rdn. 57.
[13] MünchKomm-*Basedow*, § 305 c Rdn. 2; *Heinrichs*, in: FS für Trinkner, 1995, S. 174.
[14] *Wolf//Lindacher*, § 3 AGBG Rdn. 4; *Ulmer*, § 305 c Rdn. 4; *Palandt-Heinrichs*, § 305 c Rdn. 1; *Erman-Roloff*, § 305 c Rdn. 6; für Auslegungsregel bezüglich des Umfangs der Einbeziehungsvereinbarung im Sinne einer unwiderlegbaren Vermutung *Larenz*, Allgemeiner Teil (7. Aufl.), § 29 a I, S. 557 und *Koch/Stübing*, § 3 AGBG Rdn. 2. Oberflächlich BGH NJW 1997, 3372 (3374): „eine Klausel, die nach § 3 AGBG unwirksam ist".
[15] *Wolf/Lindacher*, § 3 AGBG Rdn. 6; *Locher*, Recht der AGB, S. 57.
[16] MünchKomm-*Kötz*, 3. Aufl., § 3 AGBG Rdn. 2.

Abs. 1 auf Klauseln zu reduzieren, die den Kunden nicht zugleich auch unangemessen benachteiligen. Wohl aber sollte man § 305 c Abs. 1 als Vorfilter eher restriktiv anwenden, an seine tatbestandlichen Voraussetzungen mithin strenge Anforderungen stellen.[17] Der BGH lässt mitunter einen Verstoß gegen § 305 c Abs. 1 dahingestellt, wenn die Klausel einer Angemessenheitskontrolle nach § 307 nicht stand zu halten vermag,[18] oder stützt seine Entscheidung sowohl auf § 305 c Abs. 1 als auch die Generalklausel.[19] Von der Prüfungslogik gebührt §§ 305 c Abs. 1 im Rahmen einer Inzidentkontrolle der Vorrang, da keine Veranlassung besteht, nicht einbezogene Klauseln auf ihre Wirksamkeit hin zu überprüfen.[20] Im Verbandsklageverfahren stellt sich das Konkurrenzverhältnis erst gar nicht, da den Maßstab hier von vornherein nur die §§ 307 bis 309 bilden.[21]

331 Klärungsbedürftig ist ferner das **Verhältnis zur Unklarheitenregel** (§ 305 c Abs. 2). Aussagen zum Überraschungsgehalt einer AGB-Abrede setzen voraus, dass ihr Inhalt vom Rechtsanwender zuvor im Wege der Auslegung geklärt worden ist. Verbleibende objektive Mehrdeutigkeiten müssen ggf. unter Rückgriff auf die Unklarheitenregel aufgelöst werden. Das kann im Einzelfall auch zur Folge haben, das sich eine auf den ersten Blick verdächtige Klausel nach erfolgter Auslegung und anschließender Anwendung der Unklarheitenregel als nicht mehr überraschend erweist.

Beispiel: So ist der BGH in einem Fall verfahren, in dem mehrere Bruchteilseigentümer eines Grundstücks an diesem zur Sicherung eines gemeinsam aufgenommenen Darlehens eine Sicherungsgrundschuld bestellt und sich formularmäßig gegenseitig bevollmächtigt hatten, Willensklärungen mit Wirkung für die anderen abzugeben und entgegenzunehmen: „Die Klausel verlangt ... eine einschränkende Auslegung in dem Sinne, dass jedenfalls keine Erklärungen gedeckt sein sollen, welche die Sicherungsabrede erweitern; sonst wäre sie überraschend und daher gemäß § 3 AGBG nicht Vertragsbestandteil geworden."[22]

332 Probleme bereitet die Abgrenzung des Überraschungsverbots zu dem in § 307 Abs. 1 Satz 2 explizit verankerten **Transparenzgebot.** *Manfred Wolf* meint, beide Kontrollansätze hätten selbstständige Bedeutung. Während die Transparenz bei der Einbeziehung der Ermöglichung selbstbestimmter Entscheidungen beim Vertragsschluss diene, wolle die Transparenz bei der Inhaltskontrolle vor allem den angemessenen Interessenausgleich und insbesondere die Vertragsabwicklungstransparenz sicherstellen.[23] Folgt man dem, so führt die unterschiedliche Schutzrichtung beider Kontrollansätze auch zu unterschiedlichen Anwendungsbereichen. So kann z.B. eine deutlich erkennbare, aber unrichtige vertragliche Einordnung die Voraussetzungen der Einbeziehungstransparenz erfüllen, dennoch aber wegen unrichtiger Darstellung der Rechtslage dem materiell fundierten Transparenzgebot widersprechen.[24]

333 Die Vorschrift des § 305 c Abs. 1 gilt auch im **unternehmerischen Geschäftsverkehr.** Von Unternehmern ist jedoch ein höheres Maß an Geschäftserfahrung zu erwarten, so dass ihnen gegenüber der überraschende Charakter einer AGB-Klausel weniger leicht zu bejahen ist.[25]

---

[17] Wie hier *Stein,* § 3 AGBG Rdn. 3; ähnlich MünchKomm-*Kötz,* 3. Aufl., § 3 AGBG Rdn. 2 und *Locher,* Recht der AGB, S. 58.

[18] Z.B. BGH NJW 1989, 222 (223); für ein solches Vorgehen können Gründe der Verfahrensökonomie sprechen (für Zulässigkeit im Ergebnis auch *Palandt-Grüneberg,* Vorbem. v. §§ 307–309 Rdn. 18).

[19] Z.B. BGH NJW 1995, 2553.

[20] Staudinger-*Schlosser,* § 305 c Rdn. 2; *Ulmer,* § 305 c Rdn. 5; anders *Koch/Stübing,* § 3 AGBG Rdn. 5.

[21] BGH LM § 9 (Cb) AGBG Nr. 5.

[22] BGHZ 103, 72 (80).

[23] *Wolf,* § 9 AGBG Rdn. 144.

[24] *Wolf,* § 9 AGBG Rdn. 144.

[25] BGH NJW 1988, 558 (560); *Ulmer,* § 305 c Rdn. 54 m. w. N. zur Instanzrechtsprechung.

III. Die tatbestandlichen Voraussetzungen

§ 305 c Abs. 1 setzt nach herrschender Meinung[26] in tatbestandlicher Hinsicht voraus, dass **334**
die zu beurteilende Klausel zum einen objektiv ungewöhnlich und zum anderen in subjektiver Hinsicht für den Vertragspartner des Verwenders überraschend ist. Das Ungewöhnliche einer Klausel bestimme sich nach dem Gesamtbild des konkreten Vertrages und nach den Erwartungen, die der redliche Verkehr typischerweise oder auf Grund des Verhaltens des Verwenders bei Vertragsschluss an den typischen Vertragsinhalt knüpfe, während es in subjektiver Hinsicht auf einen Überrumpelungs- oder Übertölpelungseffekt ankomme.[27] Der BGH hat sich die vorgeschlagene Aufspaltung des Tatbestandes in eine objektive und eine subjektive Komponente zwar nicht ausdrücklich zu Eigen gemacht, steht ihr aber zumindest nahe. Nach der Rechtsprechung des BGH kommt es darauf an, ob die Regelung von den Erwartungen des Vertragspartners deutlich abweicht und dieser mit ihr vernünftigerweise nicht zu rechnen braucht. Die Erwartungen würden von allgemeinen und individuellen Begleitumständen bestimmt. Zu ersteren zählten etwa der Grad der Abweichung vom dispositiven Gesetzesrecht[28] sowie die für den Geschäftsverkehr übliche Gestaltung, zu letzteren der Gang und der Inhalt der Vertragsverhandlungen und der äußere Zuschnitt des Vertrages.[29] Mit Blick auf die individuellen Begleitumstände führt der BGH aus, die Abweichung von dem Erwartungshorizont des Vertragspartners beurteile sich nach einem durch die konkreten Umstände überlagerten generellen Maßstab. Entscheidend sei das bei dem Vertragspartner individuell vorhandene oder ihm individuell mögliche Umstandswissen; welche Schlüsse aus diesen Erkenntnismöglichkeiten zu ziehen gewesen wären, bestimme sich demgegenüber nach einem objektiv-typisierenden Maßstab.[30]

Die von der herrschenden Meinung im Schrifttum befürwortete Abgrenzung ist nicht **335**
nur schwierig, sondern – jedenfalls in ihren Konkretisierungen – logisch nicht nachvollziehbar. So soll es etwa für die Feststellung der objektiven Ungewöhnlichkeit einer Klausel auch auf den Verlauf der Vertragsverhandlungen und die Umstände des konkreten Vertragsschlusses ankommen.[31] Dadurch wird jedoch der objektive, von der aktuellen Erwartungshaltung des konkreten Vertragspartners losgelöste Beurteilungsmaßstab der subjektiven Warte soweit angenähert, dass eine sinnvolle Trennung beider Ebenen kaum mehr möglich ist. Hinzu kommt, dass es für die Beurteilung des subjektiven Überraschungseffekts grundsätzlich auf die Erkenntnismöglichkeiten des typischerweise zu erwartenden Durchschnittskunden ankommen soll,[32] womit als Ausgangspunkt wiederum der objektive Maßstab beschrieben wäre. Aber auch der Rechtsprechung ist es bislang noch nicht gelungen, den Gang der Überraschungskontrolle einleuchtend zu strukturieren, wenngleich die erzielten Ergebnisse durchweg zu überzeugen vermögen.

---

[26] *Ulmer,* § 305 c Rdn. 11 ff.; *Palandt-Heinrichs,* § 305 c Rdn. 3 f.; *Löwe*/Graf von Westphalen/ *Trinkner,* § 3 AGBG Rdn. 10 ff.; *Larenz/Wolf,* Allgemeiner Teil, § 43 Rdn. 26 ff.; OLG Düsseldorf BB 1986, 1464; OLG Köln ZIP 1980, 981 (982); eigene Wege beschreiten indes MünchKomm-*Basedow,* § 305 c Rdn. 5 ff. und *Wolf/Lindacher,* § 3 AGBG Rdn. 18 ff.
[27] BGH NJW 1990, 576 (577); NJW-RR 2004, 1397 (1398); BAG NZA 2006, 37 (38); 2008, 170 (171).
[28] BGH NJW-RR 2001, 195 (196).
[29] So zuletzt BGH NJW 2001, 1416 f.
[30] So zuletzt BGH NJW-RR 2002, 485 (486).
[31] *Löwe*/Graf von Westphalen/*Trinkner,* § 3 AGBG Rdn. 12; *Larenz/Wolf,* Allgemeiner Teil, § 43 Rdn. 26. *Ulmer,* § 305 c Rdn. 12 und *Palandt-Heinrichs,* § 305 c Rdn. 3 wollen das Verhalten des Verwenders bei Vertragsschluss berücksichtigen.
[32] *Ulmer,* § 305 Rdn. 13; *Palandt-Heinrichs,* § 305 c Rdn. 4; *Larenz/Wolf,* Allgemeiner Teil, § 43 Rdn. 28; a. A. *Löwe*/Graf von Westphalen/*Trinkner,* § 3 AGBG Rdn. 13.

Ein **Alternativmodell** könnte skizzenhaft wie folgt aussehen:

336   1. In einem ersten Schritt gilt es die **objektive Ungewöhnlichkeit** einer Klausel zu ermitteln. Abzustellen ist dabei nicht auf die Erkenntnismöglichkeiten des konkreten Vertragspartners, auch nicht auf das Verständnis eines Fachmanns, insb. eines Juristen, der sich eingehend mit den betreffenden Allgemeinen Geschäftsbedingungen beschäftigt hat. Maßgebend sind vielmehr die Verständnismöglichkeiten des typischerweise bei Verträgen der geregelten Art zu erwartenden Durchschnittskunden.[33] In die Beurteilung fließen vor allem das äußere Erscheinungsbild des Vertrages ein, worunter die für den Vertragstypus charakteristischen Grundzüge und die besonderen in die Augen fallenden Vertragsbestimmungen zu verstehen sind. Der Blick ist dabei sowohl auf den Inhalt der Klausel als auch auf ihre Stellung im Vertrag (versteckt oder drucktechnisch hervorgehoben) zu richten. Die konkreten Umstände des Vertragsschlusses bleiben hier zunächst unberücksichtigt. Schon auf dieser Stufe sind strenge Anforderungen zu stellen. Unüblichkeit einer Klausel allein genügt nicht und auch die bloße Unbilligkeit reicht nicht aus.

2. Sodann sind zwei Fälle zu unterscheiden:

337   a) Die Klausel hat sich als objektiv ungewöhnlich erwiesen. In diesem Falle ist weiterhin zu prüfen, ob der Kunde auch in seiner **konkreten Erwartungshaltung** enttäuscht worden ist, ob der vertraglichen Bindung mithin insoweit ein Überrumpelungs- oder Übertölpelungseffekt innewohnt. So ist es denkbar, dass der individuelle Vertragspartner diese ungewöhnliche Vertragsgestaltung von früheren Geschäftsabschlüssen her kennt oder über Sonderwissen verfügt. An dieser Stelle sind nunmehr auch die konkreten Umstände des Vertragsschlusses einzubeziehen. So kann es etwa sein, dass der Kunde bei Vertragsabschluss mündlich auf die ungewöhnliche Klausel hingewiesen worden ist und sie dadurch für ihn ihre überraschende Wirkung verloren hat.[34] Der Überraschungscharakter einer allgemein ungewöhnlichen – etwa nicht vertragstypkonformen – Klausel entfällt, wenn sie inhaltlich ohne weiteres verständlich und drucktechnisch so hervorgehoben ist, dass erwartet werden kann, der Gegner des Verwenders werde von ihr Kenntnis nehmen.[35]

338   b) Im zweiten Fall ist die Prüfung auf der ersten Stufe negativ verlaufen. Die Klausel weicht nicht von der Erwartungshaltung eines typischen Durchschnittskunden ab. Hier bleibt noch zu untersuchen, ob das Ergebnis der objektiven Beurteilung nicht noch durch **subjektiv-einzelfallbezogene Umstände** modifiziert werden muss. Eine generell nicht überraschende Klausel kann unter § 305c Abs. 1 fallen, wenn sie nach dem Verlauf der Vertragsverhandlungen keinesfalls zu erwarten war. In diesem Fall genügt auch ein drucktechnisch hervorgehobener Hinweis im Klauseltext nicht, um das durch die konkreten Umstände des Vertragsschlusses begründete Überraschungsverdikt auszuräumen.[36]

IV. Fallgruppen

339   Aus der umfangreichen Kasuistik der Rechtsprechung sollen nachfolgend zur Veranschaulichung des Einsatzfeldes der Überraschungskontrolle einige nach Fallgruppen geordnete Entscheidungen vorgestellt werden. Dazu sei nochmals darauf hingewiesen, dass es – nach allen Meinungen – auch auf die Umstände des Vertragsschlusses ankommt, so dass sich allgemeingültige Regeln nicht aufstellen lassen.

---

[33] BGH NJW 1994, 2637 (2638).
[34] BGH LM § 9 (Cb) AGBG Nr. 5; NJW 1997, 2677, AnwK-*Kollmann*, § 305c Rdn. 12. Auch die Belehrung durch einen Notar wird in aller Regel ungewöhnlichen AGB-Klauseln die überraschende Wirkung nehmen (vgl. BGH NJW 1984, 171, 173).
[35] So BGH NJW-RR 2002, 485 (487).
[36] BGH NJW-RR 2002, 485 (487).

1. Begründung oder wesentliche Modifizierung von Hauptverpflichtungen

Überraschenden Charakter können vor allem solche Klauseln aufweisen, die auf die Begründung weiterer Hauptpflichten des Kunden zielen, solche modifizieren oder aber die Vertragspflichten des Verwenders in wesentlichen Punkten einschränken, womit angesichts des Gegenstandes und des Erscheinungsbildes des Vertrages nicht gerechnet werden kann.

340

Beispiele:
(1) Zwei klassische Beispielsfälle führt bereits die Begründung des Regierungsentwurfs an:[37] Kaufvertrag über eine Blitzschutzanlage, der darüber hinaus eine Klausel enthält, wonach zugleich ein langfristiger Wartungsvertrag über die gekaufte Sache abgeschlossen wird. Ferner: Kaufvertrag über eine Kaffeemaschine enthält Verpflichtung zum Bezug von Kaffee. Durch solche Klauseln wird der Käufer ganz offensichtlich überrumpelt. Ihm wird eine **zusätzliche, ganz anders geartete Leistung** aufgedrängt, die das Vertragsverhältnis, das aus der Sicht des Kunden ein sofort vollzogenes Austauschgeschäft sein sollte, auch in zeitlicher Hinsicht grundlegend verändert.
(2) Die Vereinbarung einer **mit einem Erbbaurechtsvertrag** verbundenen schuldrechtlichen Ankaufspflicht kann eine Überraschungsklausel darstellen.[38]
(3) In der Rechtsprechung des BGH zur Zweckerklärung bei **Sicherungsgrundschulden** ist anerkannt, dass die formularmäßige Erweiterung der dinglichen Haftung des Sicherungsgebers für alle bestehenden und künftigen Verbindlichkeiten eines *Dritten* grundsätzlich gegen § 305c Abs. 1 verstößt.[39] Dagegen verstößt die Erstreckung der dinglichen Haftung auf alle bestehenden und künftigen Verbindlichkeiten des *Sicherungsgebers* nicht gegen § 305c, weil das damit verbundene Risiko für ihn hinsichtlich der Gegenwart überschaubar und im Hinblick auf die Zukunft vermeidbar ist. Dasselbe gilt dann für Verbindlichkeiten, die den Sicherungsgeber als einen von mehreren Gesamtschuldnern treffen.[40]
(4) Diese Rechtsprechung hat der BGH auch auf Klauseln in formularmäßigen **Bürgschaftsverträgen** übertragen, durch die die Haftung des Bürgen in übermäßiger Weise ausgedehnt wird. In dem grundlegenden Urteil vom 1. 6. 1994 heißt es hierzu:[41] „Die Erwartung eines Sicherungsgebers vom Umfang seiner Haftung wird wesentlich durch den Anlass der Sicherheitsbestellung geprägt. Ist Anlass die Gewährung eines bestimmten Darlehens an einen Dritten, so erwartet der Sicherungsgeber nicht und braucht damit vernünftigerweise auch nicht zu rechnen, auch für alle anderen schon begründeten oder zukünftig erst entstehenden Schulden des Kreditnehmers einstehen zu müssen. (…) Ein über das schutzwürdige Sicherungsbedürfnis der Bank weit hinausgehendes Ansinnen zur Übernahme einer unkalkulierbaren unbeschränkten Haftung mit dem gesamten Vermögen ist so ungewöhnlich, dass ein Bürge damit grundsätzlich nicht zu rechnen braucht."
(5) Klauseln, durch die **in das vertragliche Gegenseitigkeitsverhältnis eingegriffen** wird (z.B. Erstreckung der Zahlungspflicht des Mieters auf Fälle der Gebrauchsstörung).[42]

---

[37] BT-Drucks. 7/3919, S. 19.
[38] BGH NJW 1979, 2387.
[39] BGH NJW 1987, 1885; 1988, 558; 1988, 1375; 1989, 831; 1990, 576; 1991, 3141; 1992, 1822; NJW-RR 1992, 1521; NJW 1997, 2677; 2002, 2710; OLG Düsseldorf WM 1998, 1875 (1881ff.). Zum Sonderfall mehrerer zeitlich aufeinander folgender Sicherungszweckerklärungen BGH NJW 2001, 1416; 2001, 1417 (1419). Zu beachten ist, dass die Überraschungskontrolle hier ein wichtiges Korrektiv bildet, da die Unwirksamkeit regelmäßig nicht aus § 307 gefolgert werden kann, fehlt es doch – anders als im Bürgschaftsrecht (§ 767 Abs. 1 Satz 3) – an einem gesetzlichen Leitbild, an dem davon abweichende Regelungen zu messen wären (vgl. zuletzt BGH NJW 2002, 2710). Zum Ganzen auch *Wilhelm*, in: 50 Jahre Bundesgerichtshof, 2000, Band I, S. 897ff. und *Knops*, ZIP 2006, 1695.
[40] BGH NJW 1997, 2320 (2331); 2000, 2675 (2676).
[41] BGH NJW 1994, 2145. Fortgeführt durch BGH NJW 1995, 2553; 1996, 924; 1996, 1470; 1997, 3230 (3232); OLG Köln, ZIP 1998, 465; hierzu *Tiedtke*, ZIP 1998, 449. Die Rechtsprechung erkennt nunmehr in solchen Klauseln auch einen Verstoß gegen § 307 (vgl. hierzu Rdn. 521). Wichtig ist diese Zweispurigkeit der Begründung u.a. dann, wenn der Bürge bei Übernahme der Bürgschaft auf die weite Sicherungsabrede hingewiesen und über ihren Inhalt und das damit verbundene Risiko sachgerecht belehrt worden ist, das Überraschungsmoment mithin nicht mehr gegeben ist. Zu einer besonders gestalteten Ausfallbürgschaft BGH NJW 1998, 2138 (2141).
[42] BGH WM 1975, 1203 (1205); *Ulmer*, § 305c Rdn. 28.

2. Änderung des Vertragscharakters

341 Eine weitere Fallgruppe überraschender Klauseln bilden solche Bestimmungen in Allgemeinen Geschäftsbedingungen, durch die der Vertragscharakter entgegen dem äußeren Erscheinungsbild eine grundlegende Änderung erfährt. Im äußersten Fall unterstellen solche Klauseln einen bestimmten, im Schuldrecht des Bürgerlichen Gesetzbuches geregelten Vertrag dem Rechtsregime eines anderen Vertragstyps.[43]

Beispiele:
(1) Eine Formularklausel in einem **Time-Sharing-Vertrag**, durch welche die Eintragung des Erwerbers eines anteiligen Dauerwohnrechts nach § 31 WEG in das Grundbuch ausgeschlossen wird und im Grundbuch ein Dritter als Treuhänder eingetragen bleiben soll, dient dazu, dem Vertrag abweichend von seinem äußeren Erscheinungsbild einen qualitativ anderen Charakter zu geben.[44]
(2) Ein Auftragnehmer, der einen Bau-**Einheitspreisvertrag** geschlossen hat, muss nicht damit rechnen, dass durch das Klauselwerk des Auftraggebers der Charakter des Einheitspreisvertrages dahin verändert wird, dass die dem Einheitspreisvertrag innewohnende Möglichkeit eine von der Menge abhängige Vergütung zu verlangen, ab einem bestimmten Höchstpreis ausgeschlossen ist.[45]

3. Atypische Nebenabreden

342 Überraschende Wirkung kann weiterhin auch Klauseln zukommen, die als Nebenabreden zur Konkretisierung der Rahmenordnung des Vertrages in Allgemeinen Geschäftsbedingungen des Verwenders enthalten sind. Wegen der tendenziell niedrigeren Eingriffsintensität wird man hier freilich das Überraschungsmoment nur unter erschwerten Voraussetzungen annehmen können.[46] Die Beispielsfälle sind außerordentlich vielgestaltig:[47]

Beispiele:
(1) Eine Klausel in einem Formularvertrag über den Erwerb eines noch zu errichtenden Hauses bezieht vertragliche Bauleistungen in einen Katalog von **Aufschließungskosten** ein, die mit der eigentlichen Errichtung des Hauses nichts zu tun haben.[48]
(2) Die in Einkaufsbedingungen verwendete Klausel „**Die vereinbarten Liefertermine und Lieferfristen gelten fix**" wurde als überraschend qualifiziert. Der Vertragspartner des Verwenders, der sich mit diesem nicht darüber geeinigt hat, dass mit der Fristeinhaltung das Geschäft steht oder fällt, braucht den Umständen nach vernünftigerweise nicht damit zu rechnen, dass in den Allgemeinen Geschäftsbedingungen die Abhängigkeit des Geschäfts von der strikten Fristwahrung festgelegt wird.[49]
(3) Klauseln in formularmäßigen Mietverträgen, die eine **Lohn- und Gehaltsabtretung zugunsten des Vermieters** vorsehen, sind absolut unüblich und weichen von dem ab, was von einem Mieter bei Abschluss eines Mietvertrages erwartet wird (nämlich allenfalls eine Kautionsgestellung).[50]
(4) Eine in Allgemeinen Geschäftsbedingungen enthaltene Bestimmung, mit der der Vertragspartner **versichert, Vollkaufmann zu sein,** wurde als überraschende Klausel im Sinne des § 305c Abs. 1 angesehen.[51]
(5) Die Vereinbarung in Allgemeinen Geschäftsbedingungen, wonach der **Erwerber eines Grundstücks nach Besitzübergang** bis zur Fälligkeit des Kaufpreises **Nutzungszinsen** zahlen muss, ist mit Recht als nicht überraschend angesehen worden, entspricht es doch allgemein bekannter Praxis im Geschäftsleben, dem Nichteigentümer die Nutzung von Wirtschaftsgütern nur gegen Entgelt zu gestatten.[52]

---

[43] *Locher*, Recht der AGB, S. 59.
[44] BGH NJW 1995, 2637 (2638).
[45] BGH NJW-RR 2005, 246.
[46] *Ulmer*, § 305c Rdn. 16.
[47] Eingehende Übersicht bei *Ulmer*, § 305c Rdn. 33 ff.
[48] BGH NJW 1984, 171.
[49] BGH NJW 1990, 2065 (2067).
[50] LG Lübeck NJW 1985, 2958.
[51] BGH NJW 1982, 2309 f.
[52] BGH NJW-RR 2001, 195.

(6) **Nachvertragliche Wettbewerbsverbote** sind in den **Arbeitsverträgen** von Führungskräften und besonderen Know-How-Trägern weit verbreitet. Die betroffenen Arbeitnehmer müssen hier damit rechnen, dass sich ihr derzeitiger Arbeitgeber für die Zeit nach Vertragsende vor gravierenden wirtschaftlichen Nachteilen eines Wechsel zur Konkurrenz schützen will. Hinsichtlich der Arbeitnehmer in untergeordneter Stellung wird meist schon ein „berechtigtes geschäftliches Interesse" (§ 74a Abs. 1 Satz 1 HGB) des Arbeitgebers nicht zu bejahen sein, so dass es auf die Überraschungskontrolle nicht mehr entscheidend ankommt.[53]

4. Versteckte Klauseln

Nicht nur der ungewöhnliche Inhalt kann eine Klausel zur einer überraschenden im Sinne von § 305c Abs. 1 machen. Auch der **ungewöhnliche äußere Zuschnitt der Vertragsurkunde** und die **Unterbringung der Klausel an unerwarteter Stelle** können den Überraschungseinwand begründen.[54]

343

Beispiel:
(1) Eine Klausel auf der Rückseite eines vorformulierten **Anzeigen-Wiederholungsauftrags**, derzufolge eine **automatische Vertragsverlängerung** bei nicht rechtzeitiger Kündigung gelten soll, ist als überraschend zu werten, wenn auf der unterschriebenen Vorderseite in drucktechnisch hervorgehobener Form lediglich bestimmt ist, die Vertragsdauer betrage jeweils ein Jahr.[55]
(2) Wird in vorformulierten Vertragsbedingungen ein sog. **gespaltener Krankenhausvertrag** vereinbart, so muss dem Patienten hinreichend – etwa durch Hinweis in dem von ihm unterzeichneten Vertragstext – verdeutlicht werden, dass der Krankenhausträger nicht Schuldner der ärztlichen Leistungen ist und ihn auch für etwaige ärztliche Fehlleistungen nicht haftet. Die Unterbringung einer solchen wichtigen Klausel in unauffälliger Weise innerhalb eines Abschnitts, der seinerseits zehn teilweise noch unterteilte Nummern umfasst, überrascht den Kunden mit der Folge, dass die Klausel nicht Vertragsinhalt wird.[56]
(3) Die Einbeziehung Allgemeiner Geschäftsbedingungen bei **Internetgeschäften** kann wegen irreführender Programmgestaltung am Überraschungsverbot scheitern.[57]
(4) In einem vorformulierten **Arbeitsvertrag** heißt es unter in dem mit „Verschiedenes" überschriebenen § 9 u.a.: „Die Betriebsordnung ist vollinhaltlich Bestandteil dieses Vertrages." § 10 Abs. 2 der in Bezug genommenen Betriebsordnung regelt unter der Überschrift „Lohnberechnung und Zahlung" in Abs. 2 die Verwirkung noch offener Ansprüche: „Im Falle des Ausscheidens oder bei Unrichtigkeiten in der laufenden Abrechnung sind alle Ansprüche aus dem Arbeitsverhältnis innerhalb von vier Wochen nach Zustellung der Abrechnung geltend zu machen. Nach Ablauf der vorstehenden Frist sind alle Ansprüche verwirkt." Die Ausschlussfrist erachtete die BAG im Ergebnis für überraschend mit der Folge, dass sie nicht Bestandteil des Arbeitsvertrags geworden sei.[58] Im Übrigen sind **Ausschlussfristen** jedoch keineswegs generell überraschend, vielmehr sind sie in der tarif- und arbeitsvertraglichen Praxis durchaus üblich.[59]
(5) Überraschend ist in einem vorformulierten **Arbeitsvertrag** ferner die **Bezugnahme auf einen branchen- oder ortsfremden Tarifvertrag**.[60]
(6) Auch **Ausgleichsquittungen** können für den Arbeitnehmer überraschende Wirkung entfalten, wenn der Arbeitgeber sie in eine Erklärung mit falscher oder missverständlicher Überschrift ohne besonderen Hinweis oder drucktechnische Hervorhebung einfügt.[61]

---

[53] Vgl. *Henssler,* RdA 2002, 139; ausführlich zur Inhaltskontrolle von Wettbewerbsabreden im übrigen Arbeitsvertrag-*Stoffels,* II W 10.
[54] BGH NJW 1982, 2309 (2310); 1989, 2255; BAG NZA 2006, 37 (39); Staudinger-*Schlosser,* § 305c Rdn. 12; *Ulmer,* § 305c Rdn. 17; *Löwe*/Graf von Westphalen/*Trinkner,* § 3 AGBG Rdn. 12.
[55] BGH NJW 1989, 2255 (2256).
[56] BGH NJW 1993, 779 (780); OLG Koblenz NJW 1998, 3425.
[57] LG Dortmund NJW-RR 1991, 1529 (Btx-Programm); *Ulmer,* § 305c Rdn. 17 m.w.N.
[58] BAG NZA 1996, 702.
[59] BAG NZA 2005, 1111 (1113); ErfK-*Preis,* §§ 305–310 Rdn. 29.
[60] *Gotthardt,* ZIP 2002, 280; *Diehn,* NZA 2004, 132 f.; zu Bezugnahmeklauseln vgl. ferner Rdn. 573.
[61] BAG NZA 2005, 1193 (1198 f.). *Preis/Bleser/Rauf,* DB 2006, 2812 f. sehen in allgemein gehaltenen Ausgleichsklauseln, die die Empfangsbestätigung mit dem Rechtsverzicht verknüpfen, sogar im Regelfall eine Überraschungsklausel i. S. von § 305c Abs. 1.

§ 11. Vorrang der Individualabrede

Literatur: *Coester*, Bestätigungsschreiben und AGB: Zum Vorrang der Individualabrede, nach § 4 AGBG, DB 1982, 1551; *Trinkner*, Vorrang der Individualabrede bei Verwendung Allgemeiner Geschäftsbedingungen, in: FS Cohn (1975), S. 191; *Zoller*, Dogmatik, Anwendungsprobleme und ungewisse Zukunft des Vorrangs individueller Vertragsvereinbarungen vor Allgemeinen Geschäftsbedingungen, JZ 1991, 850.

I. Regelungsanliegen und Dogmatik des Vorrangprinzips

344   Die heutige Vertragspraxis bedient sich zwar in den weitaus meisten Fällen vorformulierter Bedingungswerke, insbesondere in Form von Formularverträgen. Diese sind jedoch nicht selten von vornherein auf Ergänzung durch individuelle Absprachen angelegt. Sie lassen insbesondere Lücken für die nähere Bestimmung des Leistungsgegenstandes und des hierfür zu entrichtenden Preises. Daneben treten jedoch mitunter besondere Absprachen der vertragsschließenden Parteien, durch die bestimmte Einzelpunkte abweichend vom vorformulierten Klauseltext geregelt werden. Solche einzelfallbezogenen Vereinbarungen können mündlich oder schriftlich getroffen werden. Die Parteien verzichten dann meist darauf – oder denken schlicht nicht daran –, die Allgemeinen Geschäftsbedingungen an die individuell getroffene Vertragsabrede anzupassen. Dies wäre im Übrigen auch ein sehr aufwändiges Unterfangen, das die Parteien, so sie nicht über besondere Rechts- und Geschäftskunde verfügen, leicht überfordern könnte.[1] In dieser Situation kommt den Vertragsschließenden das Gesetz zu Hilfe. Denn die Vorschrift des **§ 305b** entlastet die Vertragsparteien von solchen Anstrengungen, indem sie Regelungskonflikte zwischen dem Inhalt der Allgemeinen Geschäftsbedingungen und dem gesondert Vereinbarten **zugunsten der individuell getroffenen Vertragsabrede** auflöst. Für das in § 305b angeordnete **funktionelle Rangverhältnis**[2] spricht in der Tat, dass Allgemeine Geschäftsbedingungen als typische Regelungen für eine Vielzahl von Fällen den Besonderheiten des Einzelfalls naturgemäß nicht Rechnung tragen können, es aber einen unkomplizierten Weg geben muss, den individuellen Gestaltungswünschen Geltung zu verschaffen.

345   § 305b bringt einen **allgemeinen Gedanken des Vertragsrechts** zum Ausdruck, der auch im **unternehmerischen Geschäftsverkehr** uneingeschränkt Geltung beansprucht.[3] Der Vorrang der Individualabrede wurde schon bislang vom BAG als allgemeiner Rechtsgrundsatz qualifiziert und im **Arbeitsvertragsrecht** angewendet.[4] „Im Arbeitsrecht geltende Besonderheiten" im Sinne des § 310 Abs. 4 sind dabei bislang nicht zu Tage getreten.[5] Darüber hinaus ist der Vorrang individueller Absprachen vor Allgemeinen Geschäftsbedingungen auch in Art. 2.1.21 der Grundregeln der internationalen Handelsverträge (**UNIDROIT Prinzipien**) verankert. Dort heißt es: „Im Falle eines Widerspruchs zwischen einer allgemeinen Geschäftsbedingung und einer Bedingung, welche keine allgemeine Geschäftsbedingung ist, geht die letztere vor."

---

[1] MünchKomm-*Basedow*, § 305b Rdn. 1.
[2] So die im Grundsatz nahezu unbestrittene Charakterisierung der Vorrangregel; vgl. *Schmidt-Salzer*, AGB, S. 121; *Wolf//Lindacher*, § 4 AGBG Rdn. 1; *Ulmer*, § 305b Rdn. 7; *Palandt-Heinrichs*, § 305b Rdn. 1; HK-*Schulte-Nölke*, § 305b Rdn. 2; *Trinkner*, in: FS Cohn, 1975, S. 191.
[3] BGH NJW-RR 1990, 613; *Wolf/Lindacher*, § 4 AGBG Rdn. 51.
[4] BAG AP Nr. 16 zu § 4 TVG.
[5] Für uneingeschränkte Anwendung des Vorrangprinzips daher zu Recht *Gotthardt*, Arbeitsrecht nach der Schuldrechtsreform, Rdn. 253; ferner BAG NZA 2007, 940.

Über die genaue **dogmatische Erfassung der Vorrangregel** und ihre **systematische** 346
Einordnung in den Prüfungsgang der AGB-Kontrolle wird im deutschen Schrifttum
kontrovers diskutiert.[6] Bisweilen sieht man in § 305b eine **Auslegungsregel** für den Geltungsanspruch der in den Vertrag einbezogenen Allgemeinen Geschäftsbedingungen.[7]
Dieser trete zurück gegenüber einer spezielleren, weil für den konkreten Fall getroffenen,
Vereinbarung. § 305b beschreibt hiernach einen Teilaspekt der für Allgemeine Geschäftsbedingungen entwickelten und partiell in der Unklarheitenregel (§ 305c Abs. 2) kodifizierten Auslegungsgrundsätze.[8] Richtig ist sicherlich, dass die Vorrangregel den oben beschriebenen Widerstreit im Allgemeinen im Sinne des realen oder hypothetischen Willens
der Beteiligten auflösen wird. Der Einordnung als kodifizierte Auslegungsregel steht jedoch entgegen, dass es sich bei § 305b um eine Norm handelt, die zwingend – losgelöst
vom Parteiwillen – den Vorrang des individuell Vereinbarten festschreibt.[9] Näher liegt
daher ein anderes dogmatisches Verständnis, welches das Regelungsanliegen des § 305b in
der Beantwortung einer **Geltungsfrage** sieht.[10] Die Vorschrift des § 305b geht nämlich
davon aus, dass eine Auslegung der betreffende Allgemeinen Geschäftsbedingung und der
konträren individuell getroffenen Vereinbarung bereits stattgefunden hat und es auf diesem Weg nicht zu einer Bereinigung des Regelungskonflikts gekommen ist.[11] Von daher
kann die Kollision nur auf der **Ebene der Einbeziehung** entschieden werden. Für diese
Betrachtungsweise spricht nicht nur die gesetzliche Systematik – die benachbarten Vorschriften (§§ 305 Abs. 2, 305a und 305c Abs. 1) befassen sich allesamt mit Einbeziehungsfragen. Vielmehr dürfte auch der rechtsgeschäftliche Konsens der Parteien eher dahin zu
beschreiben sein, dass die Allgemeinen Geschäftsbedingungen insoweit nicht Bestandteil
des Vertrages werden sollen, als sie mit individuellen Abreden kollidieren. Anders formuliert: Die Einbeziehungsvereinbarung hinsichtlich der privatautonom schwächer legitimierten Allgemeinen Geschäftsbedingungen und speziell das Einverständnis des Kunden
mit ihrer Geltung erstrecken sich von vornherein nur auf individualabredeverträgliche
Bedingungen.[12]

II. Voraussetzungen des Vorrangs

1. Vorliegen einer Individualabrede

Individualabreden sind solche Vertragsbedingungen bzw. einseitige Rechtsgeschäfte,[13] die 347
nicht unter den AGB-Begriff im Sinne des § 305 Abs. 1 fallen, weil sie **zwischen den Vertragsparteien im Einzelnen ausgehandelt** worden sind (vgl. § 305 Abs. 1 Satz 3).[14] Die
Individualabrede kann **schriftlich, mündlich oder stillschweigend**[15] getroffen werden.

---

[6] Überblick über den Diskussionsstand bei *Zoller*, JZ 1991, 850. Nicht durchgesetzt hat sich die
Auffassung Trinkners (Löwe/Graf von Westphalen/*Trinkner*, § 4 AGBG Rdn. 11), die Vorrangregel
wurzele im Verbot des venire contra factum proprium; zu Recht ablehnend *Zoller*, JZ 1991, 853.
[7] *Ulmer*, § 305b Rdn. 7ff.; Soergel-*Stein*, § 4 AGBG Rdn. 1; HK-*Schulte-Nölke*, § 305b Rdn. 1;
Schmidt-Salzer, AGB, S. 121; dagegen MünchKomm-*Basedow*, § 305b Rdn. 2.
[8] *Ulmer*, § 305b Rdn. 8.
[9] *Zoller*, JZ 1991, 852.
[10] *Wolf*//*Lindacher*, § 4 AGBG Rdn. 3; wohl auch *Koch/Stübing*, § 4 AGBG Rdn. 2f.
[11] So zutreffend MünchKomm-*Basedow*, § 305 Rdn. 2.
[12] Wie hier im Ergebnis *Wolf/Lindacher*, § 4 AGBG Rdn. 2; *Zoller*, JZ 1991, 853; ähnlich BGH
NJW 1984, 2468.
[13] BGH NJW 1987, 2011.
[14] *Wolf/Lindacher*, § 4 AGBG Rdn. 6; geringfügig weiter fassen den Begriff der Individualabrede
im Sinne des § 305b Staudinger-*Schlosser*, § 305b Rdn. 12; *Palandt-Heinrichs*, § 305b Rdn. 2.
[15] BGH NJW 1986, 1807.

Die Vorrangregel des § 305 b setzt auch nicht voraus, dass die Individualabrede schon zum **Zeitpunkt** des Vertragsschlusses vorliegt. Auch nach Abschluss des Vertrages getroffene Individualabreden nehmen am Vorrang teil, ohne dass es hierfür eine Rolle spielt, ob die Parteien sich des Widerspruchs zu den Allgemeinen Geschäftsbedingungen bewusst sind oder nicht.[16] Wohl aber setzt die Vorrangwirkung einer Individualvereinbarung deren **Wirksamkeit** voraus.[17] Als Wirksamkeitsmangel kommen z. B. Formverstöße oder das Fehlen der Vertretungsmacht der in die Vertragsverhandlungen eingeschalteten Hilfspersonen in Betracht.

2. Inhaltliche Abweichung der Allgemeinen Geschäftsbedingungen von der Individualabrede

348 Der Tatbestand der Vorrangregel setzt voraus, dass zwischen den Allgemeinen Geschäftsbedingungen und der Individualabrede nach gewissenhafter Auslegung beider Teile ein **Regelungswiderspruch** verbleibt. In den meisten Fällen verhält es sich so, dass die Individualabrede vom Regelungsgehalt des vorformulierten Teils zugunsten des Kunden abweicht. Die Rechtsposition des Kunden wird verbessert, indem ihm weitergehende Ansprüche und Rechte zugebilligt werden oder der Verwender seinerseits auf ihm nach dem Text seines Bedingungswerks zustehende Rechte verzichtet. Der Vorrang der Individualabrede ist jedoch nicht in erster Linie eine Kundenschutzbestimmung, sondern ein Kollisionsprinzip zur Auflösung von Widersprüchen. Die Vorrangregel gelangt daher auch dann zur Anwendung, wenn die mit dem Kunden getroffene Individualabrede zugunsten des Verwenders von seinen Allgemeinen Geschäftsbedingungen abweicht.[18] Die Abweichung der Allgemeinen Geschäftsbedingungen zur individuell getroffenen Vereinbarung kann sich in einem offen zutage liegenden, **direkten Widerspruch** oder in einem **indirekten**, der Individualabrede den Sinn nehmenden **Widerspruch** äußern.[19] Der Unterscheidung kommt für die Anwendung des § 305 b keine Bedeutung zu. Sie verdeutlicht allerdings, dass nicht nur offenkundige Textabweichungen zählen, sondern auch Sinnwidersprüche, die sich erst aus einem näheren Vergleich der Regelungsinhalte beider Vertragsteile ergeben. Einige Beispiele aus der Rechtsprechung sollen nachfolgend das Anwendungsfeld der Vorrangregel verdeutlichen:

Beispiele:
(1) Die Klausel „Lieferfristen und Termine sind unverbindlich" wird nicht Vertragsbestandteil, wenn die Parteien eine **konkrete Lieferfrist** oder einen bestimmten Termin vereinbaren.[20]
(2) Die Regierungsbegründung zum AGB-Gesetz[21] nennt in Anlehnung an eine Entscheidung des BGH[22] den Fall eines Grundstückseigentümers, der einen Makler mit dem Verkauf des Anwesens beauftragt. Das vom **Makler** verwendete Vertragsformular war auf einen **Alleinauftrag** zugeschnitten. Jedoch wurde in das Vertragsformular handschriftlich ein Passus eingefügt, aus dem hervorging, dass der Auftraggeber freibleiben sollte, das Anwesen auch direkt oder über einen anderen Makler zu veräußern. Auch hier setzt sich die Individualabrede durch.
(3) Die individualvertragliche Festlegung der Parteien des Vertragsverhältnisses verdrängt regelmäßig eine entgegenstehende Klausel, die dem Verwender die Möglichkeit eröffnen soll, eine dritte Person an seiner Statt als Vertragspartner einzusetzen. Eröffnen beispielsweise zwei Eheleute ein sog.

---

[16] BGH NJW 2006, 138; BAG NZA 2007, 801 (803).
[17] *Ulmer,* § 305 b Rdn. 11; MünchKomm-*Basedow,* § 305 b Rdn. 5; *Erman-Roloff,* § 305 b Rdn. 5; a. A. *Koch/Stübing,* § 4 AGBG Rdn. 3.
[18] BGH NJW 1995, 1494 (1496); *Zoller,* JZ 1991, 853; *Ulmer,* § 305 b Rdn. 25.
[19] *Palandt-Heinrichs,* § 305 b Rdn. 3 f.
[20] Vgl. BGH NJW 1983, 1320; 1984, 48 f.; hierzu auch BGH NJW 2007, 1198 (1199); ferner *Erman-Roloff,* § 305 b Rdn. 7.
[21] BT-Drucks. 7/3919, S. 20.
[22] BGHZ 49, 84 (87).

§ 11. Vorrang der Individualabrede   119

„und-Konto" und wird individuell eine nur gemeinschaftliche Verfügungsbefugnis vereinbart, so wird eine „oder-Klausel", die eine Auszahlung an einen der beiden Gesamtberechtigten erlauben würde, nicht Vertragsbestandteil.[23]

(4) Weist ein Konnossement den Charterer auf der Vorderseite deutlich hervorgehoben als Verfrachter aus, so geht dies als Individualvereinbarung der Benennung des Reeders als Verfrachter in den Konnossementsbedingungen (**Identity-of-Carrier-Klausel**) vor.[24]

(5) Die individuelle handschriftliche Angabe einer bestimmten Kilometerlaufleistung setzt sich gegenüber der Klausel des Verkäufers durch, derzufolge es sich bei seinen Erklärungen nicht um **Eigenschaftszusicherungen** (jetzt Garantien) handeln solle.[25]

III. Problematik der Schriftformklauseln

Literatur: *Baumann,* Schriftformklauseln und Individualabrede, BB 1980, 551; *Hromadka,* Schriftformklauseln in Arbeitsverträgen, DB 2004, 1261; *Lindacher,* Zur Vertretungsmachtbegrenzung durch formularmäßige Schriftform- und Bestätigungsvorbehaltsklauseln, JR 1982, 1; *Michalski,* Schriftformklauseln in Individual- und Formularverträgen, DStR 1998, 771; *Reiling,* Vorkehrungen gegen Vertragsänderungen durch den Vertragspartner: Schriftformklauseln, JA 2000, 866; *Roloff,* Vertragsänderungen und Schriftformklauseln, NZA 2004, 1191; *Schulz,* Schriftformklauseln in Allgemeinen Geschäftsbedingungen, Jura 1995, 1; *Teske,* Schriftformklauseln in Allgemeinen Geschäftsbedingungen, 1990.

1. Vorkommen und Gestaltungsformen

Der Vorrang individuell getroffener Vertragsabreden gegenüber Allgemeinen Geschäftsbedingungen gilt – wie bereits erwähnt – ohne Rücksicht auf die Form der Individualabrede. Der Verwender muss daher damit rechnen, dass der Kunde unter Berufung auf eine mündlich getroffene Sonderabrede eine vom Klauseltext abweichende Rechtsfolge für sich reklamiert. Das kann für den Verwender vor allem dann misslich sein, wenn er an den Vertragsschlüssen nicht persönlich beteiligt ist, sondern sich hierbei bevollmächtigter Abschlussgehilfen bedient. In der Praxis trifft man daher **häufig** auf Klauseln, die darauf zielen, mündlichen Abreden die Anerkennung zu versagen oder sie doch jedenfalls nur unter erschwerten Bedingungen wirksam werden zu lassen. Ob und unter welchen Voraussetzungen solche Schriftformklauseln die intendierte Wirkung entfalten können, ist umstritten. Man wird zwei Problemkreise auseinanderhalten müssen. Zum einen ist das **Vorrangprinzip des § 305b** berührt und zum anderen darf sich eine Schriftformklausel nicht als **unangemessene Benachteiligung im Sinne des § 307 Abs. 1 und 2** darstellen. Ferner kommt es für die rechtliche Beurteilung auf den Regelungsgehalt der Klausel an. Dieser ist jeweils durch Auslegung zu ermitteln, denn Schriftformklauseln treten in unterschiedlicher Gestalt auf.[26]

349

Beispiele für Schriftformklauseln
(1) „Mündliche Abreden bedürfen zu ihrer Wirksamkeit der Schriftform."[27] (sog. **einfache Schriftformklausel**)
(2) „Änderungen und Ergänzungen dieses Vertrages sind, auch wenn sie bereits mündlich getroffen wurden, nur wirksam, wenn sie schriftlich festgelegt und von beiden Parteien unterzeichnet worden sind. Dies gilt auch für den Verzicht auf das Schriftformerfordernis." „Vom Vertragstext abweichende mündliche Vereinbarungen sind ausgeschlossen."[28] (sog. **qualifizierte Schriftformklausel**)

---

[23] OLG Köln NJW-RR 1990, 1007.
[24] BGH NJW 2007, 2036.
[25] OLG Hamm BB 1983, 21.
[26] Überblick bei *Michalski,* DStR 1998, 771 f.
[27] AGB-Klauselwerke-*Graf von Westphalen,* Schriftformklauseln, Rdn. 1.
[28] LAG Düsseldorf, NZA-RR 2007, 455.

(3) „Nebenabreden bedürfen unserer ausdrücklichen schriftlichen Bestätigung." [29] (qualifizierte **Schriftformklausel in Form einer Bestätigungsklausel).**

350 Nicht zu den Schriftformklauseln im engeren Sinne zählen Klauseln, in denen der Kunde erklärt, dass keine über den Vertragstext hinausgehenden mündlichen Vereinbarungen getroffen und ihm insbesondere keine weiteren Zusagen gemacht worden sind. Solche sog. **Vollständigkeitsklauseln** sind an § 309 Nr. 12 zu messen (vgl. Rdn. 682).

2. Vorrang mündlicher Abreden

351 Hinsichtlich des Vorrangs der Individualabrede hat sich im Schrifttum die Ansicht durchgesetzt, dass die auf Geltung des mündlich Vereinbarten angelegte Individualabrede der auf Geltungsverneinung zielenden AGB-Regelung vorgeht.[30] Der BGH hatte sich mit Schriftformklauseln bislang meist im Verbandsverfahren auseinanderzusetzen, in dem allein die §§ 307 bis 309 den Prüfungsmaßstab abgeben. Gleichwohl hat der BGH in mehreren Entscheidungen deutlich gemacht, dass eine Schriftformklausel der Verbindlichkeit einer mündlichen Sonderabrede schon auf Grund des Vorrangprinzips nicht entgegensteht. Eine Schriftformklausel kann – so der BGH – dadurch außer Kraft gesetzt werden, dass die Vertragsschließenden deutlich den Willen zum Ausdruck bringen, die mündlich getroffene Abrede sollte ungeachtet dieser Klausel gelten.[31] Der **Vorrang der Individualabrede behauptet sich** im Übrigen auch gegenüber einer nach § 307 nicht zu beanstandenden Schriftformklausel.[32]

352 Allerdings ist eine wichtige Einschränkung zu beachten. Der Vorrang der Individualabrede setzt – wie bereits erwähnt – deren Wirksamkeit voraus. Daran kann es fehlen, wenn die Schriftformklausel zugleich die **Vertretungsmacht des Personals** einschränkt, dessen sich der Verwender zur Herbeiführung des Vertragsschlusses bedient. Die Beschränkung der Vertretungsmacht muss für den anderen Vertragsteil bei Abschluss des Vertrages deutlich sichtbar werden.[33] Dies muss nicht unbedingt in Form einer zusätzlichen Vertreterklausel geschehen.

Beispiel: „Unsere Abschlussvertreter sind nur zu schriftlichen Zusagen befugt. Mündliche Abreden bedürfen zur Gültigkeit daher der schriftlichen Bestätigung."[34] (sog. **Vertreterklausel** in Satz 1).

353 Einen vertretungsmachtbezogenen Regelungsgehalt weisen im Allgemeinen auch die qualifizierten Schriftformabreden in Form des Abweichungsverbots und der Bestätigungsklausel auf.[35] Durch solche Klauseln kann jedenfalls die Vertretungsmacht des kaufmännischen Personals im Sinne der §§ 54, 55 HGB wirksam limitiert werden (vgl. hierzu unter dem Aspekt des § 307 sogleich unter Rdn. 355). Mündliche Zusagen eines hierzu nicht bevollmächtigten kaufmännischen Angestellten können daher gegenüber dem Verwender grundsätzlich[36] keine Wirksamkeit entfalten. Abweichende Individualabreden, die der Verwender selbst mit seinen Kunden trifft, verdrängen hingegen ohne weiteres die Schriftformklausel. Gleiches gilt, wenn die mündliche Absprache nicht mit dem Verwender selbst, wohl aber

---

[29] Begründung des Regierungsentwurfs, BT-Drucks. 7/3919, S. 20.
[30] Vgl. statt vieler *Wolf/Lindacher*, § 4 AGBG Rdn. 33.
[31] BGH NJW 1985, 320 (322).
[32] BGH NJW 2006, 138 f.; NJW-RR 1995, 179 (180); *Ulmer*, § 305 b Rdn. 33.
[33] *Ulmer*, § 305 b Rdn. 35; *Erman-Roloff*, § 305 b Rdn. 10.
[34] *Michalski*, DStR 1998, 772.
[35] *Ulmer*, § 305 b Rdn. 38.
[36] Im Einzelfall kann sich die Vertretungsmacht allerdings aus einer Anscheins- oder Duldungsvollmacht ergeben; vgl. *Wolf/Lindacher*, § 4 AGBG Rdn. 43 m.w.N.

mit einem voll vertretungsberechtigten Repräsentanten des Verwenders, also z. B. mit einem Prokuristen oder Generalbevollmächtigten, getroffen wird.[37]

3. Wirksamkeit von Schriftformklauseln

Schriftformklauseln sind nicht schlechthin gem. § 307 unzulässig. Ihre Wirksamkeit hängt vielmehr von der Ausgestaltung und dem Anwendungsbereich der konkreten Klausel ab. Unwirksam ist eine Schriftformklausel, wenn sie dazu dient, insbesondere **nach Vertragsschluss** getroffene Individualvereinbarungen zu unterlaufen, indem sie beim anderen Vertragsteil den Eindruck erweckt, eine mündliche Abrede sei entgegen allgemeinen Grundsätzen unwirksam.[38] Eine Schriftformklausel kann nämlich dadurch außer Kraft gesetzt werden, dass die Parteien deutlich den Willen zum Ausdruck bringen, die mündlich getroffene Abrede solle ungeachtet dieser Klausel gelten. Eine Klauselgestaltung, die dem Verwender die Gelegenheit eröffnet, begründete Ansprüche unter Hinweis auf eine in der Sache nicht – stets – zutreffende Darstellung der Rechtslage in seinen Allgemeinen Geschäftsbedingungen abzuwehren, benachteiligt den Vertragspartner entgegen den Geboten von Treu und Glauben unangemessen.[39] 354

Beispiele:
(1) In den „**Einkaufs- und Lieferungsbedingungen**" eines Möbelhandelsunternehmens heißt es: „Änderungen oder Ergänzungen bedürfen der Schriftform". Diese Schriftformklausel ist so gefasst, dass der Kunde im Falle des Vorhalts der Klausel durch den Verwender von der Durchsetzung der ihm auf Grund wirksamer mündlicher Vereinbarung zustehenden Rechte abgehalten werden könnte.[40]
(2) Unwirksam sind auch **qualifizierte Schriftformklauseln in Arbeitsverträgen**. Auch im Arbeitsrecht sind vernünftige Gründe dafür nicht erkennbar, dass der Arbeitgeber selbst oder seine umfassend vertretungsberechtigten Vertreter an nachträgliche mündliche Zusagen oder Absprachen nicht gebunden sein sollen, wenn es nicht zu einer schriftlichen Niederlegung kommt.[41]
(3) In der einem Lebens**versicherungsvertrag** zugrunde liegenden Klausel: „Mitteilungen, die das Versicherungsverhältnis betreffen, müssen stets schriftlich erfolgen." konnte der BGH hingegen keine unbillige Erschwerung der Rechtswahrnehmung durch den Versicherungsnehmer erkennen.[42] Das Ausbedingen der Schriftform durch den Versicherer entspreche dessen grundsätzlich anzuerkennendem Klarstellungs- und Beweissicherungsinteresse. Bei den *nach* Vertragsschluss abzugebenden Erklärungen des Versicherungsnehmers gebe es auch nicht das typische Nebeneinander von mündlichen und schriftlichen Erklärungen, welches für die Aufnahme eines Versicherungsvertrags durch einen Versicherungsagenten kennzeichnend sei.

Schriftformklauseln können nach der Rechtsprechung allenfalls dann einer Angemessenheitskontrolle anhand des § 307 standhalten, wenn sie auf **mündliche Vereinbarungen im Vorfeld und im Zeitpunkt des Vertragsschlusses** zielen. Bei der Klauselüberprüfung kann insbesondere ein berechtigtes Interesse des Verwenders, sich vor vollmachtüberschreitenden Abmachungen seiner Außendienstmitarbeiter und auch vor unkontrollierten mündlichen Zusagen vertretungsberechtigter Personen vor oder bei Vertragsschluss zu schützen, durchaus anerkannt werden.[43] In jedem Fall bedarf es einer Abwägung dieses Verwenderinteresses gegenüber den Belangen des Kunden. 355

---

[37] *Ulmer*, § 305 b Rdn. 34; *Erman-Roloff*, § 305 b Rdn. 12.
[38] BGH NJW 1995, 1488 (1489); 2001, 292; KG NJW 1998, 829 (831).
[39] BGH NJW 1995, 1488 (1489).
[40] BGH NJW 1995, 1488. In diesem Sinne auch BGH NJW 2001, 292 f. zu einer Schriftformklausel in Neuwagen-Verkaufsbedingungen.
[41] So jetzt auch BAG BB 2008, 2242 mit Anm. *Ulrici*.
[42] BGH NJW 1999, 1633 (1634 f.).
[43] BGH NJW 1991, 2559.

Beispiel: Keine unangemessene Benachteiligung im Sinne des § 307 geht von einer Klausel aus, nach der Liefertermine und Lieferfristen „schriftlich anzugeben" sind und die ferner für die zu treffende Individualabrede über die Lieferzeit an deutlich sichtbarer Stelle einen besonderen Raum vorsieht.[44]

4. Auswirkungen der Klauselrichtlinie

356   Der Anhang zu Art. 3 Abs. 3 der Klauselrichtlinie 93/13/EWG enthält in **Nr. 1 Buchst. n** einen Tatbestand, der Schriftformklauseln insoweit berührt, als es um die Verbindlichkeit des Vertreterhandelns geht. Verpönt sind hiernach Klauseln, die darauf abzielen oder zur Folge haben, dass die Verpflichtung des Gewerbetreibenden zur Einhaltung der von seinen Vertretern eingegangenen Verpflichtungen eingeschränkt wird oder diese Verpflichtung von der Einhaltung einer Formvorschrift abhängig gemacht wird. Damit wird die eher restriktive Tendenz der deutschen Rechtsprechung bestätigt. Ob sich im Hinblick auf den Anhang der Klauselrichtlinie eine weitere Einengung des Spielraums für Schriftformklauseln im deutschen Recht empfiehlt, ist derzeit noch offen.[45] Gerichte, die im Streitfall die Wirksamkeit einer Schriftformklausel in einem Verbrauchervertrag erwägen, müßten die Sache wohl dem EuGH zur Vorabentscheidung vorlegen.[46]

---

[44] BGH NJW 1982, 331 (333).
[45] Dafür, dass die deutsche Rechtslage in diesem Punkt dem Klauselanhang bereits entspricht, *Ulmer*, § 305b Rdn. 52; von einer Verschärfung ausgehend jedoch AGB-Klauselwerke-*Graf von Westphalen*, Schriftformklauseln, Rdn. 38 f.
[46] So auch MünchKomm-*Basedow*, § 305b Rdn. 15 f.

Vierter Abschnitt.
Auslegung Allgemeiner Geschäftsbedingungen

§ 12. Grundsatz der objektiven Auslegung

Literatur: *Bernreuther,* Zum Maßstab der Auslegung von AGB und dem Transparenzgebot, BB 1993, 1823; *Brandner,* Die Umstände des einzelnen Falles bei der Auslegung und Beurteilung von AGB, AcP 162 (1963), 237; *Dreher,* die Auslegung von Rechtsbegriffen in Allgemeinen Geschäftsbedingungen, AcP 189 (1989), 342; *Rüßmann,* Die „ergänzende Auslegung" Allgemeiner Geschäftsbedingungen, BB 1987, 843; *Schmidt-Salzer,* Recht der AGB und mißbräuchliche Klauseln: Grundfragen, JZ 1995, 223.

I. Vorbemerkungen

1. Ziel der Auslegung

Bei Allgemeinen Geschäftsbedingungen handelt es sich häufig um ausgefeilte Bedingungswerke, in denen die Rechte und Pflichten der Parteien eingehend geregelt sind. Gleichwohl zeigt sich auch hier, dass die gewählten Formulierungen nicht immer klar und eindeutig sind, es vielmehr zu divergierenden Ansichten über ihren verbindlichen Inhalt kommen kann. Denkbar ist des Weiteren, dass sich der unter Zugrundelegung Allgemeiner Geschäftsbedingungen geschlossene Vertrag nachträglich als unvollständig erweist, etwa weil der Verwender einen bestimmten regelungsbedürftigen Punkt nicht bedacht hatte. In diesen Fällen ist im Wege der erläuternden bzw. ergänzenden Auslegung der Allgemeinen Geschäftsbedingungen ihr **rechtlich maßgeblicher Inhalt zu bestimmen**. 357

2. Trennung von Auslegung und Inhaltskontrolle

Die **Auslegung** ist von der **Inhaltskontrolle strikt zu trennen**. Schon rechtslogisch kann nur etwas rechtlich bewertet werden, was zuvor tatbestandlich genau fixiert worden ist. Die Auslegung bereitet mithin die Inhaltskontrolle vor und hat demnach an erster Stelle zu stehen.[1] Erst in einem zweiten Schritt geht es dann um die Frage, ob die privatautonom getroffene Regelung vor den Inhaltsschranken der Rechtsordnung bestehen kann.[2] Der Gesetzgeber hat sich in den §§ 307 bis 309 für eine offene Inhaltskontrolle entschieden. Für den Rechtsanwender bedeutet dies, dass die Gründe, die das Urteil der Unangemessenheit tragen, offen zu legen sind. Mit diesem Postulat nicht vereinbar sind Strategien, die auf eine **verdeckte (kaschierte) Inhaltskontrolle** hinauslaufen, also eine der Inhaltskontrolle vorgelagerte Korrekturinstanz eröffnen. Diese Gefahr trägt vor allem die Auslegung Allgemeiner Geschäftsbedingungen in sich. Gestände man der Auslegung hier eine korrektivische Funktion zu, so ließe man letztlich eine Zweckentfremdung dieses Instituts zu. Als übereinstimmend Gemeintes wird nicht mehr das „Gewollte", sondern das 358

---

[1] BGH NJW 1999, 1108; 1633 (1634).
[2] Sehr deutlich BGH NJW 1993, 2369; aus dem Schrifttum: *Larenz/Wolf,* Allgemeiner Teil, § 43 Rdn. 30; *Fastrich,* Inhaltskontrolle, S. 21 ff.; *Wolf,* § 9 AGBG Rdn. 35; *Staudinger-Schlosser,* § 305 c Rdn. 105; *Leenen,* AcP 188 (1988), 386 ff.; *ders.,* AcP 190 (1990), 268 f.; zur entsprechenden Problematik („Auslegung als kaschierte Vertragskontrolle") in der arbeitsgerichtlichen Rechtsprechung *Preis,* Grundfragen der Vertragsgestaltung, S. 153 ff.

nach der Rechtsordnung „Gesollte" ausgegeben.³ Vor In-Kraft-Treten des AGB-Gesetzes war die Rechtsprechung unbilligen Klauseln nicht selten auch im Wege der Auslegung entgegengetreten. Unangemessene Deutungsvarianten wurden als von der Klausel nicht mitumfasst angesehen. Heute ist dieses Notventil nicht mehr erforderlich. Die inhaltliche Unangemessenheit ist im Rahmen der Inhaltskontrolle zur Sprache zu bringen. Die Auslegung kann sich wieder auf ihre eigentliche Aufgabe besinnen, den Inhalt der Allgemeinen Geschäftsbedingungen zu ermitteln.

II. Der objektive Auslegungsmaßstab

1. Ausgangslage im Bürgerlichen Recht

359 Allgemeine Geschäftsbedingungen sind vertragsrechtlicher Natur und unterliegen daher im Grundsatz den allgemeinen Regeln des Bürgerlichen Rechts über die Auslegung von Willenserklärungen und Verträgen.⁴ Gleichermaßen verankert in § 133 und § 157 hat sich im Laufe der Zeit ein einheitlicher Kanon von Auslegungsgrundsätzen herausgeschält.⁵ Ist nicht ausnahmsweise ein übereinstimmender Wille der Parteien erkennbar, dem im Wege der natürlichen Auslegung zur Geltung zu verhelfen ist, so richtet sich die Auslegung bei empfangsbedürftigen Willenserklärungen nach dem Empfängerhorizont (sog. normative Auslegung). Ausgehend vom Wortlaut sind sämtliche Begleitumstände in die Auslegung einzubeziehen. Erweist sich der Vertrag als lückenhaft, so ist unter Zugrundelegung eines objektiv-generalisierenden Maßstabs eine am hypothetischen Parteiwillen ausgerichtete ergänzende Vertragsauslegung in Betracht zu ziehen.⁶

2. Modifikation des Auslegungsmaßstabs bei Allgemeinen Geschäftsbedingungen

360 Diese allgemeinen Regeln dürfen für die Auslegung Allgemeiner Geschäftsbedingungen nicht unbesehen und schablonenhaft übernommen werden. Die wichtigste in Rechtsprechung und überwiegender Literatur anerkannte Abweichung betrifft den Auslegungsmaßstab. Allgemeine Geschäftsbedingungen sind hiernach ausgehend von den Verständnismöglichkeiten eines rechtlich nicht vorgebildeten Durchschnittskunden einheitlich so auszulegen, wie sie von verständigen und redlichen Vertragsparteien unter Abwägung der Interessen der normalerweise beteiligten Verkehrskreise verstanden werden.⁷ Die Auslegung erfolgt **losgelöst von der zufälligen Gestaltung des Einzelfalles und den individuellen Vorstellungen der Vertragsparteien.**⁸ Das Auslegungsergebnis muss sich als allgemeine Lösung eines stets wiederkehrenden Interessengegensatzes darstellen. Die **objek-**

---

³ *Fastrich*, Inhaltskontrolle, S. 21; vgl. auch *Tiedke*, ZIP 1987, 1092.
⁴ *Wolf/Lindacher*, § 5 AGBG Rdn. 1; Palandt-*Heinrichs*, § 305 c Rdn. 15; MünchKomm-*Basedow*, § 305 c Rdn. 18. Die Auslegung Allgemeiner Geschäftsbedingungen folgt somit nicht der Auslegung von Gesetzen. Auf dem Gebiete der Allgemeinen Versicherungsbedingungen spricht der BGH bisweilen noch von „gesetzesförmiger Auslegung"; vgl. BGH NJW 1981, 870 (873).
⁵ Instruktive Darstellung bei *Larenz/Wolf*, Allgemeiner Teil, § 28 und § 33.
⁶ Zur Schließung „anfänglicher" Lücken in Allgemeinen Geschäftsbedingungen ist die ergänzende Vertragsauslegung nach allgemeiner Ansicht grundsätzlich zulässig, so zuletzt BGH NJW 2001, 292 (293) m. w. N.; NJW-RR 2004, 262 (262); 2007, 1697 (1701).
⁷ BGH NJW 2002, 285 (286); 2007, 504 (505); 2008, 2172 (2173).
⁸ BGHZ 33, 216 (218); und aus neuerer Zeit BGHZ 84, 268 (272); BGH NJW 1992, 2629; 2001, 2165 (2166); BAG NZA 2006, 324 (327); *Ulmer*, § 305 c Rdn. 73 ff.; *Soergel-Stein*, § 5 AGBG Rdn. 6; MünchKomm-*Basedow*, § 305 c Rdn. 22; *H. Roth*, WM 1991, 2126; a. A. *Wolf/Lindacher*, § 5 AGBG Rdn. 6 ff.; einschränkend *auch Schmidt-Salzer*, JZ 1995, 223 ff. BGH NJW 2001, 1270 sah sich durch § 23 Abs. 1 AGBG nicht gehindert, die objektive Auslegung auf vorformulierte Vertragsbedingungen für Gesellschaftsverträge mit stillen Gesellschaftern zu erstrecken.

tive Auslegung schränkt den Kreis der Auslegungsmittel auf solche ein, die dem typischen Kunden des jeweiligen Geschäftskreises zugänglich sind.[9] Dazu gehört regelmäßig nicht die Entstehungsgeschichte eines Bedingungswerkes.[10] Ferner führt die mangelnde Berücksichtigungsfähigkeit der individuellen Begleitumstände des Vertragsschlusses zu einer gewissen Aufwertung des Wortlautarguments im Auslegungsgeschehen.[11]

Beispiele:
(1) Bei der im Wege der Auslegung zu klärenden Frage, ob die Klausel „Der Gastwirt ist verpflichtet, bei Nichtbereitstellung des Zimmers dem Gast Schadensersatz zu leisten." auch den Ersatz immaterieller Schäden unter dem Gesichtspunkt vertaner Urlaubszeit erfasst, kann die durch die Notwendigkeit ständiger Betreuung eines schwerbehinderten Familienangehörigen bedingte besondere Lage des Gastes nicht berücksichtigt werden. Entgegen der Vorinstanz war der BGH der Ansicht, dass die Klausel allgemein dahingehend zu verstehen sei, dass der immaterielle Schaden nicht ersatzfähig sein solle.[12]
(2) Die unbedarfte Beamtenwitwe, die an der Börse spekuliert, hat keinen Anspruch darauf, dass die dort üblichen Allgemeinen Geschäftsbedingungen für sie anders ausgelegt werden als für die häufiger mit solchen Anlagen Befassten.[13] Anders als bei solchen rein individuellen Verständnisunterschieden sollen hingegen unterschiedliche Verständnismöglichkeiten verschiedener am Geschäftsverkehr beteiligter Kundenkreise Berücksichtigung finden.[14]

Legen die Parteien einer vorformulierten Klausel **übereinstimmend** eine von ihrem objektiven Sinn **abweichende Bedeutung** bei, so ist diese maßgebend.[15] Hierfür beruft man sich zumeist auf den Rechtsgedanken des § 305b (Vorrang der Individualabrede).[16] Im Ergebnis ist dem nicht zu widersprechen. Die Begründung macht es sich jedoch unnötig schwer. Es handelt sich um einen schlichten Anwendungsfall der natürlichen Auslegung, die auch auf dem Gebiete der Allgemeinen Geschäftsbedingungen der normativ-objektiven Auslegung vorgeht.[17] Hier zeigt sich einmal mehr die grundsätzliche Verankerung der Auslegung von Allgemeinen Geschäftsbedingungen in den §§ 133, 157.   361

3. Gründe für die objektive Auslegung

Im Schrifttum ist die Geltung einer genuinen Auslegungsmaxime in Form des Grundsatzes der objektiven Auslegung verschiedentlich bestritten worden.[18] Demgegenüber sprechen gute Gründe für die soeben im Einzelnen beschriebene Modifikation des Ausle-   362

---

[9] BGH WM 1978, 10 (11); *Ulmer,* § 305 c Rdn. 82; *Palandt-Heinrichs,* § 305 c Rdn. 16.
[10] BGH NJW-RR 2003, 1247; *Ulmer,* § 305 c Rdn. 22; *Erman-Roloff,* § 305 c Rdn. 21; *Dreher,* AcP 189 (1989), 361; *Schmidt-Salzer,* AGB, Rdn. E. 50.
[11] *Ulmer,* § 305 c Rdn. 73; *H. Roth,* AcP 190 (1990), 306. Die Rechtsprechung ist uneinheitlich. Von einer am Wortlaut ausgerichteten objektiven Auslegung einer AGB-Klausel sprechen z.B. BGH NJW 1988, 3149 (3150) und 2002, 441, während Allgemeine Versicherungsbedingungen so auszulegen sein sollen, wie ein durchschnittlicher Versicherungsnehmer sie bei verständiger Würdigung, aufmerksamer Durchsicht und Berücksichtigung des erkennbaren Sinnzusammenhangs verstehen muss (BGH NJW 1993, 2368; 1999, 1633, 1634; 2001, 3406).
[12] BGH NJW 1980, 1947.
[13] Beispiel nach *Raiser,* Recht der AGB, S. 259.
[14] *Ulmer,* § 305 c Rdn. 83; *Soergel-Stein,* § 5 AGBG Rdn. 8; *Löwe/Graf von Westphalen/Trinkner,* § 5 AGBG Rdn. 5.
[15] BGH WM 2000, 783 (785); NJW 2002, 2102 (2103).
[16] BGH NJW 1991, 1604 (1606); 1995, 1494, 1496; 2002, 2102 (2103); *Ulmer,* § 305 c Rdn. 84; MünchKomm-*Basedow,* § 305 c Rdn. 26.
[17] Wie hier *Wolf/Lindacher,* § 5 AGBG Rdn. 4; in diesem Sinne offenbar auch OLG Rostock NZG 1999, 844 (845).
[18] *Wolf/Lindacher,* § 5 AGBG Rdn. 5; *Staudinger-Schlosser,* § 305 c Rdn. 126 ff.; *Brandner,* AcP 162 (1963), 253 ff.; eigene Wege beschreitet *Basedow,* AcP 182 (1982), 357.

gungsmaßstabes. Sie trägt zunächst der tatsächlichen Situation in Streitverfahren um die Wirksamkeit Allgemeiner Geschäftsbedingungen Rechnung, die im Allgemeinen durch einen Mangel an individuellen Besonderheiten gekennzeichnet ist.[19] Im Verbandsklageverfahren, das ohne Bezug auf einen konkreten Vertragsschluss geführt wird, versteht sich dies von selbst. Aber auch im Individualprozess dürfte es in aller Regel an besonderen auslegungsrelevanten Umständen fehlen. Freilich erlaubt dieser empirische Befund allein noch nicht die Aufstellung einer spezifischen Auslegungsregel. Normativ absichern lässt sich die objektive Auslegung jedoch mit dem durch die §§ 305 ff. mittelbar anerkannten legitimen Zweck Allgemeiner Geschäftsbedingungen, der Rationalisierung des Geschäftsverkehrs.[20] Dieser ließe sich nicht erreichen, wenn der Verwender befürchten müsste, dass sein Vertragswerk gegenüber seinen Kunden nicht einheitlich zur Anwendung gelangen würde, weil ihm immer wieder neue Auslegungen abgewonnen würden. Besonders deutlich wird dies übrigens für die Auslegung Allgemeiner Versicherungsbedingungen. Über Gebühr eingeengt werden die Parteien durch die objektive Auslegung nicht. Denn sie haben es durchaus in der Hand, einem von der objektiven Auslegung abweichenden Verständnis zur Geltung zu verhelfen, sei es indem sie eine Individualabrede im Sinne des § 305 b treffen, sei es dass sie übereinstimmend von einem anderen Verständnis ausgehen und sich hierüber bei Vertragsschluss austauschen (Fall der natürlichen Auslegung, s. o.).

III. Die Auslegung von Klauseln in Verbraucherverträgen

363 Fraglich ist, ob auch für vorformulierte Klauseln in Verbraucherverträgen am Grundsatz der objektiven Auslegung festgehalten werden kann. Immerhin sind nach § 310 Abs. 3 Nr. 3 bei der Beurteilung der unangemessenen Benachteiligung nach § 307 Abs. 1 und 2 auch die den Vertragsschluss begleitenden Umstände zu berücksichtigen. Im Schrifttum ist daraus geschlossen worden, dass dann auch in die Auslegung konkret-individuelle Umstände einfließen müssten.[21] Wortlaut und Systematik der Vorschrift stützen diese Auffassung freilich nicht. § 310 Abs. 3 Nr. 3 AGBG beschäftigt sich ebenso wie Art. 4 Abs. 1 RiLi erkennbar nur mit der Inhalts(Missbrauchs-)kontrolle. Nicht stichhaltig wäre ferner der Schluss, dass die Beachtlichkeit individueller Umstände im Rahmen der Inhaltskontrolle zwingend deren vorgängige Berücksichtigung bei der Auslegung der Klausel erfordere. Beide Prüfungsstationen können in diesem Punkt getrennt voneinander durchlaufen werden. Die Auslegung erfolgt objektiv nach dem Verständnis der typischerweise an Geschäften dieser Art beteiligten Verkehrskreise (Verbraucher), während im Rahmen der Inhaltskontrolle zusätzlich – soweit vorhanden – individuelle vertragsschlussbegleitende Umstände verwertet werden. Die Feststellung dieser zusätzlichen Momente erfolgt erst auf dieser (letzten) Stufe der AGB-Prüfung. Die Gegenansicht hätte zudem die missliche Konsequenz zu vertreten, dass die Auslegungsmaßstäbe differierten, je nachdem, ob die in einem Verbrauchervertrag enthaltene Klausel Gegenstand eines Verbandsklageverfahrens ist – hierauf findet § 310 Abs. 3 Nr. 3 unstreitig keine Anwendung – oder im Rahmen eines Individualverfahrens überprüft wird.

---

[19] *H. Roth*, WM 1991, 2126.
[20] *Ulmer*, § 305 c Rdn. 75; *H. Roth*, WM 1991, 2126.
[21] So ohne weiteres *Locher*, Recht der AGB, S. 61; in diese Richtung tendierend offenbar auch *Schmidt-Salzer*, JZ 1995, 230 f.; dagegen jedoch zu Recht *Ulmer*, § 305 c Rdn. 107, *Prütting/Wegen/Weinreich-Berger*, § 305 c Rdn. 15 sowie *Michalski*, DB 1999, 679, der allerdings Einzelverträge im Sinne des § 310 Abs. 3 Nr. 2 nur konkret-individuell auslegen will.

IV. Revisibilität der Auslegung

In **prozessualer Hinsicht** muss unterschieden werden zwischen der Feststellung des Er- 364
klärungstatbestandes und der hierauf aufbauenden Auslegung.[22] Die Feststellung des Erklärungstatbestandes einschließlich des Bestehens einer Verkehrssitte liegt auf tatsächlichem Gebiet und ist der Nachprüfung durch das Revisionsgericht schon aus diesem Grunde entzogen. Die Auslegung, also die Ermittlung, mit welchem Inhalt eine Erklärung von Rechts wegen gilt, stellt sich hingegen als ein Akt rechtlicher Würdigung dar. Gleichwohl ist auch die (normative) Auslegung grundsätzlich der Tatsacheninstanz vorbehalten. Das Revisionsgericht schaltet sich in die Auslegung von Willenserklärungen und Individualverträgen nur ein, wenn die unrichtige Anwendung einer Gesetzesnorm, eines allgemeinen Denkgesetzes oder Erfahrungssatzes, die Außerachtlassung wesentlichen Auslegungsstoffs oder aber die Verletzung von Verfahrensvorschriften behauptet wird.[23] Dafür spricht, dass sich in der Praxis Rechts- und Tatfragen im Auslegungsgeschehen nur schwer trennen lassen und die abschließende Beurteilungskompetenz insoweit beim sachnäheren Richter der Tatsacheninstanz verbleiben sollte. Eine wichtige Ausnahme macht die höchstrichterliche Rechtsprechung hingegen für die Auslegung von Allgemeinen Geschäftsbedingungen. Sie unterliegen in der Revisionsinstanz analog § 545 ZPO der **vollen Nachprüfbarkeit durch den BGH**, wenn sie bestimmten Anforderungen in Bezug auf ihren räumlichen Geltungsbereich genügen. Ist dieser so beschaffen, daß eine unterschiedliche Auslegung durch **verschiedene Berufungsgerichte** – verschiedene Landgerichte, verschiedene Oberlandesgerichte oder ein Landgericht und ein Oberlandesgericht – denkbar ist, so ist die Revisibilität zu bejahen.[24] Diese Rechtsprechung trägt dem Bedürfnis nach einheitlicher Auslegung der gängigen Bedingungswerke Rechnung. Das BAG geht noch einen Schritt weiter und hält „typische Klauseln" generell für uneingeschränkt überprüfbar.[25]

§ 13. Besondere Auslegungsregeln

Literatur: *Honsell*, Zweifel bei Auslegung Allgemeiner Geschäftsbedingungen gehen zu Lasten des Verwenders, JA 1985, 260; *Knütel*, Zur duplex interpretatio von Allgemeinen Geschäftsbedingungen, JR 1981, 221; *Krampe*, Die Unklarheitenregel, 1983; *H. Roth*, Funktion und Anwendungsbereich der Unklarheitenregel des § 5 AGBG, WM 1991, 2085 und 2125; *Sambuc*, Unklarheitenregel und enge Auslegung von AGB, NJW 1981, 313; *Schlechtriem*, Die sogenannte Unklarheitenregel, in: FS für Heinrichs, 1998, S. 503 ff.; *Schmidt-Salzer*, Recht der AGB und der mißbräuchlichen Klauseln: Grundfragen, JZ 1995, 223; *Wacke*, Ambiguitas contra stipulatorem, JA 1981, 666.

I. Unklarheitenregel

1. Einordnung der Regel

Nach § 305 c Abs. 2 gehen Zweifel bei der Auslegung Allgemeiner Geschäftsbedingungen 365
zu Lasten des Verwenders. Die Vorschrift statuiert damit eine Risikoverteilung zu Lasten

---

[22] *Palandt-Heinrichs/Ellenberger*, § 133 Rdn. 29 f.
[23] Vgl. etwa BGH NJW 1995, 45 (46); 1995, 1212 (1213); 2002, 3232 (3233); BAG NZA 2007, 940 (941).
[24] Vgl. etwa BGH NJW 2005, 2919; *Ulmer*, § 305 c Rdn. 71; MünchKomm-*Basedow*, § 305 c Rdn. 45. Generell nicht revisibel sind hingegen ausländische Allgemeine Geschäftsbedingungen (vgl. zuletzt BGH NJW 1994, 1408; kritisch *Ulmer*, § 305 c Rdn. 72).
[25] BAG NZA 2006, 324 (326) unter Hinweis auf die Nichtanwendbarkeit des § 545 ZPO im arbeitsgerichtlichen Verfahren; zust. *Germelmann/Müller-Glöge*, § 73 ArbGG Rdn. 19.

des AGB-Verwenders, wenn der Inhalt einer Klausel nicht eindeutig feststellbar ist.[1] Diese von **Art. 5 Satz 2 der Klauselrichtlinie 93/13/EWG** rezipierte Risikozuweisung ist gerechtfertigt, ist es doch der Verwender, der einseitig vorformulierte Vertragsbedingungen ohne Einflussmöglichkeit des Vertragspartners in den Vertrag einführt. Der einseitigen Inanspruchnahme der Vertragsgestaltungsfreiheit korrespondiert mithin eine besondere **Verantwortung für den Inhalt** der Allgemeinen Geschäftsbedingungen.[2] Die Unklarheitenregel trägt weiterhin dazu bei, dass die Regel des § 155, die bei einem versteckten Dissens das Risiko des Nichtzustandekommens des Vertrages begründet, nicht eingreift;[3] dabei handelt es sich übrigens um eine durchgängige Tendenz des AGB-Rechts, die sich beispielsweise auch bei der Behandlung kollidierender Allgemeiner Geschäftsbedingungen zeigt.[4]

366 Die Unklarheitenregel steht in der Tradition römischrechtlicher Vorbilder[5] und gehörte schon lange vor In-Kraft-Treten des AGB-Gesetzes zum Standardrepertoire der zivilgerichtlichen Rechtsprechung.[6] In das AGB-Gesetz ist sie allerdings erst auf Grund der Stellungnahme des Bundesrates zum Regierungsentwurf eingefügt worden.

367 Die Unklarheitenregel gibt eine Anweisung, auf welche Weise der rechtlich maßgebliche Inhalt mehrdeutiger und in ihrem Sinn zweifelhafter Vertragsabreden zu ermitteln ist. Zutreffend qualifizieren die Gesetzesmaterialien die Norm als **„Auslegungsregel"**.[7] Zu beachten ist, dass die Auslegung – und damit auch § 305c Abs. 2 – lediglich die inhaltliche Kontrolle der streitbefangenen AGB-Bestimmung durch Präzisierung des Prüfungsgegenstandes vorbereitet, mit ihr aber nicht zusammenfällt. Keinesfalls kann § 305c Abs. 2 der Maßstab der Inhaltskontrolle entnommen werden oder gar die Unwirksamkeit einer Klausel hierauf gestützt werden. Von einem verfehlten Verständnis zeugt etwa die Formulierung, eine bestimmte Klausel „verstoße" gegen § 305c Abs. 2.[8] Ebenso verfehlt ist der vom BGH aufgestellte Leitsatz, die Anwendung der Unklarheitenregel des § 305c Abs. 2 könne im Einzelfall dazu führen, dass eine Klausel zu Lasten des Verwenders ersatzlos entfalle.[9]

368 Die praktische Bedeutung der Unklarheitenregel ist nicht gering zu veranschlagen.[10] Auf der anderen Seite zeichnet sich in letzter Zeit ab, dass die Unklarheitenregel zunehmend von dem **Transparenzgebot** an den Rand gedrängt wird.[11] Wenn sich eine unangemessene Benachteiligung nämlich schon aus der Unklarheit oder Undurchschaubarkeit der Regelung ergeben kann, so bedarf es der inhaltlichen Klarstellung des Klauseltextes mittels der Unklarheitenregel nicht mehr. Nur dort, wo die objektive Mehrdeutigkeit nicht

---

[1] Bericht des Rechtsausschusses BT-Drucks. 7/5422, S. 5.
[2] BGH WM 1978, 10 (11); NJW 1999, 1865 (1866f.); BAG NZA 2008, 179 (180); *Raiser*, Recht der AGB, S. 263; *Schmidt-Salzer*, AGB, E. 51; *Ulmer*, § 305c Rdn. 61; *Wolf/Lindacher*, § 5 AGBG Rdn. 24; MünchKomm-*Basedow*, § 305c Rdn. 28; *Rüßmann*, BB 1987, 845.
[3] *Raiser*, Recht der AGB, S. 260ff.; *Ulmer*, § 305c Rdn. 1; *Roth*, WM 1991, 2085.
[4] Vgl. Rdn. 313ff.
[5] Bekannt ist die Digestenstelle Celsus D 34, 5, 26: „Cum quaeritur in stipulatione, quid acti sit, **ambiguitas contra stipulatorem** est." Zur Geschichte der Unklarheitenregel insbesondere *Krampe*, Die Unklarheitenregel, S. 11ff., 49ff. und *Wacke*, JA 1981, 666.
[6] *Raiser*, Recht der AGB, S. 264 schrieb bereits 1935, die Regel sei „alt und weitverbreitet"; aus der Rechtsprechung sei beispielhaft auf RGZ 120, 18 (20) und RGZ 142, 353 (356) sowie auf BGHZ 5, 111 (115); 47, 207 (216); 60, 174 (177); BGH NJW 1974, 55 verwiesen.
[7] Bericht des Rechtsausschusses BT-Drucks. 7/5422, S. 5; ebenso *Roth*, WM 1991, 2086.
[8] So z.B. *Locher*, Recht der AGB, S. 69.
[9] BGH NJW 1985, 53.
[10] Große praktische Bedeutung attestiert ihr auch *Roth*, WM 1991, 2086; vgl. ferner *Ulmer*, in: Zehn Jahre AGB-Gesetz, S. 5 und *Schlechtriem*, in: FS für Heinrichs, S. 503.
[11] *Thamm/Pilger*, § 5 AGBG Rdn. 4.

zugleich einen Verstoß gegen das Transparenzgebot darstellt, dürfte § 305 c Abs. 2 künftig ein originäres Anwendungsfeld zuwachsen.[12] Eine neue Seite schlägt allerdings die Entscheidung des BGH vom 5. 11. 1998 auf.[13] Die Unklarheitenregel wird hier dazu verwandt, eine weitere Auslegungsmöglichkeit zu eröffnen, um sodann die nunmehr mehrdeutig gewordene Klausel für intransparent zu erklären. Dies ist methodisch unzulässig, da die Unklarheitenregel einzig der Auflösung von Auslegungszweifeln dient.

Die Vorschrift des § 305 c Abs. 2 kann durch Allgemeine Geschäftsbedingungen **nicht abbedungen** oder umgekehrt werden (§ 307 Abs. 2 Nr. 1).[14] Die Unklarheitenregel gilt ohne Einschränkung auch im **unternehmerischen Geschäftsverkehr**.[15] Ihr Grundgedanke ist von der arbeitsgerichtlichen Rechtsprechung schon vor der Aufhebung der Bereichsausnahme für das Arbeitsrecht im Rahmen der Kontrolle **formularmäßiger Arbeitsvertragsbedingungen** aufgegriffen worden.[16] Das BAG wendet § 305 c jetzt konsequent an.[17]

369

2. Vorrangige Ausschöpfung der Auslegungsmethoden

Eine extensive Anwendung der Unklarheitenregel wäre dazu angetan, nicht wenige problematische AGB-Klauseln zu Gunsten des Kunden zu entschärfen. Wünschenswert und im Sinne des Gesetzgebers ist es jedoch, solche Klauseln einer Inhaltskontrolle zu unterziehen und ihre unangemessen benachteiligende Wirkung offen auszusprechen. Die starke Betonung der Unklarheitenregel wäre, worauf von Regierungsseite zutreffend hingewiesen worden war,[18] einer Anwendung und Fortentwicklung einer offenen Inhaltskontrolle eher hinderlich. Um dieser Gefahr einer verdeckten Inhaltskontrolle im Gewande der Auslegung zu begegnen, empfiehlt sich eine zurückhaltende Anwendung der Unklarheitenregel.[19] Zu Recht will die Rechtsprechung daher die Unklarheitenregel nicht schon dann anwenden, wenn Streit über die Auslegung besteht. Voraussetzung ist hiernach vielmehr, dass nach **Ausschöpfung der in Betracht kommenden Auslegungsmethoden** ein **nicht behebbarer Zweifel** bleibt und mindestens zwei Auslegungsmöglichkeiten rechtlich vertretbar sind.[20] Ist die betreffende Klausel von den Parteien übereinstimmend in einem bestimmten Sinn verstanden worden, so gelangt die Unklarheitenregel schon wegen des Vorrangs des übereinstimmenden Willens nicht zur Anwendung.[21] Abgesehen von diesem Anwendungsfall der falsa demonstratio ist für die vorgelagerte Auslegung auf die Verständnismöglichkeiten der typischerweise an Geschäften der fraglichen Art beteiligten

370

---

[12] Vgl. als Beispiel die Entscheidung BGH NJW 1994, 1060 (1062), in der die Unklarheitenregel zur Anwendung gelangte, ein Verstoß gegen das Transparenzgebot explizit verneint wurde.
[13] BGH NJW 1999, 276.
[14] BGH NJW 1999, 1865 (1866 f.).
[15] BGH NJW-RR 1988, 113 (114).
[16] Z.B. BAG AP Nr. 12 zu § 1 BetrAVG; BAG DB 1992, 384; hierzu *Preis*, Grundfragen der Vertragsgestaltung im Arbeitsrecht, S. 263 f. m. w. N.
[17] Vgl. z. B. BAG NZA 2006, 202 und 923 (926).
[18] Amtl. Begründung BT-Drucks. 7/3919, S. 15 und Gegenäußerung der Bundesregierung zur Stellungnahme des Bundesrates BT-Drucks. 7/3919, S. 60. Die Bundesregierung konnte sich insoweit auf *Ludwig Raiser* (Recht der AGB, S. 264 ff.) berufen, der das Problem bereits früh erkannt hatte.
[19] In diesem Sinne dezidiert *Stein*, § 5 AGBG Rdn. 14.
[20] BGH NJW-RR 1995, 1303 (1304); NJW 1997, 3434 (3435); 2002, 3232 (3233); 2007, 504 (506); BAG NZA 2006, 923 (926); *Schmidt-Salzer*, AGB, E. 51; *Palandt-Heinrichs*, § 305 c Rdn. 18; prononciert anderer Ansicht *Schlechtriem*, in: FS für Heinrichs, S. 503 ff.; seiner Ansicht nach ist die kundenfreundlichste Auslegung (schon) dann zu wählen, wenn der Wortlaut bei objektiver am Verständnishorizont eines durchschnittlichen Adressaten ausgerichteten Lesart unklar und mehreren Auslegungen zugänglich ist.
[21] BGH NJW 2002, 2102 (2103).

Kunden abzustellen, während es auf die Kenntnisse oder Vorstellungen der an dem konkreten Vertrag Beteiligten nicht ankommt.[22] Vor diesem Hintergrund lässt sich die Unklarheitenregel des § 305 c Abs. 2 als subsidiäre richterliche Auslegungshilfe oder -regel kennzeichnen, die in der Hierarchie der Auslegungsmaximen an nachgeordneter Stelle rangiert.[23]

Beispiele:
(1) Der verbreiteten Klausel „**gekauft wie besichtigt unter Ausschluss jeder Gewährleistung**" lässt sich im Wege der objektiven Auslegung ein eindeutiger Inhalt zuschreiben. Zwar erfasst der Hinweis „wie besichtigt" grundsätzlich nur diejenigen (so genannten offenen) Mängel, die bei einer den Umständen nach zumutbaren Prüfung und Untersuchung unschwer erkennbar sind. Die Klausel insgesamt („unter Ausschluss jeder Gewährleistung") bringt jedoch hinreichend deutlich zum Ausdruck, dass die Haftung für sämtliche, auch verborgene Mängel ausgeschlossen werden soll.[24]
(2) Besondere Bedeutung hat die Unklarheitenregel zuletzt bei **Bezugnahmeklauseln in Arbeitsverträgen** gewonnen. Ist die Tragweite der Verweisung auf Tarifnormen zweifelhaft, so geht das zu Lasten des Arbeitgebers.[25] Mangels besonderer Klarstellung verbietet sich daher nach neuerer Rechtsprechung des BAG eine Interpretation von Bezugnahmeklauseln als Gleichstellungabrede.[26]
(3) Der Bedeutungsgehalt einer in einem Formularvertrag über den **Verkauf von Gebrauchtwagen** enthaltenen Klausel: „Der Verkäufer sichert zu:... dass das Kfz, **soweit ihm bekannt**, eine Gesamtfahrleistung von... km aufweist." läßt sich nach Ansicht des BGH nicht eindeutig bestimmen. Den auf eine Zusicherung der Laufleistung im Rechtssinne hindeutenden Merkmalen widerspreche die Formulierung „soweit ihm bekannt". Dies führe nach § 5 AGBG (jetzt § 305 c Abs. 2) zu dem Ergebnis, dass der Verkäufer dem Käufer die angegebene Laufleistung des verkauften Kraftfahrzeugs zugesichert habe.[27]

3. Anwendung der Unklarheitenregel im Verbandsprozess

371 Die Unklarheitenregel darf nicht ohne weiteres mit einem Gebot kundenfreundlicher Auslegung gleichgesetzt werden. „Zu Lasten des Verwenders" kann auch bedeuten, dass der Verwender die **kundenfeindlichste** mehrerer objektiv möglicher Deutungen gegen sich gelten lassen muss und dann als Nachteil die Unwirksamkeit der Klausel zu tragen hat. Dieses Verständnis der Unklarheitenregel hat sich für den Verbandsprozess mittlerweile sogar allgemein durchgesetzt.[28] Eine kundenfreundliche, tendenziell die Aufrechterhaltung der problematischen Klausel fördernde Auslegung würde die präventiv auf Beseitigung unangemessener Klauseln gerichtete Zielsetzung des abstrakten Kontrollverfahrens konterkarieren. Auf das bei Annahme der kundenfeindlichsten Deutung erreichbare Nichtigkeitsverdikt könnten sich hingegen über § 11 UKlaG in weiteren Individualprozessen auch andere von der beanstandeten AGB-Bestimmung betroffene Kunden berufen. Insgesamt erlaubt somit die (scheinbar) kundenfeindlichste Auslegung eine effiziente Anwendung der §§ 307 bis 309 zum Schutze des Kunden.

---

[22] BGH WM 1984, 1228 (1229).
[23] *Raiser*, AGB, S. 262; *Roth*, WM 1991, 2086 f.; *Wolf/Lindacher*, § 5 AGBG Rdn. 28.
[24] BGH NJW 1979, 1886 (1887); *Ulmer*, § 305 c Rdn. 95; a. A. noch LG München I NJW 1977, 766.
[25] BAG NZA 2006, 202 (204).
[26] BAG NZA 2006, 607; 2007, 965.
[27] BGH NJW 1998, 2207; anders für den privaten Direktverkauf aus mindestens zweiter Hand OLG Köln NJW 1999, 2601; anders für ein Privatgeschäft im Hinblick auf die Unfallfreiheit LG Zweibrücken NJW 1999, 585. KG NJW-RR 1998, 131 hält die Klausel „soweit ihm bekannt" für überraschend i. S. des § 305 c Abs. 1.
[28] Vgl. z. B. BGH NJW 1991, 1887; 1998, 3119 (3121); 2003, 1237 (1238); 2005, 3567 (3568); *Ulmer*, § 305 c Rdn. 66; *Wolf/Lindacher*, § 5 AGBG Rdn. 41.

Beispiel: Die Formulierung, dass **offensichtliche Mängel binnen Wochenfrist „vorzubringen"** sind, ist nicht eindeutig. Sie lässt einerseits die Möglichkeit zu, dass die Abgabe der Erklärung durch den Kunden genügt. Ebenso möglich ist jedoch die Deutung, dass die Mängelanzeige des Kunden innerhalb der Wochenfrist zugehen muss. Diese Mehrdeutigkeit ist durch eine objektive, am Wortlaut und Regelungszusammenhang der Klausel sowie den Verständnismöglichkeiten der typischerweise angesprochenen Kunden orientierte Auslegung nicht zu beseitigen. Die somit verbleibenden Zweifel bei der Auslegung der Klausel gehen gem. § 305c Abs. 2 zu Lasten des Verwenders. Dies führt im Verbandsprozess dazu, dass von der kundenfeindlichsten Auslegung auszugehen ist. Im Beispielsfall ist somit davon auszugehen, dass die Mängelanzeige des Kunden binnen Wochenfrist zugegangen sein muss. Dies hat dann ihre Unwirksamkeit gem. § 307 Abs. 1 zur Folge.[29]

Insbesondere im Verbandsprozess ist die Rechtsprechung mit der Feststellung von „Zweifeln", die die Anwendung der Unklarheitenregel im Sinne der kundenfeindlichsten Auslegung eröffnet, erfahrungsgemäß schnell bei der Hand. 372

Beispiel: Eine Laufzeitverlängerungsklausel in einem Partnerschaftsvermittlungsvertrag, die das außerordentliche Kündigungsrecht nach § 627 nicht erwähnt, soll so verstanden werden können, dass der Kunde eine feste Bindung ohne Kündigungsmöglichkeit eingehe.[30]

Demgegenüber ist nochmals hervorzuheben, dass dem eine sorgfältige Auslegung anhand der bekannten Auslegungsmethoden voranzugehen hat. Nur wenn danach noch mehrere Sinndeutungen ernsthaft miteinander konkurrieren, bestehen nicht behebbare Zweifel, die den Rückgriff auf die Unklarheitenregel rechtfertigen.[31] 373

4. Anwendung der Unklarheitenregel im Individualprozess

Der bis zum In-Kraft-Treten des AGB-Gesetzes einzige Anwendungsfall der – bis dahin richterrechtlich fundierten – Unklarheitenregel war die Klärung von Interpretationszweifeln im Rahmen der Inzidentkontrolle in einem Individualprozess. Für diese Verfahrensart herrschte seit langem die Meinung vor, objektiv mehrdeutigen AGB-Bestimmungen sei derjenige Bedeutungsgehalt zuzumessen, der sich typischerweise am stärksten zugunsten der Kundenseite auswirke.[32] Diese Vorgehensweise war von Anfang an anfechtbar, da sie die betreffenden Klauseln einer offenen Inhaltskontrolle anhand der §§ 307 bis 309 tendenziell entzog. Dies beeindruckte die ganz herrschende Meinung über lange Zeit jedoch kaum. Erst in neuerer Zeit, nachdem sich im Verbandsprozess das „umgekehrte" Verständnis der Unklarheitenregel durchgesetzt hatte, ist der bisherige Ausgangspunkt überdacht und in Frage gestellt worden.[33] Die Kritik gründet sich nun vor allem auf die wenig überzeugenden praktischen Ergebnisse, zu denen das unterschiedliche Verständnis der Unklarheitenregel im Individual- und Verbandsprozess führen kann. Die überkommene Meinung könnte den Richter nämlich dazu zwingen, den Streit über die Wirksamkeit einer AGB-Klausel in einem Individualprozess auf Grund der dort angeblich gebotenen kundenfreundlichen Auslegung zugunsten des Verwenders zu entscheiden. Ihm wird dann nur eine Deutungsvariante genommen; im Übrigen bliebe die Klausel wirksam und 374

---

[29] BGH NJW 1998, 3119 (3121).
[30] BGH NJW 1999, 276.
[31] Vor einer Übertreibung bei der Suche nach „Zweifeln" als Voraussetzung der kundenunfreundlichsten Auslegung warnen auch *Ulmer*, § 305c Rdn. 66; *Wolf/Lindacher*, § 5 AGBG Rdn. 41 und *Thamm/Pilger*, § 5 AGBG Rdn. 3. Der BGH (NJW 1993, 657, 658) hat sich diesem Appell zwar ausdrücklich angeschlossen, ihn freilich in seiner Rechtsprechung nicht immer hinreichend Beachtung geschenkt (vgl. die bei *Wolf//Lindacher*, § 5 AGBG Rdn. 42 aufgelisteten Fälle).
[32] *Löwe*/Graf von Westphalen/Trinkner, § 5 AGBG Rdn. 9; *Sambuc*, NJW 1981, 314; *Medicus*, in: Zehn Jahre AGB-Gesetz, S. 85 f.; aus neuerer Zeit: *Roth*, WM 1991, 2088; *Thamm/Pilger*, § 5 AGBG Rdn. 3; *Staudinger-Schlosser*, § 305c Rdn. 108.
[33] *v. Olshausen*, ZHR 151 (1987), 639 f.; *Horn*, WM 1984, 451.

könnte weiterhin Rechte des Verwenders begründen. Der Kunde hätte nur einen Teilerfolg errungen und müsste die weniger belastende Deutungsmöglichkeit hinnehmen. In einem Verbandsverfahren hätte der Richter hingegen die kundenfeindlichste Deutung zu wählen und die Klausel auf dieser Grundlage ggf. insgesamt für nichtig zu erklären. Die bei Unwirksamkeit der Klausel nach § 306 Abs. 2 einspringende gesetzliche Dispositivordnung oder das Ergebnis einer ergänzender Vertragsauslegung kann dann sehr wohl kundenfreundlicher ausfallen als die kundenfreundlich ausgelegte Klausel. Will man derart willkürliche Ergebnisse nicht hinnehmen, so muss man sich um eine Harmonisierung der Auslegungsmethoden in den beiden Verfahrensarten bemühen.

375 Die Lösung kann nur in einer **Modifikation der Anwendung der Unklarheitenregel im Individualprozess** bestehen. Die undifferenzierte kundenfreundliche Auslegung hat einer **gespaltenen Lösung** zu weichen.[34] Zunächst ist zu prüfen, ob die streitbefangene Klausel nach Ausschöpfung der Auslegungsmethoden tatsächlich mehrere Deutungsmöglichkeiten zulässt. Ist dies der Fall, so ist weiter zu untersuchen, ob die Klausel bei Zugrundelegung der kundenfeindlichsten Auslegung einer Inhaltskontrolle nach den §§ 307 bis 309 stand zu halten vermag. Erweist sich die Klausel hiernach als unwirksam, so hat es damit auch sein Bewenden. Der Gleichklang mit dem Verfahren nach dem Unterlassungsklagegesetz ist hergestellt. Ist die Klausel dagegen auch in ihrem kundenfeindlichsten Sinnverständnis mit den Inhaltskontrollvorschriften zu vereinbaren, so steht ihre Gültigkeit nicht mehr in Frage. Zweifelhaft kann allenfalls noch sein, welche der möglichen Sinndeutungen der Klausel nun für die Vertragsparteien Verbindlichkeit erlangt hat. Da die Wirksamkeitsebene nicht mehr betroffen ist, kann nunmehr die verbleibende Inhaltsdeutung im Sinne des herkömmlichen Verständnisses der Unklarheitenregel, also kundenfreundlich, vorgenommen werden. Widersprüche zum abstrakten Kontrollverfahren werden auf diese Weise vermieden. Zugleich wird die offene Inhaltskontrolle gefördert und der Schutz des Kunden optimiert. Da es eine schärfere Beurteilung des Klauselinhalts zur Folge hat und damit das Schutzniveau zugunsten des Kunden erhöht, ist ein Konflikt mit Art. 5 Satz 3 der Klauselrichtlinie ausgeschlossen (arg. e Art. 8 RiLi).[35]

II. Restriktionsprinzip?

376 Als weitere AGB-spezifische Auslegungsregel wird bisweilen der Grundsatz angeführt, den Kunden belastende Bestimmungen in Allgemeinen Geschäftsbedingungen seien restriktiv auszulegen.[36] Vor In-Kraft-Treten des AGB-Gesetzes war dies ein probates Mittel, den Kunden vor benachteiligenden Wirkungen vorformulierter Klauseln zu schützen. Freizeichnungsklauseln, Haftungsausschlüsse und -begrenzungen hat die Rechtsprechung bis an die Grenze des Wortlauts – gelegentlich sogar darüber hinaus – zugunsten des Kunden eng ausgelegt.[37] Das Restriktionsprinzip war weithin anerkannt, sein Verhältnis zur Unklarheitenregel freilich schon damals nicht klar.

---

[34] BGH NJW 2008, 2172 (2173); 2254 (2255); *Ulmer*, § 305 c Rdn. 90 ff.; *Wolf/Lindacher*, § 5 AGBG Rdn. 33; *Erman-Roloff*, § 305 c Rdn. 28.
[35] *Ulmer*, in: Karlsruher Forum 1997, S. 35 f.
[36] Freilich mit im Einzelnen differierenden Begründungen und Modifikationen: *Knütel*, JR 1981, 223; *Stein*, § 5 AGBG Rdn. 11; *Brox/Walker*, Allgemeiner Teil, 31. Aufl. 2007, Rdn. 233; *Wolf/Lindacher*, § 5 AGBG Rdn. 38 ff. (eigenständige und subsidiäre Auslegungsregel). Nach *Schmidt-Salzer* (AGB, E. 51) kommt das Restriktionsprinzip für die Auslegung Allgemeiner Geschäftsbedingungen zwar grundsätzlich in Betracht. Da es aber nur einen Teilbereich der Unklarheitenregel umfasse, gehe es darin auf und könne keine selbstständige Geltung beanspruchen.
[37] BGHZ 5, 111; 22, 90 (96); 24, 39 (45); 40, 65 (69); sehr weitgehend insbesondere BGHZ 62, 251 ff. Auch heute begegnet man mitunter noch der These, Freizeichnungsklauseln seien grundsätz-

Spätestens mit In-Kraft-Treten des AGB-Gesetzes dürfte dem Restriktionsprinzip in seiner Bedeutung als eigenständiges Auslegungsmittel der Boden entzogen sein.[38] Hierfür lassen sich verschiedene Gründe anführen. Zunächst hat das AGB-Gesetz sich für eine offene Inhaltskontrolle und für eine klare Abgrenzung der Auslegung von der Inhaltskontrolle entschieden. Das Restriktionsprinzip hingegen eliminiert die problematische Aussage bereits auf der Stufe der Auslegung und leistet damit der nicht erwünschten verdeckten Inhaltskontrolle Vorschub. Ferner unterläuft das Restriktionsprinzip das allgemein befürwortete Verbot der geltungserhaltenden Reduktion, indem es die Klausel in der unbedenklichen Lesart sanktioniert, den problematischen Teil hingegen ausscheidet. 377

Hält man das Verbot der geltungserhaltenden Reduktion für sachlich gerechtfertigt, so muss es auch gegenüber unterschiedlichen methodischen Unterminierungsversuchen verteidigt werden. Abgesehen davon kann das Restriktionsprinzip schwerlich mit der gesetzlich verankerten Unklarheitenregel in Einklang gebracht werden. Es kann insbesondere auch nicht als Unterfall der Unklarheitenregel angesehen werden.[39] Denn dann müsste es – wie diese – durch die herkömmlichen Auslegungsmethoden nicht behebbare Auslegungszweifel voraussetzen, was aber offenbar nicht der Fall sein soll. Und zum anderen führt die Unklarheitenregel im Verbandsprozess und in einem ersten Anwendungsschritt auch im Individualprozess zur Annahme der kundenfeindlichsten Deutung, die in aller Regel gerade nicht in einer restriktiven Auslegung der den Kunden belastenden Klausel zu finden sein wird. Schließlich hat das Restriktionsprinzip nur die dem Kunden lästigen Klauseln im Blick. Es trägt nichts zur Interpretation von Klauseln bei, die dem Kunden über das dispositive Recht hinaus eine weitergehende Rechtsposition einräumen. Soll hier zusätzlich ein Gebot der extensiven Auslegung gelten? 378

Aus alledem wird deutlich, dass das Restriktionsprinzip, verstanden als eigenständiges Auslegungsmittel aber auch als die Auslegung beeinflussender, im Unklarheitenprinzip wurzelnder Faktor, **im geltenden Recht ein Fremdkörper ohne Existenzberechtigung** wäre. Der Verzicht auf ein solches Prinzip kann ohne Ausnahme durchgehalten werden. Die gelegentlich angezogenen Sonderfälle lassen sich durchweg im Wege einer richtig verstandenen objektiven Auslegung unter Zuhilfenahme der Unklarheitenregel in befriedigender Weise lösen.[40] 379

III. Individualvertragskonforme Auslegung?

Umstritten ist, ob es auf dem Gebiet der Allgemeiner Geschäftsbedingungen Raum für einen eigenständigen Grundsatz der individualvertragskonformen Auslegung gibt.[41] Dabei geht es darum, den Inhalt Allgemeiner Geschäftsbedingungen im Hinblick auf eine vorrangige Individualvereinbarung abzustimmen. Angeführt wird etwa folgendes Beispiel:[42] 380

---

lich eng auszulegen (vgl. beispielsweise BGH NJW 1986, 2757, 2758); und dieser Grundsatz wird bisweilen auch ausdrücklich von der Unklarheitenregel geschieden (vgl. BGH NJW 1979, 2148). Zur geschichtlichen Entwicklung des Restriktionsprinzips im AGB-Recht vgl. *Sambuc*, NJW 1981, 315 f. m.w.N.

[38] Wie hier *Ulmer*, § 305 c Rdn. 100; *Erman-Roloff*, § 305 c Rdn. 24; *Soergel-Stein*, § 5 AGBG Rdn. 9; *Sambuc*, NJW 1981, 315; *Bunte*, NJW 1985, 600.
[39] *Ulmer*, § 305 c Rdn. 100; *Locher*, Recht der AGB, S. 68.
[40] Vgl. *Ulmer*, § 305 c Rdn. 101.
[41] Dafür etwa *Wolf/Lindacher*, § 5 AGBG Rdn. 17; *Schmidt-Salzer*, AGB, E. 26; *Staudinger-Schlosser*, § 305 c Rdn. 131 ff.; dagegen *Ulmer*, § 305 b Rdn. 9 und § 305 c Rdn. 69; *Erman-Roloff*, § 305 c Rdn. 20.
[42] *Staudinger-Schlosser*, § 305 c Rdn. 133.

Beispiel: Käufer und Verkäufer einigen sich auf einen Festpreis, der 500,- unter dem empfohlenen Richtpreis und dem üblicherweise verlangten Preis liegt. Die Lieferung soll in einigen Monaten erfolgen. In den Bedingungen des Verkäufers findet sich die Klausel, dass im Falle einer im Betrieb des Verwenders allgemein vorgenommenen Preiserhöhung die im Lieferzeitpunkt empfohlenen Richtpreise oder allgemein verlangten Preise gelten sollen. Hier ist die Frage aufgeworfen worden, ob die Preisanpassungsklausel nicht in der Weise interpretiert werden muss, dass dem Kunden der Preisvorsprung auch nach einer Preiserhöhung erhalten bleibt. Kriterium der Auslegung ist hier die Herstellung der Konformität zu der Individualabrede in Form der Festpreisabrede.

381 Eines **eigenständigen Auslegungsprinzip bedarf** es richtiger Ansicht nach in diesen Fällen **nicht**. Die objektive Auslegung steht der Berücksichtigung gemeinsamer Vorstellungen der Parteien von Inhalt und Bedeutung der Vertragsgrundlage gewordenen Allgemeinen Geschäftsbedingungen nicht im Wege. Im obigen Beispiel haben die Parteien durch die für den Käufer günstige Festpreisabrede zugleich ihr gemeinsames Verständnis der formularmäßigen Preiserhöhungsklausel kund getan. Diese kann nur so verstanden worden sein, dass der Preisvorteil dem Kunden nicht durch eine nachträgliche Preiserhöhung verloren gehen soll. Dem übereinstimmenden Verständnis kann somit schon im Wege der natürlichen Auslegung zur Geltung verholfen werden. Im Übrigen ist in den als Anwendungsfällen der individualvertragskonformen Auslegung bezeichneten Fällen häufig die Inhaltskontrolle nach den §§ 307 bis 309 der richtige Ansatzpunkt.[43] Bezeichnend ist, dass die Befürworter einer individualvertragskonformen Auslegung Mühe haben, die Grenzen ihrer Maxime abzustecken, um nicht mit den Inhaltskontrollvorschriften und dem Verbot der geltungserhaltenden Reduktion in Konflikt zu geraten.

---

[43] *Ulmer*, § 305 b Rdn. 9.

Fünfter Abschnitt.
Inhaltskontrolle Allgemeiner Geschäftsbedingungen

§ 14. Grundlagen der Inhaltskontrolle

I. Die Stellung der §§ 307 bis 309 im Vertragsrecht

1. Allgemeines

Die §§ 307 bis 309 statuieren für **Allgemeine Geschäftsbedingungen und vorformulier-** 382
te **Klauseln in Verbraucherverträgen** inhaltliche Schranken, die eine gegenüber dem allgemeinen Vertragsrecht (insbesondere §§ 134, 138) deutlich **gesteigerte Kontrollintensität** zur Folge haben. Den allgemeinen Vorschriften kommt, soweit der Anwendungsbereich der §§ 305 ff. eröffnet ist, lediglich eine untergeordnete, ergänzende Funktion zu.

Eine Angemessenheitskontrolle nach dem Vorbild des § 307 findet bei **Individual-** 383
verträgen grundsätzlich nicht statt. Bei Individualverträgen ist typischerweise von der Selbstbestimmung und Selbstverantwortung der jeweiligen Vertragspartner auszugehen mit der Folge, dass diese an ihre Vereinbarungen ohne richterliche Kontrollmöglichkeit gebunden sind. Gleichwohl sind auch im Bereich der Individualvereinbarungen Fälle gestörter Vertragsparität denkbar, die ausnahmsweise eine intensivierte richterliche Inhaltskontrolle auf der Grundlage der allgemeinen Vorschriften (insbes. §§ 242 und 138) rechtfertigen können.[1]

2. Verhältnis zu anderen Vorschriften

a) § 138 Abs. 1 BGB (Maßstab der Sittenwidrigkeit)

Im Anwendungsbereich der §§ 307 bis 309 ist der Rückgriff auf die Generalklausel des 384
§ 138 Abs. 1, die einen Verstoß gegen die guten Sitten sanktioniert, nicht ausgeschlossen. Es handelt sich um unterschiedliche Bewertungsmaßstäbe, die ggf. nebeneinander zur Anwendung gelangen.[2] Die Voraussetzungen für das Eingreifen des § 307 liegen dabei wesentlich niedriger als die Schranke des § 138 Abs. 1, der eine **grobe Interessenbeeinträchtigung von erheblicher Stärke und zusätzlich eine subjektiv verwerfliche Haltung** voraussetzt.[3] Auch führt ein Verstoß gegen § 138 über § 139 regelmäßig zur Nichtigkeit des gesamten Rechtsgeschäfts, während die Inhaltskontrolle grundsätzlich nur die inkriminierten Vertragsbestimmungen unter Aufrechterhaltung des Vertrages im Übrigen beseitigt (vgl. § 306 Abs. 1).[4]

Die Frage, ob ein Rechtsgeschäft die Grenzen der durch die Privatautonomie gewähr- 385
ten Freiheit der Vertragsgestaltung überschreitet und deshalb gegen § 138 verstößt, hat auf

---

[1] Zum verfassungsrechtlichen Hintergrund vgl. Rdn. 76 ff.; vgl. ferner BAG NZA 2005, 1111, 1116.

[2] *Ulmer/Fuchs*, Vorb. v. § 307 Rdn. 60; *Staudinger-Coester*, § 307 Rdn. 34; für generellen Vorrang der §§ 307 ff. *Palandt-Heinrichs*, § 138 Rdn. 16; zum rechtlichen Schicksal eines gegen § 138 verstoßenden AGB-Vertrages siehe noch unter Rdn. 588 ff.

[3] BGH NJW 1997, 3372 (3374); 2001, 2331 (2333); *Ulmer/Fuchs*, Vorb. v. § 307 Rdn. 58.

[4] *Ulmer/Fuchs*, Vorb. v. § 307 Rdn. 58.

Grund einer **Gesamtwürdigung** der getroffenen Vereinbarungen, unter Berücksichtigung von Inhalt, Beweggrund und Zweck der Regelung sowie **aller Umstände des Einzelfalles,** zu erfolgen.

Beispiel: Bei einer **Bürgschaft naher Angehöriger** sind die enge persönliche Verbindung zwischen dem Bürgen und dem Hauptschuldner sowie die Tatsache, dass der Bürge durch den hohen Haftungsumfang überfordert wird, für die Beurteilung, ob der Vertrag gegen die guten Sitten verstößt, nicht dagegen im Rahmen der Klauselkontrolle nach § 307, von Bedeutung.[5]

386 Wegen der nach § 138 Abs. 1 erforderlichen Gesamtbetrachtung sind **alle Abreden zu berücksichtigen, unabhängig davon, ob sie auf Grund anderer gesetzlicher Bestimmungen keine Wirksamkeit erlangen können.** Durch die Rechtsnorm des § 138 Abs. 1 soll erreicht werden, dass ein Vertrag, der, als Ganzes gesehen, sich als ein mit den guten Sitten nicht zu vereinbarendes Geschäft erweist, insgesamt keine Rechtswirkungen äußert. Diese Rechtsfolge könnte die Vorschrift nur sehr eingeschränkt entfalten, wenn alle Abreden, die schon aus anderen Gründen nicht wirksam geworden sind, zuvor auszuscheiden wären. Daher hat die höchstrichterliche Rechtsprechung nach den §§ 307 bis 309 unwirksame Klauseln in die Prüfung, ob der Vertrag mit den guten Sitten unvereinbar ist, einbezogen.[6] Anderenfalls hätten die Vorschriften der §§ 305 ff. im Ergebnis im Rahmen des § 138 eine schutzmindernde Wirkung. Der BGH stellt hierzu zu Recht fest, dass dies dem Schutzzweck des AGB-Rechts widerspräche.

387 Die Sittenwidrigkeit und Nichtigkeit des Gesamtvertrages kommt zum einen dann in Betracht, wenn **Leistung und Gegenleistung** schon **in einem beträchtlichen Missverhältnis stehen und weitere Benachteiligungen in Form unzulässiger Allgemeiner Geschäftsbedingungen hinzukommen.**

Beispiel: Bei einem **Darlehensvertrag** muss sich die sittenwidrige Gesamtbelastung nicht allein aus der Zinshöhe ergeben. Treten weitere übermäßige Belastungen in Form unzulässiger Allgemeiner Geschäftsbedingungen hinzu (z.B. für den Fall des Zahlungsverzuges des Darlehensnehmers), so kann dies das Sittenwidrigkeitsurteil begründen.[7]

388 Ist in einem Formularvertrag oder einem Vertrage, dessen wesentlicher Inhalt von Allgemeinen Geschäftsbedingungen bestimmt ist, eine **Vielzahl von Bedingungen unwirksam,** so kann auch dies nach der Rechtsprechung zur Gesamtnichtigkeit des Vertrages nach § 138 führen.[8]

Beispiel: In einem **Automatenaufstellvertrag** finden sich zahlreiche, den Gastwirt unangemessen benachteiligende Klauseln. Eine Lückenfüllung – etwa im Wege ergänzender Vertragsauslegung – hätte zur Folge, dass der Vertrag durch Änderung seines wesentlichen Inhalts einen anderen Charakter erhielte.[9]

b) § 242 BGB (Treu und Glauben)

389 Die §§ 307 bis 309 stellen eine abschließende Konkretisierung des Gebots von Treu und Glauben dar. Soweit es um die Inhaltskontrolle vorformulierter Bedingungen geht, sind

---

[5] BGH NJW 1997, 3372 (3374); 2005, 971.
[6] BGH NJW 1981, 1206 (1207); 1986, 2564 (2565). Ebenso für § 305c Abs. 1 jetzt BGH NJW 1997, 3372 (3374). Ebenso *Ulmer/Fuchs*, Vorb. v. § 307 Rdn. 60; a.A. *Löwe*, NJW 1980, 2079; *Bruse*, BB 1986, 478 f.
[7] BGH NJW 1981, 1206 (1209).
[8] BGH NJW 1969, 230; 1983, 159; 2001, 2466 (2468); kritisch hinsichtlich der Rechtsfolge der Gesamtnichtigkeit *Ulmer/H. Schmidt*, § 306 Rdn. 22. Die Aufrechterhaltung des Vertrages dürfte hier freilich schon am Fehlen eines ergänzungsfähigen Vertragsrests scheitern, den § 306 zwingend voraussetzt (so zutreffend *Wolf/Lindacher*, § 6 AGBG Rdn. 53 f. m.w.N.). Ausführlich zum Problem noch unter Rdn. 588 ff.
[9] BGH NJW 1969, 230; 1983, 159; 1985, 53.

sie daher gegenüber § 242 die spezielleren Vorschriften.[10] § 242 erfüllt jedoch – neben der Inhaltskontrolle in den durch § 310 Abs. 4 ausgeschlossenen Bereichen[11] – die Funktion eines zusätzlichen Kundenschutzes zur Verhinderung **individuellen Rechtsmissbrauchs.** Dieser ist dadurch gekennzeichnet, dass dem Verwender aus Gründen, die im konkreten Individualverhältnis wurzeln (etwa konkretes Parteiverhalten), die Ableitung von Rechten aus einer grundsätzlich unangreifbar wirksamen Vertragsregelung im Einzelfall versagt wird.[12] In der Rechtsprechung ist dieser Kontrollansatz anerkannt, wenngleich er zutreffend auf exzeptionell gelagerte Sachverhaltskonstellationen beschränkt wird.[13] Um den Gegensatz zur Inhaltskontrolle zu betonen, wird dieser Prüfungsschritt auch **Ausübungskontrolle** genannt.[14]

Beispiel: Der Berufung auf eine **Ausschlussfrist** in den Allgemeinen Versorgungsbedingungen eines Gasversorgungsunternehmens gegenüber einem Rückzahlungsanspruch des Kunden kann trotz Wirksamkeit der Ausschlussklausel der Erfolg versagt bleiben, wenn die Überzahlungen auf einem schuldhaften Fehlverhalten des Verwenders beruhten.[15]

c) Billigkeitskontrolle nach § 315 BGB

Literatur: *von Hoyningen-Huene,* Die Billigkeit im Arbeitsrecht, 1978, S. 1–126; *Kronke,* Zu Funktion und Dogmatik der Leistungsbestimmung nach § 315 BGB, AcP 183 (1983), 113.

Einen Ansatz für die Legitimation einer inhaltlichen Überprüfung Allgemeiner Geschäftsbedingungen hat man vor In-Kraft-Treten des AGB-Gesetzes mitunter in der Vorschrift des § 315 gesehen.[16] Denn immerhin zielt diese Norm auf die Begrenzung einseitiger Gestaltungsmacht. Dies geschieht, indem die Ausübung des Bestimmungsrechts an billiges Ermessen gebunden und eine gerichtliche Kontrollmöglichkeit eröffnet wird. Gedanklich setzt dieser Ansatz jedoch voraus, dass man die Legitimation des AGB-Verwenders zur Aufstellung seiner Bedingungen in der vertraglichen Einräumung entsprechender Gestaltungsmacht durch seinen Vertragspartner erblickt – eine gewundene Konstruktion, die das reale Vertragsgeschehen nicht widerspiegelt.[17] Die Inhaltskontrolle Allgemeiner Geschäftsbedingungen, wie sie der BGH bereits vor Erlass des AGB-Gesetzes praktiziert hatte, verläuft zudem in anderen Bahnen. Bei ihr handelt es sich um eine Rechtskontrolle anhand eines überindividuell-generalisierenden Maßstabs. Billigkeit soll hingegen Gerechtigkeit im Einzelfall verwirklichen,[18] ein angesichts des Massencharakters Allgemeiner Geschäftsbedingungen ungeeigneter Maßstab. 390

Auch die Rechtsfolgen beider Kontrollansätze divergieren. Während die Inhaltskontrolle rechtssichere Feststellungen über die Wirksamkeit eines feststehenden Leistungsinhalts ermöglichen soll,[19] tritt nach § 315 Abs. 3 an die Stelle der unbilligen Leistungsbestimmung ein Akt richterlicher Vertragsgestaltung (Vertragshilfe).[20] Vor diesem Hintergrund war die 391

---

[10] *Staudinger-Coester,* § 307 Rdn. 35.
[11] Hierzu Rdn. 153.
[12] *Ulmer/Fuchs,* § 307 Rdn. 63; *Staudinger-Coester,* § 307 Rdn. 36; *von Hoyningen-Huene,* § 9 AGBG Rdn. 108; *Roussos,* JZ 1988, 998 f.
[13] BGH NJW 1985, 1537 (1539); 1988, 2790 (2794); NJW-RR 1986, 272; NJW 2001, 3406 (3407 f.).
[14] *Fastrich,* Inhaltskontrolle, S. 24 ff.; *Ulmer/Fuchs,* § 307 Rdn. 63; *Wolf,* § 9 AGBG Rdn. 27; *Staudinger-Coester,* § 307 AGBG Rdn. 36.
[15] BGH BB 1991, 932.
[16] *Lukes,* NJW 1963, 1900; *Flume,* Allgemeiner Teil, § 37, 2, S. 671; vereinzelt auch die Rechtsprechung z. B. BGHZ 38, 183 (186).
[17] Ablehnend auch *Staudinger-Coester,* § 307 Rdn. 41.
[18] *Staudinger-Rieble,* § 315 Rdn. 122; *von Hoyningen-Huene,* Billigkeit im Arbeitsrecht, S. 156.
[19] *Fastrich,* Inhaltskontrolle, S. 17.
[20] *Staudinger-Coester,* § 307 Rdn. 41; *von Hoyningen-Huene,* § 9 AGBG Rdn. 115; *Larenz,* Schuldrecht I, § 6 II, S. 81: „Ergänzung des Vertragsinhalts durch richterliche Gestaltung".

Anlehnung der AGB-Kontrolle an § 315 schon vor Erlass des AGB-Gesetzes nicht überzeugend.[21] Nach der spezialgesetzlichen Regelung der Inhaltskontrolle im AGB-Gesetz und sodann in den §§ 307–309 ist für eine Billigkeitskontrolle auf der Grundlage des § 315 nach heute einhelliger Meinung erst recht kein Raum mehr.[22]

392 § 315 bleibt jedoch anwendbar, wenn einer Vertragspartei in Allgemeinen Geschäftsbedingungen wirksam ein **einseitiges Bestimmungsrecht** eingeräumt wird. In der Rechtsprechung ist insbesondere anerkannt, dass Tarife und sonstige Entgeltregelungen von Unternehmen, die mittels eines privatrechtlich ausgestalteten Benutzungsverhältnisses Leistungen der **Daseinsvorsorge** anbieten, auf deren Inanspruchnahme der andere Vertragsteil im Bedarfsfall angewiesen ist, nach billigem Ermessen festgesetzt werden müssen und auf ihre Billigkeit hin entsprechend § 315 III zu überprüfen sind.[23]

Beispiele:
(1) Ein Automobilhersteller behält sich in dem von ihm vorformulierten Vertrag das Recht vor, das einem selbstständigen **Vertragshändler** zugewiesene „Marktverantwortungsgebiet" aus „Gründen der Marktabdeckung" einseitig zu verkleinern.[24]
(2) In den Lieferbedingungen der **Energieversorgungsunternehmen** (Strom, Gas etc.) finden sich regelmäßig Preisanpassungsklauseln, die der AGB-Kontrolle unterliegen. In einem zweiten Schritt wird dann noch geprüft, ob die **Preisfestsetzung** billigem Ermessen im Sinne des § 315 entspricht.[25]

393 Die vertragliche Vereinbarung, dass einer Partei ein Leistungsbestimmungsrecht zustehen soll, unterliegt der Inhaltskontrolle nach den §§ 307 bis 309 (beachte insoweit insbesondere die §§ 308 Nr. 4 und 309 Nr. 1 sowie die Anforderungen des Transparenzgebots). Ist das Bestimmungsrecht wirksam eingeräumt,[26] so muss seine Ausübung billigem Ermessen entsprechen (§ 315). Es handelt sich um zwei getrennte Prüfungsschritte.[27]

d) §§ 119, 123 BGB (Irrtumsanfechtung)

Literatur: *Lass*, Zum Lösungsrecht bei arglistiger Verwendung unwirksamer AGB, JZ 1997, 67; *Locher*, Zur Anfechtung wegen Irrtums über die Einbeziehungsvoraussetzungen und über den Inhalt einzelner Klauseln in AGB, BB 1981, 818; *Loewenheim*, Irrtumsanfechtung bei Allgemeinen Geschäftsbedingungen, AcP 180 (1980), 433.

394 Zur Eliminierung Allgemeiner Geschäftsbedingungen kann es nicht nur im Wege der Inhaltskontrolle nach den §§ 305 ff. und sonstiger zivilrechtlicher Kontrollvorschriften kommen. Denkbar ist des Weiteren, dass sich der **Kunde bei Abschluss des AGB-Vertrages falsche Vorstellung über die Einbeziehung Allgemeiner Geschäftsbedingungen bzw. über ihren Inhalt macht** und sich aus diesem Grunde von den Allgemeinen Geschäftsbedingungen lösen möchte. Dem Kunden ist es in einem solchen Falle grundsätzlich nicht versagt, sich auf die §§ 119 und 123 zu berufen. Das AGB-Recht soll nach seinem erklärten Ziel AGB-Verträge wieder auf den Boden gesicherter dogmatischer Grundlagen der Rechtsgeschäftslehre zurückführen, was dafür spricht, die Anfechtung, so sie denn nach allgemeinen Regeln begründbar ist, nicht für ausgeschlossen zu halten.[28]

---

[21] Kritisch schon damals *von Hoyningen-Huene*, Billigkeit im Arbeitsrecht, S. 153 ff.
[22] *Wolf*, § 9 AGBG Rdn. 33; *Staudinger-Coester*, § 9 AGBG Rdn. 41; *von Hoyningen-Huene*, § 9 AGBG Rdn. 111 ff.; *Fastrich*, Inhaltskontrolle, S. 14 ff.
[23] Zuletzt BGH NJW-RR 2006, 133 (134).
[24] Hierzu BGH NJW 1984, 1182.
[25] Hierzu näher Rdn. 823.
[26] Im Beispielsfall war das schon nicht der Fall.
[27] *Wolf*, § 9 AGBG Rdn. 33; zu Leistungsbestimmungsrechten vgl. im Übrigen die ausführlichen Darstellungen bei *Wolf*, § 9 AGBG Rdn. L 117 ff.
[28] *Locher*, Recht der AGB, S. 20.

§ 14. Grundlagen der Inhaltskontrolle

Auch unterscheidet sich die Zielrichtung der Anfechtung deutlich von derjenigen der Inhaltskontrollvorschriften (§§ 307 bis 309). Durch das Institut der Anfechtung wird dem Vertragspartner die Möglichkeit eingeräumt, seinen rechtsgeschäftlichen Willen – befreit von etwaigen Willensmängeln – zur Geltung zu verhelfen. Auf die inhaltliche Angemessenheit des Vertrages kommt es hierbei nicht an. Es gibt insbesondere keinen Rechtsgrundsatz, dass angemessene vertragliche Bedingungen stets der Anfechtbarkeit entzogen sind. Vor allem aber verstehen sich die §§ 305 ff. als ein Schutzgesetz zugunsten der AGB-Unterworfenen, das ihre Rechtsposition nur verbessern, nicht aber anderweitig begründete Gestaltungsrechte einschränken will.

Der Irrtum des Kunden und damit der Gegenstand der Anfechtung kann sich zum einen auf seine **Einbeziehungserklärung** beziehen. Der Kunde kann sich hierbei über den Inhalt seiner Erklärung im Irrtum befinden oder aber ein falsches Erklärungszeichen benutzen (§ 119 Abs. 1 Alt. 1 bzw. 2).[29] Der Kunde ist zur Anfechtung berechtigt, wenn er sich positiv falsche Vorstellungen vom Inhalt seiner Erklärung macht[30] und dieser Irrtum auch kausal für seine Erklärung ist.[31]

Beispiel:[32] Ein Kunde fährt mit seinem Wagen durch das Gewerbegebiet seiner Heimatstadt. Als er an einer automatischen **Waschanlage** vorbei kommt, fällt ihm auf, dass das normalerweise in der Einfahrt postierte Schild „Keine Haftung für Lackschäden" diesmal fehlt. Das Schild hatte ihn bislang davon abgehalten, sein Auto dort waschen zu lassen. Erfreut fährt der Kunde daraufhin in die Waschanlage ein. Sein Fahrzeug wird bei dem Waschvorgang beschädigt. Später stellt sich heraus, dass das Schild nicht wie gewohnt links, sondern – gut sichtbar – rechts neben der Einfahrt aufgestellt war. Der Kunde hatte es schlicht übersehen. In diesem Falle ging der Kunde von der Vorstellung aus, ohne Allgemeine Geschäftsbedingungen abzuschließen, während sein äußeres Verhalten – das Einfahren in die Waschanlage – aus der maßgeblichen Warte des Empfängerhorizonts ein konkludentes Einverständnis begründete. Seine diesbezügliche positive Fehlvorstellung begründet für den Kunden das Recht zur Anfechtung wegen Inhaltsirrtums (§ 119 Abs. 1 Alt. 1).

Denkbar ist weiterhin, dass der Kunde **über den Inhalt einzelner Klauseln im Irrtum** ist. Auch hier setzt die Anfechtung nach § 119 wiederum voraus, dass sich der Kunde konkrete Fehlvorstellungen gemacht hat.

Beispiel: Dem Kunden ist infolge Unaufmerksamkeit eine zwischenzeitlich erfolgte Änderung der ihm an sich bekannten Allgemeinen Geschäftsbedingungen seines langjährigen Vertragspartners in einem wichtigen Punkte entgangen.[33]

Auch eine **Anfechtung wegen arglistiger Täuschung** über den Inhalt Allgemeiner Geschäftsbedingungen nach § 123 ist möglich. Über Gebühr ausgedehnt wird die Anfechtungsmöglichkeit nach dieser Vorschrift allerdings, wenn vorschnell eine Verletzung einer Aufklärungspflicht über den überraschenden Inhalt einer Klausel angenommen wird.[34] **Ausgeschlossen** ist hingegen die **Anfechtung wegen eines Irrtums über die rechtlichen Folgen einzelner Bestimmungen.**[35] Die Anfechtungserklärung des Kunden kann entsprechend dem Rechtsgedanken des § 306 auf die Einbeziehungserklärung hinsichtlich

---

[29] Ein Anfechtungsrecht lehnt entgegen der ganz herrschenden Meinung generell ab *Tilmann,* ZHR 142 (1978), 61.
[30] *Locher,* BB 1981, 820; *Loewenheim,* AcP 180 (1980), 433 ff. Nicht ausreichend ist demnach, dass sich der Kunde über die Einbeziehung keine Gedanken gemacht hat (vgl. *Ulmer/H. Schmidt,* § 306 Rdn. 18).
[31] Letztere Voraussetzung fehlt regelmäßig bei branchenüblicher AGB-Verwendung; vgl. *Ulmer,* § 305 Rdn. 162.
[32] Ähnlicher Fall bei *Hommelhoff/Stüsser,* Jura 1984, 34 (43 ff.).
[33] Vgl. *Ulmer/H. Schmidt,* § 306 Rdn. 18.
[34] So aber *Lass,* JZ 1997, 72.
[35] *Ulmer/H. Schmidt,* § 306 Rdn. 18.

aller Allgemeinen Geschäftsbedingungen bzw. auf das Einverständnis mit dem Inhalt einer einzelnen Klausel beschränkt werden, wenn der Anfechtungsgrund im Verantwortungsbereich des Verwenders liegt. Der Vertragspartner kann sich aber auch gegen die Aufrechterhaltung des Restvertrages entscheiden. Es gilt dann – ebenso wie in den Fällen, in denen der Anfechtungsgrund nicht im Verantwortungsbereich des Verwenders anzusiedeln ist – § 139.[36] Außer im Falle der Anfechtung wegen arglistiger Täuschung schuldet der anfechtende Kunde Ersatz des dem Verwender durch die Anfechtung entstandenen Vertrauensschadens (§ 122).[37]

398 Der **Verwender** kann sich hingegen auf einen ihm unterlaufenen Irrtum nicht mit Erfolg berufen, es sei denn, es liegt ein Fall des § 123 vor. Ein Anfechtungsrecht ist in diesen Fällen nach dem Zweck der §§ 305 Abs. 2 und 306 ausgeschlossen.[38]

Beispiel: Variante zu obigem Beispielsfall (Rdn. 395): Der Kunde hat das Schild nicht übersehen, sondern er konnte es nicht sehen, weil es von spielenden Kinder entfernt worden war. Im Gegensatz zum Ausgangsfall ist es dem Verwender hier verwehrt, seine Vertragsschlusserklärung mit der Begründung anzufechten, er habe nur unter Einbeziehung seiner Allgemeinen Geschäftsbedingungen kontrahieren wollen.

399 Größere praktische Bedeutung hat die Anfechtung Allgemeiner Geschäftsbedingungen bislang nicht erlangt. Gerichtliche Urteile zu dieser Problematik sind nicht bekannt. Offenbar wird der Kunde durch die Regelungen des AGB-Rechts ausreichend geschützt.

II. Gesetzliche Sonderformen der Kontrolle von Allgemeinen Geschäftsbedingungen

400 Die größte Bedeutung für den Geschäftsverkehr mit Allgemeinen Geschäftsbedingungen kommt zweifellos der Rechtsprechung der Zivilgerichte – und hier namentlich des BGH – zu. Freilich ist die Kontrolle Allgemeiner Geschäftsbedingungen keine ausschließliche Domäne der Zivilgerichte. Allgemeine Geschäftsbedingungen werden verschiedentlich auch einer Kontrolle durch staatliche Behörden unterworfen. Dabei handelt es sich durchgängig um Sondergebiete, auf denen der Gesetzgeber bereits vor Erlass des AGB-Gesetzes tätig geworden war.[39]

1. Verwaltungsrechtliche Genehmigungsverfahren

401 Die strengste Form einer behördlichen Kontrolle besteht darin, Allgemeine Geschäftsbedingungen einer vorgängigen Genehmigungspflicht zu unterwerfen. Einer solchen Genehmigung bedürfen vor allem die **Geschäftsbedingungen der Bausparkassen** (§ 9 BausparkG), **der Kapitalanlagegesellschaften** (§ 43 Abs. 2 InvG) **sowie die besonderen Beförderungsbedingungen** (§ 39 Abs. 6 PBefG). Die Erteilung der Genehmigung setzt durchgängig die Übereinstimmung der Geschäftsbedingungen mit den gesetzlichen Bestimmungen voraus (vgl. beispielsweise den Wortlaut des § 43 Abs. 2 InvG: „Die Vertragsbedingungen sowie deren Änderung mit Ausnahme der Angaben nach § 41 Abs. 1 Satz 1 bedürfen der Genehmigung der Bundesanstalt. Die Genehmigung ist innerhalb einer Frist von vier Wochen nach Eingang des Genehmigungsantrags zu erteilen, wenn die Vertrags-

---

[36] Wie hier für Wahlrecht *Wolf*, § 9 AGBG Rdn. 8.
[37] *Wolf*, § 9 AGBG Rdn. 8.
[38] *Palandt-Grüneberg*, Vorb. v. §§ 307–309 Rdn. 20; *Ulmer*, § 305 Rdn. 162; *Wolf*, § 9 AGBG Rdn. 8; a. A. *Loewenheim*, AcP 180 (1980), 441.
[39] Überblick bei *Staudinger-Schlosser*, Vorbem. zu §§ 305 ff. Rdn. 20.

§ 14. Grundlagen der Inhaltskontrolle

bedingungen den gesetzlichen Anforderungen entsprechen."). Damit muss die Genehmigungsbehörde auch die Vereinbarkeit mit dem AGB-Recht prüfen. In diesen Bereichen kommt es mithin zu einer **Zweispurigkeit**. Besondere Probleme erwachsen hieraus nicht. Die behördliche Genehmigung steht nach allgemeiner Ansicht einer gerichtlichen Inhaltskontrolle nach dem AGB-Recht nicht im Wege.[40] Nach § 8 Abs. 2 UKlaG besteht lediglich die Pflicht des Gerichts, die dort genannten Aufsichtsbehörden im Verbandsverfahren nach dem Unterlassungsklagengesetz zu hören. Die Genehmigung präjudiziert den Ausgang des zivilgerichtlichen Inhaltskontrollverfahrens in keinster Weise. Genehmigte Allgemeine Geschäftsbedingungen müssen sich im Rahmen der Inhaltskontrolle nach den §§ 307 bis 309 behaupten; für sie gilt insoweit kein anderer Maßstab.[41] In der Vergangenheit hat sich denn auch des Öfteren gezeigt, dass die behördliche Genehmigung die Geschäftsbedingungen nicht vor der Kassation durch den BGH zu bewahren vermochte.

2. Versicherungsaufsichtliche Missstandskontrolle

Literatur: *Beckmann*, Die neue Rolle des Bundesaufsichtsamts für das Versicherungswesen bei der Inhaltskontrolle von AVB am Beispiel unzulässiger Vollmachtsbeschränkungen, NVersZ 1998, 19 ff.; *Römer*, Der Prüfungsmaßstab bei der Missstandsaufsicht nach § 81 VAG und der AVB-Kontrolle nach § 9 AGBG, 1996.

Einer vorgängigen behördlichen Genehmigung bedurften bis 1994 die allgemeinen Versicherungsbedingungen der Versicherungsunternehmen. Diese **präventive aufsichtsbehördliche Kontrolle** durch das Bundesaufsichtsamt für das Versicherungswesen ist in Umsetzung europarechtlicher Vorgaben **entfallen**. Ein Mehr an Verbraucherschutz gewährleisten jetzt dafür § 10 VAG und § 7 VVG durch Mindestinhalte für Versicherungsbedingungen und erhöhte Informationspflichten bei Vertragsschluss.[42] 402

Geblieben ist die Befugnis der Bundesanstalt für Finanzdienstleistungsaufsicht, im Wege **anlassbezogener nachträglicher Missstandsaufsicht** gegen Allgemeine Versicherungsbedingungen einzuschreiten, deren Verwendung die Versicherten unangemessen benachteiligt. Die Rechtsgrundlage für das aufsichtsbehördliche Einschreiten findet sich in § 81 Abs. 2 Sätze 1 und 2 VAG. Danach kann die Aufsichtsbehörde gegenüber den Versicherungsunternehmen alle Anordnungen treffen, die geeignet und erforderlich sind, um Missstände zu vermeiden oder zu beseitigen. Missstand ist jedes Verhalten eines Versicherungsunternehmens, das den Aufsichtszielen des § 81 Abs. 1 VAG widerspricht. Zu diesen Aufsichtszielen gehören die ausreichende Wahrung der Belange der Versicherten und die Einhaltung der Gesetze, die für den Betrieb des Versicherungsgeschäfts gelten. Zu den gesetzlichen Vorschriften, die für den Betrieb des Versicherungsgeschäfts gelten und über deren Einhaltung die Bundesanstalt zu wachen hat, gehören auch die §§ 305 ff. Im Falle einer unangemessenen Benachteiligung im Sinne der §§ 307 bis 309 sind nach der Rechtsprechung stets zugleich die Belange der Versicherten nicht ausreichend gewahrt.[43] Die Bundesanstalt kann in diesem Falle dem Versicherungsunternehmen die weitere Verwendung der Klausel und die Berufung auf sie untersagen. Nicht erforderlich ist, dass die Klausel bereits auf Grund einer zivilgerichtlichen Inhaltskontrolle für unwirksam erklärt worden ist. Dieses Verständnis der Kompetenzen der Bundesanstalt widerspricht – wie das BVerwG im einzelnen überzeugend dargelegt hat[44] – auch nicht Sinn und Zweck der europäischen Versicherungsrichtlinien. 403

---

[40] BGH NJW 1982, 1391; 2005, 1774; 2007, 997 (998).
[41] Gegen eine Privilegierung auch *Ulmer/Fuchs*, Vorb. v. § 307 Rdn. 96.
[42] Vertiefend *Dörner/Hoffmann*, NJW 1996, 153 ff.
[43] BVerwG NJW 1998, 3216 (3217); ebenso *Weyers*, Versicherungsvertragsrecht, 2. Aufl., Rdn. 149.
[44] BVerwG NJW 1998, 3216 ff.

3. Kartellrechtliche Kontrollverfahren und Wettbewerbsrecht

Literatur: *Bunte,* Zur Kontrolle Allgemeiner Geschäftsbedingungen und Konditionenempfehlungen, BB 1980, 325; *Ernst/Seichter,* Zur Wettbewerbswidrigkeit von Verstößen gegen das AGB-Recht, DB 2007, 1573; *Hennig,* Zur Praxis des Bundeskartellamtes bei Konditionenkartellen und -empfehlungen, DB 1984, 1509; *Klemp,* Kartellrechtliche Anmeldung von Konditionenempfehlungen nach § 38 Abs. 2 Nr. 3 GWB und das AGB-Gesetz, BB 1978, 1121; *Köhler,* Konkurrentenklage gegen die Verwendung unwirksamer Allgemeiner Geschäftsbedingungen?, NJW 2008, 177; *Mann,* die wettbewerbsrechtliche Beurteilung von unwirksamen Allgemeinen Geschäftsbedingungen, WRP 2007, 1035; *Schindler,* Die Kontrolle Allgemeiner Geschäftsbedingungen im Wettbewerbsrecht, 2007; *Schirmers,* Konditionenempfehlungen, kartellrechtliche Kontrolle und AGB-Gesetz, 1983.

404 Die AGB-rechtliche Inhaltskontrolle vor den ordentlichen Gerichten dient dem Schutz der Marktteilnehmer vor unangemessenen Bedingungen. Diesem individualbezogenen Grundansatz, der namentlich durch die Beachtlichkeit des Transparenzgedankens und die Regelung des Verbandsverfahrens nach dem Unterlassungsklagengesetz auch auf die Wahrung übergeordneter marktwirtschaftlicher Verhältnisse Bedacht nimmt, stehen die wettbewerbsrechtlichen Gesetze, nämlich das Gesetz gegen Wettbewerbsbeschränkungen (GWB) und das Gesetz gegen unlauteren Wettbewerb (UWG), gegenüber. Diesen geht es um den Schutz des Wettbewerbs als Ordnungsprinzip. Gleichwohl ergeben sich **Verschränkungen** der Kontrollbereiche und zwar insbesondere **zwischen der AGB-Inhaltskontrolle und den kartellrechtlichen Kontrollverfahren**. Rechtstatsächlicher Hintergrund ist, dass in den letzten Jahrzehnten ein deutlicher Trend zur Vereinheitlichung Allgemeiner Geschäftsbedingungen erkennbar wurde. Die Bedingungswerke werden immer häufiger von den jeweiligen Spitzenverbänden der verschiedenen Branchen ausgearbeitet und ihren Mitgliedsunternehmen zur Verfügung gestellt. Solche Kartellierungstendenzen können sich als Wettbewerbsbeschränkung erweisen und rufen daher das Kartellrecht auf den Plan.

a) Das System der kartellrechtlichen Legalfreistellung

405 Durch die EG-Verordnung 1/2003 ist die Präponderanz des europäischen Wettbewerbsrechts hinsichtlich der Zulässigkeit wettbewerbsbeschränkender Vereinbarungen gegenüber dem nationalen Recht erheblich gestärkt worden. Der deutsche Gesetzgeber hat die notwendigen Anpassungen des nationalen Rechts im Zuge der 7. GWB-Novelle vollzogen.[45] Die Vereinbarung der Verwendung einheitlicher Geschäftsbedingungen durch mehrere Unternehmen **(Konditionenkartell)** ist auch weiterhin gemäß § 1 GWB verboten, wenn dadurch eine Verhinderung, Einschränkung oder Verfälschung des Wettbewerbs bezweckt oder bewirkt werden soll. Aufgehoben wurde dagegen der bisherige Freistellungstatbestand des § 2 Abs. 2 GWB a.F. Anders als die bisherige kasuistische Ausgestaltung der Freistellungstatbestände sieht die Novelle nunmehr eine Generalklausel in enger inhaltlicher Anlehnung an Art. 81 Abs. 3 EG vor.[46] Diese findet allerdings – anders als Art. 81 Abs. 3 EG – auch in Fällen Anwendung, in denen kein zwischenstaatlicher Bezug besteht. Für die Freistellung eines Konditionenkartells bedarf es nicht mehr der vorherigen Anmeldung mit der Möglichkeit des Widerspruchs durch die Kartellbehörden. Die Kartellrechtsnovelle ist in Parallele zum europäischen Recht von der Administrativfreistellung abgegangen und hat ein **System der Legalausnahme** etabliert.[47] Liegen die Vo-

---

[45] In Kraft getreten am 1.7. 2005; näher zu dieser Reform *Fuchs,* WRP 2005, 1384ff. Zum Folgenden insbes. *Schindler,* Kontrolle Allgemeiner Geschäftsbedingungen im Wettbewerbsrecht, S. 40ff.

[46] So *Schindler,* Kontrolle Allgemeiner Geschäftsbedingungen im Wettbewerbsrecht, S. 40.

[47] *Ulmer/Fuchs,* Vorb. v. § 307 Rdn. 83.

§ 14. Grundlagen der Inhaltskontrolle

raussetzungen des § 2 GWB vor, so ist die Vereinbarung ex lege freigestellt. Einer Entscheidung der Kartellbehörden bedarf es nicht mehr. Es bleibt bei einer **repressiven kartellrechtlichen Aufsicht über die vereinheitlichten Konditionen**. Sind die tatbestandlichen Voraussetzungen des § 2 GWB nicht oder nicht mehr gegeben, so verleihen die §§ 32ff. GWB der Kartellbehörde die Befugnis, die weitere Verwendung der Geschäftsbedingungen zu untersagen.[48] Für die Unternehmen hat diese Umstellung zur Folge, dass sie nunmehr eigenverantwortlich beurteilen müssen, ob ihre Allgemeinen Geschäftsbedingungen unter den Freistellungstatbestand des § 2 GWB fallen. Zu Recht ist darauf hingewiesen worden, dass den Unternehmen zwar der bürokratische Aufwand einer Anmeldung erlassen wird, sie aber zugleich die mit einer konstitutiven Freistellungsentscheidung verbundene Rechtssicherheit verlieren.[49]

Anders als Konditionenkartelle, die in der Praxis nur eine untergeordnete Rolle spielen,[50] kommt den **Konditionenempfehlungen** größere Bedeutung zu.[51] 406

Beispiele: Allgemeine **Lieferbedingungen des Elektrogroßhandels**;[52] die vom Verband der Automobilindustrie e. V. (VDA) empfohlenen **Einkaufsbedingungen**;[53] die „Allgemeinen Geschäftsbedingungen für den Verkauf von fabrikneuen Kraftfahrzeugen und Anhängern – **Neuwagenverkaufsbedingungen"**.[54]

Das frühere Empfehlungsverbot des § 22 Abs. 1 GWB a. F. und damit auch die Ausnahme 407
für Konditionenempfehlungen in Abs. 3 Nr. 2 ist im Zuge der 7. GWB-Novelle aufgehoben worden. Das europäische Wettbewerbsrecht kennt kein eigenständiges Empfehlungsverbot und damit auch keine entsprechenden Ausnahmetatbestände. Konditionenempfehlungen sind daher allein am Maßstab des Art. 81 Abs. 1 EG zu beurteilen, der unverändert in § 1 GWB Eingang gefunden hat. Unter das Kartellverbot fallen Konditionenempfehlungen demnach nur dann, wenn sie als für ihre Mitglieder verbindlicher Beschluss einer Unternehmensvereinigung ergehen oder die Merkmale einer Vereinbarung oder abgestimmten Verhaltensweise der Adressaten erfüllen.[55]

b) Maßstab der kartellbehördlichen Kontrolle

Die Kartellbehörde berücksichtigt im Rahmen der anlassbezogenen Kontrolle von Konditionen besonders die Nachteile, die sich für die Marktgegenseite aus der Vereinheitli- 408

---

[48] *Schindler*, Kontrolle Allgemeiner Geschäftsbedingungen im Wettbewerbsrecht, S. 41; *Ulmer/Fuchs*, Vorb. v. § 307 Rdn. 84.

[49] *Schindler*, Kontrolle Allgemeiner Geschäftsbedingungen im Wettbewerbsrecht, S. 41; *Ulmer/Fuchs*, Vorb. v. § 307 Rdn. 85.

[50] Die Zahl der beim Bundeskartellamt registrierten Konditionenkartelle lag zuletzt bei etwa 50; vgl. *Wolf*, Einl. AGBG Rdn. 28; Tätigkeitsbericht des Bundeskartellamtes 2003/2004, S. 234 ff.

[51] So auch die Einschätzung von *Schindler*, Kontrolle Allgemeiner Geschäftsbedingungen im Wettbewerbsrecht, S. 45. Der Tätigkeitsbericht des Bundeskartellamtes 2003/2004, S. 266 ff. nennt die Zahl von 350 angemeldeten Konditionenempfehlungen; vgl. auch die Zusammenstellung bei *Ulmer/H. Schmidt*, 9. Aufl., Anh. §§ 9–11 AGBG Rdn. 1000; kritische Würdigung einzelner Konditionen bei Klauselwerke-*Graf von Westphalen*, Konditionsempfehlungen.

[52] Bekanntmachung Nr. 33/90 vom 17. 4. 1990, BAnz. Nr. 78 vom 25. 4. 1990, S. 2229.

[53] Zu den Vor- und Nachteilen dieser Konditionenempfehlung ausführlich *Kannowski*, BB 2007, 2301 ff.

[54] Veröffentlicht im Bundesanzeiger Nr. 133/01 vom 21. 12. 2002; hierzu *Scheibach*, in: Dauner-Lieb/Konzen/K. Schmidt (Hrsg.), Das neue Schuldrecht in der Praxis, 2002, S. 739.

[55] So zutreffend *Ulmer/Fuchs*, Vorb. v. § 307 Rdn. 85; *Immenga/Mestmäcker-Emmerich*, Art. 85 Abs. 1 EG Rdn. 134d.; a. A. *Schindler*, Kontrolle Allgemeiner Geschäftsbedingungen im Wettbewerb, S. 44; Frankfurter Kommentar zum Kartellrecht-*Roth/Ackermann*, Art. 81 Abs. 1 EG Grundfragen Rdn. 108.

chung der Allgemeinen Geschäftsbedingungen der Anbieterseite und aus der damit verbundenen Beschränkung der Auswahlmöglichkeiten ergeben.[56]

409 Die Missbrauchsaufsicht beschränkt sich allerdings nach allgemeiner Ansicht nicht nur auf Wettbewerbsverstöße i. S. des Gesetzes gegen Wettbewerbsbeschränkungen, sondern **umfasst auch die Angemessenheitskontrolle der Allgemeinen Geschäftsbedingungen**.[57] Durch die wechselseitige Beeinflussung der grundsätzlich selbstständig nebeneinanderstehenden Kontrollmaßstäbe kann es damit zu einer Verschärfung der Prüfung durch die Kartellbehörde kommen.[58]

410 Aus der Vereinbarkeit mit dem AGB-Recht kann nicht auf die kartellrechtliche Unbedenklichkeit geschlossen werden und umgekehrt erfolgt aus der Vereinbarkeit der Konditionen mit dem Kartellrecht nicht diejenige mit dem AGB-Recht.[59] Insbesondere präjudiziert das Ausbleiben einer Missbrauchsverfügung durch die Kartellbehörde nicht die Vereinbarkeit der Konditionen mit dem AGB-Recht. Einer Kontrolle durch die Zivilgerichte ist die kartellrechtliche Nichtbeanstandung schon deswegen **nicht vorgreiflich**,[60] weil es sich bei der praktischen Handhabung der Angemessenheitskontrolle nach §§ 307 bis 309 durch die Kartellbehörden letztlich um eine „prima-facie-Kontrolle" handelt.[61] Es kann nicht davon ausgegangen werden, dass eine Kontrolle der Allgemeinen Geschäftsbedingungen in allen Einzelheiten und nach allen Regeln der §§ 307 bis 309 stattfindet.[62] Zudem ist es der Kartellbehörde bei nur geringem Zweifel an der Rechtmäßigkeit der Klausel auf Grund des Opportunitätsprinzips gestattet, von einem Einschreiten abzusehen.[63] In der Vergangenheit sind demgemäß auch zahlreiche Klauselwerke von den Zivilgerichten verworfen worden, die zuvor die kartellrechtliche Vorkontrolle unbeanstandet passiert hatten.[64]

c) Diskriminierungsverbot nach § 20 Abs. 1 GWB

411 Besondere Schranken statuiert das Kartellrecht schließlich noch für marktbeherrschende und marktstarke Unternehmen in § 19 Abs. 4 Nr. 2 und § 20 Abs. 1 GWB. Das kartellrechtliche **Diskriminierungs- und Behinderungsverbot** und die AGB-rechtliche Inhaltskontrolle sind zwar grundsätzlich unabhängig voneinander. Ist jedoch der AGB-Verwender Normadressat der kartellrechtlichen Verbote, so kann es zu Überschneidungen kommen. Aus der Verwendung unangemessen benachteiligender Allgemeiner Geschäftsbedingungen folgt allerdings nicht zwangsläufig ein Verstoß gegen § 20 Abs. 1 GWB, da die Bedingungen nicht gegen den Normzweck des Gesetzes gegen Wettbewerbsbeschränkungen, den Schutz der Wettbewerbsfreiheit, verstoßen müssen.[65] Umgekehrt dürfte die Erfüllung des Diskriminierungs- oder Behinderungstatbestands häufig die Unangemessenheit i. S. von § 307 nach sich ziehen.[66]

---

[56] Langen/*Kiecker*, Kartellrecht, 10. Aufl., § 12 GWB Rdn. 10.
[57] *Immenga*/Mestmäcker, § 2 GWB Rdn. 14 f.; *Schindler*, Kontrolle Allgemeiner Geschäftsbedingungen im Wettbewerb, S. 101 ff.; *von Hoyningen-Huene*, § 9 AGBG Rdn. 117; *Staudinger-Coester*, § 307 Rdn. 50.
[58] Vgl. *Schirmers*, Konditionenempfehlungen, kartellrechtliche Kontrolle und AGB-Gesetz, S. 61 ff.; a. A. *Wolf*, § 9 AGBG Rdn. 38.
[59] *Staudinger-Coester*, § 307 Rdn. 50; *von Hoyningen-Huene*, § 9 AGBG Rdn. 117.
[60] OLG Hamm ZIP 1980, 1102 (1103).
[61] So *Staudinger-Coester*, § 307 Rdn. 50.
[62] *Staudinger-Coester*, § 307 Rdn. 50.
[63] *Schirmers*, Konditionenempfehlungen, kartellrechtliche Kontrolle und AGB-Gesetz, S. 87.
[64] Zur Kontrollpraxis des Bundeskartellamts näher *Bunte*, AcP 181 (1981), S. 62 f.
[65] *Graf von Westphalen*, NJW 1982, 2467; *Wolf*, § 9 AGBG Rdn. 36; *von Hoyningen-Huene*, § 9 AGBG Rdn. 119.
[66] *Graf von Westphalen*, NJW 1982, 2467; *von Hoyningen-Huene*, § 9 AGBG Rdn. 119; kritisch und relativierend *Ulmer/Fuchs*, § 307 Rdn. 86.

d) Schutz vor unlauterem Wettbewerb (UWG)

Überschneidungen können sich auch im Verhältnis zum Gesetz gegen den unlauteren Wettbewerb (UWG) ergeben. Die **Verwendung unwirksamer Allgemeiner Geschäftsbedingungen kann** eine Unlauterkeit im Sinne des § 3 UWG darstellen und Unterlassungs- und Schadensersatzansprüche auslösen.[67] 412

Allerdings löst nicht jeder Verstoß gegen das AGB-Recht Ansprüche der Mitbewerber aus. Das ist nur dann der Fall, wenn der Verwender planmäßig von unangemessenen Klauseln im Vertrauen darauf Gebrauch macht, dass die meisten Kunden hierdurch von der Geltendmachung ihrer an sich bestehenden Rechte abgehalten oder zur Erfüllung nicht existierender Pflichten angehalten werden (vgl. § 4 Nr. 2 UWG).[68] Ob die §§ 307 bis 309 als Marktverhaltensregelungen im Sinne von § 4 Nr. 11 UWG eingestuft werden können, ist fraglich.[69] Voraussetzung hierfür sollte sein, dass die betreffende Gesetzesvorschrift zugleich eine Ausprägung des Transparenzgebots ist.[70] Auch das Werben mit günstigeren Vertragskonditionen als sie sich aus den Allgemeinen Geschäftsbedingungen ergeben kann unlauteren Wettbewerb darstellen (§ 5 UWG).[71] Insofern kann die Unangemessenheit der Allgemeinen Geschäftsbedingungen auch das Unlauterkeitsurteil beeinflussen. 413

Umgekehrt gilt das nur sehr eingeschränkt. Denn die **AGB-rechtliche Beurteilung folgt** einem **eigenständigen Maßstab**.[72] Im Rahmen der nach § 307 gebotenen Interessenabwägung kann es allerdings ein relevanter Gesichtspunkt sein, dass die Handlungsweise zugleich auch gegen Normen des Lauterkeitsrechts verstößt. 414

Beispiel: Die klare Brandmarkung der nicht konsentierten **Telefon- und Fax-Werbung** durch das Lauterkeitsrecht[73] spricht im Rahmen der Angemessenheitsprüfung nach § 307 dafür, in einem **formularmäßig verankerten Einverständnis des Kunden** mit diesen Werbeformen eine unangemessene Benachteiligung zu sehen.[74] Ebenso hat der BGH[74a] jüngst für eine Klausel entschieden, derzufolge sich der Kunde mit der Werbung durch E-Mail oder SMS einverstanden erklärte, wenn diese nicht im Sinne einer „Opt-in"-Erklärung ausgestaltet ist. Die Entscheidung rekurriert auf das Hervorhebungserfordernis des § 4a BDSG und § 7 Abs. 2 Nr. 3 Var. 3 UWG.

III. Notarielle Inhaltskontrolle

Auch der Notar ist nach § 14 Abs. 2 BNotO und § 4 BeurkG verpflichtet, ihm zur Beurkundung vorgelegte Formularverträge auf ihre inhaltliche Vereinbarkeit mit dem AGB-Recht zu überprüfen. Gelangt er zur der Überzeugung, dass der Vertrag unwirksame 415

---

[67] Für Subsidiarität der Wettbewerbsklage gegenüber dem Verbandsklageverfahren nach dem Unterlassungsklagengesetz jedoch *Ullmann*, GRUR 2003, 823. Wie hier *Köhler*, in: Hefermehl/Köhler/Bornkamp, Wettbewerbsrecht, 26. Aufl., § 4 UWG Rdn. 11.17; *Götting*, in: Fezer § 4 Nr. 11 UWG Rdn. 112.
[68] *Ulmer/Fuchs*, Vorb. v. § 307 Rdn. 90; *Staudinger-Coester*, § 307 Rdn. 53.
[69] Dafür KG MMR 2005, 466.
[70] Wie hier einschränkend KG NJW 2007, 2266 und *Ulmer/Fuchs*, § 307 Rdn. 90 (nur bei Verletzung des Transparenzgebots); ähnlich OLG Hamburg NJW 2007, 2264; zurückhaltend auch *Ernst/Seichter*, DB 2007, 1575; abw. OLG Köln NJW 2007, 3647 („in der Regel nicht").
[71] OLG Stuttgart WRP 1981, 604 (605); *Ulmer/Fuchs*, Vorb. v. § 307 Rdn. 91; *Staudinger-Coester*, § 307 Rdn. 53. Baumbach/Hefermehl/Bornkamp, in: Hefermehl/Köhler/Bornkamp, Wettbewerbsrecht, 26. Aufl., § 5 UWG, Rdn. 7.137.
[72] *Ulmer/Fuchs*, Vorb. v. § 307 Rdn. 94; *Staudinger-Coester*, § 307 Rdn. 53.
[73] BGH NJW 1991, 2087 (2088); 2000, 2677.
[74] So auch *Ulmer/Fuchs*, Vorb. v. § 307 Rdn. 95.
[74a] BGH NJW 2008, 3055.

Klauseln beinhaltet, so hat er die Parteien hierauf hinzuweisen und äußerstenfalls seine Amtstätigkeit zu versagen.[75]

IV. Inhaltskontrolle durch das Grundbuchamt

Literatur: *Schlenker,* Die Bedeutung des AGBG im Grundbuchantragsverfahren, Diss. 1982; *H. Schmid,* Inhaltskontrolle von AGB durch das Grundbuchgericht, Rpfleger 1987, 133.

416 Umstritten ist, wie weit die Prüfungskompetenz des Grundbuchamts in Bezug auf Allgemeine Geschäftsbedingungen reicht.[76]

Beispiele:
(1) Eine Eintragungsbewilligung (Fall des § 19 GBO) für eine Hypothek nimmt auf vorformulierte Darlehensbedingungen Bezug, die einen Verstoß gegen § 308 Nr. 6 enthalten.[77]
(2) Ein vorformulierter dinglicher Einigungsvertrag (Fall des § 20 GBO) weist einen über die dingliche Einigung hinausgehenden und insoweit mit den §§ 307 bis 309 nicht im Einklang stehenden Inhalt auf.

417 Auszugehen ist davon, dass das Grundbuchamt als ein Organ der staatlichen Rechtspflege die §§ 305 ff. als geltendes Recht nicht unberücksichtigt lassen darf. Die Arbeitsweise des Grundbuchamtes und damit auch der Umfang der Prüfungstätigkeit des zuständigen Rechtspflegers richtet sich hingegen nach den Grundsätzen des Grundbuchverfahrensrechts. Hiernach gilt, dass das Grundbuchamt nicht sehenden Auges daran mitwirken darf, dass inhaltliche unrichtige, weil nicht der materiellen Rechtslage entsprechende Eintragungen im Grundbuch vollzogen werden. Zu einer systematischen und ausgedehnten Prüfung der Eintragungsunterlagen auf ihre Vereinbarkeit mit dem AGB-Recht ist das Grundbuchamt hingegen nicht verpflichtet. Zu beanstanden sind sowohl im Rahmen des § 19 GBO als auch im Falle des § 20 GBO lediglich **grundbuchrelevante Verstöße gegen §§ 307 bis 309, die zweifelsfrei feststehen.**[78] Dies wird am ehesten bei Verstößen gegen die Klauselverbote des § 308 und – vor allem – des § 309 vorkommen, ist aber auch im Bereich des § 307 nicht ausgeschlossen, wenngleich für eine umfassende Interessenabwägung oftmals die notwendige Erkenntnisgrundlage fehlen wird.[79]

§ 15. Schranken der Inhaltskontrolle

Literatur: *Billing,* Die Bedeutung von § 307 III 1 im System der AGB-rechtlichen Inhaltskontrolle, 2006; *Brandner,* Schranken der Inhaltskontrolle, in: FS für Hauß, 1978, S. 1; *Dylla-Krebs,* Schranken der Inhaltskontrolle Allgemeiner Geschäftsbedingungen, 1990; *Joost,* Der Ausschluß der Inhaltskontrolle bei Entgeltregelungen in Allgemeinen Geschäftsbedingungen, ZIP 1996, 1686; *Kappus,* Inhaltskontrolle gesetzesrezitierender Klauseln, NJW 2003, 322; *Krüger,* Richterliche Überprüfbarkeit von Preisklauseln in der Kreditwirtschaft, WM 1999, 1402; *Langheid,* § 8 AGB-Gesetz im Lichte der

---

[75] Wie hier *Palandt-Heinrichs,* § 305 Rdn. 17; *Ulmer/Fuchs,* § 307 Rdn. 107 („nur bei eindeutigen Verstößen").
[76] Eine höchstrichterliche Entscheidung steht noch aus; offen lassend zuletzt BGH NJW 1980, 1625 (1626).
[77] BayObLG NJW 1980, 2818.
[78] BayObLG NJW 1980, 2818 (2819): „ohne jeden vernünftigen Zweifel"; OLG Celle WM 1979, 1317 (1318); für eine eng umgrenzte Prüfungspflicht auch OLG Köln NJW-RR 1989, 780 (781 ff.); *Ulmer/Fuchs,* § 307 Rdn. 108; *Wolf,* § 9 AGBG Rdn. 161; *von Hoyningen-Huene,* Inhaltskontrolle, § 9 AGBG Rdn. 46; *Staudinger-Coester,* Vorbem. zu §§ 307–309 Rdn. 26; *Palandt-Heinrichs,* Vorb. v. §§ 307–309 Rdn. 7.
[79] *MünchKomm-Kieninger,* vor § 307 Rdn. 15; *Erman-Roloff,* vor §§ 307–309 Rdn. 17; *Ulmer/Fuchs,* § 307 Rdn. 108; *von Hoyningen-Huene,* Inhaltskontrolle, § 9 AGBG Rdn. 46; für Beschränkung auf Verstöße gegen § 309: *Schoener,* DNotZ 1979, 624 bzw. §§ 307 Abs. 2, 308 und 309: *H. Schmid,* Rpfleger 1987, 143; ablehnend OLG Hamm WM 1980, 564.

EG-AGB-Richtlinie: Kontrollfähigkeit von Leistungsbeschreibungen durch Intransparenz, NVersZ 2000, 63; *Niebling,* Die Schranken der Inhaltskontrolle nach § 8 AGB-Gesetz, 1988; *ders.,* Die Inhaltskontrolle von Preisen und Leistungen nach dem AGBG, WM 1992, 845; *Pfeiffer,* Die Reichweite der Inhaltskontrolle nach Art. 4 Abs. 2 RL 93/13/EWG und § 8 AGBG im Kontext der „Schuldrechtsmodernisierung", VuR 2001, 95 ff.; *Schmidt-Salzer,* Leistungsbeschreibungen insbesondere in Versicherungsverträgen und Schranken der Inhaltskontrolle, in: FS für Brandner, 1996, S. 259; *Schünemann,* Allgemeine Versicherungsbedingungen – „Leistungsbeschreibungen" oder inhaltskontrollierte Vertragskonditionen?, VersR 2000, 144; *Schwab,* Zur Bedeutung des § 8 AGBG für die Inhaltskontrolle von Vollmachtsklauseln – BGH, NJW 1997, 3437, JuS 2001, 951; *Stoffels,* Schranken der Inhaltskontrolle, JZ 2001, 843; *H. P. Westermann,* Abgrenzung von Neben- und Hauptleistungspflichten im Hinblick auf die Inhaltskontrolle, in: Zehn Jahre AGB-Gesetz, 1987, S. 135; *Zoller,* Voraussetzungen und Rechtsnatur deklaratorischer AGB im Sinne des § 8 AGBG, BB 1987, 421.

I. Allgemeines

§ 307 Abs. 3 knüpft an den Inhalt der Allgemeinen Geschäftsbedingungen an und **legt fest, welche Allgemeinen Geschäftsbedingungen der AGB-rechtlichen Inhaltskontrolle** unterliegen. Die Inhaltskontrollvorschriften der §§ 307–309 gelten hiernach nur für solche Bestimmungen in Allgemeinen Geschäftsbedingungen, durch die von Rechtsvorschriften abweichende oder diese ergänzende Regelungen vereinbart werden. Abgesehen von der klarstellenden Ergänzung durch § 307 Abs. 3 Satz 2 ist der Wortlaut des vormaligen § 8 AGBG unangetastet geblieben. Eine Konkretisierung seines Regelungsgehalts ist zwar im Laufe des Gesetzgebungsverfahrens erwogen, später jedoch wieder fallen gelassen worden.[1] 418

Die Frage, ob § 307 Abs. 3 einen Ausnahmetatbestand darstellt, der Allgemeine Geschäftsbedingungen im Einzelfall der Inhaltskontrolle entzieht,[2] oder ob, worauf der Wortlaut deutet, Kontrollfreiheit der Grundsatz und Inhaltskontrolle die Ausnahme ist,[3] dürfte eher von akademischem Interesse sein.[4] Gleichwohl meint der Regierungsentwurf eines Schuldrechtsmodernisierungsgesetzes hier Partei ergreifen zu müssen. Ausweislich seiner beigefügten Begründung soll durch die veränderte Reihenfolge der Inhaltskontrollvorschriften der **Ausnahmecharakter der Kontrollfreiheit** herausgestellt werden.[5] Dies entspricht jedenfalls der gerichtlichen Praxis, die de facto die Inhaltskontrolle zur Regel und die Kontrollfreiheit zur Ausnahme hat werden lassen. 419

II. Zum Normverständnis des § 307 Abs. 3

Inhalt und Tragweite der Vorschrift des § 307 Abs. 3 lassen sich aus ihrem wenig aussagekräftigen Wortlaut kaum erschließen. Entsprechend umstritten ist die rechtliche Interpretation dieser Norm. Die herrschende Meinung geht davon aus, dass § 307 Abs. 3 zum einen Leistungsbeschreibungen und Preisvereinbarungen und zum anderen rechtsdeklaratorische Klauseln für nicht kontrollfähig erklärt.[6] Nach anderer Ansicht kommt § 307 420

---

[1] Vgl. § 307 Abs. 3 der Konsolidierten Fassung des Diskussionsentwurfs eines Schuldrechtsmodernisierungsgesetzes (abgedruckt bei Canaris, Schuldrechtsmodernisierung 2002, S. 349 ff.). Zu den Hintergründen *Stoffels,* JZ 2001, 849.

[2] *Ulmer/Brandner,* 9. Aufl., § 8 AGBG Rdn. 5.

[3] *Wolf,* § 8 AGBG Rdn. 3; *Joost,* ZIP 1996, 1686.

[4] Nach Ansicht von *Staudinger-Coester,* § 307 Rdn. 281 berührt diese Streitfrage dagegen das Grundverständnis von Abs. 3 (anders noch die Vorauflage „müßiger Streit", § 8 AGBG Rdn. 6).

[5] BT-Drucks. 14/6040, S. 154.

[6] Zusammenfassend zuletzt BGH NJW 1998, 383; OLG Karlsruhe BB 1997, 9; ferner *Ulmer/Fuchs,* § 307 Rdn. 14; *Soergel-Stein,* § 8 AGBG Rdn. 1; *Palandt-Grüneberg,* § 307 Rdn. 54; *Löwe/Graf von Westphalen/Trinkner,* § 8 AGBG Rdn. 1 ff.; *Locher,* Recht der AGB, S. 85.

Abs. 3 keine eigenständige Bedeutung zu. Er habe lediglich deklaratorischen Charakter. Jede AGB-Bestimmung, die einer Prüfung anhand des Maßstabes der §§ 307 bis 309 nicht standhalte, sei auch kontrollfähig.[7] Ein neuerer, von *Joost* unterbreiteter und ausführlich begründeter Vorschlag zielt dahin, § 307 Abs. 3 beim Wort zu nehmen und eine Inhaltskontrolle dort nicht stattfinden zu lassen, wo es an rechtsnormativen Vorgaben fehle. Die Inhaltskontrolle soll daher nur erfolgen, wenn von rechtsnormativ vorgegebenen Interessenbewertungen einseitig abgewichen werde. Dafür sei es unerheblich, ob eine Klausel in Allgemeinen Geschäftsbedingungen eine Haupt- oder Nebenleistung regele oder eine Haupt- oder Nebenabrede enthalte.[8] Hinzu kommt, dass es auch der Rechtsprechung bislang nicht gelungen ist, ein transparentes und konsistentes Ordnungsschema zu entwickeln, auf dessen Basis die Kontrollunterworfenheit bzw. -freiheit einer AGB-Klausel zuverlässig beurteilt werden könnte.[9]

1. Die amtliche Begründung des Regierungsentwurfs

421 Erste Aufschlüsse über das zutreffende Normverständnis vermittelt ein Blick auf die amtliche Begründung des Regierungsentwurfs, in der es wörtlich heißt: „Die Leistungsbeschreibung einschließlich etwaiger in AGB enthaltener Festlegungen des Entgelts unterliegen der Inhaltskontrolle demnach ebenso wenig wie AGB, die lediglich den Inhalt gesetzlicher Regelungen wiedergeben."[10]

2. Der doppelte Normzweck

422 Aber auch die ratio legis der Vorschrift wird man in diesem Sinne zu formulieren haben:

a) Wahrung marktwirtschaftlicher Prinzipien

423 Das AGB-Recht ist zunächst als Teil einer liberalen, marktwirtschaftlich geprägten und auf dem Grundsatz der Privatautonomie beruhenden Wirtschaftsordnung zu verstehen. Das bedeutet, dass es die einzelnen Privatrechtssubjekte sind, die am Markt als Anbieter und Nachfrager auftreten und sich auf den Austausch von Leistung und Gegenleistung einigen. Gefährdet wäre dieses Modell, wenn dem Staat oder den von ihm eingerichteten Gerichten die Kompetenz zufiele, das Leistungsangebot, die Preisfestsetzung und damit das Äquivalenzverhältnis einer Angemessenheitskontrolle zu unterziehen.[11] Ferner ist es gerade Ausfluss der den Parteien zugestandenen Vertragsfreiheit, zu entscheiden, welcher Gegenstand gekauft, welche Leistung angeboten werden soll und welche Gegenleistungen hierfür zu erbringen sind.[12] Die essentialia negotii bilden den innersten Kern privatauto-

---

[7] *Koch/Stübing*, § 8 AGBG Rdn. 3; *Niebling*, Schranken der Inhaltskontrolle, S. 202 ff.; *ders.*, WM 1992, 852. Diese den Gesetzgeber desavouierende Ansicht wird zu Recht abgelehnt von *Dylla-Krebs*, Schranken der Inhaltskontrolle, S. 189. Sie ist zuletzt erneuert von *Billing*, Bedeutung von § 307 III 1, passim.
[8] *Joost*, ZIP 1996, 1685 ff.
[9] Zu diesem Befund und seinen Ursachen *Joost*, ZIP 1996, 1687; kritisch auch *Staudinger-Coester*, § 307 Rdn. 313 und *Horn*, WM 1997 Beil. 1, S. 7. Drastisch die Kritik von *H. Roth*, AcP 190 (1990), 314: „Die Rechtsprechung kontrolliert nicht, wo sie darf, sondern wo sie will."
[10] BT-Drucks. 7/3919, S. 22.
[11] Dass § 307 Abs. 3 die Wahrung marktwirtschaftlicher Prinzipien im Auge habe, wird allenthalben betont; vgl. etwa *Wolf*, § 8 AGBG Rdn. 1; *Staudinger-Coester*, § 307 Rdn. 285; *Niebling*, BB 1984, 1716 Fn. 31; *Ulmer/Fuchs*, § 307 Rdn. 14; zum Grundsatz der freien Preisbildung als Ausdruck der marktwirtschaftlichen Ordnung unseres Wirtschaftssystems, dem auch § 8 AGBG (jetzt § 307 Abs. 3) verhaftet sei, *Dylla-Krebs*, Schranken der Inhaltskontrolle, S. 154 ff.
[12] Auf diesen Aspekt hebt vor allem die höchstrichterliche Rechtsprechung ab; vgl. zuletzt BGH NJW 1999, 3260; 2000, 577 (579). BVerfG (2. Kammer des Ersten Senats) NJW 2000, 2635 (2636) hat

nom gesetzter Regelungen, für den eine besonders hohe Eingriffsschwelle besteht. Ein situativ bedingtes Funktionsversagen der Privatautonomie als Interventionsgrund wird man in diesem Bereich jedoch nicht ohne weiteres konstatieren können. Denn tendenziell, wenn auch nicht ausnahmslos, sind die Hauptleistungen für die Abschlussentscheidung des Kunden wichtig, finden seine Aufmerksamkeit und nehmen auf diese Weise am marktmäßigen Wettbewerb durchaus teil. Marktregulierung und selbstverantwortliche Interessenwahrnehmung gehen staatlicher Regulierung und Kontrolle hier grundsätzlich vor.[13] Hinzu kommt, dass es in aller Regel an einem rechtlichen Maßstab fehlen würde, die vertraglichen Hauptleistungspflichten zu bewerten.[14] Freilich handelt es sich bei dieser Erkenntnis lediglich um eine Konsequenz der marktwirtschaftlichen Gestaltung unserer Privatrechtsordnung und nicht um einen eigenständigen, die Interpretation leitenden Grundgedanken der Norm des § 307 Abs. 3.

b) Bindung des Richters an Gesetz und Recht

Neben dem auf die „Wahrung marktwirtschaftlicher Prinzipien" gerichteten Normzweck tritt ein ebenfalls als folgerichtige Ableitung aus der Gesamtrechtsordnung zu verstehender, die Zweckbestimmung des § 307 Abs. 3 mitkonstituierender Rechtsgrundsatz. Dieser ist in der **Bindung des Richters an Gesetz und Recht zu sehen (Art. 20 Abs. 3 GG).**[15] Würde es dem Richter durch die §§ 305 ff. gestattet sein, auch solche Klauseln einer Angemessenheitsprüfung zu unterwerfen, die lediglich den Gesetzeswortlaut wiederholen oder doch inhaltlich mit dem objektiven Recht übereinstimmen, so wäre damit mittelbar auch das Gesetz dem Angemessenheitsurteil des Richters ausgeliefert. Dieses soll aber gerade umgekehrt den dem Richter vorgegebenen Maßstab konstituieren. Aus diesem Grunde müssen rechtsdeklaratorische Klauseln von vornherein von einer Inhaltskontrolle nach den §§ 307 bis 309 befreit sein. Hieraus folgt, dass spezialgesetzliche Vorschriften in anderen Gesetzen Vorrang genießen und von den AGB-rechtlichen Vorschriften nicht modifiziert werden sollen. Diese Auslegung lässt sich zusätzlich durch ein auf die Unwirksamkeitsfolge zielendes argumentum ad absurdum untermauern. An die Stelle einer unwirksamen deklaratorischen Klausel müsste nämlich gemäß § 306 doch wieder die inhaltsgleiche gesetzliche Bestimmung treten, so dass die Inhaltskontrolle im Ergebnis leer laufen würde.[16] Auch diese Überlegung konstituiert freilich keinen eigenständigen Normzweck, aus dem der Ausschluss rechtsdeklaratorischer Klauseln in erster Linie hergeleitet werden könnte, sondern liefert ein Zusatzargument im Rahmen der teleologischen Auslegung.[17]

3. Rückschlüsse aus der EG-Richtlinie über missbräuchliche Klauseln in Verbraucherverträgen

Dieses Abgrenzungsmuster liegt auch der EG-Richtlinie über missbräuchliche Klauseln in Verbraucherverträgen (93/13/EWG) zu Grunde. Art. 4 Abs. 2 der Richtlinie lautet:

---

darauf hingewiesen, dass das Grundrecht der Berufsfreiheit auch die Freiheit umschließt, das Entgelt für berufliche Leistungen selbst festzusetzen oder mit denen, die an diesen Leistungen interessiert sind, auszuhandeln.

[13] *Staudinger-Coester,* § 307 AGBG Rdn. 285.
[14] *Staudinger-Coester,* § 307 Rdn. 284; *Wolf,* § 8 AGBG Rdn. 1; MünchKomm-*Kieninger,* § 307 Rdn. 1; *H. P. Westermann,* in: Zehn Jahre AGB-Gesetz, S. 152.
[15] BGH NJW 1984, 2161; 2001, 2012 (2013); *Staudinger-Coester,* § 307 Rdn. 290; *Bruchner,* WM 1987, 456; *Canaris,* NJW 1987, 611; *Dylla-Krebs,* Schranken der Inhaltskontrolle, S. 65 f.; *Niebling,* BB 1984, 1713.
[16] BGH NJW 1984, 2161; 1997, 193 (194); 2001, 2012 (2013); 2002, 1950 (1951); *Wolf,* § 8 AGBG Rdn. 22; Ulmer/Fuchs, § 307 Rdn. 17; Palandt-Grüneberg, § 307 Rdn. 63.
[17] Wie hier *Staudinger-Coester,* § 307 Rdn. 290; *Dylla-Krebs,* Schranken der Inhaltskontrolle, S. 63 f.

„Die Beurteilung der Missbräuchlichkeit der Klauseln betrifft weder den Hauptgegenstand des Vertrages noch die Angemessenheit zwischen dem Preis bzw. dem Entgelt und den Dienstleistungen bzw. den Gütern, die die Gegenleistung darstellen, sofern diese Klauseln klar und verständlich abgefasst sind."[18] Auch der 19. Erwägungsgrund der Richtlinie ist in diesem Sinne formuliert. Ferner ist auf Art. 1 Abs. 2 der Richtlinie hinzuweisen, in dem es auszugsweise wie folgt heißt: „Vertragsklauseln, die auf bindenden Rechtsvorschriften ... beruhen, unterliegen nicht den Bestimmungen dieser Richtlinie." Der Begriff „bindende Rechtsvorschriften" in Art. 1 Abs. 2 soll – so die Erklärungshilfe des 13. Erwägungsgrundes – auch Regeln umfassen, die nach dem Gesetz zwischen den Vertragsparteien gelten, wenn nichts anderes vereinbart wurde. Damit wird deutlich, dass nicht nur zwingendes, sondern auch dispositives Recht erfasst sein soll.[19] Die Richtlinie geht – so der 13. Erwägungsgrund – davon aus, dass „bindende Rechtsvorschriften" keine missbräuchlichen Klauseln enthalten.

426 Der deutsche Gesetzgeber hat die Vorgaben der Richtlinie im Gesetz zur Änderung des AGB-Gesetzes vom 19. 7. 1996 umgesetzt.[20] Dies hat sich in einer Änderung des damaligen § 12 AGBG und der Einfügung des § 24a AGBG niedergeschlagen. Eine Änderung des § 8 AGBG (jetzt § 307 Abs. 3) hatte der Gesetzgeber hingegen nicht für nötig befunden. Offenbar war man davon ausgegangen, dass der der Inhaltskontrolle nach § 8 AGBG (jetzt § 307 Abs. 3) verschlossene Bereich mit den europarechtlichen Vorgaben übereinstimmt oder zumindest in einer der Richtlinie entsprechenden Weise abgesteckt werden kann.[21] Selbst wenn man, wofür nach den bisherigen Feststellungen nichts spricht, bei isolierter Betrachtung die Zielrichtung des § 307 Abs. 3 in der Beschränkung der Inhaltskontrolle auf rechtsnormativ determinierte Vertragsgestaltungen sehen wollte, so wäre eine Korrektur dieser Sichtweise nunmehr im Hinblick auf die Richtlinie unabweislich. Dies würde sich dann aus dem Gebot der richtlinienkonformen Auslegung ergeben.

427 Gegenstand der Richtlinie 93/13/EWG sind allerdings nur Verbraucherverträge in dem sich aus Art. 1 Abs. 1 und Art. 2 ergebenden Sinne. Unter dem Gebot der richtlinienkonformen Auslegung steht § 307 Abs. 3 daher unmittelbar nur insoweit, als es um die Inhaltskontrolle von Verbraucherverträgen geht. Eine höchst unbefriedigende, weil sachlich nicht gerechtfertigte und die Gesetzestransparenz beeinträchtigende Lösung wäre es, nunmehr § 307 Abs. 3 eine gespaltene Bedeutung zuzuerkennen, also den kontrollfreien Raum im Bereich der Verbraucherverträge anders zu vermessen als bei Verträgen im unternehmerischen Verkehr und zwischen Verbrauchern untereinander.[22] Aus diesem Grunde strahlt der Schrankenvorbehalt der Richtlinie mittelbar auch auf den nicht richtliniengebundenen Anwendungsbereich des § 307 Abs. 3 aus. Vor diesem Hintergrund empfiehlt es sich umso mehr, den in § 307 Abs. 3 umrissenen kontrollfreien Raum einheitlich im

---

[18] Nicht verschwiegen werden soll, dass die Europäische Kommission zuletzt zu erkennen gegeben hat, dass über die Berechtigung dieser Beschränkung und damit ihre weitere Beibehaltung nachgedacht werden müsse. Vgl. hierzu den „Bericht der Kommission über die Anwendung der Richtlinie 93/13/EWG des Rates vom 5. 4. 1993 über missbräuchliche Klauseln in Verbraucherverträgen" Dok. KOM (2000) 248 endgültig, S. 16f. Gegen die sich hierin andeutenden Änderungsbestrebungen zu Recht *Pfeiffer*, VuR 2001, 95 ff.
[19] *Ulmer/Fuchs*, § 307 Rdn. 15; *Wolf*, Art. 1 RiLi Rdn. 34; *Eckert*, WM 1993, 1072.
[20] BGBl. I, 1013.
[21] Die Begründung des Regierungsentwurfs (BT-Drucks. 13/2713, S. 5) weist jedenfalls ausdrücklich darauf hin, dass die in der Richtlinie aufgeführten kontrollfreien Vertragsbestimmungen nach § 8 AGBG ebenfalls nicht der Angemessenheitsbeurteilung unterliegen. Ebenfalls in diesem Sinne BGH BB 1998, 1864 (1865).
[22] *Ulmer/Fuchs*, § 307 Rdn. 15; zu undifferenziert *H. Roth*, JZ 1999, 537, der sich gegen eine Ausstrahlungswirkung im rechtlichen Sinn ausspricht.

Sinne der in der Richtlinie verwendeten Kriterien abzustecken, Art. 4 Abs. 2 und 1 Abs. 2 der Richtlinie gleichsam als autoritative Leseanleitung des § 307 Abs. 3 zu begreifen.

III. Transparenz als Vorbedingung der Kontrollfreiheit

Die in § 307 Abs. 3 zum Ausdruck gelangte Einschätzung des Gesetzgebers, der Kunde werde insbesondere dem Leistungsgegenstand und dem Preis besondere Aufmerksamkeit widmen und auf diese Weise sein Interesse an einem angemessenen, marktgerechten Leistungsaustausch selbst wahren, erfüllt sich regelmäßig nur, wenn der Vertragsinhalt dem Kunden in diesen wesentlichen Punkten ein vollständiges und wahres Bild vermittelt. Grundvoraussetzung für die Funktionsfähigkeit der Marktmechanismen ist vor allem ein Mindestmaß an Informiertheit über die Grunddaten von Preis und Leistung. Nur dann ist der Kunde zum Marktvergleich befähigt, ist er in der Lage, Änderungsvorschläge einzubringen bzw. – was oftmals näher liegen dürfte – auf andere Angebote auszuweichen.[23] Interventionsbedarf besteht nun aber dort, wo die Störung der Funktionsbedingungen des Marktes von der Verwenderseite ausgehen, sei es durch mangelnde Information, sei es durch gezielte Desinformation. Im Bereich der Grunddaten des Vertrages (Preis und Leistung), denen der Kunde im Allgemeinen durchaus seine Aufmerksamkeit schenkt, ist somit eine Transparenzkontrolle nach § 307 Abs. 3 nicht nur nicht ausgeschlossen, sondern geradezu gefordert. **428**

Bestätigt worden ist diese vom Normzweck des § 307 Abs. 3 getragene Positionsbestimmung für Verbraucherverträge durch das In-Kraft-Treten der Klausel-Richtlinie 93/13/EWG. Die Richtlinie stellt in Art. 4 Abs. 2 (vgl. auch Erwägungsgründe 19 und 20) den Hauptgegenstand des Vertrages und das Äquivalenzverhältnis zwischen Leistung und Gegenleistung von der inhaltlichen Missbrauchskontrolle frei, knüpft diese Privilegierung jedoch daran, dass die betreffenden Klauseln klar und verständlich abgefasst sind. Das Transparenzgebot gilt nach Art. 5 der Richtlinie ohne Einschränkung für alle dem Verbraucher in Verträgen schriftlich unterbreiteten Klauseln. Es ist in der Richtlinie nicht etwa als Unterfall der Inhaltskontrolle, sondern als selbständige Kategorie der Missbrauchskontrolle konzipiert, so dass auch die Systematik für die Einbeziehung preisbestimmender und leistungsbeschreibender Klauseln spricht. **429**

Im Schuldrechtsmodernisierungsgesetz hat der Gesetzgeber jetzt die Konsequenzen aus dieser Diskussion gezogen und in **§ 307 Abs. 3 Satz 2** klargestellt, dass die in Satz 1 formulierten Schranken der Inhaltskontrolle einer Transparenzkontrolle nach § 307 Abs. 1 Satz 2 nicht im Wege stehen. Somit lässt sich festhalten, dass die Durchführung der **430**

---

[23] Diese Zusammenhänge stellen auch BGH NJW 1990, 2383 (zur Preisvereinbarung) und hierauf bezugnehmend BAG NJW 1994, 213 (214), OLG Celle NJW-RR 1995, 1133 sowie im Schrifttum besonders deutlich *Staudinger-Coester*, Bearbeitung 1998, § 8 AGBG Rdn. 15, *M. Wolf*, in: Verbraucherkreditrecht, AGB-Gesetz und Kreditwirtschaft (hrsg. von Hadding/Hopt), S. 76, *Wolf*, § 9 AGBG Rdn. 143 und *Köndgen*, NJW 1989, 948 heraus. Zum informationspolitischen Ansatz des AGB-Gesetzes eingehend *Drexl*, Wirtschaftliche Selbstbestimmung des Verbrauchers, 1998, S. 452 ff.; *Niedenführ*, Informationsgebote des AGB-Gesetzes, 1986, passim; *Koller*, in: FS für Steindorff, 1990, S. 669, der den Transparenzbedarf vor allem auf der von ihm so genannten „Vertragsabwicklungsstufe" sieht. Ablehnend hingegen *Dauner-Lieb*, Verbraucherschutz, 1983, S. 72 f. Die Effektivität des Informationsmodells kann man in der Tat mit guten Gründen bezweifeln. Dies ändert freilich nichts daran, dass es mittlerweile dem Gemeinschaftsrecht als Leitgedanke zugrunde liegt (vgl. neben der Klauselrichtlinie 93/13/EWG Art. 4 Abs. 1 Verbraucherkredit-Richtlinie 87/102/EWG, Art. 4 2 lit. b Pauschalreise-Richtlinie 90/314/EWG; Art. 4 Beistrich 1 Time-Sharing-Richtlinie 94/47/EG; vgl. hierzu auch *Heinrichs*, NJW 1996, 2197, *Dreher*, JZ 1997, 170 f. und *Grundmann*, JZ 2000, 1133 ff.) und damit auch in seinen Auswirkungen auf das nationale Recht zur Kenntnis genommen werden muss.

Transparenzkontrolle nicht an die Voraussetzungen des § 307 Abs. 3 gebunden ist, der Rechtsanwender mithin insoweit von den diffizilen Abgrenzungsüberlegungen zur Reichweite des kontrollfreien Leistungsbereichs befreit ist. Die Anforderungen des Transparenzgebots lassen sich gleichsam als Vorbedingung der Kontrollfreiheit verstehen.[24]

IV. Deklaratorische Klauseln

431 Wenn § 307 Abs. 3 für die Kontrollfähigkeit positiv eine Abweichung oder Ergänzung von Rechtsvorschriften verlangt, so folgt daraus im Gegenschluss, dass mit Rechtsvorschriften übereinstimmende Allgemeine Geschäftsbedingungen nicht der Inhaltskontrolle unterliegen. Solche Klauseln nennt man rechtsdeklaratorische Klauseln. Im Einzelfall kann es allerdings durchaus schwierig sein, den rechtsdeklaratorischen Charakter einer AGB-Bestimmung festzustellen.

1. Übereinstimmung mit Rechtsvorschriften

432 Klarheit besteht immerhin über den methodischen Weg, auf dem der rechtsdeklaratorische Charakter einer AGB-Bestimmung und damit ihre Kontrollfreiheit festgestellt werden kann. Es bedarf hierzu des **Vergleichs zweier Rechtslagen**.[25] In einem ersten Schritt muss der rechtliche Regelungsgehalt der betreffenden Klausel ermittelt werden. Dies erfolgt im Wege der (ergänzenden) Auslegung unter Berücksichtigung AGB-spezifischer Modifikationen, vor allem des Grundsatzes der objektiven Auslegung und der Unklarheitenregel.[26] Sodann ist die objektive Rechtsordnung darauf hin zu befragen, ob sie eine rechtliche Regelung der in der AGB-Klausel in bestimmter Weise geordneten Materie bereithält. Ist dies der Fall, so muss der Klauselinhalt mit der vom objektiven Recht vorgehaltenen Ersatzlösung verglichen werden. Im Falle der Übereinstimmung bleibt die Klausel kontrollfrei, anderenfalls unterliegt sie der Inhaltskontrolle nach den §§ 307 bis 309. Hieraus folgt, dass die auf Regelungsidentität gestützte Kontrollfreiheit voraussetzt, dass das objektive Recht einen Vergleichsmaßstab in Form einer Ersatzordnung auch tatsächlich – positiv – kennt. Dort, wo Rechtsvorschriften gänzlich oder doch zumindest für die betreffende Regelungsfrage fehlen, kann Regelungsidentität von vornherein nicht festgestellt werden. Für Allgemeine Geschäftsbedingungen, die ein normatives Vakuum ausfüllen, bleibt damit nur die Qualifikation als ergänzende Regelungen. Als solche sind sie grundsätzlich kontrollunterworfen, es sei denn, sie würden vom zweiten Schrankentatbestand des § 307 Abs. 3 (Kontrollfreiheit preisbestimmender und leistungsbeschreibender Klauseln) erfasst. Keine Regelungsidentität besteht übrigens auch dann, wenn durch Allgemeine Geschäftsbedingungen gesetzliche Vorschriften global oder teilweise für anwendbar erklärt werden, die für die fragliche Vertragsart nicht vorgesehen sind, sei es, weil andere Rechtsvorschriften eingreifen würden (Fall der Divergenz), sei es, dass es einer rechtlichen Regelung ermangelt (Fall der Ergänzung).[27] Vertragliche **Qualifizierungsabreden** unterliegen daher der Inhaltskontrolle nach den §§ 307 bis 309, es sei denn, sie würden lediglich das kraft objektiven Rechts ohnehin geltende Regelungsregime bestätigen.

---

[24] So auch die Formulierung in der Begründung des Regierungsentwurfs, BT-Drucks. 14/6040, S. 154.
[25] *Niebling*, Schranken der Inhaltskontrolle, S. 126 spricht anschaulich von einem „Rechtslagenvergleich"; ebenso *Staudinger-Coester*, § 307 Rdn. 292 und *Ulmer/Fuchs*, § 307 Rdn. 25.
[26] BGH NJW 1986, 43 f.; 1986, 46 (47); *Staudinger-Coester*, § 307 Rdn. 292; *Ulmer/Fuchs*, § 307 Rdn. 25.
[27] *Wolf*, § 8 AGBG Rdn. 26; *Ulmer/Fuchs*, § 307 Rdn. 29; *Staudinger-Coester*, § 307 Rdn. 297; implizit auch OLG Frankfurt a. M. NJW 1993, 1477 (1478); OLG Zweibrücken NJW 1998, 1409 (1410).

Für den Ausgang des skizzierten Rechtslagenvergleichs kommt der Formulierung des 433
rechtlichen Vergleichsmaßstabs, zu dem der Klauselinhalt in Beziehung gesetzt werden
soll, erhebliche Bedeutung zu. § 307 Abs. 3 umschreibt diesen mit dem Ausdruck „**Rechtsvorschriften**"; Art. 1 Abs. 2 der Klausel-Richtlinie spricht – nach allgemeiner Meinung
gleichbedeutend – von „bindenden Rechtsvorschriften". Dieses Merkmal umfasst unzweifelhaft jedenfalls die Gesetzesvorschriften im materiellen Sinne, also die auf formel-
lem Gesetz, auf Rechtsverordnung, Satzung, Gewohnheitsrecht, Tarifvertrag, Betriebs-
oder Dienstvereinbarung (vgl. zu den arbeitsrechtlichen Kollektivverträgen jetzt § 310
Abs. 4 Satz 3) beruhenden Rechtssätze.[28] Auch eine behördliche Genehmigung, die ein
materielles Gesetz umsetzt, kann einer Rechtsvorschrift i.S.d. § 307 Abs. 3 S. 1 gleichstehen.[29] Die ganz überwiegende Meinung macht allerdings an dieser Stelle nicht halt und
bezieht auch ungeschriebene Rechtssätze, die Regeln des Richterrechts sowie die auf Grund
ergänzender Vertragsauslegung nach §§ 157, 242 und aus der Natur des jeweiligen Schuldverhältnisses zu entnehmenden Rechte und Pflichten ein.[30] Auch die „vertragstyppräg-
genden Parteivereinbarungen bei gesetzlich nicht geregelten Verträgen" sollen hierher gehören.[31]

Diese Konzeption vermag nicht zu überzeugen. Ein Rechtslagenvergleich verlangt als 434
Vorbedingung, dass der Vergleichsmaßstab sich aus anderen Quellen speist als der hieran
zu messende Gegenstand. Denknotwendig ausgeschlossen ist es, den Vertragsinhalt zum
Vergleichsmaßstab seiner selbst zu machen. Der Regelungsgehalt des jeweiligen Vertrags
kann daher niemals zu den Rechtsvorschriften im Sinne des § 307 Abs. 3 gezählt werden.[32] Aber auch mit der Einbeziehung der auf Grund ergänzender Vertragsauslegung
nach §§ 157, 242 gewonnenen Rechte und Pflichten wird diese, auf einen widersinnigen
Vergleich zulaufende Richtung eingeschlagen. Die ergänzende Auslegung markiert zwar
den Übergang von der autonomen zur heteronomen Wertung.[33] Sie nimmt ihren Ausgang
jedoch von den im Vertrag willkürlich gesetzten Regelungen, den in ihnen zum Ausdruck
gelangten Grundgedanken und Zielvorstellungen. Dies drückt sich in der Formel vom
„Zuendedenken des Vertrags" aus. Bemerkenswerterweise zielt die weithin geforderte
Aufnahme der Ergebnisse der ergänzenden Vertragsauslegung in den Kreis der Rechtsvorschriften in den Augen ihrer Anhänger gerade nicht auf eine Verkürzung der Inhaltskontrolle, sondern im Gegenteil auf ihre Ausweitung. Bezeichnend sind hier vor allem die
Ausführungen des BGH in der Entscheidung vom 6. 2. 1985.[34] Dort wendet sich das Ge-
richt gegen eine Begrenzung des Begriffs der „Rechtsvorschriften" im Sinne von § 8
AGBG (jetzt § 307 Abs. 3) auf Gesetzesvorschriften im materiellen Sinn. Bei einem so

---

[28] BGH NJW 1985, 3013 (3014); BAG NZA 2003, 668 (669); *Wolf*, § 8 AGBG Rdn. 5; *Palandt-Grüneberg*, § 307 Rdn. 64; *H.P. Westermann*, in: Zehn Jahre AGB-Gesetz, S. 141; *Niebling*, Schranken der Inhaltskontrolle, S. 67; deutlich enger *Schaefer*, VersR 1978, 7.

[29] Daher keine Inhaltskontrolle von durch die Bundesnetzagentur genehmigten Tarifwerken, BGH NJW 2007, 3344.

[30] Aus der Rechtsprechung: BGH NJW 1985, 3013 (3014); 1998, 383; 2002, 1950 (1951); BAG NZA 2003, 668 (669); *Wolf*, § 8 AGBG Rdn. 5; *Erman-Roloff*, § 307 Rdn. 39; *Fastrich*, Inhaltskontrolle, S. 253, allerdings mit der Einschränkung, dass die ergänzende Vertragsauslegung nur berücksichtigt werden dürfe, wenn sie einer Fortbildung des dispositiven Rechts entspreche; ablehnend hinsichtlich der Einbeziehung der ergänzenden Vertragsauslegung *Dylla-Krebs*, Schranken der Inhaltskontrolle, S. 73 ff.

[31] *Soergel-Stein*, § 8 AGBG Rdn. 3.

[32] Dies gegen *Ulmer/Brandner*, 9. Aufl. § 8 AGBG Rdn. 30; der Kritik Rechnung tragend jetzt *Ulmer/Fuchs*, § 307 Rdn. 28; wie hier jetzt auch *Staudinger-Coester*, § 307 Rdn. 295.

[33] *Lüderitz*, Auslegung von Rechtsgeschäften, S. 452 f.; ähnlich *Henssler*, Risiko als Vertragsgegenstand, S. 104.

[34] BGH NJW 1985, 3013 (3014).

eingeschränkten Inhalt der Vorschrift – so der BGH – fielen nämlich alle diejenigen Verträge von vornherein aus dem Schutzbereich der §§ 9 bis 11 AGBG (jetzt §§ 307 bis 309) heraus, die gesetzlich nicht besonders geregelt seien. Die im Wege der ergänzenden Vertragsauslegung gewonnenen Rechtssätze werden vom BGH und weiten Teilen des Schrifttums also gerade dazu eingesetzt, eine Divergenz zur vertraglichen Regelung aufzuzeigen, um so – getreu dem Wortlaut des Gesetzes – die Kontrollunterworfenheit darzutun. Insoweit liegt dem jedoch ein verfehltes Verständnis des Regelungsgehalts des § 307 Abs. 3 zugrunde. Soweit es um deklaratorische Regelungen geht, sollte mit § 307 Abs. 3 lediglich vermieden werden, dass der Richter die Setzungen der Legislative in Frage stellt, die Inhaltskontrolle unter Missachtung des Grundsatzes der Gesetzesbindung zur Korrektur gesetzlicher Rechtsfolgeanordnungen benutzt. Dieser Normzweck verlangt die Kontrollfreiheit solcher Allgemeiner Geschäftsbedingungen, die lediglich wiederholen, was das Gesetz für diesen Fall ohnehin vorsieht. Vom Normzweck des § 307 Abs. 3 nicht geboten ist, die Inhaltskontrolle auf abweichende oder im engeren Sinne ergänzende Regelungen zu beschränken. Um dem gesetzgeberischen Anliegen gerecht zu werden, sollte man daher die Vereinbarung eines dem Gesetz nicht bekannten Regelungsmodells oder einer atypischen Regelungsvariante generell als „Ergänzung" der notwendig fragmentarischen Vertragstypenordnung betrachten.[35]

435 Festzuhalten ist damit, dass die Entscheidung über die Kontrollfähigkeit allein anhand des **Kriteriums der Regelungsidentität** zu treffen ist. Die Kontrollunterworfenheit ist festgestellt, wenn nachgewiesen ist, dass keine Regelungsidentität besteht. Es ist dann eine zweitrangige Frage, ob man in der betreffenden Klausel eine Abweichung oder Ergänzung sehen will.[36] Die besseren Gründe sprechen dafür, im Falle des Fehlens eines normativen Vergleichsmaßstabs stets von einer ergänzenden Regelung auszugehen. Daraus folgt, dass es der überaus bemüht wirkenden Anstrengungen, eine Divergenz positiv darzutun, nicht bedarf, wenn feststeht, dass die Klausel nicht lediglich das von Rechts wegen Geltende deklariert. Die hypertrophe Interpretation des Merkmals der „Rechtsvorschriften" ist daher aufzugeben und auf das auch vom Wortlaut her nahe gelegte Verständnis im Sinne von Gesetzen im materiellen Sinne zurückzuführen.

Beispiel: Klauseln, die Scheckeinreicher mit dem Entgelt belasten, das Inkassobanken bezogenen Banken zu zahlen haben, wenn diese die Einlösung von Schecks ablehnen (sog. **Scheckrückgabe-Klauseln**), beinhalten lediglich einen Aufwendungsersatzanspruch, der der Bank gem. §§ 670, 675 Abs. 1 ohnehin zusteht. Der BGH hat diese Klausel daher als der Inhaltskontrolle entzogene deklaratorische Regelung qualifiziert.[37]

2. Gesetzlich eröffnete Gestaltungsmöglichkeiten

436 Schwierig gestaltet sich bisweilen die rechtliche Beurteilung, wenn durch Allgemeine Geschäftsbedingungen von gesetzlich eröffneten Gestaltungsmöglichkeiten Gebrauch gemacht wird. Grundsätzlich ist davon auszugehen, dass es sich um rechtsergänzende und damit der Inhaltskontrolle unterfallende Bedingungen handelt. Nur ausnahmsweise kann eine Gesetzesnorm als qualifizierte Erlaubnis gewertet werden, deren Ausfüllung einer

---

[35] Abzulehnen ist die Vorstellung, der Begriff der „Ergänzung" setze schon vorhandene Regelungsansätze im objektiven Recht voraus, die lediglich weiterentwickelt würden (so etwa *Sonnenberger*, in: FS für Ferid I, 1988, S. 377 ff. und *Schaefer*, VersR 1978, 9; wie hier im Ergebnis *Staudinger-Coester*, § 307 Rdn. 293; ferner auch *Becker*, Auslegung des § 9 Abs. 2 AGB-Gesetz, S. 170).
[36] Nicht ganz unberechtigt ist es daher, wenn *Niebling* (Schranken der Inhaltskontrolle, S. 128) meint, die Unterscheidung sei lediglich terminologischer Art.
[37] BGH NJW 2002, 1950 (1951).

Inhaltskontrolle entzogen ist.[38] Voraussetzung hierfür ist zum einen, dass die betreffende Gesetzesvorschrift bestimmte Vereinbarungen unter tatbestandlich begrenzten Voraussetzungen für zulässig erklärt. Dies allein genügt freilich noch nicht. Denn mit einer solchen **Erlaubnisnorm** erfasst der Gesetzgeber regelmäßig sowohl Individualvereinbarungen als auch Allgemeine Geschäftsbedingungen und kann deshalb dem besonderen Schutzbedürfnis des AGB-Unterworfenen nicht Rechnung tragen. Daher muss aus der Normanalyse deutlich werden, dass die Erlaubnisnorm gerade auch für formularmäßige Vereinbarungen gelten soll. Neben dem Gesetzeswortlaut sind daher gegebenenfalls die Gesetzesmaterialien heranzuziehen. Der Wille des Gesetzgebers muss eindeutig erkennbar sein.[39]

Beispiele:
(1) Die Vereinbarung einer Vertragsstrafe ist zwar in §§ 339 ff. als grundsätzlich zulässige vertragliche Gestaltungsform vorgesehen. Daraus zu schließen, formularmäßige Vertragsstrafeversprechen wären als rechtsdeklaratorische Klauseln nach § 307 Abs. 3 kontrollfrei, wäre hingegen verfehlt. Dies zeigt schon § 309 Nr. 6, der ein Klauselverbot für Vertragsstrafen in Allgemeinen Geschäftsbedingungen statuiert.[40]
(2) Die Verbotsnorm des **§ 20 Abs. 2 HypothekenbankG**, die im Gegenschluss einen gewissen Gestaltungsspielraum bei der Tilgungsverrechnung eröffnet, wurde von der Rechtsprechung nicht als Erlaubnisnorm bewertet.[41]
(3) Ebenso hat der BGH für die Vorschrift des **§ 651 h Abs. 1** entschieden.[42] Diese erlaubt eine **Beschränkung der Vertragshaftung des Reiseveranstalters** auf den dreifachen Reisepreis. Da hier die Gesetzesmaterialien jedoch belegen, dass dem Gesetzgeber gerade auch die klauselmäßige Festlegung von Haftungsobergrenzen im Reise-Massengeschäft vor Augen standen (vgl. BT-Drucks. 8/2343, S. 11 f.), liegt der gegenteilige Schluss näher.[43] Gewiss keine Erlaubnisnorm stellt die Regelung des § 651a Abs. 3 und 4 dar, derzufolge **Preisänderungsvorbehalte in Reiseverträgen** unter gewissen Voraussetzungen vereinbart werden können.[44]
(4) Der Inhaltskontrolle entzogen sind ferner AGB-Klauseln, die die **Haftungsregelungen bei Freiberuflern** (§ 51 BRAO, § 45 a PatAnwO, § 67 a StBerG und § 54 a WPO) umsetzen.[45]
(5) Kontrollfrei ist nach Ansicht des BAG auch die **Vereinbarung einer bis zu sechsmonatigen Probezeit in einem Arbeitsvertrag**. Die Parteien nutzten lediglich die gesetzlich (§ 622 Abs. 3) zur Verfügung gestellten Möglichkeiten aus und wichen hiervon nicht ab.[46]

3. Ergänzungsbedürftige Regelungen

Mitunter kommt es vor, dass der Gesetzgeber lediglich einen Rahmen vorgibt, der noch der näheren Ausfüllung durch die Vertragspartner bedarf. Der Verwender darf sich jedenfalls dann, wenn ein Bedürfnis des anderen Vertragsteils an der vorherigen Konkretisierung besteht, nicht auf die bloße Wiedergabe des gesetzlichen Rahmens beschränken. Es handelt sich dann zwar um eine der materiellen Inhaltskontrolle entzogene deklaratorische Klausel; die unterbliebene oder unzureichende Konkretisierung kann jedoch zur Intransparenz führen (vgl. § 307 Abs. 3 S. 2).[47]

437

---

[38] Für dieses Regel-Ausnahme-Schema auch *Ulmer/Fuchs*, § 307 Rdn. 32 f.; *Staudinger-Coester*, § 307 Rdn. 301 ff.
[39] Hier werden strenge Anforderungen gestellt, vgl. *Wolf*, § 8 AGBG Rdn. 25; *Staudinger-Coester*, § 307 Rdn. 303 f.
[40] *Fastrich*, Inhaltskontrolle, S. 296.
[41] BGH NJW 1989, 222 (223); ebenso *Palandt-Grüneberg*, § 307 Rdn. 66; a. A. *Canaris*, NJW 1987, 610 ff.
[42] BGH NJW 1987, 1931 (1937); zust. *Staudinger-Coester*, § 307 Rdn. 304.
[43] Wie hier *Ulmer/Fuchs*, § 307 Rdn. 33; *Dylla-Krebs*, Schranken der Inhaltskontrolle, S. 106 f.
[44] BGH NJW 2003, 507 (508).
[45] *Palandt-Grüneberg*, § 307 Rdn. 67; zu den Sonderregelungen für die freien Berufe vgl. im Übrigen noch unter Rdn. 987 f.
[46] BAG NZA 2008, 521 (522).
[47] *Ulmer/Fuchs*, § 307 Rdn. 36.

Beispiel: Die **Versicherungsbedingungen eines Lebensversicherers** geben im Hinblick auf den **Rückkaufswert** lediglich den durch §§ 176 Abs. 3 Satz 1 und 174 Abs. 2 VVG a. F. vorgegebenen Rahmen wieder. Hierin kann eine unzureichende und damit intransparente Ergänzung liegen.[48]

V. Festlegung der Hauptleistungspflichten

438 § 307 Abs. 3 nimmt des weiteren Abreden über den unmittelbaren Gegenstand der Hauptleistung (sog. Leistungsbeschreibungen) und Vereinbarungen über das von dem anderen Teil zu erbringende Entgelt von der gesetzlichen Inhaltskontrolle aus.[49] Die bestimmenden Kriterien der Abgrenzung sind umstritten. Im Folgenden wird zunächst (unter 1. und 2.) die für die Praxis maßgebliche Rechtsprechung des BGH, der auch ein Großteil des Schrifttums folgt, dargestellt. Eine kritische Stellungnahme und die Skizze eines eigenen Abgrenzungskonzepts schließen sich an (unter 3.).

1. Leistungsbeschreibungen

a) Kernbereich vertraglicher Leistungsspezifikation

439 Klauseln in Allgemeinen Geschäftsbedingungen, durch die ohne gesetzliche Festlegung allein auf Grund vertraglicher Vereinbarungen einerseits das Ob der Leistung und andererseits Gegenstand, Art, Umfang, Quantität und Qualität der vertraglichen Waren-, Dienst- oder sonstigen Leistungen unmittelbar festgelegt werden, sind grundsätzlich nicht Gegenstand der Inhaltskontrolle.[50] Dies gilt auch für sog. negative Leistungsbeschreibungen, durch die eine bestimmte Leistung abgelehnt wird.

440   Die Rechtsprechung fasst den kontrollfreien Bereich der Leistungsbeschreibung im Ergebnis sehr eng. Er soll auf den **engen Kernbereich der Leistungsbezeichnungen** beschränkt bleiben, ohne deren Vorliegen mangels Bestimmtheit oder Bestimmbarkeit des wesentlichen Vertragsinhalts ein wirksamer Vertrag nicht mehr angenommen werden kann.[51]

Beispiele:
(1) Kontrollfrei sind **Baubeschreibungen** sowie im Allgemeinen **Angaben in Prospekten und Katalogen.**[52]
(2) Nach den **Garantiebedingungen eines Automobilherstellers** ist Voraussetzung für eine dreijährige Garantie, dass die im Kundendienstscheckheft vorgeschriebenen Inspektionen und Wartungsmaßnahmen durch einen autorisierten Vertragshändler durchgeführt werden. Es handelt sich um eine typische (negative) Anspruchsvoraussetzung, nicht aber um einen rechtsvernichtenden Einwand des Garantiegebers und damit eine Einschränkung des Hauptleistungsversprechens.[53] Ein verkehrstypischer und vom Kunden nach Treu und Glauben zu erwartender Deckungsumfang der Garantiezusage, die durch diese Verknüpfung eingeschränkt würde, besteht nicht. Schon die weite Verbreitung solcher Klauseln spricht dagegen. Ferner spricht für eine kontrollfreie Leistungsbeschreibung die wirtschaftliche Zielbestimmung des Garantievertrages, die dem Vertragshändler erkennbar eine einkunftsträchtige Verdienstquelle im Rahmen seines Kundendienst- und Reparaturgeschäfts verschaffen soll – eine Art wirtschaftliche Gegenleistung des Käufers, die nach dem Schutzweck der AGB-rechtlichen Vorschriften ebenfalls nicht einer Inhaltskontrolle unterliegen soll.[54]

---

[48] BGH NJW 2001, 2012 (2013); 2014 (2015 f.).
[49] Ständige Rechtsprechung zuletzt BGH NJW 2001, 2014 (2016).
[50] BGH NJW 1999, 2279 (2280); 3558 (3559); 2000, 3348.
[51] BGH NJW 1987, 1931 (1935); 1999, 2279 (2280); 3558 (3559); 2001, 1132 f.; 2001, 1934 (1935); 2001, 2014 (2016); *Ulmer/Fuchs*, § 307 Rdn. 41.
[52] *Wolf*, § 8 AGBG Rdn. 11.
[53] Offen gelassen zuletzt von BGH NJW 2008, 214 (215); vgl. ferner BGH NJW 2008, 843.
[54] OLG Nürnberg NJW 1997, 2186; offen gelassen in BGH NJW 2008, 843 (844).

(3) Die zwischen Arbeitgeber und Arbeitnehmer getroffene **Aufhebungsvereinbarung** als solche unterfällt nicht der Inhaltskontrolle.[55] Bei dieser Abrede handelt es sich – so das BAG – um ein selbstständiges Rechtsgeschäft, bei dem die Hauptleistung der Beendigung des Arbeitsverhältnisses keiner Angemessenheitsprüfung unterzogen werden kann. Hinzuzufügen ist, dass das Recht für die Beurteilung dieser privatautonomen Abschlussentscheidung auch keine inhaltlichen Maßstäbe bereit hält. Regelungen zu den weiteren Modalitäten des Ausscheidens (z. B. Freistellung, Abgeltung von Urlaubsansprüchen) sind hingegen kontrollfähig.[56]

b) Modifikationen des Leistungsversprechens

Kontrollfähig sind hingegen solche **AGB-Klauseln, die das eigentliche Hauptleistungsversprechen einschränken, verändern oder aushöhlen, ja sogar nur ausgestalten oder modifizieren.**[57] Der BGH räumt ein, dass die Abgrenzung nicht kontrollierbarer Leistungsbeschreibungen von kontrollierbaren Modifikationen oder Einschränkungen der Leistungspflicht nicht immer einfach sei.[58] Entscheidend sei der Schutzzweck des gesetzlichen AGB-Rechts: Wie sich vor allem aus § 307 Abs. 2 Nr. 2 deutlich ergebe, solle durch die Inhaltskontrolle der Vertragspartner des Verwenders vor einseitig ausbedungener, inhaltlich unangemessener Verkürzung der vollwertigen Leistung, wie er sie nach Gegenstand und Zweck des Vertrages erwarten dürfe, geschützt werden. 441

Beispiel: Für kontrollfähig wurde die in Allgemeinen **Reisebedingungen** enthaltene Klausel: „Der Umfang der vertraglichen Leistungen ergibt sich aus der Leistungsbeschreibung des Reiseveranstalters unter Berücksichtigung der **Landesüblichkeit** ..." gehalten. Die Klausel sei geeignet, so verstanden zu werden, dass sie die Reisebeschreibung nicht nur erläutert und unterstreicht, sondern verändert, ihr nämlich gleichsam den Filter der Landesüblichkeit vorsetzt. Mit ihr werde teilweise zurückgenommen, was vorher versprochen worden sei. Ohne weitere Erläuterungen wären die durch die Leistungsbeschreibung angebotenen Reiseleistungen als Gattungsschulden (§ 243) in mittlerer Art und Güte nach inländischem Standard zu erbringen, während der landesübliche Standard nicht unwesentlich hinter dem geläufigen inländischen Standard zurückliegen könne.[59]

c) Allgemeine Versicherungsbedingungen

Umstritten ist die Grenze der Kontrollfreiheit insbesondere bei Risikobeschreibungen in Allgemeinen Versicherungsbedingungen.[60] Die Versicherungsleistung wird dort durch Beschreibung von Einschlüssen, Ausschlüssen und Obliegenheiten des Versicherungsnehmers festgelegt. Die versicherungsrechtliche Literatur neigt dazu, primäre Risikobeschreibungen und einen großen Teil der sekundären Risikobeschränkungen aus der Inhaltskontrolle herauszunehmen.[61] Eine grundlegende Stellungnahme des BGH zu dieser Problematik steht noch aus. Allerdings sind mehrere Urteile ergangen, indem der BGH seine Rechtsprechung zum Umfang der Kontrollfreiheit von Leistungsbeschreibungen auch auf Allgemeine Versicherungsbedingungen übertragen hat und so in mehreren Fällen zur Kontrollfähigkeit der streitgegenständlichen Klauseln gelangt ist.[62] Der kontrollfreie 442

---

[55] BAG NZA 2004, 598, 603 f.
[56] *Lakies*, AGB im Arbeitsrecht, Rdn. 131. Zur Ausgleichsquittung vgl. *Preis/Bleser/Rauf*, DB 2006, 2812.
[57] BGH NJW 1987, 1931 (1935); 1999, 2279 (2280); 1999, 3558 (3559); 2001, 751 (752); 2001, 1132 (1133); *Ulmer/Fuchs*, § 307 Rdn. 55 ff.; *Palandt-Grüneberg*, § 307 Rdn. 58.
[58] BGH NJW 1987, 1931 (1935).
[59] BGH NJW 1987, 1931 (1935).
[60] Hierzu vor allem *Schmidt-Salzer*, in: FS für Brandner, S. 259 ff.; *Schünemann*, VersR 2000, 144 ff.; *Ulmer/Fuchs*, § 307 Rdn. 55 ff.; MünchKomm-*Kieninger*, § 307 Rdn. 150 ff.
[61] So beispielsweise *Sieg*, VersR 1977, 491.
[62] BGH VersR 1991, 175; NJW 1993, 2369; 2442 (2443 f.); 1999, 3558 (3559); NJW-RR 2004, 1397 (1398).

Raum beschränkt sich auf solche Risikobeschreibungen, die zum **Kernbereich der Leistungsspezifikation** gerechnet werden müssen,[63] oder – anders formuliert – auf die allgemeinste Beschreibung des versicherten Objekts und der versicherten Gefahr.[64] Dagegen unterliegen Klauseln, die das Hauptleistungsversprechen des Versicherers, volle Deckung für den versicherten Schaden zu gewähren, in einer mit dem Schutzwzeck der §§ 305 ff. nicht zu vereinbarenden Weise einschränken, der Inhaltskontrolle.[65] **Obliegenheitsklauseln,** welche die Leistungspflicht des Versicherers im Falle der Verletzung der in ihnen statuierten Verhaltensobliegenheiten entfallen lassen, unterliegen stets der Inhaltskontrolle.[66]

Beispiele:
(1) In den Versicherungsbedingungen einer privaten Krankenversicherung wird die Leistungspflicht für wissenschaftlich nicht allgemein anerkannte Untersuchungs- oder Behandlungsmethoden und Arzneimittel ausgeschlossen (sog. **Wissenschaftlichkeitsklausel**). Die Klausel gehört nach Ansicht des BGH nicht zu dem engen Bereich der Leistungsbeschreibung. Sie schränke vielmehr den Umfang des Versicherungsschutzes ein und stelle sich damit als eine die Leistungsbeschreibung einschränkende und ausgestaltende Bestimmung dar, die der Kontrolle nach § 307 unterliege.[67] Dasselbe gilt für die sog. **Schulmedizinklausel.**[68]
(2) Ebenso wurde die sog. **Verwandtenklausel in der Krankheitskostenversicherung,** derzufolge für Behandlungen durch Ehegatten, Eltern oder Kinder keine Leistungspflicht bestehe, einer Inhaltskontrolle unterzogen.[69]
(3) Eine Bestimmung in den **Allgemeinen Versicherungsbedingungen für die private Vorsorge bei Arbeitslosigkeit,** welche die unfreiwillige Arbeitslosigkeit in der Weise definiert, dass sie sie auf Fälle beschränkt, in denen der Arbeitgeber das Arbeitsverhältnis aus Gründen kündigt, die nicht in der Person des Versicherungsnehmers liegen, modifiziert nach Ansicht des BGH das auf Gewährung von Leistungen bei unfreiwilliger Arbeitslosigkeit gerichtete Hauptleistungsversprechen in einschränkender Weise. Die Bestimmung unterzog er daher ebenso wie das Erfordernis der Erfüllung einer **Wartezeit** einer Inhaltskontrolle anhand § 307.[70]
(4) In einem Versicherungsvertrag wird die **Laufzeit** des Vertrages auf zehn Jahre festgesetzt. Die Laufzeitbestimmung gehört nicht zu dem engen, der Überprüfung entzogenen Leistungsbereich. Auch ohne die Festlegung einer zehnjährigen Vertragsdauer könnte der wesentliche Vertragsinhalt, nämlich die vereinbarte Prämie und der dafür gewährte Versicherungsschutz bestimmt werden. Durch den Einfluss auf die Prämienkalkulation wird die vorformulierte Regelung über die Vertragsdauer selbst nicht zur bloßen Leistungsbeschreibung.[71]
(5) Die in einem Pflegekostentarif einer Versicherung enthaltene Klausel, wonach das gesondert berechenbare Entgelt für die **Wahlleistung „Unterbringung im Einbett- oder Zweibettzimmer"** auch für den Aufnahme- und den Entlassungstag voll in Ansatz zu bringen ist, unterliegt gem. § 307 Abs. 3 nicht der Inhaltskontrolle nach den §§ 307 bis 309, da sie die Art und den Umfang der vertraglichen Hauptleistungspflicht und den dafür zu zahlenden Preis unmittelbar regelt.[72]
(6) Justitiabel sind hingegen vom Leitbild des § 651k abweichende Beschränkungen des Versicherungsschutzes in den Bedingungen einer **Reiseinsolvenzversicherung.**[73]
(7) Ebenfalls kontrollfähig sind die einer **Auslandsreise-Krankenversicherung** zugrunde liegenden Klauseln, wonach bestimmte, an sich von der Leistungspflicht umfasste Sachverhalte ausdrücklich von der Erstattung ausgeschlossen werden.[74]

---

[63] *Ulmer/Fuchs,* § 307 Rdn. 55; a. A. *Schünemann,* VersR 2000, 144 ff.
[64] MünchKomm-*Kieninger,* § 307 Rdn. 152.
[65] BGH NJW 1993, 2442 (2444); 2001, 1934 (1935).
[66] *Wolf/Horn,* § 23 AGBG Rdn. 465; *Locher,* Recht der AGB, S. 86 f.
[67] BGH NJW 1993, 2369.
[68] BGH NJW 2003, 294.
[69] BGH NJW 2001, 3406.
[70] BGH NJW 1999, 2279 (2280).
[71] BGH NJW 1994, 2693 (2694); NJW-RR 1997, 1000 (1001).
[72] BGH NJW 1999, 864.
[73] BGH NJW 2001, 1934.
[74] BGH NJW 2001, 1132.

§ 15. Schranken der Inhaltskontrolle

(8) **Kontrollfähige Modifikationen** des Hauptleistungsversprechens sind ferner Regelungen in den Versicherungsbedingungen für kapitalbildende Lebensversicherungen zum **Rückkaufswert** bei Kündigung des Vertrages und bei Befreiung von der Beitragszahlungspflicht.[75]

2. Preisvereinbarungen

a) Unmittelbare Preisabreden

Die **unmittelbare** oder eigentliche **Preisabrede,** also die Festlegung der vom Erwerber des Wirtschaftsgutes als Gegenleistung zu entrichtenden Geldsumme sowie die Festlegung der maßgeblichen Bewertungsfaktoren und des einzuhaltenden Preisfindungsverfahrens,[76] **unterliegt** nach § 307 Abs. 3 grundsätzlich **keiner Inhaltskontrolle.** 443

Beispiele:
(1) Die **Leistungsentgelte der Deutsche Telekom** AG unterliegen nach § 307 Abs. 3 nicht der Inhaltskontrolle.[77]
(2) Die in Allgemeinen Geschäftsbedingungen über die Vergabe von **Bauaufträgen** enthaltene Festsetzung eines pauschalierten **Entgelts für die Lieferung von Bauwasser** ist eine nicht kontrollfähige Preisabrede.[78] Ebenso verhält es sich mit der Klausel „Der Auftraggeber schließt eine **Bauwesenversicherung** ab. Die anteilige Prämie wird mit 2,5% von der Schlusssumme in Abzug gebracht."[79]
(3) **Nachbewertungsklauseln** in den Privatisierungskaufverträgen der ehemaligen Treuhandanstalt hat der BGH für kontrollfähig gehalten. Er hat in diesem Zusammenhang darauf hingewiesen, dass auch die vertragliche Festlegung preisbildender Faktoren zum Kernbereich privatautonomer und damit kontrollfreier Vertragsgestaltung zähle.[80]
(4) Eine Bestimmung in Allgemeinen **Versicherungsbedingungen,** nach der Versicherer zu Beginn des Versicherungsjahres einen prozentualen Nachlass auf den Jahresbeitrag gewährt, welcher wieder entfallen soll, wenn der Versicherer während des Versicherungsjahres einen Schaden bezahlt oder der Versicherungsnehmer den Vertrag nicht um ein weiteres Jahr bei bestimmten Versicherungsunternehmen verlängert, unterliegt als **Rabattklausel,** welche die Prämienhöhe unmittelbar bestimmt, nicht der Inhaltskontrolle.[81]

Ausnahmsweise unterliegen aber auch unmittelbare Preisabreden der Inhaltskontrolle, 444 wenn für die Leistung eine **gesetzliche Preisregelung** besteht und die vorformulierte Abrede hiervon abweicht.[82] Der vom Gesetzgeber mit dem Erlass von Preisvorschriften verfolgte Schutzzweck erfordert die Überprüfung von formularmäßigen Entgeltklauseln daraufhin, ob sie mit den Grundgedanken der Preisvorschriften übereinstimmen und sich in den von diesen Leitlinien gezogenen Grenzen halten; das gilt auch dann, wenn in den preisrechtlichen Bestimmungen keine starre Regelung getroffen, sondern für die Höhe des Entgelts ein Spielraum gewährt wird.[83]

---

[75] BGH NJW 2001, 2014 (2016).
[76] Dass nicht nur konkrete Preisbezifferungen ausgenommen sind, betonte zuletzt BGH NJW 2000, 577 (579).
[77] OLG München NJW 1997, 3246 (3248); bestätigt auch in diesem Punkt durch BGH NJW 1998, 3188 (3192).
[78] BGH NJW 1999, 3260f.
[79] BGH NJW 2000, 3348.
[80] BGH NJW 2001, 2399 (2401).
[81] BGH NJW-RR 2005, 1479.
[82] BGH NJW 1981, 2351; 1992, 746; 1998, 1786 (1789); 1998, 3567; 2000, 577 (579); *Ulmer/Fuchs,* § 307 Rdn. 72; *Erman-Roloff,* § 307 Rdn. 45.
[83] BGH NJW 1981, 2351 betr. Abweichung von den Gebührensätzen der Architektenhonorarordnung; grundlegend sodann BGH NJW 1992, 746 betr. ärztliche Honorarvereinbarung; BGH NJW 1998, 1786 (1789) betr. zahnärztliche Honorarvereinbarung; BGH NJW 1998, 3567 betr. Vergütungsabrede in Abweichung von der BRAGO.

b) Preisnebenabreden

445 Auch die sog. **Preisnebenabreden unterliegen der Inhaltskontrolle** nach den AGB-rechtlichen Vorschriften. Dabei handelt es sich um Bestimmungen, die zwar Auswirkungen auf Preis und Leistung haben, aber nicht ausschließlich die in Geld geschuldete Hauptleistung festlegen. Sie weichen im Allgemeinen von Vorschriften des dispositiven Gesetzesrechts ab oder ihr Regelungsgehalt könnte – wären sie in Allgemeinen Geschäftsbedingungen nicht enthalten – aus §§ 157, 242 gewonnen werden.[84] Dazu zählen etwa Klauseln über die Bemessung oder Änderung des Entgelts durch eine Vertragspartei, Zahlungsbedingungen, Fälligkeits- und Wertsicherungsklauseln.

Beispiele:
(1) Als Nebenabrede über die Verzinsungspflicht wurde beispielsweise eine **Wertstellungsklausel im Bankgeschäft** angesehen. Sie regele nicht die Höhe der Zinsen, sondern den Zeitpunkt, zu dem die Kontobewegung für die Zinsberechnung in den jeweils zu bildenden Zwischensaldo eingeht.[85]
(2) Ebenfalls als kontrollfähige Nebenabreden wurden **Gebührenklauseln für Ein- und Auszahlungen am Bankschalter** in den Allgemeinen Geschäftsbedingungen für private Girokonten eingestuft.[86] Kunden, die sich daraufhin mit Rückerstattungsansprüchen an die betreffenden Kreditinstitute wandten, sind mit formulierten **Entgeltklauseln für die Nachforschung über Kontobewegungen** konfrontiert worden. Auch solche Entgeltklauseln sind als Preisnebenabreden der Inhaltskontrolle unterworfen worden.[87] In beiden Fällen wurde darauf verwiesen, dass die entsprechenden Leistungen nach dispositivem Gesetzesrecht kein Entgelt rechtfertigten.
(3) **Lastschriftklauseln** – etwa in den Allgemeinen Geschäftsbedingungen eines Betreibers von Breitbandkabel-Verteileranlagen – betreffen nicht die eigentliche Preisgestaltung. Sie regeln vielmehr das Wie der Zahlung. Derartige Klauseln über die Zahlungsmodalitäten unterliegen uneingeschränkt der Inhaltskontrolle.[88]
(4) Als kontrollfähige Bestimmungen wurden solche angesehen, nach denen die Bank für die **Nichtausführung eines Dauerauftrags oder einer Überweisung sowie für die Rückgabe eines Schecks oder einer Lastschrift wegen fehlender Deckung** ein Entgelt fordert.[89] Gleiches gilt für Bestimmungen, nach denen die Bank für die **Benachrichtigung** des Kontoinhabers über die Nichteinlösung von Schecks und Lastschriften sowie über die Nichtausführung von Überweisungen und Daueraufträgen ein Entgelt fordern kann,[90] sowie für **Rücklastschriftklauseln**.[91] Auch eine Entgeltklausel für den **Wertpapier-Depotwechsel** unterliegt der Inhaltskontrolle.[92]
(5) Die Klausel eines Kreditinstituts, nach der für die **Bearbeitung von Pfändungs- und Überweisungsbeschlüssen** ein Entgelt zu entrichten ist, soll als Preisnebenabrede der Inhaltskontrolle unterliegen.[93] Der BGH begründet dies damit, dass ein Anspruch des Drittschuldners gegen den Schuldner auf eine Vergütung für die Bearbeitung von Pfändungs- und Überweisungsbeschlüssen im Gesetz nicht vorgesehen sei.
(6) Klauseln in Allgemeinen Geschäftsbedingungen eines Telekommunikationsdienstleistungsunternehmens, in denen für das **Stilllegen des Telefonanschlusses** ein Entgelt gefordert wird (**Deaktivierungsgebühr**) bewertet der BGH als kontrollbedürftigen „Versuch, Aufwendungen für die Wahrnehmung eigener Interessen des Verwenders auf den Kunden abzuwälzen".[94]
(7) **Klauseln, die** keine eigene Preisregelung enthalten, sondern **vorsehen, dass solche Regelungen in einem Preisverzeichnis getroffen werden können,** verhalten sich nur über die Modalitäten der Preisfestsetzung und sind daher der Inhaltskontrolle nach den §§ 307 bis 309 unterworfen.[95]

---

[84] BGH NJW 1985, 3013 (3014); 2000, 577 (579); NJW-RR 2004, 1206.
[85] BGH NJW 1989, 582.
[86] BGH NJW 1994, 318 f.
[87] OLG Schleswig ZIP 2000, 789 (790).
[88] BGH NJW 1996, 988.
[89] BGH NJW 1998, 310 mit Anm. *Rohe,* NJW 1998, 1284.
[90] BGH NJW 2001, 1419.
[91] BGH NJW 2002, 1950 (1951 f.).
[92] BGH NJW 2005, 1275.
[93] BGH NJW 1999, 2276; 2000, 651.
[94] BGH NJW 2002, 2386 (2387).
[95] BGH NJW 1998, 383 (384).

c) Entgeltfestsetzungen für Neben- oder Sonderleistungen

Nicht zu den kontrollfähigen Preisnebenabreden gehören allerdings solche Klauseln, die das **Entgelt für eine zusätzlich angebotene Neben- oder Sonderleistung** regeln, wenn für die Frage einer solchen Sonderleistung keine rechtlichen Regelungen bestehen.[96] 446

Beispiele:
(1) In den Allgemeinen Geschäftsbedingungen von Kreditkartenunternehmen finden sich Bestimmungen, nach denen für die **Verwendung der Karte im Ausland** eine gesonderte Vergütung berechnet wird.[97]
(2) Auch die in Allgemeinen Geschäftsbedingungen enthaltene Klausel, dass für die **Ersatzausstellung eines verlorengegangenen Sparbuchs** ein Entgelt zu entrichten ist, unterliegt nicht der richterlichen Inhaltskontrolle.[98]

Dagegen stellen Entgeltregelungen, die nicht eine auf rechtsgeschäftlicher Grundlage für den einzelnen Kunden erbrachte Sonderleistung zum Gegenstand haben, sondern **Aufwendungen für die Erfüllung gesetzlich begründeter eigener Pflichten** des Klauselverwenders auf den Kunden abwälzen, eine Abweichung von Rechtsvorschriften dar und fallen in den Anwendungsbereich der §§ 307 bis 309.[99] 447

Beispiel: Die Kreditinstitute erfüllen durch die Verwaltung von **Freistellungsaufträgen** und die Bearbeitung von Änderungswünschen ihrer Kunden eine ihnen vom Staat im öffentlichen Interesse auferlegte Pflicht. Preisfestsetzungen für diese Tätigkeit sind daher wegen Abweichung von einem ungeschriebenen Rechtssatz kontrollfähig.[100]

3. Stellungnahme

Die Diskussion um die zutreffende Definition der kontrollfreien preisbestimmenden bzw. leistungsbeschreibenden Klauseln leidet in weiten Teilen daran, dass sie den Normzweck des § 307 Abs. 3 aus den Augen verliert und sich somit der wichtigsten Interpretationshilfe begibt. Die Gefahr ist dann groß, dass sich die Abgrenzungsdebatte in terminologischen, nicht mehr auf den Normzweck zurückweisenden Spitzfindigkeiten verliert und kein inhaltlich überzeugendes Konzept zuwege bringt.[101] Die Rechtsprechung scheint ihr mit ihrer unübersichtlichen und widersprüchlichen Kasuistik bereits erlegen zu sein. Weder die Testfrage, ob an die Stelle der Klausel dispositives Recht treten könnte,[102] noch das zirkulär wirkende Kriterium, ob die Klausel das Leistungsversprechen einschränke, modifiziere oder aushöhle,[103] lassen sich überzeugend am Normzweck des § 307 Abs. 3 festmachen. Aber auch die Lösungsvorschläge aus den Reihen des Schrifttums vermögen nicht durchweg zu überzeugen.[104] Zu widersprechen ist insbesondere dem Vorschlag von *Dylla-Krebs*[105], den kontrollfreien Leistungsbereich danach abzugrenzen, ob die effektive Gesamtbelastung des Vertragspartners, wie sie sich bei planmäßiger, störungsfreier Durchfüh- 448

---
[96] BGH NJW 1996, 2032; 1998, 383; BB 1998, 1864.
[97] BGH NJW 1998, 383; hierzu *Hasselbach*, Anm. DZWiR 1998, 110.
[98] BGH BB 1998, 1864 mit Anm. *Ulmer*; ebenso OLG Celle WM 1998, 651.
[99] BGH NJW 1997, 2752f.; 1997, 2753f.; 1998, 383; NJW-RR 1999, 125 (127); NJW 2005, 1275.
[100] BGH NJW 1997, 2752f.; 1997, 2753f.
[101] *Börner* (JZ 1997, 597) spricht zutreffend von überwiegend deskriptiven Abgrenzungskriterien, deren materielle Werthaltigkeit eher zweifelhaft sei.
[102] BGH NJW 1994, 318; 1998, 383; zustimmend offenbar *Horn*, WM 1997 Beil. 1, S. 12f.
[103] BGH NJW 1987, 1931 (1935); 1993, 2369; 1998, 1069; 1999, 2279 (2280); kritisch *Staudinger-Coester*, § 307 Rdn. 322.
[104] Zu den der hier vorgenommen Normzweckbestimmung widersprechenden Vorschlägen von *Joost*, ZIP 1996, 1685ff. und *Niebling*, Schranken der Inhaltskontrolle, S. 202ff. vgl. bereits oben unter Rdn. 420ff.
[105] *Dylla-Krebs*, Schranken der Inhaltskontrolle, S. 185ff.

rung des Vertrages ergeben würde, durch die Klausel beeinflusst werde. Mit dem Kriterium der Gesamtbelastung wird bereits verkannt, dass der Gesetzgeber als Gegenstand der Angemessenheitsprüfung mit Bedacht die Einzelabrede vorgesehen hat.[106]

a) Teilnahme an den Kontrollmechanismen von Markt und Wettbewerb?

449 Für die zutreffende Weichenstellung, aber auch die Abgrenzung en detail, ist es unabdingbar, sich des gesetzgeberischen Grundes für die Freistellung des Leistungsbereichs zu vergewissern. Diese Rückbeziehung des praktischen Anwendungsbereichs der Inhaltskontrolle auf den Normzweck des § 307 Abs. 3 liefert nicht nur die Erklärung für die Gebotenheit der Transparenzkontrolle im gesamten Leistungsbereich, sondern vermag auch das durch § 307 Abs. 3 abgesteckte Einsatzfeld der materiellen Angemessenheitskontrolle zu erhellen. Wenn, wovon nach dem bisherigen Ausführungen auszugehen ist, der allein zur Normkonkretisierung geeignete Grundgedanke in der Anerkennung der regulierenden Wirkung von Markt und Wettbewerb als primäres Kontrollinstrument liegt, so bedeutet dies im Gegenschluss, dass eine materielle Angemessenheitskontrolle dort geboten ist, wo nicht auf eine funktionierende Marktregulierung verwiesen werden kann. Die Testfrage lautet also, ob die jeweilige Vertragsbedingung, deren Kontrolle in Frage steht, den Kräften von Markt und Wettbewerb in einer Weise ausgesetzt ist, dass damit gerechnet werden kann, der durchschnittliche Kunde werde sie zur Kenntnis nehmen und in seine Abschlussentscheidung einbeziehen.[107] Nur dann erscheint die Annahme begründet, der Markt werde regelmäßig schon für einen gerechten Ausgleich der Verwenderinteressen mit den Interessen des Kunden sorgen, so dass sich eine staatliche Intervention erübrigt.[108]

450 Hilfreich könnte es sein, die typische Abschlussentscheidung des Kunden, seinen Umgang mit dem „Kleingedruckten", näher in den Blick zu nehmen. Nach dem in Umsetzung der Richtlinie 93/13/EWG mit § 310 Abs. 3 der Verbraucherschutzgedanke auch in das AGB-Recht Einzug gehalten hat, sollte man sich den mit den jeweiligen Bedingungen konfrontierten Kunden in Anlehnung an die Rechtsprechung des EuGH[109] als verständigen, umsichtig und kritisch prüfenden Durchschnittsverbraucher vorstellen, der auf Grund ausreichender Information in der Lage sein muss, seine Entscheidung auf dem Markt zu treffen. Er verfügt über keine nennenswerte Rechtskenntnisse, schließt einen auf Leistungsaustausch gerichteten Vertrag aber auch nicht blindlings.[110] Durch seine Abschlussentscheidung sucht er sein Leistungsinteresse, den Erhalt eines bestimmten von ihm benötigten Wirtschaftsgutes oder die Entgegennahme einer Dienstleistung, zu einem Preis zu befriedigen, den er hierfür zu zahlen bereit ist. Diese Hauptpunkte des Vertrages sind demgemäß von der Aufmerksamkeit des Durchschnittskunden erfasst. Dies zeigt sich schon daran, dass diese Grunddaten nicht selten ausdrücklich zur Sprache gebracht und sogar zum Gegenstand einer Individualvereinbarung gemacht werden (§ 305 Abs. 1 Satz 3). Aber selbst, wenn dies nicht geschieht, wird der Kunde die Entscheidung nicht unbeeinflusst von den Leistungsangeboten anderer Wettbewerber treffen. Regelmäßig

---

[106] Ablehnend *Staudinger-Coester*, § 307 Rdn. 311; *Wolf*, § 8 AGBG Rdn. 8; *Fastrich*, Inhaltskontrolle, S. 252.

[107] Ähnlich auch *Fastrich*, Inhaltskontrolle, S. 265 und im Grundsatz auch *Ulmer/Fuchs*, § 307 Rdn. 43 ff. und 85 ff.

[108] So ansatzweise schon *Canaris*, NJW 1987, 613 anlässlich der Diskussion um Zinsberechnungs- und Tilgungsverrechnungsklauseln und *Fastrich*, Inhaltskontrolle, S. 263 ff.

[109] EuGH NJW 1993, 3187 – Yves Rocher; 1995, 3243 – Mars; Slg. I 1998, 4657 Tz. 37 – Gut Springenheide; WRP 1999, 307 (310 f.) – Sektkellerei Kessler; EWS 2000, 127 (128) – Estee Lauder Cosmetics/Lancaster.

[110] *Brandner*, in: FS für Hauß, S. 8 f.

wird er zumindest darauf achten, dass das angestrebte Geschäft nicht aus dem Rahmen fällt, sich also nicht durch einen vergleichsweise geringen Leistungsumfang oder ein überhöhtes Entgelt auszeichnet. Gesichert dürfte daher die Aussage sein, dass jedenfalls der „eigentliche Kern der Leistungszusage",[111] „glasklar als bezifferte Preisfestsetzungen" ausgewiesene Preisabreden[112] und über die Preishöhe auch das Äquivalenzverhältnis zwischen Leistung und Gegenleistung[113] an den Kontrollmechanismen von Markt und Wettbewerb teilnehmen. Sie sind grundsätzlich – abgesehen von der stets zulässigen Transparenzkontrolle – nicht justitiabel. Etwas anderes gilt nur dann, wenn der Gesetzgeber bestimmte Grunddaten – wie etwa den Preis – bewusst den Wirkungskräften von Markt und Wettbewerb entzieht, etwa in dem er selbst entsprechende Festsetzungen vornimmt (Beispiel: Honorarordnung für Ärzte).[114]

Von der Tendenz her richtig ist auch die oftmals zu vernehmende Einschätzung, dass der Kunde der Hauptleistung mehr Aufmerksamkeit widme als den Nebenpunkten.[115] Folgerichtig knüpft auch die Klausel-Richtlinie das Zugriffsverbot an den Begriff des Hauptgegenstandes des Vertrages. Der Durchschnittskunde interessiert sich, so ließe sich dieser Ansatz konkretisieren, in erster Linie für die Folgen des Vertrages, von denen voraussichtlich seine künftigen Dispositionen abhängen. Was ihn nicht unmittelbar betrifft, sondern nur unter besonderen Umständen auf ihn zukommt, dürfte regelmäßig außerhalb dessen liegen, was der Durchschnittskunde an Zeit und intellektueller Mühe zu investieren bereit ist und ihm auch von Rechts wegen nicht angesonnen werden kann. Hypothetische Vorsorgeregelungen in den Vertragsbedingungen nehmen daher an den regulierenden Mechanismen von Markt und Wettbewerb ebenso wenig teil, wie etwa Entgeltfestsetzungen für Leistungen, die der Kunde im Zeitpunkt der Abschlussentscheidung nicht in Anspruch zu nehmen gedenkt. 451

Nahe liegend erscheint ferner die Vorstellung von einem engen Leistungskern, dem der Kunde seine Aufmerksamkeit entgegenbringt, und einem Randbereich, den er nur rudimentär erfasst, ohne ihn in seine Abschlussentscheidung einfließen zu lassen. Zur Abgrenzung dieser Sphären kann die Unterscheidung zwischen den essentialia negotii und naturalia wertvolle Dienste leisten.[116] Sie entbindet freilich nicht von zusätzlichen Überlegungen. So ist es beispielsweise denkbar, dass die Werbung für ein Produkt einen Punkt herausstellt, der zwar nicht zur zentralen Leistungsbestimmung gehört, gleichwohl aber als unterscheidender Vorzug den Kunden zum Abschluss des Geschäfts veranlassen soll (z.B. Zusatzleistungen eines Kreditkartenunternehmens). Hierdurch wird der Wettbewerb entfacht, das Kontrollbedürfnis schwindet. Externer rechtlicher Kontrolle bedürfen hingegen die Teile des Leistungsversprechens, denen der Kunde regelmäßig nur eine diffuse Erwartungshaltung, etwa des Inhalts, es werde dort sowieso nur das Übliche stehen, entgegenbringt und die aus diesem Grunde nicht dem Konditionenwettbewerb ausgesetzt sind. Auf dieser Linie liegt auch die Rechtsprechung, wenn sie Bestimmungen, die das Hauptleistungsversprechen einschränken, verändern oder aushöhlen, für kontrollfähig erklärt.[117] Auch die Querverbindung zu § 307 Abs. 2 Nr. 2 sticht hervor. Wesentliche Rechte und Pflichten sind vor allem solche, deren Erfüllung die ordnungsgemäße Durchführung 452

---

[111] *Ulmer/Fuchs*, § 307 Rdn. 41.
[112] *Köndgen*, NJW 1989, 948.
[113] *Wolf*, § 8 AGBG Rdn. 8; *Staudinger-Coester*, § 307 Rdn. 284; *Fastrich*, Inhaltskontrolle, S. 258.
[114] BGH NJW 1998, 1786 (1789).
[115] BGH NJW 1986, 46 (48); 1989, 222 (223); MünchKomm-*Kieninger*, § 307 Rdn. 12.
[116] *Wolf*, § 8 AGBG Rdn. 8; Schlosser/Coester-Waltjen/*Graba*, § 8 AGBG Rdn. 16; der Sache nach auch BGH NJW 1987, 1931 (1935); 1992, 688 (689); 1993, 2369; abl. *Dylla-Krebs*, Schranken der Inhaltskontrolle, S. 163 ff.
[117] BGH NJW 1987, 1931 (1935); 1993, 2369; 1998, 1069; 1999, 2279 (2280); 2001, 1132 (1133).

des Vertrages überhaupt erst ermöglicht und auf deren Erfüllung der Vertragspartner daher auch vertraut.[118] § 307 Abs. 2 Nr. 2 zeigt, dass der Kunde auch im Bereich der vertragswesentlichen Rechte und Pflichten, vor allem auch der Hauptleistungspflichten, nicht schutzlos gestellt sein soll. Die durch die zentrale Leistungsbestimmung erweckte Erwartungshaltung des Kunden, die ihn von der genaueren Lektüre der einzelnen Modalitäten abhält, darf durch einschränkende Klauseln nicht in gravierender Weise ausgehöhlt werden. In diesem Punkt muss § 307 Abs. 3 wohl mit Blick auf § 307 Abs. 2 Nr. 2 ausgelegt werden.[119]

Beispiele:
(1) In den Allgemeinen Geschäftsbedingungen eines Kreditkartenherausgebers wurden für die **Verwendung der Kreditkarte im Ausland** gesonderte Entgelte berechnet, die dann zu dem jährlichen Überlassungsentgelt hinzutreten. Ob die streitgegenständliche Zusatzgebühr noch der kontrollfreien Preisvereinbarung zuzurechnen ist oder ob sie bereits eine kontrollunterworfene Preisnebenabrede darstellt, hängt nach hier vertretener Ansicht von ihrer Stellung im Markt- und Wettbewerbsgeschehen ab. Die Kernfrage muss lauten, ob die Gebührenklausel den regulierenden Kräften des Marktes und des Wettbewerbs ausgesetzt ist.[120] Davon darf jedenfalls dann grundsätzlich ausgegangen werden, wenn der durchschnittliche Kunde diesen Regelungspunkt inhaltlich zur Kenntnis nimmt und in seine Überlegungen einbezieht. Dies wiederum steht zu erwarten, wenn seine künftigen Dispositionsmöglichkeiten von der betreffenden Klausel, hier dem Gebührentatbestand, voraussichtlich nicht unerheblich berührt werden. Die Möglichkeit, die Kreditkarte auch im Ausland einzusetzen, dürfte in einer Gesellschaft, in der nationale Grenzen zunehmend an Bedeutung verlieren, als wichtiger Vorzug der Kreditkarte empfunden werden. Nicht wenige Kunden werden ihre Abschlussentscheidung bewusst auch im Hinblick auf diese Nutzungsmöglichkeit treffen und später über kurz oder lang auf dieses Angebot zurückkommen. Die besondere Vergütungspflicht für den Einsatz der Kreditkarte im Ausland stellt damit durchaus einen im Zentrum des Kundeninteresses stehenden Preisbestandteil dar. Genügt die Klauselgestaltung den Anforderungen des Transparenzgebots – in den Bedingungswerken der Kreditkartenunternehmen genügt meist ein kurzer Blick, um zu erkennen, dass diese Einsatzform der Kreditkarte besondere Gebühren verursacht –, so wird man von einem verständigen Durchschnittskunden erwarten dürfen, dass er die Preisaufspaltung[121] erkennt und die anfallenden Sondergebühren in Rechnung stellt. Hinzu kommt, dass Preisaufspaltungen und die Aufstellung von Preislisten – jedenfalls auf dem Sektor der Finanzdienstleistungen – nicht dazu führen, dass die so festgelegten Einzelpreise als abschlussentscheidende Daten nicht mehr wahrgenommen werden.[122] Denn hier tragen vor allem die Medien, die Verbraucherverbände und sonstige Institutionen (z. B. Stiftung Warentest) durch gezielte Information und vergleichende Gegenüberstellungen zu einem funktionierenden Konditionenwettbewerb bei. Dies rechtfertigt die Annahme des BGH, dass sich diejenigen Interessenten, die sich über die Entgeltfrage überhaupt Gedanken machen – dies tut der verständige, umsichtig und kritisch prüfende Durchschnittsver-

---

[118] BGH NJW 1985, 3016 (3018); *Palandt-Grüneberg*, § 307 Rdn. 33.

[119] Der Hinweis auf den Zusammenhang mit § 307 Abs. 2 Nr. 2 findet sich in ähnlicher Form auch bei *Ulmer/Fuchs*, § 307 AGBG Rdn. 51 und Palandt-*Grüneberg*, § 307 Rdn. 57 sowie in der Entscheidung BGH NJW 1987, 1931 (1935).

[120] Ein normzweckfremdes Kriterium ist demgegenüber die Überlegung, ob der Verwender Aufwendungen für die Erfüllung gesetzlich begründeter eigener Pflichten auf den Kunden abwälzt (so aber BGH NJW 1998, 383). Da die Kontrollfähigkeit nach § 307 Abs. 3 nicht durch das Abweichen von rechtsnormativen Wertungen begründet wird, führt auch die Überlegung in die Irre, ob bestimmte Leistungen nach dem Leitbild des Vertrages unentgeltlich zu erbringen sind (erwogen von *Meder*, NJW 1996, 1851 f.). Dieser Gedanke erlangt erst im Rahmen der Inhaltskontrolle Bedeutung.

[121] Zur grundsätzlichen Kontrollfreiheit aufgespaltener Preise BGH NJW 1998, 383; Staudinger-*Coester*, § 307 Rdn. 329; *Fastrich*, Inhaltskontrolle, S. 267 f.

[122] Noch weiter geht *Fastrich*, Inhaltskontrolle, S. 259. Seine These lautet, dass in allen Bereichen, in welchen die Entgeltbestimmungen häufiger oder gar üblicherweise durch Bezugnahme auf Preislisten erfolgt, der so festgelegte Preis Teil des Markt und Wettbewerbsgeschehens ist. Für weitgehende Kontrolle des „wuchernde(n), unkalkulierbare(n) Zweitentgeltsystem(s)" der Banken jedoch *Derleder/Metz*, ZIP 1996, 577.

braucher – in aller Regel damit rechnen, für einen Auslandseinsatz der Kreditkarte ein zusätzliches Entgelt entrichten zu müssen.[123]
(2) Kein Kontrollbedürfnis besteht richtiger Ansicht nach auch für **Zinsregelungen bei Überziehung eines Girokontos,** da davon ausgegangen werden kann, dass der Durchschnittskunde auf dieses Leistungsangebot früher oder später zurückgreifen wird.[124] Hinzu kommt, dass auf diesem Gebiet – gefördert durch Informationsintermediäre – durchaus ein Konditionenwettbewerb stattfindet.
(3) Als Gegenbeispiel lassen sich **Entgeltfestsetzungen für die Bearbeitung von Pfändungs- und Überweisungsbeschlüssen** anführen.[125] Der Durchschnittskunde dürfte nicht damit rechnen, dass gegen ihn Vollstreckungsmaßnahmen ausgebracht werden und sein Geldinstitut als Drittschuldner hiervon betroffen wird. Seine Abschlussentscheidung wird er demgemäß auch nicht von diesem Entgelttatbestand abhängig machen.

b) Rückschlüsse aus den Klauselverboten der §§ 308 und 309

Fraglich ist, ob sich nicht auch den Klauselverboten der §§ 308 und 309 Hinweise auf die zutreffende Abgrenzung des nicht kontrollunterworfenen Leistungsbereichs entnehmen lassen. Bei diesen handelt es sich um exemplarische Konkretisierungen des in der Generalklausel allgemein umschriebenen Kontrollmaßstabs (vgl. Rdn. 576). Der Gesetzgeber wollte mit ihnen – ausweislich der Gesetzesbegründung[126] – im Interesse der Rechtssicherheit und Rechtsklarheit bestimmte Klauseln und formularmäßige Gestaltungen aufgreifen, die nach seiner Einschätzung für den AGB-unterworfenen Vertragsteil eine besondere Gefahr darstellen. Mit dieser Zielbeschreibung ließe es sich nun aber schwerlich vereinbaren, wollte man dem Unwirksamkeitsverdikt nach den §§ 308 und 309 noch die Prüfung der Kontrollfähigkeit der Klausel nach § 307 Abs. 3 vorschalten. Dies hieße nämlich, bewusst die Möglichkeit in Rechnung zu stellen, dass der im Gesetzestext fixierte Verbotsumfang verschiedener Katalogtatbestände doch nicht das Maß der Dinge ist und im Hinblick auf § 307 Abs. 3 jedenfalls punktuell zurückzuführen wäre. Die mit den §§ 308 und 309 erstrebte plakative Anschaulichkeit ginge dann teilweise verloren und das Ziel, die dort genannten Klauseln zuverlässig aus dem Rechtsverkehr zu eliminieren, könnte nicht mehr in vollem Umfang erreicht werden. Es besteht daher im Schrifttum auch Übereinstimmung, dass alle Klauseln, die von den Verbotstatbeständen der §§ 308 und 309 erfasst werden, der Inhaltskontrolle unterliegen, die Filterfunktion des § 307 Abs. 3 sich insoweit nicht aktualisiert.[127]

Schwieriger gestaltet sich die Beurteilung etwaiger Interdependenzen, wenn eine AGB-Klausel zwar in den thematischen Anwendungsbereich eines Klauselverbots der §§ 308 oder 309 fällt, dessen tatbestandliche Voraussetzungen jedoch in concreto nicht erfüllt. Lassen sich hier aus der thematischen Nähe zu einem Katalogtatbestand Schlüsse auf die Kontrollfähigkeit der Klausel ziehen, so dass die Inhaltskontrolle nach § 307 Abs. 1 und 2 eröffnet ist?

Beispiel: In einem vorformulierten **Fitnessstudio-Vertrag** findet sich beispielsweise ein Passus, demzufolge sich der Vertrag stillschweigend jeweils um weitere sechs Monate **verlängert,** wenn er nicht form- und fristgerecht gekündigt wird.[128]

---

[123] BGH NJW 1998, 383 (384).
[124] A. A. jedoch BGH NJW 1992, 1751 f.; 1994, 1532 (1533) (betr. Kreditkarten-AGB) sowie *Wolf,* § 9 AGBG Rdn. D 20; wie hier im Ergebnis *Steiner,* WM 1992, 429 f. und *Ulmer/Fuchs,* § 307 Rdn. 90.
[125] BGH NJW 1999, 2276; 2000, 651.
[126] Begründung des Regierungsentwurfs BT-Drucks. 7/3919, S. 23.
[127] *Niebling,* WM 1992, 852 und im Ergebnis auch *Dylla-Krebs,* Schranken der Inhaltskontrolle, S. 189. Als Beispiel BGH NJW 2001, 751 (752).
[128] Beispiel nach BGH NJW 1997, 739.

455 Mit § 309 Nr. 9 b hält das Gesetz hier zwar ein Einzelverbot bereit, dass sich mit der Problematik vorab vereinbarter stillschweigender Vertragsverlängerungen in Dauerschuldverhältnissen befasst. Allerdings fallen unter den Verbotstatbestand nur Vertragsverhältnisse, die die regelmäßige Lieferung von Waren oder die regelmäßige Erbringung von Dienst- oder Werkleistungen durch den Verwender zum Gegenstand haben. Einen solchen Leistungsinhalt weist der Fitnessstudio-Vertrag nicht auf; bei ihm dominiert zutreffender Ansicht nach das Gebrauchsüberlassungsmoment.[129] Dies hat zur Folge, dass eine Überprüfung des Klauselinhalts allenfalls anhand der Generalklausel des § 307 vorgenommen werden kann. Dieser Wertungsstufe vorgelagert ist allerdings noch die Feststellung der Kontrollunterworfenheit der Verlängerungsklausel. Sie ist mit einem gewissen Unsicherheitsmoment belastet, da die Verlängerung der Laufzeit des Vertrages immerhin zu einer proportionalen Zunahme des Volumens der auszutauschenden Leistungen führt und damit den Leistungsbereich tangiert. Primäres Abgrenzungskriterium ist nach dem hier favorisierten Modell die Teilnahme der Verlängerungsklausel an den Kontrollmechanismen von Markt und Wettbewerb. Fraglich ist aber, ob der marktbezogene Ansatz hier nicht durch normative Wertungen angereichert werden kann, oder konkret formuliert, ob die thematische Nähe der Verlängerungsklausel zum Regelungsgegenstand des § 309 Nr. 9 b Rückschlüsse auf die Entscheidungsfindung im Rahmen des § 307 Abs. 3 zulässt. Insbesondere der Auffangcharakter des § 307 im Verhältnis zu den §§ 308 und 309 spricht dafür, dass Klauseln, die nach ihrem Regelungsgehalt zwar in den thematischen Anwendungsbereich eines Klauselverbots fallen, mit diesem jedoch in concreto nicht kollidieren, grundsätzlich nach § 307 Abs. 3 einer Inhaltskontrolle am Maßstab des § 307 zugänglich sind.

Beispiel: Wenn beispielsweise in § 309 Nr. 1 Preiserhöhungsklauseln unter bestimmten Voraussetzungen für unwirksam erklärt werden, so folgt daraus, dass der Gesetzgeber diese Art von Klauseln, nämlich **Preisanpassungsklauseln,** generell, also nicht gebunden an die engen tatbestandlichen Geltungsbereich des Verbots, den kontrollunterworfenen Preisnebenabreden zugerechnet wissen will, die gerichtlichen Befugnisse auf diesem Feld somit nicht auf eine bloße Transparenzkontrolle beschränkt sind.[130] Zutreffend hat der BGH beispielsweise entschieden, dass eine formularmäßige Klausel in einem Leasingvertrag, die dem Leasinggeber das Recht einräumt, bei einer Veränderung der Verhältnisse am Geld- und Kapitalmarkt, die ausstehenden Leasingraten kraft einseitiger Erklärung anzupassen, der Inhaltskontrolle nach § 307 unterliegt.[131] Am Rande sei vermerkt, dass ein solcher Preisänderungsvorbehalt wohl auch kaum an den Kontrollmechanismen von Markt und Wettbewerb teilnehmen dürfte, seine Kontrollunterworfenheit auch unter diesem Gesichtspunkt gerechtfertigt ist.

456 Die aus den Klauselverboten der §§ 308 und 309 fließenden Hinweise auf die im Gesetzesplan liegende Reichweite der Inhaltskontrolle müssen in den hier entwickelten marktbezogenen Ansatz integriert werden. Zu gegenläufigen Bewertungen dürfte es hier freilich kaum kommen, bestätigen doch die normativ fundierten Wertungen die markt- und wettbewerbsbezogene Betrachtungsweise in weiten Teilen. Dies verwundert schon deswegen nicht, weil sich die §§ 308 und 309 schwerpunktmäßig mit Klauseln befassen, die mögliche Störungen der Vertragsdurchführung zum Gegenstand haben,[132] und es gerade solche hypothetischen Vorsorgeregelungen sind, die erfahrungsgemäß nicht im Zentrum der für den Kunden abschlussentscheidenden Daten stehen.

---

[129] BGH NJW 1997, 739; *Wolf,* § 9 AGBG Rdn. F 123.
[130] Zur Justiziabilität von Preisanpassungsklauseln insbesondere *Wolf,* § 11 Nr. 1 AGBG Rdn. 40 ff.
[131] BGH NJW 1986, 1355. Das Verbot kurzfristiger Preiserhöhungen kam nicht zum Zuge, da Dauerschuldverhältnisse von ihm ausgenommen sind (vgl. § 309 Nr. 1 Halbsatz 2).
[132] *Dylla-Krebs,* Schranken der Inhaltskontrolle, S. 199.

§ 15. Schranken der Inhaltskontrolle

c) *Exkurs: Kontrollfähigkeit von Entgeltabreden im Arbeitsrecht?*

Im Arbeitsrecht bestand vor In-Kraft-Treten der Schuldrechtsreform weitgehend Einigkeit darüber, dass die **Hauptvergütung** als die eigentliche Gegenleistung des Arbeitgebers für die Arbeitsleistung des Arbeitnehmers keiner Angemessenheitskontrolle nach AGB-rechtlichen Grundsätzen unterzogen werden durfte.[133] 457

Eine **Änderung dieser Rechtslage** ist durch die teilweise Aufhebung der Bereichsausnahme für das Arbeitsrecht **nicht eingetreten.**[134] § 310 Abs. 4 S. 3, wonach Tarifverträge den Rechtsvorschriften im Sinne des § 307 Abs. 3 gleichstehen, erlaubt keinen gegenteiligen Schluss. Dies wurde bereits an anderer Stelle näher dargelegt.[135] Vielmehr sprechen die Gründe, die ganz allgemein für die Kontrollfreiheit der Hauptleistungspflichten eines Austauschvertrages ins Feld geführt werden, auch für die Ausklammerung arbeitsvertraglicher Vergütungsabreden. Etwas anderes ergibt sich auch nicht aus § 612 Abs. 2. Zwar ist die tarifliche Entlohnung die „Übliche". Die Vorschrift setzt jedoch gerade das Fehlen einer Vergütungsabrede voraus. Ihr kommt eine Ergänzungsfunktion, nicht hingegen eine normative Richtlinienfunktion zu.[136] Die Kontrolle der Entgelthöhe erfolgt damit weiterhin in erster Linie am Sittenwidrigkeitsmaßstab des § 138[137] und am Straftatbestand des Lohnwuchers, der über § 134 auch in das Zivilrecht ausstrahlt.[138] 458

Kontrollfähig sind hingegen auch im Arbeitsrecht solche entgeltbezogenen Abreden, die sich der Aufmerksamkeit des Arbeitnehmers im Allgemeinen entziehen und daher auch nicht von den Kontrollmechanismen des Marktes und des Wettbewerbs erfasst werden. In der Terminologie der Rechtsprechung geht es hierbei vor allem Preisnebenabreden. Hier ist insbesondere an **einseitige Leistungsbestimmungsrechte** zu denken, soweit sie die Hauptleistungspflichten modifizieren oder reduzieren und damit zu einer Verkürzung der versprochenen vollwertigen Leistung führen.[139] 459

Beispiele:

(1) **Widerrufs-**[140] und **Freiwilligkeitsvorbehalte**[141] hinsichtlich übertariflicher Leistungen und Sonderzuwendungen (z.B. Weihnachtsgratifikationen) unterwirft die Rechtsprechung einer materiellen Angemessenheitsprüfung. Hinsichtlich der Freiwilligkeitsvorbehalte ist dem allerdings zu widersprechen,[142] da die privatautonome Entscheidung des Arbeitgebers, eine rechtsgeschäftliche Bindung eingehen zu wollen, respektiert werden muß. Die Frage der Bindung ist dem AGB-Recht gleichsam vorgelagert. Freiwilligkeitsvorbehalte sind u.U. deshalb problematisch, weil die rechtsverbindlich zugesagte Gegenleistung des Arbeitgebers zu gering bemessen ist. Das ist jedoch nicht nach AGB-rechtlichen Maßstäben zu beurteilen, sondern nach den allgemeinen Vorschriften (§§ 134, 138).

(2) **Rückzahlungsabreden** im Hinblick auf vom Arbeitgeber verauslagte **Aus- oder Fortbildungskosten** unterliegen dagegen zweifelsfrei einer Inhaltskontrolle nach § 307 Abs. 3.[143]

---

[133] Vgl. statt vieler MünchArbR-*Hanau*, 2. Aufl. 2000, § 63 Rdn. 3 ff. m.w.N.

[134] Wie hier *Gotthardt*, Arbeitsrecht nach der Schuldrechtsreform, Rdn. 238 ff.; ErfK-*Preis*, §§ 305–310 Rdn. 38.

[135] Rdn. 180.

[136] ErfK-*Preis*, §§ 305–310 Rdn. 39; *Ulmer/Fuchs*, § 307 Rdn. 19; ebenso BGH NJW 1992, 688 (689) zu § 632 Abs. 2; zweifelnd *Däubler/Dorndorf/Bonin/Deinert*, § 307 Rdn. 266.

[137] BAG DB 1973, 727, 728; grobe Faustregel: Unterschreitung der Hälfte des Tariflohnes spricht für Sittenwidrigkeit; vgl. MünchArbR/*Hanau*, 2. Aufl. 2000, § 63 Rdn. 6. Vgl. ferner BAG AP Nr. 47 zu § 138 zur Sittenwidrigkeit einer Verlustbeteiligung des Arbeitnehmers.

[138] BGH NJW 1997, 2689, 2690 f.

[139] *Gotthardt*, Arbeitsrecht nach der Schuldrechtsreform, 2. Aufl. 2003, Rdn. 271; ErfK-*Preis*, §§ 305–310 Rdn. 40.

[140] BAG NZA 2005, 465 (467).

[141] BAG NZA 2007, 853 (854); ErfK-*Preis*, §§ 305–310 Rdn. 71.

[142] Abl. auch *Hanau/Hromadka*, NZA 2005, 74; *Thüsing*, AGB-Kontrolle im Arbeitsrecht, Rdn. 268; *Bieder*, NZA 2007, 1137.

[143] Ausdrücklich betont in BAG NZA 2003, 668.

§ 16. Die Generalklausel

Literatur: – Allgemeines zur Generalklausel (vgl. im übrigen die Literaturhinweise im Text): *Baetge,* Allgemeininteressen und Inhaltskontrolle, AcP 202 (2002), 972; *Becker,* Die Auslegung des § 9 Abs. 2 AGB-Gesetz, 1986; *Canaris,* Die AGB-rechtliche Leitbildfunktion des neuen Leistungsstörungsrechts, in: FS für Ulmer, 2003, S. 1073; *Coester-Waltjen,* Inhaltskontrolle von „einfachen Geschäftsbedingungen" in Verbraucherverträgen, in: FS für Medicus, 1999, S. 63; *Fastrich,* Richterliche Inhaltskontrolle im Privatrecht, 1992; *von Hoyningen-Huene,* Die Inhaltskontrolle nach § 9 AGB-Gesetz, 1991; *Oechsler,* Gerechtigkeit im modernen Austauschvertrag, 1997; *Pfeiffer,* Neues Schuldrecht – neues Leitbild im AGB-Recht, in: Das neue Schuldrecht in der Praxis, hrsg. von Dauner-Lieb/Konzen/K. Schmidt, 2003, S. 225; *Roussos,* Die Anwendungsgrenzen der Inhaltskontrolle und die Auslegung von § 9 AGBG, JZ 1988, 997; *Schapp,* Die Leitbildfunktion des dispositiven Rechts für die Inhaltskontrolle von Allgemeinen Geschäftsbedingungen nach § 9 Abs. 2 AGB-Gesetz, DB 1978, 621; *Stoffels,* Gesetzlich nicht geregelte Schuldverträge, 2001; *Weick,* Die Idee des Leitbildes und die Typisierung im gegenwärtigen Vertragsrecht, NJW 1978, 11; *Wolf,* Bedeutung und Funktion des AGB-Rechts in einem neuen Umfeld, in: Karlsruher Forum 2002: Schuldrechtsmodernisierung, hrsg. von E. Lorenz, 2003, S. 101. – **Aktuelle Literatur zu ausgewählten Vertragstypen** (vgl. hierzu im übrigen die Darstellungen bei *Ulmer/Brandner/Hensen,* Anh. § 310 BGB und *Wolf/Horn/Lindacher,* § 9 AGBG): – **Arbeitsvertrag:** siehe die Angaben vor Rdn. 171. – **Bankvertrag (einschließlich Darlehens- und Bürgschaftsvertrag):** Dokumentation der neuen Banken-AGB, WM 2000, 93 ff.; *von Bernuth,* Harte Patronatserklärungen in der Klauselkontrolle, ZIP 1999, 1501 ff.; *Borges,* Die Wertstellung im Giroverhältnis, WM 1998, 105; *Canaris,* Zinsberechnungs- und Tilgungsverrechnungsklauseln beim Annuitätendarlehen, NJW 1987, 609; *ders.,* Die Problematik der AGB-Kontrolle von Postenpreisen für Buchungsvorgänge auf Girokonten, WM 1996, 237; *Bruchner,* AGB-rechtliche Zulässigkeit von Zinsanpassungsklauseln, BKR 2002, 16; *Danco,* Neue AGB der Sparkassen und Landesbanken/Girozentralen, ZBB 2002, 369; *Derleder/Metz,* Die Nebenentgelte der Banken, ZIP 1996, 573 und 621; *Habersack,* Zinsanpassungsklauseln im Lichte des AGBG und des VerbrKrG, WM 2001, 753; *ders.,* Das Abschlussentgelt bei Bausparverträgen – ein Fall für das AGB-Recht?, WM 2008, 1857; *Herzog,* Bausparkassenbedingungen und AGB-Kontrolle, 2006; *Horn,* Die richterliche Kontrolle von Entgeltklauseln nach dem AGB-Gesetz am Beispiel der Kreditwirtschaft, WM 1997 Sonderbeilage Nr. 1; *Jungmann,* Bankgebühren für die Nichteinlösung von Lastschriften, NJW 2005, 1621; *Koch,* Neue AGB für Überweisungen, ZBB 2002, 57; *Krüger,* Zulässigkeit von „Bankgebühren" bei irregulären Geschäftsvorfällen, WM 2000, 2021; *Krüger/Bütter,* Recht der Bankentgelte: Nebenentgelte im Kreditgeschäft, WM 2005, 673; *Masuch,* Formularvertragliche Globalbürgschaft für einen unlimitierten Kontokorrentkredit, BB 1998, 2590; *Müller,* AGB-rechtliche Zulässigkeit von Diskontsätzen – Verzugszinsklauseln, NJW 1996, 1520; *Nobbe,* Zulässigkeit von Bankentgelten, WM 2008, 185; *Reich/Schmitz,* Globalbürgschaften in der Klauselkontrolle und das Verbot der geltungserhaltenden Reduktion, NJW 1995, 2533; *Rösler/Lang,* Zinsklauseln im Kredit- und Spargeschäft der Kreditinstitute, ZIP 2006, 214; *Schimansky,* Inhaltskontrolle von Allgemeinen Geschäftsbedingungen der Kreditinstitute, FS 50 Jahre BGH, Bd. 2, 2000, S. 3; *ders.,* Zinsanpassungsklauseln in AGB, WM 2001, 1169; *Sonnenhol,* Änderung der AGB-Banken zum 1. 1. 2000, WM 2000, 853; *Tiedtke,* Zur Inhaltskontrolle einer weiten Bürgschaftserklärung, DNotZ 2000, 283; *Trapp,* Zur Wirksamkeit der weiten Sicherungszweckvereinbarung bei Bürgschaften, ZIP 1997, 1279; *M. Wolf,* AGB-Gesetz und Kreditwirtschaft, in: Verbraucherkreditrecht, AGB-Gesetz und Kreditwirtschaft, Bankrechtstag 1990, S. 73; *von Westphalen,* Unwirksamkeit der Bürgschaft auf erstes Anfordern – Wirksamkeit der Bankgarantie?, ZIP 2004, 1433 – **Bauvertrag:** *Glatzel/Hofmann/Frikell,* Unwirksame Bauvertragsklauseln nach dem AGB-Gesetz, 10. Aufl. 2003; *Brych,* Inhaltskontrolle von Bauherrenmodellverträgen, BB 1985, 158; *Korbion/Locher/Sienz,* AGB und Bauerrichtungsverträge, 4. Aufl. 2006; *Markus/Kaiser/Kapellmann,* AGB-Handbuch Bauvertragsklauseln, 2. Aufl. 2008; *Micklitz;* Bauverträge mit Verbrauchern und die VOB Teil B, 2005; zur VOB vgl. die Hinweise bei Rdn. 645. – **EDV-Vertrag (Hardware und Software einschließlich Internetauktionen, neue Medien und Kommunikation):** *Erben/Günther/Kubert,* IT-Verträge, Wirksame und unwirksame Allgemeine Geschäftsbedingungen, 4. Aufl. 2007; *Ernst,* AGB-Klauselkontrolle nach neuem Schuldrecht am Beispiel des Internet-Service-Provider-Vertrags, ZGS 2004, 258; *Heiderhoff,* Die Wirkung der AGB des Internetauktionators auf die Kaufverträge zwischen den Nutzern, ZIP 2006, 793; AGB-Klauselwerke-*Hoeren,* IT-Verträge, Stand 2002; Hardwareverträge, Stand 1996; *Loewenheim,* Allgemeine Geschäftsbedingungen bei Verträgen über die Überlassung von Standard-

Anwendersoftware, in: FS für Kitagawa, 1992, S. 949; *Metzger,* Zur Zulässigkeit von CPU-Klauseln in Softwarelizenzverträgen, NJW 2003, 1994; *H. Schmidt,* Die Kontrolle Allgemeiner Geschäftsbedingungen in Programmüberlassungsverträgen, in: Lehmann (Hrsg.), Rechtsschutz und Verwertung von Computerprogrammen, 2. Aufl., 1993, Abschnitt XV; *Spindler,* Inhaltskontrolle von Internet-Provider-Verträgen – Grundsatzfragen, BB 1999, 2037; *ders.,* Vertragsschluß und Inhaltskontrolle bei Internet-Auktionen, ZIP 2001, 809. – **Franchisevertrag:** *Ekkenga,* Die Inhaltskontrolle von Franchise-Verträgen, 1990; *ders.,* Grundfragen der AGB-Kontrolle von Franchise-Verträgen im Lichte des AGB-Gesetzes, AG 1989, 301; *Liesegang,* Die Bedeutung des AGB-Gesetzes für Franchiseverträge, BB 1991, 2381; *Prasse,* Uneingeschränkte Inhaltskontrolle der AGB bei Franchiseverträgen?, ZGS 2002, 354; *Pfeifer,* Die Inhaltskontrolle von Franchiseverträgen, 2005; *Stoffels,* Laufzeitkontrolle von Franchiseverträgen, DB 2004, 1871; AGB-Klauselwerke-*Graf von Westphalen,* Franchising, Stand 2006 – **Handelsvertretervertrag:** *Preis/Stoffels,* Die Inhaltskontrolle der Verträge selbständiger und unselbständiger Handelsvertreter, ZHR 160 (1996), S. 442; *Graf von Westphalen,* Handelsvertreterrecht und AGB-Gesetz, DB 1984, 2335; AGB-Klauselwerke-*Graf von Westphalen,* Handelsvertretervertrag, Stand 2006 – **Kaufvertrag:** *Koch,* Aktuelle Neuwagen-Verkaufsbedingungen (NWVB 2002), MDR 661; *Martis,* Allgemeine Geschäftsbedingungen im Kauf- und Werkvertragsrecht, MDR 1999, 449; *Matthes,* Der Herstellerregress nach § 478 BGB in Allgemeinen Geschäftsbedingungen, – ausgewählte Probleme, NJW 2002, 2505; AGB-Klauselwerke-*Pfeiffer,* Neuwagenkauf, Stand 2004; *Graf von Westphalen,* Allgemeine Einkaufsbedingungen nach neuem Recht, 4. Aufl. 2003; *ders.,* Allgemeine Verkaufsbedingungen, 6. Aufl. 2007 – **Kreditkartenvertrag:** *Barnert,* Kreditkartengeschäft und AGB-Kontrolle, WM 2003, 1153; *Etzkorn,* Allgemeine Geschäftsbedingungen für Inhaber von Kreditkarten, WM 1991, 1901; AGB-Klauselwerke-*Fandrich,* Kreditkartenvertrag, Stand 2006; *Körber,* Die Risikoverteilung bei der Kreditkartenzahlung in Mailorder und E-Commerce, WM 2004, 563; *Meder,* Die Zulässigkeit einer isolierten Bepreisung des Auslandseinsatzes von Kreditkarten, NJW 1996, 1849; *Langenbucher,* Zusatzkreditkarten – Haftungsrisiko ohne Ende?, NJW 2004, 3522; *Pense,* Kreditkartenbedingungen in den Grenzen des AGB-Gesetzes, 1998; *Taupitz,* Kreditkartenmißbrauch: Thesen zur zulässigen Verteilung des Haftungsrisikos in AGB, NJW 1996, 217; *Werner,* Mailorderverfahren: Verschuldensunabhängige Rückbelastungsklausel in AGB von Kreditkartenunternehmen ist unwirksam, BB 2002, 1382 – **Leasingvertrag:** *Ebenroth,* Inhaltliche Schranken in Leasing-Formularverträgen aufgrund des AGB-Gesetzes, DB 1978, 2109; *Klamroth,* Inhaltskontrolle von Finanzierungs-Leasing-Verträgen über bewegliche Gegenstände nach dem „Leitbild des Leasing-Vertrages", BB 1982, 1949; *Lieb,* Das Leitbild des Finanzierungs-Leasing im Spannungsfeld von Vertragsfreiheit und Inhaltskontrolle, DB 1988, 946; *ders.,* Zur Inhaltskontrolle von Teilamortisations-Leasingverträgen, DB 1986, 2167; *Roth,* Zur gerichtlichen Inhaltskontrolle von Finanzierungs-Leasingverträgen, AcP 190 (1990), S. 292; *Stoffels,* in: Martinek/Stoffels/Wimmer-Leonhardt, Handbuch des Leasingrechts, 2. Aufl. 2008, § 8; *Ulmer/Schmidt,* Zur AGB-Inhaltskontrolle von Kfz-Leasingverträgen, DB 1983, 2558, 2615; AGB-Klauselwerke-*Graf von Westphalen,* Leasing, Stand 2003 – **Maklervertrag:** *Hättig,* Das kleine Makler-AGB – Was der Makler über Kleingedrucktes unbedingt wissen muß, NZM 2000, 113; *Schwerdtner/Hamm,* Maklerrecht, 5. Aufl. 2008; AGB-Klauselwerke-*Vogt,* Maklervertrag, 2004 **Mietvertrag:** siehe die Angaben vor Rdn. 1077 – **Reisevertrag:** *Führich,* Reiserecht, 5. Aufl. 2005; *Kappus,* Allgemeine Reisebedingungen, 2008; *Teichmann,* Zur Inhaltskontrolle der AGB im Reisevertrag, JZ 1987, 751 – **Versicherungsvertrag:** vgl. hierzu die Angaben bei Rdn. 296 – **Vertragshändlervertrag:** AGB-Klauselwerke-*Graf von Westphalen,* Vertragshändlerverträge, 1999.

I. Grundlagen der Inhaltskontrolle

1. Inhaltskontrolle als Rechtsanwendung

Die Inhaltskontrolle Allgemeiner Geschäftsbedingungen anhand der §§ 307 bis 309 stellt sich nach heute gesicherter Erkenntnis als ein Fall der **Rechtskontrolle** dar.[1] Unter Rechtskontrolle versteht man eine Richtigkeitskontrolle, wobei das Recht den Maßstab

---

[1] *Hönn,* JZ 1983, 680; *Fastrich,* Inhaltskontrolle, S. 9; *Ulmer/Fuchs,* Vorb. v. § 307 Rdn. 2; *von Hoyningen-Huene,* § 9 AGBG Rdn. 26 und 36; *Lieb,* AcP 178 (1978), 208 f.; *Preis,* Grundfragen der Vertragsgestaltung, S. 148; *Drexl,* Wirtschaftliche Selbstbestimmung des Verbrauchers, S. 342; anders hingegen *Boemke-Albrecht,* Rechtsfolgen unangemessener Bedingungen in Allgemeinen Geschäftsbedingungen, S. 107 ff.

des Richtigkeitsurteils markiert.² Es geht um die Überprüfung eines bestimmten Vorkommnisses auf seine Vereinbarkeit mit den zwingenden Vorgaben des materiellen Rechts.³ Die Richtigkeit dieser Einordnung erweisen der für die AGB-Kontrolle allgemein zugrunde gelegte überindividuell-generalisierende,⁴ am Gebot von Treu und Glauben ausgerichtete Maßstab sowie der hohe Stellenwert, den insbesondere § 307 Abs. 2 Nr. 1 dem dispositiven Recht als Vergleichsmaßstab zuerkannt hat. Der Rahmen der Rechtskontrolle wäre verlassen, wenn die „Richtigkeit" einer vertraglichen Regelung nicht am vorgegebenen Recht, sondern am Maßstab der Billigkeit gemessen würde.⁵ Es geht bei der AGB-Kontrolle folglich nicht um die Suche nach dem Gerechtigkeitsoptimum, sondern um die Feststellung einer im Recht wurzelnden Grenzlinie, deren Überschreiten die Nichtanerkennung der privatautonom gesetzten Regelung durch das Recht impliziert. Nicht anders fällt im Übrigen die Beurteilung für die **Missbrauchskontrolle nach der Richtlinie 93/13/EWG** über missbräuchliche Klauseln in Verbraucherverträgen aus. Auch sie zielt auf eine Inhaltskontrolle in Gestalt einer Rechtskontrolle.⁶ So benennt Art. 3 der Richtlinie in Übereinstimmung mit § 307 das Gebot von Treu und Glauben als entscheidenden⁷ Maßstab für die Bewertung des Vertragsinhalts. Das Gebot von Treu und Glauben strahlt auch auf die Interpretation der übrigen in Art. 3 Abs. 1 enthaltenen unbestimmten Rechtsbegriffe aus. Dies hat unter anderem zur Folge, dass das „Missverhältnis" im Sinne des Art. 3 Abs. 1 der Richtlinie nicht rein wirtschaftlich, sondern in erster Linie normativ zu bestimmen ist.⁸

461 Eine elementare Einsicht, die sich aus dieser Beschreibung ergibt, ist, dass zwischen dem Prüfungsgegenstand – z. B. einer vertraglichen Vereinbarung – und den heteronomen Kontrollmaßstäben des Rechts unterschieden werden muss. Die Abgrenzung beider Ebenen schlägt sich in den zu absolvierenden Prüfungsschritten nieder. Zunächst ist der **Prüfungsgegenstand** zu bestimmen; so muss etwa der maßgebliche Inhalt einer vertraglichen Abrede gegebenenfalls im Wege der Auslegung ermittelt werden. Sodann ist der **normative Maßstab**, den die Rechtsordnung für die Beurteilung eines solchen Geschehnisses bereitstellt, zu entfalten. Dieser Vorgang kann sich mitunter in der Benennung der jeweiligen Vorschrift erschöpfen, wenn es sich bei ihr um eine tatbestandlich konkretisierte, kaum Wertungsspielräume lassende Verbotsnorm handelt (z. B. die Klauselverbote des § 309). In diesem Fall kann sich sofort das Subsumtionsverfahren anschließen. Das heißt, es gilt nun, den Sachverhalt auf seine Übereinstimmung mit den Tatbestandsmerkmalen des Rechtssatzes zu untersuchen. Die methodologische Qualifikation dieses Vorgangs als **Rechtsanwendung** wird nun nicht etwa dadurch in Frage gestellt, dass die inhaltliche Bestimmtheit der Kontrollnorm graduell abnimmt. Hier einen Punkt anzugeben, an dem

---

² *Von Hoyningen-Huene*, Billigkeit im Arbeitsrecht, S. 129.
³ Zutreffend *Coester-Waltjen*, AcP 190 (1990), S. 5, Inhaltskontrolle könne nur dort stattfinden, wo die Vertragsfreiheit materiellrechtlich eingeschränkt sei.
⁴ *Ulmer/Fuchs*, § 307 Rdn. 110 und ständige Rechtsprechung, zuletzt BGH NJW 2000, 2106 (2107). Für die Billigkeitskontrolle ist demgegenüber ein individueller, die besonderen Umstände des Einzelfalls berücksichtigender Maßstab charakteristisch (vgl. *von Hoyningen-Huene*, Billigkeit im Arbeitsrecht, S. 156; *Fastrich*, Inhaltskontrolle, S. 16; *Bydlinski*, Juristische Methodenlehre und Rechtsbegriff, S. 364).
⁵ Ausführlich zur Abgrenzung der Rechtskontrolle von der Billigkeitskontrolle *von Hoyningen-Huene*, Billigkeit im Arbeitsrecht, S. 128 ff. und *Fastrich*, Inhaltskontrolle, S. 14 ff.; undeutlich hingegen *Hönn*, Kompensation gestörter Vertragsparität, S. 158 ff.
⁶ Eine andere Frage ist, ob die Beurteilungsmaßstäbe von Art. 3 Abs. 1 der Richtlinie und § 307 deckungsgleich sind und ob es einer europäisch-autonomen Auslegung des Kontrollmaßstabs bedarf (hierzu unten Rdn. 475 f.).
⁷ So auch *Nassall*, WM 1994, 1647 und *Wolf*, Art. 3 RiLi Rdn. 12.
⁸ *Wolf*, Art. 3 RiLi Rdn. 3.

das methodische Verfahren eine qualitative Änderung dergestalt erfährt, dass es von nun an nicht mehr Rechtsanwendung genannt werden könnte, ist nicht möglich. Selbst die Kontrolle am Maßstab so vager Generalklauseln wie derjenigen des § 307 bleibt – gegebenenfalls durch Elemente der Rechtsfortbildung angereicherte – Rechtsanwendung.[9] Folgerichtig wird die Applikation des § 307 auf einen bestimmten Sachverhalt, einschließlich der hierbei auftretenden Abwägungs- und Beweislastfragen, ohne jede Einschränkung für **revisibel** gehalten.[10]

2. Inhaltskontrolle als Wirksamkeitskontrolle

Das Wesen der Rechtskontrolle spiegelt sich im Übrigen in der Formulierung ihres Erkenntnisziels. Rechtskontrolle zielt auf ein Urteil über die Vereinbarkeit des Prüfungsgegenstandes mit den Maßstäben des Rechts. Die beiden möglichen Prädikate lauten rechtmäßig und rechtswidrig. Die Inhaltskontrolle nach den §§ 307 ff. knüpft an das Rechtswidrigkeitsurteil zusätzlich die **Rechtsfolge der Unwirksamkeit.** Man spricht daher auch von Wirksamkeitskontrolle.[11] Der Rahmen der Rechtskontrolle wäre verlassen, wenn die „Richtigkeit" einer vertraglichen Regelung nicht am vorgegebenen Recht, sondern am Maßstab der Billigkeit gemessen würde.[12] Nicht Zweckmäßigkeitserwägungen, Billigkeitsüberlegungen und die Frage nach etwaigen besseren, sachgemäßeren oder gerechteren Lösungen sollen den mit der Überprüfung Allgemeiner Geschäftsbedingungen befassten Richter leiten. Es geht nicht um die Suche nach dem Gerechtigkeitsoptimum, sondern um die Feststellung einer im Recht wurzelnden Grenzlinie, deren Überschreiten die Rechtsfolge der Unwirksamkeit und damit Nichtanerkennung der privatautonom gesetzten Regelung durch das Recht impliziert. Insbesondere ermächtigt das Rechtsfolgenkonzept der §§ 305 ff. den Richter nicht zu einer umfassenden Salvierung des Vertrages. Gestalterische Entscheidungen, wie sie § 315 – das Paradebeispiel der Billigkeitskontrolle – verlangt,[13] sind dem AGB-Recht fremd.

462

II. Bedeutung und Funktion des § 307 Abs. 1 und 2

§ 307 Abs. 1 und 2 legt den grundlegenden Prüfungsmaßstab für die richterliche Inhaltskontrolle Allgemeiner Geschäftsbedingungen fest. Die besonderen Klauselverbote bauen hierauf auf. Sie verstehen sich als exemplarische Konkretisierungen des in der Generalklausel festgelegten Wertmaßstabs. Soweit bei der Anwendung der §§ 308 und 309 Wertungsspielräume verbleiben, strahlt der in § 307 formulierte Wertmaßstab auch auf die Katalogtatbestände aus.[14] Schon von daher kann die Generalklausel als **Herzstück der**

463

---

[9] *Fastrich,* Inhaltskontrolle, S. 9; *Staudinger-Coester,* Vorbem. zu §§ 307–309 ff. Rdn. 25; *Löwe/Graf von Westphalen/Trinkner,* §§ 8–11 AGBG Rdn. 50; *Lieb,* AcP 178 (1978), S. 208 f.; *Preis,* Grundfragen der Vertragsgestaltung, S. 148; *Koch/Rüßmann* (Juristische Begründungslehre, S. 67 ff.) halten auch hier eine deduktive Entscheidungsrechtfertigung für möglich, während *Larenz* (Methodenlehre, S. 275) dort, wo ein Begriffsmerkmal ein „gleitender" Maßstab ist, statt von Subsumtion von „Zuordnung des Sachverhalts zum Tatbestand einer Rechtsnorm" spricht.
[10] Zuletzt BGH NJW 1997, 3022 (3023); *Ulmer/Fuchs,* Vorbem. v. §§ 307 Rdn. 110.
[11] *Fastrich,* Inhaltskontrolle, S. 11; *Preis,* Grundfragen der Vertragsgestaltung, S. 148; *Hönn,* JZ 1983, 681.
[12] Ausführlich zur Abgrenzung der Rechtskontrolle von der Billigkeitskontrolle *von Hoyningen-Huene,* Billigkeit im Arbeitsrecht, S. 128 ff. und *Fastrich,* Inhaltskontrolle, S. 14 ff.; undeutlich hingegen *Hönn,* Kompensation gestörter Vertragsparität, S. 158 ff.
[13] Hierzu *Larenz,* Schuldrecht I, § 6 II, S. 81: „Ergänzung des Vertragsinhalts durch richterliche Gestaltung". Zur Billigkeitskontrolle ferner die Ausführungen unter Rdn. 390 ff.
[14] *Wolf,* § 9 AGBG Rdn. 6 („insbesondere für § 10 AGBG"); *Staudinger-Coester,* § 307 Rdn. 10 und 83.

Inhaltskontrollvorschriften des AGB-Rechts bezeichnet werden.[15] Darüber hinaus ist die Vorschrift **für die Kontrollpraxis der Gerichte von überragender Bedeutung** und zwar auch im nichtunternehmerischen Verkehr. Werden Allgemeine Geschäftsbedingungen gegenüber einem Unternehmer verwendet, richtet sich die Inhaltskontrolle gemäß § 310 Abs. 1 Satz 2 ohnehin allein nach § 307 Abs. 1 und 2. In mehr als zwei Drittel aller zum AGB-Recht veröffentlichten Entscheidungen findet eine Überprüfung Allgemeiner Geschäftsbedingungen an der Generalklausel statt.

464 § 307 kommt im Verhältnis zu den §§ 308 und 309 nach dem Gesetzesplan die Funktion einer **Auffangvorschrift** zu.[16] Die speziellen Klauselverbote in den Katalogen der §§ 308 und 309 greifen zwar wichtige Tatbestände heraus. Dies geschieht jedoch nur exemplarisch und ohne Anspruch auf Vollständigkeit. Der Gesetzgeber, dem an einem lückenlosen Schutz vor Allgemeinen Geschäftsbedingungen gelegen war, musste daher der kasuistischen Regelung der §§ 308 und 309[17] eine Generalklausel an die Seite stellen.

465 Für die **Prüfungsreihenfolge** bedeutet dies, dass zuerst die besonderen Klauselverbote – und hier § 309 vor § 308 – durchzugehen sind. Sind sie nicht einschlägig, so erfolgt die Überprüfung anhand der Generalklausel.[18]

III. Unangemessene Benachteiligung

1. Maßstab und Prüfungsgang

466 § 307 Abs. 1 AGBG verlangt eine mit Treu und Glauben nicht zu vereinbarende unangemessene Benachteiligung. Die Umschreibung der Interventionsschwelle durch die Merkmale der „Benachteiligung" und der „Unangemessenheit" bietet zugleich einen ersten Ansatzpunkt für eine Aufschlüsselung des Prüfungsgangs. Beiden Merkmalen kommt im Rahmen der Wirksamkeitsprüfung nämlich eine durchaus eigenständige Bedeutung zu. Dies führt zu einer grundsätzlichen **Zweistufigkeit des Kontrollgeschehens**.[19]

a) Benachteiligung

467 In der ersten Station geht es um die Feststellung einer Benachteiligung. Eine solche Diagnose setzt begriffsnotwendig einen Bezugsrahmen, also einen **rechtlichen Vergleichsmaßstab** voraus. Diesen gilt es im Hinblick auf die zu beurteilende Klausel unter möglichst enger Anbindung an normative Wertungen – Inhaltskontrolle ist Rechtskontrolle – zu entwickeln. An diesem normativen Muster wird sodann die den Gegenstand der Kontrolle bildende Vertragsbestimmung gemessen. Konkret bedeutet dies nun, dass bezogen auf einen bestimmten Regelungsaspekt die vertraglich vereinbarte Regelung mit der Rechtsstellung des Vertragspartners in Beziehung zu setzen ist, wie sie sich ohne die betreffende Klausel darstellen würde.[20] Erweist dieser **Rechtslagenvergleich**[21], dass die ver-

---

[15] *Locher*, Recht der AGB, S. 123; MünchKomm-*Kieninger*, vor § 307 Rdn. 1.
[16] Begründung des Regierungsentwurfs, BT-Drucks. 7/3919, S. 22; BGH NJW 1980, 2518 (2519); *Ulmer/Fuchs*, § 307 Rdn. 2; *Staudinger-Coester*, Vorbem. zu §§ 307–309 Rdn. 20; *Bamberger/Roth-H. Schmidt*, § 307 Rdn. 18; *Becker*, Auslegung des § 9 Abs. 2 AGB-Gesetz, S. 194.
[17] Hierzu eingehend unter Rdn. 578 ff.
[18] *Staudinger-Coester*, § 307 Rdn. 23.
[19] *Ulmer/Fuchs*, § 307 Rdn. 98; *Staudinger-Coester*, § 307 Rdn. 90 ff. und *von Hoyningen-Huene*, § 9 AGBG Rdn. 134 ff.; *Fastrich*, Inhaltskontrolle, S. 280 f.
[20] *Ulmer/Fuchs*, § 307 Rdn. 98; *Staudinger-Coester*, § 307 Rdn. 90; *von Hoyningen-Huene*, § 9 AGBG Rdn. 134; BGH NJW 1994, 1069 (1070).
[21] Diese treffende Bezeichnung findet sich bei *von Hoyningen-Huene*, § 9 AGBG Rdn. 134.

tragliche Abrede den Vertragspartner schlechter stellt, ist eine Benachteiligung dargetan. Dieser Prüfungsschritt erschöpft sich in einer **deskriptiven Feststellung,** er ist noch wertneutral.[22]

b) Unangemessenheit

Das **wertende Element** verkörpert das Merkmal der **Angemessenheit,** das insoweit in enger und unauflöslicher Verbindung zum **Gebot von Treu und Glauben** steht.[23] Beide bilden eine Bewertungseinheit, der man die Aufforderung entnimmt, die Eignung der vertraglichen Gestaltung **als Mittel zur Herbeiführung einer ausgeglichenen Interessenverteilung** zu bewerten.[24] Dies drückt sich in der Formulierung der Rechtsprechung aus, wonach Unangemessenheit anzunehmen ist, wenn der Verwender missbräuchlich eigene Interessen auf Kosten des Vertragspartners durchzusetzen sucht, ohne von vornherein auch dessen Belange hinreichend zu berücksichtigen und ihm einen angemessenen Ausgleich zuzugestehen.[25] In dieser zweiten Station geht es also um eine **Interessenabwägung.** Auch hier leistet eine Abschichtung der verschiedenen Arbeitsschritte einen Beitrag, die Konturen dieses Vorgangs deutlicher hervortreten zu lassen.[26]

468

Der erste Akt ist wiederum deskriptiv-analytischer Natur. Es geht darum, die **typischerweise bei einem solchen Austauschverhältnis tangierten Interessen der Vertragsparteien zu identifizieren.** Diese sind vielfältig und entziehen sich einer erschöpfenden Aufzählung. Die zutreffende Erfassung gelingt nur, wenn man den wirtschaftlichen Zweck der jeweiligen Vertragsgestaltung offen legt. In den Schutz des § 307 sind auch die **Interessen Dritter** einbezogen, die aus dem Vertrag Rechte herleiten können oder durch diesen unmittelbar berechtigt sind.[27] Eine generelle Einbeziehung von Dritt- und Allgemeininteressen ist hingegen abzulehnen.[28]

469

Erst jetzt ist der Weg bereitet für die **Gewichtung und Abwägung** der typischerweise betroffenen Interessen. Die in das Bewertungsverfahren einfließenden Kriterien variieren naturgemäß von Fall zu Fall.[29] Allgemein lässt sich immerhin Folgendes sagen: je intensiver der Verwender in die geschützte Interessensphäre des Kunden eingreift, umso höher liegen die Rechtfertigungsanforderungen.

470

Beispiel: Eine Beeinträchtigung der verfassungsrechtlich unter besonderen Schutz gestellten Privatsphäre des Kunden kann nur durch sehr gewichtige Interessen auf Seiten des Verwenders gerechtfertigt werden. So erlaubt beispielsweise das formularmäßige (widerrufliche) **Einverständnis mit telefonischer Werbung** ein praktisch unkontrolliertes Eindringen in die Privatsphäre der Zielperson.

---

[22] *Staudinger-Coester,* § 307 Rdn. 90.
[23] *Staudinger-Coester,* § 307 Rdn. 90 und 95. Nach *von Hoyningen-Huene,* § 9 AGBG Rdn. 173 enthält der Begriff der Angemessenheit selbst hingegen keine Wertung. Erst das Gebot von Treu und Glauben liefere den Maßstab dafür, was unangemessen sei. Im Ergebnis dürfte sich freilich diese abweichende Funktionsbeschreibung kaum je auswirken.
[24] BGH NJW 1997, 193 (195); Schlosser/Coester-Waltjen/*Graba,* § 9 AGBG Rdn. 41; kritisch *Ulmer/Fuchs,* § 307 Rdn. 107, der zutreffend vor dem Missverständnis warnt, es solle im Wege der Inhaltskontrolle ein Optimum inhaltlicher Ausgewogenheit sichergestellt werden. Die Kontrollfrage ist also negativ zu formulieren (Staudinger-Coester, § 307 Rdn. 95).
[25] St. Rspr. zuletzt BGH NJW 2008, 1064 (1065); BAG NZA 2006, 324 (326); sich anschließend *Wolf,* § 9 AGBG Rdn. 100.
[26] Zur methodischen Grundstruktur der Interessenabwägung vgl. wiederum auch *Staudinger-Coester,* § 307 Rdn. 107.
[27] BGH NJW 1999, 3558 (3559); NJW-RR 2006, 1258 (1259).
[28] So im Ausgangspunkt auch BGH NJW 1982, 178 (180); Ulmer/Fuchs, § 307 Rdn. 133; Palandt-Grüneberg, 307 Rdn. 7; a.A. *Habersack,* Vertragsfreiheit und Drittinteressen, 1992, S. 172 ff.; ausführlich zuletzt *Baetge,* AcP 202 (2002), 972 ff. und *Westermann,* AcP 208 (2008), 141 ff.
[29] Vgl. hierzu noch die Ausführungen unter Rdn. 484 ff.

Das wirtschaftliche Gewinnstreben des Unternehmers und sein Interesse, seine Produkte werbemäßig anzupreisen, vermögen die schwerwiegende Beeinträchtigung dieses hohen Schutzgutes nicht zu rechtfertigen.[30]

471 Besondere Aufmerksamkeit ist stets den normativ vorgegebenen Interessenbewertungen zu schenken. Insbesondere gilt: **je stärker die Abweichung vom Leitbild, desto höher die Rechtfertigungsanforderungen.**[31] Eine nur **geringfügige Benachteiligung** ist nicht per se irrelevant;[32] doch kann die Unangemessenheit durch materiell ansonsten weniger ins Gewicht fallende Interessen des Verwenders (z. B. Rationalisierungsinteressen) häufig ausgeräumt werden. Wichtig ist es, bei atypischen Vertragsgestaltungen trotz des unter Umständen erheblichen Ausmaßes der Divergenz nicht vorschnell das Unangemessenheitsverdikt zu fällen. Vielmehr ist in Rechnung zu stellen, dass es in Konkurrenz zur gesetzlichen Regelung auch parteiautonom vereinbarte Alternativmodelle geben könnte, die das Ziel eines angemessenen Interessenausgleichs ebenfalls, nur auf einem anderen Wege, verwirklichen.

2. Beurteilungszeitpunkt

472 Bei der Beurteilung, ob eine AGB-Klausel gegen § 307 verstößt, ist im **Individualprozess** auf die im **Zeitpunkt des Vertragsabschlusses** erkennbaren Verhältnisse und Entwicklungen des konkreten Rechtsverhältnisses abzustellen.[33] Für Verbraucherverträge wird dies durch Art. 4 Abs. 1 der Klauselrichtlinie und den seiner Umsetzung dienenden § 310 Abs. 3 Nr. 3 sogar ausdrücklich bestätigt. Diese zeitliche Fixierung gilt nicht nur für tatsächliche Umstände, sondern auch für die rechtlichen Bewertungsmaßstäbe. Ein nachträglicher Bewertungswandel kann weder einer nach damaligen Grundsätzen wirksamen Klausel die Wirksamkeit nehmen, noch eine nach den zurzeit des Vertragsschlusses geltenden Maßstäben unwirksame Klausel wieder zum Leben erwecken. Die Rechtsprechung entzieht sich diesen Fesseln mitunter. Sie verweist dann meist darauf, der Wandel der Beurteilungsmaßstäbe sei zurzeit des Vertragsschlusses schon vollzogen gewesen.[34] Gravierenden Änderungen tatsächlicher Natur kann im Übrigen in engen Grenzen durch die Ausübungskontrolle nach § 242 Rechnung getragen werden.[35] Im **Verbandsverfahren** gerät ein konkreter Vertragsschluss gar nicht erst in den Blick. Hier ist für die Beurteilung der Angemessenheit der **Zeitpunkt der letzten mündlichen Verhandlung** maßgebend.[36]

---

[30] BGH NJW 1999, 1864 f.; 2279 (2282); 2000, 2677 (2678); hierzu *Lettl*, NJW 2001, 42.
[31] *Ulmer/Fuchs*, § 307 Rdn. 292 m. w. N.; *Erman-Roloff*, § 307 Rdn. 26.
[32] Anders die h. M. (*Ulmer/Fuchs*, § 307 Rdn. 101; *Soergel-Stein*, § 9 AGBG Rdn. 13; *Wolf*, § 9 AGBG Rdn. 114; *von Hoyningen-Huene*, § 9 AGBG Rdn. 143; *Fastrich*, Inhaltskontrolle, S. 298 ff.), die unter Hinweis auf das Gebot von Treu und Glauben geringfügige Beeinträchtigungen von vornherein ausgrenzen will, jedoch Schwierigkeiten hat, die massenhafte Zufügung eines Bagatellnachteils (z. B. Wertstellungspraxis der Banken) zu erfassen. Eher zustimmungsfähig ist der Vorschlag von *Staudinger-Coester*, § 9 AGBG Rdn. 91 f., die notwendige Grenzziehung als integralen Teil der Unangemessenheitsprüfung, also als wertende Ausgrenzung nur geringfügiger Beeinträchtigungen zu begreifen.
[33] BGH NJW 2000, 1110 (1113); *Wolf*, § 9 AGBG Rdn. 55; *Medicus*, NJW 1995, 2579 f.; *Staudinger-Coester*, § 307 Rdn. 100; *Ulmer/Fuchs*, § 307 Rdn. 117; *Palandt-Grüneberg*, § 307 Rdn. 3.
[34] BGH NJW 1995, 2553 als Beispiel; kritisch *Staudinger-Coester*, § 307 Rdn. 102. Zur Vertrauensschutzproblematik bei Rechtsprechungsänderung vgl. insbesondere *Medicus*, NJW 1995, 2577 ff.; zu den Konsequenzen im Hinblick auf das Verbot der geltungserhaltenden Reduktion vgl. noch Rdn. 605 f.
[35] *Staudinger-Coester*, § 307 Rdn. 103; *Palandt-Grüneberg*, § 307 Rdn. 3.
[36] *Ulmer/Fuchs*, § 307 Rdn. 119.

3. Überindividuell-generalisierende Betrachtungsweise

Ob eine vorformulierte Klausel nach § 307 zu beanstanden ist, ergibt sich auf Grund einer **473** überindividuell-generalisierenden und typisierenden, von den konkreten Umständen des Einzelfalles absehenden Betrachtungsweise.[37] Abzuwägen sind die Interessen des Verwenders gegen diejenigen der typischerweise beteiligten Durchschnittskunden. Bei der generalisierenden und typisierenden Betrachtungsweise sind Art und Gegenstand, Zweck und besondere Eigenart des jeweiligen Geschäfts zu berücksichtigen[38] und es ist zu prüfen, ob der Klauselinhalt bei der in Rede stehenden Art des Rechtsgeschäfts (vgl. § 9 Nr. 2 UKlaG) generell unter **Berücksichtigung der typischen Interessen der beteiligten Verkehrskreise** eine unangemessene Benachteiligung des Vertragspartners ergibt.[39]

Beispiel: In einem vorformulierten, auf ein Jahr abgeschlossenen **Fitness-Studio-Vertrag** wird der Kunde verpflichtet, den monatlichen Beitrag auch dann zu zahlen, wenn er die Einrichtungen nicht nutzt. Für die Interessenabwägung ist es hier unerheblich, ob der Betreiber des Studios im Falle einer verletzungs- oder krankheitsbedingten Verhinderung des Kunden bereit wäre, diesen aus dem Vertragsverhältnis zu entlassen. Die tatsächliche Handhabung der Klausel durch den Verwender entzieht sich einer generalisierenden Betrachtungsweise.[40]

Werden Allgemeine Geschäftsbedingungen für verschiedene Arten von Geschäften oder **474** gegenüber verschiedenen Verkehrskreisen verwendet, deren Interessen, Verhältnisse und Schutzbedürfnisse generell unterschiedlich gelagert sind, so ist die Abwägung in den durch die am Sachgegenstand orientierte typische Interessenlage gebildeten **Vertrags- und Fallgruppen** vorzunehmen und kann zu gruppentypisch unterschiedlichen Ergebnissen führen.[41]

Beispiel:
(1) Eine Klausel, die im **unternehmerischen Geschäftsverkehr** unbedenklich ist, kann in einem **Verbrauchervertrag** gegen § 307 verstoßen.[42]
(2) Im **Arbeitsrecht** liegt es bei der Angemessenheitskontrolle nahe, zwischen verschiedenen Arbeitnehmergruppen, etwa den AT-Angestellten und den tariflich geführten Arbeitnehmern zu unterscheiden.[43]

4. Missbrauchskontrolle bei Verbraucherverträgen

Literatur: *Borges,* Die Inhaltskontrolle von Verbraucherverträgen, 2000; *ders.,* Die Inhaltskontrolle von Verbraucherverträgen nach § 24a AGBG, DZWiR 1997, 402; *ders.,* AGB-Kontrolle durch den EuGH, NJW 2001, 2061; *Börner,* Die „Heilung" von AGB durch die Berücksichtigung vertragsabschlußbegleitender Umstände nach § 24a Nr. 3 AGBG, JZ 1997, 595; *Brandner,* Maßstab und Schranken der Inhaltskontrolle bei Verbraucherverträgen, MDR 1997, 312; *Coester-Waltjen,* Inhaltskontrolle von „einfachen Geschäftsbedingungen" in Verbraucherverträgen, in: FS für Medicus, 1999, S. 63; *Hart,* Verbraucherrechtliche Grundlagen des AGBG, Jura 2001, 649; *Heiderhoff,* Grundstrukturen des nationalen und europäischen Verbrauchervertragsrechts, 2004; *Meller-Hannich,* Verbraucherschutz im Schuldvertragsrecht, 2005; *Michalski,* Die Berücksichtigung von vertragsabschlußbegleitenden Umständen nach § 24a Nr. 3 AGB-Gesetz, DB 1999, 677. Vgl. ferner die Literaturnachweise vor Rdn. 42.

---

[37] BGH NJW 1997, 3022 (3024); 3372 (3374); 2000, 2106 (2107); 2002, 1713 (1715); BAG NZA 2004, 727 (733); 2007, 853 (854); 2008, 40 (44); *Staudinger-Coester,* § 9 AGBG Rdn. 109f.; *Ulmer/Fuchs,* § 307 Rdn. 110ff.
[38] BGH NJW 1986, 2102 (2103); 1987, 2575 (2576); 1990, 1601 (1602).
[39] BGH NJW 1987, 487; 1990, 1601 (1602).
[40] BGH NJW 1997, 193 (194).
[41] BGH NJW 1985, 320; 1986, 2102; 1987, 2575; 1990, 1601 (1602); 2000, 658 (660); OLG Frankfurt a. M. BB 1998, 2230.
[42] *Palandt-Grüneberg,* § 307 Rdn. 4; *Staudinger-Coester,* § 307 Rdn. 112.
[43] *Hromadka,* NJW 2002, 2528.

a) Autonome Auslegung des Art. 3 Abs. 1 der Richtlinie?

475 Nach Art. 3 Abs. 1 der Richtlinie über missbräuchliche Klauseln in Verbraucherverträgen ist eine nicht im Einzelnen ausgehandelte Vertragsklausel als missbräuchlich anzusehen, „wenn sie entgegen dem Gebot von Treu und Glauben zum Nachteil des Verbrauchers ein erhebliches und ungerechtfertigtes Missverhältnis der vertraglichen Rechte und Pflichten der Vertragspartner verursacht". Art. 4 der Klauselrichtlinie formuliert sodann für die Beurteilung der Missbräuchlichkeit einige Direktiven. Zu berücksichtigen sind danach die Art der vertragsgegenständlichen Güter oder Dienstleistungen, alle den Vertragsschluss begleitenden Umstände sowie alle anderen Klauseln desselben Vertrages oder eines anderen Vertrages, von dem die Klausel abhängt. Fraglich ist, ob der Maßstab des Missverhältnisses der vertraglichen Rechte und Pflichten im Sinne des Art. 3 Abs. 1 der Richtlinie mit demjenigen des § 307 übereinstimmt.[44] Wäre dies nicht der Fall, so müsste eine AGB-Bestimmung, die einer Inhaltskontrolle am Maßstab der Generalklausel des § 307 standzuhalten vermag, ergänzend einer Missbrauchskontrolle anhand des Art. 3 Abs. 1 der Richtlinie unterzogen werden.

476 Angesichts der hohen Integrationsfähigkeit der Generalklausel dürfte sich – den theoretischen Konfliktfall einmal angenommen – die dann notwendige Korrektur stets innerhalb der methodischen Grenzen der Auslegung durchführen lassen.[45] Generell stellt sich allerdings die Frage, ob dem EuGH eine Beurteilungsprärogative zuerkannt werden muss (Art. 234 EGV).[46] Im neueren Schrifttum ist verschiedentlich die **Auffassung** vertreten worden, **Art. 3 Abs. 1 der Richtlinie bedürfe einer autonomen Auslegung** bzw. Konkretisierung durch den EuGH.[47] Auf die Maßstäbe des nationalen Rechts komme es zur Ausfüllung dieser Generalklausel nicht entscheidend an. Auf der Grundlage des Art. 3 Abs. 1 der Richtlinie gelte es einen – gegenüber nationalem Recht vorrangigen – einheitlichen europäischen Maßstab zu formulieren. Dieser Sichtweise **ist zu widersprechen**.[48] Auch die Bestimmung des Missverhältnisses des vertraglichen Rechte- und Pflichtenprogramms zum Nachteil des Verbrauchers im Sinne der Richtlinie bedarf eines handhabbaren Maßstabes, soll die Inhaltskontrolle nicht in eine konturenlose Billigkeitsprüfung abgleiten. Die Feststellung eines Missverhältnisses setzt einen Vergleichsmaßstab, einen Zustand angemessener Verteilung der Rechte und Pflichten, voraus. Diesen Maßstab können mangels hinreichender gemeinschaftsrechtlicher Vorgaben nur innerstaatliche Rechtsvorschriften einschließlich der allgemeinen Rechtsgrundsätze und der richterrechtlichen Rechtsprinzipien abgeben. Immerhin gehen auch Art. 1 Abs. 2 der Klauselrichtlinie und deren 13. Erwägungsgrund ersichtlich von der Beachtlichkeit innerstaatlicher Rechtsvorschriften aus. Der Einwand *Ulmers,* diese Begründung stehe bei gesetzlich nicht geregelten Verträgen, wie sie vielfach den Gegenstand der Inhaltskontrolle bildeten, auf schwachen

---

[44] Mit guten Gründen bejahend *Ulmer/Fuchs,* § 307 Rdn. 397. Auch *Ulmer,* EuZW 1993, 345 und *Frey,* ZIP 1993, 575 meinen, § 9 AGBG (jetzt § 307) bleibe nicht hinter dem Schutzniveau des Art. 3 Abs. 1 RL zurück.

[45] *Staudinger-Coester,* § 307 Rdn. 80.

[46] Vgl. hierzu die Ausführungen unter Rdn. 45.

[47] *Basedow,* in: FS für Brandner, 1996, S. 680; *Nassall,* JZ 1995, 692 ff; *Wolf,* Art. 3 RiLi Rdn. 2; *Staudinger-Coester,* Bearbeitung 1998, § 9 AGBG Rdn. 55 ff.; *Heiderhoff,* WM 2003, 511 f.; *Ulmer,* in: Karlruher Forum 1997, S. 39; Markwardt, Die Rolle des EuGH bei der Inhaltskontrolle vorformulierter Verbraucherverträge, 1999, S. 217 ff. Auch die erste Entscheidung des EuGH zur Klauselrichtlinie (NJW 2000, 2571 ff. – Océano) wies in diese Richtung.

[48] Zum folgenden *Franzen,* in: Europäisierung des Privatrechts Zwischenbilanz und Perspektiven, Jahrbuch Junger Zivilrechtswissenschaftler, 1997, S. 298 ff. und *H. Roth,* JZ 1999, 535 ff. In diese Richtung tendieren ebenfalls *Heinrichs,* NJW 1996, 2196; *Staudinger-Schlosser,* Vorbem. zu §§ 305 ff. Rdn. 9 ff.; *Wolf/Horn,* § 24a AGBG Rdn. 59.

§ 16. Die Generalklausel

Füßen, da es insoweit an nationalem dispositiven Recht als Vergleichsmaßstab fehle,[49] unterschätzt das Reservoir ungeschriebener normativer Wertungen, die eine ausgeführte Schuldrechtsordnung auch für gesetzlich nicht explizit geregelte Fragestellungen bereithält.[50] Eine europäische Schuldrechtsrechtsordnung, die hier ähnliches zu leisten im Stande wäre, zeichnet sich derzeit noch nicht ab.[51] Man wird in der Klauselrichtlinie auch kaum einen umfassenden Auftrag an den EuGH erblicken können, nunmehr via Art. 3 Abs. 1 die Ausarbeitung materieller Regeln eines europäischen Schuldrechts in die Hand zu nehmen. Der EuGH hat daher in seiner Grundsatzentscheidung vom 1. 4. 2004[52] zu Recht zum Ausdruck gebracht, dass der Referenzmaßstab für die Klauselkontrolle im Einzelfall auf die jeweilige nationale Rechtsordnung begrenzt ist, in deren Rahmen die vertragliche Bestimmung ihre Wirkung entfaltet.[53]

b) Kombinationslösung nach § 310 Abs. 3 Nr. 3

Nach dem in Umsetzung von Art. 4 Abs. 1 der Richtlinie 93/13/EWG über missbräuchliche Klauseln in Verbraucherverträgen in das AGB-Recht inkorporierten **§ 310 Abs. 3 Nr. 3** sind bei Verbraucherverträgen im Rahmen der Inhaltskontrolle nach § 307 Abs. 1 und 2 nunmehr auch die den Vertragsabschluss begleitenden Umstände zu berücksichtigen. Dies bedeutet eine **Modifizierung des** nach allgemeiner Meinung für die Inhaltskontrolle Allgemeiner Geschäftsbedingungen gebotenen **überindividuell-generalisierenden Maßstabs**, der auf die Abwägung der Interessen der typischerweise an solchen Vertragsschlüssen beteiligten Parteien zielt und die Umstände des konkreten Geschäfts grundsätzlich ausblendet. 477

Eine Erläuterung des Begriffs der „**den Vertragsschluss begleitenden Umstände**" findet sich in den §§ 305 ff. nicht. Näheren Aufschluss gibt hier der 16. Erwägungsgrund der Richtlinie, nach dem u. a. zu berücksichtigen ist, „welches Kräfteverhältnis zwischen den Verhandlungspositionen der Parteien bestand, ob auf den Verbraucher in irgendeiner Weise eingewirkt wurde, seine Zustimmung zu der Klausel zu geben, und ob die Güter oder Dienstleistungen auf eine Sonderbestellung des Verbrauchers hin verkauft bzw. erbracht wurden." Diese Fälle sind lediglich als beispielhafte Aufzählung gedacht. Mit *Brandner* wird man folgende **drei Kategorien der vertragsabschlussbegleitenden Umstände** unterscheiden können:[54] erstens persönliche Eigenschaften der Vertragspartner (z. B. Grad der persönlichen Geschäftserfahrung), zweitens Besonderheiten der konkreten Vertragsabschlusssituation (z. B. Überrumpelungssituation, Bagatellisierung der Rechtsfolgen einzelner Klauseln, erfolgte Belehrung oder Erläuterung[55]), drittens untypische Sonderinteressen des Verbrauchers (z. B. besonderer, dem Verwender bekannter oder ihm erkennbarer Verwendungszweck des Verbrauchers). 478

---

[49] *Ulmer*, in: Karlsruher Forum 1997, S. 39; *ders.*, Einl. Rdn. 101; gegen ihn zu Recht jedoch *H. Roth*, JZ 1999, 535.

[50] Ähnlich *Franzen*, in: Europäisierung des Privatrechts Zwischenbilanz und Perspektiven, Jahrbuch Junger Zivilrechtswissenschaftler 1997, S. 305.

[51] Von einem „Wertfundus" des primären und sekundären Gemeinschaftsrechts zu sprechen (so *Staudinger-Coester*, Bearbeitung 1998, § 9 AGBG Rdn. 58), auf den zur Konkretisierung des Art. 3 Abs. 1 der Klauselrichtlinie maßgeblich zurückgegriffen werden könnte, stellt sich als ein dem status quo des europäischen Gemeinschaftsrechts nicht gerecht werdender Euphemismus dar.

[52] EuGH NJW 2004, 1647 – Freiburger Kommunalbauten.

[53] So die zutreffende Lesart von *Ulmer/Fuchs*, § 307 Rdn. 401; *Röthel*, ZEuP 2005, 425; anders hingegen *Markwardt*, ZIP 2005, 156.

[54] *Ulmer/Brandner*, 9. Aufl. 2001, § 9 AGBG Rdn. 179; übernommen von *Ulmer/Fuchs*, § 307 Rdn. 407 ff.; sich anschließend auch BAG NZA 2006, 324 (328).

[55] BAG 10. 1. 2007, NZA 2007, 384 (385).

479 Methodisch ist dem Gebot des § 310 Abs. 3 Nr. 3 bei Verbraucherverträgen im Wege einer **Kombination aus Inhalts- und Umstandskontrolle** Rechnung zu tragen.[56] Dementsprechend gliedert sich der Prüfungsgang in zwei Abschnitte.[57]

480 Auf der **ersten Stufe** ist – wie gewohnt – der Inhalt des Vertrages anhand einer generalisierenden und typisierenden Betrachtungsweise auf seine Angemessenheit hin zu untersuchen. Konkret-individuelle Umstände bleiben zunächst außer Betracht. Dieses Vorgehen ist gerechtfertigt, da die Vorschrift des § 310 Abs. 3 Nr. 3 („auch") nicht die Ersetzung des überindividuell-generalisierenden Maßstabs verlangt. Diese Sichtweise ist auch richtlinienkonform, verlangt doch Art. 4 Abs. 1 der Klauselrichtlinie nicht etwa eine ausschließlich individuell-konkrete Beurteilung.[58] Hinzu kommt, daß die Richtlinie im 16. Erwägungsgrund von einer „globalen Bewertung der Interessenlage der Parteien" spricht.

481 Sodann kommt es auf der **zweiten Stufe** zu der von § 310 Abs. 3 Nr. 3 vorgegebenen Berücksichtigung der konkret-individuellen Umstände des Vertragsabschlusses. Zu untersuchen ist, ob sich das Abwägungsergebnis der ersten Stufe infolge der Berücksichtigung der individuellen Begleitumstände nunmehr in einem anderen Licht darstellt und deswegen korrigiert werden muss oder ob es weiterhin gehalten werden kann. Es besteht weitgehend Einigkeit, dass die Berücksichtigung der den Vertragsschluss begleitenden Umstände das **Ergebnis nach beiden Richtungen beeinflussen** kann.[59] Zum einen kann die Einbeziehung der Begleitumstände das Klauselverdikt erst begründen oder die bereits vorhandenen, allein aber womöglich nicht ausreichenden, Bedenken in ausschlaggebender Weise verstärken. Anders herum kann die Umstandsberücksichtigung sich auch zulasten des Verbrauchers auswirken und die Klausel vor der ansonsten auszusprechenden Unwirksamkeitsfolge bewahren.

Beispiele:
(1) Eine für den Kunden nachteilige, ihn aber noch nicht unangemessen benachteiligende Klausel wird vom Verwender im Rahmen der Vertragsverhandlungen bagatellisiert, so dass dem Verbraucher die belastende Wirkung verborgen bleibt.
(2) Eine den Verbraucher auf Grund ihres Inhaltes unangemessen benachteiligende Klausel kann infolge konkret-individueller Umstände des Vertragsschlusses gleichwohl die Inhaltskontrolle nach § 307 passieren, etwa weil der Verbraucher ausnahmsweise mit solchen Verträgen gut vertraut ist und er zudem vom Unternehmer auf den bedenklichen Regelungsgehalt der Klausel ausdrücklich hingewiesen wurde. Diese „verbraucherunfreundliche" Auswirkung mag unter Verbraucherschutzgesichtspunkten zu bedauern sein. Sie ist jedoch nur konsequent und steht mit der Richtlinie im Einklang, die von einer Berücksichtigung aller Umstände ausgeht.[60] Sie entspricht damit dem Bild des mündigen Verbrauchers und sorgt für eine Gleichbehandlung beider Seiten. Im Übrigen war es schon bislang bei der Transparenzkontrolle (außerhalb von Verbraucherverträgen) anerkannt, dass individuelle Hinweise bei Vertragsschluss die Intransparenz beseitigen können.[61] Dass Art. 8 der Richtlinie auch eine verbraucherfreundlichere nationale Regelung

---

[56] *Palandt-Grüneberg,* § 310 Rdn. 19 („Kombinationslösung"); *Michalski,* DB 1999, 677; *Ulmer/Fuchs,* § 307 Rdn. 402.

[57] Nach *Michalski,* DB 1999, 677 ff. soll die Prüfung drei Stationen durchlaufen. Die von ihm in Aussicht genommene Gesamtabwägung auf der dritten Stufe wird man aber kaum von der Umstandsprüfung auf der zweiten Stufe trennen können.

[58] *Ulmer/Fuchs,* § 307 BGB Rdn. 402.

[59] BAG NZA 2006, 324 (328); 2008, 170 (172); *Ulmer/Fuchs,* § 307 Rdn. 410; *Palandt-Grüneberg,* § 307 Rdn. 21; MünchKomm-*Basedow,* § 310 Rdn. 75.

[60] Wie hier OLG Frankfurt NJW-RR 2001, 780; MünchKomm-*Basedow,* § 310 Rdn. 75; *Ulmer/Fuchs,* § 307 Rdn. 410; *Palandt-Grüneberg,* § 310 Rdn. 21; AnwKom-*Kollmann,* § 310 Rdn. 34; a.A. hingegen *Michalski,* DB 1999, 679; *Borges,* Inhaltskontrolle von Verbraucherverträgen, S. 49 ff.; *Bamberger/Roth-Becker,* § 310 Rdn. 20; vgl. hierzu im Einzelnen *Börner,* JZ 1997, 595 ff.

[61] BGH NJW 1992, 179 (180) und 1097 (1098); *Ulmer/Fuchs,* § 307 Rdn. 346; LG Bonn NJW-RR 1999, 1361 (1363) stützt sich ausdrücklich auf § 24a Nr. 3 AGBG (jetzt § 310 Abs. 3 Nr. 3).

§ 16. Die Generalklausel

zugelassen hätte, ist zwar richtig; nur hat der Gesetzgeber von dieser Möglichkeit keinen Gebrauch gemacht.

Eine gesteigerte Bedeutung kommt der Umstandskontrolle dann zu, wenn die betreffende 482
Klausel nur zur **einmaligen Verwendung** bestimmt war, der Anwendungsbereich der Inhaltskontrollvorschriften mithin erst über § 310 Abs. 3 Nr. 2 eröffnet wird.[62]

Im **Verbandsverfahren** kann § 310 Abs. 3 Nr. 3 von vornherein nicht zur Anwendung 483
gelangen. Dieses wird gerade losgelöst von einem konkreten Anlassfall durchgeführt. Es fehlt damit an konkret-individuellen Umständen des Vertragsschlusses, an die § 310 Abs. 3 Nr. 3 anknüpft.[63] Auch nach einer rechtskräftigen Entscheidung im Verbandsverfahren muss es den Parteien eines Verbrauchervertrages aber möglich sein, auf konkret-individuelle Begleitumstände gerade ihres Vertrages hinzuweisen und im Individualprozess eine vom Verbandsurteil abweichende gerichtliche Entscheidung zu erstreiten. § 11 UKlaG ist insoweit einschränkend auszulegen.

5. Einzelne Wertungsgesichtspunkte

Die langjährigen Erfahrungen mit der Inhaltskontrolle Allgemeiner Geschäftsbedingungen 484
haben einige Anwendungs- und Bewertungsrichtlinien hervortreten lassen, die dem Rechtsanwender bei der Auswahl und Gewichtung der maßgeblichen Umstände und Interessen eine gewisse Orientierung ermöglichen.

a) Gesamter Vertragsinhalt

Als **Gegenstand der Inhaltskontrolle** kommt nach den §§ 305 ff. immer nur **eine be-** 485
stimmte Klausel und niemals ein Vertragswerk in toto in Betracht.[64] Dies kommt im Wortlaut des § 307 Abs. 1 („Bestimmungen in Allgemeinen Geschäftsbedingungen") und in der Benennung der Richtlinie 93/13/EWG („missbräuchliche Klauseln in Verbraucherverträgen") deutlich zum Ausdruck und zieht sich wie ein roter Faden durch die gesamte AGB-Prüfung. Eine andere Perspektive wäre auch nicht sinnvoll, fördert doch nur die Einzelprüfung differenzierte und nachvollziehbare Aussagen über mögliche unangemessene Benachteiligungen des Vertragspartners zutage. Dies bedeutet jedoch nicht, dass bei der Prüfung, ob eine einzelne Vertragsbestimmung den Kunden unangemessen benachteiligt, der übrige Vertragsinhalt ausgeblendet werden kann. Vielmehr muss die betreffende Klausel in ihrem **Zusammenspiel mit anderen Vertragsbedingungen einschließlich individueller Absprachen und bezogen auf den Zweck des Gesamtvertrages** gewürdigt werden.[65] Hieraus ergeben sich vor allem zwei wichtige Konsequenzen.

(1) Summierungseffekt

Die nachteilige Wirkung einer für sich allein gesehen noch hinnehmbaren Klausel kann 486
durch eine andere Vertragsbestimmung derart verstärkt werden, dass sie erst hierdurch zu einer unangemessenen Benachteiligung wird (**Summierungs- oder Verstärkereffekt**).[66]

---

[62] *Ulmer/Fuchs*, § 307 Rdn. 404; *Staudinger-Schlosser*, § 310 Rdn. 70.
[63] BGH NJW 1999, 2180 (2182); 2001, 2971 (2973); *Ulmer/Hensen*, § 1 UKlaG Rdn. 5; *Palandt-Grüneberg*, § 310 Rdn. 20; *Michalski*, DB 1999, 680; a. A. *Lindacher*, NJW 1997, 2741. Vgl. auch den Vorbehalt in Art. 4 Abs. 1 und Art. 7 der Richtlinie 93/13/EWG.
[64] *Ulmer/Fuchs*, § 307 Rdn. 94; *von Hoyningen-Huene*, § 9 AGBG Rdn. 171; *Staudinger-Coester*, § 307 Rdn. 89.
[65] BGH NJW 1989, 582; 1993, 532; *Palandt-Grüneberg*, § 307 Rdn. 9; *Staudinger-Coester*, § 307 Rdn. 124 spricht anschaulich von einem „Verständnis- und Bewertungshintergrund".
[66] BGH NJW 1993, 532; 1995, 254; 2003, 2234 (2235); 2006, 2116 (2117); 2007, 997 (999); *Wolf*, § 9 AGBG Rdn. 133; *Ulmer/Fuchs*, § 307 Rdn. 155; *von Hoyningen-Huene*, § 9 AGBG Rdn. 177.

Im Regelfall führt dies dann zur Unwirksamkeit beider Klauseln.[67] Dabei kann der Fall auch so liegen, dass nur eine der beiden Klauseln formularmäßig, die andere dagegen individuell vereinbart worden ist.[68] Eine unangemessene Benachteiligung einer Vertragspartei – und damit die Unwirksamkeit der Gesamtregelung – kann sich aus dem Zusammenwirken zweier Formularklauseln auch dann ergeben, wenn einer dieser Klauseln schon für sich gesehen unwirksam ist.[69]

Beispiele:
(1) Die in einem Mietvertragsformular enthaltene **Kombination einer Vorauszahlungsklausel mit einer Klausel, die die Aufrechnung mit Gegenforderungen des Mieters beschränkt,** führt in ihrer Gesamtwirkung zu einer gravierenden Beschränkung des Minderungsrechts aus § 536 und stellt eine unangemessene Benachteiligung des Mieters dar. Die Vorauszahlungsklausel, die für sich allein keinen Grund zur Beanstandung bietet, hat der BGH daher für unwirksam erachtet (die Aufrechnungsklausel war nicht Gegenstand der Vorlage).[70]
(2) Die formularmäßige Verpflichtung des **Mieters** zur laufenden Vornahme von **Schönheitsreparaturen** stellt in Kombination mit der Verpflichtung zur Endrenovierung beim Auszug (ohne Rücksicht auf den Zeitpunkt der letzten Schönheitsreparatur) eine unangemessene Benachteiligung dar.[71]

(2) Kompensationswirkung

487 Umgekehrt können die von einer Klausel für den Kunden ausgehenden Nachteile durch Vorteile anderer Vertragsbestimmungen ausgeglichen werden, so dass die Klausel dem Unwirksamkeitsverdikt zu entgehen vermag.[72] Dass der Kompensationsgedanke dem AGB-Recht nicht fremd ist, zeigt bereits § 309 Nr. 8 Buchst. b) Doppelbuchst. bb), lässt diese Vorschrift doch die Ersetzung des gesetzlichen Gewährleistungsrechts durch die Einräumung eines Nachbesserungsanspruchs im Grundsatz zu. Die Einbeziehung eines anderweitigen Vorteils ist jedoch nur zulässig, wenn die entsprechende Vertragsbestimmung in einem **sachlichen Zusammenhang** mit der den Gegenstand der Prüfung bildenden Klausel steht und darüber hinaus von seinem **Gewicht** her geeignet ist, einen angemessen Ausgleich zu bewerkstelligen.[73]

Beispiele:
(1) Die einem Zeitschriften-Einzelhändler formularmäßig auferlegte Pflicht, das volle Sortiment des Großhändlers zu führen (Verlagerung des Dispositionsrechts auf den Großhändler) stellt für sich genommen eine unangemessene Benachteiligung dar. Die Zubilligung des Rechts, innerhalb des Verkaufszeitraums nicht abgesetzte Zeitschriften gegen Gutschrift des Einkaufspreises zurückzugeben (**Remissionsrecht**), vermag diesen Nachteil jedoch auszugleichen.[74]
(2) Die Unangemessenheit einer **Freizeichnungsklausel** könnte mangels Sachzusammenhangs nicht durch eine kurze Ausschlussfrist für den Vergütungsanspruch des Verwenders gerechtfertigt werden.[75]
(3) Nach der Rechtsprechung des BGH benachteiligt eine Bestimmung in Allgemeinen Geschäftsbedingungen eines **Bauvertrags,** wonach der Besteller nach Abnahme des Bauwerks 5% der Auftragssumme für die Dauer der fünfjährigen Gewährleistungsfrist als Sicherheit einbehalten darf,

---

[67] BGH NJW 2007, 997 (999), so auch *Palandt-Grüneberg,* § 307 Rdn. 9.
[68] BGH NJW 2006, 2116 (2117).
[69] BGH NJW 2003, 2234; 3192.
[70] BGH NJW 1995, 254.
[71] BGH NJW 2003, 2234; 3192.
[72] BGH NJW 1982, 644 (645); 1997, 2598; 1999, 942 (943); *Palandt-Grüneberg,* § 307 Rdn. 10; *Wolf,* § 9 AGBG Rdn. 132 ff.
[73] BGH NJW 2003, 888 (890 f.); *Staudinger-Coester,* § 307 Rdn. 125; *Wolf,* § 9 AGBG Rdn. 134, gegen das Konnexitätserfordernis jedoch *von Hoyningen-Huene,* § 9 AGBG Rdn. 173.
[74] BGH NJW 1982, 644 (645).
[75] Beispiel nach *Palandt-Grüneberg,* § 307 Rdn. 10.

den Auftragnehmer unangemessen. Sie ist nur wirksam, wenn dem Auftragnehmer ein angemessener Ausgleich zugestanden wird. Das dem Auftragnehmer eingeräumte Recht, den Einbehalt durch eine Bürgschaft auf erstes Anfordern abzulösen oder die Hinterlegung des Sicherheitseinbehalts zu verlangen, ist kein angemessener Ausgleich;[76] wohl aber die Ablösungsbefugnis durch eine selbstschuldnerische unbefristete Bürgschaft.[77]

(4) In der arbeitsrechtlichen Praxis kommt es bei der Beendigung des Arbeitsverhältnisses häufig vor, dass der Arbeitgeber dem ausscheidenden Arbeitnehmer ein Formular zur Unterschrift vorlegt, aus dem hervorgeht, der Arbeitnehmer erkläre, keine Ansprüche mehr aus dem Arbeitsverhältnis gegen den Arbeitgeber zu haben (sog. **Ausgleichsquittung**). Gegen solche Verzichtserklärungen bestehen dann keine grundsätzlichen Bedenken, wenn sie mit einer Abfindungszusage verbunden sind oder sich der Arbeitgeber im Gegenzug ebenfalls zu einen Anspruchsverzicht bereiterklärt. Fehlt es an solchen kompensatorischen Elementen, belastet also die Ausgleichsquittung einseitig den Arbeitnehmer, so liegt eine unangemessene Benachteiligung im Sinne des § 307 Abs. 1 Satz 1 nahe.[78]

(5) Eine weiteres Beispiel für die Berücksichtigung kompensatorischer Effekte sind **Mankogeldzusagen** im Zusammenhang mit Vereinbarungen über die Haftung des Arbeitnehmers für Kassen- oder Warenfehlbestände.[79]

Besonders großzügig ist die Rechtsprechung insoweit im Hinblick auf **kollektiv ausgehandelte Vertragswerke** wie die VOB[80], oder die ADSp.[81] Zu den ADSp heißt es in einer neueren Entscheidung, bei der Beurteilung sei auch zu berücksichtigen, dass die ADSp unter Mitwirkung aller beteiligten Wirtschaftskreise zustandegekommen seien, und seit nunmehr über 60 Jahren bei allen beteiligten Verkehrskreisen weitgehende Anerkennung gefunden hätten. Die ADSp seien zu einer „allgemein geregelten Vertragsordnung", zu einer umfassenden „fertig bereitliegenden Rechtsordnung" geworden. Das enthebe sie zwar nicht dem Anwendungsbereich der AGB-Kontrolle, führe aber dazu, auch bei Beanstandungen nur einer bestimmten einzelnen Klausel den jeweiligen Normzweck in der Gesamtheit der Regelung zu berücksichtigen. Es bedürfe daher einer umfassenden Würdigung des gesamten, dem Haftungs- und Versicherungssystem der ADSp zugrunde liegenden wirtschaftlichen Sachverhalts. Die einzelne Klausel könne nicht isoliert am Gerechtigkeitsgehalt einer Norm des dispositiven Rechts gemessen werden; vielmehr sei die beiderseitige Interessenlage im Zusammenhang mit dem Gesamtgefüge der ADSp zu werten.[82] Wichtig ist, dass diese Privilegierung nur gilt, wenn das kollektiv ausgehandelte Klauselwerk als Ganzes vereinbart wird.[83] 488

b) Rationalisierungseffekt

Ein hoher Rationalisierungseffekt streitet für die Angemessenheit der in Allgemeinen Geschäftsbedingungen enthaltenen Regelung. Bringt sie auf der anderen Seite Nachteile für den Vertragspartner mit sich, so ist im Rahmen der Inhaltskontrolle abzuwägen, ob 489

---

[76] BGH NJW 1997, 2598; 2002, 894; NJW-RR 2007, 1319.
[77] BGH NJW 2004, 443.
[78] LAG Schleswig-Holstein BB 2004, 608 mit Anm. *v. Steinau-Steinrück;* LAG Düsseldorf DB 2005, 1463, 1465; *Ulmer/Fuchs,* § 307 Rdn. 477; Arbeitsvertrag-*Rolfs,* II V 50 Rdn. 7; gegen die Anerkennung der Beidseitigkeit des Anspruchsverzichts als kompensatorisches Element *Preis/Bleser/Rauf,* DB 2006, 2816; vgl. ferner BAG NZA 2008, 355 mit Besprechung von *Böhm,* NZA 2008, 919; zum Verzicht auf die Erhebung einer Kündigungsschutzklage vgl. BAG NZA 2008, 219.
[79] Hierzu Arbeitsvertrag-*Stoffels,* II M 10.
[80] BGH NJW 1999, 942 (943).
[81] Zustimmend Palandt-*Heinrichs,* § 307 Rdn. 11.
[82] BGH NJW-RR 1997, 1253 (1255).
[83] BGH NJW 2003, 1321 (1322). Bei der VOB/B führt nach neuerer Rechtsprechung (BGH NJW 2004, 1597) jede Abweichung dazu, dass sie nicht mehr als Ganzes vereinbart ist. Auf die Intensität des Eingriffs kommt es nicht (mehr) an.

dem Vertragspartner angesichts der Rationalisierungsvorteile diese Nachteile zugemutet werden können.[84]

Beispiel: Zulässig ist die Anordnung des **Einzugsermächtigungsverfahrens** in den Allgemeinen Geschäftsbedingungen des Betreibers von **Breitbandkabel-Verteileranlagen**;[85] bei **Mobilfunkverträgen** wegen der Unsicherheit der konkreten Höhe des abzurechnenden Betrages jedoch nur dann, wenn durch eine entsprechende Klauselgestaltung sichergestellt ist, dass dem Kunden zwischen dem Zugang der Rechnung und dem Einzug des Rechnungsbetrages ausreichend Zeit – mindestens fünf Werktage – verbleibt, die Rechnung zu prüfen und ggf. für ausreichende Deckung seines Girokontos zu sorgen.[86] Klauseln, die das **Abbuchungsauftragsverfahren** vorsehen, benachteiligen den Kunden dagegen regelmäßig unangemessen, da er nach Einlösung der Lastschrift die Kontobelastung nicht mehr rückgängig machen kann.[87]

c) Risikobeherrschung

Literatur: *Kötz*, Zur Wirksamkeit von Freizeichnungsklauseln, NJW 1984, 2447; *Stoffels/Lohmann*, Risikobeherrschung und Versicherbarkeit als Beurteilungsfaktoren im Vertragsrecht, VersR 2003, 1343.

490 Wird durch eine AGB-Klausel ein bestimmtes Risiko auf den Kunden abgewälzt, so ist es für die Angemessenheitsbeurteilung von Bedeutung, **in wessen Sphäre das Risiko fällt und ob die Verwirklichung des Risikos besser und kostengünstiger durch zumutbare Präventionsmaßnahmen des Kunden oder des Verwenders verhindert** werden kann.[88] Bestätigt wird dieses Beurteilungskriterium durch die ökonomische Analyse des Rechts. Auch sie strebt danach, dem „cheapest cost avoider" das Risiko einer Vertragsstörung zuzuweisen.[89]

Beispiele:
(1) Die **Verkaufs- und Lieferungsbedingungen eines Heizöllieferanten** enthalten eine Bestimmung, in welcher der Verwender die Verpflichtung ablehnt, die Tanks des Käufers zu überprüfen, und durch die er sich von Schadensersatzansprüchen freizeichnet, die auf das Überlaufen der Tanks zurückzuführen sind. Die Überprüfung der Tanks auf etwaige technische Mängel kann vom Durchschnittskunden nicht erwartet werden, während der Lieferant im Allgemeinen über die technische Sachkunde und das notwendige Erfahrungswissen um mögliche Mängel verfügt. Ebenso verhält es sich hinsichtlich der Überwachung des Abfüllvorgangs. Eine solche Klausel vermag daher der Inhaltskontrolle nicht standzuhalten.[90]
(2) Unwirksam sind ferner **Haftungsbestimmungen in den Bedingungen eines Kreditkartenunternehmens,** die dem Kunden das Risiko des bestimmungswidrigen Gebrauchs der Kreditkarte durch die Vertragsunternehmen (also z.B. durch Fälschung von Belastungsbelegen) auferlegen. Die Gefahr kommt hier aus der Sphäre der Vertragsunternehmen, die vom Kreditkartenunternehmen ausgesucht werden. Der Kunde hat dagegen keinerlei Einfluss auf die Auswahl der Vertragsunternehmen. Er hat auch – systembedingt – vor Ort keine Überwachungsmöglichkeit, da er die Kreditkarte zur Anfertigung des Belastungsbelegs dem Vertragsunternehmen kurzzeitig überlassen muss.[91]

---

[84] BGH NJW 1996, 988 (989); *Ulmer/Fuchs*, § 307 Rdn. 121.
[85] BGH NJW 1996, 988 mit Anm. *Häuser*, JZ 1997, 957ff.; OLG Düsseldorf, WiB 1997, 828 (830f.).
[86] BGH NJW 2003, 1237.
[87] BGH NJW 2008, 2495 (2496).
[88] BGH NJW 1988, 1785 (1787); 1991, 1886 (1888); 2002, 673 (675); 2005, 422 (424); OLG Frankfurt a.M. NJW 2000, 2114 (2115); *von Hoyningen-Huene*, § 9 AGBG Rdn. 190ff.; MünchKomm-*Kieninger*, § 307 Rdn. 46f.; *Staudinger-Coester*, § 9 AGBG Rdn. 167.
[89] *Schäfer/Ott*, Lehrbuch der ökonomischen Analyse des Zivilrechts, 5. Aufl. 2005, S. 227ff.; *Salje*, Rechtstheorie Bd. 15 (1984), 285f.
[90] BGH NJW 1971, 1036; ebenso aus der Sicht der ökonomischen Analyse *Kittner*, Schuldrecht, 2. Aufl. 2002, Rdn. 152.
[91] BGH NJW 1984, 2460; vgl. in diesem Zusammenhang ferner BGH NJW 1991, 1886 (1888).

§ 16. Die Generalklausel 183

(3) Der Betreiber einer **Autowaschanlage** vermag durch ständige Wartung, Kontrolle und Überwachung der Anlage sowie durch sorgfältige Auswahl des Bedienungspersonals Schäden an den Fahrzeugen besser zu vermeiden als der Kunde, der sein Fahrzeug der Obhut des Betreibers überantwortet, ohne die weiteren Vorgänge selbst beeinflussen zu können.[92]

d) Versicherbarkeit

Literatur: *Fuchs*, Gewillkürte Haftungsersetzung durch Versicherungsschutz, BB 1992, 1217; *Sieg*, Die Versicherbarkeit als Beurteilungsfaktor für die Zulässigkeit von Haftungsüberwälzungen, BB 1994, 299; *Stoffels/Lohmann*, Risikobeherrschung und Versicherbarkeit als Beurteilungsfaktoren im Vertragsrecht, VersR 2003, 1343.

Bei der im Rahmen des § 307 durchzuführenden Angemessenheitsprüfung von Haftungsregelungen, insbesondere von Freizeichnungsklauseln, ist die Versicherbarkeit des Risikos ein wesentlicher Abwägungsfaktor. Es kommt darauf an, **ob die Risiken besser vom Verwender oder vom Kunden unter Versicherungsschutz gebracht werden können**.[93] In der Sprache der ökonomischen Analyse des Rechts wäre dies die Frage nach dem „cheapest insurer".[94] Wichtig ist, dass dabei nicht allein auf die Möglichkeit einer versicherungsmäßigen Schadensabdeckung abgestellt werden darf. Der Abschluss eines entsprechenden Versicherungsvertrages muss im Hinblick auf die Prämienbelastung und die versicherungsmäßige Schadensabwicklung auch zumutbar sein und im Übrigen einer verbreiteten Übung entsprechen.[95] Jedenfalls dann, wenn der Geschäftsverkehr zwischen dem Verwender und seinem Kunden zu einer Branche gehört, in der die Versicherung der Risiken durch den Kunden allgemeiner Übung entspricht und praktisch lückenlos verbreitet ist, kann und darf sich der Verwender auf die Üblichkeit eines solchen Versicherungsschutzes verlassen.[96] Die Freizeichnung durch den Verwender ist in diesem Fall nicht unangemessen. **491**

Beispiele:
(1) **Haftungsfreizeichnungsklauseln für Lackschäden und Schäden an den äußeren Einrichtungen in den Bedingungen der Betreiber automatischer Autowaschanlagen** sind grundsätzlich problematisch. Der Betreiber kann nämlich das Schadensrisiko ohne weiteres durch Abschluss einer Haftpflichtversicherung abdecken. Die Umlegung der hierfür aufzubringenden Prämienzahlungen auf das Entgelt für die Autowäsche würde dieses kaum merklich erhöhen. Dem Kunden hingegen stünde eine solche Möglichkeit von vornherein nicht zu Gebote. Insbesondere würde auch eine Vollkaskoversicherung solche Schäden nicht abdecken.[97]
(2) Gegen die Angemessenheit eines **Ausschlusses der Haftung des Vermieters für leicht fahrlässig verursachte Schäden des Mieters** an seinen eingebrachten Sachen spricht, dass es dem Vermieter durch den Abschluss einer weithin üblichen Haus- und Grundbesitzerpflichtversicherung möglich ist, den dem Vertragspartner drohenden Schaden abzudecken; dies zumal dann, wenn die Hausratsversicherung des Mieters Schäden, die vom mangelhaften Zustand der Wohnung oder des Hauses ausgehen, nicht umfasst.[98]

Dagegen ist eine Haftungsüberwälzung auf den Kunden in der Regel nicht zu beanstanden, wenn sie Schäden betrifft, die der Kunde üblicherweise unter Versicherungsschutz stellt.[99] **492**

---

[92] BGH NJW 2005, 422.
[93] BGH NJW 1991, 1886 (1888); 1992, 1761 (1762); 1997, 1700 (1702); 2002, 673 (675); *Ulmer/Fuchs*, § 307 Rdn. 156 ff.; *von Hoyningen-Huene*, § 9 AGBG Rdn. 216 ff.; *Palandt-Grüneberg*, § 307 Rdn. 15; *Sieg*, BB 1993, 149.
[94] *Schäfer/Ott*, Lehrbuch der ökonomischen Analyse des Zivilrechts, 5. Aufl. 2005, S. 407 ff.
[95] BGH NJW 1992, 1761 (1762); *Ulmer/Fuchs*, § 307 Rdn. 159.
[96] BGH NJW 1992, 1761 (1762).
[97] Für Unwirksamkeit im Ergebnis auch BGH NJW 2005, 422; ebenso u.a. unter Hinweis auf die Versicherbarkeit *Ulmer/Fuchs*, § 307 BGB Rdn. 159.
[98] BGH NJW 2002, 673 (675).
[99] BGH NJW 2002, 673 (675).

Beispiel: Einen **Haftungsausschluss in den Dock- und Reparaturbedingungen einer Seeschiffswerft** für Schäden, die an dem Schiff anlässlich von Werftarbeiten entstehen, hat der BGH für wirksam erachtet. Hierfür hat er insbesondere den allgemeiner Branchenübung entsprechenden, praktisch lückenlosen Kaskoversicherungsschutz der Schiffseigner angeführt. Wäre die Werft gezwungen, trotz des auf Seiten des Schiffseigners bestehenden Versicherungsschutzes ihrerseits eine Haftpflichtversicherung für das volle Schadensrisiko abzuschließen, müsste der Schiffseigner nicht nur seine Prämie für die eigene Kaskoversicherung aufbringen, sondern im Hinblick auf die von der Werft zusätzlich abzuschließende umfassende Haftpflichtversicherung auch eine entsprechende Erhöhung des von ihm zu entrichtenden Werklohns in Kauf nehmen – eine wirtschaftlich wenig sinnvolle Lösung, zu der das AGB-Recht die Vertragsparteien nicht drängen sollte.[100]

e) Unmaßgeblichkeit des Preisarguments

493 Die Möglichkeit, dass ein für den Kunden wirtschaftlich **günstigerer Preis** kalkuliert werden kann, **vermag eine unangemessene Benachteiligung** nach allgemeiner Ansicht grundsätzlich **nicht zu rechtfertigen;**[101] dies schon deshalb nicht, weil der Richter nicht dazu berufen und häufig auch nicht in der Lage ist, einen „Normalpreis" zu ermitteln, zu dem dann der „ermäßigte" Preis in Beziehung gesetzt werden könnte. Hinzu kommt, dass die dem Kunden aus der Verschlechterung seiner vertragsmäßigen Rechte erwachsenden Nachteile durch den meist nur geringfügigen Preisvorteil kaum je angemessen kompensiert werden.

Beispiel: Arzt (A) kauft im Möbelhaus (M) fabrikneue Sitzmöbel für sein Wartezimmer zu einem äußerst günstigen Preis. Der vergleichsweise niedrige Preis wird von M im Verkaufsgespräch damit gerechtfertigt, dass in den Allgemeinen Geschäftsbedingungen ein umfassender Gewährleistungsausschluss vorgesehen sei. Die ersparten Kosten würden in vollem Umfang an die Kunden weitergegeben. Eine solche Vertragsgestaltung ist nach § 307 (§ 309 Nr. 8 Buchst. b) Doppelbuchst. aa) ist hier gemäß § 310 Abs. 1 Satz 1 nicht anwendbar) unwirksam. Der BGH führte noch vor In-Kraft-Treten des AGB-Gesetzes in einem vergleichbaren Fall aus, die Verkäufer müssten ihre Preise nach solchen Bedingungen kalkulieren, die sich mit den Geboten von Treu und Glauben vereinbaren lassen, und sie dürften sich insoweit nicht über die Grenzen hinwegsetzen, die für den Rahmen des rechtlich Billigen und Vertretbaren gelten. Die Möglichkeit, dass bei rechtlich unbilligen Verkaufsbedingungen dadurch unter Umständen auch für den Käufer ein wirtschaftlich etwas günstigerer Preis kalkuliert werden könne, vermöge ein solches – nämlich rechtlich unbilliges – Verhalten nicht zu rechtfertigen.[102]

494 Eine Ausnahme vom Grundsatz der Unbeachtlichkeit des Preisarguments wird im Rahmen des § 307 (nicht hingegen im Bereich der absoluten Klauselverbote) zu Recht gefordert, wenn dem Kunden in Beziehung auf einen konkreten Vertragsgegenstand die Wahl zwischen unterschiedlichen Vertragsvarianten eröffnet wird (sog. **offene Tarifwahl**).[103]

Beispiel: Im obigen Fall hält der Verkäufer zwei Formulare bereit. Das bereits bekannte und ein weiteres, indem der Verkäufer die gesetzlichen Gewährleistungspflichten übernimmt, dafür aber auch einen höheren (nicht überteuerten) Kaufpreis kalkuliert.

495 Ferner misst der BGH dem Preisargument auf dem **Gebiet der Elektrizitätsversorgung** Einfluss auf die Angemessenheit der Haftungsfreizeichnung zu.[104] Die Rechtfertigung und Begrenzbarkeit dieser Ausnahme erscheint zweifelhaft.[105]

---

[100] BGH NJW 1988, 1785 (1787).
[101] BGH NJW 1957, 17 (19); 1961, 212 (213); 1980, 1953 (1954); 1993, 2442 (2444); 1998, 1640 (1644); NJW-RR 2008, 818 (820); *Wolf*, § 9 AGBG Rdn. 137; *Ulmer/Fuchs*, § 307 Rdn. 145; *von Hoyningen-Huene*, § 9 AGBG Rdn. 179; MünchKomm-*Kieninger*, § 307 Rdn. 41.
[102] BGH NJW 1957, 17 (19).
[103] *Ulmer/Fuchs*, § 307 Rdn. 148; *Palandt-Grüneberg*, § 307 Rdn. 14.
[104] BGH NJW 1998, 1640 (1644).
[105] Bei *Ulmer/Brandner*, 9. Aufl. 2001, § 9 AGBG Rdn. 113 wurde bereits einer Ausdehnung auf „Freizeichnungsklauseln in Massengeschäften" das Wort geredet. Zurückhaltender *von Hoyningen-Huene*, § 9 AGBG Rdn. 184 und jetzt auch *Ulmer/Fuchs*, § 307 Rdn. 146.

e) Verfassungsrechtliche Wertungen

Die Generalklausel ist schließlich offen für die Integration verfassungsrechtlicher Wertungen. Über sie vermag sich insbesondere die Ausstrahlungswirkung der Grundrechte zu entfalten (**mittelbare Drittwirkung der Grundrechte**).[106]

495a

Beispiele:
(1) Bei **Verträgen mit höchstpersönlichem Einschlag** (z. B. Partnerschaftsvermittlungsvertrag) muß die Bestimmung der höchstzulässigen Laufzeit im Lichte der Art. 1 und 2 GG erfolgen.[107]
(2) Prägnante Beispiele aus dem grundrechtssensiblen Bereich des **Arbeitsrechts** sind insoweit die Entscheidungen zu **Rückzahlungsklauseln** in Bezug auf vom Arbeitgeber übernommene Ausbildungskosten[108] oder Gratifikationen[109] und zu Wettbewerbsverboten;[110] in diesen Konstellationen spielt die **Berufsfreiheit des Arbeitnehmers** (Art. 12 GG) eine gewichtige Rolle. In Ansehung von Art. 12 GG stellt sich auch ein absolutes Nebentätigkeitsverbot als unangemessene Benachteiligung des Arbeitnehmers im Sinne des § 307 Abs. 1 dar.[111]

IV. Die Regelung des § 307 Abs. 2

§ 307 Abs. 2 soll die Inhaltskontrolle durch Angabe typischer rechtlicher Kriterien erleichtern, die gewöhnlich auf das Fehlen eines angemessenen Interessenausgleichs hinweisen. In den Nummern 1 und 2 werden dem Rechtsanwender zum Zwecke der Konkretisierung des Maßstabs der unangemessenen Benachteiligung **gesetzliche Orientierungskriterien** an die Hand gegeben. Für die Arbeit mit der Generalklausel bedeutet dies, dass **Absatz 2 stets vor Absatz 1 zu prüfen** ist.[112] Allerdings verzichtet die Rechtsprechung nicht selten auf eine genaue Unterscheidung der Absätze der Generalklausel und begründet die Unwirksamkeit einer Klausel einfach mit einem Verstoß gegen § 307.[113]

496

1. Einordnung als in sich abgeschlossene Sondertatbestände der Inhaltskontrolle

Absatz 2 besagt, dass eine unangemessene Benachteiligung im Zweifel anzunehmen ist, wenn einer der unter den Nummern 1 und 2 umschriebenen Tatbestände verwirklicht ist. Kontrovers beurteilt wird seit jeher die **Bedeutung des „im Zweifel"-Vorbehalts** in § 307 Abs. 2. Unklar ist vor allem, worauf sich diese Zweifelsregelung bezieht und welche methodischen Konsequenzen mit ihr verbunden sind. Der Begründung des Regierungsentwurfs eines AGB-Gesetzes[114] lässt sich immerhin entnehmen, dass nach der Vorstellung des Gesetzgebers das Vorliegen eines der Fälle des Absatzes 2 nicht eo ipso zur Unangemessenheit führen soll, sondern dem Klauselverwender die Möglichkeit offengehalten werden soll, besondere Gründe darzulegen, die den rechtlichen Bestand der betreffenden Bestimmung ausnahmsweise zu rechtfertigen vermögen.

497

---

[106] *Wolf*, § 9 AGBG Rdn. 113; BGH NJW 2006, 3057.
[107] *Staudinger-Coester*, § 307 Rdn. 18.
[108] Vgl. etwa BAG SAE 1995, 167 mit Anm. *Stoffels*; zuletzt BAG NZA 2008, 1004.
[109] Zu Art. 12 GG in diesem Zusammenhang zuletzt BAG NZA 2008, 40, 43.
[110] BVerfG AP Nr. 65 zu Art. 12 GG.
[111] OLG Naumburg, NZA-RR 2007, 521; *Hromadka/Schmitt-Rolfes*, Der unbefristete Arbeitsvertrag, S. 117 ff.; *Lakies*, AGB im Arbeitsrecht, Rdn. 690; *Rolfs*, in: Der Arbeitsvertrag, hrsg. von Preis, II N 10 Rdn. 28.
[112] *Ulmer/Fuchs*, § 307 Rdn. 3.
[113] So z. B. BGH NJW 1984, 871 (872); 1989, 582; NJW-RR 1998, 629; kritisch gegenüber dieser nachlässigen Zitierpraxis mit Recht *von Hoyningen-Huene*, § 9 AGBG Rdn. 132 und *Staudinger-Coester*, § 307 Rdn. 83.
[114] BT-Drucks. 7/3919, S. 23.

498 Vor diesem Hintergrund ist Absatz 2 gelegentlich als **Beweislastregelung** bezeichnet worden.[115] Aus ihr ergebe sich, dass der Verwender die Beweislast trage, wenn er das Fehlen einer unangemessenen Benachteiligung geltend machen wolle. Diese Sichtweise widerspricht jedoch gesicherten zivilprozessualen Erkenntnissen.[116] Gegenstand des Beweises sind grundsätzlich nur Tatsachen.[117] Sowohl die Darlegungs- als auch die Beweislast beschränken sich auf die Entscheidung, zu wessen Lasten sich mangelnder Tatsachenvortrag bzw. die Nichterweislichkeit einer Tatsache auswirkt. Rechtliche Wertungen – wie z.B. das Unangemessenheitsurteil in § 307 Abs. 2 – oder Interessenabwägungen, die einer rechtlichen Wertung zugrunde liegen, sind revisible Rechtserkenntnisakte, die einem Beweisverfahren verschlossen sind. Aus dem gleichen Grunde bestehen Bedenken, die Tatbestände des § 307 Abs. 2 als (widerlegbare) **Unwirksamkeitsvermutungen** zu deuten.[118] Denn auch diese Begrifflichkeit entstammt dem auf die Feststellung entscheidungserheblicher Tatsachen ausgerichteten Beweisrecht. Selbst wenn man die Unwirksamkeitsvermutung nicht als Tatsachen-, sondern als Rechtsvermutung qualifizieren wollte, setzte man sich in Widerspruch zum Wesen der gesetzlichen Rechtsvermutung. Diese zielt nämlich nur auf das Bestehen oder Nichtbestehen eines Rechts oder Rechtsverhältnisses, keinesfalls aber auf die Feststellung von Rechtsfolgen oder allgemein auf die Konkretisierung wertausfüllungsbedürftiger Tatbestände.[119]

499 Vorherrschend ist heute die Interpretation der Tatbestände des Absatzes 2 als gesetzliche **Regelbeispiele**.[120] Die gesetzliche Formulierung „im Zweifel" sei im Sinne von „in der Regel" zu lesen, was bedeute, dass die Tatbestandserfüllung die „unangemessene Benachteiligung" indiziere. Nur wenn bestimmte Anhaltspunkte dafür vorlägen, dass die gesetzliche Regelwertung dem konkreten Einzelfall nicht gerecht werden könne, habe der Richter in eine eigenständige Prüfung der Frage einzutreten, ob die gegenüber dem Regelfall vorliegenden Besonderheiten geeignet sein könnten, das Unangemessenheitsurteil entfallen zu lassen.

500 Freilich ist es gerade dieser Punkt, der Zweifel an der Richtigkeit auch dieses Erklärungsansatzes aufkommen lässt. Denn wie – so muss sich die Regelbeispiel-Lehre fragen lassen – hat man sich eine Fallgestaltung vorzustellen, damit einer Abrede trotz festgestellter Verwirklichung eines der Tatbestände des Absatzes 2 noch zur Wirksamkeit via

---

[115] *Löwe*/Graf von Westphalen/Trinkner, § 9 AGBG Rdn. 20; *Wolf*, § 9 AGBG Rdn. 58 (Beweislastregelung in Form einer Vermutung); aus der vorgesetzlichen rechtspolitischen Diskussion vgl. etwa den diesbezüglichen Vorschlag von *Wolf*, JZ 1974, 42 f.

[116] Wie hier ablehnend auch *Becker*, Auslegung des § 9 Abs. 2 AGBG, S. 37 ff.; *Staudinger-Coester*, § 307 AGBG Rdn. 222.

[117] *Rosenberg/Schwab/Gottwald*, Zivilprozessrecht, § 110, Rdn. 2, S. 751.

[118] So aber *Erman-Roloff*, § 307 Rdn. 1; *Soergel-Stein*, § 9 AGBG Rdn. 31; *Thamm/Pilger*, § 9 AGBG Rdn. 9; *Canaris*, in: FS für Ulmer, 2003, S. 1079 von" der Umkehrung der Argumentationslast"; zu Recht ablehnend *Becker*, Auslegung des § 9 Abs. 2 AGB-Gesetz, S. 39 ff.; *von Hoyningen-Huene*, § 9 AGBG Rdn. 238; *Staudinger-Coester*, § 307 Rdn. 222.

[119] *Rosenberg*, Beweislast, S. 228; *Becker*, Auslegung des § 9 Abs. 2 AGB-Gesetz, S. 40; *von Hoyningen-Huene*, § 9 AGBG Rdn. 238.

[120] Grundlegend *Becker*, Auslegung des § 9 Abs. 2 AGB-Gesetz, S. 41 ff.; sich ihm anschließend *von Hoyningen-Huene*, § 9 AGBG Rdn. 236; *Prütting/Wegen/Weinreich-Berger*, § 307 Rdn. 19; *Ulmer/Fuchs*, § 307 Rdn. 193. In diese Richtung lassen sich auch BGH NJW 1982, 644 (645); 1988, 258 (259) deuten („durch § 9 Abs. 2 Nr. 1 AGBG indizierte Unbilligkeit"); ferner BGH NJW 2002, 1950 (1952) und 2005, 1645 (1648). In BGH NJW 2003, 1447 (1448) legt der BGH Wert darauf, dass zur Unvereinbarkeit mit wesentlichen Grundgedanken der gesetzlichen Regelung (§ 307 Abs. 2 Nr. 1) noch die die unangemessene Benachteiligung des Kunden entgegen Treu und Glauben treten müsse (§ 307 Abs. 1), wobei letzteres nur „im Zweifel" anzunehmen sei. *Palandt-Grüneberg*, § 307 Rdn. 25 charakterisiert die Tatbestände des § 307 Abs. 2 ebenfalls als Regelbeispiele, spricht auf der anderen Seite aber auch von einer widerleglichen Vermutung der Unwirksamkeit.

§ 16. Die Generalklausel

Absatz 1 verholfen werden kann? Dies setzt gedanklich voraus, dass Absatz 1 einen größeren Wertungshorizont aufspannt und die Nummern 1 und 2 des Absatzes 2 aus diesem Grunde auch in ihrem Anwendungsbereich nur ein vorläufiges, noch nicht vollständig abgesichertes Urteil erlauben. Welches ist aber das den Nummern 1 und 2 abgehende Wertungselement oder die tatbestandlich nicht erfasste Wertungsebene? Von den Vertretern der Regelbeispiel-Lehre heißt es hierzu kurz, der Rückgriff auf Absatz 1 müsse für solche Fälle offen gehalten werden, bei denen tatsächliche Umstände dafür vorlägen, dass die gesetzgeberische Wertung dem konkreten Einzelfall nicht gerecht werde.[121] Abgesehen davon, dass für die gesamte Inhaltskontrolle nach den §§ 307 ff. ein abstrakter, überindividuell-generalisierender Maßstab gilt, der die Berücksichtigung konkreter Umstände gerade des zu beurteilenden Einzelfalles auch nach § 307 Abs. 1 ausschließt, es also nur um die ein solches Geschäft typischerweise charakterisierenden Züge gehen kann, wird nicht deutlich, weshalb § 307 Abs. 2 trotz der zahlreichen dort versammelten offenen Wertungsbegriffe („Vereinbarkeit", „wesentliche" Rechte und Pflichten, „Vertragszweckgefährdung", „Natur des Vertrages") diese nicht integrieren können soll. Eine Korrektur des auf Absatz 2 beruhenden Unwirksamkeitsurteils durch den Grundtatbestand des Absatzes 1 dürfte bei methodisch korrekter Vorgehensweise von vornherein ausgeschlossen sein. In Anbetracht dieser Erkenntnisse kann der von *Coester* entwickelten Konzeption beigetreten werden, nach der in den Tatbeständen des Absatzes 2 **„in sich abgeschlossene Sondertatbestände der Inhaltskontrolle"** zu sehen sind, „die für ihren Bereich die Angemessenheitsbeurteilung endgültig determinieren".[122] Der in-dubio-Vorbehalt in § 307 Abs. 2 erweist sich vor diesem Hintergrund als eine überflüssige Formel.[123]

2. Verhältnis von § 307 Abs. 2 Nr. 1 zu Nr. 2

Im Verhältnis der Regelbeispiele des Absatzes 2 zueinander kommt der **Nummer 1 gegenüber der Nummer 2 grundsätzlich** eine **Vorrangstellung** zu.[124] Denn soweit ein gesetzliches Leitbild vorhanden ist, ist die normative Rückkopplung der Inhaltskontrolle unmittelbarer. Der Charakter der Inhaltskontrolle als Rechtskontrolle tritt damit stärker hervor. Das Verbot der vertragszweckgefährdenden Einschränkung wesentlicher Rechte und Pflichten kommt demgegenüber subsidiär dort zum Einsatz, wo es an einem gesetzlichen Leitbild fehlt, der Richter also notgedrungen – und mit größerer Unsicherheit belastet – ein vertragstypisches Leitbild des zu beurteilenden Vertrages als Vergleichsmaßstab begründen muss.[125] Ein **originärer Anwendungsbereich der Nummer 2** liegt allerdings in der Sonderproblematik der **Einschränkung von Kardinalpflichten,** die der Gesetzgeber ausweislich der Gesetzesbegründung dort verankert wissen wollte.[126] *Insoweit* kann man die Nummer 2 in der Tat als lex specialis gegenüber der Nummer 1 ansehen.[127]

501

---

[121] *Becker*, Auslegung des § 9 Abs. 2 AGB-Gesetz, S. 50; *von Hoyningen-Huene*, § 9 AGBG Rdn. 239.
[122] *Staudinger-Coester*, § 307 Rdn. 226; dagegen dezidiert *Canaris*, in: FS für Ulmer, 2003, S. 1075 ff.
[123] In diesem Sinne bereits *Schmidt-Salzer*, AGB, Rdn. F 46 („überflüssig oder aber wirkungslos") und *Staudinger-Schlosser*, 12. Aufl 1980, § 9 AGBG Rdn. 19 („so gut wie ohne jeden Aussagewert").
[124] Umstr. Wie hier Schlosser/Coester-Waltjen/*Graba*, § 9 AGBG Rdn. 30; *Becker*, Auslegung des § 9 Abs. 2 AGBG, S. 192 f.; *Staudinger-Schlosser*, 12. Aufl. 1980, § 9 AGBG Rdn. 28; tendenziell auch *von Hoyningen-Huene*, § 9 AGBG Rdn. 282 und *Ulmer/Fuchs*, § 307 Rdn. 198 („tendenzieller Anwendungsvorrang des Abs. 2 Nr. 1 vor Nr. 2 bei normativen Regeltypen"); differnzierend *Staudinger-Coester*, § 307 Rdn. 263 ff. Gegen jegliche Vorrangzuerkennung *Wolf*, § 9 AGBG Rdn. 82.
[125] Für Subsidiarität der Nummer 2 gegenüber Nummer 1 unter Hinweis auf die Gesetzesbindung des Richters insbesondere auch *Becker*, Auslegung des § 9 Abs. 2 AGBG, S. 192 f.
[126] Begründung des RegEntw. BT-Drucks. 7/3919, S. 23. Für diese Auflösung des Überschneidungsbereichs auch *Staudinger-Coester*, § 307 Rdn. 264.
[127] Anders in diesem Punkt *Becker*, Auslegung des § 9 Abs. 2 AGBG, S. 140 ff.

3. Unvereinbarkeit mit einem gesetzlichen Leitbild

502 Nach § 307 Abs. 2 Nr. 1 ist eine unangemessene Benachteiligung im Zweifel anzunehmen, wenn eine AGB-Klausel mit wesentlichen Grundgedanken der gesetzlichen Regelung, von der abgewichen wird, nicht zu vereinbaren ist. Der Gesetzgeber benutzt damit in Anknüpfung an die Vorarbeiten *Ludwig Raisers* und die vorbekannte Rechtsprechung[128] die Richtlinien- und Leitbildfunktion des dispositiven Rechts als Mittel zur Konkretisierung des Maßstabs der Inhaltskontrolle.

a) „Wesentliche Grundgedanken" der gesetzlichen Regelung

503 Mit dem Merkmal der „gesetzlichen Regelung" umschreibt das Gesetz unmittelbar den sachlichen Regelungsbereich der Nummer 1.[129] Die Verengung auf „wesentliche Grundgedanken" der gesetzlichen Regelung versteht die Rechtsprechung als Aufforderung, **Normen, die eine Ausprägung des Gerechtigkeitsgebots darstellen, von solchen zu unterscheiden, die auf bloßen Zweckmäßigkeitserwägungen beruhen.**[130] Freilich hat sich diese Unterscheidung als nicht durchführbar herausgestellt.[131] Der Unterschied ist meist graduell und selbst eher technisch anmutende Vorschriften (z. B. Verjährungsvorschriften) weisen oftmals einen beachtlichen Gerechtigkeitsgehalt auf. Die als Alternative vorgeschlagene Konzentration auf Regelungen, die einem wesentlichen Schutzbedürfnis des Vertragspartners dienen oder wesentliche Ordnungsvorstellungen des geltenden Rechts verkörpern,[132] oder auf solche, die einen gerechtigkeitssensiblen Kernbereich des dispositiven Rechts konstituieren,[133] führt diese Betrachtungsweise nur auf einer anderen Ebene fort.[134] Das Problem liegt vielmehr in der dem Tatbestandsmerkmal der „wesentlichen Grundgedanken" mehrheitlich zuerkannten Ausschlussfunktion. Diese zwingt den Rechtsanwender noch vor der eigentlichen Interessenabwägung zu einer Aussage über die Leitbildfähigkeit einer Norm und damit zur Aussonderung derjenigen gesetzlichen Regelungen, die einen (zu) schwachen Gerechtigkeits- oder Schutzgehalt aufweisen. Unbefriedigend ist hieran, dass trotz fließender Übergänge ein scharfer Bruch zwischen Leitbildfähigkeit und mangelnder Eignung als Leitbild angenommen wird. Diese Entscheidungsnot ließe sich mildern, wenn man als leitbildfähige gesetzliche Regelung grundsätzlich **jede Norm** des dispositiven Rechts anerkennte, **die einem berechtigten Interesse des Vertragspartners zu dienen bestimmt ist.**[135] Das herrschende Verständnis des § 307 Abs. 2 Nr. 1 führt zu einer unglücklichen Verteilung der wertenden Überlegungen auf zwei Merkmale, die mit den „wesentlichen Grundgedanken"[136] und der „Unvereinbarkeit" bezeichnet sind. Sachgerechter wäre es demgegenüber, die ineinander fließenden Wertungen in einer Wertungsstation zusam-

---

[128] Vgl. im Einzelnen die historische Darstellung unter Rdn. 19 und 30.
[129] *Becker*, Auslegung des § 9 Abs. 2 AGB-Gesetz, S. 78.
[130] BGH NJW 1984, 1182; 1991, 1886 (1887); 1999, 635 (636); 2001, 3480 (3481 f.); NJW-RR 2004, 1206 (1207); BAG NZA 2007, 853 (854).
[131] Ablehnend stehen dieser Differenzierung gegenüber *Wolf*, § 9 AGBG Rdn. 71; *Ulmer/Fuchs*, § 307 Rdn. 222; *Staudinger-Coester*, § 307 Rdn. 249; *von Hoyningen-Huene*, § 9 AGBG Rdn. 242 f.; *Schlosser/Coester-Waltjen/Graba*, § 9 AGBG Rdn. 25.
[132] *Ulmer/Brandner*, 9. Aufl. 2001, § 9 AGBG Rdn. 133; ähnlich *Soergel-Stein*, § 9 AGBG Rdn. 35; unter Ausklammerung allgemeiner Ordnungsvorstellungen auch *Wolf*, § 9 AGBG Rdn. 70.
[133] *Schlosser/Coester-Waltjen/Graba*, § 9 AGBG Rdn. 25; *Staudinger-Coester*, § 307 Rdn. 247 („Gerechtigkeitskern" und „AGB-disponibler Randbereich"); *Wolf*, § 9 AGBG Rdn. 70.
[134] Zust. Insoweit *Ulmer/Fuchs*, § 307 BGB Rdn. 222.
[135] So auch *Wolf*, § 9 AGBG Rdn. 72 ohne daraus freilich die hier befürworteten Konsequenzen zu ziehen.
[136] Dass es sich hierbei um eine „Wertungsfrage" handelt, betont zutreffend *Staudinger-Coester*, § 307 Rdn. 249.

menzuführen, einander gegenüberzustellen und in einer Gesamtbewertung aufzulösen.[137] Als **zentrale Wertungsstation** bietet sich **die Unvereinbarkeitsprüfung** an. Die Formel des Gesetzes von den „wesentlichen Grundgedanken" könnte hier als Hinweis verstanden werden, dem Gerechtigkeitsgehalt der verdrängten Regelung besonderes Augenmerk zu schenken. Dafür spricht auch die Stellungnahme des Rechtsausschusses, auf dessen Intervention die endgültige Gesetzesformulierung zurückgeht. Dort heißt es, durch die Worte „wesentliche Grundgedanken der gesetzlichen Regelung" – an Stelle von „Grundsätzen" – werde klarer zum Ausdruck gebracht, dass hier der Gerechtigkeitsgehalt der gesetzlichen Regelung als *Richtschnur* dienen solle.[138] Nicht ein auf eine starre Grenze zielendes Ausschlusskriterium, sondern ein die graduellen Abstufungen zur Geltung bringendes Abwägungskriterium war offenbar bezweckt. Der Vorteil läge jedenfalls darin, dass die Aussagen zum Schutz- und Gerechtigkeitsgehalt der gesetzlichen Dispositivbestimmung nicht losgelöst von der zu beurteilenden Vertragsgestaltung erfolgen müssten,[139] sondern von vornherein auf eine bestimmte typisierbare und in ihrem Interessengegensatz bereits erfasste Konstellation bezogen wären. Nur so lässt sich der Beobachtung gerecht werden, dass manche Vorschriften des dispositiven Gesetzesrechts für gewisse Vertragstypen eine wesentliche, für andere eine zu vernachlässigende Schutzfunktion erfüllen.[140]

All dies spricht dafür, in den „wesentlichen Grundgedanken" **kein eigenständiges Tatbestandsmerkmal** zu sehen, **sondern** diese Wendung als einen **Hinweis auf die Beachtlichkeit der Schutzrichtung und des Gerechtigkeitsgehalts der verdrängten Regelung für die beim Merkmal der „Unvereinbarkeit" angesiedelte abschließende Interessenbewertung** zu begreifen. 504

b) Das Merkmal der „gesetzlichen Regelung"

Der in § 307 Abs. 2 Nr. 1 mit der „gesetzlichen Regelung" umschriebene normative Vergleichsmaßstab wird von der Rechtsprechung und weiten Teilen des Schrifttums im denkbar weitesten Sinne verstanden. Die „gesetzliche Regelung, von der abgewichen wird" soll neben den im Bürgerlichen Gesetzbuch und anderen Gesetzen enthaltenen Vorschriften auch alle ungeschriebenen Rechtsgrundsätze, die Regeln des Richterrechts oder die auf Grund ergänzender Auslegung nach §§ 157, 242 und aus der Natur des jeweiligen Schuldverhältnisses zu entnehmenden Rechte und Pflichten umfassen.[141] Freilich gibt es auch Stimmen, die für eine restriktivere Handhabung des Merkmals der „gesetzlichen Regelung" im Rahmen des § 307 plädieren.[142] Diese Differenz wirkt sich insbesondere auf die Inhaltskontrolle nicht kodifizierter Verträge aus, da hier der normative Maß- 505

---

[137] Abl. *Ulmer/Fuchs*, § 307 Rdn. 223.
[138] BT-Drucks. 7/5422, S. 6.
[139] So in der Tat jedoch *von Hoyningen-Huene*, § 9 AGBG Rdn. 260 und *Becker*, Auslegung des § 9 Abs. 2 AGB-Gesetz, S. 134 ff.
[140] *Staudinger-Schlosser*, 12. Aufl. 1980, § 9 AGBG Rdn. 24; *Ulmer/Brandner*, 9. Aufl. 2001, § 9 AGBG Rdn. 132 unter Hinweis auf BGH NJW 1989, 1479. Dort erwägt der BGH im Hinblick auf § 627 eine differenzierte Betrachtungsweise, da unter diese Gesetzesvorschrift ganz veschiedene Dienstleistungen fielen.
[141] So zuletzt BGH NJW 1998, 1640 (1642); zuvor schon BGH NJW 1993, 721 (722); *Wolf*, § 9 AGBG Rdn. 66; *Soergel-Stein*, § 9 AGBG Rdn. 33; *Staudinger-Coester*, § 307 Rdn. 231 ff.; *Ulmer/Brandner*, 9. Aufl. 2001, § 9 AGBG Rdn. 140 rechnet noch „vertragstypenspezifische Grundgedanken" hinzu. Sehr weitgehend auch *Schapp*, DB 1978, 621 ff. und *Weick*, NJW 1978, 11 ff. *Canaris* (in: FS für Ulmer, 2003, S. 1075) spricht sich dafür aus, eine „gesetzliche Regelung" nicht jedem einzelnen „kleinen" Paragraphen zu erblicken, sondern vorzugsweise in größeren Regelungskomplexen.
[142] Allen voran *Becker*, Auslegung des § 9 Abs. 2 AGB-Gesetz, S. 78 ff.; ferner *von Hoyningen-Huene*, § 9 AGBG Rdn. 245 ff.; *Zöllner*, RdA 1989, 159 f.

stab eher selten dem geschriebenen Gesetzesrecht entnommen werden kann, die umstrittenen Randbereiche mithin an Bedeutung gewinnen.

(1) Gesetze im formellen und materiellen Sinne

506 Als Ausgangspunkt für die Konkretisierung des Begriffspaars „gesetzliche Regelung" bietet sich die **Legaldefinition des „Gesetzes" in Art. 2 EGBGB** an.[143] Gesetz im Sinne des Bürgerlichen Gesetzbuches ist nach Art. 2 EGBGB jede Rechtsnorm. Erfasst werden also **Gesetze im materiellen Sinne**.[144] Unter Gesetzen im materiellen Sinne versteht man alle auf dem Willen der Gemeinschaft beruhenden, allgemeinverbindlichen Rechtssätze, ohne Rücksicht darauf, in welcher Form sie im Rechtsleben Anerkennung gefunden haben.[145] **Gewohnheitsrechtliche geltende Rechtssätze** stehen dem geschriebenen Gesetzesrecht damit gleich.[146] Zur gesetzlichen Regelung wird zu Recht auch der im Wege der **Analogie** erstreckte Geltungsbereich einer Norm gerechnet.[147] Der methodisch korrekt gezogene Analogieschluss erhebt die analogisierte Norm zum Gerechtigkeitsmodell für einen unmittelbar nicht geregelten Fall, so dass diese folgerichtig auch als gesetzliches Leitbild im Rahmen des § 307 Abs. 2 Nr. 1 betrachtet werden muss.

507 Zur gesetzlichen Regelung gehören richtiger Ansicht nach nur die Vorschriften des dispositiven Rechts.[148] Denn die in § 307 Abs. 2 Nr. 1 vorgesehene Vergleichsprüfung, die auf ein Urteil über die Vereinbarkeit mit der gesetzlichen Regelung zielt, kann sinnvollerweise nur im Hinblick auf abdingbare Vorschriften durchgeführt werden. Der **Verstoß gegen zwingendes Recht** führt, wenn nicht schon die Verbotsnorm selbst das Nichtigkeitsverdikt ausspricht, nach § 134 zur Unwirksamkeit der inkriminierten AGB-Bestimmung. Daneben bedarf es keiner weiteren, auf § 307 Abs. 2 Nr. 1 gestützten Angemessenheitskontrolle der ohnehin nichtigen Klausel. Die anderslautende, insbesondere mit Blick auf das Verbandsverfahren entwickelte Rechtsprechung[149] vermag nicht zu überzeugen. Zwar ist es in der Tat geboten, auch AGB-Bestimmungen, die gegen zwingendes Recht verstoßen, in den das abstrakte Kontrollverfahren beschließenden Urteilsausspruch einzubeziehen. Die Lösung muss dann aber dort gesucht werden, wo sich das Problem stellt, nämlich im Verfahrensrecht. Nicht § 307 Abs. 2 Nr. 1 bedarf der Ausdehnung, sondern der Tatbestand des § 1 UKlaG ist im Wege teleologischer Extension über seinen zu engen Wortlaut („nach §§ 307 bis 309") hinaus zu erweitern.[150]

---

[143] Auch das Adjektiv „gesetzlich" erschließt sich aus der Definition des Art. 2 EGBGB; vgl. Staudinger-*Merten*, Art. 2 EGBGB Rdn. 4.

[144] Vgl. hierzu Staudinger-*Merten*, Art. 2 EGBGB Rdn. 4.

[145] *Staudinger-Merten*, Art. 2 EGBGB Rdn. 2; *Soergel-Hartmann*, Art. 2 EGBGB Rdn. 2.

[146] Heute unstreitig vgl. *Becker*, Auslegung des § 9 Abs. 2 AGB-Gesetz, S. 83f.; *Staudinger-Coester*, § 307 AGBG Rdn. 88 und 231; *von Hoyningen-Huene*, § 9 AGBG Rdn. 248; *Palandt-Grüneberg*, § 307 Rdn. 26. Einhellige Meinung auch zu Art. 2 EGBGB vgl. statt vieler m.w.N. *Staudinger-Merten*, Art. 2 EGBG Rdn. 93.

[147] BGH NJW 1983, 1671 (1672); 1984, 1184 (1186); 1987, 1931 (1932 f.); *Staudinger-Coester*, § 307 Rdn. 231; *Wolf*, § 9 AGBG Rdn. 66; *Ulmer/Fuchs*, § 307 Rdn. 207.

[148] *Becker*, Auslegung des § 9 Abs. 2 AGB-Gesetz, S. 103ff.; *Palandt-Grüneberg*, § 307 Rdn. 26; *Ulmer/Fuchs*, § 9 AGBG Rdn. 208; *Staudinger-Coester*, § 307 Rdn. 232; differenzierend *Fastrich*, Inhaltskontrolle, S. 284 f.: Zwingende Vorschriften seien insoweit von Bedeutung, als es um Vertragsbestimmungen gehe, die nicht unmittelbar gegen den zwingenden Verbotsgehalt der Norm vestießen, wohl aber gegen die von ihr verkörperten Wertungen. Auf diese Weise lasse sich der Rekurs auf die problematische Figur der Gesetzesumgehung vermeiden.

[149] BGH NJW 1983, 1320 (1322) im Hinblick auf § 38 ZPO; 1983, 1612 (1614) im Hinblick auf § 651h; NJW-RR 1998, 629 im Hinblick auf § 87a HGB; *Erman-Roloff*, § 307 BGB Rdn. 24; *Soergel-Stein*, § 9 AGBG Rdn. 33.

[150] Ebenso *Becker*, Auslegung des § 9 Abs. 2 AGB-Gesetz, S. 106f.; *von Hoyningen-Huene*, § 9 AGBG Rdn. 254; *Staudinger-Coester*, § 307 Rdn. 232; *Wolf/Lindacher*, § 13 AGBG Rdn. 38.

§ 16. Die Generalklausel

Umstritten ist ferner, ob die **Vorschriften der §§ 305 ff.** selbst als Leitbilder der Inhaltskontrolle nach § 307 Abs. 2 Nr. 1 herangezogen werden können.[151] Richtiger Ansicht nach folgt schon aus dem allgemein anerkannten zwingenden Charakter der **§§ 305 bis 306 AGBG,** dass diese Vorschriften nicht zugleich zu den gesetzlichen Regelungen im Sinne von § 307 Abs. 2 Nr. 1 gehören. Klauseln, die darauf zielen, diese Vorschriften außer Kraft zu setzen – in Betracht kommt dies etwa bei Einbeziehungsklauseln, Schriftformklauseln oder salvatorischen Klauseln –, entfalten daher von vornherein keine Wirkung; sie bedürfen keiner nochmaligen Inhaltskontrolle nach § 307. Hier gilt nichts anderes als bei Verstößen gegen sonstige zwingende Normen. Das bedeutet dann aber auch, dass solche Klauseln auf Grund der gebotenen teleologischen Extension des § 1 UKlaG (vgl. vorherige Rdn.) mit der Verbandsklage aufgegriffen werden können.[152] Nicht zu den „gesetzlichen Regelungen" rechnen ferner die besonderen Klauselverbote der **§§ 308 und 309.** Soweit sie unmittelbar anwendbar sind, gehen sie der Generalklausel des § 307 vor. Sind ihre Anwendungsvoraussetzungen hingegen nicht erfüllt, wie z.B. bei Verwendung im unternehmerischen Verkehr, so fließt ihr Aussagegehalt regelmäßig in die Interessenabwägung nach § 307 Abs. 1 ein. Mitunter sanktionieren die speziellen Klauselverbote bereits eine Abweichung von einer anderen gesetzlichen Regelung (z.B. § 309 Nr. 2 hinsichtlich der in §§ 273 und 320 verkörperten Gerechtigkeitsgebote). Diese dispositive Gesetzesregelung und nicht etwa das thematisch berührte Klauselverbot ist es dann, welche im Rahmen der Inhaltskontrolle nach § 307 Abs. 2 Nr. 1 den normativen Vergleichsmaßstab abgibt. Dem Klauselverbot kann in diesem Zusammenhang lediglich eine die Argumentation unterstützende, weil die gesetzliche Regelung veranschaulichende Bedeutung zukommen.[153]

508

(2) Ungeschriebene Rechtsgrundsätze und Richterrecht

Die Inhaltskontrolle Allgemeiner Geschäftsbedingungen könnte ihrer Funktion, nämlich Schutz vor einseitiger Inanspruchnahme der Vertragsgestaltungsfreiheit zu gewähren, nicht nachkommen, wäre sie darauf beschränkt, die jeweilige Regelung an positiv gesetzten Vorschriften des dispositiven Rechts zu messen. Dieser Befund ist unstreitig. Ob und in welchem Umfang diese Lücke im Rahmen des § 307 Abs. 2 Nr. 1 geschlossen werden kann, wird hingegen unterschiedlich beurteilt.

509

Die herrschende Meinung will – gestützt auf die Gesetzesmaterialien zum AGB-Gesetz[154] – normative Leitbilder aus der gesamten Rechtsordnung, dem geschriebenen und dem ungeschriebenen Recht unter Einbeziehung allgemeiner Rechtsgrundsätze schöpfen. Vielfach wird darüber hinaus auch pauschal dem Richterrecht leitbildfähige Normqualität im Sinne des § 307 Abs. 2 Nr. 1 zuerkannt.[155] Mit Art. 2 EGBGB sind diese Weiterungen nur sehr begrenzt in Einklang zu bringen. Allgemeine Rechtsgrundsätze sind nur dann vom Gesetzesbegriff des Art. 2 EGBGB umfasst, wenn sie sich im Wege der Rechtsanalogie aus dem positiven Recht zuverlässig und als Rechtssatz formulierbar entwickeln lassen.[156]

510

---

[151] Dafür: z.B. BGH NJW 1983, 1853 (1854); *Wolf,* § 9 AGBG Rdn. 68; dagegen: *Becker,* Auslegung des § 9 Abs. 2 AGB-Gesetz, S. 107 ff.; *von Hoyningen-Huene,* § 9 AGBG Rdn. 256 ff.; *Staudinger-Coester,* § 307 Rdn. 241 f.; *Ulmer/Fuchs,* § 307 Rdn. 210.

[152] Wie hier *Becker,* Auslegung des § 9 Abs. 2 AGB-Gesetz, S. 107 ff.; *von Hoyningen-Huene,* § 9 AGBG Rdn. 256 f.; *Staudinger-Coester,* § 307 Rdn. 241.

[153] *Von Hoyningen-Huene,* § 9 AGBG Rdn. 257 a; *Staudinger-Coester,* § 307 Rdn. 242.

[154] Erster Teilbericht der Arbeitsgruppe beim Bundesminister der Justiz, S. 55; Begründung zum Regierungsentwurf, BT-Drucks. 7/3919, S. 23.

[155] Dezidiert in diesem Sinne BGH NJW 1993, 721 (722); 1998, 1640 (1642); *Staudinger-Coester,* § 307 Rdn. 236 f.

[156] Staudinger-*Merten,* Art. 2 EGBG Rdn. 112.

Gerichtserkenntnissen, auch in der Gestalt einer ständigen Rechtsprechung, verweigert das international-privatrechtliche Schrifttum die Anerkennung als Rechtsnorm im Sinne des Art. 2 EGBGB von vornherein, da es ihnen an der verbindlichen, generellen Wirkung für eine unbestimmte Vielzahl von Personen fehle.[157] Nun lässt sich allerdings die Frage stellen, ob der Bedeutungsgehalt der „gesetzlichen Regelung" in § 307 Abs. 2 Nr. 1 zwingend im Sinne von Art. 2 EGBGB festgelegt werden muss.[158] Einsichtig wäre die Entkoppelung vom engen, immerhin mit dem Anspruch der Gültigkeit für das gesamte Bürgerliche Recht auftretenden Gesetzesbegriff des Art. 2 EGBGB, wenn nur auf diese Weise der von den AGB-rechtlichen Vorschriften erstrebte lückenlose Schutz gewährleistet werden könnte. Mit § 307 Abs. 2 Nr. 2 steht jedoch ein weiterer Kontrolltatbestand bereit, der gerade für solche Vertragsgestaltungen vorgesehen ist, denen es an einem Vorbild im dispositiven Gesetzesrecht mangelt. Die systematisch wenig überzeugende Konsequenz der weithin zugrunde gelegten extensiven Interpretation des Kriteriums der „gesetzlichen Regelung" besteht darin, dass der Anwendungsbereich der Nummer 2 auf Kosten der Nummer 1 zusammenschrumpft und eine erhebliche Disproportionalität in das Verhältnis beider Kontrolltatbestände gebracht wird.[159]

511 Schon um solche Friktionen zu vermeiden, sollte man **allgemeine Rechtsgrundsätze** ebenso wie im Rahmen des Art. 2 EGBGB nur dann als „gesetzliche Regelung" gelten lassen, **wenn sie sich zuverlässig und in einem** methodisch gesicherten Verfahren aus dem positiven Recht entwickeln lassen. Die bisweilen in der Rechtsprechung zu beobachtende Tendenz, **ad hoc gebildete Argumente** zur Verdeutlichung des das Angemessenheitsurteil tragenden Abwägungsgedankens in den Rang eines gesetzlichen Leitbildes zu erheben, muss daher zurückgewiesen werden.[160] Um keine gesicherten Ableitungen aus dem positiven Recht handelt es sich zumeist auch, wenn zur „gesetzlichen Regelung" auch Grundsätze gerechnet werden, die von der Rechtsprechung auf der Grundlage von **Treu und Glauben** entwickelt worden sind.[161]

512 Nicht nur Art. 2 EGBGB, auch der Wortlaut des § 307 Abs. 2 Nr. 1 – „Regelung" – verlangt darüber hinaus, dass der in Aussicht genommene Rechtsgrundsatz eine **rechtssatzförmige Struktur** aufweist, also in einen Tatbestand und eine ihm zugeordnete Rechtsfolge zerfällt.[162] Dies ist bei allgemeinen Rechtsgrundsätze oder -prinzipien regelmäßig noch nicht der Fall. Sie vermögen zwar infolge ihres gedanklichen Gehalts die Richtung zu weisen, in der die zu findende Regel gelegen ist, sind aber selbst noch keine subsumtionsfähigen, der Anwendung auf den Einzelfall fähigen Regeln.[163]

Beispiele: Zu allgemein, um als Leitbild für die inhaltliche Kontrolle eines durch vertragliche Vereinbarung in bestimmter Weise geregelten Interessenkonflikts zu fungieren, sind Maximen wie
– das „**Verhältnismäßigkeitsprinzip**",[164]

---

[157] Staudinger-*Merten*, Art. 2 EGBGB Rdn. 40.
[158] Verneinend *Staudinger-Coester*, § 307 Rdn. 233.
[159] *Zöllner*, RdA 1989, 160.
[160] Vgl. etwa die Urteile BGH NJW 1991, 1953; 1993, 721 (722); 1994, 318 (319); wie hier auch *Ulmer/Fuchs*, § 307 Rdn. 213; ebenso im Rahmen des § 307 Abs. 3 *Joost*, ZIP 1996, 1691; *Schlosser*, ZIP 1985, 452; *H. P. Westermann*, in: Zehn Jahre AGB-Gesetz, S. 152.
[161] BGH NJW 1983, 1671 (1672); ähnlich für § 8 AGBG (jetzt § 307 Abs. 3) BGH NJW 1984, 2160, zu Recht ablehnend *Joost*, ZIP 1996, 1691.
[162] *Becker*, Auslegung des § 9 Abs. 2 AGB-Gesetz, S. 89.
[163] *Larenz*, Methodenlehre, S. 474; *ders.*, Richtiges Recht, S. 23 ff.; *Bydlinski*, Juristische Methodenlehre und Rechtsbegriff, s. 132 f.; *Kramer*, Juristische Methodenlehre, S. 188; *Alexy*, Theorie der juristischen Argumentation, S. 319 („Prinzipien sind normative Aussagen so hoher Generalitätsstufe, dass sie in der Regel nicht ohne Hinzunahme weiterer normativer Prämissen angewendet werden können...").
[164] So aber BGH NJW 1985, 3013 (3014); dagegen wie hier *Ulmer/Fuchs*, § 307 Rdn. 213; zum Verhältnismäßigkeitsprinzip als Bewertungsgrundsatz im Rahmen der Abwägung vgl. *Staudinger-*

§ 16. Die Generalklausel   193

– der „**Grundsatz der Bindung beider Vertragspartner**" (pacta sunt servanda)[165]
– oder das Ideal der „**Vertragsgerechtigkeit**".[166]

Als „gesetzliche Regelung" anzuerkennen sind hingegen sog. **rechtssatzförmige Prinzipien**[167], also solche, die sich infolge des erreichten Konkretisierungsgrades aus der Sicht des Rechtsanwenders kaum noch von kodifizierten Rechtsregeln unterscheiden. Allzu eng sollte der Kreis hier nicht gezogen werden. Überzogen wäre es, nur denjenigen Prinzipien Normcharakter zuzuerkennen, die in Form eines unmittelbar subsumtionsfähigen Rechtssatzes fertig bereit liegen und ohne weiteres zum Vergleich herangezogen werden können.[168] Denn ein solches Maß an tatbestandlicher Konkretheit erreichen selbst positiv gesetzte, als Leitbilder anerkannte, Vorschriften des Dispositivrechts oftmals nicht. Die sich mitunter offenbarende Notwendigkeit, den Regelungsgehalt der Gesetzesvorschrift erst im Wege der Auslegung zu präzisieren, stellt ihre Eignung als Leitbild im Rahmen des § 307 Abs. 2 Nr. 1 nicht in Frage. Weshalb für Rechtsprinzipien oder -grundsätze strengere Anforderungen gelten sollen, ist nicht einsichtig zu machen.

513

Beispiele leitbildfähiger allgemeiner Rechtsgrundsätze:
(1) Der **haftungsrechtliche Verschuldensgrundsatz**;[169] dieser besagt, dass eine Verpflichtung zum Schadensersatz regelmäßig nur bei schuldhaftem Verhalten besteht. Der Verschuldensgrundsatz ist Ausfluss übergeordneter Grundgedanken des Bürgerlichen Rechts.[170] Die regelhafte Anknüpfung der Einstandspflicht an ein schuldhaftes Verhalten erschließt sich zudem in Gesetzesform gegossen aus zahlreichen Vorschriften des Schuldrechts. Diese finden sich zum einen im Recht der Sonderverbindungen – dort insbesondere im Leistungsstörungsrecht (vgl. nur § 280) – und im Deliktsrecht (§ 823).
(2) Der **Grundsatz**, dass bei einem **Anspruch auf Schadensersatz statt der Leistung der Berechtigte** so zu stellen ist, wie er bei ordnungsgemäßer Vertragsdurchführung gestanden hätte, aber auch **nicht besser;**[171] hiergegen verstößt eine Klausel in einem vorformulierten **Leasingvertrag**, derzufolge für die Abrechnung bei vorzeitiger Vertragsbeendigung – anders als bei ordnungsgemäßer Vertragsbeendigung – nur 90% des erzielten Gebrauchtwagenerlöses berücksichtigt werden.[172]
(3) Das **Äquivalenzprinzip;**[173] dieses folgt aus der in den §§ 320 ff. niedergelegten Grundidee des gegenseitigen Vertrages und bezieht sich auf den „Bestand der synallagmatischen Pflichten"[174]. Das typische, immer wieder beanstandete Grundmuster eines Verstoßes gegen das so verstandene Äquivalenzprinzip ist dadurch gekennzeichnet, dass die Allgemeinen Geschäftsbedingungen dem Verwender unter bestimmten Voraussetzungen das Recht zugestehen, sich von seiner Leistungspflicht zu lösen, den Vertragspartner jedoch weiterhin unverändert an seiner Gegenleistungspflicht festhalten. Wegen Verstoßes gegen das Äquivalenzprinzip ist beispielsweise aber auch die

---

Coester, § 307 Rdn. 162; allgemein zum Thema „Verhältnismäßigkeit und Privatrechtsordnung" *Medicus*, AcP 192 (1992), S. 35 ff.; *Bieder*, Das ungeschriebene Verhältnismäßigkeitsprinzip als Schranke privater Rechtsausübung, 2007; *Preis*, in: FS für Dieterich, S. 429 ff.

[165] So aber BGH NJW 1984, 1182 (1183); BAG NZA 2005, 465 (467).
[166] So aber BGH NJW 1985, 3013 (3014); wie hier *Ulmer/Fuchs*, § 307 Rdn. 213.
[167] *Larenz*, Methodenlehre, S. 479.
[168] So aber *Becker*, Auslegung des § 9 Abs. 2 AGB-Gesetz, S. 89 und *von Hoyningen-Huene*, § 9 AGBG Rdn. 250. Insoweit berechtigt die Kritik von *Staudinger-Coester*, § 307 Rdn. 234.
[169] BGH NJW 1983, 159 (162); 1991, 1886 (1887); 1997, 1700 (1702); 2002, 1950 (1952); 2006, 47 (49); *Ulmer/Fuchs*, § 307 Rdn. 214; *Wolf*, § 9 AGBG Rdn. H 2.
[170] Vgl. insbesondere *Larenz/Canaris*, Schuldrecht II/2, § 75 I, S. 351 f. und *Staudinger-Hager*, Vorbem. zu §§ 823 ff. Rdn. 24.
[171] BGH NJW 2002, 2713 (2714).
[172] BGH NJW 2002, 2713 (2714 f.).
[173] BGH NJW 1982, 331 (332); 1985, 2270; 1986, 179 (180); 1988, 204 (206); NJW-RR 1988, 1077 (1081); 1997, 304; NJW 2001, 2635 (2637); zustimmend auch die ganz herrschende Lehre vgl. etwa *von Hoyningen-Huene*, § 9 AGBG Rdn. 251; *Ulmer/Fuchs*, § 307 Rdn. 214 f.; *Wolf*, § 9 AGBG Rdn. 74; *Staudinger-Coester*, § 307 Rdn. 235; kritisch allerdings *Zöllner*, RdA 1989, 160.
[174] So die treffende Kennzeichnung durch *von Hoyningen-Huene*, § 9 AGBG Rdn. 251.

Befristung der **Gültigkeitsdauer von Telefonkarten** beanstandet worden, wenn keine Erstattung oder Anrechnung unverbrauchter Guthaben beim Kauf einer neuen Telefonkarte vorgesehen ist.[175]

(4) Als Rechtssatz des dispositiven Rechts bezeichnet der BGH den Grundsatz, dass **jeder Rechtsunterworfene seine gesetzlichen Verpflichtungen zu erfüllen** hat, ohne dafür ein gesondertes Entgelt verlangen zu können.[176] Ein Anspruch auf Ersatz anfallender Kosten bestehe nur dann, wenn dies im Gesetz vorgesehen sei. Sei dies nicht der Fall, könnten entstandene Kosten nicht auf Dritte abgewälzt werden. Noch weiterreichend formuliert der BGH, jede Entgeltregelung in Allgemeinen Geschäftsbedingungen, die sich nicht auf eine auf rechtsgeschäftlicher Grundlage für den einzelnen Kunden erbrachte Leistung stütze, sondern **Aufwendungen für die Erfüllung eigener Pflichten oder für Zwecke des Verwenders** abzuwälzen versuche, stelle eine Abweichung von Rechtsvorschriften dar und verstoße deshalb gegen § 307 Abs. 2 Nr. 1.[177] Aus diesem Grunde hat der BGH beispielsweise eine **Deaktivierungsgebühr in den Bedingungen eines Telekommunikationsanbieters** verworfen.[178]

(3) Vertragstypenspezifische Grundgedanken?

514 In den Anwendungsbereich des § 307 Abs. 2 Nr. 1 sollen nach verbreiteter Meinung auch die „spezifischen Grundgedanken im Verkehr anerkannter Vertragstypen" gehören, „auch wenn sie gesetzlich nicht geregelt sind".[179] Die Inhaltskontrolle müsse sich mangels eines passenden gesetzlichen Leitgedankens an einem aus den wirtschaftlichen Zusammenhängen und übergeordneten Ordnungsvorstellungen entwickelten typenspezifischen Leitbild orientieren.[180] Zur Begründung wird angeführt, die geringe gesetzliche Regelungsdichte sei kein zulässiger Grund für eine Abschwächung der Inhaltskontrolle.[181] So anerkennenswert der Zweck des Bemühens ist, so wenig vermag die hieraus abgeleitete methodische Konsequenz zu überzeugen. Dem skizzierten Ansatz ließe sich erst näher treten, wenn sich herausstellen sollte, dass sich das erstrebte Schutzniveau auf der Grundlage des § 307 Abs. 2 Nr. 2 nicht erreichen lässt. Dort sollte immerhin nach dem Willen des historischen Gesetzgebers die Problematik des Fehlens dispositiver gesetzlicher Regelungen angesiedelt werden. Dass sich bei der Inhaltskontrolle gesetzlich nicht oder nur rudimentär geregelter Verträge auf der Grundlage der Nummer 2 eine Schutzlücke offenbaren könnte, ist nicht ohne weiteres zu erkennen und angesichts der dehnbaren Rechtsbegriffe dieses Tatbestandes auch nicht zu vermuten. Es spricht daher mehr dafür, den Regelungsbereich der Nummer 1 von solchen, den Wortlaut der Vorschrift („gesetzliche Regelung") gänzlich aufweichenden, Extensionen freizuhalten.[182]

c) Die Merkmale des „Abweichens" und der „Unvereinbarkeit"

515 Die bisherigen Überlegungen konzentrierten sich auf die Frage, welche Anforderungen sich aus dem vom Gesetzgeber gewählten Merkmal der „gesetzlichen Regelung" an den

---

[175] BGH NJW 2001, 2635 (2637 f.); ebenso für Verfallklauseln in Prepaid-Mobilfunk-AGB OLG München NJW 2006, 2416.
[176] BGH NJW 2007, 3637 (3640).
[177] Deutlich zuletzt BGH NJW 2002, 2386 (2387).
[178] BGH NJW 2002, 2386.
[179] *Wolf*, § 9 AGBG Rdn. 67.
[180] *Ulmer/Brandner*, 9. Aufl. 2001, § 9 AGBG Rdn. 140. Ähnlich ist auch die Zielrichtung der Beiträge von *Weick*, NJW 1978, 11 ff. und *Schapp*, DB 1978, 621 ff. Beide setzen sich für eine Ausdifferenzierung der gesetzlichen Regeltypen in speziellere Leitbilder ein.
[181] *Ulmer/Brandner*, 9. Aufl. 2001, § 9 AGBG Rdn. 140.
[182] Wie hier im Ergebnis *Becker*, Auslegung des § 9 Abs. 2 AGB-Gesetz, S. 96 ff., 175 f., 208; *Fastrich*, Inhaltskontrolle, S. 286; *von Hoyningen-Huene*, § 9 AGBG Rdn. 246 f.; Eine Zwischenposition nehmen *Staudinger-Coester*, § 307 Rdn. 237 und *Ulmer/Fuchs*, § 307 Rdn. 220. ein, die die Möglichkeit eines „Hinüberwachsens" der Inhaltskontrolle von Nr. 2 in Nr. 1 durch Konsolidierung und Verfestigung der gerichtlichen Entscheidungspraxis bejahen.

§ 16. Die Generalklausel

normativen Vergleichsmaßstab ergeben. Nachfolgend geht es darum, die weiteren wesentlichen Schritte der vom Gesetz verlangten vergleichenden Betrachtung zu beschreiben. Bereits die Wortwahl des Gesetzgebers – „abgewichen" und „nicht zu vereinbaren" – deutet hier eine sinnvolle **Zweiteilung der Vergleichsprüfung** an.[183]

(1) Feststellung einer für den Vertragspartner nachteiligen Rechtslagendivergenz

Eine „Abweichung" von der als Leitbild der Inhaltskontrolle fungierenden gesetzlichen Regelung liegt vor, **wenn zum Nachteil des Kunden etwas inhaltlich anders ausbedungen wird, als das aussagt, was sonst auf Grund der gesetzlichen Regelung für den konkret zu beurteilenden Ausschnitt des Vertrages gelten würde.**[184] An dieser Stelle kommt es nun – wiederum in Parallele zu § 307 Abs. 3 – zu einem Vergleich zweier Rechtslagen, nämlich der durch die fragliche AGB-Klausel gestalteten Rechtslage mit derjenigen, die sich ergäbe, wenn die vorformulierte Abrede nicht Bestandteil der vertraglichen Einigung gewesen wäre.[185] Die Abweichung kann in einer weitgehenden Ausschaltung des dispositiven Rechts, in der Ersetzung oder Modifikation einer gesetzlichen Vorschrift oder aber in ihrer sinnverwandelnden Weglassung gesehen werden.[186] Eine Abweichung von der gesetzlichen Regelung liegt ferner in den Fällen der formularmäßigen „Umtypisierung" vor, wenn also kraft vertraglicher Vereinbarung nicht die vom gesetzlichen Vertragstypenrecht für einen solchen Vertrag vorgesehenen Regelungen, sondern andere gesetzliche Bestimmungen für anwendbar erklärt werden; z.B.: Anwendung von Kaufrecht auf ein sich dem Inhalte nach als Werkvertrag darstellendes Interessenarrangement.[187] Wichtig ist allein, dass der materielle Regelungsgehalt des gesetzlichen Leitbildes zulasten des Kunden verändert wird. Abweichungen, die den Kunden gegenüber der gesetzlichen Regelung besser stellen, werden entsprechend der Gesamtzielrichtung des AGB-Rechts und seines § 307, der sich zur Beschreibung des grundlegenden Kontrollmaßstabs in Absatz 1 des Ausdrucks der „Benachteiligung" bedient, von vornherein nicht vom Tatbestand der Nummer 1 erfasst.[188] Abgesehen von dieser den Rechtslagenvergleich beschließenden Beurteilung der zutage geförderten Divergenz in den Kategorien von nachteilig und vorteilhaft liegt der Schwerpunkt der durch das Tatbestandsmerkmal der „Abweichung" veranlassten Prüfung im Bereich der Analyse und nicht auf der Ebene der Wertung.[189]

516

---

[183] Wie hier *Staudinger-Coester*, § 307 Rdn. 243 ff. und 253 ff.; Schlosser/Coester-Waltjen/*Graba*, § 9 AGBG Rdn. 26 ff.; *Soergel-Stein*, § 9 AGBG Rdn. 34 und 37; *Becker*, Auslegung des § 9 Abs. 2 AGB-Gesetz, S. 90 ff. und 128 ff.; zu undifferenziert freilich *Wolf*, § 9 AGBG Rdn. 76 ff. *Staudinger-Schlosser*, 12. Aufl. 1980, § 9 AGBG Rdn. 22 meint sogar, es lasse sich sinnvollerweise nicht zwischen einer durch Allgemeine Geschäftsbedingungen vorgenommenen Abweichung von Grundgedanken der gesetzlichen Regelung einerseits und der Angemessenheit bzw. Unangemessenheit eben dieser Abweichung unterscheiden; gegen ihn jedoch *Becker*, Auslegung des § 9 Abs. 2 AGB-Gesetz, S. 129 f.
[184] So prägnant *Staudinger-Schlosser*, 12. Aufl. 1980, § 9 AGBG Rdn. 20.
[185] Schlosser/Coester-Waltjen/*Graba*, § 9 AGBG Rdn. 26; *Staudinger-Coester*, § 307 Rdn. 243; *von Hoyningen-Huene*, § 9 AGBG Rdn. 263; *Becker*, Auslegung des § 9 Abs. 2 AGB-Gesetz, S. 90.
[186] *Soergel-Stein*, § 9 AGBG Rdn. 34; *von Hoyningen-Huene*, § 9 AGBG Rdn. 263; *Staudinger-Coester*, § 307 Rdn. 244.
[187] *Staudinger-Coester*, § 307 Rdn. 245; *von Hoyningen-Huene*, § 9 AGBG Rdn. 264; *Becker*, Auslegung des § 9 Abs. 2 AGB-Gesetz, S. 99; Schlosser/Coester-Waltjen/*Graba*, § 9 AGBG Rdn. 26; *Schmidt-Salzer*, AGB, Rdn. E 18 f. Allerdings entscheidet erst die sich anschließende Unvereinbarkeitsprüfung über die endgültige Unwirksamkeit solcher Klauseln.
[188] *Staudinger-Schlosser*, 12. Aufl. 1980, § 9 AGBG Rdn. 20; *Becker*, Auslegung des § 9 Abs. 2 AGB-Gesetz, S. 91. Vgl. im Übrigen auch den Bericht des Rechtsausschusses, BT-Drucks. 7/5422, S. 6.
[189] Ebenso die Zielrichtung von *Staudinger-Coester*, § 307 Rdn. 243.

517 Insbesondere im Hinblick auf gesetzlich nicht geregelte Verträge oder solche, die in wichtigen Punkten von der gesetzlichen Regelungsstruktur abweichen, kommt es darauf an, den Bezugspunkt der Divergenzprüfung exakt zu bezeichnen. Die herrschende Meinung neigt hier dazu, den jeweiligen Vertrag im Wege eines globalen Ähnlichkeitsvergleichs in das System der gesetzlichen Typenordnung einzupassen und den für einschlägig erachteten normativen Regeltypus als „gesetzliche Regelung" im Sinne des § 307 Abs. 2 Nr. 1 zu etablieren. Als „Notbremse" zur Verhinderung unsachgemäßer Ergebnisse bleibt ihr meist nur noch die auf die Gesetzesformulierung „im Zweifel" gestützte Widerlegungsprüfung. Statt dessen empfiehlt es sich, in den problematischen Fällen auf eine Rechtsnaturbestimmung gänzlich zu verzichten. Vielmehr sollte unmittelbar Ausschau nach einer gesetzlichen Vorschrift gehalten werden, die die durch die jeweilige Klausel angesprochene Regelungsthematik aufgreift. Die typologische Zuordnung des Vertrages ist weder eine notwendige noch eine hinreichende Bedingung für die Leitbildkontrolle nach dem AGB-Gesetz. Sie kann – wie *Oechsler* dies zutreffend ausdrückt[190] – lediglich einen gewissen Erfahrungswert für sich reklamieren. Für den Tatbestand des § 307 Abs. 2 Nr. 1 bedarf es der Namhaftmachung einer für das konkrete Regelungsthema maßgeblichen gesetzlichen Vorgabe; die methodische Begründung der Anwendbarkeit der Gesetzesregel (direkt oder analog) spielt dabei keine Rolle. Diese Prüfung ist abschließend im Rahmen des § 307 Abs. 2 Nr. 1 durchzuführen.[191] Nur auf diese Weise kann der auf konkrete Einzelregelungen bezogenen Konzeption des AGB-Rechts und der bereits dargelegten[192] Systematik des § 307 überzeugend Rechnung getragen werden. Ob eine einschlägige gesetzliche Vorgabe existiert, ist im Wege der üblichen Auslegungs- und Rechtsanwendungsgrundsätze zu ermitteln.[193] Führt dieses Verfahren zu dem Ergebnis, dass für ein bestimmtes Klauselthema ein gesetzliches Pendant fehlt, kann eine Abweichung mangels einer den Vergleichsmaßstab bildenden gesetzlichen Regelung nicht konstatiert werden.[194] Die Inhaltskontrolle ist in diesem Falle an § 307 Abs. 2 Nr. 2 auszurichten.

(2) Die Unvereinbarkeitsprüfung als abschließende Wertungsstation

518 Hat der von § 307 Abs. 2 Nr. 1 geforderte Rechtslagenvergleich eine Abweichung von der gesetzlichen Regelung offenbar werden lassen, so muss in einem letzten Schritt geklärt werden, ob in dieser Divergenz zugleich ein mit dem Grundgedanken der gesetzlichen Regelung „nicht zu vereinbarender" Widerspruch erblickt werden kann. Mit diesem Prüfungsschritt ist die **entscheidende und abschließende Wertungsinstanz** der Leitbildkontrolle nach § 307 Abs. 2 Nr. 1 erreicht. Das Unvereinbarkeitsurteil stellt dabei das Resultat eines wertenden Vergleichs der durch die vertragliche Abrede intendierten Rechte- und Pflichtenverteilung mit derjenigen dar, die das Gesetz für diesen Fall vorsieht.[195] In diesen wertenden Vergleich fließen auch die den Vertragsschluss motivierenden Interessen der Parteien ein. Die Abwägung der beiderseitigen Interessen kann jedoch nicht gleichermaßen offen und umfassend ausgestaltet werden, wie dies für die Begründung der Unangemessenheit einer Klausel nach § 307 Abs. 1 zu verlangen wäre.[196] Denn durch die Ab-

---

[190] *Oechsler*, Gerechtigkeit im modernen Austauschvertrag, S. 310; ebenso *Staudinger-Coester*, § 307 Rdn. 246, der von einem „allenfalls heuristischen Wert" spricht.
[191] *Staudinger-Coester*, § 307 Rdn. 246.
[192] Vgl. oben Rdn. 496 ff.
[193] *Staudinger-Schlosser*, 12. Aufl. 1980, § 9 AGBG Rdn. 20; *Becker*, Auslegung des § 9 Abs. 2 AGB-Gesetz, S. 91.
[194] *Staudinger-Coester*, § 307 Rdn. 244.
[195] *Dittmann/Stahl*, § 9 AGBG Rdn. 281; *Dietlein/Rebmann*, § 9 AGBG Rdn. 17; *Becker*, Auslegung des § 9 Abs. 2 AGB-Gesetz, S. 132 f.; *Staudinger-Coester*, § 307 Rdn. 254; *von Hoyningen-Huene*, § 9 AGBG Rdn. 268.
[196] *Staudinger-Coester*, § 307 Rdn. 253.

§ 16. Die Generalklausel

weichung vom gesetzlichen Regelungsmodell liegt von vornherein ein Gewicht auf der Waagschale des Rechts, das für die Unvereinbarkeit und damit die Unangemessenheit der vertraglichen Abrede streitet.[197] Die Gegenansicht,[198] die auch hier für eine ergebnisoffene, nicht vorbelastete Interessenabwägung eintritt, ebnet tendenziell den Unterschied zwischen § 307 Abs. 1 und Abs. 2 Nr. 1 ein. Die vom Gesetzgeber mit der Aufstellung der Sondertatbestände bezweckte Erleichterung der Rechtsfindung könnte nicht realisiert werden. Das Ausmaß des Wertungsüberhangs hängt in concreto vom **Gerechtigkeitsgehalt der verdrängten Regelung** im Hinblick auf die konkrete Klauselthematik ab. Hier ist der Ort, an dem Überlegungen zum Gerechtigkeitsgehalt des einschlägigen dispositiven Rechts sinnvollerweise und im Zusammenhang mit weiteren Wertungselementen angestellt werden können.

Die Vorbelastung der Interessenabwägung, die sich aus der Feststellung einer Abweichung vom dispositiven Gesetzesrecht ergibt, zwingt dazu, den Focus auf die **Abweichungsinteressen des Verwenders** zu richten.[199] Solche, die Abweichung rechtfertigende Interessen können ihren Ursprung insbesondere in den dem Vertragsschluss zugrunde liegenden Verhältnissen haben.[200] Diese sind einem ständigen Wandel unterworfen, erzeugen neue Bedürfnisse und verlangen ggf. nach einer anderen Risiko- und Lastenverteilung. Die Anforderungen an die rechtfertigende Begründung variieren je nach Grad der Verbindlichkeit der Dispositivnorm und im Hinblick auf die konkrete Fallgestaltung. So sind formularmäßige Abweichungen vom Gewährleistungsmodell des Kaufrechts grundsätzlich nur in sehr engen Grenzen zulässig, wie bereits § 309 Nr. 8 Buchst. b) Doppelbuchst. aa) erweist. Handelt es sich hingegen um den Verkauf gebrauchter Sachen, so ist der Gerechtigkeitsgehalt der §§ 434 ff. deutlich geringer zu veranschlagen.

519

Die Abweichung vom gesetzlichen Leitbild hat ferner dann Bestand, wenn der AGB-Verwender im Großen und Ganzen nur einen **anderen Weg zu einer gleichwertigen Lasten- und Risikoverteilung** einschlägt ohne hierbei die gesetzliche Interessenbewertung grundsätzlich zu verschieben.[201] Das AGB-Recht zielt keineswegs darauf, die gesetzlichen Regelungsmodelle und Teillösungen zu zementieren. Vertragliche Alternativlösungen müssen zulässig sein, vorausgesetzt die vom Gesetzgeber anerkannten Interessen des Kunden bleiben, wenn auch auf anderem Wege, im Ergebnis gewahrt (hilfreich insoweit die Formel vom „wertenden Ergebnisvergleich"). So entsprach es schon lange vor der Schuldrechtsmodernisierung verbreiteter Praxis, die Wandlungs- und Minderungsansprüche durch ein vorgeschaltetes Nachbesserungsrecht zu ersetzen. Darin lag eine adäquate Kompensation – vorausgesetzt, dass das Wiederaufleben der abbedungenen Gewährleistungsansprüche im Falle des Fehlschlagens der Nachbesserung sichergestellt war (§ 11 Nr. 10 Buchst. b AGBG, jetzt § 309 Nr. 8 Buchst. b Doppelbuchst. bb).[202]

520

---

[197] *Becker,* Auslegung des § 9 Abs. 2 AGB-Gesetz, S. 131 f.; *von Hoyningen-Huene,* § 9 AGBG Rdn. 267.

[198] Für uneingeschränkte Interessenabwägung etwa *Ulmer/Brandner,* 9. Aufl. 2001, § 9 AGBG Rdn. 141 a. E. Die Rechtsprechung ist uneinheitlich: für eine umfassende Interessenabwägung auch nach festgestellter Divergenz beispielsweise BGH NJW 1996, 2574 (2576) und OLG Düsseldorf NJW-RR 1988, 1051 (1053), während es in BGH NJW 1990, 2065 (2066) heißt, die von der gesetzlichen Regelung (in concreto der kaufrechtlichen Verjährungsfrist) abweichende AGB-Bestimmung müsse, um dennoch wirksam zu sein, durch ein besonderes Interesse des Verwenders gerechtfertigt sein, das das Interesse der Gegenseite an der Einhaltung der durch das Gesetz gezogenen Grenze übersteige.

[199] *Staudinger-Coester,* § 307 Rdn. 253.

[200] *Wolf,* § 9 AGBG Rdn. 80.

[201] *Staudinger-Coester,* § 307 Rdn. 257 f.; *von Hoyningen-Huene,* § 9 AGBG Rdn. 268; *Wolf,* § 9 AGBG Rdn. 78; auf diesen Gesichtspunkt will *Canaris* (in: FS für Ulmer, 2003, S. 1075) die Unvereinbarkeitsprüfung beschränken.

[202] *Staudinger-Schlosser,* 12. Aufl. 1980, § 9 AGBG Rdn. 24; *Wolf,* § 9 AGBG Rdn. 78.

d) Beispiele aus der Rechtsprechung

521 Abschließend seien einige – vor allem der neueren Rechtsprechung entnommene – Fallbeispiele aufgeführt, bei denen eine mit wesentlichen Grundgedanken der gesetzlichen Regelung unvereinbare Abweichung in Betracht kommt:[203]

Beispielhafte Auswahl:
(1) § 286 Abs. 3, wonach der Schuldner einer Geldforderung spätestens 30 Tage nach Fälligkeit und Zugang einer Rechnung automatisch in Verzug gerät, soll ausweislich des Berichts des Rechtsausschusses,[204] auf dessen Betreiben die Bestimmung in das Bürgerliche Gesetzbuch eingefügt worden ist, zum Leitbild des Gesetzes gehören. Teilt man diese Einschätzung, so stellen abweichende Vereinbarungen zu Lasten des Verbrauchers eine unangemessene Benachteiligung im Sinne des § 307 dar.
(2) Im **Bankgeschäft** hat die **Wertstellung** eingehender Beträge auf dem Empfängerkonto nach dispositivem Gesetzesrecht (arg. e §§ 667, 271 Abs. 1) für den Tag zu erfolgen, an dem der Betrag bei der Bank eingeht, d.h. sie buchmäßig Deckung erlangt, und der Empfänger deshalb einen Anspruch auf die Gutschrift hat. Eine Regelung in den Allgemeinen Geschäftsbedingungen einer Bank, wonach bei Bareinzahlungen die Wertstellung erst einen Bankarbeitstag nach der Einzahlung erfolgt, ist – auch im unternehmerischen Verkehr[205] – inhaltlich unangemessen, weil dem Kunden eine Zinspflicht für einen in Wahrheit nicht bestehenden Schuldsaldo auferlegt und er so behandelt wird, als nähme er einen Kredit in Höhe der Einzahlung in Anspruch mit der Folge, dass er insoweit für sein eigenes Kapital gegenüber der Bank zinspflichtig ist.[206]
(3) Eine Klausel, nach der es bei einer nicht zur Tilgung aller gesicherten Forderungen ausreichenden Zahlung auf eine Grundschuld dem Gläubiger erlaubt sein soll, nach seinem billigen Ermessen die Zahlung auf die Forderungen zu verrechnen, schließt das dem Schuldner nach § 366 Abs. 1 zustehende **Tilgungsbestimmungsrecht** aus und modifiziert überdies zu seinem Nachteil die Vorschrift des § 366 Abs. 2. Hierin liegt eine unangemessene Benachteiligung des Schuldners.[207]
(4) Die **Tilgungsverrechnung** einer Bank ist nach Ansicht des BGH nicht bereits deshalb zu missbilligen, weil sie von der – ungeschriebenen – Regel des Darlehensrechts abweicht, dass der vereinbarte Zinssatz grundsätzlich jeweils von der tatsächlich noch bestehenden Kapitalschuld berechnet wird. Diese Regel gehöre nicht zu den wesentlichen Grundgedanken der gesetzlichen Regelung.[208] Diese Rechtsprechung ist problematisch und steht in einem eigentümlichen Gegensatz zu den Erkenntnissen betreffend die Wertstellungspraxis der Banken.
(5) Im **Bankgeschäft** sind **allgemeine Betriebskosten** grundsätzlich nicht gesondert zu vergüten, sondern im Preis der Haupt- ggf. Nebenleistung enthalten. Gleiches gilt für **Arbeiten der Bank zur Erfüllung ihrer eigenen gesetzlichen Verpflichtungen**.[209] Daher kann kein Entgelt für die Ausfertigung einer **Löschungsbewilligung** bei Grundpfandrechten in Rechnung gestellt werden.[210] Die Bank ist ferner verpflichtet, Bargeld am Schalter anzunehmen. Eine gesonderte Gebühr für die **Einzahlung am Bankschalter** darf daher nicht erhoben werden.[211] Mit der Ver-

---

[203] Vgl. ferner die unter Rdn. 513 im Zusammenhang mit allgemeinen Rechtsprinzipien aufgeführten Fälle.
[204] Bericht des Rechtsausschusses zum Entwurf eines Gesetzes zur Beschleunigung fälliger Zahlungen, BT-Drucks. 14/2752, S. 11.
[205] BGH NJW 1997, 3168.
[206] BGH NJW 1989, 582 und für Banküberweisungen BGH NJW 1997, 2042 mit zust. Anm. *Lindacher*, JR 1998, 150; zur Wertstellung im Giroverhältnis auch *Borges*, WM 1998, 105 ff.
[207] BGH NJW 1999, 2043 (2044).
[208] BGH NJW 1989, 222 (223 f.) unter Hinweis auf § 20 Abs. 2 HypothekenbankG; bestätigt durch BGH NJW 1992, 179; a. A. OLG Bremen NJW 1991, 1837; AG Münster NJW 1999, 2050; ablehnend auch *Ulmer/Brandner*, 9. Aufl. 2001, Anh. §§ 9 bis 11 AGBG Rdn. 283 a und *Wolf*, § 9 AGBG Rdn. D 16. Zur Würdigung solcher Klauseln sub specie Transparenzgebot vgl. Rdn. 569.
[209] BGH NJW 1991, 1953 (1954); 1994, 318 (319); 1997, 2752 (2753); 1999, 2276 (2277); 2000, 651; 2001, 1419 (1420); 2005, 1275 (1276).
[210] BGH NJW 1991, 1953.
[211] BGH NJW 1994, 318 (319).

§ 16. Die Generalklausel 199

waltung von **Freistellungsaufträgen** erfüllt die Bank eine ihr vom Staat im öffentlichen Interesse auferlegt Pflicht. Die finanzielle Belastung hieraus darf sie nicht auf den Kunden überwälzen.[212] Ebenso erfolgt die Prüfung ausreichender Deckung des Kundenkontos im Rahmen der Abwicklung von **Daueraufträgen, Überweisungen, Schecks** und **Lastschriften** im eigenen Interesse der Bank.[213] Auch für die im Einzelfall erforderliche Benachrichtigung des betroffenen Kunden, zu der die Bank rechtlich verpflichtet ist, kann ein Vergütungsanspruch in Allgemeinen Geschäftsbedingungen nicht wirksam vereinbart werden.[214] Weiterhin wurde auch die Berechnung eines Entgelts für die Bearbeitung und Überwachung von **Pfändungsmaßnahmen** gegenüber dem Kunden für unwirksam gehalten.[215] Schließlich wurden Klauseln moniert, in denen ein Entgelt für die **Übertragung von Wertpapieren** in ein anderes Depot gefordert wurden, denn auch insoweit werde das Kreditinstitut nur zur Erfüllung ihrer gesetzlichen Verpflichtung tätig.[216] Dagegen hat der BGH ein maßvolles Entgelt für den Bearbeitungsaufwand für einen Kundenauftrag zur **Zeichnung von Aktien aus Neuimissionen auch für den Fall der Nichtzuteilung** trotz Abweichung von § 396 HGB gebilligt.[217]

(6) Als gesetzliche Leitentscheidung im Sinne des § 307 Abs. 2 Nr. 1 ist in der Rechtsprechung zum **Bürgschaftsrecht** § 767 Abs. 1 S. 3 herausgestellt worden. Die **formularmäßige Ausdehnung der Haftung über die verbürgte „Anlassforderung" hinaus für alle bestehenden und zukünftigen Verbindlichkeiten des Hauptschuldners aus der bankmäßigen Geschäftsverbindung** legt dem Bürgen ein Risiko auf, dessen Umfang allein vom Handeln Dritter bestimmt wird, das er infolgedessen weder beeinflussen noch kalkulieren kann. Dies widerspricht den Grundsätzen der im Vertragsrecht geltenden Privatautonomie.[218] Dieser Gedanke beansprucht in gleicher Weise im unternehmerischen Verkehr Beachtung, es sei denn entsprechende Einstandspflichten werden im Verhältnis zum Hauptschuldner – wie etwa von Banken – nur entgeltlich übernommen.[219] Später erweiterte der BGH seine Argumentation mit einer auf den Transparenzgedanken gestützten Überlegung: die Erstreckung der Haftung des Bürgen auf alle bestehenden Ansprüche gegen den Hauptschuldner sei nach § 307 Abs. 1 unwirksam, wenn das Bürgschaftsformular die verbürgten Forderungen nicht näher bezeichne.[220] Zur Unwirksamkeit der Erstreckung der Bür-

---

[212] BGH NJW 1997, 2752 (2753); 1997, 2753 (2754); verfassungsrechtlich unproblematisch, so BVerfG (2. Kammer des Ersten Senats) NJW 2000, 3635.

[213] BGH NJW 1998, 309 (310); hierzu *Rohe,* NJW 1998, 1284; vgl. ferner BGH NJW 2005, 1645 zur Unwirksamkeit einer Bankgebühr für Lastschriftrückgabe auf der Grundlage bankinterner Anweisung; hierzu *Jungmann,* NJW 2005, 1621.

[214] So BGH NJW 2001, 1419 (1420 f.).

[215] BGH NJW 1999, 2276; 2000, 651.

[216] BGH NJW 2005, 1275 (1276 f.).

[217] BGH NJW 2003, 1447.

[218] Ständige Rechtsprechung BGH NJW 1997, 3230 (3232); 1998, 450 (451) mit Anm. *Hager,* JR 1998, 419 ff.; 1998, 2815 (2816); 1999, 3195; 2000, 658 (659); 2000, 1566; 2000, 2580 (2582); NJW-RR 2002, 343 (344); NJW 2002, 3167 (3168); OLG Köln, ZIP 1998, 465; hierzu *Tiedtke,* ZIP 1998, 449. Diese Rechtsprechung ist nicht anwendbar, wenn sich ein Allein- oder Mehrheitsgesellschafter oder ein Geschäftsführer für Schulden seiner GmbH verbürgt; denn der Bürge hat in diesen Fällen regelmäßig auch Einfluss auf Art und Höhe der Kreditverbindlichkeit (vgl. BGH NJW 1995, 2553, 2555; 1999, 3195; 2002, 3167, 3168; OLG Köln BB 1999, 710, 711). Bedenklich weit geht jedoch die Entscheidung BAG NJW 2000, 3299, die einer formularmäßigen Bürgschaft zur Sicherung aller künftigen Forderungen aus einem Arbeitsverhältnis trotz der Ausgestaltung als Höchstbetragsbürgschaft (Höchstgrenze 5000,– DM) die Anerkennung versagt. Zur Höchstbetragsbürgschaft einer GmbH für Forderungen des Gläubigers gegen den Alleingesellschafter zuletzt BGH NJW 2002, 3167. Zur Würdigung globaler Sicherungsklauseln unter dem Gesichtspunkt des § 305 c Abs. 1 vgl. bereits Rdn. 340. Rechtsfolge der Unwirksamkeit bzw. im Falle des § 305 c Abs. 1 der Nichteinbeziehung ist, dass sich die Haftung des Bürgen dann auf die Forderungen beschränkt, die den Anlass zur Erteilung der Bürgschaft gaben; vgl. hierzu im Übrigen Rdn. 605 f. Zur Parallelproblematik bei Grundschuldbestellungen vgl. Rdn. 340.

[219] BGH NJW 1998, 3708 (3709) mit kritischen Anmerkungen von *Edelmann,* BB 1999, 123 f. und *Grunewald,* JZ 1999, 145 f. Ferner BGH NJW-RR 2002, 343 (344).

[220] BGH NJW 2000, 658 (659 ff.) mit Ausnahme für Bürgschaften von Geschäftsführern oder Gesellschaftern für Verbindlichkeiten ihrer Gesellschaften; hierzu ferner BGH NJW 2000, 1179 (1182).

genhaftung über den in einer Höchstbetragsbürgschaft festgelegten Betrag vgl. unter Rdn. 549. Unwirksam ist ferner der formularmäßige Ausschluss des Rechts des Bürgen, die dem Hauptschuldner zustehenden Einreden geltend zu machen.[221]

(7) § 776 befreit den Bürgen insoweit von seinen Verpflichtungen, als er aus einem Sicherungsrecht, welches der Gläubiger nach Entstehung der Bürgschaftsverpflichtung aufgegeben hat, nach § 774 hätte Ersatz verlangen können. Hierbei handelt es sich um eine wichtige Vorschrift zugunsten des Bürgen. Sie zielt darauf, die Durchsetzbarkeit des Rückgriffsanspruchs des Bürgen gegen den Hauptschuldner zu verstärken und so die Folgen der Bürgenhaftung zu mildern. Ein genereller **Verzicht auf die Rechtsfolgen des § 776** stellt nach neuerer Rechtsprechung grundsätzlich eine unangemessene Benachteiligung des Bürgen dar.[222]

(8) Vom gesetzlichen Regelungsmodell der §§ 765 ff. weicht in beträchtlichem Umfang auch die **Bürgschaft auf erstes Anfordern** ab.[223] Hierbei handelt es sich um eine für den Bürgen äußerst riskante Form der Bürgschaftsverpflichtung, ist er doch bei Vorliegen bestimmter formaler Voraussetzungen auf erstes Anfordern des Gläubigers ohne weiteres zur Zahlung der Bürgschaftssumme verpflichtet. Die materielle Berechtigung kann er erst im Nachhinein in einem von ihm anzustrengenden Rückforderungsprozess (§ 812) klären lassen. Aus diesem Grunde wird man eine Bürgschaft auf erstes Anfordern für unwirksam halten müssen, wenn der Bürge Verbraucher ist.[224] Weitergehend meint der BGH, die Übernahme von Bürgschaften auf erstes Anfordern sei Kreditinstituten vorbehalten.[225] Im Übrigen ist die Verpflichtung, eine Bürgschaft auf erstes Anfordern zu stellen, auch für den Hauptschuldner nicht ohne Risiko. Der BGH erklärte zuletzt die in den Bedingungen eines Bestellers enthaltene Klausel für unwirksam, derzufolge der Bauunternehmer zur Sicherung von Vertragserfüllungsansprüchen eine Bürgschaft auf erstes Anfordern zu stellen habe.[226]

(9) In einem **Heimvertrag** einer Altenpflegeeinrichtung hält eine Entgeltfortzahlungsklausel bei Kurzzeitabwesenheit der Inhaltskontrolle stand. Zwar weicht eine solche Klausel von den in §§ 537 S. 2, 615 S. 2 enthaltenen Grundgedanken ab, jedoch hat der Gesetzgeber durch § 5 Abs. 8 HeimG den Parteien bewußt einen weiten Gestaltungsspielraum eröffnet.[227] Für den Fall, dass der Heimbewohner auf Sondernahrung angewiesen ist, die von der gesetzlichen Krankenversicherung finanziert wird, kann die Minderung des vom Heimbewohner zu entrichtenden Entgelts allerdings nicht wirksam ausgeschlossen werden.[228]

(10) Für **Kaufverträge** über neu hergestellte Sachen ist – außerhalb des unternehmerischen Verkehrs – zunächst das besondere Klauselverbot des § 309 Nr. 8 Buchst. b zu beachten. Ferner kann sich ein Unternehmer auf Vereinbarungen in Verbrauchsgüterkaufverträgen, die zum Nachteil des Verbrauchers von den §§ 433 bis 435, 437, 439 bis 443 sowie von den Vorschriften über den Verbrauchsgüterkauf (§§ 474 ff.) abweichen, nicht berufen. Daraus läßt sich allerdings nicht der Schluss ableiten, dass den im Hinblick auf die Verbrauchsgüterkaufrichtlinie eingefügten oder modifizierten Vorschriften des Kaufrechts auch für Kaufverträge, die nicht unter § 474 BGB fallen, eine Leitbildfunktion zukommt.[229] So kann beispielsweise gegenüber Käufern, die als Unternehmer einzustufen sind, das Wahlrecht zwischen Nachlieferung und Nachbesserung (§ 439 Abs. 1) auch in Allgemeinen Geschäftsbedingungen eingeschränkt werden.[230] Eine Klausel, die es dem Verkäufer bei Zahlungsverzug gestattet, unter Eigentumsvorbehalt gelieferte Geräte bis zur Kaufpreiszahlung vorläufig wieder zurückzunehmen, widerspricht dem wesentlichen Grundgedanken des § 449

---

[221] BGH NJW 2001, 1857 (1858); OLG Köln NJW-RR 2008, 1340; OLG München NJW-RR 2008, 1342.

[222] BGH NJW 2000, 1566 (1568 f.) unter der Aufgabe der bisherigen Rechtsprechung (BGH NJW 1981, 748; 1986, 43, 45; fortgeführt in BGH NJW 2000, 2580 (2581); 2002, 295; *Ulmer/Brandner/Hensen*, Anh. §§ 9–11 AGBG Rdn. 262.

[223] Hierzu zuletzt *Graf von Westphalen*, ZIP 2004, 1433.

[224] Wie hier *Ulmer/Fuchs*, Anh. § 310 Rdn. 251 m. w. N.; für eine Garantie auf erste Anfordern gelten dieselben Bewertungsmaßstäbe vgl. BGH NJW 2002, 3627.

[225] BGH WM 1990, 1410.

[226] BGH NJW 2002, 2388 sowie 3098.

[227] BGH NJW 2005, 3632 in Abgrenzung zu BGH NJW 2001, 2971.

[228] BGH NJW 2004, 1104.

[229] So zutreffend *Palandt-Grüneberg*, § 307 BGB Rdn. 114.

[230] *Erman-Roloff*, § 307 BGB Rdn. 124.

Abs. 2 und ist im Rechtsverkehr mit Verbrauchern nach § 307 Abs. 2 Nr. 1, Abs. 1 S. 1 unwirksam.[231]

(11) In Maklerverträgen sind unwirksam alle Gestaltungsformen, die entgegen § 652 einen **erfolgsunabhängigen Provisionsanspruch des Maklers** begründen sollen.[232] Die Vertragswerke der Maklerbranche loten die Reichweite dieses Verbots stets aufs neue aus.[233]

(12) Zu den wesentlichen Grundgedanken des gesetzlichen **Mietrechts** vgl. die Ausführungen unter Rdn. 1077 ff.

(13) Eine **Vermittlerklausel** in Allgemeinen Geschäftsbedingungen für **Reiseverträge**, die bestimmt, dass die im Rahmen einer Reise erbrachte Beförderung im Linienverkehr, für die ein entsprechender Beförderungsausweis ausgestellt wurde, als Fremdleistung erbracht und von der Einstandspflicht ausgeschlossen wird, weicht entgegen § 651 m zum Nachteil der Reisenden von § 651 a Abs. 1 (vgl. ferner auch Abs. 2) ab und benachteiligt nach Ansicht des BGH darüber hinaus die Reisenden entgegen Treu und Glauben in unangemessener Weise (§ 307).[234]

(14) Mit der Regelung der Mängelbeseitigung (§ 635) im **Werkvertragsrecht** ist eine Klausel unvereinbar, die den Bauunternehmer pauschal mit den Kosten der **Baureinigung** belastet.[235] Eine Regelung in einem Bauvertrag, wonach die **gesetzlichen Ansprüche für notwendige Leistungen ausgeschlossen** sind, wenn diese nicht unverzüglich angezeigt wurden, benachteiligt den Auftragnehmer unangemessen. Das Interesse des Auftraggebers an einer frühzeitigen Information rechtfertigt zwar die Anzeigepflicht, nicht jedoch den Ausschluss der Ansprüche.[236] Erst recht liegt eine unangemessene Benachteiligung vor, wenn die gesetzlichen Ansprüche für alle zusätzlichen und geänderten Leistungen insgesamt ausgeschlossen werden. Die gesetzlichen Ansprüche stellen einen regelmäßig angemessenen Interessenausgleich für den Fall dar, dass vertragliche Ansprüche nicht gegeben sind. Ihre uneingeschränkte Abbedingung ist mit wesentlichen Grundgedanken der gesetzlichen Regelung nicht zu vereinbaren. Die gesetzlichen Ansprüche aus Geschäftsführung ohne Auftrag oder Bereicherung kommen vor allem dann zur Geltung, wenn der Auftragnehmer für das Bauvorhaben notwendige oder vom Auftraggeber gewollte und später genutzte Leistungen erbracht hat, ohne dass sie wirksam beauftragt worden sind.[237]

(15) Umstritten ist, ob eine Vergütungspflicht für **Kostenvoranschläge** auf der Grundlage Allgemeiner Geschäftsbedingungen begründet werden kann. Die Vorschrift des **§ 632 Abs. 3** besagt nur, dass ein Kostenvoranschlag „im Zweifel" nicht zu vergüten ist. Sie ist Ausdruck des vermuteten Parteiwillens, bildet aber keinen materiellen Maßstab, von dem eine Vergütungsabrede abweichen könnte (§ 307 Abs. 3).[238] Entsprechende Klauseln können jedoch am Überraschungsverbot scheitern (§ 305 c Abs. 1). Von daher empfiehlt sich in jedem Fall eine ausdrückliche und unmißverständliche Abrede, auf die bei Vertragsschluss nochmals separat hingewiesen werden sollte.

(16) Nach § 649 Satz 1 hat der Auftraggeber jederzeit das Recht, einen **Werkvertrag** zu kündigen. Dieser hat vorzugsweise Interesse an der Ausführung des Werks und soll deshalb die Möglichkeit einer Lösung vom Vertrag für den Fall erhalten, dass das Interesse wegfällt. Diese grundsätzliche Wertung des Gesetzgebers hat vor allem bei langfristig angelegten Werkverträgen, wie bei Bau- oder Architektenverträgen, ihre Berechtigung.[239] Das freie Kündigungsrecht des Auftraggebers ist jedoch nur gerechtfertigt, wenn dem Auftragnehmer hieraus keine Nachteile entstehen. Deshalb ist in **§ 649 S. 2** bestimmt, dass der Unternehmer in diesem Fall Anspruch auf die vereinbarte Vergütung abzüglich ersparter Aufwendungen hat. Wird dieser Anspruch ausgeschlossen, entfällt der ausgewogene Ausgleich der widerstreitenden Interessen, und es wird gegen den wesentlichen Grundsatz des § 649 verstoßen.[240]

---

[231] BGH NJW-RR 2008, 818.
[232] Vgl. z. B. BGH NJW 1984, 360; 1987, 1634 (1635); OLG Düsseldorf NJW-RR 1998, 1594; OLG Koblenz NJW-RR 2007, 1548 (1549).
[233] Dokumentation der entsprechend verzweigten Rechtsprechung bei *Wolf*, § 9 AGBG Rdn. M 7 ff.
[234] BGH NJW 2004, 681.
[235] BGH NJW 2000, 3348 (3349).
[236] BGH NJW 1991, 1812.
[237] BGH NJW 2004, 502 (504).
[238] Wie hier AnwK-*Raab*, § 632 Rdn. 19; MünchKomm-*Busche*, § 632 Rdn. 9; a. A. OLG Karlsruhe NJW-RR 2006, 419; *Palandt-Sprau*, § 632 Rdn. 10.
[239] BGH NJW 1999, 3261 (3262); OLG Düsseldorf NJW-RR 2000, 166 (167).
[240] BGH NJW 2007, 3423 (3424).

(17) Wesentliche Grundgedanken enthalten auch die §§ 69 bis 72 VVG. Der Versuch eines Versicherungsunternehmens, mittels entsprechender Gestaltung seiner **Allgemeinen Versicherungsbedingungen** den Rechtsfolgen auszuweichen, die sich aus der Einschaltung eines Versicherungsagenten ergeben, kann daher als Verstoß gegen § 307 Abs. 2 Nr. 1 bewertet werden.[241]

4. Vertragszweckgefährdende Einschränkung wesentlicher Rechte und Pflichten

522 Als Auffangbecken für die mangels eines gesetzlichen Vorbildes nicht unter § 307 Abs. 2 Nr. 1 fallenden Abreden fungiert das Aushöhlungsverbot des § 307 Abs. 2 Nr. 2. Hiernach sind Klauseln unwirksam, wenn sie wesentliche Rechte oder Pflichten, die sich aus der Natur des Vertrages ergeben, so einschränken, dass die Erreichung des Vertragszwecks gefährdet ist. Wie man sich indes die aus § 307 Abs. 2 Nr. 2 resultierenden inhaltlichen Schranken im Einzelnen vorzustellen hat, erschließt sich angesichts der Vagheit der verwendeten Gesetzesbegriffe[242] nicht ohne weiteres. Hierfür bedarf es zunächst einer überzeugenden rechtsdogmatischen Fundierung des in § 307 Abs. 2 Nr. 2 verankerten Aushöhlungsverbots.

a) Das Aushöhlungsverbot als Ausprägung des Verbots widersprüchlichen Verhaltens

523 Lohnenswert erscheint es in diesem Zusammenhang, der verschiedentlich im Schrifttum[243] angedeuteten **Verbindungslinie zum Verbot des widersprüchlichen Verhaltens** nachzugehen. Auch die höchstrichterliche Rechtsprechung hat sich mehrfach in diesem Sinne vernehmen lassen. § 307 Abs. 2 Nr. 2 beruhe, so der BGH, auf dem Gedanken, dass Allgemeine Geschäftsbedingungen dem Vertragspartner nicht solche Rechtspositionen wegnehmen oder einschränken dürften, die ihm der Vertrag nach seinem Inhalt und Zweck zu gewähren habe.[244] An anderer Stelle heißt es, die beklagte Verwenderin könne nicht einerseits eine besondere Verpflichtung – nämlich die ordnungsgemäße Abrechnung – übernehmen und gleichzeitig deren charakteristischen Inhalt – die Haftung bei nicht ordnungsgemäßer Abrechnung – nicht übernehmen wollen.[245]

524 Das Verbot des widersprüchlichen Verhaltens wird allgemein als Unterfall der unzulässigen Rechtsausübung angesehen.[246] Dem Rechtsinhaber ist es hiernach versagt, sein Recht geltend zu machen, wenn er damit von einem zuvor zugunsten des anderen Teils geschaffenen Vertrauenstatbestand abrücken würde. Die rechtsdogmatische Begründung erblickt man heute überwiegend im **Vertrauensgedanken**.[247] Hierbei handelt es sich um einen wesentlichen und charakteristischen Zug unseres Bürgerlichen Rechts, der sich in zahlreichen Einzelregelungen und insbesondere in der Grundnorm des § 242 verkörpert, als dessen spezialgesetzliche Ausprägung sich § 307 versteht. Nimmt man hinzu, dass auch das gemeinschaftsrechtliche Gebot von Treu und Glauben, wie es seinen Ausdruck

---

[241] Genaueres hierzu in BVerwG NJW 1998, 3216 (3218 ff.).
[242] Vgl. *Staudinger-Schlosser*, 12. Aufl. 1980, § 9 AGBG Rdn. 27, der von einer „unglücklichen Formulierung" spricht und im Abstellen auf die „Natur" des Vertrages die „denkbar blasseste Wortwahl" sieht.
[243] *Lieb*, DB 1988, 953; *Staudinger-Coester*, § 307 Rdn. 272.
[244] BGH NJW-RR 1986, 271 (272).
[245] BGH NJW 1985, 914 (916).
[246] *Staudinger-Looschelders/Olzen*, § 242 Rdn. 286; MünchKomm-*Roth*, § 242 Rdn. 255.
[247] *Canaris*, Vertrauenshaftung, S. 266 f., 270 f., 287 ff. im Anschluss an *Wieacker*, Zur rechtstheoretischen Präzisierung des § 242, S. 28; *Staudinger-Looschelders/Olzen*, § 242 Rdn. 288; *Larenz*, Schuldrecht I, § 10 II, S. 133; *Palandt-Heinrichs*, § 242 Rdn. 56; einschränkend *Singer*, Verbot widersprüchlichen Verhaltens, S. 43 ff., 353 f. Deutlich auch BGH WM 1980, 341: „... unzulässige Rechtsausübung infolge widerspruchsvollen Verhaltens eines Vertragspartners dann gegeben ..., wenn der andere Teil auf die von seinem Vertragspartner einmal eingenommene Haltung vertrauen durfte und sich darauf in einer Weise eingerichtet hat, dass ihm die Anpassung an eine veränderte Rechtslage nach Treu und Glauben nicht mehr zugemutet werden kann."

in Art. 3 Abs. 1 der EG-Richtlinie über missbräuchliche Klauseln in Verbraucherverträgen gefunden hat, auf dem Vertrauensprinzip beruht,[248] so schließt sich der Kreis.

Freilich wird die Einrichtung des Verbots widersprüchlichen Verhaltens herkömmlicherweise dem individuellen Rechtsmissbrauch und damit der Ausübungskontrolle zugerechnet,[249] während hier an eine dieser Stufe vorgelagerte Korrekturfunktion im Rahmen der Inhaltskontrolle von Verträgen gedacht ist. Zwingende Gründe, die einer Extension des dem Verbot des venire contra factum proprium zugrunde liegenden Rechtsgedankens auf Fälle widersprüchlichen Vertragsinhalts entgegenstehen, sind indes nicht erkennbar. Im Gegenteil – die Grundkonstellation ist vergleichbar: Der Verwender Allgemeiner Geschäftsbedingungen tritt mit einem bestimmten Leistungsangebot als Anbieter am Markt auf. Dem angesprochenen Kundenkreis gegenüber werden die Kernpunkte und Hauptvorzüge des Leistungsangebots hervorgehoben. Kommt es zum Vertragsschluss, so geschieht dies regelmäßig auf der Grundlage einer Erwartungshaltung des Kunden hinsichtlich des Leistungsspektrums und der ihm eingeräumten Rechtsposition, die maßgeblich durch den Werbeauftritt des Verwenders, das sich ggf. anschließende Verkaufsgespräch sowie durch das, was üblicher Praxis entspricht, geprägt ist. Der Kunde verzichtet im Allgemeinen darauf, die umfänglichen Vertragswerke in allen Einzelheiten zu studieren und seine vertragsbezogene Erwartungshaltung zu verifizieren. Er vertraut insoweit auf die Redlichkeit des Verwenders, dass dieser die Kernpunkte seiner Leistungszusage bzw. die üblichen Mindestrechte seines Vertragspartners nicht durch einschränkende Bedingungen in einer den Vertragszweck gefährdenden Weise entwertet. Vor einer solchen Enttäuschung schützt den Vertragspartner das Verbot des venire contra factum proprium. Denn der Verwender würde sich mit dem von ihm in den Vertrag eingebrachten Rechts- und/oder Leistungsverkürzungen in Widerspruch zu seinem früheren, im Stadium der Vertragsanbahnung liegenden, Verhalten setzen.

Festzuhalten ist damit, dass der Gesetzgeber mit § 307 Abs. 2 Nr. 2 – ebenso wie übrigens die vorbekannte Rechtsprechung zur Kardinalpflichtverletzung[250] – kein dogmatisches Neuland betreten hat. Vielmehr wurzelt diese Inhaltsschranke in dem seit langem anerkannten Verbot widersprüchlichen Verhaltens, das seinerseits eine Ausprägung des Vertrauensgrundsatzes ist.

b) Konkretisierung typischer Erwartungshorizonte auf der Grundlage des Verbots widersprüchlichen Verhaltens

Das Wissen um die dogmatische Verwurzelung des Aushöhlungsverbots sollte nun auch eine schärfere Erfassung der tatbestandlichen Voraussetzungen des § 307 Abs. 2 Nr. 2 erlauben.

(1) Wesentliche Rechte oder Pflichten aus der Natur des Vertrages

Der Vertrauensgedanke und das auf ihm beruhende Verbot widersprüchlichen Verhaltens lenken den Blick zuvörderst auf den Vorstellungs- und Erwartungshorizont der in einer Sonderverbindung – hier: in einer Vertragsbeziehung – zum Rechtsinhaber stehenden Person.[251] Ihr berechtigtes, durch ein Verhalten des anderen veranlasstes Vertrauen steht

---

[248] Eingehend *Kapnopoulou*, Recht der missbräuchlichen Klauseln in der Europäischen Union, S. 124.
[249] *Soergel-Teichmann*, § 242 Rdn. 27. Bei *Wolf*, § 9 AGBG Rdn. 27 wird die Fallgruppe des venire contra factum proprium als mögliche Begründung für einen Einwand gegen die Rechtsausübung des Verwenders aus den Allgemeinen Geschäftsbedingungen erwähnt.
[250] Vgl. z.B. BGH NJW 1956, 1065 (1066); 1968, 1567; 1973, 1878.
[251] „Zur zentralen Frage der Inhaltskontrolle nach § 9 Abs. 2 Nr. 2 AGBG wird daher die Konkretisierung des maßgeblichen Erwartungshorizontes ...", so trotz seines abweichenden Ansatzes zu Recht *Oechsler*, Gerechtigkeit im modernen Austauschvertrag, S. 321.

unter dem Schutz der Rechtsordnung. Wenn § 307 Abs. 2 Nr. 2 daher von wesentlichen Rechten oder Pflichten spricht, die sich aus der Natur des Vertrages ergeben, so wird damit die Perspektive des anderen Teils in den Vordergrund gerückt. Es geht um den Vertrauenstatbestand in der Person des Vertragspartners, die ihm zustehenden Rechte und als Kehrseite die dem Verwender ihm gegenüber obliegenden Pflichten.[252] Diese Einordnung des Tatbestandes des § 307 Abs. 2 Nr. 2 und seines Erfordernisses „wesentlicher Rechte oder Pflichten, die sich aus der Natur des Vertrages ergeben" wird im Übrigen auch von der Rechtsprechung rezipiert. Sie fragt im Rahmen des § 307 Abs. 2 Nr. 2 danach, ob es sich um Pflichten handelt, deren Erfüllung die ordnungsgemäße Durchführung des Vertrages überhaupt erst ermöglicht, auf deren Erfüllung der Vertragspartner daher *vertraut* und auch *vertrauen darf*.[253] Eine Parallele findet sich zudem in Art. 25 UN-Kaufrecht, der das Vorliegen einer wesentlichen Vertragsverletzung davon abhängig macht, dass Nachteile entstehen, auf Grund derer einer Partei im Wesentlichen das entgeht, was sie nach dem Vertrag hätte erwarten dürfen.

529 Als getrennte Tatbestandsmerkmale lassen sich die Gesetzesformulierungen „wesentliche Rechte oder Pflichten" und „aus der Natur des Vertrages" nicht abhandeln. *Coester* spricht zu Recht von einer „hermeneutisch verknüpften, praktisch kaum trennbare(n) Fragestellung".[254] Das Gesetz umschreibt in Form dieser Verknüpfung den Vertrauenstatbestand, der das maßstäbliche Vergleichsbild konstituiert, wobei mit der „Natur des Vertrages" die Quelle angedeutet wird, aus der heraus „wesentliche Rechte oder Pflichten" gewonnen werden können. Auch die Inhaltskontrolle auf der Grundlage des § 307 Abs. 2 Nr. 2 kommt gewöhnlich nicht umhin, die konkrete vertragliche Vereinbarung an einem Idealstatut, einem zwar durch die Vertragsparteien berufenen, von ihnen jedoch nicht beherrschtem Gerechtigkeitsmodell zu messen.[255] Anders verhält es sich nur, wenn der Vertragsinhalt selbst an tiefgreifenden inneren Widersprüchen leidet, also schon eine vertragsimmanente Stimmigkeitskontrolle eine unangemessene Benachteiligung des Vertragspartners erweist.[256] In allen anderen Fällen gilt es, einen Kontrollmaßstab zu beschreiben, der seinen gedanklichen Ausgang zwar von der jeweiligen vertraglichen Vereinbarung nimmt, sich jedoch von ihr löst und auch außervertragliche, insbesondere normative Wertungen integriert.[257] Auf die Notwendigkeit, vom Prüfungsgegenstand, nämlich der konkreten vertraglichen Regelung, zu abstrahieren und ein außervertragliches Referenzmodell zu erarbeiten, verweist das Gesetz, wenn es von der „Natur des Vertrages" spricht.

530 Angesichts der Komplexität der Aufgabe und der begrenzten rechtsanalytischen Erfahrungsbasis sollte das Ziel entgegen einer verbreiteten Sichtweise[258] nicht in der Erarbeitung eines umfassenden Ordnungsentwurfs für diesen Vertragstyp, sondern in der **Entwicklung problembezogener Teillösungen** erblickt werden.[259]

---

[252] Zu dieser unbestrittenen – auch aus dem Merkmal der „Einschränkung" ableitbaren – Interpretation des § 307 Abs. 2 Nr. 2 u. a. Soergel-*Stein*, § 9 AGBG Rdn. 43; *Staudinger-Coester*, § 307 Rdn. 272; *von Hoyningen-Huene*, § 9 AGBG Rdn. 291; *Wolf*, § 9 AGBG Rdn. 90.

[253] BGH NJW 1985, 3016 (3018); NJW-RR 1986, 271 (272); 1993, 560 (561); ebenso *von Hoyningen-Huene*, § 9 AGBG Rdn. 286 und *Palandt-Grüneberg*, § 307 Rdn. 33.

[254] *Staudinger-Coester*, § 307 Rdn. 267.

[255] Zur Unentbehrlichkeit eines normativ geprägten Vergleichsmaßstabs – auch im Rahmen der Inhaltskontrolle nach § 307 Abs. 2 Nr. 2 – vgl. bereits oben Rdn. 461 und 467; vgl. im Übrigen auch *Staudinger-Coester*, § 307 Rdn. 268.

[256] Im Sinne von *Lieb*, DB 1988, 953 f., der die Inhaltskontrolle freilich auf diesen Ansatz beschränken möchte.

[257] *Staudinger-Coester*, § 307 Rdn. 268.

[258] *Becker*, Auslegung des § 9 Abs. 2 AGB-Gesetz, S. 174 ff.; *von Hoyningen-Huene*, § 9 AGBG Rdn. 283; Soergel-*Stein*, § 9 AGBG Rdn. 42; *Palandt-Grüneberg*, § 307 Rdn. 32.

[259] In diesem Sinne auch *Fastrich*, Inhaltskontrolle, S. 287 und *Staudinger-Coester*, § 307 Rdn. 268.

§ 16. Die Generalklausel

In einem ersten Schritt gilt es nun, den **Erwartungshorizont des** mit einem solchen **531**
Vertrag konfrontierten **Kunden** aufzuhellen. Dabei geht es in erster Linie um die spezifischen Leistungserwartungen, die aus den vereinbarten Hauptleistungspflichten resultieren.
Zu den durch die vertragliche Regelung berührten Interessen, auf deren Berücksichtigung
der Vertragspartner vertraut und deren Schutz § 307 Abs. 2 Nr. 2 ebenfalls verbürgt, können
ferner solche zählen, die nicht im gegenseitigen Austauschverhältnis stehen, dafür aber im
Visier vertraglicher Nebenpflichten auftauchen. Je nach Vertragsart und Gefährdungslage
kann insbesondere auch das Integritätsinteresse des anderen Teils, seine Schutzerwartung
im Hinblick auf seine körperliche Unversehrtheit und sein sonstiges Vermögen, vertragswesentliches Gewicht erlangen.[260] Eine Beschränkung auf Hauptleistungspflichten oder
Kardinalpflichten ist von diesem Ansatz her nicht zu rechtfertigen und wird auch durch
den Wortlaut des § 307 Abs. 2 Nr. 2 nicht gefordert.

(a) Erwartungshorizont des durchschnittlichen Kunden

Auch hier gilt zunächst: es kommt nicht auf den individuellen Erwartungshorizont des **532**
jeweiligen Vertragspartners an, sondern auf das, was ein objektiver Durchschnittskunde bei
Geschäften dieser Art regelmäßig zu erwarten pflegt.[261] Die persönlichen Umstände des
Vertragspartners, wie etwa seine gegenwärtige finanzielle Situation oder seine Geschäftserfahrung, bleiben ebenso außer Betracht wie sonstige ungewöhnliche Motive, unvernünftige
Vorstellungen und untypische Sonderinteressen im Hinblick auf den Abschluss des Geschäfts. Dagegen sind individuell getroffene, und damit den Erwartungshorizont des Kunden in besonderem Maße prägende Abreden richtiger Ansicht nach nicht nur in Verbraucherverträgen durchaus zu berücksichtigen.[262] Dies gebietet bereits der Grundsatz der
Privatautonomie, der im Zuge der Erarbeitung eines Vergleichsleitbildes im Rahmen des
§ 307 Abs. 2 Nr. 2 besondere Beachtung verdient. Vor ihm wäre es nicht zu rechtfertigen,
einzelne Vertragsinhalte, noch dazu solche, die den Parteien offenbar besonders am Herzen
lagen, auszublenden und den Vertrag damit sehenden Auges in einer von den Parteien nicht
gewollten Weise aufzugreifen.

Im Übrigen gilt jedoch der Grundsatz, dass die Leitbildkonkretisierung nicht auf den **533**
konkret abgeschlossenen Einzelvertrag, sondern auf den durch die Vereinbarungen bezeichneten Häufigkeitstypus bezogen ist.[263] Differenzierungen sind dabei in mancherlei
Hinsicht möglich, etwa in sachlicher Hinsicht (z.B. Teil- oder Vollamortisationsleasingverträge; unterschiedliche Einsatzfelder des Garantievertrages) und nach den typischerweise auf der Kundenseite beteiligten Personen (z.B. Kaufleute oder Verbraucher).[264]
Problematisch wird die eingeforderte Unterscheidung beider Ebenen, nämlich der konkreten Parteivereinbarung und des ihr entsprechenden Häufigkeitstypus, wenn es sich um
einen neuartigen oder/und auf eine singuläre Interessenkonstellation zugeschnittenen Vertrag handelt. Hier dürfte eine behutsame Lockerung der überindividuell-generalisierenden

---

[260] *Staudinger-Coester*, § 307 Rdn. 272; *Wolf*, § 9 AGBG Rdn. 84; *Ulmer/Fuchs*, § 307 Rdn. 249;
Becker, Auslegung des § 9 Abs. 2 AGB-Gesetz, S. 180f.; aus der Rechtsprechung z.B. BGH NJW
1985, 3016 (3018).
[261] *Oechsler*, Gerechtigkeit im modernen Austauschvertrag, S. 320; *Soergel-Stein*, § 9 AGBG
Rdn. 42; *Wolf*, § 9 AGBG Rdn. 83; ferner z.B. BGH NJW 1986, 2428, 2429 (Maßgeblichkeit der
Warte des „durchschnittlichen Bankkunden").
[262] *Wolf*, § 9 AGBG Rdn. 83; *Ulmer/Fuchs*, § 307 Rdn. 246; *Staudinger-Schlosser*, 12. Aufl. 1980,
§ 9 AGBG Rdn. 28; *Erman-Roloff*, § 307 Rdn. 33; BGH NJW 1993, 532; a.A. *Becker*, Auslegung des
§ 9 Abs. 2 AGB-Gesetz, S. 59ff.
[263] So zutreffend *Staudinger-Coester*, § 307 Rdn. 269; *Oechsler*, Gerechtigkeit im modernen Austauschvertrag, S. 321.
[264] Vgl. im Einzelnen *Ulmer/Fuchs*, § 307 Rdn. 247.

Betrachtungsweise unausweichlich sein. Nicht selten wird es in diesen Fällen allerdings schon am AGB-Charakter der Vereinbarung fehlen.

(b) Ausgangspunkt: das privatautonom gestaltete Pflichtenarrangement

534 Dort, wo eine Orientierungshilfe in Form einer dispositiven gesetzlichen Regelung nicht besteht und wo nach der Vorstellung des Gesetzgebers das Hauptanwendungsfeld des Aushöhlungsverbots liegen soll, ist der Maßstab der Inhaltskontrolle in enger Rückkoppelung an das privatautonom gestaltete Pflichtenarrangement zu entwickeln. Die Vertragsnatur wird in erster Linie durch die privatautonomen, wenn auch von einer Partei im Vorhinein festgelegten, Setzungen der am Vertrag Beteiligten bestimmt.[265] Diese prägen den Erwartungshorizont des Kunden jedenfalls insoweit, als dieser sich nunmehr auf den Vollzug des im Vertrag vorprogrammierten Leistungsaustausches einrichten und ausgehend vom Vereinbarten gewisse – auch durch außervertragliche Faktoren mitbestimmte – Vorstellungen vom Geschäftsinhalt entwickeln wird. Der Klauselersteller, der durch sein Auftreten mit im Vorhinein für eine Vielzahl von Fällen konzipierten Bedingungen die inhaltliche Gestaltungsfreiheit für sich in Anspruch nimmt, trifft für die von seinem Vertragswerk ausgehenden Wirkungen im Rechtsverkehr eine besondere Verantwortung. Sich auf den Vertragstext gründendes Kundenvertrauen muss er sich daher stets zurechnen lassen.

535 Der Vertragsinhalt, insbesondere die nähere Ausgestaltung des Leistungsversprechens, kann mitunter sogar für sich allein eine Erwartungshaltung der Gegenseite begründen, mit der sich – wie die weitere Prüfung ergeben kann – andere Bestimmungen des Vertrages als nicht vereinbar erweisen (widersprüchlicher Vertragsinhalt).

536 Bei der Ermittlung des konkreten Vertragsinhalts, der dort vorgesehenen Ausgestaltung der Leistungspflichten und der sonstigen getroffenen Absprachen, handelt es sich freilich nur um den ersten Arbeitsschritt. Ein rein vertragsimmanenter Bewertungsmaßstab[266] erlaubt allenfalls die Identifizierung und Eliminierung eklatanter Verstöße gegen die innere Vertragslogik. An dieser Stelle haltzumachen, hieße, eine merkliche Absenkung der Kontrollintensität bei nicht kodifizierten Verträgen gegenüber normativ strukturierten Verträgen und damit nicht unerhebliche Schutzdefizite in Kauf zu nehmen.[267] Zu widersprechen ist damit auch der These, jede vorformulierte Parteivereinbarung trage ihren Maßstab in sich.[268] Rechtskontrolle, zu der die Inhaltskontrolle nach den §§ 307 bis 309 rechnet, setzt einen normativ begründeten, von außen an den Vertrag herangetragenen Beurteilungsmaßstab voraus. Auch die Inhaltskontrolle auf der Grundlage des Aushöhlungsverbots des § 307 Abs. 2 Nr. 2 kommt nicht ohne ein positives Vergleichsbild, eine Vorstellung von einer gerechten Ordnung in dieser konkreten Frage aus.[269] Die unverzichtbare Forderung nach einem normativen Bezug der Inhaltskontrolle lässt sich auch nicht allein dadurch einlösen, dass man nicht auf die individuelle Leistungserwartung abstellt, sondern danach fragt, was ein objektiver Beobachter anstelle des Gläubigers typischerweise an

---

[265] *H. Roth*, AcP 190 (1990), S. 312; Soergel-*Stein*, § 9 AGBG Rdn. 42; nachdrücklich auch *Oechsler*, Gerechtigkeit im modernen Austauschvertrag, S. 320.

[266] Für eine Beschränkung der Inhaltskontrolle auf den Maßstab der „inneren Stimmigkeit" *Lieb*, DB 1988, 953 f.

[267] Kritisch bis ablehnend zur These *Liebs* insbesondere *Fastrich*, Inhaltskontrolle, S. 282; Staudinger-*Coester*, § 307 Rdn. 268; Soergel-*Stein*, § 9 AGBG Rdn. 43; *Oechsler*, Gerechtigkeit im modernen Austauschvertrag, S. 316; *Martinek*, Moderne Vertragstypen I, § 5 III, S. 115 f.; *von Hoyningen-Huene*, § 9 AGBG Rdn. 283.

[268] *Oechsler*, Gerechtigkeit im modernen Austauschvertrag, S. 320; hiergegen zu Recht Staudinger-*Coester*, § 307 Rdn. 268.

[269] So dezidiert Staudinger-*Coester*, § 307 Rdn. 268; für einen normativen Maßstab setzt sich auch *Roussos*, JZ 1988, 1003 ein.

Gefahrenschutz erwarten durfte. Hergestellt wäre die Verknüpfung zur normativen Wertungsebene erst, wenn die Korrektur der individuellen Leistungserwartung mit Rücksicht auf in der Rechtsordnung verankerte Beurteilungskriterien (insbesondere Gebote und Verbote) erfolgen würde.

Festzuhalten ist, dass sich der Maßstab der Inhaltskontrolle nach § 307 Abs. 2 Nr. 2 aus mehreren heterogenen Quellen speist, nämlich der Parteivereinbarung, den hieraus resultierenden typischen Leistungserwartungen der Vertragspartner und den mit jeweils unterschiedlichem Geltungsanspruch auftretenden Grundsätzen und Wertungen der Rechtsordnung. Die weiteren Überlegungen müssen sich daher von dem konkreten Vertrag und insbesondere von der streitgegenständlichen Klausel lösen, ohne dabei jedoch die den Prüfungsgegenstand bildende Parteivereinbarung gänzlich aus den Augen zu verlieren. 537

(c) Außervertragliche Einflussfaktoren und normativ begründete Gerechtigkeitserwartungen

Der Erwartungshorizont eines durchschnittlichen Vertragspartners wird in aller Regel in beträchtlichem Ausmaß durch mannigfache, kaum gegeneinander abgrenzbare, außervertragliche Wirkkräfte beeinflusst. Der typische Kunde nimmt den ihm unterbreiteten Vertrag als Exponent eines Häufigkeitstypus wahr, wie er in der Realität des Rechtslebens typischerweise vereinbart wird. Der im ersten Teilbericht der Arbeitsgruppe beim Bundesminister der Justiz enthaltene Entwurf einer Generalklausel brachte dies dadurch zum Ausdruck, dass er das Merkmal „aus der Natur des Vertrages" um die Wendung „oder aus seinem von der Verkehrsanschauung geprägten Leitbild" ergänzte.[270] Schon an dieser Stelle lässt sich mithin festhalten, dass das maßgebliche Vorstellungsbild eines durchschnittlichen Vertragspartners sowohl durch tatsächliche, mitunter sogar empirisch nachweisbare Umstände, als auch durch normativ begründete, vertragstypenspezifische Gerechtigkeitserwartungen geprägt wird. In methodischer Hinsicht sollte man – mit *Canaris* – grundsätzlich vom „*Real*typus" ausgehen und diesen erforderlichenfalls mit Hilfe eines „*Normativ*typus" korrigieren.[271] 538

Für die Frage, was ein durchschnittlicher Vertragspartner anstelle des konkreten Gläubigers typischerweise von einem solchen Vertrag zu erwarten pflegt, kann demnach durchaus bei der *üblichen Klauselpraxis* – gegebenenfalls auch bei der Vertragsabwicklungspraxis[272] – angesetzt werden.[273] Denn in dieser Gestalt sind zahlreiche neuere Vertragstypen in den Rechtsverkehr gelangt und von der Allgemeinheit zur Kenntnis genommen worden. Dies erfordert gegebenenfalls eine Inaugenscheinnahme der verbreiteten Vertragsformulare. Nichts anderes gilt übrigens für die *Verkehrssitten* und ihre Sonderform den Handelsbrauch. Sie können insoweit Bedeutung erlangen, als sie auf Grund ständiger Übung ein 539

---

[270] Erster Teilbericht, S. 26 (§ 6); ähnlich der CDU/CSU-Entwurf (BT-Drucks. 7/3200, S. 3), der in § 7 Abs. 2 eine Unwirksamkeitsvermutung für Bestimmungen vorsah, die „bei gesetzlich nicht geregelten Vertragsgestaltungen mit von der Verkehrsanschauung entwickelten Rechtsgrundsätzen nicht zu vereinbaren" seien.

[271] *Canaris*, AcP 190 (1990), S. 449.

[272] Schlosser/Coester-Waltjen/*Graba*, § 9 AGBG Rdn. 31. Die übliche Abwicklungpraxis, insbesondere wenn sie zugunsten des Kunden vom Vertragstext abweicht und aus der Sicht des Klauselverwenders nur auf Kulanzgesichtspunkten beruht, kann das Bild einer bestimmten Vertragsform prägen; vgl. *Staudinger-Schlosser*, 12. Aufl. 1980, § 9 AGBG Rdn. 29.

[273] *Fastrich*, Inhaltskontrolle, S. 289 („Verkehrsüblichkeit wesentlicher Gesichtspunkt bei der Ausbildung vertragstypenspezifischer Leitbilder"); *Erman-Roloff*, § 307 Rdn. 32; *Soergel-Stein*, § 9 AGBG Rdn. 42; Schlosser/Coester-Waltjen/*Graba*, § 9 AGBG Rdn. 31 mit der Mahnung, nicht von einem konstruierten, wirklichkeitsfremden Leitbild auszugehen; etwas zurückhaltender *Staudinger-Coester*, § 307 Rdn. 270 („ein Gesichtspunkt unter anderen"); *Becker*, Auslegung des § 9 Abs. 2 AGB-Gesetz, S. 174f. („verkehrsübliche Vertragsgestaltung nur als Einstieg").

bestimmtes Vertrauen entstehen lassen oder umgekehrt der Bildung eines Vertrauenstatbestandes entgegenstehen. Zwar nennt § 307 die Verkehrssitte im Gegensatz zu § 242 nicht ausdrücklich. Doch legt der Maßstab von Treu und Glauben im Zusammenhang mit dem Vertrauenselement sowie der Hinweis in § 310 Abs. 1 Satz 2 auf die im Handelsverkehr geltenden Gewohnheiten und Gebräuche die Berücksichtigung der Verkehrssitte nahe.[274]

540 Zum Erscheinungsbild eines gesetzlich nicht geregelten Vertragstypus trägt schließlich im besonderen Maße auch die *Rechtsprechung* bei.[275] Zahlreiche Vertragstypen (man denke etwa an den Leasingvertrag) verdanken der gerichtlichen Befassung, den im Verein mit rechtswissenschaftlichen Stellungnahmen erarbeiteten Aussagen zu Inhalt und Grenzen einzelner Gestaltungsvarianten, ihr heutiges Gepräge. Die Einbeziehung höchstrichterlicher Erkenntnisse zu Inhalt und Grenzen nicht kodifizierter Verträge, insbesondere insoweit eine gefestigte Linie ausgemacht werden kann, markiert im Übrigen den Übergang von den rein faktischen Einflussfaktoren zu normativ fundierten Gerechtigkeitsinhalten. Die gerichtliche Entscheidungspraxis kann zum einen als bloßes von der Kautelarjurisprudenz und der Öffentlichkeit beachtetes Faktum aufgefasst werden; inhaltlich finden auf diese Weise jedoch die von den Gerichten erkannten normativen Wertungen Eingang in das öffentliche Bewusstsein.

541 Der durch § 307 Abs. 2 Nr. 2 zum Maßstab berufene Gedanke des Vertrauensschutzes baut nicht auf einem rein psychologisch verstandenen, sondern auf einem durch normativ-objektiv wertende Gesichtspunkte angereicherten Vertrauensbegriff auf.[276] Eine gewisse Distanzierung vom Vertrauen im individuell-psychologischen Sinne bringt im Rahmen der AGB-Kontrolle zwar bereits die dort herrschende überindividuell-generalisierende Betrachtungsweise mit sich. Dem Anliegen des § 307 Abs. 2 Nr. 2, einen effektiven Schutz vor unangemessenen Klauseln auch dort zu gewährleisten, wo dispositives Recht als Vergleichsmaßstab nicht zur Verfügung steht, wird man freilich nur gerecht, wenn man darüber hinaus auch die *Wertungen der Rechtsordnung* in die Konkretisierung des maßgeblichen Erwartungshorizonts einfließen lässt. Der in der Praxis vorgefundene Vertragstyp darf nicht unbesehen mit der für die Inhaltskontrolle nach § 307 Abs. 2 Nr. 2 maßgeblichen Vertrauensgrundlage gleichgesetzt werden. Anderenfalls bestünde die Gefahr, dass die interessengebundene Kautelarjurisprudenz inhaltlich bedenkliche Vertragsbedingungen im Geschäftsverkehr zu etablieren sucht, um sie sodann unter Hinweis auf die entsprechend reduzierte Erwartungshaltung der Kundschaft als angemessene Regelungen rechtfertigen zu können. Demgegenüber ist festzuhalten: die bloße Üblichkeit einer Regelung gebietet nicht schon ihre rechtliche Anerkennung.[277] Vielmehr muss die Gläubigererwartung auf ihre Übereinstimmung mit den Wertungen des objektiven Rechts überprüft und gegebenenfalls auf den rechtlichen gebotenen Mindeststandard angehoben werden.[278] In der umgekehrten Konstellation, bei der eine Unterschreitung etablierter

---

[274] Deutlich insbesondere *Wolf,* § 9 AGBG Rdn. 131; vgl. ferner *von Hoyningen-Huene,* § 9 AGBG Rdn. 212 ff.; BGH NJW 1985, 480 (481).

[275] *Staudinger-Coester,* § 307 Rdn. 270; *Soergel-Stein,* § 9 AGBG Rdn. 42; *Becker,* Auslegung des § 9 Abs. 2 AGB-Gesetz, S. 175 f.

[276] *Fikentscher,* Schuldrecht, 9. Aufl. 1997, Rdn. 163 spricht von einem „normativen Vertrauendürfen".

[277] Ständige Rechtsprechung, vgl. BGH NJW 1982, 644 (645); 1984, 2160 f.; 1985, 3016 (3017); 1987, 1931 (1935); 1991, 2414 (2416); *Ulmer/Fuchs,* § 307 Rdn. 251; *Staudinger-Coester,* § 307 Rdn. 266; *Wolf,* § 9 AGBG Rdn. 61; *Fastrich,* Inhaltskontrolle, S. 288.

[278] *Fastrich,* Inhaltskontrolle, S. 289; *Erman-Roloff,* § 307 Rdn. 32; Schlosser/Coester-Waltjen/Graba, § 9 AGBG Rdn. 31 („Übereinstimmung mit den Grundwerten des positiven Rechts"). *Oechsler,* Gerechtigkeit im modernen Austauschvertrag, S. 321 spricht zwar ebenfalls von „normativ kontrollierten Gläubigererwartungen", erhofft sich die Lösung jedoch in nicht in der Fixierung materialer Gerechtigkeitsinhalte, sondern im analytischen Zugriff auf das involvierte Problempotential.

Standards (Üblichkeit, Verkehrssitte, Handelsbrauch, Standesrichtlinie) durch die zu beurteilende Klausel in Rede steht, wird man dem faktischen Befund hingegen schon eine nahezu präjudizielle Wirkung zuerkennen können.[279] Auch hier bleibt aber die Letztentscheidung dem Recht vorbehalten.

Normative Wertungen können über ihre korrektorische Funktion hinaus sogar zur bestimmenden Größe für die Konkretisierung der maßgeblichen Leistungs- und Schutzwartung des Kunden aufsteigen. Dies ist dann der Fall, wenn es an vorfindbaren, verfestigten Vorstellungen zur Vertragsnatur des zu beurteilenden Vertrages fehlt. Davon sind vor allem Geschäftsformen betroffen, die sich noch in der Entwicklungsphase befinden, demzufolge noch kein einheitliches Gepräge aufweisen und auch noch nicht Gegenstand gerichtlicher Entscheidungen gewesen sind. Fraglich ist nun, auf welchem Wege die für einen solchen – gesetzlich nicht geregelten – Vertrag einschlägigen normativen Wertungen gewonnen werden können. Im Schrifttum firmiert diese Problematik unter der Bezeichnung „Entfaltung vertragstypenspezifischer Gerechtigkeitserwartungen".[280] Damit wird zutreffend die enge Anbindung an die einen solchen Vertrag charakterisierenden, ihm sein besonderes Gepräge verleihenden Züge zum Ausdruck gebracht. Aufbauend auf einer gründlichen Analyse des wirtschaftlichen Zwecks eines solchen Vertrages und der mit ihm verfolgten (typischen) Parteiinteressen können verschiedene normative Aspekte – gegebenenfalls auch kumulativ – maßstabsbildende Bedeutung gewinnen. Zwar geht es weiterhin um die Konkretisierung der zentralen Leistungs- und Schutzerwartungen des durchschnittlichen Kunden, doch kommen mit der Öffnung des Konkretisierungsprozesses für normative Wertungen nunmehr zwangsläufig auch die Interessen des Verwenders ins Spiel. *Manfred Wolf* bringt dies dadurch zum Ausdruck, dass er als wesentlich nur solche Rechte und Pflichten anerkennt, die dem Schutz anerkennenswerter Vertragsinteressen dienen und die sich **für den Verpflichteten in den Grenzen zumutbarer Belastungen halten**.[281] Konkretere normative Kriterien, die zu einer vertragsspezifischen Abgrenzung der Risikosphären der Parteien und zur Bestimmung des zentralen Vertragsinteresses des Vertragspartners beitragen können, sind z.B. die Risikobeherrschung,[282] die Versicherbarkeit[283] und das Rationalisierungsinteresse des Verwenders[284]. Besonderes Augenmerk verdient die Art des zu beurteilenden Vertrages.[285] Die Fragen lauten etwa: Zielt der Vertrag auf die Begründung eines Dauerschuldverhältnisses, weist der Vertrag personenbezogene Elemente auf, handelt es sich um ein Risikogeschäft? Von Bedeutung ist ferner auch, ob der jeweilige Vertrag bipolar strukturiert ist, also eine klassische Gläubiger-Schuldner-Beziehung begründet, oder aber sich in ein Gesamtsystem aufeinander abgestimmter Einzelverträge einfügt (so z.B. bei Franchising-, Vertragshändler- und Kreditkartenverträgen). Bei den letztgenannten, kollektiv ausgerichteten Geschäftssystemen muss auch das Interesse der Gemeinschaft am Funktionieren des Vertragsverbundes berücksichtigt werden.[286] Nicht zu den berechtigten, zentralen Leistungs- und Schutzerwartungen zählen daher regelmäßig solche Kundenerwartungen, die mit den übergreifenden Systeminteressen nicht zu vereinbaren sind. Die genaue Charakterisierung des Vertrages kann zudem den Blick für rechtliche Regelungs-

---

[279] Näher hierzu *Staudinger-Coester*, § 307 Rdn. 153.
[280] *Staudinger-Schlosser*, 12. Aufl. 1980, § 9 AGBG Rdn. 28; *Staudinger-Coester*, § 307 Rdn. 271; *von Hoyningen-Huene*, § 9 AGBG Rdn. 285; *Palandt-Grüneberg*, § 307 Rdn. 32.
[281] *Wolf*, § 9 AGBG Rdn. 85.
[282] Nachweise vgl. Rdn. 491.
[283] Nachweise vgl. Rdn. 492.
[284] Nachweise vgl. Rdn. 489.
[285] *Staudinger-Coester*, § 307 Rdn. 271; *von Hoyningen-Huene*, § 9 AGBG Rdn. 285; *Soergel-Stein*, § 9 AGBG Rdn. 42.
[286] *Ulmer/Fuchs*, § 307 Rdn. 253; *Wolf*, § 9 AGBG Rdn. 110; *Rohe*, Netzverträge, S. 296.

und Wertungsmuster aus anderen Zusammenhängen schärfen, die vergleichend herangezogen werden können. Angesichts der Variationsbreite vertraglicher Gestaltungen sind einer näheren Aufschlüsselung oder Systematisierung der in Betracht kommenden – ebenfalls überaus reichhaltigen – normativen Anknüpfungspunkte von vornherein Grenzen gesetzt. Der Rechtsanwender muss sich um eine möglichst systemkonforme Ergänzung der normativen Vertragstypenordnung bemühen. Er muss dann den Standpunkt des Gesetzgebers einnehmen und sich fragen, welche Lösung dieser in konsistenter Fortentwicklung der bereits bestehenden Regelungs- und Wertungszusammenhänge für die zur Beurteilung anstehende Klauselthematik aufgestellt hätte.[287] Eine gewisse Nähe zum Verfahren der ergänzenden Vertragsauslegung ist unübersehbar.[288] Wertvolle Hinweise auf wesentliche Rechte und Pflichten, die sich aus der Natur des Vertrages ergeben, vermag die ergänzende Vertragsauslegung immerhin insoweit zu liefern, als sie zu einer für den Vertragspartner des Verwenders im Vergleich zur vertraglichen Regelung deutlich günstigeren Rechte- und Pflichtenlage führt. Wenn schon das Zuendedenken der vertraglichen Wertungszusammenhänge unter maßvoller (nicht die Intentionen der Parteien konterkarierenden) Berücksichtigung normativer Wertungen eine Erwartungshaltung begründet, der – wie die weitere Prüfung erweist – die streitbefangene Klausel nicht gerecht zu werden vermag, so wird man dieses Auslegungsergebnis als gewichtiges Indiz anerkennen müssen. So war – um ein Beispiel zu nennen – die Entscheidung zur Unvereinbarkeit einer ermessensabhängig ausgestalteten Freigabeklausel in einem Sicherungsvertrag nahezu präjudiziert, nachdem der *Große Senat* „gemäß § 157 aus dem fiduziarischen Charakter der Sicherungsabrede sowie der Interessenlage der Vertragsparteien" einen ermessensunabhängigen Freigabeanspruch abgeleitet hatte.[289] Der *Große Senat* stellte nur noch fest, dass eine Beschränkung des vertraglichen Freigabeanspruchs durch eine Regelung, die die Freigabe in das Ermessen des Sicherungsnehmers stelle, wesentliche Rechte und Pflichten, die sich aus der Natur des Sicherungsvertrages ergäben, einschränke (§ 307 Abs. 2 Nr. 2).

543   Die bisherigen Ausführungen zielten darauf, das komplizierte und sich einer abschließenden Systematisierung entziehende Zusammenspiel vertragsimmanenter und normativer Wertungen im Rahmen der Konkretisierung der zentralen Leistungs- und Schutzerwartungen des Kunden zu veranschaulichen. Eine trennscharfe Abgrenzung der verschiedenen Ebenen ist nicht immer möglich. Beide gehen vielmehr ineinander über und beeinflussen sich gegenseitig. Festzuhalten ist jedoch, dass bereits auf dieser Stufe vertragstypenspezifische Gerechtigkeitserwartungen formuliert werden müssen. In diesem Rahmen ist auch die Schutzwürdigkeit des zukunftsgerichteten Vertrauens des Durchschnittskunden zu bedenken.[290] Ferner müssen auch die typischen Interessen des Verwenders Eingang in den Abwägungsprozess finden.

---

[287] Zur Hilfsvorstellung hypothetischen dispositiven Rechts vgl. *Staudinger-Schlosser*, 12. Aufl. 1980, § 9 AGBG Rdn. 29; Schlosser/Coester-Waltjen/*Graba*, § 9 AGBG Rdn. 31; *Staudinger-Coester*, § 307 Rdn. 271; vgl. ferner Art. 1 Abs. 2 ZGB.

[288] Für eine recht weitgehende Anlehnung an die Methode der ergänzenden Vertragsauslegung *Becker*, Auslegung des § 9 Abs. 2 AGB-Gesetz, S. 171 ff.; *Wolf*, § 9 AGBG Rdn. 86; *von Hoyningen-Huene*, § 9 AGBG Rdn. 285.

[289] BGH NJW 1998, 671 (672 f.).

[290] Diese Voraussetzung zur Feststellung eines unter § 242 fallenden widersprüchlichen Verhaltens (vgl. *Soergel-Teichmann*, § 242 Rdn. 320; *Canaris*, Vertrauenshaftung, S. 294 f.; *Dette*, Venire contra factum proprium nulli conceditur, S. 68 ff.) fließt mithin von vornherein in die Konkretisierung der maßgeblichen Leistungs- und Schutzerwartungen ein. Die Schutzwürdigkeit kann im Übrigen regelmäßig nicht schon deshalb verneint werden, weil es dem Kunden zuzumuten gewesen wäre, sich um eine verbindliche rechtsgeschäftliche Sicherung seiner Erwartungen zu bemühen (zu diesem Aspekt allgemein *Singer*, Verbot widersprüchlichen Verhaltens, S. 354). Denn das „Diktat des Verwenders" lässt regelmäßig keine Individualabrede zu und das AGB-Recht zielt gerade auf eine Verstärkung der Rechtsstellung des sich in dieser Situation befindlichen Vertragspartners.

§ 16. Die Generalklausel

Verortet man entsprechend der hier vertretenen Meinung den Sondertatbestand des § 307 Abs. 2 Nr. 2 im Verbot widersprüchlichen Verhaltens, so müsste das in der Person des durchschnittlichen Kunden erweckte Vertrauen auf bestimmte, aus dem Vertrag resultierende Rechtspositionen darüber hinaus auf einem zurechenbaren Vorverhalten der Gegenseite beruhen.[291] Ferner wäre es eine Voraussetzung, dass der Vertrauende auf Grund des Vertrauens eine Disposition („Vertrauensinvestition") vorgenommen hat.[292] Beide Merkmale sind im Tatbestand des § 307 Abs. 2 Nr. 2 nicht ausdrücklich genannt. Der Grund für diese Auslassungen könnte jedoch darin liegen, dass die genannten Merkmale in den Anwendungsfällen dieser Vorschrift ohnehin stets erfüllt sind und daher keiner besonderen Erwähnung bedurften. So liegt es in der Tat nahe, das *zurechenbare Vorverhalten* prinzipiell in der Präsentation des vorformulierten Vertragswerkes zu sehen. Suggeriert beispielsweise das Leistungsversprechen des Verwenders prima facie weitreichende Leistungsansprüche des Kunden und relativiert das „Kleingedruckte" diese Zusage in wesentlichen Punkten, so ist das erwartungsfrohe Zutrauen des Kunden, dem Verwender kraft seiner Klauselverantwortung ohne weiteres zuzurechnen. Aber auch dann, wenn die kundenspezifische Erwartungshaltung durch außervertraglichen Faktoren beeinflußt wird, ist die Entstehung des Vertrauens der Risikosphäre des Verwenders zuzuordnen.[293] Denn mit seinem vorformulierten Bedingungswerk begibt sich der Verwender in Kenntnis solcher externen Begleitumstände (z. B. die verkehrsübliche Ausgestaltung solcher Verträge) in den Rechtsverkehr. Die Erkennbarkeit der vertrauensbildenden Wirkung, die von seinem Angebot im Verein mit den genannten außervertraglichen Einflussfaktoren ausgeht, wird man unterstellen dürfen. Damit ist aber die Grundvoraussetzung der Zurechenbarkeit gegeben.[294] Höhere Anforderungen können, wenn sie für erforderlich gehalten werden, in den Konkretisierungsprozess (Interessenabwägung) eingebracht werden. Im Übrigen ist darauf hinzuweisen, dass der Verwender es stets in der Hand hat, durch eine Individualvereinbarung auf das Gläubigervertrauen Einfluss zu nehmen und auf diese Weise außervertraglichen Einflussfaktoren die Wirksamkeit zu nehmen. Schließlich setzt der Tatbestand des venire contra factum proprium voraus, dass der andere Teil eine *Vertrauensdisposition* vorgenommen hat. In diesem Punkt wird man bereits an den Abschluss des Vertrages als solchen anknüpfen dürfen.[295] Zu diesem wird der Kunde maßgeblich durch den „Auftritt" des Verwenders bestimmt. Lässt der Kunde sich auf den Vertrag ein, so sieht er sich nunmehr seinerseits zu Erbringung der Gegenleistung verpflichtet (primäre Konsequenz des entstandenen Vertrauenstatbestandes). Ferner wird er ab diesem Zeitpunkt die Erfüllung des Versprochenen in Rechnung stellen. Die zu treffenden sekundären Vorkehrungen können unterschiedlichster Art sein (z. B. Bereitstellung liquider Mittel, Schaffung geeigneter Aufbewahrungsmöglichkeiten). Vor allem unterlässt es der Kunde, anderen Anbietern sein Vertrauen zu schenken. Diese Art der Betätigung des Vertrauens entspricht der durch Allgemeine Geschäftsbedingungen geprägten typischen Abschlusssituation. Die Vertrauensdisposition bedarf aus diesem Grunde keiner gesonderten Feststellung; der Gesetzgeber hat sie stillschweigend mitbedacht.

544

---

[291] *Soergel-Teichmann*, § 242 Rdn. 317; *Canaris*, Vertrauenshaftung, S. 296 f.; *Dette*, Venire contra factum proprium nulli conceditur, S. 71 ff.
[292] *Soergel-Teichmann*, § 242 Rdn. 321; *Canaris*, Vertrauenshaftung, S. 295 f.; *Dette*, Venire contra factum proprium nulli conceditur, S. 63 ff. jeweils auch mit Nachweisen zur Rechtsprechung.
[293] Zur Maßgeblichkeit des Risikoprinzips und nicht etwa des Verschuldensgrundsatzes, vgl. *Canaris*, Vertrauenshaftung, S. 296 f. und *Soergel-Teichmann*, § 242 Rdn. 319.
[294] MünchKomm-*H. Roth*, § 242 Rdn. 259.
[295] Zu pauschal, weil die hier problematisierte Konstellation nicht mitbedenkend, *Canaris*, Vertrauenshaftung, S. 295 (Der bloße Abschluss des Vertrages reiche niemals aus.).

(2) Einschränkung – Enttäuschung des geweckten Vertrauens

545 Der auf das Verbot des venire contra factum proprium gestützte Rechtsmissbrauchseinwand aktualisiert sich, wenn sich der Handelnde in Widerspruch zu dem von ihm geschaffenen Vertrauenstatbestand setzt. Die Vorschrift des § 307 Abs. 2 Nr. 2 nimmt diesen Gedanken auf, wenn sie die Unwirksamkeit einer AGB-Bestimmung an die „*Einschränkung*" wesentlicher Rechte oder Pflichten, die sich aus der Natur des Vertrages ergeben, knüpft. Denn die Rechte und Pflichten aus dem idealisierten Vertrag beschreiben den schutzwürdigen Erwartungshorizont des durchschnittlichen Vertragspartners, mithin einen Vertrauenstatbestand, der durch ihm nachteilige Allgemeine Geschäftsbedingungen nicht enttäuscht werden darf. Getreu dem bereits skizzierten Grundkonzept der Leitbildkontrolle[296] und in Parallele zu dem durch das Kriterium der Abweichung in § 307 Abs. 2 Nr. 1 veranlassten Prüfungsschritt kommt es auch hier zu einem Vergleich zweier Rechtslagen.[297] Dem unter Ausblendung der streitbefangenen Klausel ermittelten hypothetischen Rechtszustand, wie er im Gesetz durch die Formulierung „wesentliche Rechte oder Pflichten, die sich aus der Natur des Vertrages ergeben" umschrieben wird, ist die konkret im Vertrag enthaltene AGB-Regelung gegenüberzustellen. Eine Einschränkung im Sinne eines für den Vertragspartner negativen Saldos ist festgestellt, wenn Rechte des Vertragspartners oder Pflichten des Verwenders, die den Interessen des Vertragspartners dienen, geschmälert werden.[298] Eine vertragliche Pflicht wird dabei auch dann eingeschränkt, wenn ihre Verletzung sanktionslos bleibt.[299]

(3) Vertragszweckgefährdung

546 Die Einschränkung wesentlicher Rechte oder Pflichten, die sich aus der Natur des Vertrages ergeben, führt nur dann zu einer unangemessenen Benachteiligung, wenn dadurch die Erreichung des Vertragszwecks gefährdet ist. In Anbetracht der vorgelagerten Prüfungspunkte, die vom Rechtsanwender – insbesondere insoweit es um die Konkretisierung des maßgeblichen Erwartungshorizonts geht – eingehend begründete und sorgfältig abgewogene Beurteilungen erfordern, stellt sich die Frage, welchen Stellenwert das Merkmal der Vertragszweckgefährdung im Tatbestand des § 307 Abs. 2 Nr. 2 einnimmt. Die herrschende Ansicht sieht in ihm einen eigenständigen Prüfstein auf dem Wege zum Unangemessenheitsurteil.[300]

547 Bei Lichte besehen bleiben für die durch das Merkmal der Vertragszweckgefährdung eröffnete Wertungsstation außer der besonderen Betonung der Wichtigkeit dieses Punktes für die Konkretisierung der zentralen Leistungs- und Schutzerwartungen des Vertragspartners zwei substantielle inhaltliche Vorgaben.

548 Zum einen gibt das Merkmal der Vertragszweckgefährdung einen Hinweis auf die von § 307 Abs. 2 Nr. 2 vorausgesetzte *Eingriffsintensität:* Einerseits muss die Möglichkeit der Erzielung des angestrebten vertraglichen Erfolges mehr als nur geringfügig in Frage gestellt sein. Andererseits darf die Eingriffsschwelle aber nicht so angesetzt werden, dass nur die totale Vereitelung des Vertragszwecks die Unwirksamkeitsfolge nach sich

---

[296] Siehe oben Rdn. 502 ff.
[297] *Staudinger-Coester*, § 307 Rdn. 277; *von Hoyningen-Huene*, § 9 AGBG Rdn. 290.
[298] *Wolf*, § 9 AGBG Rdn. 90, *von Hoyningen-Huene*, § 9 AGBG Rdn. 291.
[299] BGH NJW 2002, 673 (675).
[300] *Ulmer/Fuchs*, § 307 Rdn. 261; *Staudinger-Coester*, § 307 Rdn. 278; *Wolf*, § 9 AGBG Rdn. 92 ff., *von Hoyningen-Huene*, § 9 AGBG Rdn. 293 ff.; auch die Rechtsprechung hat dieses Merkmal oftmals gesondert geprüft: vgl. etwa BGH NJW 1984, 1350 (1351); 1986, 43 (44); 1993, 335 (336); 1998, 671 (673); kritisch hingegen *Staudinger-Schlosser*, 12. Aufl. 1980, § 9 AGBG Rdn. 27; *Becker*, Auslegung des § 9 Abs. 2 AGB-Gesetz, S. 182 f.

zieht.[301] Zweitens bedarf es zur Feststellung einer Gefährdung des *Vertrags*zwecks der Inaugenscheinnahme des *gesamten Vertrages*. Denkbar ist immerhin, dass die Erreichung des Vertragszwecks im Vertrag durch andere den Kunden begünstigende Regelungen sichergestellt wird. Die durch das Merkmal der Vertragszweckgefährdung veranlasste Einbeziehung kompensatorischer Effekte[302] sollte – schon um den Prüfungsgang zu entzerren – einer letzten Wertungsstation vorbehalten bleiben.

c) Beispiele aus der Rechtsprechung

Große Bedeutung kommt dem Aushöhlungsverbot bei der Kontrolle von **Haftungsfreizeichnungen und Haftungsbeschränkungen** zu. Die sich für solche Klauseln aus § 307 Abs. 2 Nr. 2 ergebenden Grenzen werden hier im Anschluss an die Ausführungen zum Klauselverbot des § 309 Nr. 7 erörtert.[303] **Sonstige vertragszweckgefährdende Einschränkungen wesentlicher Rechte und Pflichten aus der Natur des Vertrages** hat die Rechtsprechung u. a. in folgenden Fällen angenommen:

549

Beispiele:
(1) Unwirksam sind Haftungserweiterungsklauseln, nach denen sich die **Bürgschaft** auch dann auf Zinsen, Provisionen und Kosten erstreckt, wenn dadurch der vereinbarte **Haftungshöchstbetrag** überschritten wird. Denn eine solche Klausel begründet für den Bürgen in mehrfacher Hinsicht ein nicht kalkulierbares Risiko, das nach dem Sinn und Zweck einer Höchstbetragsbürgschaft gerade ausgeschaltet sein soll.[304]
(2) Gegen § 307 Abs. 2 Nr. 2 verstößt es, wenn sich Kreditinstitute in den Überweisungsvordrucken formularmäßig die Befugnis einräumen, den Überweisungsbetrag einem anderen Konto des Empfängers als dem angegebenen gutzuschreiben. Eine solche **Fakultativklausel** begründet für den Überweisenden die Gefahr, dass seiner Leistung keine Erfüllungswirkung zukommt und er nochmals zahlen muss. Sie steht mit den vertragstypischen Erwartungen des Überweisenden nicht im Einklang. Denn diese gehen dahin, dass sich die Banken bei Überweisungen streng innerhalb der Grenzen des ihnen erteilten formalen Auftrags halten und die den Überweisungen zugrundeliegenden Rechtsverhältnisse der Beteiligten nicht beachten.[305]
(3) Im **Vertragsverhältnis zwischen einem Kreditkartenunternehmen und einem Vertragsunternehmen**, das der BGH als abstraktes Schuldversprechen einstuft,[306] verstößt nach Ansicht des BGH eine Klausel gegen § 307 Abs. 2 Nr. 2, mit der sich das Kartenunternehmen ein **Rückgriffsrecht gegen das Vertragsunternehmen** für den Fall vorbehält, dass sich der Kunde weigert, den Rechnungsbetrag zu begleichen.[307] Diese Klausel betraf das sog. **Telefon- oder Mailorderverfahren**, bei dem eine schriftliche oder telefonische Bestellung ohne Vorlage der Karte allein aufgrund der Angabe der Kartennummer und des Gültigkeitsdatums abgewickelt wird. Der BGH erachtete diese Klausel deshalb für unwirksam, weil sie das Vertragsunternehmen verschuldensunabhängig mit dem vollen Risiko einer missbräuchlichen Verwendung der Kreditkarte belaste und das Kartenunternehmen, das als Betreiber des Kreditkartensystems das verfahrensimmanente Missbrauchsrisiko grundsätzlich selbst zu tragen habe, vollständig entlaste. Hinzu komme, dass das Kartenunternehmen für das Telefon- und Mailorderverfahren eine zusätzliche Servicegebühr von den Vertragsunternehmen erhebe und im Übrigen das erhöhte Missbrauchsrisiko dieses Verfahrens wesentlich besser auffangen könne als die einzelnen Vertragsunternehmen.
(4) Die **Abbedingung des § 6 VVG a. F.** (jetzt § 28 VVG n. F.) durch eine Versicherung mit der Folge, dass Leistungsfreiheit selbst bei nur leicht fahrlässigen oder folgenlosen Obliegenheitsverletzun-

---

[301] Vgl. statt vieler *von Hoyningen-Huene*, § 9 AGBG Rdn. 295.
[302] Wie hier *Staudinger-Coester*, § 307 Rdn. 280; allgemein zu den Voraussetzungen und Grenzen der Berücksichtigung von Kompensationseffekten im Rahmen der Inhaltskontrolle Rdn. 487 f.
[303] Vgl. Rdn. 976.
[304] BGH NJW 2002, 3167 (3168 f.).
[305] BGH NJW 1986, 2428 (2429).
[306] BGH NJW 2002, 285 (287 f.), 2002, 2234 (2236 f.); für Forderungskauf noch BGH NJW 1990, 2880.
[307] BGH NJW 2002, 285 (287 f.), 2002, 2234 (2236 f.); hierzu auch *Meder*, NJW 2002, 2215 ff.

gen des Versicherungsnehmers eintritt, ist als Verstoß gegen § 307 Abs. 2 Nr. 2 bewertet worden.[308]

(5) Der Vertragszweck eines **Krankenversicherungsvertrages** wird in Frage gestellt, wenn der Krankenversicherer seine Leistungspflicht für wissenschaftlich nicht allgemein anerkannte Untersuchungs- oder Behandlungsmethoden ausschließt (**Wissenschaftlichkeitsklausel**).[309] Allerdings bedeutet nicht jede Leistungsbegrenzung schon eine Vertragszweckgefährdung, sondern ist zunächst grundsätzlich der freien unternehmerischen Entscheidung des Versicherers überlassen, soweit er mit der Beschreibung der Hauptleistung beim Versicherer nicht falsche Vorstellungen erweckt. Eine Gefährdung ist erst anzunehmen, wenn mit der Einschränkung der Leistung der Vertrag ausgehöhlt werden kann und damit der Versicherungsvertrag in Bezug auf das zu versichernde Risiko zwecklos wird. So stellt bespielsweise der **Leistungsausschluss für krankhafte Störungen infolge psychischer Reaktionen** in den **Unfallversicherungsbedingungen** den Zweck, Schutz vor Unfallrisiken zu bieten, in dem weit gespannten Bereich der physisch vermittelten Unfallschädigungen nicht in Frage und hält der Inhaltskontrolle stand.[310]

(6) Wer mit einem Bauträger einen Vertrag über den Erwerb einer Immobilie schließt, tut dies in der berechtigten Erwartung, dass die Koordination in der Hand des Bauträgers liegt. Diese mit einem Bauträgervertrag gewöhnlich einhergehenden Vorteile würden dem Erwerber durch eine Klausel wieder genommen, durch die er auf zumutbare Bemühungen um außergerichtliche Durchsetzung der an ihn abgetretenen Ansprüche gegen die Bauhandwerker verwiesen wird. Eine solche **Subsidiaritätsklausel in einem Bauträgervertrag** hat der BGH daher als gegen § 307 Abs. 2 Nr. 2 verstoßend beanstandet.[311]

(7) Der **Ausschluss von Ersatz für abhanden gekommene Fahrscheine** in den **Beförderungsbedingungen eines Busreiseunternehmens** höhlt die zentralen im Gegenseitigkeitsverhältnis stehenden Hauptpflichten der Vertragsparteien aus. Denn durch die Klauselgestaltung wird der nach dem Verlust des Fahrscheins fortbestehende Beförderungsanspruch des Fahrgastes praktisch entwertet, ohne dass dieser weitreichende Ausschluss durch berechtigte Verwenderinteressen gerechtfertigt ist.[312]

V. Der verbleibende Anwendungsbereich des § 307 Abs. 1 Satz 1

550 Fraglich ist, ob dem Verbot unangemessener Benachteiligung neben den genannten Bestimmungen ein eigenständiger Anwendungsbereich im Kontrollgeschehen verbleibt. Bezweifelt wurde dies bald nach In-Kraft-Treten des AGB-Gesetzes etwa von *Schlosser*.[313] Kritisch vermerkte er, es habe noch kaum ein Autor einen greifbaren Anwendungsbereich von Absatz 1 angeben können, der nicht auch von Absatz 2 erfasst worden wäre. Die Frage lautet also, ob sich die Unwirksamkeit einer Klausel aus Absatz 1 ergeben kann, ohne dass die Voraussetzungen des Absatzes 2 vorliegen. Sie ist mit der heute herrschenden Meinung zu bejahen und **§ 307 Abs. 1** durchaus ein **eigenständiger Anwendungsbereich** zuzuerkennen.[314] Denn in der Rechtspraxis haben sich im Laufe der Zeit typische Vertrags- und Klauselgestaltungen herausgeschält, die von der inhaltlich zwar fester umrissenen, zugleich aber auch begrenzteren Prüfungsthematik des § 307 Abs. 2 und der §§ 308 und 309 nicht erfasst werden.[315] Zu nennen wären hier die Vereinbarung gesetzlich vorgesehener Gestaltungsmöglichkeiten und die Würdigung des Zusammenwirkens einer Vielzahl belastender Klauseln. Schließlich sind solche Klauseln zu nennen,

---

[308] BGH NJW 1985, 559 f.
[309] BGH NJW 1993, 2369 f.
[310] BGH NJW 2004, 2589.
[311] BGH NJW 2002, 2470 (2471).
[312] BGH NJW 2005, 1774.
[313] *Staudinger-Schlosser*, 12. Aufl. 1980, § 9 AGBG Rdn. 14.
[314] *Ulmer/Fuchs*, § 307 Rdn. 94; *Staudinger-Coester*, § 307 Rdn. 83 ff.; *von Hoyningen-Huene*, § 9 AGBG Rdn. 122 ff.; *Becker*, Auslegung des § 9 AGB-Gesetz, S. 197 ff.; ebenso BGH NJW 1981, 117 (118); 2000, 2103 (2105).
[315] *Staudinger-Coester*, § 307 Rdn. 83.

für deren Thematik es am Maßstab einer gesetzlichen Regelung im Sinne von Abs. 2 Nr. 1 fehlt – entweder, weil der Vertragstyp insgesamt ungeregelt ist, oder weil eine vergleichbare Regelung wegen des atypischen Charakters des Vertrages nicht passt – und für die auch nicht der Aushöhlungsaspekt des Abs. 2 Nr. 2 zutrifft.

Beispiel: Ein instruktives Beispiel für die letztgenannte Fallgruppe bieten **Verlängerungsklauseln in vorformulierten Fitness-Studio-Verträgen.** Der BGH, konnte hier kein gesetzliches Leitbild erkennen, an dem die Klausel hätte gemessen werden können.[316] Insbesondere die §§ 620ff., so sie denn auf einen Fitness-Studio-Vertrag überhaupt Anwendung finden, befand der BGH für unergiebig, da die dort genannten Kündigungsfristen nur Bedeutung gewönnen, wenn die Dauer des Dienstverhältnisses nicht bestimmt sei. Für die Verwirklichung des Abs. 2 Nr. 2 gab es ebenfalls keine Anhaltspunkte. Verlängerungs- oder Laufzeitklauseln mögen den Vertragspartner zwar ungebührlich lange an den Vertrag binden, verkürzen deswegen aber noch nicht wesentliche Rechte und Pflichten aus dem Vertrag.

VI. Anwendung der Generalklausel im unternehmerischen Geschäftsverkehr

Literatur: *Alisch,* Zur Kontrolle von AGB bei Verwendung im rein kaufmännischen Verkehr, JZ 1982, 760; *Baudenbacher,* Zur Bedeutung der Klauselkataloge des AGBG für den kaufmännischen Verkehr, JZ 1987, 217; *Berger,* Abschied von Privatautonomie im unternehmerischen Geschäftsverkehr?; ZIP 2006, 2149; *ders.,* AGB-Kontrolle im unternehmerischen Geschäftsverkehr, BB 2007, 2137; *Helm,* Zur Inhaltskontrolle von AGB bei Verwendung gegenüber Kaufleuten, BB 1977, 1109; *Hensen,* Die Auswirkungen des AGB-Gesetzes auf den kaufmännischen Verkehr, NJW 1987, 1986; *Lischek/Mahnken,* Vertragsverhandlungen zwischen Unternehmen und AGB – Anmerkungen aus der Sicht der Praxis, ZIP 2006, 158; *Lutz,* AGB-Kontrolle im Handelsverkehr unter Berücksichtigung der Klauselverbote, 1991; *Munz,* Allgemeine Geschäftsbedingungen in den USA und Deutschland im Handelsverkehr, 1992; *Ohlendorf-von Hertel,* Kontrolle von AGB im kaufmännischen Verkehr gemäß § 24 AGBG, 1988; *Pres,* Massgaben für die Inhaltskontrolle Allgemeiner Geschäftsbedingungen im Handelsverkehr, 2005; *Rabe,* Die Auswirkungen des AGBG auf den kaufmännischen Verkehr, NJW 1987, 1978; *Schlechtriem,* Der Kaufmann im Gesetz zur Regelung des Rechts der AGB, in: FS für Duden, 1977, S. 570; *Graf von Westphalen,* 30 Jahr AGB-Recht – Eine Erfolgsbilanz, ZIP 2006, 149; *M. Wolf,* Auslegung und Inhaltskontrolle von AGB im internationalen kaufmännischen Verkehr, ZHR 153 (1989), 300.

Der gerichtlichen Angemessenheitskontrolle nach § 307 Abs. 1 S. 1, Abs. 2 und der Transparenzkontrolle nach § 307 Abs. 1 S. 2 unterfallen auch AGB-Klauseln, die **gegenüber einem Unternehmer,** einer juristischen Person des öffentlichen Rechts oder einem öffentlich-rechtlichen Sondervermögen verwendet werden. § 310 Abs. 1 S. 1 schließt lediglich die Anwendung der §§ 305 Abs. 2 und 3, 308 und 309 aus. Ob auch Kaufleute in den Schutzbereich der AGB-rechtlichen Vorschriften einbezogen sein sollen, war bis zur endgültigen Verabschiedung des AGB-Gesetzes äußerst umstritten. Der 1. Teilbericht und ihm folgend der Referentenentwurf hatten sich noch für die Ausklammerung der Kaufleute ausgesprochen.[317] Die Gesetz gewordene Fassung hatte hingegen zu erkennen gegeben, dass sich das AGB-Gesetz nicht als reines Verbraucherschutzgesetz verstand, sondern im gesamten rechtsgeschäftlichen Verkehr mit Allgemeinen Geschäftsbedingungen die Gebote von Treu und Glauben gewahrt wissen wollte.

1. Maßstab der Angemessenheit

Für die Inhaltskontrolle Allgemeiner Geschäftsbedingungen, die gegenüber Unternehmern verwendet werden, gilt zunächst prinzipiell derselbe Maßstab, der auch der Ange-

---

[316] BGH NJW 1997, 739; ebenso BGH NJW 2000, 1110 (1112) für einen Tankstellenstationärvertrag.
[317] Erster Teilbericht der Arbeitsgruppe beim BMJ, 1974, S. 30 und 99f.; Referentenentwurf DB 1974, Beil. Nr. 18, S. 4 und 23.

messenheitsbeurteilung im nichtunternehmerischen Verkehr zugrunde gelegt wird.[318] Auch hier kommt es also nicht auf die individuelle Schutzbedürftigkeit des Vertragspartners an. Maßgebend ist vielmehr wiederum eine **überindividuelle, von den Umständen des Einzelfalles abstrahierende Betrachtungsweise.**[319] Modifikationen erfährt der bewährte Maßstab allerdings insofern, als der kaufmännische Verkehr wegen der dort herrschenden **Handelsbräuche,** Usancen und wegen der zumeist **größeren rechtsgeschäftlichen Erfahrung der Beteiligten** auf eine stärkere Elastizität der für ihn maßgeblichen vertragsrechtlichen Normen angewiesen ist als der Rechtsverkehr mit dem Letztverbraucher. Diesen Besonderheiten gilt es bei der Anwendung des § 307 Rechnung zu tragen.[320] Die Vorschrift des § **310 Abs. 1 S. 2 HS.** 2 bringt eben dies zum Ausdruck, indem sie dem Rechtsanwender aufgibt, auf die im Handelsverkehr geltenden Gewohnheiten und Gebräuche angemessen Rücksicht zu nehmen. Dementsprechend kann beispielsweise die Branchenüblichkeit einer seit langem geübten Haftungsfreizeichnungspraxis bei der Bestimmung des Maßstabs für die Inhaltskontrolle nach § 307, der angesichts seines generalklauselartigen Charakters von vornherein einen Wertungsspielraum für branchentypische Differenzierungen zulässt, Berücksichtigung finden. Daraus folgt, dass besondere Interessen und Bedürfnisse – z.B. gerichtet auf eine zügige und reibungslose Geschäftsabwicklung – eine im nichtunternehmerischen Verkehr unzulässige Klausel unter Unternehmern als angemessen erscheinen lassen können.

Beispiel: Risikoverlagerungen, die sich in einem Vertrag mit einem Letztverbraucher als unangemessene Benachteiligung des Kunden erweisen, können im kaufmännischen Geschäftsverkehr tragbar sein, weil sie dort im Zusammenhang mit einer Vielzahl von Geschäften zwischen den Vertragsparteien zu sehen sind und durch Vorteile anderer Art ausgeglichen werden können, die dem privaten Letztverbraucher bei einmaligem Vertragsabschluss über eine einmalige Leistung nicht zuteil werden.[321]

553 Der BGH betont, dass es sich hierbei um Ausnahmefälle handelt.[322] Grundsätzlich – so wird man den Standpunkt des BGH umschreiben können – dürfe nicht mit zweierlei Maß gemessen werden. Im **neueren Schrifttum** wird die **strenge Sichtweise des BGH** zunehmend **kritisch beurteilt.**[323] Der Stellenwert der unternehmerischen Vertragsgestaltungsfreiheit – so der Vorwurf – werde dadurch in Frage gestellt. Deutsche Unternehmen, die am internationalen Geschäftsverkehr teilnehmen, neigen vor diesem Hintergrund dazu, ihre Verträge einem ausländischen Vertragsstatut, etwa dem schweizerischen Recht, zu unterstellen. Eine **Stellungnahme** muß zunächst am Normzweck des § 310 Abs. 1 ansetzen. Dieser ist nicht etwa auf eine generelle Absenkung des Schutzniveaus für Unternehmer gerichtet.[324] Weder die auf Grund der typischerweise gegebenen größeren Geschäftserfahrung und Geschäftsgewandtheit geminderte Schutzbedürftigkeit unternehmerisch Tätiger, noch der Ausschluss der §§ 308 und 309 durch § 310 Abs. 1 S. 1 erlauben es,

---

[318] *Erman-Roloff,* § 307 Rdn. 35; *Soergel-Stein,* § 9 AGBG Rdn. 47. So schon vor In-Kraft-Treten des AGB-Gesetzes BGH NJW 1976, 2345 (2346).
[319] *Ulmer/Fuchs,* § 307 BGB Rdn. 372; *Erman-Roloff,* § 307 Rdn. 35; *Palandt-Grüneberg,* § 307 Rdn. 40. Freilich ist anerkannt, dass unterschiedliche Geschäftserfahrung das Bilden von Untergruppen (z.B. Hersteller, Groß- oder Einzelhändler) rechtfertigen kann, deren jeweilige Besonderheiten bei der Klauselkontrolle angemessen zu berücksichtigen sind; *Palandt-Grüneberg,* § 307 Rdn. 40.
[320] Begründung des RegEntw. BT-Drucks. 7/3919, S. 14.
[321] Begründung des RegEntw. BT-Drucks. 7/3919, S. 43.
[322] BGH NJW-RR 1997, 1253 (1255); NJW 1988, 1785 (1788); 2007, 3774 (3775).
[323] *Berger,* ZIP 2006, 2149 mit dem plakativen Titel „Abschied von der Privatautonomie im unternehmerischen Verkehr?"; *Berger/Kleine,* BB 2007, 2137; *Lischek/Mahnken,* ZIP 2006, 158; *Staudinger-Schlosser,* § 310 Rdn 12 („Substanzielle Sonderfreiheiten bleiben gegenüber Unternehmern kaum"); dagegen *Graf von Westphalen,* ZIP 2006, 149.
[324] So zutreffend *Ulmer/Fuchs,* § 307 Rdn. 373.

§ 16. Die Generalklausel

nur noch „erhebliche" oder gar „offensichtliche" unangemessene Benachteiligungen zur Unwirksamkeit der betreffenden Klausel führen zu lassen.[325] Auf der anderen Seite sollte die Rechtsprechung durchaus stärker von der im AGB-Recht angelegten Möglichkeit Gebrauch machen, nach branchen-, gruppen- und geschäftstypischen Regelungserfordernissen zu differenzieren.[326] Dabei ist vor allem darauf zu achten, dass Inhaltsschranken, die Ausdruck verbraucherschutzrechtlich motivierter Interventionen sind, nicht unbesehen in den unternehmerischen Verkehr übertragen werden.[327]

2. Ausstrahlung der Katalogtatbestände

554 Auf Allgemeine Geschäftsbedingungen, die gegenüber einem Unternehmer etc. verwendet werden, finden die Verbotskataloge der §§ 308 und 309 gem. § 310 Abs. 1 S. 1 keine Anwendung. Da jedoch die besonderen Klauselverbote Ausprägungen des in der Generalklausel niedergelegten Wertungsmaßstabs von Treu und Glauben darstellen, ist es nicht ausgeschlossen, ja sogar naheliegend, dass eine Klausel, die im nichtunternehmerischen Verkehr gem. §§ 308 oder 309 zu beanstanden wäre, auch bei Verwendung gegenüber Unternehmern einer Inhaltskontrolle nach § 307 nicht standzuhalten vermag. Dass der Rückgriff auf § 307 und die Übertragung der in den §§ 308 und 309 zum Ausdruck gebrachten Wertungen nicht ausgeschlossen sein soll, ergibt sich auch aus § 310 Abs. 1 S. 2 HS. 1. Dort heißt es, § 307 Abs. 1 und 2 sei im unternehmerischen Verkehr auch insoweit anzuwenden, als dies zur Unwirksamkeit von in den §§ 308 und 309 genannten Vertragsbestimmungen führen würde.

555 Sofern es um die **Rückschlüsse** geht, die sich **aus der Unvereinbarkeit einer im unternehmerischen Verkehr eingesetzten Klausel mit einem Katalogtatbestand für das Angemessenheitsurteil nach § 307** ziehen lassen, wird man nach der Art des einschlägigen Klauselverbots unterscheiden müssen.[328]

556 Die Tatbestände des § 308 kennzeichnen Vertragsgestaltungen, von denen eine signifikante Benachteiligungswirkung für den Vertragspartner ausgeht. Das abschließende Unangemessenheitsurteil hängt hier jedoch von einer noch vorzunehmenden Wertung, einer Interessenabwägung unter Berücksichtigung des Vertragstyps, der Vertragspartner und ihrer typischen Bedürfnisse ab. Im Rahmen dieser Interessenabwägung lässt sich den Besonderheiten des unternehmerischen Verkehrs zumeist problemlos Rechnung tragen. Mit dieser Maßgabe kann einer Übertragung auf den Verkehr zwischen Unternehmern zugestimmt werden.[329]

557 Die strikter formulierten Tatbestände des § 309 bieten weniger Ansatzpunkte für die Berücksichtigung unternehmerischer Interessen und Gepflogenheiten. Gleichwohl wollen der BGH[330] und ein beachtlicher Teil des Schrifttums[331] den Katalogtatbeständen des § 309 eine **Indizwirkung** dahingehend zusprechen, dass eine von ihr erfasste Klausel auch im Falle der Verwendung im unternehmerischen Verkehr im Regelfalle zu einer unange-

---

[325] So aber *Ohlendorf–v. Hertel*, Kontrolle von AGB, S. 122 f.; hiergegen zu Recht *v. Hoyningen-Huene*, Inhaltskontrolle, § 9 AGBG Rdn. 302 und *Ulmer/Fuchs*, § 307 Rdn. 373 Fn. 1263.
[326] *Ulmer/Fuchs*, § 307 Rdn. 373. Auch das Transparenzgebot ist offen für solche differenzierenden Erwägungen, vgl. Rdn. 567.
[327] Zur Leitbildfunktion dispositiver Vorschriften im Lichte der Schuldrechtsreform vgl. im übrigen noch Rdn. 64–66.
[328] Vgl. im Übrigen die Ausführungen an den entsprechenden Stellen (unter der Überschrift „Unternehmerischer Geschäftsverkehr") im Zweiten Teil dieses Buches.
[329] *Ulmer/Fuchs*, § 307 Rdn. 383; *Palandt-Grüneberg*, § 307 Rdn. 41; kritisch *Lutz*, AGB-Kontrolle im Handelsverkehr, S. 28 ff.
[330] BGH NJW 1984, 1750 (1751); 2007, 3774 (3775).
[331] Statt vieler *Palandt-Grüneberg*, § 307 Rdn. 41.

messenen Benachteiligung des Vertragspartners führe. Diese Kennzeichnung als nur im Ausnahmefall widerlegbare Vermutung ist **nicht unproblematisch,**[332] da sie den Blick auf die bei der Anwendung im unternehmerischen Verkehr gebotene Differenzierungen verstellt. Besser wäre es, die speziellen Klauselverbote als Aufgreifkriterien für eine eingehende Inhaltskontrolle zu begreifen.[333]

558   Wenn im Schrifttum beklagt wird, das die privatautonome Gestaltungsfreiheit im unternehmerischen Verkehr nicht ausreichend gewahrt werde,[334] so dürfte dies allerdings weniger an der von der Rechtsprechung angenommenen Indizwirkung der §§ 308 f. liegen als an der zu weitreichenden Anwendung des § 307 in seinem originären Anwendungsbereich.[335]

559   Da die Rechtsprechung – wie beschrieben – erkennbar dahin tendiert, die in den Klauselverboten zum Ausdruck gelangten Wertungen im Rahmen der Inhaltskontrolle nach § 307 grundsätzlich auch im unternehmerischen Verkehr zur Geltung zu bringen, **empfiehlt es sich für die Kautelarjurisprudenz,** ihre Bedingungswerke, auch wenn sie für den unternehmerischen Verkehr konzipiert werden, stets einer vorherigen Prüfung anhand der §§ 308 und 309 zu unterziehen. Hierbei zutage tretende Unverträglichkeiten mit den dort normierten Katalogtatbeständen geben Anlass, die intendierte Regelung nochmals kritisch zu überdenken.

§ 17. Das Transparenzgebot

Literatur: *Armbrüster,* Das Transparenzgebot für Allgemeine Geschäftsbedingungen nach der Schuldrechtsmodernisierung, DNotZ 2004, 437; *Basedow,* Transparenz als Prinzip des (Versicherungs-)Vertragsrechts, VersR 1999, 1045; *Berger/Kleine,* AGB-Gestaltung und Transparenzgebot – Beispiele aus jüngeren BGH-Rechtsprechung zum unternehmerischen Geschäftsverkehr, NJW 2007, 3526; *Brandner,* Transparenz als Maßstab der Inhaltskontrolle, in: FS für Locher, 1990, S. 317; *Cian,* Auslegung und Transparenzgebot in der Regelung der AGB und der Verbraucherverträge nach italienischem und deutschem Recht, ZEuP 1998, 586 ff.; *Evermann,* Die Anforderungen des Transparenzgebots an die Gestaltung von allgemeinen Versicherungsbedingungen unter besonderer Berücksichtigung der Richtlinie 93/13/EWG, 2002; Gottschalk, Das Transparenzgebot und allgemeine Geschäftsbedingungen, AcP 206 (2006), 555; *Hansen,* Das sog. Transparenzgebot im System des AGB-Gesetzes, WM 1990, 1521; *Hebestreit,* Transparenz im AGB-Recht der Bundesrepublik Deutschland, 1995; *Heinrichs,* Das Transparenzgebot und die EG-Richtlinie über mißbräuchliche Klauseln in Verbraucherverträgen, in: FS für Trinkner, 1995, S. 157; *Hellner,* Quo vadis AGB-Recht?, in: FS für Steindorff, 1990, S. 573; *von Hoyningen-Huene,* Unwirksamkeit von AGB bei bloßer Intransparenz?, in: FS für Trinkner, 1995, S. 179; *Koller,* Das Transparenzgebot als Kontrollmaßstab Allgemeiner Geschäftsbedingungen, in: FS für Steindorff, 1990, S. 667; *Köndgen,* Grund und Grenzen des Transparenzgebots im AGB-Recht, NJW 1989, 943; *Kreienbaum,* Transparenz und AGB-Gesetz, 1998; *Leithoff,* Transparenz und Verständlichkeit von Allgemeinen Versicherungsbedingungen und Prämien, NVersZ 1999, 555; *Maack,* Die Durchsetzung des AGB-rechtlichen Transparenzgebots in internationalen Verbraucherverträgen, 2001; *Pflug,* AGB und Transparenzgebot, AG 1991, 1; *Präve,* Versicherungsbedingungen und Transparenzgebot, VersR 2000, 138; *Rosenow/Schaffelhuber,* Neues zur Transparenzkontrolle im AGB-Recht, ZIP 2001, 2111; *J. Schäfer,* Das Transparenzgebot im Recht der Allgemeinen Geschäftsbedingungen, 1992; *Schwintowski,* Transparenz und Verständlichkeit von Allgemeinen Versicherungsbedingungen und Prämien, NVersZ 1998, 97; *Staudinger,* Das Transparenzgebot im AGB-Gesetz: Klar und verständlich?, WM 1999, 1546; *Wagner-Wieduwilt,* Das „Transparenzgebot" als Angemessenheitsvoraussetzung im Sinne des § 9 AGBG, WM 1989, 37; *H. P. Westermann,* Das Transparenzgebot – ein neuer Oberbegriff der AGB-Inhaltskontrolle?, in: FS für Steindorff, 1990, S. 817.

---

[332] Wie hier kritisch *Ulmer/Fuchs,* § 307 Rdn. 382; *Wolf,* § 9 AGBG Rdn. 121.
[333] *Ulmer/Fuchs,* § 307 Rdn. 382.
[334] Rdn. 553.
[335] So zutreffend *Staudinger-Schlosser,* § 310 Rdn. 12.

I. Grundlagen

1. Normative Verankerung des Transparenzgebots

Allgemeine Geschäftsbedingungen müssen gem. § 307 Abs. 1 Satz 2 die Rechte und Pflichten der Vertragsparteien durch eine entsprechende Ausgestaltung und geeignete Formulierungen **klar und verständlich** darstellen. Diese zusammenfassend als „Transparenzgebot" bezeichnete Direktive ist erst im Zuge der Schuldrechtsmodernisierung in der Generalklausel verankert worden. Schon vor seiner Normierung war es auf der Grundlage einiger bemerkenswerter höchstrichterlicher Entscheidungen[1] zu einem tragenden Prinzip des AGB-Rechts avanciert.[2] Bestätigt wurde diese Ende der 80-er Jahre eingeleitete Rechtsprechung durch die **EG-Richtlinie über missbräuchliche Klauseln in Verbraucherverträgen**. Diese stellt das Erfordernis auf, dass „Klauseln klar und verständlich abgefasst" sein müssen (vgl. Art. 4 Abs. 2 und Art. 5 S. 1). Angesichts verschiedener schon im AGB-Gesetz vorhandener Ausformungen des Transparenzgedankens und der insbesondere auf die Generalklausel des § 9 AGBG gestützten Rechtsprechung des BGH hatte der Gesetzgeber zunächst keine Notwendigkeit gesehen, die Richtlinie in diesem Punkt durch eine Aufnahme einer ausdrücklichen Vorschrift umzusetzen.[3] Die Richtlinienkonformität dieses Rechtszustandes war jedoch nicht unbestritten. Vor allem ein **Urteil des EuGH vom 10. 5. 2001** verdeutlichte den Handlungsbedarf.[4] Im Hinblick auf die Klausel-Richtlinie 93/13/EWG postulierte der EuGH in dieser Entscheidung eine Pflicht der Mitgliedstaaten zur klaren und eindeutigen Umsetzung durch entsprechende Rechts- und Verwaltungsvorschriften. Eine etwa bestehende nationale Rechtsprechung, die innerstaatliche Rechtsvorschriften in einem Sinn auslegt, der als den Anforderungen der Richtlinie entsprechend angesehen werden könne, weise nicht die Klarheit und Bestimmtheit auf, die notwendig sei, um dem Erfordernis der Rechtssicherheit zu genügen.

Den Anforderungen der Richtlinie hat der Gesetzgeber mit der neuen Bestimmung des § 307 Abs. 1 Satz 2 entsprochen. Zudem hat er durch § 307 Abs. 3 Satz 2 (in Übereinstimmung mit den Vorgaben der Klauselrichtlinie) klargestellt, dass das Transparenzgebot auch in dem nach Abs. 3 Satz 1 der Inhaltskontrolle entzogenen Bereich gilt. Auch preis- und leistungsbestimmende Klauseln müssen somit klar und verständlich abgefasst werden.

Das Gebot klarer und verständlicher Klauselgestaltung hat nicht nur in § 307 seinen Niederschlag gefunden; es **durchzieht das gesamte gesetzliche AGB-Recht** und leuchtet an den verschiedensten Stellen auf.[5] So verlangt macht beispielsweise § 305 Abs. 2 Nr. 2 die Einbeziehung in den Vertrag davon abhängig, dass dem Kunde die Möglichkeit zumutbarer Kenntnisnahme eingeräumt wird. Nach § 305c Abs. 1 werden überraschende Klauseln nicht Vertragsbestandteile. Ferner gehen unbehebbare Auslegungszweifel nach der Unklarheitenregel des § 305c Abs. 2 zu Lasten des Verwenders. Diese Kontrollmechanismen sind der eigentlichen Transparenzkontrolle vorgelagert. Sie erfassen jedoch nur Splitter des Transparenzgebots, so dass § 307 nicht überflüssig ist.[6] Im Verbandsklagever-

---

[1] Grundlegend BGH NJW 1989, 222 (Zinsberechnung bei Hypothekendarlehen) und BGH NJW 1989, 582 (Wertstellungspraxis im Giroverhältnis); sodann ständige Rechtsprechung.
[2] *Köndgen*, NJW 1989, 946; *Heinrichs*, in: FS für Trinkner, S. 157; a. A. *Benedict*, NJW 2000, 191.
[3] Vgl. hierzu Begründung des RegE BT-Drucks. 13/2713, S. 6; kritisch *Staudinger*, WM 1999, 1546ff.; *Leible*, EuZW 2001, 439.
[4] EuGH NJW 2001, 2244.
[5] Zu den Einzelausformungen des Transparenzgebots im AGB-Recht ausführlich *Gottschalk*, AcP 206 (2006), S. 565ff.
[6] MünchKomm-*Kieninger*, § 307 Rdn. 52.

fahren kann eine Unwirksamkeit ohnehin nur mit einem Verstoß gegen die §§ 307 bis 309 begründet werden. Kein nennenswerten Erkenntnisgewinn verspricht in diesem Zusammenhang die mitunter befürwortete Aufspaltung in eine Abschluss- und eine Abwicklungstransparenz.[7] Beide gehen häufig ineinander über.

563 Desweiteren sind auch mehrere **Klauselverbote der §§ 308 und 309** dem Transparenzgebot verpflichtet, so z. B. wenn in § 308 Nr. 1 und 2 nicht hinreichend bestimmte Fristen untersagt werden oder in § 309 Nr. 12 S. 2 die Wirksamkeit eines formularmäßigen Empfangsbekenntnisses an eine gesonderte Unterschrift knüpft. Ggf. müssen die besonderen Klauselverbote – z. B. § 308 Nr. 4 – im Lichte des Transparenzgebots interpretiert werden.

2. Unangemessenheit durch Unklarheit?

564 Zweifelhaft war bislang, ob bereits ein formaler Verstoß gegen die Anforderungen des Transparenzgebots zur Unwirksamkeit der betreffende AGB-Klausel führt, oder ob immer auch eine materielle Benachteiligung des Vertragspartners festgestellt werden muss.[8] Richtiger Ansicht führte und führt ein Transparenzverstoß nur dann zur Unwirksamkeit der betreffenden Klausel, wenn von ihm auch eine **unangemessene Benachteiligung** ausgeht.[9] Eine gesonderte Feststellung der Unangemessenheit war und ist jedoch entbehrlich, weil hierfür eine **unwiderlegliche Vermutung** spricht.[10] Dieser Zusammenhang erschließt sich, wenn man auf den eigentlich tragenden Gedanken des Transparenzgebots zurückgeht. Dieser liegt in dem Bestreben, die Konditionentransparenz zu verbessern, um auf diese Weise die Wahrnehmbarkeit, Durchschaubarkeit und Vergleichbarkeit von Bedingungswerken zu steigern.[11] Nur der informierte Kunde ist in der Lage, Änderungsvorschläge einzubringen bzw. – was oftmals näher liegen dürfte – auf andere Angebote auszuweichen. Werden die Funktionsbedingungen des Marktes von der Verwenderseite ausgehend durch mangelnde Information oder gar gezielte Desinformation gestört, so bedarf es der Intervention durch eine Transparenzkontrolle; dies übrigens auch im Preis-/Leistungsbereich. Vor diesem Hintergrund drängt sich die Überlegung auf, ob nicht bereits in der zu vermutenden Wirkung intransparenter Klauseln, nämlich aus Sicht des einzelnen Kunden die Behinderung in der Wahrnehmung von Wettbewerbschancen und überindividuell die Verfälschung des Wettbewerbs, eine unangemessene Benachteiligung gesehen werden kann. Dafür spricht, dass es im Rahmen der Generalklausel nach allgemeiner Ansicht nicht darauf ankommt, ob gerade der jeweilige Kunde infolge der intransparenten Klauselgestaltung tatsächlich einen Nachteil erlitten hat. Die Würdigung erfolgt – abgesehen von § 310 Abs. 3 Nr. 3 – vielmehr losgelöst von den Umständen des Einzelfalls. Von daher erscheint es nicht unvertretbar und von der auch informationspolitisch motivierten Zielsetzung der §§ 305 ff. sogar gedeckt, allein die **abstrakte Gefahr des Verlust von Marktchancen** im Rahmen des § 307 als **unangemessene Benachteiligung** zu werten.[12] Die Darlegung einer unangemessenen Benachteiligung lässt sich noch stärker auf

---

[7] Das Konzept ist von *Koller*, in: FS für Steindorff, 1990, S. 671 ff. vorgestellt worden; vgl. ferner *Fastrich*, Inhaltskontrolle, S. 321 ff. und *Ulmer/Fuchs*, § 307 Rdn. 326 ff.; kritisch wie hier Münch-Komm-*Kieninger*, § 307 Rdn. 52.

[8] Hierzu *Staudinger-Coester*, § 307 Rdn. 174 ff.; *Ulmer/Fuchs*, § 307 Rdn. 330 ff.; *von Hoyningen-Huene*, in: FS für Trinkner, S. 179 ff.; *H. P. Westermann*, in: FS für Steindorff, S. 823 ff.

[9] *Ulmer/Fuchs*, § 307 Rdn. 330.

[10] Für zu weitgehend wird dies von *Ulmer/Fuchs*, § 307 Rdn. 331 gehalten; vgl. auch *Staudinger-Coester*, § 307 Rdn. 174 „im Regelfall zu unterstellen".

[11] *Köndgen*, NJW 1989, 946 f. und 952 („Kompensation eines informationsbedingten Marktversagens").

[12] *Staudinger-Coester*, § 307 Rdn. 175 f.; OLG Celle NJW-RR 1995, 1133; ähnlich *Köndgen*, NJW 1988, 950, der aber zu weit geht, wenn er einen Perspektivenwechsel für die in § 307 verwendete

die vertragsrechtliche Position des Kunden ausrichten, wenn die Intransparenz aus einer **Verschleierung der wahren Rechtslage** resultiert. Hier besteht die nahe liegende Gefahr, dass der Kunde von der Durchsetzung bestehender Rechte abgehalten wird oder vor Scheinrechten des Verwenders kapituliert.[13] Auf die tatsächliche Verwirklichung der Gefahr im konkreten Einzelfall kommt es auch hier nicht an. Der Wortlaut des § 307 Abs. 1 Satz 2 bestätigt diese Interpretation, macht er doch deutlich, dass nicht klar und verständliche AGB-Bestimmungen zu einer unangemessenen Benachteiligung führen. Auch die Regierungsbegründung legt Wert darauf, dass es einer **gesonderten Feststellung der Unangemessenheit** als Folge der Intransparenz **nicht bedarf**. Dies jedoch nicht deswegen – wie es in der insoweit unglücklich formulierten Begründung heißt –, weil intransparente Klauseln per se, ohne Hinzutreten einer inhaltlich unangemessenen Benachteiligung des Vertragspartners, als unwirksam zu betrachten sind,[14] sondern weil von der Unangemessenheit als notwendige Folge der Intransparenz ausgegangen werden kann.

Eine sachliche Änderung war mit der gesetzlichen Regelung ausweislich der Regierungsbegründung nicht bezweckt.[15] Der folgende Überblick nimmt daher weiter auf die von Rechtsprechung und Lehre zum bisherigen Recht herausgearbeiteten Erkenntnisse Bezug. 565

II. Beurteilungsmaßstab

Der Verwender Allgemeiner Geschäftsbedingungen ist nach § 307 Abs. 1 S. 2 gehalten, die sich aus dem Vertrag ergebende Rechte klar und verständlich darzustellen. Dies ist wiederum im Wege einer **überindividuell-generalisierenden Betrachtungsweise** festzustellen. Gleichwohl läßt die h.M. es zu, dass das auf einer unklaren Klausel beruhende Informationsdefizit des Kunden durch eine **individuelle Aufklärung vor oder bei Vertragsschluss** behoben wird.[16] Bei **Verbraucherverträgen** sind ohnehin die den Vertragsschluss begleitenden Umstände zu berücksichtigen (§ 310 Abs. 3 Nr. 3).[17] 566

Abzustellen ist dabei nicht auf die Erkenntnismöglichkeiten des konkreten Vertragspartners, auch nicht das Verständnis eines Fachmanns, insbesondere eines Juristen, der sich eingehend mit den betreffenden Allgemeinen Geschäftsbedingungen beschäftigt hat. Maßgebend sind vielmehr die Verständnismöglichkeiten des typischerweise bei Verträgen der geregelten Art zu erwartenden **Durchschnittskunden** im Zeitpunkt des Vertragsschlusses.[18] Bei einem Versicherungsvertrag ist dies der durchschnittliche Versicherungsnehmer, von dem die aufmerksame Durchsicht der Allgemeinen Geschäftsbedingungen, eine verständige Würdigung und die Berücksichtigung ihres erkennbaren Sinnzusammenhangs erwartet werden kann.[19] Ferner ist darauf hinzuweisen, dass die Anforderungen an die Transparenz von Vertragsbestimmungen im **unternehmerischen Verkehr** mit Rücksicht auf die besondere Geschäftserfahrung dieses Personenkreises und die Maßgeblich- 567

Kategorie der Unangemessenheit und eine marktbezogene, auf die Verfälschung des Wettbewerbs zielende Betrachtungsweise vorschlägt. Das primäre Schutzgut der §§ 305 ff. ist – wie § 307 Abs. 2 und die §§ 308 und 309 zeigen – die Rechtsposition des Vertragspartners und allenfalls in zweiter Linie – vermittelt über den Individualschutz – die allgemeine Wohlfahrt.

[13] Zu diesem Begründungsansatz *Staudinger-Coester*, § 307 Rdn. 178.
[14] Drucks. 14/6040, S. 154.
[15] Drucks. 14/6040, S. 153.
[16] Vgl. *Ulmer/Fuchs*, § 307 Rdn. 346 f. und *Staudinger-Coester*, § 307 Rdn. 202 ff.
[17] *Erman-Roloff*, § 307 Rdn. 21.
[18] BGH NJW 1989, 222 (224); 1999, 2279 (2280); BAG NZA 2005, 1111 (1113); *Wolf*, § 9 AGBG Rdn. 148.
[19] BGH NJW-RR 2005, 902 (903).

keit von Handelsgewohnheiten und Handelsbräuchen weniger streng sind.[20] Ebenso können an den Erkenntnis- und Verständnishorizont eines GmbH-Gesellschafter beispielsweise höhere Anforderungen gestellt werden, obwohl er weder Kaufmann noch Unternehmer ist.[21]

III. Einzelausprägungen

568 Aus den zum Transparenzgebot ergangenen höchstrichterlichen Entscheidungen lassen sich einige, immer wiederkehrende Topoi herausschälen. Diese erlauben es, gleichsam im Wege der Fallgruppenbildung **Einzeldirektiven für die Vertragsgestaltung** zu benennen und dem Transparenzgebot auf diese Weise schärfere Konturen zu verleihen.[22] Diese Fallgruppen sind jedoch keineswegs abschließend und können sich in den Grenzbereichen auch überlappen.

1. Gebot möglichster Klarheit und Durchschaubarkeit

569 Aus dem Transparenzgebot folgt zunächst und in erster Linie, dass der Verwender von Allgemeinen Geschäftsbedingungen verpflichtet ist, die **Rechte und Pflichten seines Vertragspartners möglichst klar und durchschaubar darzustellen**. Insbesondere die wirtschaftlichen Nachteile und Belastungen muss die Klausel so weit erkennen lassen, wie dies nach den Umständen gefordert werden kann (**Verbot der Verschleierung kundenbelastender Folgen**).[23] Je weniger ein Kunde mit einer bestimmten Regelung rechnen muss, umso höher sind die Anforderungen an die Verständlichkeit der Regelung zu stellen. Intransparent in diesem Sinne sind nicht nur einzelne Klauseln, die aus sich heraus schwer verständlich, unklar und in ihren Folgen nicht überschaubar sind, sondern auch AGB-Gesamtregelungen, deren nachteilige Effekte deshalb nicht erkennbar werden, weil die einzelnen Teile an versteckten Stellen oder an schwer miteinander in Zusammenhang zu bringenden Stellen geregelt sind.

Beispiele:
(1) In den **Darlehensbedingungen einer Hypothekenbank** findet sich unter der Überschrift „Verzinsung, Tilgung, Nebenleistungen" eine Bestimmung, nach der die in der gleich bleibenden Jahresleistung enthaltenen Zinsen jeweils nach dem Stand des Kapitals am Schluss des vergangenen Tilgungsjahres berechnet werden. In einer weiteren Klausel wird sodann festgelegt, dass die Jahresleistung nicht jeweils am Jahresende, sondern schon im Laufe des Jahres in vierteljährlichen Teilbeträgen zu entrichten ist. Im Zusammenspiel beider Klauseln ergibt sich eine für den Darlehensnehmer nur schwer zu durchschauende preiserhöhende Wirkung. Hierin hat die Rechtsprechung einen Verstoß gegen das Transparenzgebot gesehen.[24]
(2) In einem formularmäßigen **Leasingvertrag** findet sich eine Bestimmung über die Abrechnung im Falle vorzeitiger Beendigung durch Kündigung, nach der in die Berechnung des Ablösewerts u. a. die mit der „vorschüssigen Rentenbarwertformel" abgezinsten restlichen Leasingraten eingehen sollen. Den Begriff der „vorschüssigen Rentenbarwertformel" ist intransparent. Selbst von einem kaufmännischen Kunden kann die inhaltliche Kenntnis dieser Formel nicht erwartet werden.[25]
(3) Die Regelung über die **Ermittlung des Rückkaufswertes** in Allgemeinen Versicherungsbedingungen für die **Lebensversicherung** mit Kapitalzahlung verstößt gegen das Transparenzgebot,

---

[20] BGH NJW 1999, 942 (944); 2007, 2176 (2177).
[21] BGH NJW 2006, 996 (998).
[22] Ähnliche Fallgruppenbildung bei *Gottschalk*, AcP 206 (2006), 581 ff.; *Heinrichs*, in: FS für Trinkner, S. 166; *Ulmer/Fuchs*, § 307 Rdn. 355 ff.
[23] BGH NJW 1989, 222 (224); 1999, 2279 (2280); 2000, (515) 519; 651 (652); 2000, 2103 (2106); 2001, 1132 (1133); 2006, 2545 (2547); BVerwG NJW 1998, 3216 (3219); *Wolf*, § 9 AGBG Rdn. 148.
[24] Grundlegend BGH NJW 1989, 222 (224 f.); ferner BGH NJW 1992, 179.
[25] BGH NJW 1996, 455 (456).

wenn sie dem berechtigten Informationsbedürfnis des Versicherungsnehmers nicht entspricht, ihm insbesondere nicht die nachteiligen Folgen vor Augen führt, die er im Falle einer Kündigung oder Beitragsfreistellung hinnehmen muss.[26]

(4) Die **Vereinbarung eines Stundensatzes** in der von einem **Rechtsanwalt** gestellten Honorarvereinbarung verstößt gegen das Transparenzgebot, wenn sich aus ihr nicht ergibt, mit welchem Gesamtstundenaufwand bis zur Erledigung des Mandats zu rechnen ist.[27]

Die Beispiele zeigen, dass dem Transparenzgebot vor allem bei **Preisnebenabreden**, die den Kunden belasten, besondere Bedeutung zukommt. Der Preis selbst ist nämlich gemäß § 307 Abs. 3 Satz 1 der materiellen Inhaltskontrolle nach §§ 307 bis 309 entzogen. Das Gesetz geht davon aus, dass der Kunde der Preisvereinbarung besondere Aufmerksamkeit widmet und sein Interesse an einem angemessenen, marktgerechten Preis selbst wahrt. Das kann er jedoch nur, wenn der Vertragsinhalt ihm ein vollständiges und wahres Bild über Art und Höhe des Preises vermittelt und ihn so auch zum Marktvergleich befähigt. Wenn Preisnebenabreden, die zu zusätzlichen Belastungen und damit zu einem erhöhten Effektivpreis führen, in Allgemeinen Geschäftsbedingungen getroffen werden, ist bei ihrer formalen Ausgestaltung in erhöhtem Maße darauf zu achten, dass der Kunde ihre Bedeutung nicht verkennt, sondern möglichst mühelos und ohne weitere Erläuterung versteht. Nur dann kann er seine Verhandlungsmöglichkeiten und Marktchancen interessengerecht wahrnehmen.[28] 570

2. Gebot möglichst weit gehender Konkretisierung und Bestimmtheit

Insbesondere dann, wenn sich der Verwender weitgehende Gestaltungsmöglichkeiten vorbehält, müssen die tatbestandlichen Voraussetzungen und die Rechtsfolgen so genau beschrieben werden, dass der Vertragspartner erkennen kann, in welchem Sinn der Verwender von seiner Befugnis Gebrauch machen kann.[29] Einseitige Bestimmungsvorbehalte können nur hingenommen werden, soweit sie bei unsicherer Entwicklung der Verhältnisse als Instrument der Anpassung notwendig sind und den Anlass, aus dem das Bestimmungsrecht entsteht, sowie die Richtlinien und Grenzen seiner Ausübung möglichst konkret angeben.[30] 571

Beispiele:
(1) Ein in Allgemeinen Geschäftsbedingungen eines Automobilherstellers enthaltener Vorbehalt, das einem selbstständigen **Vertragshändler** ohne Gebietsschutz zugewiesene sog. Marktverantwortungsgebiet „aus Gründen der Marktabdeckung" einseitig zu verkleinern, verstößt gegen das Transparenzgebot, wenn die Vertragsklausel sich nicht auf schwerwiegende Änderungsgründe beschränkt, nur eine dreimonatige Ankündigungsfrist vorsieht, das Ausmaß der Änderungen nicht begrenzt und keinen Ausgleich für die dem Vertragshändler entstehende Einbuße anbietet.[31]
(2) Der im Preisverzeichnis eines Kreditinstituts als **Rahmengebühren** („bis zu 75 DM") festgesetzte Preis **für die Bearbeitung von Pfändungen** betrifft einen bekannten Tatbestand, der konkret

---

[26] BGH NJW 2001, 2012 (2013 f.).
[27] OLG Frankfurt a. M. NJW-RR 2000, 1367.
[28] BGH NJW 1990, 2383; wie hier *Ulmer/Fuchs,* § 307 Rdn. 336.
[29] BGH NJW 1998, 454 (456) (Anpassungsklausel für Versicherungsverträge); BGH NJW 1999, 1865, 1866 (Bedingungsanpassungsklausel in den Allgemeinen Geschäftsbedingungen einer Rechtsschutzversicherung), hierzu *Johannsen,* DZWiR 1998, 115 und *Entzian,* NVersZ 1998, 65 f.; OLG Düsseldorf WiB 1997, 828 (Vorbehalt des Rücktritts für den Fall mangelnder Kreditwürdigkeit in den Allgemeinen Geschäftsbedingungen eines Mobilfunknetzbetreibers); OLG Schleswig NJW-RR 1998, 56 (Wiederanschlussklausel in Mobilfunk-AGB).
[30] BGH NJW 2000, 651 (652); BAG NZA 2006, 1149 (1152).
[31] BGH NJW 1984, 1182; 2000, 515 (516 ff.).

hätte geregelt werden können. Es entbehrt jeder Rechtfertigung, die Kunden durch die pauschale Vereinbarung einer Rahmengebühr darüber im Unklaren zu lassen, für welche konkreten Tätigkeiten des Kreditinstitut sie in welcher Höhe in Anspruch genommen werden sollen.[32]

(3) In einem **Formularmietvertrag** muss die Höhe der **Beiträge,** die der Mieter in einem Einkaufszentrum **an eine Werbegemeinschaft** zu leisten hat, bestimmbar sein; mindestens muss eine Höchstgrenze festgesetzt sein, damit der Mieter die auf ihn zukommenden Kosten kalkulieren kann (Kostentransparenz).[33]

(4) Die Verwirkung einer **Vertragsstrafe** durch „schuldhaft vertragswidriges Verhalten des Arbeitnehmers, das den Arbeitgeber zur fristlosen Kündigung des Arbeitsverhältnisses veranlasst", hat das BAG als nicht klar und verständlich beanstandet.[34] Die Formulierung „schuldhaft vertragswidriges Verhalten" ohne nähere Konkretisierung entfalte nicht die nötige Warnfunktion und entspreche wegen des Strafcharakters der Vertragsstrafe auch nicht rechtsstaatlichen Grundsätzen.[35]

(5) Zu arbeitsvertraglichen **Widerrufsvorbehalten** und sonstigen Änderungsvorbehalten sub specie Transparenzgebot vgl. Rdn. 805ff.

3. Gebot der Rechtsklarheit (Täuschungsverbot)

572 Aus dem für Allgemeine Geschäftsbedingungen geltenden Transparenzgebot folgt, dass die Rechtsposition des Vertragspartners nicht unklar geregelt sein darf. Nach der Rechtsprechung[36] wird durch eine Klausel, die die Rechtslage unzutreffend darstellt und auf diese Weise dem Verwender die Möglichkeit eröffnet, begründete Ansprüche unter Hinweis auf die Klauselgestaltung abzuwehren, der Vertragspartner entgegen den Geboten von Treu und Glauben unangemessen benachteiligt. Es genügt die objektive Eignung zur Irreführung. Bereits die Klauselfassung muss der Gefahr vorbeugen, dass der Kunde von der Durchsetzung bestehender Rechte abgehalten wird. Mögliche Missverständnisse oder Fehldeutungen der Kunden darüber, welche vertraglichen oder gesetzlichen Rechte und Ansprüche sie gegenüber ihrem Vertragspartner haben, sind dem Klauselverwender nur dann zuzurechnen, wenn die Gefahr solcher Missverständnisse oder Fehldeutungen durch eine unklare oder mehrdeutige Klauselfassung hervorgerufen oder verstärkt wird.[37]

Beispiele:
(1) Erweckt eine Bestimmung in den **Allgemeinen Versicherungsbedingungen** den unzutreffenden Anschein, der Versicherungsnehmer sei von Versicherungsleistungen ausgeschlossen, wenn er – aus welchen Gründen auch immer – ein dort statuiertes Schriftformerfordernis verletzt habe, so folgt hieraus ihre Eignung, den Versicherungsnehmer von der effektiven Wahrung seiner Rechte schon im Vorfeld eines Prozesses abzuhalten.[38]

(2) In den **Neuwagen-Verkaufsbedingungen** heißt es: „Führt eine entsprechende Störung zu einem Leistungsaufschub von mehr als vier Monaten, kann der Käufer vom Vertrag zurücktreten." Der BGH sah hierin einen Verstoß gegen das Transparenzgebot. Aus der maßgeblichen Sicht des rechtlich nicht vorgebildeten Durchschnittskunden, der nicht wisse, dass ihm auch gesetzliche Rücktrittsrechte zustehen, könne sich der rechtlich unzutreffende Eindruck ergeben, der Rücktritt sei bei einem durch eine Störung bedingten Leistungsaufschub immer erst vier Monate nach Eintritt der Störung möglich.[39]

---

[32] BGH NJW 2000, 651 (652).
[33] BGH NJW 2006, 3057 (3058).
[34] BAG NZA 2005, 1053, 1055; vgl. ferner BAG NZA 2008, 170 zu den Transparenzanforderungen an eine Vertragsstrafenabrede zur Absicherung eines Wettbewerbsverbots.
[35] Kritisch *Bayreuther* NZA 2005, 1338 und *Bauer/Krieger* SAE 2006, 11ff.
[36] BGHZ 104, 82 (92f.); BGH NJW 1995, 589 (590); 1999, 1865 (1866); 2000, 2103 (2106); 2001, 292 (296); 2006, 211 (213); 292 (296).
[37] BGH NJW 1999, 276 (277).
[38] Für Unwirksamkeit nach § 9 AGBG (jetzt § 307) aus diesem Grund BVerwG NJW 1998, 3216 (3220).
[39] BGH NJW 2001, 292 (296).

IV. Grenzen der Transparenzanforderungen

In letzter Zeit werden – auch von der Rechtsprechung – die **Grenzen des Transparenz-** 573
gebots schärfer akzentuiert. Dieses dürfe den AGB-Verwender nicht überfordern. Insbesondere bestehe die Verpflichtung, den Klauselinhalt klar und verständlich zu formulieren, nur im Rahmen des Möglichen und Zumutbaren.[40] Auch verlange das Transparenzgebot grundsätzlich keine ausdrückliche Regelung der aus dem Gesetz oder aus der Rechtsnatur des Vertrags folgenden Rechte oder eine entsprechende Belehrung des Vertragspartners.[41] Eine Begrenzung ist aus zwei Gründen geboten: Eine ausufernde Ausweitung der Transparenzanforderungen erweist sich im Ergebnis als kontroproduktiv; die Klauselgestaltung läuft nämlich Gefahr, schon wegen ihrer schieren Länge und Detailgenauigkeit den Kunden zu überfordern. Transparenz bedeutet nämlich auch „Fokussierung der dargebotenen Informationen auf einige zentrale Parameter oder den Kern einer Regelung".[42] Außerdem dürfen auch die berechtigten Interessen des Verwenders nicht aus den Augen verloren werden. Die Offenlegung seiner internen Kalkulationen kann grundsätzlich nicht gefordert werden.[43]

Beispiele:
(1) Allgemeine Geschäftsbedingungen über eine **Zeichnungsgebühr bei Aktien-Neuemissionen** verstoßen nicht deshalb gegen das Transparenzgebot, weil sie dem Kunden nicht erläutern, ob die von ihm verlangte Zahlung als Entgelt für eine Tätigkeit oder für die Verschaffung einer Zuteilungschance oder als Aufwendungsersatz einzuordnen ist. Eine weitergehende Information der Kunden über die Zeichnungsgebühr kann nicht verlangt werden. Auch über die rechtliche Einordnung seiner Zahlungspflichten braucht ein Kunde, der darüber, unter welchen Voraussetzungen und in welcher Höhe er zur Zahlung verpflichtet sein soll, hinreichend informiert wurde, nicht unterrichtet zu werden.[44]
(2) Bei einem **Leasingvertrag** erfordert das Transparenzgebot nicht die Offenlegung der Kalkulation, die dem im Vertrag vereinbarten und von dem Leasingnehmer garantierten Restwert zugrunde liegt. Dem Transparenzgebot ist vielmehr genügt, wenn die Klausel in Verbindung mit dem übrigen Vertragsinhalt alle Angaben enthält, deren es zur Berechnung des nach der Klausel geschuldeten Betrages bedarf.[45]
(3) Im Hinblick auf **Allgemeine Lebensversicherungsbedingungen** verlangt das Transparenzgebot nicht, dass die Versicherungsbedingungen die Berechnungsmethode für die Ermittlung der **Überschussbeteiligung** aufzeigen, wenn die Regelung insgesamt erkennen lässt, dass die Überschüsse variieren können.[46]
(4) Auch eine **Verweisung** auf Vorschriften des Gesetzes oder eines anderen Bedingungswerkes führt nicht per se zur Intransparenz.[47] Hier ist genau zu prüfen, wie der Durchschnittskunde den Verweis verstehen musste, ob die Verweisung einem berechtigten (Rationalisierungs-)Interesse des Verwenders entspricht, welche alternativen Formulierungsmöglichkeiten dem Verwender zu Gebote standen etc.[48] Dynamische Verweisungen sind grundsätzlich problematischer als statische, da hier Änderungen des Verweisungsobjekts – vom Kunden nicht beeinflussbar – auf seine Ver-

---

[40] BGH NJW-RR 2005, 1496 (1498).
[41] BGH NJW 2000, 2103 (2106).
[42] So prägnant *Ulmer/Fuchs*, § 307 Rdn. 349.
[43] *Ulmer/Fuchs*, § 307 Rdn. 350.
[44] BGH NJW 2003, 1447 (1449).
[45] BGH NJW 1997, 3166.
[46] BGH NJW 2001, 2014 (2017 ff.) mit Anm. *Reiff*, ZIP 2001, 1058 ff.; anders noch OLG Stuttgart BB 1999, 1572.
[47] BGH NJW 1995, 589 ff. (Verweisung in Allgemeinen Lebensversicherungsbedingungen auf Geschäftsplan); 2002, 507 (dynamische Verweisung in vorformuliertem Heimvertrag auf Rahmenvertrag).
[48] Ausführlich zuletzt *Oetker*, JZ 2002, 337; zur Einbeziehungsproblematik auch *Wolf*, § 2 AGBG Rdn. 27.

tragsbeziehung zum Verwender durchschlagen. Zum Kernbestand arbeitsvertraglicher Regelung gehören **Bezugnahmeklauseln auf Tarifverträge und Betriebsvereinbarungen.** Ihre Hauptfunktion besteht darin, für eine Vereinheitlichung der Arbeitsbedingungen im Betrieb zu sorgen, die ansonsten angesichts nur teilweiser Tarifbindung nicht gesichert wäre. Von daher spricht ein guter Grund für die Zulässigkeit solcher Bezugnahmeklauseln.[49] Das BAG hält es grundsätzlich für ausreichend, wenn im Zeitpunkt der jeweiligen Anwendung die in Bezug genommenen Regelungen bestimmbar sind.[50]

V. Rechtsfolgen der Intransparenz

574 Die Regel-Rechtsfolge der Intransparenz ist die Unwirksamkeit der betreffenden Klausel. Denn eine unangemessene Benachteiligung, die § 307 Abs. 1 Satz 2 als Folge der Intransparenz nennt, führt nach § 307 Abs. 1 Satz 1 zur **Unwirksamkeit der entsprechenden AGB-Bestimmung.** Kann die entstandene Lücke nicht durch dispositives Recht geschlossen werden und soll es nicht bei dem ersatzlosen Wegfall der Klausel verbleiben, ist **eine ergänzende Vertragsauslegung** in Betracht zu ziehen.[51]

575 Zweifelhaft ist, ob die Klauselrichtlinie nicht dann, wenn eine leistungsbestimmende Klausel im Kern intransparent ist oder darüber hinaus ganz allgemein in den Fällen, in denen das Transparenzgebot vornehmlich auf die Sicherung einer informierten Abschlussentscheidung zielt, ein **Vertragslösungsrecht** fordert. Ein solches einseitiges Vertragslösungsrecht des Kunden ließe sich, so man es denn für europarechtlich geboten erachtet, auf mehreren Wegen begründen. Entweder man sieht in dem Transparenzverstoß ein zum Schadensersatz verpflichtendes Verschulden bei Vertragsschluss; oder aber man setzt bei § 306 Abs. 1 an und verneint ein wirksames Restgeschäft.[52] Letzteres liegt nahe, wenn der Kern der Leistungszusage intransparent ist. Dem Kunden soll es dann frei stehen, sich auf die Nichtigkeit des gesamten Vertrages zu berufen.

§ 18. Besondere Klauselverbote

I. Allgemeines

576 Die §§ 308 und 309 enthalten eine „beispielhafte Aufzählung von Anwendungsfällen der Generalklausel des § 307".[1] Sie umschreiben einen engen Kernbereich von Regelbeispielen, in dem bestimmte, verhältnismäßig präzise definierte AGB-Klauseln entweder nach einem Wertungsakt oder aber ohne weiteres unwirksam sind. Bei der Auswahl der einzelnen Klauseln hatte sich der Gesetzgeber vor allem von der praktischen Bedeutung für den Rechtsverkehr mit Letztverbrauchern leiten lassen.[2] Die Generalklausel wurde zwar als flexibles Instrument der Inhaltskontrolle für unverzichtbar gehalten. Auf der anderen Seite erkannte man jedoch auch die Nachteile einer weitgefassten Generalklausel, insbesondere die mangelnde Vorhersehbarkeit infolge der nur geringen Determination des Wertungsaktes im Rahmen der Angemessenheitsprüfung. Um diesem Defizit an Rechtssicherheit und Rechtsklarheit entgegenzuwirken, entschloss sich der Gesetzgeber zur

---

[49] Weiterhin für Zulässigkeit daher zu Recht *Thüsing/Lambrich,* NZA 2002, 1364.
[50] BAG AP Nr. 7 zu § 1 TVG Form; von der Zulässigkeit gehen auch ohne weitere BAG AP Nr. 21 und 33 zu § 1 TVG Bezugnahme auf Tarifverträge aus.
[51] BGH NJW 2005, 3559 (3565).
[52] *Rosenow/Schaffelhuber,* ZIP 2001, 2215 f.
[1] BT-Rechtsausschuss BT-Drucks. 7/5422, S. 6.
[2] Begründung des RegE BT-Drucks. 7/3919, S. 23.

Aufstellung eines Katalogs von Klauseln, die wegen ihrer benachteiligenden Wirkung für den Vertragspartner des Verwenders unwirksam sein sollten. Der Gesetzgeber war sich darüber im Klaren, dass dieser Aufzählung angesichts der vielfältigen Gestaltungsformen der Kautelarpraxis nur exemplarische Bedeutung zukommen konnte.[3] Es mag sein, dass er den Stellenwert der Kataloge der §§ 308, 309 gegenüber der in der gerichtlichen Praxis klar dominierenden Generalklausel des § 307 falsch eingeschätzt hat.[4] Gleichwohl war die Aufstellung der Klauselkataloge richtig. Dort, wo klare Aussagen möglich sind, sollten diese auch getroffen werden. Außerdem – und dies darf nicht übersehen werden – geben die Klauselverbote mittelbar auch wertvolle Hinweise für die Inhaltskontrolle im Rahmen des § 307. Den §§ 308 und 309 lassen sich nämlich mitunter Wertungen entnehmen, die auch für die Lösung ähnlich gelagerter Inhaltskontrollprobleme nutzbar gemacht werden können. Dass die EG-Richtlinie über missbräuchliche Klauseln in Verbraucherverträgen ebenfalls auf diese Regelungstechnik zurückgegriffen hat, kann im Übrigen durchaus als Bestätigung des Gesetzgebers des Jahres 1976 verstanden werden.

II. Klauselkataloge und Generalklausel

Wenn es sich bei den Klauselverboten der §§ 308 und 309 um Konkretisierungen der Generalklausel handelt, so liegt es nahe, deren Prüfung an den Anfang zu stellen.[5] Ist die AGB-Klausel schon nach §§ 308, 309 unwirksam, so hat es hiermit auch sein Bewenden. Ist sie hingegen nach §§ 308, 309 nicht zu beanstanden, so muss sie noch an der Generalklausel des § 307 gemessen werden.[6] Die in den Klauselverboten zum Ausdruck gekommenen Grundsätze können dabei auch in die Inhaltskontrolle auf der Grundlage der Generalklausel einfließen. Zu weit ginge es allerdings, wollte man aus der Übereinstimmung mit einem einschlägigen Klauselverbot eine generelle Wirksamkeitsvermutung für die Angemessenheitsprüfung im Rahmen des § 307 aufstellen.[7] Hier ist vielmehr nach Sinn und Zweck des jeweiligen Klauselverbots zu unterscheiden. Demnach gibt es Klauselverbote, die in der Tat einen Umkehrschluss erlauben. Andere hingegen gestatten eine Art Analogieschluss während manche Klauselverbote eher neutral erscheinen.[8]

Beispiele:
(1) Als Klauselverbot mit tendenziell nahe liegender **Umkehrschlussmöglichkeit** hat der BGH § 309 Nr. 9 charakterisiert.[9] Klauseln, die nicht in den Anwendungsbereich des § 309 Nr. 9 fielen, könnten nur aus besonderen, von Nr. 9 nicht erfassten Gründen nach § 307 unwirksam sein. So hat der BGH anlässlich der Beurteilung einer **Verlängerungsklausel** in einem **Fitness-Studio-Vertrag** zu Recht festgestellt, dass aus der mangelnden Anwendbarkeit des § 309 Nr. 9 Buchst. b) nicht geschlossen werden könne, der Gesetzgebers habe für die nicht erfassten Verträge strengere Regeln gelten lassen wollen.[10] Wörtlich heißt es: „Die in § 11 Nr. 12b AGBG (= § 309 Nr. 9 Buchst. b)) zum Ausdruck gekommene Regelungsabsicht des Gesetzgebers ist auch zu berücksichtigen bei der nach § 9 Abs. 1 AGBG (= § 307 Abs. 1) vorzunehmenden Abwägung, wann eine unangemessene Benachteiligung des Kunden vorliegt. Das schließt zwar nicht aus, dass eine Klausel, die nach ihrem Regelungsgehalt in den Anwendungsbereich der Klauselverbote fällt, mit den in Betracht kommenden Einzelverboten aber nicht kollidiert, dennoch aus besonderen, von

---

[3] Begründung des RegE BT-Drucks. 7/3919, S. 23.
[4] So der Vorwurf von *Thamm/Pilger*, vor §§ 10 und 11 AGBG Rdn. 1 f.
[5] *Ulmer/Fuchs*, § 307 Rdn. 3; *Erman-Roloff*, § 307 Rdn. 2.
[6] MünchKomm-*Kieninger*, § 307 Rdn. 23; anders offenbar *Schmidt-Salzer*, AGB, F. 14.
[7] Zutreffend *Wolf*, vor §§ 10, 11 AGBG Rdn. 11.
[8] So insbesondere *Wolf*, vor §§ 10, 11 AGBG Rdn. 11.
[9] BGH NJW 1987, 2012 (2013f.); 1997, 739; a. A. *Wolf*, § 11 Nr. 12 AGBG Rdn. 3 („neutrales Klauselverbot").
[10] BGH NJW 1997, 739 (740).

der Verbotsnorm nicht erfassten Gründen nach der Generalklausel des § 9 Abs. 1 AGBG (= § 307 Abs. 1) unwirksam sein kann. Unzulässig ist es aber, aufgrund allgemeiner Überlegungen, die sich nicht aus den Besonderheiten gerade des zu beurteilenden Vertrages ergeben, über die Generalklausel die gesetzgeberische Regelungsabsicht geradezu ‚auf den Kopf zu stellen'".

(2) Die Unwirksamkeit von **Vertragsstrafen** nach § 309 Nr. 6 kann auch für von dieser Vorschrift nicht erfasste Verwirkungstatbestände über § 307 begründet werden. Der Grundgedanke des § 309 Nr. 6, dass Vertragsstrafen für den Kunden erhebliche Risiken bergen und die Möglichkeit der Herabsetzung nach § 343 keinen ausreichenden Schutz garantiert, vermag im Rahmen des § 307 das Unangemessenheitsurteil zu stützen.[11] Um eine **Analogie** im rechtstechnischen Sinne dürfte es sich dabei übrigens nicht handeln. Denn angesichts der als Auffangbecken bereit stehenden Generalklausel wird man eine planwidrige Regelungslücke im Bereich der §§ 308 und 309 nicht konstatieren können.

(3) Als Beispiel für eine **neutrale Vorschrift** sei § 309 Nr. 1 genannt. Aus ihr kann für **Preiserhöhungsklauseln** nach Ablauf der Viermonatsfrist weder die grundsätzliche Zulässigkeit noch die grundsätzliche Unzulässigkeit gefolgert werden.[12]

Denkbar ist im Übrigen, dass die besonderen **Klauselverbote und die Generalklausel nebeneinander** zur Anwendung gelangen.

Beispiel: Eine vorformulierte **Vertragsstrafenregelung** kann zunächst deswegen unwirksam sein, weil sie einen nach § 309 Nr. 6 unwirksamen Verwirkungstatbestand vorsieht. Ist dies nicht der Fall, so kann das Vertragsstrafenversprechen jedoch gleichwohl noch wegen unangemessener Höhe der ausbedungenen Vertragsstrafe nach § 307 unwirksam sein.[13]

Die §§ 308 und 309 gelten **nicht im unternehmerischen Geschäftsverkehr** (§ 310 Abs. 1 Satz 1). Die Inhaltskontrolle vollzieht sich hier wiederum auf der Grundlage der Generalklausel des § 307 (vgl. § 310 Abs. 1 Satz 2).[14]

III. Das Konzept der §§ 308 und 309

578 Die §§ 308 und 309 folgen einer Systematik, der sich schon der erste Teilbericht der Arbeitsgruppe beim Bundesminister der Justiz verschrieben hatte. In den damaligen Erläuterungen hieß es, dass gewisse formalurmäßige Gestaltungen wegen ihrer grundsätzlichen Gefährlichkeit oder Schädlichkeit für den AGB-unterworfenen Vertragsteil schlechthin missbilligt werden könnten, während bei der Beurteilung anderer Allgemeiner Geschäftsbedingungen Abstufungen möglich erschienen und letzten Endes die Ausgestaltung im Einzelfall den Ausschlag gäbe.[15] Der Regierungsentwurf hat diesen Ansatz übernommen. Der Unterschied wird schon in den Überschriften zu §§ 308 und 309 herausgestellt: bei § 308 soll es um Klauselverbote mit Wertungsmöglichkeit gehen, während die Klauselverbote des § 309 eine solche Wertungsmöglichkeit offenbar nicht vorsehen. Für die **Prüfungsreihenfolge** empfiehlt es sich vor diesem Hintergrund mit den Klauselverboten des § 309 zu beginnen und ggf. in einem zweiten Schritt die Klauselverbote des § 308 zu durchforsten.

1. Klauselverbote mit Wertungsmöglichkeit

579 Die in § 308 zusammengefassten Klauseln sind Anwendungsfälle für typische gefährliche Einzelklauseln, bei denen die Gefahr eines gestörten Interessenausgleichs aus der Sicht des Gesetzgebers besonders nahe liegt und eine näher geleitete Angemessenheitsprüfung

---

[11] *Wolf,* § 11 Nr. 6 AGBG Rdn. 23.
[12] *Wolf,* vor §§ 10, 11 AGBG Rdn. 11.
[13] BGH NJW 1988, 1373 (1374).
[14] Näher hierzu Rdn. 551 ff.
[15] Erster Teilbericht, S. 56.

§ 18. Besondere Klauselverbote

demgemäß geboten ist. Kennzeichnend für die Verbotstatbestände des § 308 AGBG ist, dass sie durchgängig unbestimmte Rechtsbegriffe aufweisen, die dem Rechtsanwender einen Wertungsspielraum eröffnen (vgl. beispielsweise „unangemessen lange", „ohne sachlich gerechtfertigten Grund", „zumutbar"). Bei der Anwendung dieser Klauselverbote muss somit unter Berücksichtigung der Umstände des Einzelfalles abgewogen werden, ob die betreffende AGB-Bestimmung als unangemessen anzusehen ist oder nicht.

2. Klauselverbote ohne Wertungsmöglichkeit

Demgegenüber sind – wie die amtliche Begründung deutlich hervorhebt[16] – die in § 309 zusammengefassten Klauselverbote strikter Natur, weil hier die Unangemessenheit kraft gesetzgeberischer Wertung generell anzunehmen ist, so dass sich im Einzelfall jede weitere inhaltliche Prüfung erübrigt. § 309 kommt im Gegensatz zu § 308 weitgehend ohne unbestimmte Rechtsbegriffe aus. Ganz trennscharf ist die Unterscheidung allerdings nicht ausgefallen [beachte etwa das Wertungserfordernis der Unverhältnismäßigkeit in § 309 Nr. 8 Buchst. b) Doppelbuchst. dd)]. Auch sind Akte der Auslegung und Wertung im Rahmen des § 309 nicht ausgeschlossen.[17] Anders als bei § 308 eröffnen die besonderen Umstände des Einzelfalles jedoch grundsätzlich keine zusätzliche Wertungsinstanz.

580

IV. Anhang der EG-Richtlinie

Die EG-Richtlinie 93/13/EWG über missbräuchliche Klauseln in Verbraucherverträgen enthält einen Anhang, der nach Art der §§ 308 und 309 **Klauseln** auflistet, **welche die Mitgliedstaaten für missbräuchlich erklären können**. Diese nicht erschöpfende Aufzählung ist als Hinweis an die Mitgliedstaaten gedacht (Art. 3 Abs. 3 RL 93/13/EWG). Über die **Bedeutung des Anhangs für die Ausgestaltung der nationalen Rechtsordnungen der Mitgliedstaaten und die Kontrollpraxis der Gerichte** wird seit geraumer Zeit intensiv diskutiert.[18] Sicher ist immerhin, dass sich der Richtliniengeber bewusst nicht für eine „schwarze" Liste stets unverbindlicher Klauseln entschieden hat. In seiner neueren Rechtsprechung konstatiert der EuGH[19] zu Recht, dass die in der Liste aufgeführten Klauseln nicht zwangsläufig als missbräuchlich anzusehen sind und umgekehrt eine nicht darin aufgeführte Klausel gleichwohl für missbräuchlich erklärt werden kann. Die Mitgliedstaaten sind durch diesen Anhang insbesondere nicht gehindert, weitere Klauseln zu brandmarken (Art. 8 RL 93/13/EWG). Schwieriger zu beantworten ist die Frage, ob der Anhang spezielle Umsetzungspflichten der Mitgliedstaaten begründet, die über die Einführung der durch die Richtlinie gebotenen gerichtlichen Missbrauchskontrolle auf der Grundlage einer Generalklausel hinausgehen. Der EuGH hat zuletzt deutlich gemacht, dass der Richtlinienanhang keine über den eigentlichen Richtlinientext hinausgehenden Rechte begrün-

581

---

[16] BT-Drucks. 7/3919, S. 24.
[17] Dies betont MünchKomm-*Kieninger*, § 307 Rdn. 22.
[18] Die nunmehr herrschende Ansicht sieht in dem Anhang lediglich eine unverbindliche Aufzählung von Klauseln, denen ein tendenzieller Unwertgehalt innewohnt (so mit unterschiedlichen Nuancierungen *Palandt-Grüneberg*, § 310 Rdn. 29; *Franzen*, Privatrechtsangleichung durch die Europäische Gemeinschaft, S. 561; *Pfeiffer*, Anm. EuZW 2002, 468; Grabitz/Hilf-*Pfeiffer*, Teil II: Sekundärrecht, Band IV, A 5 Art. 3 RL 93/13 EWG Rdn. 80f.; *Staudinger-Coester*, § 307 Rdn. 120ff.; *Wolf*, Art. 3 RiLi Rdn. 32; MünchKomm-*Kieninger*, § 308 Rdn. 12; weitergehend *Heiderhoff*, Grundstrukturen des nationalen und europäischen Verbrauchervertragsrechts, 2004, 140 und 434 („feste Untergrenzen für die Inhaltskontrolle").
[19] EuGH EuZW 2002, 465 – Kommission/Schweden mit Anm. *Pfeiffer*; NJW 2004, 1647 – Freiburger Kommunalbauten mit Anm. *Markwardt*, ZIP 2005, 152.

det.[20] Er hat daher davon abgesehen, die strengen Anforderungen, die er in seinem Urteil vom 10. 5. 2001[21] zur Umsetzung der Bestimmung der Klauselrichtlinie formuliert hat, auf den Anhang zu übertragen. Diesem misst der EuGH bloß – aber immerhin – **Hinweis- und Beispielcharakter** bei. Er stelle eine Informationsquelle sowohl für die mit der Anwendung der Umsetzungsmaßnahmen betrauten nationalen Behörden als auch für die von diesen Maßnahmen betroffenen Einzelnen dar. Daher müssten die Mitgliedstaaten zur Erreichung des Ziels der Richtlinie Umsetzungsformen und -mittel wählen, die hinreichende Sicherheit dafür böten, dass die **Allgemeinheit von dieser Liste Kenntnis erlangen** könne.[22] Vor diesem Hintergrund muss darüber nachgedacht werden, ob das deutsche AGB-Recht diese ihm zugedachte Funktion in richtlinienkonformer Weise erfüllt. Insoweit lässt sich an die Klauselverbote der §§ 308 und 309 anknüpfen. Diese nehmen einen Großteil der in der Liste des Anhangs aufgeführten Klauseln in sich auf und sorgen auf diese Weise für einen – häufig noch über die Richtlinie – hinausgehenden Schutz. Problematisch wird es in den Fällen, in denen die Katalogtatbestände hinter dem Anhang zurückstehen oder einen dort aufgeführten Fall nicht eigens erwähnen. Der Verbraucherschutz muss hier im Ergebnis nicht hinter dem Anhang zurückstehen, werden doch die deutschen Gericht die Lücken in sachgerechter Handhabung des § 307 zu schließen wissen.[23] Um seinen Umsetzungspflichten vor dem Hintergrund der EuGH-Rechtsprechung sicher zu genügen, sollte sich der Gesetzgeber gleichwohl um eine Harmonisierung der §§ 308 und 309 mit dem Anhang der Klauselrichtlinie bemühen.

Bis dahin sollten sich die Gerichte durch den Anhang der Richtlinie angeregt sehen, bislang noch nicht ausreichend berücksichtigte Gesichtspunkte künftig verstärkt in die Inhaltskontrolle nach § 307 einzubeziehen. Der EuGH hat immerhin in einem Fall die Zugehörigkeit einer Klausel zu einer im Anhang der Richtlinie genannten Gruppe (Nr. 1 lit. q) als Beleg für die seiner Ansicht nach anzunehmende Missbräuchlichkeit gemäß Art. 3 Abs. 1 der Klauselrichtlinie angeführt.[24]

V. Eingeschränkte Inhaltskontrolle im Bereich der Versorgungsverträge

Literatur: *Graf von Westphalen,* Preisanpassungsklauseln in Energielieferverträgen mit Normsonderkunden, ZIP 2008, 669.

582 Aufgrund der Ermächtigung des § 39 EnergiewirtschaftsG sind in Form von Rechtsverordnungen die Stromgrundversorgungsverordnung (StromGVV)[25] und die Gasgrundversorgungsverordnung (GasGVV) erlassen worden.[26] Ferner sind gestützt auf § 27 AGBG (jetzt Art. 243 EGBGB) die Allgemeinen Bedingungen für die Versorgung mit Fernwärme (AVBFernwärmeV)[27] und über die Versorgung mit Wasser (AVBWasserV)[28] in Kraft gesetzt worden. Als objektives Recht bestimmen die genannten Versorgungsbedingungen unmittelbar den Inhalt der Versorgungsverhältnisse der Tarifabnehmer. Es handelt sich also um **Rechtsnormen,** nicht um Allgemeine Geschäftsbedingungen. Sie sind einer Inhaltskontrolle nach dem AGB-Recht bereits aus diesem Grunde entzogen. Denkbar ist

---

[20] EuGH EuZW 2002, 465 (466) – Kommission/Schweden; vgl. auch EuGH NJW 2004, 1647 – Freiburger Kommunalbauten.
[21] EuGH NJW 2001, 2244 – Kommission/Niederlande.
[22] EuGH EuZW 2002, 465 (466) – Kommission/Schweden.
[23] Für Vorlage an den EuGH in dieser Konstellation MünchKomm-*Kieninger,* § 308 Rdn. 12.
[24] EuGH NJW 2000, 2571 (2572) – Océcano, dazu *Borges,* NJW 2001, 2061 f.
[25] Vom 26. 10. 2006, BGBl. I S. 2391.
[26] Vom 26. 10. 2006, BGBl. I S. 2396.
[27] Vom 20. 6. 1980, BGBl. I S. 742.
[28] Vom 20. 6. 1980, BGBl. I S. 750, 1067.

§ 18. Besondere Klauselverbote

hier lediglich eine eng begrenzte richterliche Normenkontrolle auf Übereinstimmung mit höherrangigem Recht.[29]

Gegenüber **Sonderabnehmern** (das sind insbesondere Industrieunternehmen) gelten die Versorgungsbedingungen dagegen nur kraft besonderer Einbeziehung, sind also grundsätzlich einer Inhaltskontrolle nach den §§ 307 bis 309 zugänglich. Freilich sieht § 310 **Abs. 2** vor, dass die besonderen Klauselverbote der §§ 308 und 309 keine Anwendung finden. Auf diese Weise will der Gesetzgeber verhindern, dass die Sonderabnehmer letztlich besser gestellt sind als die Tarifabnehmer.[30] Die Bedeutung der Vorschrift ist allerdings gering, da es sich bei den Sonderabnehmern regelmäßig um Unternehmer handeln dürfte.[31] Die Inhaltskontrolle nach § 307 ermöglicht es, eventuelle Unterschiede zwischen Tarif- und Sonderkunden zu berücksichtigen.[32] § 310 Abs. 2 gibt allerdings regelmäßig Veranlassung, die Wertungen der Verordnungsregelungen im Rahmen der Inhaltskontrolle nach § 307 zur Geltung zu bringen. Der Haftungsregelung des § 6 AVBEltV hat der BGH sogar „Leitbildfunktion im weiteren Sinne" und „Indizwirkung" bei der Inhaltskontrolle gleich lautender Vertragsbestimmungen in Sonderkundenverträgen bescheinigt. Die wörtliche Übernahme des abgestuften Haftungssystems dieser Vorschrift in die Allgemeinen Geschäftsbedingungen gegenüber Sonderabnehmern hat er für angemessen erachtet.[33] Allerdings darf in der – eher seltenen – Konstellation, dass es sich bei dem Sonderabnehmer um einen Verbraucher handelt, das Schutzniveau der Klauselrichtlinie 93/13/EWG nicht unterschritten werden. Um eine solche Unterschreitung zu verhindern, müssen die §§ 310 Abs. 2 und 307 ggf. richtlinienkonform ausgelegt werden.[34]

---

[29] *Wolf/Horn*, § 23 AGBG Rdn. 135 und 22.
[30] BGH NJW 1998, 1640 (1642).
[31] Allgemein kritisch zu dieser Vorschrift („Missgriff") MünchKomm-*Basedow*, § 310 Rdn. 14.
[32] BGH NJW 1998, 1640, 1641; Erman-*Roloff*, § 310 Rdn. 9.
[33] (BGH NJW 1998, 1640; vgl. auch LG Frankfurt a.M. NJW-RR 2002, 785). Kritisch hierzu MünchKomm-*Basedow*, § 310 Rdn. 16 f.
[34] *Ulmer*, § 310 Rdn. 103; Erman-*Roloff*, § 310 Rdn. 9.

Sechster Abschnitt. Rechtsfolgen bei Nichteinbeziehung und Unwirksamkeit

Literatur: *Boemke-Albrecht,* Rechtsfolgen unangemessener Bestimmungen in Allgemeinen Geschäftsbedingungen, 1989; *Hager,* Gesetzes- und sittenkonforme Auslegung und Aufrechterhaltung von Rechtsgeschäften, 1983; *Medicus,* Rechtsfolgen für den Vertrag bei Unwirksamkeit von AGB, in: Zehn Jahre AGB-Gesetz, 1987, S. 83; *Schlachter,* Folgen der Unwirksamkeit Allgemeiner Geschäftsbedingungen für den Restvertrag, JuS 1989, 811; *H. Schmidt,* Vertragsfolgen der Nichteinbeziehung und Unwirksamkeit von Allgemeinen Geschäftsbedingungen, 1986. Vgl. auch die Hinweise vor Rdn. 582, 607, 611, 622 und 628.

583 Die Folgen der gescheiterten Einbeziehung und der Nichtigkeit Allgemeiner Geschäftsbedingungen für den Bestand und Inhalt des zwischen Verwender und Kunden geschlossenen Vertrages sind in § 306 geregelt. In § 306 Abs. 1 hat sich der Gesetzgeber im Grundsatz dafür entschieden, dass sich die Rechtsfolgen der AGB-Kontrolle auf die jeweils betroffenen Klauseln beschränken. Zur Unwirksamkeit des ganzen Vertrages unter Einschluss auch der durch die AGB-Kontrolle nicht unmittelbar betroffenen Teile soll es – ausnahmsweise – nur dann kommen, wenn das Festhalten an der – eventuell nach Abs. 2 ergänzten – Regelung für einen Vertragspartner schlechthin unzumutbar ist (Abs. 3).

§ 19. Grundsatz des Fortbestandes des Vertrages im Übrigen

I. Regelungsanliegen und Anwendungsbereich des § 306 Abs. 1

584 Nach § 306 Abs. 1 bleibt der Vertrag trotz des Umstandes, dass Allgemeine Geschäftsbedingungen nicht Vertragsbestandteil geworden oder unwirksam sind, im Übrigen wirksam. **§ 306 Abs. 1 kehrt damit die Regel des § 139 um,** nach der die Nichtigkeit eines Teils eines Rechtsgeschäfts im Zweifel die Nichtigkeit des ganzen Geschäfts zur Folge hat. Schon vor In-Kraft-Treten des AGB-Gesetzes hatte sich gezeigt, dass das Rechtsfolgenkonzept des § 139 der besonderen Schutzbedürftigkeit des AGB-unterworfenen Kunden nicht hinreichend Rechnung trägt.[1] Der Kunde wird nämlich regelmäßig an der Aufrechterhaltung des Vertrages unter Fortfall der belastenden Klausel interessiert sein. Ihm würden Steine statt Brot gegeben, wenn er wegen der Nichtgeltung einer einzelnen AGB-Bestimmung um seine Ansprüche aus dem Vertrag gebracht würde.

Beispiel: Bei einem Neuwagenkauf wird die Gewährleistung im Widerspruch zu § 309 Nr. 8 Buchst. b in unzulässiger Weise eingeschränkt. Ginge man entsprechend der Zweifelsregel des § 139 davon aus, dass die Nichtigkeit den gesamten Kaufvertrag erfasst, so verlöre der Kunden seinen Erfüllungsanspruch bzw. müsste im Falle des bereits erfolgten Leistungsaustausches die Rückabwicklung des Vertrages hinnehmen. Dies will umso weniger einleuchten, als der Grund der Nichtigkeit der Klausel im Verantwortungsbereich des Verwenders liegt.

Die Zweifelsregelung des § 139 hat sich auch sonst immer dort als problematisch erwiesen, wo die Nichtigkeitsanordnung den Schutz einer Partei bezweckt. Hier sei nur an die

---

[1] Deutliches Zeichen hierfür war die judizielle Nichtigkeitsbeschränkung insbesondere durch den BGH (vgl. etwa BGH NJW 1957, 17; 1969, 230); ferner schon *Raiser,* Recht der AGB, S. 320f. und *Naendrup,* Die Teilnichtigkeit im Recht der AGB, 1966, S. 41ff., 151ff.

vielen arbeitsrechtlichen Schutzbestimmungen erinnert, deren Missachtung nach allgemeiner Meinung im Regelfalle nicht die Nichtigkeit des gesamten Arbeitsvertrages zur Folge hat.[2] Hier, aber auch in zahlreichen vergleichbaren Fallkonstellationen außerhalb des Arbeitsrechts, wird angenommen, dass die Nichtigkeit nur die verbotene Abrede ergreift, die Restgültigkeit des Vertrages jedoch unberührt lässt. Allgemein lässt sich konstatieren, dass die Nichtigkeitsfolgen zunehmend im Wege einer differenzierten, schutzzweckorientierten Betrachtungsweise bestimmt werden, womit unverkennbar eine Relativierung des Rechtsfolgenkonzepts des § 139 einhergeht.[3] Für das AGB-Recht hat der Gesetzgeber selbst die Konsequenzen gezogen. § 306 Abs. 1 und 3 stellt sicher, dass die regelmäßig über das mit den Einbeziehungsvoraussetzungen und den Klauselverboten der §§ 307 bis 309 verfolgte Ziel hinausschießende, ja sogar oftmals in offenem Widerspruch zu diesen Normen stehende Gesamtnichtigkeitsfolge auf Ausnahmefälle beschränkt bleibt.[4] Entscheidendes Kriterium ist insoweit auch nicht – wie im Falle des § 139 – der (hypothetische) Parteiwille, sondern die Unzumutbarkeit des Festhaltens am Vertrag.

§ 306 Abs. 1 ist durch Allgemeine Geschäftsbedingungen **nicht zum Nachteil des Kunden abdingbar**.[5] Eine Klausel etwa, derzufolge der Vertrag im Falle der Nichtigkeit einzelner AGB-Bestimmungen insgesamt in Fortfall geraten soll, ist daher ihrerseits nichtig. 585

II. Voraussetzungen der Aufrechterhaltung des Restgeschäfts

1. Unvollständigkeit des Vertrags infolge Nichtgeltung Allgemeiner Geschäftsbedingungen

§ 306 erfasst beide vom Gesetz unterschiedenen Fälle der Nichtgeltung von Bestimmungen in Allgemeinen Geschäftsbedingungen, die Nichteinbeziehung und die Unwirksamkeit. Die **Nichteinbeziehung** kann auf der Nichterfüllung der Einbeziehungsvoraussetzungen des § 305 Abs. 2 beruhen oder sich aus dem überraschenden Charakter einer AGB-Klausel (§ 305c Abs. 1) ergeben. Bleibt dagegen eine AGB-Klausel infolge des Vorrangs einer Individualabrede ohne Wirkung, so ergibt sich der maßgebliche Inhalt zwanglos und ohne Rückgriff auf § 306 aus dem individuell Vereinbarten.[6] Der häufigste Anwendungsfall des § 306 dürfte die **Unwirksamkeit** einer Klausel wegen inhaltlicher Unangemessenheit nach den §§ 307 bis 309 sein. § 306 Abs. 1 gilt aber auch dann, wenn die Unwirksamkeit einer Klausel sich nicht aus den §§ 305 ff., sondern aus anderen gesetzlichen Vorschriften ergibt.[7] 586

2. Teilbarkeit des Vertrages

Nach Beanstandung einer AGB-Klausel setzt die Aufrechterhaltung des Vertrages im Übrigen voraus, dass das **Klauselwerk in einen zulässigen und einen unzulässigen Teil aufgespalten** werden kann. Dafür wird verlangt, dass eine Zerlegung in jeweils für sich 587

---

[2] BAG AP Nr. 1 zu § 620 Befristeter Arbeitsvertrag; AP Nr. 1 zu Art. 6 Abs. 1 GG Ehe und Familie; AP Nr. 2 zu § 5 BBiG; AP Nr. 117 zu Art. 3 GG; *Schaub/Linck*, Arbeitsrechts-Handbuch, 12. Aufl. 2007, § 36 Rdn. 20; *Zöllner/Loritz/Hergenröder*, Arbeitsrecht, 6. Aufl. 2008, § 12 II, S. 131.
[3] *Damm*, JZ 1986, 915 f.; *Wolf/Lindacher*, § 6 AGBG Rdn. 2.
[4] BGH NJW 1998, 450 (451); 1992, 896 (897): „Schutzfunktion zugunsten des Kunden".
[5] *Wolf//Lindacher*, § 6 AGBG Rdn. 13; *Bamberger/Roth-H. Schmidt*, § 306 Rdn. 8; für Abdingbarkeit durch Individualabrede hingegen MünchKomm-*Basedow*, § 306 Rdn. 9; *Erman-Roloff*, § 306 Rdn. 20; *Ulmer/H. Schmidt*, § 306 Rdn. 23.
[6] *Ulmer/H. Schmidt*, § 306 Rdn. 8; *Palandt-Heinrichs*, § 306 Rdn. 2.
[7] BGH NJW 1995, 2028 (2030); 1992, 896 (897); 2007, 3568 (3569); *Medicus*, in: Zehn Jahre AGB-Gesetz, S. 86 f.; *Ulmer/H. Schmidt*, § 306 Rdn. 9; *Wolf/Lindacher*, § 6 AGBG Rdn. 11.

verständliche und sinnvoll voneinander trennbare Bestandteile möglich ist.[8] Die Teilbarkeit ist nicht mehr gegeben, wenn die für den Vertragsschluss wesentlichen Punkte (essentialia negotii) von dem Geltungsmangel in Mitleidenschaft gezogen werden (z. B. wegen Verstoßes gegen das Transparenzgebot unwirksame Preisabrede).[9] Für die Anwendung des § 306 ist dann kein Raum, wenn sich der durch die Kassation einzelner Klauseln „gerupfte" Vertrag als nicht ergänzungsfähig erweist.[10] Die **Gesamtnichtigkeit eines** solchen **Torsovertrages** ist die sachlogische Konsequenz dieses Befundes. Am ehesten ist dies bei neueren Vertragsgebilden vorstellbar, wo es an einem gesetzlichen Leitbild fehlt und die Lückenfüllung durch den Richter auf eine Neukonzeption des Vertrages hinausliefe.[11] Im Regelfall der AGB-Verwendung stellt die Teilbarkeit kein Problem dar, besteht doch die typische Funktion von Allgemeinen Geschäftsbedingungen in der Regelung von Nebenabreden. Im Falle ihrer Nichtgeltung können die vereinbarten Hauptleistungspflichten regelmäßig sinnvoll bestehen bleiben.

3. Gesamtunwirksamkeit bei Vielzahl unwirksamer Klauseln?

588 Auf den Vertrag als Ganzes zielt die Überlegung, ob eine **massive Häufung unangemessener oder/und unübersichtlicher Bedingungen in einem vorformulierten Vertragswerk** nicht auch den Bestand des Vertrages in Frage zu stellen geeignet ist, etwa weil man der Meinung ist, die anderenfalls notwendigen Einzelkorrekturen würden in ihrer Summe einen unzulässigen, weil auf Gestaltung hinauslaufenden, richterlichen Eingriff in das Vertragsgefüge darstellen. Anfällig für eine solche, durch eine Vielzahl AGB-rechtlich nicht haltbarer Klauseln gesteigerte Kundenbenachteiligung sind vor allem neuartige, sich praeter legem entwickelnde Vertragsformen. Offenbar nahezu unbeeinflusst von der immerhin gut 30 Jahre währenden Herrschaft des AGB-Rechts scheint das Ziel der mit der vertragsrechtlichen Umsetzung einer neuen Geschäftsidee befassten Kautelarjurisprudenz vielfach schlicht in der maximalen Sicherung der Verwenderinteressen zu liegen, nicht selten sogar unter bewusster Inkaufnahme einer Reihe frappierender Gesetzesverstöße. Anschauungsmaterial bieten in dieser Hinsicht insbesondere Time-Sharing-[12] und Kabelanschlussverträge.[13]

589 Die zivilgerichtliche Rechtsprechung ist mit der Problematik schon vor Erlass des AGB-Gesetzes mit dem Aufkommen der ersten Automatenaufstellverträge in Berührung gekommen. Der BGH[14] befand, dass die Unwirksamkeit einzelner Klauseln die Anwendbarkeit der übrigen Geschäftsbedingungen und darüber hinaus die Gültigkeit des Vertrages an sich grundsätzlich unberührt lasse. Eine andere Beurteilung komme allerdings in

---

[8] BGH NJW 1995, 2553 (2556 f.).
[9] *Ulmer/H. Schmidt*, § 306 Rdn. 10; *Erman-Roloff*, § 306 Rdn. 4.
[10] *Wolf/Lindacher*, § 6 AGBG Rdn. 53; *Koch/Stübing*, § 6 AGBG Rdn. 8; einen Anwendungsfall des § 306 Abs. 3 sieht hierin jedoch *Staudinger-Schlosser*, § 306 Rdn. 22; auch *Ulmer/H. Schmidt*, § 306 Rdn. 53 (ihm folgend *Locher*, Recht der AGB, S. 75) führt die Fallgruppe „Torsoverträge" im Rahmen des § 306 Abs. 3 auf; ebenso zuletzt auch BGH NJW 2007, 3568 (3570).
[11] Hierzu freilich *Stein*, § 6 AGBG Rdn. 16 mit der zutreffenden Einschränkung, dass sich bei vielen verkehrstypischen Verträgen heute bereits ein typischer Regelungsbestand erkennen lasse, an dem sich eine ergänzende Auslegung orientieren könne.
[12] Vgl. hierzu LG Köln BB 1993, 1975; OLG Köln NJW 1994, 59; NJW-RR 1995, 1333; KG MDR 1998, 760.
[13] Vgl. *Ulmer/Hensen*, 9. Aufl. 2001, Anh. §§ 9–11 AGBG Rdn. 427, wo es in Bezug auf Kabelanschluss-AGB heißt, erstmals seit der Rechtsprechung des *Bundesgerichtshofs* zu Automatenaufstellverträgen dränge sich der Gedanke auf, ob die große Zahl unwirksamer Bedingungen zur Nichtigkeit des ganzen Vertrages nach § 138 führen müsse.
[14] Grundl. BGH NJW 1969, 230 (231 ff.); 1983, 159 (162).

§ 19. Grundsatz des Fortbestandes des Vertrages im Übrigen

Betracht, wenn es sich um einen Vertrag handele, der als Vertragstyp im Gesetz nicht geregelt sei und dessen wesentlicher Inhalt von Allgemeinen Geschäftsbedingungen bestimmt werde. Erweise sich dort eine Fülle von Formularbedingungen als unwirksam, so könne der ersatzlose Wegfall der einzelnen zu beanstandenden Klauseln oder ihre im Wege der Auslegung vorgenommene Rückführung auf ein angemessenes Maß dem Vertrag einen völlig neuen, von den Beteiligten so nicht gewollten Inhalt geben. Eine derart weitgehende Umgestaltung des Vertrages sei aber nicht Aufgabe des Gerichts. In solchen Fällen komme die **Nichtigkeit des gesamten Vertrages wegen Verstoßes gegen § 138 Abs. 1** in Betracht. Die Spruchpraxis des BGH ist gleichwohl von großer Zurückhaltung gegenüber dieser Entscheidungsvariante gekennzeichnet. In neuerer Zeit hat der überkommene Ansatz immerhin insoweit eine Renaissance erlebt, als einige Instanzgerichte intransparente Time-Sharing-Verträge für insgesamt nichtig erklärt haben.[15] Auf den Maßstab der guten Sitten greifen diese Entscheidung allerdings zu Recht nicht mehr zurück. Zwar ist die Sittenwidrigkeitskontrolle nach § 138 im Anwendungsbereich der §§ 307 bis 309 nicht ausgeschlossen, da es sich um verschiedene, auf unterschiedliche Bewertungsmaßstäbe zurückgreifende Kontrollansätze handelt.[16] Zweifelhaft ist jedoch, ob in den vom BGH entschiedenen Fällen tatsächlich ein das Nichtigkeitsverdikt auslösender Verstoß gegen die guten Sitten vorlag. Die Durchsicht der zu dieser Problematik ergangenen höchstrichterlichen Stellungnahmen vermittelt den Eindruck, dass der Grund für die Nichtigerklärung des Gesamtvertrages weniger in einer gesteigerten Benachteiligungswirkung des Vertrages, sondern schlicht in seiner mangelnden Ergänzbarkeit gesehen wurde.[17] Dass der Rekurs auf § 138 offenbar als Mittel eingesetzt wird, die erstrebte Rechtsfolge, nämlich die Totalnichtigkeit des Vertrages, herbeizuführen, zeigt sich besonders deutlich dort, wo es in erster Linie um die Unverständlichkeit der Vertragsbestimmungen sowie ihre unübersichtliche und ungegliederte Anordnung ging.[18] Einen Transparenzverstoß, auch wenn er aus dem Zusammenspiel mehrerer Klauseln resultiert und so dem Vertrag als solchen anhaftet, wird man mangels einer feststellbaren erheblichen materiellen Benachteiligung nämlich kaum zur Begründung der Sittenwidrigkeit des Gesamtvertrages heranziehen können.[19] Das zur Gesamtnichtigkeit drängende Moment liegt hier in der Schwierigkeit, die intransparente Vertragsgestaltung zu „reparieren".

Es ist also die schlichte Unmöglichkeit, den durch die Kassation zahlreicher Klauseln entstellten Vertrag in einem methodisch gesicherten Verfahren unter Wahrung der Vertragsgestaltungsfreiheit der Parteien zu salvieren, die zur Abkehr von der Grundregel des § 306 Abs. 1 zwingt.[20] In den von der Rechtsprechung beschriebenen seltenen Ausnahmekonstellationen ist die **Totalnichtigkeit** des verbleibenden „Torsovertrages" die sach-

---

[15] LG Köln BB 1993, 1975; OLG Köln NJW 1994, 59; NJW-RR 1995, 1333; KG MDR 1998, 760.
[16] Vgl. Rdn. 384.
[17] Für entbehrlich hält den Rückgriff auf § 138 auch *Staudinger-Coester*, § 306 Rdn. 34.
[18] Z.B. BGH NJW 1969, 230 (232).
[19] *Wolf*, § 9 AGBG Rdn. 22; zweifelnd auch Soergel-*Hefermehl*, § 138 Rdn. 149. Eine neuere Entscheidung des Kammergerichts (MDR 1998, 760, 761) zieht daraus die Konsequenz, der intransparente Vertrag sei „nach den – gegenüber § 138 Abs. 1 vorrangigen – §§ 6 Abs. 3, 9 Abs. 1 AGBG (jetzt §§ 306 Abs. 3, 307 Abs. 1) insgesamt nichtig".
[20] § 306 Abs. 3 scheidet freilich richtiger Ansicht nach als Anknüpfungspunkt aus. Das mitunter geäußerte Argument, es sei dem betroffenen Kunden nicht zumutbar, den Vertrag in anderer – vom Gericht festgesetzter – Gestalt zu akzeptieren (für Einordnung bei § 306 Abs. 3 *Staudinger-Schlosser*, § 6 AGBG Rdn. 22; *Löwe/Graf von Westphalen/Trinkner*, § 6 AGBG Rdn. 14; *Schmidt-Salzer*, AGB, Rdn. F. 52; auch die Regierungsbegründung [BT-Drucks. 7/3919, S. 22] weist in diese Richtung) geht schon deshalb fehl, weil insoweit ein (feststellbarer) Inhalt der vertraglichen Bindung in aller Regel gar nicht vorliegt (so zutreffend *Hager*, Auslegung, S. 199; gegen die Annahme eines Anwendungsfalls des § 306 Abs. 3 ferner *Stein*, § 6 AGBG Rdn. 16).

logische Konsequenz,[21] die methodisch im Wege einer den Rückgriff auf § 139 eröffnenden teleologischen Reduktion des § 306 Abs. 1 erreicht werden kann.

§ 20. Der Inhalt des wirksam gebliebenen Vertrages

Literatur: Vgl. die Hinweise vor Rdn. 582 und im folgenden vor Rdn. 592, 607, 611, 622 und 628.

I. Ersatzloser Wegfall einzelner AGB-Bestimmungen

591 Die Nichtgeltung einzelner Allgemeiner Geschäftsbedingungen muss nicht stets eine der Komplettierung bedürftige Vertragslücke begründen. Klauseln, die sich als Fremdkörper der Integration in das Regelungssystem des betreffenden Vertragstyps widersetzen, sei es, dass sie überraschende Regelungsinhalte aufweisen (§ 305 Abs. 1), sei es, dass sie die versprochene Hauptleistung in unangemessener Weise einschränken oder ändern, können auch ersatzlos wegfallen, wenn im dispositiven Recht eine dem sachlichen Gehalt der ausgeschiedenen Bedingung entsprechenden Regelung fehlt.[1] Auch die Begründung des Regierungsentwurfs bekräftigt, dass überraschende oder unbillige Klauseln im Einzelfall „selbstverständlich" auch ersatzlos entfallen könnten.[2] Anwendungsfälle finden sich folgerecht vor allem dort, wo sich die Parteien für einen von der gesetzlichen Dispositivordnung nicht geregelten Vertragstyp entschieden haben.

Beispiel: Als Beispiel sei die Abrede in einem **Automatenaufstellvertrag** genannt, derzufolge der Gastwirt zur Mitnahme der Geräte bei einem Wechsel der Gaststätte verpflichtet sein soll. In einer solchen **Erweiterungsklausel** wird zu Recht ein „nicht mehr angemessener Eingriff in die wirtschaftliche Bewegungsfreiheit des Gastwirts" gesehen, verschließt sie ihm doch die Übernahme aller derjenigen Gaststätten, deren Inhaber sich ihrerseits durch Automatenaufstellverträge mit Nachfolgeklauseln gebunden haben.[3] Folge der inhaltlichen Beanstandung ist, dass die belastende Erweiterungsklausel schlicht in Wegfall gerät. Eine Lücke im Vertrag, die den Regelungsplan der Parteien vervollständigungsbedürftig macht, entsteht nicht. Es verbleibt – mit Ausnahme der kassierten Erweiterungsklausel – bei dem durch den Automatenaufstellvertrag stipulierten gesetzesfremden Regelungsprogramm.

II. Das Problem der geltungserhaltenden Reduktion

Literatur: *Canaris*, Gesamtunwirksamkeit und Teilgültigkeit rechtsgeschäftlicher Regelungen, in: FS für Steindorff, 1990, S. 519; *Coester-Waltjen*, Inhaltskontrolle von AGB – geltungserhaltende Reduktion – ergänzende Vertragsauslegung, Jura 1988, 113; *Garn*, Zur Zulässigkeit salvatorischer Klauseln

---

[21] So vor allem *Wolf/Lindacher*, § 6 AGBG Rdn. 53; auf dieser Linie auch *Hager*, Auslegung, S. 199f.; MünchKomm-*Basedow*, § 306 Rdn. 28; *Koch/Stübing*, § 6 AGBG Rdn. 8; *Stein*, § 6 AGBG Rdn. 16. Auch Art. 6 Abs. 1 der Richtlinie 93/13/EWG über missbräuchliche Klauseln in Verbraucherverträgen stellt die Aufrechterhaltung des Vertrages unter den Vorbehalt, dass er ohne die missbräuchlichen Klauseln bestehen kann. Die hier vertretene Ansicht ist im Bereich der Verbraucherverträge somit richtlinienkonform (vgl. Grabitz/Hilf-*Pfeiffer*, Teil II: Sekundärrecht, Band IV, A 5 Art. 6 RL 93/13 EWG Rdn. 14).

[1] *Ulmer/H. Schmidt*, § 306 Rdn. 25; *Löwe*/Graf von Westphalen/Trinkner, § 6 AGBG Rdn. 6; MünchKomm-*Basedow*, § 306 Rdn. 11; *Staudinger-Schlosser*, § 306 Rdn. 11; BGH NJW 1985, 852f.; anders noch *H. Schmidt*, Vertragsfolgen, S. 157ff.

[2] BT-Drucks. 7/3919, S. 21.

[3] So BGH NJW 1983, 159 (160); zuvor schon BGH NJW 1982, 1693; *Ulmer/Brandner/Hensen*, Anh. §§ 9–11 AGBG Rdn. 143; *Wolf/Horn/Lindacher*, § 9 AGBG Rdn. A 185.

bei der Vereinbarung von AGB, JA 1981, 151; *Hager*, Der lange Abschied vom Verbot der geltungserhaltenden Reduktion, JZ 1996, 175; *Häsemeyer*, Geltungserhaltende oder geltungszerstörende Reduktion, in: FS für Ulmer, 2003, S. 1097; *Johannson*, Die Teilunwirksamkeit oder „geltungserhaltende Reduktion" von Allgemeinen Geschäftsbedingungen, DB 1981, 732; *Kötz*, Zur Teilunwirksamkeit von AGB-Klauseln, NJW 1979, 785; *Lass*, Zum Lösungsrecht bei arglistiger Verwendung unwirksamer AGB, JZ 1997, 67; *Lindacher*, Reduktion oder Kassation übermäßiger AGB-Klauseln?, BB 1983, 154; *von Mettenheim*, Methodologische Gedanken zur geltungserhaltenden Reduktion im Recht der allgemeinen Geschäftsbedingungen, in: FS für Piper, 1996, S. 937 ff.; *Neumann*, Geltungserhaltende Reduktion und ergänzende Auslegung von Allgemeinen Geschäftsbedingungen, 1988; *Pauly*, Die geltungserhaltende Reduktion: Dogmatische Bedenken und vorhandene Wertungswidersprüche, JR 1997, 357; *H. Roth*, Geltungserhaltende Reduktion im Privatrecht, JZ 1989, 411; *Schlachter*, Folgen der Unwirksamkeit Allgemeiner Geschäftsbedingungen für den Restvertrag, JuS 1989, 811; *E. Schmidt*, Teil- oder Totalunwirksamkeit angreifbarer AGB-Klauseln, JA 1980, 401; *Thüsing* Unwirksamkeit und Teilbarkeit unangemessener AGB, BB 2006, 661; *Ulmer*, Teilunwirksamkeit von teilweise unangemessenen AGB-Klauseln?, NJW 1981, 2025. Vgl. ferner die Hinweise vor Rdn. 607.

An einer ausfüllungsbedürftigen Vertragslücke fehlt es trotz Unwirksamkeit einer AGB-Klausel auch dann, wenn die betreffende Klausel in begrenztem Umfang aufrechterhalten werden kann. Ob und in welchen Fällen überschießende AGB-Klauseln vom Gericht auf ein gerade noch vertretbares bzw. angemessenes Maß zurückgeschraubt werden und somit aufrechterhalten werden dürfen, ist außerordentlich umstritten. Vor allem quantifizierbare Überschreitungen des Erlaubten wie etwa überhöhte Schadenspauschalen, übermäßig lange Fristen oder Laufzeiten, ferner aber uneingeschränkte Freizeichnungsklauseln etc. böten sich für eine solche geltungserhaltende Reduktion an. 592

Beispiel: Für die mit der Teilnahme an einem Fahrerlehrgang verbundenen Risiken versucht sich der Veranstalter wie folgt freizuzeichnen: „Der Veranstalter sowie ... lehnen ... den Fahrern und Beifahrern gegenüber jede Haftung für Personen-, Sach- und Vermögensschäden, die vor, während oder nach der Veranstaltung eintreten, ab." Eine derart umfassende, die Haftung für jegliches Verschulden abbedingende, Freizeichnung verstößt gegen § 309 Nr. 7. Geht man einmal davon aus, dass in dieser Fallgestaltung der Ausschluss für vom Veranstalter leicht fahrlässig verursachte Sachschäden nicht gegen § 307 verstoßen hätte, so könnte man immerhin erwägen, die Klausel insoweit aufrechtzuerhalten und nur den überschießenden Teil zu eliminieren. Die Alternative besteht in der vollständigen Kassation der Klausel mit der Folge, dass dem Veranstalter auch im Falle eines von ihm nur leicht fahrlässig verschuldeten Unfalls der vereinbarte Haftungsausschluss nicht zugute käme.[4]

1. Grundsätzliches Verbot der geltungserhaltenden Reduktion

Die geltungserhaltende Reduktion ist nach **ständiger Rechtsprechung und herrschender Meinung im Schrifttum grundsätzlich unzulässig**,[5] und zwar auch im unternehmerischen Verkehr.[6] Der BGH begründet seinen Standpunkt im Wesentlichen wie folgt: Aus dem **Wortlaut** der §§ 307 bis 309 ließe sich eine teilweise Aufrechterhaltung der gegen das Gesetz verstoßenden Klauseln nicht herleiten. Das Gesetz spreche in diesen Vorschriften vielmehr stets von der Unwirksamkeit der einzelnen Bestimmungen und gehe auch in § 1 UKlaG von der Unwirksamkeit der in §§ 307 bis 309 angeführten Klauseln aus. Dem **Zweck des Gesetzes** könne eine Aufrechterhaltung beanstandeter Klauseln mit eingeschränktem Inhalt ebenfalls nicht entnommen werden. Das Ziel des Gesetzes sei es, auf 593

---

[4] Beispiel nach BGH NJW 1986, 1610.
[5] Grundlegend BGH NJW 1982, 2309 (2310); sodann BGH NJW 1983, 1322 (1325); 1986, 1610 (1612); 1991, 2141 (2142 f.); 1993, 326 (330); 1998, 671 (673); 2000, 1110 (1113); 2006, 1059 (1060); *Ulmer/H. Schmidt*, § 306 Rdn. 14; *Wolf/Lindacher*, § 6 AGBG Rdn. 31 ff.; *von Hoyningen-Huene*, Inhaltskontrolle, Rdn. 69; *Palandt-Grüneberg*, Vorbem. v. § 307 Rdn. 8; *Soergel-Stein*, § 6 AGBG Rdn. 13; *Larenz/Wolf*, Allgemeiner Teil, § 43 Rdn. 83; *Fastrich*, Inhaltskontrolle, S. 330 ff.; *Ulmer*, NJW 1981, 2027 ff.; *Häsemeyer*, in: FS für Ulmer, 2003, S. 1097; *Neumann*, Geltungserhaltende Reduktion und ergänzende Auslegung von AGBG, 1988, S. 58 ff., 81.
[6] BGH NJW-RR 2004, 1498.

einen angemessenen Inhalt der in der Praxis verwendeten oder empfohlenen Allgemeinen Geschäftsbedingungen hinzuwirken. Damit würde es nicht im Einklang stehen, dem Klauselverwender die Möglichkeit zu eröffnen, bei der Aufstellung seiner Konditionen unbedenklich über die Grenze des Zulässigen hinauszugehen, ohne mehr befürchten zu müssen, als dass die Benachteiligung seines Geschäftspartners durch das Gericht auf ein gerade noch zulässige Maß zurückgeführt werde. Auch der **Transparenzgedanke** streite gegen die Zulässigkeit der geltungserhaltenden Reduktion. Denn ein weiteres Ziel des Gesetzes sei es, dem Kunden die Möglichkeit sachgerechter Information über die ihnen aus dem vorformulierten Vertrag erwachsenden Rechte und Pflichten zu verschaffen. Dem würde aber nicht entsprochen, wenn der Kunde erst in einem Prozess den Umfang seiner Rechte und Pflichten zuverlässig erführe. Der mit dem gesetzlichen AGB-Recht verfolgte Schutz des Kunden sowie der Zweck des Gesetzes, den Rechtsverkehr von unwirksamen Allgemeinen Geschäftsbedingungen freizuhalten, geböten es daher, Klauseln in Allgemeinen Geschäftsbedingungen, die gegen die Angemessenheitsschranken der §§ 305 ff. verstießen, in vollem Umfang als unwirksam zu betrachten.[7]

594 In der **Literatur** ist die Lehre vom grundsätzlichen Verbot der geltungserhaltenden Reduktion nicht nur auf Zustimmung gestoßen. Die Antithese lautet, Übermaßklauseln verstießen nur in ihrem überschießenden Teil gegen die §§ 307 bis 309 mit der Folge, dass sie in ihrem nicht zu beanstandenden Kern zu validieren seien.[8] Freilich schlagen die **kritischen Stimmen** durchaus unterschiedliche Töne an. Teils wird der Lehrsatz vom Verbot der geltungserhaltenden Reduktion generell in Frage gestellt, teils spricht man sich aber auch nur für mehr oder weniger weitreichende Relativierungen aus. Auch die dogmatische Begründungen differieren beträchtlich. Während beispielsweise *Hager* seine Argumentation auf die von ihm behauptete Nichtabgrenzbarkeit der Auslegung von der Inhaltskontrolle stützt, will etwa *Canaris* in einigen, näher umschriebenen Fallkonstellationen unter Berufung auf das Verhältnismäßigkeitsprinzip von der Regelfolge der Totalnichtigkeit abgehen. Nicht wenige Autoren wollen zudem nach der Art des Kontrollverfahrens unterscheiden. Eine Salvierung übermäßig belastender AGB-Klauseln komme nur im Individualprozess in Betracht, während im Verbandsklageverfahren ein striktes Festhalten am Verbot der geltungshaltenden Reduktion geboten sei.[9] Schließlich besteht auch über das anzustrebende Niveau des aufrechtzuerhaltenden Teils keine Einigkeit. Während man herkömmlich unter geltungserhaltender Reduktion die Aufrechterhaltung in dem zugunsten des Verwenders höchstmöglichen Ausmaß verstand,[10] will eine offenbar im Vordringen begriffene Ansicht die Übermaßklausel nur in einem „angemessenen" Umfang aufrechterhalten.[11]

595 Die besseren Gründe sprechen dafür, auch weiterhin am grundsätzlichen **Verbot der geltungserhaltenden Reduktion festzuhalten.** Der vielstimmigen Kritik liegt ganz offensichtlich das Unbehagen zugrunde, das Risiko einer rechtlichen Fehlbeurteilung stets

---

[7] BGH NJW 1982, 2309 (2310); 2000, 1110 (1113 f.).
[8] *Kötz,* NJW 1979, 785 ff.; *Hager,* Gesetzes- und sittenkonforme Auslegung und Aufrechterhaltung von Rechtsgeschäften, 1983, S. 63 ff.; *ders.,* JZ 1996, 175 ff.; *Staudinger-Schlosser,* § 306 Rdn. 24 f.; MünchKomm-*Basedow,* § 306 Rdn. 12 ff.; *H. Roth,* JZ 1989, 411 ff.; *Canaris,* in: FS für Steindorff, S. 547 ff.; *Boemke-Albrecht,* Rechtsfolgen unangemessener Bestimmungen in AGB, 1989, 38 ff., 115 ff.; *Schmidt-Salzer,* Allgemeine Geschäftsbedingungen, Rdn. F 56 ff.; *v. Mettenheim,* FS für Piper, S. 937 ff.
[9] MünchKomm-*Basedow,* § 306 Rdn. 12 f.; *Staudinger-Schlosser,* § 306 Rdn. 25 ff.; *v. Mettenheim,* in: FS für Piper, S. 937 ff. Für Erstreckung auch auf die abstrakte Unterlassungsklage jedoch *Hager,* Gesetzes- und sittenkonforme Auslegung, S. 71.
[10] *Schmidt-Salzer,* Allgemeine Geschäftsbedingungen, Rdn. F. 56.
[11] MünchKomm-*Basedow,* § 306 Rdn. 14; *Staudinger-Schlosser,* § 306 Rdn. 24 f.; *H. Roth,* JZ 1989, 418; *Canaris,* FS für Steindorff, S. 549 f.

in vollem Umfang dem Verwender zuzuweisen.[12] Denn immer öfter ist die Überschreitung der Zulässigkeitsgrenzen nicht mehr die Folge eines bewussten „Überreizens", sondern Ausdruck einer Überforderung des Verwenders, der sich im dichten Gestrüpp einer ausziselierten gerichtlichen Inhaltskontrolle nicht mehr zurecht findet. Um hier eine „übermäßige" Reaktion zu vermeiden, meint man die Präventionswirkung der Totalnichtigkeit gegenüber dem „gutgläubigen Verwender" einschränken zu müssen. Für eine geltungserhaltende Reduktion wird dort Raum gesehen, „wo auch das Urteil Vernünftiger schwanken kann, also auch ein redlicher Verwender die Klausel für wirksam oder die Rechtslage für zweifelhaft halten konnte."[13] So nachvollziehbar dieses Anliegen ist, so problematisch ist die Berücksichtigung derartiger subjektiver Umstände. Der überindividuell-generalisierende Beurteilungsmaßstab macht nicht bei der Inhaltskontrolle halt, sondern muss konsequenterweise auch auf die Rechtsfolgenbestimmung ausgedehnt werden. Die gerichtliche Inhaltskontrolle mit der Frage nach der inneren Motivation des Verwenders für die Wahl dieser oder jener Gestaltungsform zu belasten,[14] wäre im Übrigen der Rechtssicherheit und Vorhersehbarkeit gerichtlicher Entscheidungen in hohem Maße abträglich.

Ein weiterer grundsätzlicher Einwand kommt hinzu. Wenn der Gesetzgeber in § 306 als Regelrechtsfolge die Nichtigkeit der inkriminierten Abrede vorgesehen hat, so äußert sich darin der Respekt vor der privatautonomen Gestaltungsmacht der Parteien. Sie sind es, die den Vertragsinhalt festlegen. Aufgabe der Gerichte ist es, die Abrede auf ihre Vereinbarkeit mit dem AGB-Recht zu überprüfen und im Falle eines Verstoßes ihre Unwirksamkeit auszusprechen. Veränderungen im Vertragstext vorzunehmen, ist hingegen nicht die Aufgabe der Gerichte. Die Formulierungsverantwortung muss bei den Parteien bleiben.[15] Ihnen darf nicht im Wege einer rechtsgestaltenden Billigkeitskorrektur ein nicht erwünschter und nicht vorhergesehener Vertragsinhalt aufoktroyiert werden. Gestalterische Eingriffe des Richters müssen daher so gering wie möglich gehalten werden.[16] Das Gesetz beschränkt sie auch ansonsten auf besonders gelagerte Ausnahmesituationen (vgl. etwa §§ 315, 343, 655; § 74a HGB). Eine Lehre, die die gerichtliche Rückführung einer vertraglichen Abrede in Fällen eines Übermaßverstoßes als Regel- und nicht als Ausnahmefall kennzeichnet, ist problematisch. Der nicht selten zu vernehmende Gegeneinwand, die ergänzende Vertragsauslegung würde doch in vielen Fällen zum selben Ergebnis führen, verfängt demgegenüber nicht. Die ergänzende Vertragsauslegung ist gegenüber dem Vorschriften des dispositiven Rechts nachrangig, kommt also nur zur Anwendung, wenn dispositives Gesetzesrecht für den betreffenden Regelungssachverhalt nicht zur Verfügung steht. Die als Regel gedachte Rechtsfolgenanordnung des § 306 Abs. 2 wird auf diese Weise respektiert und nicht – wie im Falle der geltungserhaltenden Reduktion – an die Seite gedrängt. Darüber hinaus ist die ergänzende Vertragsauslegung zur Ausfüllung nachträglich aufgetretener Lücken von der Rechtsprechung bislang sehr zurückhaltend praktiziert worden. Dieser methodische Ansatz betont somit aufs Ganze gesehen zutreffend den Ausnahmecharakter eines gestalterischen Eingriffs in den Vertragsinhalt. Außerdem sollte nicht übersehen werden, dass sich die methodischen Vorgehensweisen unterscheiden. Der prinzipielle Unterschied der Instrumente liegt darin, dass das Mittel der geltungserhaltenden Reduktion eine Vertragslücke erst gar nicht entstehen lässt und schon

596

---

[12] Vgl. etwa *Canaris*, in: FS für Steindorff, S. 547 ff.; *Staudinger-Schlosser*, § 306 Rdn. 25; Münch-Komm-*Basedow*, § 306 Rdn. 13.
[13] So z.B. MünchKomm-*Basedow*, § 306 Rdn. 13.
[14] *Locher*, Recht der AGB, S. 79 meint, dies sei für die Rechtsprechung nicht praktikabel.
[15] So zutreffend *Larenz/Wolf*, Allgemeiner Teil, § 43 Rdn. 83.
[16] In diese Richtung zielend auch *Flume*, Rechtsgeschäft, § 18, 9, S. 389; *R. Zimmermann*, Richterliches Moderationsrecht oder Totalnichtigkeit, 1979, S. 177 ff.

die Unwirksamkeitsfolge einer rechtswidrigen Vertragsbestimmung vermieden wird.[17] Die ergänzende Vertragsauslegung gestaltet die Rechtsfolgenbestimmung insofern transparenter als sie verschiedene Stationen unterscheidet, nämlich Feststellung der vertraglichen Regelungslücke und Ausfüllung dieser Lücke. Insbesondere zum Maßstab der Ergänzung liegt reichhaltiges Anschauungsmaterial vor.[18]

597 Nicht stichhaltig ist schließlich der Einwand, die Rechtsprechung selbst habe das Verbot der geltungserhaltenden Reduktion durch Anerkennung zahlreicher Ausnahmen mittlerweile soweit durchlöchert, dass sich das **Regel-Ausnahme-Verhältnis** umgekehrt habe. Die sogleich noch darzustellenden Ausnahmen betreffen keineswegs die Masse der Fälle. Für die weit überwiegende Zahl der praktischen Fallgestaltungen bewährt sich das Verbot der geltungserhaltenden Reduktion.

598 Als **Quintessenz** bleibt festzuhalten: der nachträglichen Festsetzung eines angemessenen Vertragsinhalts als einem richterlichen Gestaltungsakt muss auch weiterhin Ausnahmecharakter zukommen; sie muss im Übrigen dem bewährten Institut der ergänzenden Vertragsauslegung vorbehalten bleiben.

2. Ausnahmen vom Verbot der geltungserhaltenden Reduktion

599 Die neuere Rechtsprechung hat – wie bereits angedeutet – einige Ausnahmen vom Verbot der geltungserhaltenden Reduktion anerkannt:

a) Sachliche Teilbarkeit der Klausel

600 Das Verbot geltungserhaltender Reduktion einer beanstandeten Klausel gilt dann nicht, wenn die Regelung neben dem unwirksamen Teil auch inhaltlich unbedenkliche, sachlich und sprachlich abtrennbare Bestimmungen enthält.[19] Eine sprachlich abtrennbare Bestimmung liegt dann vor, wenn der unwirksame Teil ohne weiteres gestrichen werden kann, ohne dass der Sinn des anderen Teils darunter leidet (sog. blue-pencil-Test).[20] Der verbleibende Rest muss im Gesamtgefüge des Vertrages eine sinnvolle Regelung darstellen. Gegenstand der Inhaltskontrolle sind dann für sich jeweils verschiedene, nur formal verbundene AGB-Bestimmungen.

Beispiele:
(1) In einem vorformulierten **Mietvertrag** findet sich folgende Klausel: „Erklärungen, deren Wirkung die Mieter berührt, müssen von oder gegenüber allen Mietern abgegeben werden. Die Mieter bevollmächtigen sich jedoch gegenseitig zur Entgegennahme oder Abgabe solcher Erklärungen. Diese Vollmacht gilt auch für die Entgegennahme von Kündigungen, jedoch nicht für den Ausspruch von Kündigungen und für Mietaufhebungsverträge." Hier verbleibt nach der Streichung des die Abgabevollmacht regelnden Klauselteils („... oder Abgabe ..." und „... für den Ausspruch von Kündigungen und ...") eine sprachlich und inhaltlich selbstständige und sinnvolle Regelung.[21]
(2) In einem **Arbeitsvertrag** ist eine **Vertragsstrafe** u. a. für den Fall vorgesehen, dass der Arbeitnehmer durch schuldhaftes vertragswidriges Verhalten den Arbeitgeber zur fristlosen Kündigung des Arbeitsverhältnisses veranlasst. Das BAG hat diesen Verwirkungstatbestand für unwirksam gehalten, jedoch deutlich gemacht, dass die Vertragsstrafenregelung davon nicht berührt wird, soweit sie an den Nichtantritt des Arbeitsverhältnisses oder die Lösung des Arbeitsverhältnisses

---

[17] So prägnant *Preis,* Grundfragen der Vertragsgestaltung, S. 363.
[18] Vgl. etwa die umfängliche Zusammenstellung bei *Palandt-Heinrichs,* § 157 Rdn. 12 ff.
[19] BGH NJW 1988, 2106; 1989, 3215, 3216; 1997, 3437 (3439); 2001, 292 (294); 2003, 2899 f.; NJW-RR 2008, 134 (136); BAG NZA 2005, 1053 (1056); 2006, 1042 (1045).
[20] BAG NZA 2005, 1053 (1056); 2008, 699 (701); BayObLG NJW-RR 1997, 1371 (1373); *Palandt-Grüneberg,* Vorbem. v. § 307 Rdn. 11; kritisch *Thüsing,* BB 2006, 661 ff.
[21] BGH NJW 1997, 3437.

unter Vertragsbruch anknüpft. Die unzulässige Vertragsstrafenregelung wegen schuldhaft vertragswidrigen Verhaltens des Arbeitnehmers könne ohne weiteres aus der Vertragsstrafenregelung herausgestrichen werden, wobei die restliche Regelung nach dem „bluepencil- test" verständlich und wirksam bleibe.[22]

b) Personale Teilunwirksamkeit

Eine weitere Einschränkung der Unwirksamkeitsfolgen gebietet die (beschränkte) Zielsetzung des gesetzlichen AGB-Rechts, den Kunden vor den Gefahren einer einseitigen Inanspruchnahme der Vertragsgestaltungsfreiheit durch den Verwender zu schützen. Eine Inhaltskontrolle zugunsten des Verwenders war mit dem AGB-rechtlichen Schutzinstrumentariums nicht intendiert.[23] Deshalb muss auch eine nach ihrem Wortlaut für beide Vertragsteile gleichermaßen geltende AGB-Klausel, die gegenüber dem Kunden zu einer unangemessenen Benachteiligung führt, gegenüber dem Verwender von der Inhaltskontrolle unberührt und ihm gegenüber wirksam bleiben. Diese mitunter auch **„personale Teilunwirksamkeit"** genannte Variante sieht sich den gegen die geltungserhaltende Reduktion erhobenen Einwänden von vornherein nicht ausgesetzt, da eine richterliche Vertragsgestaltung im Verwenderinteresse nicht zur Debatte steht.[24]

601

Beispiel: Eine arbeitsvertragliche **Verfallklausel**, die für beide Vertragsparteien eine mit zwei Monaten zu kurze[25] Ausschlussfrist vorgibt, ist nur insoweit unwirksam als sie die Geltendmachung von Ansprüchen des Arbeitnehmers beeinträchtigt. Der Arbeitgeber seinerseits kann als Verwender nicht die Unwirksamkeit der Klausel für sich reklamieren, wenn er seinerseits nach Ablauf der Zweimonatsfrist noch Ansprüche gegen den Arbeitnehmer geltend machen will.[26]

c) Fertig bereit liegende Rechtsordnungen

Eine **Ausnahme vom Verbot der geltungserhaltenden Reduktion** soll nach der höchstrichterlichen Rechtsprechung auch dann gelten, wenn kollektiv ausgehandelte Vertragsbedingungen punktuell gegen die §§ 305 ff. verstoßen. Der Schutzzweck des gesetzlichen AGB-Rechts, der in der Regel ein Verbot der geltungserhaltenden Reduktion einseitig aufgestellter AGB-Klauseln rechtfertige, greife nicht in gleicher Weise bei einer unter Mitwirkung der beteiligten Verkehrskreise zustande gekommenen **„fertig bereit liegenden Rechtsordnung"** ein. Ein solches kollektiv ausgehandeltes Vertragswerk berücksichtige nämlich nicht vorrangig die Interessen des Verwenders, sondern enthalte – sofern sie im Ganzen zugrunde gelegt würden – einen auf die Besonderheiten der jeweiligen Branche abgestimmten, im ganzen ausgewogenen Ausgleich der beteiligten Interessen. Dies hat der BGH im Jahre 1995 für die **Allgemeinen Deutschen Spediteurbedingungen** (ADSp) und die **Allgemeinen Beförderungsbedingungen für den gewerblichen Güternahverkehr mit Kraftfahrzeugen** (AGNB) entschieden.[27] Für die VOB dürfte wohl nichts anderes gelten.

602

Diese Dispensierung vom Verbot der geltungserhaltenden Reduktion ist im Schrifttum zu Recht auf scharfe **Ablehnung** gestoßen.[28] Die genannten Bedingungswerke sind zwar

603

---

[22] BAG NZA 2005, 1053 (1056).
[23] Vgl. hierzu auch Rdn. 89.
[24] *Ulmer/H. Schmidt*, § 306 Rdn. 16.
[25] Vgl. BAG NZA 2005, 1111 (1114).
[26] Vgl. hierzu BAG NZA 2006, 257 (258).
[27] BGH NJW 1995, 3117, 3118; 1995, 2224, 2225 f.; keine Erstreckung dieser Rechtsprechung hingegen auf die Betriebsordnung der Bremer Lagerhaus-Gesellschaft, vgl. BGH NJW-RR 1998, 1426 (1427).
[28] *Löwe*, ZIP 1995, 1273; *Koller*, EWiR 1995, 836; *Wolf/Lindacher*, § 6 AGBG Rdn. 39; *Ulmer/ H. Schmidt*, § 306 Rdn. 15 a; zustimmend *Staudinger-Schlosser*, § 306 Rdn. 23; im Ergebnis auch Palandt-*Grüneberg*, Vorbem. v. § 307 Rdn. 10; zum Ganzen auch *Schott*, in: FS für Piper, S. 1027 ff.

unter Beteiligung verschiedener Interessenverbände erarbeitet; ob dies allein eine Vermutung für ein allseits interessengerechtes Rechtsregime begründet, ist m. E. zweifelhaft, soll hier jedoch auf sich beruhen. Jedenfalls erlangen auch sie ihre Geltung erst durch rechtsgeschäftliche Vereinbarung zweier Vertragspartner. Die Bezeichnung als „fertig bereit liegende Rechtsordnung" offenbart deutliche Anklänge an die als überwunden geglaubte Normentheorie.[29] Ein zwingendes Bedürfnis für eine Abkehr vom Verbot der geltungserhaltenden Reduktion lässt sich für diese Fallkonstellationen – noch dazu unter Berufung auf ein derart belastetes Abgrenzungskriterium – nicht erkennen.

d) Verschiedene Kundenkreise

604 Werden Allgemeine Geschäftsbedingungen **für verschiedene Arten von Geschäften oder gegenüber verschiedenen Verkehrskreisen** verwendet, deren Interessen, Verhältnisse oder Schutzbedürfnisse generell unterschiedlich gelagert sind, so ist die Abwägung im Rahmen der Inhaltskontrolle von vornherein in den jeweiligen Vertrags- oder Fallgruppen vorzunehmen. Sie kann zu gruppentypisch unterschiedlichen Ergebnissen führen. Darin liegt – so der BGH – keine geltungserhaltende Reduktion. Das Verbot gelte nur für die Wirksamkeitsprüfung innerhalb einer Fallgruppe.[30]

Beispiel: Eine **Gerichtsstandsklausel** ist mitunter nur insoweit zu beanstanden, als sie gegenüber **Nichtkaufleuten** zum Einsatz gelangt. Obwohl der Klauseltext keinen Ansatzpunkt für eine Differenzierung bietet, beschränkt sich das Unwirksamkeitsurteil von vornherein auf den Einsatz im nichtkaufmännischen Verkehr. Kaufleute können sich mithin auf die Unwirksamkeit der Gerichtsstandsklausel nicht berufen.[31]

e) Vertrauensschutz bei Gesetzes- oder Rechtsprechungsänderung

605 Die **formularmäßige Ausdehnung einer Bürgschaft auf alle bestehenden und künftigen Ansprüche** des Gläubigers gegen den Hauptschuldner wird von der Rechtsprechung seit 1994 als Verstoß gegen §§ 305c Abs. 1 und 307 gewertet. Jedenfalls für Verträge, die vor diesem Zeitpunkt abgeschlossen worden sind, vermeidet der BGH jedoch die mangels sprachlicher Teilbarkeit nahe liegende Rechtsfolge der Gesamtnichtigkeit. Die **Bürgschaftsverpflichtung wird statt dessen hinsichtlich derjenigen Forderung aufrechterhalten, die den Anlass für die Verbürgung gab**.[32] Dies entspricht dann genau dem Leistungsinhalt, den sich der Bürge bei Abschluss des Bürgschaftsvertrages vorgestellt hatte. Seine berechtigten Interessen werden somit ausreichend gewahrt. Auf der anderen Seite wäre die Totalnichtigkeit der Bürgschaft eine übermäßige Rechtsfolge für den Gläubiger, der seiner Sicherung in vollem Umfang verlustig ginge, und dies obwohl er im Zeitpunkt des Vertragsschlusses die neue Rechtsprechung noch nicht vorhersehen konnte. Abgesehen von dieser punktuellen Korrektur auf der Rechtsfolgenseite lehnt es der BGH allerdings grundsätzlich ab, dem Verwender Allgemeiner Geschäftsbedingungen, die sich aufgrund einer Änderung der höchstrichterlichen Rechtsprechung als unwirksam erweisen, Vertrauensschutz zuzubilligen.[33]

606 Im Schrifttum ist vorgeschlagen worden, diesen Ansatz der Rechtsprechung zu einen **allgemeinen Rechtsgrundsatz** des Inhalts zu erweitern, dass eine Klausel deren Unwirk-

---

[29] Vgl. oben Rdn. 99 ff.

[30] BGH NJW 1990, 1601 f.; 2000, 658 (660); OLG Frankfurt a. M. BB 1998, 2230; BAG NJW 2000, 3299 (3301); *Palandt-Grüneberg*, Vorbem. v. § 307 Rdn. 8; *Ulmer/H. Schmidt*, § 306 Rdn. 14.

[31] OLG Frankfurt a. M. BB 1998, 2230.

[32] BGH NJW 1995, 2553 (2556 f.); 1998, 2815 (2816); 1999, 3195 (3196); 2000, 658 (660); 2000, 1566 (1567); 2000, 2580 (2581); NJW-RR 2002, 343 (344).

[33] BGH NJW 2008, 1438 (1439); anders dagegen 2003, 1805 (1809).

samkeit sich erst im Zuge einer weiteren Perfektionierung erweist, aus Gründen des **Vertrauensschutzes** mit ihrem angemessenen Teil aufrechtzuerhalten ist.[34] Die Berechtigung dieses Anliegens hat sich jüngst im Zuge der Erstreckung des AGB-Rechts auf vorformulierte Arbeitsvertragsbedingungen gezeigt.[35] Im seinem grundlegenden Urteil zu einen **Widerrufsvorbehalt in einem Altvertrag,** hat das BAG darauf hingewiesen, dass die Unwirksamkeit allein auf förmlichen Anforderungen beruht, die die Parteien bei Vertragsabschluss nicht kennen konnten. Wollte man auch in solchen Fällen an der Unwirksamkeitsfolge festhalten, würde eine Bindung der Arbeitgeberin an die vereinbarte Leistung ohne Widerrufsmöglichkeit unverhältnismäßig in die Privatautonomie eingreifen.[36] Deshalb sei die entstandene Lücke durch eine ergänzende Vertragsauslegung in der Weise zu schließen, dass jedenfalls wirtschaftliche Gründe als Voraussetzung des Widerrufs gegeben sein müssten.

f) Besonderheiten des Arbeitsrechts?

Literatur: *Bayreuther* Das Verbot der geltungserhaltenden Reduktion im Arbeitsrecht, NZA 2004, 953; *Ohlendorf/Salamon,* Die Aufrechterhaltung unwirksamer Formulararbeitsbedingungen – das Verhältnis des Verbots geltungserhaltender Reduktion zur ergänzenden Vertragsauslegung im Arbeitsrecht, RdA 2006, 281; *Rolfs,* Das Verbot geltungserhaltender Reduktion im Arbeitsvertragsrecht, in: FS für Schwerdtner, 2003, S. 151; *Stoffels,* Altverträge nach der Schuldrechtsreform – Überlegungen zum Vertrauensschutz im Arbeitsvertragsrecht, NZA 2005, 726; *Willemsen/Grau,* Geltungserhaltende Reduktion und „Besonderheiten des Arbeitsrechts", RdA 2003, 321.

Die Streichung der Bereichsausnahme hat das BAG[37] zu Recht zum Anlaß genommen, dem Verbot der **geltungserhaltenden Reduktion auch im Arbeitsrecht zur Geltung** zu verhelfen und damit seine anderslautende frühere Rechtsprechung[38] zu revidieren.[39] Arbeitsrechtliche Besonderheiten, die eine abweichende Beurteilung erzwingen, sind nicht erkennbar. Langfristig angelegte Formularverträge kommen regelmäßig im gesamten Vertragsrecht vor. Den Arbeitgeber gegenüber anderen Verwendern Allgemeiner Geschäftsbedingungen zu privilegieren, besteht kein Anlaß. Auch er muß sich seiner Formulierungsverantwortung stellen. Im Vertragsstrafenurteil von 4. 3. 2004 hat das BAG es allerdings noch unentschieden gelassen, ob es Fälle gibt, in denen das „Alles-oder-Nichts-Prinzip" dem Charakter des Arbeitsverhältnisses als einem auf lange Dauer angelegten Schuldverhältnis mit der für den Verwender eingeschränkten Kündigungsmöglichkeit nicht gerecht wird.[40] Auf diesen Vorbehalt ist es in den darauf folgenden Urteilen allerdings nicht mehr zurückgekommen. Für insgesamt unwirksam wurden erklärt: eine überhöhte Vertragsstrafenregelung,[41] eine zu weit gefasste Änderungsklausel,[42] eine zu kurz bemessene Ausschlussfrist;[43] eine zu weit ausgreifende Rückzahlungsklausel betreffend Ausbildungs-

607

---

[34] *Palandt-Grüneberg,* Vorb. v. §§ 307–309 Rdn. 10.
[35] Ausführlich *Stoffels,* NZA 2005, 726 ff.
[36] BAG NZA 2005, 465 (468 f.).
[37] BAG NZA 2004, 727 (734); 2005, 1111 (1114). 2007, 145 (147); 809 (811).
[38] Exemplarisch BAG AP Nr. 2 und 4 zu § 611 Ausbildungsbeihilfe; Nr. 29 zu Art. 12 GG; Nr. 9 zu § 611 Ausbildungsbeihilfe; Nr. 1 zu § 611 Urlaub und Gratifikation; Nr. 27 zu § 611 Gratifikation; Nr. 1 zu § 74 HGB; EzA Nr. 43 zu § 4 TVG. Nr. 9 zu § 611 Anwesenheitsprämie; Nr. 41 zu § 611 Gratifikation, Prämie.
[39] Zustimmend ErfK-*Preis,* §§ 305–310 Rdn. 104; *Däubler/Dorndorf/Bonin/Deinert,* § 307 Rdn. 133; weiterhin für geltungserhaltende Reduktion im Arbeitsrecht *Konzen* in: FS für Hadding, S. 162; jedenfalls „partiell" auch *Bayreuther* NZA 2004, 953 ff.
[40] BAG NZA 2004, 727 (734).
[41] BAG NZA 2004, 727, 734.
[42] BAG NZA 2007, 145 (147); 809 (811).
[43] BAG NZA 2005, 1111 (1114); 2008, 293 (294).

kosten,⁴⁴ eine unwirksame Stichtagsklausel.⁴⁵ Abschließend sei betont, dass für Ausnahmefälle, in den die Streichung der Klausel zu unannehmbaren Ergebnissen führen würde, auch in der arbeitsgerichtlichen Kontrollpraxis das Institut der ergänzenden Vertragsauslegung zu Verfügung steht.⁴⁶

III. Dispositives Recht als Regelersatzordnung

608   In vielen Fällen kann es nicht bei einer ersatzlosen Streichung der unangemessenen Klausel verbleiben. Denn die Unwirksamkeit der betreffenden Vertragsbestimmung reißt vielfach eine Lücke in das vertragliche Regelungsprogramm, deren positive Schließung Voraussetzung für die Fortführung des Vertragsverhältnisses ist.

609   Wenn sich ein von den Parteien im Vertrag in bestimmter Weise geregelter Punkt nachträglich als ungeregelt erweist, so ist dies primär ein Problem der Bestimmung des Inhalts des durch den Vertrag begründeten Rechtsverhältnisses. § 306 Abs. 2 weist hier gegenüber dem allgemeinen Vertragsrecht keinen Sonderweg. Der Vorschrift wird zu Recht ganz überwiegend nur eine klarstellende Funktion zuerkannt.⁴⁷ Dass Regelungslücken im Vertrag primär durch einschlägige Vorschriften der gesetzlichen Dispositivordnung zu schließen sind, ergäbe sich auch ohne § 306 Abs. 2 aus der dem dispositiven Gesetzesrecht zufallenden Reservefunktion. Im Übrigen ist es nur folgerichtig, dass Allgemeine Geschäftsbedingungen, die von gesetzlichen, die Interessen des Kunden angemessen berücksichtigenden Regelungen abweichen (§ 307 Abs. 2 Nr. 1), durch eben diese Regelung ersetzt werden. Den inneren Zusammenhang zwischen § 306 Abs. 2 und § 307 Abs. 2 Nr. 1 lässt auch die dem Regierungsentwurf des AGB-Gesetzes beigegebene Begründung hervortreten, in der es heißt, an die Stelle der missbilligten Klauseln solle das durch sie *verdrängte* Gesetzesrecht treten.⁴⁸

610   Für die Frage, welche Rechtsqualität die von § 306 Abs. 2 als Regelersatzordnung eingesetzten „gesetzlichen Vorschriften" aufweisen müssen, kann daher in weitem Umfang an die zum Merkmal der „gesetzlichen Regelung" in § 307 Abs. 2 Nr. 1 getroffenen Feststellungen angeknüpft werden.⁴⁹ Zum Gesetzesrecht im Sinne von § 306 Abs. 2 zählt daher zunächst das geschriebene Recht des jeweiligen Vertragstyps und des allgemeinen Vertrags- und Schuldrechts einschließlich der auf diesen Gebieten anzutreffenden gesetzlichen Auslegungsregeln.⁵⁰ Hinzu kommen die praeter legem entwickelten und heute gewohnheitsrechtlich anerkannten Rechtsinstitute.⁵¹ Auch allgemeine Rechtsprinzipien oder -grundsätze fallen unter den Begriff der „gesetzlichen Vorschriften", wenn sie einen inhaltlich klar fassbaren und normativ gesicherten Aussagegehalt aufweisen.⁵² Findet der auf den Prüfstand gestellte und in Teilen für unwirksam befundene Vertrag kein Pendant in der gesetzlichen Vertragstypenordnung, so bietet sich zwar auf Grund einer partiell übereinstimmenden Interessenstruktur auch der Rückgriff auf das Recht eines legislativ strukturierten Vertragstyps an. Im Schrifttum wird das „per analogiam heranziehbare

---
⁴⁴ BAG NZA 2006, 1042 (1045 f.).
⁴⁵ BAG NZA 2008, 40 (44).
⁴⁶ Zu dieser Möglichkeit näher unter Rdn. 611 ff.
⁴⁷ *Ulmer/H. Schmidt*, § 306 Rdn. 24; *H. Schmidt*, Vertragsfolgen, S. 156; *Stein*, § 6 AGBG Rdn. 7; *Fastrich*, Inhaltskontrolle, S. 338; *Preis*, Grundfragen der Vertragsgestaltung im Arbeitsrecht, S. 367.
⁴⁸ BT-Drucks. 7/3919, S. 21.
⁴⁹ Vgl. auch *H. Schmidt*, Vertragsfolgen, S. 164.
⁵⁰ *Wolf/Lindacher*, § 6 AGBG Rdn. 14; *Ulmer/H. Schmidt*, § 306 Rdn. 27; *H. Schmidt*, Vertragsfolgen, S. 161 f.
⁵¹ *Ulmer/H. Schmidt*, § 306 Rdn. 29; *H. Schmidt*, Vertragsfolgen, S. 163.
⁵² Wie hier im Übrigen *H. Schmidt*, Vertragsfolgen, S. 164.

Recht eines verwandten Vertragstyps" durchgängig zu den gesetzlichen Vorschriften gerechnet.[53] Keine gesetzliche Vorschrift im Sinne von § 306 Abs. 2 ist die VOB/B.[54]

IV. Ergänzende Vertragsauslegung

Literatur: *Bunte,* Ergänzende Vertragsauslegung bei Unwirksamkeit von AGB-Klauseln, NJW 1984, 1145; *Rüßmann,* Die „ergänzende Auslegung" Allgemeiner Geschäftsbedingungen, BB 1987, 843; vgl. im übrigen die Hinweise vor Rdn. 582 und 592.

Fraglich ist, was zu gelten hat, wenn einschlägige Normen des dispositiven Rechts, die an die Stelle der ausgeschiedenen Klausel treten könnten, nicht zur Verfügung stehen. 611

1. Grundsätzliche Zulässigkeit

Im Zentrum der Diskussion steht die Figur der ergänzenden Vertragsauslegung. Der BGH hat ihre Eignung zur Schließung auch solcher Vertragslücken, die sich – nachträglich – im Inhaltskontrollverfahren offenbaren, in den grundlegenden **Urteilen zur Tagespreisklausel** im Kfz-Neuwagenhandel bejaht.[55] Zwar gingen die Normen des dispositiven Gesetzesrechts der ergänzenden Vertragsauslegung vor. Wenn aber dispositives Gesetzesrecht im Sinne konkreter materiellrechtlicher Regelungen nicht zur Verfügung stehe und die ersatzlose Streichung der unwirksamen Klausel keine angemessene, den typischen Interessen des AGB-Verwenders und des Kunden Rechnung tragende Lösung biete, trete diejenige Gestaltungsmöglichkeit ein, die die Parteien bei sachgerechter Abwägung ihrer beiderseitigen Interessen nach Treu und Glauben vereinbart hätten, wenn ihnen die Unwirksamkeit der Klausel bekannt gewesen wäre. 612

Dieser Rechtsprechung ist jedenfalls im Ergebnis zuzustimmen.[56] Ihre Europarechtskonformität ist unbestritten[57] und auch die im Schrifttum[58] bisweilen geäußerten Einwände zwingen nicht zu einer grundsätzlichen Neuausrichtung der eingeführten Rechtsfolgenkonzeption. Die ergänzende Vertragsauslegung ist ein anerkanntes Rechtsinstitut der allgemeinen Rechtsgeschäftslehre, das keiner ausdrücklichen Zulassung durch die §§ 305 ff. bedarf. Dass § 306 Abs. 2 die ergänzende Vertragsauslegung nicht ausdrücklich erwähnt, ist daher unschädlich. Entscheidend ist, dass das Gesetz diese Möglichkeit lückenfüllender Inhaltsbestimmung nicht ausdrücklich ausschließt.[59] Unerquicklich ist da- 613

---

[53] *Wolf/Lindacher,* § 6 AGBG Rdn. 14; *Ulmer/H. Schmidt,* § 306 Rdn. 27 ff.; *Staudinger-Schlosser,* § 306 Rdn. 10; *Trinkner,* BB 1983, 1875 f.

[54] BGH NJW 1999, 3260 (3261).

[55] BGH NJW 1984, 1177 ff. sowie vom gleichen Tag BGH NJW 1984, 1180 (1181); seitdem ständige Rechtsprechung: BGH NJW 1985, 621 (622); 1990, 115 (116); 1993, 326 (330); 1996, 1213 (1215); 1998, 450 (451); NJW 2000, 1110 (1114); 2000, 2580 (2581 f.); 2002, 3098, 3099; ferner auch BAG NZA 2006, 423 (428).

[56] Ebenso die herrschende Ansicht in der Literatur: *Wolf/Lindacher,* § 6 AGBG Rdn. 15 ff.; *Lindacher,* BB 1983, 158; MünchKomm-*Basedow,* § 306 Rdn. 22 ff.; *Ulmer/H. Schmidt,* § 306 Rdn. 34 ff.; *H. Schmidt,* Vertragsfolgen, S. 172 ff.; *von Hoyningen-Huene,* § 9 AGBG Rdn. 68; *Staudinger-Schlosser,* § 306 Rdn. 12; *Palandt-Heinrichs,* § 306 Rdn. 7; *Larenz/Wolf,* Allgemeiner Teil, § 43 Rdn. 80; *Neumann,* Geltungserhaltende Reduktion und ergänzende Auslegung von Allgemeinen Geschäftsbedingungen, S. 154 ff.; *Ulmer,* NJW 1981, 2030 f.; *Bunte,* NJW 1984, 1145 ff.; *Schlachter,* JuS 1989, 813 f.

[57] Im Hinblick auf die Klauselrichtlinie Grabitz/Hilf-*Pfeiffer,* Teil II: Sekundärrecht, Band IV, A 5 Art. 6 RL 93/13 EWG Rdn. 8.

[58] *E. Schmidt,* JuS 1987, 935; *Götz,* NJW 1978, 2224 f.; *Niebling,* BB 1984, 1717; *Steindorff,* ZHR 148 (1984), S. 276.

[59] *Wolf/Lindacher,* § 6 AGBG Rdn. 15; *Ulmer/H. Schmidt,* § 306 Rdn. 34; *H. Schmidt,* Vertragsfolgen, S. 181; *Canaris,* ZIP 1996, 1116 allerdings verbunden mit dem zweifelhaften Vorschlag einer analogen Anwendung des § 306 Abs. 2.

her die Debatte, ob – wofür viel spricht – die von § 306 Abs. 2 in Bezug genommenen „gesetzlichen Vorschriften" auf Normen mit sachlichem Regelungsgehalt unter Ausgrenzung methodischer Vorschriften (§§ 133, 157) zu beschränken sind.[60] Auch die Entstehungsgeschichte des § 6 Abs. 2 AGBG (jetzt § 306 Abs. 2) bestätigt den hier vertretenen Standpunkt. In der im Regierungsentwurf vorgesehenen Fassung (§ 5) lautete die Vorschrift wie folgt: *„Soweit die Bestimmungen nicht Vertragsbestandteil geworden oder unwirksam sind, richtet sich der Inhalt des Vertrages nach den gesetzlichen Vorschriften, in Ermangelung von solchen nach der Natur des Vertrages."*[61] Die später gestrichene zweite – erkennbar auf § 307 Abs. 2 Nr. 2 bezogene – Variante war ausweislich der Regierungsbegründung für Fälle gedacht, „in denen das dispositive Recht eine Regelung der gegenständlichen Fragen überhaupt nicht vorsieht."[62] Der Rechtsausschuss, auf dessen Betreiben der letzte Satzteil getilgt wurde, hielt die Gesetz gewordene Fassung für ausreichend, da in Ermangelung gesetzlicher Vorschriften bereits § 157 in Verbindung mit § 133 eine ergänzende Vertragsauslegung ermögliche.[63] Die Auslegungsvorschriften der §§ 133 und 157 werden damit als eigenständiges, von § 306 Abs. 2 nicht ausgeschlossenes Instrument der Lückenfüllung anerkannt. Der Rekonstruktion des hypothetischen Parteiwillens im Wege ergänzender Vertragsauslegung steht nur auf den ersten Blick entgegen, dass der wirkliche Wille der Parteien hier doch in der kassierten Abrede zum Ausdruck gelangt. Dass dem nicht so ist, folgt bei näherem Hinsehen aus dem Schutzzweck des gesetzlichen AGB-Rechts. Die wirksame Begrenzung der Inanspruchnahme einseitiger Gestaltungsmacht setzt nämlich voraus, dass sich die Sperrwirkung der tatsächlich vorhandenen Willensrichtung der Parteien dann nicht aktualisiert, wenn und soweit sich der Parteiwille gerade in der für unwirksam befundenen Klausel manifestiert. Ihm darf für die Bewertung des Vertragsinhalts keine Bedeutung zugemessen werden.[64]

614 Die Abstimmung mit den sonstigen Eckpunkten der Rechtsfolgenkonzeption der §§ 305 ff. – insbesondere dem Verbot der geltungserhaltenden Reduktion – kann bei der Formulierung des genauen Maßstabs der ergänzenden Vertragsauslegung erfolgen. Ein genereller Ausschluss dieses Rechtsinstituts würde hingegen über das Ziel hinausschießen und – im Gegenteil – zur Verschärfung der Problematik beitragen.

2. Voraussetzungen, Maßstab und Grenzen

615 Jede ergänzende Vertragsauslegung setzt zunächst eine durch dispositives Gesetzesrecht nicht zu schließende, gleichwohl der Vervollständigung bedürftige Lücke im Regelungsplan der Parteien voraus. Dass es sich nicht um eine Unvollständigkeit im Willen oder in der Erklärung der Parteien, sondern um den Wegfall einer unwirksamen Vereinbarung handelt, steht der Ergänzung des Regelungsplans im Wege der ergänzenden Vertragsauslegung nicht entgegen.[65] Freilich führt nicht jede Beanstandung einer vorformulierten

---

[60] Der BGH (BGH NJW 1984, 1177, 1178; 1985, 480, 481; ebenso *Staudinger-Schlosser*, § 306 Rdn. 10; *Soergel-Stein*, § 6 AGBG Rdn. 15; *Bunte*, NJW 1984, 1147; *Larenz/Wolf*, Allgemeiner Teil, § 43 Rdn. 80) hält die §§ 133, 157 vom Verweis auf die gesetzlichen Vorschriften mitumfasst, während die wohl überwiegende Meinung nur in materiell inhaltsbestimmenden Normen taugliche Ersatzregelungen im Sinne des § 306 Abs. 2 erblickt (*Wolf/Lindacher*, § 6 AGBG Rdn. 15; *Ulmer/ H. Schmidt*, § 306 Rdn. 34; *H. Schmidt*, Vertragsfolgen, S. 159 f.; *Canaris*, ZIP 1996, 1116; *E. Schmidt*, JuS 1987, 935).
[61] BT-Drucks. 7/3919, S. 4; ähnlich bereits die im Ersten Teilbericht der Arbeitsgruppe beim Bundesminister der Justiz (S. 30; § 10) vorgeschlagene Regelung.
[62] BT-Drucks. 7/3919, S. 21.
[63] BT-Drucks. 7/5422, S. 5.
[64] Wie hier *Staudinger-Schlosser*, § 306 Rdn. 12; anders hingegen *Fastrich*, Inhaltskontrolle, S. 341.
[65] BGH NJW 1984, 1177 (1178); 1975, 44 (45); *Ulmer*, NJW 1981, 2030 f.

§ 20. Der Inhalt des wirksam gebliebenen Vertrages

Vertragsbestimmung zu einer regelungsbedürftigen Lücke. Schon auf dieser Stufe muss der Gefahr vorgebeugt werden, dass die ergänzende Vertragsauslegung zu weitreichenden Eingriffen in das Vertragsgefüge auf Grund allgemeiner Billigkeitserwägungen missbraucht wird.[66] Der BGH stellt daher zu Recht **strenge Anforderungen an die Feststellung einer Vertragslücke.** Mit Blick auf die Folgen der Inhaltskontrolle heißt es, die Unwirksamkeit der beanstandeten Klausel müsse den Regelungsplan der Parteien als vervollständigungsbedürftig erscheinen lassen, was voraussetze, dass das Unterbleiben der Vervollständigung keine angemessene, den typischen Interessen des AGB-Verwenders und des Kunden Rechnung tragende Lösung biete.[67] Dabei ist an die Situation gedacht, dass die Streichung der unwirksamen Klausel ihrerseits zu einer die Ausgewogenheit störenden Vertragslage führt, sich vor allem **für den AGB-Verwender als unannehmbare Härte** erweist. Eine solche „überschießende" Benachteiligungswirkung der Inhaltskontrolle zu Lasten des Klausel-Verwenders, die als Kehrseite dem Kunden einen unverhofften und ungerechtfertigten Gewinn verschaffen würde, ist mit dem Schutzzweck des gesetzlichen AGB-Rechts nicht zu vereinbaren.[68] Freilich rechtfertigt keineswegs jede Verschiebung der Gewichte zu Lasten des Verwenders die Annahme einer ergänzungsbedürftigen Lücke. Um den Präventionszweck der Inhaltskontrolle zu wahren, wird man eine **krasse Störung des Gleichgewichts** verlangen müssen.[69] Die Inkorporation des Maßstabs der Angemessenheit, also des Gebots von Treu und Glauben, rechtfertigt es übrigens, **arglistig agierende Verwender,** die bewusst unwirksame Geschäftsbedingungen in ihre Vertragswerke aufnehmen (so zuletzt bei Kabelanschlussverträgen), von der ergänzenden Vertragsauslegung auszunehmen, sie also dem ersatzlosen Wegfall der Klausel auszusetzen.[70]

Sind die Anwendungsvoraussetzungen der ergänzenden Vertragsauslegung in concreto **616** erfüllt, so ist unter Anlegung des in § 157 vorgegebenen Auslegungsmaßstabes – Treu und Glauben mit Rücksicht auf die Verkehrssitte – danach zu fragen, wie die Parteien den Vertrag gestaltet hätten, wenn ihnen die nicht bedachte Klauselunwirksamkeit bewusst gewesen wäre.[71] Es tritt mit anderen Worten **diejenige Gestaltungsmöglichkeit ein, die die Parteien bei sachgerechter Abwägung ihrer beiderseitigen Interessen nach Treu und Glauben redlicherweise vereinbart hätten, wenn ihnen die Unwirksamkeit der Klausel bekannt gewesen wäre.** Die ergänzende Vertragsauslegung läuft damit nicht auf eine als unzulässig zu bewertende geltungserhaltende Reduktion hinaus.[72] Die wesent-

---

[66] *Soergel-Wolf,* § 157 Rdn. 124; *Staudinger-H. Roth,* § 157 Rdn. 15; *Preis,* Grundfragen der Vertragsgestaltung im Arbeitsrecht, S. 370.
[67] BGH NJW 1984, 1177 (1178); 1989, 3010 (3011); 1990, 115 (116); 2000, 1110 (1114); 2008, 2172 (2175); BAG NZA 2006, 1042 (1045); 2007, 809 (811f.); ebenso *Ulmer,* NJW 1981, 2031; *Preis,* Grundfragen der Vertragsgestaltung im Arbeitsrecht, S. 370.
[68] BGHZ 137, 153 (157); *Palandt-Heinrichs,* § 306 Rdn. 7.
[69] So BAG NZA 2007, 809 (812); vgl. auch BGH NJW 2008, 2172 (2175): „das Vertragsgefüge völlig einseitig zu Gunsten des Kunden verschiebt".
[70] Die Aufgreifkriterien schwanken *Wolf/Lindacher,* § 6 AGBG Rdn. 20 („Böswilligkeit"); *Locher,* Recht der AGB, S. 73 („Offensichtlichkeit"); *Ulmer/H. Schmidt,* § 306 Rdn. 37 („offensichtlich", „bewusst" oder „vorwerfbar") und ähnlich *H. Schmidt,* Vertragsfolgen, S. 204 ff.
[71] BGH NJW 1984, 1177 (1178); 1990, 115 (116); 1993, 326 (330); BGHZ 137, 153 (157); NJW 2006, 996 (999); BAG NZA 2006, 423 (428); *Staudinger-Schlosser,* § 306 Rdn. 12; *Palandt-Heinrichs,* § 306 Rdn. 7.
[72] BGH NJW 1984, 1177 (1179); *Ulmer/H. Schmidt,* § 306 Rdn. 36; *H. Schmidt,* Vertragsfolgen, S. 178f.; *Larenz/Wolf,* Allgemeiner Teil, § 43 Rdn. 86; *Wolf/Lindacher,* § 6 AGBG Rdn. 18. Diese Autoren verweisen zumeist auch auf die unterschiedliche Zielsetzung beider Verfahrensweisen: während die geltungserhaltende Reduktion das Spektrum zulässiger Gestaltungsmöglichkeiten zugunsten des Verwenders ausschöpfe, sei die ergänzende Vertragsauslegung bestrebt, einen Mittelweg zu finden, der zwischen der ersatzlosen Streichung und der Rückführung auf das eben noch zulässige Maß

lichen Unterschiede beider Verfahrensweise sind bereits oben (Rdn. 596) dargelegt worden.

617 Sowohl die zur Feststellung einer vertraglichen Regelungslücke führenden Überlegungen als auch die Suche nach einem vom hypothetischen Parteiwillen gedeckten Interessenausgleich müssen vom Einzelfall abstrahieren und auf den typischen, durch den Anlassfall lediglich repräsentierten Interessenkonflikt bezogen werden. Die zu findende Ersatzregelung muss für den betroffenen Vertragstyp als allgemeine Lösung eines stets wiederkehrenden Interessengegensatzes angemessen sein.[73] Der tatsächliche Wille der konkreten Vertragspartner ist mithin keine relevante Größe im Verfahren der lückenfüllenden Auslegung vorformulierter Vertragsbedingungen.[74] Insoweit besteht Übereinstimmung mit den bereits herausgestellten Grundsätzen zur ergänzenden Auslegung solcher AGB-Verträge, deren Inhalt bereits bei Vertragsschluss Regelungsdefizite aufweist. Freilich unterliegt das Ergebnis der ergänzenden Vertragsauslegung bei unwirksamen Allgemeinen Geschäftsbedingungen keiner weiteren gerichtlichen Inhaltskontrolle.[75] Die Rechtsfolgenbestimmung bildet im Individualprozess die abschließende Station des Kontrollvorgangs. Um die mit der Inhaltskontrolle erstrebte Ausmerzung unangemessener Benachteiligungen des Kunden zu erreichen, muss im Rahmen der ergänzenden Auslegung die Vereinbarkeit der in Aussicht genommenen Ersatzlösung mit den inhaltlichen Vorgaben der §§ 307 bis 309 genauestens untersucht werden.[76] Schon von daher lässt sich sagen, dass das Verfahren der ergänzenden Vertragsauslegung in diesem späten Abschnitt tendenziell stärker normativ geprägt sein muss. Überhaupt dürfte es in vielen Fällen geboten sein, den in den §§ 307 bis 309 vorgegebenen Maßstab der Inhaltskontrolle in einem zweiten Schritt auch zur Feststellung des nunmehr gültigen Vertragsinhalts heranzuziehen. Die zentralen Leistungs- und Schutzinhalte, die der typische Durchschnittskunde berechtigterweise auf Grund des abgeschlossenen Vertrages als rechtlich verpflichtend unterstellt, werden vielfach zugleich die Linie markieren, auf der auch die Ersatzregelung für die nach § 307 Abs. 2 Nr. 2 unwirksame AGB-Bestimmung im Wege der ergänzenden Vertragsauslegung gefunden werden kann.

Beispiel: Ein Beispiel hierfür ist die frühere Freigaberechtsprechung des BGH, nach der ein formularmäßiger Vertrag über die Bestellung revolvierender Globalsicherheiten der Inhaltskontrolle nach § 9 AGBG (jetzt § 307) nicht standhalten sollte, wenn er keine ermessensunabhängig ausgestaltete Freigabeverpflichtung statuierte oder/und keine konkrete Deckungsgrenze bestimmte, bei deren Überschreitung der Sicherungsnehmer zur Freigabe der überschießenden Deckung verpflichtet war. Zur Rechtsfolgenproblematik, die sich infolge der Unwirksamkeit einer unangemessenen Freigabeklausel ergab, äußerte sich der der XI. Senat wie folgt:[77] Der Verstoß führe grundsätzlich nicht zur Unwirksamkeit des gesamten Sicherheitenbestellungsvertrages, sondern nur zur Unwirksamkeit der unangemessenen Freigabeklausel. Die Lücke werde durch den aus dem Sicherungsvertrag folgenden Freigabeanspruch geschlossen. Rechte und Pflichten, die sich im Wege der (ergänzenden) Vertragsauslegung aus der Natur eines bestimmten Vertrages ergäben, stünden ihrem Rechtscharakter nach dem vertragsergänzenden dispositiven Gesetz gleich, das nach § 6 Abs. 2 AGBG (jetzt § 306

---

verläuft. Dies trifft freilich nur die traditionelle Sichtweise. Hiervon sind die meisten Anhänger einer geltungserhaltenden Reduktion inzwischen zugunsten eines Angemessenheitsstandards jedoch abgegangen. Gegen ergänzende Vertragsauslegung, weil dem Verbot der geltungserhaltenden Reduktion widersprechend, *Löwe*, BB 1982, 152 f.; *Trinkner*, BB 1983, 925, 1877; *Jung*, BB 1983, 1059; wohl auch *Jauernig-Stadler*, § 306, Rdn. 5.

[73] *Ulmer/H. Schmidt*, § 306 Rdn. 37 a.; *H. Schmidt*, Vertragsfolgen, S. 196 f.; gegen eine objektiv generalisierende Auslegung jedoch *Staudinger-Schlosser*, § 306 Rdn. 12.

[74] Zumindest missverständlich insoweit BGH NJW 1984, 1177 (1178); richtig *H. Schmidt*, Vertragsfolgen, S. 197.

[75] BGH NJW 1984, 1177 (1180); 1985, 621 (622 f.).

[76] In diesem Sinne auch *Ulmer/H. Schmidt*, § 306 Rdn. 37.

[77] BGH NJW 1996, 1213 (1215) sowie 1994, 2092 (2093 f.); hierzu auch *Canaris*, ZIP 1996, 1115 f.

§ 20. Der Inhalt des wirksam gebliebenen Vertrages   249

Abs. 2) an die Stelle einer fehlenden oder unwirksamen Klausel trete. In diesem Zusammenhang verweist der *Senat* auf die Rechtsprechung des *VIII. Zivilsenats*,[78] derzufolge eine durch die Unwirksamkeit einer AGB-Klausel entstandene Vertragslücke im Wege ergänzender Vertragsauslegung gem. §§ 157, 133 geschlossen werden könne, wenn – wie hier – dispositive gesetzliche Regelungen, die die entstandene Lücke schließen könnten, fehlten.

Gleichwohl bedürfen die das Unangemessenheitsurteil tragenden Gedankengänge häufig noch der weiteren Konkretisierung, da das Vergleichsbild im Rahmen des § 307 Abs. 2 Nr. 2 tendenziell weniger konkret ist. Auch steht nicht so sehr die positive Beschreibung einer „guten" Ordnung als vielmehr die Ausgrenzung unangemessener Vertragsgestaltungen im Vordergrund.[79] Die Überlegungen, die den Rechtsanwender dazu geführt haben, die betreffende Vertragsgestaltung als unangemessene Kundenbenachteiligung zu charakterisieren, sind demnach auch bei der Suche nach einer interessengerechten Ersatzlösung zu berücksichtigen; sie bedürfen jedoch mitunter im Hinblick auf den vertraglichen Regelungsplan einer näheren Konkretisierung oder Modifikation. Insgesamt nimmt die skizzierte Art der Lückenschließung Züge einer objektiv-normativen, auf beiderseitigen Interessenausgleich angelegten Vertragsergänzung an.[80] Da der Inhalt des Vertrages und seine innere Teleologie jedoch weiterhin den Ausgangspunkt und die Grenze des Ergänzungsverfahrens abstecken,[81] wird dieser Vorgang hier noch der Vertragsauslegung zugerechnet. 618

An einer ergänzenden Vertragsauslegung sieht sich der BGH gehindert, wenn **verschiedene Gestaltungsmöglichkeiten zur Ausfüllung** einer vertraglichen Lücke in Betracht kommen, aber kein Anhaltspunkt dafür besteht, welche Regelung die Parteien getroffen hätten.[82] 619

Beispiel: Mit dieser Begründung hat der BGH für einen privatrechtlichen Wasserlieferungsvertrag, der eine besondere gesetzliche Ausgestaltung nicht erfahren habe und für den das Kaufrecht keine zum Vergleich geeigneten Anhaltspunkte bereit halte, eine ergänzende Vertragsauslegung abgelehnt.[83] Als Alternative zu der in Wegfall geratenen Entgeltregelung für den Bezug von Zusatzwasser böten sich die verschiedensten Kostenzurechnungsverfahren an. Ob überhaupt und gegebenenfalls auf welches dieser Verfahren die Parteien sich bei sachgerechter Abwägung ihrer beiderseitigen Interessen nach Treu und Glauben geeinigt hätten, könne angesichts des Umstandes, dass sämtliche Verfahren jeweils unterschiedliche Vor- und Nachteile zu Gunsten bzw. zu Lasten eines der Beteiligten aufwiesen, nicht festgestellt werden.

Diese Schranke der ergänzenden Vertragsauslegung wird freilich im Schrifttum bestritten.[84] Im AGB-Bereich – so wird geltend gemacht – erfolge die Vertragsergänzung auch und gerade im Interesse der Verwendergegenseite, weil und soweit sie verhindere, dass die Restregelung nichtexistenzfähiger Torso bleibe oder der Vertrag nach § 306 Abs. 3 insgesamt scheitere. Die Interventionsschwelle sei deshalb aus Kundenschutzgründen erheblich niedriger anzusetzen. Bemüht man sich um eine Einordnung und Bewertung dieser 620

---

[78] BGH NJW 1984, 1177 (1178 ff.); 1985, 621 (622 f.); 1990, 115 (116); 1993, 326 (330).
[79] *H. Schmidt*, Vertragsfolgen, S. 170; *Becker*, Auslegung des § 9 Abs. 2 AGB-Gesetz, S. 185.
[80] Für Deckungsgleichheit von dispositiver Rechtsregel und ergänzender Vertragsauslegung auch *Preis*, Grundfragen der Vertragsgestaltung im Arbeitsrecht, S. 372 und *Fastrich*, Inhaltskontrolle, S. 340 f.
[81] Vgl. *Ulmer/H. Schmidt*, § 306 Rdn. 37 a, wo zu Recht darauf hingewiesen wird, dass die Lückenfüllung im Bereich vorformulierter Abreden nicht zu einer dem sonstigen Vertragsinhalt widersprechenden und den Vertrag inhaltlich abändernden Regelung führen dürfe.
[82] BGH NJW 1984, 1177 (1179); 1985, 3013 (3016); 1990, 115 (116); 2000, 1110 (1114); NJW 2006, 996 (999); ebenso *MünchKomm-Basedow*, § 306 Rdn. 28; *Erman-Roloff*, § 306 Rdn. 13; *Soergel-Stein*, § 6 AGBG Rdn. 16; *Trinkner*, BB 1983, 1876.
[83] BGH NJW 1985, 3013 (3016).
[84] *Wolf//Lindacher*, § 6 AGBG Rdn. 21; *Staudinger-Schlosser*, § 6 AGBG Rdn. 15; *Ulmer/H. Schmidt*, § 306 Rdn. 38; *Bamberger/Roth-Hubert Schmidt*, § 306 Rdn. 13.

Kontroverse, so wird man zunächst konstatieren müssen, dass die praktische Relevanz der Fragestellung beschränkt sein dürfte. Denn dass sich dem Richter mehrere Gestaltungsmöglichkeiten mit gleichem Verbindlichkeitsanspruch darbieten, also weder der Regelungsplan der Parteien noch das objektive Recht eine bestimmte Lösung vorzugswürdig erscheinen lässt, ist nicht eben häufig. Vielfach werden zwar mehrere Gestaltungsvarianten vom Regelungsplan der Parteien gedeckt sein, von denen aus der Sicht des objektiven Rechts aber eine bestimmte Lösung präferiert werden kann.[85] Es spricht hier nichts dagegen, dem objektiv-normativen Element der ergänzenden Vertragsauslegung zum Durchbruch zu verhelfen. Am ehesten ist das im Schrifttum diskutierte Patt noch dort vorstellbar, wo es um die Bestimmung eines bestimmten quantitativen Regelungsgehalts geht (Fristen, Höhe von Schadenspauschalen etc.). Hinzu kommt, dass im konkreten Streitfall mitunter von einer genaueren Festlegung abgesehen werden kann, weil jedenfalls mit Sicherheit gesagt werden kann, dass die streitentscheidende Rechtsfolge von der durch ergänzende Vertragsauslegung zu bestimmenden, in ihrer konkreten Gestalt aber offen bleibenden Ersatzregelung gedeckt wäre.[86] Wo aber auch dieser Fluchtweg versperrt ist, kann eine Entscheidung nur noch im Wege freier richterlicher Vertragshilfe getroffen werden. Diese ist dem Richter jedoch richtiger Ansicht nach verwehrt. Die Vertragsgestaltung fällt ausschließlich in den Kompetenzbereich der Vertragsparteien.[87] Dem Gericht fehlt es im Übrigen in der beschriebenen Situation an parteiautonom oder normativ fundierten Kriterien, die ihm hier eine Festlegung erlauben könnten. Die Auswahlentscheidung könnte – um es zuzuspitzen – genauso gut durch das Los getroffen werden. Inhaltskontrolle hingegen ist Rechtskontrolle, was die Ausrichtung an normativen Maßstäben bedingt. Dies muss auch auf die Interpretation des § 306 und die Bestimmung der Rechtsfolgen ausstrahlen. Der BGH hat daher gut daran getan, sich im oben referierten Wasserlieferungs-Fall einer ergänzenden Vertragsauslegung zu enthalten.[88]

Weitere Beispiele der ergänzenden Vertragsauslegung
(1) Die durch die Unwirksamkeit einer **Tagespreisklausel** entstandene Regelungslücke in dem zwischen den Parteien geschlossenen Vertrag kann im Wege der ergänzenden Vertragsauslegung gemäß §§ 157, 133 in der Weise geschlossen werden, dass dem Verkäufer ein Preisänderungsrecht zugestanden, dem Käufer aber unter bestimmten Voraussetzungen ein Rücktrittsrecht eingeräumt wird.[89]
(2) Gemäß einer **formularmäßigen Bürgschaftsurkunde** verpflichtet sich der Bürge für alle bestehenden und zukünftigen Verbindlichkeiten des Hauptschuldners aus der bankmäßigen Geschäftsverbindung, einem nicht limitierten Kontokorrentkredit, einzustehen. Diese Klausel ist gem. § 307 unwirksam.[90] Die Bürgschaft hat der BGH im Wege der ergänzenden Vertragsauslegung mit dem Inhalt aufrechterhalten, dass sich die Verpflichtung des Bürgen der Höhe nach regelmäßig auf den Saldo der Hauptschuld am Tage seiner Willenserklärung beschränkt. Wer eine unbegrenzte Bürgschaft für einen betragsmäßig offenen Kredit eingeht, bringt damit zum Ausdruck, für die Verbindlichkeiten aus diesem Vertrag jedenfalls in ihrer aktuellen Höhe einzustehen, und ist sich dessen auch in aller Regel bewusst. Andererseits wird der Schuldner damit vor

---

[85] Mit dieser Maßgabe kann der These beigetreten werden, nicht für jede Einzelheit der „technischen" Ausgestaltung der Vertragsergänzung müssten sich Anhaltspunkte im Willen oder in den Erklärungen der Vertragsparteien nachweisen lassen (so BGH NJW 1984, 1177, 1179).
[86] So zutreffend *H. Schmidt*, Vertragsfolgen, S. 199. Von einer Auswahlentscheidung entbindet freilich nicht die Konstellation, dass jedenfalls *eine* der in Betracht kommenden Alternativen die streitentscheidende Rechtsfolge deckt (so aber *Wolf/Lindacher*, § 6 AGBG Rdn. 21 und wohl auch *Ulmer/ H. Schmidt*, § 306 Rdn. 38).
[87] Vgl. hierzu – wenn auch in anderem Zusammenhang (Problem der geltungserhaltenden Reduktion) – *Schmidt-Salzer*, AGB, Rdn. F 62.
[88] BGH NJW 1985, 3013 (3016).
[89] BGH NJW 1984, 1177 ff. sowie vom gleichen Tag BGH NJW 1984, 1180 (1181).
[90] BGH NJW 1998, 450 (451); 1998, 2815 (2816); OLG Köln ZIP 1998, 465. Vgl. hierzu Rdn. 521.

allen Nachteilen aus späteren Erweiterungen der Hauptschuld in gleicher Weise geschützt wie derjenige, der für einen limitierten Kontokorrentkredit haftet.[91] Für eine Höchstbetragsbürgschaft hat das OLG Köln entschieden, dass die Haftung des Bürgen für Kontokorrentforderungen ausschließlich durch den vereinbarten Höchstbetrag begrenzt werde.[92]

(3) Die **formularvertragliche Verpflichtung eines Bauunternehmers, eine Vertragserfüllungsbürgschaft zu stellen**, ist wegen Verstoßes gegen § 307 unwirksam.[93] Die Lücke, die bei einem vollständigen Wegfall der entsprechenden Klausel entsteht, lässt sich durch dispositives Werkvertragsrecht nicht füllen. Der ersatzlose Wegfall der Bürgschaftsverpflichtung würde jedoch andererseits zu einem den Interessen der Parteien nicht mehr gerecht werdenden Ergebnis führen. Es entspricht dem anerkennenswerten Interesse des Auftraggebers, den Unternehmer auch in Allgemeinen Geschäftsbedingungen zur Stellung einer Vertragserfüllungsbürgschaft zu verpflichten, da er anderenfalls nicht ausreichend geschützt wäre. Der BGH schließt daraus, dass die Parteien bei sachgerechter Abwägung ihrer beiderseitigen Interessen eine unbefristete, selbstschuldnerische Bürgschaft gewählt hätten.[94]

V. Vertragliche Vorsorge

Nicht selten werden die Rechtsfolgen von Einbeziehungsmängeln oder der Unwirksamkeit einzelner Bestimmungen vorausschauend durch den Verwender – zumeist in seinem Sinne – geregelt. Die anzutreffenden Klauseln sind zumeist rechtlich bedenklich.   621

1. Salvatorische Klauseln

Literatur: *Baumann*, Salvatorische Klauseln in Allgemeinen Geschäftsbedingungen, NJW 1978, 1953; *J. F. Baur*, Salvatorische Klauseln, in: FS für Vieregge, 1995, S. 31; *Garrn*, Zur Zulässigkeit salvatorischer Klauseln bei der Vereinbarung Allgemeiner Geschäftsbedingungen, JA 1981, 151; *Michalski*, Funktionen, Arten und Rechtswirkungen von Ersetzungsklauseln, NZG 1998, 7; *Michalski/Römermann*, Die Wirksamkeit der salvatorischen Klausel, NJW 1994, 886.

Zum weit verbreiteten Inhalt von AGB-Klauselwerken zählen sog. **salvatorische Klauseln**. Der Verwender will auf diese Weise Vorsorge für den Fall treffen, dass Teile seines Klauselwerkes im Rahmen der gerichtlichen Inhaltskontrolle als mit dem Gesetz unvereinbar erkannt werden. Mehrere Varianten lassen sich hier unterscheiden.[95] Zunächst finden sich Klauseln, wonach an die Stelle nicht einbezogener oder unwirksamer Bestimmungen eine **Regelung** treten soll, **deren wirtschaftlicher Erfolg dem der unwirksamen soweit wie möglich entspricht**. Dies kann in Form einer beiderseitigen Verpflichtung erfolgen.[96]   622

Beispiel: „Sollten einzelne Vertragsbestimmungen unwirksam sein oder Vertragslücken bestehen, so sind die Parteien **verpflichtet**, eine ergänzende Vereinbarung zu treffen, die dem Sinn des Gewollten am nächsten kommt."[97]

Mitunter bedingt sich der Verwender aber auch ein einseitiges Bestimmungsrecht aus (§ 315 Abs. 1).[98]   623

---

[91] BGH NJW 1998, 450 (452).
[92] OLG Köln, ZIP 1998, 465; hierzu *Tiedtke*, ZIP 1998, 449.
[93] BGH NJW 2002, 2388.
[94] BGH NJW 2002, 3098.
[95] Vgl. AGB-Klauselwerke-*Graf von Westphalen*, Salvatorische Klausel, Rdn. 1.
[96] MünchKomm-*Basedow*, § 306 Rdn. 29 spricht insoweit von „vorformulierten Ersetzungsverpflichtungen".
[97] BGH NJW 2002, 894 (Verstoß gegen § 307).
[98] *Staudinger-Schlosser*, § 6 AGBG Rdn. 11a. Zur sog. Bedingungsanpassungsklausel bei Allgemeinen Versicherungsbedingungen siehe unten Rdn. 628 ff.

Beispiel: „Die Ergänzung ist von dem durch die Teilunwirksamkeit benachteiligten ... zu bestimmen."[99]

624 Salvatorische Klauseln können aber auch so angelegt sein, dass sie von vornherein ein etwaiges Übermaß der Klausel dadurch abzufangen suchen, dass sie ihren Regelungsgehalt unter den **Vorbehalt des rechtlich Zulässigen** stellen. Dieser Variante begegnet man besonders häufig bei Haftungsausschluss- und -begrenzungsklauseln.

Beispiel: „Die Ersatzpflicht ist **soweit gesetzlich zulässig** ausgeschlossen."[100]

625 Problematisch sind salvatorische Klauseln weil sie unverhohlen darauf abzielen, das nach § 306 Abs. 1 und 2 grundsätzlich den Verwender treffende, zum Eingreifen des dispositiven Rechts führende Risiko der Nichteinbeziehung oder Unwirksamkeit vorformulierter Vertragsbedingungen zum Nachteil des Kunden einzuschränken.[101] Es handelt sich um nichts anderes als um eine vorsorglich vereinbarte geltungserhaltende Reduktion dergestalt, dass die stipulierte Regelung in den Grenzen des gerade noch Zulässigen verbindlich sein soll. Wollte aber der Gesetzgeber sicherstellen, dass mit dem durch § 306 Abs. 2 aufgerufenem Gesetzesrecht eine beiderseits interessengerechte Ersatzlösung an die Stelle der unwirksamen Bestimmung tritt, so darf es dem Verwender nicht erlaubt sein, sich hierüber in seinen Allgemeinen Geschäftsbedingungen hinwegzusetzen. Ob man hierfür auf den zwingenden Charakter des § 306 Abs. 2 abstellt oder die Unvereinbarkeit mit wesentlichen Grundgedanken der gesetzlichen Regelung (**§ 307 Abs. 2 Nr. 1**) zur Grundlage des Unwirksamkeitsverdikts macht,[102] bedarf hier keiner weiteren Erörterung.[103]

626 Mit der Verwendung salvatorischer Klauseln missachtet der AGB-Verwender zugleich die gesetzliche Verpflichtung, die Rechte und Pflichten seines Vertragspartners möglichst klar und durchschaubar darzustellen (**Transparenzgebot**).[104] Denn dem Kunden erschließt sich aus dem Vertragstext weder das Ausmaß der Abweichung vom dispositiven Recht, noch ist es seine Sache, die Grenzen des noch rechtlich Zulässigen auszuloten. Über den genauen Vertragsinhalt wird er im unklaren gelassen. Die teilweise Verlagerung des Unwirksamkeitsrisikos auf den Kunden mittels einer salvatorischen Klausel ist auch dann nicht zu billigen, wenn es schwierig ist vorherzusagen, ob eine bestimmte AGB-Regelung vor den Gerichten Bestand haben wird. Ein Interesse, den Rahmen des Zulässigen voll auszuschöpfen, ist auch in dieser Situation nicht anzuerkennen.[105]

627 **Konkrete Ersatzklauseln,** die eine subsidiär eingreifende Regelung bereithalten, sind wegen der das dispositive Recht (§ 306 Abs. 2) verdrängenden Wirkung grundsätzlich zu beanstanden.[106] Nur in Fällen unklarer Rechtslage wird man konkrete, nicht unangemes-

---

[99] *Michalski,* NZG 1998, 10.
[100] BGH NJW-RR 1996, 783 (789).
[101] *Ulmer/H. Schmidt,* § 306 Rdn. 39; AGB-Klauselwerke-*Graf von Westphalen,* Salvatorische Klausel, Rdn. 1.
[102] So wohl die h. M. vgl. BGH NJW-RR 1996, 783 (789); NJW 2002, 894 (895); BAG NZA 2005, 1111 (1115); *Ulmer/H. Schmidt,* § 306 Rdn. 39; AGB-Klauselwerke-*Graf von Westphalen,* Salvatorische Klausel, Rdn. 8.
[103] Vgl. hierzu Rdn. 508.
[104] BGH NJW-RR 1996, 783 (789); BAG NZA 2005, 1111 (1115); *Wolf/Lindacher,* § 6 AGBG Rdn. 44; *Larenz/Wolf,* Allgemeiner Teil, § 43 Rdn. 73; MünchKomm-*Basedow,* § 306 Rdn. 29; AGB-Klauselwerke-*Graf von Westphalen,* Salvatorische Klausel, Rdn. 3.
[105] Wie hier AGB-Klauselwerke-*Graf von Westphalen,* Salvatorische Klausel, Rdn. 18; a. A. *Wolf/Lindacher,* § 6 AGBG Rdn. 45.
[106] OLG München NJW-RR 1988, 786; BGH NJW 1990, 716 (718) äußert „erhebliche Bedenken", läßt die Frage dann aber offen; *Ulmer/H. Schmidt,* § 306 Rdn. 40; MünchKomm-*Basedow,* § 306 Rdn. 29; a. A. *Bamberger/Roth/Hubert Schmidt,* § 306 Rdn. 17; *Michalski/Römermann,* NJW 1994, 890.

senen ausgestaltete Ersatzklauseln akzeptieren können.[107] In der Praxis ist dieser Klauseltyp offenbar jedoch nur äußerst selten anzutreffen.

Unbedenklich, da mit § 306 Abs. 1 übereinstimmend, sind hingegen sog. **Erhaltungsklauseln**.[108] Sie entbinden allerdings nicht von einer nach § 139 vorzunehmenden Prüfung, ob die Parteien das teilnichtige Geschäft als Ganzes verworfen hätten oder aber den Rest hätten gelten lassen. Bedeutsam sind solche Klauseln allerdings für die Darlegungs- und Beweislast. Sie trifft denjenigen, der entgegen der Erhaltungsklausel den Vertrag als Ganzen für unwirksam hält.[109]

Beispiel: „Sollten einzelne Bestimmungen dieses Vertrags ganz oder teilweise gegen zwingendes Recht verstoßen oder aus anderen Gründen nichtig oder unwirksam sein, so bleibt die Gültigkeit der übrigen Bestimmungen unberührt."[110]

2. Bedingungsanpassungsklauseln

Literatur: *Baumann,* Bedingungsanpassungsklauseln bei Versicherungs-Aktiengesellschaften und -Gegenseitigkeitsvereinen, JZ 1999, 881; *Fricke,* Quomodo pacta sunt servanda?, VersR 2000, 257; *Matusche-Beckmann,* Die Bedingungsanpassungsklausel – Zulässiges Instrument für den Fall der Unwirksamkeit Allgemeiner Versicherungsbedingungen?, NJW 1998, 112; *Wandt,* Tarifänderungsklauseln in der Kfz-Haftpflichtversicherung, VersR 2000, 129.

Als Sonderform der salvatorischen Klausel fanden sich in den Allgemeinen Versicherungsbedingungen Bestimmungen, wonach der Versicherer berechtigt sein soll, **unwirksame Bedingungen mit Wirkung für den bestehenden Vertrag zu ersetzen oder zu ergänzen**.[111] 628

Gegen die Zulässigkeit solcher Bedingungsanpassungsklauseln bestehen jedenfalls dann, sub specie § 308 Nr. 4[112] durchgreifende Bedenken, wenn sie eine **Beteiligung des Vertragspartners nicht vorsehen**. Denn auch nachträgliche Vertragsänderungen bedürfen nach allgemeinen rechtsgeschäftlichen Regeln des Konsenses beider Vertragspartner. Abgesehen hiervon ist es nach der Konzeption des gesetzlichen AGB-Rechts und dem das Verbot der geltungserhaltenden Reduktion tragenden Grundgedanken gerade der Verwender, der die Folgen der Unwirksamkeit einer von ihm gestellten Vertragsbedingung zu tragen hat.[113] Die Anerkennung einer Anpassungsklausel würde dann aber eine Abwälzung dieses den Klauselverwender treffenden Risikos auf den Vertragspartner ermöglichen. 629

Aus diesem Grund salviert auch eine Ergänzung der Bedingungsanpassungsklausel durch ein **dem Vertragspartner eingeräumtes Widerspruchsrecht** die Klausel nicht ohne weiteres. 630

Beispiel: In den Allgemeinen Versicherungsbedingungen eines Versicherungsunternehmens findet sich folgende Klausel: „Der Versicherer ist berechtigt, ... im Fall der Unwirksamkeit von Bedingungen ... einzelne Bedingungen mit Wirkung für bestehende Verträge zu ergänzen oder zu ersetzen ... Die geänderten Bedingungen ... gelten als genehmigt, wenn der Versicherungsnehmer nicht innerhalb eines Monats nach Bekanntgabe widerspricht."[114] Ein berechtigtes Bedürfnis des Klauselverwenders kann hier nur angenommen werden, wenn die Unwirksamkeit einer Bedingung zu einer

---

[107] *Ulmer/H. Schmidt,* § 306 Rdn. 40.
[108] BGH NJW 2005, 2225; *Palandt-Heinrichs,* § 306 Rdn. 9.
[109] BGH NJW 2003, 347.
[110] BGH NJW 2005, 2225.
[111] Hierzu und zu weiteren problematischen Aspekten einer Bedingungsanpassungsklausel im Hinblick auf § 9 AGBG (§ 307) zuletzt BGH NJW 1999, 1865.
[112] Für die Anwendbarkeit des § 308 Nr. 4 zu Recht *Matusche-Beckmann,* NJW 1998, 114.
[113] BGH NJW 1983, 159 (162); *Matusche-Beckmann,* NJW 1998, 114.
[114] BGH NJW 1999, 1865.

Vertragslücke führt, die sich nicht durch Bestimmungen des dispositiven Gesetzesrechts schließen lässt. Der Klauselwortlaut muss diesem Erfordernis deutlich Rechnung tragen.[115]

631 Eine Sonderregelung zur **Bedingungsanpassung** existiert für den Bereich der Personenversicherung. Die einschlägige Vorschrift, § 164 VVG für die Lebensversicherung (anwendbar auch auf die Krankenversicherung über den Verweis in § 203 Abs. 4 VVG), ist im Zuge der VVG-Reform neu konzipiert worden. Nach ihr kann der Versicherer einseitig – also ohne die früher erforderliche Beteiligung eines Bedingungstreuhänders – eine neue Bedingung in den Vertrag einführen kann, wenn die frühere Bestimmung durch höchstrichterliche Entscheidung oder durch einen bestandskräftigen Verwaltungsakt (der BaFin) für unwirksam erklärt worden ist. Voraussetzung ist deren Notwendigkeit für die Fortführung des Vertrags oder das Entstehen einer unzumutbaren Härte, die ohne eine neue Regelung für eine Vertragspartei entstehen würde. Außerdem muss die neue Regelung die Belange der Versicherungsnehmer im Hinblick auf die Wahrung des Vertragsziels angemessen berücksichtigen. Entsprechende vertragliche Regelungen haben demzufolge in diesem Bereich keine konstitutive Bedeutung. Gleichwohl sind die Versicherer schon aus aufsichtsrechtlichen Gründen sowie auf Grund des zivilrechtlichen Transparenzgebots gehalten, die Änderungsregel in ihre Allgemeinen Versicherungsbedingungen aufzunehmen.[116] Eine noch offene Frage ist, ob § 164 VVG über ihren Anwendungsbereich hinaus Leitbildfunktion auch für die Nichtpersonenversicherung zuerkannt werden kann.[117]

§ 21. Unwirksamkeit des Vertrages als Ausnahme

I. Einordnung der Vorschrift des § 306 Abs. 3

632 § 306 Abs. 3 ordnet die Nichtigkeit des gesamten Vertrages an, sofern das Festhalten an ihm auch unter Berücksichtigung des nunmehr eingreifenden Gesetzesrechts eine unzumutbare Härte für eine Vertragspartei darstellen würde. Dabei handelt es sich um eine Ausnahmevorschrift, die den in § 306 Abs. 1 statuierten Grundsatz der Fortgeltung des Restgeschäfts einschränkt. Von nicht wenigen Autoren wird diese Vorschrift in die Nähe der Grundsätze über den Wegfall der Geschäftsgrundlage gerückt.[1] Ihr Ausnahmecharakter, der eine **restriktive Interpretation** nahe legt,[2] ergibt sich schon aus der bewusst gewählten Formulierung „unzumutbare Härte".[3] Soweit es um Verbraucherverträge geht, kann man sogar mit gutem Grund die **Gemeinschaftskonformität des § 306 Abs. 3** be-

---

[115] So zutreffend *Matusche-Beckmann*, NJW 1998, 114; für Unwirksamkeit der Beispielsklausel im Ergebnis BGH NJW 1999, 1865.
[116] AGB-Klauselwerke-*Präve*, Allgemeine Versicherungsbedingungen, 113.
[117] Dafür AGB-Klauselwerke-*Präve*, Allgemeine Versicherungsbedingungen, 214.
[1] Im Sinne einer abgeschlossenen Sonderregelung dieses Instituts *H. Schmidt*, Vertragsfolgen der Nichteinbeziehung und Unwirksamkeit von Allgemeinen Geschäftsbedingungen, S. 220; *Ulmer*, BB 1982, 154; für die Qualifizierung als „fragmentarische Geschäftsgrundlagenregelung" *Fastrich*, Richterliche Inhaltskontrolle im Privatrecht, S. 348, 357; ähnlich auch *Hager*, Gesetzes- und sittenkonforme Auslegung, S. 183.
[2] So die Linie der ganz h. M., vgl. etwa *Wolf/Lindacher*, § 6 AGBG Rdn. 60; *Löwe*/Graf von Westphalen/Trinkner, § 6 AGBG Rdn. 10. Für eine teleologische Ergänzung des § 306 Abs. 3 um eine vorrangige Anpassungsfolge nach Geschäftsgrundlagenregeln ist – vor In-Kraft-Treten der Richtlinie 93/13/EWG – *Fastrich*, Richterliche Inhaltskontrolle im Privatrecht, S. 356 ff. eingetreten.
[3] In Abweichung vom Regierungsentwurf, der in § 5 die Formulierung „nicht zugemutet werden kann" benutzte (vgl. BT-Drucks. 7/3919, S. 4).

§ 21. Unwirksamkeit des Vertrages als Ausnahme

zweifeln,[4] sieht doch Klauselrichtlinie 93/13/EWG in ihrem Art. 6 Abs. 1 die Verbindlichkeit des Restvertrages uneingeschränkt vor. Die Diskrepanz kann durch eine enge Auslegung des § 306 Abs. 3[5] zwar nicht vollständig ausgeräumt, jedoch immerhin auf ein sehr geringes Maß reduziert werden. Absolute Deckungsgleichheit ließe sich de lege ferenda wohl am einfachsten mit einer Streichung des § 306 Abs. 3 erreichen. Das Problem sollte freilich nicht überbewertet werden. Die Gesetzesbestimmung des § 306 Abs. 3 hat in der Gerichtspraxis **bislang keine nennenswerte Bedeutung** erlangt.[6] Hierfür lassen sich mehrere Gründe ins Feld führen:

Von einer unzumutbaren Härte wird zunächst der Kunde kaum betroffen sein, da sich die Nichteinbeziehung oder die Unwirksamkeit einzelner Vertragsbedingungen zumeist zu seinen Gunsten auswirken dürfte. Eher wird die Unzumutbarkeit auf Seiten des Verwenders auftreten. Aber auch hier ist zu berücksichtigen, dass die Nichtvalidierung unbilliger Klauseln gerade auf eine Verhinderung eines sonst bestehenden Ungleichgewichts zu Lasten des Kunden zielt, der Wegfall bzw. die Ersetzung einer solchen Klausel mithin nur bei Hinzutreten besonderer Umstände den Schluss auf eine unzumutbare Härte für den Verwender gestattet.[7]

Unzumutbar ist das Festhalten an einem durch Nichteinbeziehung oder Unwirksamkeit einzelner Klauseln lückenhaft gewordenen Vertrag nur, wenn die Ausfüllung der Lücken im Wege der Anwendung dispositiven Gesetzesrechts (§ 306 Abs. 2) und die sonstigen zur Verfügung stehenden Instrumentarien zu einem Vertragsinhalt geführt haben, der für eine Partei eine unzumutbare Härte entstehen lässt. Dass wird nur höchst selten der Fall sein, da sich das dispositive Gesetzesrecht um einen gerechten Interessenausgleich bemüht und auch die ergänzende Vertragsauslegung danach fragt, was die Parteien bei einer angemessenen Abwägung ihrer Interessen nach Treu und Glauben als redliche Vertragsparteien vereinbart hätten, wenn sie von der Vertragslücke gewusst hätten. Gerade mit der ergänzenden Vertragsauslegung steht ein sehr flexibles und interessenwahrendes Mittel zur Verfügung. Sollte der inhaltlich modifizierte Vertrag dennoch eine unzumutbare Belastung für eine Vertragspartei mit sich bringen, so drängt sich demgemäß der Verdacht auf, dass die Lückenfüllung nicht lege artis erfolgt ist.

Liegt gleichwohl ausnahmsweise ein Fall des § 306 Abs. 3 vor, so ist ein Schadensersatzanspruch des Kunden aus culpa in contrahendo in Betracht zu ziehen.[8]

II. Anwendungsfälle des § 306 Abs. 3

Das Festhalten am Vertrag stellt sich vor allem dann für den Verwender als unzumutbare Härte dar, wenn das Vertragsgleichgewicht durch die Unwirksamkeit der Allgemeinen Geschäftsbedingungen grundlegend gestört wird.[9] Wirtschaftliche Nachteile, die durch den Wegfall einer Klausel für den Verwender entstehen, begründen allerdings noch keine

---

[4] *Ulmer/H. Schmidt*, § 306 Rdn. 59; *Canaris*, in: Karlsruher Forum 1997, S. 76f.; wohl auch *Bamberger/Roth/Hubert Schmidt*, § 306 Rdn. 3; a. A. *Schmidt-Salzer*, BB 1995, 1494 und *Wolf*, Art. 6 RiLi Rdn. 9.

[5] Für eine enge Auslegung des § 306 Abs. 3 im Hinblick auf Art. 6 Abs. 1 RiLi *Heinrichs*, NJW 1996, 2195.

[6] *Ulmer/H. Schmidt*, § 306 Rdn. 42; *Fastrich*, Richterliche Inhaltskontrolle im Privatrecht, S. 346 ff. spricht von einer Vorschrift, die nur einen theoretischen Anwendungsbereich besitzt.

[7] *Wolf/Lindacher*, § 6 AGBG Rdn. 61; vgl. auch OLG Frankfurt a. M., NJW-RR 1995, 283 (Risiko des AGB-Verwenders).

[8] *Ulmer/H. Schmidt*, § 306 AGBG Rdn. 49; *Palandt-Heinrichs*, § 306 Rdn. 13; a. A. *Wolf/Lindacher*, § 6 AGBG Rdn. 65 f. (nur bei Totalnichtigkeit infolge Nichtergänzbarkeit des Restvertrages).

[9] Vgl. BGH NJW-RR 1996, 1009 (1010).

Gesamtnichtigkeit des Vertrages. Der BGH verlangt eine **„einschneidende Störung des Äquivalenzverhältnisses".**[10] Bei der Beurteilung der Frage, ob diese Voraussetzung erfüllt ist, ist nicht auf den Zeitpunkt des Vertragsschlusses, sondern auf den der Geltendmachung von Ansprüchen aus dem Vertrag abzustellen.[11]

Beispiele:
(1) Langdauernde **Bezugspflicht** des AGB-Verwenders bei Nichtgewährung eines ihm zugesagten **Darlehens** auf Grund einer unzulässigen AGB-Klausel.[12]
(2) Das für einen **Kaufvertrag** über einen **Gebrauchtwagen** verwendete Formular versteckt den Gewährleistungsausschluss an einer entlegenen Stelle mit der Folge, dass die Ausschlussklausel nicht Vertragsbestandteil wird (§ 305 c Abs. 1). Hier liegt die Annahme eines Falles der Gesamtnichtigkeit zumindest nahe, da für den Verkäufer anderenfalls eine schwerlich zumutbare Einstandspflicht für etwaige, auch von ihm nicht immer zu überblickende Mängel begründet würde.[13]

III. Unternehmerischer Geschäftsverkehr

635 § 306 Abs. 3 gilt ohne inhaltliche Abstriche, wenn Allgemeine Geschäftsbedingungen, die teilweise nicht Vertragsbestandteil werden oder teilweise unwirksam sind, gegenüber Unternehmern verwandt werden. Dass das Interesse des kaufmännischen Geschäftspartners an der Aufrechterhaltung des Vertrages weniger schutzwürdig ist und § 306 Abs. 3 daher tendenziell eher eingreift,[14] lässt sich schwerlich nachvollziehen.[15] Die Möglichkeiten einer die Nichtigkeitsfolge vermeidenden, ergänzenden Vertragsauslegung stehen auch hier ungeschmälert zur Verfügung.

§ 22. Schadensersatzpflicht des Verwenders AGB-gesetzwidriger Klauseln

Literatur: *Brandner*, Schadensersatzpflichten als Folge der Verwendung von AGB, in: FS für Oppenhoff, 1985, S. 11; *Kornau*, Schadensersatzansprüche bei Verwendung Allgemeiner Geschäftsbedingungen, Diss. Erlangen-Nürnberg, 1998.

I. Grundlage eines Schadensersatzanspruchs

636 Der Verwender AGB-rechtswidriger Vertragsbedingungen muss nach dem zuvor Gesagten damit rechnen, dass er seine zu weit ausgestaltete Rechtsposition gegenüber seinem Vertragspartner nicht durchsetzen kann, weil dieser sich auf die Unwirksamkeit der betreffenden Klauseln beruft. Hinzu kommt, dass die Rechtsprechung in der Verwendung unwirksamer AGB-Klauseln zugleich eine Verletzung der vorvertraglichen Pflicht zur Rücksichtnahme gegenüber dem Kunden erblickt. Erleidet mithin der Kunde im Vertrauen auf seine Gebundenheit an die unwirksame Klausel einen finanziellen Nachteil, so kommt nach der Rechtsprechung ein **Schadensersatzanspruch unter dem Gesichts-**

---
[10] BGH NJW-RR 1996, 1009 (1010).
[11] Zuletzt BGH NJW 1996, 2092 (2094).
[12] BGH BB 1997, 63 (64).
[13] Vgl. *Ulmer/H. Schmidt*, § 306 Rdn. 51 und *Wolf/Lindacher*, § 6 AGBG Rdn. 62; *Soergel-Stein*, § 6 AGBG Rdn. 22; *Koch/Stübing*, § 6 AGBG Rdn. 15.
[14] So *Ulmer/H. Schmidt*, § 306 Rdn. 56; andeutungsweise auch *Locher*, Recht der AGB, S. 80.
[15] Wie hier *Wolf/Lindacher*, § 6 AGBG Rdn. 67; *Koch/Stübing*, § 6 AGBG Rdn. 17; *Thamm/Pilger*, § 6 AGBG Rdn. 8.

punkt des Verschuldens bei Vertragsschluss (§§ 280, 311 Abs. 2, 241 Abs. 2) in Betracht.[1] Dieser Anspruchsbegründung ist im Grundsatz zuzustimmen. Sie erweist sich als Konsequenz des seit langem allgemein anerkannten Grundsatzes, dass bei einem unwirksamen Vertrag die Partei wegen Verschuldens bei Vertragsverhandlungen schadensersatzpflichtig sein kann, die den Grund der Unwirksamkeit zu vertreten hat.[2]

II. Voraussetzungen der Haftung

Freilich sind die Voraussetzungen eines Schadensersatzanspruchs aus culpa in contrahendo im Einzelfall genau zu prüfen. Die Inanspruchnahme des Verwenders kann beispielsweise daran scheitern, dass die Verwendung der unwirksamen Klausel nicht **kausal** für den vom Kunden geltend gemachten Schaden war, es mithin nicht ausgeschlossen werden kann, dass der Kunde dieselben Vermögensdispositionen auch unabhängig vom Vertragstext vorgenommen hätte.[3] Ferner muss die Aufnahme der unzulässigen Allgemeinen Geschäftsbedingungen in den Vertrag auf einem **Verschulden des Verwenders** beruhen. Das ist sicher der Fall, wenn der Verwender gleichsam „sehenden Auges" die unwirksamen Klauseln dem Kunden in der Erwartung präsentiert, dieser werde die Unwirksamkeit nicht erkennen oder zumindest nicht widersprechen und schon gar nicht die Mühe eines gerichtlichen Verfahrens auf sich nehmen. Aber auch bloße Fahrlässigkeit ist ausreichend. Die im Verkehr erforderliche Sorgfalt verlangt hingegen nicht den Verzicht auf solche Klauseln, deren Gesetzeskonformität sich vor dem Hintergrund der bislang ergangenen Rechtsprechung nicht sicher beurteilen lässt.[4] Besteht hingegen eine klare Gesetzeslage oder zumindest ein gefestigte Rechtsprechung, so exkulpiert deren Unkenntnis den Verwender nicht, da ihm angesonnen werden kann, sich bei der Ausgestaltung seiner Allgemeinen Geschäftsbedingungen professioneller Hilfe zu bedienen.

637

III. Umfang der Haftung

Zu ersetzen sind vom Verwender die **Aufwendungen** des anderen Teils, die dieser **zur Bekämpfung der unwirksamen Klausel** gemacht hat, sowie die **Vermögenseinbußen**, die sein Vertragspartner **infolge der Scheinbindung** an die unwirksame AGB-Bestimmung erleidet. Daneben bleibt der Verwender zur Erfüllung des Vertrages verpflichtet, sieht man einmal von seltenen Fall der Gesamtunwirksamkeit nach § 306 Abs. 3 ab.

638

Beispiele denkbarer Schadensposten:
(1) Rechtsberatungs- und Prozesskosten im Zusammenhang mit der Bekämpfung der unzulässigen Klausel.[5]

---

[1] BGH NJW 1984, 2816 (2817); 1987, 639 (640); 1988, 197 (198); ebenso *Ulmer/Fuchs*, § 307 Rdn. 104 und *Wolf*, § 9 AGBG Rdn. 167. Eine andere Frage geht dahin, ob ein Wirtschaftsverband für die Empfehlung ungeeigneter Geschäftsbedingungen von den betroffenen Mitgliedsunternehmen in Anspruch genommen werden kann; hierzu zurückhaltend OLGR Frankfurt 1997, 241.
[2] Vgl. etwa *Medicus*, Schuldrecht I, 17. Aufl. 2006, Rdn. 108; *Palandt-Grüneberg*, § 311 Rdn. 38; *Brandner*, in: FS für Oppenhoff, S. 21; Schlosser/Coester-Waltjen/*Graba*, Vorbem. zu §§ 9–11 AGBG Rdn. 18; RGZ 104, 265 (267 f.) für die schuldhafte Herbeiführung eines versteckten Dissenses; BGH NJW 1952, 1130 für unterlassene Aufklärung über die devisenrechtliche Genehmigungsbedürftigkeit des Geschäfts; BGH NJW 1965, 812 (814) für unterlassene Aufklärung über die Formbedürftigkeit des Vertrages; BGH NJW 1987, 639 für den Abschluss eines benachteiligenden sittenwidrigen Vertrages.
[3] BGH NJW 1988, 197 (198); *Wolf*, § 9 AGBG Rdn. 167.
[4] *Locher*, Recht der AGB, S. 21.
[5] *Ulmer/Fuchs*, § 9 AGBG Rdn. 57; *Wolf*, § 9 AGBG Rdn. 167.

(2) Unterlassen des Widerrufs eines Überweisungsauftrages im Hinblick auf den (unwirksamen) Ausschluss des Widerrufs im Vertrag.[6]

(3) Die auf der Grundlage der unwirksamen Klausel erbrachte Leistung des Kunden (insoweit neben einem Bereicherungsanspruch).[7]

639 Eine Minderung der Ersatzpflicht kann sich schließlich aus dem **Gesichtspunkt des Mitverschuldens** ergeben, etwa wenn die Unwirksamkeit dem Vertragspartner bekannt oder für ihn doch auf Grund seiner geschäftlichen Erfahrung ohne weiteres erkennbar war und er sich gleichwohl hierauf eingelassen hat.[8]

---

[6] BGH NJW 1984, 2816 (2817).
[7] *Ulmer/Fuchs*, § 307 Rdn. 104; *Wolf*, § 9 AGBG Rdn. 167; *Erman-Roloff*, vor §§ 307–309 Rdn. 19.
[8] Hierzu *Brandner*, in: FS für Oppenhoff, S. 23; *Erman-Roloff*, vor §§ 307–309 Rdn. 19; a. A. offenbar Schlosser/Coester-Waltjen/*Graba*, Vorbem. zu §§ 9–11 AGBG Rdn. 18.

Zweiter Teil.
Ausgewählte Problemfelder der Inhaltskontrolle

Erster Abschnitt.
Erklärungen der Vertragsparteien

§ 23. Fingierte Erklärungen

Literatur: *Bennemann*, Fiktionen und Beweislastregeln in Allgemeinen Geschäftsbedingungen, 1987; *Nickel*, Die Erklärungsfiktion im Bürgerlichen Recht unter besonderer Berücksichtigung des § 10 Nr. 5 AGBG, 1997; *Stübing*, Tatsachenbestätigungen und Fiktionen in AGB, NJW 1978, 1606.

I. Ausgangslage und Regelungsanliegen des § 308 Nr. 5

In nicht wenigen vorformulierten Vertragswerken finden sich Bestimmungen, nach denen Erklärungen oder Verhaltensweisen des Kunden unabhängig von seinem wirklichen Erklärungsverhalten ein bestimmter rechtsgeschäftlicher Erklärungswert zukommen soll.

Beispiele:
(1) „Hat der Käufer das Vertragsobjekt vor Abnahme in Besitz genommen, so gilt es von diesem Tage an als mangelfrei abgenommen."[1]
(2) Nach einer Bestimmung in einem Reparaturkostenversicherungsvertrag gilt eine neue Sache als in den Versicherungsvertrag einbezogen, wenn der Versicherungsnehmer einen Neukostenzuschuss in Anspruch nimmt.[2]
(3) „Umbuchungen innerhalb von 40 Tagen vor Reiseantritt werden als Rücktritt verbunden mit einer Neuanmeldung gewertet."[3]

Von formularmäßigen Fiktionen können Gefahren für den Vertragspartner des Verwenders ausgehen, kann doch keinesfalls davon ausgegangen werden, dass der Betroffene längere Zeit nach Vertragsschluss, u. U. sogar nach Jahren, noch weiß, welche (nachteiligen oder zumindest unerwünschten) Rechtsfolgen im konkreten Einzelfall an sein Verhalten geknüpft sind.

Mit gutem Grund knüpft das Gesetz – von einigen durchweg normierten Ausnahmen abgesehen –[4] für die rechtliche Geltung einer Erklärung an das wirkliche Erklärungsverhalten einer Vertragspartei an. Insbesondere gehört der Grundsatz, dass Schweigen keine Willenserklärung ist, zu den wesentlichen Prinzipien des geltenden Privatrechts.[5] Allgemeine Geschäftsbedingungen, die in Form von Erklärungsfiktionen von diesem gesetzlichen Grundgedanken abweichen, sind daher problematisch. Denn immerhin entspricht es einem in § 307 Abs. 2 Nr. 1 zum Ausdruck gekommenen Grundanliegen des AGB-

---

[1] BGH NJW 1984, 725 (726).
[2] BGH NJW 1995, 2710.
[3] BGH NJW 1992, 3158 (Reiseveranstaltungsvertrag).
[4] Fiktion der Ablehnung in §§ 108 Abs. 2, 177 Abs. 2, 415 Abs. 2, 451 Abs. 1; der Zustimmung in §§ 416 Abs. 1, 455, 516 Abs. 2 sowie §§ 362 Abs. 1 und 377 Abs. 2 HGB. Ferner Fiktion der Vergütungsabrede in §§ 612, 632, 653 und 689 und der Vertragsverlängerung in §§ 545 und 625. Soweit Allgemeine Geschäftsbedingungen diese gesetzlichen Fiktionen lediglich deklaratorisch wiederholen, unterfallen sie schon nicht der Inhaltskontrolle (§ 307 Abs. 3).
[5] *Palandt-Grüneberg*, § 308 Rdn. 25.

Rechts, derartigen Abweichungen Grenzen zu setzen. Wenn § 308 Nr. 5 vorformulierten Erklärungsfiktionen mit einem **eingeschränkten Verbot** begegnet, so liegt dies somit in der Konsequenz des Ordnungs- und Leitbildgedankens.

643 Die jetzige Fassung der Vorschrift beruht im Wesentlichen auf dem Vorschlag des Bundesrats.[6] Sie sieht von einem absoluten Verbot vorformulierter Erklärungsfiktionen ab, vor allem um der einfachen Abwicklung im Massengeschäft der Banken und Versicherungen Rechnung zu tragen.[7]

644 Die Vorschrift des § 308 Nr. 5 ist eingebettet in ein Bündel von weiteren thematisch angrenzenden Verbotsvorschriften, neben der Generalklausel des § 307 vor allem § 308 Nr. 6 und § 309 Nr. 12. Eine systematische Ordnung ist dem Gesetzgeber auf dem Gebiete der Tatsachenbestätigungen, der Tatsachenfiktionen und der Erklärungsfiktionen allerdings nicht geglückt.[8] Dementsprechend schwierig kann sich die genaue Abgrenzung im Einzelfall darstellen.

II. Anwendbarkeit und Inhalt der Vorschrift

645 Nach § 308 Nr. 5 sind Erklärungsfiktionen in Allgemeinen Geschäftsbedingungen unzulässig, es sei denn, dass dem Vertragspartner eine angemessene Frist zur Abgabe einer ausdrücklichen Erklärung eingeräumt ist und der Verwender sich verpflichtet, den Vertragspartner bei Beginn der Frist auf die vorgesehene Bedeutung seines Verhaltens besonders hinzuweisen.

1. Einschränkungen des Anwendungsbereichs

a) Verträge unter Zugrundelegung der VOB Teil B

Literatur: *Diehr/Knipper/Klingbeil*, Wirksame und unwirksame Klauseln im VOB-Vertrag, 2003; *Ganten/Jagenburg/Motzke*, VOB Teil B, Kommentar, 2. Aufl. 2008; *Gebauer*, Die AGB-rechtlich entprivilegierte VOB/B, BauR 2004, 1843; *Ingenstau/Korbion*, VOB Teile A und B, Kommentar, 16. Aufl. 2007; *Joussen*, Die Privilegierung der VOB nach dem Schuldrechtsmodernisierungsgesetz, BauR 2002, 1759; *Kapellmann/Langen*, Einführung in die VOB/B, 16. Aufl. 2007; *Kapellmann/Messerschmid*, VOB Teile A und B, Kommentar, 2. Aufl. 2007; *Kiesel*, Die VOB 2002 – Änderungen, Würdigung, AGB-Problematik, NJW 2002, 2064; *Nicklisch/Weick*, VOB, Kommentar, 3. Aufl. 2007; *Pauly*, Die Privilegierung der VOB/B nach dem Schuldrechtsmodernisierungsgesetz, MDR 2003, 124; *Voppel*, Die AGB-rechtliche Bewertung der VOB/B nach dem neuen Schuldrecht, NZBau 2003, 6.

646 Die **Vergabe- und Vertragsordnung für Bauleistungen (VOB)** enthält in ihrem **Teil B**[9] allgemeine Vertragsbedingungen für die Abwicklung von Bauaufträgen, die stets zur Grundlage der Bauverträge der öffentlichen Hand gemacht und in sehr vielen Fällen auch im privaten Bereich vereinbart werden. Bei diesem Klauselwerk handelt es sich nicht etwa um eine „gesetzliche Regelung" im Sinne des § 307 Abs. 2 Nr. 1, an der dann abweichende Klauseln in Bauverträgen zu messen wären.[10] Vielmehr handelt sich um **Allgemeine Geschäftsbedingungen.**[11] Die Regelungen der VOB unterfallen daher grundsätzlich den §§ 305 ff.[12] Keine Anwendung finden allerdings die Klauselverbote der § 308 Nr. 5 und

---

[6] BT-Drucks. 7/3919, S. 49 f.
[7] Bericht des Rechtsausschusses, BT-Drucks. 7/5422, S. 7; Löwe/*Graf von Westphalen*/Trinkner, § 10 Nr. 5 AGBG Rdn. 1.
[8] Kritisch daher *Thamm/Pilger*, § 10 Nr. 6 AGBG Rdn. 1.
[9] Abdruck der neuesten Fassung in NJW 2002, 3682.
[10] BGH DB 2000, 2521 (2522).
[11] BGH NZBau 2008, 640; ganz h. M. vgl. die Nachweise bei *Wolf/Horn*, § 23 AGBG Rdn. 240.
[12] Allgemein zur Inhaltskontrolle der VOB/B *Locher*, NJW 1977, 1801; *Siegburg*, in: FS für Locher, 1990, S. 349; *Ulmer/Christensen*, Anh. § 310 Rdn. 990 ff.

§ 309 Nr. 8 Buchst. b Doppelbuchst. ff, gegen die die VOB/B mit ihren Abnahmefiktionen (z. B. § 12 Nr. 5 Abs. 2 VOB/B) und Gewährleistungsfristverkürzungen eindeutig verstoßen würde.[13] Diese gesetzlichen Privilegierungen erfassen nach der Intention des Gesetzgebers[14] die VOB/B **in ihrer jeweils gültigen Fassung**.[15] Voraussetzung ist allerdings, dass die VOB/B **insgesamt** übernommen worden ist. Insoweit gilt nach neuerer Rechtsprechung ein strenger Maßstab: Jede vertragliche Abweichung von der VOB/B führt dazu, daß diese nicht als Ganzes vereinbart ist. Es kommt nicht darauf an, welches Gewicht der Eingriff hat.[16] Im Falle einer Abweichung kommt es zu einer isolierten Inhaltskontrolle der jeweiligen VOB-Bestimmungen.[17] Die AGB-rechtliche Privilegierung auf Grund der § 308 Nr. 5 a. E. und § 309 Nr. 8 Buchst. b Doppelbuchst. ff a. E. ist im Übrigen durch die in diesem Punkte nicht unumstrittene Rechtsprechung des BGH dadurch erheblich erweitert worden, dass er es ablehnt, einzelne Bestimmungen der VOB/B einer isolierten Inhaltskontrolle gemäß § 307 zu unterziehen. Das „Normgefüge" sei als Ganzes zu prüfen. Als solches halte es der Inhaltskontrolle stand, da es „hinlänglich ausgewogen" sei.[18] Wird die VOB Teil B allerdings gegenüber Verbrauchern verwendet, unterliegen ihre einzelnen Klauseln auch dann einer Inhaltskontrolle, wenn sie als Ganzes vereinbart ist.[19]

b) Ausschluss von Vertragsschlusserklärungen

Ferner unterfallen der Vorschrift nur Fiktionen von Erklärungen hinsichtlich der **Durchführung des Vertrags**. Erklärungen in Bezug auf den Vertragsschluss werden davon nicht erfasst.[20] Für das Zustandekommen des Vertrags gelten die allgemeinen gesetzlichen Regeln, die durch Allgemeine Geschäftsbedingungen mangels Einbeziehung nicht eingeschränkt werden können. Wohl aber unterfallen dem Verbotstatbestand des § 308 Nr. 5 **Vertragsverlängerungsfiktionen.**

647

Beispiele:
(1) „Wird auf Wunsch des Wirtes ein anderer **Musikautomat** aufgestellt, so beginnt die feste Vertragszeit von zehn Jahren mit Rücksicht auf die hohen Investitionskosten des Aufstellers mit der Aufstellung dieses Geräts neu zu laufen."[21]
(2) Unzulässig ist auch die Klausel in den **BahnCard-Bedingungen,** derzufolge sich die Geltungsdauer automatisch um jeweils ein weiteres Jahr verlängert, sofern die BahnCard nicht bis 6 Wochen vor Kartenablauf schriftlich gegenüber dem BahnCard-Service gekündigt wird.[22]

---

[13] Zweifel an der Vereinbarkeit dieser Ausnahmen mit der Richtlinie 93/13/EWG über missbräuchliche Klauseln in Verbraucherverträgen äußert *Quack*, BauR 1997, 24; ihm zustimmend *Heinrichs*, NJW 1997, 1414; für Vereinbarkeit hingegen LG Tübingen NJW-RR 2003, 1379; *Pauly*, MDR 2003, 126. Der BGH sieht sich nicht gehindert, Klauseln, die ihrem Regelungsgehalt nach unter §§ 308 Nr. 5 oder 309 Nr. 8 b) ff) fallen, einer Inhaltskontrolle nach § 307 zu unterziehen (BGH NZBau 2008, 640, 644).
[14] Vgl. die Gesetzesbegründung BT-Drucks. 14/6040.
[15] So die h. M. *Ulmer/H. Schmidt*, § 308 Nr. 5 Rdn. 14; *Staudinger-Coster-Waltjen*, § 308 Nr. 5 Rdn. 9; *Joussen*, BauR 2002, 1766; a. A. *Voppel*, NZBau 2003, 9.
[16] BGH NJW 2004, 1597; hierzu *Hartung*, NJW 2004, 2139.
[17] Ist die VOB nicht als Ganzes vereinbart worden, so verstößt beispielsweise die **Schlusszahlungsklausel** nach § 16 Nr. 3 II bis V VOB/B a. F. gegen § 307; vgl. BGH NJW 1998, 2053 (2054). Vgl. ferner BGH NJW 1999, 942 (943).
[18] BGH NJW 1983, 816.
[19] BGH NZBau 2008, 640 (642 ff.).
[20] OLG Koblenz NJW 1989, 2951; *Löwe/Graf von Westphalen*/Trinkner, § 10 Nr. 5 AGBG Rdn. 8 mit Hinweis auf die häufig in Form von Abwehrklauseln, insbesondere im kaufmännischen Verkehr vorkommenden Fiktionsklauseln; Palandt-*Grüneberg*, § 308 Rdn. 25.
[21] BGH NJW 1985, 53 (Automaten-Aufstellvertrag).
[22] Hierzu *Woitkewitsch*, MDR 2006, 541.

2. Erklärungsfiktionen

648 § 308 Nr. 5 handelt nur von **Erklärungs**fiktionen, also Klauseln, wonach eine Erklärung des Kunden, etwa eine solche der Annahme, der Ablehnung, der Genehmigung oder des Rücktritts als abgegeben oder nicht abgegeben gilt, ohne dass es auf das wirkliche Erklärungsverhalten ankommt. Nicht in den Anwendungsbereich des § 308 Nr. 5 fallen hingegen sog. **Tatsachenfiktionen,** bei denen nicht Erklärungen des Kunden, sondern Tatsachen oder Vorgänge als gegeben oder geschehen bzw. als nicht gegeben oder nicht geschehen fingiert werden. Die Zulässigkeit von Tatsachenfiktionen und -bestätigungen ist nach § 309 Nr. 12 oder – im Falle einer Tatsachenfiktion in der Sonderform der Zugangsfiktion – nach § 308 Nr. 6 zu beurteilen.[23] Die Abgrenzung erfolgt danach, ob es sich um eine Erklärung mit materiell-rechtlicher Bedeutung handelt. Dann ist Nr. 5 anwendbar.[24] Erklärungsfiktionen im Sinne des § 308 Nr. 5 sind zudem dadurch gekennzeichnet, dass der Beweis des Gegenteils nicht möglich ist.

Beispiel: Eine Tatsachenfiktion stellt die sog. **Vorkenntnisklausel in Maklerverträgen** dar, wonach bei Ausbleiben einer gegenteiligen Anzeige das dem Kunden nachgewiesene Objekt als diesem vorher nicht bekannt gilt.[25]

649 Erfasst werden neben Fiktionen auch Klauseln, die im Sinne einer **unwiderlegbaren Vermutung** formuliert sind und im Ergebnis auf dieselbe Rechtsfolge zielen.[26] Sähe man dies anders, so könnte der Verwender durch eine einfache Umstellung des Wortlauts seiner Klausel den einschränkenden Voraussetzungen des § 308 Nr. 5 entgehen.

650 Eine weitere Einschränkung des Anwendungsbereichs des § 308 Nr. 5 ergibt sich daraus, dass dieses Verbot nur Klauseln betrifft, die Erklärungen des Vertragspartners fingieren. **Erklärungsfiktionen des Verwenders** sind demgegenüber weniger problematisch und im Bedarfsfall an § 307 zu messen.[27]

3. Wirksamkeitsschranken

651 Die intendierte Wirkung einer vorformulierten Erklärungsfiktion tritt nach § 308 Nr. 5 unter **zwei kumulativ zu erfüllenden Mindestvoraussetzungen** ein. Die dort genannten, in den Klauseltext aufzunehmenden Zusätze, nämlich das Setzen einer angemessenen Erklärungsfrist sowie der Hinweis auf das Eintreten der Fiktion, sollen es dem Kunden ermöglichen, die rechtliche Bedeutung seines Verhaltens erkennen und entsprechend reagieren zu können.[28] Weitere Wirksamkeitsanforderungen können sich darüber hinaus aus den §§ 307 ff. ergeben. Im Einzelnen gilt Folgendes:

a) Angemessene Erklärungsfrist

652 Zunächst muss dem Kunden bereits in den Allgemeinen Geschäftsbedingungen eine angemessene Frist zur Abgabe einer ausdrücklichen Erklärung eingeräumt werden. Die Angemessenheit der Frist hängt von den Umständen des Einzelfalles ab. Es sind für die Beurteilung der Angemessenheit die bei Geschäften der vorliegenden Art typischen Umstände heranzuziehen. Als angemessen wird meist eine **Frist von zumindest ein bis zwei**

---

[23] *Ulmer/H. Schmidt,* § 308 Nr. 5 Rdn. 11; *Palandt-Grüneberg,* § 308 Rdn. 25; abweichend hingegen *Koch/Stübing,* § 10 Nr. 5 AGBG Rdn. 3.
[24] *Wolf,* § 10 Nr. 5 AGBG Rdn. 10; *Palandt-Grüneberg,* § 308 Rdn. 25.
[25] Sie wird daher folgerichtig dem Klauselverbot des § 309 Nr. 12 unterstellt, vgl. AGB-Klauselwerke-*Vogt,* Maklervertrag, Rdn. 78; *Stübing,* NJW 1978, 1611; *Ulmer/Brandner/Hensen-H. Schmidt,* § 308 Nr. 5 Rdn. 9.
[26] Allgemeine Meinung: vgl. *Wolf,* § 10 Nr. 5 AGBG Rdn. 4; Schlosser/*Coester-Waltjen*/Graba, § 10 Nr. 5 AGBG Rdn. 1.
[27] *Wolf,* § 10 Nr. 5 AGBG Rdn. 18.
[28] BGH NJW 1985, 617 (618); Ulmer/*H. Schmidt,* § 308 Nr. 5 Rdn. 2.

§ 23. Fingierte Erklärungen

Wochen angesehen,[29] bei komplizierteren Geschäftsvorgängen kann sogar eine zweiwöchige Frist zu kurz bemessen sein.[30] Unwirksam ist regelmäßig das Verlangen einer unverzüglichen oder sofortigen Erklärung.[31] Eine Ausnahme wird man lediglich für unaufschiebbare Geschäftsvorgänge in Erwägung ziehen können, wenn rasches Handeln vom typischen Kundenkreis erwartet werden kann (Beispiel: Wertpapiergeschäfte).[32] Die genaue Länge der Frist muss in den Allgemeinen Geschäftsbedingungen noch nicht genannt werden. Zulässig ist insbesondere die Setzung einer „angemessenen Frist" in den Allgemeinen Geschäftsbedingungen, die dann vom Verwender im Einzelfall näher bestimmt wird.[33]

b) Besonderer Hinweis auf die Bedeutung des Verhaltens

Die Klausel selbst muss zunächst die Verpflichtung des Verwenders zu einem besonderen **653** Hinweis an den Kunden enthalten. Ferner muss bei Fristbeginn ein gesonderter Hinweis auf die Erklärungsfiktion erfolgen. Der AGB-Kunde muss darüber belehrt werden, welche Bedeutung seinem Verhalten zugemessen wird, indem ihm die Rechtsfolge und die Möglichkeit des Widerspruchs aufgezeigt werden. Der Hinweis muss klar und deutlich sein und von der Gestaltung her auffallen. Dabei genügt es wiederum, wenn der Verwender den Gesetzeswortlaut des § 308 Nr. 5 Buchst. b übernimmt.[34]

Beispiele:
(1) Den Anforderungen des § 308 Nr. 5 wird daher **Nr. 1 Abs. 2 AGB-Banken** (Fassung 2002) gerecht. Diese Ziffer hat folgenden Wortlaut: „Änderungen dieser Geschäftsbedingungen und der Sonderbedingungen werden dem Kunden schriftlich bekanntgegeben. Sie gelten als genehmigt, wenn der Kunde nicht schriftlich oder auf dem vereinbarten elektronischen Weg Widerspruch erhebt. Auf diese Folge wird ihn die Bank bei der Bekanntgabe besonders hinweisen. Der Kunde muss den Widerspruch innerhalb von sechs Wochen nach Bekanntgabe der Änderungen an die Bank absenden."
(2) In Arbeitsverträgen dürfte folgende Klausel zulässig sein: „Bietet der Arbeitgeber dem Arbeitnehmer eine **Änderung des Arbeitsvertrages** an und lehnt der Arbeitnehmer dieses Angebot nicht innerhalb der vom Arbeitgeber bestimmten Frist ab, so gilt das Angebot als angenommen; der Arbeitsvertrag ändert sich entsprechend. Der Arbeitgeber wird den Arbeitnehmer bei Beginn der Frist besonders darauf hinweisen, dass Schweigen die Änderung des Arbeitsvertrages zur Folge hat."[35]

c) Berechtigtes Interesse des Verwenders

Aus der Erfüllung der Voraussetzungen des § 308 Nr. 5 kann noch nicht ohne weiteres **654** auf die Wirksamkeit der Fiktionsklausel geschlossen werden. Für eine formularmäßig

---

[29] *Wolf*, § 10 Nr. 5 AGBG Rdn. 23 (eine Woche für normale Geschäfte); Schlosser/*Coester-Waltjen*/Graba, § 10 Nr. 5 AGBG Rdn. 23 (mindestens eine Woche); Palandt-*Grüneberg*, § 308 Rdn. 26 (untere Grenze: ein bis zwei Wochen); kritisch hierzu Löwe/*Graf von Westphalen*/Trinkner, § 10 Nr. 5 AGBG Rdn. 15, wonach keine allgemeine Regel aufgestellt werden könne, vielmehr vergleichbare typische Fälle heranzuziehen seien. Für eine deutlich längere Mindestfrist von 6 Wochen *Bamberger/Roth-Becker*, § 308 Nr. 5.
[30] LG Dortmund NJW-RR 1986, 1170 (Zinsanpassung für Hypothekendarlehen); in diese Richtung tendierend auch BGH NJW 1985, 617 (618) (Konditionenanpassung für Darlehensbedingungen).
[31] Palandt-*Grüneberg*, § 308 Rdn. 26.
[32] Ebenso *Ulmer/H. Schmidt*, § 308 Nr. 5 Rdn. 11 im Hinblick auf die Genehmigungsfiktion in Nr. 32 AGB der Banken Fassung 1988; *Wolf*, § 10 Nr. 5 AGBG Rdn. 23; a.A. *Bamberger/Roth-Becker*, § 308 Nr. 5 Rdn. 15.
[33] *Wolf*, § 10 Nr. 5 AGBG Rdn. 24; *Ulmer/H. Schmidt*, § 308 Nr. 5 Rdn. 11; *Staudinger-Coester-Waltjen*, § 308 Nr. 5 Rdn. 13; a.A. *Erman-Roloff*, § 308 Rdn. 45.
[34] *Ulmer/H. Schmidt*, § 308 Nr. 5 Rdn. 12.
[35] *Hromadka/Schmitt-Rolfes*, Der unbefristete Arbeitsvertrag, 2006, S. 128; näher *Hromadka*, in: FS für Richardi, 2007, S. 257.

getroffene Erklärungsfiktion wird in Übernahme des Prüfungsmaßstabes des § 307 zudem verlangt, dass der Verwender ein **berechtigtes Interesse am Eintritt der Fiktion** für sich reklamieren kann.[36] Ein solches kann sich insbesondere aus organisatorischen Bedürfnissen des Massenverkehrs, die wiederkehrenden Geschäfte möglichst einfach abzuwickeln, ergeben.[37]

Beispiele:
(1) Ein beachtliches Rationalisierungsbedürfnis besteht regelmäßig für Genehmigungsfiktionen bei der Abwicklung von **Bank- und Versicherungsgeschäften.**[38]
(2) Für eine Regelung in den Vertragsbedingungen **für Krankenhausbehandlungsverträge,** nach der vom Patienten zurückgelassene Sachen nach erfolgloser Aufforderung zur Abholung in das Eigentum des Krankenhausträgers übergehen, ist ein berechtigtes Interesse des Krankenhausträgers bejaht worden.[39]

655 Bei der Abfassung entsprechender Klauseln ist darauf zu achten, dass sie dem Verwender nicht eine Handhabe geben, das Vertragsgefüge insgesamt umzugestalten, insbesondere das **Äquivalenzverhältnis von Leistungen und Gegenleistungen** erheblich zu seinen Gunsten zu verschieben und damit die Position seines Vertragspartners zu entwerten. Für solche weitreichenden, die Grundlagen der rechtlichen Beziehungen der Parteien betreffenden Änderungen ist ein den Erfordernissen der §§ 145 ff. genügender Änderungsvertrag notwendig. Eine Zustimmungsfiktion reicht hierfür auch unter Berücksichtigung der berechtigten Interessen der Kunden der Bekl. nicht aus.[40] Zur Durchsetzung von Preisänderungen kann somit nicht auf § 308 Nr. 5 zurückgegriffen werden.

d) Inhaltliche Vereinbarkeit der fingierten Erklärung mit den §§ 307 ff.

656 Schließlich muss die fingierte Erklärung ihrem Inhalte nach mit den §§ 307 ff. vereinbar sein.[41]

Beispiel: Unzulässig wäre eine Klausel, die einen Verzicht auf Mängelgewährleistungsansprüche fingiert.

III. Rechtsfolge des Fehlens einer der Voraussetzungen

657 Fehlt eine der genannten Voraussetzungen, so hat dies die **Unwirksamkeit der gesamten Klausel** zur Folge. Eine in den Allgemeinen Geschäftsbedingungen vorgeschriebene unangemessen kurze Frist wird nicht etwa in eine angemessene umgewandelt. Allerdings soll in dem Fall, dass in den Allgemeinen Geschäftsbedingungen noch keine konkrete Länge der Frist angegeben ist und diese bei späterer Fristsetzung unangemessen kurz ausfällt, statt dieser dann eine angemessene Frist gelten.[42]

Die Fiktionswirkung tritt auch dann nicht ein, wenn der Verwender, obwohl die Klausel selbst keine entsprechende Verpflichtung enthält, eine angemessene Frist zur Erklärung setzt und auf die Bedeutung des Verhaltens des Kunden hinweist.[43] Denn dies würde

---
[36] OLG Düsseldorf NJW-RR 1988, 884 (886); *Ulmer/H. Schmidt*, § 308 Nr. 5 Rdn. 9; *Wolf*, § 10 Nr. 5 AGBG Rdn. 20; Palandt-*Grüneberg*, § 308 Rdn. 27; *Staudinger-Coester-Waltjen*, § 308 Nr. 5 Rdn. 2.
[37] BGH NJW 1990, 761 (763); *Ulmer/H. Schmidt*, § 308 Nr. 5 Rdn. 7.
[38] *Ulmer/H. Schmidt*, § 308 Nr. 5 Rdn. 7.
[39] BGH NJW 1990, 761 (763).
[40] BGH NJW-RR 2008, 134 (136).
[41] So schon *Stübing*, NJW 1978, 1609.
[42] *Ulmer/H. Schmidt*, § 308 Nr. 5 Rdn. 17.
[43] *Ulmer/H. Schmidt*, § 308 Nr. 5 Rdn. 10; offen gelassen von BGH NJW 1985, 617 (618 f.).

dem Vertrauen des Vertragspartners, dass die Fiktionswirkungen nur unter den im Klauseltext genannten Voraussetzungen eintreten, nicht gerecht werden. Das Gesetz möchte die überraschende Konfrontation mit Erklärungsfiktionen generell ausschließen.

IV. Unternehmerischer Geschäftsverkehr

Werden Fiktionsklauseln gegenüber Unternehmern verwandt, so sind diese anhand der Generalklausel des § 307 zu überprüfen (§ 310 Abs. 1 S. 2). Zwar kann auch im unternehmerischen Geschäftsverkehr ein Schutzbedürfnis gegenüber vorformulierten Erklärungsfiktionen bestehen. Auf der anderen Seite kann von diesem Personenkreis ein höheres Maß an Sorgfalt und eine größere Geschäftserfahrung erwartet werden, so dass die **Übernahme der strengen und formalen Anforderungen nicht gerechtfertigt ist.** Insbesondere die Hinweispflicht kann im unternehmerischen Geschäftsverkehr entbehrlich sein.[44] Ferner ist zu berücksichtigen, dass dem Schweigen im Handelsverkehr mitunter rechtsgeschäftliche Bedeutung zukommt, z.B. beim kaufmännischen Bestätigungsschreiben und bei der Wertung des Schweigens als Zustimmung, wenn nach Treu und Glauben eine Rechtspflicht zum Widerspruch besteht. Diese Grundsätze dürfen nicht im Wege einer zu strengen Inhaltskontrolle nach § 307 außer Kraft gesetzt werden. Eine Indizwirkung des § 308 Nr. 5 im Rahmen der Inhaltskontrolle nach § 307 ist daher abzulehnen.[45] Im unternehmerischen Verkehr liegt der Schwerpunkt eher bei einer materiellen, nach einem anerkennenswerten Bedürfnis fragenden Überprüfung.[46]

658

§ 24. Zugangsfiktionen

I. Ausgangslage und Regelungsanliegen des § 308 Nr. 6

Empfangsbedürftige Willenserklärungen werden nach § 130 Abs. 1 Satz 1, der auf geschäftsähnliche Handlungen (z.B. Mahnung oder Mängelrüge nach § 377 HGB) entsprechend anwendbar ist, mit ihrem Zugang beim Erklärungsgegner wirksam. Ferner ist der Zugang als Voraussetzung für die Erfüllung von Informationspflichten bedeutsam. Die Beweislast für den Zugang liegt beim Erklärenden[1]. Die Rechtsprechung kommt ihm in diesem Punkte auch nicht mit Beweiserleichterungen entgegen. Ein Beweis des ersten Anscheins spricht nicht dafür, dass ein Einschreibebrief den Adressat erreicht hat.[2] Desweiteren genügt weder die Vorlage des O.K.-Vermerks auf dem Sendebericht, um den Zugang eines Fax-Schreibens beim Empfänger zu beweisen[3], noch der bloße Absendenachweis für

659

---

[44] *Ulmer/H. Schmidt*, § 308 Nr. 5 Rdn. 18; *Staudinger-Coester-Waltjen*, § 308 Nr. 5 Rdn. 17; abw. *Bamberger/Roth-Becker*, § 308 Nr. 5 Rdn. 27.
[45] Wie hier *Wolf*, § 10 Nr. 5 AGBG Rdn. 35; *Ulmer/H. Schmidt*, § 308 Nr. 5 Rdn. 18; *Thamm/Pilger*, § 10 Nr. 5 AGBG Rdn. 7; a.A. *Bamberger/Roth-Becker*, § 308 Nr. 5 Rdn. 27 und offenbar auch BGH NJW 1988, 55 (57).
[46] *Ulmer/H. Schmidt*, § 308 Nr. 5 Rdn. 18.
[1] Vgl. etwa BGH NJW 1978, 886 für Zugang eines kaufmännischen Bestätigungsschreibens und BGH NJW 1987, 2235 (2236) für Zugang einer Mängelanzeige im Sinne des § 377 HGB.
[2] BGH NJW 1996, 2033 (2035); anders nur bei Einwurfeinschreiben, wenn der Briefkasteneinwurf ordnungsgemäß dokumentiert wurde, a.A. AG Kempten NJW 2007, 1215 mit abl. Anm. *Pütz*, NJW 2007, 2450.
[3] BGH NJW 1995, 665 (667): allenfalls Indiz für den Zugang, nicht aber Anscheinsbeweis.

den Zugang einer E-Mail.⁴ Für den Verwender liegt es nahe, sich der **ungünstigen Beweislage** dadurch zu entledigen, dass er in seine Allgemeinen Geschäftsbedingungen eine Fiktion des Zugangs seiner Erklärungen beim Kunden aufnimmt. Für den Kunden wiederum bergen solche Klauseln die Gefahr, dass ihn die unter Umständen nachteiligen Erklärungsfolgen treffen, obwohl ihm die besagte Erklärung tatsächlich nicht zugegangen ist.

660   Eine rigorose Lösung sah zunächst der Regierungsentwurf vor: die Fiktion des Zugangs von Willenserklärungen in Allgemeinen Geschäftsbedingungen sollte strikt verboten sein.⁵ Auf Intervention des Rechtsausschusses wurden dann jedoch Zugangsfiktionen im Interesse des Massengeschäfts der Banken an einfacherer und kostengünstigerer Organisation nur für Erklärungen des Verwenders von besonderer Bedeutung verboten.⁶

661   In § 308 Nr. 6 ist nun eine Bestimmung in Allgemeinen Geschäftsbedingungen verboten, die vorsieht, dass eine Erklärung des Verwenders von besonderer Bedeutung dem anderen Vertragsteil als zugegangen gilt. Das konkretisierungsbedürftige Kriterium der „besonderen Bedeutung" hat den Gesetzgeber bewogen, den Verbotstatbestand in den Katalog der Klauselverbot mit Wertungsmöglichkeit einzustellen.

662   § 308 Nr. 6 stellt für den Bereich der Zugangsfiktionen eine **Sonderregelung zu § 309 Nr. 12** dar, der grundsätzlich Tatsachenfiktionen unter dem Gesichtspunkt der Beweislastveränderung erfasst.⁷ So gesehen handelt es sich bei § 308 Nr. 6 um keine eigenständige Schranke der Vertragsfreiheit, sondern um eine Begrenzung des § 309 Nr. 12 und damit um eine **partielle Zulassung von Zugangsfiktionen.**⁸

II. Inhalt des Verbots

1. Fiktion des Zugangs

663   § 308 Nr. 6 findet Anwendung, wenn der tatsächliche Zugang als Voraussetzung für das Wirksamwerden einer Erklärung des Verwenders durch ein anderes Ereignis ersetzt wird.⁹ Dabei macht es keinen Unterschied, ob das Ergebnis rechtstechnisch durch eine Fiktion („gilt als zugegangen") oder im Wege einer unwiderlegbaren oder widerlegbaren Vermutung („wird der Zugang unwiderleglich vermutet") erreicht wird.¹⁰

Beispiel: „Schriftliche Mitteilungen der Bank gelten nach dem gewöhnlichen Postlauf als zugegangen, wenn sie an die letzte der Bank bekannt gewordene Anschrift des Kunden abgesandt worden sind."¹¹

664   Keine Fiktion begründet eine Klausel, wonach mehrere Vertragspartner sich gegenüber dem Verwender gegenseitig **Empfangsvollmacht** erteilen. Eine solche Vollmachtsklausel fällt daher nicht unter § 308 Nr. 6. Sie kann jedoch nach § 307 unwirksam sein.¹²

---

⁴ Anders nur, wenn Eingangs- und Lesebestätigungen vorgelegt werden können, vgl. *Mankowski*, NJW 2004, 1901.
⁵ Vgl. § 9 Nr. 15 Buchst. c) des RegE BT-Drucks. 7/3919, S. 6 und die dieser Vorschrift beigegebene Begründung BT-Drucks. 7/3919, S. 39.
⁶ Vgl. Bericht des Rechtsausschusses BT-Drucks. 7/5422, S. 7.
⁷ *Palandt-Grüneberg*, § 308 Rdn. 31 und Löwe/*Graf von Westphalen*/Trinkner, § 10 Nr. 6 AGBG Rdn. 4 mit dem Hinweis, dass etwas anderes gelten könne, wenn in der Klausel neben der Zugangsfiktion auch noch eine Änderung der Darlegungs- und Beweislast geregelt werde.
⁸ *Palandt-Grüneberg*, § 308 Rdn. 31.
⁹ *Ulmer/H. Schmidt*, § 308 Nr. 6 Rdn. 5.
¹⁰ *Wolf* § 10 Nr. 6 AGBG Rdn. 4; *Ulmer/H. Schmidt*, § 308 Nr. 6 Rdn. 5; Löwe/*Graf von Westphalen*/Trinkner, § 10 Nr. 6 AGBG Rdn. 6; Schlosser/*Coester-Waltjen*/Graba, § 10 Nr. 6 AGBG Rdn. 5.
¹¹ Nr. 1 Abs. 2 der AGB-Banken in der bis Ende 1992 geltenden Fassung; die neugefassten AGB-Banken kommen nunmehr ohne Zugangsfiktionen aus.
¹² BGH NJW 1989, 2383 (Ratenkreditvertrag); BGH NJW 1997, 3437 (3439f.) (Mietvertrag), mit Anm. *H. Roth*, JZ 1998, 250ff.

Unter § 308 Nr. 6 fallen lediglich Klauseln, die den Zugang fingieren, nicht aber solche, 665
die die tatsächliche Kenntnis der Erklärung als gegeben unterstellen. Solche **Erklärungsfiktionen** sind an § 308 Nr. 5 zu messen.[13]

Nicht erfasst werden von § 308 Nr. 6 schließlich **Absendevermutungen**. Sie sind nach 666
§ 309 Nr. 12 unzulässig.[14]

2. Erklärungen von besonderer Bedeutung

Die Vorschrift betrifft den Zugang von Erklärungen des Verwenders und Dritter, deren 667
Erklärungen dem Verwender zuzurechnen sind.[15] Unter solchen Erklärungen sind nicht nur Willenserklärungen und geschäftsähnliche Handlungen, sondern Mitteilungen aller Art zu verstehen.[16]

Die unglückliche Formulierung „Erklärungen von besonderer Bedeutung" könnte zu 668
der Annahme verleiten, nur wenige herausgehobene Erklärungen seien hiervon erfasst. Das Gegenteil ist jedoch richtig. Von besonderer Bedeutung sind nach ganz h.M. **alle Erklärungen, die für den Vertragspartner mit nachteiligen Rechtsfolgen verbunden sind.**[17]

Beispiele:
(1) Rechtliche Nachteile erwachsen dem Kunden nicht nur aus der Ausübung von Gestaltungsrechten (z.B. Kündigung[18] und Rücktritt) sondern auch aus Mahnungen[19] und Nachfristsetzungen.
(2) Besondere Bedeutung kommt auch den mit einem Angebot auf Abschluss eines Feststellungsvertrages verbundenen Rechnungsabschlüssen zu.[20]
(3) Im Bankbereich werden allgemein Tagesauszüge nicht als Erklärungen von besonderer Bedeutung angesehen.[21]

Der weiten Interpretation der Wendung „Erklärung von besonderer Bedeutung" ist im 669
Hinblick auf die Gesetzgebungsgeschichte zuzustimmen. Der mit dieser Formulierung verfolgte Zweck bestand lediglich darin, Zugangsfiktionen für einfache Bankmitteilungen zuzulassen. Die Folge ist, dass nur relativ wenige Anzeigen und Mitteilungen vom Verbotstatbestand ausgenommen sind. Zugangsfiktionen für solche Erklärungen (ohne besondere Bedeutung) unterliegen einer Inhaltskontrolle nach § 307. Doch wird die mangelnde rechtliche Relevanz in den meisten Fällen für ihre Angemessenheit ins Feld geführt werden können.[22] Für zulässig wird man es erachten müssen, wenn sich der Verwender auf den Gesetzeswortlaut bezieht.[23]

Beispiel: „Erklärungen, die nicht von besonderer Bedeutung sind, gelten als zugegangen, wenn sie an den Kunden abgesandt worden sind."

---

[13] *Wolf*, § 10 Nr. 6 AGBG Rdn. 3.
[14] *Palandt-Grüneberg*, § 308 Rdn. 32.
[15] *Wolf*, § 10 Nr. 6 AGBG Rdn. 6.
[16] *MünchKomm-Kieninger*, § 308 Rdn. 5.
[17] OLG Oldenburg WM 1992, 1181 (1183); *Ulmer/H. Schmidt*, § 308 Nr. 6 Rdn. 7; *Palandt-Grüneberg*, § 308 Rdn. 33; einschränkend für Erklärungen, die dem Kunden nur unwesentliche Nachteile bringen, *Wolf*, § 10 Nr. 6 AGBG Rdn. 9.
[18] BayObLG NJW 1980, 2818 (2820); OLG Hamburg VersR 1981, 125.
[19] OLG Hamburg VersR 1981, 125; OLG Stuttgart BB 1979, 908.
[20] BGH NJW 1985, 2699; OLG Oldenburg NJW 1992, 1840.
[21] BGH NJW 1979, 1164.
[22] *Ulmer/H. Schmidt*, § 308 Nr. 6 Rdn. 7; *Wolf*, § 10 Nr. 6 Rdn. 14 („Umkehrschluss").
[23] OLG Hamburg WM 1986, 385; *Locher*, Recht der AGB, S. 135; *Ulmer/H. Schmidt*, § 308 Nr. 6 Rdn. 8; a.A. *MünchKomm-Kieninger*, § 308 Nr. 6 Rdn. 5 und *Bamberger/Roth-Becker*, § 308 Nr. 6 Rdn. 20.

III. Rechtsfolgen eines Verstoßes

670 Im Hinblick auf die Rechtsfolgen eines Verstoßes gegen § 308 Nr. 6 sind zwei Fallkonstellationen zu unterscheiden. Zum einen kann es sich so verhalten, dass die Klausel pauschal für alle Erklärungen des Verwenders eine Zugangsfiktion aufstellt. In diesem Fall erstreckt sich die Unwirksamkeit auf die gesamte Klausel[24]. Zählt die Klausel hingegen die Anwendungsfälle im Einzelnen auf, für die eine Zugangsfiktion gelten soll, so lassen sich die unzulässigen Teile unter Aufrechterhaltung der Klausel im Übrigen herausstreichen.[25] Ist die Zugangsfiktion hiernach unwirksam, so verbleibt es bei der gesetzlichen Rechtslage, d. h. der Verwender muss den Zugang seiner Erklärung beweisen.

IV. Unternehmerischer Geschäftsverkehr

671 Für den unternehmerischen Verkehr ergibt sich die Unwirksamkeit der Zugangsfiktionen aus § 307 unter Zugrundelegung der Wertung des § 308 Nr. 6,[26] wobei „Erklärungen von besonderer Bedeutung" hier aber nachteilige Wirkungen von einigem Gewicht voraussetzen.[27] Hierbei ist für die Mängelrüge gem. § 377 HGB der gesetzliche Ausnahmetatbestand des § 377 Abs. 4 HGB (rechtzeitige Absendung der Anzeige genügt zur Erhaltung der Rechte des Käufers) zu berücksichtigen. Zugangsfiktionen, die von dieser Regelung nicht abweichen, sind auch nicht nach § 307 Abs. 2 Nr. 1 unwirksam.[28]

§ 25. Formerschwerungen

Literatur: *Dürr,* Thesen zu Schriftform und Zugangserfordernissen i. S. von § 11 Nr. 16 AGB-Gesetz, BB 1978, 1546.

I. Allgemeines, Zweck des § 309 Nr. 13

672 Nach § 309 Nr. 13 ist eine Bestimmung in Allgemeinen Geschäftsbedingungen unwirksam, durch die Anzeigen oder Erklärungen, die dem Verwender oder einem Dritten gegenüber abzugeben sind, an eine strengere Form als die Schriftform oder an besondere Zugangserfordernisse gebunden werden. Solche Bestimmungen erschweren dem Kunden die Wahrnehmung seiner vertraglichen Rechte. Sie werden leicht übersehen oder vergessen mit der Folge, dass der Kunde einen unverhältnismäßigen Rechtsnachteil erleidet.[1] Dem Kunden soll die Freiheit bleiben, bestimmte Form- und Zugangserfordernisse aus Beweisgründen freiwillig zu erfüllen ohne dass diese ihm vorgeschrieben werden.[2] § 309 Nr. 13 lässt sich als „Gegenstück" zu § 308 Nr. 6 begreifen.[3] Während dort Nachweiserleicherungen für den Zugang von Erklärungen des Verwenders in Form von Zugangsfik-

---

[24] *Ulmer/H. Schmidt,* § 308 Nr. 6 Rdn. 9; *Locher,* Recht der AGB, S. 135.
[25] *Ulmer/H. Schmidt,* § 308 Nr. 6 Rdn. 9.
[26] OLG Hamburg WM 1986, 383 (385); *Palandt-Grüneberg,* § 308 Rdn. 34.
[27] So zutreffend *Ulmer/H. Schmidt,* § 308 Nr. 6 Rdn. 9; tendenziell auch *Thamm/Pilger,* § 10 Nr. 6 AGBG Rdn. 4; im Sinne absoluten Gleichklangs mit dem nichtunternehmerischen Verkehr hingegen *Löwe/Graf von Westphalen*/Trinkner, § 10 Nr. 6 AGBG Rdn. 14.
[28] *Löwe/Graf von Westphalen*/Trinkner, § 10 Nr. 6 AGBG Rdn. 14.
[1] So schon die Regierungsbegründung BT-Drucks. 7/3919, S. 39.
[2] *Wolf,* § 11 Nr. 16 AGBG Rdn. 2.
[3] So treffend *Dittmann/Stahl,* Rdn. 602.

tionen eingeschränkt werden, hat § 309 Nr. 13 den umgekehrten Fall vor Augen: der Erschwerung von Erklärungen des Kunden gegenüber dem Verwender soll entgegengewirkt werden.

II. Inhalt des Verbots

§ 309 Nr. 13 erfasst **alle Arten von Erklärungen des Kunden** in Bezug auf die Abwicklung, Durchführung und Beendigung des Vertragsverhältnisses. Dabei kann es sich um Willenserklärungen wie z. B. Anfechtungs-, Rücktritts- oder Kündigungserklärungen oder um geschäftsähnliche Handlungen wie z. B. Mahnungen oder Mängelanzeigen handeln. Die Vorschrift gilt nur für Erklärungen des Kunden, nicht für die des Verwenders, auch nicht für vertragliche Abreden.[4] **Zweistufige Ausschlussfristen in Arbeitsverträgen** hat das BAG nicht an § 309 Nr. 13 gemessen, da jedenfalls die angemessene Berücksichtigung der im Arbeitsrecht geltenden Besonderheiten (§ 310 Abs. 4 Satz 2 Halbs. 1) es gebiete, sie zuzulassen. Sie dienten seit langem der im Arbeitsleben anerkanntermaßen besonders gebotenen raschen Klärung von Ansprüchen und der Bereinigung offener Streitpunkte.[5] Es bleibt die Inhaltskontrolle auf der Grundlage der Generalklausel (§ 307). Unwirksam sind hiernach vorformulierte Ausschlussfristen von weniger als drei Monaten[6] sowie solche, die allein Ansprüche des Arbeitnehmers erfassen.[7] 673

Eine verbotene **strengere Form als die Schriftform** ist in jeder über die in §§ 126, 127 aufgestellten Anforderungen (eigenhändige Unterzeichnung der Urkunde) hinausgehenden Vorgabe zu sehen. Unwirksam sind daher nicht nur Abreden, die für Erklärungen des Kunden notarielle Beurkundung (§ 128) oder öffentliche Beglaubigung (§ 129) vorschreiben.[8] Auch sonstige Erschwerungen werden erfasst. 674

Beispiele:
(1) Erklärungen des Kunden sind **eigenhändig** abzufassen oder müssen die Angabe des Ortes enthalten.[9]
(2) Auch die Beschränkung auf **bestimmte Übermittlungsarten** (z. B. „im Interesse schnellstmöglicher Bearbeitung nur per Telefax") stellt sich im Ergebnis als eine Verschärfung der gewöhnlichen Schriftform dar.[10]
(3) Nicht ganz unumstritten ist, ob die **Verwendung bestimmter Formulare** zur Wirksamkeitsvoraussetzung für die Abgabe von Erklärungen und Anzeigen des Kunden erhoben werden darf. Richtiger Ansicht nach ist dies zu verneinen.[11] Der BT-Rechtsausschuss war zwar offenbar der Meinung, durch die im Gesetzgebungsverfahren erreichte Ersetzung der „einfachen Schriftform" durch „Schriftform" den Benutzungszwang für Formulare zugelassen zu haben.[12] Im Gesetzeswortlaut findet diese Ansicht jedoch keine Stütze. Die notwendigen Elemente der Schriftform sind in §§ 126, 127 abschließend genannt. Die Pflicht, sich bestimmter Formulare zu bedienen, geht eindeutig darüber hinaus. Die hier vertretene Meinung mißachtet auch nicht das Bedürfnis nach einer rationellen Gestaltung der Geschäftsabwicklung. Den Verwendern bleibt es nämlich

---

[4] *Erman-Roloff*, § 309 Rdn. 156; *Wolf*, § 11 Nr. 16 AGBG Rdn. 5; zu Schriftformklauseln vgl. im Übrigen Rdn. 349 ff.
[5] BAG NZA 2005, 1111 (1113).
[6] BAG NZA 2005, 1111 (1114); 2006, 149 (153); 2008, 293 (294).
[7] BAG NZA 2006, 324 (326).
[8] *Wolf*, § 11 Nr. 16 AGBG Rdn. 7.
[9] *Staudinger-Coester-Waltjen*, § 309 Nr. 13 Rdn. 5.
[10] *Staudinger-Coester-Waltjen*, § 309 Nr. 13 Rdn. 5; Palandt-*Grüneberg*, § 309 Rdn. 105.
[11] Wie hier OLG München NJW-RR 1987, 661 (664); OLG Schleswig NJW-RR 2001, 818; MünchKomm-*Kieninger*, § 309 Nr. 13 Rdn. 4; *Wolf*, § 11 Nr. 16 AGBG Rdn. 7; Ulmer/Hensen, § 309 Nr. 13 Rdn. 5; Palandt-*Grünberg*, § 309 Rdn. 105; *Staudinger-Coester-Waltjen*, § 309 Nr. 13 Rdn. 5; a. A. Dietlein/Rebmann, § 11 Nr. 16 AGBG Rdn. 2.
[12] Vgl. BT-Drucks. 7/5422, S. 10.

unbenommen, ihren Kunden die Benutzung bestimmter Formulare nahe zu legen und ihnen zu diesem Zwecke entsprechende Vordrucke zu übersenden. Nur zum Wirksamkeitserfordernis darf die Benutzung nicht gemacht werden.

675 Wenn § 309 Nr. 13 formuliert, dass keine strengere Form als die Schriftform verlangt werden kann, so gibt der Gesetzgeber damit zu erkennen, dass die **Schriftform für Erklärungen des Kunden** (nicht dagegen für vertragliche Abreden) im Allgemeinen vorgeschrieben werden darf.[13]

676 Ferner verbietet § 309 Nr. 13 dem Verwender **besondere Zugangserfordernisse** für Erklärungen und Anzeigen des Kunden in Allgemeinen Geschäftsbedingungen aufzustellen. Wann eine Willenserklärung zugegangen ist, ist in §§ 130 ff. geregelt. Zugang im Sinne des § 130 meint, dass die Erklärung derart in den Machtbereich des Empfängers gelangt ist, dass unter normalen Umständen mit der Kenntnisnahme zu rechnen ist.[14] Davon abweichende Vorschriften des Zugangs sind in Allgemeinen Geschäftsbedingungen nicht zulässig.[15]

Beispiele:
(1) Nicht selten war und ist etwa die unzulässige Klausel: „Die Kündigung (der Rücktritt etc.) hat durch **eingeschriebenen** Brief zu erfolgen."[16]
(2) Genügt es nach § 130, dass die Erklärung in den Machtbereich des Empfängers gelangt, so geht die **Beschränkung auf einen bestimmten Geschäftsbereich des Verwenders als allein zuständige Zugangsadresse** in unzulässiger Weise hierüber hinaus. Unwirksam ist etwa die Klausel: „Die Mängelrüge hat gegenüber der Geschäftsleitung zu erfolgen".[17]
(3) Im Gegensatz zu solchen Beschränkungen auf einen bestimmten Sektor (Vorstand, Geschäftsleitung oder Zentrale Kundendienststelle) nehmen sich **Regelungen der Empfangsbevollmächtigung** eher als Ausgestaltung und Präzisierung des Zugangsbereichs des Adressaten dar. Sie schaffen deshalb grundsätzlich noch kein „besonderes" Zugangserfordernis i.S. des § 309 Nr. 13.[18] Die Beschränkung der Empfangsvollmacht eines Versicherungsagenten hat der BGH daher nur an § 307 gemessen und im Ergebnis passieren lassen.[19]

III. Rechtsfolgen eines Verstoßes

677 Bei Unwirksamkeit einer Klausel, die strengere Formerfordernisse als die einfache Schriftform aufgibt, gelten gem. § 306 Abs. 2 etwa vorhandene gesetzliche Formvorschriften, z.B. §§ 568, 623.[20] Wenn die gesetzlichen Vorschriften keine Schriftform voraussetzen, können Erklärungen und Anzeigen formlos abgegeben werden. Auch bei den Zugangserfordernissen gelten im Falle der Unwirksamkeit die gesetzlichen Vorschriften.

Beispiele:
(1) Eine Einschreibeklausel ist gem. § 309 Nr. 13 unwirksam. Gilt nach dem gesetzlichen Regelfall kein Formerfordernis für die Erklärung des Kunden, so kann diese nun auch mündlich erfolgen. Eine Rückführung auf eine einfache Schriftform ist nicht möglich.[21]

---

[13] BGH NJW-RR 1989, 625; *Ulmer/Hensen*, § 309 Nr. 13 Rdn. 6; *Wolf*, § 11 Nr. 16 AGBG Rdn. 5.
[14] BGH NJW 1983, 929 (930); 1999, 1633 (1635); BAG NJW 1993, 1093.
[15] In diesem Sinne auch BGH NJW 1999, 1633 (1635); 2279 (2283).
[16] BGH NJW 1985, 2585 (2587); OLG Düsseldorf NJW-RR 1998, 710 (711); *Locher*, Recht der AGB, S. 124; selbiges gilt für die Beschränkung auf elektronische Übertragung (via Internet/E-mail), vgl. *Wolf*, § 11 Nr. 16 AGBG Rdn. 10.
[17] OLG Celle Bunte AGBE VI § 11 Nr. 78; *Ulmer/Hensen*, § 309 Nr. 16 Rdn. 8; offen gelassen zuletzt von BGH NJW 1999, 1633 (1635).
[18] Umstr.; wie hier BGH NJW 1999, 1633 (1635); 2279 (2283); *Ulmer/Hensen*, § 309 Nr. 13 AGBG Rdn. 9; a.A. MünchKomm-*Kieninger*, § 309 Nr. 13 AGBG Rdn. 5.
[19] BGH NJW 1999, 1633 (1635 f.); 2279 (2283).
[20] *Erman-Roloff*, § 309 Rdn. 159.
[21] So zutreffend OLG Düsseldorf NJW-RR 1992, 55; *Wolf*, § 11 Nr. 16 AGBG Rdn. 14; *Ulmer/Hensen*, § 309 Nr. 13 Rdn. 11; a.A. LG Hamburg NJW 1986, 262 (263).

(2) Die Unwirksamkeit der Klausel: „Die Mängelrüge hat gegenüber der Geschäftsleitung zu erfolgen" führt dazu, dass nunmehr die Rüge gegenüber dem Verkaufspersonal abgegeben werden kann.

IV. Unternehmerischer Geschäftsverkehr

Im unternehmerischen Verkehr gilt § 309 Nr. 13 gem. § 310 Abs. 1 Satz 2 nicht. Auch wird man die Wertung des § 309 Nr. 13 auf den unternehmerischen Geschäftsverkehr nicht ohne weiteres übertragen können. Das absolute Klauselverbot des § 309 Nr. 13 entspricht nicht den differenzierten Erfordernissen des unternehmerischen Verkehrs.[22] Aufgrund ihrer Erfahrung und Geschäftsgewandtheit ist Unternehmern der Umgang mit vorformulierten Form- oder Zugangserschwerungen eher zuzumuten als dem nichtunternehmerischen Kunden. Von daher sind Korrekturen über § 307 nur sehr behutsam zu erwägen. Das Verlangen eines eingeschriebenen Briefs dürfte allerdings auch im unternehmerischen Verkehr regelmäßig unwirksam sein.[23]

§ 26. Tatsachenbestätigungen

Literatur: *Rott*, Einbeziehungs- und Bestätigungsklauseln, VuR 1998, 251; *Stübing*, Tatsachenbestätigungen und Fiktionen in AGB, NJW 1978, 1606 ff.; *Thamm*, Beweislastregelungen in Allgemeinen Geschäftsbedingungen, BB 1971, 292.

I. Allgemeines und Normzweck des § 309 Nr. 12 Buchst. b

Neben dem allgemeinen Verbot einer Beweislaständerung zum Nachteil des Kunden durch § 309 Nr. 12 HS. 1[1] hebt Buchst. b der Vorschrift als Regelbeispiel die Benachteiligung durch Tatsachenbestätigungen, die dem Vertragspartner abverlangt werden, hervor. Die Hervorhebung ist im Hinblick auf die große praktische Bedeutung dieses Phänomens gerechtfertigt.

Die Gefahr von Tatsachenbestätigungen ergibt sich daraus, dass dem Kunden gegenüber die Bestätigung als reine Formsache ausgegeben wird und er sich nicht deren Tragweite bewusst wird, wenn er sie überhaupt in der Fülle des Kleingedruckten entdeckt. Damit geht zumindest faktisch eine Verschiebung der Beweislast einher, denn der Vertragspartner schafft mit seiner Unterschrift ein gegen sich selbst gerichtetes Beweismittel oder Indiz, auf das sich der Verwender im Prozess berufen wird.[2] Es besteht auch kein durch ein Interesse des Verwenders begründeter Anlass, Erklärungen über bestimmte Tatsachen, die auch ausdrücklich abgegeben werden können, durch Allgemeine Geschäftsbedingungen vorwegzunehmen.

II. Umfang des Verbots

1. Änderung zum Nachteil des Vertragspartners

Durch Tatsachenbestätigungen werden rechtlich bedeutsame Umstände, das Wissen des Kunden um bestimmte Tatsachen oder tatsächliche Vorgänge als gegeben unterstellt. Wie sich unmittelbar aus der Generalnorm des § 309 Nr. 12 HS. 1 ergibt, setzt der Verbotstatbestand voraus, dass die vorformulierte Tatsachenbestätigung die **Beweislast zum Nach-**

---

[22] *Staudinger-Coester-Waltjen*, § 309 Nr. 13 Rdn. 9; *Alisch*, JZ 1982, 708.
[23] Wie hier *Wolf*, § 11 Nr. 16 AGBG Rdn. 16.
[1] Hierzu und zum Hintergrund der gesetzlichen Regelung Rdn. 1034 f.
[2] *Wolf*, § 11 Nr. 15 AGBG Rdn. 18.

teil des Kunden ändert. Nicht unter das Verbot fallen somit Tatsachenbestätigungen, die im Ergebnis lediglich die den AGB-Kunden ohnehin treffende Beweislast wiederholen.[3]

682 Unterschiedlich beurteilt wird insofern die Wirksamkeit sog. **Vollständigkeitsklauseln.**

Beispiel: „Mündliche Nebenabreden sind nicht getroffen."[4]

683 Es trifft zwar zu, dass der Kunde auf Grund der Vermutung der Vollständigkeit des schriftlichen Vertrags ohnehin für die bestätigte Tatsache beweispflichtig ist und insofern die Beweislastverteilung nicht geändert wird. Hieraus zu folgern, für Vollständigkeitsklauseln fehle es an einem Anknüpfungspunkt für § 309 Nr. 12 Buchst. b,[5] ist jedoch verfehlt. Der Klauselgehalt reicht nämlich weiter. Er ist geeignet, den Kunden davon abzuhalten, sich auf eine etwaige mündliche Nebenabrede zu berufen.[6] Insofern handelt es sich dann indirekt doch um eine Änderung der Beweislast, zumindest um eine Änderung der Anforderungen an den zu erbringenden Beweis, die sich auf die Beweislast auswirkt. Ein solch weitgehendes Verständnis der Voraussetzung „Änderung der Beweislast" entspricht im Übrigen auch dem Zweck des Gesetzes und der Absicht des Gesetzgebers.[7] Das belegt die Entstehungsgeschichte. Zweck des § 309 Nr. 12 ist es, solche Klauseln zu verbieten, mit deren Hilfe ein späteres gegenteiliges Vorbringen des Kunden „erschwert oder unmöglich gemacht" werden soll.[8] Schon die Erschwerung soll mithin dem Verbot unterliegen.

684 Unerheblich ist, ob die Änderung der Beweislast zum Nachteil des Vertragspartners im Gewande einer Beweislastumkehr, einer Beweislastverschiebung oder aber einer widerlegbaren Vermutung daherkommt.[9] Der BGH hat darauf hingewiesen, dass nach dem Gesetz schon der *Versuch* des Verwenders, die Beweisposition des Kunden zu verschlechtern, genüge, z. B. indem der Verwender durch eine vom Kunden gegen sich selbst ausgestellte Bestätigung der ihn treffenden Beweislast nachzukommen suche.

2. Erfasste Formen der Tatsachenbestätigungen

685 Für die Anwendbarkeit des § 309 Nr. 12 Buchst. b spielt es keine Rolle, ob es sich bei der Tatsachenbestätigung um eine Willenserklärung, eine Wissenserklärung oder schlicht um eine Erklärung über tatsächliche Vorgänge handelt. Dementsprechend bunt ist das Anschauungsmaterial. Bei den unterstellten Tatsachen handelt es sich meist um Tatbestandsvoraussetzungen eines Anspruchs des Verwenders oder solche, die einem Anspruch oder Recht des Kunden entgegenstehen.[10]

---

[3] BGH NJW 1985, 2329 (2331).
[4] BGH NJW 1985, 2329; 2000, 207.
[5] Für Wirksamkeit aus diesem Grunde BGH NJW 1985, 2329 (2331); 2000, 207 f.; gegen die dort postulierte Maßgeblichkeit der Unterscheidung von Beweislast- und irrelevanter Beweisführungslaständerung allerdings BGH NJW 1987, 1634 (1635). Die Voraussetzungen des Klauselverbots nach § 309 Nr. 12 halten ebenfalls nicht für erfüllt: *Wolf*, § 11 Nr. 15 AGBG Rdn. 22 und *Palandt-Grüneberg*, § 307 Rdn. 146. *Staudinger-Coester-Waltjen*, § 309 Nr. 12 Rdn. 11 anerkennt eine Kontrollbedürftigkeit und will als Kontrollmaßstäbe § 305 c Abs. 1 und § 307 heranziehen.
[6] *Ulmer/Hensen*, § 309 Nr. 12 Rdn. 21; *Löwe/Graf von Westphalen/Trinkner*, § 11 Nr. 15 AGBG Rdn. 31.
[7] Hierauf hat der BGH selbst – freilich in anderem Zusammenhang – hingewiesen; vgl. BGH NJW 1987, 1634 (1635).
[8] Amtl. Begründung BT-Drucks. 7/3919, S. 39.
[9] BGH NJW 1987, 1634 (1635): Für § 309 Nr. 12 Buchst. b genüge schon ein Weniger gegenüber der vollständigen Überbürdung der Beweislast und damit ihrer Umkehr. Unwiderlegbare Tatsachenbestätigungen und Tatsachenfiktionen fallen demgegenüber unter § 307, so zutreffend Staudinger-*Coester-Waltjen*, § 309 Nr. 12 Rdn. 4; MünchKomm-*Kieninger*, § 309 Nr. 12 Rdn. 10; a. A. *Wolf*, § 11 Nr. 15 AGBG Rdn. 23; *Ulmer/Hensen*, § 309 Nr. 12 Rdn. 18.
[10] *Ulmer/Hensen*, § 309 Nr. 12 Rdn. 18.

Beispiele nach § 309 Nr. 12 Buchst. b unwirksamer Klauseln:
(1) Der Kunde erklärt, er habe telefonisch um **einen Hausbesuch gebeten**, womit das Widerrufsrecht nach § 312 Abs. 3 Nr. 1 ausgeschlossen werden soll.[11]
(2) Durch die Klausel in einem **Fitnessstudiovertrag**: „Ich erkläre, dass ich **gesund und körperlich geeignet** bin, am Training teilzunehmen" soll dem Kunden der Beweis für die Verletzung der Hinweis- und Beratungspflichten erschwert werden.[12]
(3) Die Klausel in einem **Mietvertrag**, derzufolge die **Räume in renoviertem Zustand übergeben** werden.[13]
(4) Der Verwender lässt sich bei Verträgen über die Lieferung von Einbau- oder Anbaumöbeln vom Kunden die **Richtigkeit der von Mitarbeitern des Verwenders gefertigten Skizze und der dort eingetragenen Maße** bestätigen. Ohne die Bestätigungsklausel müsste der Verwender die Richtigkeit der in der Skizze eingetragenen Maße beweisen, um den ihm nach den allgemeinen Beweislastregeln obliegenden Nachweis der Vertragsmäßigkeit seiner Leistung zu führen.[14]

Eine Reihe unzulässige Tatsachenbestätigungen zielen auf die Umstände des Vertragsschlusses. **686**

Beispiele:
(1) Ein Zeitschriften-Bestellformular enthält die Klausel: „Eine **Durchschrift** dieser Vereinbarung habe ich **erhalten**".[15]
(2) Mitunter lässt sich der Verwender die Erfüllung der Einbeziehungsvoraussetzungen des § 305 Abs. 2 vom Kunden bestätigen (sog. **Einbeziehungsklauseln**). In einem Krankenhausbehandlungsvertrag fand sich etwa die Klausel: „Ich bin ausdrücklich auf die Allgemeinen Vertragsbedingungen (AVB) ... hingewiesen worden und hatte die Möglichkeit, in zumutbarer Weise von ihrem Inhalt Kenntnis zu nehmen, ...".[16]
(3) Unwirksam sind ferner sog. **Aushandlungsklauseln**, wonach die Allgemeinen Geschäftsbedingungen im Sinne von § 305 Abs. 1 S. 3 ausgehandelt seien: „Mit Ihnen wurde das Verbot von Eigen-/Direktabschlüssen ausgehandelt und vereinbart."[17]
(4) In Versteigerungs-AGB findet sich die Klausel: „Der Einlieferer versichert, die **Bedingungen gelesen und verstanden** zu haben."[18]

3. Empfangsbekenntnisse

Nach § 309 Nr. 12 HS. 2 gilt das Verbot der Beweislastveränderung zum Nachteil des Kunden durch formularmäßige Tatsachenbestätigungen nicht für Empfangsbekenntnisse, die gesondert unterschrieben oder mit einer gesonderten qualifizierten elektronischen Signatur versehen sind. Die Vorschrift bezweckt – insoweit richtlinienkonform –[19], vorformulierte Quittungen zuzulassen, für die ein anerkennenswertes Bedürfnis besteht. **Empfangsbekenntnisse** sind demgemäß Quittungen im Sinne des § 368, d.h. schriftliche Bekenntnisse eines Gläubigers, die geschuldete Leistung empfangen zu haben. Sie können sich nicht nur auf den Empfang von Sachen, sondern auf jeden Leistungsgegenstand beziehen.[20] **687**

Notwendig ist, dass das Empfangsbekenntnis drucktechnisch vom übrigen Text abgehoben ist und vom Kunden gesondert unterschrieben wird.[21] Die Verwendung eines **688**

---

[11] OLG Zweibrücken NJW-RR 1992, 565; *Ulmer/Hensen*, § 309 Nr. 12 Rdn. 19; vgl. auch BGH NJW 1989, 584 (585) im Hinblick auf § 56 Abs. 1 Nr. 6 GewO.
[12] BGH NJW-RR 1989, 817; *Ulmer/Hensen*, § 309 Nr. 12 Rdn. 21.
[13] OLG Düsseldorf NJW-RR 2005, 1538.
[14] BGH NJW 1986, 2574 (2575).
[15] BGH NJW 1987, 2012 (2014).
[16] BGH NJW 1990, 761 (765).
[17] BGH NJW 1987, 1634.
[18] BGH NJW 1996, 1819.
[19] MünchKomm-*Kieninger*, § 309 Nr. 12 Rdn. 3.
[20] BGH NJW 1990, 761 (766); *Wolf*, § 11 Nr. 15 AGBG Rdn. 26.
[21] OLG Hamburg ZIP 1986, 1260; *Ulmer/Hensen*, § 309 Nr. 12 Rdn. 23; *Stübing*, NJW 1978, 1610.

gesonderten Quittungsformulars bedarf es nicht.²² Das **Erfordernis der gesonderten Unterzeichnung** bedeutet jedoch, dass sich die Unterschrift allein auf die erfolgte Empfangnahme der Leistung zu beziehen hat. Die Verbindung mit einer anderen Erklärung, insbesondere mit einer rechtlichen Bewertung der Leistung, ist schädlich.²³

Beispiele:
(1) In einem vorformulierten „Möbel-Auftrag" heißt es: „**Ware in einwandfreiem Zustand erhalten**: Unterschrift des Kunden". Hier wird dem Kunden zugleich eine Erklärung zur Mängelfreiheit des Kaufgegenstandes abverlangt. Die Klausel geht über § 309 Nr. 12 HS. 2 hinaus und unterfällt damit dem Verbotstatbestand des § 309 Nr. 12 Buchst. b.²⁴
(2) Auch die schriftliche **Erklärung über die erfolgte Abnahme**, namentlich von Bauleistungen, geht über die bloße Bestätigung der Empfangnahme der Leistung hinaus. Der Abnahmeerklärung wird allgemein die Bedeutung beigemessen, dass der Besteller die Leistung als vertragsgerecht ansehe.²⁵

4. Verhältnis zu anderen Vorschriften

689 Dem engen thematischen Zusammenhang der Vorschrift mit den Verbotsbestimmungen des § 308 Nr. 5 und 6 hat der Gesetzgeber in systematischer Hinsicht keine Rechnung getragen. Beide Vorschriften werden im Schrifttum als **leges speciales zu § 309 Nr. 12** betrachtet.²⁶

III. Rechtsfolgen eines Verstoßes

690 Die Unwirksamkeit einer Beweislastklausel hat gemäß § 306 Abs. 2 die **Geltung der gesetzlichen und richterrechtlich entwickelten Beweislastgrundsätze** zur Folge.²⁷

IV. Unternehmerischer Geschäftsverkehr

691 Zwar gilt das Verbot beweislastverändernder Klauseln grundsätzlich auch im unternehmerischen Geschäftsverkehr. Die Wertung des § 309 Nr. 12 Buchst. b wird man jedoch über § 307 nur im Einzelfall auf Rechtsgeschäfte zwischen Unternehmern übertragen können, lässt sich doch bei diesem Personenkreis aufgrund der größeren geschäftlichen Erfahrung nicht ohne weiteres davon ausgehen, dass er sich von Tatsachenbestätigungen überrumpeln lässt.²⁸ Vor allem gegenüber den „klassischen Naivklauseln"²⁹ (z. B. „Ich erkläre, dass ich nicht überredet worden bin.") bedarf der Unternehmer regelmäßig keines Schutzes.³⁰ Anders ist hingegen für die Aushandelnsklausel zu entscheiden, nach der die Voraussetzungen des § 305 Abs. 1 S. 3 als gegeben bestätigt sein sollen. Diese erfordert eine juristische Transferleistung, die auch einem Unternehmer nicht abverlangt werden darf.³¹

---

²² *Staudinger-Coester-Waltjen*, § 309 Nr. 12 Rdn. 13.
²³ BGH NJW 1990, 761 (765); *Ulmer/Hensen*, § 309 Nr. 12 Rdn. 23; *Staudinger-Coester-Waltjen*, § 309 Nr. 12 Rdn. 13; *Palandt-Grüneberg*, § 309 Rdn. 102.
²⁴ OLG Koblenz, NJW 1995, 3392.
²⁵ OLG Koblenz NJW 1995, 3392; *Ulmer/Hensen*, § 309 Nr. 12 Rdn. 23; a. A. *Wolf*, § 11 Nr. 15 AGBG Rdn. 26.
²⁶ Vgl. etwa *Staudinger-Coester-Waltjen*, § 309 Nr. 12 Rdn. 2.
²⁷ *Erman-Roloff*, § 309 Rdn. 153; *Ulmer/Hensen*, § 309 Nr. 12 Rdn. 24.
²⁸ *Ulmer/Hensen*, § 309 Nr. 12 Rdn. 26.
²⁹ Ausdruck von *Staudinger-Coester-Waltjen*, § 309 Nr. 12 Rdn. 11.
³⁰ *Ulmer/Hensen*, § 309 Nr. 12 Rdn. 26.
³¹ *Ulmer/Hensen*, § 309 Nr. 12 Rdn. 26.

Zweiter Abschnitt.
Vertragsschluss

§ 27. Bindung an das Vertragsangebot

Literatur: *Grunewald*, Die Anwendbarkeit des AGB-Gesetzes auf Bestimmungen über den Vertragsabschluß, ZIP 1987, 353; *Walchshöfer*, Annahmefristen in Allgemeinen Geschäftsbedingungen, WM 1986, 1041.

I. Gesetzliche Ausgangslage und Regelungsanliegen des § 308 Nr. 1 Halbsatz 1 Var. 1

Wer einem anderen die Schließung eines Vertrages anträgt, ist gem. § 145 an den Antrag gebunden, es sei denn, dass er die Gebundenheit ausgeschlossen hat. Eine Frist kann gem. § 148 durch den Antragenden bestimmt werden. Ist keine Frist bestimmt, kann der einem Anwesenden gemachte bzw. fernmündlich unterbreitete Antrag nur sofort angenommen werden (§ 147 Abs. 1). Ist der Antrag unter Abwesenden gemacht, so kann er nach der gesetzlichen Annahmefrist des § 147 Abs. 2 nur bis zu dem Zeitpunkt angenommen werden, in welchem der Antragende den Eingang der Antwort unter regelmäßigen Umständen erwarten darf. Bei der Fristberechnung ist die Zeit für die Übermittlung des Antrages an den Empfänger, dessen Bearbeitungs- und Überlegungszeit sowie die Zeit für die Übermittlung der Antwort an den Antragenden zu berücksichtigen.[1] Die gesetzliche Annahmefrist ist so von den Umständen des Einzelfalls abhängig.[2] Der während der Bindungsfrist bestehende Schwebezustand endet mit der Ablehnung oder nach Ablauf der Annahmefrist; der Antrag erlischt (§ 146) und verliert seine verbindliche Kraft. 692

Die **erste Variante des § 308 Nr. 1 Halbsatz 1 verbietet** dem Verwender den klauselartigen **Vorbehalt von unangemessen langen oder nicht hinreichend bestimmten Fristen für die Annahme oder Ablehnung eines Angebots.** Die Norm setzt also voraus, dass das Angebot vom Vertragspartner des Verwenders stammt. Eine solche Situation ist regelmäßig gegeben, wenn der Kunde ein Formular (Bestellschein, Auftrag) des Verwenders, in dem dieser sich eine Annahmefrist ausbedungen hat, unterschreibt. Entgegen dem Wortlaut des § 148 bestimmt also der Antragsempfänger die Annahmefrist. Dies ist grundsätzlich möglich, da § 148 dispositiv ist.[3] 693

Durch § 308 Nr. 1 soll verhindert werden, dass der Verwender den Antragenden durch unangemessen lange oder durch nicht hinreichend bestimmte Fristen an das Angebot bindet und sich selbst eine nicht mehr angemessene Überlegungsfrist zugesteht. Während der Bindungsdauer des Angebots ist der Kunde in seiner Dispositionsfreiheit eingeschränkt. Er weiß nicht, ob und wann der Vertrag zustande kommt. Der Abschluss eines entsprechenden Vertrages mit einem Dritten ist mit der Gefahr einer Doppelbelastung verbun- 694

---

[1] BGH NJW 1996, 919 (921); *Palandt-Heinrichs*, § 147 Rdn. 6.
[2] Vgl. *Walchshöfer*, WM 1986, 1041. Zu beachten ist die **versicherungsrechtliche Sondervorschrift** des § 5 Abs. 3 PflVG.
[3] *Palandt-Grüneberg*, § 308 Rdn. 3; *Wolf*, § 10 Nr. 1 AGBG Rdn. 5; *Walchshöfer*, WM 1986, 1041.

den. Auch kann er auf Grund des fehlenden Vertragsschlusses noch keine Ansprüche aus dem Vertrag geltend machen.[4]

695 In dem Leistungsangebot des Verwenders an die Allgemeinheit ist im Regelfall kein Angebot im gesetzestechnischen Sinne zu sehen, sondern lediglich eine bloße Aufforderung, Angebote zu machen (sog. invitatio ad offerendum). Mangels Vertrages handelt es sich bei den Klauseln über Annahmefristen dogmatisch nicht um Vertragsbedingungen, vielmehr stellen diese **Vertragsabschlussklauseln** dar. § 305 Abs. 1 wird durch § 308 Nr. 1 erweitert, so dass die einseitig vom Verwender gesetzte Annahmefrist doch der Inhaltskontrolle nach § 308 Nr. 1 unterfällt.[5]

II. Anwendungsbereich und Inhalt des Klauselverbots

696 § 308 Nr. 1 gilt für Anträge zum Abschluss von **Verträgen aller Art**. Neben schuldrechtlichen Verträgen werden von der Norm also auch dingliche Verträge erfasst.[6] Bei **Vertragsänderungen oder -ergänzungen** von bereits abgeschlossenen Verträgen findet die Vorschrift ebenfalls Anwendung.[7]

697 Durch § 308 Nr. 1 wird nur der Schutz des Vertragspartners des Verwenders bezweckt. Von der Norm nicht erfasst ist der Fall, dass der **Antrag vom Verwender** stammt und eine vom Vertragspartner zu beachtende Annahmefrist vorsieht.[8] Die Vorschrift ist entsprechend anwendbar, wenn das Zustandekommen eines Vertrags von einer **aufschiebenden Bedingung** abhängig gemacht wird.[9] Auch in diesem Fall tritt ein, wovor das Gesetz den Vertragspartner des Verwenders schützen will, nämlich, dass ein Vertrag noch nicht wirksam zustande kommt, während der Vertragspartner gebunden bleibt.

Beispiel: „Der Vertrag ist zustande gekommen, wenn die Ware vom Vorlieferanten eintrifft."[10]

698 In thematischer Nähe zum Klauselverbot des § 308 Nr. 1 steht eine insbesondere bei **Kreditkartenverträgen** zu beobachtende Gestaltung des Antragsformulars, derzufolge der Kreditkartenvertrag erst nach Kenntnisnahme der zusammen mit der Kreditkarte noch zu versendenden Allgemeinen Geschäftsbedingungen mit Unterschreiben oder Benutzung der Karte zustande komme. Das **Hinausschieben des Vertragsschlusses** erfolgt hier konstruktiv durch Ablehnung des ursprünglichen Kreditkartenantrags des Kunden, verbunden mit einem neuen Vertragsangebot (§ 150 Abs. 2), nicht aber durch formularmäßig festgesetzte Fristen. Die Klausel ist daher nicht an § 308 Nr. 1, sondern an § 305c Abs. 1 und § 307 Abs. 2 Nr. 1 zu messen.[11]

1. Unangemessen lange Fristen

699 Die wertende Entscheidung, ob eine Annahmefrist, die sich der AGB-Verwender ausbedingt, unangemessen i. S. des § 308 Nr. 1 ist, erfordert eine Abwägung der Interessen bei-

---

[4] *Ulmer/H. Schmidt*, § 308 Nr. 1 Rdn. 2; *Walchshöfer*, WM 1986, 1041 f.; *Wolf*, § 10 Nr. 1 AGBG Rdn. 1.

[5] *Palandt-Grüneberg*, § 308 Rdn. 2; *Ulmer/H. Schmidt*, § 308 Nr. 1 Rdn. 2; *Walchshöfer*, WM 1986, 1042; *Wolf*, § 10 Nr. 1 AGBG Rdn. 6; ferner BGH NJW 1988, 1908 (1909); vgl. hierzu auch *Grunewald*, ZIP 1987, 354.

[6] *Bamberger/Roth/Becker*, § 308 Nr. 1 Rdn. 4; *Wolf*, § 10 Nr. 1 AGBG Rdn. 4.

[7] *Wolf*, § 10 Nr. 1 AGBG Rdn. 4.

[8] *Walchshöfer*, WM 1986, 1042; *Wolf*, § 10 Nr. 1 AGBG Rdn. 2.

[9] OLG Karlsruhe NJW-RR 1995, 504; *Wolf*, § 10 Nr. 1 AGBG Rdn. 8. Differenzierend *Walchshöfer*, WM 1986, 1042 f., der § 308 Nr. 1 teilweise direkt anwenden will.

[10] Bspl. nach *Wolf*, § 10 Nr. 1 AGBG Rdn. 8.

[11] OLG Nürnberg ZIP 1997, 1781 hat die Klausel für überraschend erachtet und zugleich einen Verstoß gegen das gesetzliche Leitbild angenommen.

der Verhandlungspartner unter Berücksichtigung der für den Vertragsgegenstand typischen Umstände.¹² Ist die Frist wesentlich länger als die in § 147 Abs. 2 bestimmte, übersteigt sie also den Zeitraum erheblich, der für die Übermittlung der Erklärungen notwendig ist und eine angemessene Bearbeitungs- und Überlegungsfrist einschließt, so ist diese Fristbestimmung nur dann wirksam, wenn der Verwender daran ein schutzwürdiges Interesse hat, hinter dem das Interesse des Kunden am baldigem Wegfall seiner Bindung zurückstehen muss.¹³

Als anzuerkennende **Interessen des Verwenders** gelten Sachumstände, wie z.B. die Notwendigkeit, vorab Kalkulationen anzustellen oder Verhandlungen mit Dritten zu führen;¹⁴ ferner die Notwendigkeit, die Kreditwürdigkeit des Antragenden zu prüfen, Rückfragen nach Verfügbarkeit und Lieferbarkeit von Waren zu stellen oder sonstige Auskünfte einzuholen und allgemein die Bedürfnisse einer arbeitsteiligen Betriebsorganisation mit verschiedenen Bearbeitungsabschnitten.¹⁵ Auch das Rationalisierungsinteresse als Grundanliegen der Allgemeinen Geschäftsbedingungen ist zu beachten.¹⁶ Je höher der Wert der Leistung, je umfangreicher die organisatorischen Vorkehrungen zur Erbringung der Leistung und je schwieriger die Finanzierungs- und Genehmigungsfragen sind, desto größer wird grundsätzlich auch der Spielraum bei der Fristbemessung sein.¹⁷ Dabei ist aber zu berücksichtigen, dass dem Verwender in allen Fällen eine rasche Bearbeitung zuzumuten ist.¹⁸ Diesen Interessen steht vor allem das gewichtige **Interesse des Vertragspartners**, eine lange Schwebezeit zu vermeiden, gegenüber.¹⁹ Während der Bindungsfrist ist es ihm faktisch verwehrt, auf eventuell günstigere Angebote auszuweichen. Insbesondere bei Vertragsgegenständen mit schwankendem Marktpreis kann sich ein längerer Schwebezustand für den Kunden sehr ungünstig und gefährlich auswirken, während er dem Verwender eine – nicht schutzwürdige – Möglichkeit bietet, auf Kosten des Kunden zu spekulieren.²⁰

Beispiele:
(1) Bei **Alltagsgeschäften** wird teilweise eine Frist von über zehn Tagen als unangemessen angesehen.²¹ Hingegen wird auch die Ansicht vertreten, dass im Normalfall eine Frist von 2 Wochen nicht als unangemessen zu beurteilen ist.²² Der Versuch, eine angemessene Annahmefrist generell festzulegen, ist aber skeptisch zu beurteilen.²³

---

¹² BGH NJW 1986, 1807 (1808); 1988, 2106 (2107); 2001, 303. Umstritten ist, ob § 147 Abs. 2 den Wertungsmaßstab abgibt (so die wohl h.M., vgl. Staudinger-*Coester-Waltjen*, § 308 Nr. 1 Rdn. 10; *Ulmer/H. Schmidt*, § 308 Nr. 1 Rdn. 5) oder ob § 308 Nr. 1 einen eigenen Maßstab der Interessenabwägung enthält (*Wolf*, § 10 Nr. 1 AGBG Rdn. 10; ähnlich auch *Walchshöfer*, WM 1986, 1043). Da nach allen Ansichten eine Abwägung der Interessen beider Parteien unverzichtbar ist, reduziert sich die Divergenz auf die dogmatische Begründung des Bewertungsmaßstabs.
¹³ BGH NJW 1986, 1807 (1808); 1990, 1784 (1785); 2001, 303; MünchKomm-*Kieninger*, § 308 Nr. 1 Rdn. 5.
¹⁴ BGH NJW 1986, 1807 (1808).
¹⁵ Vgl. hierzu auch OLG Hamm NJW-RR 1986, 927 (928); *Wolf*, § 10 Nr. 1 AGBG Rdn. 12; *Walchshöfer*, WM 1986, 1043; *Ulmer/H. Schmidt*, § 308 Nr. 1 Rdn. 5 mit der zutreffenden Einschränkung, dass der Verwender die normalen Leistungsvoraussetzungen auf seiner Seite im Allgemeinen geklärt haben muss.
¹⁶ *Wolf*, § 10 Nr. 1 AGBG Rdn. 14.
¹⁷ Staudinger-*Coester-Waltjen*, § 308 Nr. 1 Rdn. 10; Soergel-*Stein*, § 10 Nr. 1 AGBG Rdn. 4.
¹⁸ BGH NJW 1986, 1807 (1808); *Ulmer/H. Schmidt*, § 308 Nr. 1 Rdn. 5.
¹⁹ *Walchshöfer*, WM 1986, 1043f.; *Wolf*, § 10 Nr. 1 AGBG Rdn. 13; vgl. hierzu auch die Ausführungen zum Regelungsanliegen, oben Rdn. 692ff.
²⁰ BGH NJW 1988, 1807 (1808); MünchKomm-*Kieninger*, § 308 Nr. 1 Rdn. 5; Staudinger-*Coester-Waltjen*, § 308 Nr. 1 Rdn. 10.
²¹ Staudinger-*Coester-Waltjen*, § 308 Nr. 1 Rdn. 11; Löwe/*Graf von Westphalen*/Trinkner, § 10 Nr. 1 AGBG Rdn. 13.
²² OLG Naumburg MDR 1998, 854f.; *Wolf*, § 10 Nr. 1 AGBG Rdn. 15; *Walchshöfer*, WM 1986, 1044; *Palandt-Heinrichs*, § 308 Rdn. 4.
²³ So auch *Ulmer/H. Schmidt*, § 308 Nr. 1 Rdn. 7.

(2) Im **Kraftfahrzeughandel** sind bei einem Neuwagengeschäft vier Wochen eine angemessene Frist.[24] Wenn allerdings das Fahrzeug beim Verkäufer bereitsteht und keine weiteren Fragen im Zusammenhang mit dem Vertragsschluss zu klären sind, so ist eine vierwöchige Frist gem. § 308 Nr. 1 unwirksam.[25] Bei Nutzfahrzeugen wird eine Frist von sechs Wochen[26] und bei Gebrauchtwagen von zehn Tagen[27] als zulässig erachtet.

(3) Beim **Möbelkauf** wird allgemein eine formularmäßig ausbedungene Annahmefrist von drei Wochen für zulässig gehalten. Dies gilt nach neuerer Rechtsprechung nur für erst noch zu beschaffende Möbel. Bei vorrätigen Möbeln entfällt die Rückfrage beim Hersteller nach dessen Liefermöglichkeit, so dass eine dreiwöchige Frist hier zu lang ist. Ggf. müssen die Allgemeinen Geschäftsbedingungen hier differenzieren.[28]

(4) Bei einem **Kreditgeschäft** erfordert die Überprüfung der Kreditwürdigkeit des Kunden einen nicht unerheblichen Überlegungszeitraumes, so dass dem Verwender eine Frist von einem Monat zugestanden wird;[29] unangemessen ist aber eine Annahmefrist von sechs Wochen.[30]

(5) Eine Frist von zwei Monaten zur Annahme eines **Leasing**angebots durch den Verwender ist zu lang und somit unangemessen.[31]

(6) Die Fristbestimmung von sechs Wochen in Allgemeinen **Lebensversicherungs**bedingungen ist auf Grund der umfangreichen Risikoprüfung angemessen.[32]

(7) Im **Bauvertragswesen** ist die Bindungsfrist von 30 Tagen, die § 19 Nr. 2 S. 2 VOB/A vorsieht, als Richtlinie für eine angemessene Frist anzusehen;[33] eine längere Bindung kann im Einzelfall mit besonderer Rechtfertigung zulässig sein.[34]

(8) Ein Beispiel dafür, dass die Länge der Bindungsfrist allein nicht entscheidend ist, bietet das sog. **Einheimischenmodell**. Hier wird sogar eine Bindung von zwanzig Jahren an ein Kaufangebot nicht als unangemessen lang angesehen.[35]

2. Nicht hinreichend bestimmte Fristen

701 Eine in Allgemeinen Geschäftsbedingungen enthaltene Annahmefrist ist auch unwirksam, wenn sie nicht hinreichend bestimmt ist. Der wertausfüllungsbedürftige Begriff der Bestimmbarkeit richtet sich am Maßstab des durchschnittlichen Vertragspartners der jeweiligen Geschäftsart aus.[36] Kann dieser eine Annahmefrist nicht berechnen, so ist sie nicht hinreichend bestimmt. Die Berechenbarkeit ist zu verneinen, wenn Beginn, Dauer oder Ende der Frist nicht sicher oder nur mit Schwierigkeiten, wie z.B. einem unzumutbaren zeitlichen oder kostenmäßigen Aufwand oder sogar nur mit rechtlicher Beratung, festgestellt werden können.[37] Dies ist insbesondere der Fall, wenn für die Fristbestimmung unbestimmte Zeitbegriffe verwendet werden, an Ereignisse in der Verwendersphäre angeknüpft wird oder die Frist vom Ermessen des Verwenders oder Dritter abhängt.[38]

---

[24] So die überwiegende Ansicht, vgl. nur BGH NJW 1990, 1784 m. w. N.; hierzu auch die Anm. von *Lindacher,* JR 1990, 327. Hiergegen unter Hinweis auf die Möglichkeit, sich moderner, zeitsparender Fernkommunikationsmittel zu bedienen LG Lüneburg NJW-RR 2002, 564.

[25] OLG Frankfurt a. M. NJW-RR 1998, 566.

[26] LG Marburg DAR 1996, 148 (149); a. A.: LG Lüneburg NJW-RR 2002, 564 (vierwöchige Frist sei zu lang bemessen).

[27] OLG Köln NJW-RR 1993, 1404.

[28] BGH NJW 2001, 303.

[29] BGH NJW 1988, 2106 (2107).

[30] BGH NJW 1986, 1807 (1808).

[31] OLG Hamm NJW-RR 1986, 927 (928).

[32] OLG Hamm NJW-RR 1986, 388.

[33] *Staudinger-Coester-Waltjen,* § 308 Nr. 1 Rdn. 11 m. w. N.; *Ulmer/H. Schmidt,* § 308 Nr. 1 Rdn. 7 m. w. N.

[34] BGH NJW 1992, 827.

[35] OLG München NJW 1998, 1962.

[36] *Wolf,* § 10 Nr. 1 AGBG Rdn. 18.

[37] Vgl. nur m. w. N. *Wolf,* § 10 Nr. 1 AGBG Rdn. 18.

[38] OLG Hamm NJW-RR 1992, 1075.

Beispiele:
(1) Die Klausel in einem **Darlehensvertrag**: „Ich/Wir binde(n) mich/uns an diesen Antrag ab heute bis zwei Wochen nach Eingang des Antrages bei Ihnen. Sind zur Prüfung des Antrages weitere Unterlagen nachzureichen, endet diese Bindungsfrist zwei Wochen nach deren Eingang bei Ihnen." ist wegen Verstoßes gegen § 308 Nr. 1 **unwirksam**. Die Annahmefrist ist für den Antragsteller nicht berechenbar, da ihre Dauer von einem Ereignis abhängt, das nicht ausschließlich in seiner Einflusssphäre liegt. Er bleibt über den zunächst festgelegten Fristablauf von zwei Wochen nach Eingang des Antrags beim Verwender für einen nicht bestimmbaren Zeitraum im Ungewissen.[39]
(2) In den Allgemeinen Geschäftsbedingungen einer **Verkabelungsgesellschaft** ist vorgesehen, dass der Vertrag mit der Bereitstellung und Schaltung des Breitbandkabelanschlusses für den Anschlussteilnehmer beginnt. Diese Bestimmung ist dahingehend zu verstehen, dass der Vertrag erst dann zustande kommt, wenn in der Wohnung des jeweiligen Anschlussteilnehmers die Anschlussdose installiert wurde, so dass der Anschlussteilnehmer in der Lage ist, den Breitbandkabelanschluss auch zu nutzen. Für den Kunden ist bei Abgabe seines Angebots nicht feststellbar, wie lange er an sein Angebot gebunden sein soll. Denn nach den Bedingungen der Gesellschaft wird der Anschluss an die Breitbandkabelanlage hergestellt, sobald das Einverständnis des Grundeigentümers für die Errichtung einer Breitbandkabelanlage vorliegt, sich eine hinreichende Zahl von Anschlussteilnehmern in dem Gebäude anschließen und die technischen Voraussetzungen geschaffen sind. Die Klausel ist daher gem. § 308 Nr. 1 **unwirksam**.[40]
(3) **Unwirksam** ist ferner die Klausel: „Der Kunde ist an die Bestellung bis zum Eingang einer sachlichen Antwort gebunden".[41]
(4) Das **Fristende ist nicht hinreichend bestimmt**, wenn auf die für den Empfänger nicht erkennbare Aufgabe zur Post abgestellt wird.[42]
(5) **Unbedenklich** wäre es hingegen, die Frist von einem Ereignis in der Sphäre des Kunden abhängig machen: „Fristbeginn innerhalb von 14 Tagen nach Vorlage der Unterlagen durch den Kunden".[43]

Maßgebend für die Zulässigkeit einer Klausel ist aber immer die **Auslegung**. So kann im Verbandsprozess der Inhalt einer an sich nur die Gesetzeslage wiedergebenden Klausel, wie „der Auftrag ist unwiderruflich", über die kundenfeindliche Auslegung erweitert werden und folglich die Bedeutung haben, dass der Kunde auf unbestimmte Dauer gebunden ist. Dann ist die Klausel nach § 308 Nr. 1 unwirksam.[44]

III. Rechtsfolgen eines Verstoßes

An die Stelle der unwirksamen AGB-Bestimmung tritt nach § 306 Abs. 2 bei Erklärung unter Abwesenden die **gesetzliche Annahmefrist des § 147 Abs. 2**.[45] Erfolgt die Annahme durch den Verwender innerhalb der unwirksamen Frist, aber nach Ablauf der Fristbestimmung des § 147, so ist gem. § 150 Abs. 1 von einem neuen Antrag auszugehen.[46] Eine geltungserhaltende Reduktion in der Weise, dass eine unangemessen lange Frist auf eine angemessen lange Frist verkürzt wird, ist ausgeschlossen.[47]

---

[39] OLG Hamm NJW-RR 1992, 1075.
[40] AG Aachen NJW-RR 1990, 1015.
[41] Amtl. Begr. BT-Drucks. 7/3919, S. 24.
[42] BGH NJW 1988, 2106 (2107).
[43] *Walchshöfer*, WM 1986, 1045.
[44] *Wolf*, § 10 Nr. 1 AGBG Rdn. 20; *Ulmer/H. Schmidt*, § 308 Nr. 1 Rdn. 8; *Staudinger-Coester-Waltjen*, § 308 Nr. 1 Rdn. 12.
[45] BGH NJW 2008, 1148 (1149).
[46] BGH NJW 1986, 1807 (1808); *Wolf*, § 10 Nr. 1 AGBG Rdn. 24.
[47] BGH NJW 1986, 1807 (1808).

IV. Unternehmerischer Geschäftsverkehr

704 Im unternehmerischen Geschäftsverkehr ist die direkte Anwendung von § 308 Nr. 1 Halbsatz 1 Var. 1 zwar gem. § 310 Abs. 1 ausgeschlossen. Jedoch müssen sich Allgemeine Geschäftsbedingungen über Annahmefristen auch im unternehmerischen Verkehr im Rahmen des Angemessenen halten (§ 307). Das Bedürfnis nach Vertrauensschutz, Schnelligkeit und Leichtigkeit ist im unternehmerischen Geschäftsverkehr besonders ausgeprägt, so dass überlange und unbestimmte Fristen dort sogar eher als unangemessen anzusehen sind als gegenüber nichtunternehmerischen Kunden.[48] Der Erwartungs- und Kenntnishorizont des durchschnittlichen unternehmerischen Vertragspartners sowie ggf. branchenmäßig verschiedene Interpretationsstandards gilt es stets sorgfältig zu berücksichtigen.[49] Schulden aller Teilnehmer untereinander verrechnet und ausgeglichen werden. Beide Formen werden grundsätzlich für mit § 307 vereinbar gehalten.[50]

§ 28. Haftung des Abschlussvertreters

I. Allgemeines

705 Bedient sich der Vertragspartner des Verwenders bei Abschluss des Vertrages eines Vertreters, so wirken die vom Vertreter abgegebenen Willenserklärungen allein für und gegen den Vertretenen, wenn die Voraussetzungen der Stellvertretung nach § 164 Abs. 1 gegeben sind. Ein als Vertreter im Rahmen der Vertretungsmacht Handelnder haftet grundsätzlich nicht selbst, es sei denn, er hat unter dem Gesichtspunkt der culpa in contrahendo wegen der Inanspruchnahme besonderen Vertrauens oder eines eigenen wirtschaftlichen Interesses einzustehen (§ 311 Abs. 3). Da der Vertreter nach § 164 Abs. 1 Satz 1 eine eigene Willenserklärung abgibt, sind aber immerhin die rechtlichen Voraussetzungen dafür geschaffen, ihm über Allgemeine Geschäftsbedingungen selbstständige Verpflichtungserklärungen unterzuschieben. Zwar bedarf es für eine Geltung solcher AGB-Klauseln gegenüber dem Vertreter seines Einverständnisses (§ 305 Abs. 2), das in vielen Fällen angesichts seines Auftretens in fremdem Namen fehlen dürfte. Gleichwohl verbleibt ihm das Risiko, vom Verwender auf der Grundlage einer Haftungsklausel in einen Prozess hineingezogen zu werden, dessen Ausgang für ihn nicht von vornherein übersehbar ist. **Gegen die Inanspruchnahme auf Grund einer ihm unterschobenen Verpflichtungsvereinbarung will § 309 Nr. 11 den Vertreter schützen.** Es handelt sich um eine besondere Ausprägung des Verbots überraschender Klauseln.[1] Da solche Klauseln – wie bereits erwähnt – oftmals bereits an § 305 Abs. 2 scheitern oder wegen ihres überraschenden Charakters (§ 305 c Abs. 1) bzw. des Vorrangs der Individualabrede (§ 305 b) nicht Vertragsbestandteil werden,[2] beschränkt sich das Klauselverbot des § 309 Nr. 11 in erster Linie auf Klarstellung und Prävention.[3] Trotz der besonderen Hervorhebung der nur eingeschränkten Zulässig-

---

[48] So zutreffend *Wolf*, § 10 Nr. 1 AGBG Rdn. 53; ähnlich *Ulmer/H. Schmidt*, § 308 Nr. 1 Rdn. 10; BGH NJW 2008, 1148 (1149) mißt dem Klauselverbot des § 308 Nr. 1 folgerichtig Indizwirkung für eine unangemessene Benachteiligung zu.
[49] *Staudinger-Coester-Waltjen*, § 308 Nr. 1 AGBG Rdn. 21 und 23.
[50] *Wolf*, § 11 Nr. 8 AGBG Rdn. 16f. m.w.N.
[1] BGH NJW 2006, 996 (997).
[2] *Palandt-Grüneberg*, § 309 Rdn. 94; *Staudinger-Coester-Waltjen*, § 309 Nr. 11 Rdn. 3; LG Düsseldorf NJW 1995, 3062 (3063) zu § 305 c Abs. 1.
[3] *Palandt-Grüneberg*, § 309 Rdn. 94.

keit solcher Klauseln im Gesetz kommen solchermaßen zu beanstandende Bestimmungen in der AGB-Praxis immer noch recht häufig vor.[4]

Das Bestreben, sich einen zusätzlichen Schuldner zu sichern, wird nicht grundsätzlich mißbilligt, sondern lediglich bestimmten, der Vertragstransparenz verpflichteten Anforderungen unterworfen.[5] Ein generelles Verbot solcher Klauseln wäre nicht gerechtfertigt, da es durchaus Fälle gibt, in denen ein berechtigtes Interesse des Verwenders an einer Mitverpflichtung des Vertreters anzuerkennen ist.

Beispiele:
(1) In einem Vertrag über die Erteilung von Klavierunterricht an der örtlichen **Musikschule** werden die den minderjährigen Schüler vertretenden Eltern in den Vertrag einbezogen und einer Haftung für die geschuldeten Honorarzahlungen unterworfen.
(2) Der Geschäftsführer einer **GmbH** soll persönlich in die Haftung eingebunden werden. In diesem Zusammenhang ist übrigens zu beachten, dass der Geschäftsführer hier nicht etwa als Unternehmer handelt, § 309 Nr. 11 als unmittelbar Anwendung findet.[6]

Die Erfüllung der in § 309 Nr. 11 gestellten Anforderungen schließt die Unwirksamkeit der Verpflichtung aus konkreten anderen Gründen im Übrigen nicht grundsätzlich aus.[7]

II. Regelungsbereich des § 309 Nr. 11

§ 309 Nr. 11 regelt zwei unterschiedliche Fallgestaltungen. Beiden Regelungsalternativen ist gemein, dass es bei der Person des Vertreters nicht darauf ankommt, ob er seine (angebliche) Vertretungsmacht aus rechtsgeschäftlicher Erteilung oder aus dem Gesetz ableitet.[8]

1. Eigene Haftung oder Einstandspflicht des Vertreters

§ 309 Nr. 11 Buchst. a erklärt zunächst solche Klauseln **grundsätzlich** für **nichtig**, die in Allgemeinen Geschäftsbedingungen dem Vertreter **eine eigene Haftung oder Einstandspflicht** auferlegen. Das bedeutet, dass der Vertreter formularmäßig grundsätzlich nicht mitverpflichtet werden darf, sei es in Form einer gesamtschuldnerischer Haftung neben dem Vertretenen (z.B. Schuldbeitritt) oder sei es in Form einer nachrangigen Haftung (z.B. Bürgschaft oder Garantie).[9]

Beispiele:
(1) In dem Vertragsformular eines Reisebüros betreffend die Veranstaltung von **Klassenfahrten** wird dem anmeldenden Klassenlehrer folgende Erklärung abverlangt: „Mit der Anmeldung erkenne ich die mir bekannten Geschäftsbedingungen an und erkläre hiermit ausdrücklich, auch für die Vertragsverpflichtungen der von mir angemeldeten Teilnehmer selbst einzustehen."[10]
(2) In den Allgemeinen Geschäftsbedingungen eines **Autovermieters** findet sich die Klausel „Der Fahrer tritt sämtlichen Verpflichtungen des Mieters bei".[11]

Von der unzulässigen Eigenhaftung des Vertreters muss allerdings die **zulässige Verpflichtung mehrerer Vertragspartner** abgegrenzt werden. Nr. 11 Buchst. a ist nicht an-

---

[4] *Staudinger-Coester-Waltjen*, § 309 Nr. 11 Rdn. 2.
[5] *Ulmer/Hensen*, § 309 Nr. 11 Rdn. 1.
[6] Vgl. BGH NJW 2002, 3464.
[7] BGH NJW 1988, 2465 (2467); *Staudinger-Coester-Waltjen*, § 309 Nr. 11 Rdn. 4.
[8] *Erman-Roloff*, § 309 Rdn. 140; MünchKomm-*Kieninger*, § 309 Nr. 11 Rdn. 3.
[9] BGH NJW 2001, 3186 (für Bürgschaft); *Staudinger-Coester-Waltjen*, § 309 Nr. 11 Rdn. 8.
[10] OLG Frankfurt NJW 1986, 1941.
[11] LG Osnabrück NJW 1985, 389; ebenso LG Frankfurt NJW-RR 1987, 828.

zuwenden, wenn der Abschlussvertreter den Vertrag zugleich im eigenen Namen als namentlich aufgeführte weitere Vertragspartei abschließt.[12]

Beispiel: In einem **Franchisevertrag** mit einer GmbH als Franchisenehmer wird der **Geschäftsführer** in seiner Eigenschaft als Gesellschafter der vertretenen GmbH zusätzlicher, selbstständiger Vertragspartner des Verwenders. Als solcher übernimmt er (nur) eine Haftung für deren durch den Vertrag begründeten Verbindlichkeiten. Er ist in diesem Fall nicht – wie es § 309 Nr. 11 Buchst. a verlangt – lediglich als Vertreter neben dem eigentlichen Vertragspartner mit verpflichtet, sondern setzt einen eigenen Schuldgrund als Gesellschafter.[13]

Welche Rolle die handelnde Person spielt, kann oft schon auf Grund äußerer Umstände beurteilt werden. In der Regel ist bei unterstützenden Begleitpersonen eine eigene vertragliche Bindung nicht gewollt.

Beispiel: Nach einer Bestimmung in einem vorformulierten **Krankenhausaufnahmevertrag** soll die als „Antragsteller" bezeichnete Begleitperson eine gesamtschuldnerische Haftung mit dem Patienten für die Kosten der stationären Behandlung übernehmen.[14]

711 Wenn die Rolle des Vertreters nicht anhand der äußeren Umstände zu erkennen ist, kommt es im Einzelfall auf die Formulierung an.

Beispiel: Die Bezeichnung als „Mieter 2" in einem vorformulierten **Mietvertrag** lässt auf einen wirklichen weiteren Vertragspartner schließen.[15]

712 In § 309 Nr. 11 Buchst. a wird für die Wirksamkeit einer auf die eigene Haftung oder Einstandspflicht gerichteten Bestimmung eine hierauf gerichtete **ausdrückliche und gesonderte Erklärung** vorausgesetzt. Die damit bezweckte Warnung des Vertreters vor der Auferlegung einer eigenen Haftung oder Einstandspflicht erfordert es zwar nicht, dass die betreffende Erklärung in einer vom Hauptvertrag getrennten Urkunde abgegeben wird. Der Text der Erklärung sowie die sich darauf beziehende Unterschrift[16] müssen jedoch deutlich von dem Wortlaut des Vertrags **abgesetzt** sein, um dem Vertreter Inhalt und Wirkung seiner eigenen Erklärung deutlich zu machen. Die Urkunde ist demnach äußerlich so zu gestalten, dass sie dem Vertreter die Rechtsfolge unübersehbar vor Augen führt. Schon aus dem äußeren Aufbau der Urkunde muss deren **Doppelcharakter** klar hervortreten.[17]

Beispiel:
(1) Auf der Vorderseite eines formularmäßigen Leasingvertrages findet sich eine Klausel, nach der unter Anerkennung der vorangehenden Vertragsbedingungen die gesamtschuldnerische Mithaftung aus dem Vertrag übernommen wird. Wenn diese Erklärung gesondert zu unterschreiben ist und sich von dem übrigen Vertragstext abhebt, ist sie nicht zu beanstanden.[18]
(2) Ist hingegen in der über den Hauptvertrag aufgenommenen Urkunde die Bestimmung über die Eigenhaftung des Vertreters (in Form einer Bürgschaft) räumlich in den Text integriert, fehlt es grundsätzlich an der gesetzlich geforderten gesonderten Erklärung. Eine solche Gestaltung ist geeignet, dem Kunden die Tatsache, dass die Urkunde zwei selbstständige Verträge enthält, zu verschleiern.[19]

---

[12] BGH NJW 1988, 1908 (1909f.); *Ulmer/Hensen*, § 309 Nr. 11 Rdn. 5; *Wolf*, § 11 Nr. 14 AGBG Rdn. 3.
[13] BGH NJW 2006, 996 (997).
[14] LG Düsseldorf NJW 1995, 3062 ff.; unter dem Gesichtspunkt der Verletzung einer Beratungspflicht hierzu auch OLG Düsseldorf NJW 1991, 2352 f.
[15] BGH NJW 1988, 1908 (1909).
[16] Für eine Interpretation der Vorschrift im Sinne von „gesondert zu unterschreiben" auch OLG Frankfurt 1986, 1941 (1943); *Ulmer/Hensen*, § 309 Nr. 11 Rdn. 8.
[17] BGH NJW 2001, 3186; 2002, 3464.
[18] BGH NJW 1988, 2465.
[19] BGH NJW 2001, 3186 f.

§ 309 Nr. 11 findet – wie alle AGB-rechtlichen Vorschriften – keine Anwendung auf **indi-** 713
viduell ausgehandelte Abreden. Eine solche Klausel wäre in diesem Fall auch dann wirksam, wenn sie die besonderen Förmlichkeiten des § 309 Nr. 11 nicht wahrt.[20]

2. Haftungsverschärfung für den Vertreter ohne Vertretungsmacht

Eine **über § 179 hinausgehende Haftung des falsus procurator** darf nicht festgeschrieben werden (**§ 309 Nr. 11 Buchst. b)**. Dies geschieht in der Praxis in der Form, dass die dem vollmachtlosen Vertreter zugute kommenden Haftungsgrenzen des § 179 Abs. 2 und 3 formularmäßig ausgehebelt werden, ihm also die Beschränkung der Haftung auf den Vertrauensschaden im Falle fehlender eigener Kenntnis vom Mangel der Vertretungsmacht (Abs. 2) verwehrt wird oder ihm eine Haftung trotz positiver Kenntnis oder fahrlässiger Unkenntnis des Verwenders vom Mangel der Vertretungsmacht (Abs. 3) angesonnen wird. 714

Beispiele:
(1) Im Krankenhausaufnahmevertrag lässt sich das Krankenhaus von der Begleitperson versichern, der Patient sei mit der Bevollmächtigung einverstanden. Soweit keine verwandtschaftlichen oder sonstigen näheren Beziehungen zwischen Patient und der Begleitperson bestehen, kann das Krankenhaus nicht von deren Bevollmächtigung ausgehen, weshalb die Haftung des Dritten gem. § 179 Abs. 3 ausgeschlossen ist.[21]
(2) In den Allgemeinen Geschäftsbedingungen eines Mauertrockenlegungsunternehmens fand sich folgende Klausel: „Ein als Vertreter des Gebäudeeigentümers unterzeichnender Besteller versichert seine rechtsgültige Bevollmächtigung durch diesen. Auf seine Haftpflicht gem. § 179 wird hingewiesen."[22]

III. Unternehmerischer Geschäftsverkehr

§ 309 Nr. 11 gilt als Ausprägung der allgemeinen Regeln der §§ 305 c Abs. 1 und 305 b 715
auch im unternehmerischen Verkehr (§ 310 Abs. 1 S. 2).[23] Freilich werden die inkriminierten Klauseln typischerweise im Verkehr mit Letztverbrauchern verwendet.[24] Dass die Delkredere-Haftung des Handelsvertreters nach § 86 b HGB nicht von § 309 Nr. 11 erfasst wird,[25] liegt auf der Hand, betrifft sie doch allein das Vertragsverhältnis zwischen Vertreter und Vertretenem.

---

[20] *Wolf*, § 11 Nr. 14 AGBG Rdn. 9; so wohl BGH NJW 1988, 2465 (2466).
[21] LG Düsseldorf NJW 1995, 3062 (3063).
[22] LG Nürnberg-Fürth NJW 1962, 1513.
[23] MünchKomm-*Kieninger*, § 309 Nr. 11 Rdn. 9; *Palandt-Grüneberg*, § 309 Rdn. 98; *Ulmer/ Hensen*, § 309 Nr. 11 Rdn. 13; a. A. *Wolf*, § 11 Nr. 14 AGBG Rdn. 19.
[24] Staudinger-*Coester-Waltjen*, § 309 Nr. 11 Rdn. 14; *Thamm/Pilger*, § 11 Nr. 14 AGBG Rdn. 6.
[25] RegE BT-Drucks. 7/3919, S. 38.

Dritter Abschnitt.
Vertragsinhalt

§ 29. Laufzeit des Vertrages

Literatur: *Erdmann,* Die Laufzeit von Franchiseverträgen im Lichte des AGB-Gesetzes, BB 1992, 795; *Jendrek,* Formularvertragliche Befristung von Mietverträgen über Funkstandorte, NZM 2005, 241; *Löwe,* Langfristige Laufzeitklauseln in vorformulierten Verträgen über technische Anlagen, NJW 1995, 1726 ff.; *Martinek,* Langfristige Laufzeitklauseln als Wettbewerbsinstrumente in Gasversorgungsverträgen, BB 1989, 1277 ff.; *Niebling,* Die formularmäßige Vereinbarung von Vertragslaufzeiten, MDR 2008, 841; *Stoffels,* Laufzeitkontrolle von Franchiseverträgen, DB 2004, 1871; *Strauß,* Langfristige Laufzeitklauseln in vorformulierten Verträgen über technische Anlagen, NJW 1995, 697 ff.

716 Für die Verträgen innewohnende effektive wirtschaftliche Belastung ist die Vertragslaufzeit von ganz wesentlicher Bedeutung. Allerdings kann der Kunde im Allgemeinen nur auf eine begrenzte Zeit überblicken, ob und inwieweit sein Bedarf und sein Interesse an den in Anspruch genommenen Leistungen (z. B. Zeitschriftenbezug oder Mitgliedschaft in einem Buchklub) erhalten bleibt.[1] Eine langfristige Laufzeitbindung belastet ihn mit dem Risiko, dass die vertragsgegenständliche Leistung für ihn infolge einer Änderung der wirtschaftlichen Verhältnisse nicht mehr von Interesse ist. Indem das AGB-Recht Laufzeitbegrenzungen statuiert, sichert es allerdings nicht nur die **Dispositionsfreiheit,** sondern zugleich auch die **Mobilität des Marktes.**[2]

I. Das Klauselverbot des § 309 Nr. 9

717 Der Schutz vor unbilligen Laufzeitklauseln erfolgt im Recht der Allgemeinen Geschäftsbedingungen für einen beschränkten Kreis von Dauerschuldverhältnissen durch § 309 Nr. 9 sowie in Ergänzung hierzu durch die **Generalklausel des § 307.**

1. Schutz vor übermäßig langer Vertragsbindung

718 § 309 Nr. 9 soll dem Kunden ein Grundmaß an Transparenz gewähren und ihn vor überraschenden und unbedachten Verlängerungen bewahren, indem **Höchstgrenzen für die Erstlaufzeit auf zwei Jahre, für stillschweigende Verlängerungen auf ein Jahr und für Kündigungsfristen auf drei Monate** für ausgewählte Dauerschuldverhältnisse festgeschrieben werden.

2. Die tatbestandlich erfassten Vertragsarten

719 In den Regelungsbereich des § 309 Nr. 9 fallen nur **Vertragsverhältnisse, die die regelmäßige Lieferung von Waren oder die regelmäßige Erbringung von Dienst- oder Werkleistungen durch den Verwender zum Gegenstand haben.** § 309 Nr. 9 erfasst also entgegen seiner zu weit reichenden Überschrift nicht Dauerschuldverhältnisse schlechthin – ja noch nicht einmal die typischen Dauerschuldverhältnisse wie Miete, Pacht, Franchi-

---

[1] Zum Normzweck des § 309 Nr. 9 AGBG vgl. BGH NJW 2002, 3240 (3245) mit weiteren Hinweisen auf die Gesetzesbegründung.
[2] HK-*Schulte-Nölke,* § 309 Rdn. 43.

sing und Leasing. Der **Verwender muss** zudem im Rahmen des § 309 Nr. 9 **auch der Leistungserbringer sein;** ansonsten kann eine Überprüfung ausschließlich anhand von § 307 erfolgen.

Der Vertrag muss als **Dauerschuldverhältnis** ausgestaltet sein, d.h. dass mit der Länge der Zeit auch der Gesamtleistungsumfang zunimmt.[3] Hierfür reicht es aus, dass auf Grund eines einheitlichen Vertragsverhältnisses während der vorgesehenen Dauer immer wieder Lieferungen oder Leistungen zu erbringen sind, mögen diese in ihrem Umfang und ihren zeitlichen Abständen auch variieren.[4] 720

Verträge über die **regelmäßige Lieferung von Waren** können sehr unterschiedliche Sachen zum Vertragsgegenstand haben. Schließlich umfassen die meist als Kauf- oder Werklieferungsverträge ausgestalteten Verträge die gesamte Breite von beweglichen körperlichen Sachen des Handelsverkehrs – von Flüssiggas[5] bis zur Software.[6] In der amtlichen Begründung werden beispielhaft Zeitungs- und Zeitschriftenabonnements sowie die „Mitgliedschaft" in Buchgemeinschaften und ähnlichen Vertriebsorganisationen angeführt.[7] Bei letzteren besteht i.d.R. die Pflicht, mindestens ein Produkt nach eigener Wahl in jedem Monat oder Quartal, bei Nichtausnutzung der Wahlmöglichkeit das entsprechende Vorschlagsprodukt („Produkt des Monats") abzunehmen. Werden solche Rechtsbeziehungen gesellschaftsrechtlich ausgestaltet, so ist zu beachten, dass die Bereichsausnahme für Verträge auf dem Gebiet des Gesellschaftsrechts (§ 310 Abs. 4) nur bezüglich solcher Leistungen eingreift, die unmittelbar auf dem Gesellschaftsvertrag beruhen, mitgliedschaftlicher Natur sind und der Verwirklichung des Gesellschaftszwecks dienen.[8] Fehlt dieser unmittelbare Bezug, so ist § 309 Nr. 9 anzuwenden.[9] Bei der regelmäßigen Lieferung von Waren ist das Moment der Regelmäßigkeit der Lieferung conditio sine qua non. Die zu liefernden Waren müssen aber nicht schon bei Vertragsschluss näher bestimmt sein.[10] 721

Beispiel: Bei einem **Schlüsselfunddienst** fehlt es an der regelmäßigen Erbringung von Dienstleistungen. Die Leistung ist nur nach dem Zufallsprinzip zu erbringen.[11]

Neben Verträgen über die Lieferung von Waren werden von § 309 Nr. 9 Verträge über die **regelmäßige Erbringung von Dienst- oder Werkleistungen** erfasst. Beide Begriffe sind weit zu fassen.[12] Die Abgrenzung der tätigkeitsbezogenen Dienstleistung von der erfolgsbezogenen Werkleistung ergibt sich aus den §§ 611ff. und §§ 635ff. Da jeweils die gleiche Rechtsfolge angeordnet ist, kann jedoch im Rahmen des § 309 Nr. 9 eine Entscheidung dahinstehen. Entscheidend ist, dass die Leistungen innerhalb eines einheitlichen Vertragsverhältnisses erfolgen und nicht vor jeder Leistungserbringung ein neuer Vertragsabschluss erfolgt. 722

---

[3] Vgl. zum Dauerschuldverhältnis MünchKomm-*Kramer,* Einl. vor § 241 Rdn. 96 ff.; Palandt-*Grüneberg,* § 314 Rdn. 2; ferner *Oetker,* Das Dauerschuldverhältnis und seine Beendigung, 1994, passim.
[4] *Martinek,* BB 1989, 1277 (1284).
[5] OLG Frankfurt NJW-RR 1987, 1462; beachte aber auch § 310 Abs. 2.
[6] *Hoeren,* JZ 1990, 240.
[7] BT-Drucks. 7/3919, S. 37.
[8] BGH NJW 1988, 1729 (Telefonzentrale einer Genossenschaft von Taxiunternehmen); BGH NJW-RR 1992, 379 (Gewährung von Ferienwohnrechten an stille Gesellschafter einer Gesellschaft für Ferienimmobilien).
[9] BGH NJW-RR 1992, 379 (Verschaffung verbilligter Einkaufsmöglichkeiten für verschiedenartige Waren in einer Gesellschaft für Ferienimmobilien).
[10] *Ulmer/Christensen,* § 309 Nr. 9 Rdn. 8.
[11] KG NJW-RR 1994, 1267 (1268).
[12] *Ulmer/Christensen,* § 309 Nr. 9 Rdn. 9f.; Löwe/*Graf von Westphalen*/Trinkner, § 11 Nr. 12 AGBG Rdn. 6f.

Beispiele:
(1) In diese Kategorie fallen insbesondere **Unterrichtsverträge**[13] – wobei es bei Fernunterrichtsverträgen das speziellere FernUSG[14] zu beachten gilt, soweit es zwingend ausgestaltet ist.
(2) Ferner werden erfasst: **Mitgliedschaften in Ehevermittlungsinstituten**[15], **Fenster- oder Gehwegreinigungsverträge**, Verträge über die **Wartung technischer Anlagen** sowie **Geschäftsbesorgungsverträge**.
(3) In der Regel wird der **Makler-Alleinauftrag** auf Grund der mangelnden Regelmäßigkeit einer Dienstleistung nicht unter § 309 Nr. 9 fallen.[16]

723 **Typengemischte Verträge** fallen unter § 309 Nr. 9, wenn das kauf-, werk- oder dienstvertragliche Element in der Gesamtschau mit anderen Vertragselementen dominiert.[17]

Beispiele:
(1) Bei einem **Betreuungsvertrag** (über betreutes Wohnen) handelt es sich um einen gemischten Vertrag, der neben dem dominierenden dienstvertraglichen Element auch werk- und mietvertragsrechtliche Züge aufweist und damit im Ergebnis § 309 Nr. 9 unterliegt.[18]
(2) Bei einem **Werbeflächenvertrag** überwiegt das mietvertragliche Element auch dann, wenn der Vertrag die Anfertigung eines individuellen Werbeschilds und dessen Anbringung neben der Vermietung einer bestimmten Werbefläche beinhaltet. Nach der Herstellung und Montage beschränken sich die Leistungen fast ausschließlich noch auf die Gebrauchsüberlassung an dem Schild und der Werbefläche, also auf eine dem Mietvertrag eigene Verpflichtung.[19]
(3) Bei **Fitness-Studio-Verträgen** kann nicht generell von einer Dominanz der Gebrauchsüberlassung von Räumen und Geräten ausgegangen werden.[20] Es ist zu schauen, ob es neben der anfänglichen Einweisung in die Benutzung der Geräte und der allgemeinen Beaufsichtigung des Trainingsbetriebes beispielsweise eine Art Unterricht oder betreute Trainingsgruppen gibt.

724 Auf **Arbeitsverträge** ist § 309 Nr. 9 nicht anwendbar.[21] Durch die Aufhebung der Bereichsausnahmen im Rahmen der Schuldrechtsreform sind Verträge auf dem Gebiet des Arbeitsrecht zwar nicht mehr grundsätzlich einer AGB-Kontrolle entzogen (§ 310 Abs. 4), nur ist die **Befristung** mit dem Gesetz über Teilzeitarbeit und befristete Arbeitsverträge[22] spezialgesetzlich geregelt. Zudem ist die Intention des Schutzes bei Arbeitsverträgen gegenüber den im Rahmen des § 309 Nr. 9 diskutierten Dauerschuldverhältnissen eine andere. Die Befristung an sich stellt bei einem Arbeitsvertrag aus Sicht des Gesetzgebers zunächst einmal einen Makel dar. Das zeigt sich zum einen darin, dass eine Befristung grundsätzlich besonderer Rechtfertigungsgründe (vgl. § 14 TzBfG) bedarf und zum anderen auf der Rechtsfolgenseite, wonach bei einer unwirksamen Befristung der befristete Arbeitsvertrag als auf unbestimmte Zeit abgeschlossen gilt (§ 16 TzBfG). Dagegen unterliegt die **Befristung einzelner Arbeitsbedingungen** sehr wohl der AGB-Kontrolle. Der Kontrollmaßstab ergibt sich aus § 307. Damit entscheidet die Abwägung der Interessen beider Parteien über die Angemessenheit.[23]

---

[13] OLG Köln NJW 1983, 1002 (1004); OLG Frankfurt NJW-RR 1987, 438 (439).
[14] BGBl. I 1976, 2525.
[15] Regierungsentwurf BT-Drucks. 7/3919, S. 37.
[16] So auch MünchKomm-*Kieninger*, § 308 Nr. 9 Rdn. 6 Fn. 16; grundsätzlich die Regelmäßigkeit bejahend *Wolf*, § 11 Nr. 12 AGBG Rdn. 6; dagegen grundsätzlich verneinend *Ulmer/Christensen*, § 309 Nr. 9 Rdn. 9; BGH WM 1981, 561 (562).
[17] BGH NJW 2007, 213 (214); LG Offenburg NJW-RR 1999, 495 (496).
[18] BGH NJW 2007, 213 (214).
[19] LG Berlin NJW-RR 1998, 733.
[20] So aber OLG Düsseldorf NJW-RR 1992, 55; offen gelassen von BGH NJW 1997, 739; ausführlich zur Rechtsnatur AGB-Klauselwerke-*Graf von Westphalen,* Fitness- und Sportstudiovertrag, Rdn. 1 ff.
[21] So auch *Gotthardt,* Arbeitsrecht nach der Schuldrechtsreform, 2. Aufl. 2003, Rdn. 273.
[22] Hierzu *Laux/Schlachter,* Teilzeit- und Befristungsgesetz, 2007.
[23] Grundl. BAG NZA 2006, 40; ausführlich auch *Preis/Bender,* NZA-RR 2005, 337 und *Maschmann,* RdA 2005, 212.

3. Ausnahmen von der Laufzeitbegrenzung für Dauerschuldverhältnisse

§ 309 Nr. 9 Hs. 2 lässt es zu, bei Verträgen über die Lieferung als zusammengehörig verkaufter Sachen, für Versicherungsverträge und für urheberrechtliche Verträge der Verwertungsgesellschaften formularmäßig über die zeitlichen Bindungsgrenzen des § 309 Nr. 9 für Dauerschuldverhältnisse hinauszugehen. Bei den genannten Vertragsarten liegt eine längerfristige Bindung regelmäßig nicht nur im Interesse des Verwenders, sondern auch im Interesse des Kunden.[24] Die Vorschrift läuft weitgehend leer. Denn **Verträge über die Lieferung als zusammengehörig verkaufter Sachen** – der Regierungsentwurf nennt als Beispiel den Kauf eines mehrbändigen Lexikons –[25] begründen bereits kein Dauerschuldverhältnis im Sinne von § 309 Nr. 9. Für solche Teillieferungsverträge hat § 309 Nr. 9 Hs. 2 mithin lediglich klarstellende Bedeutung.[26] **Versicherungsverträge** begründen zwar ein Dauerschuldverhältnis. Dabei handelt es sich allerdings nicht um ein Vertragsverhältnis, das die regelmäßige Lieferung von Waren oder die regelmäßige Erbringung von Dienst- oder Werkleistungen zum Gegenstand hat, so dass bereits der Tatbestand des § 309 Nr. 9 nicht erfüllt ist.[27] Es bleiben somit die **Wahrnehmungsverträge** der urheberrechtlichen Verwertungsgesellschaften (z. B. der GEMA). Gleichzeitig bestätigt diese punktuelle Exemtion, dass die Wahrnehmungs- oder Berechtigungsverträge im Übrigen sehr wohl der Inhaltskontrolle – insbesondere am Maßstab der Generalklausel des § 307 – unterliegen.[28]

725

4. Laufzeit

§ 309 Nr. 9 Buchst. a verbietet eine erstmalige **Vertragslaufzeit von mehr als zwei Jahren**. Abzustellen ist hierbei auf die Bindungsdauer des Kunden an den Vertrag. Wird dem Kunden ein Vertragslösungsrecht vor Ablauf der Höchstfrist von zwei Jahren eingeräumt, so besteht keine längere Bindung als bis zum Zeitpunkt der Lösungsmöglichkeit.[29] Als Lösungsmöglichkeit kommt insbesondere die ordentliche Kündigung in Betracht. Nicht ausreichend wäre hingegen lediglich die Einräumung eines außerordentlichen Kündigungsrechts,[30] da dieses von eng umgrenzten tatbestandlichen Voraussetzungen abhängt. Ein Verstoß gegen § 309 Nr. 9 Buchst. a liegt ebenfalls vor, wenn Klauseln in auf unbefristete Dauer abgeschlossenen Verträgen das Kündigungsrecht für mehr als zwei Jahre ausschließen.[31]

726

Die den anderen Vertragsteil bindende **Laufzeit beginnt mit dem Abschluss des Vertrages**[32] und nicht erst mit einem etwa späteren Beginn der Leistungserbringung.[33] Denn das belastende Moment ist die Bindungsdauer und diese wirkt sich auch schon aus, wenn

727

---

[24] *Ulmer/Christensen*, § 309 Nr. 9 Rdn. 6; BGH NJW 1982, 2309 (2310).
[25] BT-Drucks. 7/3919, S. 42; zur Lieferung von Buchreihen ferner BGH NJW 1993, 2052.
[26] *Wolf/Horn*, § 23 AGBG Rdn. 332; *Bamberger/Roth/Becker*, § 309 Rdn. 13.
[27] *Ulmer/Christensen*, § 309 Nr. 9 Rdn. 6; *Wolf/Horn*, § 23 AGBG Rdn. 341. Die Verfassungsmäßigkeit dieser Ausnahme hat bejaht BVerfG NJW 1986, 243. Vgl. im Übrigen die spezielle Regelung des Laufzeitproblems in § 11 VVG.
[28] BGH NJW 2002, 1713 (1714).
[29] Ebenso *Staudinger-Coester-Waltjen*, § 309 Nr. 9 Rdn. 17; MünchKomm-*Kieninger*, § 309 Nr. 9 Rdn. 13; *Erman-Roloff*, § 309 Rdn. 127.
[30] *Löwe/Graf von Westphalen*/Trinkner, § 11 Nr. 12 AGBG Rdn. 19.
[31] OLG Frankfurt NJW-RR 1987, 438 (439).
[32] Grundsatzentscheidung BGH NJW 1993, 1651 (1652) mit umfangreichen Nachweisen. Ebenso *Ulmer/Christensen*, § 309 Nr. 9 Rdn. 11; MünchKomm-*Kieninger*, § 309 Nr. 9 Rdn. 12; *Erman-Roloff*, § 309 Rdn. 127.
[33] So aber *Wolf*, § 11 Nr. 12 AGBG Rdn. 10; *Löwe/Graf von Westphalen*/Trinkner, § 11 Nr. 12 AGBG Rdn. 20; *Soergel-Stein*, § 11 AGBG Rdn. 144.

die Leistungen erst später erbracht werden sollen. Eine vereinbarte Probezeit wird hingegen bei der Bestimmung der Laufzeit nicht mitgezählt.[34]

728 Allein aus der Einhaltung der in § 309 Nr. 9 Buchst. a genannten Frist von zwei Jahren kann noch nicht ohne weiteres auf die Wirksamkeit einer Laufzeitklausel geschlossen werden. Ein endgültiges Urteil über die Wirksamkeit kann erst nach der Überprüfung der Klausel anhand der **Generalklausel des § 307** formuliert werden. Der Rückgriff auf die Generalklausel ist eröffnet, da sich der Gesetzgeber „angesichts der Vielgestaltigkeit der in Betracht kommenden Dauerschuldverhältnisse"[35] zu einer generalisierenden Regelung der Laufzeitbegrenzung gezwungen sah und daher nur Höchstfristen[36] festlegen wollte, bei deren Überschreitung die Klausel stets unwirksam sein sollte.[37] Umstritten ist, ob hier der Befund, dass die Zweijahresfrist des § 309 Nr. 9 Buchst. a nicht überschritten ist, für die Angemessenheit der Laufzeitbestimmung streitet.[38] Für die von § 309 Nr. 9 erfassten Vertragsarten liegt in der Tat ein solcher Umkehrschluss nahe. Hier kann sich die Unangemessenheit nur aus besonderen Umständen ergeben, an die die gesetzgeberische Wertung in § 309 Nr. 9 nicht anknüpft. Mangels solcher besonderen Gründe hat der BGH eine Erstlaufzeit von zwei Jahren im Hinblick auf Zeitungs- und Zeitschriftenabonnements gebilligt.[39]

729 Vorformulierte Laufzeitbestimmungen in **Verträgen, die nicht dem Anwendungsbereich des § 309 Nr. 9 unterfallen,** werden anhand von § 307 überprüft. Die gesetzlichen Wertungen des § 309 Nr. 9 fließen in das auf der Grundlage der Generalklausel zu treffende Angemessenheitsurteil ein.[40]

730 Der Anwendungsbereich des § 309 Nr. 12 Buchst. a erstreckt sich nach seinem Normzweck nicht auf solche Dauerschuldverhältnisse, für die bereits eine interessengerechte Sonderregelung besteht. Eine solche Sonderregelung besteht im Bereich des **Wohneigentumsrechts** für die höchstzulässige Dauer der **Bestellung des Verwalters** (§ 26 Abs. 1 Satz 2 WEG).[41] Die Eigentümergemeinschaft hat in der Regel ein sachliches Interesse an einer längerfristigen, kontinuierlichen Verwaltertätigkeit. Auf der anderen Seite galt es, eine extrem lange – möglicherweise Jahrzehnte währende – Bindung der Wohnungseigentümer an einen bestimmten Verwalter zu verhindern. Nach Abwägung aller maßgeblichen Gesichtspunkte hat sich der Gesetzgeber für eine unabdingbare **Höchstfrist von fünf Jahren** entschieden. Diese spezielle Interessenbewertung darf nicht durch einen Rückgriff auf § 309 Nr. 9 Buchst. a konterkariert werden. Allerdings prüft der BGH trotz Einhaltung der Höchstfrist des § 26 Abs. 1 Satz 2 WEG, ob die betreffende Laufzeitbestimmung gegen § 307 verstößt.[42] Im Regelfall wird man jedoch aus der Einhaltung der Vorgaben des § 26 Abs. 1 Sätze 2 bis 4 WEG auf die Angemessenheit im Sinne des § 307 schließen dürfen.

---

[34] BGH NJW 1993, 326 (327 f.).
[35] Bericht des Rechtsausschusses, BT-Drucks. 7/5422, S. 9.
[36] Amtl. Begründung, BT-Drucks. 7/3919, S. 37.
[37] BGH NJW 1987, 2012.
[38] In diesem Sinne die Rechtsprechung: insbes. BGH NJW 1987, 2012 (2013); 1997, 739 f.; ihr folgend *Palandt-Grüneberg*, § 309 Rdn. 87; a. A. *Ulmer/Christensen*, § 309 Nr. 9 Rdn. 12; *Wolf*, § 11 Nr. 12 AGBG Rdn. 9; MünchKomm-*Kieninger*, § 309 Nr. 9 Rdn. 15; *Soergel-Stein*, § 11 AGBG Rdn. 145.
[39] BGH NJW 1987, 2012 (2012 f.).
[40] MünchKomm-*Kieninger*, § 309 Nr. 9 Rdn. 11.
[41] BGH NJW 2002, 3240 (3245); ebenso *Staudinger-Coester-Waltjen*, § 309 Nr. 9 Rdn. 8; *Ulmer/Christensen*, § 309 Nr. 9 Rdn. 9. Für Anwendbarkeit des § 309 Nr. 9 Buchst. a hingegen *Wolf*, § 11 Nr. 12 AGBG Rdn. 12. Im Übrigen unterliegt der Verwaltungsvertrag in vollem Umfang den §§ 305 ff.; vgl. OLG München NJW-RR 2008, 1182 (1184); *Ulmer/Christensen*, Anh. § 310 Rdn. 1062.
[42] BGH NJW 2002, 3240 (3246).

Enthält das Vertragsformular in der Rubrik „Vertragslaufzeit" eine noch vom Kunden 731
auszufüllende Leerstelle oder werden dem Kunden mehrere Laufzeiten zur Auswahl gestellt, so ist die AGB-Qualität diese Textteils fraglich.[43]

5. Stillschweigende Vertragsverlängerung

Vielfach findet sich bei Dauerschuldverhältnissen in Allgemeinen Geschäftsbedingungen 732
eine Verlängerungsklausel. Die Laufzeit verlängert sich somit stillschweigend, sofern
nicht seitens des Kunden gekündigt wird. Um Auswüchsen entgegenzuwirken ist in
§ 309 Nr. 9 Buchst. b bestimmt, dass **Vertragsverlängerungen, die Bindungen von über einem Jahr zur Folge haben, unzulässig** sind. Hierbei handelt es sich um die äußerst zumutbare Bindung für den Vertragspartner.[44] Es ist jedoch darauf hinzuweisen, dass der BGH von einer grundsätzlichen Zulässigkeit einer einjährigen Verlängerung ausgeht.[45]

6. Kündigungsfrist

Dem Kunden darf gem. § 309 Nr. 9 Buchst. c eine **Kündigungsfrist von mehr als drei** 733
Monaten nicht auferlegt werden. Dabei ist es unbeachtlich, ob der Kunde zum Ende der ersten oder der stillschweigend verlängerten Laufzeit kündigt und ob die Laufzeit mittels Allgemeinen Geschäftsbedingungen oder im Rahmen eines Individualvertrages vereinbart worden ist.[46] Bei der dreimonatigen Frist handelt es sich ebenfalls um eine Höchstfrist. Diese kann auch dadurch überschritten werden, dass eine Kündigung nur durch eine dreimonatige Frist zum Quartalsende möglich sein soll.[47] Nicht von § 309 Nr. 9 Buchst. c betroffen ist das **Recht zur außerordentlichen Kündigung**. Es ist in Allgemeinen Geschäftsbedingungen nicht ausschließbar.[48]

Ergänzt und unterstützt wird § 309 Nr. 9 Buchst. c durch **§ 309 Nr. 13**, wonach Erklä- 734
rungen des Kunden an keine strengere Form als die einfache Schriftform und auch nicht
an besondere Zugangserfordernisse gebunden werden dürfen (hierzu Rdn. 672 ff.).

7. Rechtsfolgen bei Überschreitung der Höchstgrenzen

Ein Vertrag, dessen in Allgemeinen Geschäftsbedingungen festgelegte Laufzeit den Geg- 735
ner des Verwenders unangemessen benachteiligt, kann nicht mit einer kürzeren noch angemessenen Laufzeit aufrechterhalten werden.[49] Oftmals wird es aber auch an einer aus dem Gesetz zu entnehmende Laufzeit bzw. Kündigungsfrist fehlen, so dass im Rahmen der **ergänzenden Vertragsauslegung** die jeweilige Laufzeit bzw. Kündigungsfrist zu bestimmen ist.[50] Dies wird insbesondere im Bereich der Werkverträge virulent, da dort § 649 in vielen Fällen als ausgeschlossen betrachtet werden muss.[51] Bei Dienstverträgen kann zur Lückenfüllung direkt auf §§ 620 Abs. 2, 621 zurückgegriffen werden. In einigen Fällen kann auch auf gesetzliche Regelungen mittels Analogie Bezug genommen werden.[52] Als Beispiel sei das FernUSG genannt.

---

[43] Vgl. hierzu die Ausführungen unter Rdn. 122 ff.
[44] Regierungsentwurf BT-Drucks. 7/3919, S. 37.
[45] BGH NJW 1997, 739 (739 f.).
[46] *Ulmer/Christensen*, § 309 Nr. 9 Rdn. 16; *Staudinger-Coester-Waltjen*, § 309 Nr. 9 Rdn. 21; *Palandt-Grüneberg*, § 309 Rdn. 86.
[47] AG Hamburg NJW-RR 1998, 1593.
[48] BGH NJW 1986, 3134; 1993, 1133 (1135); NJW-RR 2003, 1635 (1638 f.); *Palandt-Grüneberg*, § 314 Rdn. 3.
[49] BGH NJW 1982, 2309 (2310); 2000, 1110 (1113 f.).
[50] *Ulmer/Christensen*, § 309 Nr. 9 Rdn. 19.
[51] *Ulmer/Christensen*, § 309 Nr. 9 Rdn. 19.
[52] OLG Karlsruhe NJW 1981, 1676 (1677); a. A. OLG Hamm NJW 1982, 1053.

8. Unternehmerischer Geschäftsverkehr

736 § 309 Nr. 9 a enthält **kein Indiz** dafür, dass entsprechende Geschäftsbedingungen im unternehmerischen Verkehr unwirksam wären.[53] Dauerschuldverhältnisse haben im unternehmerischen Verkehr oftmals längere Laufzeiten (hierzu sogleich). Daher ist im Einzelfall zu prüfen, ob die als Allgemeine Geschäftsbedingung vereinbarte Laufzeit den Anforderungen der Generalklausel des § 307 genügt.

II. Inhaltskontrolle auf der Grundlage des § 307 BGB

1. Vertragslaufzeitklauseln

737 Die Rechtsprechung hat stets eine mehrjährige Bindung in einem Vertrag mit Dauerschuldcharakter – allein im Hinblick auf die lange Vertragslaufzeit – grundsätzlich nicht als unangemessene Benachteiligung des anderen Teils gewertet. Abzustellen ist vielmehr auf eine **Interessenabwägung,** bei der die typischen Belange der beteiligten Kreise zu würdigen sind und zu prüfen ist, ob die Vertragsdauer vor dem Hintergrund dieser Interessenlage im Allgemeinen eine billige und gerechte Regelung darstellt oder ob sie das Gleichgewicht der Rechte und Pflichten zum Nachteil des Vertragspartners erheblich stört.[54] In der Rechtsprechung ist anerkannt, dass die höchstzulässige Bindungsdauer vor allem davon abhängt, wie erheblich die **Gegenleistungen** sind, **die der bindende Teil nach dem Vertrag zu erbringen hat.** Muß er hohe Entwicklungs- und Vorhaltekosten aufwenden, die sich nur bei längerer Vertragsdauer amortisieren, so rechtfertigt dies regelmäßig eine längerfristige Bindung des anderen Teils an den Vertrag.[55]

Beispiele:
(1) Eine in Allgemeinen Geschäftsbedingungen vereinbarte Laufzeit einer **Bierbezugsverpflichtung von zehn Jahren** benachteiligt den Gastwirt (Unternehmer im Sinne des § 14) im Regelfall nicht unangemessen. Da dem Gastwirt im Zusammenhang mit einem derartigen Bierlieferungsvertrag regelmäßig ein Darlehen zur Verfügung gestellt wird, das dem Aufbau oder der Fortführung der Gastwirtschaft dient und das durch den kontinuierlichen Getränkebezug amortisiert wird, ist eine solche Bindung unter Berücksichtigung der im Handelsverkehr geltenden Gewohnheiten und Gebräuche sowie der beiderseitigen Interessen und Bedürfnisse der Parteien hinzunehmen.[56]
(2) Im Hinblick auf die erheblichen Investitionskosten des Verwenders nicht zu beanstanden ist ferner eine 12-jährige Laufzeit eines **Breitbandkabel-Anschlussvertrages.**[57]
(3) Eine Laufzeit von 10 Jahren benachteiligt den Mieter von **Verbrauchserfassungsgeräten** unangemessen im Sinne des § 307.[58]
(4) Nach einer grundlegenden Entscheidung des BGH aus dem Jahre 1985 soll auch die Vereinbarung einer zehnjährigen Vertragsdauer in einem **Mietvertrag über eine Telefonanlage** nicht gegen § 307 verstoßen.[59] Ob an dieser Rechtsprechung festgehalten werden kann, ist angesichts der fortschreitenden technischen Entwicklung auf diesem Sektor zweifelhaft.[60] Die zehnjährige Laufzeit eines **Wartungsvertrag** im Zusammenhang mit dem Kauf einer Telefonanlage ist jedenfalls dann zu beanstanden, wenn dem Käufer nicht zugleich der Vorteil der Preissicherheit zugestanden wird.[61]

---

[53] BGH NJW 2003, 886 (887).
[54] BGH NJW 1997, 3022 (3023).
[55] BGH NJW 2000, 1110 (1112 f.); 2003, 1313 (1315).
[56] BGH NJW 2001, 2331; hierzu Anm. von *Lindacher,* EWiR 2001, 889.
[57] BGH NJW 1993, 1133 (1134); vgl. auch BGH NJW 2003, 1313.
[58] BGH NJW-RR 2008, 818.
[59] BGH NJW 1985, 2328; OLG Düsseldorf NJW-RR 2003, 1496; 2007, 1710 (1711).
[60] Gegen den BGH zuletzt AG Bremen NJW-RR 2000, 1585.
[61] BGH NJW 2003, 886.

(5) 20-jährige Laufzeiten bei **Franchiseverträgen**, wie sie z. B. in der Fastfood-Branche nicht selten anzutreffen sind, dürften kaum noch einen angemessenen Interessenausgleich darstellen.[62]

(6) Unwirksam ist ferner eine 20 jährige Vertragslaufzeitklausel in einer formularmäßigen „Versorgungsvereinbarung", die einen Unternehmer berechtigt, **Telekommunikationsanlagen in Mehrfamilienhäusern zu errichten, zu betreiben und zu vermarkten**.[63]

(7) Für unwirksam wurde auch die formularmäßige Festlegung einer zehnjährigen Laufzeit eines **Privathaftpflichtversicherungsvertrages** erklärt.[64] Eine derart lange Bindung beeinträchtige die Dispositionsfreiheit des Versicherungsnehmers über Gebühr. Der Versicherungsnehmer kann weder auf eine Änderung seiner persönlichen oder wirtschaftlichen Verhältnisse innerhalb der Laufzeit mit dem Begehren auf Anpassung oder Kündigung des Versicherungsverhältnisses reagieren, noch hat er die Möglichkeit, sich marktgerecht zu verhalten, weil er für eine Dauer von zehn Jahren eine ihm etwa gebotene Möglichkeit, das Risiko anderweitig günstiger zu versichern, nicht wahrnehmen kann.

(8) Dagegen verstößt eine formularmäßige Bestimmung über eine fünfjährige Laufzeit eines **Rechtsschutzversicherungsvertrages** auch dann nicht gegen § 307 Abs. 1, wenn gleichzeitig eine Beitragsangleichsklausel mit nur eingeschränktem Kündigungsrecht des Versicherungsnehmers Verwendung findet.[65]

2. Verlängerungsklauseln

a) Automatische Verlängerungsklauseln

Eine vorformulierte Laufzeitverlängerungsklausel verstößt gegen das Transparenzgebot, wenn sie den Eindruck einer festen vertraglichen Bindung zu erwecken geeignet ist und daher den Kunden davon abhalten kann, von seinem Recht auf jederzeitige Kündigung des Vertrages nach § 627 Gebrauch zu machen.[66] **738**

Die von dem Betreiber eines **Fitness-Studios** in seinen Allgemeinen Geschäftsbedingungen benutzte Klausel: „Der Vertrag verlängert sich stillschweigend jeweils um weitere sechs Monate, wenn er nicht form- und fristgerecht gekündigt wird" benachteiligt den Vertragspartner des Verwenders nicht unangemessen und ist deshalb nicht nach § 307 Abs. 1 unwirksam.[67] **739**

b) Optionsklauseln zur Laufzeitverlängerung

Bei der Inhaltskontrolle einer Optionsklausel zur Laufzeitverlängerung ist auf die Gesamtlaufzeit abzustellen, weil die mögliche Unangemessenheit der Verlängerungsoption darin besteht, dass Erst- und Verlängerungslaufzeit sich in ihrer Wirkung summieren.[68] Es kann daher insoweit auf die obigen Ausführungen verwiesen werden. **740**

---

[62] Vgl. hierzu *Stoffels,* DB 2004, 1871.
[63] BGH NJW 1997, 3022.
[64] Für Unfallversicherungsvertrag BGHZ 127, 35; für Hausratsversicherungsvertrag BGH VersR 1994, 1052; für Privathaftpflichtversicherungsvertrag BGH BB 1994, 1736; ganz allgemein nunmehr BGH NJW-RR 1997, 1000.
[65] BGH NJW 1997, 1849.
[66] BGH NJW 1999, 276.
[67] BGH NJW 1997, 739 mit abl. Anm. *von Hippel,* JZ 1997, 1009.
[68] BGH NJW 2000. 1110 (1112).

§ 30. Änderungen der Rechtszuständigkeit

I. Wechsel des Vertragspartners (§ 309 Nr. 10)

741 Eine Bestimmung in Allgemeinen Geschäftsbedingungen, wonach bei Kauf-, Dienst- oder Werkverträgen ein Dritter an Stelle des Verwenders in die sich aus dem Vertrag ergebenden Rechte und Pflichten eintritt oder eintreten kann, ist gem. § 309 Nr. 10 unwirksam. Das Verbot verliert durch die in Buchst. a und b bezeichneten Ausnahmen jedoch an Schärfe.[1] Wird nämlich der Dritte namentlich bezeichnet oder dem anderen Vertragsteil ein Recht zur Vertragslösung eingeräumt, so hat die Klausel Bestand.

1. Regelungsanliegen

742 § 309 Nr. 10 soll dem Betroffenen ermöglichen, sich vor Vertragsschluss oder auch innerhalb einer ihm möglicherweise zustehenden Widerrufsfrist (§ 355) über die Zuverlässigkeit und Solvenz des Dritten Gewissheit zu verschaffen.[2] Der Kunde soll davor bewahrt werden, dass ihm ein neuer, unbekannter Vertragspartner aufgedrängt werden kann, den er z. B. auf Grund schlechter Erfahrungen bei einem früheren Vertragsverhältnis gerade nicht als Vertragspartner haben möchte. Anlass für die Aufnahme in den Verbotskatalog waren entsprechende Klauseln, die sich vor allem in Bezugsbedingungen von Zeitschriften, Buchreihen und Fernkursen fanden.[3]

Beispiel: „Die Firma X ist berechtigt, ihre Rechte und Pflichten aus diesem Vertrag einem Dritten zu übertragen."[4]

Die praktische Bedeutung des Verbots ist jedoch gering.

2. Inhalt des Verbots

a) Erfasste Vertragsarten

743 Das Klauselverbot findet Anwendung auf **Kauf-, Dienst- und Werkverträge,** wobei hierzu auch Werklieferungsverträge zu zählen sind.[5] Nicht in den Anwendungsbereich des Verbots fallen hingegen Gebrauchsüberlassungsverträge unter Einschluss von Leasingverträgen.[6] Klauseln in von § 309 Nr. 10 nicht erfassten Verträgen, die einen Wechsel des Vertragspartners vorsehen, können jedoch einer Inhaltskontrolle gem. § 307 unterzogen werden, sofern sie nicht schon als überraschend i. S. von § 305c Abs. 1 zu werten sind. Dabei ist zu beachten, dass bei Grundstücksmiet- und Pachtverträgen gem. §§ 566 Abs. 1, 581 Abs. 2 und bei Arbeitsverträgen gem. § 613a die Vertragsübernahme kraft Gesetzes eintritt. Eine dahingehende Aufnahme in den Klauseltext hat nur deklaratorischen Charakter und unterliegt damit nicht der Inhaltskontrolle (§ 307 Abs. 3).[7]

---

[1] Kritisch deshalb MünchKomm-*Kieninger*, § 309 Nr. 10 Rdn. 1 und *Ulmer/Hensen*, § 309 Nr. 10 Rdn. 1.
[2] Vgl. BGH NJW 1980, 2518.
[3] Amtl. Begründung BT-Drucks. 7/3919, S. 38.
[4] Amtl. Begründung BT-Drucks. 7/3919, S. 38.
[5] Vgl. nur *Ulmer/Hensen*, § 309 Nr. 10 Rdn. 4; *Wolf*, § 11 Nr. 13 AGBG Rdn. 2.
[6] MünchKomm-*Kieninger*, § 309 Nr. 10 Rdn. 5; *Ulmer/Hensen*, § 309 Nr. 10 Rdn. 4; BGH NJW 1985, 53 (54): Automatenaufstellvertrag.
[7] *Staudinger-Coester-Waltjen*, § 309 Nr. 10 Rdn. 10; Bamberger/Roth/Becker, § 309 Nr. 10 Rdn. 5.

b) Wechsel des Vertragspartners

§ 309 Nr. 10 erfasst Klauseln, nach denen der Verwender berechtigt sein soll, seine **Vertragsstellung im Ganzen** – hinsichtlich der sich aus dem Vertrag ergebenden Rechte und Pflichten – ohne Mitwirkung des Vertragspartners auf einen Dritten zu übertragen. Typischer Fall hierfür ist die **Vertragsübernahme**, ferner auch die echte **Substitution**, da der Verwender hier aus dem vollen vertraglichen Verantwortungsbereich ausscheidet und in diesen stattdessen einen von ihm ausgewählten Dritten einführt.[8] Diese in Allgemeinen Geschäftsbedingungen vereinbarte vollständige Ersetzung des ursprünglichen Schuldners durch einen Dritten will § 309 Nr. 10 verhindern. Der dahinterstehende Grundgedanke ist, dass der Verwender sich durch formularmäßige Klauseln nicht von den übernommenen Pflichten lösen können soll. Auf diese Weise soll sichergestellt werden, dass der Kunde Gewissheit über die Person seines Schuldners behält.[9]

744

Aus diesem Schutzzweck folgt, dass § 309 Nr. 10 nicht eingreift, wenn der Verwender weiterhin Vertragspartner bleibt. Der Vorbehalt der **Abtretung** einzelner Rechte, die im Übrigen auch nicht der Zustimmung des Schuldners bedarf, wird deshalb nicht vom Verbotstatbestand umfasst.[10] Ferner hindert das Verbot auch nicht den Einsatz von **Subunternehmern und Erfüllungsgehilfen** zur Vertragserfüllung.[11] Bei **Schuldbeitritt und Erfüllungsübernahme** gem. §§ 329, 415 Abs. 3 kommt es nicht zu einem Wechsel des Vertragspartners, so dass der Regelungsbereich des § 309 Nr. 10 nicht betroffen ist.[12] Eine andere Beurteilung ist für die **befreiende Schuldübernahme** nach §§ 414, 415 Abs. 1 geboten, die von § 309 Nr. 10 erfasst wird.[13] Zwar handelt es sich bei ihr nur um eine auf die Pflichten (Verbindlichkeiten) beschränkte „Nachfolge". Die Gefahr, vor der § 309 Nr. 10 den Kunden schützen will, dass ihm nämlich eine andere Person vorgesetzt wird, über deren Erfüllungsbereitschaft und -fähigkeit er sich nicht vorab unterrichten konnte, besteht jedoch auch bei der befreienden Schuldübernahme. Die Antizipation der notwendigen Zustimmung des Kunden durch eine entsprechende Klausel in den Geschäftsbedingungen des Verwenders sollte damit analog § 309 Nr. 10 beurteilt werden.[14]

745

Bei bloßen **Änderungen der Rechtspersönlichkeit des Verwenders** ist das Kriterium des Wechsels des Vertragspartners nicht erfüllt (z.B. Umwandlung einer Gesellschaft in eine andere Gesellschaftsform).[15] Unwirksam ist hingegen eine Klausel, die nicht auf die gesellschaftsrechtlichen Veränderungen abstellt, sondern lediglich allgemein bestimmt, dass der Vertrag „auch gegenüber einem eventuellen Rechtsnachfolger" gelten solle.[16]

746

c) Namentliche Bezeichnung

Eine Bestimmung, die den Wechsel oder auch nur die Möglichkeit eines Wechsels des Vertragspartners vorsieht, ist gem. der Ausnahme des § 309 Nr. 10 Buchst. a wirksam, sofern der Dritte namentlich bezeichnet wird. Dem Erfordernis der namentlichen Be-

747

---

[8] Zur Substitution *Staudinger-Coester-Waltjen*, § 309 Nr. 10 Rdn. 12.
[9] *Wolf*, § 11 Nr. 13 AGBG Rdn. 3; *Ulmer/Hensen*, § 309 Nr. 10 Rdn. 5.
[10] *Ulmer/Hensen*, § 309 Nr. 10 Rdn. 5; MünchKomm-*Kieninger*, § 309 Nr. 10 Rdn. 6; *Staudinger-Coester-Waltjen*, § 309 Nr. 10 Rdn. 12.
[11] MünchKomm-*Basedow*, § 11 Nr. 13 AGBG Rdn. 6; *Wolf*, § 11 Nr. 13 AGBG Rdn. 5.
[12] *Prütting/Wegen/Weinreich-Berger*, § 309 Rdn. 88.
[13] *Ulmer/Hensen*, § 309 Nr. 10 Rdn. 5; *Wolf*, § 11 Nr. 13 AGBG Rdn. 3; *Palandt-Grüneberg*, § 309 Rdn. 91.
[14] Vgl. statt vieler *Staudinger-Coester-Waltjen*, § 309 Nr. 10 Rdn. 12.
[15] *Wolf*, § 11 Nr. 13 AGBG Rdn. 4; *Ulmer/Hensen*, § 309 Nr. 10 Rdn. 5.
[16] LG Köln NJW-RR 1988, 1084.

zeichnung ist nicht schon durch die alleinige **Angabe des Namens** genüge getan. Für eine eindeutige Identifizierung ist daneben die **Nennung der Anschrift** erforderlich.[17]

d) Lösungsrecht vom Vertrag

748 Um die Wirksamkeit einer Eintrittsklausel zu erhalten, kann dem Kunden alternativ auch ein **Recht zur Lösung vom Vertrag** eingeräumt werden. Das Lösungsrecht ist ein vertraglich vereinbartes Rücktrittsrecht i.S. von §§ 346ff. bzw. bei Dauerschuldverhältnissen ein Kündigungsrecht. Dabei muss gewährleistet sein, dass der Kunde durch die Ausübung des Lösungsrechts keine Nachteile erleidet[18] und auch in keinerlei vertragliche Beziehungen mit dem Dritten treten muss.[19]

Beispiel: Eine Klausel, die nach Eintritt des Dritten eine Kündigungsfrist von einem Monat vorsieht, ist unwirksam, denn er müsste mit dem Dritten zunächst eine vertragliche Beziehung eingehen. Der Kunde muss deshalb die Möglichkeit der sofortigen Beendigung des Vertrags haben.[20]

749 Das Recht zur Lösung vom Vertrag muss dem Kunden nur für den Fall des tatsächlichen Vertragseintritts eines Dritten eingeräumt werden, nicht aber schon dann, wenn ein Wechsel nur möglich ist.[21] Letzteres würde die vertragliche Verankerung eines jederzeitigen Kündigungsrechts erzwingen. Aus der amtlichen Begründung folgt jedoch, dass nur an ein Lösungsrecht des Kunden „für den Fall des Wechsels" gedacht war.[22]

3. Anhang Nr. 1p der Richtlinie 93/13/EWG

750 Nach Nr. 1p des Anhangs der Klauselrichtlinie können in den Mitgliedstaaten Klauseln für missbräuchlich erklärt werden, die es dem Gewerbetreibenden erlauben, den Vertrag ohne Zustimmung des Verbrauchers „abzutreten", wenn dies möglicherweise eine Verringerung der Sicherheiten für den Verbraucher bewirkt. Die Richtlinie geht damit in mehreren Punkten über das Klauselverbot des § 309 Nr. 10 hinaus. Eine **Harmonisierung** lässt sich im Bereich der Verbraucherverträge jedoch **über die Generalklausel** erreichen.[23] Eintrittsklauseln in Vertragsarten, die nicht in § 309 Nr. 10 aufgeführt sind (z.B. Leasingverträge), unterliegen der Inhaltskontrolle nach § 307. Ebenso kann der in der Richtlinie angesprochene Aspekt der Verringerung der Sicherheiten zum Nachteil des Verbrauchers in einer ergänzenden Prüfung gemäß § 307 berücksichtigt werden. Auch der Umstand, dass die Richtlinie als Rechtsfolge eines Verstoßes von der Unwirksamkeit der Klausel ausgeht, § 309 Nr. 10 hingegen zur Wirksamkeit ein Vertragsauflösungsrecht ausreichen lässt, begründet keine Zweifel an der Europarechtskonformität der deutschen Lösung. Denn diese ist verbraucherfreundlicher, eröffnet sie dem Verbraucher doch die Möglichkeit, selbst über die Fortführung des Vertrages mit dem Dritten zu entscheiden (Art. 8 Richtlinie 93/13/EWG).[24]

---

[17] BGH NJW 1980, 2518; *Staudinger-Coester-Waltjen*, § 309 Nr. 10 Rdn. 14.
[18] *Palandt-Grüneberg*, § 309 Rdn. 92.
[19] *Wolf*, § 11 Nr. 13 AGBG Rdn. 9.
[20] LG Köln NJW-RR 1987, 885 (886).
[21] *Wolf*, § 11 Nr. 13 AGBG Rdn. 9 und 6; *Ulmer/Hensen*, § 309 Nr. 10 Rdn. 9; MünchKomm-*Kieninger*, § 309 Nr. 10 Rdn. 8.
[22] BT-Drucks. 7/3919, S. 38.
[23] *Staudinger-Coester-Waltjen*, § 309 Nr. 10 Rdn. 17; *Palandt-Grüneberg*, § 309 Rdn. 90; Grabitz/Hilf-*Pfeiffer*, Teil II: Sekundärrecht, Band IV, A 5 Anhang Rdn. 138.
[24] *Staudinger-Coester-Waltjen*, § 309 Nr. 10 Rdn. 17.

4. Unternehmerischer Geschäftsverkehr

Im unternehmerischen Geschäftsverkehr kann sich die Unwirksamkeit einer Übertragungsklausel aus § 307 ergeben. Die unangemessene Benachteiligung muss im Einzelfall festgestellt werden.[25] Eine generelle Unwirksamkeit ist abzulehnen.[26] Ein berechtigtes Interesse des anderen Teils ist i. d. R. insbesondere bei langfristigen Verträgen dann anzunehmen, wenn es auf die Solvenz und Zuverlässigkeit des Vertragspartners ankommt.[27]

751

Beispiel: Ein Gastwirt, der sich langfristig an eine bestimmte Brauerei bindet, darf darauf vertrauen, dass auch bei einem von ihm hinzunehmenden Besitzerwechsel aufseiten der Brauerei die Vertragsdurchführung selbst (z. B. Biermarke) unberührt bleibt. Ein unbeschränktes Übertragungsrecht der Brauerei, das diese berechtigten Interessen des Gastwirts mißachtet, ist nach § 307 unwirksam.[28]

II. Abtretungsverbote

Literatur: *Baukelmann,* Der Ausschluß der Abtretbarkeit von Geldforderungen in AGB – Fragen zu § 354a HGB, in: FS für Brandner, 1996, S. 185; *Henseler,* Die Neuregelung des Abtretungsverbots, BB 1995, 5; *E. Wagner,* Neue Rechtslage bei vertraglichen Abtretungsverboten im kaufmännischen Geschäftsverkehr, WM 1994, 2093; *ders.,* Materiell-rechtliche und prozessuale Probleme des § 354a HGB, WM 1996, Sonderbeilage Nr. 1.

In der Praxis begegnet man recht häufig Vereinbarungen, mit denen die – gem. § 398 grundsätzlich mögliche – Abtretbarkeit einer Forderung generell ausgeschlossen oder von der Zustimmung des Schuldners abhängig gemacht werden soll. Eine solche Vereinbarung gem. § 399 fügt der Forderung nicht ein ihrem Wesen fremdes Veräußerungsverbot hinzu, sondern lässt die Forderung von vornherein als ein unveräußerliches Recht entstehen. Eine entgegen dem Verbot erfolgte Abtretung ist – nach ständiger Rechtsprechung – nicht nur dem Schuldner, sondern jedem Dritten gegenüber unwirksam.[29]

752

1. Interessenlage und generelle Bewertung

Solche Klauseln sind **grundsätzlich** auch in Allgemeinen Geschäftsbedingungen **zulässig**[30]. Gleiches gilt für Zustimmungsvorbehalte und Formerfordernisse.[31] Es kann dem Verwender Allgemeiner Geschäftsbedingungen nämlich nicht verwehrt werden, durch Vereinbarung eines Ausschlusses oder zumindest einer Beschränkung der Abtretungsmöglichkeit die Vertragsentwicklung übersichtlich zu gestalten und damit zu verhindern, dass ihm eine im Voraus nicht übersehbare Vielzahl von Gläubigern entgegentritt.[32] Abtretungsklauseln sind jedoch dann nach § 307 unwirksam, wenn ein **schützenswertes Interesse des Verwenders** an dem Ausschluss oder dem Zustimmungsvorbehalt **nicht** be-

753

---

[25] Ebenso *Ulmer/Hensen,* § 309 Nr. 10 Rdn. 11; *Löwe/Graf von Westphalen/Trinkner,* § 11 Nr. 13 AGBG Rdn. 29 ff.
[26] So aber grundsätzlich *Wolf,* § 11 Nr. 13 AGBG Rdn. 12.
[27] BGH NJW 1985, 53 (54).
[28] BGH NJW 1998, 2286 (2288).
[29] BGHZ 40, 156 (159 f.); BGH NJW 1978, 813 (814); 1991, 559; ZIP 1997, 1072 (1073).
[30] BGH NJW 2006, 3486 (3487); *Staudinger-Coester,* § 307 Rdn. 351; für grundsätzliche Unzulässigkeit hingegen *Wolf,* § 9 AGBG Rdn. A 14.
[31] Für Abtretungsausschluss mit Zustimmungsvorbehalt BGH NJW-RR 2000, 1220 (1221); *Staudinger-Coester,* § 307 Rdn. 378 f. m. w. N.; für Unwirksamkeit einer AGB-Bestimmung, derzufolge die Abtretungsanzeige unter Verwendung eines vorgegebenen Formblattes erfolgen muss, OLG Schleswig NJW-RR 2001, 818.
[32] BGH NJW 1990, 1601 (1602); 1997, 3434 (3435); hierzu *E. Wagner,* JZ 1998, 258; BGH ZIP 1997 1072 (1073); 2000, 78.

steht oder die **berechtigten Belange des Kunden an der freien Abtretbarkeit** vertraglicher Ansprüche das entgegenstehende Interesse des Verwenders **überwiegen**.[33]

Beispiel:
(1) Bei einem **Reisevertrag** kann sich der Reiseveranstalter nicht ausbedingen, dass nur der Anmelder berechtigt ist, für sich und/oder für die von ihm angemeldeten Teilnehmer Ansprüche aus dem Reisevertrag geltend zu machen und zugleich die Abtretung solcher Ansprüche auszuschließen. Denn sie macht für die Mitreisenden, obgleich sie auf Grund der Schutzwirkung des Reisevertrages eigene Ansprüche haben können, die Durchsetzung ihrer vertraglichen Rechte von der Mitwirkung und letztlich von dem Interesse des Anmelders an einem Rechtsstreit mit dem Reiseveranstalter abhängig. Erschwerungen und Schwierigkeiten auf Seiten des Reiseunternehmers hinsichtlich der Vertragsabwicklung und der Legitimationsprüfung sind nicht ausschlaggebend. Schließlich werden die Mitreisenden mit Namen und Anschrift zur jeweiligen Buchungsnummer der Reise erfasst.[34]
(2) Die Beschränkung der Veräußerungsbefugnis an Wiederverkäufer in Allgemeinen Geschäftsbedingungen eines **Kfz-Händlers** hat der BGH im Jahre 1980 für wirksam erachtet.[35]
(3) Die **Abtretung und Verpfändung von Gehaltsansprüchen** des Arbeitnehmers kann nach ganz herrschender Meinung durch Vereinbarung der Arbeitsvertragsparteien ausgeschlossen oder – argumentum a fortiori – von der Zustimmung des Arbeitgebers abhängig gemacht werden.[36] In der Tat ist das Interesse des Arbeitgebers anerkennenswert, sich Kosten und Mühe zu ersparen, die im Falle der Abtretung und Verpfändung auf sein Lohnbüro zukommen würden. Auch träfe ihn das Risiko der irrtümlichen Auszahlung an den Arbeitnehmer, die – nach Offenlegung – keine befreiende Wirkung mehr hätte.
(4) Eine Einschränkung der **Übertragbarkeit von Eintrittskarten** sehen die aktuellen Muster-AGB für die Fußballbundesliga vor; besonders in der Diskussion standen darüber hinaus entsprechende Einschränkungen bei den (personalisierten) Eintrittkarten für die Fußball-WM 2006.[37] Das Interesse, Preistreiberei auf den Schwarzmärkten zu unterbinden, sowie die Möglichkeit, auf diese Weise die Sicherheit in den Stadien zu erhöhen, sind durchaus beachtlich, rechtfertigen angesichts der im Einzelfall durchaus respektablen Gründe des Karteninhabers, sein Eintrittsrecht nicht auszuüben, jedenfalls keinen vorbehaltlosen Übertragungsausschluss. Das Verbot muß zumindest durch einen Zustimmungsvorbehalt abgeschwächt werden.

2. Die Regelung des § 354a HGB

754 Eine ganz **wesentliche Abweichung** zu § 399 ist mit **§ 354a HGB** durch das Gesetz vom 25. 7. 1994[38] eingeführt worden. Stellt nämlich das einer Geldforderung zugrundeliegende Rechtsgeschäft für **beide Teile ein Handelsgeschäft**[39] dar, oder ist der Schuldner eine juristische Person des öffentlichen Rechts oder ein öffentlich-rechtliches Sondervermögen – auf Gläubigerseite muss die Forderung aber aus einem Handelsgeschäft herrühren –[40], so ist die **Abtretung der Geldforderung trotz** eines formularmäßigen **Abtretungsver-**

---

[33] BGH NJW 1989, 2750 (2751); 1990, 1601 (1602); 2006, 3486 (3487).

[34] BGH NJW 1989, 2750 (2751).

[35] BGH NJW 1981, 117 ff.

[36] Vgl. etwa MünchArbR-*Hanau*, § 73 Rdn. 9; *Preis*, in: Arbeitsvertrag, II A 10 Rdn. 4 ff.; *Küttner-Griese*, Personalbuch 2005, 276 Rdn. 9; *Hromadka/Schmitt*-Rolfes, Der unbefristete Arbeitsvertrag, S. 123; kritisch jedoch *Däubler/Dorndorf/Bonin/Deinert*, Anh. zu § 307 Rdn. 3 f.; ebenso *Lakies*, AGB im Arbeitsrecht Rdn. 394.

[37] Hierzu *Gutzeit*, BB 2007, 113 ff.; *Ensthaler/Zech*, NJW 2005, 3389; *Weller*, NJW 2005, 934; *Ultsch*, ZGS 2006, 210; zur Einbeziehungsproblematik OLG Hamburg NJW 2005, 3003.

[38] BGBl. I 1994, S. 1682 (1686).

[39] Auf Rechtsgeschäfte, die nicht für beide Vertragsparteien ein Handelsgeschäft sind, ist die Norm nach Ansicht des BGH (NJW 2006, 3486) nicht anzuwenden. Für analoge Anwendung auf Freiberufler und Kleingewerbebetreibende hingegen mit guten Gründen u. a. *Canaris*, Handelsrecht, 24. Aufl. 2006, § 26 Rdn. 35.

[40] Koller/*Roth*/Morck, 6. Aufl. 2007, § 354a HGB Rdn. 2; MünchKomm-*K. Schmidt*, 2. Aufl. 2008, § 354a HGB Rdn. 9.

bots auf Grund von § 354a HGB **wirksam**. Die Wirksamkeit der Abtretung ist absolut und nicht nur relativ. § 354a HGB ist nicht abdingbar, abweichende Vereinbarungen sind gem. dessen Satz 3 unwirksam.

Ausweislich der Gesetzesbegründung zu § 354a HGB[41] zielt diese Neuregelung auf eine Verbesserung der wirtschaftlichen Situation mittelständischer Unternehmen. Die Lieferanten, die sich Abnehmern mit einem Abtretungsverbot gegenübersähen, seien nicht in der Lage, ihre Außenstände zu Finanzierungszwecken zu verwenden, obwohl die Forderungen gegenüber Großabnehmern und öffentlichen Stellen regelmäßig von einwandfreier Bonität seien.

755

Der sachliche Anwendungsbereich **erfasst neben** den **generellen** Abtretungsverboten **auch eingeschränkte**, d.h. die Abtretung wird beispielsweise von der Zustimmung des Schuldners oder von der Einhaltung bestimmter Förmlichkeiten abhängig gemacht,[42] **sowie Teilabtretungsverbote**.[43] Die Kontokorrentabrede, die die Abtretung zeitweise ausschließt, fällt hingegen nicht in den sachlichen Anwendungsbereich des § 354a HGB.[44]

756

Beispiel: Schränkt in einem beiderseitigen Handelsgeschäft der Schuldner die Abtretung der Gläubigerforderung mit der Klausel „Ohne die ausdrückliche schriftliche Zustimmung des Bestellers darf der Auftragnehmer seine vertraglichen Ansprüche weder ganz noch teilweise auf Dritte übertragen. Die Zustimmung wird der Besteller ohne wichtigen Grund nicht versagen." ein, so ist die Abtretung auch ohne bzw. trotz verweigerter Zustimmung nach § 354a HGB wirksam.[45]

In Abweichung zu § 407 **gestattet** § 354a S. 2 HGB dem Schuldner weiterhin, **mit befreiender Wirkung an den ursprünglichen Gläubiger zu leisten**. Bedient sich der Schuldner – wie häufig bei Einkaufsbedingungen von Großabnehmern – eines formularmäßigen Abtretungsverbots, so steht ihm nach erfolgter Abtretung ein Wahlrecht zu. Er kann nun entscheiden, ob er an den Zessionar oder aber mit befreiender Wirkung an seinen bisherigen Gläubiger zahlt. Dieses Wahlrecht steht ihm grundsätzlich – Grenzen ergeben sich aus § 242 – auch dann zu, wenn er Kenntnis von der Zession hat.[46] Dies ist – neben dem engen Anwendungsbereich – ein wesentlicher Grund, weshalb Abtretungsverbote in der Praxis auch weiterhin eine große Rolle spielen werden.

757

§ 31. Leistungspflicht des Verwenders

I. Leistungsfristen (§ 308 Nr. 1 Halbsatz 1 Var. 2)

Literatur: *Walchshöfer*, Leistungsfristen in Allgemeinen Geschäftsbedingungen, WM 1986, 1541 ff.

1. Gesetzliche Ausgangslage und Regelungsanliegen

Zu den wesentlichen Modalitäten der Leistung gehört neben dem Ort der Leistung die Leistungszeit. Diese wird für gewöhnlich im Vertrag von den Parteien durch Festsetzung eines Zeitpunkts oder einer Leistungsfrist näher bestimmt. Dies kann im Wege einer Indi-

758

---

[41] BT-Drucks. 12/7912, S. 2 und 24f.
[42] BGH NJW-RR 2005, 624 (626).
[43] Allgemeine Ansicht vgl. z.B. *Baukelmann*, in: FS Brandner, 185 (194f.); *E. Wagner*, WM 1996, Sonderbeilage S. 6; *Wolf*, § 9 AGBG Rdn. A 16.
[44] *E. Wagner*, WM 1996, Sonderbeilage S. 6f.; *Canaris*, Handelsrecht, 24. Aufl. 2006, § 26 Rdn. 22; *Henseler*, BB 1995, 5 (6f.).
[45] OLG Celle NJW 1999, 618 (619).
[46] *E. Wagner*, WM 1996, Sonderbeilage Nr. 1, S. 11; *Canaris*, Handelsrecht, 24. Aufl. 2006, § 26 Rdn. 24.

vidualabrede¹ oder aber durch entsprechende Abreden in Allgemeinen Geschäftsbedingungen erfolgen. Ist eine Zeit für die Leistung im Vertrag nicht festgesetzt und lässt sich diese auch nicht aus den Umständen entnehmen, so kann der Gläubiger die Leistung nach der allgemeinen Vorschrift des § 271 Abs. 1² sofort verlangen; die Leistung ist also sofort fällig. Aus diesem Grunde sind die Verwender Allgemeiner Geschäftsbedingungen bestrebt, sich für ihre Leistungspflicht einen möglichst großzügig bemessenen Spielraum auszubedingen.

759 Für den Kunden kann sich aus einer solchen Leistungsfristbestimmung eine empfindliche **Verschlechterung seiner vertragsrechtlichen Position** ergeben. Denn ein solcher Vorbehalt würde einen Aufschub der Leistungspflicht bewirken. Der Vertragspartner könnte den Verwender nicht oder jedenfalls nur unter Schwierigkeiten in Verzug setzen. Würde das Gesetz hier keine Vorkehrungen treffen, so bestünde die Gefahr, dass die dem Kunden bei Ausbleiben der Leistung zustehenden Ansprüche (§§ 280 Abs. 3 i.V.m. 281; §§ 280 Abs. 2 i.V.m. 286; § 323) dadurch entwertet würden, dass sie mangels Fälligkeit der Leistung nicht geltend gemacht werden könnten. Der Verwender wäre auf der anderen Seite berechtigt, jederzeit zu leisten (§ 271 Abs. 2). Der Kunde bliebe ohne Lösungsrecht an den Vertrag gebunden und wäre so in seiner Dispositionsfreiheit eingeschränkt.³

760 Der Gesetzgeber hat diese Gefährdung des Vertragsgleichgewichts erkannt und in § 308 Nr. 1 Halbsatz 1 Var. 2 den klauselartigen Vorbehalt unangemessen langer oder nicht hinreichend bestimmter Fristen für die Erbringung einer Leistung untersagt. Das Klauselverbot **ergänzt somit zugleich § 309 Nr. 8 Buchst. a**, dessen Schutz sonst in einem Teilbereich leerliefe.⁴ Nicht explizit geregelt ist, ob sich der Verwender auch ausbedingen kann, die vereinbarte **Leistung vorzeitig zu erbringen**. Solche Klauseln unterliegen der Inhaltskontrolle nach § 307 Abs. 1 und 2 und laufen Gefahr, wegen einer gezielten Umgehung des Vorrangs der Individualabrede (§ 305 b) beanstandet zu werden.⁵

2. Inhalt des Klauselverbots

a) Leistungsfristen

761 § 308 Nr. 1 Halbsatz 1 Var. 2 betrifft **nur vom Verwender gesetzte Fristen für eine von ihm geschuldete Leistung**.⁶ Erfasst werden **alle Arten von Leistungspflichten** (Warenleistungs-, Geldzahlungspflichten, die den Verwender nach § 640 treffende Abnahmepflicht⁷ usw.). Neben **echten Leistungsfristen** (z. B. „Lieferung 3 Wochen nach Vertragsschluss") betrifft die Norm auch sog. **unechte Leistungsfristen**. Hiermit sind Nach- bzw. Verlängerungsfristen gemeint, die im Anschluss an unverbindliche Leistungsfristen eine weitere Verlängerungsfrist vorsehen⁸ oder die beim Eintritt bestimmter Ereignisse (z. B. Arbeitskampf, höhere Gewalt) die ursprüngliche Leistungsfrist verlängern.⁹ Es kommt

---

¹ Dies geschieht nicht selten; zu den Konsequenzen *Ulmer/H. Schmidt*, § 308 Nr. 1 Rdn. 11.
² Zu beachten sind auch die (dispositiven) Sonderregeln der §§ 556 b, 581, 604, 608 f., 614, 641, 695 ff., § 14 VVG.
³ Zum Regelungsanliegen des § 308 Nr. 1 Halbsatz 1 Var. 2 insbesondere die Amtl. Begr. BT-Drucks. 7/3919, S. 24; ferner BGH NJW 1984, 2468 (2469) und *Ulmer H. Schmidt*, § 308 Nr. 1 Rdn. 12.
⁴ Vgl. BGH NJW 1984, 2468 (2469); *Walchshöfer*, WM 1986, 1541.
⁵ So auch in der Tat BGH NJW 2007, 1198 (1199).
⁶ Vgl. *Wolf*, § 10 Nr. 1 AGBG Rdn. 28 ff.; *Walchshöfer*, WM 1986, 1541.
⁷ *Wolf*, § 10 Nr. 1 AGBG Rdn. 31; *Staudinger-Coester-Waltjen*, § 308 Nr. 1 Rdn. 13; *Palandt-Grüneberg*, § 308 Rdn. 6; speziell zu § 640 BGH NJW 1989, 1602 (1603); 1997, 394 (395).
⁸ BGH NJW 1982, 331 (333); 1983, 1320.
⁹ BGH NJW 2007, 1198 (1200); *Palandt-Grüneberg*, § 308 Rdn. 6; *Wolf*, § 10 Nr. 1 AGBG Rdn. 26; differenzierend *Ulmer/H. Schmidt*, § 308 Nr. 1 Rdn. 14.

nicht darauf an, ob der Verwender mit Ablauf der Leistungsfrist nach § 286 Abs. 2 ohne Mahnung in Verzug gerät. Daher wird auch die Leistungsfrist im Rahmen eines relativen oder absoluten Fixgeschäfts erfasst.[10]

Bei **Leistungsvorbehalten** ist hingegen eine **differenzierte Betrachtung** erforderlich. 762
Nur wenn die Klausel die **Fälligkeit betrifft,** ist § 308 Nr. 1 einschlägig.[11]

Beispiele:
(1) „Lieferzeit vorbehalten"
(2) „Lieferzeit annähernd"
(3) „angemessene Verlängerung"

Sieht die Klausel hingegen die **Befreiung von der Leistungspflicht** vor, so ist die Prüfung 763
an § 308 Nr. 3 auszurichten.[12]

Beispiele:
(1) „Lieferung vorbehalten"
(2) „Zwischenverkauf vorbehalten"

b) Unangemessene Länge

Für die Beantwortung der Frage, welche Lieferzeit noch als angemessen i.S. des § 308 764
Nr. 1 anzusehen ist, kommt es wesentlich auf die Art der geschuldeten Leistung an. Dabei sind die in dem jeweiligen Geschäftszweig üblichen Beschaffungs- und Herstellungszeiten – gegebenenfalls verlängert um einen gewissen Sicherheitszeitraum –, aber auch die Interessen des Kunden an alsbaldiger bzw. fristgerechter Leistung zu berücksichtigen.[13] Handelt es sich bei dem Leistungsgegenstand um eine serienmäßig hergestellte und leicht lagerfähige Ware, so wird die Frist beispielsweise eher kurz zu bemessen sein. Äußert dagegen der Kunde Sonderwünsche, dann sind die längeren Beschaffungs- und Herstellungszeiten zu berücksichtigen und eine längere Leistungsfrist ist damit zu rechtfertigen.

Beispiele:
(1) Im **Neuwagengeschäft** wird eine sechswöchige Verlängerungsfrist im Anschluss an eine unverbindliche Lieferungsfrist für zulässig erachtet.[14]
(2) Im **Möbelhandel** ist ein Überschreiten der Lieferfrist von drei Wochen angemessen.[15] Unangemessen lang ist aber eine Verlängerungsfrist von drei Monaten im Anschluss an einen als annähernd bezeichneten Termin,[16] nicht hingegen eine vierwöchige Zusatzfrist beim Kauf individuell zusammengestellter Einbauküchen.[17]
(3) Der fest zugesagte Liefertermin von einem **Fertighaus** darf nicht nach freiem Belieben des Verwenders um sechs Wochen verlängert werden.[18]
(4) In einem **Werkvertrag** ist eine Klausel unwirksam, die die Abnahme gem. § 640 erst zwei Monate nach Fertigstellung vorsieht.[19]

c) Mangelnde Bestimmtheit

Der Verwender hat die Leistungsfrist, sofern diese in seinen Allgemeinen Geschäftsbe- 765
dingungen geregelt ist, hinreichend präzise zu bestimmen. Wie bei den Annahmefris-

---

[10] *Erman-Roloff,* § 308 Rdn. 7.
[11] *Wolf,* § 10 Nr. 1 AGBG Rdn. 32.
[12] *Wolf,* § 10 Nr. 1 AGBG Rdn. 32; *Ulmer/H. Schmidt,* § 308 Nr. 1 Rdn. 14; vgl. hierzu im Übrigen die Ausführungen unter Rdn. 769 ff.
[13] BGH NJW 1984, 2468 (2469); 2007, 1198 (1200).
[14] BGH NJW 1982, 331 (333); zweifelnd *Ulmer/H. Schmidt,* § 308 Nr. 1 Rdn. 16.
[15] *Palandt-Grüneberg,* § 308 Rdn. 7.
[16] BGH NJW 1983, 1320 f.; 1984, 48.
[17] BGH NJW 2007, 1198 (1200 f.).
[18] BGH NJW 1984, 2468 (2469).
[19] BGH NJW 1989, 1602 (1603).

ten[20] liegt auch hier ein Verstoß gegen § 308 Nr. 1 vor, wenn die **Frist für den durchschnittlichen Vertragspartner des Verwenders nicht berechenbar ist und er sie auch nicht selbst herbeiführen oder beeinflussen kann.**[21]

Beispiele:
(1) Auszug aus den Bedingungen eines Fensterherstellers: „Ist eine bestimmte Lieferzeit vereinbart, beginnt diese erst nach ... **deren schriftlicher Bestätigung** durch den Hersteller." Darauf, wann die Bestätigung erteilt wird, hat der Kunde keinen Einfluss. Das liegt allein im Bereich des Verwenders und kann von ihm zu einem beliebigen Zeitpunkt abgegeben werden. Die Frist ist deswegen für den Kunden **nicht mehr berechenbar.**[22]
(2) Aus demselben Grund ist die Klausel „Die Mindestlieferzeit beträgt **acht Wochen nach Aufmaß.**" unwirksam. Auch hier ist die Frist von einem Ereignis abhängig, das allein im Einflussbereich des Verwenders liegt.[23]
(3) Zu unbestimmt sind ferner Klauseln, die auf „**gewerbeübliche Lieferfristen**" abstellen[24] oder nach denen sich der Verwender um die Einhaltung des Liefertermins „**bemühen**" will.[25]
(4) Für **zulässig** werden hingegen „**ca-Fristen**", also z. B. „Lieferung in ca. einem Monat", gehalten;[26] nicht aber der relativierende Vorbehalt „**in der Regel**".[27]

d) Ausnahme im Hinblick auf Widerrufsrechte bei Verbraucherverträgen

766 Nach dem **2. Halbsatz von § 308 Nr. 1** ist von dem Verbotstatbestand der Vorbehalt ausgenommen, erst nach Ablauf der Widerrufs- oder Rückgabefrist zu leisten. Hier geht es also um Verbraucherverträge. Die Ausnahmeregelung soll dem Unternehmer ermöglichen, seine Leistung solange herauszuzögern, bis der Verbraucher sein Widerrufsrecht nicht mehr ausüben kann. Für eine solche Vertragsgestaltung besteht ein berechtigtes Interesse auf Seiten des Unternehmers, muss er doch anderenfalls damit rechnen, dass der Verbraucher den Vertrag von vornherein in der Absicht schließt, sich für kurze Zeit in den Besitz des Leistungsgegenstandes zu bringen, um ihn alsdann nach erklärtem Widerruf wieder an den Unternehmer zurückzugeben. Die hiermit verbundenen Unannehmlichkeiten darf sich der Unternehmer durch Aufnahme eines entsprechenden Vorbehalts ersparen.[28] Der Dispens gilt jedoch **nicht für Fernabsatz- und Fernunterrichtsverträge.** Hier beginnt die Widerrufsfrist erst mit der Lieferung zu laufen (§ 312 d, § 4 FernUSG), so dass ein inakzeptabler, weil niemals endender Schwebezustand die Folge wäre.[29]

3. Rechtsfolgen eines Verstoßes

767 Ist die Bestimmung der Leistungsfrist in den Allgemeinen Geschäftsbedingungen gem. § 308 Nr. 1 unwirksam, so kommt gem. § 306 Abs. 2 die **gesetzliche Leistungsfrist des § 271** zur Anwendung. Eine teilweise Aufrechterhaltung durch Verkürzung der Frist ist ausgeschlossen.[30]

---

[20] Die Ausführungen hierzu gelten entsprechend, vgl. oben Rdn. 701 f.
[21] BGH NJW 1985, 855 (856); 1989, 1602 (1603); *Wolf*, § 10 Nr. 1 AGBG Rdn. 46.
[22] BGH NJW 1985, 855 (856 f.).
[23] OLG Stuttgart NJW 1981, 1105.
[24] OLG Köln BB 1982, 638.
[25] OLG Oldenburg NJW-RR 1992, 1527 (1528).
[26] *Palandt-Grüneberg*, § 308 Rdn. 8; *Walchshöfer*, WM 1986, 1543; *Wolf*, § 10 Nr. 1 AGBG Rdn. 47.
[27] KG NJW 2007, 2266 (2267).
[28] MünchKomm-*Kieninger*, § 308 Nr. 1 Rdn. 23.
[29] *Palandt-Grüneberg*, § 308 Rdn. 9; *Prütting/Wegen/Weinreich-Berger*, § 308 Rdn. 13.
[30] BGH NJW 1983, 1320 (1321); 1984, 48 (49); *Wolf*, § 10 Nr. 1 AGBG Rdn. 51.

4. Unternehmerischer Geschäftsverkehr

Kommt es im unternehmerischen Geschäftsverkehr auf die Leistungszeit an, so wird diese üblicherweise in einer Individualvereinbarung festgesetzt. Vorformulierte Leistungszeitklauseln kommen in diesem Falle schon wegen des Vorrangs der Individualabrede (§ 305 b) nicht zum Zuge.[31] Erfolgt die Bestimmung dagegen in Allgemeinen Geschäftsbedingungen, so muss die Überprüfung gem. § 310 Abs. 1 auf die Generalklausel des § 307 gestützt werden. Das Verbot unangemessen langer oder nicht hinreichend bestimmter Fristen erheischt auch hier grundsätzlich Beachtung. Die Interessenlage im unternehmerischen Geschäftsverkehr und die größere Geschäftsgewandtheit des unternehmerischen Kunden können mitunter jedoch einen großzügigeren Maßstab rechtfertigen.[32] Zu weit geht jedoch die These, handelsübliche Klauseln, die dem Kunden eine sichere Berechnung der Leistungszeit erschweren, dürften weiterhin verwandt werden.[33] Auch im unternehmerischen Verkehr sollte jedenfalls die Klausel „Lieferzeit unverbindlich" keinen Bestand haben.[34] 768

II. Vorbehaltenes Lösungsrecht (§ 308 Nr. 3 und § 308 Nr. 8)

Literatur: *Salger*, Der Selbstbelieferungsvorbehalt, WM 1985, 625.

1. Gesetzliche Ausgangslage und Regelungsanliegen

Grundsätzlich sind vertraglich übernommene Verpflichtungen einzuhalten, die zugesagten Leistungen zu erbringen. Formularmäßige Vorbehalte, die dem Verwender die Möglichkeit eröffnen, sich ohne weiteres vom Vertrag zu lösen, sind geeignet, den Grundsatz der Vertragsbindung aufzuweichen. § 308 Nr. 3 und Nr. 8 zielen daher darauf, den Grundsatz **„pacta sunt servanda"** auch gegenüber dem Verwender in Erinnerung zu rufen. Die Vereinbarung von Lösungsrechten – wie sie u. a. § 346 Abs. 1 vorsieht und gestattet – wird zwar **nicht generell untersagt**. Wohl aber kann sich der Verwender nicht vorbehaltlos Lösungsmöglichkeiten vom Vertrag ausbedingen. Erforderlich ist vielmehr die **Angabe eines sachlich gerechtfertigten Grundes.** 769

§ 308 Nr. 3 und Nr. 8 wollen die für den Kunden missliche Situation vermeiden, dass er an den Vertrag gebunden ist, während sich der Verwender jederzeit von ihm lösen kann. Der Kunde soll sich nicht in einem Schwebezustand wiederfinden, in dem er selbst zwar an den Vertrag gebunden ist, er aber nicht auf die Bewirkung der vertraglichen Leistung vertrauen kann, da die Erfüllung des Vertrages letztlich vom Gutdünken des Verwenders abhängt. 770

Entsprechend der – soeben dargestellten – die Leistungsfristen regelnden Bestimmung des § 308 Nr. 1 will auch **§ 308 Nr. 3** mit der Beschränkung der Lösungsmöglichkeiten des Verwenders vom Vertrag erreichen, dass die durch § 309 Nr. 7 Buchst. b und Nr. 8 Buchst. a klauselfest gemachten Rechte des Kunden nicht unterlaufen werden, indem sich der Verwender von seinen Leistungspflichten löst, um Schadensersatzansprüchen zu entgehen. Sofern das Lösungsrecht auf die **Nichtverfügbarkeit der Leistung** abstellt, ist das zusätzliche Wirksamkeitserfordernis des **§ 308 Nr. 8** zu beachten, der § 308 Nr. 3 insoweit ergänzt.[35] 771

---

[31] Vgl. *Ulmer/H. Schmidt*, § 308 Nr. 1 Rdn. 23; Löwe-*Graf von Westphalen*-Trinkner, § 10 Nr. 1 AGBG Rdn. 33.
[32] *Ulmer/H. Schmidt*, § 308 Nr. 1 Rdn. 23.
[33] So aber *Palandt-Grüneberg*, § 308 Rdn. 10; *Lutz*, AGB-Kontrolle im Handelsverkehr unter Berücksichtigung der Klauselverbote, S. 53.
[34] Wie hier *Ulmer/H. Schmidt*, § 308 Nr. 1 Rdn. 23; a. A. *Walchshöfer*, WM 1986, 1545.
[35] BT-Drucks. 14/2658, S. 51.

772 § 308 Nr. 3 und Nr. 8 sind gemeinschaftskonform.[36] Im **Anhang der Klauselrichtlinie** werden in Nr. 1 bei lit. c, f und g Lösungsmöglichkeiten des Verwenders angesprochen. § 308 Nr. 3 geht in seinem Regelungsbereich über den Schutzbereich der vorgenannten Bestimmungen hinaus; sofern Dauerschuldverhältnisse vom Anwendungsbereich ausgeschlossen werden, so werden diese von § 307 erfasst. In dessen Rahmen sind die Wertungen des Klauselanhangs dann zu berücksichtigen.[37]

2. Inhalt des Klauselverbots des § 308 Nr. 3

a) Lösungsrecht

773 § 308 Nr. 3 spricht in seiner Überschrift von „Rücktrittsvorbehalt". In der Vorschrift selbst ist dann von „seiner Leistungspflicht zu lösen" die Rede. Die Norm erfasst mehr als dies die zu enge Überschrift suggeriert. Der in § 308 Nr. 3 verwendete Begriff des „Lösungsrechts" ist dem fremd. Er ist weit auszulegen[38] und betrifft **alle Gestaltungen, die dem Verwender eine Befreiung von der (Haupt-)Leistungspflicht ermöglichen oder hierzu im Ergebnis führen** und nicht nur rein deklaratorischer Natur sind. Neben Rücktritts-, Kündigungs-, Widerrufs- und Anfechtungsrechten, die als Gestaltungsrechte für die Ausübung eine einseitige Willenserklärung des Verwenders erfordern, werden Ansprüche auf Einwilligung des Vertragspartners in die Vertragsaufhebung sowie – nach dem Sinn und Zweck und um Umgehungen zu verhindern – insbesondere auch auflösende Bedingungen erfasst.[39]

774 § 308 Nr. 3 ist nur bei Verträgen einschlägig, nicht hingegen wenn durch eine Klausel die Abgabe eines Angebots nach § 145 ausgeschlossen werden soll, der Verwender also lediglich im Rahmen einer invitatio ad offerendum zur Abgabe eines Angebots auffordert.[40] So kann es sich beispielsweise bei folgenden Klauseln verhalten:

Beispiele:
(1) „ohne Obligo"
(2) „unverbindlich"
(3) „ohne Verbindlichkeit"
(4) „freibleibend"

775 Allerdings kann solchen Klauseln auch der Sinn zukommen, dass das Angebot bis zur Annahme widerruflich sein soll.[41] Der genaue Inhalt ist im Wege der Auslegung zu ermitteln. Unklarheiten dahingehend, ob die Klausel nun das Angebot oder den Vertrag betrifft, gehen zu Lasten des Verwenders (§ 305 c Abs. 2).

776 Von § 308 Nr. 3 werden nicht schon **von Gesetzes wegen vorgesehene und bereits eingeräumte Lösungsrechte** erfasst (§ 307 Abs. 3 S. 1). Sofern das Lösungsrecht jedoch fakultativ eingeräumt wird – also hierfür eine Vereinbarung notwendig ist –, ist eine inhaltliche Kontrollmöglichkeit gegeben. Zum **Fristsetzungsverzicht beim Kauf unter Eigentumsvorbehalt** in Anlehnung an die bisherige Regelung des § 455 a.F. vgl. Rdn. 1014 f.

b) Ohne Angabe des Grundes

777 Lösungsrechte sind in Allgemeinen Geschäftsbedingungen nicht per se unwirksam. Allerdings stellt § 308 Nr. 3 ein Transparenzerfordernis auf. Der Lösungsgrund muss in den

---

[36] *Ulmer/H. Schmidt*, § 308 Nr. 3 Rdn. 21; *Wolf*, § 10 Nr. 3 AGBG Rdn. 1; *Palandt-Grüneberg*, § 308 Rdn. 14; *Staudinger-Coester-Waltjen*, § 308 Nr. 3 Rdn. 30.
[37] *Ulmer/H. Schmidt*, § 308 Nr. 3 Rdn. 21; *Wolf*, Anh. RiLi Rdn. 89.
[38] BAG NZA 2006, 539 (541); *Wolf*, § 10 Nr. 3 AGBG Rdn. 2.
[39] BAG NZA 2006, 539 (541).
[40] *Ulmer/H. Schmidt*, § 308 Nr. 3 Rdn. 5; *Bamberger/Roth/Becker*, § 308 Nr. 3 Rdn. 33.
[41] Vgl. BGH NJW 1984, 1885.

§ 31. Leistungspflicht des Verwenders

Allgemeinen Geschäftsbedingungen angegeben werden, und zwar so **konkret,** dass der Durchschnittskunde ohne Schwierigkeiten feststellen kann, wann der Verwender sich vom Vertrag lösen darf.[42]

Beispiele: Unzureichend ist die Angabe
(1) „Betriebsstörungen jeder Art"[43]
(2) „aus zwingenden Gründen"[44]
(3) „erhebliche Störungen im Geschäftsbetrieb beim Verkäufer oder seinen Lieferanten"[45]
(4) „wenn es die Umstände erfordern"[46]

Beispiele: Ausreichend ist die Angabe
(1) wenn sich die Lösungsmöglichkeit explizit auf „höhere Gewalt, Streiks und Rohstoffmangel" beschränkt[47]
(2) „(richtige und rechtzeitige) Selbstbelieferung vorbehalten"[48]

c) Ohne sachlich gerechtfertigten Grund

Der im Vertrag hinreichend konkret bezeichnete Grund für das Lösungsrecht muss zusätzlich auch sachlich gerechtfertigt sein. Es geht also nicht darum, ob der in Ausübung des Lösungsrechts tatsächlich vorgebrachte Grund sachlich gerechtfertigt ist. Vielmehr muss schon der im Vertrag bezeichnete Grund – abstrakt – durch gewichtige Verwenderinteressen legitimiert sein. § 308 Nr. 3 erfordert eine Abwägung der beiderseitigen Interessen der Vertragsparteien. Die Lösung vom Vertrag muss durch ein **überwiegendes oder zumindest aber durch ein anerkennenswertes Interesse des Verwenders** gerechtfertigt sein.[49] Die sachliche Rechtfertigung entfällt, wenn sich der Lösungsvorbehalt auf Umstände erstreckt, die der Verwender bei gebotener Sorgfalt schon vor dem Vertragsabschluss hätte erkennen und so einen Vertragsabschluss ablehnen können.[50] Ausgangspunkt ist immer die Erwartung, dass der Vertrag in gehöriger Weise zu erfüllen ist und der Verwender im Zweifelsfalle für Verzug und Unmöglichkeit haftet. Die Loslösung vom Vertrag darf nur für den Ausnahmefall vorgesehen sein. 778

Von vornherein **unwirksam** sind demnach Lösungsrechte, die **vom alleinigen Belieben des Verwenders** abhängen. 779

Beispiel: „jederzeit kündbar"[51]

Im Übrigen kann danach unterschieden werden, ob der Grund, der ein Lösungsrecht rechtfertigen soll, die Sphäre des Kunden oder die Sphäre des Verwenders betrifft.

(1) Sphäre des Kunden

Ein Grund aus der Sphäre des Kunden rechtfertigt ein Lösungsrecht, wenn er dergestalt ist, dass dem Verwender ein Festhalten am Vertrag nicht zuzumuten ist und soweit § 309 Nr. 4 dem nicht entgegensteht.[52] Da für die Fälle des Verzuges und der Unmöglichkeit bereits die §§ 323 ff. ein gesetzliches Rücktrittsrecht vorsehen sowie für die Fälle der 780

---

[42] BGH NJW 1983, 1320 (1321); BAG NZA 2006, 539 (541).
[43] BGH NJW 1983, 1320 (1321).
[44] OLG Köln NJW-RR 1998, 926.
[45] OLG Hamm BB 1983, 1304; *Erman-Roloff,* § 308 Rdn. 26; *Wolf,* § 10 Nr. 3 AGBG Rdn. 43.
[46] BGH NJW 1983, 1322 (1325) (Recht zur Flugabsage).
[47] OLG Koblenz NJW-RR 1989, 1459 (1460).
[48] *Staudinger-Coester-Waltjen,* § 308 Nr. 3 Rdn. 26; *Wolf,* § 10 Nr. 3 AGBG Rdn. 44.
[49] BGH NJW 1987, 831 (833); BAG NZA 2006, 539 (541).
[50] BGH NJW 1987, 831 (833); BAG NZA 2006, 539 (541).
[51] *Wolf,* § 10 Nr. 3 Rdn. 15.
[52] *Ulmer/H. Schmidt,* § 308 Nr. 3 Rdn. 11; *Wolf,* § 10 Nr. 3 AGBG Rdn. 33.

Mahnung und Nachfristsetzung § 309 Nr. 4 einschlägig ist, kommt eine Inhaltskontrolle nach § 308 Nr. 3 insbesondere bei Verletzungen von sonstigen Vertragspflichten in Betracht.

Beispiele:
(1) Eine Klausel in den Allgemeinen Geschäftsbedingungen eines **Schlüsseldienstes**, nach der dieser vier Monate und 14 Tage nach Bestellung von seiner Verpflichtung, einen Ersatzschlüssel zu fertigen, frei wird und das bereits voll entrichtete Entgelt behalten darf, wenn sich der Besteller bis dahin nicht gemeldet hat, ist wirksam.[53]
(2) Eine Klausel, die dem Verkäufer ein Rücktrittsrecht einräumt, wenn der Käufer den explizit aufgezählten Pflichten – das **Vorbehaltseigentum** zu wahren und die Waren sorgsam zu behandeln, bei Pfändungen Mitteilungen zu machen und eine Vernichtung und Beschädigung der Sachen sowie einen Besitz- und Wohnungswechsel anzuzeigen – zuwiderhandelt, ist wirksam. Denn der Verkäufer hat selbstverständlicherweise ein Interesse an der Wahrung und Beachtung seines Vorbehaltseigentums und an einer pfleglichen Behandlung der Vorbehaltsware. Zudem ist die Einhaltung insbesondere der Mitteilungs- und Anzeigepflichten, deren Verletzungen das Rücktrittsrecht in erster Linie auslöst, dem Vorbehaltskäufer unschwer zuzumuten. Dass der Ausübung des Rücktrittsrechts bei ganz unbedeutenden Verstößen des Käufers das Verbot des Rechtsmissbrauchs entgegensteht, ist selbstverständlich und bedarf keiner ausdrücklichen Hervorhebung.[54]

781 Zur Beurteilung der **Kreditwürdigkeit** verlangt der kreditgebende Verwender vielfach sehr umfangreiche Angaben seitens des Kunden über dessen Vermögensverhältnisse. Sofern sich der Verwender einen Rücktrittsvorbehalt für Fälle der Falschauskunft ausbedingt, ist dieser jedoch nur wirksam, wenn er sich explizit auf für die Beurteilung der Kreditwürdigkeit relevante Tatsachen beschränkt. Eine Falschangabe, die nicht zu einer ernsthaften Gefährdung des Vertragszwecks führt, kann kein Lösungsrecht rechtfertigen.[55]

Beispiele:
(1) Die Klausel „Der Verkäufer kann in schriftlicher Erklärung vom Vertrag zurücktreten, wenn der Käufer über die **seine Kreditwürdigkeit bedingenden Tatsachen** unrichtige oder unvollständige Angaben gemacht hat" ist wirksam, denn nur Erklärungen über Tatsachen, die die Kreditwürdigkeit „bedingen", erlauben den Rücktritt; daran fehlt es bei weniger bedeutungsvollen Angaben, wie z. B. bei geringfügigen Abweichungen beim Einkommen.[56]
(2) Unwirksam ist hingegen eine Bestimmung, die dem Verkäufer ein Rücktrittsrecht einräumt, „wenn der Käufer falsche **Angaben über seine Vermögensverhältnisse** gemacht hat".[57] Hier fehlt es an der Einschränkung für Fälle, in denen die falschen Angaben beispielsweise wegen der Geringfügigkeit der Abweichung oder im Hinblick auf den konkreten Vertrag als bedeutungslos angesehen werden müssen.
(3) Ebenfalls unwirksam ist eine Klausel, die ohne weitere Einschränkungen ein Rücktrittsrecht vorsieht, wenn der Käufer unrichtige oder unvollständige **Angaben über seine Person** gemacht hat.[58] Eine falsche Selbstauskunft zu nebensächlichen Punkten bietet keine Rechtfertigung für einen Rücktritt.

782 Klauseln betreffend die **nachträglich eintretende objektive Kreditunwürdigkeit oder Zahlungsunfähigkeit** sind an § 321 zu messen.[59] Die Kreditunwürdigkeit darf sich nicht auf bloße Verdachtsmomente stützen.[60] Sie muss tatsächlich eingetreten sein. Zudem ist auch hier eine Gefährdung des Vertragszwecks erforderlich;[61] ein Lösungsrecht vor Ver-

---

[53] BGH NJW 1992, 1628.
[54] BGH NJW 1985, 320 (325).
[55] BGH NJW 1985, 320 (325).
[56] BGH NJW 1985, 320 (325); OLG München NJW-RR 2004, 212.
[57] BGH NJW 1985, 2271 (2272).
[58] BGH NJW 1985, 320 (325); 1985, 2271 (2272).
[59] MünchKomm-*Kieninger*, § 308 Nr. 3 Rdn. 12; *Wolf/Horn/Lindacher*, § 10 Nr. 3 AGBG Rdn. 37.
[60] *Palandt-Grüneberg*, § 308 Rdn. 17.
[61] BGH NJW 1991, 102 (104); 2001, 292 (298).

§ 31. Leistungspflicht des Verwenders

zugseintritt ist dem Verwender im Regelfall nicht zuzugestehen.[62] Hat der Verwender seine Leistung noch nicht erbracht, dann ist der Lösung vom Vertrag eine Aufforderung zur Zug-um-Zug-Leistung bzw. zur Sicherheitsleistung vorzuschalten.[63]

Beispiele:
(1) Die Vereinbarung eines Rücktrittsrechts im Rahmen eines Möbelkaufs für den Fall der Zahlungsunfähigkeit des Käufers verstößt gegen § 308 Nr. 3,[64] da jedenfalls bei Eintritt der **Zahlungsunfähigkeit** nach Auslieferung der Möbel die Einräumung eines Rücktrittsrechts nicht gerechtfertigt ist. Dem zahlungsunfähigen Kunden, der sich noch nicht im Verzug befindet, muss die Möglichkeit verbleiben, die schwerwiegenden Folgen des Rücktritts abzuwenden.
(2) Im Rahmen eines Teilzahlungskaufs ist eine Klausel wirksam, die dem Verkäufer ein Recht einräumt, den Kaufgegenstand herauszuverlangen, wenn der Teilzahlungskäufer die **eidesstattliche Versicherung** (§ 807 ZPO) abgegeben hat. Mit dem Umstand der Abgabe der eidesstattlichen Versicherung ist regelmäßig die Gefährdung des Gegenanspruchs des Verkäufers verbunden. Der Käufer gibt hiermit zu erkennen, dass er selbst titulierte Leistungsverpflichtungen nicht erfüllen kann.[65]

(2) Sphäre des Verwenders

In der Sphäre des Verwenders auftretende Leistungshindernisse können in eingeschränktem Maße ebenfalls ein Lösungsrecht rechtfertigen. Die sachliche Rechtfertigung ist an der im Gesetz vorgesehenen Risikoverteilung zu messen.[66] Wie oben bereits erwähnt, entfällt die sachliche Rechtfertigung, wenn sich der Lösungsvorbehalt auf Umstände erstreckt, die der Verwender bei gebotener Sorgfalt schon vor dem Vertragsabschluss hätte erkennen können.[67] Zudem kann sich der Verwender nicht einschränkungslos von den bei der Beschaffung von Gattungsschulden zuzumutenden Schwierigkeiten freizeichnen.[68] Vorübergehende Leistungshindernisse und Leistungshindernisse, die der Verwender selbst zu vertreten hat, müssen in einer Klausel, die ein Lösungsrecht vorsieht, ausgenommen werden.[69]

783

Beispiele:
(1) Eine Klausel, die ein Lösungsrecht für die **Fälle von höherer Gewalt und Arbeitskämpfen** vorsieht, muss dahingehend beschränkt werden, dass kurzfristige Störungen – die lediglich eine Leistungsverzögerung bedeuten – kein Lösungsrecht zur Folge haben.[70] Vorübergehende Leistungshindernisse sind kein sachlich gerechtfertigter Grund für ein Lösungsrecht.
(2) Bei Verträgen mit nichtunternehmerischen Kunden ist der uneingeschränkte **Vorbehalt der Selbstbelieferung** nicht zulässig. Der Verkäufer wird von seiner Lieferpflicht nämlich nur frei, wenn er ein kongruentes Deckungsgeschäft abgeschlossen hat und von seinem Verkäufer im Stich gelassen wird.[71] Der Klauselverwender muss klarstellen, dass die von ihm schuldhaft herbeigeführte Nichtbelieferung nicht zum Rücktritt berechtigt.[72]
(3) Auch wenn man in der Klausel „**Lieferungsmöglichkeit vorbehalten**" die Verpflichtung des Verwenders sehen will, dass er alle zumutbaren Anstrengungen zu unternehmen hat, um die Ware zu beschaffen,[73] so ist diese trotzdem unwirksam, da die Lieferunfähigkeit für sich kein

---

[62] *Wolf*, § 10 Nr. 3 AGBG Rdn. 37.
[63] *Ulmer/H. Schmidt*, § 308 Nr. 3 Rdn. 15; *Wolf*, § 10 Nr. 3 AGBG Rdn. 37.
[64] OLG Hamm BB 1983, 1304 (1306); ebenso *Ulmer/H. Schmidt*, § 308 Nr. 3 Rdn. 15; *Wolf*, § 10 Nr. 3 AGBG Rdn. 37; a. A. OLG Koblenz ZIP 1981, 510.
[65] BGH NJW 2001, 292 (298).
[66] *Ulmer/H. Schmidt*, § 308 Nr. 3 Rdn. 12; ähnlich *Wolf*, § 10 Nr. 3 AGBG Rdn. 17.
[67] BGH NJW 1987, 831 (833); BAG NZA 2006, 539 (541).
[68] BGH NJW 1983, 1320 (1321); OLG Koblenz NJW-RR 1989, 1459 (1460).
[69] MünchKomm-*Kieninger*, § 308 Nr. 3 Rdn. 7.
[70] BGH NJW 1983, 1320 (1321); 1985, 855 (857); OLG Koblenz NJW-RR 1989, 1459 (1460).
[71] BGH NJW 1983, 1320 (1321); 1985, 738 (738); 1985, 855 (857); OLG Koblenz NJW-RR 1993, 1078 (1079).
[72] BGH NJW 1983, 1320 (1321).
[73] BGH NJW 1958, 1628 (1629); *Baumbach-Hopt*, § 346 HGB Rdn. 40.

Lösungsrecht rechtfertigt.[74] Der Grund dafür könnte der Verwender schließlich auch selbst zu vertreten haben.

(4) Sogenannte **Vorratsklauseln** wie „Lieferung solange Vorrat reicht" sind gegenüber Verbrauchern nur zulässig, wenn individualvertraglich ausdrücklich oder konkludent eine Stückschuld oder beschränkte Gattungsschuld vereinbart wurde.[75] Der Verwender hat die Möglichkeit sich vor Vertragsschluss kundig zu machen, ob der Vorrat reicht.[76]

784 Bei Selbstbelieferungsklauseln und Vorratsklauseln sind des Weiteren die zusätzlichen formellen Voraussetzungen des § 308 Nr. 8 zu beachten.[77]

d) Keine Geltung für Dauerschuldverhältnisse

785 § 308 Nr. 3 beansprucht zwar Geltung für Verträge jeglicher Art, allerdings gilt er nach seinem zweiten Halbsatz nicht für Dauerschuldverhältnisse.[78] Der Gesetzgeber meinte, bei Dauerschuldverhältnissen, namentlich bei solchen auf unbestimmte Zeit, liege es oft in der Natur des Vertrages, dass sie auch ohne besonderen Grund durch ordentliche Kündigung beendet werden könnten. Bei Dauerschuldverhältnissen stelle die ordentliche Kündigung gleichsam als solche einen sachlich gerechtfertigten Grund dar. Wäre in solchen Fällen die ordentliche Kündigung in Allgemeinen Geschäftsbedingungen geregelt, so wäre es wenig sinnvoll, zusätzlich noch die Angabe eines besonderen Grundes im Vertrag zu verlangen.[79]

Sofern sich der Verwender bei solchen Verträgen ein Kündigungsrecht ohne besonderen Grund einräumt, ist die Bestimmung jedoch insbesondere hinsichtlich der Kündigungsfrist bzw. des Kündigungsgrundes anhand von § 307 kontrollfähig.

Wenn der Rücktritt für die Zeit **vor Beginn der Vertragsabwicklung** vorbehalten ist, so ist § 308 Nr. 3 anwendbar.[80] Ebenso verhält es sich im Hinblick auf einen – einem Dauerschuldverhältnis vorgeschalteten – **Vorvertrag**.[81]

3. Rechtsfolgen eines Verstoßes

786 Sofern die Klauseln die notwendigen Einschränkungen nicht enthalten, sind sie **im Ganzen unwirksam**.[82] Eine geltungserhaltende Reduktion kommt nicht in Betracht. Sofern eine Klausel jedoch sachlich und sprachlich in einen inhaltlich zulässigen und in einen unzulässigen Regelungsteil zu trennen ist, so wird die Bestimmung hinsichtlich des wirksamen Teils aufrechterhalten.[83]

---

[74] OLG Stuttgart ZIP 1981, 875 (876); *Erman-Roloff*, § 308 Nr. 3 Rdn. 24; *Palandt-Grüneberg*, § 308 Rdn. 18; anders fällt die Wertung im unternehmerischen Verkehr aus, vgl. BGH NJW 1994, 1060 (1062).
[75] *Wolf*, § 10 Nr. 3 AGBG Rdn. 23; MünchKomm-*Kieninger*, § 308 Nr. 3 Rdn. 8; *Palandt-Grüneberg*, § 308 Rdn. 18; für grundsätzliche Unwirksamkeit wohl *Staudinger-Coester-Waltjen*, § 308 Nr. 3 Rdn. 22; *Ulmer/H. Schmidt*, § 308 Nr. 3 Rdn. 7, 12.
[76] *Staudinger-Coester-Waltjen*, § 308 Nr. 3 Rdn. 22.
[77] Hierzu sogleich unter Rdn. 788.
[78] Zum Begriff des Dauerschuldverhältnisses vgl. Rdn. 720.
[79] BT-Drucks. 7/3919, S. 26. Kritisch *Staudinger-Coester-Waltjen*, § 308 Nr. 3 Rdn. 29; MünchKomm-*Kieninger*, § 308 Nr. 3 Rdn. 14.
[80] BGH NJW 1987, 831 (833); *Ulmer/H. Schmidt*, § 308 Nr. 3 Rdn. 17; *Staudinger-Coester-Waltjen*, § 308 Nr. 3 Rdn. 29; *Erman-Roloff*, § 308 Nr. 3 Rdn. 27.
[81] BAG NZA 2006, 539 (541).
[82] Vgl. BGH NJW 1985, 855 (857), 2271 (2272).
[83] Vgl. BGH NJW 1985, 320 (325).

4. Unternehmerischer Geschäftsverkehr

§ 308 Nr. 3 lässt sich auch als **Orientierungshilfe** für die Beurteilung ausbedungener Lösungsrechte **im unternehmerischen Verkehr** heranziehen.[84] Die kaufmännischen Gepflogenheiten können allerdings einen milderen Maßstab rechtfertigen. 787

Beispiele:
(1) Die sogenannte „**Selbstbelieferungsklausel**" etwa des Inhalts „richtige und rechtzeitige Selbstbelieferung bleibt vorbehalten" ist zulässig. Im unternehmerischen Verkehr kommt einer solchen Klausel kraft Handelsbrauchs die eingeschränkte Bedeutung zu, dass der Verkäufer von seiner Lieferpflicht nur frei werden kann, wenn er ein kongruentes Deckungsgeschäft abgeschlossen hat und von dem Partner dieses Einkaufskontrakts im Stich gelassen wird.[85]
(2) Die Klausel in einem formularmäßigen Kraftfahrzeug-Händlervertrag, derzufolge sich der Importeur das Recht zum „**Rückkauf**" der an den Vertragshändler verkauften und gelieferten Fahrzeuge vorbehält, ist jedenfalls dann unwirksam, wenn sie das Rückkaufrecht allein an die Tatsache der Beendigung des Händlervertrags anknüpft und keine Entschädigung zugunsten des Händlers vorsieht.[86]

5. Das ergänzende Klauselverbot des § 308 Nr. 8

In Umsetzung der Fernabsatzrichtlinie hat der Gesetzgeber durch § 308 Nr. 8) die Wirksamkeitsanforderungen an ein **formularmäßig für den Fall der Nichtverfügbarkeit vorbehaltenes Lösungsrecht** erhöht. Gedacht ist hier vor allem an die verbreiteten Selbstbelieferungs- und Vorratsklauseln in den Verkaufsbedingungen vieler Unternehmer. Zu den durch § 308 Nr. 3 statuierten Wirksamkeitserfordernissen treten für solche Klauseln **kumulativ die formalen Voraussetzungen des § 308 Nr. 8** hinzu. Hiernach ist der Vorbehalt des Verwenders, sich von der Verpflichtung zur Erfüllung des Vertrages bei Nichtverfügbarkeit der Leistung zu lösen, nur wirksam, wenn sich der Verwender ausdrücklich im Klauseltext verpflichtet, den Vertragspartner unverzüglich über die Nichtverfügbarkeit zu informieren und Gegenleistungen des Vertragspartners unverzüglich zu erstatten. 788

III. Änderungsvorbehalt (§ 308 Nr. 4)

Literatur: *Kamanabrou*, Vertragliche Anpassungsklauseln, 2004; *Paulusch*, Vorformulierte Leistungsbestimmungsrechte des Verwenders, in: Zehn Jahre AGB-Gesetz, 1987, S. 55; *Graf von Westphalen*, Dauerschuldverhältnisse – Wirksamkeit von Änderungsklauseln zugunsten des Verwenders, in: FS für Schlosser, 2005, 1103.

1. Gesetzliche Ausgangslage und Regelungsanliegen

Normalerweise erlischt ein Schuldverhältnis durch Erfüllung, d.h. die Bewirkung der geschuldeten Leistung an den Gläubiger (§ 362). Räumt sich der Verwender als Schuldner nun einen Änderungsvorbehalt ein, so hat das zur Folge, dass Erfüllung auch im Falle einer Änderung oder Abweichung von der Leistung eintritt. Die Gefährlichkeit eines Änderungsvorbehalts liegt darin begründet, dass der Verwender von seiner Leistungspflicht frei werden kann, indem er an den Kunden eine Leistung bewirkt, die dieser gar nicht will und an die er bei Vertragsabschluss auch nicht dachte. Da die Leistung auf Grund des Änderungsvorbehalts vertragsgemäß ist, muss der Kunde die Leistung jedoch trotz allem annehmen und bezahlen. Gewährleistungs- oder Nichterfüllungsansprüche werden ihm abgeschnitten, falls die bewirkte geänderte Leistung für sich mangelfrei ist. Das kann un- 789

---

[84] *Palandt-Grüneberg*, § 308 Rdn. 21; *Ulmer/H. Schmidt*, § 308 Nr. 3 Rdn. 18.
[85] BGH NJW 1985, 738 (739) m.w.N.; 1994, 1060 (1062).
[86] BGH NJW 2000, 1191 (1192).

ter Umständen noch misslicher sein, als wenn sich der Verwender von seiner Leistungspflicht in vollem Umfang löst.[87]

790 Welcher Art die geschuldete Leistung und wieviel geschuldet ist, ergibt sich aus dem Vertrag. Sofern Gattungsschulden vereinbart sind, ist zu beachten, dass keine Änderung oder Abweichung der Leistung vorliegt, sofern sich die Leistung noch in den Grenzen des § 243 Abs. 2 bewegt und von mittlerer Art und Güte ist. Zudem muss der Kunde nach § 242 geringfügige Änderungen von der vereinbarten Leistung akzeptieren, sofern nicht sachliche Interessen des Kunden entgegenstehen und der gleiche wirtschaftliche Erfolg herbeigeführt wird.[88]

791 § 308 Nr. 4 ergänzt § 308 Nr. 3, indem er verhindert, dass sich der Verwender schrankenlos eine Erweiterung der Erfüllungsmöglichkeiten verschaffen kann. Die Vereinbarung, die versprochene Leistung zu ändern oder von ihr abzuweichen, ist danach nur wirksam, wenn die Vereinbarung der Änderung oder Abweichung unter Berücksichtigung der Interessen des Verwenders für den anderen Vertragsteil zumutbar ist.

2. Anwendungsbereich

792 § 308 Nr. 4 erfasst nur einen Änderungsvorbehalt des Verwenders, der die von ihm zu erbringende Leistung betrifft.[89] Wird in Allgemeinen Geschäftsbedingungen das **Recht des Verwenders** verankert, **die Gegenleistung des Kunden anzupassen**, so richtet sich die Inhaltskontrolle nach der Generalklausel des § 307.

Beispiel: In den **Darlehensbedingungen** einer Bank findet sich die Klausel „Die Bank ist berechtigt, den Zinssatz zu ändern, wenn sie dies (z. B. wegen der Entwicklung am Geld- oder Kapitalmarkt) für erforderlich hält.". Der BGH hat eine solche **Zinsanpassungsklausel** am Maßstab des § 307 gemessen und für wirksam erachtet.[90] Die Rechtsprechung anerkennt als sachlichen Grund das Bedürfnis der Banken nach Anpassung ihrer Kreditzinsen an die ihnen zur Verfügung stehenden Refinanzierungsmöglichkeiten, die sich im Einzelnen bei Vertragsschluss nicht auf Jahre oder Jahrzehnte abschätzen ließen. Voraussetzung der Wirksamkeit ist freilich zusätzlich, dass die Zinsanpassungsklausel die darlehensgewährende Bank nicht einseitig begünstigt, also die Bank nicht nur zur Erhöhung des Zinssatzes berechtigt, sondern sie unter Umständen auch zur Herabsetzung des dem Kunden berechneten Zinssatzes verpflichtet. In diesem Sinne sind Zinsanpassungsklauseln – auch die obige – im Zweifel auszulegen. Eine spiegelbildliche Übertragung dieser Auslegung auf die Verzinsung von Kundeneinlagen (sog. Passivseite) scheidet jedoch aus, weil die Vielfalt der Verwendungsmöglichkeiten für die einem Kreditinstitut zur Verfügung stehenden Gelder eine für Außenstehende klar auf der Hand liegende Zuordnung zu bestimmten Aktivgeschäften und deren Verzinsung ausschließt. Der BGH hat daher bei langfristig angelegten **Sparverträgen** eine formularmäßige Zinsänderungsklausel, die dem Kreditinstitut eine inhaltlich unbegrenzte Zinsänderungsbefugnis einräumte, als Verstoß gegen § 308 Nr. 4 (In dieser Konstellation ist die Leistung des Verwenders betroffen!) qualifiziert.[91]

793 Im Unterschied zu § 308 Nr. 3 findet § 308 Nr. 4 auch **auf Dauerschuldverhältnisse Anwendung.** Die Gefährdung, die bei Dauerschuldverhältnissen durch Leistungsvorbehalte entsteht, ist die gleiche wie bei sonstigen Schuldverhältnissen.

---

[87] MünchKomm-*Kieninger*, § 308 Nr. 4 Rdn. 1; *Wolf*, § 10 Nr. 4 AGBG Rdn. 2; *Ulmer/H. Schmidt*, § 308 Nr. 4 Rdn. 1.

[88] MünchKomm-*Roth*, § 242 Rdn. 159.

[89] BAG NZA 2006, 1149 (1151); OLG Köln ZIP 1999, 21 (22); Bamberger/Roth/Becker, § 308 Nr. 4 Rdn. 5; *Ulmer/H. Schmidt*, § 308 Nr. 4 Rdn. 4; a. A. *Wolf*, § 10 Nr. 4 AGBG Rdn. 7; Staudinger-*Coester-Waltjen*, § 308 Nr. 4 Rdn. 2.

[90] BGH NJW 1986, 1803; OLG Köln ZIP 1999, 21 (22); kritisch u. a. *Habersack*, WM 2001, 755 ff.; *Schimansky*, WM 2001, 1171 und *Derleder*, WM 2001, 2031. Aus neuester Zeit umfassend *Ulmer/Fuchs*, Anh. § 310 Rdn. 1069 ff. und *Rösler/Lang*, ZIP 2006, 214 ff.

[91] BGH NJW 2004, 1588 (1589).

3. Inhalt des Klauselverbots

a) Änderung und Abweichung

Die Merkmale der Leistungsänderung und der Abweichung der versprochenen Leistung sind nicht scharf abzugrenzen; die Grenzen verschwimmen. Vom Grundsatz her ist eine Leistungsänderung bei einer anderen Beschaffenheit oder Quantität der ursprünglich vereinbarten Leistung gegeben und eine Abweichung, wenn die Leistung nach Art und Charakter keine Identität mehr mit der ursprünglich versprochenen aufweist.[92] In der Praxis muss keine Abgrenzung vorgenommen werden, da § 308 Nr. 4 beide Spielarten erfasst. Umgekehrt besteht Einigkeit, dass einseitige Leistungsbestimmungsrechte, die sich darauf beschränken, dem Verwender die erstmalige Festlegung seiner Leistung zu ermöglichen nicht unter § 308 Nr. 4 fallen; insoweit ist § 307 anzuwenden.[93]

794

Das Verbot eines Änderungsvorbehalts beschränkt sich nicht auf die Hauptleistung. Ebenso wird vom Wortlaut des § 308 Nr. 4 („Änderung der versprochenen Leistung") die Änderung von Nebenleistungen und -pflichten sowie Leistungs- und Erfüllungsmodalitäten erfasst.[94] Unter das Klauselverbot fällt des Weiteren der Vorbehalt, entgegen § 266 Teilleistungen erbringen zu dürfen.[95]

795

b) Zumutbarkeit

Die Leistungsänderung muss für den Kunden zumutbar sein. Nach ständiger BGH-Rechtsprechung sind formularmäßige einseitige Leistungsänderungsrechte des Verwenders grundsätzlich nur dann wirksam, wenn die Klauseln schwerwiegende Änderungsgründe nennen und in ihren Voraussetzungen und Folgen erkennbar die Interessen der Vertragspartner angemessen berücksichtigen.[96] Der Verwender ist diesbezüglich darlegungs- und beweispflichtig.[97]

796

Im Rahmen dieser Interessenabwägung ist ein generalisierend typisierender Maßstab anzulegen[98] und nicht auf die Umstände des Einzelfalls abzustellen.[99] Die Zumutbarkeit ist zu bejahen, wenn die Interessen des Verwenders die für das jeweilige Geschäft typischen Interessen des anderen Vertragsteils überwiegen oder ihnen zumindest gleichwertig sind. Das setzt eine Fassung der Klausel voraus, die nicht zur Rechtfertigung unzumutbarer Änderungen dienen kann. Erforderlich ist im Allgemeinen auch, dass die Klausel in ihren Voraussetzungen und Folgen für den anderen Vertragsteil zumindest ein gewisses Maß an Kalkulierbarkeit der möglichen Leistungsänderung gewährleistet.[100] Dies kann der Fall sein, wenn eine Änderung bzw. Abweichung durch die Besonderheit der zu erbringenden Leistung oder auf Grund anderweitiger schwerwiegender Umstände unvermeidlich ist. Kostensteigerungen auf Seiten des Verwenders sind allerdings unbeacht-

797

---

[92] Vgl. *Wolf*, § 10 Nr. 4 AGBG Rdn. 4; *Ulmer/H. Schmidt*, § 308 Nr. 4 Rdn. 4.
[93] BGH NJW 2004, 1588; *Wolf*, § 10 Nr. 4 AGBG Rdn. 7.
[94] *Ulmer/H. Schmidt*, § 308 Nr. 4 Rdn. 4; *Wolf*, § 10 Nr. 4 AGBG Rdn. 8; MünchKomm-*Kieninger*, § 308 Nr. 4 Rdn. 4; a. A. hinsichtlich der Regelungen von Erfüllungsmodalitäten *Löwe/Graf von Westphalen*/Trinkner, § 10 Nr. 4 AGBG Rdn. 7.
[95] OLG Stuttgart NJW-RR 1995, 116 (117); *Ulmer/H. Schmidt*, § 308 Nr. 4 Rdn. 10a; a. A. OLG Koblenz NJW-RR 1993, 1078 (1079), das § 307 anwendet.
[96] BGH NJW 2000, 515 (521); vgl. auch BGH NJW 1984, 1182 (1183); NJW-RR 1988, 1077 (1080).
[97] Dies folgt aus dem Wortlaut des § 308 Nr. 4 („wenn nicht"); vgl. *Wolf*, § 10 Nr. 4 AGBG Rdn. 19; *Palandt-Grüneberg*, § 308 Rdn. 23.
[98] *Wolf*, § 10 Nr. 4 AGBG Rdn. 14; *Ulmer/H. Schmidt*, § 308 Nr. 4 Rdn. 9.
[99] So aber OLG Köln NJW 1985, 501, OLG Hamm NJW-RR 1992, 444 (445) und NJW 1995, 794.
[100] So zuletzt BGH NJW 2008, 360 (362); ebenso *Wolf*, § 10 Nr. 4 AGBG Rdn. 14; a. A. insoweit, als bei der Zumutbarkeit nur auf ein überwiegendes Interesse des Verwenders abgestellt wird: Soergel-*Stein*, § 10 Nr. 4 AGBG Rdn. 42; *Löwe/Graf von Westphalen*/Trinkner, § 10 Nr. 4 AGBG Rdn. 14.

lich,[101] da dies ansonsten eine erhebliche Risikoverlagerung zu Lasten des Kunden bedeuten würde. Bei der Abwägung ist immer zu beachten, dass das Erfüllungsinteresse des Kunden an der obligationsmäßigen Leistung grundsätzlich vorrangig ist[102] und es auch bei Bestehen eines anerkennenswerten Interesses des Verwenders nicht zu einer erheblichen Störung des Äquivalenzverhältnisses von Leistung und Gegenleistung kommen darf.[103]

798 Im Gegensatz zu § 308 Nr. 3 ist nach dem Wortlaut des § 308 Nr. 4 das Erfordernis der Angabe des Grundes nicht in den Wortlaut der Vorschrift aufgenommen worden. Allerdings kann ein Vorbehalt für eine Leistungsänderung bzw. -abweichung nur dann zumutbar sein, wenn **die Voraussetzungen und der Umfang hinreichend konkretisiert** sind. Das Maß der Konkretisierung richtet sich nach den spezifischen Problemen der einzelnen Geschäftszweige.[104] Unzureichend ist es, wenn in die Klausel der Wortlaut des § 308 Nr. 4 aufgenommen wird und sich der Verwender eine Leistungsänderung „soweit für den Kunden zumutbar" vorbehält.[105]

Beispiele:
(1) In einem **Pflegeheimvertrag verstößt** die Klausel „Der Bewohner ist mit einem Umzug in einen anderen Raum einverstanden, falls dies... nach begründeter Erklärung des Heims aus zwingendem betrieblichen Anlass erforderlich ist" **gegen § 308 Nr. 4.** Mit der Beschränkung auf betrieblich zwingende Umzugsanlässe nimmt die Klausel zwar indirekt tendenziell Rücksicht auf die Belange der Heimbewohner. Ihre Interessen werden jedoch deshalb nicht hinreichend gewahrt, weil die Einschränkung auf zwingende Anlässe zu unbestimmt ist und dem Verwender einen zu großen Beurteilungsspielraum belässt.[106]
(2) Eine formularmäßige Bestimmung in einer Wahlleistungsvereinbarung, nach der im Verhinderungsfall der Stellvertreter des **Chefarztes** die Aufgaben des liquidationsberechtigten Arztes übernimmt **(Vertreterklausel),** ist unwirksam.[107] Hierdurch würde ansonsten die Abrechnung von Leistungen trotz Nichtleistung ermöglicht werden.
(3) Die in den Allgemeinen Geschäftsbedingungen eines **Versandhandelsunternehmens** verwendete Klausel „Sollte ein bestimmter Artikel nicht lieferbar sein, senden wir Ihnen in Einzelfällen einen qualitativ und preislich gleichwertigen Artikel **(Ersatzartikel)** zu" ist unwirksam. Die Formularbestimmung berücksichtigt nicht hinreichend, dass zahlreiche Artikel vom Kunden nach seinen individuellen Wünschen und Bedürfnissen ausgewählt werden. Auch ein eingeräumtes Umtauschrecht ändert an dieser Beurteilung nichts.[108]
(4) Eine AGB-Klausel im **Pay-TV-Abonnement,** wonach sich der Verwender vorbehält, „das Programmangebot, die einzelnen Kanäle, die Nutzung der einzelnen Kanäle sowie die Zusammensetzung der Programmpakete zum Vorteil der Abonnenten zu ergänzen, zu erweitern oder in sonstiger Weise zu verändern," ist bereits deshalb unzulässig, weil sich der Vorbehalt nicht auf hinreichend konkretisierte und trifftige Änderungsgründe beschränkt.[109]
(5) Eine Bestimmung, die einem **Luftfahrtunternehmen** gestattet, einseitig Flugpläne und Zwischenlandungspunkte zu ändern, andere Luftfrachtführer mit der Beförderung zu betrauen oder anderes Fluggerät einzusetzen, ist nicht wirksam.[110]
(6) Die Klausel in **Kfz-Reparaturbedingungen,** dass es der Zustimmung des Auftraggebers für die **Durchführung nicht vereinbarter Arbeiten** bei Nichterreichen nicht bedarf, sofern die Arbeiten „notwendig" sind, ist unwirksam. Der Begriff „notwendige Arbeiten" ist wenig aussagekräf-

---

[101] *Soergel-Stein,* § 10 Nr. 4 AGBG Rdn. 41; *Ulmer/H. Schmidt,* § 308 Nr. 4 Rdn. 9.
[102] *Wolf,* § 10 Nr. 4 AGBG Rdn. 15.
[103] MünchKomm-*Kieninger,* § 308 Nr. 4 Rdn. 7; *Ulmer/H. Schmidt,* § 308 Nr. 4 Rdn. 9.
[104] Vgl. MünchKomm-*Kieninger,* § 308 Nr. 4 Rdn. 8.
[105] BGH NJW 1983, 1322 (1324f.); MünchKomm-*Kieninger,* § 10 Nr. 4 AGBG Rdn. 8; *Erman-Roloff,* § 308 Rdn. 4; *Wolf,* § 10 Nr. 4 AGBG Rdn. 20.
[106] KG NJW 1998, 829 (829f.).
[107] BGH NJW 2008, 987; eingehend zu diesem Thema *Miebach/Platt,* NJW 2000, 3377 (3383); *Kubis,* NJW 1989, 1512 (1515) sowie auch *Kuhla,* NJW 2000, 841 (844f.).
[108] BGH NJW NJW 2005, 3567 (3569).
[109] BGH NJW 2008, 360 (362).
[110] BGH NJW 1983, 1322 (1324f.).

tig, da er verschiedenen Deutungen zugänglich ist und im Einzelfall auch den Interessen des Auftraggebers zuwiderlaufen kann.[111]

(7) Der Inhaltskontrolle nach § 308 Nr. 4 hält ferner ein Vorbehalt in den Allgemeinen Geschäftsbedingungen eines **Internetproviders** nicht stand, demzufolge der Anbieter berechtigt sein soll, die jeweiligen Leistungsbeschreibungen anzupassen, soweit dies dem Kunden zumutbar ist.[112]

(8) Die Klausel in einem **Bauträgervertrag** „Änderungen der Bauausführung, der Material- bzw. Baustoffauswahl, soweit sie gleichwertig sind, bleiben vorbehalten" ist unwirksam. Der BGH beanstandete, dass die Klausel die triftigen Gründe für das einseitige Leistungsbestimmungsrecht nicht nenne und in ihren Voraussetzungen und Folgen nicht erkennbar die Interessen des Vertragspartners angemessen berücksichtige.[113]

(9) Eine **einschränkungslose Teillieferungsklausel** wie „Wir sind zu Teillieferungen berechtigt," ist mangels Schutzkorrektivs grundsätzlich unzulässig.[114] Die Zumutbarkeit für den Kunden kann hingegen gegeben sein, wenn die Klausel hinsichtlich der Art des Leistungsgegenstands und seiner typischen Verwendung differenziert.[115] Bei zusammengehörenden Produkten (bspw. eine Möbelgruppe) oder zusammengestellter „Pakete" (bspw. PC mit Monitor und Software) fehlt in der Regel die Zumutbarkeit.[116]

(10) Im **Möbelhandel** ist der pauschale Vorbehalt von „kleinen Abweichungen in Farbe und Ausführung" nicht zulässig;[117] ebenso die Klausel „Bei Ergänzungsstücken ist eine unwesentliche Abweichung vertragsgemäß".[118] Demgegenüber ist nach der Rechtsprechung des BGH die Bestimmung „**Abweichungen** in Struktur und Farbe gegenüber dem Ausstellungsstück bleiben vorbehalten, **soweit** diese in der Natur der verwendeten Materialien liegen und **handelsüblich** sind ..." auch in Verträgen mit Nichtunternehmern wirksam.[119]

Das Zumutbarkeitskriterium findet seine Entsprechung in **Nr. 1 lit. j und k des Anhangs der Klauselrichtlinie** mit dem dort geforderten „triftigen Grund". Ein Unterschied besteht insoweit nicht und der Schutzumfang geht hierdurch nicht über den des § 308 Nr. 4 hinaus.[120] Ist ein Leistungsänderungsvorbehalt zumutbar, so besteht auch ein triftiger Grund.[121]

799

4. Rechtsfolgen eines Verstoßes

Sofern eine Klausel unwirksam ist, ist die ursprünglich versprochene Leistung ohne Änderung oder Abweichung geschuldet. Hat hingegen der Kunde die Leistung vorbehaltlos angenommen, so hat er dann im Zweifelsfalle auf Grund von § 363 zu beweisen, dass noch nicht obligationsmäßige Erfüllung eingetreten ist.

800

Eine geltungserhaltende Reduktion kommt auch im Rahmen von Klauseln betreffend den Leistungsänderungsvorbehalt nicht in Betracht. Sofern eine Klausel jedoch sachlich und sprachlich in einen inhaltlich zulässigen und in einen unzulässigen Regelungsteil zu trennen ist, wird die Bestimmung hinsichtlich des wirksamen Teils aufrechterhalten.

801

---

[111] BGH NJW 1987, 2818 (2818 f.).
[112] BGH NJW-RR 2008, 134 (135).
[113] BGH NJW 2005, 3420 (3421).
[114] OLG Stuttgart NJW-RR 1995, 116 (117).
[115] *Ulmer/H. Schmidt*, § 308 Nr. 4 Rdn. 10a.
[116] OLG Koblenz NJW-RR 1993, 1078 (1079) bei Inhaltskontrolle im Rahmen von § 307 Abs. 2; ebenso *Ulmer/H. Schmidt*, § 308 Nr. 4 Rdn. 10a.
[117] OLG Frankfurt DB 1981, 884 (885); *Ulmer/H. Schmidt*, § 308 Nr. 4 Rdn. 10.
[118] OLG Koblenz NJW-RR 1993, 1078 (1079).
[119] BGH NJW 1987, 1886 (1886 f.); *Palandt-Grüneberg*, § 308 Rdn. 23; zustimmend Münch-Komm-*Kieninger*, § 308 Nr. 4 Rdn. 9; a. A. hingegen OLG Köln NJW 1985, 501; eher kritisch auch *Ulmer/H. Schmidt*, § 308 Nr. 4 Rdn. 10.
[120] *Wolf*, Anh. RiLi Rdn. 145; MünchKomm-*Kieninger*, § 308 Nr. 4 Rdn. 3; *Eckert*, WM 1993, 1076;
[121] Auch der BGH spricht mitunter explizit von dem Erfordernis eines „triftigen Grundes"; so zuletzt BGH NJW 2005, 3420 (3421).

5. Unternehmerischer Geschäftsverkehr

802 Die Leistungsänderungsvorbehalten innewohnende Gefährlichkeit ist im unternehmerischen Geschäftsverkehr nicht geringer einzuschätzen. Deshalb findet der Grundgedanke des § 308 Nr. 4 im Rahmen von § 307 Abs. 2 grundsätzlich Anwendung.[122] Sofern Änderungen oder Abweichungen nicht handelsüblich sind bzw. sich bei Gattungsschulden nicht mehr in den von § 360 HGB vorgegebenen Grenzen der „mittleren Art und Güte" bewegen, ist auch zwischen Unternehmern das Erfordernis der Zumutbarkeit zu beachten.

Beispiele:
(1) Bei der **Vermietung von Messestandplätzen** ist ein allgemein gehaltener Vorbehalt, der dem Vermieter gestattet, dem Mieter andere Standplätze als den zugesagten zuzuweisen, unwirksam.[123]
(2) Unzulässig ist auch der Vorbehalt, die Handelsspanne eines **Vertragshändlers** frei und ohne weitere Voraussetzungen abzuändern.[124]

6. Änderungsvorbehalte in vorformulierten Arbeitsverträgen

Literatur: *Bayreuther*, Widerrufs-, Freiwilligkeits- und Anrechnungsvorbehalte – geklärte und ungeklärte Fragen der aktuellen Rechtsprechung des BAG zu arbeitsvertraglichen Vorbehalten, ZIP 2007, 2009; *Bieder*, Arbeitsvertragliche Gestaltungsspielräume für die Entgeltflexibilisierung, NZA 2007, 1135; *Hanau/Hromadka*, Richterliche Kontrolle flexibler Entgeltregelungen in Allgemeinen Arbeitsbedingungen, NZA 2005, 73 ff.; *Hromadka/Schmitt-Rolfes*, Die AGB-Rechtsprechung des BAG zu Tätigkeit, Entgelt und Arbeitszeit, NJW 2007, 1777; *Preis/Lindemann*, Änderungsvorbehalte – Das BAG durchschlägt den gordischen Knoten, NZA 2006, 632.

803 In der arbeitsrechtlichen Vertragspraxis sind formularmäßige Vereinbarungen weit verbreitet, die dem Arbeitgeber das Recht zugestehen, die vereinbarten Bedingungen in bestimmten Punkten einseitig zu verändern. Insofern hiervon die **Leistung des Arbeitnehmers** betroffen ist, bildet nicht § 308 Nr. 4, sondern die **Generalklausel des § 307** den Kontrollmaßstab. Darunter fallen insbesondere die sog. **direktionsrechtserweiternden Klauseln** aber auch Abreden, die den Umfang der vom Arbeitnehmer geschuldeten Leistung flexibilisieren.

Beispiele:
(1) **Versetzungsvorbehalt:** „Der Arbeitgeber behält sich vor, den Mitarbeiter bei Bedarf auch in anderen Betrieben innerhalb des Unternehmens (Konzerns) auch an einem anderen Ort innerhalb Deutschlands zu beschäftigen."[125]
(2) **Tätigkeit des Arbeitnehmers:** „Falls erforderlich, kann H nach Abstimmung der beiderseitigen Interessen Art und Ort der Tätigkeit des/der Angestellten ändern"[126]
(3) **Arbeitszeit in Form einer Bandbreitenregelung (Arbeit auf Abruf):** „Die regelmäßige wöchentliche Arbeitszeit beträgt dreißig Stunden. Die Parteien sind sich darüber einig, dass der Arbeitnehmer keinen Anspruch gegen den Arbeitgeber hat, ihn wöchentlich mehr als dreißig Stunden zu beschäftigen. (…) Der Arbeitnehmer erklärt sich ausdrücklich damit einverstanden und verpflichtet sich, auf eine Aufforderung des Arbeitgebers mehr als dreißig Stunden zu arbeiten."[127]

804 Soweit hingegen die Leistung des Arbeitgebers betroffen ist, müssen sich entsprechende **entgeltflexibilisierende Klauseln**, so sie ein Änderungsrecht des Arbeitgebers statuieren,

---

[122] Einhellige Ansicht, statt vieler: MünchKomm-*Kieninger*, § 308 Nr. 4 Rdn. 13.
[123] OLG Köln NJW-RR 1990, 1232 (1233).
[124] BGH NJW 1994, 1060 (1063).
[125] Arbeitsvertrag-*Preis*, II D 30 Rdn. 238; *Thüsing*, AGB-Kontrolle im Arbeitsrecht, Rdn. 245 ff.
[126] Unwirksam vgl. BAG NZA 2007, 145; zu ähnlichen Vorbehalten auch BAG NZA 2006, 1149 und NZA 2007, 974.
[127] Wirksam vgl. BAG NZA 2006, 423; hier auch *Hanau*, NZA 2006, Beil. 1/2006, 34 ff.

an § 308 Nr. 4 messen lassen.[128] Das BAG hat sich nach der Schuldrechtsreform zunächst den sog. **Widerrufsvorbehalten** zugewandt.

Beispiel: „Der Arbeitgeber gewährt dem Arbeitnehmer am ... ein 13. Monatsgehalt. Diese Sonderzuwendung kann ganz oder teilweise widerrufen werden aus (triftigen) wirtschaftlichen Gründen, insbesondere bei schlechtem Verlauf des Geschäftsjahres, zur Umgestaltung des Entgeltsystems und bei Belastung des Unternehmens mit zusätzlichen gesetzlichen oder tariflichen Leistungen."[129]

Aus § 308 Nr. 4 und den Wertungen des Transparenzgebots folgert das BAG[130] zum einen: Voraussetzungen und Umfang der vorbehaltenen Änderungen müssten möglichst konkretisiert werden. Die widerrufliche Leistung müsse nach Art und Höhe eindeutig sein, damit der Arbeitnehmer weiß, was ggf. auf ihn zukommt. Bei den Voraussetzungen der Änderung, also den **Widerrufsgründen,** müsse zumindest die Richtung angegeben werden, aus der der Widerruf möglich sein soll. Das BAG nennt hier beispielhaft wirtschaftliche Gründe sowie die Leistung und das Verhalten des Arbeitnehmers. Eine Klausel, die keine Widerrufsgründe aufführt und übertarifliche Leistungen für jederzeit und unbeschränkt widerrufbar erklärt, ist schon mangels hinreichender Konkretisierung für den Arbeitnehmer unzumutbar. Unwirksam ist daher beispielsweise auch die Klausel in einem **Dienstwagenvertrag,** derzufolge der Arbeitgeber die Überlassung des Fahrzeugs an den Mitarbeiter jederzeit widerrufen können soll.[131] Im übrigen wird man die Anforderungen an den Widerrufsgrund in Abhängigkeit zur flexibilisierten Leistung formulieren müssen. Zum anderen verlangt das BAG,[132] daß die gebotene Interessenabwägung zu einer Zumutbarkeit der Klausel für den Arbeitnehmer führt, es mit anderen Worten nicht zu Eingriffen in den **Kernbereich des Arbeitsvertrages** kommt. Die Richtschnur des BAG lautet: Die Vereinbarung eines Widerrufsvorbehalts ist zulässig, soweit der im Gegenseitigkeitsverhältnis stehende widerrufliche Teil des Gesamtverdienstes unter 25% liegt und der Tariflohn nicht unterschritten wird. Sind darüber hinaus Zahlungen des Arbeitgebers widerruflich, die nicht eine unmittelbare Gegenleistung für die Arbeitsleistung darstellen, sondern Ersatz für Aufwendungen, die an sich der Arbeitnehmer selbst tragen muß, erhöht sich der widerrufliche Teil der Arbeitsvergütung auf bis zu 30% des Gesamtverdienstes.[133] Bemerkenswert weitgehende gestalterische Spielräume gesteht die Rechtsprechung im übrigen den Krankenhausträgern aufgrund sog. Entwicklungsklauseln in **Chefarztverträgen** zu.[134]

805

Von Widerrufsvorbehalten sind die sog. **Freiwilligkeitsvorbehalte** zu unterscheiden. Durch einen Freiwilligkeitsvorbehalt wird klargestellt, dass dem Arbeitgeber für die Erbringung einer Leistung der Verpflichtungswille fehlt. Ein Rechtsanspruch auf erneute Gewährung oder auf Weitergewährung für die Zukunft soll ausgeschlossen sein.[135]

806

Beispiel: Die Zahlung des Urlaubsgeldes erfolgt freiwillig und damit ohne Anerkennung eines Rechtsanspruchs für die Zukunft.

Gesicherter Rechtsprechung entspricht, dass ein Freiwilligkeitsvorbehalt die intendierte Wirkung nur entfaltet, wenn sich der **mangelnde Verpflichtungswille** dem Arbeitnehmer

---

[128] Zur Befristung einzelner Arbeitsbedingungen siehe bereits Rdn. 724.
[129] Klauselempfehlung von *Hromadka/Schmitt-Rolfes,* Der unbefristete Arbeitsvertrag, 2006, S. 24.
[130] BAG NZA 2005, 465 (468).
[131] BAG NZA 2007, 809 (810).
[132] BAG NZA 2005, 465 (467); 2007, 87 (89).
[133] So zuletzt BAG NZA 2007, 87 (89).
[134] BAG AP Nr. 33 zu § 611 Arzt-Krankenhaus-Vertrag; AP Nr. 47 zu § 611 Arzt-Krankenhaus-Vertrag; zu Recht kritisch *Hümmerich/Bergwitz* BB 2005, 997 ff.; vgl. auch *Reinecke* NJW 2005, 3386 ff.
[135] *Hanau/Hromadka* NZA 2005, 73; Schaub/*Linck,* Arbeitsrechts-Handbuch, § 78 Rdn. 35; *Seel* MDR 2004, 1393.

mit hinreichender Deutlichkeit aus der Formulierung erschließt.[136] Hinsichtlich der materiellen Anforderungen bestehen hingegen noch erhebliche Unsicherheiten. § 308 Nr. 4 scheidet hier mangels einer eingeräumten Änderungsbefugnis von vornherein als Maßstab aus. Ein Großteil der Literatur spricht sich für eine **Harmonisierung der Kontrollmaßstäbe** auf der Grundlage der Generalklausel des § 307 aus, will also die Rechtsprechung zu den Widerrufsvorbehalten der Sache nach auch auf Freiwilligkeitsvorbehalte erstrecken.[137] Problematisch ist allerdings schon die Kontrollfähigkeit solcher Klauseln.[138] Das BAG hat für eine eher exzeptionell gelagerte Fallkonstellation entschieden, in der eine **monatlich zu zahlende Leistungszulage unter einen Freiwilligkeitsvorbehalt** gestellt worden war, dass hierdurch der Arbeitnehmer im Sinne des § 307 unangemessen benachteiligt werde.[139]

807 Auf Entgeltflexibilisierung zielen schließlich auch die sog. **Anrechnungsvorbehalte.** Mit ihnen behält sich der Arbeitgeber vor, eine künftige Erhöhung des Tariflohns auf übertarifliche Leistungen anzurechnen.

Beispiel: „Die übertariflichen Zulagen können ganz oder teilweise bei tariflichen Änderungen gleich welcher Art auf die tariflichen Erhöhungen angerechnet werden. Die Zulagen reduzieren sich entsprechend."[140]

Das BAG sieht hierin keinen Verstoß gegen § 308 Nr. 4 und das Transparenzgebot.[141] Die Angemessenheit des Anrechnungsvorbehalts bzw. seine Zumutbarkeit i. S. d. § 308 Nr. 4 ist allerdings dann nicht mehr gegeben, wenn sich der Anrechnungsvorbehalt (auch) auf Funktions-, Leistungs- und Erschwerniszulagen bezieht. Denn der Grund für diese Zulagen steht in keinem sachlichen Zusammenhang zur Entwicklung des Tariflohns.[142]

IV. Kurzfristige Preiserhöhungen (§ 309 Nr. 1)

Literatur: *J. Baur*, Preisänderungsklauseln, Vertragsanpassungsklauseln und Höhere-Gewalt-Klauseln in langfristigen Lieferverträgen über Energie, ZIP 1985, 905; *Beckmann*, Die Zulässigkeit von Preis- und Prämienanpassungs-Klauseln nach dem AGB-Gesetz, 1990; *Bruck*, AGBG und Preisänderungsklauseln, DB 1978, 1385; *Kamanabrou*, Vertragliche Anpassungsklauseln, 2004; *Lübke-Detring*, Preisklauseln in Allgemeinen Geschäftsbedingungen, 1989; *R. Wiedemann*, Preisänderungsvorbehalte, 1991; *M. Wolf*, Preisanpassungsklauseln in Allgemeinen Geschäftsbedingungen unter Kaufleuten, ZIP 1997, 341; zur Preisfestsetzung bzw. -änderung durch Energieversorgungsunternehmen vgl. die Nachweise bei Rdn. 392.

1. Gesetzliche Ausgangslage und Regelungsanliegen

808 Die Festlegung der Gegenleistung, also regelmäßig des zu zahlenden Preises für die Leistung, gehört zu den essentialia negotii eines Vertrages. Problematisch sind solche Klauseln in Allgemeinen Geschäftsbedingungen, die dem Verwender bei gleichbleibenden Leistungen eine nachträgliche Erhöhung des zunächst vereinbarten Kaufpreises gestatten. Der zahlungspflichtige Kunde gerät hierdurch in eine missliche Lage. Denn er vermag nunmehr kaum noch einzuschätzen, welche effektive Belastung der Vertrag für ihn im Ergebnis bedeutet. Sein gerade bei kurzfristig abzuwickelnden Verträgen besonders anerken-

---

[136] BAG NZA 2001, 24; 2005, 889 (891 f.); AP Nr. 243 zu § 611 Gratifikation.
[137] Stellvertretend hierfür stehen *Preis/Lindemann*, NZA 2006, 632 ff.
[138] Mit guten Gründen ablehnend *Hanau/Hromadka*, NZA 2005, 2005, 74 und *Thüsing*, AGB-Kontrolle im Arbeitsrecht, Rdn. 268.
[139] BAG NZA 2007, 853 mit Anm. von *Singer*, RDA 2008, 246. Dagegen bekennt sich BGH DB 2008, 2194 klar zur grundsätzlichen Zulässigkeit von Freiwilligkeitsvorbehalten; hierzu *Lingemann/Gotham*, DB 2008, 2307.
[140] *Lakies*, AGB im Arbeitsrecht, Rdn. 450.
[141] BAG NZA 2006, 688.
[142] *Lindemann*, S. 328 f; weniger streng offenbar BAG NZA 2006, 746 (748).

nenswertes **Interesse an einem verlässlichen Planungshorizont wird ignoriert,** das bei Vertragsschluss fixierte **Äquivalenzinteresse zur Disposition des Verwenders** gestellt. Hinzu kommt, dass die Möglichkeit nachträglicher einseitiger Preiserhöhung den Wert von Preisvergleichen bei Vertragsschluss relativiert und damit eine wesentliche Voraussetzung für das **Funktionieren des Preiswettbewerbs** beseitigt.[143]

§ 309 Nr. 1 erklärt deshalb Klauseln in Allgemeinen Geschäftsbedingungen für unwirksam, welche die Erhöhung des Entgelts für Waren oder Leistungen vorsehen, die innerhalb von vier Monaten nach Vertragsschluss geliefert oder erbracht werden sollen.

Die Vorschrift deckt sich in Bezug auf die tatbestandlichen Voraussetzungen weitgehend mit **§ 1 der Preisangabenverordnung** vom 18.10.2002[144]. Der Unterschied liegt in der Rechtsfolge: § 309 Nr. 1 nimmt abweichenden Vertragsklauseln die zivilrechtliche Wirksamkeit, während nach den Vorschriften der Preisangabenverordnung Verstöße lediglich als Ordnungswidrigkeit sanktioniert sind.

2. Nr. 1 Buchst. 1 des Anhangs der Klauselrichtlinie

Die Klauselrichtlinie behandelt den Bereich von nachträglichen Preiserhöhungen im Anhang in Nr. 1 Buchst. l. Hiernach können Klauseln in Verbraucherverträgen für missbräuchlich erklärt werden, die darauf abzielen oder zur Folge haben, dass der Verkäufer einer Ware oder Erbringer einer Dienstleistung den Preis zum Zeitpunkt der Lieferung festsetzen oder erhöhen kann, ohne dass der Verbraucher ein Recht hat, vom Vertrag zurückzutreten, wenn der Endpreis im Verhältnis zu dem Preis, der bei Vertragsschluss vereinbart wurde, zu hoch ist. Das Regelungsregime des **§ 309 Nr. 1 ist insoweit strenger,** als Preiserhöhungen innerhalb der Viermonatsfrist generell untersagt sind. Dies ist im Hinblick auf das Ziel der Richtlinie, Mindeststandards zu etablieren (Art. 8), unproblematisch. Preiserhöhungen, die zu einem späteren Zeitpunkt erfolgen, werden von der Rechtsprechung im Rahmen des § 307 kontrolliert. Sie legt dabei einen Maßstab an, der hinsichtlich der Ausgewogenheit der Preiserhöhung über die Anforderungen von Nr. 1 Buchst. l des Richtlinienanhangs hinausgeht. Entgegen § 309 Nr. 1 nimmt die Regelung in der Klauselrichtlinie Dauerschuldverhältnisse nicht explizit aus. Ob Dauerschuldverhältnisse jedoch überhaupt vom Katalogtatbestand der Nr. 1 Buchst. l der Richtlinie erfasst werden, ist umstritten.[145] Selbst wenn man dies bejahte, so würde der im deutschen AGB-Recht über die Generalklausel des § 307 vermittelte Schutz jedenfalls im Ergebnis nicht hinter der gemeinschaftsrechtlichen Vorgabe zurückstehen. Im Übrigen steht den Vertragsparteien bei Dauerschuldverhältnissen nach deutschem Recht regelmäßig ein ordentliches und ein – sogar unabdingbares – außerordentliches Kündigungsrecht aus wichtigem Grund (§ 314) zu, von dem der Kunde im Falle einer für ihn untragbaren Preiserhöhung Gebrauch machen kann.

809

3. Inhalt des Klauselverbots

Das Gesetz statuiert mit § 309 Nr. 1 ein Klauselverbot **ohne Wertungsmöglichkeit.** Eine Rechtfertigungsmöglichkeit – etwa durch Angabe eines anerkennenswerten Grundes für den Änderungsvorbehalt – ist **nicht vorgesehen.**

810

Beispiel: So berechtigen bespielsweise **Kostenerhöhungen im Bereich des Verwenders** nicht zu einer Preiserhöhung.[146] Und auch die Beschränkung der Erhöhung des Entgelts für Fälle von be-

---

[143] Regierungsbegründung BT-Drucks. 7/3919, S. 27.
[144] BGBl. 2002 I, S. 4197.
[145] Dafür wohl MünchKomm-*Kieninger,* § 309 Nr. 1 Rdn. 3; differenzierend *Wolf,* Anh. RiLi Rdn. 152 f.; dagegen wohl *Ulmer/Hensen,* § 309 Nr. 1 Rdn. 26.
[146] BGH NJW 1985, 855 (856); *Wolf,* § 11 Nr. 1 AGBG Rdn. 8.

stimmten Kosten- oder Lohnerhöhungen wie „bei einer Steigerung von Material- und Rohstoffpreisen, Löhnen und Gehältern" bewahrt die Klausel nicht vor der Unwirksamkeit.

a) Erhöhung des Entgelts

811 Die Bestimmung muss eine direkte Erhöhung des ursprünglich vereinbarten Entgelts vorsehen. **Entgelt** ist jede seitens des Kunden aufzubringende Gegenleistung in gegenseitigen Verträgen einschließlich von Nebenleistungen und Umsatzsteuer.[147] In aller Regel ist die Gegenleistung pekuniär ausgestaltet. Erfasst werden aber auch Gegenleistungen im Rahmen von Bartergeschäften.[148]

812 Eine **Erhöhung** ist gegeben, wenn der Umfang des Entgelts, sei es der Betrag oder die Menge, quantitativ zunimmt. Darunter fallen auch Regelungen, die wie **Gleit- oder Spannungsklauseln** zu einer automatischen Anpassung des vereinbarten Entgelts führen.[149] Indirekte Erhöhungen durch Verringerung der Leistung bei gleich bleibender Gegenleistung fallen unter § 308 Nr. 4. Welche Gründe für die Erhöhung maßgebend sein könnten oder angegeben werden, ist gleichgültig.

Beispiele:
(1) Sogenannte **Tagespreisklauseln** wie „Verkaufspreis ist der am Liefertag gültige Listenpreis", die das zu entrichtende Entgelt also bei Vertragsschluss offen lassen, sind unwirksam.[150] Der Preis ist bei Leistungen, die innerhalb von vier Monaten erbracht werden, immer anzugeben.[151]
(2) Die Klausel „Die **Preise sind freibleibend.**" ist unwirksam, da sie dem Verwender jederzeit eine Preiserhöhung ermöglicht.[152] Selbiges gilt für die Bestimmung „Preise sind unverbindlich".[153]
(3) Eine in Allgemeinen Geschäftsbedingungen des Verkäufers enthaltene Bestimmung „**Preis zuzüglich Umsatzsteuer**", nach der ihn Änderungen des Umsatzsteuersatzes zur entsprechenden Preisanpassung berechtigen, ist in Verbraucherverträgen unwirksam.[154]

813 Keine Entgelterhöhung i. S. des § 309 Nr. 1 liegt vor, wenn Klauseln dem Kunden einzeln aufgeführte und berechnete **Aufwendungen** auferlegen, die im Rahmen der Vertragsabwicklung anfallen und vom Charakter her Aufwendungsersatz darstellen.[155] Eine Überprüfung solcher Klauseln ist jedoch anhand von § 307 möglich; es handelt sich um kontrollfähige Preisklauseln.[156]

b) Waren oder Leistungen

814 § 309 Nr. 1 spricht von Entgelt für Waren oder Leistungen. Für den Begriff „**Waren**" fand sich bis zum Handelsrechtsreformgesetz 1998[157] eine Legaldefinition in § 1 Abs. 2 HGB,

---

[147] Ebenso *Wolf*, § 11 Nr. 1 AGBG Rdn. 3; ähnlich BGH NJW 1980, 2133.
[148] Vgl. auch *Wolf*, § 11 Nr. 1 AGBG Rdn. 3; zu eng BGH NJW 1980, 2133 (2133) „finanziell ... aufwenden muss".
[149] *Erman-Roloff*, § 309 Rdn. 2. Beachte in diesem Zusammenhang die Preisklauselverordnung (BGBl. I 1998, S. 3043), aus der sich für solche Klauseln eine Genehmigungspflicht ergeben kann; hierzu auch BGH NJW 2006, 2978.
[150] *Ulmer/Hensen*, § 309 Nr. 1 Rdn. 4; *Palandt-Grüneberg*, § 309 Rdn. 3; *Wolf*, § 11 Nr. 1 AGBG Rdn. 7; a. A. MünchKomm-*Kieninger*, § 309 Nr. 1 Rdn. 16; *Staudinger-Coester-Waltjen*, § 309 Nr. 1 Rdn. 17.
[151] Vgl. *Ulmer/Hensen*, § 309 Nr. 1 Rdn. 4.
[152] BGH NJW 1985, 855 (856); *Bamberger/Roth/Becker*, § 309 Nr. 1 Rdn. 11.
[153] Vgl. *Wolf*, § 11 Nr. 1 AGBG Rdn. 4, 7, 20; *Erman-Roloff*, § 309 Rdn. 2; auch MünchKomm-*Kieninger*, § 309 Nr. 1 Rdn. 14 a. E. für den Fall, dass durch diesen Vorbehalt ein im Vertrag vereinbarter fester Preis relativiert wird.
[154] BGH NJW 1980, 2133.
[155] *Ulmer/Hensen*, § 309 Nr. 1 Rdn. 7; *Wolf*, § 11 Nr. 1 AGBG Rdn. 8.
[156] *Ulmer/Hensen*, § 11 Nr. 1 AGBG Rdn. 7.
[157] BGBl. 1998 I, S. 1474.

wonach Waren bewegliche Sachen sind. Grundstücke als unbewegliche Sachen werden von dem Begriff demnach nicht erfasst. Grundstücksgeschäfte fallen deshalb nicht in den Anwendungsbereich des § 309 Nr. 1;[158] wohl aber erfolgt eine Kontrolle nach § 307, in deren Rahmen die Wertungen des § 309 Nr. 1 zur Geltung gebracht werden können. Mit **Leistungen** sind alle Vertragsleistungen gemeint, die nicht Waren oder Grundstücke sind.[159] Unter § 309 Nr. 1 fallen somit kurz gesagt alle entgeltlichen Verträge mit Ausnahme von Grundstückskaufverträgen.

c) Viermonatsfrist

Von § 309 Nr. 1 sind nur Preiserhöhungsklauseln im Rahmen von Verträgen betroffen, deren Hauptleistung vom Verwender innerhalb von vier Monaten zu erbringen ist. Beginn der Viermonatsfrist ist der Zeitpunkt des Vertragsschlusses.[160] Die Frist bemisst sich nach der formularmäßig oder individuell festgelegten Leistungszeit. Mangels näherer Bestimmung ist die Leistung im Zweifel sofort fällig (§ 271 Abs. 1). Der Zeitpunkt der tatsächlichen Leistungserbringung ist unmaßgeblich. Er kann jedoch für Fälle Berücksichtigung finden, in denen die Leistung auf Grund von Umständen, die in der Sphäre des Kunden liegen oder die er zu vertreten hat, erst nach Ablauf von vier Monaten erfolgen kann. Hier kann sich der Verwender ein Erhöhungsrecht ausbedingen.[161] 815

Wird die Preiserhöhungsklausel sowohl für Verträge mit einer Leistungszeit von über als auch unter vier Monaten verwandt, so kann sie im Verbandsklageverfahren für unzulässig erklärt werden, da sie sich auch auf kürzere Leistungsfristen erstrecken kann.[162] 816

Einer Umgehung des § 309 Nr. 1 durch **Ausdehnung der Leistungsfrist auf über vier Monate** baut zum einen § 308 Nr. 1 vor, der unangemessen lange Leistungsfristen untersagt.[163] Zum anderen verbleibt eine Überprüfung anhand von § 307.[164] 817

d) Ausnahme von Dauerschuldverhältnissen

§ 309 Nr. 1 nimmt Dauerschuldverhältnisse – auch soweit sie eine kürzere Laufzeit als vier Monate aufweisen – vom Verbot der kurzfristigen Preiserhöhungen aus. Diese Ausnahme gilt z. B. für Versicherungs- und Abonnementsverträge. Wie schon bei § 308 Nr. 3 werden darüber hinaus auch Sukzessivlieferungsverträge und Wiederkehrschuldverhältnisse zu den Dauerschuldverhältnissen hinzugezählt. Trotz der Befreiung vom Klauselverbot des § 309 Nr. 1 unterliegen Preiserhöhungsklauseln in Dauerschuldverhältnissen der Inhaltskontrolle nach § 307.[165] 818

Für **Wohnraummietverhältnisse** sind die in den §§ 557 ff. enthaltenen Vorschriften über die Miethöhe von Bedeutung und dementsprechend bei Abfassung von Standard-Mietverträgen zu berücksichtigen. 819

---

[158] Ebenso *Wolf*, § 11 Nr. 1 AGBG Rdn. 12; für analoge Anwendung des § 309 Nr. 1 *Ulmer/Hensen*, § 309 Nr. 1 Rdn. 4; für Subsumtion unter das Merkmal „Dienstleistung" MünchKomm-*Kieninger*, § 309 Nr. 1 Rdn. 11.
[159] *Wolf*, § 11 Nr. 1 AGBG Rdn. 12.
[160] Vgl. OLG Frankfurt DB 1981, 884.
[161] *Palandt-Grüneberg*, § 309 Rdn. 4; *Wolf*, § 11 Nr. 1 AGBG Rdn. 16; *Staudinger-Coester-Waltjen*, § 309 Nr. 1 Rdn. 11.
[162] BGH NJW 1985, 855 (856).
[163] Hierzu oben Rdn. 758 ff.
[164] Siehe sogleich Rdn. 821 f.
[165] *Wolf*, § 11 Nr. 1 AGBG.

4. Preiserhöhungsklauseln in Reiseverträgen

820 Für **Reiseverträge** enthält § 651a Abs. 4, 5 besondere Regelungen, die unter gewissen Voraussetzungen eine Preiserhöhung zulassen.[166] Besonders wichtig ist, dass die vom Gesetz geforderten genauen Angaben zur Berechnung der Preiserhöhung bereits im Vertrag enthalten sein müssen.[167] Unabhängig von der in § 651a statuierten zeitlichen Grenze ist ein vorformulierter Preisänderungsvorbehalt in einem Reisevertrag nur wirksam, wenn zwischen Vertragsschluss und dem Beginn der Reise mindestens vier Monate liegen.[168] Denn nach § 651a Abs. 4 S. 3 bleibt § 309 Nr. 1 unberührt. Ferner wird auch die Angemessenheits- und Transparenzkontrolle auf der Grundlage des § 307 nicht ausgeschlossen.[169]

Beispiele:
(1) Die Klausel „Preiserhöhungen nach Abschluss des Reisevertrags sind bis zu 21 Tage vor Reiseantritt aus sachlich berechtigten und nicht vorhersehbaren Gründen (Erhöhung der Beförderungskosten, Steuern, Gebühren, Abgaben, Tarife oder ähnliches) in dem Umfang möglich, wie nachzuweisende Tatsachen dies rechtfertigen" ist nach § 309 Nr. 1 unwirksam, da von ihr auch Reiseverträge erfasst werden, die weniger als vier Monate vor dem vereinbartem Abreisetermin abgeschlossen wurden; die Bestimmung verstößt zudem gegen §§ 651a Abs. 4 S. 1, 651k i. V. mit § 307, da den gesetzlichen Anforderungen für eine Preiserhöhung nicht Genüge getan wird.[170]
(2) Ein Reiseveranstalter behält sich vor, „die ausgeschriebenen und mit der Buchung bestätigten Preise im Falle der Erhöhung der Beförderungskosten oder der Abgaben für bestimmte Leistungen, wie Hafen- oder Flughafengebühren ... zu ändern." Der BGH hat diese Klausel mit der Begründung verworfen, das **Transparenzgebot** erfordere nicht nur, dass der Kunde erkennen könne, welcher Reisepreis der Forderung nach einem erhöhten Entgelt zu Grunde liegt, sondern auch, dass er aus der Klausel ersehen könne, ob vor oder nach Vertragsschluss eingetretene Kostensteigerungen Anlass für die Forderung nach einem erhöhten Reisepreis sind.[171] Der BGH gelangt im Weg der kundenfeindlichsten Auslegung zu dem Ergebnis, dass die Klausel auch Kostensteigerungen erfasse, die nach Drucklegung der Prospekte, aber bereits vor Vertragsschluss eingetreten sind.

5. Preiserhöhungsklauseln in längerfristigen Verträgen mit Verbrauchern

821 Preiserhöhungsklauseln sind, wenn sie gegenüber einem Verbraucher verwendet werden, grundsätzlich an § 309 Nr. 1 zu messen. Der Anwendungsbereich und die tatbestandlichen Voraussetzungen des § 309 Nr. 1 sind jedoch – wie gesehen – in mehrfacher Hinsicht eingeschränkt. So gilt die Vorschrift von vornherein nicht für Dauerschuldverhältnisse; ferner werden solche Verträge ausgeklammert, bei denen sich die vertraglich vereinbarte Lieferfrist auf mehr als vier Monate beläuft. Dies führt dazu, dass vorformulierte Preiserhöhungsvorbehalte insbesondere in längerfristigen Verträgen von § 309 Nr. 1 nicht erfasst werden. Damit wächst der **Inhaltskontrolle auf der Grundlage der Generalklausel des § 307** hier eine **wichtige Auffangfunktion** zu. Dafür, dass auch bei längerfristigen Vertragsverhältnissen eine wirksame Kontrollmöglichkeit bestehen muss, spricht im Übrigen auch Nr. 1 Buchst. l des Anhangs zur Klauselrichtlinie, die eine dem § 309 Nr. 1 vergleichbare zeitliche Eingrenzung nicht kennt. Auf der anderen Seite ist anzuerkennen, dass mit steigender Vertragsdauer das Bedürfnis wachsen kann, kautelarjuristisch Vorsorge zu treffen, um Leistung und Gegenleistung im Gleichgewicht zu halten. Die Schranke des § 307 wird aber dann nicht mehr eingehalten, wenn die Preisanpassungsklausel dem

---
[166] Eingehend zu Preisänderungen im Reisevertrag *Schmid*, NJW 2003, 947.
[167] BGH NJW 2003, 507 (508).
[168] BGH NJW 2003, 507 (508).
[169] BGH NJW 2003, 507 (508).
[170] LG Köln NJW-RR 2002, 703.
[171] BGH NJW 2003, 507 (509); 746 (747 f.).

§ 31. Leistungspflicht des Verwenders

Verwender ermöglicht, über die Abwälzung von Kostensteigerungen hinaus den zunächst vereinbarten Preis ohne jede Begrenzung anzuheben und so nicht nur eine Gewinnschmälerung zu vermeiden, sondern einen zusätzlichen Gewinn zu erzielen.[172]

Für die Wirksamkeit einer Preiserhöhungsklausel in einem längerfristigen Vertrag mit einem nichtunternehmerischen Kunden verlangt der **BGH**, dass der Kunde den Umfang der auf ihn zukommenden Preissteigerungen bei Vertragsabschluss aus der Formulierung der Klausel erkennen und die Berechtigung einer von dem Klauselverwender vorgenommenen Erhöhung an der Ermächtigungsklausel selbst messen kann.[173] Eine normative Handreichung findet sich in § 651a Abs. 4 und 5. Bei sog. **Kostenelementeklauseln** verlangt die Rechtsprechung, dass die einzelnen Kostenelemente sowie deren Gewichtung bei der Kalkulation des Gesamtpreises offen gelegt wird, so dass der andere Teil bei Vertragsschluss die auf ihn zukommenden Preissteigerungen einschätzen kann.[174] Wo eine solche Konkretisierung nicht möglich ist, muss dem Kunden ein prozedurales Gegenrecht in Form eines Lösungsrechts in der betreffenden Klausel zugestanden werden.[175] Dies entspricht im Übrigen auch der Konstruktion des Richtlinienanhangs (Nr. 1 Buchst. l). Aber auch dann gilt: Wenn der alsbald anfallende Erhöhungsbetrag bereits bei Vertragsschluss absehbar ist und in den Preis einkalkuliert werden kann, so kann sich der Verwender insoweit nicht auf das formularmäßig ausbedungene Preiserhöhungsrecht berufen.[176]

822

Beispiele:
(1) Für unwirksam wurde folgende Klausel in einem **Abonnementsvertrag** befunden: „Angemessene Erhöhungen des Abonnementspreises, die entsprechend einer Erhöhung des gebundenen Einzel-Verkaufspreises erfolgen, sowie Änderungen der ortsüblichen Zustellgebühr entbinden nicht von diesem Vertrag, auch dann nicht, wenn diese Änderungen zwischen Vertragsabschluss und Lieferbeginn liegen." Hier kann der Klausel weder durch die Bezugnahme auf den Einzelverkaufspreis, wodurch ja lediglich eine unkalkulierbare Größe (Preisgestaltung durch den Verwender) durch eine andere (Preiserhöhung durch den Zeitschriftenverlag) ersetzt wird, noch durch die Verwendung der Vokabel „angemessen" die Unwirksamkeit genommen werden.[177]
(2) Für nichtig wurde eine sog. **Tagespreisklausel** in Neuwagenkaufverträgen erklärt, derzufolge dann, wenn zwischen Vertragsabschluss und vereinbartem Liefertermin mehr als vier Monate lägen, der am Tag der Lieferung gültige Preis des Verkäufers gälte. Eine solche Klausel ermöglicht jede beliebige Preiserhöhung, auch soweit sie durch einen zwischenzeitlichen Kostenanstieg nicht gedeckt ist.[178]
(3) Eine **Kostenelementeklausel**, derzufolge sich die monatlich zu bezahlenden Beträge erhöhen, wenn sich die Kosten für die Bereitstellung des Programms erhöhen (**Pay-TV-Abonnement**), ist unwirksam, weil die Kostenelemente und deren Gewichtung im Hinblick auf ihre Bedeutung für die Kalkulation des Abonnementpreises nicht offengelegt werden.[179]

6. Preisanpassungsklauseln in den Bedingungen der Energieversorgungsunternehmen

Literatur: *Borges*, Preisanpassungsklauseln in der AGB-Kontrolle, DB 2006, 1199; *Ehricke*, Die Kontrolle von einseitigen Preisfestsetzungen in Gaslieferungsverträgen, JZ 2005, 599; *H. Hanau*, Die Billigkeitskontrolle von Gaspreisen, ZIP 2006, 1281; *Kühne*, Gerichtliche Entgeltkontrolle im Energierecht, NJW 2006, 654; *Stappert*, Zivilrechtliche Überprüfung von Strompreisen und Netznut-

---

[172] BGH NJW 1990, 115 (116); 2008, 360 (361).
[173] BGH NJW 1986, 3134 (3135).
[174] BGH NJW 2008, 360 (361); NJW-RR 2008, 134 (135).
[175] BGH NJW 1986, 3134 (3136).
[176] Für Unwirksamkeit in diesem Falle *Palandt-Grüneberg*, § 309 Rdn. 8; ob derartige Einzelfallumstände im Rahmen der Angemessenheitsbeurteilung berücksichtigt werden können, ist trotz § 310 Abs. 3 Nr. 3 zweifelhaft.
[177] BGH NJW 1986, 3134 (3135 f.).
[178] Erstmals BGH NJW 1982, 331 ff., sodann ständige Rechtsprechung z. B. BGH NJW 1985, 621 (622).
[179] BGH NJW 2008, 360 (361).

zungsentgelten, NJW 2003, 3177; *Graf von Westphalen*, Preisanpassungsklauseln in Energielieferungsverträgen mit Normsonderkunden, ZIP 2008, 669; *ders.*, Das faktische Ende von Preisanpassungsklauseln, MDR 2008, 424.

823 Als besonders streitanfällig haben sich zuletzt vor allem Preisanpassungsklauseln in den Bedingungen der Energieversorgungsunternehmen erwiesen, soweit sie gegenüber Verbrauchern zum Einsatz gelangen. Sie kommen meist in Gestalt von **Kostenelementeklauseln** vor und unterliegen daher den diesbezüglich strengen Anforderungen der Rechtsprechung (vgl. oben Rdn. 822).[180] Die mangelnde Offenlegung der Kostenelemente und ihrer Gewichtung im Hinblick auf ihre Bedeutung für die Kalkulation des Gesamtpreises wird auch nicht dadurch ausgeglichen, dass dem Kunden für den Fall der Preiserhöhung ein Recht zur vorzeitigen Lösung vom Vertrag eingeräumt wird, das erst nach der Preiserhöhung wirksam wird oder für den Vertragspartner mit unzumutbaren Kosten verbunden ist.[181] Ferner verlangt die Rechtsprechung, dass dem Recht des Verwenders, Erhöhungen des Gaseinstandspreises an seine Kunden weiterzugeben, die Verpflichtung hinzugefügt werden muss, bei gesunkenen Gestehungskosten den Preis zu senken.[182] Auch wenn die Preisänderungsklausel AGB-rechtlich nicht zu beanstanden sein sollte, ist in Anwendung des § 315 die Preiserhöhung bei **Monopolanbietern** zusätzlich einer richterlichen **Billigkeitskontrolle** zu unterziehen.[183] Das Gericht kann die Preise nach § 315 Abs. 3 ggf. rechtsgestaltend festsetzen.[184]

7. Rechtsfolgen eines Verstoßes

824 **Verstößt eine Klausel gegen § 309 Nr. 1**, so ist diese **nichtig** und **es verbleibt bei der ursprünglich vereinbarten Gegenleistung**. Eine ergänzende Vertragsauslegung ist ausgeschlossen.[185] Anders sieht dies hingegen bei einem **Verstoß gegen § 307** aus. Hier ist – sofern speziellere Vorschriften wie bspw. § 632 Abs. 2 fehlen – zu prüfen, ob der Vertrag Anhaltspunkte für eine **ergänzende Vertragsauslegung** (§§ 157, 133) bietet und was die Parteien bei sachgerechter Abwägung ihrer beiderseitigen Interessen nach Treu und Glauben redlicherweise vereinbart hätten.[186] Gemäß diesen zur Tagespreisklausel entwickelten Grundsätzen kann sich ergeben, dass dem Verwender ein Bestimmungsrecht gem. §§ 315, 316 zustehen soll,[187] dass der am Auslieferungstag gültige Listenpreis gelten soll[188] oder dass bestimmte Kostensteigerungen in Form von Preiserhöhungen an den Kunden weitergereicht werden sollen.[189] Im Gegenzug verlangt ein angemessener Interessenausgleich, dass dem Kunden ein Lösungsrecht zusteht, wenn die Preiserhöhung den Anstieg der allgemeinen Lebenshaltungskosten in der Zeit zwischen Bestellung und Auslieferung nicht unerheblich übersteigt.[190]

---

[180] Speziell zu Preisanpassungsvorbehalten in Flüssiggaslieferverträgen BGH NJW-RR 2005, 1717 und NJW 2007, 1054.
[181] BGH NJW 2007, 1054.
[182] BGH NJW 2008, 2172 (2173).
[183] BGH NJW 2005, 2919 (2920); 2008, 2175; zum gesetzlichen Leistungsbestimmungsrecht bei Netznutzungsentgelten zuletzt *Linsmeier*, NJW 2008, 2162.
[184] BGH NJW 2005, 2919 (2920); vgl. ferner MünchKomm-*Gottwald*, § 315 Rdn. 22 m. w. N.
[185] *Ulmer/Hensen*, § 309 Nr. 1 Rdn. 20.
[186] Vgl. BGH NJW 1984, 1177 (1178).
[187] *Wolf*, § 11 Nr. 1 AGBG Rdn. 53; MünchKomm-*Kieninger*, § 309 Nr. 1 Rdn. 24.
[188] So BGH NJW 1984, 1177 (1179).
[189] Vgl. OLG Köln NJW-RR 1995, 758; auch *Wolf*, § 11 Nr. 1 AGBG Rdn. 53; MünchKomm-*Kieninger*, § 309 Nr. 1 Rdn. 24.
[190] BGH NJW 1984, 1177 (1179).

8. Unternehmerischer Geschäftsverkehr

Für den unternehmerischen Geschäftsverkehr kommt § 309 Nr. 1 keine Indizwirkung zu.[191] Die strengen **Wertungen sind nicht übertragbar**. Regelmäßig wird der für den wirtschaftlichen Erfolg besonders bedeutsamen Preisgestaltung im unternehmerischen Geschäftsverkehr hohe Aufmerksamkeit geschenkt. Sofern keine Individualvereinbarungen für das Entgelt getroffen werden, kann grundsätzlich vorausgesetzt werden, dass der Unternehmer Preisklauseln überprüft und unbillige nicht akzeptiert. Ein Freibrief für unbegrenzte Preiserhöhungsklauseln bedeutet dies jedoch nicht. 825

Die Vereinbarung eines Festpreises kann nicht durch Allgemeine Geschäftsbedingungen unterlaufen werden.[192] Listenpreisklauseln hingegen ist im unternehmerischen Verkehr die Gültigkeit nicht per se zu versagen.[193] Bei längerfristig ausgelegten Verträgen ist das Rekurrieren auf den Marktpreis am Liefertag vielfach notwendig. Möchte der Unternehmer Preisschwankungen ausweichen, so kann er sich entweder gegen allfällige Preisschwankungen absichern oder aber auf eine andere Preisvereinbarung hinwirken. 826

Für den Fall von Preiserhöhungen muss im unternehmerischen Verkehr kein Lösungsrecht eingeräumt werden.[194] Preiserhöhungsbestimmungen haben aber, wie auch im Geschäftsverkehr mit Verbrauchern, klar und bestimmt zu sein;[195] sie dürfen dem Verwender nicht das Recht zur Preiserhöhung nach seinem Gutdünken einräumen. 827

§ 32. Gegenrechte des Kunden

I. Leistungsverweigerungsrechte (§ 309 Nr. 2)

Literatur: Löwe-Zoller, Zur Wirksamkeit von Vorleistungsklauseln im Reisevertrag, BB 1985, 2014; *Seiler,* Die Vorauszahlungspflicht des Reisenden beim Reisevertrag, BB 1986, 1932; *Tonner,* Die Vorauszahlungspflicht des Kunden am Beispiel des Reiserechts, DB 1980, 1629; *ders.,* Die Zulässigkeit der Vorauszahlungsklausel im Reiserecht, NJW 1985, 111; *Zoller,* Vorleistungspflicht und AGB-Gesetz, 1986.

1. Gesetzliche Ausgangslage und Regelungsanliegen

Steht dem zur Erbringung einer Leistung (z.B. Geldzahlung) verpflichteten **Schuldner seinerseits ein Anspruch gegen den Gläubiger** zu, so wird dem Schuldner daran gelegen sein, seine Leistung solange zurückzuhalten, bis auch er wegen seiner Forderung befriedigt wird. Das Gesetz trägt diesem Interesse des Schuldners Rechnung und gesteht ihm in bestimmten, näher bezeichneten Fällen ein **Leistungsverweigerungsrecht** zu. 828

§ 320 gibt dem aus einem gegenseitigen Vertrag Verpflichteten das Recht, die eigene ihm obliegende Leistung bis zur Bewirkung der Gegenleistung zu verweigern, es sei denn, dass er vorzuleisten verpflichtet ist. Dieses als Einrede ausgestaltete Leistungsverweigerungsrecht bezweckt zum einen die Sicherung des Anspruchs des Auftraggebers, zum anderen wird ihm damit ein Druckmittel zur Erzwingung der Erfüllung seiner Forderung 829

---

[191] Ebenso *Wolf,* ZIP 1987, 341 (345); *Wolf,* § 11 Nr. 1 AGBG Rdn. 55; *Ulmer/Hensen,* § 309 Nr. 1 Rdn. 21; *Erman-Roloff,* § 309 Rdn. 17.
[192] *Ulmer/Hensen,* § 309 Nr. 1 Rdn. 22.
[193] Vgl. *Bartsch,* DB 1983, 215; *Ulmer/Hensen,* § 309 Nr. 1 Rdn. 22; vgl. auch BGH NJW 1985, 426 und NJW 1985, 853; gegen eine generelle Zulassung von Tagespreisklauseln hingegen *Wolf,* § 11 Nr. 1 AGBG Rdn. 60.
[194] Vgl. BGH NJW 1985, 426; 1985, 853 (855).
[195] *Wolf,* § 11 Nr. 1 AGBG Rdn. 56.

an die Hand gegeben.¹ Damit wird gewährleistet, dass die auf dem Parteiwillen beruhende Verknüpfung der im Austauschverhältnis stehenden (Haupt-)Leistungspflichten auch im Stadium der Durchsetzung beider Ansprüche fortbesteht. Dieses grundlegende Gebot vertraglicher Abwicklungsgerechtigkeit² soll auch nicht in Allgemeinen Geschäftsbedingungen ausgeschlossen oder eingeschränkt werden. Gem. § 309 Nr. 2 Buchst. a sind deshalb solche Bestimmungen unwirksam.

830 Das in § 273 geregelte Zurückbehaltungsrecht beruht ebenfalls auf einem Gerechtigkeitsgebot.³ § 273 gewährt dem Schuldner ein Zurückbehaltungsrecht für alle fälligen Ansprüche aus demselben rechtlichen Verhältnis, auf dem seine Verpflichtung beruht. Nach ständiger Rechtsprechung ist eine weite Auslegung des Begriffs „aus demselben rechtlichen Verhältnis" geboten. Die sog. Konnexität ist demnach zu bejahen, wenn beiden Forderungen ein innerlich zusammengehöriges, einheitliches Lebensverhältnis zugrundeliegt; dafür genügt ein solcher natürlicher und wirtschaftlicher Zusammenhang, dass es gegen Treu und Glauben verstieße, wenn der eine Anspruch ohne Rücksicht auf den anderen geltend gemacht werden könnte.⁴ Dem Gesetzgeber erschien auf Grund dieser Ausweitung eine Einschränkung des Zurückbehaltungsrechts nicht von vornherein als unangemessen.⁵ Das Verbot des § 309 Nr. 2 Buchst. b, das Zurückbehaltungsrecht durch Allgemeine Geschäftsbedingungen auszuschließen oder einzuschränken, beschränkt sich daher auf Gegenansprüche, soweit sie auf demselben Vertragsverhältnis beruhen.

2. Inhalt des Klauselverbots

a) Schutz der Zug-um-Zug-Einrede durch § 309 Nr. 2 Buchst. a

831 Voraussetzung für die Anwendbarkeit des § 309 Nr. 2 Buchst. a ist, dass sich die betreffende Klausel auf solche vertraglichen Leistungspflichten des Kunden bezieht bzw. solche nicht ausnimmt, die in einem **synallagmatischen Verhältnis** zu der vom Kunden zu erbringenden Gegenleistung stehen (würden). Dieses Gegenseitigkeitsverhältnis besteht bei allen Hauptleistungspflichten und den bei Leistungsstörungen entstehenden sekundären Ansprüchen.⁶ Hierzu gehören außerdem vertragliche oder gesetzliche Nachbesserungs- oder Nachlieferungsansprüche⁷ und Rückgewährschuldverhältnisse auf Grund Rücktritts gem. § 348, der auf § 320 verweist.⁸ Wird hingegen die AGB-Klausel von vornherein so formuliert, dass von ihr nur Konstellationen ergriffen werden, in denen sich der Kunde auf das Leistungsverweigerungsrecht nach § 320 nicht berufen könnte, so fällt sie auch nicht in den Anwendungsbereich des § 309 Nr. 2 Buchst. a.

Beispiele:
(1) Der Kunde ist **vorleistungspflichtig**.⁹
(2) Eine Klausel schließt (nur) das Leistungsverweigerungsrecht des Kunden bei **fehlender eigener Vertragstreue**¹⁰ oder bei **verhältnismäßiger Geringfügigkeit des rückständigen Teils** (vgl. § 320 Abs. 2) aus.

---

¹ BGH NJW 1981, 2801; 1982, 2494; 1992, 1632 (1633); *Palandt-Grüneberg*, § 320 Rdn. 1.
² Vgl. Amtl. Begründung BT-Drucks. 7/3919, S. 28; OLG Frankfurt NJW 1986, 1618 (1619); *Wolf*, § 11 Nr. 2 AGBG Rdn. 1; MünchKomm-*Kieninger*, § 309 Nr. 2 Rdn. 1.
³ MünchKomm-*Krüger*, § 273 Rdn. 2; *Ulmer/Hensen*, § 309 Nr. 2 Rdn. 1.
⁴ BGH NJW 1985, 189 (190); 1991, 2645 (2646); 1997, 2944 (2945).
⁵ Amtl. Begründung BT-Drucks. 7/3919, S. 28 f.
⁶ *Palandt-Grüneberg*, Einf. v. § 320 Rdn. 16; *Wolf*, § 11 Nr. 2 AGBG Rdn. 4.
⁷ *Wolf*, § 11 Nr. 2 AGBG Rdn. 4; *Ulmer/Hensen*, § 309 Nr. 2 Rdn. 6.
⁸ *Ulmer/Hensen*, § 309 Nr. 2 Rdn. 4; *Staudinger-Coester-Waltjen*, § 309 Nr. 2 Rdn. 2.
⁹ Hierzu noch unten Rdn. 842 f.
¹⁰ Zu dieser ungeschriebenen Voraussetzung des Leistungsverweigerungsrechts nach § 320 *Palandt-Grüneberg*, § 320 Rdn. 6.

Wird in Allgemeinen Geschäftsbedingungen **pauschal ein „Zurückbehaltungsrecht" des Kunden ausgeschlossen**, so will der Verwender damit gewöhnlich erreichen, dass der Kunde zur Erbringung der Leistung ohne Rücksicht auf jedwede Verweigerungsgründe verpflichtet ist. Die differenzierte Sprachregelung des Bürgerlichen Gesetzbuches („Leistungsverweigerungsrecht" einerseits und „Zurückbehaltungsrecht" andererseits) ist ihm regelmäßig fremd. Dies spricht dafür, mit solchen AGB-Bestimmungen auch den Ausschluss des Rechts aus § 320 als mitumfasst anzusehen.[11]

832

b) Schutz des Zurückbehaltungsrechts durch § 309 Nr. 2 Buchst. b

Das Zurückbehaltungsrecht des § 273 wird durch § 309 Nr. 2 Buchst. b in seinem Kernbereich geschützt, d.h. nur soweit es **auf demselben Vertragsverhältnis** beruht. Nicht erfasst werden somit Zurückbehaltungsrechte aus früheren Geschäften oder aus anderen Geschäften bei laufender Geschäftsverbindung und aus außervertraglichen Gründen (z.B. § 1000), wohl aber die Teilleistungen eines Sukzessivlieferungsvertrages und aus vertraglichen Dauerschuldverhältnissen.[12] Dahinstehen kann, ob es sich um Haupt- oder Nebenleistungsansprüche handelt und ein gegenseitiger Vertrag vorliegt oder nicht.[13]

833

c) Ausschluss und Einschränkung

Verboten ist nicht nur der **vollständige Ausschluss**, sondern **jede Einschränkung** der von § 309 Nr. 2 geschützten Leistungsverweigerungsrechte. Zum Vergleich dient immer die Rechtslage ohne Allgemeine Geschäftsbedingungen. Dem Ausschluss steht das Verlangen unerfüllbarer oder unzumutbarer Anerkennungsvoraussetzungen gleich.[14] Eine Beschränkung des Leistungsverweigerungsrechts liegt schon dann vor, wenn dessen Geltendmachung unter besondere Voraussetzungen gestellt wird und eine Verschärfung gegenüber den gesetzlichen Bestimmungen darstellt.[15] In der Praxis liegt die Zurückhaltung der Gegenleistung durch den Kunden häufig darin begründet, dass dieser die gelieferte Sache oder die erbrachte Leistung nicht als den vereinbarten Anforderungen entsprechend akzeptiert. Eine Klausel, wonach der Kunde in diesem Fall **nur wegen anerkannter** (oder rechtskräftig festgestellter)[16] **Forderungen** seine Leistung zurückhalten darf, stellt ebenfalls eine unzulässige Einschränkung dar. Diesen klaren Unterfall der Einschränkung meinte der Gesetzgeber sogar ausdrücklich in § 309 Nr. 2 Buchst. b aufführen zu müssen.

834

Beispiele:
(1) Eine Klausel in einem **Bauvertrag** ist unwirksam, wonach der Verkäufer vor Übergabe des bezugsfertigen Hauses verlangen kann, dass die noch nicht fälligen Verkaufsteile von 14% nach Anweisung des Verkäufers auf ein Notaranderkonto oder ein auf den Namen des Erwerbers und zugunsten des Verkäufers gesperrtes Sparkonto eingezahlt werden. Dadurch wird in unzulässiger Weise dem Erwerber die Möglichkeit der Minderung oder Zurückbehaltung der restlichen Vergütung wegen Baumängeln genommen.[17] Die Vereinbarung von Abschlagszahlungen nach Maßgabe des Baufortschritts wird hingegen für wirksam erachtet. Diese schon bislang vorherrschende Einschätzung[18] ist durch § 632a und die Verordnung über Abschlagszahlungen bei Bauträgerverträgen[19] bestätigt worden.

---

[11] BGH NJW-RR 2005, 919 (920).
[12] *Wolf,* § 11 Nr. 2 AGBG Rdn. 11 f.
[13] *Wolf,* § 11 Nr. 2 AGBG Rdn. 11.
[14] *Wolf,* § 11 Nr. 2 AGBG Rdn. 8.
[15] *Staudinger-Coester-Waltjen,* § 309 Nr. 2 Rdn. 6; *Wolf,* § 11 Nr. 2 AGBG Rdn. 15 und 19.
[16] BGH NJW 1992, 2160 (2163).
[17] BGH NJW 1985, 852; dagegen *Usinger,* NJW 1987, 936.
[18] *Wolf,* § 9 AGBG Rdn. 9.
[19] Vom 23. 5. 2001,l. I, S. 981.

(2) Die Ausübung des Zurückbehaltungsrechts darf durch eine Bedingung nicht derart eingeschränkt werden, dass für die Geltendmachung eine **schriftliche Anzeige** an den Verwender[20] bzw. ein **Reklamationsbericht**[21] verlangt wird.

(3) Unwirksam ist eine Klausel, die dem Kunden bei Fehllieferungen die **Schecksperrung** untersagt.[22]

(4) Gegen neutrale Geschäftsbedingungen, wie „Zahlung netto Kasse Zug um Zug", ist nichts einzuwenden. Sie entsprechen der für den gegenseitigen Vertrag typischen Charakteristik der Leistung Zug-um-Zug.

835 Klauseln, die eine **Erweiterung des Leistungsverweigerungs- oder Zurückbehaltungsrechts des Verwenders** vorsehen, fallen nicht unter § 309 Nr. 2, sondern werden einer Inhaltskontrolle gem. § 307 unterzogen.[23]

3. Verhältnis zu anderen Vorschriften

836 Zwischen § 309 Nr. 2 und **Nr. 8 Buchst. b Doppelbuchst. dd** gibt es eine partielle Überschneidung, denn eine Klausel, die die Mängelbeseitigung von der vorherigen Zahlung des Entgelts abhängig macht, schließt zugleich das Recht des Kunden aus, die Zahlung des Kaufpreises oder Werklohns im Hinblick auf die Mangelhaftigkeit der Leistung zu verweigern.[24] Das Verbot von Nr. 8 Buchst. b Doppelbuchst. dd reicht allerdings insoweit über Nr. 2 hinaus, als es auch die Vereinbarung von Zahlungsansprüchen zugunsten des Verwenders ohne Mängelbeseitigung ausschließt. Enger ist der Anwendungsbereich von Nr. 8 Buchst. b Doppelbuchst. dd allerdings wiederum insoweit, als er nur Verträge über die Lieferung neu hergestellter Sachen und Leistungen einschließt. Welche Norm zur Anwendung kommt, hängt letztlich davon ab, ob es um den Zahlungsanspruch des Verwenders geht – dann § 309 Nr. 2 – oder ob Mängelbeseitigung vom Kunden begehrt wird – dann § 309 Nr. 8 Buchst. b Doppelbuchst. dd.[25]

837 Umstritten ist das Verhältnis von § 309 Nr. 2 zu **Nr. 3** (betreffend Aufrechnungsverbote). Während nämlich die Leistungsverweigerungsrechte gem. §§ 273, 320 durch Allgemeine Geschäftsbedingungen nicht angetastet werden dürfen, kann das Aufrechnungsrecht des Kunden, sofern nicht die Ausnahme einer rechtskräftig festgestellten oder unbestrittenen Forderung vorliegt, abbedungen werden. Eine Unstimmigkeit kann sich hier dann ergeben, wenn der Kunde dem Zahlungsverlangen des Verwenders eine Geldforderung entgegensetzt, die aus einem primären Sachleistungsanspruch hervorgegangen ist.

Beispiel: Der Werklohnforderung des Verwenders kann der Kunde bei Bestehen eines Mängelbeseitigungsanspruchs ein nicht ausschließbares Leistungsverweigerungsrecht entgegenhalten. Gerät nun aber der Verwender mit der Mängelbeseitigung in Verzug und beseitigt der Besteller den Mangel selbst, so kann er Ersatz der erforderlichen Aufwendungen verlangen (§§ 634 Nr. 2, 637). Diesen kann er aber – so scheint es – bei einem Aufrechnungsverbot nicht der Werklohnforderung zur Aufrechnung gegenüberstellen.

838 Solange der ungleichartige Sachleistungsanspruch bestand, konnte der Kunde dem Verwender gegenüber die Erbringung der ihm obliegenden Leistung verweigern. Verwandelt sich der Primärleistungsanspruch nun in einen auf Geld lautenden Sekundäranspruch, so stehen sich zwei Geldforderungen gegenüber. Es besteht nun eine Aufrechnungslage.

---

[20] *Wolf*, § 11 Nr. 2 AGBG Rdn. 8; *Erman-Roloff*, § 309 Rdn. 25; a. A. *Ulmer/Hensen*, § 309 Nr. 2 Rdn. 9; *Bamberger/Roth-Becker*, § 309 Nr. 2 Rdn. 4.
[21] LG Karlsruhe NJW-RR 1991, 124 (126).
[22] BGH NJW 1985, 855 (857 f.).
[23] *Wolf*, § 11 Nr. 2 AGBG Rdn. 10 und 16; *Staudinger-Coester-Waltjen*, § 309 Nr. 2 Rdn. 8.
[24] *Wolf*, § 11 Nr. 2 AGBG Rdn. 26.
[25] *Staudinger-Coester-Waltjen*, § 309 Nr. 2 Rdn. 3; *Erman-Roloff*, § 309 Rdn. 20.

Verweigert der Kunde unter Berufung auf seine Gegenforderung die Zahlung, so ist hierin eine Aufrechnungserklärung zu erblicken.[26] Damit wird dieser Fall nicht mehr von § 309 Nr. 2, sondern von der sich mit der Aufrechnung befassenden Norm des § 309 Nr. 3 erfasst. Ein in den Allgemeinen Geschäftsbedingungen des Verwenders enthaltenes Aufrechnungsverbot kann hier seine Wirkung entfalten. Geld- und Sachleistungsforderungen werden also unterschiedlich behandelt. Der Gesetzgeber hat dieses Problem jedoch erkannt und bewusst in Kauf genommen.[27] Eine teleologische Reduktion des § 309 Nr. 3 dahingehend, dass ein Aufrechnungsverbot dann zurückzutreten hat, wenn es sich um einen Gegenanspruch handelt, der aus einer zur Leistungsverweigerung berechtigenden Sachleistungsforderung hervorgegangen ist, kann deshalb nicht überzeugend vorgenommen werden.[28] Dieser Korrekturversuch würde den Verwender zudem dazu zwingen, diese komplizierte Fallkonstellation – ebenso wie rechtskräftig festgestellte und unbestrittene Forderungen – vom Wirkungsbereich des Aufrechnungsverbots explizit auszunehmen. Dies hätte dann die weitere Ausweitung und Aufblähung von Aufrechnungsverboten in Klauselwerken zur Folge.[29] Überzeugender, weil die Anwendungsbereiche der Klauselverbote nicht tangierend, ist es demgegenüber, auf der Stufe der Ausübungskontrolle, des individuellen Rechtsmissbrauchs anzusetzen. Eine Einschränkung des Aufrechnungsverbots kann sich nach allgemeiner Ansicht im Einzelfall aus § 242 ergeben, wenn sich die **Berufung auf das Aufrechnungsverbot als rechtsmissbräuchlich** erweist. Dies wird man jedenfalls dann annehmen können, wenn der Verwender versucht, seine Geldforderung unter Berufung auf das wirksam vereinbarte Aufrechnungsverbot ungeachtet der Tatsache einseitig durchzusetzen, dass dem Kunden eine gleichartige und konnexe Gegenforderung zusteht, die ihm – auf Grund des pflichtwidrigen Verhaltens des Verwenders (vgl. obiges Beispiel) aus einer zur Leistungsverweigerung berechtigenden Sachleistungsforderung erwachsen ist.[30]

4. Rechtsfolgen eines Verstoßes

Die Unwirksamkeit einer Klausel auf Grund eines Verstoßes gegen § 309 Nr. 2 bedeutet deren Wegfall. Die Möglichkeit einer geltungserhaltenden Reduktion ist ausgeschlossen.[31] Die gesetzlichen Regelungen der §§ 273 und 320 kommen zur Anwendung. 839

5. Unternehmerischer Geschäftsverkehr

Im unternehmerischen Geschäftsverkehr ist ein formularmäßiger Ausschluss des Leistungsverweigerungsrechts und des Zurückbehaltungsrechts **grundsätzlich wirksam** möglich.[32] § 309 Nr. 2 entfaltet auch keine Indizwirkung. Schon vor Geltung des AGB-Gesetzes hat die Rechtsprechung einen entsprechenden Ausschluss grundsätzlich nicht beanstandet.[33] Ein pauschaler Ausschluss des Zurückbehaltungsrechts ist hingegen auch 840

---

[26] BGH JZ 1978, 799 (800).
[27] Amtl. Begründung BT-Drucks. 7/3919, S. 29.
[28] So aber *Palandt-Grüneberg*, § 309 Rdn. 20; ähnlich MünchKomm-*Kieninger*, § 309 Nr. 2 Rdn. 4; *Ulmer/Hensen*, § 309 Nr. 3 Rdn. 7.
[29] *Wolf*, § 11 Nr. 2 AGBG Rdn. 24.
[30] *Wolf*, § 11 Nr. 2 AGBG Rdn. 24; OLG Hamm NJW-RR 1993, 710 (711). MünchKomm-*Kieninger*, § 309 Nr. 2 Rdn. 4 will insoweit Nr. 2 den Vorrang vor Nr. 3 geben; hiergegen *Staudinger-Coester-Waltjen*, § 309 Nr. 2 Rdn. 4.
[31] BGH NJW 1986, 3199 (3201).
[32] BGH NJW 1992, 575 (577); *Ulmer/Hensen*, § 309 Nr. 2 Rdn. 17; *Wolf*, § 11 Nr. 2 AGBG Rdn. 28 f.; *Palandt-Grüneberg*, § 309 Nr. 2 Rdn. 16; MünchKomm-*Kieninger*, § 309 Nr. 2 Rdn. 21; a. A. *Löwe/Graf von Westphalen/Trinkner*, § 11 Nr. 2 AGBG Rdn. 29.
[33] Vgl. nur m. w. N. *Ulmer/Hensen*, § 309 Nr. 2 Rdn. 2.

im unternehmerischen Geschäftsverkehr **nach § 307 unwirksam.** Denn dieser würde dem Vertragspartner die Geltendmachung eines Zurückbehaltungsrechts auch dann verwehren, wenn es auf einer unbestrittenen oder rechtskräftig festgestellten Gegenforderung gründet.[34]

Beispiel: Die Klausel, dass eine vorgebrachte Mängelrüge „auf die Erfüllung der vereinbarten Zahlungsbedingungen keinen Einfluss haben" soll, ist auch im unternehmerischen Geschäftsverkehr unwirksam, weil sie dem Vertragspartner das Zurückbehaltungsrecht auch dann nimmt, wenn dieses sich auf **unbestrittene oder rechtskräftig festgestellte Gegenansprüche** stützt. Der BGH verlangt die explizite Aufnahme dieser Ausnahme in den Klauseltext.[35] Eine geltungserhaltende Reduktion in der Weise, dass die Klausel nur insoweit als unwirksam angesehen wird, als sie ein Zurückbehaltungsrecht wegen rechtskräftig festgestellter, entscheidungsreifer oder unbestrittener Gegenforderungen ausschließt, sei nicht zulässig.

841 Bei eigener grober Vertragsverletzung[36] oder wenn er selbst gegenüber dem Subunternehmer ein Zurückbehaltungsrecht ausübt,[37] kann sich der Unternehmer nicht auf den Ausschluss berufen.

6. Exkurs: Vorleistungspflichten

842 Das Klauselverbot des § 309 Nr. 2 Buchst. a ist **nicht anwendbar,** wenn durch Allgemeine Geschäftsbedingungen eine **Vorleistungspflicht des Vertragspartners** begründet wird.[38] Denn das Leistungsverweigerungsrecht nach § 320 setzt voraus, dass eine Vorleistungspflicht nicht besteht. Dieses Verständnis des § 309 Nr. 2 Buchst. a ist geboten, weil es sich um ein Klauselverbot ohne Wertungsmöglichkeit und mit absoluter Wirkung handelt und der Gesetzgeber Vorleistungsvereinbarungen in Allgemeinen Geschäftsbedingungen grundsätzlich nicht hat ausschließen wollen.[39]

843 Formularmäßige Vorleistungsvereinbarungen sind jedoch an § 307 zu messen.[40] Sie sind nur dann wirksam, wenn sie durch einen sachlichen Grund gerechtfertigt sind, der auch bei der Abwägung mit den hierdurch für den Vertragspartner entstehenden Nachteilen Bestand hat.[41]

Beispiele:
(1) Eine Bestimmung im **Ehevermittlungsvertrag** zur Zahlung der Vergütung im Voraus ist wirksam, da der Ehemäklerlohn nicht eingeklagt werden kann und der Vermittler dadurch wirtschaftlich zur Vorkasse gezwungen ist.[42]
(2) Die in allgemeinen **Versteigerungsbedingungen** festgelegte Vorleistungspflicht des Ersteigerers benachteiligt diesen nicht unangemessen. Zu berücksichtigen ist hier, dass der Verkäufer im Zeitpunkt des Zuschlags bereits mehr geleistet hat, als er bei der Abwicklung eines gewöhnlichen

---

[34] BGH NJW 1985, 319 (320); 1992, 575 (577).
[35] Zurückhaltend *Ulmer/Hensen,* § 309 Nr. 2 Rdn. 18.
[36] BGH DB 1972, 868.
[37] BGH NJW 1978, 634.
[38] BGH NJW 1987, 1931 (1932); 1998, 3119, 2006, 3134.
[39] Vgl. Amtl. Begründung BT-Drucks. 7/3919, S. 28. So auch *Ulmer/Hensen,* § 309 Nr. 2 Rdn. 11; *Wolf,* § 11 Nr. 2 AGBG Rdn. 7; *Staudinger-Coester-Waltjen,* § 309 Nr. 7 Rdn. 1; a. A. *Tonner,* DB 1980, 1630 f. Für MünchKomm-*Kieninger,* § 309 Nr. 2 Rdn. 11 ff. enthält § 309 Nr. 2 einen Wertungswiderspruch; sie tritt deshalb für eine restriktive Interpretation der Norm ein.
[40] BGH NJW 1999, 2180 (2182); 2006, 3134; *Wolf,* § 9 AGBG Rdn. V 82. Der BGH (NJW 1985, 852; 1987, 1931, 1932) hat auch das Umgehungsverbot des § 306 a in Erwägung gezogen; doch dürfte hierfür angesichts der Möglichkeit einer Angemessenheitskontrolle nach § 307 kein Bedürfnis bestehen. Vgl. hierzu auch Rdn. 91 ff.
[41] BGH NJW 1999, 2180 (2182); 2002, 140 (141); OLG Zweibrücken NJW-RR 1998, 1753; *Palandt-Grüneberg,* § 309 Rdn. 13; *Erman-Roloff,* § 309 Rdn. 21.
[42] BGH NJW 1983, 2817 (2819).

Kaufvertrages regelmäßig leisten müsste (Begebung des Kaufgegenstandes in die Hände des Auktionators, Freigabe zur Besichtigung etc.).[43]

(3) Eine Klausel im Mietvertrag, die bestimmt, dass der Mieter entgegen § 579 Abs. 1 (für Wohnraummietverträge beachte jetzt § 556 b Abs. 1) die **Miete monatlich im Voraus zu zahlen** hat, wird allgemein für wirksam gehalten. Denn die Klausel hindert den Mieter nicht, seinen Erfüllungsanspruch im Wege des § 320 geltend zu machen und mit einem Anspruch, der ihm wegen Überzahlung der kraft Gesetzes geminderten Miete (§ 536) aus zurückliegenden Zahlungsperioden zusteht, gegen Mietforderungen späterer Monate aufzurechnen. Dass sich die Verwirklichung des Minderungsanspruchs dadurch um einen oder zwei Monate verschiebt, führt noch nicht zu einer unangmessenen Benachteiligung.[44]

(4) Kein sachlicher Grund besteht hingegen für eine im **Warenhandel** mit Verbrauchern verwendete Klausel, dass die Restzahlung vor Lieferung erfolgen müsse.[45]

(5) Moderate Vorauszahlungen bzw. Anzahlungen (bis zu 20% des Reisepreises) können grundsätzlich auch in **Reiseverträgen** vorgesehen werden.[46] Dies ist vor dem Hintergrund zu sehen, dass der Reisende mit der Übergabe des Sicherungsscheins vor der Insolvenz des Reiseveranstalters geschützt ist (vgl. § 651 k).

II. Aufrechnung (§ 309 Nr. 3)

Literatur: *Joussen,* Konzernverrechnungsklauseln, ZIP 1982, 279; *Westermann,* Konzernverrechnungsklauseln, WM Sonderbeilage 2/1986.

Gemäß § 389 bewirkt die unter den Voraussetzungen des § 387 erklärte Aufrechnung das Erlöschen der gegenseitigen Forderungen, soweit diese sich decken. Ihr kommt damit eine doppelte Funktion zu.[47] Infolge ihrer Tilgungswirkung stellt sie sich zum einen als Erfüllungssurrogat dar. Zum anderen ermöglicht das Recht zur Aufrechnung dem Schuldner, seine Gegenforderung im Bedarfsfalle im Wege der Selbsthilfe zu exekutieren. Diese **Sicherungs- und Vollstreckungsfunktion** der Aufrechnung bewährt sich vor allem in der finanziellen Krise des Aufrechnungsgegners. Dies rechtfertigt die Einordnung der Aufrechnung unter der Überschrift „Gegenrechte des Kunden".

844

1. Aufrechnungsverbote

Das Recht des Kunden, gegenüber Ansprüchen des Verwenders mit Gegenforderungen aufzurechnen, wird in der Praxis nicht selten durch vorformulierte Abreden ausgeschlossen. Der Verwender fürchtet meist nicht zu Unrecht, dass die Erklärung der Aufrechnung mit angeblichen Gegenansprüchen seitens des Kunden dazu missbraucht werden könnte, die Begleichung einer Schuld hinauszuzögern.[48] Wird mit angeblichen Gegenansprüchen aufgerechnet, so zwingt die Tilgungswirkung der Aufrechnung den Gläubiger zur Klageerhebung, um das Bestehen seiner Forderung feststellen zu lassen. Er trägt damit das Prozessrisiko.[49] Da ein Interesse an der Vermeidung dieser misslichen Situation durchaus berechtigt ist, hat der Gesetzgeber den **Ausschluss der Aufrechnung auch in Allgemeinen Geschäftsbedingungen grundsätzlich** für **zulässig** erklärt. Hinzu kommt, dass der Kunde durch einen Ausschluss der Aufrechnung keinen endgültigen Rechtsverlust erlei-

845

---

[43] BGH NJW 1985, 850.
[44] BGH NJW 1995, 254 (255); *Ulmer/Hensen,* § 309 Nr. 2 Rdn. 14. Zur Unwirksamkeit führt erst die Kombination mit einer an sich zulässigen Aufrechnungsbeschränkung BGH NJW 1995, 254 ff.
[45] BGH NJW 1999, 2180 (2182); anders bei ebay-Kaufverträgen OLG Hamburg NJW 2007, 2264 (2266).
[46] BGH NJW 2006, 3134 mit abl. Anm. *Staudinger.*
[47] *Palandt-Grüneberg,* § 387 Rdn. 1.
[48] Vgl. Amtl. Begründung BT-Drucks. 7/3919, S. 29.
[49] *Wolf,* § 11 Nr. 3 AGBG Rdn. 1.

det.[50] Lediglich der **Aufrechnungsausschluss hinsichtlich unbestrittener oder rechtskräftig festgestellter Forderungen ist gemäß § 309 Nr. 3 unwirksam.** In diesen Fällen gibt es keine Rechtfertigung für die Beschneidung der dem Schuldner zustehenden Rechte aus §§ 387 ff.

a) Aufrechnungsverbote in der vertraglichen Praxis

846 Ein Aufrechnungsausschluss wird in vielen Fällen zum Gegenstand einer **ausdrücklichen Abrede** gemacht.

Beispiel: „Der Kunde kann gegen Forderungen der Bank nur aufrechnen, wenn seine Forderungen unbestritten oder rechtskräftig festgestellt sind." (Nr. 4 AGB-Banken).

847 Oft ergibt erst die Auslegung der Allgemeinen Geschäftsbedingungen im Hinblick auf die Natur des Vertrages einen Ausschluss der Aufrechnungsmöglichkeit. § 391 Abs. 2 beschreibt einen solchen Fall des **konkludenten** Aufrechnungsausschlusses.

Beispiele:
(1) Werden **Barzahlungsklauseln** Bestandteil des Vertrages, so ergibt sich hieraus nach herrschender Ansicht regelmäßig ein Aufrechnungsverbot. Sogenannte **Kassa-Klauseln** („netto Kasse") legen fest, dass die vertragliche Zahlungspflicht nur bar oder durch ähnliche Zahlungsformen erfüllt werden kann. Damit ist dem Käufer schon nach dem Wortlaut der Vereinbarung die Möglichkeit genommen, durch Aufrechnung, als Erfüllungssurrogat, den Zahlungsanspruch des Gläubigers zu befriedigen.
(2) Die gleiche Wirkung haben Klauseln, die eine Vorleistungspflicht des Käufers statuieren (**„cash on delivery", „Zusendung per Nachnahme"**). Hierbei erhält der Käufer die Ware nur, wenn er bei Ablieferung zahlt. Die Zahlung erfolgt also vor Prüfung der Ware. Eine Aufrechnung mit etwaigen Minderungsansprüchen wird somit kraft Natur des Vertrages ausgeschlossen.[51]
(3) Im Rahmen von **Mietverträgen** wird die Regelung des § 579 Abs. 1 (beachte jetzt aber § 556 b für Wohnraummietverträge) üblicherweise durch eine Vorauszahlungsklausel abbedungen („Die Miete ist monatlich im Voraus, spätestens bis zum 3. Werktag eines jeden Monats zu entrichten".). Eine solche Klausel verhindert die Minderung des Mietzinsanspruchs für den laufenden Monat. Diese Klausel stellt aber noch keinen Aufrechnungsausschluss dar, da § 536 eine gesetzliche Anpassung der vertraglichen Pflichten anordnet.[52]

b) Inhalt des Klauselverbots des § 309 Nr. 3

848 Nach § 309 Nr. 3 ist eine Bestimmung in Allgemeinen Geschäftsbedingungen unwirksam, durch die dem Vertragspartner des Verwenders die **Befugnis genommen wird,** mit einer unbestrittenen oder rechtskräftig festgestellten Forderung **aufzurechnen.**[53] Unter den Verbotstatbestand fallen allerdings auch solche Klauseln, die die Zulässigkeit der Aufrechnung auf **vom Verwender anerkannte** Forderungen beschränken.[54] Ferner hat der BGH vor kurzem entschieden, dass auch der formularmäßige generelle Ausschluss der vergleichbaren **Einrede der Aufrechenbarkeit des Bürgen** (§ 770 Abs. 2) eine angemessene Berücksichtigung seiner Interessen vermissen lassen und daher nach § 307 Abs. 1, Abs. 2 Nr. 1 unwirksam ist.[55]

---

[50] Amtl. Begründung BT-Drucks. 7/3919, S. 29.
[51] BGH NJW 1985, 550 und 1998, 3119 f.; hierzu auch *Jung,* NJW 1999, 2950.
[52] Solche Klauseln sind nach der Ansicht des BGH (NJW 1995, 254 ff.) zulässig. Eine unangemessene Benachteiligung kann sich allerdings aus der Kombination mit einem ausdrücklichen Aufrechnungsausschluss wegen etwaiger Bereicherungsansprüche des Mieters ergeben.
[53] Die Vorschrift knüpft damit weitgehend an die vorbekannte Rechtsprechung des BGH an; vgl. BGHZ 12, 136 (143); 48, 264 (269); BGH BB 1977, 814; 1981, 814; NJW 1960, 859.
[54] BGH NJW 1994, 657 (658); 2007, 3421 (3422).
[55] BGH NJW 2003, 1521 (1522 f.).

(1) Unbestrittene und rechtskräftig festgestellte Forderungen

Unbestritten sind Forderungen, die nach Grund und Höhe außer Streit stehen.[56] Nicht selten wird der Verwender versuchen, sich gegen die Aufrechnung durch Bestreiten der Gegenforderung zur Wehr zu setzen. In Betracht kommt u. a. die Einwendung, dieser Forderung hätten ebenfalls Ansprüche des Verwenders gegenübergestanden und der Verwender habe die Forderung des Vertragspartners schon durch vorherige (eigene) Aufrechnung getilgt. Der BGH stellt zu Recht hohe Anforderungen an die Schlüssigkeit solcher, vom Verwender vorgebrachter Forderungen. Andernfalls habe er es in der Hand, jede Aufrechnungsforderung durch Anmaßung ganz ungerechtfertigter Ansprüche zu einer bestrittenen zu machen. Der Verwender muss also, wenn er sich erfolgreich verteidigen will, die zur Aufrechnung gestellte Forderung durch substantiierte Einwendungen bestreiten.[57] 849

Rechtskräftig festgestellt ist eine Forderung, wenn ein entsprechender Titel in formeller und materieller Rechtskraft erwachsen ist, §§ 704, 794 ZPO. 850

(2) Entscheidungsreife Forderungen

Nach überwiegender Ansicht sind auch **entscheidungsreife Forderungen** den unbestrittenen oder rechtskräftig festgestellten Forderungen **gleichzustellen**.[58] Dafür spricht in der Tat, dass der Aufrechnungsausschluss den Verwender lediglich vor unklaren Gegenansprüchen, die die Durchsetzung seiner Ansprüche verzögern könnten, schützen soll. Bei Entscheidungsreife besteht ein solches Bedürfnis nicht mehr. Der Ausschluss der Aufrechnungsmöglichkeit ist in diesen Fällen nicht mehr gerechtfertigt. Ferner ist nicht anzunehmen, dass der Gesetzgeber in diesem Punkte hinter der bis dahin ergangenen Rechtsprechung des BGH zurückstehen wollte.[59] Forderungen sind entscheidungsreif, wenn sie voll bewiesen sind und daher über sie ohne weitere Beweiserhebung entschieden werden kann. 851

c) Rechtsfolgen zu weit reichender Aufrechnungsverbote

Die Überschreitung der Grenzen des § 309 Nr. 3 hat grundsätzlich die **Gesamtnichtigkeit des Aufrechnungsausschlusses** zur Folge. Der Kunde kann mithin ohne Beschränkung von seinem Aufrechnungsrecht nach §§ 387 ff. Gebrauch machen. Eine geltungserhaltende Reduktion in der Weise, dass die Unwirksamkeit nur eintritt, soweit die Aufrechnung mit rechtskräftig festgestellten, entscheidungsreifen oder unbestrittenen Forderungen ausgeschlossen wird, ist unzulässig.[60] 852

Vor der Inhaltskontrolle nach § 309 Nr. 3 bedarf es mitunter noch der Bestimmung der genauen Reichweite des Aufrechnungsausschlusses. Die Rechtsprechung hat zu weit reichende Klauseln in mehreren Fällen durch eine **restriktive Auslegung** vor der nicht immer angemessenen Rechtsfolge der Gesamtnichtigkeit bewahrt. 853

Beispiele:
(1) Eine Bestimmung in Allgemeinen Geschäftsbedingungen, die nach ihrem Wortlaut **nur** die **Aufrechnung mit unbestrittenen Forderungen** zulässt, erfasst sinngemäß auch die Zulässigkeit der

---

[56] BGH NJW 1978, 2244; *Wolf,* § 11 Nr. 3 AGBG Rdn. 5.
[57] BGH NJW 1985, 1556 (1558); *Wolf,* § 11 Nr. 3 AGBG Rdn. 5.
[58] BGH WM 1978, 620 (621); OLG Düsseldorf NJW-RR 1997, 757; *Wolf,* § 11 Nr. 3 AGBG Rdn. 7; *Erman-Roloff,* § 309 Rdn. 29; AGB-Klauselwerke-*Graf von Westphalen,* Aufrechnungsklauseln Rdn. 13; *Palandt-Grüneberg,* § 309 Rdn. 17; über § 307 will dagegen gehen *Soergel-Stein,* § 11 AGBG Rdn. 26.
[59] Der BGH hatte die Berufung auf den Aufrechnungsausschluss in diesen Fällen als treuwidrig bewertet, vgl. BGH NJW 1970, 383 (386); BB 1977, 814.
[60] BGH NJW 1985, 319 (320); NJW-RR 1986, 1281; 2007, 3421 (3423).

Aufrechnung mit rechtskräftig festgestellten Forderungen. Denn rechtskräftig festgestellte Forderungen im Sinne des § 309 stellen nur einen Unterfall der unbestrittenen Forderungen dar, weil sie mit präkludierten Einwendungen nicht mehr bestritten werden können.[61]

(2) Umgekehrt kann eine Klausel, die **lediglich** die **Aufrechnung mit rechtskräftig festgestellten Forderungen** erlaubt, dahingehend ausgelegt werden, dass sie auch eine Aufrechnung mit unbestrittenen Forderungen nicht im Wege steht.[62]

(3) Der vorformulierte **Aufrechnungsausschluss erwähnt nicht ausdrücklich "entscheidungsreife Forderungen"** (vgl. etwa Nr. 4 AGB-Banken und Nr. 11 Abs. 1 AGB-Spark). Dieses Merkmal wird von der herrschenden Meinung – wie bereits erwähnt – als zusätzliche Ausnahme vom Verbot der Aufrechnung den benannten Tatbeständen des § 309 Nr. 3 angefügt. Dem Verwender darf jedoch kein Nachteil entstehen, wenn er seine Klausel in Anlehnung an den Gesetzeswortlaut formuliert. Der Kunde ist auf Grund des Aufrechnungsausschlusses mithin nicht gehindert, mit entscheidungsreifen Forderungen aufzurechnen. Unwirksam ist der Aufrechnungsausschluss aus diesem Grunde jedoch nicht.[63]

(4) Schließlich tritt der Aufrechnungsausschluss zurück, wenn der **Verwender in Vermögensverfall gerät** und Gefahr besteht, dass der Kunde seine Forderungen nicht mehr durchsetzen kann. Hier liegt es nahe, entsprechende Aufrechnungsklauseln in diesem Sinne einschränkend zu interpretieren.[64]

d) Unternehmerischer Geschäftsverkehr

854 § 309 Nr. 3 stellt eine konkretisierte Ausgestaltung des Benachteiligungsverbots des § 307 dar, da es sich bei dem Ausschluss der Aufrechnung in den genannten Fällen um eine besonders schwerwiegende Verkürzung der Rechte des Vertragspartners handelt, die auch im Geschäftsverkehr zwischen Unternehmern nicht hingenommen werden kann.[65]

2. Erweiterung der Aufrechnungsbefugnis des Verwenders

855 Wenn der Verwender seine Aufrechnungsbefugnis erweitert, so fällt dies nicht in den Anwendungsbereich des § 309 Nr. 3, sondern ist **an § 307 zu messen**.[66] Die Unangemessenheit solcher Klauseln kann sich insbesondere aus unzumutbaren Auswirkungen auf die Beleihungsfähigkeit der Forderungen des Vertragspartners ergeben.

Beispiel: Großunternehmen G räumt sich in seinen Lieferbedingungen das Recht ein, gegenüber Forderungen seiner Abnehmer nicht nur wegen eigener Geldforderungen, sondern auch wegen solcher ihrer Konzernfirmen aufrechnen zu können. Eine solche **Konzernverrechnungsklausel** gefährdet die Eignung der Forderungen der Abnehmer als Kreditunterlage. Sie benachteiligt die Abnehmer zumindest dann unangemessen, wenn die Konzernmitglieder nicht namentlich benannt sind oder der Kreis der konzernverbundenen Unternehmen unangemessen weit ist.[67] Nach der Schuldrechtsreform spricht jetzt sogar einiges dafür, im Hinblick auf das eine ähnliche Konstellation betreffende Verbot des Konzernvorbehalts in § 449 Abs. 2 von der grundsätzlichen Unwirksamkeit auszugehen.[68]

---

[61] BGH NJW 1989, 3215 (3216).
[62] BGH NJW-RR 1993, 519 (520).
[63] BGH NJW 1986, 1757 f.; 2002, 2779.
[64] Die Begründung ist umstritten. Für Korrektur unter dem Gesichtspunkt des § 242 AGB-Klauselwerke-*Graf von Westphalen*, Aufrechnungsklauseln, Rdn. 30; wie hier BGH NJW 1984, 357; *Wolf*, § 11 Nr. 3 AGBG Rdn. 20; *Palandt-Grüneberg*, § 309 Rdn. 19.
[65] BGH NJW 1985, 319 (320); 2007, 3421 (3422).
[66] *Wolf*, § 11 Nr. 3 AGBG Rdn. 15; MünchKomm-*Kieninger*, § 309 Nr. 3 Rdn. 6.
[67] *Wolf*, § 11 Nr. 3 AGBG Rdn. 15; *Ulmer/Hensen*, 8. Aufl., § 11 Nr. 3 AGBG Rdn. 12; auf dieser Linie auch OLG Köln NJW 2005, 1127 (1129); für ausnahmslose Unwirksamkeit AGB-Klauselwerke-*Graf von Westphalen*, Aufrechnungsklauseln, Rdn. 18 wegen Abbedingung des Gegenseitigkeitserfordernisses; für generelle Zulässigkeit *Joussen*, ZIP 1982, 279; ausführlich *Westermann*, WM Sonderbeilage 2/1986.
[68] So jetzt auch *Ulmer/Hensen*, § 309 Nr. 3 Rdn. 12.

Fälle der Erweiterung der Aufrechnungsbefugnis sind auch die Verrechnungsvereinbarung innerhalb einer **Kontokorrentabrede** und die **Skontration,** einem v. a. im Bankenbereich anzutreffenden Abrechnungsverfahren zwischen mehreren Teilnehmern am bargeldlosen Zahlungsverkehr, bei dem die Forderungen und Schulden aller Teilnehmer untereinander verrechnet und ausgeglichen werden. Beide Formen werden grundsätzlich für mit § 307 vereinbar gehalten.[69]

856

---

[69] *Wolf,* § 11 Nr. 8 AGBG Rdn. 16 f. m. w. N.

Vierter Abschnitt.
Leistungsstörungen

§ 33. Pflichtverletzungen des Verwenders

857 Einen bevorzugten Regelungsgegenstand Allgemeiner Geschäftsbedingungen bilden die geläufigen Störungstatbestände, die sich dem Vollzug des Leistungsaustausches in den Weg stellen können, nämlich Unmöglichkeit, Verzug und sonstige Vertragsverletzung. Diese Leistungsstörungen können sowohl auf Seiten des Verwenders als auch beim Kunden auftreten. Die Erfahrung zeigt, dass vorformulierten Bedingungen die Tendenz eignet, die Rechte des Kunden für den Fall zu beschneiden, dass auf Seiten des Verwenders ein Leistungshindernis auftritt, während umgekehrt bei einem vom Kunden zu vertretenden Störungstatbestand die dem Verwender zustehenden Rechte über das Gesetz hinaus ausgedehnt werden.

I. Vorbehalt einer Nachfrist (§ 308 Nr. 2 BGB)

Literatur: *Thamm*, Die Dauer einer „angemessenen Nachfrist" für Lieferung und Mängelbeseitigung, BB 1982, 2018.

1. Gesetzliche Ausgangslage und Regelungsanliegen

858 Kommt der Schuldner (Verwender) mit der ihm obliegenden Leistung in Verzug, so kann der Gläubiger (Kunde) nach §§ 280 Abs. 1 und 2, 286 Ersatz seines Verspätungsschadens verlangen. Der Bestand der Hauptleistungspflichten wird hierdurch noch nicht tangiert. Auf unabsehbare Zeit leistungsbereit zu bleiben und auf die Durchführung des Vertrages zu warten, ist dem Gläubiger nicht zuzumuten. Die **Regelungen der §§ 281, 323** geben dem Kunden deshalb die Möglichkeit, dem Verwender zur Bewirkung der Leistung eine angemessene Frist zu setzen. Nach fruchtlosem Ablauf dieser Nachfrist erlischt der Leistungsanspruch nicht wie ehedem nach § 326 Abs. 1 eo ipso. Vielmehr ist der Kunde berechtigt, vom Vertrag zurückzutreten (§ 323). Das Vertragsverhältnis wird damit in ein Rückgewährschuldverhältnis umgewandelt; der Erfüllungsanspruch erlischt. Hat der Verwender die Nichtleistung bei Ablauf der ihm gesetzten Frist zu vertreten, kann der Kunde ferner Schadensersatz statt der Leistung nach §§ 280 Abs. 1 und 3, 281 verlangen. Der Erfüllungsanspruch erlischt in diesem Fall in dem Moment, in dem der Kunde Schadensersatz statt der Leistung vom Verwender verlangt (§ 281 Abs. 4). Das Recht, Schadensersatz zu verlangen, wird nach § 325 – anders als nach bisherigem Recht – durch einen vom Kunden erklärten Rücktritt nicht ausgeschlossen.

859 Die **Nachfrist** hat in den Fällen der §§ 281, 323 nicht den Zweck, den Schuldner in die Lage zu setzen, nun erst die Bewirkung seiner Leistung in die Wege zu leiten; sie soll ihm vielmehr nur eine letzte Gelegenheit gewähren, die begonnene Erfüllung zu beenden.[1] Eine angemessene Nachfrist kann daher regelmäßig wesentlich kürzer sein als die vereinbarte Lieferfrist.[2] Eine zu kurz bemessene Frist ist nicht wirkungslos, sondern setzt viel-

---

[1] BGH NJW 1985, 320 (323).
[2] BGH NJW 1985, 320 (323); vgl. auch *Thamm*, BB 1982, 2019f.

mehr eine angemessene Frist in Lauf.³ Bei ernsthafter und endgültiger Erfüllungsverweigerung des Schuldner ist von vornherein keine Fristsetzung vonnöten, ebenso wenn besondere Umstände vorliegen, die unter Abwägung der beiderseitigen Interessen den sofortigen Rücktritt oder die sofortige Geltendmachung des Schadensersatzanspruchs rechtfertigen (vgl. im Einzelnen §§ 281 Abs. 2, 323 Abs. 2).

Bedingungswerke, die sich eine verwenderfreundlichere Gestaltung der Folgen einer Leistungsverspätung zum Ziel gesetzt haben, setzen häufig am gesetzlichen Merkmal der „Nachfrist" an. Die §§ 281, 323 sind grundsätzlich dispositiv.⁴ Insbesondere kann sich der Schuldner für den Fall des Verzuges eine Mindestnachfrist ausbedingen.⁵ Der die Nachfrist setzende Gläubiger darf diese Frist im Verzugsfall dann nicht unterschreiten. Die Gefahr für den Gläubiger besteht darin, dass die Verbindlichkeit von zugesagten Lieferfristen auf dem Umweg über sehr lange Nachfristen ausgehebelt und er an der Ausübung der ihm zustehenden Rechte (Rücktritt, Schadensersatz) gehindert werden könnte. Aus diesem Grunde, sieht § 308 Nr. 2 in Ergänzung zu § 308 Nr. 1 und § 309 Nr. 8 vor, dass der formularmäßige Vorbehalt einer entgegen §§ 281, 323 unangemessen langen oder nicht hinreichend bestimmten Nachfrist für die vom Verwender zu bewirkende Leistung unwirksam ist.⁶   860

2. Inhalt des Klauselverbots

a) Vorbehalt einer Nachfrist

Wenn § 308 Nr. 2 von Bestimmungen spricht, durch die sich der Verwender eine „Nachfrist" vorbehält, so sind damit nur solche Klauseln gemeint, die den Zeitpunkt festlegen, ab dem Schadensersatz begehrt oder vom Vertrag zurückgetreten werden kann.⁷ Dies ist allen voran der Fall der Leistungsverzögerung (§§ 281, 323). § 308 Nr. 2 ist allerdings **auch auf die Nachfristvorbehalte der §§ 350, 637, 651c Abs. 3 und 651e Abs. 2 anzuwenden**.⁸ Außen vor bleiben hingegen sog. unechte Nachfristen, die von § 308 Nr. 1 erfasst werden.⁹   861

b) Unangemessene Länge

Ob eine ausbedungene Nachfrist unangemessen lang ist, muss auf Grund einer **Interessenabwägung** festgestellt werden.¹⁰ Hierbei empfiehlt es sich, zunächst die für ein solches Geschäft nach den einschlägigen Rechtsvorschriften angemessene Nachfrist zu bestimmen. Da nicht jede Abweichung von diesem Ideal sanktioniert sein soll, sind maßvolle Modifikationen im Zuge einer auf Vereinheitlichung zielenden AGB-Praxis zulässig.¹¹ Sodann ist ausgehend vom **Zweck der Nachfrist** und unter Beachtung der Besonderheiten des jeweiligen Gewerbezweiges zu berücksichtigen, dass die Nachfrist nicht zu einer „Ersatzlieferungsfrist" werden oder die Lieferfrist erheblich verlängern darf.¹² War die ursprüngliche Leistungsfrist schon eher großzügig, so spricht dies im Gegenzug für eine kürzere Nach-   862

---

³ BGH NJW 1985, 2640; 1996, 1814; *Larenz*, Schuldrecht I, § 23 II, S. 355 f.
⁴ *Palandt-Grüneberg*, § 323 Rdn. 2; MünchKomm-*Ernst*, § 281 Rdn. 161 und § 323 Rdn. 266.
⁵ *Wolf*, § 10 Nr. 2 AGBG Rdn. 2.
⁶ Vgl. *Staudinger-Coester-Waltjen*, § 308 Nr. 2 Rdn. 1; *Ulmer/H. Schmidt*, § 308 Nr. 2 Rdn. 3.
⁷ *Staudinger-Coester-Waltjen*, § 308 Nr. 2 Rdn. 3.
⁸ *Wolf*, § 308 Nr. 2 Rdn. 5; *Erman-Roloff*, § 308 Rdn. 13.
⁹ BGH NJW 2007, 1198 (1200).
¹⁰ *Wolf*, § 10 Nr. 2 AGBG Rdn. 9.
¹¹ *Palandt-Grüneberg*, § 308 Rdn. 12.
¹² BGH NJW 1985, 855 (857).

frist.[13] Für den Verwender ist das Interesse an einer einheitlichen Nachfristregelung anzuführen. Allerdings darf bei solch einer generalisierenden Regelung nicht von einem in seiner zeitlichen Abwicklung besonders risikovollen Geschäft ausgegangen werden, vielmehr ist eine für alle Fälle angemessen kurze Frist vorzusehen.[14]

863 **Beispiele:**
(1) Beim **Möbelkauf** wird eine generalisierende Bestimmung, die eine Nachfrist von vier Wochen vorsieht, als unangemessen erachtet.[15]
(2) Für unwirksam wurde ferner eine sechswöchige Nachfrist in Allgemeinen Geschäftsbedingungen eines **Fensterherstellers**[16] bzw. **Fassadenbauunternehmers**[17] erachtet.
(3) Bei **normalen Verbrauchergeschäften** wird mitunter eine 14-tägige Frist für angemessen angesehen; eine längere schon als unangemessen.[18] Freilich kann es sich hierbei nur um eine Faustformel handeln.[19]

c) Nicht hinreichende Bestimmtheit

864 Die Kriterien für die hinreichende Bestimmtheit einer Nachfrist entsprechen denen bei § 308 Nr. 1.[20] Entscheidend ist auch hier die Berechenbarkeit, damit der Gläubiger Klarheit über die Rechtslage hat. Eine Klausel, die eine „angemessene" Nachfrist fordert, ist zwar unbestimmt, aber sie entspricht der gesetzlichen Regelung und ist somit gem. § 307 Abs. 3 einer Inhaltskontrolle entzogen.[21]

3. Rechtsfolgen eines Verstoßes

865 Im Falle der Unwirksamkeit der Klausel kommen die gesetzlichen Vorschriften (insbesondere §§ 281, 323) zur Anwendung, wonach grundsätzlich eine angemessene Nachfrist zu bestimmen ist. Eine teilweise Aufrechterhaltung der Klausel durch Verkürzung der Frist ist ausgeschlossen.[22]

4. Unternehmerischer Geschäftsverkehr

866 Für den unternehmerischen Geschäftsverkehr stellen die Wertungen des § 308 Nr. 2 ein **gewichtiges Indiz im Rahmen der Inhaltskontrolle gem. § 307** dar.[23] Durch das besondere Interesse an Schnelligkeit und Leichtigkeit des Verkehrs sind die Nachfristen sogar eher noch kürzer zu bemessen.[24]

---

[13] *Staudinger-Coester-Waltjen,* § 308 Nr. 2 Rdn. 7; *Ulmer/H. Schmidt,* § 308 Nr. 2 Rdn. 6; MünchKomm-*Kieninger,* § 308 Nr. 2 Rdn. 4.
[14] BGH NJW 1985, 320 (323).
[15] BGH NJW 1985, 320 (323).
[16] BGH NJW 1985, 855 (857).
[17] OLG Stuttgart NJW-RR 1988, 786 (788).
[18] *Palandt-Grüneberg,* § 308 Rdn. 12; *Staudinger-Coester-Waltjen,* § 308 Nr. 2 Rdn. 7; *Wolf,* § 10 Nr. 2 AGBG Rdn. 10; wohl auch BGH NJW 1985, 320 (323).
[19] MünchKomm-*Kieninger,* § 308 Nr. 2 Rdn. 5: „Faustregel"; gegen allgemein verbindliche Festlegungen Löwe/*Graf von Westphalen*/Trinkner, § 10 Nr. 2 AGBG Rdn. 14.
[20] Vgl. hierzu oben Rdn. 701 und 765.
[21] *Ulmer/H. Schmidt,* § 308 Nr. 2 Rdn. 7; *Staudinger-Coester-Waltjen,* § 308 Nr. 2 Rdn. 8.
[22] BGH NJW 1985, 320 (323); *Ulmer/H. Schmidt,* § 308 Nr. 2 Rdn. 9.
[23] Vgl. nur *Wolf,* § 10 Nr. 2 AGBG Rdn. 17 m. w. N.
[24] MünchKomm-*Kieninger,* § 308 Nr. 2 Rdn. 8; *Lutz,* AGB-Kontrolle im Handelsverkehr unter Berücksichtigung der Klauselverbote, S. 57.

II. Ausschluss des Rechts, sich vom Vertrag zu lösen (§ 309 Nr. 8 Buchst. a BGB)

1. Grund der Intervention

In der Praxis finden sich mitunter Vertragsgestaltungen, die für den Fall der Überschreitung eines vereinbarten Liefertermins das Recht des Kunden, sich vom Vertrag zu lösen, ausschließen. Dieser Entrechtung des Kunden versucht der Gesetzgeber mit dem Klauselverbot des § 309 Nr. 8 Buchst. a entgegenzuwirken.[25] 867

2. Inhalt des Klauselverbots

Nach § 309 Nr. 8 Buchst. a sind AGB-Bestimmungen unwirksam, die bei einer vom Verwender zu vertretenden, nicht in einem Mangel bestehenden Pflichtverletzung das Recht des Kunden, sich vom Vertrag zu lösen, ausschließen oder einschränken. 868

Das Klauselverbot findet grundsätzlich auf **Verträge aller Art** Anwendung, wobei stets die Bereichsausnahmen des § 310 Abs. 4 zu beachten sind.[26] **Ausgenommen** sind lediglich die in § 309 Nr. 7 bezeichneten **Beförderungsbedingungen** und Tarifvorschriften unter den dort genannten Voraussetzungen.[27] 869

Der Begriff des Lösungsrechts umfasst nicht nur das Rücktrittsrecht gem. §§ 323, 324, 326 Abs. 5, sondern **alle gesetzlichen Lösungsrechte, soweit sie durch eine vom Verwender zu vertretende Pflichtverletzung ausgelöst werden.** Mit umfasst sind somit das Recht zur Kündigung von Dauerschuldverhältnissen aus wichtigem Grund (§ 314) sowie Widerrufsrechte, soweit sie – zumindest auch – als Sanktion auf pflichtwidriges Verhalten des Vertragspartners eingesetzt werden können (z. B. § 671).[28] Ausgeschlossen sind hingegen Lösungsrechte, die dem Kunden aus der Lieferung einer **mangelhaften Sache oder der Erbringung einer mangelhaften Werkleistung** erwachsen. Für das Rücktritts-, Minderungs- und Nacherfüllungsrecht und deren Freizeichnung soll vielmehr **ausschließlich die Nummer 8 Buchstabe b** gelten, da die dort normierten Tatbestände speziell auf das Sachmängelrecht zugeschnitten sind. 870 871

Das Lösungsrecht darf weder ausgeschlossen noch eingeschränkt werden. Ein **Ausschluss** ist gegeben, wenn das Lösungsrecht ausdrücklich nicht gewährt wird. Ein Ausschluss liegt aber auch dann vor, wenn Voraussetzungen statuiert werden, die die Ausübung des Rechts inzident ausschließen.[29] Eine **Einschränkung** liegt vor, wenn besondere Voraussetzungen für die Ausübung des Lösungsrechts verlangt werden, die nachteilig für den Vertragspartner sind.[30] 872

Beispiele:
(1) Eine Klausel, wonach der **Rücktritt „unverzüglich nach Ablauf der Nachfrist**, spätestens innerhalb einer Woche nach Ablauf dieser Frist, erklärt werden" müsse, ist unwirksam. Denn für die Erklärung des Rücktritts gilt § 349 und hiernach ist die Rücktrittserklärung nicht fristgebunden.[31] 873

---

[25] Das Klauselverbot ist im Zuge der Schuldrechtsreform neu gefasst worden, vgl. hierzu im einzelnen die Voraufl. unter Rdn. 867 bis 870.
[26] *Palandt-Güneberg*, § 309 Rdn. 52; *Bamberger/Roth-Becker*, § 309 Nr. 8 Rdn. 8.
[27] Vgl. Rdn. 968.
[28] *Wolf*, § 11 Nr. 8 AGBG Rdn. 11; MünchKomm-*Kieninger*, § 309 Nr. 8 Rdn. 6; Soergel-*Stein*, § 11 AGBG Rdn. 79.
[29] Vgl. *Wolf*, § 11 Nr. 8 AGBG Rdn. 13; *Staudinger-Coester-Waltjen*, § 309 Nr. 8 Rdn. 9.
[30] *Ulmer/Christensen*, § 309 Nr. 8 Rdn. 12; *Staudinger-Coester-Waltjen*, § 309 Nr. 8 Rdn. 10; *Wolf*, § 11 Nr. 8 AGBG Rdn. 13.
[31] BGH NJW-RR 1989, 625 (625 f.).

(2) Bestimmt eine Klausel für die Geltendmachung des Rücktritts ein **Schriftformerfordernis**, so ist die Wertung des § 309 Nr. 13 zu berücksichtigen, wonach die einfache Schriftform zulässig ist. Nur die Bindung an eine strengere Form als die Schriftform ist unwirksam.[32]

(3) Unzulässig ist es ferner, wenn durch eine Klausel dem Kunden eine **Abstandszahlung** für den Fall des Rücktritts auferlegt wird.[33]

(4) Im **Möbelhandel** ist eine Klausel in Allgemeinen Geschäftsbedingungen unwirksam, wonach bei **Nichtbelieferung des Verkäufers durch Lieferanten** beiden Parteien das Recht zusteht, vom Vertrag, soweit er sich auf nicht lieferbare Gegenstände bezieht, zurückzutreten. Hat der Verkäufer die Nichtbelieferung zu vertreten und sind als Folge davon aus einer zusammengehörenden Bestellung einzelne Gegenstände nicht mehr lieferbar, so würde die genannte Klausel das dem Kunden unter den Voraussetzungen des § 324 Abs. 5 Satz 1 eingeräumte Rücktrittsrecht von dem ganzen Vertrag beschränken. Gerade im Möbelhandel liegt die Möglichkeit nahe, dass einzelne der bestellten Gegenstände geliefert werden, andere dagegen nicht mehr lieferbar sind.[34]

3. Verhältnis zu anderen Vorschriften

874 § 309 Nr. 8 Buchst. a und § 308 Nr. 1 bis 3 ergänzen sich gegenseitig. § 309 Nr. 8 Buchst. a sichert die Erhaltung der Lösungsrechte, die im Falle einer vom Verwender zu vertretenden Pflichtverletzung nach dispositivem Recht gegeben sind. Hinsichtlich der Voraussetzungen, wann Verzug eingetreten ist oder Unmöglichkeit vorliegt, bewirken die § 308 Nr. 1 bis 3 einen Schutz vor Gestaltungsmissbrauch.

4. Unternehmerischer Geschäftsverkehr

875 Der Ausschluss und die Einschränkung von Lösungsrechten, die aus einer vom Verwender zu vertretenden Pflichtverletzung resultieren, sind **nach § 307 auch im unternehmerischen Geschäftsverkehr in aller Regel unwirksam**.[35] Die Schutzbedürftigkeit des Unternehmers ist in diesem Punkt nicht geringer als bei einem nicht unternehmerischen Kunden. Auch ein Unternehmer darf nicht auf Dauer an einen unzumutbaren Vertrag gebunden werden.

§ 34. Leistungsverzug des Kunden

Literatur: *Blank,* Die AGB-rechtliche Zulässigkeit von Fälligkeitszinsen im Bauträgervertrag, DNotZ 1998, 339.

I. Allgemeines, Zweck des § 309 Nr. 4

876 § 309 Nr. 4 wird allgemein als wichtiger Beitrag des Gesetzgebers zur Wiederherstellung der gesetzlichen Ordnung innerhalb des Rechts der Leistungsstörungen im weiteren Sinne angesehen.[1] Nach dieser Vorschrift ist eine Bestimmung in Allgemeinen Geschäftsbedingungen unwirksam, durch die der Verwender von der gesetzlichen Obliegenheit freigestellt wird, den anderen Vertragsteil zu mahnen (§ 286 Abs. 1) oder ihm eine Frist für die

---

[32] BGH NJW-RR 1989, 625 (626).
[33] *Palandt-Grüneberg,* § 309 Rdn. 52.
[34] BGH NJW 1983, 130 (1321 f.).
[35] BGH NJW-RR 2003, 1056 (1060).
[1] *Staudinger-Coester-Waltjen,* § 309 Nr. 4 Rdn. 1. Die vor Inkrafttreten des AGB-Gesetzes ergangene Rechtsprechung war hier sehr großzügig; sie ließ beispielsweise den formularmäßigen Verzicht auf Nachfristsetzung unbeanstandet (BGH NJW 1970, 29; damals bereits kritisch *Schmidt-Salzer,* AGB, 1971, Rdn. 218).

Leistung oder Nacherfüllung zu setzen (§§ 281, 321 Abs. 2, 323, 637, 651c Abs. 3, 651e Abs. 2).

Kommt der Kunde der ihm nach dem Vertrag obliegenden Leistungspflicht – in der Regel zur Zahlung einer bestimmten Geldsumme und zur Abnahme – nicht pünktlich nach,[2] so kann der Gläubiger nach §§ 280 Abs. 1 und 2, 286 seinen Verspätungsschaden oder unter den Voraussetzungen der §§ 280 Abs. 1 und 3, 281 Schadensersatz statt der Leistung geltend machen oder aber nach § 323 vom Vertrage zurücktreten. Der Ersatz des Verspätungsschadens setzt voraus, dass der Schuldner mit der Erbringung seiner Leistung in Verzug geraten ist. Verzug liegt nach § 286 vor, wenn der Schuldner trotz Fälligkeit und grundsätzlich erforderlicher Mahnung des Gläubigers nicht leistet und dies nicht aufgrund von Umständen geschieht, die er nicht zu vertreten hat. **877**

Will der Gläubiger Schadensersatz statt der Leistung nach §§ 280 Abs. 1 und 3, 281 geltend machen oder nach § 323 vom Vertrag zurücktreten, so muss er dem Schuldner erfolglos eine angemessene Frist zur Leistung oder Nacherfüllung gesetzt haben. Die letztgenannten Rechte sind zwar nicht mehr an den Tatbestand des Verzuges geknüpft; jedoch werden die Verzugsvoraussetzungen praktisch immer erfüllt sein. **878**

Das Erfordernis der Mahnung bzw. Fristsetzung ist – wie die Regierungsbegründung zu Recht ausführt –[3] nicht nur formalrechtlicher Natur, sondern dient in besonderer Weise dem Schutz des Schuldners. Der Schuldner ist auch im Falle der Säumnis noch schutzwürdig; er soll vor den Folgen der Säumnis ausdrücklich gewarnt werden und Gelegenheit erhalten, diese Folgen durch Nachholen der geschuldeten Leistung abzuwenden. **879**

II. Inhalt des Klauselverbots

Eine formularmäßige Freistellung des Klauselverwenders von den Obliegenheiten zur Mahnung und Fristsetzung – so sie denn nicht schon nach den §§ 286 Abs. 2, 281 Abs. 2, 323 Abs. 2 entbehrlich sind –[4] wird daher in § 309 Nr. 4 untersagt. **880**

Beispiele:
(1) Unzulässig ist die Klausel „Zahlung bei Lieferung. Bei Fristüberschreitung werden banktübliche Zinsen berechnet."[5]
(2) Ebenfalls unzulässig ist die Klausel „Für nicht oder nicht rechtzeitig abgenommene oder abgerufene Ware kann die Verkäuferin für jeden angefangenen Monat der Lagerung 1% des Kaufpreises als Lagergebühr und eine weitere Anzahlung von 10% verlangen."[6]
(3) Gegen § 309 Nr. 4 verstößt die Klausel „Wir sind zum Rücktritt vom Vertrag berechtigt, ohne dass es einer Nachfristsetzung bedarf."[7]
(4) Geändert haben könnte sich die Beurteilung folgender Klausel „Der Kaufpreis ist fällig 30 Tage nach Rechnungsdatum. Bei verspäteter Zahlung kommt der Käufer ohne vorherige Mahnung in Verzug. Es werden dann Verzugszinsen in Höhe von … berechnet."[8] Die Klausel könnte gegen § 309 Nr. 4 verstoßen, weil sie Verzug ohne Mahnung eintreten lässt. Anders wäre dies nur, wenn Verzug in diesen Fällen schon von Gesetzes wegen unabhängig von einer Mahnung einträte. Nach **§ 286 Abs. 3** kommt der Schuldner einer Entgeltforderung neuerdings spätestens in Verzug,

---

[2] Eine **Rechtzeitigkeitsklausel** in einem Mietvertrag, die auf den Eingang des Mietzinses auf dem Vermieterkonto abstellt, begegnet im unternehmerischen Geschäftsverkehr keinen durchgreifenden AGB-rechtlichen Bedenken (BGH NJW 1998, 2664, 2665).

[3] BT-Drucks. 7/3919, S. 29.

[4] *Palandt-Grüneberg*, § 309 Rdn. 22. Zulässig daher die Klausel „Mahnung entfällt bei endgültiger Leistungsverweigerung", vgl. *Wolf*, § 11 Nr. 4 AGBG Rdn. 8.

[5] *Ulmer/Hensen*, § 309 Nr. 4 Rdn. 5.

[6] LG München I BB 1979, 702.

[7] *Löwe/Graf von Westphalen*/Trinkner, § 11 Nr. 4 AGBG Rdn. 17.

[8] Nach *Dittmann/Stahl*, AGB, Rdn. 374.

wenn er nicht innerhalb von 30 Tagen nach Fälligkeit und Zugang einer Rechnung oder gleichwertigen Zahlungsaufforderung leistet. Gegenüber Verbrauchern gilt dies allerdings nur, wenn diese auf die Folgen in der Rechnung oder Zahlungsaufforderung besonders hingewiesen worden sind. Eine Klausel, die § 286 Abs. 3 richtig wiedergibt, unterliegt schon nicht der Inhaltskontrolle (§ 307 Abs. 3). Auf die oben mitgeteilte Klausel trifft dies jedoch schon deshalb nicht zu, da sie an das Rechnungsdatum und nicht an den Zugang der Rechnung anknüpft. Sie unterliegt daher der Inhaltskontrolle und verstößt gegen § 309 Nr. 4.

881 § 309 Nr. 4 ist auch anwendbar, wenn die in Rede stehende Klausel nicht ausdrücklich eine Mahnung oder Nachfristsetzung für entbehrlich erklärt, der Verwender aber für sich eine **Rechtsfolge** in Anspruch nimmt, **die nach dem Gesetz erst auf Grund einer Mahnung oder Fristsetzung eintritt.**[9]

Beispiele:
(1) In den Verkaufs- und Lieferbedingungen eines Möbelhandelsunternehmens heißt es: „Mahnkosten gehen zu Lasten des Käufers und werden mit 5,– DM zuzüglich Portoauslagen je Mahnschreiben berechnet". Ein Anspruch auf Ersatz der **Kosten der Erstmahnung** kann der Gläubiger nach §§ 280 Abs. 1 und 2, 286 nicht geltend machen, weil der Schaden Folge des Verzugs sein muss und die Kosten der – verzugsbegründenden – Mahnung bereits vor Verzugseintritt entstanden sind. Räumt der Gläubiger sich in Allgemeinen Geschäftsbedingungen dennoch einen Anspruch auf Ersatz der Kosten der Erstmahnung ein, so stellt er sich von der gesetzlichen Obliegenheit der Mahnung frei und verstößt gegen das Klauselverbot des § 309 Nr. 4. Dabei ist ohne Bedeutung, dass in der Klausel die Mahnung nicht ausdrücklich für entbehrlich erklärt wird. Es reicht aus, dass der Klauselverwender, ohne der Obliegenheit zur Mahnung genügt zu haben, eine Rechtsfolge für sich in Anspruch nimmt, die nach dem Gesetz erst auf Grund der Mahnung eintritt.[10]
(2) Im Ergebnis ebenso sind formularmäßige Abreden zu beurteilen, die darauf zielen, dem Verwender einen Zinsanspruch einzuräumen, der lediglich an die Fälligkeit der Forderung geknüpft ist. Solche **Fälligkeitszinsen** fallen von Gesetzes wegen nur für Geldschulden aus beiderseitigen Handelsgeschäften von Kaufleuten an (§ 353 HGB). Problematisch ist daher die Vereinbarung von Fälligkeitszinsen in Allgemeinen Geschäftsbedingungen gegenüber Nichtkaufleuten. Wenn es dem Verwender in § 309 Nr. 4 untersagt wird, die tatbestandlichen Voraussetzungen für den Eintritt der Verzugsfolgen (u. a. der Verzugszinsen) zu seinen Gunsten zu modifizieren, so kann es erst recht nicht erlaubt sein, die Verzinsungspflicht von den Verzugsvoraussetzungen gänzlich abzukoppeln. Der BGH stützt das Unwirksamkeitsverdikt zwar nicht auf § 309 Nr. 4, meint aber, dass eine derartige Vereinbarung der Sache nach von den §§ 280 Abs. 1 und 2, 286 und damit von wesentlichen Grundgedanken der gesetzlichen Regelung abweiche (§ 307 Abs. 2 Nr. 1).[11]
(3) Nicht unter § 309 Nr. 4 fallen **Nutzungszinsen**, die als Entgelt für die Nutzung des von der Zinsregelung betroffenen Teils des Kaufgegenstandes bis zur Zahlung des hierauf entfallenden Anteils des Kaufpreises festgelegt werden. Sie sind an § 307 zu messen.[12]

III. Unternehmerischer Geschäftsverkehr

882 Der Grundgedanke des § 309 Nr. 4 kann über § 307 auch im unternehmerischen Verkehr zur Geltung gebracht werden. Doch ist hier auf Grund der Besonderheiten des unternehmerischen Verkehrs eine selbstständige Bewertung der Vertragsgestaltung erforderlich.[12]

---

[9] BGH NJW 1988, 258; OLG Schleswig, NJW-RR 1998, 56 (57).
[10] BGH NJW 1985, 320 (324); MünchKomm-*Kieninger*, § 309 Nr. 4 Rdn. 7.
[11] BGH NJW 1998, 991 (992); hierzu *Notthoff*, DZWiR 1998, 159; *Blank*, DNotZ 1998, 339; Löwe/*Graf von Westphalen*/Trinkner, Bd. III, 24.3. Rdn. 1. Die Vereinbarung von **Stundungszinsen** ist dagegen grundsätzlich nicht zu beanstanden vgl. *Wolf*, § 9 AGBG Rdn. D 35.
[12] Näher hierzu *Wolf*, § 11 Nr. 4 AGBG Rdn. 18 ff.; tendenziell großzügiger MünchKomm-*Kieninger*, § 309 Nr. 4 Rdn. 11 f.

§ 35. Sanktionsvereinbarungen

I. Vorkommen in der Praxis

In den Vertragswerken vieler Verwender finden sich Klauseln, durch die der Vertragspartner unter Androhung empfindlicher Sanktionen zu einem bestimmten, meist dem nach dem Vertrag geschuldeten Verhalten angehalten werden soll. So bedingen sich Verwender bei Zahlungsverzug der Gegenseite oder für den Fall der Nicht- oder Schlechterfüllung des Vertrages im Vorhinein eine bestimmte Summe als Schadensersatz aus, ohne dass es darauf ankommen soll, ob der Verwender die Entstehung eines konkreten Schadens nachweisen kann. Derartige Klauseln finden sich vor allem in den Verkaufsbedingungen zahlreicher Branchen, daneben aber auch z.B. in den Bedingungen der Reiseveranstalter (Stornogebühren).[1] Sehr verbreitet ist in diesen und anderen Bereichen – z.B. im Bauvertragsrecht – zudem die Stippulation schadensunabhängiger Strafsummen oder sonstiger im Verwirkungsfalle eintretender Rechtsnachteile (z.B. Verfallklauseln). 883

II. Pauschalierung von Schadensersatzansprüchen

Literatur: *Beuthien*, Pauschalierter Schadensersatz und Vertragsstrafe, in: FS für Larenz 1973, S. 495 ff.; *Birkenfeld-Pfeiffer*, Schadensersatzpauschalen zwischen legitimer Rationalisierung des Geschäftsverkehrs und einseitiger Selbstbevorzugung des Verwenders, Diss. 1991; *Fischer*, Vertragsstrafe und vertragliche Schadenspauschalierung, 1981; *Frank/Werner*, Die Pauschalierung von Schadensersatzansprüchen nach dem AGBG, DB 1977, 2171 ff.; *Hensen*, Zur Darlegungslast bei der Schadenspauschalierung in AGB, DB 1977, 1689 f.; *Lindacher*, Schadensersatzpauschalen: Kontrolle und Korrektur, in: FS für Birk, 2008, S. 515; *Nodoushani*, Vertragsstrafe und vereinbarter Schadensersatz, 2004; *ders.*, Die „verdeckte" Vertragsstrafe – Zur Abgrenzung von Schadensersatzpauschale und Vertragsstrafe, ZGS 2005, 330; *Weyer*, Darlegungs- und Beweislast bei Schadenspauschalierungen in Allgemeinen Geschäftsbedingungen, NJW 1977, 2237.

1. Allgemeines, Zweck

Die Pauschalierung von Schadensersatzansprüchen dient vor allem einem praktischen Bedürfnis nach vereinfachter und kostensparender Durchsetzung dieser Ansprüche.[2] Für eine solche vertragliche Pauschalierung spricht aus der Sicht des Verwenders daneben aber auch die aus der ausdrücklichen Hervorhebung der zu gewärtigenden Sanktion resultierende Präventionswirkung.[3] Die grundsätzliche Zulassung vertraglicher Schadensersatzpauschalierungen in Allgemeinen Geschäftsbedingungen entspricht somit einem berechtigten Bedürfnis des Klauselverwenders. Nicht zu verkennen ist auf der anderen Seite, dass solche Regelungen für den Schuldner typischerweise die Gefahr einer nicht ohne weiteres erkennbaren Selbstbevorzugung ihres Verwenders und damit einhergehend einer unverhältnismäßigen Inanspruchnahme des Schuldners in sich bergen.[4] § 309 Nr. 5 will den Gefahren der Pauschalierung begegnen, ohne die Möglichkeiten der Pauschalierung mehr als notwendig einzuschränken.[5] 884

Eine entsprechende Schutzvorschrift findet sich in **Nr. 1 Buchst. e des Anhangs der Richtlinie 93/13/EWG** über missbräuchliche Klauseln in Verbraucherverträgen. Umsetzungsdefizite sind hier nicht auszumachen. 885

---

[1] MünchKomm-*Kieninger*, § 309 Nr. 5 Rdn. 1.
[2] Begründung des RegE, BT-Drucks. 7/3919, S. 29 f.
[3] *Birkenfeld-Pfeiffer*, Schadensersatzpauschalen, S. 61 ff.
[4] *Birkenfeld-Pfeiffer*, Schadensersatzpauschalen, S. 70.
[5] Begründung des RegE, BT-Drucks. 7/3919, S. 29 f.

2. Anwendungsbereich des § 309 Nr. 5

886 § 309 Nr. 5 befasst sich mit pauschalierten Ansprüchen. Unter einer Pauschale ist dabei die Festlegung der Ersatzhöhe nach generellen Maßstäben unter Verzicht auf die konkreten Berechnungsfaktoren im jeweiligen Einzelfall zu verstehen.[6] Schwierigkeiten bereitet oftmals die **Abgrenzung der Schadensersatzpauschalen von den Vertragsstrafen.**[7] Letztere hat der Gesetzgeber in § 309 Nr. 6 eigenen Wirksamkeitsschranken unterworfen. Die vom Gesetz geforderte Abgrenzung richtet sich nach funktional-typologischen Gesichtspunkten. Abzustellen ist auf die Art des Anspruchs, aus dem das Zahlungsbegehren hergeleitet wird. Es gilt, im Wege der Auslegung den mit der Vereinbarung verfolgten Zweck zu ermitteln. Soll sie in erster Linie die Erfüllung des Hauptanspruchs sichern und auf den Vertragsgegner einen möglichst wirkungsvollen Druck ausüben, so liegt der Sache nach eine Vertragsstrafenvereinbarung vor.

887 Um eine Schadenspauschalabrede handelt es sich dagegen, wenn sie der vereinfachenden Durchsetzung eines als bestehend vorausgesetzten Vertragsanspruchs dienen soll. Im Klauseltext enthaltene Formulierungen wie „Entschädigung" oder „Schadensersatz" deuten zwar auf eine schadensersatzrechtliche Ausgleichsfunktion hin. Entscheidend ist letztlich jedoch die Höhe der zu zahlenden Geldsumme. Eine Schadenspauschale setzt begrifflich eine am Schaden orientierte Pauschalierung voraus. In Bezug auf Pflichtverletzungen kann man die Vertragsstrafe als „harte Zusatzsanktion", die Schadensersatzpauschale als „erleichterte Normalsanktion" charakterisieren. Im Zweifel ist daher nicht vom Bestehen einer Vertragsstrafenvereinbarung auszugehen, weil nicht zu vermuten ist, dass der Gläubiger seinem Vertragspartner diese weitreichende Regelung „abgerungen" hat.[8]

888 Im Übrigen ist der Anwendungsbereich des § 309 Nr. 5 **allein** auf die Vereinbarung eines **pauschalierten Anspruchs des Verwenders** auf **Schadensersatz** (z. B. aus den Vorschriften des Leistungsstörungsrechts) oder **Ersatz einer Wertminderung** beschränkt.[9] Erfasst werden nach der Rechtsprechung allerdings Reisevertragsbedingungen, mit denen eine Regelung bzgl. der vom Reisenden im Falle des Rücktritts gem. § 651i Abs. 2, 3 zu leistenden Entschädigung getroffen wird.[10]

889 Pauschalierte **Ansprüche des Vertragspartners,** die in den Allgemeinen Geschäftsbedingungen des Verwenders geregelt sind, fallen nicht in den Anwendungsbereich des § 309 Nr. 5.

3. Wirksamkeitsgrenzen

890 Die Grenzen vorformulierter Schadensersatzpauschalen ergeben sich in erster Linie aus § 309 Nr. 5, außerhalb der tatbestandlichen Grenzen aber auch aus § 307.[11] Ungeschriebene Wirksamkeitsvoraussetzung einer Schadensersatzpauschale ist, dass der als Anknüpfungspunkt genannte Tatbestand geeignet ist, einen Schadensersatzanspruch dem Grunde nach auszulösen.[12] Die Vorschrift des § 309 Nr. 5 statuiert sodann zwei Klauselverbote.

---

[6] *Wolf,* § 11 Nr. 5 AGBG Rdn. 3.
[7] Hierzu wie hier BGHZ 49, 84; BGH NJW 1970, 29; 1976, 1886; 1992, 2625; teils abweichend *Nodoushani,* ZGS 2005, 330 ff.
[8] So *Beuthien,* in: FS für Larenz, S. 511; *Ulmer/Hensen,* § 309 Nr. 5 Rdn. 7.
[9] Nicht erfasst ist hier beispielsweise ein Bereicherungsanspruch auf Nutzungsersatz nach § 818 Abs. 1, vgl. BGH NJW 1988, 258.
[10] BGH NJW 1985, 633 (635); LG Hamburg NJW 1998, 3281.
[11] MünchKomm-*Kieninger,* § 309 Nr. 5 Rdn. 8.
[12] BGH NJW 2005, 1645 (1647); *Erman-Roloff,* § 309 Rdn. 44.

a) Generell überhöhte Pauschalen

Nr. 5 Buchst. a stellt sicher, dass die Pauschale den nach dem gewöhnlichen Lauf der Dinge zu erwartenden Schaden oder die gewöhnlich eintretende Wertminderung nicht übersteigt. Der Maßstab ist § 252 Satz 2 nachgebildet.[13] Maßgebende Vergleichsgröße ist der branchentypische Durchschnittsschaden[14] bzw. die im Durchschnitt der Fälle eintretende Wertminderung. **891**

Beispiel:
(1) Eine pauschalierte **Vorfälligkeitsentschädigung** ist unwirksam, wenn sie einen die Nettozinsmarge des betreffenden Kreditinstituts übersteigenden Prozentsatz des Restkapitals zugrunde legt oder die für eine korrekte Schadensbemessung erforderliche Abzinsung der für künftige Zeiträume anfallenden Entschädigungsbeträge nicht vorsieht.[15]
(2) Für den Fall der **Nichtabnahme eines Darlehens** hat die Rechtsprechung Schadenspauschalen bis zu 5% für zulässig erachtet.[16] Freilich ist der Umfang des Schadensersatzanspruchs von dem regelmäßig durch den nächsten möglichen Kündigungstermin begrenzten Zeitraum abhängig, für den das Kreditinstitut eine „rechtlich geschützte Zinserwartung" hatte.[17] Laufzeitunabhängige Pauschalierungen sind aus diesem Grunde problematisch.[18]

b) Ausdrückliche Gestattung des Gegenbeweises

Nach § 309 Nr. 5 Buchst. b muss die Pauschalierungsabrede – um wirksam zu sein – dem anderen Vertragsteil **ausdrücklich den Nachweis gestatten, ein Schaden oder eine Wertminderung sei überhaupt nicht entstanden oder wesentlich niedriger als die Pauschale**. Das schon bisher mit gleicher Zielrichtung bestehende Klauselverbot des § 11 Nr. 5 Buchst. b AGBG hat im Zuge der Schuldrechtsmodernisierung eine Klarstellung erfahren, die die künftige Rechtsanwendung erleichtern dürfte.[19] **892**

4. Rechtsfolgen eines Verstoßes

Im Falle des Verstoßes einer Pauschalierungsklausel gegen § 309 Nr. 5 ist die Klausel **insgesamt unwirksam**. Eine Aufrechterhaltung in gerade noch vertretbarer Höhe kommt nicht in Betracht. Andererseits verliert der Verwender nicht seinen materiellen Anspruch. Diesen kann er weiterhin geltend machen, freilich ohne hierbei den typischerweise auftretenden Berechnungs- und Beweisschwierigkeiten enthoben zu sein. Lediglich § 252 steht ihm – wie jedem anderen Schadensersatzgläubiger auch – zur Seite.[20] **893**

5. Unternehmerischer Geschäftsverkehr

Eine Pauschalierung, die zu einer Bereicherung des Verwenders Allgemeiner Geschäftsbedingungen führt, weil sie sich nicht am gewöhnlichen Lauf der Dinge orientiert, widerspricht wesentlichen Grundgedanken des Schadensersatzrechts (§ 252) und benachteiligt den Vertragspartner entgegen den Geboten von Treu und Glauben unangemessen (§ 307 **894**

---

[13] BGH NJW 1984, 2941.
[14] BGH NJW 1984, 2093 (2094); *Ulmer/Hensen*, § 309 Nr. 5 Rdn. 14.
[15] BGH NJW 1998, 592; NJW-RR 1999, 842; zur Vorfälligkeitsentschädigung bei vorzeitiger Darlehensablösung vgl. im Übrigen BGH NJW 1997, 2875 und 2878 sowie die Besprechung dieser Urteile von *Früh*, NJW 1999, 2623 ff.
[16] BGH NJW-RR 1986, 467 (für Nichtabnahmeentschädigung in Höhe von 4,5%); NJW 1990, 981 f. (3%); OLG Düsseldorf NJW-RR 1991, 442 (5%). Zur Würdigung einer Nichtabnahmeentschädigung unter den rechtlichen Vorzeichen des § 305 c Abs. 1 vgl. BGH NJW 1998, 683.
[17] BGH NJW-RR 1990, 432 (433).
[18] So auch *Ulmer/Fuchs*, Anh. § 310 Rdn. 267.
[19] Näher hierzu Voraufl. Rdn. 892 f.
[20] MünchKomm-*Kieninger*, § 309 Nr. 5 Rdn. 25.

Abs. 2 Nr. 1). Sie ist deshalb in sachlicher Übereinstimmung mit § 309 **Nr. 5 Buchst. a** auch im Geschäftsverkehr unter Unternehmern unwirksam.[21] Aus denselben Gründen ist auch der Ausschluss der Gegenbeweismöglichkeit gegenüber einem Unternehmer unangemessen. Eines ausdrücklichen Hinweises auf die Gegenbeweismöglichkeit bedarf es hingegen im unternehmerischen Rechtsverkehr nicht.[22]

III. Vertragsstrafe

Literatur: *Beuthien,* Pauschalierter Schadensersatz und Vertragsstrafe, in: FS für Larenz 1973, S. 495 ff.; *Brors,* „Neue" Probleme bei arbeitsvertraglichen Vertragsstrafeklauseln?, DB 2004, 1778; *Fischer,* Vertragsstrafe und vertragliche Schadenspauschalierung, 1981; *Gehlen,* Angemessene Vertragsstrafe wegen Verzugs im Bau- und Industrieanlagenbauvertrag, NJW 2003, 2961; *Hauck,* Die Vertragsstrafe im Lichte der Schuldrechtsreform, NZA 2006, 816; *Joost,* Vertragsstrafen im Arbeitsrecht – Zur Inhaltskontrolle von Formulararbeitsverträgen im Arbeitsrecht, ZIP 2004, 1981; *Lindacher,* Phänomenologie der „Vertragsstrafe", 1972; *ders.,* Zulässigkeit und Schranken des Ausbedingens und Forderns von Vertragsstrafen zur Bekämpfung von Submissionsabsprachen, ZIP 1986, 817; *Pauly,* Aktuelle Entwicklungen zur Wirksamkeit einer Vertragsstrafe, MDR 2005, 781; *Wensing/ Niemann,* Vertragsstrafen in Formulararbeitsverträgen: § 307 neben § 343?, NJW 2007, 401.

1. Vertragsstrafe und verwandte Erscheinungen

895 Die Parteien können vereinbaren, dass eine Vertragspartei bei Nichterfüllung, nicht rechtzeitiger Erfüllung oder einer sonstigen Pflichtverletzung eine bestimmte Geldsumme (§ 339) oder andere Leistung (§ 342) an den anderen Vertragsteil zu entrichten hat. Mit einer solchen Vertragsstrafenabrede verfolgt der Gläubiger zwei Ziele. Die Vertragsstrafe soll einerseits den Schuldner zur Erbringung der geschuldeten Leistung anhalten. Andererseits soll dies dem Gläubiger im Verletzungsfall eine erleichterte Schadloshaltung ermöglichen (sog. **Bifunktionalität der Vertragsstrafe**).[23]

896 Gemeinhin unterscheidet man die unselbständigen, weil in einem Abhängigkeitsverhältnis zu einer Hauptverbindlichkeit stehenden, Strafversprechen von selbstständigen Strafgedingen, bei denen es sich weniger um eine Strafe als um „eine verbindlich zugesagte Entschädigung für eine nicht erfüllte Erwartung"[24] handelt. Ebenso wie die §§ 339 ff. ist auch § 309 Nr. 6 auf **unselbständige Strafversprechen** zugeschnitten. Es bestehen jedoch keine Bedenken, § 309 Nr. 6 analog auch auf **selbstständige Strafversprechen** anzuwenden. Denn wenn schon der zur Abnahme rechtlich verpflichtete Schuldner einem formularmäßig begründeten Strafanspruch nicht ausgesetzt werden darf, so erst recht nicht der zu einer solchen Handlung nicht verpflichtete Vertragsteil.[25]

897 Während sich der Schuldner bei Eingehung eines Vertragsstrafeversprechens verpflichtet, bei Nichterfüllung oder nicht gehöriger Erfüllung seiner Verbindlichkeit eine zur Hauptleistung hinzutretende – meist in einer Geldzahlung bestehende – Leistung zu erbringen, sehen **Verfallklauseln** für diesen Fall den Eintritt eines Rechtsverlusts vor.

---

[21] BGH NJW 1998, 592 (593); NJW-RR 1999, 842.

[22] BGH NJW-RR 2003, 1056 (1059); *Erman-Roloff,* § 309 Rdn. 51; *Staudinger-Coester-Waltjen,* § 309 Nr. 5 Rdn. 26. Für uneingeschränkte Übertragung des Klauselverbots auf den unternehmerischen Verkehr jedoch *Graf von Westphalen,* NJW 2002, 20.

[23] BGH NJW 1983, 385 (387); 2000, 2106 (2107); KG NJW-RR 1999, 1659 (1660); *Ulmer/Hensen,* § 309 Nr. 5 Rdn. 7; a. A. *Lindacher,* Phänomenlogie der „Vertragsstrafe", passim.

[24] *Larenz,* Lehrbuch des Schuldrechts, Bd. I, Allgemeiner Teil, § 24 II, S. 381.

[25] Wie hier *Staudinger-Coester-Waltjen,* § 309 Nr. 6 Rdn. 7; *Wolf,* § 11 Nr. 6 AGBG Rdn. 7; für Anwendung von § 307 – ohne Unterschied im praktischen Ergebnis – *Löwe/Graf von Westphalen/ Trinkner,* § 11 Nr. 6 AGBG Rdn. 5.

Beispiel: In einem Formular-**Mietvertrag** findet sich eine Klausel, derzufolge der Mieter, wenn er sich vorzeitig vom Vertrag löst, seines Anspruchs auf Verwendungsersatz verlustig gehen soll.[26]

Trotz dieses rechtstechnischen Unterschieds ist die wirtschaftliche Belastung des Schuldners im Ergebnis regelmäßig dieselbe. Jedenfalls dann, wenn der Verfallklausel wie einer Vertragsstrafe Strafcharakter zukommt, ist auch ihre rechtliche Gleichstellung – insbesondere im Hinblick auf § 309 Nr. 6 und im obigen Beispielsfall auf § 555 – gerechtfertigt.[27] Ist als Sanktion allerdings der Verlust aller Rechte aus dem Vertrag vorgesehen, so ist dies rechtlich als ein vorbehaltenes Rücktrittsrecht zu werten (vgl. § 360) und die Klausel an § 308 Nr. 3 zu messen. 898

AGB-Bestimmungen über die sofortige Fälligkeit eines Ratenkredits bei Zahlungsverzug (sog. **Vorfälligkeitsklauseln**) werden nach Ansicht des BGH hingegen nicht von § 309 Nr. 6 erfasst, da es sich bei Ihnen lediglich um eine besondere Ausformung einer Vertragsbeendigungsregelung, nicht jedoch um eine Vertragsstrafe handele. Vielmehr sind solche Klauseln am Maßstab des § 307 zu messen. Sie halten einer Inhaltskontrolle nur stand, wenn die tatbestandlichen Voraussetzungen der Vorfälligkeit zumindest nicht hinter den Anforderungen zurückbleiben, die an eine Kündigungsregelung gestellt werden müssten. Die Vertragsverletzungen, die zur Vorfälligkeit führen, müssen so schwerwiegend sein, dass sie ohne Rücksicht auf den Einzelfall eine automatische Vertragsbeendigung rechtfertigen.[28] 899

In der Kautelarpraxis wird zum Zwecke der Ahndung bestimmter Vertragsverstöße häufig die Zahlung von „**Abstandssummen**", „**Reuegeldern**" und dergleichen vereinbart. Sachlich laufen auch solche Abreden zumeist auf Vertragsstrafeversprechen hinaus. Der Begründung des Regierungsentwurfs lässt sich entnehmen, dass diese Fälle von § 309 Nr. 6 (Fallgruppe: Vertragslösung) erfasst sein sollten.[29] 900

2. Gesetzgeberisches Regelungsanliegen

Von vorformulierten Vertragsstrafeklauseln gehen typischerweise erhebliche Gefahren für den Versprechenden aus.[30] Die einseitige Festlegung der Kautelen durch den Verwender hat allzu oft zur Folge, dass die tatbestandsmäßigen Voraussetzungen für die Verwirkung einer Vertragsstrafe zu Lasten des Kunden denkbar niedrig gehalten werden. Hinzu kommt, dass die Vertragsstrafe nicht an den Eintritt eines tatsächlichen Schadens anknüpft. Der hieraus resultierenden Versuchung, das Sanktionsmittel zweckwidrig einzusetzen, um sich einen nicht gerechtfertigten Gewinn zu verschaffen, wird nicht jeder Verwender widerstehen können. Zwar sieht § 343 die Möglichkeit der Herabsetzung der Strafsumme durch Urteil vor. Doch hängt die Reduktion von der Initiative des Versprechenden ab, der das damit verbundene Kostenrisiko auch in Erfolg versprechenden Fällen oftmals nicht auf sich nehmen wird. Gleichwohl hat sich der Gesetzgeber nicht für ein generelles Verbot von Vertragsstrafen in Allgemeinen Geschäftsbedingungen ausgesprochen. § 309 Nr. 6 sieht vielmehr einen kasuistisch gefassten Verbotstatbestand vor, der die grundsätzliche Zulässigkeit vorformulierter Vertragsstrafenversprechen nicht in Frage stellt. In den in der Vorschrift aufgeführten Fallkonstellationen (Nichtabnahme oder ver- 901

---

[26] *Locher,* Recht der AGB, S. 110.
[27] *Wolf,* § 11 Nr. 6 AGBG Rdn. 7; *Palandt-Grüneberg,* § 309 Rdn. 33.
[28] BGH NJW 1986, 46 (48).
[29] BT-Drucks. 7/3919, S. 30; in diesem Sinne auch *Ulmer/Hensen,* § 309 Nr. 6 Rdn. 6. Ob auch das selten vorkommende Reuegeld im Sinne des § 359 hierunter fällt, ist umstritten: dafür *Wolf,* § 11 Nr. 6 AGBG Rdn. 8; dagegen *Ulmer/Hensen,* § 309 Nr. 6 Rdn. 6; *Staudinger-Coester-Waltjen,* § 309 Nr. 6 Rdn. 9.
[30] Vgl. zum Folgenden insbesondere die Begründung des RegE, BT-Drucks. 7/3919, S. 30.

spätete Abnahme der Leistung, Zahlungsverzug, Lösung vom Vertrag) fehlt es typischerweise an einem anerkennenswerten Interesse des Verwenders, stehen diesem hier doch regelmäßig vertragliche Schadensersatzansprüche zu, deren Durchsetzung er sich zudem in den durch § 309 Nr. 5 gesetzten Grenzen noch erleichtern kann.

902 Einen Ausschnitt der Vertragsstrafenproblematik, nämlich sog. asymmetrische Einbehaltsklauseln behandelt **Anhang 1. d) der Klauselrichtlinie.** Seinem Anliegen kann im Rahmen der §§ 308 Nr. 7, 309 Nr. 6 und 307 entsprochen werden.[31]

3. Die Verbotstatbestände des § 309 Nr. 6 BGB im Einzelnen

903 § 309 Nr. 6 ist – wie die dort aufgeführten Fallgruppen erkennen lassen – am Erscheinungsbild des zahlungspflichtigen Kunden orientiert. Der Verwender hat sich zu Erbringung einer Sach- oder Dienstleistung – meist auf Grund eines Kauf-, Werk- oder Dienstvertrages – verpflichtet. Er erwartet seinerseits von seinem Kunden die Entgegennahme der Leistung, das Festhalten am Vertrag und die Zahlung des vereinbarten Entgelts. Eine zusätzliche, weil regelmäßig neben eine ohnehin bestehende Schadensersatzpflicht tretende Absicherung dieser Erwartungshaltung mittels einer vorformulierten Vertragsstrafe wird vom Gesetz jedoch missbilligt.

a) Nichtabnahme oder verspätete Abnahme der Leistung

904 Der Begriff der Abnahme ist weit auszulegen. Er betrifft jede Form der Leistungsannahme, nicht nur die Abnahmepflicht im Kauf- und Werkvertragsrecht (§§ 433 Abs. 2, 640 Abs. 1). Unerheblich ist auch, ob es sich bei der Abnahme der Leistung um eine vertragliche Haupt- oder Nebenpflicht des Kunden oder nur um eine Obliegenheit – etwa im Rahmen eines Sukzessivlieferungsverhältnisses – handelt.

b) Zahlungsverzug

905 Zahlungsverzug meint Verzug (§ 286) mit einer **Geldschuld.** Der Verbotstatbestand setzt allerdings nicht voraus, dass die Strafklausel explizit den Verzug, also die nicht fristgerechte Zahlung, in Bezug nimmt. Es genügt, dass der Verzugstatbestand mitumfasst ist.

Beispiel: In einem AGB-Vertrag bedingt sich der Verwender die Zahlung einer Strafsumme für den Fall der „**Nichteinhaltung des Vertrages**" aus.[32]

906 **Erhöhte Beförderungsentgelte** im öffentlichen Personennahverkehr beruhen zumeist auf Rechtsverordnungen, die den §§ 305ff. als leges speciales vorgehen. Jedenfalls sanktionieren sie nicht den Zahlungsverzug des Fahrgastes, sondern das Erschleichen der Beförderungsleistung mit der Folge, dass sie nicht an § 309 Nr. 6 zu messen sind.[33]

c) Lösung vom Vertrag

907 Eine „Lösung vom Vertrag" liegt immer dann vor, wenn der Kunde zu erkennen gibt, dass er sich an den Vertrag nicht mehr gebunden fühlt.[34] Ob er sich hierfür auf ein gesetzliches oder vertragliches Lossagungsrecht beruft, ist unerheblich. Dem Gesetzgeber ging es insbesondere darum, solche Klauseln zu treffen, die die Entlassung aus dem Vertrag an die Zahlung einer „Abstandssumme" oder eines „Reuegeldes" knüpfen.

---

[31] *Grabitz/Hilf-Pfeiffer,* Recht der Europäischen Union, Teil II: Sekundärrecht, Band IV, A 5 Anhang Rdn. 44; *Wolf,* Anh Nr. 1 d RiLi Rdn. 56.
[32] OLG Hamburg NJW-RR 1988, 651.
[33] *Bamberger/Roth-Becker,* § 309 Nr. 6 Rdn. 10. Ebenso schon der Rechtsausschuss des Deutschen Bundestages im Zuge der parlamentarischen Beratung des AGB-Gesetzes (BT-Drucks. 7/5422, S. 8).
[34] *Erman-Roloff,* § 309 Nr. 6 Rdn. 55.

4. An § 307 BGB zu messende Klauselgestaltungen

Vertragsstrafeklauseln, die nicht unter den Tatbestand des § 309 Nr. 6 fallen, können gleichwohl nach § 307 unwirksam sein, wenn sie auf eine unangemessene Benachteiligung des Vertragspartners hinauslaufen.[35]

908

a) Höhe der Vertragsstrafe

Die Unwirksamkeit eines Strafversprechens kann sich aus einer **unangemessenen Höhe** der Vertragsstrafe ergeben. Die in § 343 vorgesehene Möglichkeit der Herabsetzung der Vertragsstrafe durch das Gericht steht dem nicht entgegen. Die Vorschrift ist auf Individualvereinbarungen zugeschnitten. Sie stellt die Gültigkeit der getroffenen Absprache nicht in Frage. Demgegenüber knüpft die richterliche Inhaltskontrolle nicht erst an die verwirkte, sondern die vereinbarte Strafe an.[36] Von einer unangemessen hoch angesetzten Strafe, die die Unwirksamkeit zur Folge hat, ist auszugehen, wenn die Sanktion außer Verhältnis zum Gewicht des Vertragsverstoßes und zu dessen Folgen für den Vertragspartner steht.[37] Die vereinbarte Vertragsstrafe darf insbesondere nicht außerhalb der typischerweise zu erwartenden Schadenshöhe liegen.[38]

909

Beispiel:
(1) Unangemessen hoch sind nach der Rechtsprechung Vertragsstrafeklauseln in **Bauverträgen**, wenn die Höhe der Vertragsstrafe nicht an das Gewicht des Vertragsverstoßes anknüpft, sich mit fortschreitender Dauer des vertragswidrigen Zustandes kontinuierlich steigert und weder eine zeitliche noch eines summenmäßige Beschränkung vorgesehen ist.[39] Eine unangemessene Benachteiligung des Auftragnehmers liegt auch dann vor, wenn die Vertragsstrafenregelung eine Höchstgrenze von über 5% der Auftragssumme vorsieht.[40] Denn dann verliert er nicht nur regelmäßig seinen Gewinn, sondern erleidet auch einen spürbaren Verlust, was sich erheblich auf seine Liquidität auswirken kann. Unabhängig davon ist eine Vertragsstrafenklausel schon dann unwirksam, wenn sie dem Auftragnehmer 0,5% der Auftragssumme je Arbeitstag auferlegt.[41]
(2) Problematisch sind auch steigerungsfähige Vertragsstrafenregelungen ohne Zeit- und Summenbegrenzung zur Sanktionierung unterschiedlicher Vertragsverstöße in einem **Vertragshändlervertrag**. Der BGH hat hier im Ansatz seine zur Höhe formularmäßiger Vertragsstrafenvereinbarungen in Bauverträgen entwickelten Grundsätze übertragen.[42]
(3) Wichtig ist stets der genaue Zweck, der mit der Vertragsstrafe verfolgt werden soll. Unter Berücksichtigung des von der **Treuhandanstalt/BvS** zu ihrer Aufgabenerfüllung verfolgten Zwecks hat der BGH eine am Umfang der versprochenen und gesicherten Leistung (Investitionen und Schaffung von Arbeitsplätzen) ausgerichtete Vertragsstrafe trotz ihrer beachtlichen Höhe nicht für unangemessen erachtet, wenn sie nach oben durch das Erfüllungsinteresse begrenzt wird.[43]

b) Verschuldensunabhängige Vertragsstrafe

Eine **verschuldensunabhängige Vertragsstrafe** weicht von einem wesentlichen Grundgedanken der gesetzlichen Regelung ab. Sie kann daher in Allgemeinen Geschäftsbedin-

910

---

[35] *Ulmer/Hensen*, § 309 Nr. 6 Rdn. 5; *Wolf*, § 11 Nr. 6 AGBG Rdn. 23.
[36] BGH NJW 1983, 385 (387 f.).
[37] BGH NJW 1998, 2600 (2602).
[38] BGH NJW 2000, 2106 (2107); 2003, 1805 (1808).
[39] Grundl. BGH NJW 1983, 385 (387).
[40] BGH NJW 2003, 1805 (1808 f.).
[41] BGH NJW 2002, 2322 (2323); NJW-RR 2002, 807; NJW 2003, 2158 (2161).
[42] BGH NJW 1997, 3233, hierzu die Anm. von *Lange*, JZ 1997, 1124 ff. Vgl. ferner OLG Koblenz NJW-RR 2000, 1042 und OLG Saarbrücken NJW-RR 2001, 1030.
[43] BGH NJW 1998, 2600; 1999, 2662 (2663); ZIP 2000, 799 (800); anders hingegen OLG Düsseldorf, NZG 1998, 353; hierzu auch *Kiethe*, NZG 1998, 569 ff. und *Ebbing*, NZG 1998, 893 ff.; ausführlicher Überblick über die Rechtsprechung zu Investitions- und Beschäftigungszusagen in Treuhandprivatisierungsverträgen bei *Wächter/Stender*, NJW 2000, 395 ff.

gungen nur dann wirksam vereinbart werden, wenn gewichtige Umstände vorliegen, welche die Regelung trotz der Abweichung vom dispositiven Gesetzesrecht mit Recht und Billigkeit noch vereinbar erscheinen lässt.[44]

Beispiel: Derartige gewichtige Umstände wurden bei **Unternehmenskaufverträgen der Treuhandanstalt** auf Grund der öffentlichen und gesamtwirtschaftlichen Bedeutung der Unternehmensprivatisierung der Treuhandanstalt, der notwendigen Abschreckungswirkung der Vertragsstrafen sowie der bestehenden Schwierigkeiten einer Klärung der Verschuldensfrage bejaht. Die vereinbarten Beschäftigungs- und Investitionszusagen stellten regelmäßig Hauptleistungspflichten des Käufers dar, die neben die Zahlungspflicht traten und bei der Bemessung des Kaufpreises berücksichtigt wurden, mithin im weiteren Sinne kaufpreisersetzende Funktion hatten. Es sei der erkennbare Sinn und Zweck derartiger Vereinbarungen, die von der Treuhandanstalt verfolgten sogenannten „weichen" Ziele volkswirtschaftlicher, sozial- und strukturpolitischer Art soweit wie möglich auch bei dem Weiterverkauf ehemaliger staatlicher Unternehmen sicherzustellen.[45]

5. Rechtsfolgen eines Verstoßes

911 Strafklauseln, die einer Inhaltskontrolle nach § 309 Nr. 6 oder § 307 nicht Stand halten, sind **insgesamt unwirksam**. Eine Umdeutung in eine wirksame Schadensersatzpauschale kommt ebenso wenig in Betracht wie eine Rückführung auf das eben noch zulässige Maß.[46] Anders ist nur zu entscheiden, wenn die Strafklausel teilbar ist, etwa weil sie mehrere getrennt von einander zu würdigende Verwirkungstatbestände aufweist. Eine solche Streichungsmöglichkeit besteht hingegen nicht, wenn die Vertragsstrafenabrede gegen das **Verbot der Kumulation von Vertragsstrafe und Schadensersatz** verstößt.[47] Ebenfalls in toto unwirksam ist eine Strafklausel, die entgegen § 341 Abs. 3 die Notwendigkeit zum **Vorbehalt** der Strafe bei Annahme der Leistung ausschließt.[48]

6. Vertragsstrafenversprechen in Arbeitsverträgen

912 Vertragsstrafenversprechen, insbesondere für den Fall des Vertragsbruchs, sind in Arbeitsverträgen sehr verbreitet und grundsätzlich zulässig (gesetzliche Ausnahme § 12 Abs. 2 Nr. 2 BBiG).[49] Richtiger Ansicht nach findet das Klauselverbot des § 309 Nr. 6 im Arbeitsrecht keine Anwendung.[50] Dies gebietet der Vorbehalt des § 310 Abs. 4 Satz 2, demzufolge bei der Anwendung der AGB-rechtlichen Vorschriften auf Arbeitsverträge die im Arbeitsrecht geltenden Besonderheiten angemessen zu berücksichtigen sind. Die nach Ansicht des BAG entscheidende Besonderheit liegt darin, daß ein Arbeitnehmer zur Erbringung der Arbeitsleistung gemäß § 888 Abs. 3 ZPO nicht durch Zwangsgeld oder Zwangshaft angehalten werden kann.[51] Dies läßt es in der Tat umso dringlicher erscheinen lässt, dem Arbeitgeber die Möglichkeit der Sanktionierung des Vertragsbruchs mittels Vertragsstrafe offen zu halten. Vertragsstrafenabreden, die nicht an die Lösung des Vertragsverhältnisses anknüpfen, unterfallen bereits tatbestandlich nicht dem Vertragsstrafenverbot des § 309 Nr. 6.

---

[44] BGH NJW 1985, 57; 1998, 2600 (2601); 1999, 2662 (2663 f.); OLG Hamm NJW-RR 2004, 58; *Staudinger-Rieble*, § 339 Rdn. 66.

[45] BGH NJW 1999, 2662 (2664).

[46] BGH NJW 1983, 385 (387); 2003, 1805 (1808); BAG NZA 2004, 727 (734); *Erman-Roloff*, § 309 Nr. 6 Rdn. 57.

[47] BGH NJW 1992, 1096 (1097).

[48] BGH NJW 1983, 385 (387); zur Verschiebung des Vorbehalts auf den Zeitpunkt der Schlusszahlung in einem Bauvertrag zuletzt BGH NJW-RR 2000, 1468.

[49] BAG NZA 2004, 727 (729); *Staudinger-Rieble*, § 339 Rdn. 72.

[50] BAG NZA 2004, 727; 2005, 1053; ErfK-*Preis*, §§ 305–310 Rdn. 97; *Hromadka*, NJW 2002, 2528; a. A. *Däubler/Dorndorf/Bonin/Deinert*, AGB im Arbeitsrecht, § 309 Nr. 6 Rdn. 5 ff.

[51] BAG NZA 2004, 727, 731 f.

Vorformulierte Vertragsstrafenversprechen in Arbeitsverträgen werden zwar – wie dargelegt – nicht von dem Verbotstatbestand des § 309 Nr. 6 erfasst, müssen sich aber der **Angemessenheitskontrolle nach § 307** stellen.[52] Eine unangemessene Benachteiligung des Vertragspartners ist insbesondere anzunehmen, wenn die einseitige Auferlegung eines Nachteils nicht durch ein dahingehendes berechtigtes Interesse des Verwenders begründet ist. Ein solches „berechtigtes Interesse" wird man im Hinblick auf den bifunktionalen Charakter der Vertragsstrafe dort nicht anerkennen können, wo die Vertragsstrafe in erster Linie zur bloßen Schöpfung neuer, vom Sachinteresse des Verwenders losgelöster Geldforderungen eingesetzt wird.[53] Der schadensersatzrechtliche Bezug der Vertragsstrafe darf mithin nicht verloren gehen. Dies gilt sowohl hinsichtlich der sanktionierten Tatbestände als auch im Hinblick auf die Höhe der Vertragsstrafe.   913

Ein **berechtigtes Interesse des Arbeitgebers** an der Sanktionierung bestimmter Verhaltensweisen des Arbeitnehmers durch eine Vertragsstrafe wird man grundsätzlich **unter zwei Voraussetzungen** bejahen können: 914
– Durch das strafbewehrte Verhalten entsteht dem Arbeitgeber **typischerweise** ein **nicht unerheblicher Schaden**
– Der **Nachweis** der Entstehung dieses Schadens bzw. seiner Höhe ist **typischerweise nicht oder nur mit unverhältnismäßigem Aufwand zu erbringen.**

Dies trifft auf den **Arbeitsvertragsbruch** ohne weiteres zu.[54] Auch gegen die Sicherung vertraglich verlängerter Kündigungsfristen bestehen nach Ansicht des BAG[55] keine Bedenken. **Weitere anerkannte Sanktionstatbestände** sind: Verstöße gegen Wettbewerbsverbote und die Verletzung von Geheimhaltungspflichten (vgl. § 75 c HGB). Gegen Strafklauseln, die sich gegen Schlechtleistungen des Arbeitnehmers richten, bestehen hingegen erhebliche Bedenken.   915

Vertragsstrafenvereinbarungen in Arbeitsverträgen müssen sowohl hinsichtlich des Verwirkungstatbestandes als auch im Hinblick auf die Höhe der Strafsumme eindeutig und klar formuliert sein, sodass der Vertragspartner unschwer erkennen kann, welches Verhalten in welcher Weise sanktioniert ist. Dieses **Bestimmtheitserfordernis** ist eine Ausprägung des Transparenzgebots (§ 307 Abs. 1 S. 2).[56] Hinsichtlich der **Höhe der Vertragsstrafe** gilt: Eine fühlbare, gleichwohl aber den zu erwartenden typischen Schaden nicht aus den Augen verlierende Sanktion muss gewährleistet sein. In der Rechtsprechung wird für Vertragsstrafen, die sich gegen den Vertragsbruch des Arbeitnehmers richten, im Hinblick auf die Grundkündigungsfrist von vier Wochen (§ 622 Abs. 1) ein Betrag von einem Bruttomonatsgehalt grundsätzlich als angemessen erachtet.[57] Für die Vertragsstrafenhöhe bei Wettbewerbsverboten hat sich noch keine generelle Obergrenze herauskristallisiert.   916

7. Unternehmerischer Geschäftsverkehr

Die strikten **Verbotstatbestände des § 309 Nr. 6 lassen sich nicht über § 307 auf den unternehmerischen Geschäftsverkehr übertragen.**[58] Vertragsstrafen sind in diesem Bereich ein weithin übliches und notwendiges Druckmittel, um die Gegenseite zur ordnungsgemäßen Vertragserfüllung anzuhalten. Die sich aus § 307 für den nichtunterneh-   917

---

[52] BAG NZA 2004, 727 (732 f.).
[53] BAG NZA 2005, 1053 (1055).
[54] BAG NZA 2005, 1053 (1055).
[55] BAG EzA § 339 Nr. 8.
[56] Anwendungsfälle unter Rdn. 569.
[57] BAG NZA 2004, 727.
[58] BGH NJW 2003, 2158 (2161); *Ulmer/Hensen*, § 309 Nr. 6 Rdn. 18; *Staudinger-Rieble*, § 339 Rdn. 47.

merischen Verkehr ergebenden Unwirksamkeitsgründe (s.o.) können freilich auch im Verkehr zwischen Unternehmern zur Anwendung gelangen. Tendenziell wird man allerdings den Spielraum bei der Ausgestaltung der Vertragsstrafe weiter abstecken müssen, kann doch von einem Unternehmer im Regelfall erwartet werden, dass er die von einer Vertragsstrafe ausgehende Belastung richtig einzuschätzen vermag.

Beispiele:
(1) Um im Regelfall unzulässige **Abweichungen vom gesetzlichen Leitbild der Vertragsstrafe** (§ 307 Abs. 2 Nr. 1) und damit auch im unternehmerischen Geschäftsverkehr grundsätzlich unzulässige Vertragsgestaltungen handelt es sich bei der Vereinbarung einer verschuldensunabhängigen Vertragsstrafe,[59] beim Ausschluss der Anrechnung der Vertragsstrafe auf den Schadensersatz[60] und beim Verzicht auf den Vorbehalt der Vertragsstrafe.[61]
(2) Ferner kann auch die unangemessene **Höhe der ausbedungenen Vertragsstrafe** Anlass zur Beanstandung geben. Gerade im unternehmerischen Geschäftsverkehr muss jedoch eine fühlbare Sanktion möglich sein.[62] Die Verpflichtung eines Handelsvertreters, bei Vertragsschluss die Kundenanschriften herauszugeben, kann z.B. in der Weise gesichert werden, dass der Handelsvertreter pro zurückbehaltener Kundenanschrift einen Betrag von 250,– DM zu zahlen verspricht.[63]

---

[59] BGH NJW 1979, 105 (106); 1998, 2600 (2601); *Ulmer/Hensen*, § 309 Nr. 6 Rdn. 18.
[60] BGH NJW 1985, 53 (56); *Wolf*, § 11 Nr. 6 AGBG Rdn. 34.
[61] *Wolf*, § 11 Nr. 6 AGBG Rdn. 38.
[62] OLG Frankfurt a. M. BB 1985, 1560.
[63] BGH NJW 1993, 1786 (1787f.).

Fünfter Abschnitt.
Gewährleistungshaftung

§ 36. Die Gewährleistung für fehlerhafte Sachen und Leistungen

Literatur: *Litzenburger*, Das Ende des vollständigen Gewährleistungsausschlusses beim Kaufvertrag über gebrauchte Immobilien, NJW 2002, 1244; *Stölting*, Der Ausschluss von Mängelrechten beim Nicht-Verbrauchsgüterkauf, ZGS 2005, 299; *Tettinger*, Zu den Freizeichnungsmöglichkeiten des Verkäufers einer mangelhaften Sache, AcP 205 (2005), 1; *Tiedtke/Burgmann*, Gewährleistungs- und Haftungsausschluss beim Verkauf gebrauchter Sachen an und zwischen Verbrauchern, NJW 2005, 1153.

I. Allgemeines

Einen hohen Stellenwert nimmt in der **kautelarjuristischen Praxis** gemeinhin der Komplex der Gewährleistung ein, also die Frage, ob und in welcher Weise der Verkäufer oder Hersteller dem Kunden für Mängel der Sache oder des Werkes einzustehen hat. Zu beachten ist, dass die Rechte des Kunden traditionell zu den Kernmaterien des Kauf- und Werkvertragsrechts des Bürgerlichen Gesetzbuches sowie – im Zusammenspiel mit diesen Regelungsmaterien – des allgemeinen Leistungsstörungsrechts gehören. Dem gesetzlichen Gewährleistungsregime wird allgemein ein hoher Gerechtigkeitsgehalt bescheinigt.[1] Von daher stellt sich die Frage, ob und in welchem Umfang es den Vertragsparteien gestattet sein kann, in Allgemeinen Geschäftsbedingungen vom gesetzlichen Gewährleistungsrecht abzuweichen. 918

Eine relativ eingehende Regelung dieses Problemkomplexes findet sich mit immerhin sechs selbstständigen Unterpunkten **in § 309 Nr. 8 Buchst. b**. Diese Norm stimmt in weiten Teilen mit der Vorgängervorschrift des § 11 Nr. 10 AGBG überein.[2] Gleichwohl wäre der Schluss, die Schuldrechtsmodernisierung habe auf diesem Gebiet nur zu marginalen Änderungen geführt, nicht richtig. Denn mit in die Betrachtung einbezogen werden muss, dass der Gesetzgeber die gesetzlichen Rechte des Käufers insoweit der Disposition der Vertragsparteien entzogen hat, als es sich um einen Verbrauchsgüterkauf handelt (§ 475 Abs. 1). Die Steuerung der Vertragsgerechtigkeit, die bislang vornehmlich über § 11 Nr. 10 und die Generalklausel des § 9 AGBG erfolgte, ist damit wieder verstärkt in das materielle Kaufrecht zurückverlagert worden.[3] Den AGB-rechtlichen Klauselverboten ist zugleich das Hauptanwendungsfeld genommen worden. § 309 Nr. 8 Buchst. b hat somit, obwohl der Normtext kaum angetastet wurde, einen **gravierenden Bedeutungsverlust** erfahren.[4] Für die direkte Anwendung verbleibt nur noch ein schmales Einsatzfeld. Erfasst werden jetzt nur noch Verträge zwischen Verbrauchern sowie Verträge, bei denen es um Immobilien geht. Für Verträge über Bauleistungen kommt noch eine zusätzliche Einschränkung hinzu: das zentrale Klauselverbot des § 309 Nr. 8 Buchst. b Doppelbuchst. bb findet keine Anwendung. Unangetastet bleibt indes, worauf die Regierungsbegründung 919

---

[1] *Ulmer/Christensen*, § 309 Nr. 8 Rdn. 18.
[2] Zum Hintergrund der punktuellen Anpassung vgl. Vorauf. Rdn. 919f.
[3] So die Regierungsbegründung BT-Drucks. 14/6040 S. 80.
[4] *Ulmer/Christensen*, § 309 Nr. 8 Rdn. 19; AGB-Klauselwerke-*Pfeiffer*, Änderung AGB-rechtlicher Vorschriften durch die Schuldrechtsreform, Rdn. 35; MünchKomm-*Kieninger*, § 309 Nr. 8 Rdn. 12.

zu Recht abhebt,[5] die erhebliche Bedeutung des § 309 Nr. 8 Buchst. b bei Beurteilung von Klauseln im Unternehmensverkehr. Die Sicherung dieser Ausstrahlungswirkung auf den mittelbaren Anwendungsbereich war offenbar sogar einer der wesentlichen Gründe, die den Gesetzgeber zur im Wesentlichen unveränderten Beibehaltung der Vorschrift bewogen hat.[6]

II. Der sachliche Anwendungsbereich des § 309 Nr. 8 Buchst. b

920 Der Anwendungsbereich des § 309 Nr. 8 Buchst. b ist auf zwei vertragliche Geschäftsformen beschränkt.

1. Lieferung neu hergestellter Sachen

921 Anwendbar sind die Klauselverbote dieser Vorschrift zunächst auf Verträge über die Lieferung neu hergestellter Sachen.

922 **Lieferungsverträge** sind insbesondere Kauf-, Werklieferungs- und Werkverträge, aber auch alle anderen Verträge, die auf eine Besitzüberlassung zum endgültigen Verbleib, sprich auf Eigentumsverschaffung, zielen.[7]

923 Der **Sachbegriff** entspricht im Übrigen dem des § 90, erfasst also alle körperlichen Gegenstände. Weitergehend werden auch Bauwerke und Anlagen, obgleich sie streng genommen wesentliche Bestandteile eines Grundstücks sind, als Sache im Sinne des § 309 Nr. 8 Buchst. b angesehen. Über § 90 a fallen auch Tiere in den Anwendungsbereich der Vorschrift.[8]

924 § 309 Nr. 8 Buchst. b greift – was nicht selten übersehen wird – nur ein, wenn die Gewährleistung für den Fall der Lieferung **neu** hergestellter Sachen abbedungen oder eingeschränkt wird. Erwirbt der Kunde eine neue Sache, so kann er berechtigterweise auf die Fehlerfreiheit und Gebrauchstauglichkeit vertrauen, und dem Verkäufer ist hier die Übernahme einer Einstandspflicht auch zuzumuten. Anders verhält es sich bei gebrauchten Sachen. Aufgrund der Vorbenutzung muss hier von vornherein eine größere Fehleranfälligkeit und eine kürzere Lebenserwartung der Sache in Rechnung gestellt werden. Regelmäßig drückt sich diese geminderte Erwartungshaltung auch in einem gegenüber einem entsprechenden neu hergestellten Verkaufsgegenstand deutlich ermäßigten Preis aus. Auch dies lässt Gewährleistungsbeschränkungen im Zusammenhang mit der Lieferung gebrauchter Sachen in einem milderen Licht erscheinen.

925 An diesen Schutzzwecküberlegungen hat sich auch die Konkretisierung des Tatbestandsmerkmals neu auszurichten. Neu hergestellt sind Sachen demnach nur, wenn sie nach Abschluss des Produktionsprozesses nicht durch Benutzung oder Zeitablauf einem zusätzlichen Sachmängelrisiko ausgesetzt worden sind, das sich im geschäftlichen Verkehr in einem Preisnachlass auszudrücken pflegt.[9] Neu ist damit nicht gleichbedeutend mit neuwertig oder „so gut wie neu".

Beispiel: So mag etwa ein **Vorführwagen** „so gut wie neu" sein, auf Grund der Vorbenutzung, noch dazu durch mehrere Fahrer, steigt die Störanfälligkeit und sinkt die Wertschätzung. Ein solcher Wagen ist nicht mehr neu.[10]

---

[5] Regierungsbegründung BT-Drucks. 16/6040, S. 158.
[6] AGB-Klauselwerke-*Pfeiffer*, Änderung AGB-rechtlicher Vorschriften durch die Schuldrechtsreform, Rdn. 36.
[7] *Staudinger-Coester-Waltjen*, § 309 Nr. 10 Rdn. 18; *Wolf*, § 11 Nr. 10 AGBG Rdn. 7.
[8] BGH NJW-RR 1986, 52: Forellen.
[9] *Staudinger-Coester-Waltjen*, § 309 Nr. 8 Rdn. 21.
[10] OLG Frankfurt a. M. NJW-RR 2001, 780.

§ 36. Die Gewährleistung für fehlerhafte Sachen und Leistungen 351

Zum Begriff der Neuheit existiert eine reichhaltige Kasuistik. 926

Beispiele:
(1) Ein **renovierter Altbau** ist grundsätzlich nicht neu hergestellt. Eine Ausnahme gilt nur dann, wenn wesentliche Eingriffe in die Bausubstanz erfolgen[11] oder der Veräußerer allgemein Herstellungspflichten übernimmt, die einer Neuherstellung gleichkommen.[12]
(2) Waren zu Discountpreisen, die noch nicht in Gebrauch waren, sowie sonstige **Sonderangebote** stellen nach der Verkehrsauffassung neu hergestellte Waren dar. „Neu" bedeutet insbesondere nicht „fehlerfrei".[13]
(3) Ein in Mexiko produziertes und nach Deutschland eingeführtes („**grauimportiertes**") Kraftfahrzeug ist nicht mehr neu. Wegen des langen Importwegs sind Qualitätsminderungen zu erwarten. Ein solches Fahrzeug gleicht einem „Haldenfahrzeug" und die Parteien tragen dem im Kaufvertrag auch Rechnung.[14]
(4) Ein **Tier** ist neu, wenn es alsbald nach der Geburt „unbenutzt" verkauft wird.[15]

2. Werkleistungen

Bei der zweiten von § 309 Nr. 8 Buchst. b erfassten Kategorie handelt es sich um Verträge 927 über Werkleistungen. Es ist damit klargestellt, dass die Vorschrift nur zur Anwendung gelangt, wenn der Verwender ein „Werk", also ein Arbeitsergebnis schuldet.[16] Wegen der im Vordergrund stehenden Errichtungsverpflichtung fällt hierunter auch ein Bauträgervertrag, ein Vertrag also, bei dem die Errichtung eines Gebäudes auf einem dem Vertragspartner noch zu übereignenden Grundstück geschuldet ist.[17] Formularmäßige Ausschlüsse oder Beschränkungen der Mängelrechte bei Gebrauchsüberlassungsverträgen einschließlich von Leasingverträgen sind dagegen nicht erfasst und müssen allein an § 307 gemessen werden.[18]

III. Ausschluss und Verweisung auf Dritte

Die Bestimmung des § 309 Nr. 8 Buchst. b Doppelbuchst. aa bringt zunächst die Grund- 928 aussage des Gesetzgebers zur Geltung, dass dem anderen Vertragsteil überhaupt Gewährleistungsansprüche verbleiben müssen, er also nicht vollkommen rechtlos gestellt werden darf. Ferner lässt sich der Vorschrift entnehmen, dass dem Kunden gerade sein Vertragspartner, der Verwender, als primär Gewährleistungspflichtiger erhalten bleiben soll.[19] Der Gesetzgeber erreicht dieses Ziel durch ein dreigestuftes Schrankengefüge.

1. Verbot des vollständigen oder teilweisen Ausschlusses

Unwirksam sind zunächst solche AGB-Klauseln, durch die Ansprüche gegen den Ver- 929 wender wegen eines Mangels insgesamt oder bezüglich einzelner Teile ausgeschlossen werden. Dem Kunden muss ein Mindestbestand der in §§ 437 und 634 genannten Rechte verbleiben; darunter muss sich das Recht auf Lösung vom Vertrag befinden.

---

[11] BGH NJW 1988, 490 (491 f.); OLG Frankfurt a. M. NJW 1984, 490.
[12] BGH NJW 1989, 2534 (2536).
[13] OLG Düsseldorf NJW-RR 1997, 1147.
[14] OLG München NJW-RR 1998, 1595.
[15] OLG Düsseldorf ZGS 2004, 271; vgl. auch BGH NJW 2007, 674.
[16] Zur insoweit mißverständlichen Fassung der Vorgängernorm des § 11 Nr. 10 AGBG vgl. Voraufl. Rdn. 929.
[17] Zuletzt BGH NJW 1995, 1675 (1676); 1998, 904.
[18] *Staudinger-Coester-Waltjen*, § 309 Nr. 8 Rdn. 27.
[19] *Wolf*, § 11 Nr. 10a AGBG Rdn. 1.

Beispiele:
(1) Unwirksam ist also nicht nur die bei neu hergestellten Sachen sehr selten anzutreffende Klausel „unter Ausschluss jeglicher Gewährleistung", sondern auch die **Beschränkung der Mängelrechte auf Minderung unter Ausschluss des Rücktritts.**[20] Denn der Kunde darf nicht genötigt werden, eine mangelhafte und daher für ihn so nicht brauchbare Kaufsache zu behalten.
(2) Umgekehrt wird es überwiegend für zulässig gehalten, die Rechte des Kunden nach § 437 **auf das Recht zum Rücktritt zu beschränken.**[21]

930 Unwirksam ist der Ausschluss der Rechte des Kunden auch dann, wenn er sich lediglich auf **einzelne Teile** bezieht. Das sind zum einen reale Teile der Sache oder der Werkleistung (z. B. „keine Haftung für Zubehörteile und Bereifung..."), darüber hinaus auch bestimmte Fehlerkategorien.

Beispiel: Unzulässig ist daher beispielsweise folgende Klausel: „Soweit eine Haftung für etwaige Mängel und Fehler in der Bauausführung gegenüber der Verkäuferin aus diesem Vertrag hergeleitet werden könnten, beschränkt sich jede Haftung der Verkäuferin gegenüber dem Erwerber nach Grund, Art und Höhe auf den Umfang, in dem die Gesellschaft wegen solcher Mängel und Fehler den Architekten und oder die am Bau beteiligten Handwerker und Unternehmen mit zweifelsfrei begründeter Erfolgsaussicht in Anspruch nehmen kann."[22]

2. Verbot der Ersetzung der Gewährleistung durch Einräumung von Ansprüchen gegen Dritte

931 Unzulässig ist es darüber hinaus, wenn der Verwender sich seiner durch den Vertrag begründeten Verantwortlichkeit für die Mangelfreiheit des Vertragsgegenstandes dadurch zu entledigen versucht, dass er den Kunden auf Ansprüche gegen Dritte verweist. Dem Kunden ist es nicht zuzumuten, sich an einen Dritten halten zu müssen, den er nicht kennt und den er sich nicht ausgesucht hat. Das gilt unabhängig von der Solvenz und Seriosität des Dritten.

3. Eingeschränktes Verbot einer nur subsidiären Eigenhaftung

932 Nach dem dritten Verbotstatbestand des § 309 Nr. 8 Buchst. b Doppelbuchst. aa sind Klauseln unwirksam, die die Ansprüche gegen den Verwender wegen eines Mangels von der vorherigen gerichtlichen Inanspruchnahme Dritter abhängig machen. Daraus ist im Gegenschluss erst einmal zu folgern, dass die Statuierung einer **subsidiären Eigenhaftung des Verwenders grundsätzlich nicht zu beanstanden ist.**[23]

Beispiel: Eine Klausel, wonach Gewährleistungsansprüche gegen den Verwender erst geltend gemacht werden können, wenn der Dritte die Gewährleistung verweigert oder dazu nicht in der Lage ist, ist zulässig.[24]

933 Unwirksam ist lediglich eine Klauselgestaltung, die die subsidiäre Haftung des Verwenders von einer **vorherigen gerichtlichen Inanspruchnahme eines Dritten** abhängig macht. Derartige Klauseln finden sich in mannigfachen Abwandlungen vor allem in Bauträgerverträgen. Den Bauträgern ist typischerweise daran gelegen, die Gewährleistungsstreitigkeiten von sich auf die eingeschalteten Subunternehmer abzuwälzen und gleichsam

---

[20] So BGH NJW 1981, 1501 (1502); 1993, 2436 (2438).
[21] OLG München NJW 1994, 1661; *Palandt-Grüneberg*, § 309 Rdn. 56; MünchKomm-*Kieninger*, § 309 Nr. 8 Rdn. 24; a. A. *Wolf*, § 11 Nr. 10a AGBG Rdn. 16; *Staudinger-Coester-Waltjen*, § 309 Rdn. 34.
[22] BGH NJW 1976, 1934.
[23] Weitergehend wollte der RegE jede Form einer nur subsidiären Eigenhaftung des Verwenders verbieten (BT-Drucks. 7/3919, S. 6).
[24] *Wolf*, § 11 Nr. 10a AGBG Rdn. 29.

§ 36. Die Gewährleistung für fehlerhafte Sachen und Leistungen

nur höchst hilfsweise die Gewährleistung zu übernehmen. Vor einer solchen Überforderung muss der Kunde geschützt werden, zumal nicht auszuschließen ist, dass er im Hinblick auf das Prozessrisiko den Klageweg gegenüber dem Subunternehmer nicht beschreitet und damit die Möglichkeit verliert, den Verwender in Anspruch zu nehmen.

Dieser Schutzzweck gebietet es nach der insoweit überaus strengen Rechtsprechung des BGH, auch solche Klauseln als unwirksam anzusehen, die auf Grund ihrer inhaltlichen Gestaltung die Gefahr begründen, dass der Kunde davon ausgeht, er müsse den als gewährleistungspflichtig bezeichneten Dritten erfolglos gerichtlich in Anspruch nehmen, bevor die Haftung des Verwenders eintritt.[25]

Beispiel: Bauträgervertrag. „Sofern und soweit der Käufer die ihm abgetretenen Ansprüche aus tatsächlichen Gründen (z. B. Insolvenz oder Geschäftsaufgabe des Drittschuldners) nicht durchsetzen kann, haftet der Verkäufer dem Käufer hilfsweise auf Gewährleistung."[26] Diese Klausel begründet in der Person des Klauselgegners die Gefahr der Irreführung, denn die Formulierung „durchsetzen" deutet doch darauf hin, dass das Ziel notfalls auch gegen den Widerstand des Dritten zu erreichen versucht werden muss. Im Kontext der beiden beispielhaft aufgeführten Sachverhalte kann die Klausel dahingehend verstanden werden, dass die subsidiäre Haftung des Verwenders erst dann eintreten soll, wenn die Durchsetzung der Gewährleistungsansprüche gegen den Dritten praktisch oder rechtlich unmöglich ist. Es ist nicht ausgeschlossen, dass der Kunde sich nach der Lektüre der Klausel gezwungen sieht, erst den Dritten zu verklagen, was für die Unwirksamkeit nach § 309 Nr. 8 Buchst. b Doppelbuchst. aa bereits ausreicht.[27]

Eine weitere Verschärfung der Rechtsprechung gegenüber **Subsidiaritätsklauseln in Bauträgerverträgen** liegt in der Erweiterung des Kontrollmaßstabs um **§ 307 Abs. 2 Nr. 2**. Nach Ansicht des BGH verstößt eine Klausel, welche den Erwerber auf zumutbare Bemühungen um eine außergerichtliche Durchsetzung der abgetretenen Ansprüche gegen die Bauhandwerker verweist, gegen das Aushöhlungsverbot des § 307 Abs. 2 Nr. 2.[28] Eine solche Vertragsgestaltung nehme dem Erwerber gerade die durch die Bündelung der Leistungspflichten in der Person des Bauträgers angestrebten Vorteile. Die tatbestandlichen Grenzen des § 309 Nr. 8 Buchst. b Doppelbuchst. aa sind somit nicht das letzte Wort.

Dagegen begründet eine vom **Hersteller** gewährte, dem Kunden über den jeweiligen Verkäufer angetragene **Garantie** üblicherweise eine **zusätzliche** Einstandspflicht des Herstellers für das Produkt. Sie lässt die kaufrechtrechtliche Mängelgewährleistung des Verkäufers unberührt und gerät daher mit § 309 Nr. 8 Buchst. b Doppelbuchst. aa nicht in Konflikt.[29]

934

935

936

IV. Anspruch auf Nacherfüllung

1. Beschränkung auf Nacherfüllung

Nach § 309 Nr. 8 Buchst. b Doppelbuchst. bb müssen formularmäßig zugunsten der Nacherfüllung (§§ 437 Nr. 1, 439 für den Kaufvertrag und §§ 634 Nr. 1, 635 für den Werkvertrag) ausgeschlossene gesetzliche Mängelrechte dem Vertragspartner dann wieder zustehen, wenn die Nacherfüllung fehlschlägt. Die Vorschrift geht davon aus, dass dem Käufer oder Besteller grundsätzlich damit gedient ist, binnen angemessener Zeit eine der vertragsmäßigen Beschaffenheit entsprechende Sache oder Werkleistung zu erhalten, die zu liefern oder zu erbringen sich der Verwender verpflichtet hatte.

937

---

[25] BGH NJW 1995, 1675 (1676); 1998, 904 (905); OLG Düsseldorf NJW-RR 1997, 659 (660).
[26] BGH NJW 1995, 1675.
[27] BGH NJW 1995, 1675 (1676); 1998, 904 (905).
[28] BGH NJW 2002, 2470 (2471 f.).
[29] *Locher,* Recht der AGB, S. 94.

938 Die Bestimmung der Nr. 8 Buchst. b Doppelbuchst. bb hat die Fälle zum Gegenstand, in denen der Verwender seinem Vertragspartner anstelle der gesetzlichen Rechte (§§ 437, 634) nur einen Anspruch auf Nacherfüllung einräumt. Will der Verwender dem Käufer neuer Sachen oder dem Besteller von Werkleistungen für den Fall der Mangelhaftigkeit nur ein Recht auf Nacherfüllung zugestehen, so muss sein Bedingungswerk ausdrücklich und in rechtlich exakter Ausdrucksweise klarstellen, dass der Kunde nach fehlgeschlagener Nacherfüllung zwischen Minderung und Rücktritt vom Vertrag wählen kann. Den Anspruch auf Schadens- und Aufwendungsersatz erwähnt das Klauselverbot nicht. Daraus ist zu folgern, dass ein wirksam ausgeschlossener Schadens- und Aufwendungsersatzanspruch auch dann nicht wieder auflebt, wenn die Nacherfüllung fehlgeschlagen ist.[30] Der Kontrollmaßstab für den Ausschluss und die Beschränkung von Schadensersatzansprüchen ergibt sich aus anderen Vorschriften, insbesondere aus § 309 Nr. 7. Bei **Verträgen über Bauleistungen** können wegen der Schwierigkeiten eines Rücktritts und der dann drohenden Zerstörung wirtschaftlicher Werte die Rechte des anderen Vertragsteils für den Fall des Fehlschlagens der Nacherfüllung sogar auf die Minderung beschränkt werden.[31]

939 Die subsidiäre Möglichkeit, im Falle des Fehlschlagens der Nacherfüllung auf die dann wiederauflebenden Rechtsbehelfe der Minderung und des Rücktritts zurückzugreifen, muss dem anderen Vertragsteil ausdrücklich und in **rechtlich exakter Ausdrucksweise** vorbehalten werden. Ein § 309 Nr. 8 Buchst. b Doppelbuchst. bb entsprechender Vorbehalt kann durch Verwendung des gesetzlichen Oberbegriffs des „Fehlschlagens" der Nachbesserung bzw. Ersatzlieferung zum Ausdruck gebracht werden. Geschieht dies nicht, müssen sämtliche Fälle des Fehlschlagens aufgezählt werden.[32]

Beispiele:
(1) „Die Gewährleistung erfolgt nach unserer Wahl entweder durch Ersatzlieferung oder durch kostenlose Beseitigung des Fehlers... Ein Anspruch des Kunden auf Wandlung oder Minderung ist ausgeschlossen, es sei denn, der Fehler kann nicht beseitigt werden oder weitere Nachbesserungsversuche sind für den Kunden unzumutbar." In dieser Klausel sind nur die Fälle des Unvermögens zur Fehlerbeseitigung und der Unzumutbarkeit weiterer Nachbesserungsversuche genannt, nicht jedoch die – ebenfalls als „Fehlschlagen" zu beurteilenden – Fälle der unberechtigten Verweigerung oder ungebührlichen Verzögerung der Nachbesserung bzw. Ersatzlieferung. Durch diese, seine Rechte nur unvollständig wiedergebende Formulierung kann der Kunde davon abgehalten werden, die ihm wieder erwachsenen gesetzlichen Gewährleistungsrechte geltend zu machen. Die Klausel ist gem. § 309 Nr. 8 Buchst. b Doppelbuchst. bb unwirksam.[33]
(2) Der Gesetzesbegriff des Fehlschlagens wird in einer für den Kunden unangemessenen Weise missdeutet, wenn stets **drei fehlgeschlagene Nachbesserungsversuche** vorausgesetzt werden.[34] Diese Beurteilung wird jetzt durch § 440 S. 2 unterstützt, gilt doch nach dieser Vorschrift eine Nachbesserung nach dem erfolglosen zweiten Versuch in der Regel als fehlgeschlagen.

2. Aufwendungen bei Nacherfüllung

940 Nach § 439 Abs. 2 und § 635 Abs. 2 hat der **Verkäufer bzw. Unternehmer die zum Zwecke der Nacherfüllung erforderlichen Aufwendungen,** insbesondere die Transport-, Wege-, Arbeits- und Materialkosten **zu tragen.** Die in diesen Vorschriften statuierte Kostentragungspflicht ist – außerhalb von Verbraucherverträgen – dispositiver Natur. Besonders problematisch ist eine Kostenüberwälzung auf den Kunden jedenfalls dann, wenn

---

[30] MünchKomm-*Kieninger*, § 309 Nr. 8 Rdn. 45; a. A. *Graf von Westphalen*, NJW 2002, 24.
[31] Kein Vertrag über Bauleistungen ist hingegen der **Bauträgervertrag,** vgl. BGH NJW 2002, 511; NJW-RR 2007, 59 f.
[32] BGH NJW 1985, 623 (630); 1994, 1004 (1005); 1996, 2504 (2506); 1998, 677 (678); 1988, 679 (680); OLG Düsseldorf NJW-RR 2002, 203.
[33] BGH NJW 1998, 679 (680).
[34] BGH NJW 1998, 677 (678).

§ 36. Die Gewährleistung für fehlerhafte Sachen und Leistungen 355

seine Rechte zuvor schon – wenn auch vorläufig – auf einen bloßen Nacherfüllungsanspruch zurückgeschnitten worden sind. In einer solchen doppelten Verkürzung der Kundenrechte hat der BGH schon vor Inkrafttreten des AGB-Gesetzes eine unangemessene Benachteiligung des Kunden erblickt.[35] Gegen eine solche Aushöhlung des einzig verbleibenden Rechtsbehelfs wendet sich § 309 Nr. 8 Buchst. b Doppelbuchst. cc in erster Linie. Das **Verbot, dem Kunden die Kosten der Nacherfüllung formularmäßig aufzuerlegen**, aktualisiert sich allerdings nach dem Gesetzeswortlaut nicht nur in dem besonders kritischen Fall der vorherigen Beschränkung der Mängelrechte auf die Nacherfüllung. Es gelangt vielmehr auch dann zur Anwendung, wenn die übrigen Rechte des Käufers wegen eines Mangels in den Allgemeinen Geschäftsbedingungen nicht angetastet werden, der Nacherfüllungsanspruch sich somit als ein Rechtsbehelf unter mehreren darstellt.[36]

Eine Klausel, die den Käufer bei der **Geltendmachung nur vermeintlicher Gewährleistungsrechte** mit den dadurch entstehenden Kosten belastet, fällt zwar nicht in den Anwendungsbereich von § 309 Nr. 8 Buchst. b Doppelbuchst. cc, ist aber nach § 307 unwirksam, wenn sie nicht nach dem Verschuldensgrad auf Seiten des Kunden differenziert.[37] 941

3. Vorenthalten der Nacherfüllung

Der Anspruch des Kunden auf Nacherfüllung kann dadurch in seiner Durchsetzbarkeit erschwert und damit insgesamt entwertet werden, dass der Verwender die vorherige Zahlung des vertraglich vereinbarten Entgelts zur Voraussetzung erhebt. Dem Kunden wird damit die Möglichkeit genommen, durch das Zurückhalten eines Teils des Entgelts wirtschaftlichen Druck auf den Verwender auszuüben, um ihn zur Erfüllung seiner Nacherfüllungspflicht zu veranlassen. **§ 309 Nr. 8 Buchst. b Doppelbuchst. dd** untersagt es daher dem Verwender, die Nacherfüllung von der vorherigen Zahlung des vollständigen Entgelts oder eines unter Berücksichtigung des Mangels unverhältnismäßig hohen Teils des Entgelts abhängig zu machen. Die Vorschrift steht in engem thematischen Zusammenhang mit § 309 Nr. 2, der das Leistungsverweigerungsrecht des Kunden für den Fall sicherstellt, dass der Kunde seinerseits auf Zahlung des Entgelts in Anspruch genommen wird.[38] Da dies die weitaus häufigere Konstellation sein dürfte, wird man die praktische Bedeutung des in § 309 Nr. 8 Buchst. b Doppelbuchst. dd enthaltenen Klauselverbots als eher gering veranschlagen müssen.[39] 942

V. Ausschlussfrist für Mängelanzeige

Vertraglich vereinbarte Ausschlussfristen für die Anzeige von Mängeln dienen dem Interesse des Verwenders an rascher, gesicherter Vertragsabwicklung. Für den Kunden sind sie hingegen ausgesprochen gefährlich, da er im Falle der Fristversäumnis seiner Mängelrechte verlustig geht. Jedenfalls hinsichtlich der nicht offensichtlichen Mängel kommen solche Ausschlussfristen im wirtschaftlichen Ergebnis einer Verkürzung der Verjährung gleich. Der Gesetzgeber hat diesen Zusammenhang gesehen und das Klauselverbot des **§ 309 Nr. 8 Buchst. b Doppelbuchst. ee** in enger Abstimmung mit dem im letzten Verbotstatbestand der Nr. 8 Buchst. b geregelten Verjährungserleichterung ausgestaltet. 943

---

[35] BGHZ 48, 264 ff.
[36] MünchKomm-*Kieninger*, § 309 Nr. 8 Rdn. 55.
[37] OLG Düsseldorf NJW-RR 2000, 790; ebenso OLG Hamm, Urt. v. 27. 9. 1999 – 13 U 71/99 (n. v.) für eine Test- und Bearbeitungsgebühr von 60 DM für unberechtigte Reklamationen.
[38] Vgl. Rdn. 836.
[39] So auch MünchKomm-*Kieninger*, § 309 Nr. 8 Rdn. 57.

944 Unwirksam sind nach § 309 Nr. 8 Buchst. b Doppelbuchst. ee Klauseln, die dem Kunden für die Anzeige **nicht offensichtlicher Mängel** eine Anzeigefrist setzen, die kürzer ist als die höchstzulässig verkürzte Verjährungsfrist. Diese beträgt nach Doppelbuchst. ff im Allgemeinen ein Jahr, bei Bauwerken und Baustoffen, die zur Mangelhaftigkeit eines Bauwerks geführt haben, fünf Jahre. Die Statuierung einer unverzüglich zu erfüllenden Anzeigeobliegenheit ist daher unwirksam und zwar auch dann, wenn der Rechtsverlust als Konsequenz der Fristversäumnis nicht ausdrücklich genannt wird.

Beispiel: „Der Käufer hat Fehler unverzüglich nach deren Feststellung bei dem in Anspruch genommenen Betrieb ... anzuzeigen". Im Wege der im Verbandsprozess zugrunde zu legenden kundenfeindlichsten Auslegung ging der BGH davon aus, dass durch diese Klausel die Gewährleistungsansprüche des Kunden bei nicht unverzüglicher Mängelanzeige ausgeschlossen werden, was mit § 309 Nr. 8 Buchst. b Doppelbuchst. ee nicht zu vereinbaren sei.[40]

945 Aus § 309 Nr. 8 Buchst. b Doppelbuchst. ee ergibt sich im Gegenschluss, dass in Verträgen über die Lieferung neu hergestellter Sachen und Leistungen – abgesehen allerdings von Verbraucherverträgen –[41] eine die gesetzliche Gewährleistungsfrist unterschreitende Ausschlussfrist für die Anzeige **offensichtlicher Mängel** im Wege von Allgemeinen Geschäftsbedingungen grundsätzlich wirksam vereinbart werden kann. Offensichtlich ist ein Mangel, wenn er so offen zutage liegt, dass er auch dem durchschnittlichen nichtunternehmerischen Kunden ohne besonderen Aufwand auffällt.[42] Maßstab der Wirksamkeit ist insoweit die allgemeine Vorschrift des § 307.

Beispiele:
(1) Problematisch ist oftmals die knapp bemessene **Dauer der Frist.** Diese Fristlänge muss so bemessen sein, dass dem typischerweise angesprochenen Kunden ein ausreichender Zeitraum für die Feststellung und Prüfung der Mängel sowie zur Überlegung belassen wird, ob und gegebenenfalls welche Gewährleistungsansprüche er geltend machen will. In Anlehnung an die Widerrufsfrist des § 355 wird man grundsätzlich verlangen dürfen, dass die dem Kunden formularmäßig auferlegte Anzeigefrist mindestens zwei Wochen beträgt.[43] Das schließe es nicht aus, dass die durch die Besonderheiten des Vertrages geprägte Interessenlage der Beteiligten im Einzelfall auch kürzere oder längere Fristen rechtfertigt.
(2) Für unwirksam wurde eine Klausel erachtet, die **keine eindeutige Bestimmung** darüber enthielt, wann die auf eine Woche festgesetzte Rügefrist für offensichtliche Mängel zu laufen beginnt und in welcher Weise (Absendung der Mängelanzeige oder Zugang) sie gewahrt werden kann, und wenn der Verkäufer sich seinerseits einen großzügig bemessenen Lieferzeitraum vorbehält.[44]

946 Für die **Kautelarpraxis** folgt daraus das unbedingte Gebot, in ihren Vertragswerken zwischen offensichtlichen und nicht offensichtlichen Mängeln zu differenzieren.

VI. Erleichterung der Verjährung

947 Hatte das Bürgerliche Gesetzbuch die Verjährungsregelungen bislang halbzwingend ausgestaltet (§ 225 a.F.), so gilt nach neuem Recht auch für **Vereinbarungen über die Verjährung** der Grundsatz der Vertragsfreiheit, das heißt sie sind **grundsätzlich zulässig.** Diese Grundaussage kommt im Text des neugefassten § 202 zwar nur unvollkommen

---

[40] BGH NJW 2001, 292 (300).
[41] LG Hamburg VuR 2004, 27; *Ulmer/Christensen*, § 309 Nr. 8 Rdn. 95; *Erman-Roloff*, § 309 Rdn. 115; *Graf von Westphalen*, ZGS 2005, 173 ff.; a. A. *Palandt-Grüneberg*, § 309 Rdn. 71; AnwK-*Kollmann*, § 309 Rdn. 157.
[42] *Ulmer/Christensen*, § 309 Nr. 8 Rdn. 98.
[43] *Palandt-Grüneberg*, § 309 Rdn. 71; BGH NJW 1998, 3119 (3120) zum früheren Recht (§ 7 Abs. 1 VerbrKrG und § 1 HaustürWG): eine Woche.
[44] OLG Zweibrücken NJW-RR 1998, 348; ablehnend *Palandt-Grüneberg*, § 309 Rdn. 71: maßgeblich ist Zeitpunkt der Lieferung.

§ 36. Die Gewährleistung für fehlerhafte Sachen und Leistungen   357

zum Ausdruck, ergibt sich aber im Rückschluss aus den in dieser Vorschrift genannten äußersten Grenzen. Während es im allgemeinen Verjährungsrecht also zu einer Liberalisierung gekommen ist, sind **im Recht des Verbrauchsgüterkaufs neue zwingende Verjährungsbestimmungen** hinzugekommen (§ 475 Abs. 2). Sie sollen dem Verbraucher die gesetzlich vorgesehene Verjährungsfrist und den Verjährungsbeginn (§ 438) für seine Rechte wegen eines Mangels der Kaufsache (§ 437) erhalten. Eine Verkürzung der zweijährigen Verjährungsfrist – auf maximal ein Jahr – ist nur beim Kauf gebrauchter Sachen zulässig (§ 475 Abs. 2). Ausgenommen vom Verbot nachteilbegründender Verjährungsvereinbarungen beim Verbrauchsgüterkauf ist der Schadensersatzanspruch (§ 475 Abs. 3).

In diesem Korridor bewegt sich das AGB-rechtliche Klauselverbot des **§ 309 Nr. 8 Buchst. b Doppelbuchst. ff**. Es hat nicht nur in Anbetracht der gesetzgeberischen Aktivitäten auf dem Gebiete des Verbrauchsgüterkaufs einen **erheblichen Bedeutungsverlust** hinnehmen müssen, sondern hat darüber hinaus auch eine **inhaltliche Neugestaltung** erfahren. Während nämlich bislang eine formularvertragliche Verkürzung der gesetzlichen Gewährleistungsfristen schlechthin unwirksam war (§ 11 Nr. 10 Buchst. f AGBG a. F.), gilt nunmehr eine **differenzierte Regelung**.   948

Für die Ansprüche wegen **Mängeln an Bauwerken,** die Gegenstand eines Kauf- oder Werkvertrages sind, sowie für Mängel der zu ihrer Herstellung verwendeten Baustoffe und Bauteile, gilt nach § 438 Abs. 1 Nr. 2 und § 634a Abs. 1 Nr. 2 eine fünfjährige Verjährungsfrist. Solche Baumängel zeigen sich erfahrungsgemäß häufig erst sehr spät, so dass die fünfjährige Verjährungsfrist notwendig ist, um dem Vertragspartner die Wahrung seiner Rechte zu gewährleisten. Vor diesem Hintergrund kann eine Erleichterung der Verjährung – jedenfalls in Allgemeinen Geschäftsbedingungen – nicht gestattet sein. Dies gilt nach der ausdrücklichen Anordnung des Gesetzgebers nicht für Verträge, in die **Teil B der VOB** insgesamt einbezogen ist (§ 309 Nr. 8 Buchst. b Doppelbuchst. ff HS. 2).[45] Zwar ist im Zuge der letzten Änderung der VOB die Verjährungsfrist für normale Bauleistungen von zwei auf vier Jahre verdoppelt worden (vgl. § 13 VOB/Teil B i.d.F. von 2002), so dass der Abstand zur fünfjährigen Verjährung nach dem Bürgerlichen Gesetzbuch nur noch ein Jahr beträgt. Soweit die gesetzliche Ausnahme zugunsten der VOB auch die als Verbraucherverträge zu qualifizierenden Bauverträge zwischen Bauunternehmen und privaten Bauherren umfasst, bestehen jedoch erhebliche Bedenken an ihrer Richtlinienkonformität.[46] Hier dürfte über kurz oder lang mit einer Vorlage an den EuGH zu rechnen sein.   949

Die Gesetzesformulierung „Erleichterung der Verjährung" soll im Übrigen unterstreichen, dass nicht nur die Verkürzung der Verjährungsfrist dem Verbot unterfällt, sondern jede Bestimmung in Allgemeinen Geschäftsbedingungen, durch die im Ergebnis – und sei es auch nur mittelbar – eine kürzere Verjährungsfrist erreicht wird (z. B. Vorverlegung des Fristbeginns, Modifizierung der gesetzlichen Hemmungsgründe).[47]   950

In **allen übrigen Fällen** ist eine formularvertragliche Erleichterung der Verjährung zwar nicht mehr ausgeschlossen, wohl aber nach unten begrenzt. Dem anderen Vertragsteil muss eine **mindestens ein Jahr** betragende Verjährungsfrist, gerechnet ab dem gesetzlichen Verjährungsbeginn, erhalten bleiben. Diese Untergrenze von einem Jahr gilt im Übrigen auch bei Verbraucherverträgen für die vom Abweichungsverbot des § 475 Abs. 2 ausgenommenen Schadensersatzansprüche (§ 475 Abs. 3) des Käufers. Der Grund   951

---

[45] Hierzu auch die Ausführungen unter Rdn. 646.
[46] *Quack,* BauR 1997, 24; *Wolf/Horn,* § 23 AGBG Rdn. 248; *Palandt-Grüneberg,* § 309 Rdn. 76; a. A. *Pauly,* MDR 2003, 126 f.
[47] *Ulmer/Christensen,* § 309 Nr. 8 Rdn. 109. In diesem Sinne judizierte schon bislang die höchstrichterliche Rechtsprechung (BGH NJW-RR 1987, 144, 145; NJW 1992, 1236, 1237), so dass es sich lediglich um eine Klarstellung handelt.

für diese Lockerung liegt in folgendem:[48] War nach bisherigem Recht eine formularmäßige Verkürzung der ohnehin äußerst knappen Verjährungsfristen von vornherein nicht hinnehmbar, so hat sich die Interessenlage durch die Verlängerung der Verjährungsfrist auf zwei Jahre (§§ 438 Abs. 1 Nr. 3, 634a Nr. 1) verändert. Das Interesse des Klauselverwenders, möglichst bald Klarheit über seine Inanspruchnahme wegen eines Mangels zu erhalten, kann unter bestimmten Voraussetzungen eine Unterschreitung der Zweijahresfrist rechtfertigen. Das ist jedoch nicht per se zu unterstellen. Vielmehr wird das Vorliegen eines berechtigten Interesses des Verwenders im Rahmen der Angemessenheitsprüfung nach § 307 geprüft.

952 Eine weitere Grenze für eine Erleichterung der Verjährung kann sich im Übrigen aus § 309 Nr. 7 ergeben. Die Begründung der Bundesregierung zur Neufassung des Verbotstatbestandes der Nr. 8 Buchst. b Doppelbuchst. bb[49] verweist ausdrücklich auf diese Möglichkeit und beruft sich hierfür auf die herrschende Meinung,[50] derzufolge auch die Verkürzung von Verjährungsfristen eine Haftungsbeschränkung bzw. -begrenzung darstellt. Folgt man dem, so verstößt eine globale Verkürzung der Verjährung aller Ansprüche des Kunden wegen eines Mangels gegen § 309 Nr. 7, weil damit auch die unantastbaren Schadensersatzansprüche aus der Verletzung höchstpersönlicher Rechtsgüter (§ 309 Nr. 7 Buchst. a) und wegen eines groben Verschuldens begrenzt werden. Der Kautelarjurisprudenz ist anzuraten, sich hier durch einen entsprechenden Vorbehalt („Unberührt bleiben Ansprüche aus …") abzusichern.[51]

VII. Gewährleistungsklauseln bei Lieferung gebrauchter Sachen

953 Der Verkauf gebrauchter Sachen vollzieht sich zwar bisweilen ebenfalls unter Verwendung Allgemeiner Geschäftsbedingungen, die Regel ist dies jedoch nicht. Absolut gebräuchlich ist der Abschluss unter Zugrundelegung Allgemeiner Geschäftsbedingungen lediglich in zwei Sparten: dem Gebrauchtwagenhandel und dem Kunsthandel. Gewährleistungsbeschränkende oder -ausschließende Klauseln fallen hier mangels Neuheit des Kaufgegenstandes von vornherein nicht unter die Klauselverbote des § 309 Nr. 8 Buchst. b. Den Kontrollmaßstab bildet hier die **Generalklausel des § 307**. Die hiernach gebotene Bewertung der Interessenlage beider Parteien führt im Regelfall zu dem Ergebnis, dass in einem **Gewährleistungsausschluss keine unangemessene Benachteiligung des Käufers zu sehen ist**.[52] Denn anders als bei neu hergestellten Sachen muss der Käufer eines gebrauchten Gegenstandes damit rechnen, dass diesem alters- und abnutzungsbedingte Verschleißerscheinungen anhaften, die den Wert und die Tauglichkeit mindern. Der Verkäufer wiederum kann den wahren Grad der Abnutzung im Allgemeinen kaum zuverlässig feststellen. Ihn trifft auch keine allgemeine Untersuchungspflicht. Vor diesem Hintergrund hat die Rechtsprechung bislang in vielen Fällen selbst den völligen Ausschluss der Gewährleistung gebilligt, so insbesondere beim Verkauf gebrauchter Fahrzeuge, Radio- und Fernsehgeräte und Immobilien.[53]

954 Nach der **Schuldrechtsmodernisierung** gilt der Grundsatz der Wirksamkeit vorformulierter Gewährleistungsausschlüsse bezüglich gebrauchter Sachen nur noch **einge-**

---

[48] Vgl. hierzu auch die Regierungsbegründung BT-Drucks. 14/1640, S. 159.
[49] BT-Drucks. 14/1640, S. 159.
[50] OLG Düsseldorf NJW-RR 1995, 440; *Ulmer/Christensen*, § 309 Nr. 7 Rdn. 28; jüngst bestätigt durch BGH NJW 2007, 674; vgl. aber auch BAG NZA 2005, 1111 (1112f.); vgl. hierzu im Übrigen die Ausführungen unter Rdn. 975.
[51] HK-*Schulte-Nölke*, § 309 Rdn. 40.
[52] BGH NJW 1989, 2534 (2536); *Wolf*, § 9 AGBG Gebrauchtwagenkauf Rdn. G 67.
[53] BGH NJW 1979, 1886ff.; 1984, 1452 (1453); 1989, 2534 (2536)1993, 657 (658f.).

schränkt. So unterscheidet das neu in das Bürgerliche Gesetzbuch eingefügte **Verbrauchsgüterkaufrecht** anders als das gesetzliche AGB-Recht nicht zwischen neu hergestellten und gebrauchten Sachen. Die Einstandspflicht für Mängel der Sache ist unterschiedslos zwingender Natur (§ 475 Abs. 1). Lediglich die Verjährung kann bei gebrauchten Sachen auf eine Frist von einem Jahr verkürzt werden (§ 475 Abs. 2).

Beispiel: In einem Kaufvertrag zwischen einem **Gebrauchtwagenhändler** und einem privaten Käufer findet sich die Klausel: „gebraucht, wie besichtigt und unter Ausschluss jeder Gewährleistung". Dieser Gewährleistungsausschluss war bislang von der Rechtsprechung für wirksam befunden worden.[54] Die Gesetzeslage hat sich hier geändert. Da es sich um einen Verbrauchsgüterkauf handelt, mißachtet die Klausel nunmehr die in § 475 Abs. 1 angeordnete zwingende Wirkung der §§ 434 ff. Für die rechtliche Beurteilung würde es hier im Übrigen keinen Unterschied machen, ob es sich bei der Klausel um eine Allgemeine Geschäftsbedingung oder um eine Individualabrede handelt.

Aber auch **außerhalb des Anwendungsbereichs der Vorschriften zum Verbrauchsgüterkauf** (§§ 474 ff.), also insbesondere bei Verkaufsgeschäften unter Verbrauchern, beim Verkauf von Immobilien, aber auch im unternehmerischen Geschäftsverkehr, ist ein formularvertraglicher Ausschluss der Gewährleistung für gebrauchte Sachen nicht mehr bedenkenfrei. Ein uneingeschränkter Gewährleistungsausschluss berührt nämlich zugleich die **Verbotstatbestände des § 309 Nr. 7** – man denke etwa an Schadensersatzansprüche, mit denen Mangelfolgeschäden geltend gemacht werden.[55] Der Kautelarpraxis ist auch hier zu empfehlen, zu differenzierteren Gewährleistungsklauseln überzugehen.

955

Beispiel: Beim **Verkauf eines Gebrauchtwagens an einen Unternehmer** verwendet der Vertragshändler eine Klausel, in der es heißt: „... unter Ausschluss jeder Gewährleistung". Der BGH sieht hierin eine umfassende Freizeichnung, nach der die Haftung des Klauselverwenders auch für Körper- und Gesundheitsschäden (§ 309 Nr. 7 Buchst. a) und für sonstige Schäden auch bei grobem Verschulden (§ 309 Nr. 7 Buchst. b) ausgeschlossen sei. Eine solche Klauselgestaltung sei nicht nur gegenüber Verbrauchern, sondern ebenso im Geschäftsverkehr zwischen Unternehmern wegen unangemessener Benachteiligung des Vertragspartners des Verwenders insgesamt unwirksam (§ 307 Abs. 1 i. V. m. Abs. 2 Nr. 2).[56]

VIII. Gewährleistungsklauseln im unternehmerischen Geschäftsverkehr

Die Einzelverbote des § 309 Nr. 8 Buchst. b zielen allesamt darauf ab, den Kunden vor einer Aushöhlung seiner ihm kraft Gesetzes zustehenden Mängelrechte zu schützen und sicherzustellen, dass das Äquivalenzverhältnis von Leistung und Gegenleistung auch bei mangelhafter Leistung des Verwenders durchgesetzt werden kann. Diesem Grundanliegen muss grundsätzlich auch die Vertragsgestaltung im unternehmerischen Geschäftsverkehr Rechnung tragen. Die **Wertungen des § 309 Nr. 8 Buchst. b** werden daher bis auf wenige Ausnahmen bzw. Modifikationen gem. § 310 Abs. 1 S. 2 **über § 307 Abs. 1 und 2 auch bei Verträgen über neu hergestellte Sachen und Werkleistungen mit Unternehmern zur Geltung gebracht.** Da der unmittelbare Anwendungsbereich des § 309 Nr. 8 Buchst. b – wie eingangs erwähnt (vgl. Rdn. 921 ff.) – stark geschrumpft ist, liegt in der Ausstrahlungswirkung auf den unternehmerischen Geschäftsverkehr sogar die Hauptbedeutung dieser Vorschrift. Im Einzelnen gilt für die Tatbestände des § 309 Nr. 8 Buchst. b folgendes:

956

---

[54] BGH NJW 1979, 1886 ff.
[55] OLG Hamm NJW-RR 2005, 1220 (1221) für Privatverkauf und BGH NJW 2007, 3774 für Verkauf an Unternehmer; *Ulmer/Christensen*, Anh. § 310 Rdn. 447; weiterhin für Zulässigkeit dagegen *Erman-Roloff*, § 307 Rdn. 124; für einschränkende Auslegung OLG Düsseldorf ZGS 2004, 271.
[56] BGH NJW 2007, 3774 (3775).

957 **Doppelbuchst. aa:** Unwirksam sind auch im unternehmerischen Verkehr der vollständige Ausschluss der Rechte aus § 437 oder § 634 sowie eine ersetzende Verweisung des Vertragspartners auf einen Dritten.[57] Dem Verwender sollte es jedoch möglich sein, seine Haftung von der vorherigen erfolglosen gerichtlichen Inanspruchnahme eines Dritten abhängig zu machen.[58] Eine weitere Einschränkung kann sich im übrigen aus den halbzwingenden Sondervorschriften zum Lieferantenregress beim Verbrauchsgüterkauf ergeben (§§ 478, 479).[59]

958 **Doppelbuchst. bb:** Auch die der Beschränkung der Mängelrechte auf den Nacherfüllungsanspruch gezogenen Grenzen werden auf den unternehmerischen Verkehr erstreckt.[60] Umstritten ist allerdings, ob im kaufmännischen Geschäftsverkehr der in Doppelbuchst. bb vorgeschriebene ausdrückliche Vorbehalt entbehrlich ist.[61]

959 **Doppelbuchst. cc:** Die Aufwendungen für die Nacherfüllung können auch dann nicht auf die andere Vertragspartei abgewälzt werden, wenn es sich bei ihr um einen unternehmerischen Kunden handelt.[62]

960 **Doppelbuchst. dd:** Im unternehmerischen Geschäftsverkehr gilt ferner das Verbot der Vorenthaltung der Nacherfüllung.[63]

961 **Doppelbuchst. ee:** Dagegen ist das Klauselverbot für Ausschlussfristen grundsätzlich nicht auf den unternehmerischen Verkehr übertragbar. Die maßgeblichen Wertungen für die Inhaltskontrolle entsprechender Klauseln ergeben sich hier aus § 377 HGB.[64] Als nicht mehr hinnehmbar hat der BGH eine AGB-Klausel bezeichnet, die eine Rüge offener und verborgener Mängel nur innerhalb von drei Tagen gestattet. Ein Verlust des Mängelrügerechts mit der Folge des Anspruchsverlusts sei grundsätzlich nur dann zu rechtfertigen, wenn der Besteller oder Käufer zumutbaren, zur redlichen Abwicklung des Vertrages gebotenen Obliegenheiten nicht nachkomme.[65] In Bauverträgen ist allerdings eine Klausel unwirksam, nach der bei Abnahme nicht erkennbare Mängel innerhalb von zwei Wochen nach Erkennbarkeit vorgebracht werden müssen.[66]

962 **Doppelbuchst. ff:** Das ehemals in § 11 Nr. 10 Buchst. f AGBG enthaltene Verbot der Verkürzung gesetzlicher Gewährleistungsfristen galt nach der Rechtsprechung über § 9 AGBG grundsätzlich auch bei Verwendung von Allgemeinen Geschäftsbedingungen gegenüber Unternehmern. Auf sie treffe der in der gesetzlichen Regelung zum Ausdruck gekommene Gerechtigkeitsgedanke gleichermaßen zu.[67] Für unwirksam wurde beispielsweise eine Verkürzung der fünfjährigen Frist für Bauwerke (§ 638) auf sechs Monate erachtet.[68] Ob das differenzierte Klauselverbot des § 309 Nr. 8 Buchst. b Doppelbuchst. ff auch nach der Verlängerung der Verjährungsfristen im Zuge der Schuldrechtsreform in vollem Umfang bei Verträgen mit Unternehmern zur Geltung gebracht werden kann, ist derzeit noch ungeklärt. Vieles spricht dafür, jedenfalls die fünfjährige Verjährungsfrist der §§ 438 Nr. 2 und 634a Nr. 2 auch weiterhin nicht in die Hände der unternehmerischen Vertragsparteien

---

[57] BGH NJW 1991, 2630 (2632); 1994, 1060 (1066).
[58] *Ulmer/Christensen*, § 309 Nr. 8 Rdn. 49; *Staudinger-Coester-Waltjen*, § 309 Nr. 8 Rdn. 54.
[59] *Erman-Roloff*, § 309 Rdn. 99.
[60] BGH NJW 1994, 1004 (1005); 1998, 677 (678); 1998, 679.
[61] Für Entbehrlichkeit *Wolf*, § 11 Nr. 10b AGBG Rdn. 38; dagegen *Ulmer/Christensen*, § 309 Nr. 8 Rdn. 76; *Staudinger-Coester-Waltjen*, § 309 Nr. 8 Rdn. 66. Der BGH hat dies bislang stets offengelassen, zuletzt in BGH NJW 1998, 677 (678) und 1998, 679 (680).
[62] BGH NJW 1981, 1510.
[63] *Palandt-Grüneberg*, § 309 Rdn. 70; *Erman-Roloff*, § 309 Rdn. 112.
[64] *Bamberger/Roth-Becker*, § 309 Nr. 8 Rdn. 50; HK-*Schulte-Nölke*, § 309 Rdn. 35.
[65] BGH NJW 1992, 575 (576).
[66] BGH NJW-RR 2005, 247 (248).
[67] BGH NJW 1984, 1750 (1751).
[68] BGH NJW 1981, 1510 (1511); 1984, 1750 (1751); 1999, 2434.

zu geben, das Klauselverbot des Doppelbuchst. ff also insoweit zur Anwendung zu bringen. Demgegenüber wird man sich im unternehmerischen Geschäftsverkehr durchaus typische Konstellationen vorstellen können, die zu einer moderaten Unterschreitung der – nach Doppelbuchst. ff an sich unantastbaren – einjährigen Mindestverjährungsfrist berechtigen.[69]

In den Einkaufsbedingungen findet sich mitunter auch eine **Verlängerung der Verjährung** für Gewährleistungsansprüche gegen die Lieferanten. Entfernt sich die verlängerte Verjährungsfrist von der gesetzlichen Regelung so weit, dass sie mit deren wesentlichen Grundgedanken nicht mehr zu vereinbaren ist, so ist sie nach § 307 Abs. 2 Nr. 1 unwirksam. In der Verlängerung der zweijährigen Verjährungsfrist um ein weiteres Jahr hat der BGH eine solche zu beanstandende Gesetzesabweichung allerdings noch nicht gesehen;[70] wohl aber in einer Heraufsetzung der Verjährungsfrist für Rechtsmängel auf zehn Jahre, da dies für den Regelfall eine Verfünffachung der gesetzlichen Verjährungsfrist (§ 438 Abs. 1 Nr. 3) bedeute.[71] Unwirksam ist ferner eine Bestimmung in den Einkaufsbedingungen, derzufolge im Falle der Nacherfüllung durch den Lieferanten die Verjährungsfrist neu zu laufen beginne. Der BGH vermisst hier eine notwendige Differenzierung nach Anlass, Art und Umfang der Nacherfüllung.[72]

963

IX. Garantiebedingungen

Die Hersteller von technischen Markenartikeln fügen ihren Produkten häufig Garantiescheine bei, in denen sie eine näher beschriebene Gewährleistung für die einwandfreie Beschaffenheit des vom Verkäufer erworbenen Gegenstandes übernehmen. Dem Käufer werden durch eine solche **Herstellergarantie** – rechtlich ein selbständiger Garantievertrag – über die gesetzlichen Gewährleistungsrechte gegenüber seinem Verkäufer hinaus weitergehende Ansprüche gegen den Hersteller eingeräumt. Die Rechtsposition des Käufers wird hierdurch also verbessert. Er kann wählen, gegen wen er im Falle der Mangelhaftigkeit Ansprüche geltend macht. Das führt regelmäßig zum Ausschluss der materiellen Angemessenheitskontrolle (§ 307 Abs. 3).[73] Insbesondere handelt es sich auch nicht etwa um eine Leistung i. S. d. § 309 Nr. 8 Buchst. b. Der Hersteller ist also in der Ausgestaltung von Inhalt und Reichweite seiner freiwillig übernommenen Garantie grundsätzlich frei. Allerdings muß er sehr genau darauf achten, dass die Garantieerklärung beim Durchschnittskunden nicht den Eindruck erweckt, auch die Gewährleistungsansprüche gegen den Verkäufer reichten nicht weiter als die in der Garantiekarte bezeichneten Rechte. Eine solche Klauselgestaltung verstößt gegen das Transparenzgebot (§ 307 Abs. 1 S. 2).[74]

964

Garantien werden – insbesondere im Autohandel – oftmals auch vom Verkäufer selbst abgegeben (**Verkäufergarantie**). Soweit diese Garantien der Inhaltskontrolle unterliegen (§ 307 Abs. 3), weil sie das Leistungsversprechen einschränken oder modifizieren, kommt es für die Angemessenheitskontrolle darauf an, ob die Garantiezusage derart ausgehöhlt wird, dass die Erreichung des Vertragszwecks gefährdet wird. Eine unangemessene Benachteiligung liegt noch nicht darin, dass die Leistungen aus der Garantie zum Zweck der

965

---

[69] Wie hier in der Tendenz AGB-Klauselwerke-*Graf von Westphalen*, Auswirkungen der Schuldrechtsreform auf den Teil Vertragsrecht, Rdn. 25 f.; HK-*Schulte-Nölke*, § 309 Rdn. 42; *Ulmer/Christensen*, § 309 Nr. 8 Rdn. 113; für grundsätzliche Anwendbarkeit hingegen *Palandt-Grüneberg*, § 309 Rdn. 77.
[70] BGH NJW 2006, 47.
[71] BGH NJW 2006, 47 (50).
[72] BGH NJW 2006, 47 (48 f.).
[73] Vgl. Rdn. 440.
[74] BGH NJW 1988, 1726 (1727).

Kundenbindung von der regelmäßigen Wartung des Fahrzeugs in den Vertragswerkstätten abhängig gemacht wird.[75] Unzulässig ist es allerdings, die Leistungspflicht des Garantiegebers unabhängig von der Ursächlichkeit für den eingetretenen Schaden auszuschließen. Dem Garantiegeber ist es dagegen nicht verwehrt, den Beweis der fehlenden Ursächlichkeit der versäumten Inspektionen dem Kunden aufzuerlegen.[76]

---

[75] BGH NJW 2008, 843.
[76] BGH NJW 2008, 214 (215); insgesamt kritisch zur neueren BGH-Rechtsprechung zur Inhaltskontrolle von Garantien P. Bydlinski, JZ 2008, 309 ff.

Sechster Abschnitt.
Haftung

§ 37. Haftungsfreizeichnungen und -beschränkungen

Literatur: *Arnold*, Freizeichnungsklauseln für leichte Fahrlässigkeit in AGB, ZGS 2004, 16; *Brors*, Haftungsbeschränkungen gegenüber dem Endverbraucher – neue Wege bei der AGB-Kontrolle?, ZIP 1998, 1663; *Haas*, Haftungsfreizeichnungsklauseln in Allgemeinen Geschäftsbedingungen, 1991; *Koller*, Die Wirksamkeit formularmäßiger Haftungsfreizeichnungsklauseln zwischen Schadensausgleich und Schadensprävention, ZIP 1986, 1089; *Kötz*, Zur Wirksamkeit von Freizeichnungsklauseln, NJW 1984, 2447; *Langer*, Haftungsausschluss und Haftungsbegrenzung gegenüber Unternehmern in Allgemeinen Geschäftsbedingungen, WM 2006, 1233; *Ostendorf*, Zur Wirksamkeit von Haftungsbeschränkungen in Standardverträgen nach der jüngeren Rechtsprechung des BGH – Auswirkungen auf die Vertragsgestaltung, ZGS 2006, 222; *Reiff*, Die neuen berufsrechtlichen Bestimmungen über Haftungsbeschränkungen durch AGB, AnwBl 1997, 3 ff.; *Roussos*, Freizeichnung von Schadensersatzansprüchen im Recht der AGB, 1982; *Schlechtriem*, Summenmäßige Haftungsbeschränkungen in Allgemeinen Geschäftsbedingungen, BB 1984, 1177; *Schlosser*, Haftungsgrund, Haftungsmaßstab und AGB-Gesetz, WM 1978, 562; *ders.*, Freizeichnungsklauseln im kaufmännischen Verkehr, in: Zehn Jahre AGB-Gesetz, 1987, S. 121; *Graf von Westphalen*, Die Nutzlosigkeit von Haftungsfreizeichnungs- und Haftungsbegrenzungsklauseln im kaufmännischen Verkehr, DB 1997, 1805; *ders.*, Leitlinien zur Haftungsbeschränkung in Mandats-AGB, MDR 1997, 989; *ders.*, Nach der Schuldrechtsreform: Neue Grenzen für Haftungsfreizeichnungs- und Haftungsbegrenzungsklauseln, BB 2002, 209; *ders.*, Freizeichnungsverbote in AGB-Klauseln – Neues und Altes, ZGS 2002, 382; *M. Wolf*, Freizeichnungsverbot für leichte Fahrlässigkeit in AGB, NJW 1980, 2433.

I. Die Klauselverbote des § 309 Nr. 7

Die Klauselverbote des § 309 Nr. 7 befassen sich, abgestuft nach den betroffenen Rechtsgütern, mit der Wirksamkeit vorformulierter Haftungsausschlüsse und -begrenzungen. Hier liegt traditionell eines der Haupteinsatzfelder der Klauselkontrolle. Im Zuge der Modernisierung des Schuldrechts ist der einschlägige – bislang in § 11 Nr. 7 AGBG niedergelegte – Katalogtatbestand neu gefasst worden. Die durch die Vorgängervorschrift markierten **Grenzen vertraglicher Haftungsabreden** haben trotz der Ergänzung um ein absolutes Freizeichnungsverbot für höchstrangige Rechtsgüter im Ergebnis **kaum eine substantielle Änderung** erfahren.

1. Anwendungsbereich

a) Vertragliche und gesetzliche Schadensersatzansprüche

Die Klauselverbote des § 309 Nr. 7 verbieten es dem Verwender, seine Haftung für Pflichtverletzungen formularmäßig abzubedingen. Damit sind alle **Schadensersatzansprüche des Kunden** sowie in den Vertrag einbezogener Dritter gegen den Verwender in den Anwendungsbereich der Klauselverbote einbezogen, **gleich auf welcher Rechtsgrundlage** sie beruhen. Erfasst werden also zum einen vertragliche Schadensersatzansprüche, insbesondere solche, die in § 280 ihre Anspruchsgrundlage finden – unter Einschluss der Schadensersatzansprüche aus der Lieferung einer mangelhaften Sache.[1] Darüber hinaus beziehen

---

[1] Zu Letzterem die Regierungsbegründung BT-Drucks. 14/6040, S. 156.

sich die Verbotstatbestände auch auf eine Haftung aus Verschulden bei Vertragsschluss (§§ 280, 311 Abs. 2) und unerlaubter Handlung (§§ 823 ff.).[2]

b) Vertragstypbezogene Ausnahmen

968 § 309 Nr. 7 HS. 2 (früher § 23 Abs. 2 Nr. 3 AGBG) dispensiert die **privatrechtlichen**, besonderen **Beförderungsbedingungen für den Linienverkehr auf der Straße** von der Geltung der Klauselverbote der Nr. 7 Buchst. a und b. Der Hintergrund dieser Ausnahme ist darin zu sehen, dass die auf Grund ihres Rechtsnormcharakters dem Anwendungsbereich der §§ 305 ff. entzogene Verordnung vom 27. 2. 1970 (BGBl. I S. 230) in § 14 Haftungsgrenzen für Sachschäden des Fahrgastes vorsieht, die in privatrechtlichen Verträgen mit § 309 Nr. 7 in Konflikt geraten würden. Durch die gesetzliche Exemtion wird aus Gründen der Gleichbehandlung sichergestellt, dass die privatrechtlich gestalteten Beförderungsbedingungen und Tarifvorschriften in diesem Bereich gleichartige Haftungsgrenzen statuieren können, soweit sie nicht zum Nachteil des Kunden von der Verordnung abweichen.[3] Die Verordnung kann in diesem Punkte mithin ohne Verstoß gegen das AGB-Recht übernommen werden. Allgemeine Flugbeförderungsbedingungen eines Luftfahrtunternehmens werden von der Ausnahme nicht erfasst und müssen sich eine Kontrolle auf ihre Vereinbarkeit mit dem gesetzlichen AGB-Recht gefallen lassen.[4]

969 Durch § 309 Nr. 7 HS. 3 (früher § 23 Abs. 2 Nr. 4 AGBG) sind die **Teilnahme- und Spielbedingungen der staatlich genehmigten Lotterie- und Ausspielverträge** vom Verbot des Haftungsausschlusses für grobes Verschulden (Buchst. b) freigestellt. Bei diesen Regelwerken handelt es sich um Allgemeine Geschäftsbedingungen, die Teil des privatrechtlichen Spielvertrages (§ 763) werden. Dies gilt auch dann, wenn es sich um staatliche Lotterien handelt, die als solche ohne weiteres genehmigt sind. In den Teilnahme- und Spielbedingungen der Toto- und Lottounternehmen sind Haftungsausschlüsse für den Fall vorgesehen, dass Wettscheine abhanden kommen oder verfälscht werden.[5] Für die Zulassung solcher auch grobes Verschulden erfassender Klauseln sprach nach Ansicht des Rechtsausschusses, dass anderenfalls der Gefahr eines manipulativen Zusammenwirkens zwischen Angestellten und Spielern Vorschub geleistet würde, insbesondere Betrüger nicht davon abgehalten würden, mit Hilfe fingierter Wettscheine die Auszahlung vorgetäuschter Gewinne zu Lasten der wirklichen Gewinner zu erstreiten.[6] Freizeichnungsklauseln, die sich nicht durch diesen Zweck rechtfertigen lassen, sind einer Inhaltskontrolle nach § 307 zu unterziehen.[7] Der Haftungsausschluss gilt nach den Bedingungen des

---

[2] *Palandt-Grüneberg*, § 309 Rdn. 41. Die – zumindest – analoge Anwendung des § 11 Nr. 7 AGBG auf deliktische Ansprüche entsprach im Übrigen schon bislang allgemeiner Meinung, vgl. BGH NJW 1987, 1931 (1938) und 1995, 1488 (1489); *Wolf*, § 11 Nr. 7 AGBG Rdn. 7.

[3] Amtl. Begründung BT-Drucks. 7/3919, S. 42.

[4] BGH NJW 1983, 1322 (1324). Näheres zu den Personenbeförderungsbedingungen im Luftverkehr bei *Giemulla/Schmid*, NJW 1999, 1057.

[5] Vgl. etwa § 14 Nr. 1 S. 2 der Teilnahmebedingungen für Lotto der Westdeutschen Lotterie (Stand Januar 2008): „Nachdem die übertragenen und die von der Zentrale vergebenen Daten auf den Speichermedien gesichert abgespeichert sind und die Speichermedien durch physischen oder die darauf abgespeicherten Daten durch digitalen Verschluss gesichert sind, haftet das Unternehmen dem Spielteilnehmer nur für Schäden, die von seinen gesetzlichen Vertretern oder Erfüllungsgehilfen grob fahrlässig oder vorsätzlich verursacht werden."

[6] BT-Drucks. 7/5422, S. 14. Kritisch hierzu MünchKomm-*Kieninger*, § 309 Nr. 7 Rdn. 15 f. mit dem Hinweis, die wahre Absicht läge darin, den Veranstaltern das „Personalrisiko" für die Mitarbeiter der Annahmestellen abzunehmen.

[7] *Wolf/Horn*, § 23 AGBG Rdn. 224; *Palandt-Grüneberg*, § 309 Rdn. 46; *Löwe*/Graf von Westphalen/Trinkner, § 23 Abs. 2 Nr. 4 AGBG Rdn. 3.

Deutschen Toto- und Lottoblocks[8] schon **ab dem Zeitpunkt der Einreichung des Spielscheins,** auch wenn der Spielvertrag erst mit der gesicherten Abspeicherung der auswertbaren Daten auf Speichermedien und der Erstellung der Spielquittung zustande kommt.[9] Konstruktiv lässt sich dies mit der Annahme eines Rahmenvertrages auf Einbeziehung der Teilnahmebedingungen erklären, den das Unternehmen, vertreten durch die Annahmestelle, abschließt.[10]

2. Freizeichnungsverbot für Verletzung höchstrangiger Rechtsgüter

Die auffälligste Neuerung gegenüber der Vorgängervorschrift des § 11 Nr. 7 AGBG besteht in der Schaffung eines eigenständigen Verbotstatbestandes in **§ 309 Nr. 7 Buchst. a**, der einen absolut freizeichnungsfesten Kernbereich definiert. Hiernach ist eine Klausel unwirksam, durch die sich der Verwender von der **Haftung für Schäden aus der Verletzung des Lebens, des Körpers oder der Gesundheit** freizuzeichnen versucht.[11] Selbst die Haftung des Verwenders für **einfache Fahrlässigkeit** kann durch Allgemeine Geschäftsbedingungen insoweit nicht zum Nachteil des Kunden abbedungen werden. Im Hinblick auf die Wertigkeit dieser Rechtsgüter ist es dem Verwender sogar untersagt, sich von der Haftung für gesetzliche Vertreter und **Erfüllungsgehilfen** (§§ 278ff.) freizuzeichnen, selbst wenn diese nur leichte Fahrlässigkeit trifft.

970

Die gesetzgeberische Entscheidung für diesen Verbotstatbestand geht ausweislich der Regierungsbegründung[12] auf **Nummer 1a des Anhangs der Richtlinie 93/13/EWG** zurück, wonach Klauseln, die darauf abzielen oder zur Folge haben, dass die gesetzliche Haftung des Gewerbetreibenden ausgeschlossen oder eingeschränkt wird, wenn der Verbraucher auf Grund einer Handlung oder Unterlassung des Gewerbetreibenden sein Leben verliert oder einen Körperschaden erleidet, für missbräuchlich erklärt werden können.

971

3. Freizeichnungsverbot für grobes Verschulden

Soweit es um **Schäden an anderen als den unter Buchst. a genannten Gütern** geht, sind Haftungsausschlüsse und -begrenzungen zwar nicht von vornherein ausgeschlossen. Jedoch zieht § 309 Nr. 7 Buchst. b der Vertragsgestaltung auch hier eine äußerste Grenze. Von der aus einer **grob fahrlässigen, eigenen Pflichtverletzung** oder aus einer vorsätzlichen oder grob fahrlässigen Pflichtverletzung eines gesetzlichen Vertreters oder Erfüllungsgehilfens resultierenden Haftung kann sich der Verwender in Allgemeinen Geschäftsbedingungen nicht wirksam freizeichnen. Es fällt auf, dass die Haftung für vorsätzliche Pflichtverletzungen des Verwenders nicht erwähnt wird. Dass diese dem Schuldner nicht im Voraus erlassen werden kann, folgt jedoch schon aus § 276 Abs. 3.

972

---

[8] Vgl. wiederum exemplarisch § 14 Nr. 1 S. 1 der Teilnahmebedingungen für Lotto der Westdeutschen Lotterie (Stand Januar 2008): „Die Haftung des Unternehmens für Schäden, die von seinen gesetzlichen Vertretern fahrlässig (auch grob fahrlässig) oder von seinen Erfüllungsgehilfen, insbesondere auch von Annahmestellen und sonstigen mit der Weiterleitung der Daten zur Zentrale des Unternehmens beauftragten Stellen, schuldhaft vor Abspeicherung der Daten und dem digitalen oder physischen Verschluss verursacht werden, wird gemäß § 309 Nr. 7 b) BGB ausgeschlossen."

[9] Vgl. wiederum exemplarisch § 13 Nr. 3 der Teilnahmebedingungen für Lotto der Westdeutschen Lotterie (Stand Januar 2008).

[10] *Wolf/Horn*, § 23 AGBG Rdn. 224; *Bamberger/Roth-Becker*, § 309 Nr. 7 Rdn. 35; BGH NJW 1965, 1583 unter dem Gesichtspunkt des § 138; OLG Celle, NJW-RR 1986, 833.

[11] Die Begriffe sind in dem aus § 823 Abs. 1 geläufigen Sinne zu verstehen, *Palandt-Grüneberg*, § 309 Rdn. 42.

[12] BT-Drucks. 14/6040, S. 156.

4. Ausschluss und Begrenzung der Haftung

973 § 309 Nr. 7 setzt keinen ausdrücklichen **Haftungsausschluss** voraus. Es genügt, dass die Klausel nach ihrem Sinn und Zweck den Eindruck eines Haftungsausschlusses erweckt. Ein Haftungsausschluss im Sinne des § 309 Nr. 7 liegt insbesondere vor, wenn die objektive Pflicht, die Grundlage der Haftung ist, ausgeschlossen und ein bestimmtes Risiko allein dem Vertragspartner auferlegt wird.[13]

Beispiel: Nach den besonderen Bedingungen einer Bank für den „**Online-Service**" soll das Risiko zeitweiliger Zugangsbeschränkungen und -unterbrechungen nicht von der Bank, sondern von den Kunden getragen werden. Damit bringt die Bank zum Ausdruck, dass sie für Schäden, die sich aus der Verwirklichung dieser Risiken ergeben, nicht einstehen will.[14]

974 Eine **Haftungsbegrenzung** liegt vor, wenn die dem anderen Vertragsteil zustehenden Schadensersatzansprüche durch die betreffende Klausel eine **inhaltliche Schmälerung** erfahren.[15] Eine solche kann beispielsweise im Ausschluss bestimmter Schäden (mittelbare Schäden, Folgeschäden etc.) liegen.[16] Ferner fallen hierunter auch **Begrenzungen der Höhe nach.**

Beispiel: Unzulässig ist beispielsweise die Klausel in **Fotoentwicklungs**-AGB „Bei Verlust von Filmen, Bildern, Dias, Foto-CDs und ähnlichen Fotomaterialien wird Ersatz nur in Höhe des reinen **Materialwerts** geleistet."[17]

975 Läßt die Klausel den Schadensersatzanspruch seinem Inhalte nach unberührt und statuiert sie statt dessen besondere **einschränkende Modalitäten seiner Geltendmachung,** so unterfällt auch diese Gestaltung dem Anwendungsbereich des § 309 Nr. 7.[18] Denn von solchen formalen Erschwernissen – etwa einer sehr kurzen Ausschlussfrist – kann im Ergebnis eine deutlich intensivere Belastung ausgehen als von einer inhaltlichen Einschränkung – etwa durch eine sehr hoch angesetzte summenmäßige Begrenzung der Haftung. Abgesehen davon kann zwischen inhaltlichen und formalen Haftungsbeschränkungen kaum sachgerecht unterschieden werden.[19] Um die Effektivität des Schutzes sicherzustellen, sollte § 309 Nr. 7 auf alle Klauseln angewendet werden, die eine Inanspruchnahme des Schädigers durch den Geschädigten erschweren.

Beispiele:
Eine unzulässige Haftungsbegrenzung liegt
(1) in der **Abkürzung der gesetzlichen Verjährung** für Schadensersatzansprüche;[20]
(2) in der Statuierung von **Ausschlussfristen,** die kürzer sind als die Verjährungsfrist;[21]
(3) in einer **Subsidiaritätsklausel,** durch die Haftung von der vorherigen (vergeblichen) Inanspruchnahme eines Dritten abhängig gemacht wird.[22]

---

[13] BGH NJW 2001, 751 (752).
[14] BGH NJW 2001, 751 (752).
[15] Staudinger-*Coester-Waltjen*, § 11 Nr. 7 AGBG Rdn. 20.
[16] BGH NJW 1987, 2818 (2820); MünchKomm-*Kieninger*, § 309 Nr. 7 Rdn. 23.
[17] BGH WM 1983, 916; OLG Nürnberg NJW-RR 2000, 436.
[18] Wie hier BGH NJW 2007, 674 (675) zumindest für zeitliche Limitierungen; ferner *Wolf*, § 11 Nr. 7 AGBG Rdn. 23; *Prütting/Wegen/Weinreich-Berger*, § 309 Rdn. 42; *Ulmer/Christensen*, § 309 Nr. 7 Rdn. 28; *Preis/Roloff*, RdA 2005, 145 ff.; MünchKomm-Kieninger, § 309 Nr. 7 Rdn. 23; a.A. Staudinger-*Coester-Waltjen*, § 309 Nr. 7 Rdn. 23. Die entgegenstehende Ansicht der Voraufl. (Rdn. 975) wird aufgegeben.
[19] *Ulmer/Christensen*, § 309 Nr. 7 Rdn. 28.
[20] BGH NJW 2007, 674 (675).
[21] MünchKomm-*Kieninger*, § 309 Nr. 7 Rdn. 23; *Wolf*, § 11 Nr. 7 AGBG Rdn. 23; *Preis/Roloff*, RdA 2005, 145 ff.; offen gelassen von BGH NJW 1990, 761 (764); a. A. BAG NZA 2005, 1111 (1113); 2006, 149 (152).
[22] *Prütting/Wegen/Weinreich-Berger*, § 309 Rdn. 42; *Palandt-Grüneberg*, § 309 Rdn. 44.

II. Haftung für einfache Fahrlässigkeit im nichtunternehmerischen Verkehr

Eine formularmäßige **Freizeichnung von der Haftung für einfache Fahrlässigkeit** ist zwar unter der Voraussetzung, dass sie sich nicht auf die Haftung für Personenschäden erstreckt, nach § 309 Nr. 7 nicht zu beanstanden. Die Rechtsprechung hat jedoch auf der Grundlage des § 307 eine dem strikten Verbot des § 309 Nr. 7 **vorgelagerte Verbotszone** abgesteckt, so dass selbst Haftungsklauseln, die an das Vorliegen einfacher Fahrlässigkeit anknüpfen, nicht ohne weiteres wirksam vereinbart werden können.[23] Eine Haftungsfreizeichnung darf nach der Rechtsprechung des BGH nicht zur Aushöhlung von vertragswesentlichen Rechtspositionen des Vertragspartners des Klauselverwenders führen, etwa weil sie ihm solche Rechte wegnimmt oder einschränkt, die ihm der Vertrag nach seinem Inhalt und Zweck gerade zu gewähren hat (**§ 307 Abs. 2 Nr. 2)**. Ferner darf die Haftungsbeschränkung nicht dazu führen, dass der Klauselbenutzer von Verpflichtungen befreit wird, deren Erfüllung die ordnungsgemäße Durchführung des Vertrages überhaupt erst ermöglicht und auf deren Einhaltung der Vertragspartner regelmäßig vertrauen darf. Die Rechtsprechung spricht insoweit von **Kardinalpflichten**.[24] Zu ihnen rechnet sie nicht nur die im Gegenseitigkeitsverhältnis stehenden Hauptleistungspflichten, die dem Vertrag sein typisches Gepräge verleihen, sondern auch bestimmte Nebenpflichten, z. B. wenn sie für das Integritätsinteresse des Vertragspartners von besonderer Bedeutung sind. Allerdings ist mit der Kurzformel der „Kardinalpflichtverletzung" nicht viel gewonnen.[25] Insbesondere darf diese Formulierung nicht darüber hinwegtäuschen, dass sich der Kontrollmaßstab allein aus den gesetzlichen Voraussetzungen des § 307 Abs. 2 Nr. 2 ergibt.[26] Es wird daher davon abgesehen, hier eine eigene Dogmatik der Kardinalpflichtverletzung zu entfalten. Einige Beispiele aus der Rechtsprechung sollen einen Eindruck vermitteln, wo die Grenzen formularmäßiger Freizeichnungen im nichtunternehmerischen Verkehr verlaufen:

Beispiele:
(1) Als Kardinalpflicht ist beispielsweise die **Verpflichtung des Verkäufers zur Verschaffung einer mangelfreien Sache** eingestuft worden. Die Haftung für Mangel- und Mangelfolgeschäden kann daher ebensowenig wie die Haftung für nicht fristgerechte Lieferung[27] formularmäßig auch bei leichter Fahrlässigkeit nicht vollständig ausgeschlossen werden. Zulässig bleibt jedoch eine Begrenzung der Haftung auf den vorhersehbaren, vertragstypischen Schaden.[28] Die Pflicht zur Lieferung einer mangelfreien Sache kann auch dadurch verletzt werden, dass der Verkäufer bei der Nachbesserung Schäden an Rechtsgütern des Käufers, insbesondere Schäden an der Sache selbst, schuldhaft verursacht. Für die dabei auftretenden typischen und vorhersehbaren Folgeschäden kann der Verkäufer seine Haftung nicht formularmäßig ausschließen oder begrenzen.[29]
(2) Wer es übernimmt, Kaufinteressenten beim Erwerb einer Immobilie, also einer erkennbar weit tragenden Entscheidung professionell zu beraten, kann in der von ihm angefertigten Immobilienberechnung nicht wirksam die Haftung für die Richtigkeit ausschließen. Denn es ist gerade Ge-

---

[23] So zuletzt BGH NJW 2002, 673 (674).
[24] BGH NJW 1984, 1350 (1351); NJW-RR 1998, 1426 (1427); NJW 2002, 673 (674); 2005, 1774.
[25] Zur Kritik am Konzept der Kardinalpflichten *Staudinger-Coester*, § 307 Rdn. 275 f. Es ist bezeichnend, dass der BGH eine Freizeichnungsklausel, die die Haftung für die Verletzung von Kardinalpflichten ausdrücklich ausnimmt, selbst im unternehmerischen Verkehr für intransparent hält (BGH NJW-RR 2005, 1496, 1505; zu Recht kritisch *Kappus*, NJW 2006, 15 ff.).
[26] Zur Dogmatik des Aushöhlungsverbots siehe Rdn. 522 ff.
[27] BGH NJW 1994, 1060 (1062 f.). Auch BGH NJW 2002, 673 (674) betont, eine im Gegenseitigkeitsverhältnis stehende vertragliche Hauptpflicht sei stets als wesentliche Vertragspflicht i.S. von § 307 Abs. 2 Nr. 2 anzusehen.
[28] *Arnold*, ZGS 2004, 20 f.; *Prütting/Wegen/Weinreich-Berger*, § 307 Rdn. 30.
[29] BGH NJW 2001, 292 (302).

genstand des **Beratungsvertrages,** den Kunden richtig und umfassend für die von ihm zu treffende Anlageentscheidung zu informieren.[30]

(3) Wer es vertraglich übernimmt, von den Kunden eingelieferte **Textilien zu veredeln,** gibt damit zu verstehen, dass die Ware infolge der Behandlung verbessert und in ihrem Wert erhöht wird. Der Kunde vertraut demgemäß berechtigtermaßen darauf, dass die dem Veredler überlassenen Textilien durch die Behandlung nicht bis zur Wertlosigkeit zerstört werden. Von der Haftung für Schäden, die auf leichte fahrlässige Verletzung dieser für einen Veredelungsvertrag so wesentlichen Pflicht beruhen, kann sich der Veredeler formularmäßig nicht freizeichnen.[31]

(4) Der **Reiseveranstalter** hat den Reisenden bei Buchung einer Auslandsreise grundsätzlich ungefragt über die im jeweiligen Durchreise- oder Zielland geltenden Einreisebestimmungen zu unterrichten. Die Erfüllung dieser vertragswesentlichen Pflicht ist Grundvoraussetzung für das Gelingen der Reise. Eine den Reiseveranstalter von der Haftung für Schäden aus der Verletzung dieser Pflicht freistellende Bestimmung in Allgemeinen Reisebedingungen verstößt gegen § 307 Abs. 2 Nr. 2.[32]

(5) In den **Krankenhausbedingungen** verstößt eine Klausel gegen § 307 Abs. 2 Nr. 2, nach der die Haftung für die **Reinigung, Desinfektion und Entwesung eingebrachter Sachen (insbesondere der Kleidungsstücke) des Patienten** auf Vorsatz und grobe Fahrlässigkeit beschränkt wird. Diese Leistungen gehören zur notwendigen Krankenhauspflege oder zur sonstigen medizinischen Versorgung des Patienten. Der Patient kann auf diesem Gebiet billigerweise erwarten, dass das Krankenhaus diese Vertragsleistungen mit der im Verkehr erforderlichen Sorgfalt erbringen wird. Hingegen wird die Erreichung des Vertragszwecks eines Krankenhausaufnahmevertrages, der in der Heilung und Pflege des Patienten liegt, nicht dadurch gefährdet, dass der Krankenhausträger seine **Haftung für eingebrachte Sachen,** die in der Obhut des Patienten bleiben, auf Vorsatz und grobe Fahrlässigkeit beschränkt.[33]

(6) Der Ausschluss der auf einfacher Fahrlässigkeit beruhenden **Haftung des Vermieters von Wohnraum für Schäden des Mieters,** die durch Mängel der Mietsache verursacht sind, stellt nach einer klärenden Entscheidung des BGH jedenfalls dann eine gegen § 307 Abs. 2 Nr. 2 verstoßende Einschränkung der Rechte des Mieters dar, wenn von dem Ausschluss Schäden an eingebrachten Sachen des Mieters umfasst sind, gegen die sich der Mieter üblicherweise nicht versichern kann.[34]

(7) Ein **Haftungsausschluss für leichte Fahrlässigkeit in einem Fondsprospekt** widerspricht der Aufgabe eines solchen Prospekts, die potentiellen Anleger verlässlich, umfassend und wahrheitsgemäß zu informieren, und ist daher unwirksam.[35]

977 Voraussetzung für die Wirksamkeit summenmäßiger **Haftungsbegrenzungen ist,** dass die festgesetzte Höchstsumme die vertragstypischen, vorhersehbaren Schäden abdeckt.[36] Denn von der Haftung für solche Schäden kann sich der Verwender regelmäßig nicht freizeichnen.[37]

978 Weder Gegenstand einer Ausschluss- noch einer Haftungsbegrenzungsvereinbarung kann die Ersatzpflicht des Herstellers gem. § 1 Abs. 1 ProdHaftG sein **(§ 14 ProdHaftG).**

III. Haftung im unternehmerischen Verkehr

979 Freizeichnungsklauseln, die gegenüber einem Unternehmer verwendet werden, sind zwar gem. § 310 Abs. 1 S. 1 nicht unmittelbar an § 309 Nr. 7 zu messen. Die Verbotstatbestände entfalten jedoch über die Generalklausel des **§ 307** in weitem Umfang auch im unternehmerischen Verkehr ihre Wirkung (§ 310 Abs. 1 S. 2).

---

[30] BGH NJW 2000, 3275 (3276); zum formularmäßigen Ausschluss aller Beratungspflichten des Versicherungsmaklers BGH NJW 2005, 1357.
[31] BGH NJW 1985, 3016 (3018).
[32] BGH NJW 1985, 1165 (1166).
[33] BGH NJW 1990, 761 (764 f.).
[34] BGH NJW 2002, 673 ff.
[35] BGH NJW-RR 2002, 915.
[36] BGH NJW 1993, 335 (336).
[37] BGH NJW 2002, 673 (675).

§ 37. Haftungsfreizeichnungen und -beschränkungen

Für das Verbot der Freizeichnung von der **Haftung für Personenschäden** (§ 309 Nr. 7 980
Buchst. a) ist die Ausstrahlung auf den unternehmerischen Geschäftsverkehr unstreitig.[38]
Die Rechtfertigung dafür liegt darin, dass hinsichtlich des von § 309 Nr. 7 Buchst. a bezweckten Schutzes besonders wichtiger persönlicher Rechtsgüter kein Raum ist für eine Differenzierung zwischen Unternehmern und Verbrauchern. Hier kommt hinzu, dass auf der anderen Seite häufig eine juristische Person stehen wird, Schadensersatzansprüche der konkret verletzten Person daher schon mangels einer unmittelbaren Vertragsbeziehung zum Verwender von einer Freizeichnungsabrede nicht erfasst werden.

Hinsichtlich des Freizeichnungsverbots für die **Haftung bei grobem Verschulden** 981
(§ 309 Nr. 7 Buchst. b) besteht dahingehend Einigkeit, dass der Verwender auch gegenüber einem unternehmerischen Kunden die Haftung für **eigene grobe Fahrlässigkeit,** auch in Form eines Organisationsverschuldens, sowie für grobes Verschulden seiner **leitenden Angestellten** nicht wirksam ausschließen kann.[39]

Umstritten ist seit langem, ob und in welchem Maße sich der Verwender von Allgemei- 982
nen Geschäftsbedingungen im unternehmerischen Verkehr von der **Haftung für einfache Erfüllungsgehilfen** freizeichnen kann. Der BGH hat zu dieser Frage noch nicht abschließend Stellung genommen.[40] Wohl aber hat er entschieden, dass sich der Verwender von der Haftung für grob fahrlässiges Handeln seiner Erfüllungsgehilfen nicht freizeichnen kann, wenn es um die Verletzung von **Kardinalpflichten** geht.[41] Hier hat die Rechtsprechung es dem Verwender sogar versagt, sich von der Haftung für leichte Fahrlässigkeit seiner Erfüllungsgehilfen freizuzeichnen.[42] Für eigene leichte Fahrlässigkeit wird dies erst recht gelten müssen.[43]

Beispiel: Eine Klausel, wonach sich der Verwender von Ansprüchen „wegen irgendwelcher Schäden, insbesondere Folgeschäden wie **Produktionsausfall** gleich aus welchem Rechtsgrund" freizeichnet, ist auch dann unwirksam, wenn die zwingende Haftung bei Vorsatz und grober Fahrlässigkeit ausdrücklich ausgenommen wird. Denn die Vorschrift erfasst ihrem Wortlaut nach auch solche Schäden, die aus der Verletzung einer Hauptleistungspflicht herrühren.[44]

Außerhalb des Kreises wesentlicher Vertragspflichten bedarf ein Haftungsausschluss 983
für grobes Verschulden einfacher Erfüllungsgehilfen zumindest einer besonderen Rechtfertigung, die mitunter in den im jeweiligen Handelsverkehr geltenden Gewohnheiten und Gebräuchen gefunden werden kann. Eine Aussage des Inhalts, dass branchentypische Freizeichnungen, die allseits gebilligt und anerkannt werden, damit auch stets einer Angemessenheitskontrolle standhalten, ginge freilich zu weit.[45]

Großzügiger wird man im unternehmerischen Verkehr bloße **Haftungsbegrenzungen** 984
beurteilen müssen, da dort das Interesse des Verwenders, das Risiko überraschender oder ungewöhnlicher Schadensfälle nicht übernehmen zu müssen, größeres Gewicht erlangt. Eine Haftungsbegrenzung kann daher im unternehmerischen Verkehr (ausgenommen grobes Verschulden des Verwenders oder eines leitenden Angestellten)[46] zulässig sein, wenn

---

[38] BGH NJW 2007, 3774 (3775); *Palandt-Grüneberg,* § 309 Rdn. 48; *Ulmer/Christensen,* § 309 Nr. 7 Rdn. 43.
[39] So schon BGH NJW 1978, 997 (999); 1979, 1918; NJW-RR 1989, 953; *Ulmer/Christensen,* § 309 Nr. 7 Rdn. 45; *Wolf,* § 11 Nr. 7 AGBG Rdn. 45 ff.; Staudinger-*Coester-Waltjen,* § 309 Nr. 7 Rdn. 42.
[40] BGH NJW 1985, 2259 (2261).
[41] BGH NJW-RR 1998, 1426; 2006, 267 (269).
[42] BGH NJW-RR 1998, 1426.
[43] MünchKomm-*Kieninger,* § 309 Nr. 7 Rdn. 37.
[44] BGH NJW-RR 2001, 342.
[45] So aber *Palandt-Grüneberg,* § 309 Rdn. 50; wie hier *Ulmer/Hensen,* 9. Aufl. 2001, § 11 Nr. 7 AGBG Rdn. 32.
[46] *Erman-Roloff,* § 309 Rdn. 78.

die festgelegte Haftungshöchstsumme die vertragstypischen und vorhersehbaren Schäden abdeckt.[47] Diesen Aspekt greift übrigens auch das UN-Kaufrecht auf. In Art. 74 S. 2 CISG heißt es: „Dieser Schadensersatz darf jedoch den Verlust nicht übersteigen, den die vertragsbrüchige Partei bei Vertragsschluss als mögliche Folge der Vertragsverletzung vorausgesehen hat oder unter Berücksichtigung der Umstände, die sie kannte oder kennen musste, hätte voraussehen können."

IV. Rechtsfolgen eines Verstoßes

985 Die inkriminierte Haftungsklausel ist **insgesamt unwirksam.** Eine Rückführung auf einen Restbestand, der mit dem Kontrollmaßstab der §§ 309 Nr. 7 und 307 in Einklang steht, kommt nicht in Betracht.[48]

Beispiel: So hat der BGH eine AGB-Klausel, die die **Haftung eines Bewachungsunternehmers** für Schäden des Auftraggebers ohne Differenzierung hinsichtlich des Personenkreises und des Verschuldensgrades summenmäßig begrenzt, auch im unternehmerischen Verkehr für unwirksam erklärt. Denn nach ihrem eindeutigen Wortlaut greife eine solche Klausel auch dann ein, wenn der Vertragspartner durch vorsätzliches oder grob fahrlässiges Verhalten der Organe oder leitenden Angestellten des Bewachungsunternehmens zu Schaden komme.[49] Die beanstandete Haftungsbegrenzungsklausel war nach Ansicht des BGH insgesamt unwirksam; eine Rückführung auf ein noch zulässiges Maß lehnte das Gericht ausdrücklich ab. Ob der Wachmann nun in concreto den Schaden des Auftraggebers leicht oder grob fahrlässig verursacht hat, spielt folglich keine Rolle. Es gilt der gesetzliche Haftungsmaßstab der §§ 276, 278.

986 Die gängigen Vertragswerke sollten daher nach Inkrafttreten der Schuldrechtsmodernisierung daraufhin überprüft werden, ob sie den differenzierten Anforderungen des § 309 Nr. 7 und der Rechtsprechung zu § 307 entsprechen. Globalen Freizeichnungen droht angesichts des Verbots der geltungserhaltenden Reduktion das Verdikt der Totalnichtigkeit. Revisionsbedürftig sind beispielsweise AGB-Klauseln, die ganz allgemein die Haftung des Verwenders für leicht fahrlässig verursachte Schäden ausschließen, da hier nicht die unter Nr. 7 Buchst. a fallenden Ansprüche ausgenommen werden.[50] Künftig muss hier **noch genauer differenziert** werden.

V. Sonderregelungen im Recht der freien Berufe

987 **Vertragliche Haftungsausschlüsse** in den Verträgen von Rechts- und Patentanwälten, Steuerberatern und Wirtschaftsprüfern sind nach allgemeiner Meinung im Hinblick auf die Versicherungspflicht und die besondere Vertrauensstellung, die die Angehörigen dieser Berufsgruppen gegenüber ihren Vertragspartnern einnehmen, generell **unzulässig,** unabhängig von der Art ihres Zustandekommens.[51] Für den Abschlussprüfer hat der Gesetzgeber die Unzulässigkeit einer Freizeichnung von der Ersatzpflicht in § 323 Abs. 4 HGB auch ausdrücklich angeordnet.

---

[47] *Ulmer/Christensen,* § 309 Nr. 7 Rdn. 46; *Langer,* WM 2006, 1236 vertritt die Ansicht, dass insoweit auch nicht zwischen wesentlichen und nicht wesentlichen Vertragspflichten unterschieden werden muss.

[48] Eindeutig zuletzt BGH NJW-RR 1998, 1426; NJW 1999, 1031 (1032); 2001, 751 (753); NJW-RR 2001, 342 (343).

[49] BGH NJW 1999, 1031 (1032).

[50] HK-*Schulte-Nölke,* § 309 Rdn. 24; AnwKomm Schuldrecht-*Hennrichs,* § 309 Rdn. 12; *Palandt-Grüneberg,* § 307 Rdn. 53.

[51] *Wolf,* § 9 AGBG Rechtsanwälte u. a. Rdn. R 6; AGB-Klauselwerke-*Furmans,* Rechtsanwälte, Rdn. 69 ff.

Größer ist der Spielraum für **vertragliche Begrenzungen von Ersatzansprüchen** der 988
Mandanten gegen Angehörige der freien Berufe aus dem Mandatsverhältnis.
Hier gelten gesetzliche Sonderregelungen. Nach Absatz 1 Nr. 1 der §§ 51a BRAO, 45a PatAnwO, 67a
StBerG und 54a WiPrO kann der Anspruch des Mandanten auf Ersatz eines fahrlässig (unter Einschluss der groben Fahrlässigkeit) verursachten Schadens durch **schriftliche Vereinbarung im Einzelfall** bis zur Höhe der Mindestversicherungssumme beschränkt werden. Diese liegt für Rechts- und Patentanwälte sowie für Steuerberater derzeit bei 250 000 €
(§ 51 Abs. 3 BRAO, § 45 Abs. 4 PatAnwO), für Wirtschaftsprüfer bei einer Million € (§ 54
Abs. 1 WiPrO i. V. m. § 323 Abs. 2 Satz 1 HGB). In der Praxis hingegen werden Haftungsbegrenzungsvereinbarungen dem Mandanten in aller Regel in Form **vorformulierter Vertragsbedingungen** präsentiert. Die Haftung kann in diesem Fall auf den vierfachen Betrag
der Mindestversicherungssumme beschränkt werden (bei Rechtsanwälten nur für Fälle
einfacher Fahrlässigkeit!), wenn insoweit Versicherungsschutz bei Eintritt des Versicherungsfalles besteht (§ 51a Abs. 1 Nr. 2 BRAO, § 45a Abs. 1 Nr. 2 PatAnwO, § 67a Abs. 1
Nr. 2 StBerG, § 54a Abs. 1 Nr. 2 WiPrO).[52] Insoweit sich Allgemeine Geschäftsbedingungen in diesen Grenzen halten, unterliegen sie schon nicht der Inhaltskontrolle (§ 307
Abs. 3).[53] In den Mandatsverträgen der Rechtsanwälte wäre wegen Verstoßes gegen § 309
Nr. 7 Buchst. b eine Haftungsbegrenzung unwirksam, die auch die Verschuldensform der
groben Fahrlässigkeit mitumfasst.[54] Für **Sozietäten** ist ferner die gesetzlich sanktionierte
Möglichkeit von Bedeutung, durch vorformulierte Vertragsbedingungen die persönliche
Schadensersatzhaftung auf einzelne Mitglieder der Sozietät, nämlich auf solche, die das
jeweilige Mandat im Rahmen ihrer eigenen beruflichen Befugnisse bearbeiten, zu beschränken. Der Mandatsträger muss hierfür namentlich bezeichnet sein und die vom Auftraggeber zu unterschreibende Zustimmungserklärung darf keine anderen Erklärungen
enthalten (§ 51a Abs. 2 S. 2 und 3 BRAO, § 45a Abs. 2 S. 2 und 3 PatAnwO, § 67a Abs. 2
StBerG, § 54a WiPrO).

VI. Sonderregelungen im Transportrecht

Inwieweit haftungsbeschränkende Vereinbarungen in Fracht- und Speditionsverträgen 989
zulässig sind, ergibt sich aus **§ 449 und § 466 HGB**. Beide Vorschriften sind durch das
Transportrechtsreformgesetz von 1998[55] neu gefasst worden. Soweit es nicht um grenzüberschreitende Transportgeschäfte geht – hierfür enthält die CMR zwingende Sonderbestimmungen (vgl. insbes. CMR 23 und 41) – gelten folgende einschränkende Regelungen:
Handelt es sich beim Absender bzw. Versender um einen **Verbraucher,** so sind Haftungsbegrenzungen grundsätzlich unwirksam und zwar gleichgültig, ob diese Bestandteil eines
vorformulierten Vertrages sind oder sich als Ergebnis eines individuellen Aushandelns der
Parteien darstellen. Ausgenommen von dieser Restriktion ist lediglich die Beförderung
von Briefen oder briefähnlichen Sendungen. Handelt es sich **nicht** um ein **Verbrauchergeschäft,** so sind abweichende Haftungsvereinbarungen zulässig, wenn sie im Einzelnen
ausgehandelt worden sind. Vorformulierte vertragliche Haftungsbeschränkungen lässt das
Gesetz in dieser personellen Konstellation in engen Grenzen zu. Das Gesetz gibt insoweit
kasuistisch festgelegte Mindesthaftungsgrenzen vor.

---

[52] Die Richtlinienkonformität dieser Bestimmungen sollte nicht zweifelhaft sein; vgl. hierzu überzeugend *Reiff,* AnwBl 1997, 12 ff.
[53] *Ulmer/H. Schmidt,* Anh. § 310 Rdn. 638; *Palandt-Grüneberg,* § 307 Rdn. 67; vgl. aber auch AGB-Klauselwerke-*Furmans,* Rechtsanwälte, Rdn. 74 ff.
[54] *Ulmer/H. Schmidt,* Anh. § 310 Rdn. 638.
[55] Hierzu *Herber,* NJW 1998, 3297 ff.

VII. Exkurs: Dispositivität der Haftungsprivilegierung des Arbeitnehmers?

990 Haftungsfragen stellen sich erfahrungsgemäß recht häufig im Verhältnis zwischen Arbeitgeber und Arbeitnehmer. Der Arbeitnehmer kommt in der fremdbestimmten Arbeitswelt oftmals mit erheblichen Vermögenswerten in Berührung. Um den Arbeitnehmer nicht mit einem mitunter existenzgefährdenden Haftungsrisiko zu belasten, hat die arbeitsgerichtliche Rechtsprechung seit langem Grundsätze einer privilegierten **Haftung des Arbeitnehmers** entwickelt, die an den Verschuldensgrad anknüpfen.[56]

991 In diesem Zusammenhang stellt sich die Frage nach der **Dispositivität der Haftungsgrundsätze** der Rechtsprechung. Das BAG hat zuletzt judiziert, die aus einer entsprechenden Anwendung des § 254 folgenden Regeln über die Haftung im Arbeitsverhältnis seien einseitig zwingendes Arbeitnehmerschutzrecht. Von ihnen könne weder einzel- noch kollektivvertraglich zulasten des Arbeitnehmers abgewichen werden.[57] Allerdings wird man das BAG nicht so verstehen dürfen, dass Modifikationen der Haftungslage des Arbeitnehmers a priori ausgeschlossen sein sollen. Vielmehr kommt es – wie die neuere Rechtsprechung zur Mankohaftung zeigt – darauf an, ob die jeweilige Haftungsregelung das generelle Schutzniveau des innerbetrieblichen Schadensausgleichs nicht unterschreitet.[58] Der Blick darf also nicht auf punktuelle, für den Arbeitnehmer nachteilige Abweichungen von den Grundsätzen des innerbetrieblichen Schadensausgleichs verengt werden. Vielmehr bedarf es einer Gesamtbetrachtung, die auch etwaige kompensatorische Elemente der Regelung einbezieht. Entscheidend ist, dass im wirtschaftlichen Ergebnis keine Verschärfung der beschränkten Arbeitnehmerhaftung eintritt.[59] Auch die Rechtsprechung zur **Haftung des Arbeitgebers** legt ein solches Verständnis nahe. Das BAG hat hier den Rechtssatz aufgestellt, dass eine Verschiebung des Haftungsrisikos zulasten des Arbeitnehmers dann zulässig ist, wenn dem Arbeitnehmer im Gegenzug ein entsprechender und als solcher klar ausgewiesener Risikoausgleich gewährt wird.[60]

992 Im Übrigen sollte die Schuldrechtsreform als Anlass begriffen werden, über die Qualifizierung der Grundsätze der privilegierten Arbeitnehmerhaftung als zwingendes Recht nochmals nachzudenken. Denn bei diesen Grundsätzen handelt es sich um eine **Fortbildung des dispositiven Privatrechts hin zu einem arbeitsrechtlichen Haftungsmodell**. Dieses muss dann aber auch – in Grenzen – von den Parteien des Arbeitsvertrages verändert werden können.[61] Die Frage der zulässigen Abweichung sollte man künftig bei Formularverträgen **im Rahmen des § 307** klären. Damit verbände sich die Chance, dass dann die freiheitlichen Komponenten des Rechts der Allgemeinen Geschäftsbedingungen im Arbeitsrecht stärker als im bisherigen Richterrecht hervortreten, dass zwingendes, also schlechthin unabdingbares Arbeitsrecht durch die flexiblere Inhaltskontrolle ersetzt wird.[62]

---

[56] Vgl. z. B. BAG NJW 1995, 3204 f.; zusammenfassend zuletzt BAG NZA 2003, 37 (39).
[57] BAG NZA 1999, 141 (144); 2000, 715 (716); 2005, 649.
[58] In diesem Sinne auch *Krause*, Anm. AP Nr. 3 zu § 611 Mankohaftung und *Deinert*, RdA 2000, 33.
[59] *Krause*, Anm. AP Nr. 3 zu § 611 Mankohaftung.
[60] BAG EzA Nr. 14 zu § 670; NZA 1997, 1346.
[61] Wie hier *Gotthardt*, Arbeitsrecht nach der Schuldrechtsreform, Rdn. 195; *Preis*, Grundfragen der Vertragsgestaltung im Arbeitsrecht, 1993, S. 464 f.
[62] In diesem Sinne *Hanau*, NJW 2002, 1242.

Siebter Abschnitt.
Vertragsabwicklung

§ 38. Zahlungspflichten bei Beendigung des Vertragsverhältnisses

Literatur: *Lindacher*, Zur Zulässigkeit des formularmäßigen Ausbedingens von Vertragsabwicklungsgebühren bei Dauerschuldverhältnissen im Dienstleistungsbereich, ZIP 2002, 49.

I. Regelungsanliegen des § 308 Nr. 7

Nach § 309 Nr. 5 ist – wie gesehen – die Pauschalierung von Ansprüchen auf Schadensersatz oder Ersatz von Wertminderungen in Allgemeinen Geschäftsbedingungen nur in bestimmten Grenzen zulässig. Im weiteren Zusammenhang müssen auch Klauseln gesehen werden, durch die der Verwender für den Fall des Rücktritts oder der Kündigung das entstehende Abwicklungsverhältnis durch Festsetzung unangemessen hoher Vergütungen einseitig zu seinen Gunsten gestaltet. Dem sucht die in den Katalog der Klauselverbote mit Wertungsmöglichkeit eingestellte Bestimmung des § 308 Nr. 7 entgegenzuwirken. Durch die dort vorgesehene Angemessenheitskontrolle soll zum einen verhindert werden, dass sich die Rückabwicklung des Vertrages für den Verwender als die gegenüber der Durchführung wirtschaftlich günstigere Alternative darstellt und so für den Verwender ein Anreiz geschaffen wird, vom Vertrag abzugehen. Zum anderen gilt es zu verhindern, dass der Kunde infolge der Ausübung der ihm eingeräumten Rücktritts- und Kündigungsrechte wirtschaftliche Nachteile erleidet, die de facto zu einer empfindlichen Einschränkung der Beendigungsfreiheit bei Dauerschuldverhältnissen führen würde. Schließlich ist zu bedenken, dass die gesetzlichen Vorschriften über die Abwicklung der beiderseitigen Leistungen und Aufwendungen im Falle des Rücktritts (§ 346) oder der Kündigung (§§ 628, 649) auf einen der jeweiligen Situation angemessenen Interessenausgleich zielen.[1] Deutlich wird dies beispielsweise, wenn in § 346 Abs. 2 der Wert, das ist der „gemeine" Wert, zu vergüten ist, nach § 628 nur eine den bisherigen Leistungen entsprechende Vergütung verlangt werden kann oder § 649 die Anrechnung ersparter Aufwendungen vorsieht. § 308 Nr. 7 will das in diesen Vorschriften zum Ausdruck kommende gesetzliche Leitbild eines angemessenen Interessenausgleichs durchsetzen. Vor diesem Hintergrund erweist sich § 308 Nr. 7 als besonders hervorgehobener **Unterfall des § 307 Abs. 2 Nr. 1**.[2] 993

Zu beachten ist, dass sich § 308 Nr. 7 entgegen der **missverständlich formulierten Gesetzesüberschrift** nicht allgemein auf die Abwicklung von Verträgen, sondern lediglich auf deren Rückabwicklung oder vorzeitige Abwicklung bezieht.[3] 994

II. Der Verbotstatbestand des § 308 Nr. 7 im Einzelnen

Die Verbotsnorm des § 308 Nr. 7 wendet sich gegen Bestimmungen in Allgemeinen Geschäftsbedingungen, nach denen der Verwender für die Fälle des Rücktritts oder der 995

---

[1] Vgl. RegE BT-Drucks. 7/3919, S. 26.
[2] *Wolf*, § 10 Nr. 7 AGBG Rdn. 2.
[3] *Ulmer/H. Schmidt*, § 308 Nr. 7 Rdn. 1; kritisch insoweit auch *Thamm/Pilger*, § 10 Nr. 7 AGBG Rdn. 2.

Kündigung des Vertrages eine unangemessen (Wertungsmöglichkeit!) hohe Leistung in Form einer Vergütung oder eines Aufwendungsersatzes verlangen kann.

1. Erfasste Beendigungsformen

a) Rücktritt und Kündigung

996 Unter die Verbotsnorm des § 308 Nr. 7 fallen zunächst nur solche zugunsten des Verwenders ausbedungene Leistungen, die an den Rücktritt oder die Kündigung des Vertrages anknüpfen. Dabei spielt es keine Rolle, von welcher Vertragspartei das Gestaltungsrecht ausgeübt wird. Unter einem **Rücktritt** versteht man die in Ausübung eines gesetzlichen oder vertraglichen Rücktrittsrechts erfolgende einmalige Aufhebung der auf einen Leistungsaustausch gerichteten Primärpflichten mit der weiteren Folge der Umwandlung des Vertragsverhältnisses in ein Rückgewährschuldverhältnis. Die **Kündigung** ist dagegen ein Gestaltungsrecht, durch das ein auf längere Dauer angelegtes Vertragsverhältnis ex nunc beendet wird, ohne dass sich die Pflicht zur Rückgewähr bereits empfangener Leistungen anschließt. Ob es sich um eine ordentliche oder um eine außerordentliche Kündigung handelt, ist ebenso wenig von Belang wie die Rechtsgrundlage (Vertrag oder Gesetz), aus der sich das Kündigungsrecht ergibt. Den gesetzlichen Anwendungsfällen kann der Verwender nicht etwa dadurch entgehen, dass er sich in seinen Allgemeinen Geschäftsbedingungen einer anderen Terminologie bedient, also etwa von **Stornierung, Annullierung oder Widerruf** spricht.[4] Entscheidend ist, dass es der Sache nach um einen Rücktritt oder eine Kündigung geht. Erfasst werden ferner auch der Teilrücktritt und die Teilkündigung, so sie im Einzelfall überhaupt zulässig sein sollten.[5]

b) Andere Arten der Vertragsauflösung

997 Der direkte Anwendungsbereich der Vorschrift umfasst seinem Wortlaut nach nur den Rücktritt oder die Kündigung einer Vertragspartei. Jedoch besteht wegen der möglichen Abhängigkeit des Willensentschlusses vom Rückabwicklungsanspruch auch für andere Arten der Vertragsauflösung das Bedürfnis zu verhindern, dass für den Verwender die Vertragsauflösung verlockender ist als dessen Durchführung und dem Vertragspartner die Rückabwicklung des Vertrags erschwert wird. Eine **analoge Anwendung auf andere Arten der Vertragsauflösung**, wie die Anfechtung, den Eintritt einer auflösenden Bedingung oder den Widerruf nach § 671 ist deshalb allgemein anerkannt.[6] Nicht mehr vom Regelungsanspruch des § 308 Nr. 7 umfasst wäre hingegen die Erstreckung der Verbotswirkung auf Fälle der einverständlichen Aufhebung des Vertragsverhältnisses.[7] Ferner zielt § 308 Nr. 7 – wie die kodifizierten Anwendungsfälle zeigen – auf die Konstellation der Beendigungsabwicklung. Wird der Bestand des Vertrages nicht angetastet, kommt eine Inhaltskontrolle einer Ausgleichsregelung nach § 308 Nr. 7 nicht in Betracht.[8]

---

[4] *Wolf,* § 10 Nr. 7 AGBG Rdn. 6; *Ulmer/H. Schmidt,* § 308 Nr. 7 Rdn. 6; *Bamberger/Roth-Becker,* § 308 Nr. 7 Rdn. 7.

[5] OLG Koblenz NJW-RR 1992, 850 (851).

[6] *Bamberger/Roth-Becker,* § 308 Nr. 7 Rdn. 5; *Ulmer/H. Schmidt,* § 308 Nr. 7 Rdn. 7; *Palandt-Grüneberg,* § 308 Rdn. 35.

[7] OLG Hamburg NJW-RR 1990, 909; AnwK-Kollmann, § 308 Rdn. 88. Freilich kann die Wertung des § 308 Nr. 7 in diesem Fall im Rahmen des § 307 zur Geltung gebracht werden. Für analoge Anwendung des § 308 Nr. 7 jedoch *Wolf,* § 10 Nr. 7 AGBG Rdn. 9.

[8] *Ulmer/H. Schmidt,* § 308 Nr. 7 Rdn. 7; *Staudinger-Coester-Waltjen,* § 308 Nr. 7 Rdn. 14; a.A. *Wolf,* § 10 Nr. 7 AGBG Rdn. 10.

Beispiel: An § 307 und nicht an § 308 Nr. 7 sind Klauseln zu messen, in denen sich ein Geldinstitut für den **Fall der ungenehmigten Kontoüberziehung höhere Zinsen** versprechen lässt. Der BGH formuliert, § 308 Nr. 7 regele nur Ansprüche aus „gestörten Vertragsverhältnissen".[9]

2. Vergütungs- und Aufwendungsersatzansprüche des Verwenders infolge der Vertragsauflösung

Von der Regelung des § 308 Nr. 7 erfasst werden Vergütungs- und Aufwendungsersatzansprüche, die dem **Verwender** infolge der Vertragsauflösung zuwachsen. Werden hingegen in den Bedingungen des Verwenders nicht die eigenen Ansprüche pauschaliert, sondern diejenigen des Vertragspartners beschnitten, so ist dies kein Anwendungsfall des § 308 Nr. 7. Die Inhaltskontrolle muss hier auf § 307 ausweichen.[10] Für den Fall des Rücktritts sieht das Gesetz Vergütungsansprüche in §§ 346, 347 vor. Im Falle der Kündigung ist die Zahlung einer Vergütung beim Dienstvertrag in § 628 in Höhe des der bisherigen Leistung entsprechenden Teils vorgesehen. Beim Werkvertrag kann gem. § 649 die Vergütung unter Anrechnung des Ersparten oder anderweitig Erworbenen bzw. Erwerbbaren verlangt werden. Ferner kann sich ein Anspruch auf Zahlung eines der geleisteten Arbeit entsprechenden Teils der Vergütung sowie von Aufwendungsersatz aus § 645 i. V. m. § 643 ergeben. Im Ergebnis werden damit alle Entgeltansprüche des Verwenders aus der vorzeitigen Beendigung des Vertragsverhältnisses erfasst.[11] Ausgenommen sind lediglich Schadensersatzpauschalen und Vertragsstrafen (vgl. § 309 Nr. 5 und 6).

998

3. Unangemessene Höhe

§ 308 Nr. 7 widmet sich den pauschalen Entgeltabreden zugunsten des Verwenders allein unter dem Aspekt der **Höhe der Vergütung oder des Aufwendungsersatzes**. Die Kontrolle nach § 308 Nr. 7 erstreckt sich somit insbesondere nicht auf den Grund der pauschalierten Ansprüche. Insoweit muss die Prüfung an § 307 ausgerichtet werden.[12]

999

Als **Maßstab für die Angemessenheitskontrolle** ist die nach den gesetzlichen Vorschriften vorgesehene Höhe der Vergütung oder des Aufwendungsersatzes, die sich ohne die Klausel ergäbe, zu beachten.[13] Dabei kommt es nicht auf die besonderen Umstände des konkreten Einzelfalles an, sondern auf die typische Sachlage bei vorzeitiger Beendigung derartiger Verträge.[14] Eine **pauschale Vergütung** für die Überlassung, die Nutzung oder den Gebrauch einer Sache oder für erbrachte Leistungen ist unangemessen hoch, wenn sie den objektiven Wert der empfangenen Leistung oder Nutzung erheblich überschreitet oder eine angemessene Vorteilsausgleichung durch den Verwender nicht beachtet wird.[15]

1000

Beispiele:
(1) Die Regelung in einem **Leasingvertrag,** nach der der Leasingnehmer bei vorzeitiger Beendigung des Vertragsverhältnisses zur sofortigen Zahlung der noch ausstehenden Raten unter Anrechnung des Erlöses aus der Weiterverwertung der Leasingsache in Höhe von nur 90% verpflichtet sein soll, läuft auf eine unangemessen hohe Vergütung für die Nutzung der Leasingsache – nämlich für Zeiten ohne Nutzungsmöglichkeit – hinaus und ist daher gemäß § 308 Nr. 7 unwirksam.[16]

---

[9] BGH NJW 1992, 1751 (1752).
[10] So – allerdings ohne sich mit der Möglichkeit einer Analogie auseinanderzusetzen – BGH NJW 1985, 631 (632); wie hier auch *Wolf,* § 10 Nr. 7 AGBG Rdn. 15; für Analogie jedoch *Staudinger-Coester-Waltjen,* § 308 Nr. 7 Rdn. 17.
[11] *Palandt-Grüneberg,* § 308 Rdn. 36.
[12] *Wolf,* § 10 Nr. 7 AGBG Rdn. 21.
[13] BGH NJW 1985, 632; 1991, 2763; 1997, 259 (260); NJW-RR 2005, 642 (643); *Ulmer/H. Schmidt,* § 308 Nr. 7 Rdnr. 1.
[14] BGH NJW 1983, 1491 (1492).
[15] So *Locher,* Recht der AGB, S. 137.
[16] BGH NJW 1982, 1747 (1748).

(2) Ebenfalls unwirksam ist eine in einem vorformulierten **Ehevermittlungsvertrag** enthaltene Klausel, nach der der Ehevermittler eine im Voraus empfangene, nicht erfolgsabhängige Vergütung auch bei vorzeitiger Kündigung in jedem Fall behalten darf.[17]

(3) Eine Klausel in einem **Architektenvertrag**, die dem Architekten das vereinbarte Honorar nach Auftragskündigung unter Abzug einer Pauschale von 40% für die ersparten Aufwendungen belässt, hat der BGH ebenfalls im Hinblick auf § 308 Nr. 7 beanstandet.[18]

1001 Die Angemessenheit der Höhe eines **pauschalierten Aufwendungsersatzes** richtet sich danach, ob die Aufwendungen im jeweiligen Abwicklungsstadium als vertretbar und angebracht angesehen werden können.[19]

Beispiele:
(1) Nicht beanstandet wurde eine „**Bearbeitungsgebühr bis zu 5% des Gesamtkaufpreises**" für den **Fall des Rücktritts des Bauherrn von einem Fertighausvertrag**. Der BGH führte aus, dass die bereits im Vertragsschluss entstehende Verwaltungsaufwendungen, die Provision des Vertreters sowie mögliche Vorhaltekosten für die serienmäßige Konstruktion und Herstellung der Fertighäuser einschließlich des Vertriebssystems zu berücksichtigen seien. Eine darauf entfallende Quote von 5% des Verkaufspreises erschien ihm im Hinblick auf die darüber hinausgehende Regelung des § 649 nicht unangemessen.[20] Eröffnet die Klausel keine weiteren Ansprüche des Verwenders, so ist nach neuerer Rechtsprechung sogar eine Vergütungspauschale von 10% nicht unangemessen.[21]

(2) Die Klausel in den Reisebedingungen eines Anbieters von Flugreisen, derzufolge bei Rücktritt vom Flug nach Anmeldeschluss **Rücktrittskosten in Höhe des vollen Flugpreises** anfallen, wahrt hingegen einseitig die Interessen des Verwenders. Sie wird der typischen Sachlage bei vorzeitiger Beendigung eines Werkvertrages im Hinblick auf die Vorschrift des § 649 nicht gerecht und ist nach § 308 Nr. 7 unwirksam.[22]

1002 In § 308 Nr. 5 wird allgemein – und wegen der gleichgelagerten schutzbedürftigen Interessen auch zu Recht – in Analogie zu § 309 Nr. 5 Buchst. b hineingelesen, dass dem anderen Vertragsteil die **Möglichkeit des Nachweises eines geringeren Betrags** ausdrücklich gestattet werden muß.[23]

Beispiel: Werden die **vom Architektenhonorar abzuziehenden ersparten Aufwendungen im Falle einer Auftragskündigung** „mit 40% für die vom Auftragnehmer noch nicht erbrachten Leistungen vereinbart", so muss der Vertragspartner (Auftraggeber) annehmen, dass diese Regelung durch den Vertragsschluss für ihn verbindlich geworden ist. Nach ihrem Wortlaut und erkennbaren Sinn lässt die Klausel die geforderte Möglichkeit des Gegenbeweises nicht offen.[24]

III. Verhältnis zu anderen Vorschriften

1. § 309 Nr. 5

1003 Schwierigkeiten bereitet mitunter die Abgrenzung zu § 309 Nr. 5 (Pauschalierung von Schadensersatzansprüchen). Zu denken ist vor allem an den Fall, dass der im Vertrag für

---

[17] BGH NJW 1983, 2817 (2819); vgl. aber auch abgrenzend BGH NJW 1991, 2763 (2764); unwirksam auch eine „Aufnahmegebühr" in Höhe von 30% der Gesamtvergütung, OLG Nürnberg NJW-RR 1997, 1556f.
[18] BGH NJW 1997, 259 (260).
[19] *Wolf*, § 10 Nr. 7 AGBG Rdn. 19.
[20] BGH NJW 1983, 1491 (1492).
[21] BGH NJW 2006, 2551 (2552).
[22] BGH NJW 1985, 633f.
[23] So schon zum AGB-Gesetz BGH NJW 1985, 633 (634); OLG Nürnberg NJW-RR 1997, 1556 (1557); für Fortführung auch der Schuldrechtsreform *Ulmer/H. Schmidt*, § 308 Nr. 7 Rdn. 4 und *Erman-Roloff*, § 308 Rdn. 60.
[24] BGH NJW 1997, 259 (260). BGH NJW 1999, 418 erstreckt diese Rechtsprechung über § 307 Abs. 1 auf den unternehmerischen Verkehr.

den Fall der Beendigung des Vertragsverhältnisses pauschal festgesetzte Anspruch des Verwenders sowohl Elemente des Schadensersatzes als auch des Aufwendungsersatzes in sich vereint. So reizvoll eine genauere Bestimmung des Grenzbereichs auch sein mag, sie hat weitgehend nur akademischen Charakter. Denn die **Wirksamkeitsanforderungen** an eine Pauschale **unterscheiden sich** nach beiden Vorschriften **im Ergebnis nicht**. Vor allem ist – wie bereits erwähnt – anerkannt, dass die Möglichkeit des Gegenbeweises im Sinne von § 309 Nr. 5 Buchst. b auch im Anwendungsbereich des § 308 Nr. 7 gegeben sein muss. Die Rechtsprechung verzichtet demgemäß bisweilen auch auf eine eindeutige Einordnung und erklärt AGB-Klauseln kurzerhand wegen Verstoßes gegen beide Vorschriften für unwirksam.[25]

2. Verbraucherschützende Sondervorschriften

Mit der rechtlichen Ausgestaltung eines Rückabwicklungsverhältnisses befasst sich auch der im Zuge der Integration des Verbraucherschutzes in das Bürgerliche Gesetzbuch eingestellte § 357. Ihm geht es um die Rechtsfolgen des Widerrufs eines Vertrages durch den Verbraucher. Ebenfalls dem Ziel des Verbraucherschutzes ist die Rückabwicklungsregelung des § 4 FernUSG verpflichtet. Verstöße gegen diese zwingenden Gesetzesvorschriften führen bereits nach § 134 zur Nichtigkeit der Vertragsbestimmung, so dass es eines Rückgriffs auf § 308 Nr. 7 nicht bedarf.[26] 1004

IV. Folge der Unwirksamkeit

Das Gericht kann mangels Rechtsgrundlage einen Anspruch nicht auf das noch zulässige Maß herabsetzen.[27] Wenn klauselmäßig nur die Höhe eines gesetzlich vorgesehenen Rückabwicklungsanspruchs bestimmt wird, muss konkret die **Höhe des gesetzlich vorgesehenen Anspruchs** errechnet werden. Wenn auch der Grund der Leistung klauselmäßig oder individuell ausbedungen ist, sind die gesetzlichen Vorschriften hinsichtlich der Höhe analog anzuwenden. Fehlt es an gesetzlichen Vorgaben, so muss die interessengemäße Ersatzregelung durch **ergänzende Auslegung** aus dem Vertrag gewonnen werden.[28] 1005

V. Unternehmerischer Geschäftsverkehr

Im unternehmerischen Geschäftsverkehr ist die Vorschrift des § 308 Nr. 7 nach § 310 Abs. 1 nicht unmittelbar anzuwenden, jedoch **im Rahmen der Inhaltskontrolle des § 307 wertungsmäßig heranzuziehen**.[29] Dafür spricht schon die Erkenntnis, dass es sich bei § 308 Nr. 7 um eine klare Ausprägung des in § 307 Abs. 2 Nr. 1 verankerten Leitbildgedankens handelt. Es können sich hier aber hinsichtlich der Höhe der Vergütung oder des Aufwendungsersatzes im Hinblick auf eine Branchenüblichkeit oder einen Handelsbrauch Besonderheiten ergeben.[30] 1006

---

[25] So zuletzt BGH NJW 1997, 259 (260).
[26] MünchKomm-*Kieninger*, § 308 Nr. 7 Rdn. 3; *Bamberger/Roth-Becker*, § 308 Nr. 7 Rdn. 4.
[27] *Staudinger-Coester-Waltjen*, § 308 Nr. 7 Rdn. 16.
[28] *Ulmer/H. Schmidt*, § 308 Nr. 7 Rdn. 23; *Wolf*, § 10 Nr. 7 AGBG Rdn. 24; MünchKomm-*Kieninger*, § 308 Nr. 7 Rdn. 12; *Staudinger-Coester-Waltjen*, § 308 Nr. 7 Rdn. 16 unter zutreffender Hervorhebung des Ausnahmecharakters einer solchen Lösung; ablehnend offenbar jedoch BGH NJW 1983, 2817 (2819).
[29] BGH NJW 1994, 1060 (1067); NJW-RR 2005, 642; *Ulmer/H. Schmidt*, § 308 Nr. 7 Rdn. 24; *Bamberger/Roth-Becker*, § 308 Nr. 7 Rdn. 40.
[30] *Ulmer/H. Schmidt*, § 308 Nr. 7 Rdn. 24.

Achter Abschnitt.
Sicherungsvereinbarungen

1007 Die §§ 305 ff. sind in erster Linie auf schuldrechtliche Austauschgeschäfte zugeschnitten. Dieser Schwerpunkt des Anwendungsbereichs sollte auch durch die Einstellung des AGB-Rechts in das Zweite Buch des Bürgerlichen Gesetzbuches („Recht der Schuldverhältnisse") unterstrichen werden. Für die positive Umschreibung des Anwendungsbereichs in § 305 Abs. 1 kommt es indes nicht auf den Inhalt der Bedingungen an. Er muss insbesondere nicht zwingend schuldrechtlicher Natur sein. An dieser bislang weitgehend unbestrittenen Feststellung wollte der Gesetzgeber mit seiner Entscheidung für die Integration des AGB-Rechts in das Recht der Schuldverhältnisse ausweislich der Regierungsbegründung auch nicht rütteln.[1] Die §§ 305 ff. finden somit auch weiterhin auf Vereinbarungen mit Verfügungscharakter (z.B. Vorausabtretung von Forderungen) Anwendung.[2] Erfasst werden daher wie schon zuvor **sachenrechtliche Geschäfte** wie etwa die Grundschuldbestellung, die Einigung über den Eigentumsübergang im Sinne des § 929 oder aber die Vereinbarung einer Verarbeitungsklausel.[3] Dass die einem Sicherungsgeschäft zugrunde liegende – schuldrechtliche – **Sicherungsvereinbarung** der Inhaltskontrolle unterliegt, steht von vornherein außer Frage.

§ 39. Eigentumsvorbehalt

Literatur: *Glöckner*, Verlängerungsklauseln beim Eigentumsvorbehalt und die Rechtsprechung zur nachträglichen Übersicherung durch revolvierende Globalsicherungen, DZWiR 1999, 492; *Graf Lambsdorff/Hübner*, Eigentumsvorbehalt und AGB-Gesetz, 1982; *Habersack/Schürnbrand*, Der Eigentumsvorbehalt nach der Schuldrechtsreform, JuS 2002, 833; *Schulze/Kienle*, Der Kauf unter Eigentumsvorbehalt – eine Kehrtwende des Gesetzgebers?, NJW 2002, 2842; *Serick*, Der erweiterte Eigentumsvorbehalt in Formularverträgen ohne zureichende Freigabeklausel bei unverhältnismäßiger Übersicherung und § 9 AGBG, JZ 1994, 714; *Thamm*, Rücknahmeklausel bei Eigentumsvorbehalt in Lieferbedingungen, BB 1980, 1191; *Weber*, Erweiterter Eigentums- und Konzernvorbehalt in allgemeinen Lieferbedingungen, BB 1989, 1768; *Graf von Westphalen*, Verlängerte Eigentumsvorbehaltsklauseln und AGB-Gesetz, ZIP 1980, 726.

I. Einfacher Eigentumsvorbehalt

1008 Der Eigentumsvorbehalt ist ein **Sicherungsmittel für den Verkäufer,** der dem Käufer die Sache vertragsgemäß übergibt, den Kaufpreis jedoch erst später erhält. Die Sicherungswirkung wird dadurch erreicht, dass die Ware zunächst im Eigentum des Verkäufers verbleibt und erst bei Zahlung des Kaufpreises bzw. der letzten Kaufpreisrate in das Eigentum des Käufers übergeht. Rechtstechnisch wird dies dadurch erreicht, dass die Einigung

---

[1] Begründung des RegE BT-Drucks. 14/6040, S. 149.
[2] BGH NJW 1985, 1836 (1837); *Ulmer*, § 305 Rdn. 15; *Staudinger-Schlosser*, § 305 Rdn. 13; *Wolf*, § 1 AGBG Rdn. 8; aus der Rechtsprechung z.B. BGH NJW 1991, 2768 (2769) zur Forderungsabtretung; a.A. *Fehl*, Finanzierungsleasing und Bauherrenmodell, 1986, S. 10.
[3] *Ulmer*, § 305 Rdn. 15; *Staudinger-Schlosser*, § 305 Rdn. 13; *Wolf*, § 1 AGBG Rdn. 8; *Palandt-Heinrichs*, § 305 Rdn. 4; aus der Rechtsprechung z.B. BGH NJW 1985, 1836 zum Eigentumsvorbehalt und BayObLGZ 1979, 439 zur Auflassung.

§ 39. Eigentumsvorbehalt

über den Eigentumsübergang (§ 929) unter die aufschiebende Bedingung der Zahlung des Kaufpreises gestellt wird.

1. Vereinbarung und Ausschluss des Eigentumsvorbehalts

Der Eigentumsvorbehalt gilt nicht kraft Gesetzes, sondern muss von den Kaufvertragsparteien **vereinbart** werden (lies § 449 Abs. 3: „Die Vereinbarung eines Eigentumsvorbehalts ...").   1009

Häufig **sehen** die **vom Verkäufer vorformulierten** und den jeweiligen Verkaufsgeschäften zugrunde gelegten Bedingungen einen solchen (einfachen) **Eigentumsvorbehalt vor**. Aus AGB-rechtlicher Sicht ist hiergegen nichts zu erinnern.[4] Der Aufschub der Eigentumsübertragung ist zwar für den Käufer nachteilig, da die volle rechtliche Verfügungsgewalt einstweilen noch beim Verkäufer verbleibt. Auf der anderen Seite wird der Käufer von der Pflicht entbunden, den Kaufpreis sofort bei Übergabe des Kaufgegenstandes zu entrichten. Es handelt sich somit um einen angemessenen Interessenausgleich, der sowohl das Sicherungsbedürfnis des Verkäufers als auch das Interesse des Käufers berücksichtigt, die Sache sofort nutzen zu können.   1010

Gestört wäre dieser Interessenausgleich, wenn es dem Verkäufer erlaubt wäre, dem Käufer in seinen Allgemeinen Geschäftsbedingungen die Ingebrauchnahme der Kaufsache bis zur vollständigen Zahlung des Kaufpreises zu verbieten.[5] Im Übrigen können jedoch zusätzliche Rechte und Pflichten der Vertragsparteien in Ansehung des Vorbehaltsguts durch Allgemeine Geschäftsbedingungen festgelegt werden. Klauseln, die dem berechtigten Sicherungsinteresse des Verkäufers und damit eng verbunden dem Interesse an einer pfleglichen Behandlung seines Eigentums dienen, sind grundsätzlich nicht zu beanstanden.[6]   1011

Problematischer ist vielmehr die entgegengesetzte Variante, nämlich der **Ausschluss des Eigentumsvorbehalts in den Einkaufsbedingungen** des Käufers. Der BGH hat in einer Entscheidung von 1980 die Klausel „*Mit der Übergabe wird die Ware unmittelbar Eigentum des Käufers.*" in den Einkaufsbedingungen eines Verbrauchermarktbetreibers gebilligt, dabei jedoch das besondere Interesse gerade eines solchen Verwenders dargelegt und betont, dass das Angemessenheitsurteil je nach Wirtschaftszweig und Marktform unterschiedlich ausfallen könne.[7] Allgemein wird man derartige Ausschlussklauseln nur dann für zulässig erachten können, wenn der Käufer ein berechtigtes Interesse am Ausschluss des Eigentumsvorbehalts für sich reklamieren kann. Denn immerhin stört eine solche Klausel den ausgewogenen Leistungsaustausch empfindlich, indem sie den Verkäufer im Ergebnis zur Vorleistung unter Verzicht auf eine entsprechende Sicherheit verpflichtet.[8]   1012

Zum Eigentumsvorbehalt bei **Kollision von Verkaufs- und Einkaufsbedingungen** vgl. Rdn. 323.   1013

2. Abbedingung des Fristsetzungserfordernisses für den Rücktritt des Vorbehaltsverkäufers

Der **bisherige § 455** knüpfte an die Vereinbarung eines Eigentumsvorbehalts zwei Auslegungsregeln: Zum war im Zweifel anzunehmen, dass die Übertragung des Eigentums unter der aufschiebenden Bedingung vollständiger Zahlung des Kaufpreises erfolgt und zum   1014

---

[4] *Wolf*, § 9 AGBG Rdn. E 24; *Ulmer/H. Schmidt*, Anh. § 310 Rdn. 731.
[5] OLG Oldenburg NJW-RR 1992, 1527.
[6] Vgl. im Einzelnen *Wolf*, § 9 AGBG Rdn. E 25 ff. und AGB-Klauselwerke-*Graf von Westphalen*, Eigentumsvorbehaltssicherung, Rdn. 3 ff. jeweils m. w. N.
[7] BGH NJW 1981, 280 ff.
[8] *Wolf*, § 9 AGBG Rdn. E 30.

anderen, dass der Verkäufer zum Rücktritt vom Vertrag berechtigt ist, wenn der Käufer mit der Zahlung in Verzug kommt. Der Vorbehaltsverkäufer konnte also nach der bisherigen Gesetzeslage schon bei Verzug des Käufers zurücktreten, einer Fristsetzung mit Ablehnungsandrohung nach § 326 a. F. bedurfte es nicht. In diesem Punkte hat die Schuldrechtsmodernisierung eine wichtige Änderung gebracht. Die **Auslegungsregel zu Gunsten eines vertraglichen Rücktrittsrechts findet sich in der Nachfolgevorschrift des § 449 nicht mehr.** Will der Verkäufer künftig wegen Zahlungsverzuges vom Kaufvertrag zurücktreten, so kann er dies gem. § 323 grundsätzlich nur nach vorheriger **Nachfristsetzung.** Klauseln, die den bisherigen Rechtszustand konservieren, also dem Verkäufer weiterhin ein lediglich an den Verzug des Käufers geknüpftes Rücktrittsrecht einräumen, sind problematisch. Im Verkehr mit Verbrauchern wird der Fristverzicht häufig schon an den unabdingbaren (§ 506 S. 1) **Vorschriften des Verbraucherkreditrechts** (§§ 503 Abs. 2 Satz 1 und 498 Abs. 1) scheitern. Im Übrigen tritt jetzt das **Klauselverbot des § 308 Nr. 3** auf den Plan.[9] Diese Vorschrift will den Kunden vor Gestaltungen schützen, mit denen sich der Verwender über das dispositive Recht hinausgehende Rechte zur Lösung vom Vertrage zu verschaffen sucht.[10] Darunter fällt auch der formularmäßige Verzicht auf ein von Gesetzes wegen zu beachtendes Fristsetzungserfordernis. Auf diese Änderung hat sich die Vertragspraxis also künftig einzustellen. Ob die Wertung des § 308 Nr. 3 in diesem Punkt über § 307 auch in den **unternehmerischen Verkehr** ausstrahlt, erscheint zweifelhaft. Jedenfalls hier sollte man das Sicherungsinteresse des Vorbehaltsverkäufers anerkennen und den Fristsetzungsverzicht nicht als unangemessene Benachteiligung einstufen.[11]

1015 **Herausgabe- oder Rücknahmeklauseln,** die dem Lieferanten bei einem Vertragsverstoß, insbesondere Zahlungsverzug, ein vorläufiges Rücknahmerecht bei Aufrechterhaltung des Vertrages einräumen, weichen von der gesetzlichen Regelung des § 449 Abs. 2 ab. Mit dieser wollte der Gesetzgeber einem wesentlichen Schutzbedürfnis des Käufers Rechnung tragen.[12] Denn stünde dem Verkäufer die Möglichkeit offen, auch ohne Rücktritt Herausgabe zu verlangen, wäre der Käufer zur Leistung vor Erhalt der Kaufsache gezwungen, wovor ihn der Eigentumsvorbehalt gerade bewahren sollte; dies widerspricht der vereinbarten Risikoverteilung mit der Folge der Unwirksamkeit entsprechender Regelungen nach § 307 Abs. 2 Nr. 1.[13]

II. Erweiterter Eigentumsvorbehalt

1016 Bei einem **erweiterten Eigentumsvorbehalt** soll der Eigentumsübergang nicht schon bei Begleichung der Kaufpreisforderung aus dem zugrunde liegenden Kaufgeschäft eintreten. Vielmehr wird die **Übertragung des Eigentums an** die **Tilgung weiterer** oder gar aller **Forderungen** des Verkäufers oder ihm konzernverbundener Unternehmen **geknüpft.** Hervorhebenswert sind vor allem zwei Erscheinungsformen des erweiterten Eigentumsvorbehalts:

---

[9] *Schulze/Kienle,* NJW 2002, 2843 rekurrieren insoweit auf § 308 Nr. 4.
[10] MünchKomm-*Kieninger,* § 308 Nr. 3 Rdn. 1.
[11] Wie hier auch *Schulze/Kienle,* NJW 2002, 2843 f.
[12] *Staudinger-Beckmann,* § 449 Rdn. 54; *Habersack/Schürnbrand,* JuS 2002, 836.
[13] OLG Frankfurt NJW-RR 2005, 1170 (1173); *Staudinger-Beckmann,* § 449 Rdn. 54; *Erman-Roloff,* § 307 Rdn. 106. Bei Verbraucherverträgen kommt darüber hinaus auch § § 506 S. 1 i. V. m. § 134 als Nichtigkeitsgrund in Betracht.

1. Kontokorrentvorbehalt

Bei einem **Kontokorrentvorbehalt** ist vorgesehen, dass der Eigentumsvorbehalt erst 1017
dann endet, wenn der Käufer alle oder einen bestimmten Teil der Forderungen aus der
Geschäftsverbindung beglichen hat, insbesondere den Saldoausgleich herbeigeführt hat.

Keine unangemessene Benachteiligung geht hierbei von solchen Erweiterungsklauseln 1018
aus, die sich auf die Einbeziehung solcher **Lieferantenforderungen** beschränken, die
zurzeit des Vertragsschlusses bereits existieren.[14] Denn hier kann der Vertragspartner
bei Vertragsschluss unschwer nachvollziehen, welche Forderungen noch nicht bezahlt
sind und was zu tun ist, um den Eigentumsübergang eintreten zu lassen. Das den Vertragspartner typischerweise belastende Moment der Unsicherheit, ob und ggf. wann er
einmal das Eigentum an der ihm übergebenen Ware erlangen wird, besteht in dieser Situation nicht.

Problematisch ist hingegen die **Ausdehnung des Eigentumsvorbehalts auf alle erst** 1019
künftig entstehenden Forderungen aus der Geschäftsverbindung. Hier wird man zu
unterscheiden haben, ob die Klausel im Geschäftsverkehr mit Verbrauchern oder mit Unternehmern eingesetzt wird.

Gegenüber Verbrauchern stellt eine solche weit ausgreifende Eigentumsvorbehaltssi- 1020
cherung eine nicht gerechtfertigte Aushöhlung einer vertragswesentlichen Pflicht des
Verkäufers dar (§ 307 Abs. 2 Nr. 2), da hierdurch der Eigentumsübergang und damit die
Erfüllung der Hauptpflicht aus dem Kaufvertrag (§ 433 Abs. 1 S. 1) auf unbestimmte Zeit
hinausgeschoben würde.[15]

Beispiel: Die Klausel „*Die gelieferten Waren bleiben bis zur völligen Bezahlung des Kaufpreises sowie
aller Forderungen aus den gesamten Geschäftsverbindungen Eigentum des Verwenders.*" umfasst
auch zukünftige Forderungen aus den Geschäftsverbindungen. Mangels eines anerkennenswerten
Interesses für diese Weiterung ist ihr die Wirksamkeit gem. § 307 Abs. 2 Nr. 2 versagt worden.[16]

Auch eine **intransparente Klauselfassung** kann zur Unwirksamkeit führen. 1021

Beispiel: In den Neuwagen-Verkaufsbedingungen, die auch gegenüber Nichtunternehmern verwendet werden, findet sich folgender Passus: „*Der Eigentumsvorbehalt bleibt auch bestehen für alle Forderungen, die der Verkäufer gegen den Käufer im Zusammenhang mit dem Kaufgegenstand, zum
Beispiel auf Grund von Reparaturen oder Ersatzteillieferungen sowie sonstigen Leistungen, nachträglich erwirbt.*" Dieser Klausel ist nach Ansicht des BGH schon deshalb die Wirksamkeit zu versagen,
weil sie bei einem rechtsunkundigen Durchschnittskunden den unzutreffenden Eindruck erwecken
kann, der Eigentumsvorbehalt bleibe ungeachtet eines zwischenzeitlichen Ausgleichs der dem Verkäufer auf Grund des Kaufvertrages zustehenden Forderungen bis zur Bezahlung der letzten Forderung bestehen, die der Verkäufer im Zusammenhang mit dem Kaufgegenstand nachträglich erwirbt.[17]

Für den **unternehmerischen Verkehr** hat der BGH die **Wirksamkeit** eines formulärmä- 1022
ßig vereinbarten erweiterten Eigentumsvorbehalts hingegen regelmäßig **bejaht.**[18] Dem ist
zuzustimmen. Denn für den Unternehmer ist die Einräumung von Sicherheiten für Kre-

---

[14] AGB-Klauselwerke-*Graf von Westphalen*, Eigentumsvorbehaltssicherung, Rdn. 59; *Ulmer/
H. Schmidt*, Anh. § 310 Rdn. 742.
[15] Der BGH hat sich noch nicht abschließend dazu geäußert, ob ein erweiterter Eigentumsvorbehalt
im nichtunternehmerischen Verkehr durch Formularbedingungen wirksam vereinbart werden kann
(Die Entscheidung NJW 2001, 292, 297 lässt diese Frage ausdrücklich offen, meldet jedoch immerhin
Zweifel an.).
[16] OLG Frankfurt a.M. NJW 1981, 130.
[17] BGH NJW 2001, 292 (297).
[18] BGH NJW 1985, 1836 (1837); 1987, 487 (488); 1994, 1154; ebenso *Wolf*, § 9 AGBG Rdn. 36;
Ulmer/H. Schmidt, Anh. § 310 Rdn. 742; AGB-Klauselwerke-*Graf von Westphalen*, Eigentumsvorbehaltssicherung Rdn. 67; dies gilt auch für eine Kombination mit einem verlängerten Eigentumsvorbehalt, so BGH NJW 1985, 1836 (1837); 1987, 487 (488).

dite ein üblicher Vorgang, so dass es ihm im Allgemeinen möglich sein sollte, die rechtliche Tragweite einer solchen Eigentumsvorbehaltsklausel zu überblicken. Hinzu kommt, dass man dem Verkäufer gerade im unternehmerischen Verkehr ein berechtigtes Interesse daran nicht absprechen kann, dass ihm das Eigentum am Kaufgegenstand für alle im Zeitpunkt der Begleichung der Kaufpreisforderung noch offenen Forderungen erhalten bleibt und nicht dem Zugriff anderer Gläubiger preis gegeben wird. Dass der Verkäufer in Ansehung der von ihm gelieferten Ware nicht gegenüber anderen Gläubigern zurückstehen und den Vorbehalt auch auf später entstandene Forderungen erstrecken will, ist anerkennenswert.[19] Auch hier gilt freilich: Mit dem Ausgleich aller im Zeitpunkt der Zahlung noch offenen und vom erweiterten Eigentumsvorbehalt erfassten Forderungen erlischt dieser endgültig.[20] Durch das spätere Entstehen weiterer Forderungen zwischen den Beteiligten lebt er nicht wieder auf.[21] Klauseln, die diesen Zusammenhang nicht deutlich herausstellen, laufen auch im unternehmerischen Verkehr Gefahr, für intransparent erklärt zu werden.

1023 Einer ausdrücklichen Freigabeklausel zur Vermeidung einer **Übersicherung** bedarf es nach der neueren Rechtsprechung nicht.[22]

2. Konzernvorbehalt

1024 In der Praxis finden sich mitunter noch sog. Konzernvorbehalte. Mit ihnen will die Verkäuferseite erreichen, dass der Eigentumsvorbehalt erst mit der Tilgung sämtlicher Forderungen untergeht, die anderen Unternehmen desselben Konzerns gegen den Vorbehaltskäufer zustehen. Diese Vertragsgestaltung ist jedoch **durch § 449 Abs. 3 verboten** und zwar unabhängig davon, ob es sich um eine vorformulierte AGB-Klausel oder um eine individuell ausgehandelte Abrede handelt.

III. Verlängerter Eigentumsvorbehalt

1025 Überaus verbreitet sind im Geschäftsleben verschiedene Formen des sog. **verlängerten Eigentumsvorbehalts.** Damit sind Ausgestaltungen des Eigentumsvorbehalts gemeint, die das **Sicherungsinteresse des Vorbehaltsverkäufers langfristig wahren,** und zwar auch dann, wenn das Vorbehaltsgut im Geschäftsgang weiterveräußert oder verarbeitet wird. An die Stelle des vorbehaltenen Eigentums soll in diesen Fällen die aus dem Weiterverkauf resultierende Kaufpreisforderung oder eine (Mit-)Berechtigung an der neu hergestellten Sache treten. In letzterem Fall spricht man auch von einer Verarbeitungsklausel. Begründet und ausgestaltet wird der verlängerte Eigentumsvorbehalt in aller Regel durch **Allgemeine Geschäftsbedingungen,** so dass die §§ 305 ff. auf den Plan treten.

1026 Soweit Waren vom Vorbehaltsverkäufer zum Weiterverkauf geliefert werden, sehen die Allgemeinen Verkaufsbedingungen üblicherweise vor, dass der Käufer zur Weiterveräußerung im ordnungsgemäßen Geschäftsverkehr ermächtigt sein soll, dem Verwender jedoch die aus diesen Geschäftsvorgängen erwachsenden Forderungen gegen die Abnehmer zur Sicherheit abgetreten werden. Im unternehmerischen Verkehr – und nur dort ist er im Allgemeinen anzutreffen – bestehen **gegen** einen solchermaßen **verlängerten Eigentumsvorbehalt keine AGB-rechtlichen Bedenken.**[23] Andererseits wäre aber auch ein Aus-

---

[19] *Wolf,* § 9 AGBG Rdn. E 36.
[20] BGH NJW 2001, 292 (297); *Ulmer/H. Schmidt,* Anh. § 310 Rdn. 743.
[21] BGH NJW 2001, 292 (297).
[22] Vgl. hierzu die Ausführungen unter Rdn. 1030.
[23] BGH NJW 1985, 1836 (1837); 1987, 487 (488); 1989, 895 (896); *Ulmer/H. Schmidt,* Anh. § 310 Rdn. 738; MünchKomm-*Kieninger,* § 307 Rdn. 256; *Palandt-Weidenkaff,* § 449 Rdn. 18.

schluss des verlängerten Eigentumsvorbehalts durch eine Abwehrklausel in den Allgemeinen Geschäftsbedingungen des Käufers nicht zu beanstanden, da der Käufer sich hierdurch seine wirtschaftliche Bewegungsfreiheit in vollem Umfang zu sichern versucht.[24] Eine unzulässige Einengung der geschäftlichen Aktivitäten des Vorbehaltskäufers ginge von Klauseln in den Bedingungen des Vorbehaltsverkäufers aus, denen zufolge der Käufer ohne sachlich gerechtfertigten Grund an der Weiterveräußerung gehindert sein soll, oder welche die Weiterveräußerungsermächtigung unter den Vorbehalt freier Widerruflichkeit stellen.[25] Die **Vorausabtretung** muss als Sicherungsabtretung den hierfür geltenden Voraussetzungen entsprechen[26]. Unzulässig wäre es, den verlängerten Eigentumsvorbehalt mit einer Sicherungs-Globalzession zugunsten des Vorbehaltsverkäufers zu kombinieren, da hier wiederum die wirtschaftliche Bewegungsfreiheit des Käufers übermäßig beschnitten würde.[27]

Grundsätzlich unbedenklich – zum Problem der Übersicherung vgl. Rdn. 1028 ff. – sind schließlich sog. **Verarbeitungsklauseln,** nach denen der Vorbehaltskäufer die Verarbeitung nicht für sich, sondern für den Vorbehaltseigentümer durchführt, so dass dieser als Hersteller der Sache anzusehen ist und das (Mit-)Eigentum an ihr erwirbt.[28] Zwar sind gegen diese Konstruktion aus den Reihen des Schrifttums beachtliche Einwände vorgebracht worden.[29] Solange der BGH jedoch an der Verfügbarkeit des Herstellerbegriffs in § 950 festhält, wird man in einer Verarbeitungsklausel keine unangemessene Benachteiligung des Vorbehaltseigentümers sehen können. Voraussetzung ist jedoch, dass der Vorbehaltsverkäufer nur eine solche Sicherheit anstrebt, die dem Sicherungsbedürfnis anderer Vorbehaltslieferanten Raum lässt.[30] 1027

§ 40. Globalsicherheiten

Die Sicherung von Verbindlichkeiten erfolgt in der Praxis häufig in der Weise, dass dem Gläubiger nicht einzelne Gegenstände, sondern eine näher abgegrenzte Sach- oder Forderungsgesamtheit übertragen wird. Dabei kann es sich um die Sicherungsübereignung eines Warenlagers mit wechselndem Bestand oder aber um eine Globalzession – auch im Rahmen eines verlängerten oder erweiterten Eigentumsvorbehalts – handeln. Man spricht insoweit von revolvierenden **Globalsicherheiten**. Diese lässt sich der Sicherungsnehmer – häufig ein Kreditinstitut – in der Regel auf formularvertraglicher Grundlage einräumen. Gemäß dem sachenrechtlichen Abstraktionsgrundsatz ist zwischen dem **dinglichen Akt der Bestellung der Sicherheit** und dem **schuldrechtlichen Sicherungsvertrag** zu unterscheiden. Der Sicherungsvertrag enthält die Rechte und Pflichten der Parteien bzgl. des Sicherungsguts. Beide Rechtsgeschäfte unterfallen der AGB-Kontrolle, es sei denn, die Modalitäten werden ausnahmsweise individuell ausgehandelt.[1] 1028

---

[24] *Wolf,* § 9 AGBG Rdn. E 38.
[25] *Ulmer/H. Schmidt,* Anh. § 310 Rdn. 740; *Wolf,* § 9 AGBG Rdn. E 40.
[26] Ausführlich hierzu AGB-Klauselwerke-*Graf von Westphalen,* Sicherungsabtretung.
[27] BGH WM 1977, 480 (auf der Grundlage des § 138 Abs. 1); *Ulmer/H. Schmidt,* Anh. § 310 Rdn. 739.
[28] *Erman-Roloff,* § 307 Rdn. 110; *Wolf,* § 9 AGBG Rdn. E 44; *Ulmer/H. Schmidt,* Anh. § 310 Rdn. 735.
[29] Vgl. statt vieler *Flume,* NJW 1950, 841 ff.; *Dolezalek,* AcP 195 (1995), S. 392 ff.; *Wilhelm,* Sachenrecht, Rdn. 1073 ff.; *Medicus,* Bürgerliches Recht, Rdn. 519.
[30] *Wolf,* § 9 AGBG Rdn. E 45.
[1] Zu einer unwirksamen Verwertungsregelung im Zusammenhang mit einer formularmäßigen Sicherungsabtretung arbeitsvertraglicher Ansprüche vgl. zuletzt BGH NJW-RR 2005, 1408.

1029 In der Vergangenheit sind die (fehlenden) **Regelungen des Sicherungsvertrages** Gegenstand eingehender Diskussionen gewesen. Im Folgenden sollen zwei Aspekte des Sicherungsvertrages bei der Einräumung von Globalsicherheiten herausgegriffen werden, die aus der Sicht des AGB-Rechts Aufmerksamkeit verdienen. Beide Problemkreise nehmen ihren Ausgang in der Erkenntnis, dass bei revolvierenden Globalsicherheiten durch kontinuierliche Tilgung der Wert der gesicherten Forderung abnimmt, während die hingegebenen Sicherheiten ungeschmälert erhalten bleiben, ja mitunter sogar eine Wertsteigerung erfahren. Es droht dann die Gefahr einer **nachträglichen Übersicherung**. Fraglich ist, ob der Sicherungsnehmer bereits bei der Ausgestaltung des Sicherungsvertrages Vorkehrungen treffen muss, um dieser Gefahr entgegenzuwirken. Einige Senate des BGH haben dies in der Vergangenheit bejaht und den Sicherungsgeber für verpflichtet gehalten, in die Sicherungsabrede eine qualifizierte Freigabeklausel und eine Deckungsgrenze aufzunehmen.[2] Diese Rechtsprechung ist jedoch durch eine **grundlegende Entscheidung des Großen Senats des BGH für Zivilsachen**[3] aufgegeben worden. In der Folgezeit ist daraufhin eine gewisse Beruhigung eingetreten. Die Rechtslage stellt sich bzgl. der Freigaberegelung und der Deckungsgrenze nun wie folgt dar.

I. Freigaberegelungen

1030 Sowohl bei der formularmäßigen Globalabtretung als auch bei der formularmäßigen Sicherungsübereignung eines Warenlagers mit wechselndem Bestand hat der Sicherungsgeber ein erhebliches Interesse daran, das Sicherungsgut vom Sicherungsnehmer zurückzuerhalten, wenn es seinen Sicherungszweck erfüllt hat. Der Große Senat des BGH hat in der erwähnten Entscheidung klar gestellt, dass der **Sicherungsnehmer auf Grund des fiduziarischen Charakters des Sicherungsvertrages** in der Tat **verpflichtet** ist, die ihm treuhänderisch übertragene **Sicherheit** schon vor Beendigung des Vertrages **zurückzugewähren**, wenn und soweit sie endgültig nicht mehr benötigt wird.[4] Einer ausdrücklichen Freigaberegelung im Sicherungsvertrag bedarf es hierfür nicht. Umstritten war in der Vergangenheit die rechtliche Beurteilung vertraglicher Freigabebeschränkungen, etwa dergestalt, dass die Freigabe in das Ermessen des Sicherungsgebers gestellt wird.

> **Beispiel** einer formularmäßigen Globalabtretung: „Die Bank hat auf Verlangen des Sicherungsgebers ihre Rechte aus diesem Vertrag nach billigem Ermessen freizugeben, soweit sie diese nicht nur vorübergehend nicht benötigt."[5]

1031 Solche Klauseln eröffnen dem Sicherungsnehmer einen zweckwidrigen Entscheidungsspielraum, obwohl feststeht, dass er das Sicherungsgut teilweise nicht mehr benötigt. Hierdurch werden wesentliche Rechte und Pflichten, die sich aus der Natur des Sicherungsvertrages ergeben, in einer Weise eingeschränkt, dass das Erreichen des Vertragszwecks gefährdet ist (§ 307 Abs. 2 Nr. 2). Für den Sicherungsgeber ergibt sich hieraus eine unangemessene Benachteiligung, da seine schutzwürdige Möglichkeit, über das Sicherungsgut schnell wieder frei zu verfügen, beeinträchtigt wird. Die Unwirksamkeit einer ermessensabhängigen Freigaberegelung **führt** allerdings **nicht zur Gesamtnichtigkeit formularmäßiger Sicherungsübertragungen**. Vielmehr tritt an die Stelle einer solchen

---

[2] BGH NJW 1992, 1626 zur Sicherungsübereignung eines Warenlagers; BGH NJW 1990, 716 und 1991, 2768 zur Sicherungsglobalzession.
[3] BGH GS NJW 1998, 671 (672).
[4] BGH GS NJW 1998, 671 (672); hierzu *Serick*, BB 1998, 801, *Berger*, DZWiR 1998, 205 und *H. Roth*, JZ 1998, 462.
[5] BGH GS NJW 1998, 671.

unwirksamen Freigabeklausel gem. § 306 Abs. 2 der ermessensunabhängige Freigabeanspruch des Sicherungsgebers.[6]

II. Deckungsgrenze und Bewertung der Sicherheiten

Nach der Entscheidung des Großen Senats hängt die Wirksamkeit eines formularmäßigen Sicherungsvertrages über revolvierende Globalsicherheiten auch nicht von der ausdrücklichen Festlegung einer zahlenmäßig bestimmten, angemessenen Deckungsgrenze ab.[7] Fehlt eine solche Grenze, deren Überschreitung die Übersicherung als Voraussetzung für den vertraglichen Freigabeanspruch anzeigt, oder ist im Sicherungsvertrag eine unangemessene Deckungsgrenze festgesetzt worden, so ist nicht etwa die gesamte Sicherheitenbestellung nach § 138 Abs. 1 sittenwidrig und nichtig. Die Deckungsgrenze ist in diesem Fall aus dem Treuhandcharakter des Sicherungsvertrages unter Berücksichtigung des Vertragszwecks und der schutzwürdigen Interessen der Vertragspartner zu ermitteln. Eine Übersicherung hält der Große Senat regelmäßig für gegeben, wenn der im Verwertungsfall realisierbare Wert der Sicherungsgegenstände die gesicherte Forderung um mehr als 10% übersteigt. Das Problem besteht jedoch darin, dass sich allgemeingültige Maßstäbe für die Bewertung der Sicherungsgegenstände bei Eintritt des Sicherungsfalls im Voraus nicht festlegen lassen. Um dennoch das berechtigte Dispositionsinteresse des Sicherungsgebers zu wahren, hat der Große Senat der Praxis eine Orientierungshilfe mit auf den Weg gegeben. Aus den §§ 232 ff. leitet er die widerlegbare Vermutung ab, dass dem Sicherungsinteresse des Gläubigers durch einen Abschlag von einem Drittel vom Nennwert abgetretener Forderungen oder vom Schätzwert sicherungsübereigneter Waren ausreichend Rechnung getragen wird. Die Grenze für das Entstehen eines Freigabeanspruchs liegt demnach regelmäßig bei 150% des Schätzwertes des Sicherungsguts. Diese Vermutung kann durch einen substantiierten und ggf. zu beweisenden Vortrag einer abweichenden Risikolage entkräftet werden.

1032

---

[6] BGH GS NJW 1998, 671 ff.; NJW-RR 1998, 1123 (1124); NJW 1998, 2206 (2207).
[7] BGH GS NJW 1998, 671 (674 ff.).

Neunter Abschnitt.
Prozessbezogene Klauseln

Literatur: *Mentis,* Schranken prozessualer Klauseln in Allgemeinen Geschäftsbedingungen, 1994; *Sternke,* Prozessuale Klauseln in Allgemeinen Geschäftsbedingungen, 1993.

1033 Der Anwendungsbereich der §§ 305 ff. ist nicht auf Vertragsbedingungen materiellrechtlichen Inhalts beschränkt. Auch **prozessuale Vereinbarungen** können AGB-Charakter aufweisen und der **Kontrolle nach den §§ 305 ff.** unterfallen.[1] Zu denken ist dabei insbesondere an vorformulierte Beweislastabreden, an Gerichtsstands- und Schiedsvereinbarungen sowie Regelungen vollstreckungsrechtlichen Inhalts.

§ 41. Beweislastvereinbarungen

Literatur: *Bennemann,* Fiktionen und Beweislastregelungen in Allgemeinen Geschäftsbedingungen, 1987; *Thamm,* Beweislastregelungen in Allgemeinen Geschäftsbedingungen, BB 1971, 292; *ders.,* Umformulierung von Haftungsbegrenzungen in AGB wegen beweislastverändernder Klauseln, BB 1996, 653.

I. Allgemeines und Normzweck des § 309 Nr. 12 BGB

1034 Eine Beweislaständerung durch Parteivereinbarung ist grundsätzlich möglich.[2] **Beweislastregeln** entspringen aber nicht einfach Zweckmäßigkeitserwägungen, sondern sind **Ausdruck materieller Gerechtigkeitsgebote.** Das gilt sowohl für die allgemeine Beweislastregel, nach der jede Partei das Vorliegen der Tatsachen zu beweisen hat, aus denen sie Rechte herleitet, als auch für andere Beweislastgrundsätze, die in der Regel darauf abstellen, welche Partei den beweisbedürftigen Umständen am nächsten ist. Die einseitige Veränderung der Beweislast qua Allgemeine Geschäftsbedingungen rüttelt an diesen Gerechtigkeitsmaßstäben. Sie beeinträchtigt die Beweissituation des Kunden und ist tendenziell geeignet, ihm die Rechtsverfolgung oder Rechtsverteidigung unzumutbar zu erschweren oder gar gänzlich zu verhindern.[3] Der Nachteil des sich den Vertragsbedingungen des Verwenders unterwerfenden Vertragspartners besteht häufig darin, dass ein non liquet über den Prozessausgang entscheidet.[4] Deshalb verbietet § 309 Nr. 12 umfassend Allgemeine Geschäftsbedingungen, die auf eine Änderung der Beweislast zum Nachteil des Kunden zielen. Damit setzt der deutsche Gesetzgeber zugleich **Nr. 1 Buchst. q des Anhangs der Klauselrichtlinie** 93/13/EWG um. Danach können Klauseln für missbräuchlich erklärt werden, die darauf abzielen oder zur Folge haben, dass dem Verbraucher die Möglichkeit, Rechtsbehelfe bei Gericht einzulegen oder sonstige Beschwerdemittel zu ergreifen, genommen oder erschwert wird, und zwar insbesondere dadurch, dass ihm die Beweislast

---

[1] Einhellige Meinung vgl. statt vieler *Ulmer,* § 305 Rdn. 15; *Wolf,* § 1 AGBG Rdn. 8; *Staudinger-Schlosser,* § 305 Rdn. 14. Ebenso BGH NJW 2002, 138 (139) für eine Unterwerfungserklärung.

[2] *Rosenberg/Schwab/Gottwald,* Zivilprozessrecht, 16. Aufl. 2004, § 114, Rdn. 36, S. 788; *Baumgärtel/Hohmann,* Handbuch der Beweislast, Band 3, 1987, Rdn. 2; *G. Wagner,* Prozessverträge, 1998, S. 697.

[3] Amtl. Begründung BT-Drucks. 7/3919, S. 38.

[4] BGH NJW 1964, 1123.

auferlegt, die nach dem geltenden Recht einer anderen Vertragspartei obläge. Diese Empfehlung kann durch § 309 Nr. 12 in vollem Umfang zur Geltung gebracht werden.[5]

Die Problematik der Beweislastklauseln ist erstmals durch eine **Entscheidung des BGH aus den 60er Jahren** ins Bewusstsein der Fachöffentlichkeit gerückt worden.[6] Gegenstand des Urteils war eine Klausel, die dem Einlagerer die Beweislast dafür überbürdete, dass das Personal des Lagerhalters am Verschwinden von Waren ein Verschulden treffe. Der BGH entschied, dass sich der Verwender für Umstände, die in seinem alleinigen Verantwortungsbereich liegen, nicht zum Nachteil des Kunden entlasten könne. Dieser Grundsatz ist heute in § 309 Nr. 12 Buchst. a als Regelbeispiel genannt. Ein weiteres, hier bereits besprochenes,[7] Regelbeispiel führt als weiteren Fall der unzulässigen Beweislastveränderung dem Kunden abverlangte Tatsachenbestätigungen an (§ 309 Nr. 12 Buchst. b).

II. Voraussetzungen und Umfang des Verbots

1. Beweislastgrundsätze

Unabhängig davon, ob es sich um gesetzlich verankerte oder richterrechtlich entwickelte Beweislastregeln handelt, ist jede Beweislastveränderung zum Nachteil des Kunden unzulässig. Das Klauselverbot umfasst dabei sowohl die Regeln der objektiven Beweislast, die die Wirkung der Nichterweislichkeit von Tatsachen betreffen, als auch diejenigen der subjektiven Beweislast, die festlegen, welche Partei den Beweis zu führen hat.[8] Daher kann eine Änderung der Beweislast sowohl darin liegen, dass der Nachteil der Nichterweislichkeit einer Tatsache auf die andere Partei abgewälzt wird, als auch darin, dass die Beweismöglichkeit einer Partei beschränkt wird. Ferner wird die Beweislast mittelbar auch durch eine Erhöhung der Beweisanforderungen verändert, da auch dann in Abweichung vom dispositiven Recht eine Beweislastentscheidung getroffen wird.[9]

Beweislastgrundsätze sind z.B. die allgemeine Beweislastregel, nach der jede Partei die tatsächlichen Voraussetzungen der ihr günstigen Rechtsfolgen beweisen muss. Ferner gibt es spezielle Beweislastregeln nach Verantwortungsbereichen, z.B. §§ 280 Abs. 1 Satz 2 und 286 Abs. 4 für den Bereich der Leistungsstörungen sowie einzelne Beweislastregeln in §§ 269, 271, 891, 1006. Die Rechtsprechung wandte in der Vergangenheit für eine Vielzahl von Verträgen § 282 a.F. entsprechend an, wenn der schädigende Umstand im Einflussbereich des Unternehmers liegt. Ebenfalls unter solche Beweislastgrundsätze fallen die Grundsätze über den Beweis des ersten Anscheins. Eine Beweislastregel besteht auch in der Vermutung der Vollständigkeit und Richtigkeit von Urkunden.

Beispiel: Im Sparbuch des M wird am 1. 10. 2008 die Einzahlung eines Betrags von 4000,– € vermerkt. Die Auszahlung dieses Betrags wird ihm am 1. 11. 2008 unter Hinweis auf die Bedingungen für Sparkonten verweigert, da eine Einzahlung ausweislich der Geschäftsbücher nicht erfolgt sei. Eine Klausel in den Bedingungen für Sparkonten, nach der interne Eintragungen in den Geschäftsbüchern Vorrang vor den Eintragungen in den Sparbüchern haben, ist unwirksam.[10] Denn hierdurch wird dem Sparbuchinhaber, für den die Vermutung der Vollständigkeit und Richtigkeit der Eintragungen im Sparbuch spricht, die Beweislast für Umstände auferlegt, die seinem Einflußbereich entzogen sind.

---

[5] MünchKomm-*Kieninger*, § 309 Nr. 12 Rdn. 3: „im Grundsatz deckungsgleich".
[6] BGH NJW 1964, 1123.
[7] Rdn. 679 ff.
[8] *Wolf*, § 11 Nr. 15 AGBG Rdn. 3.
[9] *Wolf*, § 11 Nr. 15 AGBG Rdn. 4; a. A. MünchKomm-*Kieninger*, § 309 Nr. 12 Rdn. 5.
[10] AG Hamburg NJW 1987, 2022.

2. Änderung zum Nachteil des anderen Vertragsteils

1038 Bei der Prüfung, ob es sich um eine gem. § 309 Nr. 12 unzulässige Beweislaständerung handelt, muss in einem ersten Schritt immer festgestellt werden, wie die Beweislast ohne die Klausel verteilt wäre und in einem zweiten Schritt, ob durch die Klausel die Beweislast zum Nachteil des Kunden verändert wird.

1039 Das Verbot des § 305 Nr. 12 ist in einem umfassenden Sinne zu verstehen. Der Gesetzgeber wollte **jede nachteilige Änderung der Beweisposition des Kunden** in Allgemeinen Geschäftsbedingungen erfassen, gleich welches Mäntelchen der Verwender ihr umhängt. Folglich liegt eine Änderung der Beweislast nicht erst dann vor, wenn diese umgekehrt wird.[11] Der lästigen und mitunter sehr schwierigen Abgrenzung der Beweislastumkehr von sonstigen Beweiserschwerungen ist der Rechtsanwender im Bereich des § 309 Nr. 12 damit enthoben. Eine verbotene Beweislaständerung zum Nachteil des Kunden ist auch dann anzunehmen, wenn die Beweisführung erschwert wird, indem die Möglichkeit des Beweises auf bestimmte Beweismittel eingeschränkt wird oder die Grundsätze über den Beweis des ersten Anscheins geändert werden.[12] Auch formularmäßig ausbedungene Beweiserleichterungen für den Verwender fallen unter die Verbotsnorm. Nach der Ansicht des BGH ist § 309 Nr. 12 jedoch nur anwendbar, wenn der Inhalt der Klausel noch Raum für eine den Vertragspartner des Verwenders treffende Beweislast lässt. Alle durch einen (Gegen-)beweis nicht mehr änderbaren inhaltlichen Interessenverschiebungen durch Allgemeine Geschäftsbedingungen seien daher nicht gem. § 309 Nr. 12 zu überprüfen, sondern im Rahmen des § 307 zu würdigen.[13] Die entgegengesetzte Meinung beruft sich für die tatbestandliche Erfassung dieser Fallgestaltung auf einen erst-recht-Schluss,[14] verkennt dabei jedoch, dass diese Ausweitung die Abgrenzung zu materiellrechtlichen Anspruchsverkürzungen verwischt.

Beispiel: In den Allgemeinen Geschäftsbedingungen eines **Autowaschanlagenbetreibers** findet sich die Klausel „Nach Verlassen des Betriebsgrundstücks erlischt jede Möglichkeit, einen Schadensersatzanspruch geltend zu machen". Hierbei handelt es sich nicht um eine Beweislastregelung,[15] sondern um einen bei Verträgen dieser Art häufig anzutreffenden Haftungsausschluss, der nach den hierfür geltenden Vorschriften (§ 309 Nr. 7 bzw. § 307) zu würdigen ist.

1040 Das Klauselverbot des § 309 Nr. 12 läuft in der Rechtspraxis mitunter Gefahr übersehen zu werden:

Beispiel: Die Klausel in den Allgemeinen Geschäftsbedingungen eines Lederfabrikanten, die Haftung für Mangelfolgeschäden sei generell ausgeschlossen, es sei denn, dass dem Verwender oder seinem Erfüllungsgehilfen Vorsatz oder grobe Fahrlässigkeit zur Last falle, ist keineswegs nur sub specie § 309 Nr. 8 Buchst. b zu beurteilen. Vielmehr bürdet sie durch die Formulierung „wird ausgeschlossen, es sei denn dass..." zugleich dem Vertragspartner die Beweislast für Vorgänge auf, die sich im Verantwortungsbereich des Verwenders abgespielt haben.[16]

---

[11] BGH NJW 1987, 1634 (1635) führt unter Berufung auf Wortlaut und Systematik des § 309 Nr. 12 aus, schon der Versuch des Verwenders, die Beweislast des Kunden zu verschlechtern, genüge. Gegen eine Beschränkung des § 309 Nr. 12 auf Fälle der Beweislastumkehr auch *Ulmer/Hensen*, § 309 Nr. 12 Rdn. 8; *Thamm*, BB 1971, 294; a.A. *Staudinger-Coester-Waltjen*, § 309 Nr. 15 Rdn. 8, die für eine Unterstellung der sonstigen Fälle unter die Generalklausel des § 307 plädiert.

[12] BGH NJW 1988, 258; *Ulmer/Hensen*, § 309 Nr. 12 Rdn. 11 f.; *Erman-Roloff*, § 309 Rdn. 147; a.A. *Staudinger-Coester-Waltjen*, § 309 Nr. 12 Rdn. 8.

[13] BGH NJW 1988, 258 (259); *Wolf*, § 11 Nr. 15 AGBG Rdn. 5 (allerdings in Widerspruch zur Rdn. 11); MünchKomm-*Kieninger*, § 309 Nr. 12 AGBG Rdn. 10; Soergel-*Stein*, § 11 AGBG Rdn. 162; *Staudinger-Coester-Waltjen*, § 309 Nr. 12 AGBG Rdn. 4.

[14] *Ulmer/Hensen*, § 309 Nr. 12 Rdn. 12.

[15] So aber LG Tübingen NJW-RR 1992, 310 und *Ulmer/Hensen*, § 309 Nr. 12 Rdn. 12.

[16] Richtig erkannt von BGH NJW 1996, 1537 (1538 f.).

§ 41. Beweislastvereinbarungen

Besonderes gilt für vorformulierte abstrakte **Schuldversprechen** bzw. **-anerkenntnisse** 1041
und **Vollstreckungsunterwerfungen**. Sie werden nach überwiegender Meinung vom Verbotstatbestand des § 309 Nr. 12 nicht erfasst.[17]

Dem ist zuzustimmen. Entscheidend ist jedoch nicht, dass es sich um gesetzlich anerkannte Rechtsinstitute (§§ 780, 781; § 794 Nr. 5 ZPO) handelt, sondern dass durch ihre Einbeziehung ein neuer selbstständiger Rechtstitel geschaffen wird, ohne die Beweislage im Grundverhältnis zu verändern.[18] Es verbleibt bei den Kontrollmaßstäben der §§ 305c und 307. 1042

Die Hervorhebung des **ersten Regelbeispiels** hat gegenüber dem allgemeinen Verbot der Beweislaständerung keine besondere Bedeutung. Dem anerkannten Grundsatz, dass derjenige die Beweislast trägt, in dessen alleinigem Verantwortungsbereich ein Schaden entstanden ist, wird hierdurch Rechnung getragen. Ansonsten würde die Rechtsdurchsetzung verhindert, wenn Umstände nachgewiesen werden müssten, die der Vertragspartner nicht überprüfen kann, weil sie seinem Einflussbereich entzogen sind. 1043

Beispiel: Die ABB-Flugpassage der Deutschen Lufthansa (Allgemeine Beförderungsbedingungen für Fluggäste und Gepäck) enthielt eine Klausel, nach der der Luftfrachtführer nur dann zum Schadensersatz verpflichtet ist, wenn ihm nachweislich Fahrlässigkeit zur Last fällt. Dadurch wird dem Fluggast in unzulässiger Weise die Beweislast für im Verantwortungsbereich der Lufthansa liegende Umstände überbürdet.[19]

Das **zweite Regelbeispiel** war bereits Gegenstand der Ausführungen unter § 26. 1044

3. Teleologische Reduktion des § 309 Nr. 12?

Die Benachteiligung des Kunden erscheint auf den ersten Blick geringer, wenn bei einem Schadensersatzanspruch, der hätte abbedungen werden können, lediglich die Beweislast zum Nachteil des Kunden verändert wird. Im Schrifttum hat man sich daher bisweilen für eine teleologische Reduktion des Anwendungsbereichs des § 309 Nr. 12 ausgesprochen.[20] Soweit der Verwender für bestimmte Umstände jede Haftung ausschließen könne, dürfe er seine Haftung unter Umkehr der Beweislast aufrechterhalten. Richtiger Ansicht nach ist jedoch auch in diesem Fall die Klausel gemäß § 309 Nr. 12 unwirksam.[21] Ein Verhältnis zwischen Anspruch und Beweislastregeln derart, dass die Änderung der Beweislast in Relation zur Haftungsfreizeichnung ein Weniger wäre, ist nicht gegeben.[22] Haftungsfreizeichnungsklauseln und Beweislastklauseln treffen den Kunden auf qualitativ unterschiedlichen Ebenen. Die Rechtsfolge einer Haftungsfreizeichnung äußert sich in der Be- 1045

---

[17] BGH NJW 1991, 1677 für das abstrakte Schuldversprechen; BGH NJW 1987, 904 (907), 2002, 138 (139) für die Vollstreckungsunterwerfung; BGH NJW 2003, 2386 (2388) und BAG NJW 2005, 3164 (3165) für das deklaratorische Schuldanerkenntnis; *Ulmer/Hensen*, § 309 Nr. 12 AGBG Rdn. 13; *Wolf*, § 11 Nr. 15 AGBG Rdn. 12 und 24; *Staudinger-Coester-Waltjen*, § 309 Nr. 12 Rdn. 5; *Palandt-Grüneberg*, § 309 Rdn. 100; a.A. *Staudinger-Schlosser*, 12. Aufl. 1980, § 11 Nr. 15 AGBG Rdn. 12 und *Stürner*, JZ 1977, 431 f. Von der Vollstreckungsunterwerfung sind sorgfältig zu unterscheiden sog. **Nachweisverzichtsklauseln**, nach denen der Unternehmer (z.B. in Bauverträgen) berechtigt sein soll, sich ohne weitere Nachweise eine vollstreckbare Ausfertigung der Urkunde erteilen zu lassnex. Der BGH gründet das Unwirksamkeitsverdikt auf § 307 (BGH NJW 2002, 138, 139 f.) während in der Literatur (*Ulmer/Hensen*, § 309 Nr. 12 Rdn. 14 m.w.N.) verbreitet ein Verstoß gegen § 309 Nr. 12 bejaht wird; vgl. ferner unter dem Aspekt der §§ 3, 12 der Makler- und BauträgerVO BGH NJW 1999, 51.
[18] So zutreffend *Staudinger-Coester-Waltjen*, § 309 Nr. 12 Rdn. 5.
[19] BGH NJW 1983, 1322.
[20] *Palandt-Grüneberg*, § 309 Rdn. 100; *Staudinger-Coester-Waltjen*, § 309 Nr. 12 Rdn. 7; offengelassen in BGH NJW 1985, 3016 (3017) und OLG Düsseldorf BB 1996, 658.
[21] *Wolf*, § 11 Nr. 15 Rdn. 8; *Ulmer/Hensen*, § 309 Nr. 12 Rdn. 6; *Erman-Roloff*, § 309 Rdn. 148.
[22] *Wolf*, § 11 Nr. 15 AGBG Rdn. 8 spricht zutreffend von einem „aliud".

schneidung der materiell-rechtlichen Rechtsposition des Kunden. Demgegenüber sind vorformulierte Beweislastabreden häufig geeignet, den Kunden zu kostenträchtigen Fehleinschätzungen zu verleiten. Er scheitert im Prozess, weil er die Beweislastanforderungen verkennt. Seine Erfolgsaussichten sind für ihn schwierig einzuschätzen. Mitunter werden sie ihm regelrecht verschleiert. Das rückt Beweislastklauseln tendenziell in einen Konflikt zum Transparenzgebot, ein Problem, dass sich bei Haftungsfreizeichnungsklauseln so zumeist nicht stellt. Die teleologische Reduktion des § 309 Nr. 12 würde die Vorschrift zu einer lex imperfecta machen. Ihr Eingreifen könnte von Fall zu Fall erst nach einer hypothetischen und unter Umständen schwierigen Prüfung der Abdingbarkeit der Haftung ermittelt werden. Die Vorschrift würde sich in dieser Sichtweise selbst als in hohem Maße intransparent darstellen. Eine solche Konzeption kann auch vom Gesetzgeber nicht gewollt gewesen sein. Im Übrigen sieht auch der Anhang der Richtlinie über missbräuchliche Klauseln in Nr. 1 q, der in diesem Punkt erkennbar auf § 309 Nr. 12 zurückgeht, keine diesbezügliche Einschränkung des Anwendungsbereichs vor, obwohl die Problematik bei ihrer Abfassung allgemein bekannt war.

4. Verhältnis zu anderen Vorschriften

1046 § 309 Nr. 5 stellt, soweit es um den Beweis der Unangemessenheit einer Schadensersatz- oder Wertminderungspauschale geht, gegenüber § 309 Nr. 12 eine Spezialvorschrift dar.[23]

Beispiel: „Im Falle einer Überzahlung hat der Auftragnehmer den zu erstattenden Betrag – ohne Umsatzsteuer – vom Empfang der Zahlung an mit 4 v. H. für das Jahr zu verzinsen." Der BGH führte hierzu aus: "Soweit durch eine AGB-Bestimmung Nutzungen in Form eines bestimmten Zinssatzes pauschaliert und dem Vertragspartner des Verwenders ohne Gelegenheit des Gegenbeweises eines niedrigeren Betrages oder der Nichtnutzung aufgegeben werden, ist daher nicht das Verbot der Beweislastveränderung durch AGB maßgebend. Vielmehr ist eine solche Klausel an dem Grundsatz zu messen, dass Gegenbeweise durch AGB nicht abgeschnitten werden können."[24]

1047 Vorrang gegenüber dem Verbot der Beweislastveränderung kommt auch den in § 308 Nr. 5 und 6 statuierten Klauselverboten mit Wertungsmöglichkeit zu.[25]

III. Rechtsfolgen eines Verstoßes

1048 Die Unwirksamkeit einer Beweislastklausel hat gemäß § 306 Abs. 2 die **Geltung der gesetzlichen und richterrechtlich entwickelten Beweislastregeln** zur Folge. Die unwirksame Klausel bleibt im Prozess unberücksichtigt, sie ist auch kein Beweisindiz.[26]

IV. Unternehmerischer Geschäftsverkehr

1049 Da die Beweislastregeln durchweg auf Gerechtigkeitserwägungen basieren, spricht viel dafür, das Verbot der Beweislastklauseln grundsätzlich auch im unternehmerischen Verkehr über § 307 zur Geltung zu bringen.[27] Freilich ist hier hinsichtlich der beiden Regelbeispiele des § 309 Nr. 12 zu differenzieren. Besonders nahe liegend ist die Übertragung

---

[23] BGH NJW 1988, 258; *Ulmer/Hensen*, § 309 Nr. 15 Rdn. 7; *Staudinger-Coester-Waltjen*, § 309 Nr. 12 Rdn. 3.
[24] BGH NJW 1988, 258.
[25] *Staudinger-Coester-Waltjen*, § 309 Nr. 12 Rdn. 2.
[26] *Staudinger-Coester-Waltjen*, § 309 Nr. 12 Rdn. 14; *Erman-Roloff*, § 309 Rdn. 153; *Stübing*, NJW 1978, 1611.
[27] *Palandt-Grüneberg*, § 309 Rdn. 103; *Staudinger-Coester-Waltjen*, § 309 Nr. 12 Rdn. 16; *Thamm*, BB 1996, 653 f.

der Wertung des § 309 Nr. 12 Buchst. a.[28] Das Klauselverbot verdankt seine Entstehung der Rechtsprechung des BGH zur Unantastbarkeit der Beweislastverteilung nach Verantwortungsbereichen im unternehmerischen Geschäftsverkehr.[29] Keine Indizfunktion kommt hingegen dem Regelbeispiel des § 309 Nr. 12 Buchst. b zu. Hier bedarf es stets einer Würdigung der Umstände des Einzelfalles.[30]

§ 42. Gerichtsstands- und Schiedsvereinbarungen

I. Gerichtsstandsvereinbarungen

Literatur: *Borges,* Die europäische Klauselrichtlinie und der deutsche Zivilprozeß, RIW 2000, 933; *Heiss,* Die Form internationaler Gerichtsstandsvereinbarungen, ZfRV 2000, 202; *Kröll,* Gerichtsstandsvereinbarungen aufgrund Handelsbrauchs im Rahmen des GVÜ, ZZP 2000, 135; *Leible,* Gerichtsstandsklauseln und EG-Klauselrichtlinie, RIW 2001, 422; *Leipold,* Zuständigkeitsvereinbarungen in Europa, in Gottwald/Greger/Prütting (Hrsg.), Dogmatische Grundfragen des Zivilprozesses im geeinten Europa, 2000, S. 51; *Lindacher,* Internationale Gerichtsstandsklauseln in AGB unter dem Geltungsregime von Brüssel I; FS für Schlosser, 2005, S. 491; *Pfeiffer,* Gerichtsstandsklauseln und EG-Klauselrichtlinie, in: FS für Schütze, 1999, S. 671 ff.; *ders.,* Die Unwirksamkeit von Gerichtsstandsklauseln nach der Klauselrichtlinie, ZEuP 2003, 141; *Rauscher,* Gerichtsstandsbeeinflussende AGB im Geltungsbereich des EuGVÜ, ZZP 104 (1991), S. 435ff.; *Saenger,* Internationale Gerichtsstandsvereinbarungen nach EuGVÜ und LugÜ, ZZP 1997, 477; *ders.,* Wirksamkeit internationaler Gerichtsstandsvereinbarungen, in: FS für Sandrock, 2000, 807; *Schiller,* Gerichtsstandsklauseln in AGB zwischen Vollkaufleuten und das AGB-Gesetz, NJW 1979, 636; *M.J. Schmidt,* Kann Schweigen auf eine Gerichtsstandsklausel in AGB einen Gerichtsstand nach Art. 17 EuGVÜ/LuganoÜ begründen?, RIW 1992, 173.

In vorformulierten Vertragsbedingungen finden sich häufig sog. Gerichtsstandsvereinbarungen, also Abreden, welche die Zuständigkeit eines bestimmten Gerichts festlegen. 1050

Beispiel: „Zuständig für Klagen aus diesem Vertrag ist das Landgericht am Sitz des Verkäufers."

Ließe man Gerichtsstandsvereinbarungen in Allgemeinen Geschäftsbedingungen unbeschränkt zu, so wäre zu befürchten, dass der gesetzliche Regelgerichtsstand auf breiter Front zugunsten des Verwenders und zum Nachteil des Kunden durch einen vereinbarten Gerichtsstand, regelmäßig am Firmensitz des Verwenders, ersetzt werden würde. Dem Kunden würde die Rechtsverfolgung bzw. -verteidigung hierdurch nicht unerheblich erschwert werden. Die Annahme ist naheliegend, dass dann nicht wenige Gerichtsverfahren – entgegen der materiellen Rechtslage – im Wege des Versäumnisurteils zugunsten des Verwenders abgeschlossen werden würden.[1] Das **deutsche Recht** hat daher Vorsorge getroffen. Wie dies geschehen ist, soll im Folgenden näher dargestellt werden. Im Anschluss hieran werden noch **internationale Gerichtsstandsvereinbarungen** beleuchtet. Diese Ausführungen stehen in engem sachlichen Zusammenhang zu den Erläuterungen zu § 8 (Allgemeine Geschäftsbedingungen im internationalen Rechtsverkehr). 1051

1. Nichtkaufmännischer Geschäftsverkehr

Vorformulierte Klauseln, durch die die örtliche oder sachliche Zuständigkeit eines Gerichts des ersten Rechtszuges festgelegt wird, sind **im nichtkaufmännischen Verkehr** 1052

---

[28] BGH NJW 2006, 47 (49).
[29] BGH NJW 1964, 1123.
[30] Vgl. hierzu auch Rdn. 691.
[1] So *Zöller-Vollkommer,* 26. Aufl. 2007, vor § 38 ZPO Rdn. 8.

nach § 134 in Verbindung mit § 38 ZPO unwirksam. Wird die Klage gleichwohl in dem formularmäßig bestimmten Gerichtsstand erhoben, so ist die Klage, wenn nicht der Kläger die Verweisung des Rechtsstreits beantragt oder der Beklagte sich auf die Klage rügelos einlässt (§ 39 ZPO), wegen fehlender Zuständigkeit als unzulässig abzuweisen. Nach § 38 ZPO gilt ein grundsätzliches Prorogationsverbot. Damit ist zugleich dem Tatbestand der **Nr. 1 Buchst. q des Anhangs der Klauselrichtlinie 93/13/EWG** Rechnung getragen, der sich gegen verschiedene Formen der Rechtswegbehinderung wendet.[2]

2. Kaufmännischer Geschäftsverkehr

1053 Eine Ausnahme gilt nach § 38 ZPO hingegen unter bestimmten Voraussetzungen für den **kaufmännischen Geschäftsverkehr**. Freilich verdient der Gerechtigkeitsgedanke des § 38 Abs. 1 ZPO und der Zuständigkeitsvorschriften im Rahmen der Inhaltskontrolle nach § 307 auch für Rechtsstreitigkeiten unter Kaufleuten Beachtung. Vorformulierte Gerichtsstandsklauseln sind daher auch im kaufmännischen Geschäftsverkehr nur wirksam, wenn ihnen ein **berechtigtes Interesse oder ein entsprechender Handelsbrauch** zugrunde liegt.[3] Das Interesse muss sich dabei gerade darauf beziehen, den konkreten Gerichtsstand abweichend von den §§ 12 ff. ZPO zu bestimmen.[4]

Beispiele:
(1) Für unbedenklich wird es gehalten, dass eine Gerichtsstandsklausel an **den Sitz des Verwenders, den Erfüllungsort oder den Ort des Vertragsschlusses** anknüpft.[5]
(2) Die Bestimmung eines **Ortes, der vom Geschäftssitz abweicht**, an dem der Verwender aber einen Großteil seiner Geschäfte abwickelt bzw. sein Hausanwalt dort seinen Sitz hat, ist jedenfalls dann nicht zu beanstanden, wenn der Geschäftspartner durch die räumliche Nähe des bestimmten Ortes zum Geschäftssitz keinen einschneidenden Nachteil erleidet.[6]

1054 Problematisch sind in dieser Hinsicht **Vertragswerke, die sowohl im kaufmännischen als auch im nichtkaufmännischen Geschäftsverkehr eingesetzt werden** und nur im letztgenannten Bereich inhaltlich zu beanstanden sind. Sicher ist, dass eine nicht differenzierende Gerichtsstandsklausel hier zumindest insoweit unwirksam ist, als sie auch Nichtkaufleute zu erfassen sucht. Darüber hinaus stellt sich die Frage, ob sich auch ein von dieser Klausel betroffener Kaufmann auf die Unwirksamkeit berufen kann. Dies ist richtiger Ansicht nach zu verneinen.[7] Es ist anerkannt, dass die Abwägung zu gruppentypisch unterschiedlichen Ergebnissen führen kann, wenn Allgemeine Geschäftsbedingungen für verschiedene Arten von Geschäften oder gegenüber verschiedenen Verkehrskreisen verwendet werden, deren Interessen, Verhältnisse und Schutzbedürfnisse generell unterschiedlich gelagert sind. Die Unwirksamkeit beschränkt sich dann auf die Verwendung gegenüber bestimmten Kundenkreisen – hier gegenüber Nichtkaufleuten. Darin liegt keine unzulässige geltungserhaltende Reduktion, denn dieses Verbot gilt nur für die Wirksamkeit innerhalb einer Fallgruppe.

---

[2] Im Hinblick auf einen spanischen Ausgangsfall hat EuGH NJW 2000, 2571 eine Gerichtsstandsklausel in einem Verbrauchervertrag für missbräuchlich erklärt, die einen ausschließlichen Gerichtsstand des Unternehmers zu begründen suchte.
[3] *Ulmer/H. Schmidt*, Anh. § 310 Rdn. 378; *Wolf*, § 9 AGBG Rdn. G 140; OLG Hamburg NJW-RR 1999, 1506 (1507); großzügiger offenbar *Palandt-Grüneberg*, § 307 Rdn. 107 und OLG Schleswig NJW 2006, 3361 („grundsätzlich zulässig"); a. A. *Löwe/Graf von Westphalen*/Trinkner, Bd. III, 8.1 Rdn. 11 und LG Karlsruhe NJW 1996, 1417.
[4] *Wolf*, § 9 AGBG Rdn. G 141–150; OLG Hamburg NJW-RR 1999, 1506 (1507).
[5] *Wolf*, § 9 AGBG Rdn. G 141–150; OLG Hamburg NJW-RR 1999, 1506 (1507); OLG Karlsruhe NJW 1996, 2041.
[6] OLG Hamburg NJW-RR 1999, 1506 (1507).
[7] OLG Frankfurt a. M. BB 1998, 2230; *Vollkommer*, MDR 1997, 231 f.; *Heinrichs*, NJW 1997, 1412 f.

3. Gerichtsstandsklauseln im internationalen Rechtsverkehr

a) Allgemeines

Während Gerichtsstandsklauseln in rein nationalen Fällen allein die örtliche Zuständigkeit regeln, erfassen sie bei internationalen Sachverhalten auch die sog. **internationale Zuständigkeit.** Die Parteien weisen damit den Gerichten eines Staates die – in der Regel ausschließliche – Entscheidungszuständigkeit über Streitigkeiten aus ihrem Rechtsverhältnis zu. Solche Vereinbarungen haben weitreichende Konsequenzen, weil sie einen Vertragspartner zur Rechtsverfolgung im Ausland zwingen können. Die zusätzlichen Schwierigkeiten und Unwägbarkeiten einer Klage vor ausländischen Gerichten mögen ihn – jedenfalls bei geringeren Summen – von der Klageerhebung abhalten, so dass mit der Gerichtsstandsvereinbarung letztlich ein faktischer Verzicht auf Rechtsschutz verbunden sein kann. Kehrseite der Medaille ist freilich der Schutz des anderen Vertragspartners vor der Gefahr, im Ausland verklagt zu werden. 1055

Weiterhin ist zu bedenken, dass der Vertrag durch eine Gerichtsstandsvereinbarung zugleich mit dem **Internationalen Privatrecht des Gerichtsstaates** verbundenen wird: Welches materielle Recht im Ergebnis anwendbar sein wird, bestimmt sich nunmehr zwangsläufig nach den IPR-Regelungen des Gerichtsstaates. 1056

Bevor ein ausländischer Gerichtsstand akzeptiert wird, sollte daher geprüft werden, welchem Recht der Vertrag unterliegen wird und mit welchen Sonderanknüpfungen zu rechnen ist.[8] 1057

b) Vorrang des Art. 23 EuGVVO vor § 38 ZPO

Die internationale Zuständigkeit wird innerhalb der Europäischen Union einheitlich durch die Verordnung (EG) Nr. 44/2001 des Rates vom 22. Dezember 2000 über die gerichtliche Zuständigkeit und die Anerkennung und Vollstreckung von Entscheidungen in Zivil- und Handelssachen (**EuGVVO**) geregelt, die am 1. März 2002 in Kraft getreten ist.[9] Sie löst das Brüsseler EWG-Übereinkommen von 1968 (**EuGVÜ**) ab, das inhaltlich weitgehend entsprechende Regelungen enthielt. Rechtsprechung und Literatur zu Art. 17 EuGVÜ behalten daher für die Nachfolgeregelung des Art. 23 EuGVVO ihre Gültigkeit. 1058

Art. 23 EuGVVO enthält eine Regelung über Gerichtsstandsvereinbarungen, die bei **internationale Sachverhalten** den § 38 ZPO verdrängt.[10] Die Gemeinschaftsverordnung stellt eine in sich geschlossene Regelung des Rechts der Zuständigkeitsvereinbarung dar, die einer Ergänzung durch das nationale Zuständigkeitsrecht nicht zugänglich ist. Deshalb sind Prorogations- oder Derogationsverbot des nationalen Rechts nicht zu beachten. Derartige Verbote lassen sich auch nicht indirekt über einen (ungeschriebenen) Missbrauchsvorbehalt durchsetzen; eine solche Missbrauchskontrolle findet nicht statt.[11] Voraussetzung für das Eingreifen von Art. 23 EuGVVO ist, dass einer der Vertragspartner seinen (Wohn-) Sitz im EU-Gebiet hat. Darüber hinaus muss kein Bezug zu einem weiteren Mitgliedstaat bestehen.[12] Hat keiner der Vertragspartner seinen (Wohn-) Sitz innerhalb der EU, bleibt § 38 ZPO auch bei internationalen Sachverhalten anwendbar.[13] 1059

---

[8] Hierzu § 8.
[9] ABl. EG 2001 Nr. L 12/1.
[10] OLG Hamburg NJW 2004, 3126 (3128); BayObLG NJW-RR 2002, 359; *Kropholler*, Europäisches Zivilprozessrecht, 8. Aufl. 2005, Art. 23 Rdn. 16; MünchKomm-*Kieninger*, § 307 Rdn. 280.
[11] *Zöller-Geimer*, 26. Aufl. 2007, Anh. I, Art. 23 EuGVVO Rdn. 35.
[12] So EuGH NJW 2000, 3121 (3122); *Piltz*, NJW 2002, 790; *Thomas/Putzo-Hüßtege*, 28. Aufl. 2007, Art. 23 EuGVVO Rdn. 2; a. A. noch BGH NJW 1993, 1070.
[13] *Thomas/Putzo-Hüßtege*, 28. Aufl. 2007 Art. 23 EuGVVO Rdn. 2.

1060　Bei Vereinbarung eines inländischen Gerichtsstands ist Art. 23 EuGVVO daher immer dann einschlägig, wenn dadurch die Zuständigkeit der Gerichte eines anderen Staates ausgeschlossen wird, bei dem es sich nach wohl überwiegender Ansicht nicht um einen EuGVVO-Staat handeln muss:[14] Könnte also die Klage nach den Zuständigkeitskriterien der Art. 2–23 EuGVVO auch in einem anderen Staat erhoben werden – etwa weil der Beklagte dort seinen (Wohn-) Sitz hat (Art. 2 Abs. 1, 60), dort der Vertrag zu erfüllen ist (Art. 5 Nr. 1) oder dort der Verbraucherwohnsitz ist (Art. 16) – so liegt ein internationaler Sachverhalt vor.

Beispiel: Eine **Gerichtsstandsvereinbarung zugunsten eines deutschen Gerichts** unterfällt Art. 23 EuGVVO, wenn der Beklagte seinen (Wohn-) Sitz im Ausland hat. – Vereinbaren zwei Hamburger in ihrem Vertrag die Zuständigkeit eines deutschen Gerichts, so ist Art. 23 EuGVVO nicht einschlägig, wenn ihr Vertrag in Deutschland, wohl aber, wenn er in Frankreich zu erfüllen ist.

1061　Bei der Formulierung von Gerichtsstandsklauseln ist allerdings zu beachten, dass für die Voraussetzungen des Art. 23 EuGVVO nach h.M. allein der **Zeitpunkt der Klageerhebung** maßgeblich ist[15]. Der Kautelarjurist muss also antizipieren, ob die Voraussetzungen – internationaler Sachverhalt sowie (Wohn-) Sitz einer Vertragspartei innerhalb des EU-Gebietes – erfüllt sein werden.

1062　Bereits dem Wortlaut des Art. 23 EuGVVO lässt sich entnehmen, dass er nicht nur für die internationale Zuständigkeit gilt, sondern auch die Wahl „eines (bestimmten) Gerichts" zulässt und damit § 38 ZPO ebenfalls für Fragen der **örtlichen Zuständigkeit** verdrängt. Wird durch eine Gerichtsstandsklausel – „Gerichtsstand ist München" – zugleich auch ein örtlich zuständiges Gericht gewählt, so ist allein Art. 23 EuGVVO einschlägig.

c) *Voraussetzungen einer Gerichtsstandsvereinbarung in Allgemeinen Geschäftsbedingungen*

(1) Wahl der Gerichte eines EU-Mitgliedstaates

1063　Art. 23 Abs. 1 EuGVVO erfasst nur solche Vereinbarungen, in denen die **Gerichte eines EU-Staates** (ausgenommen Dänemark, Art. 1 Abs. 3) für zuständig erklärt werden. Weitere Voraussetzung ist, dass mindestens eine der Vertragsparteien ihren Wohnsitz (Art. 59) innerhalb der EU hat und ein internationaler Sachverhalt vorliegt. Bei Gesellschaften genügt gemäß Art. 60 EuGVVO, dass dort der Satzungssitz, die Hauptverwaltung oder Hauptniederlassung belegen ist.

(2) Konsens

1064　Die Anforderungen an den Konsens sind ohne Rückgriff auf das nationale Recht **allein Art. 23 EuGVVO** zu entnehmen. Dabei ist unstreitig, dass eine Gerichtsstandsvereinbarung auch in Allgemeinen Geschäftsbedingungen vorgenommen werden kann. Allerdings verlangt Art. 23 EuGVVO grundsätzlich, dass jede Seite mit der Gerichtsstandsklausel **tatsächlich (auch konkludent) einverstanden** ist, was aus dem Vertrag hervorgehen muss. Die **Einbeziehung** der Allgemeinen Geschäftsbedingungen setzt daher eine aus-

---

[14] *Kropholler,* Europäisches Zivilprozessrecht, 8. Aufl. 2005, Art. 23 Rdn. 2; *Geimer/Schütze,* Europäisches Zivilverfahrensrecht, 2. Aufl. 2004, Art. 23 Rdn. 29; *Schack,* Internationales Zivilprozessrecht, 4. Aufl. 2006, Rdn. 464: Zuständigkeit eines EuGVVO-Staat muss derogiert sein.

[15] EuGH 13. 11. 1979 – Rs. 25/79 (Sanicentral), Slg. 1979, 3423 Rdn. 7; *Kropholler,* Europäisches Zivilprozessrecht, 8. Aufl. 2005, Art. 23 Rdn. 11; *Samtleben,* RabelsZ 59 (1995), 702 ff.; *Schack,* Internationales Zivilverfahrensrecht, 4. Aufl. 2006, Rdn. 465; a. A. MünchKomm ZPO-*Gottwald,* 3. Aufl. 2008, Art. 23 EuGVO Rdn. 13 (Abschluß der Vereinbarung).

drückliche Hinweisklausel im Vertragstext voraus.[16] Eine zusätzliche Einbeziehungskontrolle nach §§ 305, 305 c findet nicht statt.[17] Der Schutz vor ungewollter Zustimmung wird hier über die Formerfordernisse des Art. 23 Abs. 1 lit. a)–c) EuGVVO gewährleistet. Die Gerichtsstandsklausel selbst muss sich nicht ausdrücklich auf die „internationale Zuständigkeit" beziehen. Wird in einem deutsch-italienischen Vertrag der „Gerichtsstand Köln" vereinbart, so bezieht sich diese Klausel selbstverständlich auch auf die internationale Zuständigkeit.

Geringere Anforderungen an den Konsens gelten für den Fall, dass die Gerichtsstandsklausel auf Grund eines Handelsbrauches, den beide Parteien kannten oder kennen mussten, Vertragsbestandteil wird, vgl. Art. 23 Abs. 1 lit. c) EuGVVO. Da die „Grundsätze des kaufmännischen Bestätigungsschreibens" als internationaler Handelsbrauch anerkannt sind, kann eine Gerichtsstandsvereinbarung auch durch das **Schweigen auf ein kaufmännisches Bestätigungsschreiben** zustande kommen.[18] 1065

(3) Form

Die **Formvorschriften nach Art. 23 Abs. 1 lit. a)–b) EuGVVO** wollen verhindern, dass Gerichtsstandsvereinbarungen unbemerkt Vertragsinhalt werden. Für Gerichtsstandsklauseln in Allgemeinen Geschäftsbedingungen ist insbesondere die **Schriftform nach Abs. 1 lit. a)** von Bedeutung. Dabei muss die Gerichtsstandsvereinbarung zwar nicht selbst in der unterzeichneten Vertragsurkunde enthalten sein. Erforderlich ist aber, dass der Vertrag **ausdrücklich Bezug auf das Klauselwerk nimmt**[19] und dass die Allgemeinen Geschäftsbedingungen dem anderen Teil **im Zeitpunkt des Vertragsschlusses vorliegen**.[20] Daher genügt die bloße Übergabe des Bedingungswerks, der Abdruck auf der Rückseite eines Angebots ohne Hinweis darauf im Angebot selbst oder der Abdruck auf der Rückseite der Rechnung nicht den Anforderungen an die Einbeziehung.[21] Ein Hinweis auf die Gerichtsstandsklausel selbst ist jedoch nicht erforderlich.[22] Die ausdrückliche Bezugnahme auf das Klauselwerk kann u. U. entbehrlich sein, wenn die Bedingungen den Gepflogenheiten zwischen den Parteien entsprechen oder branchenüblich sind. **Abs. 1 lit. b)** stellte eine Konkretisierung des Buchstaben a dar und soll bei laufenden Geschäftsbeziehungen eine erleichterte Einbeziehung einer Gerichtsstandsklausel ermöglichen. Eine Einigung ist erzielt, wenn ein Vertrag im Rahmen laufender Geschäftsbeziehungen zwischen den Parteien mündlich geschlossen wurde und feststeht, dass diese Beziehungen in ihrer Gesamtheit bestehenden Allgemeinen Geschäftsbedingungen unterliegen, die eine Gerichtsstandsklausel enthalten. Der laufende Abdruck von Gerichtsstandsklauseln auf Rechnungen oder Auftragsbestätigungen genügt allerdings für die gepflogenheitsmäßige Einbeziehung noch nicht.[23] Für den kaufmännischen Geschäftsverkehr lässt es **Buchstabe c** schließlich genügen, dass die Gerichtsstandsvereinbarung gemäß einem Handelsbrauch geschlossen wird. 1066

---

[16] EuGH 14. 12. 1976 – Rs. 24/76, Estasis Salotti, Slg. 1976, S. 1831 Rdn. 3; dem EuGH folgend BGH NJW 1994, 2699; *Kropholler*, Europäisches Zivilprozessrecht, 8. Aufl. 2005, Art. 23 Rdn. 25.
[17] *Kropholler*, Europäisches Zivilprozessrecht, 8. Aufl. 2005, Art. 23 Rdn. 19 m. w. N.
[18] EuGH 20. 2. 1997 – Rs. 106/95, MSG, Slg. 1997, I- 911 Rdn. 1; BGH NJW-RR 1998, 755; *Schlosser*, FS Medicus (1999), S. 548 ff.; MünchKomm ZPO-*Gottwald* 3. Aufl. 2008, Art. 23 EuGVO Rdn. 45.
[19] EuGH 14. 12. 1976 – Rs. 24/76, Estasis Salotti, Slg. 1976, S. 1831 Rdn. 3; *Kropholler*, Europäisches Zivilprozessrecht, 8. Aufl. 2005, Art. 23 Rdn. 35 m. w. N.
[20] OLG Düsseldorf RIW 2001, 63; *Kropholler*, Europäisches Zivilprozessrecht, 8. Aufl. 2005, Art. 23 Rdn. 35.
[21] *Kropholler*, Europäisches Zivilprozessrecht, 8. Aufl. 2005, Art. 23 Rdn. 35.
[22] *Kropholler*, Europäisches Zivilprozessrecht, 8. Aufl. 2005, Art. 23 Rdn. 38.
[23] BGH NJW-RR 2004, 1292 (1293).

1067 Zu beachten ist, dass auch **fremdsprachige Allgemeine Geschäftsbedingungen** – ungeachtet der Sprachunkenntnis des Empfängers – einbezogen werden, wenn in der Verhandlungs- und Vertragssprache auf die Allgemeinen Geschäftsbedingungen hingewiesen wurde und der Vertragspartner eine uneingeschränkte Annahme erklärt hat.[24]

(4) Keine besonderen persönlichen Eigenschaften

1068 Anders als § 38 ZPO beschränkt Art. 23 EuGVVO die Möglichkeit zu Gerichtsstandsvereinbarungen nicht auf Kaufleute. Sie können daher auch in **Verbraucher-, Versicherungs- und Arbeitsverträgen** aufgenommen werden. Der Schutz der schwächeren Vertragspartei wird dadurch sichergestellt, dass die Gerichtsstandsvereinbarung in diesen Fällen lediglich einen **zusätzlichen Gerichtsstand** eröffnet; die besonderen Zuständigkeiten für Verbraucher-, Versicherungs- und Arbeitsverträge bleiben jedoch daneben erhalten (Art. 23 Abs. 3 EuGVVO).

d) Wirksamkeit und Inhaltskontrolle

1069 Ebenso wie die Einbeziehung richtet sich auch die Wirksamkeit einer Gerichtsstandsklausel ausschließlich nach der EuGVVO. Ein Rückgriff auf das **nationale Recht ist nicht zulässig.** Daher kann eine Gerichtsstandsklausel weder anhand von § 307 noch auf Grund der zahlreichen Derogationsverbote des deutschen Zivilprozessrechts für unwirksam erklärt werden.[25] Zwar hat der EuGH eine Inhaltskontrolle von rein nationalen Gerichtsstandsklauseln über die örtliche Zuständigkeit anhand der Klausel-Richtlinie vorgenommen;[26] diese Rechtsprechung kann jedoch nicht auf die EuGVVO übertragen werden, da diese selbst hinreichende Schutzmechanismen für Verbraucher vorsieht.[27]

1070 **Unwirksam** ist eine Gerichtsstandsvereinbarung gemäß Art. 23 Abs. 5 EuGVVO, wenn sie gegen den ausschließlichen Gerichtsstand in Art. 22 EuGVVO verstößt, der unter anderem für Mietstreitigkeiten und Klagen bezüglich dinglicher Rechte an Immobilien gilt. Ferner ist nach Art. 23 Abs. 5 EuGVVO die **Abwahl** (sog. Derogation) der Gerichtsstände zum Schutze von Verbrauchern, Versicherungsnehmern und Arbeitnehmern unwirksam, nicht aber die Bestimmungen eines zusätzlichen Gerichtsstandes (sog. Prorogation).

1071 Im Übrigen muss jedoch kein inhaltlicher Zusammenhang zwischen dem (streitigen) Rechtsverhältnis und dem gewählten Gericht bestehen. Der EuGH hat die Entwicklung einer autonomen Missbrauchskontrolle bislang abgelehnt.[28] Einzige immanente Schranke gegen Umgehungen ist daher die eingangs erläuterte Voraussetzung eines internationalen Sachverhaltes.[29]

II. Schiedsvereinbarungen

Literatur: *Jaecker,* Schiedsklauseln: Eine rechtsvergleichende Untersuchung unter besonderer Berücksichtigung der Schiedsklauseln in Allgemeinen Geschäftsbedingungen, 1992; *Lachmann/Lachmann,* Schiedsvereinbarungen im Praxistest, BB 2000, 1633; *Raeschke-Kessler,* AGB-Schiedsverein-

---

[24] BGH IPRax 1991, 326; OLG Hamm NJW-RR 1995, 188 (189).
[25] *Kropholler,* Europäisches Zivilprozessrecht, 8. Aufl. 2005, Art. 23 Rdn. 19–22; zahlreiche Rechtsprechungsnachweise bei *Fetsch,* Eingriffsnormen und EG-Vertrag, 2002, S. 349–351.
[26] EuGH NJW 2000, 2571 – Océano Grupo.
[27] *Borges,* RIW 2000, 936 ff.; *Kropholler,* Europäisches Zivilprozessrecht, 8. Aufl. 2005, Art. 23 Rdn. 20.
[28] EuGH Slg. 1999, I-1597, 1656 Rdn. 50 f. (i. V. m. Vorlagefrage Nr. 6) – *Castelletti* = EuZW 1999, 441; umstr. vgl. zuletzt *Horn,* IPRax 2006, 2.
[29] *Kropholler,* Europäisches Zivilprozessrecht, 8. Aufl. 2005, Art. 23 Rdn. 89.

barungen über Börsentermingeschäfte, WM 1998, 1205; *Schlosser,* Schiedsklauseln in AGB, ZEuP 1994, 682; *Spieker,* Schiedsvereinbarungen in Allgemeinen Geschäftsbedingungen im Bereich des nicht kaufmännischen Verkehrs, ZIP 1999, 2138.

1. Schiedsvereinbarungen und Schiedsgutachtenklauseln

Unter einer **Schiedsvereinbarung** versteht man gemäß der Legaldefinition in § 1029 Abs. 1 ZPO eine Vereinbarung der Parteien, alle oder einzelne Streitigkeiten, die zwischen ihnen in Bezug auf ein bestimmtes Rechtsverhältnis vertraglicher oder nichtvertraglicher Art entstanden sind oder künftig entstehen, der Entscheidung durch ein Schiedsgericht zu unterwerfen. Ist die Schiedsvereinbarung in Form einer Klausel in einem Vertrag enthalten, so spricht das Gesetz von einer **Schiedsklausel** (§ 1029 Abs. 2 ZPO).

1072

Hiervon zu unterscheiden sind die sog. **Schiedsgutachtenklauseln,** bei denen es sich um rechtsgeschäftliche, den §§ 317 ff. unterliegende, Regelungen des materiellen Rechts handelt. Meist obliegt dem Schiedsgutachter die verbindliche Feststellung bestimmter für das Rechtsverhältnis der Vertragspartner maßgeblicher Tatsachen. Obligatorische Schiedsgutachtenklauseln beschränken Einwendungen gegen die Richtigkeit des Gutachtens und schließen weitgehend den Rückgriff auf den staatlichen Rechtsschutz aus. Darin liegt eine erhebliche Abweichung vom gesetzlichen Modell, die ein schützenswertes, berechtigtes Interesse des AGB-Verwenders erforderlich macht.[30] Um im Rahmen der Inhaltskontrolle nach § 307 zu bestehen, müssen Schiedsgutachtenklauseln darüber hinaus folgenden Mindestanforderungen genügen: (1) deutlicher Hinweis auf die Klausel;[31] (2) Sicherstellung der Unparteilichkeit des Schiedsgutachters;[32] (3) Anspruch auf rechtliches Gehör;[33] (4) keine Einschränkung des Rechts, das Schiedsgutachten wegen offenbarer Unrichtigkeit anzufechten;[34] (5) Die wirtschaftlichen Auswirkungen eines eventuellen Fehlgutachtens dürfen für den Kunden nicht unverhältnismäßig belastend sein.[35]

1073

2. Zulässigkeit von Schiedsvereinbarungen

Schiedsvereinbarungen unterliegen zunächst den Anforderungen der §§ 1029 ff. ZPO.[36] Kommt einer Schiedsklausel auf Grund gleichförmiger Mehrfachverwendung AGB-Charakter zu, so tritt daneben die **Inhaltskontrolle nach § 307**. Hierbei ist zu bedenken, dass Schiedsklauseln den freien Zugang zu den Gerichten beschränken und daher den rechtsstaatlich gebotenen Gerichtsschutz verkürzen. Sie sind daher grundsätzlich bedenklich und nur dann gerechtfertigt, wenn ein besonderes Bedürfnis für die Einsetzung eines Schiedsgerichts besteht.[37] Im **privaten Verkehr** ist ein solches grundsätzlich nicht anzuerkennen.[38] Allein die verbraucherschützende Formvorschrift des § 1031 Abs. 5 ZPO vermag das Bedürfnis nach einer effektiven Inhaltskontrolle nicht auszuräumen.

1074

Im **unternehmerischen Verkehr** kann dagegen in Allgemeine Geschäftsbedingungen im Hinblick auf das gemeinsame Interesse an einer schnellen Streitbeilegung grundsätz-

1075

---

[30] AGB-Klauselwerke-*Graf von Westphalen,* Schiedsgutachten, Rdn. 7.
[31] *Ulmer/H. Schmidt,* Anh. § 310 Rdn. 705; *Wolf,* § 9 AGBG Rdn. S 17.
[32] AGB-Klauselwerke-*Graf von Westphalen,* Schiedsgutachten, Rdn. 12; hierzu auch BGH NJW 1981, 2351 (2353).
[33] *Palandt-Grüneberg,* § 307 Rdn. 144; *Wolf,* § 9 AGBG Rdn. S 26–30.
[34] BGH NJW 1987, 2818, 2820.
[35] Unwirksam daher eine Schiedsgutachtenkausel in einem Fertighausvertrag, BGH NJW 1992, 433; wirksam dagegen entsprechende Klauseln in einem Vertrag über ein gebrauchtes Kraftfahrzeug, BGH NJW 1983, 1854.
[36] Hierzu *Spieker,* ZIP 1999, 2139.
[37] *Wolf,* § 9 AGBG Rdn. S 4.
[38] A. A. BGH NJW 2005, 1125 (1126 f.) mit Anm. *Hau* LMK 2005, 68; wie hier dagegen *Ulmer/H. Schmidt,* Anh. § 310 Rdn. 708 und *Erman-Roloff,* § 307 Rdn. 155.

lich auch eine Schiedsklausel wirksam aufgenommen werden.[39] Es führt auch nicht zu Unwirksamkeit der Schiedsklausel, wenn nach ihr allein der Verwender das Recht hat, unter Ausschluss des ordentlichen Rechtswegs ein Schiedsgericht anzurufen.

Beispiel: „Die Verkäuferin hat das Recht, unter Ausschluss des ordentlichen Rechtswegs ein Schiedsgericht anzurufen. Für diesen Fall vereinbaren die Parteien als Grundlage §§ 1025 bis 1048 ZPO. (...) Die schiedsgerichtliche Entscheidung ... ist endgültig und für beide Parteien bindend."[40]

1076 Eine Schiedsklausel in Allgemeinen Geschäftsbedingungen darf nicht die Möglichkeit eröffnen, von den Schutzgarantien des AGB-Rechts abzuweichen. Nach § 307 unwirksam ist daher eine Schiedsklausel, wenn die Art und die Zusammensetzung des vorgesehenen Schiedsgerichts besorgen lässt, dass es andere zu missbilligende Klauseln nicht als unwirksam erkennen wird.[41] Als unwirksam wurde ferner eine Bestimmung in Allgemeinen Geschäftsbedingungen eingestuft, die nach Wahl des Verwenders bestimmte staatliche Gerichte oder ein Schiedsgericht für zuständig erklärt und keinen Zusatz enthält, dass der Verwender als künftiger Beklagter auf Aufforderung des anderen Teils verpflichtet ist, sein Wahlrecht vorprozessual auszuüben. Denn bei einer solchen Klauselgestaltung läuft der Verwendungsgegner Gefahr, dass eine von ihm beim zuständigen staatlichen Gericht erhobene Klage im Nachhinein dadurch unzulässig wird, dass der Verwender die Einrede der Schiedsgerichtsbarkeit erhebt (Kosten- und Zeitverlust).[42] Eine formularmäßig ausbedungene unangemessene Einschränkung des Schiedsrichterernennungsrechts einer Partei führt hingegen nach Ansicht des BGH nicht zur Unwirksamkeit der Schiedsvereinbarung. Der benachteiligten Partei stehe der Antrag gem. § 1034 II 1 ZPO zu Gebote, um durch die Entscheidung des staatlichen Gerichts eine ausgewogene Zusammensetzung des Schiedsgerichts zu erreichen.[43]

---

[39] BGII NJW 1992, 575 (576); *Ulmer/H. Schmidt,* Anh. § 310 Rdn. 707; *Erman-Roloff,* § 307 Rdn. 155; a. A. *Wolf/Horn/Lindacher,* § 9 AGBG Rdn. S 8.
[40] BGH NJW 1992, 575 (576).
[41] BGH NJW 1992, 575 (577); kritisch *Ulmer/H. Schmidt,* Anh. § 310 Rdn. 707 und *Schumann,* NJW 1992, 2065.
[42] BGH NJW 1999, 282.
[43] BGH NJW-RR 2007, 1466.

Zehnter Abschnitt.
Mietvertragsklauseln

§ 43. Schönheitsreparaturklauseln und andere typische Klauseln in Wohnraummietverträgen

Literatur: *Artz*, Quotenabgeltungsklauseln, NZM 2007, 265; *Börstinghaus*, Aktuelle Rechtsprechung zu den Schönheitsreparaturen in der Wohn- und Geschäftsraummiete, ZAP 2007, Fach 4, 1081; AGB-Klauselwerke-*Drettmann*, Wohnraummiete, Stand 2008; *Heinrichs*, Das neue AGB-Recht und seine Bedeutung für das Mietverhältnis, NZM 2003, 6; *Herber*, Abwälzung von Schönheitsreparaturen durch Allgemeine Geschäftsbedingungen bei der Wohnraummiete, Jura 2008, 248; *Horst*, Wohnraummietvertragliche Einzelaspekte in der Klauselkontrolle, DWW 2008, 134 und 169; *Kinne*, Formularklauseln in Mietverträgen – Grenzen und Konsequenzen, ZMR 2000, 725 u. 793; *ders.*, Einzelne Mietvertragsklauseln, FS Blank, 2006, S. 249; *Sternel*, Wohnraummietvertrag und AGB-Gesetz, NZM 1998, 833.

I. Allgemeines

Mietverträge über Wohnraum werden in der Praxis in aller Regel auf der Grundlage eines vorformulierten Mietvertragsformulars geschlossen und nur noch hinsichtlich einiger weniger Punkte individuell ergänzt. Sie unterliegen damit in weitem Umfang dem gesetzlichen AGB-Recht. Im Folgenden soll ein Überblick über die reichhaltige Rechtsprechung zu den spezifischen Fragen der AGB-Kontrolle auf diesem so außerordentlich praxisrelevanten Feld gegeben werden. Ausgespart bleiben Geschäftsraummietverträge[1] sowie Mietverträge über bewegliche Sachen (z.B. Kraftfahrzeuge).[2] Nicht gesondert behandelt werden ferner solche Klauseln, die bereits an anderer Stelle erörtert worden sind und deren Bewertung nicht anders ausfällt, wenn sie sich in Mietverträgen finden. So trifft man in Mietverträgen sehr häufig auf nicht hinreichend differenziert gestaltete und damit unwirksame – einfache oder qualifizierte – **Schriftformklauseln**,[3] ferner auf **Bestätigungsklauseln** („Anliegende Hausordnung ist Bestandteil dieses Vertrages."[4] oder „Der Mieter bestätigt ausdrücklich bei Abschluss des Mietvertrags, dass die Miträume keine Mängel aufweisen.")[5], die mit § 309 Nr. 12 Buchst. b nicht im Einklang stehen. Ferner finden sich in Formularmietverträgen häufig **salvatorische Klauseln**, die – wenn sie sich nicht in der deklaratorischen Wiedergabe des § 306 Abs. 2 erschöpfen – ebenfalls der Inhaltskontrolle nicht standhalten.[6]

1077

II. Klauseln betreffend den Gebrauch der Wohnung

Der Vermieter ist nach § 535 Abs. 1 S. 2 dazu verpflichtet, die Mietsache dem Mieter in einem zum vertragsgemäßen Gebrauch geeigneten Zustand zu überlassen und sie wäh-

1078

---

[1] Für Übertragung der Grundsätze zur Überwälzung von Schönheitsreparaturen auf gewerbliche Mietverträge OLG Düsseldorf NJW 2006, 2047.
[2] Hierzu *Wolf*, § 9 AGBG Rdn. M 79 ff.
[3] Hierzu Rdn. 349.
[4] BGH NJW 1991, 1750 (1753); vgl. hierzu auch Rdn. 685.
[5] LG München WuM 1997, 612.
[6] Rdn. 622.

rend der Mietzeit in diesem Zustand zu erhalten. Der Mieter wiederum darf die Mietsache lediglich in den Grenzen des vertragsgemäßen Gebrauchs nutzen. Geht die Nutzung darüber hinaus, kann der Vermieter dies unter den Voraussetzungen der §§ 543 Abs. 1 S. 2, Abs. 2 S. 1 Nr. 2, 569 Abs. 2, 573 Abs. 2 Nr. 1 zum Anlass einer Kündigung nehmen, auf Unterlassung klagen (§ 541) und den Mieter gegebenenfalls auf Schadensersatz in Anspruch nehmen (§§ 535 Abs. 1, 280 Abs. 1).

1079 In der Praxis stellt sich die Frage, was noch dem vertragsgemäßen Gebrauch der Mietsache entspricht bzw. was schon ein vertragswidriger Gebrauch der Mietsache ist. In diesem Zusammenhang beschäftigt die Gerichte insbesondere die Frage, inwieweit Umfang und Grenzen des vertragsgemäßen Gebrauchs der Wohnung durch Klauseln in einem Formularmietvertrag wirksam festgelegt werden können.

1. Anbringen von Parabolantennen

1080 Das Recht des Mieters zur Teilnahme am Empfang von Hörfunk- und Fernsehprogrammen gehört grundsätzlich zum vertragsgemäßen Gebrauch der Mietsache. Da anderenfalls das Grundrecht des Mieters auf Informationsfreiheit eingeschränkt wird, sind Klauseln, die das Anbringen einer Parabolantenne pauschal verbieten, unwirksam.[7] Das Eigentumsrecht des Vermieters aus Art. 14 GG tritt hinter dem Grundrecht des Mieters auf Informationsfreiheit aus Art. 5 GG zurück.

1081 Etwas anderes kann für die Bewertung von Klauseln aber dann gelten, wenn das Verbot des Anbringens einer Parabolantenne gerade vom **Bestehen eines Breitbandkabelnetzes oder einer Gemeinschaftsantenne** zum Empfang von Hörfunk und Fernsehen abhängig gemacht ist. Ist eine solche Einrichtung vorhanden, so ist regelmäßig dem Informationsinteresse und Informationsrecht des Mieters bereits dadurch genüge getan.[8] Allerdings ist auch in solchen Fällen eine **Abwägung der Interessen des Mieters und Vermieters** vorzunehmen. Diese kann dennoch zu Gunsten des Mieters ausfallen, wenn der Mieter beispielsweise ausländischer Herkunft ist und nur durch das Aufstellen einer eigenen Parabolantenne Programme aus seiner Heimat empfangen kann, um sich so über das politische und kulturelle Geschehen in seinem Heimatland informieren zu können.[9] Ein in Miet-AGB enthaltenes – generelles – Parabolantennenverbot (mit Erlaubnisvorbehalt) wird den in der Rechtsprechung konkretisierten Anforderungen nach einer Abwägung der widerstreitenden Interessen der Mietvertragsparteien im konkreten Einzelfall, die jede schematische Lösung verbieten, nicht gerecht.[10]

2. Tierhaltung

1082 Für die Beantwortung der Frage, ob das Halten eines Haustiers zum vertragsgemäßen Gebrauch der Mietsache gehört, ist eine umfassende Abwägung der Interessen des Vermieters und des Mieters sowie der übrigen Beteiligten (wie zum Beispiel der Mitbewohner und Nachbarn) im Einzelfall erforderlich. Danach lässt sich zunächst einmal festhalten, dass das Halten von ungefährlichen Kleintieren wie zum Beispiel Zierfische, Ziervögel, Hamster oder Schildkröten stets zulässig ist, da deren Vorhandensein von Natur aus keinen Einfluss auf die schuldrechtliche Beziehung zwischen Mieter und Vermieter haben kann und auch die Interessen der Nachbarn nicht zu beeinträchtigen vermag.[11] Eine Klausel, die das Hal-

---

[7] BVerfG NJW 1994, 1147.
[8] Vgl. BVerfG NJW 1993, 1252.
[9] BVerfG NJW 1994, 1147; NJW-RR 2005, 661.
[10] BGH NJW-RR 2007, 1243.
[11] BGH NJW 2008, 218 (220); 1993, 1061.

ten aller Haustiere verbietet, ist demnach wegen unangemessener Benachteiligung des Mieters nach § 307 Abs. 1 unwirksam.[12]

Grundsätzlich möglich ist es aber, in Formularmietverträgen die Haltung von Haustieren – mit Ausnahme von Kleintieren – von der Zustimmung des Vermieters im Einzelfall abhängig zu machen. Eine solche Klausel würde gerade eine umfassende Abwägung der Interessen aller Parteien ermöglichen. Eine Klausel allerdings, die nach ihrem insoweit eindeutigen Wortlaut nur Ziervögel und Zierfische, nicht jedoch sämtliche Kleintiere vom Zustimmungserfordernis des Vermieters ausnimmt, hat der BGH jüngst beanstandet.[13]

3. Rauchen

Grundsätzlich anerkannt ist, dass Rauchen zur freien Lebensgestaltung des Mieters und demnach das Rauchen in der Wohnung grundsätzlich zum vertragsgemäßen Gebrauch der Mietsache gehört. Der BGH hat dementsprechend einen Schadensersatzanspruch des Vermieters gegen den Mieter wegen Ablagerungen, die auf Tabakkonsum zurückzuführen sind, verneint. Gerade weil diese Verschlechterungen der Mietsache durch vertragsgemäßen Gebrauch herbeigeführt wurden, hat sie der Mieter nicht zu vertreten, § 538.[14]

Eine formularmäßige Vereinbarung, dass das Rauchen in der Wohnung zu unterlassen ist, würde den Kernbereich des vertraglichen Nutzungsrechts des Mieters berühren. Eine entsprechende Klausel wäre daher nach § 307 Abs. 1 unwirksam, zumal den Interessen des Vermieters durch die Überbürdung der Renovierungspflicht auf den Mieter in hinreichendem Maße Rechnung getragen werden kann.

4. Haftungserweiterungen

Die Vorschrift des § 538, nach der der Mieter Veränderungen und Verschlechterungen der Mietsache, die durch den vertragsgemäßen Gebrauch entstehen, nicht zu vertreten hat, sowie die Gebrauchserhaltungspflicht des Vermieters nach § 535 Abs. 1 Satz 2 sind nicht zwingend ausgestaltet. Haftungserweiterungen zu Lasten des Mieters – wie zum Beispiel die Abwälzung von Schönheitsreparaturen[15] – sind also grundsätzlich auch durch Klauseln im Formularmietvertrag denkbar.

Nicht möglich ist es aber, formularmäßig von dem Grundsatz im Haftungsrecht abzuweichen, dass ein Schuldner nur dann haftet, wenn er den Schaden zu vertreten hat. Eine Klausel, die einschränkungslos anordnet, dass der Mieter sämtliche Kosten nach einem Schlüsselverlust zu tragen hat, würde eine Zufallshaftung des Mieters begründen, die zum Beispiel auch den Fall des Abhandenkommens durch einen Einbruch erfassen würde. Eine solche Klausel verstößt gegen § 307 Abs. 2 Nr. 1 und ist unwirksam.[16] Zur Haftung des Vermieter für Schäden des Mieters vgl. Rdn. 976.

III. Klauseln betreffend die Instandhaltung der Wohnung

1. Allgemeines

Nach § 535 Abs. 1 S. 2 trifft von Gesetzes wegen den Vermieter die Pflicht, das Mietobjekt – hier die Mietwohnung – in vertragsgemäßem Zustand zu erhalten. Bei auftretenden Mängeln ist es also grundsätzlich der Vermieter, der die Mietsache wieder in den vertrags-

---

[12] BGH NJW 1993, 1061 (1062).
[13] BGH NJW 2008, 218 (220).
[14] Vgl. BGH NJW 2006, 2915 (2917).
[15] Siehe dazu unten Rdn. 1089 ff.
[16] LG Hamburg NJW-RR 1999, 663.

gemäßen Zustand zu versetzen hat. In der Praxis wird diese Erhaltungspflicht jedoch sehr oft formularmäßig auf den Mieter abgewälzt. Besonders häufig wird dem Mieter die Vornahme sog. Schönheitsreparaturen sowie sonstige Kleinreparaturen auferlegt.

2. Schönheitsreparaturen

a) Begriff

1089 Schönheitsreparaturen sind Maßnahmen zur Beseitigung von Mängeln, die durch den vertragsgemäßen Gebrauch des Mietobjektes entstanden sind.[17] Es handelt sich daher um Maßnahmen zur Beseitigung der durch Abnutzung, Alterung und Witterungseinflüsse entstehenden Mängel, namentlich um Maler- und Tapezierarbeiten. Nach § 28 Abs. 4 der II. Berechnungsverordnung werden dementsprechend unmittelbar für den öffentlich geförderten und damit preisgebundenen Wohnraum abschließend das Tapezieren, Anstreichen oder Kalken der Wände und Decken, das Streichen der Fußböden, Heizkörper einschließlich Heizungsrohre, der Innentüren sowie der Fenster und Außentüren von innen genannt. Dieser Aufzählung ist für den Begriff der Schönheitsreparaturen ein einheitlicher Sinngehalt beizumessen, so dass sie entsprechend für den Bereich der gesamten Wohnraummiete Anwendung findet.[18] An die Stelle des heutzutage praktisch nicht mehr vorkommenden „Streichens der Fußböden" tritt deren Reinigung, nicht jedoch die Erneuerung.[19]

b) Grundsätzliche Zulässigkeit der Verlagerung auf den Mieter

1090 Die formularvertragliche Abwälzung von Schönheitsreparaturen auf den Mieter entspricht der seit Jahrzehnten üblichen mietvertraglichen Praxis. Sie ist nach inzwischen gefestigter Rechtsprechung **grundsätzlich zulässig**[20] und soll zur Verkehrssitte[21] geworden sein, was allerdings nicht bedeutet, dass es einer vertraglichen Überbürdung nicht mehr bedürfte. Inhaltlich wird eine unangemessene Benachteiligung des Mieters in ständiger Rechtsprechung mit der Begründung verneint, die Kosten für Schönheitsreparaturen seien rechtlich Teil der Gegenleistung für die Gebrauchsüberlassung, entsprechende Klauseln seinen üblich und deren Unwirksamkeit würde im Ergebnis zu Mieterhöhungen führen.[22]

c) Ausführung und Qualität

1091 Die in der mietvertraglichen Formularpraxis häufig anzutreffende Formulierung, dass Schönheitsreparaturen durch den Mieter sach- und/oder fachgerecht auszuführen sind, umschreibt in zulässiger Weise die vom Mieter geschuldete Qualität der durchzuführenden Schönheitsreparaturen. Geschuldet wird nämlich die Durchführung von Schönheitsreparaturen mittlerer Art und Güte, die ein gewissenhaft arbeitender Mieter selbst vornehmen kann. Dagegen sind sog. Fachhandwerkerklauseln wegen Verstoßes gegen § 307 Abs. 1 unwirksam, da der Mieter einerseits nicht den Standard einer Fachfirma schuldet

---

[17] BGH NJW-RR 1995, 123.
[18] Vgl. BGH NJW 1985, 480 (481); 1987, 2575 (2576); OLG Hamm NJW-RR 1991, 844 (845).
[19] OLG Hamm WuM 1991, 248 (249); OLG Celle NZM 1998, 158 (159).
[20] BGHZ 92, 363 (367 ff.); 101, 253 (261 f.); 105, 71 (79 ff.); BGH NJW 2004, 2961 (2962).
[21] BGH NJW 1985, 480 (481); 1987, 2575; 1988, 2790 (2792); 1998, 3114 (3115); NZM 2004, 497; 2004, 734 (735).
[22] Vgl. z.B. BGH NJW 1987, 2575 (2576); 1988, 2790 (2792); 1993, 532; NZM 1998, 710 (711); 2004, 734 (735).

und ihm andererseits nicht die Möglichkeit einer Durchführung in eigener Person genommen werden darf.[23] Eine Farbwahlklausel ist unwirksam, wenn sie dem Mieter bereits während der Mietzeit vorschreibt, für die Schönheitsreparaturen helle, deckende und neutrale Farben zu verwenden.[24]

d) Anfangsrenovierung

Die formularmäßige Festlegung einer Anfangsrenovierungspflicht des Mieters stellt eine unangemessene Benachteiligung dar und ist deshalb nach § 307 Abs. 1 unwirksam.[25] Dem Mieter wird insofern eine Renovierungspflicht für Abnutzungen auferlegt, welche in keinem Zusammenhang mit dem eigenen Mietgebrauch stehen. Dasselbe gilt für Klauseln, welche dem Mieter zwar nicht ausdrücklich eine Anfangsrenovierungspflicht auferlegen, den Mieter im Ergebnis aber tatsächlich mit einem vor Beginn des Mietverhältnisses entstandenen Renovierungsaufwand belasten.[26] Dies ist zum Beispiel bei Klauseln der Fall, nach denen Schönheitsreparaturen „bei Bedarf" vom Mieter durchzuführen sind, bei unrenoviertem Wohnraum aber tatsächlich darauf hinauslaufen, dass die Mieträume sofort vollständig zu renovieren sind.[27] Eine unangemessene Benachteiligung des Mieters ist nur dann zu verneinen, wenn der Vermieter für die vor Vertragsbeginn vorhandene Abnutzung einen Ausgleich zahlt oder sich an den Kosten der Anfangsrenovierung beteiligt.[28] Im Rahmen der Überlassung unrenovierten Wohnraums ist im übrigen eine formularvertragliche Verlagerung der Schönheitsreparaturen auf den Mieter nur dann zulässig, wenn Renovierungsfristen erst mit dem Anfang des Mietverhältnisses zu laufen beginnen und für die Ausführung kein starrer Fristenplan zugrunde gelegt wird.[29]

1092

Aufgrund des sog. Summierungseffekts führt die formularvertragliche Übernahme von Anfangsrenovierung und später laufenden Schönheitsreparaturen in getrennten Klauseln sowohl zur Unwirksamkeit der Schönheitsreparaturklausel als auch der Anfangsrenovierungsklausel.[30] Übernimmt der Mieter formularvertraglich die laufenden Schönheitsreparaturen und verpflichtet er sich individualvertraglich zu einer Anfangsrenovierung, so führt dies nach der Rechtsprechung des BGH ebenfalls zu einer unangemessenen Benachteiligung des Mieters. Der Mieter schuldet dann lediglich die individualvertraglich übernommene Anfangsrenovierung, während die Schönheitsreparaturklausel wegen Verstoßes gegen § 307 Abs. 1 BGB unwirksam ist.[31]

1093

e) Fristenpläne

In erster Linie richten sich die für die Vornahme von Schönheitsreparaturen einzuhaltenden Fristen nach den Parteivereinbarungen. Fehlen in Allgemeinen Geschäftsbedingungen Fristenpläne, so hat dies jedoch keinen Einfluss auf die Wirksamkeit der grundsätzlich zulässigen, formularvertraglichen Überwälzung der Schönheitsreparaturen auf den Mieter. Die Arbeiten sind in diesem Fall immer dann durchzuführen, wenn sich die Räume in

1094

---

[23] OLG Stuttgart NJW-RR 1993, 1422 (1423); zu der problematischen Formulierung „fachmännische" Ausführung vgl. *Schmidt-Futterer/Langenberg*, § 538 BGB, Rn. 86.
[24] BGH NJW 2008, 2499.
[25] OLG Hamburg NJW-RR 1992, 10; LG Hamburg WuM 2004, 88.
[26] Vgl. BGH NJW 1993, 532f.
[27] BGH NJW 1993, 532f.; OLG Hamburg NJW-RR 1992, 10 (11f.).
[28] BGH NJW 1987, 2575 (2576f.).
[29] BGH NJW 2005, 1425 (1426); Zur Unzulässigkeit starrer Fristenpläne vgl. die Ausführungen zu „Fristenpläne" unter Rdn. 1096.
[30] BGH NJW 1993, 532 (533).
[31] BGH ZMR 2006, 913 (914); a. A. *Staudinger-Emmerich*, § 535 Rdn. 109.

einem mangelhaften, d. h. nicht mehr zu Weitervermietung geeigneten Zustand befinden.[32] Eine gewisse Orientierung bietet hier der Mustermietvertrag (Fassung I) des BMJ von 1976[33]. Die dort festgehaltenen Fristen eines normalen Wirtschaftsplans sehen in der Regel für Küche und Bad eine Frist von drei Jahren, für Wohnräume von fünf bis sechs Jahren und für alle sonstigen Räume von sieben bis acht Jahren vor.[34] Eine Ausrichtung an diesen Fristen bietet sich ferner für Regelungen in Mietverträgen an, die eine zeitlich nicht näher konkretisierte Verpflichtungen des Mieters enthalten, die „laufenden" oder „notwendig werdenden" Schönheitsreparaturen auszuführen. In einer neueren Entscheidung hat der BGH allerdings die Frage, ob aufgrund inzwischen veränderter Wohnverhältnisse und erheblich verbesserter Dekorationsmaterialien bei neu abzuschließenden Mietverträgen für einzelne oder alle Schönheitsreparaturen längere Fristen geboten erscheinen, offengelassen.[35]

1095 Die formularvertragliche **Festlegung zu kurzer Fristen** – das heißt solcher Fristen, die nicht mehr den üblichen Fristen eines normalen Wirtschaftsplans entsprechen – führt zu einer unangemessenen Benachteiligung des Mieters, weil er mit Renovierungsverpflichtungen belastet wird, die über den tatsächlichen Renovierungsbedarf hinausgehen.[36]

1096 Auch die Aufstellung eines starren Fristenplans stellt eine unangemessene Benachteiligung i. S. d. § 307 Abs. 1 dar, weil sie den Mieter zur Ausführung von Schönheitsreparaturen unabhängig vom tatsächlichen Renovierungsbedarf verpflichtet. Ein nach § 307 Abs. 1 **unwirksamer starrer Fristenplan** liegt vor, wenn verbindliche Fristen festgelegt werden, welche den Mieter unabhängig von der tatsächlichen Renovierungsbedürftigkeit zur Durchführung von Schönheitsreparaturen verpflichten.[37] Für die Unwirksamkeit spricht, dass sich die Erhaltungspflicht nach § 535 Abs. 1 S. 2 auch für den Vermieter erst bei tatsächlicher Renovierungsbedürftigkeit aktualisieren würde, unterstellt man einmal, eine Abwälzung der Schönheitsreparaturen wäre nicht vereinbart worden. Der BGH betont, dass es unzulässig ist, dem Mieter eine höhere Instandhaltungsverpflichtung aufzuerlegen, als der Vermieter dem Mieter ohne vertragliche Abwälzung der Schönheitsreparaturen gem. § 535 Abs. 1 S. 2 schulden würde.[38] Auch eine Klausel, welche dem Mieter die „notwendig werdenden" Schönheitsreparaturen auferlegt, dabei aber die „üblichen Fristen" in Bezug nimmt, stellt nach Auffassung des BGH eine verbindliche und vom tatsächlichen Renovierungsbedarf unabhängige Vorgabe dar.[39] Klauseln, welche den Mieter zur Durchführung von Schönheitsreparaturen „mindestens" oder „spätestens" innerhalb vorgegebener Zeiträume verpflichten, führen ebenfalls zu einer starren Fristenregelung und sind daher unwirksam.[40] Ein an sich starrer Fristenplan, der anordnet, dass Arbeiten „spätestens" nach dem Ablauf bestimmter Zeiträume auszuführen sind, wird allerdings durch eine zusätzliche Klausel zu einem zulässigen weichen Fristenplan, wenn diese den Vermieter verpflichtet, die vorgegebenen Fristen in Ausnahmefällen „nach billigem Ermessen" zu verlängern.[41] Ein nicht zu beanstandender weicher Fristenplan liegt auch dann vor, wenn in Klauseln festgelegt wird, dass Schönheitsreparaturen „in der Regel"[42] oder

---

[32] BGH WM 1982, 333 (334); *Staudinger-Emmerich*, § 535 Rdn. 112.
[33] Abgedruckt in ZMR 1976, 68.
[34] BGH NJW 2004, 2087; NZM 2007, 879 f.
[35] BGH NZM 2007, 879 (880).
[36] *Schmidt/Futterer-Langenberg*, Mietrecht, 9. Aufl. 2007, § 538 Rdn. 220.
[37] BGH ZMR 2006, 843 (845).
[38] BGH NJW 2004, 2586 (2587).
[39] BGH ZMR 2006, 620.
[40] BGH NZM 2004, 653; 2005, 299 (399).
[41] BGH NZM 2005, 299 (300).
[42] BGH NZM 2006, 623; anders bei Verwendung des Wortes „regelmäßig", so KG NJW 2008, 2787.

„im Allgemeinen"[43] nach bestimmten Zeitabständen auszuführen sind bzw. erforderlich werden. Es bleibt dann genügend Raum für eine Anpassung an den tatsächlichen Renovierungsbedarf. Problematisch erscheint allerdings eine Klausel, nach der zwar zum einen die Schönheitsreparaturen „in der Regel" in den entsprechenden Zeitabständen auszuführen sind, diese Regelung aber scheinbar durch die Wendung „spätestens" wieder eingeschränkt wird. Der BGH misst im Rahmen einer derartigen Kombination dem Wort „spätestens" lediglich die Bedeutung einer Betonung der Fristen bei. Die vorangehende Wendung „in der Regel" verliere daher nicht ihren Regelungszeck, so dass auch in derartigen Fällen ein zulässiger weicher Fristenplan vorliege.[44]

Ein unzulässiger starrer Fristenplan oder ein zu kurze Fristen aufweisender Plan hat zur Folge, dass die vertragliche Überwälzung der Schönheitsreparaturen **insgesamt unwirksam** ist und ersatzlos wegfällt. Eine teilweise Aufrechterhaltung als beweglichen Plan hat der BGH abgelehnt.[45] Denn ein Wegfall des Fristenplans hätte zur Folge, dass die Renovierungsvorschrift inhaltlich umgestaltet würde. Der Fristenplan bilde mit der Überwälzung der Schönheitsreparaturen eine Einheit, indem er den Umfang der Renovierungsverpflichtung konkretisiere. Bliebe die Klausel nach Streichung des starren Fristenplans bestehen, würde der Umfang der auf den Mieter übertragenen Renovierungsverpflichtung auf das gerade noch zulässige Maß zurückgeführt. Dies wäre jedoch eine unzulässige geltungserhaltende Reduktion der Formularklausel. Ebenfalls insgesamt unwirksam ist eine Schönheitsreparaturklausel, wenn dem Mieter unerlaubterweise vorgeschrieben wird, die Schönheitsreparaturen in einer bestimmten Weise durchzuführen.[46]

1097

f) Endrenovierung

Die formularvertragliche Verpflichtung des Mieters zur Renovierung der Wohnung **bei Beendigung des Mietverhältnisses unabhängig vom tatsächlichen Renovierungsbedarf** benachteiligt den Mieter in unangemessener Weise und ist daher wegen Verstoßes gegen § 307 Abs. 1 unwirksam. Durch derartige **Endrenovierungsklauseln** wird dem Mieter nämlich ohne Rücksicht darauf, inwiefern ein Neuanstrich bei Auszug tatsächlich erforderlich ist und inwiefern er selbst die Räume „abgewohnt" hat, eine Renovierungspflicht auferlegt. Der Vermieter erhält im Gegenzug den gesetzlich nicht gerechtfertigten Vorteil, eine vollkommen neu renovierte Wohnung zur Weitervermietung zu erhalten. Daher sind Endrenovierungsklauseln sowohl dann unwirksam, wenn dem Mieter unabhängig vom Zeitpunkt der Vornahme der letzten auszuführenden Schönheitsreparaturen eine Verpflichtung zur Renovierung bei Auszug auferlegt wird,[47] als auch dann, wenn der Mieter keine weitere Verpflichtung zur Durchführung von Schönheitsreparaturen während des Mietverhältnisses übernommen hat, also eine **isolierte Endrenovierungsklausel** unabhängig vom Renovierungsbedarf vorliegt.[48]

1098

Wird in formularvertraglichen Klauseln die Wendung Renovierung „spätestens" bei Beendigung des Mietverhältnisses verwendet, ist zu differenzieren: Eine unwirksame Endrenovierungsklausel liegt vor, wenn damit zugleich eine vom tatsächlichen Renovierungsbedarf unabhängige Verpflichtung auferlegt wird. Dies ist etwa dann der Fall, wenn

1099

---

[43] BGH NJW 2005, 1425 (1426); WuM 2006, 677 (678).
[44] BGH NZM 2005, 860; a. A.: OLG Düsseldorf NZM 2004, 866, (868).
[45] BGH NJW 2004, 2586 (2587). Im Übrigen ist der Vermieter nicht berechtigt, im Falle der Unwirksamkeit einer Schönheitsreparaturklausel eine Mieterhöhung in Form eines Zuschlags zur ortsüblichen Vergleichsmiete zu verlangen, vgl. BGH NJW 2008, 2840.
[46] So auch *Blank* FS Derleder, S. 196; AG Köln ZMR 2002, 130, 132; anders OLG Stuttgart NJW-RR 1993, 1422, 1423; Kraemer NZM 2003, 217, 419.
[47] BGH NJW 1998, 3114 (3115); 2003, 2234 (2235); 2003, 3192.
[48] BGH NZM 2007, 921 (922).

bei einem auf längere Zeit angelegten Mietverhältnis der Zeitpunkt der zuletzt durchgeführten Schönheitsreparaturen unberücksichtigt bleibt.[49] Unbedenklich ist hingegen die Verpflichtung des Mieters, der vertraglich die Durchführung der laufenden Schönheitsreparaturen übernommen hat, „spätestens" bei Ende des Mietverhältnisses alle bis zu diesem Zeitpunkt je nach dem Grad der Abnutzung erforderlichen Arbeiten auszuführen. Der Mieter wird durch eine derartige Klausel nicht unangemessen benachteiligt, weil der Grad der Abnutzung als Maßstab herangezogen wird und somit der Zeitpunkt der letzten Reparaturen Berücksichtigung findet.[50] Dem Mieter wird insofern lediglich die Möglichkeit eingeräumt, die geschuldeten Schönheitsreparaturen zeitlich auf das Ende des Mietverhältnisses zu verlagern (sog. **unechte Endrenovierungsklausel**).

1100 Keine Endrenovierungsverpflichtung liegt hingegen bei Formulierungen wie **Rückgabe in „vertragsgemäßem Zustand"** oder **„besenreine" Rückgabe** vor. Durch die Wendung „in vertragsgemäßem Zustand" wird lediglich die Gesetzeslage (§ 438 BGB) wiederholt, so dass darin schon keine Verlagerung von Schönheitsreparaturen auf den Mieter gesehen werden kann[51] und durch die Verpflichtung zur Rückgabe im „besenreinen" Zustand wird lediglich die Beseitigung grober Verschmutzungen vereinbart.[52]

1101 Das Vorliegen einer **unwirksamen Endrenovierungsklausel** führt aufgrund des sog. **Summierungseffekts** grundsätzlich dazu, dass auch eine etwaige formularvertraglich daneben übernomme – und für sich betrachtet zulässige – **Übernahme der laufenden Schönheitsreparaturen ebenfalls unwirksam** ist.[53] Etwas anderes gilt nur dann, wenn es sich bei beiden Klauseln um jeweils abgeschlossene und in sich verständliche Regelungen handelt.[54] Eine an sich unbedenkliche formularvertraglich übernommene Schönheitsreparaturklausel ist aufgrund einer Gesamtschau auch dann unwirksam, wenn sich der Mieter zu einer Endrenovierung individualvertraglich verpflichtet hat. Es verbleibt dann bei der Endrenovierungsverpflichtung.[55]

g) Abgeltungsklauseln

1102 Bei einer **Abgeltungsklausel** handelt es sich um eine – zeitlich vorverlagerte – Ergänzung der vertraglichen Verpflichtung des Mieters zur Durchführung von Schönheitsreparaturen nach dem Fristenplan. Ihr Zweck besteht darin, dem Vermieter, der von dem ausziehenden Mieter mangels Fälligkeit der Schönheitsreparaturen nach dem Fristenplan keine Endrenovierung verlangen kann, wenigstens einen prozentualen Anteil an Renovierungskosten für den Abnutzungszeitraum seit den letzten Schönheitsreparaturen während der Mietzeit zu sichern.[56]

1103 Nach der Rechtsprechung des BGH ist eine Klausel, wonach der Mieter bei Ende des Mietverhältnisses je nach dem Zeitpunkt der letzten Schönheitsreparaturen während der Mietzeit einen prozentualen Anteil an Renovierungskosten auf Grund des Kostenvoranschlags eines vom Vermieter auszuwählenden Malerfachgeschäfts zu zahlen hat, jedenfalls dann wirksam, wenn sie den Kostenvoranschlag nicht ausdrücklich für verbindlich erklärt, die für die Abgeltung maßgeblichen Fristen und Prozentsätze am Verhältnis zu den üblichen Renovierungsfristen ausrichtet und dem Mieter nicht untersagt, seiner anteiligen Zahlungsverpflichtung dadurch zuvorzukommen, dass er vor dem Ende des Mietverhält-

---

[49] BGH NZM 1998, 710 (711).
[50] BGH NZM 2005, 376 (377).
[51] OLG Düsseldorf NJW-RR 1992, 1096.
[52] BGH NZM 2006, 691 (693).
[53] BGH NZM 2006, 599.
[54] BGH NZM 2006, 924 (925).
[55] BGH NJW 2006, 2116 (2117).
[56] BGH NJW 1988, 2790; 2004, 3042; 2006, 3778 (3780).

nisses Schönheitsreparaturen in kostensparender Eigenarbeit ausführt, und wenn – im Falle einer unrenoviert oder renovierungsbedürftig überlassenen Wohnung – die für die Durchführung wie für die anteilige Abgeltung der Schönheitsreparaturen maßgeblichen Fristen nicht vor dem Anfang des Mietverhältnisses zu laufen beginnen.[57] Ferner hat der BGH zuletzt klargestellt, dass eine derartige Formularklausel nicht eine „starre" Berechnungsgrundlage vorgeben darf, die eine Berücksichtigung des tatsächlichen Erhaltungszustands der Wohnung nicht zulässt.[58] Wird diesen Anforderungen nicht Rechnung getragen, so ist die Abgeltungsklausel insgesamt unwirksam.[59]

3. Kleinreparaturen

Nach § 535 Abs. 1 S. 2 ist der Vermieter verpflichtet, nachträglich auftretende Defekte an der Wohnung, die deren Gebrauchsfähigkeit mindern, zu beheben. Auch wenn diese Regelung einen wesentlichen Grundgedanken des gesetzlichen Mietrechts verkörpert,[60] so wird man abweichenden Regelungen, die einem Streit über Bagatellschäden zu vermeiden geeignet sind, nicht von vornherein die Wirksamkeit absprechen können („Preis des Rechtsfriedens"[61]). Allerdings hat der BGH **enge Grenzen** formuliert. Formularvertraglich dürfen dem Mieter insbesondere lediglich die Kosten von Kleinreparaturen in der Höhe von 75–100 Euro aufgebürdet werden,[62] wegen § 536 Abs. 4 nicht aber die Instandhaltungs- und Ausführungspflichten.[63] Im Fall mehrerer Reparaturen innerhalb eines bestimmten Zeitraumes muss eine Bindung an einen angemessenen Höchstbetrag vorliegen.[64] Allerdings darf auch bei zahlenmäßiger Begrenzung dem Mieter nicht auferlegt werden, die Kleinreparaturen *selbst* vorzunehmen.[65] Ferner müssen Teile der Mietsache betroffen sein, die dem häufigen Zugriff des Mieters ausgesetzt sind.[66] 1104

Da es sich bei Schönheitsreparaturklauseln und sonstigen Kleinreparaturklauseln um zwei voneinander völlig unabhängige Regelungskomplexe handelt, bleibt bei einer Kombination die Wirksamkeit einer zulässigen Schönheitsreparaturklausel von der Unwirksamkeit einer Kleinreparaturklausel unberührt.[67] 1105

IV. Klauseln betreffend die Vertragsbeendigung und die Rückgabe der Wohnung

1. Ausschluss des Kündigungsrechts

Die gesetzlichen Vorschriften bezüglich der Kündigung von Mietverhältnissen nach den §§ 543, 569, 573 ff. sind **zugunsten des Mieters durchgehend zwingend** ausgestaltet; Abweichungen davon, insbesondere ein Ausschluss des Rechts zur fristlosen Kündigung des Mietverhältnisses oder die Erleichterung der außerordentlichen Kündigung zugunsten des Vermieters, sind grundsätzlich nicht zulässig.[68] Möglich bleibt dagegen ein formular- 1106

---

[57] BGH NJW 1988, 2790; NZM 2004, 903.
[58] BGH NJW 2006, 3778 (3780 f.).
[59] BGH NJW 2006, 3778 (3781).
[60] BGH NJW 1989, 2247 (2248).
[61] So *Ulmer/Hensen*, Anh. § 310 Rdn. 599.
[62] BGH NJW 1989, 2247; 1992, 1759 (gebilligt 150 DM); für die o. g. Größenordnung *Palandt-Weidenkaff*, § 535 Rdn. 44.
[63] BGH NJW 1992, 1759 (1760).
[64] BGH NJW 1991, 1750; 1992, 1759 (gebilligt 6% der Jahresbruttokaltmiete).
[65] BGH NJW 1992, 1759.
[66] BGH NJW 1989, 2247.
[67] BayObLG NJW-RR 1997, 1371 (1372 f.).
[68] Vgl. BGH NJW 2001, 3480 (3482); *Palandt-Weidenkaff*, § 569 Rdn. 4.

mäßiger, beiderseitiger **Ausschluss des ordentlichen Kündigungsrechts** für eine gewisse Zeit. Dem steht auch § 573c Abs. 4 nicht entgegen, da sich die Vorschrift lediglich auf die Kündigungsfrist, nicht jedoch auf die Möglichkeit der Kündigung als solche bezieht.[69] Ein Verzicht für über vier Jahre hinaus ist allerdings wegen unangemessener Benachteiligung des Mieters in der Regel unwirksam.[70]

1107 Ein **einseitiger Kündigungsverzicht des Mieters** in einem Formularmietvertrag ist dagegen grundsätzlich wegen unangemessener Benachteiligung des Mieters unwirksam. Etwas anderes hat der BGH in jüngster Zeit nur für den Fall entschieden, dass der einseitige Ausschluss der Kündigung zusammen mit einer Staffelmiete nach § 557a formularmäßig vereinbart wird und einen Zeitraum von vier Jahren nicht überschreitet.[71] Denn bei einer Staffelmietvereinbarung sieht § 557a Abs. 3 S. 1 gerade die Möglichkeit eines Ausschlusses des Kündigungsrechts des Mieters für vier Jahre vor.

2. Rückgabe der Wohnung

1108 Nach § 546 Abs. 1 BGB hat der Mieter die Wohnung nach Beendigung des Mietverhältnisses in einem **ordnungsgemäßen Zustand** an den Vermieter zurückzugeben. Zu beachten ist dabei allerdings, dass in der Regel das Setzen von Dübeln und das Anbohren von Kacheln bereits erforderlich sind, um so einen vertragsgemäßen Gebrauch der Wohnung zu ermöglichen. Da der Mieter diese Verschlechterungen nach § 538 BGB nicht zu vertreten hat, stellt eine Klausel, die den Mieter uneingeschränkt zur Beseitigung dieser Gebrauchsspuren verpflichtet, eine unangemessene Benachteiligung des Mieters im Sinne des § 307 Abs. 2 Nr. 1 BGB dar.[72]

1109 § 546a Abs. 1 BGB ordnet an, dass der Vermieter als Entschädigung für die Dauer der **Vorenthaltung der Mietsache** den Mietzins weiterhin verlangen kann. Seine Rückgabeverpflichtung aus § 546 BGB erfüllt der Mieter allerdings schon dann, wenn er die Mietsache – unabhängig vom Zustand der Wohnung – räumt und die Verfügungsgewalt über sie vollständig aufgibt, was bei Räumen in der Regel durch die Schlüsselübergabe geschieht.[73] Eine Klausel in einem Formularmietvertrag, die den Mieter zur (Fort-)Zahlung des Mietzinses bis zur Herstellung des vertragsgemäßen Zustandes verpflichtet, dehnt die Rechte des Vermieters über Gebühr über den Rahmen des § 546a Abs. 1 BGB aus.[74]

---

[69] BGH NJW 2004, 1448; 2004, 3117 (gebilligt: zwei Jahre).
[70] Vgl. BGH NZM 2005, 419 (420).
[71] Vgl. BGH NJW 2006, 1056; 2006, 1059 (1060).
[72] BGH NJW 1993, 1061 (1063).
[73] Vgl. BGH NJW 1994, 3232.
[74] OLG Düsseldorf, NZM 2002, 742 (743).

Dritter Teil.
Das Verbandsklageverfahren

Literatur: *Ahrens*, Die Klagebefugnis von Verbänden im Europäischen Gemeinschaftsrecht, 2002; *Baetge*, Das Recht der Verbandsklage auf neuen Wegen, ZZP 1999, 329; *Greger*, Neue Regeln für die Verbandsklage im Verbraucherschutz- und Wettbewerbsrecht, NJW 2000, 2457 ff.; *Heß*, Das geplante Unterlassungsklagegesetz, in: Zivilrechtswissenschaft und Schuldrechtsreform (hrsg. von Ernst und Zimmermann), 2001, S. 527 ff.; *Kohler*, Die grenzüberschreitende Verbraucherverbandsklage nach dem Unterlassungsklagegesetz im Binnenmarkt, 2008; *Lakkis*, Der kollektive Rechtsschutz der Verbraucher in der Europäischen Union: dargestellt an der Verbandsklage der Verbraucherverbände nach dem AGBG, dem UWG und dem griechischen Verbraucherschutzgesetz, 1997; *Micklitz*, Verbandsklage und die EG-Richtlinie über mißbräuchliche Klauseln, ZIP 1998, 937; *Reinel*, Die Verbandsklage nach dem AGB-Gesetz, 1979; *Schaumburg*, Die neue Verbandsklage, DB 2002, 723; *E. Schmidt*, Die Verbandsklage nach dem AGB-Gesetz, NJW 1989, 1192; *ders.*, Verbraucherschützende Verbandsklagen, NJW 2002, 25; *Walker/Stomps*, Die bisherigen Änderungen des UKlaG insbesondere durch die UWG-Reform, ZGS 2004, 336.

Erster Abschnitt.
Allgemeines zur Verfahrensregelung

§ 44. Das Unterlassungsklagegesetz und die Unterlassungsklagenrichtlinie 98/27/EG

I. Das Regelungsmodell des Unterlassungsklagegesetzes

1. Die Trias verbraucherschützender Verbandsklagen

Im deutschen Recht ist nach den jüngsten Gesetzesänderungen eine **Trias von verbraucherschützenden Verbandsklagen** entstanden.[1] Die älteste unter ihnen dient der Bekämpfung von Wettbewerbsverstößen (jetzt § 8 UWG).[2] Mit Inkrafttreten des AGB-Gesetzes im Jahre 1977 ist die Verbandsklage gegenüber Verwender und Empfehlern unwirksamer Allgemeiner Geschäftsbedingungen hinzugetreten. Dieses Kollektivverfahren hat seine Heimstatt nunmehr in § 1 UKlaG gefunden. Neu hinzugekommen ist der im Wege der Verbandsklage durchzusetzende Unterlassungsanspruch bei verbraucherschutzgesetzwidrigen Praktiken. Diese dritte Variante ist jetzt in § 2 UKlaG geregelt. Im Fokus steht hier die **Verbandsklage zur Bekämpfung unwirksamer Allgemeiner Geschäftsbedingungen gem. § 1 UKlaG**, die im übrigen auch den Charakter des Unterlassungsklagengesetzes prägt.[3]

1110

---

[1] So *E. Schmidt*, NJW 2002, 23 (26 f.).
[2] Vormals § 13 UWG a. F., aufgenommen in das Gesetz gegen den unlauteren Wettbewerb durch Gesetz von 1965 (BGBl. I, S. 625).
[3] So MünchKomm ZPO-*Micklitz*, vor § 1 UKlaG Rdn. 12.

2. Die Verbandsklage als wesentliche Ergänzung des materiellen AGB-Rechts

1111 Das Recht der Verbandsklage ist im Rahmen der **Schuldrechtsreform**[4] konsequenterweise systematisch vom materiellen AGB-Recht getrennt und in das neugeschaffene und am 1. 1. 2002 in Kraft getretene Unterlassungsklagegesetz (UKlaG) überführt worden. Die Regelungen der §§ 13–22 a AGBG sind vielfach nahezu unverändert übernommen worden.

1112 Das Verbandsklageverfahren ist ein wesentliches Kernstück des AGB-Rechts. Mit ihm sollen die **Effektivität und die Breitenwirkung der Inhaltskontrolle** verstärkt werden. Schutzobjekt im Verbandsverfahren ist nicht der Einzelne, von einer möglicherweise unzulässigen Klausel betroffene Kunde, sondern der Rechtsverkehr, der allgemein von der Verwendung unzulässiger Klauseln freigehalten werden soll.[5] Das Verbandsverfahren dient damit zugleich dazu, den Verwender zu einer eindeutigen und im gesamten Regelungsbereich wirksamen Klausel anzuhalten, und durch die Klauselfassung der Gefahr vorzubeugen, dass der Kunde von der Durchsetzung bestehender Rechte abgehalten wird.[6]

1113 Die AGB-Klausel wird im Verbandsprozess losgelöst vom Einzelfall auf ihre Vereinbarkeit mit den §§ 307 bis 309 überprüft. Im Gegensatz zum Individualverfahren wird im Verbandsverfahren im Falle der Unvereinbarkeit nicht die Klausel für unwirksam erklärt, sondern der Verwender zur Unterlassung bzw. derjenige, der eine Klausel dem rechtsgeschäftlichen Verkehr empfiehlt, zum Widerruf der Empfehlung verpflichtet. Die Urteile im Verbandsklageverfahren wirken nicht nur zwischen den Parteien, sondern auch zu Gunsten der am Verfahren nicht beteiligten Vertragspartner des AGB-Verwenders (§ 11 UKlaG).

3. Anwendungsbereich

1114 Die nunmehr in § 310 Abs. 4 aufgeführten Bereichsausnahmen vom sachlichen Anwendungsbereich des materiellen AGB-Rechts begrenzen auch die Klagemöglichkeiten der Verbände im Verfahren nach dem Unterlassungsklagegesetz. Aus dem Anwendungsbereich des Unterlassungsklagegesetzes ist gem. § 15 UKlaG ferner das **gesamte Arbeitsrecht herausgenommen**. Diese Klarstellung ist notwendig, sind doch nach dem neu gefassten § 310 Abs. 4 in materieller Hinsicht nur noch Tarifverträge sowie Betriebs- und Dienstvereinbarungen der Inhaltskontrolle entzogen. Als Grund für diese auf den abschließenden Bericht des Rechtsausschusses des Deutschen Bundestages zurückgehende Restriktion wurden zwei Erwägungen genannt:[7] Zum einen wollte man vermeiden, dass sich künftig Zivilgerichte (§ 6 UKlaG) mit der Frage unwirksamer Klauseln in Arbeitsverträgen auseinandersetzen müssen. Zum anderen aber – und dies dürfte der Hauptgrund sein – erfolgt die kollektive Wahrnehmung der Arbeitnehmerinteressen im Arbeitsrecht traditionell nicht durch Verbraucherverbände, sondern durch Gewerkschaften, Betriebs- und Personalräte. In der Tat hat der Gesetzgeber gut daran getan, das ohnehin komplizierte Gefüge arbeitsrechtlicher Rechtsbeziehungen nicht durch Hinzunahme eines weiteren Akteurs in Gestalt der Verbraucherverbände zu belasten.

II. Einflüsse des europäischen Richtlinienrechts

1115 Das Recht der Verbandsklage hat in der Vergangenheit in Folge von Richtlinienumsetzungen mehrfach einschneidende Änderungen erfahren. So ist insbesondere in der End-

---

[4] Schuldrechtsmodernisierungsgesetz vom 26. 11. 2001, BGBl. I S. 3138.
[5] St. Rspr., vgl. etwa BGH NJW 1983, 1853; 1994, 2693.
[6] BGH NJW 1988, 1726 (1728).
[7] BT-Drucks. 14/7052, S. 189.

phase des AGB-Gesetzes durch das Fernabsatzgesetz – deplaziert in §§ 22 und 22a AGBG – eine Verbandsklage zur Verfolgung verbraucherschutzgesetzwidriger Praktiken eingeführt worden.[8] Der Hintergrund war, dass die bis zum 4. 6. 2000 umzusetzende **Fernabsatz-Richtlinie 97/7/EG**[9] **in Art. 11** dem Gesetzgeber aufgab, für eine Verstärkung des Verbraucherschutzes bei Vertragsabschlüssen im Fernabsatz durch die Schaffung eines Verbandsverfahrens zu sorgen.

Daneben galt es, der bis zum 31. 12. 2000 umzusetzenden **Richtlinie 98/27/EG vom 19. 5. 1998 über Unterlassungsklagen zum Schutz der Verbraucherinteressen** Rechnung zu tragen.[10] Diese Richtlinie ist für das Verbandsklageverfahren nach dem Unterlassungsklagengesetz von größter Wichtigkeit. Die Richtlinie will den „freien Verkehr der Unterlassungsklagen"[11] innerhalb der Gemeinschaft erreichen und auf diese Weise den Verbraucherschutz im grenzüberschreitenden Geschäftsverkehr verbessern. Konkret soll es ermöglicht werden, dass eine in einem bestimmten Mitgliedstaat beheimatete Verbraucherschutzorganisation auch gegen solche verbraucherschutzwidrigen Geschäftspraktiken gerichtlich angehen kann, die vom Boden eines anderen Mitgliedstaates ausgehen.[12] Die Richtlinie bietet den Mitgliedstaaten hierzu in Art. 3 zwei Modelle an: die Verfolgung durch unabhängige öffentliche Stellen sowie durch private Verbraucherschutzorganisationen. Den historisch gewachsenen Strukturen des deutschen Rechts entspricht das zuletzt genannte Modell, für dessen richtlinienkonformen Ausbau sich der Gesetzgeber konsequenterweise entschieden hat. In Umsetzung der Richtlinie hat der Gesetzgeber im Unterlassungsklagengesetz insbesondere die Klagebefugnis hinsichtlich grenzüberschreitender Sachverhalte ergänzt und ein Registrierungsverfahren eingeführt. Daneben hat er die gemeinschaftsrechtlich gebotene Novellierung zum Anlass genommen, einige weitere Modifikationen bzw. Klarstellungen in den Gesetzestext aufzunehmen.

Auf das Verbandsklagerecht strahlt schließlich auch die jüngst in Kraft getretene **Verordnung (EG) Nr. 2006/2004 über die grenzüberschreitende Zusammenarbeit** aus.[13] Diese Verordnung zielt auf eine Stärkung der grenzüberschreitenden Rechtsdurchsetzung bei Verbraucherstreitigkeiten durch staatliche Stellen.[14] Der Gesetzgeber sah sich durch diese Verordnung veranlasst, das Unterlassungsklagengesetz durch einen § 4a zu ergänzen, der die Aktivlegitimation punktuell erweitert.[15]

§ 45. Rechtspolitische Bewertung

Literatur: *Reinel,* Die Verbandsklage nach dem AGB-Gesetz, 1979; *E. Schmidt,* Die Verbandsklage nach dem AGB-Gesetz, NJW 1989, 1192.

---

[8] Vgl. hierzu MünchKomm ZPO-*Micklitz,* vor § 1 UKlaG Rdn. 11.
[9] ABl. EG Nr. L 144, S. 19.
[10] ABl. EG 1998, Nr. L 166, S. 51 ff.
[11] So das Grünbuch der Kommission über den Zugang der Verbraucher zum Recht und die Beilegung von Rechtsstreitigkeiten der Verbraucher im Binnenmarkt, KOM (93) 576 endg. vom 16. 11. 1993.
[12] *Greger,* NJW 2000, 2457 f.
[13] ABl. EG Nr. L 364, 9. 12. 2004, 1.
[14] MünchKomm ZPO-*Micklitz,* vor § 1 UKlaG Rdn. 46 spricht sogar von „Verstaatlichung der grenzüberschreitenden Rechtsdurchsetzung".
[15] Eingefügt durch das Gesetz über die Durchsetzung der Verbraucherschutzgesetze bei innergemeinschaftlichen Verstößen vom 21. 12. 2006 (BGBl. I, S. 3367). Zum Regelungsgehalt eingehend MünchKomm ZPO-*Micklitz,* § 4a UKlaG Rdn. 1 ff.

I. Die Entscheidung für ein abstraktes gerichtliches Prüfungsverfahren

1118 Die Entscheidung für die Einführung eines abstrakten gerichtlichen Prüfungsverfahrens war eine der **bedeutsamsten substantiellen Neuerungen,** die das am 1. 4. 1977 in Kraft getretene AGB-Gesetz enthielt. Vorausgegangen war eine intensive rechtspolitische Diskussion der Vor- und Nachteile der zur Wahl stehenden Regelungsmodelle.[1] Weitgehende Einigkeit herrschte hinsichtlich der Grundprämisse, dass von der **individuellen Interessenwahrnehmung** durch Abwehr unwirksamer AGB-Klauseln bei Vertragsschluss und im Wege der gerichtlichen Geltendmachung durch den Kunden im Zuge der Vertragsabwicklung **keine hinreichende Missbrauchsabwehr** erwartet werden kann. Würde sich das AGB-Recht auf die materiellrechtlichen Kontrollvorschriften beschränken, so bliebe es der Initiative des einzelnen Kunden überlassen, ob bedenkliche Klauseln auf den Prüfstand gestellt und ggf. durch gerichtliches Urteil eliminiert würden. Gegenüber anderen Kunden würde ein solches Urteil nicht gelten. Sie müssten also ebenfalls initiativ werden. Erfahrungsgemäß scheuen jedoch zahlreiche Kunden eine gerichtliche Auseinandersetzung. Die Gründe für diese Zurückhaltung sind vielfältig:[2] da ist zum einen die quasigesetzliche Autorität des Bedingungswerks, ferner das mangelnde rechtliche Einschätzungsvermögen des Kunden und schließlich das Kostenrisiko, das den Kunden vor einer gerichtlichen Auseinandersetzung zurückschrecken lässt. Vor diesem Hintergrund war man sich einig, das materielle AGB-Recht durch ein **institutionelles Kontrollverfahren mit Breitenwirkung** zu ergänzen, das von einer konkreten individuellen Vertragsbeziehung abgekoppelt war. Hier boten sich **verschiedene Modelle** an. Im Mittelpunkt der kontroversen Diskussion standen das Modell der verwaltungsbehördlichen Präventivkontrolle und das Verbandsklagemodell. Der Gesetzgeber hat im AGB-Gesetz, fortgeführt im Unterlassungsklagengesetz, der Verbandsklagelösung den Vorzug gegeben. Diese Entscheidung verdient auch aus heutiger Sicht Beifall. Abgesehen davon, dass die Verbandsklage eine dem Strukturmodell einer „Privatrechtsgesellschaft" systemkonformere Lösung darstellt,[3] hat die verwaltungsbehördliche Präventivkontrolle, dort wo sie etabliert worden ist, nicht den erhofften Effektivitätsgrad erreicht.[4] Von daher ist die in jüngster Zeit auf gemeinschaftsrechtlicher Ebene zu konstatierende Neigung, die Durchsetzung des Verbraucherschutzes stärker auf staatliche Behörden zu verlagern,[5] kritisch zu beurteilen.

1119 Freilich hat auch die Verbandsklage die angestrebte Breitenwirkung nicht in vollem Umfang entfaltet. Macht man sich die Mühe und studiert ab und an die im Geschäftsverkehr verwendeten Bedingungen, so stellt man fest, dass immer noch eine Vielzahl von unwirksamen Klauseln verwendet und „erfunden" werden. Durch die Schuldrechtsmodernisierung und die daraus vielfach folgende Notwendigkeit einer Überarbeitung der Klauselwerke hat der Bestand an unwirksamen Bedingungen eher noch zugenommen. Dieser Befund lässt auf Defizite schließen. Daraus abzuleiten, das Verbandsverfahren sei in seiner Gänze wirkungslos geblieben, ginge jedoch zu weit. Anzuerkennen ist, dass es durchaus Verfahren – beispielsweise die Allgemeinen Geschäftsbedingungen von Kreditinstituten[6] oder Versiche-

---

[1] Nachgezeichnet bei *Reinel,* Verbandsklage, S. 5 ff.
[2] Zu ihnen auch MünchKomm-*Micklitz,* 4. Aufl. 2001, vor § 13 AGBG Rdn. 2.
[3] So zu Recht *Wolf/Lindacher,* vor § 13 AGBG Rdn. 5.
[4] Vgl. MünchKomm-*Micklitz,* 4. Aufl. 2001, vor § 13 AGBG Rdn. 13 m. w. N.
[5] Hierfür steht vor allem die VO (EG) Nr. 2006/2004 über die Zusammenarbeit im Verbraucherschutz (Abl. EG Nr. L 364, 9.12. 2004, 1; vgl. ferner MünchKomm ZPO-*Micklitz,* vor §1 UKlaG Rdn. 47.
[6] Z. B. BGH NJW 1989, 222; 1989, 582; 1992, 179.

rungen[7] betreffend –[8] gab, die die erwünschte große Resonanz nicht nur im Fachschrifttum erfuhren.

Die finanziell schwach ausgestatteten[9] Verbraucherverbände können hingegen schon aus praktischen Gründen kaum die Vielzahl von unwirksamen Bestimmungen in ihrer Gesamtheit ausmerzen. Schon deshalb wäre es hilfreich und auch aus Gründen der Ressourcenschonung sinnvoll, wenn es einen Informationspool dergestalt gäbe, so dass sich die Mehrfachverfolgung vermeiden bzw. verringern ließe. Das ausgelaufene Register (vormals in § 20 AGBG geregelt) hat seine Funktion nie in der ihm zugedachten Art entfalten können und war zudem nur auf die Registrierung von Gerichtsentscheidungen ausgelegt, griff also zu spät ein. Daneben besteht auch ein Umsetzungsdefizit durch mangelnde Kontrolle der errungenen Entscheidungen. Mißachtungen von Unterlassungsansprüchen werden nur zufallsbedingt und nicht systematisch entdeckt.[10]

II. Die Schaffung des Unterlassungsklagengesetzes

Durch die Schaffung des Unterlassungsklagengesetzes im Rahmen der Schuldrechtsreform hat das Recht der Verbandsklage einen neuen und vor allem eigenen Mantel bekommen. Die Stellung im AGB-Gesetz wurde zusehends unübersichtlicher, indem der Gesetzgeber in geradezu abenteuerlicherweise immer neue AGB-fremde Sachverhalte in dieses Spezialgesetz einbrachte und zuletzt dort auch die Unterlassungsklage betreffend verbraucherschutzgesetzwidrige Praktiken regelte.[11] Insofern ist die Einführung des Unterlassungsklagengesetzes positiv zu bewerten.[12]

Inhaltlich hat sich kaum etwas verändert. Die mitunter vorhandenen Formulierungsschwächen und Lücken wurden übernommen.[13]

III. Perspektiven der Verbandsklage

Die weitere Entwicklung des Verbandsverfahrens wird vermutlich nicht maßgeblich von Berlin aus bestimmt werden, sondern eher Impulse aus Brüssel erfahren.[14] Auch die letzten Änderungen beruhen auf der Umsetzung von Richtlinien. Ob die mit der Unterlassungsklagenrichtlinie erstrebte Ausweitung der Klagebefugnis der Verbraucherverbände und die Verwirklichung des Ziels des „freien Verkehrs der Unterlassungsklagen" die stringentere Verfolgung von unwirksamen AGB-Bestimmungen zur Folge hat, ist freilich eher zu bezweifeln. Weshalb sollten sich die bereits jetzt überforderten Verbraucherverbände verstärkt einem neuen Aufgabengebiet widmen? Zu überlegen wäre zunächst einmal, wie die finanzielle Ausstattung der Verbraucherverbände langfristig verbessert werden könnte.

Im Übrigen gibt es **Bestrebungen der Gemeinschaft,** eine erhöhte Harmonisierung der unterschiedlichen nationalen zivilprozessrechtlichen Regelungen zu erreichen.[15] Insbe-

---

[7] Z.B. BGH NJW 1994, 2693.
[8] Weitere Beispiele finden sich bei *Ulmer/Hensen,* vor § 1 UKlaG Rdn. 4.
[9] MünchKomm-*Micklitz,* 4. Aufl. 2001, vor § 13 AGBG Rdn. 12 Fn. 27 und auch 42 hält die Verbraucherverbände auf Grund der schwachen Mittelausstattung für überfordert.
[10] So MünchKomm ZPO-*Micklitz,* vor § 1 UKlaG Rdn. 36.
[11] Vgl. die Kritik von *Greger,* NJW 2000, 2457 (2463).
[12] *Schaumburg,* DB 2002, 723 (727).
[13] Zu den hierauf gründenden Problemen *Wolf/Lindacher,* vor § 13 AGBG Rdn. 12.
[14] Ausführlich zu den Perspektiven des Verbandsklagesystems MünchKomm ZPO-*Micklitz,* vor § 1 UKlaG Rdn. 50 ff.
[15] *Baetge,* ZZP 112 (1999), S. 329 (333); auch *Schaumburg,* DB 2002, 723.

sondere der „Bericht der Kommission über die Anwendung der Richtlinie 93/13/EWG des Rates vom 5. April 2000 über missbräuchliche Klauseln in Verbraucherverträgen"[16] lässt erkennen, dass man in Brüssel über weitere Schritte auf dem Wege zu einem System effektiven Rechtsschutzes gegenüber missbräuchlichen Klauseln nachdenkt und hierbei das Verfahrensrecht mit einbezieht.

---

[16] KOM (2000) 248 endg.; hierzu MünchKomm ZPO-*Micklitz*, vor § 1 UKlaG Rdn. 53 ff.

Zweiter Abschnitt.
Der Unterlassungs- und Widerrufsanspruch

§ 46. Voraussetzungen, Inhalt und Rechtsnatur der Ansprüche

Literatur: *Reich/Vergau,* Zur Verjährung von Verbandsklagen gegen Verwender und Empfehler von AGB, in: FS für Heinrichs, 1998, S. 411; *Wandt,* Die Kontrolle handschriftlicher AGB im Verbandsklageverfahren gem. § 13 AGBG, VersR 1999, 917.

I. Unterlassungsanspruch gegen den Verwender

1. Unwirksame AGB-Bestimmungen als Angriffsobjekt

Tauglicher Gegenstand einer Verbandsklage gem. § 1 UKlaG ist zunächst jede nach den §§ 307 bis 309 unwirksame AGB-Bestimmung sowie ggf. auch ein inhaltlich selbstständiger Teil einer solchen. Ob es sich um eine AGB-Bestimmung handelt, richtet sich nach § 305 Abs. 1. Entgegen der verkürzten Gesetzesformulierung kommt es nicht darauf an, dass die Unwirksamkeit der Klausel gerade aus den §§ 307 bis 309 resultiert. Auch in Allgemeinen Geschäftsbedingungen enthaltene **Verstöße gegen gesetzliche Verbote (§ 134) oder Formvorschriften (§ 125)** können mit der Verbandsklage aufgegriffen werden.[1] Die in § 307 Abs. 3 niedergelegten Schranken der Inhaltskontrolle limitieren allerdings auch den Unterlassungsanspruch nach § 1 UKlaG (wichtig vor allem für preis- und leistungsbestimmende Klauseln, die aber immerhin auch im Verbandsklageverfahren auf ihre Transparenz kontrolliert werden können).[2] Der Unterlassungsanspruch setzt die **Unwirksamkeit** der AGB-Bestimmung voraus. Allein auf Vorschriften, die als Rechtsfolge die Nichteinbeziehung der Klausel vorsehen, kann die Verbandsklage somit nicht gestützt werden.[3] Hiervon zu unterscheiden sind Klauseln, die die §§ 305 Abs. 2 bis 306 außer Kraft setzen wollen; sie verstoßen gegen zwingendes Recht und können mit der Verbandsklage angegriffen werden.[4] Der sachliche Grund für die eng begrenzte Fassung des § 1 UKlaG ist darin zu sehen, dass diese Vorschriften (insbesondere § 305c Abs. 1) in aller Regel eine Beurteilung anhand aller Einzelumstände erfordern, die dem abstrakten Verbandsverfahren fremd ist. So kann etwa einer Überraschungsklausel durch Hinweise des Verwenders der überraschende Charakter genommen werden.

Bei der Prüfung der Wirksamkeit von Allgemeinen Geschäftsbedingungen im Verbandsverfahren ist von der **kundenfeindlichsten Auslegung** auszugehen.[5] Die **Angemessenheitsprüfung** nach den §§ 307 bis 309 UKlaG erfolgt auch und gerade im Verbands-

---

[1] BGH NJW 1983, 1320 (1322) im Hinblick auf § 38 ZPO; für einen „Erst-recht-Schluss" im Hinblick auf Verstöße gegen zwingendes Recht insbesondere *Wolf/Lindacher,* § 13 AGBG Rdn. 38; *Staudinger-Schlosser,* § 1 UKlaG Rdn. 18; zum Diskussionsstand vgl. im Übrigen die Ausführungen unter Rdn. 507.
[2] *Erman-Roloff,* § 1 UKlaG Rdn. 6; *Ulmer/Hensen,* § 1 UKlaG Rdn. 4; vgl. z.B. BGH NJW 1984, 2161; 2002, 2386.
[3] BGH LM § 9 (Cb) AGBG Nr. 5; NJW-RR 2003, 103 (104); OLG Düsseldorf NJW-RR 2005, 1692; *Ulmer/Hensen,* § 1 UKlaG Rdn. 8; *Staudinger-Schlosser,* § 1 UKlaG Rdn. 12.
[4] *Staudinger-Schlosser,* § 1 UKlaG Rdn. 12.
[5] Hierzu die Ausführungen unter Rdn. 371 ff.

verfahren **losgelöst von** den – regelmäßig nicht bekannten – **Umständen des Einzelfalles**.[6] Die Berücksichtigung der den Vertragsabschluss begleitenden Umstände i. S. des § 310 Abs. 3 Nr. 3 kommt nur im Individualprozess in Betracht.[7]

2. „Verwendung" von AGB-Bestimmungen

1127 Die unwirksamen Bestimmungen müssen verwendet werden. Eine Verwendung liegt vor, wenn die Bestimmungen im rechtsgeschäftlichen Verkehr benutzt werden.[8] Im Hinblick auf den besonderen präventiven Zweck des abstrakten Kontrollverfahrens ist eine bereits erfolgte Einbeziehung in einen Vertrag nicht zu verlangen. Es genügt, dass die Absicht, die Bedingungen künftig in Verträge einbeziehen zu wollen, nach außen erkennbar hervorgetreten ist.[9] Diese **weite Interpretation** wird im Übrigen auch durch Art. 7 Abs. 2 der Klauselrichtlinie (93/13/EWG) nahegelegt. Dieser Richtlinienbestimmung zufolge muss das einzurichtende abstrakte Kontrollverfahren Schutz vor Vertragsklauseln bieten, die „im Hinblick auf eine allgemeine Verwendung abgefasst wurden."[10]

Beispiele:
(1) Wiedergabe der Allgemeinen Geschäftsbedingungen auf **Angebotsschreiben** oder Aufforderungen zur Abgabe von Angeboten.[11]
(2) Aufdrucken von Allgemeinen Geschäftsbedingungen auf **Rechnungen,** auch wenn sie in den Vertrag nicht wirksam einbezogen worden sind;[12]
(3) **Aufstellen eines Schildes** an der Kasse mit dem Aufdruck „Aufreißen der Verpackung verpflichtet zum Kauf";[13]
(4) Berufen auf eine **nicht wirksam zum Vertragsinhalt** gemachte Klausel bei der Vertragsabwicklung.[14]

1128 Zwischen der Erst- und der Weiterverwendung wird nicht unterschieden. Das Verwenden endet daher nicht mit ihrem Einbezug in den Vertrag, sondern umfasst auch die Berufung auf unwirksame Bestimmungen bei der Abwicklung bereits geschlossener Verträge.[15] Allein der Entschluss, die inkriminierten Klauseln bei künftigen Vertragsabschlüssen nicht mehr zu präsentieren, lässt also das Tatbestandsmerkmal des „Verwendens" nicht entfallen.

1129 **Verwender** der Bestimmungen und somit Anspruchsgegner ist grundsätzlich derjenige, der Partei des Vertrages werden soll. Bei der Aktiengesellschaft ist dies beispielsweise die Gesellschaft (AG oder GmbH) als solche, nicht hingegen das handelnde Organ (Vorstand oder Geschäftsführer).[16] Ausnahmsweise ist auch der Vertreter passivlegitimiert, nämlich dann, wenn er an der Einbeziehung ein erhebliches Eigeninteresse hat.[17]

---

[6] BGH NJW 1999, 2279 (2282).
[7] So zutreffend BGH NJW 1999, 2180 (2182); ebenso *Ulmer/Hensen*, § 1 UKlaG Rdn. 5; a. A. *Lindacher*, NJW 1997, 2741.
[8] BGH NJW 1987, 2867.
[9] BGH NJW 1987, 2867; *Palandt-Bassenge*, § 1 UKlaG Rdn. 6; *Ulmer/Hensen*, § 13 UKlaG Rdn. 15; *Wolf/Lindacher*, § 13 AGBG Rdn. 4; MünchKomm ZPO-*Micklitz*, § 1 UKlaG Rdn. 19; AnwKomm-Schuldrecht-*Walker*, § 1 UKlaG Rdn. 6; *Staudinger-Schlosser*, § 1 UKlaG Rdn. 19; enger hingegen Soergel-*Stein*, § 13 AGBG Rdn. 5.
[10] Vgl. MünchKomm ZPO-*Micklitz*, § 1 UKlaG Rdn. 19 und *Wolf*, Art. 7 RiLi Rdn. 8.
[11] MünchKomm ZPO-*Micklitz*, § 1 UKlaG Rdn. 20.
[12] LG München BB 1979, 1789.
[13] OLG Düsseldorf NJW-RR 2001, 1563 (1564).
[14] BGH NJW 1981, 1511 f.; 1983, 1320; NJW-RR 1988, 819 (821); 1995, 218.
[15] Zuletzt BGH NJW 1994, 2693.
[16] OLG Stuttgart NJW-RR 1996, 1209; *Wolf/Lindacher*, § 13 AGBG Rdn. 51.
[17] BGH NJW 1981, 2351; *Wolf/Lindacher*, § 13 AGBG Rdn. 52.

3. Wiederholungsgefahr

Ungeschriebene Anspruchsvoraussetzung für einen Unterlassungsanspruch ist neben der Unwirksamkeit der beanstandeten AGB-Bestimmungen das Bestehen einer Wiederholungsgefahr, also die ernstliche Besorgnis einer neuerlichen Beeinträchtigung.[18] Die bereits erfolgte Verwendung unzulässiger Allgemeiner Geschäftsbedingungen, welche ja definitionsgemäß auf eine wiederholte Einbeziehung angelegt sind, begründet dabei regelmäßig die **Vermutung für eine Wiederholungsgefahr.**[19] An die Beseitigung dieser Wiederholungsgefahr sind strenge Anforderungen zu stellen. Die Änderung der beanstandeten Klausel allein lässt die Wiederholungsgefahr nicht entfallen. Auch die bloße Absichtserklärung des Verwenders, die beanstandeten Klauseln nicht weiter zu verwenden, reicht regelmäßig nicht aus. Es sind vielmehr Umstände erforderlich, bei deren Vorliegen nach allgemeiner Erfahrung mit einer Wiederholung nicht mehr zu rechnen ist.[20] Für das Fortbestehen der Wiederholungsgefahr spricht es, wenn der Verwender noch im Rechtsstreit die Zulässigkeit der früher von ihm verwendeten Klausel verteidigt und nicht bereit ist, eine strafbewehrte Unterlassungserklärung abzugeben.[21] Die Größe eines Unternehmens rechtfertigt keine Privilegierung hinsichtlich der Anforderungen an die Beseitigung der Wiederholungsgefahr.[22] Ausgeräumt wird die Wiederholungsgefahr in aller Regel nur, wenn der Verwender eine ernsthafte Unterlassungserklärung abgibt und die Ernsthaftigkeit durch Abgabe eines Vertragsstrafeversprechens zum Ausdruck bringt.[23] Eine kurz bemessene Umsetzungsfrist – nicht aber eine Aufbrauchfrist – darf sich der Verwender ausbedingen.[24]

1130

Nach allgemeiner Ansicht genügt auch die **ernsthaft drohende erstmalige Verwendung,**[25] wenngleich praktische Anwendungsfälle eher selten sein dürften. Für diese Erstbegehungsgefahr spricht keine Vermutung.[26]

1131

Beispiel: P möchte in Kürze ein „Pizza-Taxi-Unternehmen" eröffnen. Mit einer Postwurfsendung an alle Haushalte der Gegend möchte er auf seine Produkte und Vertragsbedingungen aufmerksam machen. Er **beauftragt eine Druckerei mit der Vervielfältigung seines Flugblattes.** Enthält das Flugblatt unzulässige Bedingungen, so ist bereits in diesem Stadium eine Unterlassungsklage möglich, da die erstmalige Begehung unmittelbar bevorsteht.

4. Inhalt des Anspruchs

Der Verwender wird verpflichtet, alle Handlungen zu unterlassen, die als Verwendung der Klausel zu qualifizieren sind. Umfasst ist damit das Gebot, die unwirksamen Klauseln nicht mehr in neue Verträge einzubeziehen und auch sich bei der Abwicklung bereits geschlossener Verträge nicht mehr auf sie zu berufen.[27] Da bei einer Verurteilung, die darauf

1132

---

[18] BGH NJW 1981, 2412; 2002, 2386.
[19] BGH NJW 2002, 2386; MünchKomm ZPO-*Micklitz*, § 1 UKlaG Rdn. 26; *Staudinger-Schlosser*, § 1 UKlaG Rdn. 20.
[20] BGH NJW 1992, 3158 (3161); 1996, 988.
[21] BGH NJW-RR 2001, 485 (487); NJW 2002, 2386.
[22] So zutreffend BGH NJW-RR 2001, 485 (486 f.) für ein Unternehmen mit 40 Mio. Kunden; ebenso *Ulmer/Hensen*, § 1 UKlaG Rdn. 29.
[23] OLG Köln NJW-RR 2003, 316; zur Frage, unter welchen Voraussetzungen eine sog. Drittunterwerfung die Wiederholungsgefahr auszuschließen vermag vgl. OLG Frankfurt a.M. NJW-RR 2003, 1430.
[24] OLG Köln NJW-RR 2003, 316; a. A. OLG Frankfurt a.M. NJW-RR 2003, 1340 (1431 f.).
[25] OLG Saarbrücken, AGBEV § 9 Nr. 36; *Staudinger-Schlosser*, § 1 UKlaG Rdn. 20 a; MünchKomm ZPO-*Micklitz*, § 1 UKlaG Rdn. 26.
[26] *Palandt-Bassenge*, § 1 UKlaG Rdn. 7.
[27] BGH NJW 1981, 1511 f.; 1994, 2693; 1995, 2710; 2002, 2386; 2003, 1237 (1238); MünchKomm ZPO-*Micklitz*, § 1 UKlaG Rdn. 31 f.; *Ulmer/Hensen*, § 1 UKlaG Rdn. 26; *Palandt-Bassenge*, § 1 UKlaG Rdn. 8; differenzierend *Wolf/Lindacher*, § 13 AGBG Rdn. 49 f.

lautet, eine bestimmte Klausel nicht mehr zu verwenden, stets beide Varianten der Verwendung erfasst werden,[28] kann sich die Klage auch allein gegen die Weiterverwendung bei der Abwicklung von Altverträgen richten.

1133 In der Regel kommt der verurteilte Verwender dem Unterlassungsanspruch durch „schlichtes Nicht-Tun"[29] nach. Sofern die inkriminierten Bedingungen allerdings in einem Ladenlokal aushängen, ist er zu positivem Tun verpflichtet. Er hat die Aushänge einzuziehen bzw. zu ändern. Besteht die Gefahr der fortdauernden Verwendung durch Hilfspersonen, so muss der Verwender entsprechende organisatorische Maßnahmen treffen, die das verhindern.[30] Jedoch besteht kein Anspruch auf Herausgabe oder Vernichtung noch vorhandener Exemplare.[31] Der Unterlassungsanspruch hat nach einer Verurteilung sofortige Wirkung. Dem Verwender ist keine Aufbrauchfrist zuzugestehen.[32]

II. Unterlassungs- und Widerrufsanspruch gegen den Empfehler

1. Unterlassungs- und Widerrufsanspruch

1134 Gegen den Empfehler von unwirksamen AGB-Bestimmungen kann neben dem schon bekannten Unterlassungsanspruch auch ein Widerrufsanspruch geltend gemacht werden. Die Voraussetzungen für den **Unterlassungsanspruch** gegen den Empfehler gleichen denen für denselbigen gegen den Verwender.[33]

1135 Der **Widerrufsanspruch** ist ein Gefahrbeseitigungsanspruch, der sich gegen eine fortdauernde Störung richtet, zu deren Beseitigung der Widerruf notwendig und geeignet ist.[34] Er entfällt in der Regel, wenn der Empfehler vorprozessual unzweideutig von der Empfehlung abgerückt ist.[35]

2. „Empfehlung" von AGB-Bestimmungen

1136 Die Empfehlung ist im Recht der Allgemeinen Geschäftsbedingungen nicht legaldefiniert. Der Empfehler lässt sich vom Verwender dahingehend abgrenzen, dass er selbst nicht Vertragspartei ist oder werden will, sondern die Verwendung seiner AGB-Bestimmungen durch Dritte zum Ziel hat. Er anempfiehlt die Verwendung bestimmter AGB-Bestimmungen einer Vielzahl von Adressaten, legt diesen diese nahe oder hält sie gar zur Verwendung der Bestimmungen an.[36]

Beispiele: Empfehler ist:
(1) ein **Berufs- oder Interessenverband,** der für seine Mitglieder Vertragsformulare entwirft bzw. entwerfen lässt; dies gilt auch für Körperschaften des öffentlichen Rechts wie Rechtsanwalts-, Ärzte- und Architektenkammern;[37]

---

[28] Vgl. vorherige Fn.; insbes. BGH NJW 1994, 2693; *Ulmer/Hensen,* § 1 UKlaG Rdn. 26; a. A. *Wolf/Lindacher,* § 13 AGBG Rdn. 49f.
[29] So plastisch *Wolf/Lindacher,* § 13 AGBG Rdn. 70.
[30] *Wolf/Lindacher,* § 13 AGBG Rdn. 70.
[31] *Ulmer/Hensen,* § 1 UKlaG Rdn. 27; *Wolf/Lindacher,* § 13 AGBG Rdn. 70; *Palandt-Bassenge,* § 1 UKlaG Rdn. 8; a. A. MünchKomm ZPO-*Micklitz,* § 1 UKlaG Rdn. 31.
[32] BGH NJW 1980, 2518 (2519); 1983, 1320 (1322); OLG Frankfurt a. M. NJW-RR 2003, 1430 (1431); *Wolf/Lindacher,* § 13 AGBG Rdn. 71; *Palandt-Bassenge,* § 1 UKlaG Rdn. 8.
[33] Hierzu oben Rdn. 1027 ff.
[34] *Palandt-Bassenge,* § 1 UKlaG Rdn. 11.
[35] *Wolf/Lindacher,* § 13 AGBG Rdn. 73; *Palandt-Bassenge,* § 1 UKlaG Rdn. 11.
[36] Vgl. statt vieler BGH NJW 1991, 36 (37); MünchKomm ZPO-*Micklitz,* § 1 UKlaG Rdn. 33.
[37] *Ulmer/Hensen,* § 1 UKlaG Rdn. 19; *Staudinger-Schlosser,* § 1 UKlaG Rdn. 30.

(2) ein **Grundeigentümerverband**, der kommentarlos einen Mustermietvertrag herausgibt und verbreitet;[38]
(3) der Verfasser **und Herausgeber von Formularen** bzw. **Formularbüchern**;[39] hingegen nicht der Verleger, sofern der Autor nicht anonym ist;[40]
(4) **nicht** derjenige, der **wissenschaftliche Meinungsäußerungen** im rechtswissenschaftlichen Schrifttum zur Frage der rechtlichen Zulässigkeit bestimmter Allgemeiner Geschäftsbedingungen abgibt;[41]
(5) ist in der Regel nicht der **Rechtsanwalt/Notar**, der Allgemeine Geschäftsbedingungen für seine Mandanten entwirft.[42]
(6) **nicht die Behörde**, die Allgemeine Geschäftsbedingungen genehmigt.[43]
(7) Der Deutsche Vergabe- und Vertragsausschuss empfiehlt die VOB Teil B i. S. von § 1 UKlaG.[44]

3. Inhalt der Ansprüche

Der Empfehler ist zum einen verpflichtet, alle Handlungen zu **unterlassen**, die als Empfehlung der Klausel zu qualifizieren sind. Des Weiteren hat der Empfehler dem auf Grund der größeren Breitenwirkung wichtigeren **Widerrufsanspruch** Folge zu leisten. Wie der Widerruf zu erfolgen hat, regelt § 9 Nr. 4 UKlaG. Das Urteil ist in gleicher Weise bekannt zu geben, wie die Empfehlung verbreitet wurde.[45]

1137

III. Rechtsnatur des Unterlassungs- und Widerrufsanspruchs

Wer unwirksame Allgemeine Geschäftsbedingungen verwendet oder für den rechtsgeschäftlichen Verkehr empfiehlt, kann nach dem Wortlaut des § 1 UKlaG auf Unterlassung oder Widerruf „in Anspruch genommen werden". Die von der Verwendung oder Empfehlung unwirksamer Klauseln ausgehende Störung des Rechtsverkehrs hat somit kraft Gesetzes zur Folge, dass privaten Einrichtungen gegen den betreffenden Störer ein Anspruch zuwächst. Von Anfang an lag es nahe, in der den Verbänden zugewiesenen Befugnis einen **materiell-rechtlichen Anspruch** i. S. des § 194 Abs. 1 zu sehen.[46] In diesem Sinne hatte sich auch mehrfach der BGH vernehmen lassen.[47]

1138

Freilich war diese Qualifikation nicht ganz unumstritten. Eine **Gegenansicht** wollte in der Zuweisung nur eine „besondere Prozessführungsbefugnis"[48] bzw. eine „privatrechtliche Kontrollkompetenz"[49] erblicken. Mit deutlichen Worten sträubt sich auch heute

1139

---

[38] *Wolf/Lindacher*, § 13 AGBG Rdn. 63; *Ulmer/Hensen*, § 1 UKlaG Rdn. 19.
[39] BGH NZBau 2008, 640 (641); OLG Frankfurt NJW-RR 1996, 245; *Ulmer/Hensen*, § 1 UKlaG Rdn. 20; *Palandt-Bassenge*, § 1 UKlaG Rdn. 13; *Wolf/Lindacher*, § 13 AGBG Rdn. 64; a. A. *Pawlowski*, BB 1978, 161 (164) und *Fehl*, Systematik des Rechts der Allgemeinen Geschäftsbedingungen, S. 123.
[40] Str., wie hier *Ulmer/Hensen*, § 1 UKlaG Rdn. 20.
[41] Statt vieler: *Wolf/Lindacher*, § 13 AGBG Rdn. 63; *Palandt-Bassenge*, § 1 UKlaG Rdn. 11.
[42] OLG Frankfurt NJW-RR 1996, 245; *Ulmer/Hensen*, § 1 UKlaG Rdn. 22, *Staudinger-Schlosser*, § 1 UKlaG Rdn. 33; a. A. MünchKomm ZPO-*Micklitz*, § 1 UKlaG Rdn. 35.
[43] *Ulmer/Hensen*, § 1 UKlaG Rdn. 19.
[44] BGH NZBau 2008, 640 (641).
[45] Vgl. hierzu die Ausführungen unter Rdn. 1200 ff.
[46] In diesem etwa *Greger*, NJW 2000, 2457 (2462); *Ulmer/Hensen*, § 1 UKlaG Rdn. 23; *Palandt-Bassenge*, § 1 UKlaG Rdn. 4 und § 3 UKlaG Rdn. 1; AnwKomm Schuldrecht-*Walker*, § 1 UKlaG Rdn. 2; *Staudinger-Schlosser*, § 1 UKlaG Rdn. 3; *M. Wolf*, ZZP 1994, 109 sieht in der Abmahnung bzw. Klageerhebung die Geltendmachung eines gesetzlich geschützten Eigeninteresses des Verbands bzw. der Kammer.
[47] BGH NJW-RR 1990, 886 ff.; NJW 1995, 1488. In einem gewissen Widerspruch hierzu steht die Aussage des BGH im Hinblick auf wettbewerbsrechtliche Unterlassungsansprüche (§ 13 Abs. 2 UWG), die Verbandsklagebefugnis weise eine Doppelnatur als Prozessführungsbefugnis und als materielle Anspruchsberechtigung auf; BGH NJW 1996, 3276 (3277); 1997, 1702, 1703.
[48] *Hadding*, JZ 1970, 305/307 ff.; *Lakkis*, Kollektiver Rechtsschutz, S. 124 f.
[49] *Göbel*, Prozesszweck der AGB-Klage, S. 125 ff.

noch *Eike Schmidt* gegen die Einordnung als materiell-rechtlichen Anspruch, da die Verbandsklagebefugnis vielmehr dem Schutz der Verbraucherinteressen diene und damit einem öffentlichen Anliegen, das keine private Individualisierung vertrage.[50] Zudem fehlt es seiner Ansicht nach an der Verfügbarkeit der Ansprüche. Ihm ist zu konzedieren, dass es um die Geltendmachung kollektiver Verbraucherinteressen durch gesellschaftliche Institutionen und damit um die Wahrnehmung öffentlicher Belange durch Private im Wege des Zivilprozesses geht.[51] Nicht einzusehen ist jedoch, weshalb es dem Gesetzgeber verwehrt sein soll, dieses Konzept rechtstechnisch durch die Einräumung echter materieller Ansprüche umzusetzen.

1140 Sprachen schon bisher die besseren Argumente für die herrschende Meinung, so dürfte der Streit nach einer ausdrücklichen Klarstellung des Gesetzgebers nunmehr endgültig im Sinne der **Qualifikation als materiellrechtlicher Anspruch** entschieden sein.[52] Durch Gesetz vom 27. 6. 2000[53] ersetzte der Gesetzgeber im Einleitungssatz des § 13 Abs. 2 AGBG (jetzt § 3 UKlaG) die Formulierung „Ansprüche … können nur geltend gemacht werden von …" durch „Ansprüche … stehen zu". In der Gesetzesbegründung heißt es hierzu, dass die Änderung des § 13 Abs. 2 AGBG (jetzt § 3 Abs. 1 UKlaG) genutzt werden solle, die Streitfrage, ob es sich um eine Regelung über die Aktivlegitimation oder um eine Regelung über die Prozessführungsbefugnis handele, im zuerst genannten Sinne zu entscheiden.[54] Untermauert wird dieses Votum im Gesetzestext ferner durch die ebenfalls durch das Gesetz vom 20. 6. 2000 eingefügte Anordnung der begrenzten Abtretbarkeit (§ 13 Abs. 2 S. 2 AGBG, jetzt § 3 Abs. 1 S. 2 UKlaG). Gegenstand der Abtretung ist nach § 398 nur eine Forderung, also ein schuldrechtlicher Anspruch, nicht jedoch eine prozessuale Rechtsposition. Diese fällt auch nicht unter § 413. Im Ergebnis bleibt daher festzuhalten, dass es sich bei dem Unterlassungs- und Widerrufsanspruch um materiellrechtliche Ansprüche im Sinne des § 194 Abs. 1 handelt, allerdings mit der Besonderheit, dass sie nicht aus der Verletzung eigener materieller Rechte herrühren.

IV. Auskunftsanspruch nach § 13 UKlaG

1141 In Abschnitt 3 des Unterlassungsklagengesetzes findet sich mit § 13 UKlaG ein **neugeschaffener Auskunftsanspruch gegen die Erbringer von Post-, Telekommunikations-, Tele- oder Mediendiensten auf Mitteilung des Namens und der zustellungsfähigen Anschrift** eines an den vorgenannten Diensten Beteiligten.

1142 Durch § 13 UKlaG soll verhindert werden, dass das Klagerecht nach dem Unterlassungsklagengesetz leer läuft, weil der Verwender bzw. Empfehler nur unter einer nicht ladungsfähigen Anschrift handelt.[55]

1143 Der Anspruch ist gegeben, wenn schriftlich versichert wird, dass die ladungsfähige Anschrift zur Durchsetzung eines Anspruchs nach § 1 oder § 2 UKlaG benötigt wird und sie anderweitig nicht zu beschaffen ist (§ 13 Abs. 1 Nr. 1 und 2 UKlaG). Auskunftsberechtigt sind die nach § 3 Abs. 1 S. 1 Nr. 1 und 3 UKlaG anspruchsberechtigten Stellen – also Ver-

---

[50] *E. Schmidt*, NJW 2002, 25 (28); vgl. zuvor schon *ders.*, NJW 1989, 1192 (1194) und ZIP 1991, 629.
[51] *E. Schmidt*, NJW 2002, 25 (27).
[52] So nachdrücklich *Greger*, NJW 2000, 2457 (2462 f.); auch *Ulmer/Hensen*, § 1 UKlaG Rdn. 23; abw. z. T. (*Erman-Roloff*, § 3 UKlaG Rdn. 1 und *Palandt-Bassenge*, § 3 UKlaG Rdn. 1 f.), die heute noch die These vertreten, die in § 3 UKlaG aufgestellten Voraussetzungen beträfen die Anspruchsberechtigung und die Prozessführung. Dagegen zutreffend *Hefermehl/Köhler*, § 3 UKlaG Rdn. 3.
[53] BGBl. I, S. 897 mit Berichtigung S. 1139.
[54] BT-Drucks. 14/2658, S. 52.
[55] BT-Drucks. 14/6857, S. 39 (Nr. 145).

braucherverbände und Industrie- und Handelskammern sowie Handwerkskammern – und Wettbewerbsverbände im Sinne des § 13 Abs. 5 UKlaG.

V. Verjährung der Ansprüche

Die besondere Verjährungsregelung des § 13 Abs. 4 AGBG hat im Unterlassungsklagengesetz keine Aufnahme gefunden. Sie erschien dem Gesetzgeber angesichts der Neuregelung des Verjährungsrechts im Bürgerlichen Gesetzbuch entbehrlich.[56] Demnach richtet sich die Verjährung nach den allgemeinen Vorschriften der §§ 194 ff. Für den Unterlassungs- und den Widerrufsanspruch gilt die regelmäßige – drei Jahre betragende – Verjährung des § 195. Bei jeder erneuten Verwendung bzw. Empfehlung entsteht ein neuer Anspruch und somit wird auch jedes Mal erneut eine Verjährungsfrist in Gang gesetzt.[57] Da der Unterlassungsanspruch im öffentlichen Interesse wahrgenommen wird, kommt eine **Verwirkung** durch vorprozessuales Verhalten grundsätzlich **nicht in Betracht**.[58]

1144

§ 47. Anspruchsberechtigte Stellen

Literatur: *Koch/Artz*, Die Neuregelung des § 13 Abs. 2 Nr. 2 AGBG, WM 2001, 1016; *Schmidt-Räntsch*, Änderungen bei der Klagebefugnis von Verbänden durch das Schuldrechtsmodernisierungsgesetz, DB 2002, 1595.

Die Ansprüche auf Unterlassung und Widerruf stehen lediglich gewissen Verbänden, nicht aber einzelnen Vertragspartnern oder Mitbewerbern zu. Im Einzelnen handelt es sich nach § 3 Abs. 1 S. 1 UKlaG um:

1145

I. Qualifizierte Einrichtungen

Die Bezeichnung „qualifizierte Einrichtungen" hat der Gesetzgeber aus Art. 3 und 4 der Richtlinie 98/27/EG übernommen. Gemeint sind hiermit Verbraucherverbände, die in die beim Bundesamt für Justiz[1] geführte Liste der qualifizierten Einrichtungen eingetragen sind. Die Eintragung erfolgt nur auf Antrag (§ 4 Abs. 2 S. 1 UKlaG) und ist konstitutiv. Den deutschen Verbänden sind Verbraucherorganisationen gleichgestellt, die in dem Verzeichnis der Kommission der Europäischen Gemeinschaften eingetragen sind (§ 3 Abs. 1 S. 1 Nr. 1 Alt. 2 UKlaG).[2] Die Aufnahme in dieses Verzeichnis erfolgt mittelbar über die Mitgliedstaaten und kann nicht direkt bei der Kommission beantragt werden. Die Mitgliedstaaten teilen der Kommission ihre jeweiligen nationalen qualifizierten Einrichtungen mit. In Deutschland ist mit dem Antrag auf Aufnahme in die nationale Liste zugleich der Antrag auf Weiterleitung an die Europäische Kommission und somit die Aufnahme in das dortige Verzeichnis verbunden (vgl. § 4 Abs. 1 S. 2 UKlaG).

1146

Das (europäische) Verzeichnis wird im EG-Amtsblatt veröffentlicht. Änderungen an diesem Verzeichnis werden unverzüglich veröffentlicht und zudem wird alle sechs Monate

1147

---

[56] BT-Drucks. 14/6040, S. 275.
[57] *Palandt-Bassenge*, § 1 UKlaG Rdn. 14; *Erman-Roloff*, § 1 UKlaG Rdn. 12.
[58] BGH NJW 1995, 1488.
[1] Bundesamt für Justiz, Adenauerallee 99–103, 53113 Bonn, Homepage: http://www.bundesjustizamt.de.
[2] Nach Ansicht von AnwKomm Schuldrecht-*Walker*, § 4 UKlaG Rdn. 2 besteht das Klagerecht ausländischer Organisationen nur bei grenzüberschreitenden Verstößen. Er beruft sich dabei auf den Wortlaut des Art. 4 Abs. 2 Richtlinie 98/27/EG. Der deutsche Gesetzgeber hat eine derartige Einschränkung jedoch nicht vorgenommen; wie hier jetzt auch *Ulmer/Hensen*, § 3 UKlaG Rdn. 1.

die aktualisierte Liste bekannt gemacht (Art. 4 Abs. 3 Richtlinie 98/27/EG). Die nationale Liste wird hingegen gem. § 4 Abs. 1 S. 2 UKlaG nur einmal im Jahr mit dem Stand zum 1. Januar im Bundesanzeiger bekannt gemacht und der Kommission zugeleitet.³ Das Bundesamt für Justiz veröffentlicht darüber hinaus im Internet auf seiner Homepage in etwa vierteljährlichem Abstand eine aktualisierte Liste.

1148 Im gerichtlichen Verfahren erfolgt der **Nachweis der Aktivlegitimation** durch Vorlage einer Bescheinigung gem. § 4 Abs. 3 S. 2 UKlaG über die Eintragung in die Liste oder durch einen entsprechenden Auszug aus dem EG-Amtsblatt. Ergeben sich begründete Zweifel an dem Vorliegen der Voraussetzungen nach § 4 Abs. 2 UKlaG bei einer eingetragenen Einrichtung, so kann das Gericht das Bundesamt für Justiz zur Überprüfung der Eintragung auffordern und die Verhandlung bis zu dessen Entscheidung aussetzen (§ 4 Abs. 4 UKlaG).⁴

1149 Ein Verband ist in die Liste einzutragen, wenn er den in **§ 4 Abs. 2 UKlaG** umschriebenen **Anforderungen** genügt. Die Verbände müssen rechtsfähig sein, was die in aller Regel in der Form des eingetragenen Vereins organisierten Verbände gem. § 21 auch sind. Zu ihren satzungsmäßigen Aufgaben muss die Wahrnehmung der Interessen der Verbraucher durch Aufklärung und Beratung in nicht gewerbsmäßiger Form und nicht nur vorübergehend gehören. Die Aufklärung und Beratung müssen tatsächlich ausgeübt werden.⁵ Sie müssen zwar nicht Hauptzweck sein, dürfen aber auch nicht lediglich eine untergeordnete Aufgabe darstellen.⁶ Des Weiteren muss der Verband seit mindestens einem Jahr bestehen und auf Grund seiner bisherigen Tätigkeit Gewähr für eine sachgerechte Aufgabenerfüllung bieten. Ferner muss der die Eintragung begehrende Verband entweder mehrere Verbände zu seinen Mitgliedern zählen, die ihrerseits im Aufgabenbereich der Verbraucheraufklärung bzw. -beratung tätig sind, oder aber mindestens 75 natürliche Personen als Mitglieder haben.

Beispiele: Mietervereine;⁷ **Automobilclubs;**⁸ nicht jedoch **Hausfrauenverbände.**⁹ Da Arbeitnehmer gegenüber ihren Arbeitgebern Verbraucher sind¹⁰ und **Gewerkschaften** die spezifischen Interessen der abhängig Beschäftigten gegenüber Arbeitgebern und Arbeitgeberverbänden vertreten, können sich auch Gewerkschaften in die Liste der qualifizierten Einrichtungen eintragen lassen.¹¹

---

³ Aufgrund der Divergenzen zwischen der nationalen Liste und dem Verzeichnis bei der Kommission kritisch *Schaumburg*, DB 2002, 723 (727) und *Ulmer/Hensen*, § 4 UKlaG Rdn. 2. Da sie davon ausgehen, dass das Bundesamt für Justiz Änderungen unverzüglich an die Kommission weiterleitet bzw. weiterleiten muss (so MünchKomm ZPO-*Micklitz*, § 4 UKlaG Rdn. 8 f. und *Greger*, NJW 2000, 2460), sind sie der Ansicht, dass der neueste Stand der Klagebefugten nur aus dem EG-Amtsblatt ersichtlich sei.
⁴ Zu den Problemen bei der Überprüfung einer ausländischen qualifizierten Einrichtung vgl. MünchKomm ZPO-*Micklitz*, § 4 UKlaG Rdn. 39 ff. Nach *Palandt-Bassenge*, § 4 UKlaG Rdn. 10 ist eine Aussetzungsmöglichkeit bei Verbänden, die nur im Verzeichnis der Kommission eingetragen sind, nicht gegeben. Das ist nicht zwingend. Eine Aussetzungsmöglichkeit sollte auch hier bejaht und die Kommission als Adressat angesehen werden.
⁵ Ganz h. M., statt vieler BGH NJW 1986, 1613; OLG Düsseldorf NJW-RR 1988, 1051; *Ulmer/Hensen*, § 4 UKlaG Rdn. 2; *Palandt-Bassenge*, § 4 UKlaG Rdn. 6; a. A. *Micklitz/Reich*, BB 1999, 2100; kritisch im Hinblick auf Richtlinienkonformität der Jahresfrist MünchKomm ZPO-*Micklitz*, § 4 UKlaG Rdn. 20.
⁶ BGH NJW 1986, 1613.
⁷ Vgl. BGH NJW 1989, 2247; 1998, 3114 (3115); OLG Frankfurt NJW-RR 1992, 396.
⁸ BGH NJW-RR 1988, 1443 für den ADAC.
⁹ *Palandt-Bassenge*, § 4 UKlaG Rdn. 6.
¹⁰ Vgl. oben Rdn. 197.
¹¹ So konsequent der Bericht des Rechtsausschusses des Deutschen Bundestages, BT 14/7052, S. 190. A. A. *Palandt-Bassenge*, § 4 UKlaG Rdn. 6 und *Staudinger-Schlosser*, § 4 UKlaG Rdn. 5. Beachte allerdings § 15 UKlaG.

Für **Verbraucherzentralen** und andere **Verbraucherverbände, die mit öffentlichen Mit-** 1150
teln gefördert werden, wird gem. § 4 Abs. 2 S. 2 UKlaG unwiderleglich vermutet, dass
sie diese Voraussetzungen erfüllen. Die Adressen der Verbraucherzentralen der Länder
und weiterer verbraucherpolitisch orientierter Verbände finden sich auf der Homepage
des Verbraucherzentrale Bundesverband e. V.[12]: http://www.vzbv.de.

Das Klagerecht der qualifizierten Einrichtungen ist gem. **§ 3 Abs. 2 UKlaG** ausge- 1151
schlossen, soweit Allgemeine Geschäftsbedingungen gegenüber Unternehmern verwendet
oder für den unternehmerischen Verkehr empfohlen werden.[13] Dies setzt grundsätzlich
voraus, dass die Empfehlung ausdrücklich eingeschränkt ist oder auf Grund sonstiger
Umstände feststeht, dass die im Streit befindlichen Allgemeinen Geschäftsbedingungen
nicht gegenüber Verbrauchern verwendet werden.[14] Erfolgt die Verwendung gegenüber
Verbrauchern und Unternehmern, so kann der Verband die Ansprüche nur beschränkt für
die gegenüber Verbrauchern verwendeten Bestimmungen geltend machen. Dies ist beim
Klageantrag zu beachten (hierzu unten Rdn. 1197).

II. Rechtsfähige Verbände zur Förderung gewerblicher oder selbstständiger beruflicher Interessen

Durch das Gesetz über Fernabsatzverträge[15] ist der jetzige § 3 Abs. 1 S. 1 Nr. 2 UKlaG 1152
(damals noch § 13 Abs. 2 Nr. 2 AGBG) dem Wortlaut des § 13 Abs. 1 Nr. 2 UWG ange-
passt worden. Im Ergebnis bedeutete dies eine **Einschränkung des Klagerechts von**
Wirtschaftsverbänden, so dass nunmehr nur noch sog. Wettbewerbsvereine klagebefugt
sind.[16]

Voraussetzung für die Klagebefugnis ist zunächst die Rechtsfähigkeit des Verbandes. 1153
Diese ergibt sich bei einem eingetragenen Verein aus § 21. Sie kann aber auch auf staatlicher Verleihung[17] oder wie beispielsweise bei Kammern auf sonstiger öffentlich-rechtlicher Grundlage[18] beruhen. Die Verbände müssen des Weiteren gewerbliche oder selbstständige berufliche[19] Interessen fördern, wobei es ausreichend ist, dass aus der Satzung die
Förderung gewerblicher oder selbstständiger beruflicher Interessen zumindest konkludent
ersichtlich ist. Sie muss nicht Hauptzweck sein.[20] Allerdings muss diese Tätigkeit auch tatsächlich ausgeübt werden; bei einem ordnungsgemäß gegründeten und aktiv tätigen Verein
besteht dahingehend eine tatsächliche Vermutung.[21]

Dem Verband muss eine erhebliche Anzahl von Gewerbetreibenden angehören, die 1154
Waren oder gewerbliche Leistungen gleicher oder verwandter Art auf demselben Markt
wie der Verletzer vertreiben.[22] Das Erfordernis soll eine missbräuchliche Inanspruchnahme der Klagebefugnis verhindern. Daher kommt es nicht ausschließlich auf die Anzahl

---

[12] Adresse: Markgrafenstrasse 66, 10969 Berlin, Tel: (030) 25 800 0.
[13] Zu einer besonderen Konstellation BGH NJW 2001, 1934 (1935).
[14] BGH NZBau 2008, 640 (641).
[15] Vom 27. 6. 2000,l. I S. 897 mit Berichtigung S. 1139.
[16] Kritisch *Ulmer/Hensen,* § 3 UKlaG Rdn. 4 f.
[17] OLG Celle NJW-RR 1999, 1439.
[18] BGH NJW 1981, 2351.
[19] Eingefügt durch Gesetz vom 7. 7. 2004 (BGBl. I 1414). Damit sind die Interessen der freien Berufe gemeint.
[20] Statt vieler: AnwKomm Schuldrecht-*Walker,* § 3 UKlaG Rdn. 8; *Palandt-Bassenge,* § 3 UKlaG
Rdn. 7.
[21] BGH NJW-RR 2001, 36 (37).
[22] Der BGH hält dieses Erfordernis für sachlich nicht gerechtfertigt und will es auf einen Verband
zur Förderung gewerblicher Interessen nicht anwenden, vgl. BGH NJW 2003, 290 (291) und 2003,
1241 (1242).

der Mitglieder, sondern insbesondere auf die Repräsentativität für den relevanten Markt[23] an, die sich nach der Größe, Marktbedeutung bzw. dem wirtschaftlichen Gewicht der Mitglieder richtet.[24]

1155 Ferner muss der Verband nach seiner personellen, sachlichen und finanziellen Ausstattung imstande sein, seine satzungsgemäßen Aufgaben tatsächlich wahrzunehmen. Hierfür muss er keinen Juristen beschäftigen[25], aber einfach gelagerte Fälle muss er ohne externe Hilfe erkennen und abmahnen können.[26] Der Verband kann zwar einen Teil seiner Fixkosten durch Abmahnpauschalen und Vertragsstrafen decken,[27] im Wesentlichen muss die Finanzierung jedoch durch eigene Mittel in Form von Mitgliedsbeiträgen oder Spenden sichergestellt sein.[28]

1156 Schließlich muss eine Verletzung der Verbandsinteressen gegeben sein, d. h. ein Eingriff in den satzungsmäßigen Aufgaben- und Interessenbereich des Verbandes.[29]

Beispiele: Anwalts-, Ärzte- und Architektenkammern;[30] auch Wirtschaftsvereine (z.B. landwirtschaftliche Erzeugergemeinschaften), deren Rechtsfähigkeit auf staatlicher Verleihung beruht.[31]

III. Industrie- und Handelskammern, sowie Handwerkskammern

1157 § 3 Abs. 1 S. 1 Nr. 3 UKlaG zählt mit den Industrie- und Handelskammern sowie den Handwerkskammern nur beispielhaft Verbände im Sinne von § 3 Abs. 1 S. 1 Nr. 2 UKlaG auf. Die Vorschrift ist überflüssig, da die aufgezählten Kammern schon von Nr. 2 erfasst werden.[32]

IV. Zession der Ansprüche

1158 Die Ansprüche können gem. **§ 3 Abs. 1 S. 2 UKlaG** „nur an Stellen im Sinne des Satzes 1 abgetreten werden". Die Regelung macht wenig Sinn, da die Zessionare nach Lesart des Gesetzes ihrerseits bereits Anspruchsinhaber sind.[33] Die Intention des Gesetzgebers bei Schaffung dieser Regelung war, den Streit über die Rechtsnatur der Ansprüche zu beenden (vgl. Rdn. 1138ff.) und einer Kommerzialisierung der Ansprüche vorzubeugen.[34]

---

[23] Zum Kriterium „relevanter Markt" vgl. BGH NJW 1996, 3278 (3279) und KG NJW-RR 2002, 113.
[24] BGH NJW 1996, 3276 (3277); 1996, 3278 (3280).
[25] BGH NJW-RR 2001, 36 (37).
[26] BGH NJW 1984, 2525; 2000, 73 (74).
[27] BGH NJW 2000, 73 (74).
[28] BGH NJW-RR 1988, 1444 (1445); 1990, 102 (104).
[29] *Palandt-Bassenge*, § 3 UKlaG Rdn. 10; AnwKomm Schuldrecht-*Walker*, § 3 UKlaG Rdn. 11; MünchKomm ZPO-*Micklitz*, § 3 UKlaG Rdn. 31; auch schon *Wolf/Lindacher*, § 13 AGBG Rdn. 18; hingegen ist die Entscheidung BGH NJW 1998, 454 durch die Gesetzesänderung im Jahre 2000 überholt.
[30] BGH NJW 1981, 2351.
[31] BGH WM 1998, 425; OLG Celle NJW-RR 1999, 1439.
[32] *Ulmer/Hensen*, § 3 UKlaG Rdn. 8 will bei den aufgelisteten Kammern eine andere Zielrichtung der Tätigkeit erkennen.
[33] *E. Schmidt*, NJW 2002, 25 (28); *Ulmer/Hensen*, § 3 UKlaG Rdn. 9.
[34] BT-Drucks. 14/2658, S. 52.

Dritter Abschnitt.
Verfahrensrechtliche Aspekte der Anspruchsdurchsetzung

§ 48. Vorprozessuale Abmahnung

I. Funktion der Abmahnung

Einer Klage gegen den Verwender oder Empfehler geht in der Praxis regelmäßig eine sog. Abmahnung voraus. Nach der jüngst in den § 5 UKlaG eingefügten **Verweisung auf § 12 Abs. 1 S. 1 UWG** gilt auch für die Geltendmachung von Unterlassungsansprüchen nach dem Unterlassungsklagegesetz, dass die Berechtigten den Schuldner vor der Einleitung eines gerichtlichen Verfahrens abmahnen und ihnen Gelegenheit geben sollen, den Streit durch Abgabe einer mit einer angemessenen Vertragsstrafe bewehrten Unterlassungsverpflichtung beizulegen. Der deutsche Gesetzgeber greift damit die in Art. 5 der Unterlassungsklagenrichtlinie 98/27/EG ausgesprochene Empfehlung einer „vorherigen Konsultation" auf. Es handelt sich allerdings lediglich um eine **Obliegenheit**.[1] Die Abmahnung ist weder Zulässigkeits- noch Begründetheitsvoraussetzung einer späteren Klage.[2] Sie ist jedoch im Interesse des Berechtigten angezeigt, kann er doch auf diese Weise die negative **Kostenfolge des § 93 ZPO vermeiden**.[3] Nach dieser gem. § 5 UKlaG auch im Verbandsklageverfahren anzuwendenden Kostenvorschrift werden die Kosten bei einem sofortigen Anerkenntnis des Beklagten abweichend vom Unterliegensprinzip des § 91 ZPO dem Kläger auferlegt, wenn der Beklagte durch sein Verhalten zur Erhebung der Klage keine Veranlassung gegeben hat. Zur Klageerhebung Veranlassung gegeben hat der Beklagte, wenn er einer berechtigten Abmahnung nicht uneingeschränkt nachkommt. Abgesehen davon ergibt sich eine Selbstverpflichtung zur vorherigen Abmahnung häufig auch **aus den satzungsgemäßen Zwecken** der Verbände und der Kammern.

1159

II. Inhalt der Abmahnung

Eine Abmahnung setzt sich aus **fünf Bestandteilen** zusammen: der Beanstandung, der Aufforderung zur Abgabe einer Verpflichtungserklärung, dem Vertragsstrafeversprechen, der Fristsetzung und der Androhung gerichtlicher Maßnahmen. Daneben sollte der abmahnende Verband bzw. die Kammer auf Grund der beschränkten Aktivlegitimation gem. § 3 UKlaG dahingehend Angaben machen, worauf sich diese gründet.

1160

Die **Beanstandung der Rechtsverletzung** hat dergestalt zu erfolgen, dass eine Überprüfung des Unterlassungs- bzw. Widerrufsbegehrens möglich ist. Zunächst ist die Rechtsverletzung präzise zu bezeichnen. Das beinhaltet die Nennung der beanstandeten AGB-Bestimmung und sowie der verletzten Norm. Sofern die Verletzung auf einem Verstoß gegen ein absolutes Klauselverbot gem. § 309 beruht, so ist ein Verweis auf das entsprechende Klauselverbot ausreichend.[4] Bei Verstößen gegen §§ 307, 308 ist hingegen eine

1161

---

[1] *Ulmer/Hensen*, § 5 UKlaG Rdn. 1.
[2] MünchKomm ZPO-*Micklitz*, § 5 UKlaG Rdn. 9.
[3] Grds. allgemeine Ansicht vgl. nur *Hefermehl/Köhler*, § 5 UKlaG Rdn. 2; allerdings ist MünchKomm ZPO-*Micklitz*, § 5 UKlaG Rdn. 10, *Wolf/Lindacher*, § 13 AGBG Rdn. 86 und *Palandt-Bassenge*, § 5 UKlaG Rdn. 7 zuzustimmen, dass sich eine Abmahnung erübrigt, wenn diese als nutzlos bzw. unzumutbar erscheint.
[4] So auch *Ulmer/Hensen*, § 5 UKlaG Rdn. 3; ähnlich MünchKomm ZPO-*Micklitz*, § 5 UKlaG Rdn. 9.

(kurze) Begründung erforderlich, damit der Verwender bzw. Empfehler prüfen kann, ob er sich die Rechtsansicht des Abmahnenden zu eigen macht.[5] Ist die Beanstandung zu weitgehend, so gelten die Grundsätze zur Zuvielforderung im Rahmen einer verzugsbegründenden Mahnung entsprechend.[6] Die Abmahnung ist wirksam, soweit sie begründet ist.

1162 Die **Aufforderung zur Abgabe einer Verpflichtungserklärung** besteht aus dem Verlangen, sich zum unbedingten Unterlassen bzw. Widerruf der beanstandeten und inhaltsgleicher (entsprechend § 9 Nr. 2 UKlaG) Klauseln zu verpflichten. Eingeschlossen ist damit, dass sich der Verwender bei der Abwicklung bereits geschlossener Verträge ebenfalls nicht mehr auf diese Klauseln berufen darf.[7]

1163 Allgemein üblich und ratsam, zur Vermeidung der Kostenfolge des § 93 ZPO jedoch nicht notwendig,[8] ist es, in die Abmahnung ein **Vertragsstrafeversprechen** zugunsten des abmahnenden Verbandes aufzunehmen. Auf diese Weise verschafft sich der Abmahnende ein Druckmittel, um die Erfüllung der Unterlassungsverpflichtung zu sichern. Die Vertragsstrafe ist verwirkt, wenn gegen die Unterlassungserklärung verstoßen wird. Die Bemessung der Höhe ist von dem Abmahnenden vorzunehmen.[9] Im Falle einer überhöhten Vertragsstrafe obliegt es dem Abgemahnten eine angemessene Strafsumme anzubieten. Bislang wurden Regelbeträge von 1000,– bis 2000,– DM[10], 2000,– bis 3000 DM,[11] bzw. 3000 DM[12] je Klausel vorgeschlagen, wobei bei einem Verstoß gegen eine Empfehlungsunterlassung die Beträge auf Grund der größeren Breitenwirkung deutlich zu erhöhen sind.[13] Vorgeschlagen wird hier, für die Bemessung auf die Regelstreitwerte im Klageverfahren[14] zurückzugreifen und somit den Regelbetrag auf **2500,– EUR** je verwendeter unwirksamer Klausel und auf **5000,– EUR** je empfohlener unwirksamer Klausel zu erhöhen.[15] Ein Rabatt in der Form eines Höchstbetrages bei Verstoß einer Vielzahl von Bestimmungen in einem Klauselwerk sollte nicht gewährt werden.[16]

1164 Zur Abgabe der Verpflichtungserklärung ist eine **angemessene Frist** zu setzen. Sie sollte **mindestens zwei Wochen** betragen.[17] Fällt die Frist zu knapp aus, so wird durch sie eine angemessene Frist in Gang gesetzt.[18]

---

[5] *Löwe*/Graf von Westphalen/Trinkner, § 15 AGBG Rdn. 13; *Palandt-Bassenge*, § 5 UKlaG Rdn. 3; *Ulmer/Hensen*, § 5 UKlaG Rdn. 3; MünchKomm ZPO-*Micklitz*, § 5 Rdn. 9; a.A. *Wolf/Lindacher*, § 13 AGBG Rdn. 89, der dies zwar für empfehlenswert, jedoch für eine ordnungsgemäße Abmahnung i. S. von § 93 ZPO nicht für erforderlich hält.

[6] *Palandt-Bassenge*, § 5 UKlaG Rdn. 4; MünchKomm ZPO-*Micklitz*, § 5 UKlaG Rdn. 9; *Wolf/Lindacher*, § 13 AGBG Rdn. 99; *Ulmer/Hensen*, § 5 UKlaG Rdn. 3.

[7] BGH NJW 1981, 1511; *Wolf/Lindacher*, § 13 AGBG Rdn. 92 sieht hierin ein eigenständiges Verlangen, welches empfehlenswerterweise zusätzlich geltend gemacht wird.

[8] *Staudinger-Schlosser*, § 1 UKlaG Rdn. 39.

[9] *Ulmer/Hensen*, § 5 UKlaG Rdn. 4. *Wolf/Lindacher*, § 13 AGBG Rdn. 92 ist hingegen der Ansicht, die Festsetzung der verwirkten Strafe könne auch dem Gericht überlassen werden (sog. Hamburger Brauch). Hiergegen jedoch BGH DB 1981, 533 für das Wettbewerbsrecht.

[10] So in der Kommentierung aus dem Jahre 1983 von *Löwe*/Graf von Westphalen/Trinkner, § 15 AGBG Rdn. 13.

[11] *Locher*, Recht der AGB, S. 168.

[12] So noch in der 9. Auflage aus dem Jahre 2001, *Ulmer/Hensen*, § 13 AGBG Rdn. 56.

[13] *Ulmer/Hensen*, § 5 UKlaG Rdn. 4; *Wolf/Lindacher*, § 13 AGBG Rdn. 92.

[14] Siehe unten Rdn. 1189 ff.

[15] Zustimmend *Ulmer/Hensen*, § 5 UKlaG Rdn. 4.

[16] So richtig *Ulmer/Hensen*, § 5 UKlaG Rdn. 4; a.A. *Wolf/Lindacher*, § 13 AGBG Rdn. 92; *Löwe*/Graf von Westphalen/Trinkner, § 15 AGBG Rdn. 13.

[17] So auch *Wolf/Lindacher*, § 13 AGBG Rdn. 94; *Ulmer/Hensen*, § 5 UKlaG Rdn. 5. Die Zweiwochenfrist findet sich auch in Art. 5 Abs. 1 S. 3 Richtlinie 98/27/EG wieder. Kürzer hingegen mit einer Frist von i. d. R. 10–14 Tagen, *Palandt-Bassenge*, § 5 UKlaG Rdn. 5.

[18] *Wolf/Lindacher*, § 13 AGBG Rdn. 95.

Für den Fall der Fruchtlosigkeit der Fristsetzung sind **gerichtliche Maßnahmen anzudrohen**. Welcher Art diese sind bzw. sein werden, muss nicht angezeigt werden.[19] 1165

III. Kostenerstattung

Erledigt hat sich die bislang umstrittene Frage, wer die Kosten der Abmahnung zu tragen hat.[20] § 5 UKlaG nimmt nunmehr auch **§ 12 Abs. 1 S. 2 UWG** in Bezug. Nach dieser Vorschrift kann der Abmahnende, soweit die Abmahnung berechtigt ist, Ersatz der erforderlichen Aufwendungen verlangen. Die Kostenpauschale ist nach der Rechtsprechung des BGH auch dann in voller Höhe zu entrichten, wenn die Abmahnung nur teilweise berechtigt war.[21] Dies gilt für **Rechtsanwaltskosten** aber nur, wenn es wegen der Schwierigkeit der Sache erforderlich war, einen Rechtsanwalt mit der Abfassung der Abmahnung zu beauftragen.[22] Nach Ansicht des Gesetzgebers trifft dies für die anspruchsberechtigten Verbände nach §§ 3, 3a UKlaG regelmäßig nicht zu.[23] In einem nachfolgenden Klageverfahren stellen die Abmahnkosten keine nach § 91 ZPO erstattungsfähigen Kosten des Rechtsstreits dar.[24] Sie sind ggf. **gesondert einzuklagen**, wobei sich die Zuständigkeit nach § 6 UKlaG richtet. 1166

§ 49. Einstweilige Verfügung

Literatur: *Marly,* Die Zulässigkeit einstweiliger Verfügungen in Verfahren nach § 13 AGB-Gesetz, NJW 1989, 1472.

I. Allgemeines

Die einstweilige Verfügung hat durch den Verweis in § 5 UKlaG auf § 12 Abs. 2 UWG zumindest indirekt Aufnahme gefunden.[1] Der Gesetzgeber trägt dem Erfordernis des Art. 2 Abs. 1a der Richtlinie 98/27/EG über Unterlassungsklagen zum Schutz der Verbraucherinteressen[2] Rechnung. Nach dieser Richtlinienbestimmung zählen zu den Unterlassungsklagen auch solche Rechtsbehelfe, die auf eine mit aller gebotenen Eile und gegebenenfalls im Rahmen eines Dringlichkeitsverfahrens ergehende Anordnung der Einstellung oder des Verbots eines Verstoßes gerichtet sind. Die bisherige Rechtsprechung des EuGH legt den Schluss nahe, dass sich für den nationalen Gesetzgeber hieraus das Gebot ergibt, einen solchen effektiven und zeitnahen Rechtsbehelf auch tatsächlich zur Verfügung zu stellen.[3] 1167

Ob der einstweiligen Verfügung dadurch zukünftig eine größere und wichtigere Rolle – dies war bisher nicht der Fall[4] – im Verbandsverfahren zukommen wird, bleibt abzu- 1168

---

[19] Ebenso *Palandt-Bassenge,* § 5 UKlaG Rdn. 5; *Ulmer/Hensen,* § 5 UKlaG Rdn. 5.
[20] Vgl hierzu die Voraufl. unter Rdn. 1130.
[21] BGH NJW 2008, 3055 (3058f.).
[22] KG OLGR 2006, 155; MünchKomm ZPO-*Micklitz,* § 5 UKlaG Rdn. 12.
[23] BT-Drucks. 15/11487, S. 25.
[24] KG OLGR 2006, 155; *Palandt-Bassenge,* § 5 UKlaG Rdn. 6; *Erman-Roloff,* § 5 UKlaG Rdn. 4; *Staudinger-Schlosser,* § 1 UKlaG Rdn. 41.
[1] Die entsprechende Gesetzesänderung war zuvor bereits durch das Gesetz über Fernabsatzverträge aus dem Jahre 2000 (BGBl. I, S. 897 mit Berichtigung S. 1139) vorgenommen worden, vgl. § 15 Abs. 1 AGBG in der zuletzt geltenden Fassung.
[2] ABl. EG 1998, L 166 S. 51ff.
[3] Vgl. in diesem Zusammenhang insbesondere die Entscheidung EuGH EuZW 1990, 356 – Factortame; ferner MünchKomm ZPO-*Micklitz,* § 5 UKlaG Rdn. 29.
[4] Hierzu *Ulmer/Hensen,* § 5 UKlaG Rdn. 7; MünchKomm ZPO-*Micklitz,* vor § 1 UKlaG Rdn. 36.

warten. Ein sprunghafter Anstieg dürfte jedenfalls nicht zu erwarten sein. Denn auch schon vor der Aufnahme des Verweises auf das Gesetz gegen unlauteren Wettbewerb war es nach ganz h.M. möglich, den Unterlassungsanspruch vorläufig mittels einer einstweiligen Verfügung durchzusetzen.[5]

II. Voraussetzungen

1169 Einstweilige Verfügungen können in der Form der Sicherungs-, Regelungs- oder Leistungsverfügung ergehen. Die genaue Abgrenzung ist für die Praxis von untergeordneter Bedeutung zumal die Abgrenzungskriterien vage sind.[6] Wichtig ist jedoch, dass **lediglich der Unterlassungsanspruch Gegenstand einer einstweiligen Verfügung sein** kann.[7] Beim Widerrufsanspruch würde eine einstweilige Verfügung die Hauptsacheentscheidung vorwegnehmen und eine endgültige Regelung schaffen.[8] Zwar wird auch bei einer Unterlassungsverfügung die Erfüllung vorweggenommen, jedoch ist die erfüllende Wirkung nur temporär.

1170 Die Voraussetzungen für den Erlass einer einstweiligen Verfügung ergeben sich auf Grund des Verweises in § 5 UKlaG aus den Vorschriften der ZPO und aus § 12 Abs. 2 UWG. Aus den §§ 936, 920 Abs. 2, 294 ZPO folgt, dass der Antragsteller den Verfügungsanspruch und den Verfügungsgrund glaubhaft zu machen hat. Da allerdings § 12 Abs. 2 UWG gem. § 5 UKlaG im Verbandsklageverfahren Anwendung findet, wird die besondere Dringlichkeit des Erlasses einer einstweiligen Verfügung widerlegbar vermutet. Der Antragsteller ist damit von der Pflicht entbunden, den Verfügungsgrund darzutun und glaubhaft zu machen. Somit ist es allein ausreichend, dass der Antragsteller den Verfügungsanspruch, also die Wiederholungs- bzw. Erstbegehungsgefahr der Verwendung von unwirksamen Allgemeinen Geschäftsbedingungen, glaubhaft macht.

1171 Die vermutete Dringlichkeit wird nicht widerlegt, wenn der Antragsteller Kenntnis der unwirksamen Klauseln hat und über einen längeren Zeitraum nicht dagegen vorgeht.[9] Vielmehr bleibt die Dringlichkeit auf Grund der Besonderheit des Anspruchs – er wird im öffentlichen Interesse zugewiesen – bestehen.

III. Verfahren

1172 Zuständig für den Erlass der einstweiligen Verfügung ist das Gericht der Hauptsache (§ 937 ZPO, § 6 UKlaG).[10] Dieses entscheidet über den Antrag nach mündlicher Verhandlung durch Urteil oder in dringenden Fällen ohne mündliche Verhandlung durch Beschluss. Hiervon hängt ab, ob die Berufung oder der Widerspruch das statthafte Rechtsmittel ist. Die Revision ist ausgeschlossen (§ 542 Abs. 2 ZPO). Im Übrigen sei auf die Ausführungen zum Klageverfahren (siehe § 49) verwiesen.

---

[5] Zum anfänglichen Streit über die Zulässigkeit vgl. die Nachweise bei *Ulmer/Hensen*, 9. Aufl. 2001, § 15 AGBG Rdn. 11; ferner *Marly*, NJW 1989, 1472ff.

[6] Für Einordnung als Leistungsverfügung *Palandt-Bassenge*, § 5 UKlaG Rdn. 9 im Anschluss an OLG Düsseldorf NJW 1989, 1487 und OLG Frankfurt NJW 1989, 1489.

[7] *Ulmer/Hensen*, § 5 UKlaG Rdn. 9; *Wolf/Lindacher*, § 13 AGBG Rdn. 122; *Palandt-Bassenge*, § 5 UKlaG Rdn. 9; MünchKomm ZPO-*Micklitz*, § 5 UKlaG Rdn. 30; a.A. hingegen noch *Fehl*, Systematik des Rechts der Allgemeinen Geschäftsbedingungen, S. 124f.

[8] MünchKomm ZPO-*Micklitz*, § 5 UKlaG Rdn. 30; *Wolf/Lindacher*, § 13 AGBG Rdn. 121.

[9] *Ulmer/Hensen*, § 5 UKlaG Rdn. 10; *Löwe*/Graf von Westphalen/Trinkner, § 15 AGBG Rdn. 21; *Wolf/Lindacher*, § 15 AGBG Rdn. 125; unklar MünchKomm ZPO-*Micklitz*, § 5 UKlaG Rdn. 32; a.A. *Palandt-Bassenge*, § 6 UKlaG Rdn. 10; *Erman-Roloff*, § 5 UKlaG Rdn. 6.

[10] Hierzu Rdn. 1175ff.

§ 50. Klageverfahren

Literatur: *Göbel*, Prozeßzweck der AGB-Klage und herkömmlicher Zivilprozeß, 1980.

Auf das Verbandsklageverfahren sind die **Vorschriften der Zivilprozessordnung** und § 12 Abs. 1, 2 und 4 UWG anzuwenden, soweit sich aus dem Unterlassungsklagegesetz nicht etwas anderes ergibt (§ 5 UKlaG). Die Verweisung auf die Regelungen der Zivilprozessordnung hat nur klarstellende Funktion.[1] Schließlich folgt die Anwendbarkeit der Zivilprozessordnung für Ansprüche privatrechtlicher Natur schon aus § 3 Abs. 1 EGZPO, § 13 GVG. Demnach gelten im Grundsatz auch im Verbandsverfahren die Dispositions- und Verhandlungsmaxime[2], wobei jedoch die Dispositionsmaxime insoweit beschränkt ist, dass durch eine Verfahrensbeendigung nicht die Wirksamkeit einer gem. §§ 307 bis 309 eigentlich zu untersagenden Klausel festgeschrieben wird.[3]   1173

Der deutsche Gesetzgeber hat auf die Einführung eines **vorgerichtlichen Schlichtungsverfahren verzichtet,** was ihm nach der Unterlassungsklagenrichtlinie auch freigestellt war. Die gesetzgeberische Entscheidung widerspricht freilich der sonstigen aktuellen Tendenz zur vor- und innergerichtlichen Streitschlichtung, beispielsweise in § 15a EGZPO und § 287 Abs. 2 ZPO.   1174

I. Ausschließliche Zuständigkeit des Landgerichts

Für Klagen nach dem Unterlassungsklagegesetz besteht gem. § 6 Abs. 1 UKlaG eine – ohne Rücksicht auf den Wert des Streitgegenstands – von Amts wegen zu beachtende **ausschließliche Zuständigkeit des Landgerichts,** in dessen Bezirk der Beklagte seine gewerbliche Niederlassung oder in Ermangelung einer solchen seinen Wohnsitz hat. Gerichtsstandsvereinbarungen betreffend die sachliche oder örtliche Zuständigkeit des Gerichts sind gem. § 40 Abs. 2 S. 1 Nr. 2 ZPO unzulässig. Zuständig sind bei den Landgerichten stets die Zivilkammern. Der Rechtsstreit kann nicht vor den Kammern für Handelssachen verhandelt werden, da eine entsprechende Regelung in § 95 Abs. 1 GVG fehlt bzw. es einer § 13 Abs. 1 UWG vergleichbaren Regelung mangelt.[4]   1175

Neben der ausschließlich Zuständigkeit der Landgerichte wurden die Landesregierungen des Weiteren ermächtigt, durch Rechtsverordnung einem Landgericht für die Bezirke mehrerer Landgerichte die im Unterlassungsklagegesetz genannten Rechtsstreitigkeiten zuzuweisen (§ 6 Abs. 2 UKlaG). Von dieser **Konzentrationsermächtigung** haben die Länder Bayern,[5] Hessen,[6] Mecklenburg-Vorpommern,[7] Nordrhein-Westfalen[8] und Sachsen[9] Gebrauch gemacht.   1176

---

[1] *Wolf/Lindacher,* § 15 AGBG Rdn. 1; *Palandt-Bassenge,* § 5 UKlaG Rdn. 1; *Staudinger-Schlosser,* § 5 UKlaG Rdn. 1; *Hefermehl/Köhler,* § 5 UKlaG Rdn. 1.
[2] So ohne Einschränkungen *Wolf/Lindacher,* § 15 AGBG Rdn. 3; *ders.,* in: FS Deutsche Richterakademie, S. 215f.; *Ulmer/Hensen,* § 5 UKlaG Rdn. 1; *Erman-Roloff,* § 5 UKlaG Rdn. 1; *Staudinger-Schlosser,* § 5 UKlaG Rdn. 1; tlw. a. A. *E. Schmidt,* NJW 2002, 25 (29).
[3] So zutreffend MünchKomm ZPO-*Micklitz,* § 5 UKlaG Rdn. 2.
[4] Statt vieler Palandt-*Bassenge,* § 6 UKlaG Rdn. 3.
[5] GVBl. 1977, 197: Zuständig ist jeweils das LG am Sitz des OLG, also LG München I, LG Nürnberg und LG Bamberg.
[6] GVBl. 1977, 122: Zuständig ist das LG Frankfurt/Main.
[7] GVBl. 1994, 514: Zuständig ist das LG Rostock.
[8] GVBl. 1977, 133: Zuständig für den OLG-Bezirk Düsseldorf ist das LG Düsseldorf, für den OLG-Bezirk Hamm das LG Dortmund und für den OLG-Bezirk Köln das LG Köln.
[9] GVBl. 1994, 1313: Zuständig ist das LG Leipzig.

1. Reichweite der Zuständigkeitszuweisung

1177 Die Zuständigkeitszuweisung des § 6 Abs. 1 UKlaG bezieht sich sowohl auf die sachliche als auch auf die örtliche Zuständigkeit. Erfasst werden von ihr zum einen die **Unterlassungs- und Widerrufsklagen** gem. §§ 1, 2 UKlaG sowie die **Klage nach § 10 UKlaG**. Zum anderen erfasst sie über § 937 Abs. 1 ZPO auch **einstweilige Verfügungsverfahren**. Zutreffenderweise ist die Zuständigkeitsregelung entsprechend auf Rechtsstreitigkeiten über die **Erstattung von vorprozessualen Abmahnkosten**,[10] auf **Feststellungsklagen** von Verwendern bzw. Empfehlern gegen die gem. § 3 UKlaG anspruchsberechtigten Stellen, wenn diese die Wirksamkeit von Allgemeinen Geschäftsbedingungen bestreiten,[11] und auf Klagen betreffend die **Zahlung von Vertragsstrafen** wegen Zuwiderhandlungen gegen im Abmahnverfahren eingegangene Unterlassungsverpflichtungen[12] anzuwenden.

1178 Die ausschließliche Zuständigkeit erfasst gem. § 6 Abs. 4 UKlaG nicht Rechtsstreitigkeiten gem. § 13 UKlaG. Nicht erfasst sind auch Rechtsstreitigkeiten zwischen Kunden und Verwendern; dies folgt aus der nur den qualifizierten Einrichtungen zugedachten Aktivlegitimation.

2. Örtliche Zuständigkeit

1179 Örtlich zuständig ist das **Landgericht, in dessen Bezirk der Beklagte seine gewerbliche Niederlassung** oder in Ermangelung einer solchen seinen Wohnsitz hat. Fehlt es im Inland sowohl an einer gewerblichen Niederlassung als auch an einem Wohnsitz des Beklagten, so ist das Gericht des inländischen Aufenthaltsorts zuständig. Mangelt es auch an Letzterem, so ist hilfsweise das Gericht zuständig, in dessen Bezirk die nach den §§ 307 bis 309 unwirksamen Allgemeinen Geschäftsbedingungen verwendet bzw. empfohlen wurden.

1180 Vorrangig ist der Gerichtsstand der **gewerblichen Niederlassung,** deren Bestimmung sich nach § 21 ZPO richtet. Bei mehreren selbstständigen Niederlassungen ergeben sich mehrere Gerichtsstände; erfüllt eine Zweigniederlassung das Merkmal der Selbstständigkeit, d. h. dass die dortige Leitung aus eigener Entscheidung Geschäfte abschließen darf,[13] so eröffnet sich auch dort ein Gerichtsstand, wenn die inkriminierte Handlung (auch) von dieser Niederlassung ausgeht.[14] Für den Fall, dass dann mehrere ausschließliche Gerichtsstände gegeben sind, kann der Kläger gem. § 35 ZPO zwischen diesen auswählen.

1181 Fehlt es an einer inländischen Niederlassung, so ist hilfsweise auf den Gerichtsstand des Wohnsitzes zurückzugreifen. Der Wohnsitz bestimmt sich nach den §§ 13 ZPO, 7–11. Bei juristischen Personen ist ergänzend § 17 ZPO (analog) anzuwenden.[15] Ist auch das nicht gegeben, so ist hilfsweise auf den Ort des Aufenthalts im Zeitpunkt der Klageerhebung abzustellen; ein späterer Aufenthaltswechsel ist unschädlich (§§ 253 Abs. 1, 261 Abs. 2 Nr. 2 ZPO). Als Auffangbecken dient schließlich der Hilfsgerichtsstand des Ortes der Verwendung bzw. der Empfehlung[16] von Allgemeinen Geschäftsbedingungen. Bei mehre-

---

[10] MünchKomm ZPO-*Micklitz*, § 6 UKlaG Rdn. 4; *Palandt-Bassenge*, § 6 UKlaG Rdn. 1; *Ulmer/Hensen*, § 6 UKlaG Rdn. 1; *Wolf/Lindacher*, § 14 AGBG Rdn. 3.

[11] MünchKomm ZPO-*Micklitz*, § 6 UKlaG Rdn. 4; *Palandt-Bassenge*, § 6 UKlaG Rdn. 1; *Ulmer/Hensen*, § 6 UKlaG Rdn. 1; *Staudinger-Schlosser*, § 6 UKlaG Rdn. 2; die Analogie nur für die sachliche Zuständigkeit bejahend *Wolf/Lindacher*, § 14 AGBG Rdn. 3.

[12] LG München I NJW-RR 1991, 1143; LG Karlsruhe VuR 1992, 130 f.

[13] Vgl. BGH NJW 1987, 3081 (3082).

[14] MünchKomm ZPO-*Micklitz*, § 6 UKlaG Rdn. 5; a. A. *Staudinger-Schlosser*, § 6 UKlaG, Rdn. 7 (nur Hauptniederlassung).

[15] Allgemeine Ansicht, vgl. nur *Ulmer/Hensen*, § 6 UKlaG Rdn. 3.

[16] Bezüglich des Einbezugs des Empfehlers herrscht Übereinstimmung, vgl. statt aller *Wolf/Lindacher*, § 14 AGBG Rdn. 10; *Palandt-Bassenge*, § 6 UKlaG Rdn. 6.

ren Gerichtsständen steht dem Kläger auch bei dem letztgenannten Hilfsgerichtsstand das Wahlrecht gem. § 35 ZPO zu.

Durch die Regelung der örtlichen Zuständigkeit erfolgt auch die Regelung der **internationalen Zuständigkeit.**[17] Dies trifft auch auf die Zuständigkeit gem. § 6 Abs. 1 UKlaG zu. Bei Fällen mit Auslandsberührung ist jedoch zu beachten, dass die **EuGVVO**, sofern ihre Anwendungsvoraussetzungen gegeben sind, vorrangig gilt.[18]

Der EuGH hat entschieden, dass sich der Gerichtsstand bei einer vorbeugenden Klage eines Verbraucherschutzvereins auf Untersagung der Verwendung angeblich missbräuchlicher Klauseln durch einen Gewerbetreibenden in Verträgen mit Privatpersonen nach Art. 5 Nr. 3 EuGVÜ (jetzt **Art. 5 Nr. 3 EuGVVO**) richtet.[19] Zugrunde lag diesem Vorabentscheidungsverfahren die Klage eines österreichischen Vereins für Kundeninformationen gegen einen Kaufmann mit Wohnsitz in Deutschland, mit der diesem die Verwendung angeblich missbräuchlicher Klauseln gegenüber österreichischen Verbrauchern untersagt werden sollte. Der EuGH kam zu dem Ergebnis, dass mit einer solchen Verbandsklage ein **Anspruch aus unerlaubter Handlung** im Sinne von Art. 5 Nr. 3 EuGVÜ geltend gemacht werde. Zur Begründung führte der EuGH aus, die Klage beziehe sich auf eine außervertragliche Verpflichtung des Gewerbetreibenden, in seinen Beziehungen mit Verbrauchern von bestimmten, vom Gesetzgeber missbilligten Verhaltensweisen Abstand zu nehmen. Der Begriff des schädigenden Ereignisses in Art. 5 Nr. 3 EuGVÜ sei weit zu verstehen und erfasse daher im Bereich des Verbraucherschutzes nicht nur Sachverhalte, in denen Einzelne einen individuellen Schaden erleiden, sondern u.a. auch Angriffe auf die Rechtsordnung durch die Verwendung missbräuchlicher Klauseln, deren Verhinderung die Aufgabe von Organisationen wie dem klagenden Verein sei.

II. Anhörungen von Behörden

Nach § 8 Abs. 2 UKlaG hat die **Anhörung der Bundesanstalt für Finanzdienstleistungsaufsicht**[20] vor der Entscheidung über eine Klage nach § 1 UKlaG zu erfolgen, sofern Gegenstand der Klage Bestimmungen in Allgemeinen Versicherungsbedingungen sind, oder wenn Gegenstand der Klage Bestimmungen in Allgemeinen Geschäftsbedingungen sind, die die Bundesanstalt für Finanzdienstleistungsaufsicht nach Maßgabe des Gesetzes über Bausparkassen oder des Investmentgesetzes zu genehmigen hat. Die Vorschrift ist entsprechend bei Feststellungsklagen eines Verwenders bzw. Empfehlers sowie bei einstweiligen Verfügungsverfahren anzuwenden, wobei einstweilige Verfügungen in dringenden Fällen (vgl. § 937 Abs. 2 Alt. 1 ZPO) zunächst ohne Anhörung ergehen können.[21]

Die Regelung des § 8 Abs. 2 UKlaG zeigt deutlich, dass die gerichtliche Kontrolle von Allgemeinen Geschäftsbedingungen nicht dadurch beschränkt oder ausgeschlossen wird,

---

[17] BGH NJW 1992, 3158; 1993, 2683 (2684); *Staudinger-Schlosser*, § 6 UKlaG Rdn. 3.
[18] BGH NJW 1990, 317 (318) noch zum EuGVÜ; *Erman-Roloff*, § 6 UKlaG Rdn. 7.
[19] EuGH NJW 2002, 3617.
[20] Die Bundesanstalt für Finanzdienstleistungsaufsicht (Anschrift: Graurheindorfer Str. 108 in 53117 Bonn und Lurgiallee 12 in 60439 Frankfurt; Internet-Homepage: www.bafin.de) vereint seit dem 1.5.2002 die Geschäftsbereiche der ehemaligen Bundesaufsichtsämter für das Kreditwesen, für das Versicherungswesen sowie für den Wertpapierhandel in sich und führt diese weiter (§ 1 Abs. 1 FinDAG = Gesetz über die Bundesanstalt für Finanzdienstleistungsaufsicht vom 22.4.2002, BGBl. I, S. 1310; vgl. insgesamt hierzu *Hagemeister*, WM 2002, 1773). In manchen Fällen ist für das Versicherungswesen auch eine entsprechende Landesaufsichtsbehörde zuständig; die Zuständigkeitsverteilung ergibt sich aus §§ 2–6 des Gesetzes über die Errichtung des Bundesaufsichtsamtes für das Versicherungswesen vom 31.7.1951 (BGBl. I S. 480 ff.).
[21] *Palandt-Bassenge*, § 8 UKlaG Rdn. 5 f.; *Wolf/Lindacher*, § 16 AGBG Rdn. 5; MünchKomm ZPO-*Micklitz*, § 8 UKlaG Rdn. 9.

dass die Genehmigung einer Verwaltungsbehörde vorgesehen ist[22] bzw. bei den Allgemeinen Versicherungsbedingungen war.[23] Vielmehr unterliegen auch diese vollinhaltlich einer gerichtlichen Überprüfung. Die Aufsichtsbehörde soll jedoch die Möglichkeit haben, sich im gerichtlichen Verfahren zu äußern und ihren Standpunkt darzulegen. Da die Anhörung jedoch der Entscheidungsfindung des Gerichts dienlich sein soll, ist es nicht ihr Ziel, der Behörde eine Plattform zur Selbstrechtfertigung zu bieten.[24] Vielmehr soll sie insbesondere ihre besondere Sachkenntnis einbringen.[25] Die Behörde ist materiell nicht Beteiligte des Verfahrens; sie hat weder ein Antragsrecht, noch kann sie dem Verfahren als Nebenintervenient beitreten oder Rechtsmittel einlegen.[26]

1186 Der vorgenannte Aspekt der Sachkenntnis hat an Bedeutung noch gewonnen, seitdem die Genehmigungspflicht für Allgemeine Versicherungsbedingungen entfallen ist. Durch das in § 8 Abs. 2 UKlaG fehlende generelle Kriterium der genehmigten Bedingungen ist die Analogiebasis für weitere dort nicht genannte Fälle von öffentlich-rechtlich genehmigten Bedingungen entzogen.[27] Den Gerichten steht es jedoch frei, den Sachverstand der zuständigen Behörden mittels der §§ 273 Abs. 2 Nr. 2, 358a Nr. 2 ZPO heranzuziehen;[28] dies gilt auch für den Individualprozess.

1187 § 8 Abs. 2 UKlaG verpflichtet das Gericht zur Anhörung der Aufsichtsbehörde vor der Entscheidung über die Klage. Da es bei der Anhörung vor allem um den Einbezug der besonderen Sachkunde der Behörde geht, ist eine solche auch nur als geboten anzusehen, wenn eine Sachentscheidung seitens des Gerichts ergehen soll.[29] Aus selbigem Grund ist § 8 Abs. 2 UKlaG auch nicht mit dem Anspruch auf Gewährung rechtlichen Gehörs gleichzusetzen.[30] In der Ausgestaltung und Durchführung der Anhörung ist das Gericht frei. Ihr ist Genüge getan, sofern der Behörde die in Rede stehenden Klauseln und der Umfang des seitens des Klägers erstrebten Verwendungsverbots mitgeteilt werden und ihr aufgegeben wird, sich in angemessener Frist zu äußern.[31] Anzuraten ist dem Gericht jedoch, der Behörde die wesentlichen Schriftsätze des Verfahrens zu übermitteln und sie über den ersten Termin und auf Wunsch auch über die weiteren Termine zu informieren.[32] Zur Übersendung der abschließenden Entscheidung verpflichtet das Anhörungserfordernis das Gericht zwar nicht; sinnvoll ist die Unterrichtung der Behörde über den Verfahrensausgang jedoch allemal.[33]

1188 Der Verstoß gegen die Anhörungspflicht ist ein nicht heilbarer **Verfahrensmangel,** der auch nicht durch Genehmigung oder rügelose Einlassung geheilt werden kann.[34] Die be-

---

[22] Die Gerichte haben dies anfangs nicht immer so klar erkannt, vgl. nunmehr aber BGH NJW 1983, 1322 (1324).
[23] Das Genehmigungserfordernis für Allgemeine Versicherungsbedingungen wurde durch das Gesetz vom 21. 7. 1994 (BGBl. I, S. 1624) aufgehoben.
[24] Vgl. auch *Wolf/Lindacher,* § 16 AGBG Rdn. 12.
[25] Zu Letzterem: *Staudinger-Schlosser,* § 8 UKlaG Rdn. 13; *Wolf/Lindacher,* § 16 AGBG Rdn. 2.
[26] MünchKomm-*Micklitz,* § 16 AGBG Rdn. 8; *Staudinger-Schlosser,* § 16 AGBG Rdn. 6.
[27] Vgl. m. w. N. MünchKomm ZPO-*Micklitz,* § 8 UKlaG Rdn. 8.
[28] Für eine diesbezüglich großzügige Handhabung plädiert *Staudinger-Schlosser,* § 8 UKlaG Rdn. 13.
[29] *Palandt-Bassenge,* § 8 UKlaG Rdn. 6.
[30] *Wolf/Lindacher,* § 16 AGBG Rdn. 12.
[31] Ebenso *Wolf/Horn/Lindacher,* § 16 AGBG Rdn. 14, 16.
[32] Für eine dahingehende Pflicht des Gerichts *Palandt-Bassenge,* § 8 UKlaG Rdn. 6; wohl auch *Ulmer/Hensen,* § 8 UKlaG Rdn. 7; *Erman-Roloff,* § 8 UKlaG Rdn. 8; *Hefermehl/Köhler,* § 8 UKlaG Rdn. 4.
[33] *Wolf/Lindacher,* § 16 AGBG Rdn. 17; für eine Pflicht zur Übermittlung einer Ausfertigung der Entscheidung jedoch *Hefermehl/Köhler,* § 8 UKlaG Rdn. 4.
[34] Statt vieler: *Palandt-Bassenge,* § 8 UKlaG Rdn. 6; *Wolf/Lindacher,* § 16 AGBG Rdn. 21.

schwerte Partei – nicht die Behörde – kann dagegen Rechtsmittel einlegen und das Berufungsgericht kann sodann die Anhörung nachholen.[35]

III. Streitwert

Maßgeblich für die Festsetzung des Streitwerts ist – anders als bei sonstigen Klagen – im Verfahren nach § 1 UKlaG nicht das Interesse der Klagepartei am Streitgegenstand, sondern das **Interesse der Allgemeinheit an der Beseitigung einer gesetzeswidrigen Klausel.**[36] Dies geschieht, um die Verbraucherschutzverbände bei der Wahrnehmung der ihnen im Allgemeininteresse eingeräumten Befugnisse zur Befreiung des Rechtsverkehrs von unwirksamen AGB vor Kostenrisiken möglichst zu schützen. Die Festsetzung erfolgt gem. § 3 ZPO nach freiem Ermessen; der Höchstwert liegt gem. § 48 Abs. 1 S. 2 GKG bei 250 000 EUR. 1189

Die Streitwerte haben in AGB-Verbandsverfahren trotz der großen wirtschaftlichen Bedeutung vieler Kontrollverfahren eher eine **symbolische Bedeutung**[37] und sind bei weitem nicht mit den Höhen in Wettbewerbssachen vergleichbar.[38] Die Erklärung hierfür liegt darin, dass man bestrebt ist, die Kostenrisiken für die Verbraucherverbände gering gehalten.[39] Da zudem die Revision – abgesehen von den absoluten Revisionsgründen – mittlerweile ausschließlich von der Zulassung abhängig ist (§ 543 ZPO), wird sich wohl auch künftig an der niedrigen Bemessung der Streitwerte nichts ändern. 1190

In der gerichtlichen Praxis haben sich **Regelstreitwerte** herauskristallisiert. Für jede Klausel, die mit einer **gegen den Verwender gerichteten Unterlassungsklage** angegriffen wird, ist ein Streitwert von je **2500 EUR** im allgemeinen nicht unangemessen.[40] Für **Klagen auf Unterlassung und Widerruf einer Empfehlung** soll auf Grund der höheren Breitenwirkung der Streitwert **je Klausel mindestens 10000 EUR** betragen.[41] Dem ist im Grundsatz durchaus zuzustimmen.[42] Bei kleineren Unternehmen sollte jedoch ein Abschlag und bei größeren, wirtschaftlich bedeutenderen Unternehmen ein Zuschlag erfolgen. Somit würde sich die wirtschaftliche Bedeutung eines Verbotes für den Verwender bei der Bemessung des Streitwertes niederschlagen. Der Streitwert bei einer **Klage eines Verwenders auf Feststellung der Wirksamkeit von Allgemeinen Geschäftsbedingungen** ist entsprechend den obigen Ausführungen zu Klagen gem. § 1 UKlaG ohne Abschlag festzusetzen.[43] 1191

Im Übrigen ist noch auf **§ 12 Abs. 4 UWG i. V. mit § 5 UKlaG** hinzuweisen, wonach das Gericht unter bestimmten Voraussetzungen eine **Minderung des Streitwerts** vornehmen kann.[44] Dafür muß die Sache entweder nach Art und Umfang einfach gelagert sein oder aber die Belastung einer der Parteien mit den Prozesskosten nach dem vollen Streitwert muß angesichts ihrer Vermögens- und Einkommensverhältnisse nicht tragbar erscheinen. Im Hinblick auf die ohnehin verhältnismäßig niedrig angesetzten Ausgangs- 1192

---

[35] *Ulmer/Hensen*, § 8 UKlaG Rdn. 10; *Wolf/Lindacher*, § 16 AGBG Rdn. 21.
[36] BGH NJW-RR 1991, 179; 1998, 1465; 2003, 1694; 2007, 497; OLG Stuttgart NJW-RR 1997, 891; LG München I NJW-RR 1998, 417.
[37] *Ulmer/Hensen*, § 5 UKlaG Rdn. 20 bezeichnet die Bemessung als „bloßen Symbolwert".
[38] Zum Streitwert der AGB-Verbandsklage *Lindacher*, MDR 1994, 231.
[39] *Ulmer/Hensen*, § 5 UKlaG Rdn. 20.
[40] So BGH NJW-RR 2007, 497; *Palandt-Bassenge*, § 5 UKlaG Rdn. 14; für 3000 EUR je angegriffene Klausel *Ulmer/Hensen*, § 5 UKlaG Rdn. 21.
[41] *Ulmer/Hensen*, § 5 UKlaG Rdn. 21; offengelassen zuletzt von BGH NJW-RR 1998, 1465.
[42] So auch *Staudinger-Schlosser*, § 5 UKlaG Rdn. 2.
[43] Ebenso *Ulmer/Hensen*, § 5 UKlaG Rdn. 22.
[44] Kritisch zu dieser Regelung *Ulmer/Hensen*, § 5 UKlaG Rdn. 20.

streitwerte sollte von dieser im Ermessen des Gerichts stehenden Möglichkeit zurückhaltend Gebrauch gemacht werden.

IV. Klageantrag und Urteilsformel im Verbandsklageverfahren

1193 Die §§ 8 Abs. 1 und 9 UKlaG sehen für den Klageantrag und die Urteilsformel besondere Fassungen vor.

1. Klageantrag

1194 In Ergänzung zu § 253 Abs. 2 Nr. 2 ZPO hat der Klageantrag bei Klagen nach § 1 UKlaG zum einen den **Wortlaut der beanstandeten Bestimmungen** in Allgemeinen Geschäftsbedingungen (§ 8 Abs. 1 Nr. 1 UKlaG) und zum anderen die **Bezeichnung der Art der Rechtsgeschäfte**, für die die Bestimmungen beanstandet werden, zu enthalten (§ 8 Abs. 1 Nr. 2 UKlaG). Fehlt es hieran, so ist die Klage als unzulässig abzuweisen, wenn der Antrag auch nach richterlicher Aufklärung gem. § 139 ZPO mangelhaft bleibt.[45] Die Vorschrift des § 8 Abs. 1 Nr. 1 UKlaG sollte jedoch nicht zu formalistischen Spitzfindigkeiten verführen. Wenn der Kläger ein Exemplar bzw. eine Kopie der Allgemeinen Geschäftsbedingungen vorlegt und die angegriffenen Bestimmungen in der Klageschrift individualisiert, dann ist der Vorschrift Genüge getan.[46] Diese Erleichterung kann das Gericht für seine Urteilsformel jedoch nicht in Anspruch nehmen.

1195 Werden unteilbare teilunwirksame Klauseln angegriffen, so ist - wie bei einer vollunwirksamen Klausel - im Klageantrag der Wortlaut der gesamten Klausel zu nennen.[47] Für den Fall einer teilbaren Klausel, deren unwirksamer Teil im Text der vorformulierten Klausel einen Gliederungspunkt darstellt, hat der Kläger zur Vermeidung einer Teilabweisung allein den Wortlaut des unwirksamen Teils der Klausel zu benennen.[48]

1196 Die Bezeichnung der Art der Rechtsgeschäfte ist erforderlich, da eine abstrakte Klausel oftmals nicht per se in jedem Verhältnis unwirksam ist. Die Konkretisierung soll möglichst prägnant und griffig nach dem Vertragstyp, der Geschäftsart oder nach Fallgruppen erfolgen.[49]

Beispiele:
(1) „Ratenlieferungsverträge"
(2) „Teilzahlungsgeschäfte"[50]
(3) „Mietverträge über Wohnraum"[51]
(4) „Kabelanschlussverträge als Haustürgeschäft"[52]
(5) „Warenhandel mit Verbrauchern"[53]

1197 Der Kläger muss zudem angeben, ob die Beanstandung nur Verträge zwischen Unternehmern und Verbrauchern betrifft oder ob das erstrebte Verwendungsverbot bzw. Widerrufsgebot zusätzlich oder ausschließlich für Verträge zwischen Unternehmern gelten soll.

---

[45] *Wolf/Lindacher*, § 15 AGBG Rdn. 11; *Erman-Roloff*, § 8 UKlaG Rdn. 1; *Palandt-Bassenge*, § 8 UKlaG Rdn. 2.
[46] Ebenso *Staudinger-Schlosser*, § 8 UKlaG Rdn. 5; *Wolf/Lindacher*, § 15 AGBG Rdn. 7.
[47] BGH NJW 1995, 1488 (1489).
[48] *Wolf/Lindacher*, § 15 AGBG Rdn. 8; *Heinrichs*, EWiR 1995, 523; *Palandt-Bassenge*, § 8 UKlaG Rdn. 3.
[49] Vgl. nur *Ulmer/Hensen*, § 8 UKlaG Rdn. 2.
[50] Vgl. BGH NJW 1985, 320 (326).
[51] Vgl. BGH NJW 1989, 2247 (2250).
[52] Vgl. BGH NJW 1993, 1133 (1134).
[53] Vgl. BGH NJW 1999, 2180 (2182).

Vorstehendes ist besonders für die auf Grund von § 3 Abs. 2 UKlaG nur mit begrenzter Klagebefugnis ausgestatteten Einrichtungen gem. § 3 Abs. 1 Nr. 2 UKlaG wichtig.

2. Urteilsformel

In Ergänzung zu § 313 Abs. 1 Nr. 4 ZPO muss die Urteilsformel gem. § 9 Nr. 1 und 2 UKlaG – entsprechend dem Klageantrag – die beanstandeten Bestimmungen der Allgemeinen Geschäftsbedingungen im Wortlaut sowie die Bezeichnung der Art der Rechtsgeschäfte enthalten, für welche die den Unterlassungs- bzw. Widerrufsanspruch begründenden Bestimmungen der Allgemeinen Geschäftsbedingungen nicht verwendet bzw. empfohlen[54] werden dürfen. Die obigen Ausführungen zum Klageantrag gelten entsprechend. 1198

Eine weitere Besonderheit ist, dass in die Urteilsformel von Amts wegen das **Gebot** aufgenommen wird, die **Verwendung oder Empfehlung inhaltsgleicher Bestimmungen in Allgemeinen Geschäftsbedingungen zu unterlassen** (§ 9 Nr. 3 UKlaG). Mit § 9 Nr. 3 UKlaG soll vor allem die Zwangsvollstreckung auch bei Verwendung umformulierter, aber sachlich übereinstimmender Klauseln möglich sein. Letztlich ist der Regelung aber nur **klarstellende Funktion** zuzusprechen,[55] da ein Verletzer sich nicht durch eine Änderung der Verletzungsform einem Verbotsurteil entziehen kann, wenn die Verletzungshandlung in ihrem Kern unverändert weiterbesteht.[56] Erfolgte die Verurteilung auf Grund der Intransparenz der Klausel, so ist dem Verwender jedoch zuzugestehen, geltend zu machen, dass er bei der Vertragsabwicklung nunmehr mündlich bzw. schriftlich Informationen darreicht, die zur Beseitigung der Intransparenz beitragen.[57] 1199

Zuletzt hat die Urteilsformel für den Fall der Verurteilung zum Widerruf das Gebot zu enthalten, das **Urteil in gleicher Weise bekannt zu geben, wie die Empfehlung verbreitet wurde** (§ 9 Nr. 4 UKlaG). In Zweifelsfällen, in denen es unklar ist, wie die Art und Weise der Empfehlung erfolgte, hat das Gericht dies bei dem Empfehler zu erfragen (§ 139 ZPO).[58] Wie die Bekanntgabe dann genau zu erfolgen hat, muss das Gericht im Urteil konkret bestimmen.[59] Neben dem „Wo" und „Wie" steht auch der Umfang der Bekanntmachung im pflichtgemäßen Ermessen des Gerichts. Es ist nicht zwangsläufig aufzugeben, das Urteil mitsamt den Gründen bekanntzugeben.[60] 1200

V. Veröffentlichungsbefugnis

Um die erwünschte Breitenwirkung zu erzielen, kann das Gericht nach **§ 7 UKlaG** auf Antrag des obsiegenden Klägers diesem gestatten, die **Urteilsformel** mit der Bezeichnung des verurteilten Beklagten auf dessen Kosten im Bundesanzeiger bzw. im Übrigen auf Kosten des Klägers **bekannt zu machen.** Im Hinblick auf den vorläufigen Charakter einer einstweiligen Verfügung spricht wenig dafür, § 7 UKlaG über seinen Wortlaut hinaus auch auf diese Entscheidungsform zu erstrecken.[61] Das Gericht kann die Befugnis 1201

---

[54] § 9 Nr. 2 UKlaG gilt auch für Empfehlungsverbote. Das Fehlen beruht auch hier auf einer gesetzgeberischen Nachlässigkeit, vgl. Palandt-*Bassenge*, § 9 UKlaG Rdn. 3; Erman-*Werner*, § 17 AGBG Rdn. 3; *Ulmer/Brandner/Hensen*, § 17 AGBG Rdn. 5; *Staudinger-Schlosser*, § 17 AGBG Rdn. 7.
[55] *Palandt-Bassenge*, § 9 UKlaG Rdn. 4; *Erman-Roloff*, § 9 UKlaG Rdn. 3; *Staudinger-Schlosser*, § 9 UKlaG Rdn. 5.
[56] BGH NJW 2001, 3710; LG München I NJW-RR 1991, 1143.
[57] BGH NJW 1992, 179; *Palandt-Bassenge*, § 9 UKlaG Rdn. 4.
[58] *Erman-Roloff*, § 9 UKlaG Rdn. 4; *Ulmer/Hensen*, § 9 UKlaG Rdn. 7.
[59] *Ulmer/Hensen*, § 9 UKlaG Rdn. 7; *Staudinger-Schlosser*, § 9 UKlaG Rdn. 9.
[60] Vgl. *Wolf/Lindacher*, § 17 AGBG Rdn. 9.
[61] So aber AnwK Schuldrecht-*Walker*, § 7 UKlaG Rdn. 4; *Hefermehl/Köhler*, § 7 UKlaG Rdn. 2; MünchKomm ZPO-*Micklitz*, § 7 UKlaG Rdn. 2 (wenn Unwirksamkeit gravierend und evident); wie

zeitlich begrenzen. Zwar handelt es sich um eine „kann"-Bestimmung. Die Ablehnung des Veröffentlichungsantrags ist jedoch nur dann geboten, wenn die Störung bzw. Gefährdung des Rechtsverkehrs durch Klauseln der beanstandeten Art unter Berücksichtigung potentieller Drittverwendung von vernachlässigbarer Größenordnung ist.[62]

1202 Der **Nutzen der Vorschrift** ist jedoch **begrenzt**.[63] Es darf zumindest stark angezweifelt werden, ob die „interessierte Öffentlichkeit" auch zur interessierten Leserschaft des Bundesanzeigers gerechnet werden darf. Die Bekanntgabe in Tageszeitungen hat den Makel, dass die Urteilsformel für sich oft wenig aussagekräftig ist[64] und die Kostentragungspflicht zudem beim Kläger verbleibt.

VI. Wirkungen des Urteils

Literatur: *Basedow*, Kollektiver Rechtsschutz und individuelle Rechte. Die Auswirkungen des Verbandsprozesses auf die Inzidentkontrolle von AGB, AcP 182 (1982), S. 335; *Gaul*, Die Erstreckung und Durchbrechung der Urteilswirkung nach §§ 19, 21 AGBG, in: FS für Beitzke, 1979, S. 997; *Schilken*, Verfahrensrechtliche Probleme nach dem AGB-Gesetz – Eine Untersuchung zu §§ 19, 21 AGBG –, in: Recht und Wirtschaft, Osnabrücker Rechtswissenschaftliche Abhandlungen, 1985, S. 99.

1203 Für die Breitenwirkung bedeutsamer ist die Vorschrift des **§ 11 UKlaG**. Nach allgemeinen prozessrechtlichen Grundsätzen wäre nämlich ein im Verbandsklageverfahren ergangenes Urteil nur für die Parteien dieses Verfahrens, also den Verwender einerseits und den Verband andererseits, verbindlich.[65] Der weiteren Verwendung der inkriminierten Klausel könnte der im Verbandsklageverfahren obsiegende Verband auf der Grundlage des erstrittenen Urteils im Wege der Vollstreckung nach § 890 ZPO (Ordnungsgeld, Ordnungshaft) begegnen. Der einzelne Kunde würde hingegen in einem konkreten Rechtsstreit von dem Urteil im Verbandsklageverfahren nicht profitieren können. Hier schafft nun § 11 UKlaG Abhilfe. Nach dieser Vorschrift kann sich ein von einer unwirksamen Bestimmung betroffener Kunde auf das Unterlassungsurteil berufen, wenn ein im Verbandsklageverfahren rechtskräftig zur Unterlassung verurteilter Verwender die gleiche verbotene (oder inhaltsgleiche)[66] Klausel weiter verwendet und somit dem Unterlassungsgebot zuwider handelt. Diese Urteilswirkung ist nach h. M. ein **besonders ausgestalteter Fall der Rechtskrafterstreckung**.[67] Sie tritt nur ein, wenn „sich der betroffene Vertragsteil auf die Wirkung des Unterlassungsurteils beruft." § 11 UKlaG gibt dem betroffenen Kunden damit eine **materiell-rechtliche Einrede**[68] an die Hand. Die Einrede kann nur auf ein **rechtskräftiges Urteil im Verbandsklageverfahren** gestützt werden, wobei auch Anerkenntnis- oder Versäumnisurteile in Betracht kommen. Die Entscheidung über den Erlass einer **einstweiligen Verfügung** erzeugt hingegen – auch wenn sie in Urteilsform ergeht – nach einhelliger Ansicht nicht die in § 11 UKlaG bestimmte Bindungswirkung.[69] Allein

---

hier dagegen *Erman-Roloff*, § 7 UKlaG Rdn. 1; *Palandt-Bassenge*, § 7 UKlaG Rdn. 1; *Ulmer/Hensen*, § 7 UKlaG Rdn. 2.

[62] OLG Nürnberg NJW-RR 2000, 436 (437); *Wolf//Lindacher*, § 18 AGBG Rdn. 8.

[63] Kritisch bspw. auch *Staudinger-Schlosser*, § 7 UKlaG Rdn. 2; *Wolf/Lindacher*, § 18 AGBG Rdn. 4.

[64] Vgl. BGH NJW 1994, 318 (320).

[65] *Zöller-Vollkommer*, § 325 ZPO Rdn. 3.

[66] Arg. e § 9 Nr. 3 UKlaG; vgl. *Ulmer/Hensen*, § 11 UKlaG Rdn. 5; *Hefermehl/Köhler*, § 11 UKlaG Rdn. 3.

[67] Vgl. z. B. *Palandt-Bassenge*, § 11 UKlaG Rdn. 2; *Erman-Roloff*, § 11 UKlaG Rdn. 2; *Staudinger-Schlosser*, § 11 UKlaG Rdn. 4.

[68] *Erman-Werner*, § 11 UKlaG Rdn. 7; für prozessuale Einrede *Gaul*, FS für Beitzke, S. 1040.

[69] *Staudinger-Schlosser*, § 11 UKlaG Rdn. 5; *Ulmer/Hensen*, § 11 UKlaG Rdn. 4; *Erman-Roloff*, § 11 UKlaG Rdn. 4.

auf das summarische und nur auf vorläufige Regelung zielende Verfahren kann die weitreichende Bindungswirkung nicht gestützt werden. Im Übrigen ist zu beachten, dass die Zuwiderhandlung nach Rechtskraft des Urteils erfolgt sein muss, bereits abgewickelte Verträge mithin von der Rechtskrafterstreckung nicht mehr berührt werden. Wohl aber werden **noch nicht abgewickelte Verträge** erfasst, da ein Verwenden auch in der Berufung auf eine unwirksame Klausel nach Vertragsschluss im Stadium der Vertragsabwicklung liegt.[70] Schließlich sei darauf hingewiesen, dass die Bindungswirkung nach § 11 UKlaG **nur zugunsten der Kunden** des im Verbandsklageverfahren verurteilten Verwenders eintritt, der Verwender sich seinerseits auf ein klageabweisendes Urteil im Verbandsverfahren gegenüber seinen Kunden nicht berufen kann.[71]

VII. „Vollstreckungsabwehrklage" nach § 10 UKlaG

Der Verwender, dem die Verwendung einer Bestimmung untersagt worden ist, kann im Wege der Klage nach § 767 ZPO einwenden, dass nachträglich eine Entscheidung des BGH oder des Gemeinsamen Senats der Obersten Gerichtshöfe des Bundes ergangen ist, welche die Verwendung dieser Bestimmung für dieselbe Art von Rechtsgeschäften nicht untersagt, und dass die Zwangsvollstreckung aus dem Urteil (§ 890 ZPO)[72] gegen ihn in unzumutbarer Weise seinen Geschäftsbetrieb beeinträchtigen würde.   1204

Die in § 10 UKlaG geschaffene neue Art der Vollstreckungsabwehrklage stellt eine Ausnahme im Zivilprozessrecht dar. Allein der **Einwand der Änderung der Rechtsprechung** – und nicht nur eine materiell-rechtliche Einwendung – ist ausreichend. Zudem wendet sich der Kläger bei § 10 UKlaG nicht wie bei § 767 ZPO gegen die Vollstreckbarkeit des Anspruchs, sondern gegen die erweiterte Bindungswirkung des § 11 Satz 1 UKlaG. § 10 UKlaG wird im Schrifttum sehr kritisch beurteilt.[73] In der Praxis ist die **Bedeutung** der „Vollstreckungsabwehrklage" nach § 10 UKlaG – wenn überhaupt vorhanden – jedenfalls denkbar **gering**.[74]   1205

VIII. Entscheidungsregister

Eine dem bisherigen § 20 AGBG, der ein beim Bundeskartellamt geführtes und für jedermann zugängliches Entscheidungsregister vorsah, vergleichbare **Regelung** wurde **nicht ins Unterlassungsklagegesetz übernommen**. Als Gründe hierfür wurden im Gesetzgebungsverfahren datenschutzrechtliche Probleme und der auf Grund der Veröffentlichung der Entscheidungen in Fachzeitschriften eingetretene Bedeutungsverlust des Registers genannt.[75] Die bereits in dem Register eingetragenen Entscheidungen waren spätestens am Ende des Jahres 2004 zu löschen (§ 16 Abs. 2 UKlaG).   1206

---

[70] H.M. vgl. BGH NJW 1981, 1511 (1512); *Staudinger-Schlosser*, § 11 UKlaG Rdn. 6; *Ulmer/Hensen*, § 11 UKlaG Rdn. 4; MünchKomm ZPO-*Micklitz*, § 11 UKlaG Rdn. 7; a. A. differenzierend *Wolf/Lindacher*, § 21 AGBG Rdn. 6.
[71] *Ulmer/Hensen*, § 11 UKlaG Rdn. 9; *Erman-Roloff*, § 11 UKlaG Rdn. 6.
[72] Zu den Einzelheiten der Vollstreckung aus Unterlassungs- und des Widerrufstiteln gegenüber dem Empfehler siehe MünchKomm ZPO-*Micklitz*, § 5 UKlaG Rdn. 15 ff.
[73] Vgl. bspw. *Löwe*/Graf von Westphalen/Trinkner, § 19 AGBG Rdn. 1; *Staudinger-Schlosser*, § 10 UKlaG Rdn. 1.
[74] *Hensen*, JA 1981, 140; *Ulmer/Hensen*, § 10 UKlaG Rdn. 1; *Staudinger-Schlosser*, § 10 UKlaG Rdn. 1.
[75] BT-Drucks. 14/6040, S. 276.

Anhang

Checkliste

Die Prüfung Allgemeiner Geschäftsbedingungen in der Fallbearbeitung

A. Anwendbarkeit der §§ 305–310

I. **Sachlicher Anwendungsbereich:**
1. Handelt es sich um AGB i. S. des § 305 Abs. 1? (§ 310 Abs. 3 beachten!)
   – Vertragsbedingungen
   – für eine Vielzahl von Verträgen vorformuliert
   – vom Verwender gestellt
   – keine Individualvereinbarung
2. Nicht anwendbar auf Verträge auf dem Gebiet des Erb-, Familien- oder Gesellschaftsrechts sowie auf Tarifverträge, Betriebs- und Dienstvereinbarungen. (§ 310 Abs. 4 S. 1)

II. **Persönlicher Anwendungsbereich:** eingeschränkte Anwendbarkeit bei Unternehmern und juristischen Personen des öffentlichen Rechts (§ 310 Abs. 1)

III. **Internationaler Anwendungsbereich:** Art. 29, 29 a EGBGB

B. Einbeziehung

1. Im **nichtunternehmerischen Geschäftsverkehr** nur unter den Voraussetzungen des § 305 Abs. 2: – ausdrücklicher Hinweis oder Aushang – Möglichkeit zumutbarer Kenntnisnahme – Einverständnis des Kunden Erleichterung durch Rahmenvereinbarung (§ 305 Abs. 3)	Im **unternehmerischen Geschäftsverkehr** sowie **gegenüber juristischen Personen des öffentlichen Rechts** (vgl. § 310 Abs. 1 S. 1): Einbeziehung nach §§ 145 ff. BGB (bei Kaufleuten einschl. der Regeln des Handelsbrauchs usw.)

✳

2. Ist die Klausel **überraschend** i. S. d. § 305 c?
Dann wird sie nicht Vertragsbestandteil.

✳

3. Wird die AGB-Klausel von einer **Individualabrede** verdrängt (§ 305 b)?

C. Inhaltskontrolle

✳

Raum für Auslegung der Klausel? Auslegung geht vor Inhaltskontrolle!
Auslegung nach dem Verständnishorizont des Durchschnittskunden
unter Beachtung der Unklarheitenregelung des § 305 c Abs. 2.

❋

I. Ist Inhalt der AGB die **Leistungsbeschreibung** oder die **Preisabrede**?
Handelt es sich um eine **deklaratorische Klausel**? Dann keine Inhaltskontrolle, § 307 Abs. 3.

❋

II. **Verstoß gegen § 307 Abs. 1 S. 2?**
Ist die Bestimmung klar und verständlich?

❋

III. Verstoß gegen **Klauselverbot des § 309** (ohne Wertungsmöglichkeit)?
Beachte: §§ 309 und 308 gelten unmittelbar nur für Verträge mit Nichtunternehmern;
aber § 310 Abs. 1 S. 2!

❋

IV. Verstoß gegen **Klauselverbot des § 308** (mit Wertungsmöglichkeit)?

❋

V. **Verstoß gegen § 307 Abs. 2 Nr. 1 oder 2?**
Nr. 1: Abweichung vom Leitbild des dispositiven Rechts?
Nr. 2: Verletzung der wesentlichen Vertragsrechte des Kunden?

❋

VI. **Verstoß gegen § 307 Abs. 1 S. 1?**
Unangemessene Benachteiligung bei Anwendung des Grundsatzes
von Treu und Glauben?
Dabei gilt ein überindividueller-generalisierender Prüfungsmaßstab
(Ausnahme: § 310 Abs. 3 Nr. 3).
(Bei kaufmännischen Kunden auf die im Handelsverkehr geltenden Gewohnheiten
und Gebräuche Rücksicht nehmen)

❋

D. Rechtsfolge der Nichtgeltung von AGB

❋

I. Keine geltungserhaltende Reduktion bei Teilunwirksamkeit einer Klausel
II. Aufrechterhaltung des Vertrages im Übrigen (§ 306 Abs. 1)
III. Lückenfüllung durch dispositives Recht (§ 306 Abs. 2) bzw. ergänzende Vertragsauslegung
IV. Ausnahmsweise Gesamtnichtigkeit bei unzumutbarer Härte (§ 306 Abs. 3)

Sachverzeichnis

Die Zahlen verweisen auf die Randnummern.

Abmahnung, vorprozessuale 1159 ff.
- Androhung gerichtlicher Maßnahmen 1165
- Beanstandung 1161
- Fristsetzung 1164
- Inhalt 1160 ff.
- Kostenerstattung 1166, 1177
- Rechtsanwaltskosten 1166
- Verpflichtungserklärung 1162
- Vertragsstrafeversprechen 1163, 1177

Abnahmeklauseln 96, 688, 764
Abonnementsvertrag
- Preiserhöhungsklausel 822

Abschlussprüfer
- Haftungsausschluss 987

Abschlussvertreter s. Haftung des Abschlussvertreters
Absendevermutungen 666
Abstandszahlung 900, 907
Abtretungsverbote 752 ff.
- Beispiele 753
- Eintrittskarten (Fußball) 753
- Interessenlage 752 ff.
- Regelung des § 354 a HGB 754 ff.

ADAC-Formular 141
ADSp
- geltungserhaltende Reduktion 602
- Haftungsfreizeichnung 989
- Inhaltskontrolle 488

AGB
- Bedeutung 1 ff.
- Funktion 67 ff.
- Geltungsgrund 99 ff.
- im internationalen Rechtsverkehr 201 ff.
- Normenqualität 100 ff.
- Schrifttum 6 ff.
- Verbreitung 3
- Vertragscharakter 100 ff.

AGB-Gesetz
- Alternativmodelle 40 f.
- Anwendungsbereich 41
- Entstehung 33 ff., 38 f., 42 ff., 51
- Entwicklung 15 ff., 20 ff.
- Gesetzgebungsverfahren 38 f.
- Grundkonzeption 40
- Inkraftsetzung in der ehemaligen DDR 39
- Schuldrechtsmodernisierung 51

AGB-Recht
- formelles 57
- Geltungsgrund 99 ff.

- Integration in das BGB 53 ff.
- materielles 53 ff.
- Prüfungsgegenstand 108
- rechtsökonomische Begründung 85 ff.
- Schuldrechtsmodernisierungsgesetz 51 ff., 172 f.
- Schutzzweck 76 ff., 88 ff.
- Übergangsvorschriften 61 f.
- vertragstheoretische Begründung 81 ff.
- Wertungsgrundlagen 76 ff.

AGNB
- geltungserhaltende Reduktion 602

Allgemeine Bedingungen für Postbeförderungsverträge 300 f.
Allgemeine Versicherungsbedingungen s. Versicherungsbedingungen
Allgemeine Versorgungsbedingungen 389, 582 f.
Änderungsvorbehalt 789 ff.
- Abweichung von der Leistung 794 f.
- Änderung der Leistung 794 f.
- Anwendungsbereich 792 f.
- Arbeitsverträge 803 ff.
- Bank-AGB 288
- Bedingungsanpassungsklauseln 288
- Dauerschuldverhältnisse 793
- einschränkungslose Änderungsklausel 288
- Klauselrichtlinie 93/13/EWG 799
- Nebenabreden 795
- Teilleistungsvorbehalt 795, 798
- unternehmerischer Geschäftsverkehr 802
- Unwirksamkeitsfolgen 800 f.
- Zumutbarkeit der Änderung 796 ff.

Angebotsschreiben 1127
Angestellte 188
Anleihebedingungen 117
Annahmefristen 692 ff.
- Auslegung 702
- Beispiele 700 f.
- gesetzliche 692
- nicht hinreichend bestimmte 701, 765
- Rechtsfolge der Unwirksamkeit 703
- unangemessen lange 699 f.
- unternehmerischer Geschäftsverkehr 704

Annullierung 996
Anwendungsbereich des AGB-Gesetzes
- sachlicher 40 f., 185
Anwendungsbereich des AGB-Rechts
- Bereichsausnahmen 153 ff. (s. a. dort)

- persönlicher 184 ff., 193 ff., 200
- sachlicher 106 ff.

Äquivalenzprinzip 513
Arbeitnehmerhaftung 990 ff.
Arbeitskampfklauseln 783
Arbeitslosigkeit, Vorsorgeversicherung
 s. Versicherungsbedingungen
Arbeitsvertragsbedingungen
- AGBG 172 ff.
- Änderung mit Fristsetzung 653
- Änderungsvorbehalt 803 ff.
- Anrechnungsvorbehalte 807
- Arbeit auf Abruf 803
- direktionsrechterweiternde Klauseln 803
- Einbeziehung 307
- Formulararbeitsverträge 171, 181
- Freiwilligkeitsvorbehalte 806
- geltungserhaltende Reduktion 600, 607
- Gerichtsstandsvereinbarungen 1068
- Haftungsregelungen 990 ff.
- Inhaltskontrolle 171 ff., 181 ff., 457 ff., 474
- Kürzungsabreden 607
- Musterarbeitsverträge 134
- Streichung der Bereichsausnahme 54, 172
- Schuldrechtsmodernisierung 172
- Unklarheitenregel 369
- Verfallklausel 174, 601
- Versetzungsklauseln 803 ff.
- Vertragsstrafen 912 ff., 600
- Wettbewerbsverbote 607
- Widerrufsvorbehalt 803 ff.

Architektenkammern 1136, 1156
Architektenvertrag
- Kündigung 1000, 1002

Ärzte
- Einwilligung Heileingriff 114
- Schweigepflicht 114
- Sektionseinwilligung 114

Ärztekammern 1136, 1156
Aufrechnung
- und Leistungsverweigerungsrechte 837 f.

Aufrechnungsklauseln 486
Aufrechnungsverbote 845 ff.
- ausdrückliche 846
- Barzahlungsklauseln 847
- entscheidungsreife Forderungen 851, 853
- Erweiterung der Aufrechnungsbefugnis 855
- konkludente 847
- rechtskräftig festgestellte Forderungen 850, 853
- restriktive Auslegung 853
- unbestrittene Forderungen 849, 853
- Unwirksamkeit 852 f.
- unternehmerischer Geschäftsverkehr 854
- Vermögensverfall des Verwenders 853
- „Zusendung per Nachnahme" 847

Aufstellen eines Schildes 1127

Auftragsbestätigung 306
Aufwendungsersatzansprüche 997 ff.
- andere Arten der Vertragsauflösung 997
- bei Kündigung 998 ff.
- bei Rücktritt 998 ff.
- Beweislastverteilung 1003
- Nachweis eines geringeren Betrages 1002
- unangemessene Höhe 999 ff.
- Verhältnis zu § 309 Nr. 5 BGB 1003
- Verhältnis zu verbraucherschützenden Sondervorschriften 1004
- unternehmerischer Geschäftsverkehr 1006
- Unwirksamkeit 1005

Auktions-AGB s. Versteigerungs- AGB
Ausgleichsquittung 487
Aushandeln von AGB 148 ff.
- Aushandlungsklausel 151
- Beweislast 142, 150 ff.
- Funktion von § 305 Abs. 1 Satz 3 BGB 147
- Unternehmer 142, 148
- Verhandlungsbereitschaft des Verwenders 148

Aushandlungsklauseln 151, 686, 691
Aushöhlungsverbot 522 ff.
Auskunftsanspruch 1141 ff.
Auslegung des AGBG
- richtlinienkonforme 47 f.

Auslegung von AGB
- allgemeine Vertragsauslegung 359, 361
- Auslegungsmaßstäbe 359 f.
- individualvertragskonforme 380 f.
- objektive 359 ff.
- Restriktionsprinzip 23, 376 ff., 853
- Revisibilität 364
- Transparenzgebot 368
- Unklarheitenregel 365 ff.
- Verbandsklageverfahren 362 f.
- Verbraucherverträge 363
- Verhältnis zur Inhaltskontrolle 358, 363
- Wortlaut 360
- Ziel 357

Ausschlussfristen 343
Ausspielverträge 969
Ausübungskontrolle 389
Automatenaufstellungsvertrag
- Erweiterungsklausel 591
- Gesamtnichtigkeit 388, 589

Automobilclubs 1149
Automietverträge 709
Autowaschanlage 275, 291, 395, 491, 1039

Bank-AGB
- Änderung 288, 653
- Aufrechnung 853
- Aufrechnungsverbot 846
- Entgeltklauseln 444 f.
- Gebühren 521
- Gebührenklauseln 445, 571

- Genehmigungsfiktion 653 f.
- interne Anweisungen 92, 116
- Online-Service 973
- Rahmenvereinbarung 308
- Rücklastschriftklauseln 445
- Sparbuch 1037
- Tageskontoauszüge 668
- Überziehungszinsen 997
- Wertstellungsklauseln 445, 521
- Zugangsfiktion 660, 663, 669

Bankvertrag 308
Baubeschreibungen 440
Bauherrenmodell 133
Bausparkassen 401, 1184
Bausparverträge
- Änderungsvorbehalt 798

Bauträgerverträge
- Abschlagszahlungen 834
- Nachweisverzichtsklauseln 1041 Fn. 17
- Subsidiärhaftung 935 ff.
- Subsidiaritätsklausel 549

Bauverträge
- Abschlagszahlungen 834
- Annahmefrist 700
- Kosten der Baureinigung 521
- unangemessene Benachteiligung 487
- Vertragsstrafeklauseln 909
- Vorauszahlungsklauseln 94
- Zurückbehaltungsrecht 834

Beamte 188
Bedingungsanpassungsklauseln 288, 628 ff.
Beförderungsbedingungen
- Einbeziehung 297 ff.
- Eisenbahnverkehr 297 ff.
- Haftungsbeschränkungen 968
- Normcharakter 298
- Straßenbahnen, Obusse, Kraftfahrzeuge im Linienverkehr 297 f.

Beförderungsentgelte, erhöhte 906
Befristung in Arbeitsverträgen 724
Begebungsvertrag 117
Begriffsbestimmung für AGB
(s. a. Vertragsbedingungen) 106 ff.
- behördlich genehmigte Vertragsbedingungen 107, 112
- Empfehlungen des Verwenders als Vertragsinhalt 116
- Empfehlungen und Bitten des Verwenders 116
- Formularverträge 107
- notariell beurkundete Massenverträge 107
- schriftliche Fixierung 119, 125
- Stellen von Vertragsbedingungen 131 ff.
- und Individualabrede 146 ff.
- unerhebliche Umstände 145
- Vertragsbedingungen 109 ff.
- Vielzahl 126 ff.
- Vorformulierung 119 ff.

behördliche Genehmigung 112
behördlich genehmigte AGB
- Inhaltskontrolle 401 ff.

Benachteiligung s. unangemessene Benachteiligung
Beratungsvertrag 976
Bereichsausnahme vom AGB-Recht
- Arbeitsrecht 172 ff.
- Erbrecht 154
- Familienrecht 155
- Gesellschaftsrecht 156 ff.
- Genossenschaftsrecht 158
- Inhaltskontrolle nach allgemeinen Vorschriften 160 ff.
- juristische Personen des öffentlichen Rechts 189 ff.
- öffentlich-rechtliche Sondervermögen 189 ff.
- Umgehungsverbot 159
- Vereinsrecht 158

Besonderheiten im Arbeitsrecht 181 ff.
Bestätigungsklauseln 349
Bestimmungsrecht, einseitiges 392 f., 623
Betriebsvereinbarungen 176
- Bezugnahmeklauseln 573

Bewachungsverträge 985
Beweislastklauseln
- Absendevermutungen 666
- Änderung zum Nachteil des anderen Vertragsteils 1038 ff.
- Anscheinsbeweis 1039
- Aushandlungsklauseln 686, 691
- Beweislastgrundsätze 1036 f.
- Einbeziehungsklauseln 686
- Empfangsbekenntnisse 687 f.
- Erleichterung der Beweisführung 1039
- Erschwerung der Beweisführung 1039
- Haftungsfreizeichnungsklauseln 1045
- Klauselrichtlinie 93/13/EWG 1034
- Nachweisverzichtsklauseln 1041 Fn. 17
- Naivklauseln 691
- Schuldanerkenntnis 1041 f.
- Schuldversprechen 1041 f.
- Tatsachenbestätigungen 648, 679 ff.
- Tatsachenfiktion 648, 662
- teleologische Reduktion 1045
- unternehmerischer Geschäftsverkehr 1049
- Unwirksamkeit 1048
- Verantwortungsbereich des Verwenders 1043
- Verhältnis zu § 308 Nr. 5 und 6 BGB 1047
- Verhältnis zu § 309 Nr. 5 BGB 1046
- Vollständigkeitsklauseln 682 f.
- Vollstreckungsunterwerfung 1041 f.
- Zugangsfiktion 648, 659 ff.

Bierlieferungsvertrag 737, 751
Bitten des Verwenders 116
blue-pencil-test 600

Breitbandkabelanschluss 701, 737
Buchgemeinschaften 721
Bürgschaft
- Anlassrechtsprechung 605
- auf erstes Anfordern 521
- Ausdehnung der Bürgschaftshaftung 521
- Ausfallbürgschaft 340 Fn. 41
- bestehende Verbindlichkeiten 605, 620
- betragsmäßig nicht beschränkte 605, 620
- Haftungserweiterungsklauseln 549
- Höchstbetragsbürgschaft 521 Fn. 218; 620
- künftige Verbindlichkeiten 605, 620
- selbstschuldnerische 620
- Sicherheitenaufgabe durch Gläubiger 521
- Sittenwidrigkeit 385
- überraschende Klauseln 340
- Vertragserfüllungsbürgschaft 620
Bürgschaftsentscheidung des BVerfG 78

Call-by-call-Verfahren 302
Chefarztbehandlung, Vertreterklausel 798
Chefarztverträge 805
CISG
- Abwahl des 257
- Anwendungsbereich 208, 249 ff.
- Ausschluss durch Parteivereinbarung 208, 257 f.
- Einbeziehung nach dem 252 ff.
- Haftungsbegrenzung 984
- kaufmännisches Bestätigungsschreiben 254
- Verhältnis zum AGB-Recht 250 ff.
CMR 989

Darlehensverträge
- Annahmefrist 701
- Schadenspauschalierung 891
- Sittenwidrigkeit 387
- Tilgungsverrechnung 521
- Zinsanpassungsklauseln 792
Dauerschuldverhältnisse
- Laufzeit 716 ff.
Deckungsgrenze 1032
Delkredere 715
Deutsche Post 300 f.
Dienstvereinbarungen 176
Dienstvertrag
- Laufzeit 719, 722
- Wechsel des Vertragspartners 743
Diskriminierungsverbot nach § 20 Abs. 1 GWB 411
dispositives Gesetzesrecht
- als Regelersatzordnung 608 ff.
- Maßstab für AGB 19, 30
Drittbedingungen 134 ff.
Druckerei 1131

Ehevermittlungsvertrag 722, 843, 1000
Eheverträge 79

Eigenschaftszusicherung
- Individualabrede 348
- Unklarheitenregel 370
Eigentumsvorbehalt 1008 ff.
- Ausschluss in Einkaufsbedingungen 1012
- einfacher 1008 ff.
- erweiterter 1016 ff.
- Freigabeklausel 1023
- Herausgabeklauseln 1015
- Kollision von AGB 1013
- Kontokorrentvorbehalt 1017 ff.
- Konzernvorbehalt 1024
- künftige Lieferantenforderungen 1019
- Nachfristsetzung 1014
- Rücknahmeklauseln 1015
- Rücktrittsrecht 780
- Rücktritt vom Vertrag 1014 f.
- Transparenzgebot 1021
- unternehmerischer Geschäftsverkehr 1014, 1022
- Verarbeitungsklauseln 1027
- Vereinbarung in Verkaufsbedingungen 1010 f.
- verlängerter 1025 ff.
- Vorausabtretung 1026
- vorläufiges Rücknahmerecht 1015
Einbeziehung
- Änderung der AGB nach Einbeziehung 288
- allgemeines Vertragsrecht 261 ff.
- Analphabeten 285
- Anwendungsbereich des § 305 Abs. 2 und 3 BGB 191
- Arbeitsvertragsbedingungen 307
- Auftragsbestätigung 292
- ausdrücklicher Hinweis 262, 267 ff.
- Aushändigung der AGB 269, 277
- Aushang 269, 272 ff.
- Ausnahmen von § 305 Abs. 2 Nr. 1 und 2 BGB 272 ff., 295 ff.
- Beförderungsbedingungen im Linienverkehr 297 f.
- beiderseitiger Einbeziehungsvorschlag 143 f.
- Bestätigungsklausel über die Einbeziehung 294, 686
- Beweisfragen 293
- Branchenüblichkeit 305
- Einbeziehungsklausel 294
- einseitige Erklärungen als AGB 113 ff.
- einseitiger Einbeziehungsvorschlag 132 f.
- Einverständnis des Kunden 290 ff., 296
- erleichterte Voraussetzungen 295 ff.
- fernmündlicher Vertragsschluss 269, 279 f.
- Formularvertrag 266
- fremdsprachliche AGB-Texte 282
- frühere Hinweise 289
- Internetbestellung 271, 281
- kaufmännisches Bestätigungsschreiben 306

- Kenntnisnahmemöglichkeit 263, 276 ff.
- laufende Geschäftsbeziehung 289
- Massenverträge 272 ff.
- nachträgliche 286 f.
- negative Einbeziehungsvoraussetzungen 264
- Postdienstleistungen 300 f.
- Rahmenvereinbarung 308 ff.
- schriftlicher Vertragsschluss 270
- Schweigen des Kunden 292
- Sehbehinderung 284 f.
- Sprachverschiedenheit zwischen Verwender und Kunden 282
- Stufenfolge der AGB-Kontrolle 264
- Sukzessivlieferungsvertrag 289
- Telekommunikationsdienstleistungen 302 f.
- Teleshopping 279
- überraschende Klauseln 264
- Übersendung der AGB 27
- unternehmerischer Geschäftsverkehr 304 f.
- Verbandsverfahren 265
- Verzicht auf Kenntnisnahmemöglichkeit 280, 286
- Voraussetzungen 40, 264 ff.
- Zeitpunkt für Obliegenheitserfüllung 286 ff.
- Zumutbarkeit der Kenntnisnahme 283 ff.
- Zweck des § 305 Abs. 2 BGB Rdn. 259 f.

Einheimischenmodell 700
Einheitsrechtsprojekte 258
Einkaufsbedingungen
- Baumarktbetreiber 66
- Schriftformklausel 354

Einigungsvertrag, dinglicher 416
Einschreiben 676 f.
einseitige Erklärungen als AGB 113 ff.
einstweilige Verfügung 1167 ff.
- Leistungsverfügung 1169
- Regelungsverfügung 1169
- Richtlinie 98/27/EG 1167
- Sicherungsverfügung 1169
- Verfahren 1172
- Verfügungsanspruch 1170
- Verfügungsgrund 1170

Eintragungsbewilligung 416
Eintrittskarten
- Abtretungsverbot bei Fußballtickets 753

Einwilligungserklärung 114
Einzelhandelskaufleute 188
Einzelverträge, vorformulierte
- fehlende Einflussmöglichkeit des Verbrauchers 130
- Verbraucherverträge 129 f.

Elektrizitätsversorgung 495
Emissionsbedingungen 117
Empfangsbekenntnisse 687 f.
Empfangsvollmacht 115, 664, 676
Empfehlung des Verwenders als Vertragsinhalt 116

Empfehler von AGB 1136
Empfehlung von AGB
- Ergänzungsmöglichkeiten 122 ff.
- Formulare 121
- Musterarbeitsverträge 134
- Vertragsformulare 121
- Wahlmöglichkeiten 122 ff.

Entwicklung der AGB-Verwendungen
- Rechtsprechung 20 ff.
- Schrifttum 16 ff.
- technische und wirtschaftliche Expansion im 19. Jhdt. 15

Erbbaurechtsvertrag 340
Erfüllungsgehilfe 745
Erfüllungsübernahme 745
ergänzende Vertragsauslegung 611 ff.
- Grenzen 619 f.
- Maßstab 616 ff.
- Preiserhöhungsklauseln 824
- Vertragslücke 615 ff.
- Voraussetzungen 615 ff.
- Zulässigkeit 612 ff.

Ergänzung von Formularen 122 ff.
Erklärungsfiktionen 640 ff.
- Abgrenzungsfragen 648, 665
- Abnahmefiktion 640
- Anwendungsbereich des § 308 Nr. 5 BGB 645 ff.
- Ausnahme für die VOB/B 646
- Begriff 648
- Beispiele 640
- berechtigtes Interesse des Verwenders 654
- Erklärungsfrist 652, 657
- Hinweispflicht 653
- Regelungsanliegen des § 308 Nr. 5 BGB 640 ff.
- Tatsachenbestätigungen, -fiktionen 648
- unternehmerischer Geschäftsverkehr 658
- Unwirksamkeit 657 f.
- Vereinbarkeit der Erklärungsfiktion mit §§ 307 ff. BGB 656
- Vermutungsklauseln 649
- Vertragabschluss 647
- Vertragsverlängerungsfiktionen 647
- Wirksamkeitsvoraussetzungen 651 ff.

Erlaubnisnormen, Inhaltskontrolle 436
Ersatzklauseln bei Unwirksamkeit von AGB 627
Existenzgründungen 197

Fahrerlehrgang
- Freizeichnungsklausel 592
Fälligkeitsklauseln 445
Fälligkeitszinsen 881
Fakultativklauseln 113, 549
Fassadenbau
- Nachfrist 862
Fensterhandel
- Nachfrist 862

Fensterreinigungsvertrag 722
Fernabsatzgesetz 766, 1152
Fernunterrichtsverträge 722, 766
Fertighausvertrag 764, 1001
Feststellungsklagen 1177, 1184
Finanzierungsleasingvertrag 540
fingierte Erklärungen s. Erklärungsfiktionen
Fitnessstudio-Vertrag 454 f., 473, 550, 685, 723, 739
Fixgeschäft 342
Flüssiggaslieferung 721
Fondsprospekt 976
Formerschwerungen 672 ff.
 – Beispiele 674
 – Benutzung vorgeschriebener Formulare 674
 – Einschreiben 676
 – Erklärungen des Kunden 673
 – Schriftform 674 f.
 – unternehmerischer Geschäftsverkehr 678
 – Unwirksamkeit von Formklauseln 677
 – Zweck des § 309 Nr. 13 BGB 672
 – Zugangserfordernisse 676
Fotoentwicklung 974
Frachtvertrag 989
Freiberufler 188
Freigabeklausel 542, 617, 1023, 1030 f.
Freizeichnungsklauseln (s. a. Haftung)
 – geltungserhaltende Reduktion 592
 – Restriktionsprinzip 23, 376
 – unangemessene Benachteiligung 487, 490 f.
Fremdemission 117
fremdsprachige AGB 1167
Fristverlängerungsklauseln 692 ff.

Garantiebedingungen 964 f.
Gebrauchtwagenhandel
 – Gewährleistungsausschluss 953 ff., 634
 – Inhaltskontrolle 953
 – Verbrauchsgüterkauf 954 f.
Gehaltsabtretungsklauseln 342
Gehwegreinigungsvertrag 722
geltungserhaltende Reduktion 592 ff.
 – arbeitsrechtliche Besonderheiten 607
 – Ausnahmen vom Verbot 599 ff.
 – blue-pencil-test 600
 – fertig bereit liegende Rechtsordnung 602 f.
 – kollektiv ausgehandelte Vertragsbedingungen 602 f.
 – personale Teilunwirksamkeit 601
 – Privatautonomie 596
 – salvatorische Klauseln 625
 – Teilbarkeit der Klausel 600
 – Transparenzgedanke 593
 – unternehmerischer Verkehr 593
 – Verbot 593 ff.
 – verschiedene Kundenkreise 604
 – Vertrauensschutz bei Gesetzes- oder Rechtsprechungsänderung 605 f.

Genehmigungsfiktion 653 f.
Generalklausel 460 ff.
 – Anwendungsbereich 550 ff.
 – Beurteilungszeitpunkt 472
 – Funktion des § 307 Abs. 1 und 2 BGB 463 f.
 – Grundlagen der Inhaltskontrolle 460 ff.
 – Kompensationswirkung 487
 – Regelung des § 307 Abs. 2 BGB 496 ff.
 – Summierungseffekt 486
 – unangemessene Benachteiligung 466 ff.
 – unternehmerischer Geschäftsverkehr 551 ff.
 – Verbraucherverträge 475 ff.
 – Wertungsgesichtspunkte 484 ff.
Genussscheinbedingungen 117
Gerichtsstandsvereinbarungen 1050 ff.
 – internationale Geschäftsverbindung 202
 – internationaler Rechtsverkehr 1055 ff.
 – kaufmännischer Geschäftsverkehr 1053
 – Klauselrichtlinie 93/13/EWG 1052
 – nicht differenzierende Gerichtsstandsklausel 1054, 604
 – Nichtkaufleute 604
 – nichtkaufmännischer Geschäftsverkehr 1052
Gerichtsstandsvereinbarungen im internationalen Rechtsverkehr
 – Arbeitsverträge 1068
 – Form 1066
 – fremdsprachige AGB 1067
 – Inhaltskontrolle 1069 ff.
 – kaufmännisches Bestätigungsschreiben 1065
 – keine besonderen persönlichen Eigenschaften 1068
 – Konsens 1064 f.
 – Verbraucherverträge 1068
 – Versicherungsverträge 1068
 – Voraussetzungen 1063 ff.
 – Vorrang des Art. 23 EuGVVO vor § 38 ZPO 1058 ff.
 – Wahl der Gerichte eines EU-Mitgliedstaates 1063
Geschäftsbesorgungsvertrag 722
Gesellschaft bürgerlichen Rechts 196
Gesellschaftsrecht
 – Ausnahmebereich vom AGB-Recht 156 ff.
 – Inhaltskontrolle 160 ff.
 – Umgehungsverbot 159
Gesetzesentstehung
 – AGBG-Novelle 1996 42 ff.
 – Änderungen 1998–2000 51
 – Entwürfe 34 ff.
 – Gesetzgebungsverfahren 38 f.
 – Regierungsentwurf 38 f.
 – Verfahrensrecht 39
 – vorparlamentarische rechtspolitische Diskussion 33 ff.

Gewährleistungsansprüche des Kunden
- Ausschluss 23, 28, 31, 140, 370, 493, 634, 928 ff.
- Ausschlussfrist bei Mängelanzeige 943 ff.
- Erleichterung der Verjährung 947 ff.
- gebrauchte Sachen 953 ff.
- Herstellergarantie 936, 964
- Klauselverbot des § 309 Nr. 8 b 920 ff.
- Nacherfüllungsanspruch 937 ff.
- Privatautonomie 596
- nicht offensichtlicher Mangel 944
- offensichtlicher Mangel 945
- subsidiäre Eigenhaftung des Verwenders 932 ff.
- unternehmerischer Geschäftsverkehr 956 ff.
- Verkäufergarantie 965
- Verweisung auf Dritte 920 ff.
- Verzicht 656
Gewerkschaften 1149
Globalsicherheiten 1028 ff.

Haftung (s. a. Freizeichnungsklauseln, Gewährleistungsansprüche) 965 ff.
- Arbeitgeber 991
- Arbeitnehmer 990 ff.
- Ausschluss 31, 376, 491, 966 ff., 973
- Ausspielungen 969
- Beförderungsbedingungen für den Linienverkehr 968
- Begrenzung 376, 966 ff., 974, 977
- einfache Fahrlässigkeit 970, 976 ff.
- Erfüllungsgehilfe 970
- freie Berufe 987 f.
- Geltendmachung 975
- gesetzlicher Vertreter 970
- grobe Fahrlässigkeit 972
- grobes Verschulden 972
- Herstellerersatzpflicht 978
- Höchstsumme 977
- Kardinalpflichten 976
- Klauselrichtlinie 93/13/EWG 971
- Lotterien 969
- Restriktionsprinzip 376
- Schadensersatzansprüche 967
- Transportrecht 989
- Unwirksamkeit 985 f.
- Verletzung höchstrangiger Rechtsgüter 970 f.
- vertragstypenbezogene Ausnahmen 968 f.
- voraussehbarer Schaden 977
- wesentliche Vertragspflichten 976
Haftung des Abschlussvertreters
- ausdrückliche und gesonderte Erklärung 712
- Beispiele 706, 709
- Einstandspflicht 709 ff.
- unternehmerischer Geschäftsverkehr 715
- unzulässige Klauseln 705 ff.

- Verpflichtung mehrerer Vertragspartner 710 f.
- Vertreter ohne Vertretungsmacht 714
Haftung, unternehmerischer Geschäftsverkehr
- Ausschluss 979 ff.
- Begrenzung 984
- Erfüllungsgehilfe 982 f.
- grobe Fahrlässigkeit 981
- grobes Verschulden 981, 984
- Höchstsumme 984
- Inhaltskontrolle 979
- Kardinalpflichten 982
- leitende Angestellte 981, 984
- Personenschäden 980
- Produktionsausfall 982
- voraussehbarer Schaden 984
Handelsrechtsreformgesetz 186
Handelsvertreterentscheidung des BVerfG 77
Handelsvertreterverträge
- Geschäftsreise 197
- Vertragsstrafe 917
Handwerker 188
Handwerkskammern 1157
Hausfrauenverbände 1149
Heimverträge 521, 798
Herstellergarantie 964
Hinweise auf AGB (s. a. Einbeziehung)
- Aushang 111, 116
Honorarvereinbarung 569
Hypothekenbanken 436, 569

Immobilienhandel 953, 955, 976
Individualabrede s. Vorrang der Individualabrede; Aushandeln von AGB, Einzelverträge
Industrie- und Handelskammern 1157
Informationsdienste 302
Inhaltskontrolle
- Arbeitsvertragsbedingungen 181 ff.
- behördlich genehmigte AGB 401 ff.
- Entstehungsgeschichte 24, 28 ff.
- formelhaft verwendete Klauseln 140
- Grundbuchamt 416 f.
- Grundlagen 382 ff., 460 ff.
- kartellrechtliche Kontrollverfahren 404 ff.
- Maßstab 63 ff.
- „normaler" Kauf 64 f.
- notariell beurkundete Verträge 140
- notarielle 415
- richterliche 28
- Schranken s. Schranken der Inhaltskontrolle
- Verbrauchsgüterkauf 64 f.
- Verhältnis zu §§ 119, 123 BGB 394 ff.
- Verhältnis zu § 138 BGB 384 ff.
- Verhältnis zu § 242 BGB 389
- Verhältnis zu § 315 BGB 390 ff.
- versicherungsaufsichtliche Missstandskontrolle 402 f.

internationaler Geltungsbereich 50
- Günstigkeitsprinzip 214, 229, 233, 235
- Sonderanknüpfung 202 ff.

internationaler Rechtsverkehr 201 ff.
(s. a. CISG, Rechtswahlklauseln)
- Arbeitsverträge 233
- Einheitsrechtsprojekte 258
- freie Rechtswahl 203
- Gerichtsstandsvereinbarungen 202
- Inhaltskontrolle 256
- IPR- Gesetz 202 ff.
- Rechtswahlklauseln 236 ff.
- Schutzlücken 215, 231
- Sonderanknüpfung 202 ff.
- Umfang des Vertragsstatuts 206 f.
- Verbraucherverträge 210 f.
- Vertragsanbahnungsmodalitäten 212

internationales Privatrecht 1056 ff.

Internet
- Auktionen 110, 228
- Bestellung 145, 271, 281
- überraschende Klauseln 343
- Werbung 212, 222

Irrtumsanfechtung
- arglistige Täuschung 397
- des Verwenders 398
- Einbeziehungserklärung 395
- Inhaltsirrtum 396
- praktische Relevanz 399

juristische Personen des öffentlichen Rechts 189 ff.

Kabelanschlussverträge 588, 615, 1196
Kapitalanlagegesellschaften 401, 1184
Kapitalgesellschaften 188
Kardinalpflichten 31, 501, 531, 976, 982
kartellrechtliche Kontrollverfahren 404 ff.
- Diskriminierungsverbot nach § 20 Abs. 1 GWB 411
- Konditionenempfehlungen 406 f.
- Konditionenkartelle 405 f.
- Maßstab 408 ff.

Katalogbeschreibungen 440
kaufmännischer Geschäftsverkehr 41
kaufmännisches Bestätigungsschreiben 242, 254, 658, 1065
- AGB-Einbeziehung 306

Kaufverträge 521
- unternehmerischer Geschäftsverkehr 63 ff.
- Wechsel des Vertragspartners 744

Klageverfahren 1173 ff.
- Anhörung von Behörden 1184 ff.
- Entscheidungsregister 1206
- Klageantrag 1194 ff.
- Konzentrationsermächtigung 1176
- Reichweite der Zuständigkeitszuweisung 1177 f.
- Streitwert 1189 ff.
- Urteilsformel 1198 ff.
- Verfahrensmangel 1188
- Veröffentlichungsbefugnis 1201 f.
- Vollstreckungsabwehrklage 1204 f.
- Wirkungen des Urteils 1203
- Zuständigkeit 1175 ff.

Klauselrichtlinie 93/13/EWG (s. a. AGB-Recht)
- Änderungsvorbehalt 799
- Beweislastklauseln 1034
- Eintrittsklauseln 750
- Entstehung 43
- Gerichtsstandsvereinbarungen 1052
- Haftung 971
- Klauselverbote 581 f.
- Kontrollfreiheit 425 ff.
- Missbrauchskontrolle 475 ff.
- Preiserhöhungsklauseln 809
- sachlicher Anwendungsbereich 45
- Schadenspauschalierung 886
- Schriftformklausel 356
- Transparenzgebot 429, 560 f.
- Umsetzung in deutsches Recht 50
- Unklarheitenregel 375
- Vertragsstrafe 902
- Vorabentscheidungsverfahren des EuGH 46
- Wirksamkeit des Rechtsgeschäfts 632
- Ziel 45

Klauselverbote, besondere 576 ff.
- Analogie 577
- Generalklausel 577 ff.
- Grundlagen 576
- Klauselrichtlinie 93/13/EWG 581 f.
- Umkehrschlussmöglichkeit 577
- unternehmerischer Geschäftsverkehr 577
- Verhältnis zur Generalklausel 577 ff.
- Versorgungsverträge 582 f.
- Wertungsmöglichkeit 578 ff.

Kollisionsrecht s. internationaler Rechtsverkehr, internationaler Geltungsbereich, Verbraucherverträge

Kollision von AGB 313 ff.
Konditionenempfehlungen 406 f.
Konditionenkartelle 405 f.
Kontokorrentabrede 856
Kontokorrentvorbehalt s. Eigentumsvorbehalt
Konzernverrechnungsklauseln 855
Konzernvorbehalt s. Eigentumsvorbehalt
Kraftfahrzeughandel 700, 753 (s. a. Gebrauchtwagenhandel)
- Abtretungsverbot 753
- Eigentumsvorbehalt 1021
- Nachfrist 764
- Tagespreisklausel 822
- Vorführwagen 925

Kraftfahrzeugreparatur 798
Kraftfahrzeugvermietung
- Haftung des Fahrers 709

Krankenhausverträge 343, 654, 710, 714, 976
Krankenversicherung s. Versicherungs-
  bedingungen
Kreditgenossenschaften-AGB 167
  (s. a. Bank-AGB)
Kreditkarten-AGB
  – Hinausschieben des Vertragsschlusses 698
  – Missbrauchsrisiko 490, 549
Kreditwürdigkeit 700, 781 f.
Kündigung des Vertrages
  – Aufwendungsersatz 998 ff.
  – Begriff 996
  – Vergütung 998 ff.
Kündigungsfrist 733 f.
Kunden
  – kaufmännische 184 ff.
  – öffentlich-rechtliche 189
Kunsthandel 953 (s. a. Versteigerungs- AGB)

Landwirte 188
Lastschriftklauseln 445
Laufzeit des Vertrages 716 ff.
  – Arbeitsvertrag 724
  – Ausnahmen von der Laufzeitbegrenzung 725
  – Inhaltskontrolle nach § 307 BGB 737 ff.
  – Kündigungsfrist 733
  – Laufzeit 726 ff.
  – typengemischter Vertrag 723
  – Vertragsarten 719 ff.
  – Vertragsverlängerung 732, 738 ff.
  – Zweck des § 309 Nr. 9 BGB 718
Laufzeitregelungen 122 ff.
Laufzeitverlängerungsklauseln 372, 738 ff.
Leasingvertrag
  – Annahmefrist 700
  – Gefahrtragung 600
  – Mithaftungsklausel 712
  – Transparenzgebot 569
  – Vertragsbeendigung, vorzeitige 513, 569, 1000
  – Wechsel des Vertragspartners 743
Lebensversicherung s. Versicherungsbedingungen
Leistungsbeschreibungen 439 ff.
Leistungsbestimmungsrechte 459
Leistungsfristklauseln 758 ff.
  – Bestimmtheit 765
  – „Lieferzeit annähernd" 762
  – „Lieferzeit vorbehalten" 762
  – Nachfrist 761
  – nicht hinreichend bestimmte 765
  – Rechtsfolge eines Verstoßes 767
  – unangemessene Länge 764
  – unternehmerischer Geschäftsverkehr 768
  – Verbraucherverträge 766
  – Verlängerung 761 f.
Leistungsverweigerungsrechte 828 ff.
  – Anwendungsbereich 831 ff.

  – Ausschluss 832, 834
  – Dauerschuldverhältnisse 833
  – Einschränkung 834
  – Erweiterung 835
  – fehlende Vertragstreue des Kunden 831
  – Geringfügigkeit des rückständigen Teils 831
  – Sukzessivlieferungsvertrag 833
  – unternehmerischer Geschäftsverkehr 840 f.
  – Unwirksamkeit 839
  – Verhältnis zu § 309 Nr. 3 BGB 837 f.
  – Verhältnis zu § 309 Nr. 8 Buchst. b Doppelbuchst. dd BGB 836
  – Vorleistungspflicht des Kunden 831, 842 f.
  – Zurückbehaltungsrecht 832 ff.
Listenpreisklauseln 824, 826
Lösungsrechte des Kunden 866 ff.
  – Anwendungsbereich 872 f.
  – Ausschluss 874
  – Einschränkung 874
  – unternehmerischer Geschäftsverkehr 876
  – Unwirksamkeit 871
  – Verhältnis zu § 308 Nr. 1 bis 3 BGB 875
Lösungsrechte des Verwenders 769 ff.
  – Anwendungsbereich 773 ff.
  – Begriff des Lösungsrechts 773
  – Dauerschuldverhältnis 785
  – eidesstattliche Versicherung 782
  – Falschauskunft 781
  – Kreditwürdigkeit 781 f.
  – Lösungsgrund 777 ff.
  – unternehmerischer Geschäftsverkehr 787
  – Unwirksamkeit 786
  – Vorbehalt der Selbstbelieferung 783
  – Vorratsklauseln 783
Lotterieverträge 969
Lückenausfüllungsfunktion 71
Luftfracht-AGB 798, 1043
Luftverkehr 798

Mängel
  – nicht offensichtliche 944
  – offensichtliche 945
Mängelanzeige
  – Ausschlussfrist 943 ff., 961
  – Dauer der Frist 945
  – keine eindeutige Bestimmung der Frist 945
Mängelrechte, Beschränkung
  – Aufwendungen bei Nacherfüllung 940 f., 959
  – Ausschluss 928 f., 957
  – Beschränkung auf Nacherfüllung 937 ff., 958
  – Fehlschlagen der Nacherfüllung 939
  – Lieferung neu hergestellter Sachen 921 ff.
  – Lieferungsverträge 922
  – Neuheit 924 ff.
  – Sachbegriff 923

450   *Sachverzeichnis*

- subsidiäre Eigenhaftung 932 ff.
- Verweisung auf Dritte 931
- Vorenthalten der Nacherfüllung 942, 960
- Werkleistungen 927

Mahnkosten 881
Mailorderverfahren, Rückgriffsrecht 549
Maklerverträge
- Alleinauftrag 348, 722
- erfolgsunabhängiger Provisionsanspruch 521
- Vorkenntnisklausel 648

Mankogeldzusagen 487
Massenverträge 654, 660
Mehrwertdienste 302
Messestandplatzvermietung, Änderungsvorbehalt 802
Mietervereine 1149
Mietvertragsklauseln 1077 ff.
- Aufrechnung 847
- Bestätigungsklauseln 1077
- Gebrauch der Wohnung 1078 ff.
- Haftung für einfache Fahrlässigkeit 976
- Haftungserweiterungen 1086 f.
- Instandhaltung 1088 ff.
- Kleinreparaturklauseln 1104 ff.
- Kündigung 521, 1106 ff.
- Mithaftung 711
- Parabolantennen 1080 f.
- Rauchen 1084 f.
- Rückgabe der Wohnung 1108 ff.
- salvatorische Klauseln 1077
- Schönheitsreparaturklauseln 1089 ff. (s. a. dort)
- Schriftformklauseln 1077
- Schlüsselverlust 1087
- Telefonanlage 737
- Tierhaltung 1082 f.
- Verfallklauseln 897
- Vertragsbeendigung 1106 ff.
- vertragsgemäßer Gebrauch 1078
- Verwendungsersatz 897
- Vollmacht 600
- Vorleistungsklausel 843
- Werbeflächen 723

Möbelhandel 700
- Änderungsvorbehalt 798
- Ausstellungsstück 798
- Farbabweichungen 798
- Gewährleistungsausschluss 28
- Mahnkosten 881
- Nachbesserungsrecht 28
- Nachfrist 764, 862
- Rücktritt 874

Monopolstellung des Verwenders 25 ff.
Musterbedingungen 40

Nachbesserung
- Leistungsverweigerungsrecht 831

Nachfristklauseln 858 ff.
- nicht hinreichende Bestimmtheit 863
- unangemessene Länge 862
- unternehmerischer Geschäftsverkehr 865
- Unwirksamkeit 864
- Vorbehalt einer Nachfrist 861

Nachlieferung
- Leistungsverweigerungsrecht 831

Nachweisgesetz 307
Normenqualität von AGB 100 ff.
Notar 135
Nutzungszinsen 881

Obliegenheitsklauseln s. Versicherungsbedingungen
öffentlich-rechtliche Kunden 189
öffentlich-rechtliche Verträge 112
Optionsklausel 740

Partnerschaftsvermittlung 372
Patentanwalt
- Haftungsausschluss 987
- Haftungsbegrenzung 988

pauschalierter Schadensersatz
s. Schadenspauschalierung
Personenhandelsgesellschaften 188
Pflegekostentarif s. Versicherungsbedingungen
Pflichtverletzung des Verwenders
- Lösungsrechte des Kunden, Ausschluss 866 ff.
- Nachfristklauseln 858 ff.

Postdienstleistungen 300 f.
Preisabrede 443 ff.
- gesetzliche Preisvorschriften 444
- Preisnebenabreden 445, 570
- Sonderleistungen 446
- Transparenzgebot 570
- unmittelbare Preisabreden 443 f.

Preisangabenverordnung 808
Preisanpassungsklauseln 455
Preiserhöhungsklausel 380 f., 808 ff.
- Abonnementsvertrag 822
- Aufwendungen 813
- Ausdehnung der Leistungsfrist 817
- Dauerschuldverhältnisse 809, 818 f.
- Energieversorger 823
- Entgelterhöhung 811 ff.
- ergänzende Vertragsauslegung 824
- Gleitklauseln 812
- Klauselrichtlinie 93/13/EWG 809
- Kostenelementeklauseln 822, 823
- Kostenerhöhung 810, 824
- langfristige Verträge 821 f.
- Leistungen 814
- Listenpreisklauseln 824, 826
- Lösungsrecht vom Vertrag 824, 827
- Reiseverträge 820
- Spannungsklauseln 812

- Sukzessivlieferungsverträge 818
- Tagespreisklauseln 812, 822, 824
- Umsatzsteuerklauseln 812
- unternehmerischer Geschäftsverkehr 825 ff.
- Unwirksamkeit 824
- Viermonatsfrist 815 ff.
- Waren 814
- Wiederkehrschuldverhältnisse 818
- Wohnraummietverhältnisse 819

Preisverzeichnis 571
Produkthaftung 978
Prospektbeschreibungen 440
Prospekthaftung 165
Prozesskosten 638
Prüfungsschema 551 ff.
Publikumspersonengesellschaften 156 f., 161 ff.

Quittungen 687 f.

Radio-Fernseh-Einzelhandel 953
Rahmenvereinbarung 289, 308 ff.
- Abschluss 308 ff.
- bestimmte AGB 311
- bestimmte Rechtsgeschäfte 311
- Form 310 f.
- Inhalt 311
- Inhaltskontrolle 312
- Rechtsnatur 309
- Voraussetzungen 310 ff.
- Wirkungsweise 308

Rationalisierungsfunktion 67 ff.
Rechnungen 1127, 1066
Rechtsanwalt
- Haftungsausschluss 987
- Haftungsbegrenzung 988

rechtsgeschäftsähnliche Erklärungen 114
Rechtsanwaltskammern 1136, 1156
Rechtsmissbrauch
- individueller 525
- und Inhaltskontrolle 525

Rechtsverfolgungskosten 638
Rechtswahlklauseln 236 ff.
- kaufmännisches Bestätigungsschreiben 254, 242
- kollisionsrechtlicher Verweisungsvertrag 237 ff.
- Verweis auf ausländisches Recht 249 ff., 254
- Wahl deutschen Rechts 240 ff.

Reiseinsolvenzversicherung
s. Versicherungsbedingungen
Reiseveranstaltungsvertrag
- Abtretungsverbot 753
- Einreisebestimmungen 976
- Erklärungsfiktion 640
- Haftungsbegrenzung 436
- Landesüblichkeitsklausel 441
- Leistungsänderung 798

- Preisänderung 436, 820
- Rücktritt des Reisenden 1001

Remissionsrecht 487
Reparaturbedingungen 798
Restriktionsprinzip 23, 376 ff.
Reuegelder 900, 907
Richtlinie 93/13/EWG s. Klauselrichtlinie
Risikoklauseln s. Versicherungsbedingungen
Risikoverlagerung durch AGB 72 ff.
Rücktritt
- Abstandszahlung 874
- Aufwendungsersatz 998 ff.
- Ausübungsfrist 874
- Begriff 996
- Leistungsverweigerungsrecht 831
- Schriftform 874
- Vergütung 998 ff.

Rücktrittsvorbehalt
- Angabe des Grundes 777
- Arbeitskampfklauseln 783
- Betriebsstörungen 777
- Dauerschuldverhältnisse 785
- „freibleibend" 774
- Gründe aus der Kundensphäre 780 ff.
- Gründe aus der Verwendersphäre 778, 783 f.
- Kreditwürdigkeit 781 f.
- Nichtverfügbarkeit der Leistung 788
- „ohne obligo" 774
- Selbstbelieferungsvorbehalt 777, 783 f., 787 f.
- unternehmerischer Geschäftsverkehr 787
- „unverbindlich" 774
- Unwirksamkeit 786
- Vorratsklauseln 783 f., 788
- Zahlungsunfähigkeit 782

salvatorische Klauseln 622 ff.
- als vertragliche Vorsorge 621
- Bedingungsanpassungsklauseln als Sonderform 628 ff.
- einseitiges Bestimmungsrecht 623
- Erhaltungsklauseln 627
- Ersatzklauseln 627
- „soweit gesetzlich zulässig" 624
- Vorbehalt des rechtlich Zulässigen 624
- wirtschaftlicher Erfolg 622

Satzung 112
- Verein 158

Schadensersatzanspruch bei Unwirksamkeit von AGB 636 ff.
- Grundlage 636
- Umfang 638 f.
- Voraussetzungen 637

Schadenspauschalierung 884 ff.
- Abgrenzung zur Vertragsstrafe 886
- Anwendungsbereich 886 ff.
- ausdrückliche Gestattung des Gegenbeweises 892

- branchentypischer Schaden 891
- Klauselrichtlinie 93/13/EWG 885
- Rechtsfolgen eines Verstoßes 893
- überhöhte 891
- unternehmerischer Geschäftsverkehr 894
- Vorfälligkeitsentschädigung 891
- Wirksamkeitsgrenzen 890 ff.
- Zweck 884

Scheckrückgabeklauseln 435
Schiedsgutachtenklauseln 1073
Schiedsvereinbarungen 1072 ff.
Schlüsseldienst 780
Schlüsselfunddienst 721
Schönheitsreparaturklauseln 1089 ff.
- Abgeltungsklauseln 1102 f.
- Anfangsrenovierung 1092 f.
- Ausführungsklauseln 1091
- Begriff 1089
- „bei Bedarf" 1092
- „besenreine Rückgabe" 1100
- Endrenovierung 1098 ff.
- Fachhandwerkerklausel 1091
- Farbwahlklausel 1091
- Fristenpläne 1094 ff.
- grundsätzliche Zulässigkeit der Abwälzung 1090
- isolierte Endrenovierungsklausel 1098
- Mustermietvertrag des BMJ 1094
- „Rückgabe in vertragsgemäßem Zustand" 1100
- „sach- und fachgerechte Ausführung" 1091
- starrer Fristenplan 1096
- Summierungseffekt 1101
- unechte Endrenovierungsklausel 1098
- Verlagerung auf den Mieter 1090

Schranken der Inhaltskontrolle 418 ff.
- arbeitsrechtliche Entgeltabreden 457 ff.
- deklaratorische Klauseln 431 ff.
- Grundsatz 418 f.
- Hauptleistungsversprechen 438 ff.
- Leistungsbeschreibungen 439 ff., 448 ff.
- Normverständnis des § 307 Abs. 3 BGB 420 ff., 448 ff.
- Preisabrede 443 ff., 448 ff.
- richtlinienkonforme Auslegung 425 ff.
- Transparenz als Vorbedingung 428 ff.
- Verbraucherverträge 425 ff.

Schriftformklausel 349 ff.
- Abweichungsverbot 353
- Arten 349 f.
- Bestätigungsklauseln 349
- einfache 349
- Inhaltskontrolle 354 f.
- Klauselrichtlinie 93/13/EWG 356
- qualifizierte 349
- Vertretungsmachtbegrenzung 352 f.
- Vollständigkeitsklauseln 350
- Vorrang der Individualabrede 351 ff.

- Wirksamkeit der Individualabrede 354 f.
- Zweck 349

Schrifttum zum AGB-Recht 6 ff.
Schuldanerkenntnis 1041 f.
Schuldbeitritt 745
Schuldrechtsmodernisierungsgesetz 51 ff., 172 f.
- Integration des AGB-Rechts 53 ff.
- Übergangsvorschriften 61 f.
- Wertungsgrundlagen 76 ff.

Schuldübernahme 745
Schuldversprechen 1041 f.
Schutzzweck des AGB-Rechts 76 ff., 88 ff.
Schweigen des Kunden und Einbeziehung 292
- internationaler Rechtsverkehr 242, 254

Seeschiffswerft 492
Selbstlieferungsvorbehalt 783 f., 787 f.
Sicherungsgrundschuld 340
Sicherungsvereinbarungen 1007 ff. (s. a. Eigentumsvorbehalt, Globalsicherheiten)
Sittenwidrigkeit 25 ff.
Softwarelieferung 721
Sondervermögen, öffentlich-rechtliche 189 ff.
„soweit gesetzlich zulässig" 622 ff.
Sparbuch 1037
Sparkassen-AGB s. Bank-AGB
Speditionsvertrag 989
Steuerberater
- Haftungsausschluss 987
- Haftungsbegrenzung 988

Stornierung 996
Substitution 744
Subunternehmer 745
Sukzessivlieferungsverträge 818, 833

Tagespreisklauseln 612, 620, 812, 822, 824
Tarifverträge 174 ff.
- Bezugnahmeklauseln 573

Tarifwahl, offene 494
Tatsachenbestätigungen, -fiktionen 679 ff.
- Beispiele 685 f.
- Empfangsbekenntnisse 687 f.
- Umfang des Verbots 681
- unternehmerischer Geschäftsverkehr 691
- Unwirksamkeit 690
- Vollständigkeitsklauseln 682 ff.

Teilabtretungsverbot 756
Teilleistungsvorbehalt 795, 798
Teilzahlungsgeschäft 782, 1196
Teilzeitarbeit 724
Telefonanlagen 737
Telefonkarten, Gültigkeitsdauer 513
Telefonverfahren, Rückgriffsrecht 549
Telegramm 303
Telekommunikationsdienstleistungen 302 f., 445, 513, 737
Teleshopping 279
Textilveredelung 976
Tilgungsbestimmungsklauseln 521

Tilgungsverrechnung s. Darlehensverträge
Time-Sharing-Verträge 96, 588
 – Dauerwohnrecht 341
 – Gesamtnichtigkeit 589
Transaktionskosten 85
Transparenzgebot 324, 328, 332, 368, 428 ff., 560 ff., 626
 – Einzeldirektiven für Vertragsgestaltung 568 ff.
 – Grenzen 573
 – Grundlagen 560 ff.
 – Rechtsfolgen 574
 – Täuschungsverbot 572
 – salvatorische Klauseln 626
 – unangemessene Benachteiligung 564 f.
 – Verhältnis zur Auslegung von AGB 368
 – Verweisungen 573
Transportrecht 989
Treuhänder 162
Treuhandanstalt
 – Nachbewertungsklauseln 443
 – Vertragstrafe 909 f.
typengemischte Verträge 723
Typisierungsfunktion 67, 71

überraschende Klauseln 324 ff.
 – Änderung des Vertragscharakters 341
 – Anwendungsbereich des § 305 c Abs. 1 BGB 330
 – Arbeitsverträge 342 f.
 – Begründung von Hauptverpflichtungen 340
 – Bürgschaft 340
 – Erbbaurechtsvertrag 340
 – Fallgruppen 339 ff.
 – Gehaltsabtretungsklauseln 342
 – historischer Hintergrund 325
 – Inhaltskontrolle 325, 329 f., 332
 – Internetgeschäfte 343
 – Klauselrichtlinie 93/13/EWG 328
 – Modifizierung von Hauptleistungsverpflichtungen 340
 – Nebenabreden 342
 – Rechtstradition 325 f.
 – Sicherungsgrundschuld 340
 – systematische Stellung von § 305 c Abs. 1 BGB 327 ff.
 – Time-Sharing-Vertrag 341
 – Transparenzgebot 332
 – Überraschungsmoment 330 f., 334 f., 337 f.
 – Überrumplungseffekt 334, 337
 – ungewöhnlicher Charakter 336 ff.
 – unternehmerischer Geschäftsverkehr 333
 – Verbandsklageverfahren 330
 – Verhältnis zur Unklarheitenregel 331
 – Vermittlerklauseln 341
 – versteckte Klauseln 343
 – Voraussetzungen 334 ff.
 – Zweck des § 305 c BGB 324

Übersicherung 1023, 1029
Überweisungsgesetz 51
Umgehungsverbot 91 ff.
 – Anwendungsbereich 92 ff.
 – Beitragsschulden 96
 – praktische Erfahrungen 91
 – Rechtsfolgen 98
 – Unterlassungsklagengesetz 96
 – Voraussetzungen 97
unangemessene Benachteiligung
 – angemessener Interessenausgleich 468 ff.
 – Benachteiligung 467
 – des Arbeitnehmers 171
 – Drittinteressen 469
 – Einzelfälle 521
 – Gesamtwürdigung des Vertragsinhalts 485 ff.
 – Grundtatbestand 550 ff.
 – Interessenabwägung 468 ff., 518 ff.
 – kollektiv ausgehandelte Vertragswerke 488
 – Kompensationswirkung 487 f.
 – Maßstab 466 ff.
 – Preisargument 493 ff.
 – Rationalisierungseffekt 489
 – Rationalisierungsinteresse des Verwenders 542
 – Risikobeherrschung 490, 542
 – Sondertatbestände des § 307 Abs. 2 BGB 496 ff.
 – Summierungseffekt 486
 – Transparenzgebot 562
 – überindividuell-generalisierende Betrachtungsweise 473 f., 477
 – Unangemessenheit 468 ff.
 – Unvereinbarkeit mit wesentlichen Grundgedanken 502 ff.
 – Verbandsverfahren 483
 – Verbraucherverträge 475 ff.
 – vertragsabschlussbegleitende Umstände 478, 481 ff.
 – Vertragszweckgefährdung s. dort
 – Versicherbarkeit des Risikos 491 f., 542
 – Wertungsgesichtspunkte 484 ff.
 – Zeitpunkt der Beurteilung 472
„und-Konto" 348
UN-Kaufrecht 249 ff., 984 (s. a. CISG)
Unklarheitenregel 365 ff. (s. a. Auslegung)
 – Anwendungsbereich 370, 373
 – Auslegungszweifel 370, 373
 – Entstehungsgeschichte 366
 – Funktion 365 ff.
 – Individualprozess 374 ff.
 – Klauselrichtlinie 93/13/EWG 376
 – praktische Bedeutung 368
 – Restriktionsprinzip 376 ff.
 – unternehmerischer Geschäftsverkehr 369
 – Verbandsprozess 371 ff.
 – Verhältnis zu § 305 c Abs. 1 BGB 331

454 Sachverzeichnis

- Verhältnis zur Inhaltskontrolle 367, 371, 374 ff.
- Verhältnis zum Transparenzgebot 368

Unterlassungsanspruch 1125 ff.
- anspruchsberechtigte Stellen 1145 ff.
- Empfehler 1134 ff.
- Handwerkskammern 1157
- Herausgabe von AGB 1133
- Industrie- und Handelskammern 1157
- Inhalt 1132 f., 1137
- Klagebefugnis 1145 ff.
- Klagegegenstand 1125
- qualifizierte Einrichtungen 1146 ff.
- rechtsfähige Verbände zur Förderung gewerblicher Interessen 1152 ff.
- Rechtsnatur 1138 ff.
- unwirksame AGB 1125 f.
- Verjährung 1144
- Verwender 1129
- Verwendung 1127 ff.
- Voraussetzungen 1125 ff.
- Wiederholungsgefahr 1130 ff.
- Zession 1158

Unterlassungsklagengesetz 1110 ff.
- Anwendungsbereich 1114 ff.
- Arbeitsrecht 1114
- Auskunftsanspruch 1141 ff.
- Einführung 1121 f.
- Einzelvertragsklauseln 130
- Entscheidungsregister 1206
- Fernabsatzgesetz 1116
- Fernabsatzrichtlinie 97/7/EG 1115
- Inkrafttreten 62
- Klageverfahren s. dort
- Perspektiven der Verbandsklage 1123 f.
- rechtspolitische Bewertung 1118 ff.
- Trias verbraucherschützender Verbandsklagen 1110
- Umgehungsverbot 96
- Verbandsklage 1111 ff.
- Verordnung (EG) Nr. 2006/2004 1117
- Vollstreckungsabwehrklage 1204 f.

Unterlassungsklagenrichtlinie 98/27/EG 1116
Unternehmenskaufverträge 158
Unternehmer
- Begriff 187 f., 195

Unterrichtsverträge 722
Unterwerfungserklärung 24
Unterwerfungserklärung unter die sofortige Zwangsvollstreckung 113
Unvereinbarkeit mit wesentlichen Grundgedanken gesetzlicher Regelungen 502 ff.
- Abweichen 515 ff.
- Einzelfälle 521
- gesetzliche Regelungen 505 ff.
- Interessenabwägung 518 ff.
- Richterrecht 509 ff.
- ungeschriebene Rechtsgrundsätze 509 ff.

- Unvereinbarkeit 503 f., 515 ff.
- vertragstypenspezifische Grundgedanken 514
- wesentliche Grundgedanken 503 f.

unzulässige Rechtsausübung 525
urheberrechtliche Verwertungsgesellschaften 725

Verarbeitungsklauseln 1027
Verbandsklageverfahren (s. Klageverfahren)
Verbandsverfahren 1110 ff.
 (s. a. Unterlassungsklagengesetz)
Verbraucher, Begriff 196 ff.
- Beweislast 198
- Negativabgrenzung 197 f.
- private Zweckbestimmung des Vertrages 196 ff.
- Zweckbestimmung, Mischfälle 199

Verbraucherschutzbehörde 40
Verbraucherverbände 1114
Verbraucherverträge
- Auslegung 363
- Beweislast 141, 198
- Gesellschaft bürgerlichen Rechts 196
- Inhaltskontrolle 475 ff.
- persönlicher Anwendungsbereich 194 ff.
- Sonderanknüpfung 210 ff.
- Stellen von Vertragsbedingungen 138 ff.

Verbraucherzentralen 1114
Vereinsrecht
- Ausnahmebereich vom AGB-Recht 158 ff.
- Inhaltskontrolle von Vereinssatzungen 166 ff.
- Vereinsstrafen 169

Verfallklauseln 897 f.
Vergütungsansprüche 997 ff.
- andere Arten der Vertragsauflösung 997
- bei Kündigung 998 ff.
- bei Rücktritt 998 ff.
- Beweislastverteilung 1003
- Nachweis eines geringeren Betrags 1002
- unangemessene Höhe 999 ff.
- Unwirksamkeit 1006
- unternehmerischer Geschäftsverkehr 1007
- Verhältnis zu § 309 Nr. 5 BGB Rdn. 1004
- Verhältnis zu verbraucherschützenden Sondervorschriften 1005

Verhältnismäßigkeitsgrundsatz 512
Verjährung
- Erleichterung 947 ff.
- Fristbeginn 950
- Hemmung 590
- Mängel an Bauwerken 949
- Unterlassungsanspruch 1144

Verlängerung des Vertrags 454 f., 550, 732, 738 ff.
Vermieter 188
Vermittlungsklauseln 341
Verordnung 112

Verschuldensgrundsatz 513
Versicherungsbedingungen
- Arbeitslosigkeit, Vorsorgeversicherung 442
- Auslegung 362
- Bedingungsanpassungsklauseln 628 ff.
- behördliche Genehmigung 402 f.
- Einzelfälle 442
- Inhaltskontrolle 158, 403
- Krankenversicherung 442, 631
- Laufzeit des Vertrages 442, 725
- Lebensversicherung 437, 442, 569, 631, 700
- Misstandsaufsicht 403
- Obliegenheitsklauseln 442
- Pflegekostentarif 442
- Privathaftpflicht 737
- Rechtsschutz 737
- Reiseinsolvenzversicherung 442
- Risikoklauseln 442
- Schriftformklausel 354
- Versicherungsagent 521
- Versicherungsverein 158
- Verwandtenklauseln 442
- Widerspruchsrecht 630
- Wissenschaftlichkeitsklauseln 442
Versicherungsverein 158
Versorgungsbedingungen
- Strom und Gas 389, 582 f.
- Wasser und Fernwärme 582 f.
Versteigerungs-AGB 274, 843
Vertragsabschlussklauseln 110, 692 ff.
Vertragsbedingungen
- AGB als Vertragsbedingungen 100 ff.
- einseitige Rechtsgeschäfte des Kunden 113 ff.
Vertragsgerechtigkeit 512
Vertragshändler, Automobilbranche 568
Vertragshändlerverträge
- Handelsspanne 802
Vertragslaufzeitklauseln 737 (s. a. Laufzeit des Vertrages)
Vertragsstrafe 895 ff.
- Abstandszahlung 900, 911
- Anrechnung auf Schadensersatz 917
- arbeitsrechtliche Verträge 912 ff.
- Bifunktionalität 895
- erhöhte Beförderungsentgelte 906
- Höhe 909
- Inhaltskontrolle 436
- Klauselrichtlinie 93/13/EWG 902
- Lösung vom Vertrag 907
- Nichtabnahme der Leistung 904
- Regelungsanliegen 901
- Reuegelder 900, 907
- selbstständige Strafversprechen 896
- unselbstständige Strafversprechen 896
- unternehmerischer Geschäftsverkehr 917 f.
- Unwirksamkeit 577 f., 911
- Verfallklauseln 897 f.

- Verhältnis zu § 307 BGB 908 ff.
- verschuldensunabhängige 910, 913
- verspätete Abnahme der Leistung 904
- Vorfälligkeitsklauseln 899
- Zahlungsverzug 905
Vertragstheorie 100 ff.
Vertragsübernahme 744
Vertragszweckgefährdung 522 ff., 546 ff.
- außervertragliche Einflussfaktoren 538 ff.
- Betrachtung des gesamten Vertrages 548
- Eingriffsintensität 548
- Einschränkung 545
- Einzelfälle 549
- Erwartungshorizont des Durchschnittskunden 532 f.
- normativ begründete Gerechtigkeitserwartungen 538 ff.
- privatautonom gestaltetes Pflichtenarrangement 534 ff.
- Verbot widersprüchlichen Verhaltens 523 ff.
- Vertrauensgedanke 524, 528
- wesentliche Rechte oder Pflichten aus der Vertragsnatur 528 ff.
- Wesentlichkeit 546
Vertreter s. Haftung des Abschlussvertreters
Vertretungsmachtbegrenzung 352 f.
Verwalterverträge 730
Verwandtenklauseln s. Versicherungsbedingungen
Verwender
- Begriff 107, 131 ff., 137
Verzug des Kunden 877 ff.
- 30 Tage nach Rechnungszugang 521, 880
- Fälligkeitszinsen 881
- Fristsetzung 880 f.
- Mahnkosten 881
- Mahnung 880 f.
- Nutzungszinsen 881
- unternehmerischer Geschäftsverkehr 882
- Vertragsstrafe 905
- Zinsen 880
Vielzahl von Verträgen 126 ff.
VOB 277, 288
- beiderseitiger Einbeziehungsvorschlag 143 f.
- geltungserhaltende Reduktion 602
- Inhaltskontrolle 488
- Rahmenvereinbarung 311
- Teil A 700
- Teil B 610, 646, 949
- Verjährungsfrist 949
Vollmachtserteilung, formularmäßige 113
Vollständigkeitsklauseln 350, 682 f.
Vollstreckungsabwehrklage 1204 f.
Vollstreckungsunterwerfung 1041 f.
Vorausabtretung 1026
Vorauszahlungsklauseln 486

Vorfälligkeitsentschädigung 891
Vorfälligkeitsklauseln 899
Vorformulierung 119 ff.
Vorleistungsklauseln 842 f.
Vorrang der Individualabrede 344 ff.
– Abweichung von AGB 348
– Auslegungsgrundsatz 346
– Dogmatik des Vorrangprinzips 344 ff.
– Eigenschaftszusicherung 348
– Funktion und Dogmatik des § 305 b BGB 344 ff.
– Identity-of-Carrier-Klausel 348
– Individualabrede 347
– Regelungswiderspruch 348
– Schriftformklausel 349 ff.
– unternehmerischer Geschäftsverkehr 345
– Voraussetzungen 347 f.
– Wirksamkeit der Individualabrede 346 f., 352
Vorratsklauseln 783 f., 788
vorvertragliches Rechtsverhältnis 111

Wahlmöglichkeit des Kunden 122 ff.
Wahrnehmungsverträge 725
Warenlieferung, regelmäßige 721
Wartungsverträge
– Laufzeit 722
Waschstraße s. Autowaschanlage
Wasserlieferungsvertrag 619
Wechsel des Vertragspartners 741 ff.
Werbeflächenvermietung 723
Werklieferungsverträge
– Wechsel des Vertragspartners 743
Werkvertrag
– Abnahmeklauseln 764
– Kündigung 521
– Laufzeit 719, 722
– Wechsel des Vertragspartners 743
Wertpapieremissionsbedingungen 117
Wertpapiergeschäfte 652
Wertsicherungsklauseln 445
Wettbewerb und AGB 404
Wettbewerbsverbote 342
Widerruf 996
Widerrufsanspruch s. Unterlassungsanspruch
Widerrufs- und Rückgabefristen 766
Wiederkehrschuldverhältnisse 818
Wirksamkeit des Rechtsgeschäfts
– abweichende Vereinbarungen 585
– Arbeitsrecht 607
– Ausnahmeregelung des § 306 Abs. 3 BGB 632 ff.
– Bedingungsanpassungsklauseln 628 ff.
– dispositives Recht als Regelersatzordnung 608 ff.
– Einbeziehungsmängel 586
– ergänzende Vertragsauslegung 611 ff.
– ersatzloser Wegfall von AGB 591

– essentialia negotii 587
– fertig bereit liegende Rechtsordnungen 602 f.
– geltungserhaltende Reduktion 592 ff. (s. a. dort)
– Grundsatz 583
– konkrete Ersatzklauseln 627
– salvatorische Klauseln 622 ff.
– Sittenwidrigkeit 589
– Sonderregelung gegenüber § 139 BGB 584 f.
– Teilbarkeit des Vertrages 587
– Torsoverträge 587, 590
– unternehmerischer Geschäftsverkehr 635
– Unvollständigkeit des Vertrages 586
– unzumutbare Härte 632 f.
– vertragliche Vorsorge 621 ff.
– Vielzahl unwirksamer Klauseln 588 ff.
– Voraussetzungen 586 ff.
Wirtschaftsprüfer
– Haftungsausschluss 987
– Haftungsbegrenzung 988
Wirtschaftsvereine 1156
wissenschaftliche Meinungsäußerungen 1136
Wissenschaftlichkeitsklauseln
s. Versicherungsbedingungen
Wohnraummietverträge s. Mietvertragsklauseln
Wohnungseigentum 730

„Zahlung netto Kasse Zug um Zug" 834
Zahlungsbedingungen 445
Zahlungsfähigkeit des Kunden 782
Zeitschriftenabonnements 721, 728
Zinsanpassungsklauseln 792
Zugangserfordernisse 676 f.
Zugangsfiktionen 659 ff.
– Absendevermutung 666
– Bank-AGB 660, 663, 668 f.
– Empfangsvollmacht 664
– Erklärung von besonderer Bedeutung 667 ff.
– Fiktion des Zugangs 663
– Inhaltskontrolle nach § 307 BGB 669, 671
– Regelungsanliegen des § 308 Nr. 6 BGB 659 ff.
– unternehmerischer Geschäftsverkehr 671
– Unwirksamkeit 670
– Verhältnis zu § 309 Nr. 12 BGB 662
Zurückbehaltungsrecht
– Ausschluss 832, 834
– Bedingung 834
– Einschränkung 834
– Erweiterung 835
– Schecksperrung 834
zusammengehörig verkaufte Sachen 725
Zusammentreffen von AGB 313 ff.
– Abwehrklauseln 317 f., 322
– dispositives Gesetzesrecht 321 f.
– Dissens 320

- Eigentumsvorbehalt 323
- einseitig geregelte Klauseln 322
- Prinzip der Kongruenzgeltung 321 f.
- Problemstellung 313 f.
- Rechtsprechung 315 ff.
- Theorie des letzten Wortes 316
- übereinstimmende Klauseln 321 f.
- Vertragsinhalt 321 f.
- widersprechende Klauseln 255, 322
- Zustandekommen des Vertrages 320

Zusicherung s. Eigenschaftszusicherung